ARCHIV FÜR SOZIALGESCHICHTE

Archiv für Sozialgeschichte

Herausgegeben von der
Friedrich-Ebert-Stiftung

57. Band · 2017

Verlag
J.H.W. Dietz Nachf.

An dieser Ausgabe beratend beteiligt: John Breuilly

Redaktionsanschrift:
Friedrich-Ebert-Stiftung
Godesberger Allee 149, 53175 Bonn
Tel. 0228/883-8057, Fax 0228/883-9209
E-Mail: afs@fes.de

Herausgeberin und Verlag danken Herrn Martin Brost für die finanzielle Förderung von Bearbeitung und Druck dieses Bandes.

ISSN 0066-6505
ISBN 978-3-8012-4245-9

Umschlag und Einbandgestaltung: Bruno Skibbe, Braunschweig
Satz: PAPYRUS – Lektorat + Textdesign, Buxtehude
Druck: CPI books, Leck

Printed in Germany 2017

Inhalt

DOKUMENTATION – ANALYSE – KRITIK

FORSCHUNGSBERICHTE UND SAMMELREZENSIONEN

Einzelrezensionen des »Archivs für Sozialgeschichte« finden sich unter **<http://www.fes.de/afs>**

Rezensierte Bücher in alphabetischer Reihenfolge[1]
(Band LVII und Online-Rezensionen August 2016 – September 2017)

---

1 Einzelrezensionen im »Archiv für Sozialgeschichte« (Online-Ausgabe) können unter <http://www.fes.de/afs> abgerufen oder auch direkt unter dem Dateinamen angewählt werden. Dazu ist an die Internetadresse <http://www.fes.de/cgi-bin/afs.cgi?id=> die jeweilige hier angegebene Ziffernfolge anzufügen, also beispielsweise für Baensch, Tanja/Kristina Kratz-Kessemeier/Dorothee Wimmer (Hrsg.), Museen im Nationalsozialismus. Akteure – Orte – Politik: <http://www.fes.de/cgi-bin/afs.cgi?id=81809>.

Beiträge zum Rahmenthema
»Gesellschaftswandel und Modernisierung,
1800–2000«

Benjamin Ziemann

Gesellschaftswandel und Modernisierung, 1800–2000

Zur Einführung*

Im Jahr 1986 begann der Sozial- und Wirtschaftshistoriker Gerald D. Feldman einen Aufsatz über die historische Analyse der Weimarer Republik aus dem Blickwinkel der Modernisierungstheorie mit den Folgenden, nicht gerade volle Zuversicht ausstrahlenden Worten: »An invitation to consider any historical period from the perspective of modernization theory is a bit like being invited to climb a mountain in the fog. There is a danger of toppling during the climb and little hope for a clear view if one manages to reach the summit.«[1] Am Ende fiel Feldmans Fazit allerdings durchaus positiv aus. Nach einer Analyse der ökonomischen Interessenpolitik des ›alten‹ Mittelstands der Handwerker und Bauern kam er zu der These, dass in der mangelnden Adaption des politischen Systems der Weimarer Republik an den Ausgleich kollektiver Interessen ein schwerwiegendes Problem lag. Somit wurde gerade die asymmetrische Entwicklung von verschiedenen Teilfeldern der Gesellschaft – ein wichtiges Thema der Modernisierungstheorie – zu deren Belastung.[2] Nur ein Jahr später publizierte Detlev Peukert seine bahnbrechende Analyse der deutschen Geschichte von 1918 bis 1933 als »Krisenjahre der klassischen Moderne«. Peukert ging über ein oberflächliches Verständnis von Modernisierung dadurch hinaus, dass er die Krise der Weimarer Republik nicht in Spannungen zwischen traditionalen und modernen Sektoren der Gesellschaft lokalisierte, sondern vielmehr in den inneren Widersprüchen der modernen Gesellschaft selbst. Dabei ging es ihm vor allem um die Ambivalenzen von Rationalisierungsprozessen und Rationalitätskriterien in verschiedenen Teilfeldern der Gesellschaft wie etwa der Sozialpolitik und Sozialfürsorge, wo das Bemühen um eine Verbesserung der Lebenssituation von Wohlfahrtsklienten in Tendenzen zur selektiven Staffelung von Lebenschancen umschlug. Die Ursache dafür lag laut Peukert in der Entwicklung einer »Logodizee« in den Humanwissenschaften, die – in Analogie zur Theodizee der Erlösungsreligionen – die Grenzerfahrung des Todes bewältigen wollte. Der »Machbarkeitswahn« dieser instrumentellen Rationalität schlug, so Peukert, in der Weltwirtschaftskrise in die Unterstützung von Selektionsmechanismen um, die letztlich in den Massenmord führten.[3] Experten für die Geschichte der Sozialpolitik haben an einzelnen Elementen dieser Deutung gewichtige Kritik geäußert. Zudem ist es unübersehbar, das wichtige Probleme der Weimarer

* Diese Einführung in das Rahmenthema des Bandes 57 des Archivs für Sozialgeschichte wäre ohne vielfältige Anregungen von John Breuilly und seine Kommentare zu einer ersten Fassung des Textes nicht entstanden. Dafür sei ihm an dieser Stelle herzlich gedankt. Friedrich Lenger danke ich für wichtige Hinweise, Alessandra Exter für zuverlässige technische Unterstützung. Die Verantwortung für alle Fehler und Verkürzungen liegt selbstverständlich allein bei mir.

1 *Gerald D. Feldman*, The Weimar Republic: A Problem of Modernization?, in: AfS 26, 1986, S. 1–26, hier: S. 1.

2 Ebd., S. 25f.

3 *Detlev J.K. Peukert*, Die Weimarer Republik. Krisenjahre der klassischen Moderne, Frankfurt am Main 1987; Zitate aus *ders.*, Max Webers Diagnose der Moderne, Göttingen 1989, S. 110f. Es ist ebenso erstaunlich wie bedauerlich, dass sich keiner der Beiträge in der Gedenkschrift für Peukert seiner Interpretation der Weimarer Republik angenommen hat. *Frank Bajohr/Werner Johe/Uwe Lohalm* (Hrsg.), Zivilisation und Barbarei. Die widersprüchlichen Potentiale der Moderne. Detlev Peukert zum Gedenken, Hamburg 1991, vgl. nur knapp die Einleitung von *Frank Bajohr*, Detlev Peukerts Beiträge zur Sozialgeschichte der Moderne, in: ebd., S. 7–16, hier: S. 11.

Sozialpolitik ihre Ursache nicht in der Ambivalenz von Rationalitätskriterien haben, sondern auf die zeit- und kontextspezifische Bewältigung von Folgelasten des Ersten Weltkriegs zurückzuführen sind.[4]

Mit dem Hinweis auf solche Detailprobleme ist die grundsätzliche modernisierungstheoretische Prämisse von Peukerts Argument allerdings nicht auszuhebeln. Sein Buch bleibt ein bis heute anregender und wichtiger Versuch, in lockerer Anlehnung an Ideen Max Webers eine historische Deutung der modernen Gesellschaft vorzulegen, in deren Zentrum das destruktive und selbstzerstörerische Potenzial der für die Moderne typischen Muster formaler – oder instrumentaler – Rationalität steht.[5] Mit Peukerts Buch war das Tor zu einer kritischen Gesellschaftsgeschichte der Moderne weit geöffnet, zumal im selben Jahr die ersten beiden von insgesamt fünf Bänden erschienen, in denen Hans-Ulrich Wehler seine Konzeption einer modernisierungstheoretisch informierten Gesellschaftsgeschichte Deutschlands von 1700 bis zur Gegenwart vorlegte.[6] Doch just in jenem Moment, in dem eine kritische Masse für die konzeptionelle Verfeinerung und empirische Umsetzung modernisierungstheoretischer Ansätze greifbar war, wandelte sich die historiografische Großwetterlage innerhalb weniger Jahre dramatisch. Mit dem Vordringen kulturgeschichtlicher Ansätze – sowohl in der Fachwissenschaft als auch in den Lesepräferenzen eines historisch interessierten Publikums – geriet eine modernisierungstheoretisch inspirierte Gesellschaftsgeschichte ins Hintertreffen. Sobald die zentrale begriffliche Leitunterscheidung der Geschichtswissenschaft als die Alternative »Kultur« oder »Gesellschaft« präsentiert wurde – mit einer emphatischen Präferenz für jene –, stellte sich die Frage nach der Genese der modernen Gesellschaft nicht mehr.[7] Auch aus diesem Grund hat es bislang nur wenige Stellungnahmen zu Wehlers Gesellschaftsgeschichte gegeben, die sich substanziell mit den modernisierungstheoretischen Implikationen seiner fünf Bände beschäftigen.[8] Die durchaus notwendige Kritik modernisierungstheoretischer Ansätze bezog sich in der Regel auf eine veraltete Textgrundlage, in der deren breit angelegte forschungspraktische und darstellerische Umsetzung nicht zur Sprache kam.[9] So entsteht die paradoxe Situation, dass die heutige Kritik am Gebrauchswert der Modernisierungstheorie für Historikerinnen und Historiker – an ihrem teleologischen, in ein emphatisches Narrativ des Fortschritts mündenden Grundzug, an der holzschnittartigen Dichotomie von Tradition und Moderne

4 Für beide Punkte vgl. zum Beispiel *Young-Sun Hong*, The Weimar Welfare System, in: *Anthony McElligott* (Hrsg.), Weimar Germany, Oxford/New York etc. 2009, S. 175–206.

5 Zum Bezug auf Weber vgl. *Peukert*, Max Webers Diagnose der Moderne.

6 *Hans-Ulrich Wehler*, Deutsche Gesellschaftsgeschichte, 5 Bde., München 1987–2008.

7 *Ute Daniel*, »Kultur« und »Gesellschaft«. Überlegungen zum Gegenstandsbereich der Sozialgeschichte, in: GG 19, 1993, S. 69–99. Das »und« im Titel dieses Aufsatzes ist hochgradig irreführend. Denn der Text selbst formuliert eine dichotomische Entgegensetzung und eindeutige Präferenz.

8 Vgl. vor allem *John Breuilly*, Auf dem Weg zur deutschen Gesellschaft? Der dritte Band von Wehlers »Gesellschaftsgeschichte«, in: GG 24, 1998, S. 136–168; *ders.*, Wehler's ›Deutsche Gesellschaftsgeschichte‹ Project, in: NPL 55, 2010, S. 197–212, sowie die Beiträge in *Paul Nolte/Manfred Hettling/Frank-Michael Kuhlemann* u.a. (Hrsg.), Perspektiven der Gesellschaftsgeschichte, München 2000. Unter den Nachrufen vgl. unter anderem *Charles S. Maier*, Hans-Ulrich Wehler: In Memoriam, in: GG 40, 2014, S. 610–617, hier: S. 613–615; *John Breuilly*, Hans-Ulrich Wehler: A Tribute, in: German History 33, 2015, H. 2, S. e1–e6, URL: <https://academic.oup.com/gh/article/33/2/e1/2355288/Hans-Ulrich-Wehler-A-Tribute> [5.9.2017].

9 Symptomatisch für diese verkürzte Kritik ist *Chris Lorenz*, ›Won't You Tell Me, where Have All the Good Times Gone‹? On the Advantages and Disadvantages of Modernization Theory for History, in: Rethinking History 10, 2006, S. 171–200. Lorenz bezieht sich kritisch auf *Hans-Ulrich Wehler*, Modernisierungstheorie und Geschichte, Göttingen 1975. Die 2003 bereits vorliegenden vier Bände seiner Gesellschaftsgeschichte diskutiert er hingegen nicht.

und an der Hypostasierung des ›westlichen‹ Entwicklungspfads zur Moderne – sich auf genau jene Punkte fokussiert, die Wehler selbst bereits 1975 skizziert hatte.[10]

Nun gibt es viele gute Gründe dafür, warum Historikerinnen und Historiker schon lange keine Inspiration mehr bei jenen Versionen der Modernisierungsforschung suchen, die in der amerikanischen Soziologie der 1950er- und 1960er-Jahre zirkulierten. Deren intellektuelles Kernproblem lag darin, dass sie die statische Anlage des Strukturfunktionalismus von Talcott Parsons durch Ansätze zu einer Analyse sozialen Wandels ergänzen wollten, dabei aber über abstrakte Modellüberlegungen auf der Makroebene nationaler Gesellschaften nicht hinauskamen. Nicht minder problematisch war die Annahme einer Konkordanz zwischen der Freisetzung der kapitalistischen Industrialisierung und dem Aufbau partizipativer politischer Strukturen. Der vielleicht entscheidende Kritikpunkt an den US-amerikanischen Modernisierungsmodellen der 1960er-Jahre ist jedoch nicht ihre theoretische Insuffizienz, sondern das Faktum ihrer »politischen Kompromittierung«. Modernisierung, verstanden als normative Kategorie und analytisches Modell, wurde zum Leitfaden von Vorstellungen über die notwendige Entwicklung rückständiger Gesellschaften in der ›Dritten Welt‹, die Thinktanks und ökonomische Institutionen in den USA im Kontext des Kalten Kriegs zur Durchsetzung und Steuerung der westlichen Hegemonie in vielen Ländern Asiens und Afrikas benutzten.[11]

Modernisierung war damit nicht nur ein »Prozess« des sozialen Wandels, sondern auch ein »Projekt« der Anpassung an die Erfordernisse einer auf ökonomisches Wachstum und rastlose Veränderung ausgerichteten Gesellschaftsformation. Aus Sicht der führenden Protagonisten der amerikanischen Modernisierungsforschung ging es dabei nicht nur um die institutionellen Strukturen, sondern auch um die psychosozialen Eigenschaften, die der »modern man« für das erfolgreiche Agieren in einer auf individueller Leistungsorientierung basierenden Gesellschaft mitbringen musste. »Fortschrittszuversicht« und »Veränderungswillen« waren nur zwei der Attribute, welche die Umstellung auf eine dynamische Sozialstruktur von den Individuen erforderte. Solche normativ aufgeladenen Vorstellungen, die sich mit entsprechenden Gegenbildern über die Mentalitäten indigener Bevölkerungen verbanden, drangen über die Rezeption US-amerikanischer Ansätze seit den 1960er-Jahren auch in die gerade erst im Aufbau befindliche westdeutsche Sozialpsychologie ein. Sie prägten dort nicht nur Vorstellungen über die Ursachen der Unterentwicklung in der ›Dritten Welt‹, sondern auch die Rekrutierungs- und Ausbildungspraktiken westdeutscher Industriekonzerne, die Personal aus den ›Entwicklungsländern‹ an westliche Standards heranführen wollten.[12]

Eine solche Historisierung der normativen Implikationen und Wissensformen der US-amerikanischen Modernisierungsforschung ist eine unhintergehbare Voraussetzung jeder neuerlichen Beschäftigung mit Modernisierung als geschichtswissenschaftlichem Konzept. Die Voraussetzungen für ein solches Unterfangen haben sich in den letzten zehn Jahren zum Positiven verändert. Dafür gibt es zumindest drei wichtige Gründe. Erstens ist es heute ohne Weiteres möglich, die geschichtswissenschaftliche Diskussion von Fragen der Modernisierung auf die Analyse des Prozesses sozialen Wandels zu fokussieren und damit

---

10 Vgl. den Beitrag von Peter van Dam in diesem Band.

11 Als knappe Zusammenfassung vgl. *Michael E. Latham*, Modernization, in: *Theodore M. Porter/Dorothy Ross* (Hrsg.), The Cambridge History of Science, Bd. 7: The Modern Social Sciences, Cambridge/New York etc. 2003, S. 721–734. Zitat: *Jürgen Osterhammel*, Modernisierungstheorie und die Transformation Chinas 1800 bis 1949. Kritische Überlegungen zur historischen Soziologie, in: Saeculum 35, 1984, S. 31–72, hier: S. 35. Als konzise theoriegeschichtliche Rekonstruktion vgl. *Wolfgang Knöbl*, Spielräume der Modernisierung. Das Ende der Eindeutigkeit, Weilerswist 2001, S. 155–218.

12 Vgl. den Beitrag von Steffen Dörre in diesem Band.

von normativen Fragen nach dem Projekt der Moderne als des Modells einer gelingenden Gesellschaft abzukoppeln. Dabei lässt sich nicht nur an programmatische Arbeiten wie die von Detlev Peukert in der Geschichtswissenschaft oder Zygmunt Bauman in der Soziologie anknüpfen, welche die genozidalen Gewaltexzesse des 20. Jahrhunderts in den Machbarkeitsvorstellungen der Hochmoderne situieren und damit explizit nach den destruktiven Potenzialen der Modernisierung fragen.[13] Wird bereits in diesen Arbeiten jegliche Vorstellung einer positiven Wertladung der westlichen Moderne ad absurdum geführt, so lässt sich darüber hinaus ein genereller Trend in der soziologischen Fachdiskussion beobachten. Demnach zielen die »neueren Konzepte von Modernisierung« – dabei wäre unter anderem an die Arbeiten von Ulrich Beck und Anthony Giddens zu denken – »auf die Beschreibung einer Moderne, die sich selbst als Moderne wahrnimmt und historisiert«.[14] Und das gilt selbstredend auch mit Blick auf die normativen Versprechungen der Moderne.

Ein zweiter wichtiger Grund für die Möglichkeit und Notwendigkeit einer neuerlichen Auseinandersetzung mit Fragen der Modernisierung liegt in der Infragestellung westlicher Modernisierungskonzepte durch die neuere Globalgeschichte. Deren Arbeiten haben unmissverständlich deutlich gemacht, in welchem Ausmaß die ältere Modernisierungsforschung der 1950er- und 1960er-Jahre den spezifischen »westlichen« Entwicklungspfad zur Moderne verdinglicht und hypostasiert hat.[15] Zugleich haben diese Arbeiten den Bedarf nach einer konzeptionellen Grundlage für die Analyse langfristigen historischen Wandels deutlich gemacht, den die Abwendung von den älteren Modellen der Modernisierungsforschung im Zuge der kulturgeschichtlichen Wende hinterlassen hat. Insofern sich die Kulturgeschichte in direkter Opposition zum Konzept der Gesellschaft als eines strukturierten sozialen Ganzen positioniert hat, hat ihr Aufschwung hier eine schmerzliche Lücke hinterlassen, die entweder durch Mikroanalysen oder durch historische Narrative ohne expliziten Bezug auf sozialtheoretische Vorstellungen gefüllt worden ist. Daraus ergibt sich die Notwendigkeit, den konzeptionellen und theoretischen Bezugsrahmen der Sozial- und Gesellschaftsgeschichte neu zu überdenken.[16]

Dies führt zum dritten wichtigen Grund, warum eine neuerliche Auseinandersetzung mit dem Konzept der Modernisierung heute für Historikerinnen und Historiker geboten erscheint. Dieser liegt in den erweiterten Möglichkeiten für eine Bezugnahme auf sozialtheoretische Konzepte, die in der Geschichtswissenschaft heute zur Verfügung stehen. Man

---

13 Vgl. *Peukert*, Max Webers Diagnose der Moderne; *Zygmunt Bauman*, Modernity and the Holocaust, Cambridge 1989. Wohl kein Experte für die Geschichte des Holocaust würde Baumans Argument unterstützen. Es zeigt aber eine mögliche Denkrichtung an, mit der Genozide im Prozess der Modernisierung situiert werden können. Der Verweis auf *Götz Aly/Susanne Heim*, Vordenker der Vernichtung. Auschwitz und die deutschen Pläne für eine neue europäische Ordnung, Hamburg 1991, mag als Beispiel für eine empirisch fundierte Studie genügen, welche den Zusammenhang von Machbarkeitsvorstellungen und NS-Vernichtungsplanung akzentuiert.

14 *Thomas Mergel*, Modernisierung, in: Europäische Geschichte Online, URL: <http://www.ieg-ego.eu/mergelt-2011-de> [30.8.2017]. Für eine detaillierte Analyse vgl. *Armin Nassehi*, Der soziologische Diskurs der Moderne, Frankfurt am Main 2006.

15 Statt vieler Belege hier nur der Hinweis auf die umfassende Synthese von *Jürgen Osterhammel*, The Transformation of the World. A Global History of the Nineteenth Century, Princeton/Oxford 2014 (zuerst dtsch. 2009); ferner die Diskussion in: *Boris Barth/Stefanie Gänger/Niels P. Petersson* (Hrsg.), Globalgeschichten. Bestandsaufnahme und Perspektiven, Frankfurt am Main/New York 2014; *John Breuilly*, Strategies for Writing Global History, in: Journal of Global History 9, 2014, S. 314–321.

16 Vgl. dazu den wichtigen Beitrag von *Jürgen Osterhammel*, Gesellschaftsgeschichte und Historische Soziologie, in: *ders./Dieter Langewiesche/Paul Nolte* (Hrsg.), Wege der Gesellschaftsgeschichte, Göttingen 2006, S. 81–102, und die Beiträge in: *Pascal Maeder/Barbara Lüthi/Thomas Mergel* (Hrsg.), Wozu noch Sozialgeschichte? Eine Disziplin im Umbruch, Göttingen 2012.

mag dabei zunächst etwa an die Analysen Michel Foucaults zur kapillaren Form und Verteilung von Machtbeziehungen denken. Dieser Ansatz wird etwa in Beiträgen zur Genese von autoritären und neoliberalen Formen der sozialen Steuerung im Europa des 20. Jahrhunderts verwendet. Seine Grenze liegt allerdings darin, dass dem Kapitalismus und seiner »globalisierenden Dynamik« vorschnell eine zentrale Rolle für die Genese der modernen Gesellschaft zugeschrieben wird.[17] Neben dem Interesse an Foucault hat sich allerdings eine noch vor 15 Jahren so nicht unbedingt vorhersehbare Entwicklung abgezeichnet, nämlich die breit angelegte Rezeption der soziologischen Systemtheorie von Niklas Luhmann. Diese in ihrer Anlage durchaus sperrige und hoch abstrakte Theorie bietet für eine Bezugnahme vonseiten der Geschichtswissenschaft zunächst den großen Vorteil, dass sie mit ihrer Fokussierung auf sinnhafte Kommunikation als Medium des Sozialen eine Integration kulturtheoretischer Ansätze ermöglicht. Sie unterläuft damit jene berechtigte Kritik, die sich gegen die Marginalisierung von Kultur im älteren Strukturfunktionalismus gerichtet hat.[18]

Für die historische Dimension von Modernisierung wichtiger ist allerdings jener Strang der Theorie von Luhmann, der sich mit der Genese und den Folgen funktionaler Differenzierung als einer wichtigen Strukturdimension moderner Gesellschaften beschäftigt. In der Entfaltung seines spezifischen Zugangs zu diesem Thema hat sich Luhmann intensiv mit den Beiträgen der soziologischen Klassiker – vor allem Max Weber, Émile Durkheim und Georg Simmel – zur Differenzierungstheorie auseinandergesetzt.[19] Gerade für Weber war bekanntlich das Auseinandertreten von miteinander inkompatiblen Sphären unpersönlicher Rationalität eines der zentralen Charakteristika der Moderne. Seine für das Gesamtwerk zentralen Aufsätze über die »Protestantische Ethik und der Geist des Kapitalismus« sind so der Versuch, die Ausdifferenzierung der formal-rationalen kapitalistischen Wirtschaft als ein Beispiel für den langen, bis in die Frühe Neuzeit zurückreichenden historischen Vorlauf von Formen funktionaler Differenzierung zu deuten.[20] Erst so konnten jene »immanenten Eigengesetzlichkeiten« der Funktionssysteme der modernen Gesellschaft entstehen, für welche die kapitalistische Wirtschaft nur ein Beispiel unter vielen ist.[21]

Es scheint hilfreich, bei der Analyse von Modernisierung zwischen vier verschiedenen Perspektiven zu unterscheiden: dem soziostrukturellen Wandel, dem kulturellen Wandel, dem Wandel des Persönlichkeitstyps und dem Naturverhältnis der Gesellschaft. Themen wie die Rationalisierung und Individualisierung würden demnach der zweiten und dritten

---

17 Vgl. als Beispiel *Dennis Sweeney*, ›Modernity‹ and the Making of Social Order in Twentieth-Century Europe, in: Contemporary European History 23, 2014, S. 209–224, hier: S. 223.

18 Der instruktive Band von *Henk de Berg/Johannes F. K. Schmidt* (Hrsg.), Rezeption und Reflexion. Zur Resonanz der Systemtheorie Niklas Luhmanns außerhalb der Soziologie, Frankfurt am Main 2000, enthielt noch keinen Beitrag zur Geschichtswissenschaft. Vgl. dann *Frank Becker* (Hrsg.), Geschichte und Systemtheorie. Exemplarische Fallstudien, Frankfurt am Main/New York 2004; sowie die Beiträge im Sonderheft der Zeitschrift Soziale Systeme 13, 2007, H. 1+2. Der wichtigste Bezugstext bleibt *Niklas Luhmann*, Die Gesellschaft der Gesellschaft, 2 Bde., Frankfurt am Main 1998.

19 Sowohl für Luhmann als auch für die Theorietradition aufschlussreich: *Hartmann Tyrell*, Soziale und gesellschaftliche Differenzierung. Aufsätze zur soziologischen Theorie, Wiesbaden 2008; vgl. auch die theoriegeschichtlichen Skizzen in *Niklas Luhmann* (Hrsg.), Soziale Differenzierung. Zur Geschichte einer Idee, Opladen 1985.

20 Funktionale Differenzierung als eine der intellektuellen Leitideen in Webers Werk betont jetzt die werkbiografische Studie von *Peter Ghosh*, Max Weber and ›The Protestant Ethic‹: Twin Histories, Oxford/New York etc. 2014, insb. S. 137 und 388. Vgl. *Benjamin Ziemann*, Max Weber and the Protestant Ethic. Twin Histories, in: German History 35, 2017, S. 304–309.

21 *Max Weber*, Zwischenbetrachtung. Theorie der Stufen und Richtungen religiöser Weltablehnung [1915], in: *ders.*, Gesammelte Aufsätze zur Religionssoziologie I, Tübingen 1988, S. 536–573, Zitat: S. 544.

Perspektive zugerechnet.[22] In Anlehnung an dieses Schema und die Theorie von Luhmann lässt sich Modernisierung in soziostruktureller Hinsicht also vorläufig definieren als ein Formwandel gesellschaftlicher Differenzierung, der zur Dominanz des Strukturmusters funktionaler Differenzierung führt.[23] In dieser Sichtweise, das sei gleich vorab festgehalten, verliert die für die ältere Modernisierungsforschung zentrale Unterscheidung zwischen »traditional« und »modern« ihre Bedeutung. Denn wenn man vom Formwandel der Differenzierung spricht, richtet sich der Blick nicht auf einzelne Merkmale der Gesellschaft, die dann als »traditional« oder »modern« identifiziert werden können. Im Prozess des Formwandels der Differenzierung werden allerdings Elemente des Sozialen mitgeführt, die sich dann als »traditional« verstehen lassen. »Tradition«, so hat Jürgen Osterhammel dies formuliert, »ist also nicht ein vorhandener Zustand«, sondern vielmehr »etwas, das immer erst im Rückblick und Rückgriff geschaffen wird.«[24] Zugleich ist funktionale Differenzierung ein prinzipiell unabgeschlossener Prozess. Auch aus diesem Grund hat die Unterscheidung zwischen »traditional« und »modern« ihre Überzeugungskraft eingebüßt und sollte zu den Akten gelegt werden.

Dabei sind von vornherein zwei verschiedene Konzepte funktionaler Differenzierung zu unterscheiden, die sich auch im historischen Prozess als mehr oder weniger distinkte Phasen zuordnen lassen. Zum einen handelt es sich um Differenzierung als Dekomposition: Hierbei werden multifunktionale Institutionen wie Zünfte und Korporationen sukzessive aufgelöst und ihre ökonomischen, politischen und kulturellen Teilfunktionen durch voneinander getrennte Institutionen erfüllt. Davon zu unterscheiden ist Differenzierung durch Emergenz. Hier werden jeweils spezifische Zugangsweisen zur Welt in einem sich selbst verstärkenden Prozess so lange kultiviert, bis diese Form der Spezialisierung eine in sich geschlossene Sozialformation mit ihren eigenen Regeln und Codes ausbildet.[25] Weitreichende und abstrakte Konzepte wie das der funktionalen Differenzierung werden allerdings, so hat Jürgen Osterhammel zu Recht angemahnt, »serviceable only if it is pos-

---

22 Vgl. *Hartmut Rosa*, Beschleunigung. Die Veränderung der Zeitstrukturen in der Moderne, Frankfurt am Main 2005, S. 105–108, in Anlehnung an *Hans van der Loo/Willem van Reijen*, Modernisierung. Projekt und Paradox, München 1992 (zuerst nl. 1990).

23 *Knöbl*, Spielräume der Modernisierung, S. 18–20, kritisiert systemtheoretische Ansätze als zu abstrakt und »inhaltsarm« (S. 20) für die Beschreibung sozialen Wandels. Demgegenüber lässt sich auf Versuche verweisen, die ganz gezielt abstrakt angesetzten Leitbegriffe in gehaltvolle empirische Untersuchungen umzusetzen, die auch »Kontingenzen, plötzliche historische Beschleunigungsprozesse und Entwicklungsabbrüche« (ebd., S. 20) konzeptionell und empirisch deuten. Vgl. meinen Versuch in *Benjamin Ziemann*, Katholische Kirche und Sozialwissenschaften 1945–1975, Göttingen 2007. Auch die Kritik an dem »inhaltlich leere[n] Begriff der Differenzierung« aufgrund der »prinzipiellen Offenheit der Interpretationshorizonte« von Akteuren überzeugt weder empirisch noch begrifflich, *Knöbl*, Spielräume der Modernisierung, S. 360. Selbstredend gibt es in jeder Gesellschaftsform thematisch offene und unstrukturierte Kommunikation. Das von Luhmann eingeführte Konzept der kommunikativen Codes führt jedoch auf die Relevanz jener Selektionen, die Kommunikation über Religion, Wissenschaft et cetera strukturieren und anschlussfähig machen, ohne dass dies immer »im Sinne einer besseren Umweltanpassung« (ebd.) verstanden werden muss. Als Versuch einer historischen Umsetzung vgl. *Benjamin Ziemann*, Codierung von Transzendenz im Zeitalter der Privatisierung. Die Suche nach Vergemeinschaftung in der katholischen Kirche, 1945–1980, in: *Michael Geyer/Lucian Hölscher* (Hrsg.), Die Gegenwart Gottes in der modernen Gesellschaft. Religiöse Vergemeinschaftung und Transzendenz in Deutschland, Göttingen 2006, S. 374–397.

24 *Jürgen Osterhammel*, Hierarchien und Verknüpfungen. Aspekte einer globalen Sozialgeschichte, in: *Sebastian Conrad/ders.* (Hrsg.), Geschichte der Welt, Bd. 4: 1750–1850. Wege zur modernen Welt, München 2016, S. 627–836, hier: S. 642 (Zitat) und 647.

25 Zur Unterscheidung dieser beiden Differenzierungsformen vgl. *Tyrell*, Soziale und gesellschaftliche Differenzierung, S. 107–140.

sible to specify their reference in historical reality«.[26] Um die Markierung solcher Referenzpunkte bemühen sich die Beiträge in diesem Band. Dabei ist es zugleich notwendig, weitere Unterscheidungen am Konzept der Differenzierung selbst vorzunehmen. Dies betrifft vor allem die Unterscheidung von verschiedenen Ebenen der Kommunikation.[27] Noch die frühmoderne Gesellschaftsformation war durch die Dominanz der Interaktion unter Anwesenden geprägt, während auf der Zuordnung von Mitgliedschaftsrollen beruhende Organisationen nur in bestimmten Feldern wie der Religion – man denke etwa an die Societas Jesu – langsam an Bedeutung gewannen.[28] Für die Moderne ist dagegen ein Auseinanderziehen der Ebenen von Interaktion, Organisation und Gesamtgesellschaft zu beobachten.[29] Um ein angemessenes Verständnis dieses Prozesses zu gewinnen, ist es allerdings erforderlich, ihn in nicht teleologischer Manier zu verstehen und die vielfachen Wechselbeziehungen und Aushandlungsprozesse zwischen den Ebenen zu betonen.

Das Beispiel der Einbindung des ländlichen Raums in die nationale Politik mag dies verdeutlichen. Eugen Weber hat für Frankreich eine klassische modernisierungstheoretische Darstellung vorgelegt, in der die Einbeziehung der Dorfbewohner in das politische System der Dritten Republik von den drei modernen Institutionen Schule, Militär und Eisenbahn ausgeht, die mit ihren Angeboten und Zwängen bis 1914 in die hintersten Winkel des Hexagons vordrangen.[30] Bei Weber wie in dem von Hans Rosenberg und Karl Mannheim geprägten Konzept der »Fundamentalpolitisierung« ist die Dorfbevölkerung nur der passive Empfänger von politischen Regeln und Diskursen, die dem ländlichen Raum durch die Institutionen des Anstaltsstaats eingeprägt werden. Nationalisierung ist bei Eugen Weber ein von den Eliten getragenes Projekt und kein historischer Prozess, der sich konzeptionell mit Fragen der Modernisierung verknüpfen lässt.[31] Mit dem Konzept des Regierens, das nach den für die dörfliche Politik typischen Wissensformen, Akteuren und Praktiken fragt, lässt sich eine Geschichte des Formwandels der Politik im ländlichen Raum schreiben, welche die normativen Implikationen des Konzepts der Fundamentalpolitisierung vermeidet. Dabei wird vor allem deutlich, dass auch lange nach der Einführung einer modernen Institutionenordnung für die Gemeindeverwaltung informelle Praktiken deren Entscheidungsfindung bestimmten, die regelhaftes Handeln und personale Strategien miteinander verbanden. Da solche Praktiken womöglich bis in die Gegenwart andauern, lassen sie sich auch nicht als Überhang vormoderner Politikformen verstehen, die in die Moderne hineinragen.[32] Die Rationalitätsformen des modernen Staats kamen also nur in der Wechselwirkung mit einer weiterhin vornehmlich durch die Interaktion unter Anwesenden geprägten Sozialformation zur Geltung.

---

26 *Osterhammel*, The Transformation of the World, S. 904; vgl. jetzt die weiterführenden Überlegungen für eine kritische Anwendung von Ideen und Kategorien Luhmanns in *ders.*, Hierarchien und Verknüpfungen, insb. S. 641–649.

27 Dazu *Hartmann Tyrell*, Zweierlei Differenzierung: Funktionale und Ebenendifferenzierung im Frühwerk Niklas Luhmanns, in: Soziale Systeme 12, 2006, S. 294–310, auch in *ders.*, Soziale und gesellschaftliche Differenzierung, S. 55–74; ideenhistorisch präzisierend *Michael Kauppert/ders.*, »Im umgekehrten Verhältnis«. Zur Entdeckung der Ebenendifferenzierung in der ›bürgerlichen Gesellschaft‹, in: Zeitschrift für Soziologie, 2014, Sonderheft: »Interaktion – Organisation – Gesellschaft revisited. Anwendungen, Erweiterungen, Alternativen«, S. 153–177.

28 Vgl. *Rudolf Schlögl*, Kommunikation und Vergesellschaftung unter Anwesenden. Formen des Sozialen und ihre Transformation in der Frühen Neuzeit, in: GG 34, 2008, S. 155–224.

29 Vgl. den Beitrag von Detlef Pollack in diesem Band.

30 *Eugen Weber*, Peasants into Frenchmen. The Modernization of Rural France 1870–1914, Stanford 1976.

31 Vgl. *John Breuilly*, Modernism and Writing the History of Nationalism, in: *Stefan Berger/Eric Storm* (Hrsg.), Writing the History of Nationalism, London 2018 (im Erscheinen).

32 Vgl. den Beitrag von Anette Schlimm in diesem Band.

Zur Einpassung des Differenzierungskonzepts in die historische Realität des 19. und 20. Jahrhunderts sind auch Korrekturen am Verständnis segmentärer Differenzierung notwendig. In diesem Differenzierungstyp werden soziale Einheiten wie ethnische Gruppen oder religiöse Milieus, die sich durch starke innere Geschlossenheit, eine geringe Spreizung des Rollenprofils ihrer Mitglieder und eine dichte Kommunikation unter Anwesenden auszeichnen, räumlich getrennt und damit segmentär nebeneinander gelagert. Klassische Versionen der Modernisierungstheorie gehen davon aus, dass dieser Differenzierungstyp in der Moderne wenn nicht ganz verschwindet, so doch für die Sozialstruktur an Bedeutung stark verliert. Demgegenüber zeigt eine vergleichende Untersuchung des katholischen Milieus in der Gesellschaft des späten 19. und frühen 20. Jahrhunderts und migrantischer Milieus in der bundesdeutschen Gesellschaft der letzten Jahrzehnte, dass segmentäre Formen der Differenzierung auch in der Moderne eine wichtige Rolle spielen. Insofern sich solche Gruppen in einer Minderheitensituation befinden und sehen und diese durch sozioökonomische Cleavages weiter akzentuiert wird, bieten segmentäre Strukturen eine Möglichkeit, an die Muster funktionaler Differenzierung selektiv anzuschließen und dabei die eigene Gruppenidentität zu konservieren.[33] Die Mitglieder dieser Gruppen setzen sich nicht selten dem Spott von Befürwortern einer säkular verstandenen Moderne aus, wie etwa jene fränkische Tageszeitung, die ihren Lesern 1910 nahelegte, die beim Metzger gekauften Waren stets nur in das Papier einer katholischen Zeitung einwickeln zu lassen. Die liberale »Tägliche Rundschau« kommentierte dieses Ansinnen mit den Worten, dass nun endlich das »konfessionelle Wurstpapier« eingeführt werde.[34] Doch solche Vorbehalte trugen letztlich nur dazu bei, die segmentäre Gruppenidentität weiter zu stärken und zu konservieren. Die anhaltende Relevanz segmentärer Differenzierung in der Gegenwart sollte zu einer weiteren Diskussion der Frage führen, ob und inwieweit solche wohl fälschlich als »vormodern« unterstellten Vergemeinschaftungsformen dauerhaft beziehungsweise in bestimmten Konstellationen zur Strukturierung der modernen Gesellschaft beitragen.[35]

Ein anderes Thema, in dem die Argumente und Konzepte der klassischen Modernisierungstheorie der Kritik verfallen sind, ist die These einer säkularen Abnahme kriegerischer Gewalt. Im deutschen Sprachraum zählte Hans Joas zu den ersten Beobachtern, die auf die Problematik einer Sicht auf die kriegerische Gewalt hinwiesen, die diese vornehmlich als Resultat der atavistischen Impulse einer feudalisierten Militärelite begriffen und aus deren sukzessiver Ablösung auf eine tendenziell gewaltfreie Moderne schlossen.[36] Auch wenn diese Sichtweise heute überholt ist, bleibt das Faktum bestehen, dass viele makrosoziologische Gesellschaftsentwürfe, wie sie vor allem im Umfeld der Systemtheorie und anderer Spielarten des Funktionalismus diskutiert werden, das Thema kriegerische Gewalt marginalisiert und vernachlässigt haben.[37] Diese Sachlage wird allerdings dadurch kompliziert, dass der Psychologe Stephen Pinker vor einigen Jahren nichts weniger als eine »neue Geschichte der Menschheit« vorgelegt hat. Er beansprucht darin, den empirischen Nachweis eines säkularen Rückgangs der Tötungsgewalt im globalen Maßstab zu erbringen, und zwar von den durch häufige Gewaltexzesse und kriegerische Exkursionen geprägten

33 Vgl. den Beitrag von Marc Breuer in diesem Band. Zur Literatur über das katholische Milieu vgl. weiterführend *ders.*, Religiöser Wandel als Säkularisierungsfolge. Differenzierungs- und Individualisierungsdiskurse im Katholizismus, Wiesbaden 2012.

34 Zit. bei: *Olaf Blaschke*, Vorwort, in: *ders.* (Hrsg.), Konfessionen im Konflikt. Deutschland zwischen 1800 und 1970: ein zweites konfessionelles Zeitalter, Göttingen 2002, S. 7–12, hier: S. 7.

35 Dies ist die zentrale Fragestellung bei *Geyer/Hölscher*, Die Gegenwart Gottes in der modernen Gesellschaft. Vgl. auch den Beitrag von Massimiliano Livi in diesem Band.

36 *Hans Joas*, Die Modernität des Krieges. Die Modernisierungstheorie und das Problem der Gewalt, in: Leviathan 24, 1996, S. 13–27.

37 Vgl. den Beitrag von Markus Holzinger in diesem Band.

Stammesgesellschaften vor Entstehung der durch Schriftgebrauch gekennzeichneten Hochkulturen bis zur Weltgesellschaft des frühen 21. Jahrhunderts. Deren Tötungsraten sind im historischen Vergleich so gering – wenn man Pinkers methodischem Vorgehen folgt, der die Zahl der gewaltsam Gestorbenen jeweils relativ zur jeweiligen Weltbevölkerung modelliert, um das exponentielle Bevölkerungswachstum als Faktor zu kontrollieren –, dass Pinker von der Gegenwart als der »friedlichsten Epoche« spricht, »seit unsere Spezies existiert«.[38] Pinker bemüht eine breite Palette interdisziplinärer Theorieangebote, um seine Befunde zu konzeptualisieren, vor allem solche aus der Sozialpsychologie, jenem Fach, in dem er selbst disziplinär angesiedelt ist. Im Kern ist sein Argument aber ganz eindeutig an der Zivilisationstheorie von Norbert Elias orientiert, der bekanntlich aus der Zunahme von Interdependenzketten eine steigende Selbstkontrolle affektiven Verhaltens abgeleitet hat. Dabei teilt Pinker die von Historikern oft kritisierte methodische Naivität, mit der Elias aus normativen Quellen auf die Realität von unkontrollierten Affekten in der mittelalterlichen Gesellschaft schloss. Und auch seine Auseinandersetzung mit der historischen Forschung zu Tötungsdelikten in westeuropäischen Städten des Hochmittelalters und der Frühmoderne ist nicht anders als oberflächlich zu bezeichnen. Aber auch wenn man auf Pinkers triumphalistische Beschwörung der normativen Überlegenheit der westlichen Moderne gerne verzichten kann, bleibt seine empirische Kernthese eines global gesehen säkularen Tiefstands der Tötungsdelikte in der Gegenwart unbestreitbar.[39]

Dies wirft zum einen die Frage auf, wie sich dieser Befund zu der offenkundigen Obsession verhält, mit der westliche Gesellschaften das Thema Gewalt in den Massenmedien, der Erziehung und Politik als eine angeblich zentrale Bedrohung ihrer sozialen Ordnung verhandeln.[40] Zum anderen muss sich der Blick auf jene Zonen der Welt richten, in denen kriegerische Gewalt ungeachtet der andernorts erreichten zivilisatorischen Standards nach wie vor endemisch ist. Dabei fällt auf, dass sich solche Kriege zumeist in Räumen begrenzter Staatlichkeit als innergesellschaftliche Konflikte zwischen ethnischen oder religiösen Gruppen in postkolonialen Gebieten vornehmlich Afrikas und Asiens entwickeln und nicht als klassische Staatenkriege, wie sie im Europa des 19. und 20. Jahrhunderts dominierten. Dies legt den Schluss nahe, dass es gerade die mangelnde Durchstaatlichung dieser Gesellschaften ist oder, anders gewendet, die unvollständige Ausdifferenzierung des staatlichen Gewaltmonopols in durch klientelartige Netzwerke geprägten Gesellschaften, welche die Gewalt dieser Bürgerkriege begünstigt und perpetuiert.[41]

Um für eine erneuerte Sozial- und Gesellschaftsgeschichte der Modernisierung passfähig zu sein, bedarf das Konzept der funktionalen Differenzierung nicht nur der Konkretion in spezifischen historischen Kontexten. Nötig ist auch der Aufweis der Wirkungsweise von sozialen »Mechanismen«, mit denen sich das Strukturprinzip der Differenzierung durchsetzt und seine Dynamik entfaltet.[42] Ein Beispiel dafür ist die Wirkung von operativen Mechanismen des juristischen Transfers von Grundeigentum im Territorium um die Stadt Valdivia im Süden von Chile.[43] Noch im frühen 19. Jahrhundert war mit dem privatrechtlichen Transfer beziehungsweise Verkauf von Land im Eigentum indigener Besitzer stets eine Abfolge von Schritten verbunden, die sowohl den Abschluss eines schriftlichen Vertrags

38 *Stephen Pinker*, Gewalt. Eine neue Geschichte der Menschheit, Frankfurt am Main 2011 (zuerst engl. 2011), Zitat: S. 11.

39 Vgl., mit weiteren Belegen, *Benjamin Ziemann*, Eine »neue Geschichte der Menschheit«? Zur Kritik von Steven Pinkers Deutung der Evolution der Gewalt, in: Mittelweg 36 22, 2012, H. 3, S. 45–56.

40 Vgl. dazu *Richard Bessel*, Violence. A Modern Obsession, London/New York etc. 2015.

41 Vgl. den Beitrag von Markus Holzinger in diesem Band.

42 Vgl. *Osterhammel*, Gesellschaftsgeschichte und Historische Soziologie, S. 100f.

43 Vgl. zum Folgenden den Beitrag von Manuel Bastias Saavedra in diesem Band.

als auch eine physische Begehung und symbolische Vermessung des Landes umfassten, da Grundstücke im Besitz von Mitgliedern indigener Bevölkerungsgruppen nicht hinreichend in Grundbüchern oder Katastern erfasst waren. Seit den 1830er-Jahren wurde diese lokalisierte Form der Sicherung des Wissens über den Besitzstatus eines Grundstücks jedoch durch eine Reihe von rechtlichen Instrumenten ersetzt, deren Geltung allein auf der Repräsentation beziehungsweise Anhörung vor dem Gericht in Valdivia oder – in Revisionsfällen – vor dem Obersten Gerichtshof in Santiago beruhte. Damit verbunden war die Ablösung und Trennung der physischen Person des indigenen Besitzers von seiner rechtlichen Präsenz, die nun durch mit einer Vollmacht ausgestattete Personen vor Gericht erfolgte. Diese Entwicklungen, die in der Mitte des 19. Jahrhunderts weitgehend abgeschlossen waren, führten im Ergebnis zu einer operativen Schließung des Rechtssystems, das nun von jeglichem lokalen Wissen abgelöst in der zirkulären Abfolge seiner schriftlich fixierten und nur durch juristische Dokumente und Kriterien induzierten Operationen funktionierte. Dies ist zugleich ein Beispiel für die frühe Einbindung eines an der Peripherie gelegenen Territoriums – immerhin 743 Kilometer von der chilenischen Hauptstadt Santiago und fast 13.000 Kilometer von der um 1850 immer noch recht beschaulichen Universitätsstadt Bonn entfernt – in die nur im Rahmen der Weltgesellschaft beschreibbaren Strukturen funktionaler Differenzierung. Damit ist weder gesagt, dass alle sozialen Strukturen in Valdivia um 1850 bereits in die Weltgesellschaft eingebunden waren, noch dass sich mit der operativen Schließung des Privatrechts im Süden Chiles ein »Fortschritt« verband, da sie in kurzer Zeit zur vielfachen Enteignung indigener Besitzer durch Landspekulation führte.

Operative und administrative Mechanismen regulierten auch ein anderes Beispiel für Modernisierung: die Regelung von grenzüberschreitenden Eheschließungen. Die Einführung der obligatorischen Zivilehe im Deutschen Kaiserreich 1875 ist ein klassisches Beispiel für funktionale Differenzierung. Ursprünglich im Kontext des von Otto von Bismarck initiierten Kampfes gegen den ultramontanen Katholizismus angesiedelt, aber auch nach der Beilegung des Kulturkampfes 1886 anders als andere Gesetze aus dessen Kontext nicht aufgehoben, besiegelte es die formale Säkularisierung der Eheschließung als eines Aktes der Familienbildung und rechtlichen Anerkennung. Die zum Ende des 19. Jahrhunderts rasch steigende Zahl von Eheschließungen mit einem nicht deutschen Partner war mit der Mobilisierung breiter Bevölkerungsschichten durch die Migrationsbewegungen der Hochindustrialisierung verbunden. Die praktische Anerkennung dieser Ehen durch die Standesbeamten war jedoch an deren konkrete Präferenzen und Handlungslogiken geknüpft. Die Professionalisierung des Personenstandswesens im Kaiserreich und der Weimarer Republik ist dabei zum einen ein gutes Beispiel für die Ausdifferenzierung von Handlungsfeldern im Zeichen der Hochmoderne. Zum anderen ist sie mit den Ambivalenzen und den Machbarkeitshoffnungen der »klassischen Moderne« eng verbunden, indem die Standesbeamten etwa die durch eine Eheschließung mit nicht christlichen Partnern drohende »Unordnung« abzuwehren beziehungsweise zu steuern versuchten.[44]

Das Beispiel der standesamtlichen Eheschließung verweist zugleich auf ein weiteres Themenfeld: den Zusammenhang von Modernisierung und Geschlechterungleichheit. Bislang ist die Modernisierungsforschung weitgehend geschlechtsblind geblieben, und die Geschlechtergeschichte hat nur wenige Anstrengungen unternommen, ihre Befunde auf übergreifende Fragen des sozialen Wandels zu beziehen.[45] Dabei ist die Untersuchung der

---

44 Vgl. den Beitrag von Christoph Lorke in diesem Band. Zu diesen Ambivalenzen der »klassischen Moderne« vgl. die konzise Skizze bei *Peukert*, Max Webers Diagnose der Moderne, S. 55–91.

45 Vgl. etwa *Gisela Bock*, Geschlechtergeschichte auf alten und neuen Wegen. Zeiten und Räume, in: *Osterhammel/Langewiesche/Nolte*, Wege der Gesellschaftsgeschichte, S. 45–66, wo vor allem Methodenfragen und das Verhältnis von Frauen- und Geschlechtergeschichte diskutiert werden.

relativen sozialen Position von Männern und Frauen ein guter Ansatzpunkt, um den Wandel der Persönlichkeitsstruktur und den Prozess der Individualisierung zu erhellen und nach Wechselwirkungen mit Prozessen der gesellschaftlichen Differenzierung und der Steigerung der Bildungschancen zu fragen. Die in der Langzeitperspektive der Moderne und im Vergleich mit der Frühen Neuzeit deutlich werdende Vergrößerung der rechtlichen Anerkennung, der Handlungsspielräume und der Lebenschancen von Frauen legt es nahe, die Interdependenz von Wandlungsprozessen zu unterstellen und damit eine oft kritisierte Gedankenfigur der älteren Modernisierungsforschung in komplexerer Form wieder aufzunehmen.[46]

Eine weitere Möglichkeit, Mechanismen der konkreten Umsetzung von Modernisierung zu erfassen, besteht darin, die Variabilität von Handlungslogiken über die Analyse des Umgangs mit Erfahrungen und mit Selbstbeschreibungen über die Spezifika einer »modernen« Gesellschaft aufzuzeigen, wie sie jeweils im nationalen Rahmen entworfen und diskutiert werden.[47] Dabei wird im Vergleich des Politikfeldes Staatsfinanzierung in Deutschland und Frankreich die Variabilität nationalspezifischer Semantiken von Modernität deutlich. Vom konzeptionellen Rahmen der älteren Modernisierungstheorie unterscheidet sich dieses Vorgehen auch darin, dass es die Vorstellung einer durchgängig von rationalem Handeln geprägten bürokratischen Organisation durch die Annahme einer »bounded rationality« ersetzt. Damit wird der Weg frei zu einer historischen Beschreibung wechselseitiger Beobachtungsprozesse in verschiedenen Problemsituationen, während zugleich die »große Erzählung« einer säkularen Ökonomisierung des Staatshandelns durch Marktzwänge einer offeneren, Kontingenzen nachweisenden Betrachtung weicht.[48]

Eine in der gesellschaftsgeschichtlichen Modernisierungsforschung bislang vernachlässigte Dimension ist der Raum.[49] Gerade beim Rückgriff auf Luhmanns Differenzierungskonzept ergibt sich die Gefahr, die räumliche Gebundenheit historischen Wandels aus den Augen zu verlieren. Denn Luhmann unterscheidet bekanntlich die Sachdimension der Vergesellschaftung – also die jeweils vorliegenden Muster der Differenzierung –, die Sozialdimension – in der Theorie der symbolisch generalisierten Kommunikationsmedien – sowie die Zeitdimension, wobei die Vorstellung der Evolution an die Stelle von Entwicklung als historisch gestalteter Prozess tritt.[50] Raum ist dagegen für Luhmann keine systematisch relevante Kategorie der Vergesellschaftung, vermutlich deshalb, weil in der Theorie der Kommunikationsmedien wie Geld, Wahrheit oder Macht eine Form des Sozialen unterstellt wird, die überlokal durch Schriftlichkeit oder andere Verbreitungsmedien verkoppelt ist und deren Raumgebundenheit deshalb vernachlässigt werden kann. Dabei ist die Ausübung von Macht stets an eine räumliche Erstreckung gebunden. In der Gesellschaft der Frühen Neuzeit gab es dabei viele überlappende Herrschaftsansprüche, die sich räumlich nicht eindeutig zuordnen ließen und sich auf multifunktionale Institutionen erstreckten. Im Zuge der funktionalen Spezialisierung wird auch die Machtausübung des Staats spezifiziert und im Sinne einer räumlichen Erstreckung über ein bestimmtes Territorium reformuliert. Nationalismus – verstanden als politische Ideologie und Mobilisierungsform, welche auf die Einigung aller Mitglieder einer bestimmten Nation in einem bestimmten Territorium zielt – ist somit kein kontingenter, sondern ein notwendiger Bestandteil des Modernisierungsprozesses. Die Modernisierung staatlicher Institutionen zur Schaffung eines solchen

---

46 Vgl. den Beitrag von Hedwig Richter in diesem Band. Aus soziologischer Sicht vgl. *Tyrell*, Soziale und gesellschaftliche Differenzierung, S. 141–198.

47 Für eine solche Analyse plädiert *Lutz Raphael*, »Moderne« in Frankreich. Politisches Projekt und nationales Ordnungsmuster, in: *Martin Sabrow/Peter Ulrich Weiß* (Hrsg.), Das 20. Jahrhundert vermessen. Signaturen eines vergangenen Zeitalters, Göttingen 2017, S. 141–160.

48 Vgl. den Beitrag von Stefanie Middendorf in diesem Band.

49 Vgl. *Osterhammel*, Gesellschaftsgeschichte und Historische Soziologie, S. 90.

50 *Luhmann*, Die Gesellschaft der Gesellschaft.

territorial homogenen Nationalstaats lässt sich dabei zugleich als ein Selektionsvorteil in einer durch Staatenkonkurrenz geprägten Arena verstehen.[51]

Um die Existenz eines solchen territorial homogenen Nationalstaats plausibel zu machen, bedurfte es allerdings der Entwicklung und Anwendung von Wissensformen, welche das Territorium visuell repräsentierten und durch die Schaffung von diskreten Einheiten eine verwaltungstechnische Erschließung ermöglichten. Erst durch die Anwendung statistischer Klassifizierungen und kartografischer Repräsentationen ließ sich die Nation als distinkte, nach außen klar abgegrenzte und zugleich in sich gegliederte Einheit darstellen.[52] Am Beispiel des Habsburgerreiches, also jener 1804/1806 nach dem Zerfall des Alten Reiches entstandenen politischen Einheit, lässt sich die modernisierende Wirkung dieser Landesaufnahmen aufzeigen, die einen unmittelbaren Beitrag zum Aufbau einer modernen staatlichen Verwaltung schufen. Die Arbeiten der Vermessungsingenieure und Kartografen knüpften dabei an die Wissensformen an, die im absolutistischen Frankreich seit dem späten 17. Jahrhundert geschaffen worden waren. Die Entwicklung der modernen Katasteraufnahmen im 19. Jahrhundert war entscheidend von bürgerlichen Berufsgruppen abhängig, die ihre Expertise für den Aufbau von Raumwissen zur Verfügung stellten und als eigenständige Akteursgruppe auftraten. Die Vermessung des Landes durch Kataster, deren kartografische Repräsentation und die Ausdifferenzierung moderner Staatlichkeit waren so eng miteinander verflochten.[53] Während der Beitrag solch kartografischen Raumwissens zur Modernisierung des österreichischen Staats unbestritten ist, besteht über die angemessene Kategorisierung der cisleithanischen Reichshälfte noch keine Einigkeit. Während die neuere Forschung die Substanz der erreichten Modernisierungsleistungen durchaus positiv beurteilt, ist noch umstritten, ob das Kaisertum Österreich um die Mitte des 19. Jahrhunderts damit als ein sich modernisierender Nationalstaat zu verstehen ist oder ob es sich weder dem Typus des Empire noch dem des Nationalstaats zurechnen lässt.[54]

Die in diesem Themenband versammelten Beiträge sind als ein Versuch zu verstehen, der in der Geschichtswissenschaft seit etwa zwei Jahrzehnten marginalisierten Frage nach der Modernisierung als einem historischen Prozess neue Impulse zu geben. Dafür sollen abschließend eine Reihe von Fragen angesprochen werden, die in diesem Zusammenhang entstehen. Dies sind – erstens – Fragen der Periodisierung. Sie stellen sich für Historikerinnen und Historiker letztlich als ein pragmatisches Problem, da die jeweiligen Koordinatenpunkte anzugeben sind und sich für Europa oder gar die Welt gültige Periodisierungen nicht einfach durch den Abgleich verschiedener Daten errechnen lassen.[55] Hinzu kommt,

51 Vgl. den Beitrag von John Breuilly in diesem Band. Zur räumlichen Dimension von Modernisierung in Ostmitteleuropa vgl. *Włodzimierz Borodziej/Stanislav Holubec/Joachim von Puttkamer* (Hrsg.), Mastery and Lost Illusions. Space and Time in the Modernization of Eastern and Central Europe, Berlin 2014.

52 Für Deutschland vgl. *Jason D. Hansen*, Mapping the Germans. Statistical Science, Cartography, and the Visualization of the German Nation, 1848–1914, Oxford/New York etc. 2015; *Siegfried Weichlein*, »Qu'est-ce qu'une Nation?«. Stationen der deutschen statistischen Debatte um Nation und Nationalität in der Reichsgründungszeit, in: *Wolther von Kieseritzky/Klaus-Peter Sick* (Hrsg.), Demokratie in Deutschland. Chancen und Gefährdungen im 19. und 20. Jahrhundert, München 1999, S. 71–90; *ders.*, Zählen und Ordnen. Der Blick der Statistik auf die Ränder der Nationen im späten 19. Jahrhundert, in: *Martin Lengwiler/Christof Dejung* (Hrsg.), Ränder der Moderne. Neue Perspektiven auf die Europäische Geschichte, Wien/Köln etc. 2015, S. 115–146.

53 Vgl. den Beitrag von Wolfgang Göderle in diesem Band.

54 Vgl. die unterschiedlichen Thesen in den Beiträgen von Wolfgang Göderle und John Breuilly. Den Bezugspunkt der Diskussion bildet jetzt die neue Gesamtdeutung von *Pieter Judson*, The Habsburg Empire. A New History, Cambridge 2016; vgl. dazu: An Imperial Dynamo? CEH Forum on Pieter Judson's The Habsburg Empire: A New History, in: CEH 50, 2017, S. 236–259.

55 So *Osterhammel*, Gesellschaftsgeschichte und Historische Soziologie, S. 90f.

dass die Durchsetzung funktionaler Differenzierung selbst die Periodisierung erschwert, da die einzelnen Funktionssysteme jeweils einer eigenen Temporalität folgen, was in modernen Gesellschaften spezifische Probleme in der Synchronisation von Handlungen aufwirft.[56] Zugleich ist es nicht sinnvoll, die Periodisierung von Modernisierungsprozessen von einem als Leitsektor verstandenen sozialen Feld abhängig zu machen. Denn im Einklang mit der Theorie funktionaler Differenzierung geht es vielmehr um die Frage, in welchem Zeitraum sich diese Differenzierungsform als solche unwiderruflich durchsetzte. Daraus folgt unmittelbar, dass die Leitmetapher der älteren Modernisierungsforschung, der »Take-off« zum selbsttragenden industriellen Wachstum, den Walt Whitman Rostow 1960 in seinem »Non-Communist Manifesto« als »the great watershed in the life of modern societies« postulierte, nicht mehr plausibel ist.[57] Dies liegt weniger daran, dass die wirtschaftshistorische Forschung die dem »Take-off« zugrunde liegenden Vorstellung der industriellen Revolution als einer durch technologische Innovation vorangetriebenen und durch stark steigende Wachstumsraten gekennzeichneten rapiden Umwälzung inzwischen empirisch und konzeptionell korrigiert hat.[58] Problematisch ist daran vielmehr die Unterstellung, bei der industriellen Ökonomie handele es sich um einen Leitsektor des sozialen Wandels.

Anfänge der für die moderne Gesellschaft charakteristischen Differenzierungsform lassen sich bis in das Hochmittelalter zurückverfolgen. Und gerade auf der Ebene der gesellschaftlichen Semantik werden die Möglichkeiten und die Probleme funktionaler Differenzierung in Erziehung, Religion, Wissenschaft und Politik während der gesamten Frühen Neuzeit aufmerksam registriert.[59] Aus der Sicht der Geschichtswissenschaft verbietet es sich deshalb, in pauschaler Weise von der »Vormoderne« zu sprechen, wie dies viele Soziologinnen und Soziologen tun. Denn die Zeit vor 1780 war nicht durch eine kompakte, in sich statische Form der Vergesellschaftung geprägt. Vielmehr bildeten sich in der Frühen Neuzeit bereits viele der für die Moderne typischen Strukturmerkmale und Wissensformen heraus.[60] Folgt man der von Reinhart Koselleck vertretenen These, dann setzten sich die für die moderne Gesellschaft charakteristischen Strukturmerkmale in der von circa 1750 bis 1850 reichenden »Sattelzeit« schließlich auf breiter Front durch.[61] Am Beispiel der Religion hat Rudolf Schlögl umfassend dargestellt, wie sich in Europa in diesem Zeitraum der Übergang von fest in die stratifizierte Herrschaftsstruktur des Ancien Régime eingebundenen Kirchen zu neuen Formen der religiösen Inklusion vollzog, die auf dem Zusammenspiel paralleler Prozesse des Wandels religiöser Medien, neuen institutionellen Rahmungen der Frömmigkeit und auf einer Individualisierung des religiösen Bekenntnisses und der Glaubenspraxis basierte. Erst im Zusammenspiel dieser Faktoren wird dann

56 *Rosa*, Beschleunigung, S. 46f.

57 *Walt Whitman Rostow*, The Stages of Economic Growth. A Non-Communist Manifesto, Cambridge/New York etc. 1991 (zuerst 1960), S. 4–16 und 36–58, Zitat: S. 7.

58 Vgl., mit weiterer Literatur, *Werner Abelshauser*, Von der Industriellen Revolution zur Neuen Wirtschaft, in: *Osterhammel/Langewiesche/Nolte*, Wege der Gesellschaftsgeschichte, S. 201–218. Die in der älteren Modernisierungstheorie dominante Orientierung an der Industrialisierung als dem wichtigsten Basisprozess von Modernisierung (vgl. *Knöbl*, Spielräume der Modernisierung, S. 162f. und 165f.) ist somit aus Sicht der Geschichtswissenschaft überholt.

59 Dies ist ein Kernthema bei *Niklas Luhmann*, Gesellschaftsstruktur und Semantik. Studien zur Wissenssoziologie der modernen Gesellschaft, 4 Bde., Frankfurt am Main 1980–1995.

60 Vgl. den Beitrag von Wolfgang Göderle in diesem Band.

61 Vgl. unter anderem die Beiträge von Hedwig Richter und Detlef Pollack in diesem Band. Auch Christopher Bayly unterstellt in seiner Globalgeschichte des 19. Jahrhunderts eine Zäsur im Übergang zu »complexity of function« am Ende des 18. Jahrhunderts. Vgl. *Christopher Bayly*, The Birth of the Modern World, 1780–1914. Global Connections and Comparisons, Malden/Oxford 2004, S. 20f.

auch Säkularisierung als ein auf Beobachtungen beruhender Prozess sichtbar, indem religiöse Beobachter die Veränderungen kirchlicher Praxis auf Wandlungen in der gesellschaftlichen Differenzierungsform beziehen.[62]

Neben oder im Zusammenhang mit dem Konzept der Sattelzeit lässt sich der Zeitraum bis circa 1880 als eine Periode verstehen, in der Modernisierung vorwiegend durch Dekomposition vorangetrieben wurde. Dabei wurden die multifunktionalen Institutionen der frühmodernen Gesellschaft entweder sukzessive aufgelöst beziehungsweise in ihrer Reichweite begrenzt oder sie passten sich durch eine Funktionsspezifikation an die Erfordernisse der Moderne an. So lässt sich etwa die Geschichte des preußischen Militärs von der Reformzeit bis zu den Einigungskriegen als ein evolutionärer Prozess beschreiben, in dem die vorrangige Orientierung an der Repräsentation von Status auf der Basis von Stratifikation durch eine Orientierung an der optimalen Nutzung militärischer Technologie und dem sachgerechten strategischen Einsatz von Waffen und Militärpersonal abgelöst wurde.[63] Zumindest für Westeuropa und Nordamerika lässt sich dann für die Zeit ab circa 1880 von einem Übergang zur Hochmoderne sprechen. Diese Periodisierung ist in letzter Zeit vor allem mit Blick auf die durch den Übergang zur Hochindustrialisierung aufgeworfenen sozialen und politischen Probleme verwendet worden. Dabei richtet sich der Blick insbesondere auf die Abkehr von liberalen politischen Ordnungsmodellen, die um 1880 einsetzende Konjunktur von sozialistischen und radikalnationalistischen Massenbewegungen sowie die parallel dazu um sich greifende und für viele Jahrzehnte anhaltende radikale Infragestellung des Projekts der Moderne.[64] Ohne die Relevanz dieser Entwicklungen für unser Verständnis von Modernisierung zu leugnen, scheint es aus der Perspektive von Formen der Differenzierung naheliegender, die Hochmoderne als jene Epoche zu begreifen, in der sich das Strukturprinzip emergenter Differenzierung mit rascher Geschwindigkeit in vielen Feldern der Gesellschaft durchsetzte.[65] Die Massenmedien mit der Tageszeitung als Leitmedium, die autonome Kunst – in der eine Avantgarde von der nächsten abgelöst wurde – und der Sport sind drei wichtige Beispiele dieser Differenzierung im letzten Drittel des 19. Jahrhunderts. Kunst und Massenmedien sind zugleich Beispiele dafür, wie Funktionssysteme mit ihren zunehmend rasch getakteten und aus lokalen Bezügen herausgelösten Kommunikationsformen herkömmliche Vorstellungen von Raum, Zeit und Anwesenheit transformierten.[66]

---

62 *Rudolf Schlögl*, Alter Glaube und moderne Welt. Europäisches Christentum im Umbruch 1750–1850, Frankfurt am Main 2013.

63 Zur Dekomposition von multifunktionalen Korporationen am deutschen Beispiel *John Breuilly*, Modernisation as Social Evolution: The German Case, c.1800–1880, in: Transactions of the Royal Historical Society 15, 2005, S. 117–147.

64 Vgl. *Ulrich Herbert*, Europe in High Modernity. Reflections on a Theory of the 20th Century, in: JMEH 5, 2007, S. 5–21; ferner: *Lutz Raphael*, Ordnungsmuster der »Hochmoderne«? Die Theorie der Moderne und die Geschichte der europäischen Gesellschaften im 20. Jahrhundert, in: *Ute Schneider/ders.* (Hrsg.), Dimensionen der Moderne. Festschrift für Christof Dipper, Frankfurt am Main/Berlin etc. 2008, S. 73–92; *ders.*, Ordnungsmuster und Selbstbeschreibungen europäischer Gesellschaften im 20. Jahrhundert, in: *ders.* (Hrsg.), Theorien und Experimente der Moderne. Europas Gesellschaften im 20. Jahrhundert, Köln/Weimar etc. 2012, S. 9–20.

65 Vgl. das Argument in *Benjamin Ziemann*, The Impossible Vanishing Point. Social Differentiation in Imperial Germany, in: *Sven Oliver Müller/Cornelius Torp* (Hrsg.), Imperial Germany Revisited. Continuing Debates and New Perspectives, New York/Oxford 2011, S. 37–50; zur Begrifflichkeit *Tyrell*, Soziale und gesellschaftliche Differenzierung, S. 107–140.

66 Vgl. die klassische Studie von *Stephen Kern*, The Culture of Time and Space 1880–1918, Cambridge/London 2003; zum durch die Massenmedien bewirkten »disembedding« von Kommunikation immer noch eindringlich *Peter Fritzsche*, Reading Berlin 1900, Cambridge/London 1996.

Ein Fokus auf Differenzierung sollte – zweitens – dazu verhelfen, das im Kontext der Modernisierungstheorie oft angesprochene Problem der inhärenten Teleologie beziehungsweise Linearität der gesellschaftlichen Entwicklung neu zu verstehen. Dass sich gesellschaftliche Entwicklungstendenzen umkehren können und dass es keine historische Einbahnstraße zum System einer liberalen Marktgesellschaft gibt, ist inzwischen Allgemeingut der Modernisierungsforschung.[67] Wichtiger als diese rhetorische Distanzierung von den Meistererzählungen der älteren Modernisierungsforschung scheint es allerdings, zu einer genaueren Beschreibung jener sozialen Formen beizutragen, mit denen sich die totalitären Regime in der Geschichte des 20. Jahrhunderts von dem Gesellschaftstyp der pluralistischen Gesellschaft unterschieden haben, der politische Partizipation, Rechtssicherheit und eine auf Marktprozessen basierende Ökonomie verbindet. Für die staatssozialistischen Regime in Ostmitteleuropa, die nach 1945 im Einflussbereich der Sowjetunion entstanden, fällt die Diagnose relativ eindeutig aus: Die politisch gewollte Abkehr vom Markt als Allokationsmechanismus ökonomischer und sozialer Ressourcen führte zu einer intendierten Blockade von Modernisierung, die sich gerade im Unterlaufen des Strukturprinzips funktionaler Differenzierung zeigte und zur Stagnation dieses Gesellschaftstyps führte.[68] Ein nur auf den ersten Blick randständig wirkendes Indiz für die Gültigkeit dieser Zusammenhänge ist das intensive Interesse der DDR-Sozialforschung an der Entwicklung von kybernetischen Verfahren der Gesellschaftssteuerung. Die Entwicklung und Anwendung dieser Modelle unterlag nicht nur der für den Staatssozialismus typischen Rhetorik einer planvollen Entwicklung zum Besten der Menschen. In ihr spiegelt sich auch und mehr noch die schmerzhafte Suche nach funktionalen Äquivalenten zu jenen gesellschaftlichen Abstimmungsleistungen, welche in funktional differenzierten Gesellschaften durch Medien wie Geld, Recht oder Wahrheit erbracht werden.[69]

Im Fall der faschistischen Variante totalitärer Machtausübung, und hier zumal des Nationalsozialismus, ist die Abweichung vom normativen Entwurf der modernen Gesellschaft offenkundig. Für die modernisierungstheoretisch inspirierte Gesellschaftsgeschichte schien es zunächst naheliegend, die Genese der NS-Diktatur durch Spannungen zwischen ökonomischer Modernisierung und den retardierenden Kräften traditioneller Sozialstrukturen zu erklären. Dieser Zugang vermag heute nicht mehr zu überzeugen, da er zwar Ansätze zur Erklärung der ›Machtergreifung‹ im Epochenjahr 1933 beiträgt, aber keine hinreichende Begrifflichkeit zur Verfügung stellt, um die destruktive Mobilisierungsleistung des ›Dritten Reichs‹ vor allem in den Kriegsjahren zu erklären. In einem verzögerten Dialog mit Ralf Dahrendorf und David Schoenbaum hat sich die historische Forschung der 1980er-Jahre dann zunächst auf die Fragestellung fokussiert, ob Modernisierung, hier als das Abschmelzen traditionaler Sozialstrukturen verstanden, als eine – intendierte oder unintendierte – Nebenfolge der Freisetzung von sozialen Energien für das Projekt der ›Volksgemeinschaft‹ zu verstehen sei. Der historische Ertrag dieser Diskussion blieb gering.[70] Zudem blieben seine begrifflichen Grundlagen, so lässt sich heute feststellen, amorph. Praktisch

67 Vgl. den Beitrag von Detlef Pollack in diesem Band.

68 Vgl. *Detlef Pollack*, Modernisation and Modernisation Blockages in GDR Society, in: *Konrad H. Jarausch* (Hrsg.), Dictatorship as Experience. Towards a Socio-Cultural History of the GDR, New York/Oxford 1999, S. 27–45; *ders.*, Die konstitutive Widersprüchlichkeit der DDR. Oder: War die DDR-Geschichte homogen?, in: GG 24, 1998, S. 110–131.

69 Dazu *Peter C. Caldwell*, Dictatorship, State Planning, and Social Theory in the German Democratic Republic, Cambridge/New York etc. 2003.

70 Als konzise Zusammenfassung vgl. *Günter Könke*, »Modernisierungsschub« oder relative Stagnation? Einige Anmerkungen zum Verhältnis von Nationalsozialismus und Moderne, in: GG 20, 1994, S. 584–608. Vgl. *Ralf Dahrendorf*, Gesellschaft und Demokratie in Deutschland, München 1965; *David Schoenbaum*, Die braune Revolution. Eine Sozialgeschichte des Dritten Reiches, München 1980 (zuerst engl. 1966).

zeitgleich mit dem Abflauen dieser Debatte setzte sich die Überlegung durch, die Legitimierung von Herrschaft durch das Charisma des »Führers« als zentrales Charakteristikum der NS-Gesellschaft zu interpretieren und deren destruktive Mobilisierungsleistung von daher zu erklären.[71]

Die Betonung des Charismas stößt allerdings auf den wichtigen Einwand, dass auch die Einparteiendiktatur der NSDAP in hohem Maß auf die für die moderne Gesellschaft typischen Strukturierungsleistungen formaler Organisationen zurückgriff, Bürokratie als Errungenschaft der Moderne also keinesfalls über Bord warf.[72] Diese Einsicht lässt sich zu der Überlegung erweitern, dass funktionale Differenzierung auch im ›Dritten Reich‹ die vorherrschende Form der Differenzierung blieb. Allerdings veränderte sich deren Strukturierung insofern, als die NSDAP seit 1933 mit ihren Massenorganisationen wie der Hitlerjugend (Erziehung), der Deutschen Arbeitsfront (Wirtschaft) oder der Nationalsozialistischen Volkswohlfahrt (Soziale Hilfe) an die jeweiligen Funktionssysteme »andockte«. Diese Massenorganisationen fungierten dabei sowohl als Mittel für die Regulierung von Inklusion in die Funktionssysteme, vor allem über die Vergabe von Leistungsrollen, als auch für die Regelung von Rahmenbedingungen etwa durch Rechtsetzung. »Die Eigenlogiken der Funktionssysteme«, so resümiert Armin Nolzen diesen von ihm prononciert vertretenen Ansatz, »blieben jedoch erhalten«.[73] Diesen für den Bereich der Sozialstruktur getroffenen Aussagen lassen sich neuere Überlegungen für den Bereich der Persönlichkeitsstruktur als eines anderen Feldes der Modernisierung an die Seite stellen. Denn bei genauerer Analyse wird sichtbar, dass die ubiquitäre NS-Gemeinschaftssemantik nur eine Facette der Einordnung von Individuen in die Gesellschaft darstellte. Auch im Nationalsozialismus blieb Individualität eine normativ gestützte und praktisch in vielen Feldern umsetzbare Form der Subjektivität, solange sie von »arischen« Deutschen in einer Weise gelebt wurde, die mit den übergreifenden politischen Zielen des Regimes nicht kollidierte.[74] Aus diesen knappen, stichwortartigen Bemerkungen sollte klar geworden sein, dass die Frage nach den Mustern gesellschaftlicher Differenzierung es ermöglicht, die empirische Erforschung der staatssozialistischen und faschistischen Diktaturen in neuer Weise an übergreifende Fragestellungen der Modernisierungsforschung anzubinden.[75]

Ein differenzierungstheoretischer Zugang zur Modernisierung wirft – drittens – die Frage auf, in welcher Weise die Beziehungen zwischen den ausdifferenzierten Feldern und deren jeweiliger Beitrag zum gesellschaftlichen Wandel zu konzeptualisieren sind. Leisten die moderne Kunst oder der Sport mit seinem Code Gewinnen/Verlieren einen genauso

---

71 Als Zusammenfassung auf breiter Literaturbasis *Wehler*, Deutsche Gesellschaftsgeschichte, Bd. 4: Vom Beginn des Ersten Weltkriegs bis zur Gründung der beiden deutschen Staaten. 1914–1949, München 2003.

72 *Armin Nolzen*, Charismatic Legitimation and Bureaucratic Rule. The NSDAP in the Third Reich, 1933–1945, in: German History 23, 2005, S. 494–518.

73 So die Kernmetapher in der wichtigen Skizze bei *Armin Nolzen*, Moderne Gesellschaft und Organisation. Transformationen der NSDAP nach 1933, in: *Manfred Grieger/Christian Jansen/Irmtrud Wojak* (Hrsg.), Interessen, Strukturen und Entscheidungsprozesse! Für eine politische Kontextualisierung des Nationalsozialismus, Essen 2010, S. 91–112, Zitate: S. 98 und 110; als breite empirische Umsetzung für die Kriegsjahre vgl. *ders.*, Die NSDAP, der Krieg und die deutsche Gesellschaft, in: *Jörg Echternkamp* (Hrsg.), Die Deutsche Kriegsgesellschaft 1939–1945, Erster Halbbd.: Politisierung, Vernichtung, Überleben, München 2004, S. 99–193.

74 *Moritz Föllmer*, Was Nazism Collectivistic? Redefining the Individual in Berlin, 1930–1945, in: *Journal of Modern History* 82, 2010, S. 61–100; vgl. umfassend *ders.*, Individuality in Berlin. Self and Society from Weimar to the Wall, Cambridge/New York etc. 2013.

75 Das Konzept des Totalitarismus selbst, wie es in der neueren soziologischen Theorie etwa Johann Pall Arnason vorschlägt, scheint mir dagegen wenig weiterführend. Vgl. *Knöbl*, Spielräume der Modernisierung, S. 366–370 und 374f.

wichtigen Beitrag zur Dynamik der Steigerung und Beschleunigung der modernen Gesellschaft wie etwa die Ökonomie oder die Wissenschaft? Diese Frage lässt sich dahin gehend beantworten, dass alle Funktionssysteme der Moderne im Modus der dynamischen Stabilität operieren und durch die »Temporalisierung von Komplexität« dazu gezwungen sind, Selektionsentscheidungen in die Zukunft aufzuschieben, die dadurch zugleich auf einen immer kürzeren Erwartungshorizont zusammenschrumpft.[76] Dieses generelle Argument lässt sich allerdings durch die Einbeziehung von »Wettbewerbsarenen« erweitern und zuspitzen. Demnach sind es Systeme wie die Wirtschaft, Wissenschaft und Politik, die durch die Ausbildung von offenen Arenen für den Wettbewerb von systemspezifischen Programmen zur Steigerungsdynamik der Moderne beitragen, während andere Felder – zu denken wäre hier in erster Linie an die Religion – sich eher defensiv und reaktiv mit funktionaler Differenzierung auseinandersetzen.[77] Im Moment gibt es nur wenige Diskussionen innerhalb der Geschichtswissenschaft und historischen Soziologie, die an dieses Argument anschlussfähig sind und zu seiner Validierung beitragen könnten. Eine davon bezieht sich allerdings auf die Religion selbst: das zuerst von den Soziologen Roger Finke und Rodney Stark entwickelte Argument, nach dem in der historischen Langzeitperspektive die Angebotsseite religiöser Gruppen und Organisationen in den USA – also deren Fähigkeit, auf die spirituellen Bedürfnisse der Gläubigen mit variablen Angeboten einzugehen – über deren Selbstbehauptung, Aufstieg oder Niedergang entscheidet.[78] Dieses Argument ist in der historischen und religionssoziologischen Forschung oft benutzt worden, um die im Vergleich zu Europa anhaltende Vitalität der christlichen Religion in den USA im Modernisierungsprozess zu erklären. Selbst wenn vieles dafür spricht, sowohl die empirischen Probleme des Ansatzes von Finke und Stark als auch die Grenzen seiner Übertragbarkeit auf Europa zu betonen, liegt damit ein anschlussfähiges Beispiel für die Einbeziehung von Wettbewerbsarenen in den Prozess der Modernisierung vor.[79] Eine Schlussfolgerung scheint allerdings unabweisbar: Wenn die differenzierungstheoretische Perspektive durch die Einbeziehung von Wettbewerbsarenen und Konflikten um die Ausgestaltung systemspezifischer Logiken ergänzt werden soll, ist dafür die praxeologische Einbeziehung der Akteursperspektive nötig. Auf diese Weise lassen sich nicht nur im langfristigen Wandel erfolgende Verschiebungen zwischen den Arenen verfolgen. Zugleich lässt sich damit eine Verbindung zu klassischen Fragen der sozialen Ungleichheit und der Zuteilung von sozialen Positionen verbinden.[80] Denn die historische Konzeptualisierung von Prozessen der Modernisierung ist nicht gleichbedeutend mit einer Theorie der modernen Gesellschaft, die auch andere Formen von Gruppenbildungen und -konflikten sowie Exklusionsprozesse einbeziehen muss.

Schließlich bleibt – viertens – das Grundfaktum der Modernisierung bestehen. Seit dem Beginn der Sattelzeit um 1750 ist funktionale Differenzierung in einem lang anhaltenden

76 Vgl. *Rosa*, Beschleunigung, hier insb. S. 295–310.

77 Vgl. den Beitrag von Detlef Pollack in diesem Band.

78 *Roger Finke/Rodney Stark*, The Churching of America 1776–1990. Winners and Losers in Our Religious Economy, New Brunswick 1992; zur Kritik vgl. *Benjamin Ziemann*, Sozialgeschichte der Religion. Von der Reformation bis zur Gegenwart, Frankfurt am Main/New York 2009, S. 89–91.

79 Als exzellente Zusammenfassung der neueren Diskussion vgl. *David Hempton/Hugh McLeod* (Hrsg.), Secularization and Religious Innovation in the North Atlantic World, Oxford/New York etc. 2017; vgl. ferner die wichtigen Überlegungen bei *Staf Hellemans*, Das Zeitalter der Weltreligionen. Religion in agrarischen Zivilisationen und in modernen Gesellschaften, Würzburg 2010, S. 95–133.

80 Vgl. den Beitrag von Christoph Weischer in diesem Band. Zur nötigen Einbeziehung von Akteursperspektiven vgl. auch die Beiträge von Wolfgang Göderle und Stefanie Middendorf in diesem Band.

Prozess zur dominanten Differenzierungsform der Gesellschaft geworden. Der durch diesen Wandel angestoßene Konflikt zwischen konkurrierenden Sphären der instrumentellen Rationalität – und der Versuch ihrer Korrektur und Zähmung durch Geltendmachung wertrationaler Gesichtspunkte – ist ein unabgeschlossener und prinzipiell unabschließbarer Prozess. In diesem Sinne ist die Modernisierung auch in der Gegenwart nicht an ein Ende gekommen. Man kann dieser Einsicht ausweichen, indem man an die Stelle einer konzeptionell angeleiteten historischen Analyse von Prozessen *der* Modernisierung die kulturwissenschaftliche Dekonstruktion von Diskursen *über* Modernisierung setzt.[81] Die seit den Thesen von Shmuel N. Eisenstadt über »Multiple Modernities« kontrovers geführte Diskussion darüber, ob die grundlegenden Strukturmerkmale moderner Gesellschaften nicht in verschiedenen Weltregionen in ganz unterschiedlicher Weise zur Geltung kommen, erweist sich demgegenüber als eine abgeleitete Frage.[82] Denn sie setzt eine begriffliche Bestimmung solcher Strukturmerkmale selbst voraus. Dementsprechend fallen die in den Beiträgen dieses Bandes gegebenen Antworten ganz unterschiedlich aus.[83]

81 Vgl. den Beitrag von Peter van Dam in diesem Band; ähnlich *Lynn Hunt*, Modernity: Are Modern Times Different?, in: Historia Critica 54, 2014, S. 107–124; enttäuschend auch das begriffliche Glasperlenspiel bei *Frederick Cooper*, Colonialism in Question. Theory, Knowledge, History, Berkeley/Los Angeles 2005, S. 113–149, der die Einheit der durch die klassische Sozialtheorie von Durkheim bis Simmel angesprochenen Probleme nicht erkennt.

82 *Shmuel N. Eisenstadt*, Multiple Modernities, in: Daedalus 129, 2000, Nr. 1, S. 1–29.

83 Vgl. die Beiträge von Detlef Pollack, Hedwig Richter und Manuel Bastias Saavedra in diesem Band.

Detlef Pollack

Was bleibt von der Modernisierungstheorie?

Ein Vorschlag zu ihrer Erneuerung

Der Anspruch des radikal Neuen lässt sich vom Selbstverständnis der Moderne nicht trennen. Ob die Moderne mit der Französischen Revolution anbricht oder nicht, mag umstritten sein. Den Zeitgenossen jedenfalls war klar, dass sich mit ihr eine Zeitenwende ankündigte. »Solange die Sonne am Firmament steht und die Planeten um sie herumkreisen«, schrieb Georg Wilhelm Friedrich Hegel, »war das nicht gesehen worden, daß der Mensch sich auf den Kopf, d.i. auf den Gedanken stellt und die Wirklichkeit nach diesem erbaut.«[1] Immanuel Kant begriff die Französische Revolution ebenfalls als den Beginn einer Epoche von weltgeschichtlicher Bedeutung. »Ein solches Phänomen in der Menschheitsgeschichte vergisst sich nicht mehr«.[2] Und auch Johann Wolfgang von Goethe ließ an dem epochemachenden Charakter dieser Revolution keinen Zweifel, wenn er sie auch vor allem als ein verhängnisvolles Ereignis deutete. Das Bedürfnis nach Selbstvergewisserung, das offenbar aus der Wahrnehmung der umfassenden Umwälzung der Verhältnisse resultierte, brachte ein einzigartiges Epochenbewusstsein hervor. »Nur und erst die Neuzeit hat sich als Epoche verstanden und dadurch die anderen Epochen mitgeschaffen«, so fasst Hans Blumenberg den hier bezeichneten Sachverhalt.[3]

Dieses Selbstverständnis der Moderne wird heute nur noch von wenigen geteilt. Wie alle Meistererzählungen, so steht auch die Erzählung von der Heraufkunft der Moderne, von ihrem Bruch mit der Tradition und dem mit ihr anhebenden moralischen, politischen und ökonomischen Fortschritt in der Kritik. Es ist daher nicht überraschend, dass diejenige soziologische Theorie, die wie keine andere die Meistererzählung der Moderne aufgenommen hat – die Modernisierungstheorie –, derzeit auf weitgehende Ablehnung stößt.

Die Kritik kommt einmal aus *kulturtheoretischer* Perspektive, die die »Moderne« nicht als soziologischen Gegenstand fasst, sondern als »eine soziologische Beobachtungskategorie«, die es zu dekonstruieren gelte[4], die an die Stelle der Unterscheidung zwischen Tradition und Moderne die Annahme mannigfacher Überschneidungen, unscharfer Grenzen und Ambivalenzen setzt und von der grundsätzlichen Vorgängigkeit von Semantiken und Diskursen gegenüber sozialen Strukturen ausgeht. Kritik an der Modernisierungstheorie wird aber auch vonseiten einer Deutung der Gegenwartsgesellschaften als *multiple modernities* formuliert, die der modernisierungstheoretischen Annahme widerspricht, es gebe so etwas wie einen einheitlichen Kern miteinander verflochtener institutioneller Arrangements, in dessen Durchsetzung die Entwicklungen der unterschiedlichen Gegenwartsgesellschaften konvergieren. Moderne Gesellschaften seien nicht durch ein zusammenhängendes Set von institutionellen Systemen wie Demokratie, Marktwirtschaft und formalem Recht

---

1 *Georg Wilhelm Friedrich Hegel*, Werke, hrsg. v. *Eva Moldenhauer/Karl Markus Michel*, Bd. 12: Vorlesungen über die Philosophie der Geschichte, Frankfurt am Main 1970, S. 529.

2 *Immanuel Kant*, Streit der Fakultäten, in: *ders.*, Werke in zehn Bänden, hrsg. v. *Wilhelm Weischedel*, Bd. 9, Darmstadt 1968, S. 361.

3 *Hans Blumenberg*, Säkularisierung und Selbstbehauptung, Frankfurt am Main 1974, S. 135.

4 *Thorsten Bonacker/Andreas Reckwitz*, Das Problem der Moderne: Modernisierungstheorien und Kulturtheorien, in: *dies.* (Hrsg.), Kulturen der Moderne. Soziologische Perspektiven der Gegenwart, Frankfurt am Main/New York 2007, S. 7–18, hier: S. 7; vgl. *Jean-François Lyotard*, Die Moderne redigieren, in: *Wolfgang Welsch* (Hrsg.), Wege aus der Moderne. Schlüsseltexte der Postmoderne-Diskussion, Weinheim 1988, S. 204–214.

gekennzeichnet, sondern durch je unterschiedliche Mischungen institutioneller Sphären, und wiesen so nicht Tendenzen verstärkter Konvergenz, sondern zunehmender Divergenz auf. Grundsätzlich angelegt ist auch die Kritik der *Globalisierungstheorien* in ihren unterschiedlichen Varianten. Sie lehnen den Eurozentrismus der Modernisierungstheorie ab und bestreiten insbesondere die These endogen induzierter Modernisierungsprozesse, der gegenüber sie auf der Verwobenheit der westlichen Moderne mit außereuropäischen Kulturen bestehen.[5] Am umfassendsten fällt die Modernisierungskritik in der Theorie der *Zweiten* oder *Reflexiven Moderne* aus, die das Modell der westlichen Moderne grundsätzlich problematisiert und eine Auflösung der Basisinstitutionen der Moderne »von innen her« diagnostiziert.[6] »Die Standards des Rechtsstaats, des Sozialstaats, der Nationalökonomie und des korporatistischen Systems [lösten sich] ebenso auf wie die der parlamentarischen Demokratie«. Europa müsse das verfehlte Projekt der Moderne »›zurückrufen‹«.[7]

Doch wie ernst ist es den Kritikerinnen und Kritikern mit ihrer Ablehnung der Modernisierungstheorie? Immer wieder greifen sie trotz ihrer Radikalkritik affirmativ auf sie zurück. Eine auffällige Ambivalenz zwischen rhetorischer Zurückweisung und impliziter Inanspruchnahme kennzeichnet ihren Umgang mit dieser Fortschrittserzählung. Nicht selten bleiben die Kritikerinnen und Kritiker den modernisierungstheoretischen Unterscheidungen von Subjekt und Macht, Natur und Gesellschaft, Kultur und Struktur verhaftet und entwerfen ihrerseits Meistererzählungen, nun allerdings nicht als Emanzipations- und Befreiungsgeschichten, sondern in Form von Theorien der Disziplinierung des Individuums (Michel Foucault), der Naturalisierung der Gesellschaft (Bruno Latour) oder der Dezentrierung des Subjekts (Jacques Derrida). Zuweilen erkennen sie auch die im Projekt der Provinzialisierung Europas selbst liegende Unmöglichkeit seiner Umsetzung.[8] Wenn sie nicht gar dazu übergehen, ihre grundsätzlich gemeinte Kritik an der Moderne als »rettende Selbstkritik« auszuflaggen.[9]

Die Diskussion der Vorbehalte gegen eine Theorie der Moderne soll am Anfang dieses Artikels stehen (Abschnitt I). Nicht allen von ihnen kann im hier gesetzten Rahmen genauer nachgegangen werden. Vielmehr will ich zwei herausgreifen; zum einen den Vorwurf, die Modernisierungstheorie nivelliere die innere Vielfalt moderner Gesellschaften, lege eine zu starke Betonung auf ihre Einheit und überzeichne den Bruch zu traditionalen Gesellschaften. Zum anderen will ich mich mit dem Einwand auseinandersetzen, dass Modernisierungstheorien nicht in der Lage seien, ein Erklärungsmodell für die Herausbildung moderner Gesellschaften anzubieten und evolutionstheoretisch unterbestimmt blieben. Während der erste Einwand unter der Frage behandelt wird, wie sich eine kohärente Theorie der Moderne entwerfen lässt (Abschnitt II), geht es in dem zweiten Einwand um die Frage, inwieweit sich Erklärungspotenziale für die Heraufkunft der Moderne mobilisieren lassen (Abschnitt III).

---

5 Vgl. *Shalini Randeria*, Geteilte Geschichte und verwobene Moderne, in: *Jörn Rüsen/Hanna Leitgeb/Norbert Jegelka* (Hrsg.), Zukunftsentwürfe. Ideen für eine Kultur der Veränderung, Frankfurt am Main/New York 1999, S. 87–96; *Sudipta Kaviraj*, An Outline of a Revisionist Theory of Modernity, in: European Journal of Sociology 46, 2005, S. 497–526; *Dipesh Chakrabarty*, Europa provinzialisieren. Postkolonialität und die Kritik der Geschichte, in: *Sebastian Conrad/Shalini Randeria* (Hrsg.), Jenseits des Eurozentrismus. Postkoloniale Perspektiven in den Geschichts- und Kulturwissenschaften, Frankfurt am Main/New York 2002, S. 283–312.

6 *Ulrich Beck/Wolfgang Bonß/Christoph Lau*, Theorie reflexiver Modernisierung – Fragestellungen, Hypothesen, Forschungsprogramme, in: *Ulrich Beck/Wolfgang Bonß* (Hrsg.), Die Modernisierung der Moderne, Frankfurt am Main 2001, S. 11–59, hier: S. 11.

7 Ebd., S. 19.

8 *Chakrabarty*, Europa provinzialisieren, S. 308f.

9 *Beck/Bonß/Lau*, Theorie reflexiver Modernisierung, S. 26.

I. Einwände gegen die Modernisierungstheorie

Eine intensiv geführte Debatte zum Modernebegriff bezieht sich auf die Frage, inwieweit die Moderne als Projekt behandelt werden kann.[10] Bedeutet die Bestimmung der westlichen Moderne als Projekt nicht, sie mit einem unangemessenen Fortschrittspathos auszustatten, sie als »normatives Zielbild«[11] sich selbst und allen anderen Gesellschaften vorzuhalten und zum Maßstab der gesellschaftlichen Evolution zu machen? Der damit ausgesprochene Vorwurf eines modernisierungstheoretischen Überlegenheitsgestus, eines evolutionstheoretischen Normativismus und eines impliziten Eurozentrismus ist in Bezug auf die modernisierungstheoretischen Ansätze der 1950er- oder 1960er-Jahre nicht unberechtigt. In der Nachkriegszeit dienten die USA mit ihrem Image als am weitesten entwickelte moderne Gesellschaft nicht selten als eine Art gesellschaftliche Blaupause, der andere Teile der Welt zu folgen hätten.[12] Inzwischen hat sich bei vielen Vertretern modernisierungstheoretischer Ansätze jedoch ein Verständnis von Moderne durchgesetzt, das frei von Fortschrittspathos ist und dem aufklärerischen Selbstverständnis der Moderne mit Distanz begegnet. Modernisierungstheoretiker wie Hans van der Loo und Willem van Reijen[13] oder Detlev Peukert[14] verzichten auf ein positiv aufgeladenes Bild von der Moderne und stellen im Anschluss an die soziologischen Klassiker stärker ihre Ambivalenz, ihren janusköpfigen Charakter und ihre Paradoxien heraus. Hartmut Rosa unterscheidet zum Zweck der Relativierung der normativen Ansprüche der Moderne zwischen dem Projekt der Moderne und dem Prozess der Moderne. Mit ersterem ist der Anspruch der Moderne auf Autonomie, Selbstbestimmung, Vernunft, Sicherheit, Partizipation, Bildung, Authentizität et cetera gemeint, mit dem letzteren die Umstellung der Gesellschaft auf den Modus dynamischer Stabilisierung, mit dem diese auf Wachstums-, Beschleunigungs- und Innovationszwänge reagiert. Während moderne Gesellschaften hinter ihren normativen Ansprüchen oft zurückblieben oder diese Ansprüche sogar aufgäben, setze sich das Prinzip der dynamischen Stabilisierung in der sozialen Wirklichkeit auch unabhängig von diesen durch, zum Beispiel selbst im nationalsozialistischen Deutschland.[15]

Ein zweiter Einwand, der mit dieser Kritik eng zusammenhängt, betrifft das Notwendigkeitsdenken der Modernisierungstheorien, ihre Linearitätsunterstellungen und ihre teleologischen Argumentationsstrukturen.[16] Die Mannigfaltigkeit der Geschichte lasse sich, so die Kritik, nicht auf einlinige Entwicklungshypothesen und verallgemeinerbare Kausal-

---

10 *Jürgen Habermas*, Die Moderne – ein unvollendetes Projekt. Philosophisch-politische Aufsätze 1977–1990, Leipzig 1990.

11 *Thomas Mergel*, Modernisierung, in: Europäische Geschichte Online, 24.4.2011, URL: <http://www.ieg-ego.eu/mergelt-2011-de> [27.8.2017], S. 2.

12 *Laura Belmonte*, Selling Capitalism: Modernization and U.S. Overseas Propaganda, 1945–1959, in: *David C. Engerman/Nils Gilman/Mark H. Haefele* u.a. (Hrsg.), Staging Growth. Modernization, Development, and the Global Cold War, Amherst/Boston 2003, S. 107–128.

13 *Hans van der Loo/Willem van Reijen*, Modernisierung. Projekt und Paradox, München 1992 (zuerst nl. 1990).

14 *Detlev J.K. Peukert*, Max Webers Diagnose der Moderne, Göttingen 1989, S. 55–69.

15 *Hartmut Rosa*, Historischer Fortschritt oder leere Progression? Das Fortschreiten der Moderne als kulturelles Versprechen und als struktureller Zwang, in: *Ulrich Willems/Detlef Pollack/Helene Basu* u.a. (Hrsg.), Moderne und Religion. Kontroversen um Modernität und Säkularisierung, Bielefeld 2013, S. 117–141, hier: S. 132.

16 *Wolfgang Knöbl*, Die Kontingenz der Moderne. Wege in Europa, Asien und Amerika, Frankfurt am Main/New York 2007; *Philip S. Gorski/Ateş Altınordu*, After Secularization?, in: Annual Review of Sociology 34, 2008, S. 55–85; *Paul Colomy*, Revisions and Progress in Differentiation Theory, in: *Jeffrey C. Alexander/ders.* (Hrsg.), Differentiation Theory and Social Change. Comparative and Historical Perspectives, New York 1990, S. 465–495, hier: S. 473f.

erklärungen reduzieren. Sie sei nicht durch Linearität und Determinismus, sondern durch Kontingenz, Mannigfaltigkeit, Unübersichtlichkeit, Gegenläufigkeit und Devianz gekennzeichnet.[17] Wie der zuerst aufgeführte Einwand greift auch dieser Vorbehalt inzwischen ins Leere. Kein Modernisierungstheoretiker vertritt heute mehr eine deterministische Evolutionstheorie. Die Umkehrbarkeit von Entwicklungstendenzen, die Gleichzeitigkeit des Ungleichzeitigen und der Einfluss kontingenter Konstellationen werden ausdrücklich anerkannt. »Nothing in the social world is irreversible or inevitable«, erklärten zwei exponierte Vertreter der Modernisierungstheorie bereits 1992.[18] Gleichwohl stellt sich die Frage, ob sich die Geschichts- und Sozialwissenschaften mit der Erkenntnis der Kontingenz der Dinge zu begnügen haben und auf Aussagen über Entwicklungstendenzen und Langfristprozesse verzichten müssen. Auch wenn Modernisierungstheorien jeden Determinismus zu vermeiden suchen und für variante Verläufe sensibel sind, treffen sie über die Entwicklungsrichtung doch sehr wohl Wahrscheinlichkeitsaussagen. »Nothing is inevitable, but some outcomes seem more probable than others.«[19]

Ein weiterer sich aus der Kritik am Notwendigkeitsdenken ergebender Einwand zielt auf den Kern der Modernisierungstheorie, der in der Behauptung eines nicht zufälligen, interdependenten Verflechtungszusammenhangs zwischen Entwicklungen in Wirtschaft, Politik, Recht und Kultur besteht. Prozesse der Demokratisierung, der Wohlstandsanhebung, des Bildungsanstiegs und des Ausbaus des Rechtssystems stünden weder strukturell noch kulturell in einem zwingenden Bedingungsverhältnis.[20] Die Moderne stelle kein einheitliches System von miteinander verbundenen institutionellen und kulturellen Elementen dar, sondern weise ganz unterschiedliche Formen ihrer Verknüpfung auf.[21] Der Versuch, ein kohärentes Set an institutionellen Merkmalen und Prozessen ausfindig zu machen, laufe auf eine Reifizierung und Essenzialisierung des Westens hinaus, den es als gesonderte Einheit überhaupt nicht gebe.[22]

Die in modernisierungstheoretischen Ansätzen oft vorgenommene Herleitung des Zusammenhangs von Marktwirtschaft, Wissenschaft, Demokratie oder Rechtsstaat aus funktionalen Erfordernissen kann in der Tat nicht überzeugen. Seit Émile Durkheim[23] wissen wir, dass mit dem Hinweis auf funktionale Erfordernisse keine Kausalerklärungen vorgenommen werden können, da sich aus dem, was funktional wünschenswert ist, die Entste-

---

17 *Ute Daniel*, Hoftheater. Zur Geschichte des Theaters und der Höfe im 18. und 19. Jahrhundert, Stuttgart 1995, S. 456ff.; *Knöbl*, Die Kontingenz der Moderne; *ders.*, »Die Kontingenz der Moderne« – Antworten auf die Kritiker, in: *Hans-Georg Soeffner* (Hrsg.), Unsichere Zeiten. Herausforderungen gesellschaftlicher Transformationen, Bd. 2, Wiesbaden 2009, S. 803–808, hier: S. 803ff.

18 *Roy Wallis/Steve Bruce*, Secularization: The Orthodox Model, in: *Steve Bruce* (Hrsg.), Religion and Modernization. Sociologists and Historians Debate the Secularization Thesis, Oxford/New York 1992, S. 8–30, hier: S. 27.

19 *David Voas*, The Continuing Secular Transition, in: *Detlef Pollack/Daniel V.A. Olson* (Hrsg.), The Role of Religion in Modern Societies, New York/London 2008, S. 25–48, hier: S. 42f.

20 *Shmuel N. Eisenstadt*, Die Vielfalt der Moderne, Weilerswist 2000; *Thomas Schwinn*, Die Vielfalt und die Einheit der Moderne – Perspektiven und Probleme eines Forschungsprogramms, in: *ders.* (Hrsg.), Die Vielfalt und Einheit der Moderne. Kultur- und strukturvergleichende Analysen, Wiesbaden 2006, S. 7–34, hier: S. 24.

21 *Eisenstadt*, Die Vielfalt der Moderne, S. 11.

22 *Gurminder K. Bhambra*, Rethinking Modernity. Postcolonialism and the Sociological Imagination, Basingstoke/New York 2007, S. 7f. und 83–105.

23 Den Nutzen eines Tatbestands aufzuweisen, bedeutet nicht, seine Entstehung zu erklären, so *Émile Durkheim*, Die Regeln der soziologischen Methode, Neuwied/Berlin 1961 (zuerst frz. 1895), S. 176f.

hung sozialer Ordnungen und Institutionen nicht ableiten lässt.[24] Außerdem ist es soziologisch kaum möglich, gesellschaftlich erforderliche Funktionen zu identifizieren.[25] Zur Vermeidung des funktionalistischen Fehlschlusses versuchen daher viele Sozialwissenschaftler, der soziologischen Makrotheorie eine akteurtheoretische Fundierung zu geben.[26] Um den behaupteten Verflechtungszusammenhang zwischen politischen, wirtschaftlichen, rechtlichen und wissenschaftlichen Strukturen und Prozessen handlungstheoretisch zu fundieren, sei es erforderlich, einen soziologisch plausiblen Vorschlag zur Verknüpfung von Mikro- und Makroebene vorzulegen. Ob durch eine solche Verknüpfung oder auf andere Weise, in jedem Falle müssen modernisierungstheoretische Ansätze in der Lage sein, eine Erklärung für die unterstellte Interdependenz zwischen ökonomischem Wachstum, demokratischer Partizipation, individueller Freiheit, wohlfahrtsstaatlicher Absicherung und Rechtsstaatlichkeit zu liefern. Nur wenn sich ein Ensemble von miteinander zusammenhängenden Merkmalen der Moderne ausfindig machen lässt, das diese von anderen Epochen unterscheidet, kann der Modernebegriff aufrechterhalten werden.

Gegen die modernisierungstheoretische Vorstellung, dass sich das westliche Projekt der Moderne auf der ganzen Welt durchsetze, wird seit den 1990er-Jahren die Idee der *multiple modernities* in Stellung gebracht. In den verschiedenen Gegenwartsgesellschaften würden, so Shmuel N. Eisenstadt[27], die voneinander unabhängigen Merkmale der Moderne ganz unterschiedlich miteinander kombiniert. Die Entwicklungen in unserem Zeitalter sprächen nicht für Konvergenz, sondern für die große und zunehmende »Vielfalt moderner Gesellschaften«.[28] Prüfen muss eine Auseinandersetzung mit der Kritik an der Modernisierungstheorie also auch, inwieweit Tendenzen der Divergenz gegenüber solchen der Konvergenz überwiegen. Eine solche Prüfung setzt die Bestimmung eines Begriffs von Moderne und ihrer zentralen Merkmale voraus.

Mit der Abwehr der Behauptung einer die Moderne konstituierenden gesellschaftlichen Verflechtungsstruktur hängt die Kritik an der modernisierungstheoretischen Annahme eines scharfen Bruchs zwischen Moderne und Tradition eng zusammen.[29] Die von Marion J. Levy[30] und anderen unterstellte Antithese zwischen askriptiven, partikularistischen und funktional diffusen Normen in traditionalen Gesellschaften und leistungsbezogenen, universalistischen und funktional spezifischen Werten in modernen Gesellschaften müsse aufgegeben werden. Vormoderne Gesellschaften seien nicht statisch, homogen und undifferenziert, sondern flexibel, konfliktreich und differenziert; so wie sich auch moderne Gesellschaf-

---

24 *Thomas Schwinn*, Multiple Modernities: Konkurrierende Thesen und offene Fragen. Ein Literaturbericht in konstruktiver Absicht, in: Zeitschrift für Soziologie 38, 2009, S. 454–476, hier: S. 458ff.

25 *Uwe Schimank*, Der mangelnde Akteurbezug systemtheoretischer Erklärungen gesellschaftlicher Differenzierung – Ein Diskussionsvorschlag, in: Zeitschrift für Soziologie 14, 1985, S. 421–434.

26 *Hans Joas*, Die Kreativität des Handelns, Frankfurt am Main 1992, S. 336; *Hartmut Esser*, Soziologie. Spezielle Grundlagen, Bd. 2: Die Konstruktion der Gesellschaft, Frankfurt am Main/New York 2000; *Thomas Schwinn*, Differenzierung ohne Gesellschaft. Umstellung eines soziologischen Konzepts, Weilerswist 2001; *Uwe Schimank*, Differenzierung und Integration der modernen Gesellschaft. Beiträge zur akteurzentrierten Differenzierungstheorie 1, Wiesbaden 2005.

27 *Eisenstadt*, Die Vielfalt der Moderne, S. 10f.

28 Ebd.

29 So schon *Joseph R. Gusfield*, Tradition and Modernity: Misplaced Polarities in the Study of Social Change, in: American Journal of Sociology 72, 1967, S. 351–362; *Reinhard Bendix*, Tradition and Modernity Reconsidered, in: Comparative Studies in Society and History 9, 1967, S. 292–346.

30 *Marion J. Levy*, Some Sources of the Vulnerability of the Structures of Relatively Non-Industrialized Societies to Those of Highly Industrialized Societies, in: *Bert F. Hoselitz* (Hrsg.), The Progress of Underdeveloped Areas, Chicago/London 1952, S. 113–125.

ten nicht einfach aus dem Gegensatz zur Tradition definieren ließen. Zwischen Tradition und Moderne verliefen mannigfache Kontinuitätslinien. Dabei hängt die Beantwortung der Frage nach der Schärfe des Bruchs zwischen Moderne und Vormoderne wiederum von der Definition der Moderne ab.

Schließlich wird gegenüber der Modernisierungstheorie kritisch vorgebracht, dass sie ein Erklärungsdefizit aufweist. Die Benennung dieses Defizits ist konsequent, denn wenn Modernisierungstheorien von einem Bruch zwischen vormodernen und modernen Gesellschaftsformationen ausgehen, dann stellt sich unweigerlich die Frage nach der Entstehung der westlichen Moderne. Für die Beantwortung dieser Frage seien die Modernisierungstheorien jedoch nur ungenügend gerüstet. Das zur Erklärung historischen Wandels oft herangezogene Konzept der Differenzierung enthalte kein kausales Erklärungspotenzial.[31] Die Systemtheorie habe nie den Anspruch auf kausalwissenschaftliche Erklärungsleistungen erhoben und kausalwissenschaftliche Fragen sogar abgewertet. Die Evolutionstheorie, die einen Beitrag zur Erklärung der Dynamik gesellschaftlicher Differenzierung leisten könnte, sei nur schwach ausgearbeitet und kaum verknüpft mit historischen Analysen.[32] Der Hinweis auf funktionale Erfordernisse vermag, wie oben ausgeführt, ebenfalls keine Kausalerklärung zu erbringen.[33] Und auch der Ansatz bei einem starken Gesellschaftsbegriff, der der Gesellschaft die Fähigkeit zuspricht, sich selbst zu differenzieren, kann nicht überzeugen, denn die Gesellschaft ist kein Handlungssystem.[34] Woran es in modernisierungstheoretischen Ansätzen und anderen makrosoziologisch ansetzenden Entwürfen mithin fehlt, ist die Angabe von Generatoren und kausalen Mechanismen des gesellschaftlichen Wandels. Dabei stellt ein Hauptproblem die Vermittlung von Makro- und Mikroprozessen dar. Die Erfassung der Art und Weise, wie sich Makroprozesse in Mikroprozesse übersetzen und sich letztere in erstere transformieren, ist für die Behebung des Erklärungsdefizits der Modernisierungstheorie entscheidend. Oft wird es daher als erforderlich angesehen, das Modernisierungskonzept mit handlungstheoretischen Ansätzen zu verbinden, Trägergruppen von Modernisierungsprozessen sowie Interessen, Konflikte und Akteurkonstellationen ausfindig zu machen, die den Prozess der Differenzierung vorantreiben.[35] Ebenso dürfte es aber auch unverzichtbar sein, den Einfluss von Ideen, Deutungsmustern, Diskursen und Semantiken zu berücksichtigen und gleichzeitig deren Kontextualität in Betracht zu ziehen.[36]

---

31 *Wolfgang Knöbl*, Aufstieg und Fall der Modernisierungstheorie und des säkularen Bildes ›moderner Gesellschaften‹, in: *Willems/Pollack/Basu* u.a., Moderne und Religion, S. 75–116.

32 *Hartmann Tyrell*, Anfragen an die Theorie der funktionalen Differenzierung, in: Zeitschrift für Soziologie 7, 1978, S. 175–193, hier: S. 180; *Barbara Kuchler*, Das Problem des Übergangs in Luhmanns Evolutionstheorie, in: Soziale Systeme 9, 2003, S. 27–53.

33 *Hans Joas*, Jenseits des Funktionalismus. Perspektiven einer nichtfunktionalistischen Gesellschaftstheorie, in: *Hansgünter Meyer* (Hrsg.), Soziologen-Tag Leipzig 1991. Soziologie in Deutschland und die Transformation großer gesellschaftlicher Systeme, Berlin 1992, S. 95–109, hier: S. 98ff.

34 *Schwinn*, Differenzierung ohne Gesellschaft; *Jens Greve/Clemens Kroneberg*, Herausforderungen einer handlungstheoretisch fundierten Differenzierungstheorie – zur Einleitung, in: *Thomas Schwinn/Clemens Kroneberg/Jens Greve* (Hrsg.), Soziale Differenzierung. Handlungstheoretische Zugänge in der Diskussion, Wiesbaden 2011, S. 7–23, hier: S. 10.

35 Vgl. die Beiträge in *Schwinn/Kroneberg/Greve*, Soziale Differenzierung.

36 Vgl. *Quentin Skinner*, Bedeutung und Verstehen in der Ideengeschichte (zuerst engl. 1969), in: *Martin Muslow/Andreas Mahler* (Hrsg.), Die Cambridge School der politischen Ideengeschichte, Berlin 2010, S. 21–87, hier: S. 82f.

II. Auf dem Weg zu einer Theorie der Moderne[37]

Die sich aus den Einwänden gegen die Modernisierungstheorie ergebende Aufgabe besteht also zunächst einmal darin, die zentralen Strukturmerkmale moderner Gesellschaften ausfindig zu machen. Der hier vorgelegte Entwurf einer Bestimmung dieser Merkmale integriert drei zentrale soziologische Theoriestränge miteinander: die Differenzierungstheorie, die Individualisierungsthese sowie die Kapitalismustheorie. Mit funktionaler Differenzierung wird die horizontal verlaufende Gliederung der modernen Gesellschaft bezeichnet. Die Individualisierungsthese wiederum ist Bestandteil einer Unterscheidung von mikro-, meso- und makrosozialen Konstitutionsebenen, mit der die quer zur horizontalen Differenzierung verlaufende vertikale Differenzierung der Gesellschaft erfasst werden soll. Zu diesen Differenzierungsformen tritt als drittes Merkmal die Unterscheidung zwischen unterschiedlichen Funktionssystemen, von denen einige Wettbewerbsarenen ausgebildet haben (zum Beispiel die Wirtschaft oder die Politik), andere hingegen nicht (zum Beispiel die Familie).

Funktionale Differenzierung

Die Systemtheorie begreift die Emergenz der modernen Gesellschaft als Umbau der Gesellschaftsstruktur von Stratifikation auf *funktionale Differenzierung*, aufgrund derer sich unterschiedliche gesellschaftliche Funktionsbereiche – Recht, Wissenschaft, Ökonomie, Politik, Kunst – herauskristallisieren, die jeweils ihren eigenen Codes und Funktionsprinzipien folgen.[38] Die Vielfalt der Gesellschaft in der Moderne läuft der Systemtheorie zufolge nicht mehr auf eine Spitze zu, die in der Lage ist, wie etwa das Papsttum im Hochmittelalter, Suprematie über alle anderen Bereiche der Gesellschaft zu reklamieren und das Ganze zu repräsentieren. Vielmehr ist eine moderne Gesellschaft durch die Ausdifferenzierung unterschiedlicher gesellschaftlicher Wertsphären und Strukturen charakterisiert, die polyzentrisch nebeneinander stehen.

Die Funktionsbereiche zeichnen sich sowohl durch ein hohes Maß an Eigendynamik als auch durch wechselseitige Abhängigkeit aus. Die Teilsysteme stehen zueinander also nicht nur im Verhältnis »legitimer Indifferenz«[39], sondern auch im Verhältnis von Interdependenz, Kooperation, Austausch, was wechselseitige Entlastung ebenso einschließt wie konfliktive Auseinandersetzungen. Im Unterschied zur Entdifferenzierung, die den Einbau systemischer Fremdrationalität in ausdifferenzierte Sinnzusammenhänge meint[40], hebt Interdependenz die Differenzierung unterschiedlicher Sinnrationalitäten nicht auf. Trotz wechselseitiger Abhängigkeit, Ressourcentransfer und Interpenetration werden unter den Bedingungen funktionaler Differenzierung die Grenzen zwischen den Sinnrationalitäten vielmehr bewahrt. Allerdings ist umstritten, wo sie jeweils verlaufen, denn Leitwerte und Grenzziehungen sind nicht vorgegeben, sondern werden in sozialen Kämpfen ausgehandelt.[41] So ringen Leistungsproduzenten eines Systems mit Leistungsproduzenten anderer

37 Die folgenden Überlegungen habe ich ausführlicher dargestellt in *Detlef Pollack*, Modernisierungstheorie – revised: Entwurf einer Theorie moderner Gesellschaften, in: Zeitschrift für Soziologie 45, 2016, S. 219–240.

38 *Niklas Luhmann*, Die Gesellschaft der Gesellschaft, 2 Bde., Frankfurt am Main 1997.

39 *Hartmann Tyrell*, Soziale und gesellschaftliche Differenzierung. Aufsätze zur soziologischen Theorie, Wiesbaden 2008, S. 88 und 100.

40 *Jürgen Gerhards*, Funktionale Differenzierung und Prozesse der Entdifferenzierung, in: *Hans Rudi Fischer* (Hrsg.), Autopoiesis. Eine Theorie im Brennpunkt der Kritik, Heidelberg 1991, S. 263–280.

41 Vgl. *Pierre Bourdieu/Loïc J. D. Wacquant*, Reflexive Anthropologie, Frankfurt am Main 2006 (zuerst frz. 1992), S. 135.

Systeme – aber auch mit innersystemischen Konkurrenten – um die Bestimmung des systemischen Codes, um die Kriterien seiner Erfüllung, um die Grenzziehung zu anderen Systemen sowie um Akzeptanz bei den Leistungsabnehmern.[42] Welche Regeln und Leitdifferenzen sich durchsetzen, hängt davon ab, welche von ihnen Resonanz finden, an welche angeschlossen wird, auf welche man aufbaut und welche man gegen Kritik verteidigt. Die Leitunterscheidungen konstituieren sich kumulativ und aversiv. Auf diese Weise bilden sich immer wieder benutzte Kanäle der sozialen Interaktion heraus, die sich durch wiederholte Anschlusshandlungen und durch Abweisung von Abweichungen verstärken. Auf wissenschaftlichen Methoden beruhendes neues Wissen beispielsweise knüpft an methodisch hergestelltes altes Wissen an und sortiert methodologisch unqualifiziertes Wissen aus; Rechtsprechungen berufen sich auf Rechtsgrundsätze und bereits erfolgte Rechtsprechungen und sperren sich gegen rechtsfremde Gesichtspunkte; die marktinduzierte Festsetzung von Preisen reguliert Zahlungen und schottet sich gegen die staatliche oder moralische Beeinflussung von Preisen ab. Die ausdifferenzierten Codes und Prinzipien hören damit nicht auf, umkämpft zu sein, und können immer wieder partiell außer Kraft gesetzt werden, gewinnen aber durch die kumulativen und aversiven Folgehandlungen eine relative, sich operativ wechselseitig bestärkende Stabilität, die ihre Rücknahme unwahrscheinlich macht.[43] So können Demokratien untergehen, aber die Wahrscheinlichkeit, dass sie sich durch rekursive Redundanzen stabilisieren, ist größer und wächst, wie die seit 1945 weltweit zunehmende Zahl funktionierender Demokratien demonstriert, weiter an.

Dass die Bewahrung der führenden Leitdifferenz niemals garantiert ist, hat vor allem damit zu tun, dass entgegen systemtheoretischen Annahmen die einzelnen Funktionssysteme keine aus sich heraus begründete Autonomie besitzen. Die Wissenschaft muss auf Grundlagensicherheit verzichten. Ob ihre Erkenntnisse mit den Dingen übereinstimmen, dafür gibt es keine Gewissheit. Sie kann Methoden entwickeln und klare Begrifflichkeiten und Modelle, die die wissenschaftlich gewonnenen Erkenntnisse intersubjektiv überprüfbar machen. Aber ob sie wahr sind, darüber geht der wissenschaftliche Streit, der nie an ein Ende kommen kann. Ebenso lebt auch der demokratische freiheitliche Staat von Voraussetzungen, die er nicht selbst garantieren kann.[44] Anders als der absolutistische Staat kann er die Loyalität seiner Bürger nicht autoritativ erzwingen, ohne seine Freiheitlichkeit aufzugeben. Er ist auf die demokratische Gesinnung seiner Bürger angewiesen, wenn er nicht Gefahr laufen will, durch seine eigenen Verfahren abgeschafft zu werden – wofür der Nationalsozialismus ein dramatisches Beispiel abgibt. Und auch die auf Profit und Rentabi-

42 Es liegt in der Konsequenz der hier vorgeschlagenen Dynamisierung der systemtheoretischen Differenzierungstheorie durch Bezugnahme auf die bourdieusche Feldtheorie, die Bestimmung der Systemcodes und Systemgrenzen akteurtheoretisch anzulegen. Die Unterscheidung zwischen den Leistungsproduzenten eines Systems, ihren innersystemischen Konkurrenten, den Leistungsproduzenten anderer Systeme und den Leistungsempfängern stammt von Uwe Schimank. Vgl. *Uwe Schimank*, Gesellschaftliche Differenzierungsdynamiken – ein Fünf-Fronten-Kampf, in: *Schwinn/Kroneberg/Greve*, Soziale Differenzierung, S. 261–284.

43 Auch hier wird wieder eine Verknüpfung von makrotheoretischen und akteurtheoretischen Annahmen angestrebt. Wenn es in Talcott Parsons' Theorie der evolutionären Universalien darum ging, evolutionäre Errungenschaften wie etwa Märkte, Bürokratien oder demokratische Assoziationen ausfindig zu machen, die als Bedingungen für die Erlangung höherer Anpassungs- und Problemlösungskapazitäten fungieren und nur um den Preis einer geringeren Anpassungskapazität verfehlt werden können, so stellen hier die kumulativ und aversiv erzeugten Resonanzen jene Schwelle dar, hinter die zurückzufallen sozialpraktisch nur schwer möglich, wenn auch durchaus nicht ausgeschlossen ist. Vgl. *Talcott Parsons*, Evolutionäre Universalien der Gesellschaft, in: *Wolfgang Zapf* (Hrsg.), Theorien des sozialen Wandels, Köln/Berlin 1969, S. 55–74.

44 *Ernst-Wolfgang Böckenförde*, Die Entstehung des Staates als Vorgang der Säkularisation (zuerst 1967), in: *Heinz-Horst Schrey* (Hrsg.), Säkularisierung, Darmstadt 1981, S. 67–89.

lität abzielende ökonomische Kernoperation ist nicht in der Lage, sich selbst zu sichern. Der kapitalistische Markt beruht auf einer Reihe von Umweltbedingungen, die er nicht selbst zu gewährleisten vermag. Dazu gehören die Garantie von Eigentumsrechten, die Institutionalisierung fairer Wettbewerbsbedingungen, der Aufbau von Vertrauen zwischen den Transaktionspartnern sowie die Gewährleistung politischer Stabilität.

Im Unterschied zur Systemtheorie Niklas Luhmanns wird hier also nicht von der Autonomie der gesellschaftlichen Teilbereiche ausgegangen. Wenn von Autonomie die Rede ist, kann es sich allenfalls um eine relative Autonomie handeln, die von anderen Teilsystemen, von den Leistungen, die diese erbringen, und der dadurch gewährten Entlastung abhängig ist. Wirtschaftliche Prosperität trägt zu politisch stabilen Verhältnissen bei, rechtsstaatliche Bestimmungen garantieren dem wirtschaftlichen Handeln einen verlässlichen Rahmen und politische Partizipation profitiert von einem hohen Bildungsniveau. Die relative funktionale Selbstständigkeit der gesellschaftlichen Teilsysteme ist mithin stark außenabhängig und verdankt sich letztlich günstigen Kontextbedingungen. Aus der Kontextsensibilität der gesellschaftlichen Teilsysteme erklärt sich der interdependente Verflechtungszusammenhang zwischen den Institutionen der Moderne. Die Ausdifferenzierung von Funktionssystemen ist weniger auf funktionale Erfordernisse zurückzuführen als auf die umweltbedingte Erweiterung von Gelegenheitsstrukturen: Wenn die Wirtschaftsleistung steigt, stellt die Wirtschaft Ressourcen bereit, aufgrund derer sich politisch, kulturell und sozial neue Handlungsgelegenheiten ergeben. Mit den wirtschaftlich zur Verfügung gestellten Ressourcen können das Bildungssystem, die sozialen Sicherungssysteme, das Gesundheitswesen, die Kunstförderung ausgebaut werden. Erhöht sich das Bildungsniveau der Bevölkerung, steigt auch ihre Bereitschaft zum politischen Engagement. Mit der Ausweitung der politischen Partizipation erhöht sich das Vertrauen in staatliche Institutionen.

Interessanterweise wird der Zusammenhang zwischen Ressourcenvermehrung, funktionaler Differenzierung und funktionaler Verkopplung in den sozialwissenschaftlichen und sozialgeschichtlichen Analysen zur Entwicklung der modernen Gesellschaften Westeuropas nach dem Zweiten Weltkrieg zumeist tatsächlich vorausgesetzt. Den zentralen Ausgangspunkt der Argumentation bildet das exponentiell angestiegene Wirtschaftswachstum, dessen zentrale Komponente technologische Entwicklungen sind. In Deutschland zum Beispiel fiel das wirtschaftliche Wachstum allein in den 1950er-Jahren doppelt so hoch aus wie zwischen 1800 und 1950.[45] Die gewachsene Wirtschaftskraft erlaubte nicht nur den Ausbau des Bildungswesens, der Gesundheitsversorgung und der sozialen Sicherungssysteme. Mit dem wirtschaftlichen Aufschwung erhöhte sich auch das Volumen an verfügbarer Freizeit und verringerte sich der Anteil harter körperlicher Arbeit. Völlig neue Unterhaltungs-, Musik- und Freizeitpräferenzen sowie neue Lebensstile und Wertorientierungen entstanden. Von Disziplin, Gehorsam und Fleiß wurde der kulturelle Kanon auf Selbstbestimmung, Selbstverwirklichung und Mitsprache umgestellt. All diese in den meisten westeuropäischen Ländern nahezu gleichzeitig und in allen sozialen Bereichen erstaunlich parallel ablaufenden Veränderungen lassen sich nicht allein funktional erklären, wohl aber als eine Folge der Erweiterung wirtschaftlich, politisch, kulturell, sozial bedingter Opportunitätsstrukturen. Es ist klar, dass unter theoretischen Gesichtspunkten keiner dieser Veränderungen Priorität zukommen muss, weder den ökonomischen noch den kulturellen oder den politischen. Es ist empirisch gesehen aber äußerst naheliegend, dass das gleichzeitige Auftreten dieser Veränderungen in den einzelnen Ländern nicht zufällig ist, sondern einen intrikat verbundenen Verflechtungszusammenhang darstellt. Im Gegensatz zur Auffassung der Kritiker der Modernisierungstheorie scheint es zwischen der Ausdifferenzierung der unterschiedlichen gesellschaftlichen Bereiche starke Interdependenzen zu geben. Die so-

45 *Meinhard Miegel*, Die verkannte Revolution. Einkommen und Vermögen der privaten Haushalte, Stuttgart 1983, S. 176ff.

genannte Lipset-These etwa, der zufolge mit wachsendem Wohlstand die Chancen der politischen Demokratisierung steigen, wurde empirisch immer wieder bestätigt.[46] Ausnahmen, wie zum Beispiel der chinesische Fall, sprechen auf den ersten Blick zwar gegen diese These. Es bleibt indes abzuwarten, ob das außergewöhnlich hohe Wirtschaftswachstum etwa in China zu einer politischen Liberalisierung des chinesischen Systems führt, beziehungsweise ob die Verweigerung von politischen Reformen das wirtschaftliche Wachstum behindert oder ob China, wie von den Modernisierungskritikern angenommen, tatsächlich einem ganz anderen Entwicklungspfad folgt.

Ebenendifferenzierung

Moderne Gesellschaften sind keine Anwesenheitsgesellschaften, in denen der unmittelbaren Interaktion und dem gesprochenen Wort eine konstitutive Rolle zukommt. Vielmehr nehmen die Abstände zwischen personaler, interaktionell-gemeinschaftlicher, institutionell-organisatorischer und gesamtgesellschaftlicher Ebene zu, was eine Relativierung von personaler Interaktion zur Folge hat. Quer zur funktionalen Differenzierung, die sich horizontal vollzieht, gibt es in modernen Gesellschaften mithin eine Form der vertikalen Differenzierung, in der *die sozialen Konstitutionsebenen* mehr und mehr auseinandertreten.[47] Aufgrund der zunehmenden Ebenendifferenzierung gewinnen Systemtypen auf der Mesoebene, die zwischen Individuum und Gesellschaft vermitteln und die Funktion der Handlungskoordination erfüllen, eine besondere Bedeutung: Organisationen (man denke etwa an Betriebe, Kliniken, Schulen, Gewerkschaften, Parteien oder Freiwilligenorganisationen), Märkte und Gemeinschaften.[48]

Dabei spielen Expertensysteme (Telefonnetze, Wasserversorgungssysteme, Kliniken, Fluggesellschaften, Eisenbahnen) eine zentrale Rolle.[49] Der Einzelne hat – anders als in vormodernen Gesellschaften, in denen er mit den Lebensgrundlagen seiner Gesellschaft gut vertraut ist – meist kein zureichendes Wissen über die Techniken, die sein Leben bestimmen.[50] Er ist darauf angewiesen, den Experten zu vertrauen. Dieses Vertrauen ist unpersönlich, denn die Experten wirken in der Regel im Verborgenen, und es ist ambivalent. Es muss immer wieder durch sichtbar erbrachte Leistungen bestätigt werden. Allerdings kann es über die Zeit auch eine gewisse Performanzunabhängigkeit gewinnen. Aufgrund der gewachsenen Ebenendifferenzierung bedarf es zwischen gesellschaftlichen Institutionen und Bevölkerung keiner permanenten wechselseitigen Rückkopplung. Institutionelles

46 *Seymour Martin Lipset*, Political Man. The Social Bases of Politics, Garden City 1959, S. 27ff.; *Larry Diamond*, Economic Development and Democracy Reconsidered, in: *Gary Marks/ders.* (Hrsg.), Reexamining Democracy. Essays in Honor of Seymour Martin Lipset, Newbury Park/London 1992, S. 93–137; *Robert J. Barro*, Democracy and Growth, in: Journal of Economic Growth 1, 1996, S. 1–27, hier: S. 23; als Überblick *Barbara Geddes*, What Causes Democratization?, in: *Carles Boix/Susan C. Stokes* (Hrsg.), The Oxford Handbook of Comparative Politics, Oxford/New York etc. 2007, S. 317–339.

47 Vgl. *Bettina Heintz/Hartmann Tyrell* (Hrsg.), Interaktion – Organisation – Gesellschaft revisited. Anwendungen, Erweiterungen, Alternativen, Stuttgart 2015.

48 *Helmut Wiesenthal*, Markt, Organisation und Gemeinschaft als »zweitbeste« Verfahren sozialer Koordination, in: *Wieland Jäger/Uwe Schimank* (Hrsg.), Organisationsgesellschaft. Facetten und Perspektiven, Wiesbaden 2005, S. 223–264.

49 *Anthony Giddens*, Konsequenzen der Moderne, Frankfurt am Main 1996 (zuerst engl. 1990), S. 40ff.

50 *Hermann Lübbe*, Der Lebenssinn der Industriegesellschaft. Über die moralische Verfassung der wissenschaftlich-technischen Zivilisation, Berlin/Heidelberg etc. 1990, S. 45f. und 48; vgl. auch schon *Max Weber*, Gesammelte Aufsätze zur Wissenschaftslehre, Tübingen 1988 (zuerst 1922), S. 594.

Vertrauen bricht zumeist erst dann zusammen, wenn die institutionelle Performanz über längere Zeit beeinträchtigt ist.

Mit der Auseinanderziehung der gesellschaftlichen Konstitutionsebenen wird der Einzelne – wie Ulrich Beck sagt – aus gesellschaftlichen Bindungen wie Nachbarschaft, Milieu, Stand und Klasse zunehmend freigesetzt.[51] Das besagt nicht, dass er von der Gesellschaft freikommt, sondern dass seine Einbindung in die Gesellschaft eine neue Form annimmt: eine indirekte, über den Arbeitsmarkt, das Sozialsystem und das Bildungssystem vermittelte Form, die es ihm auf der einen Seite erlaubt, mehr und mehr über sein Leben selbst zu bestimmen, andererseits aber auch die Rahmenbedingungen festlegt, unter denen allein ihm dies möglich ist. Die modernen Institutionen haben keinen Direktzugriff mehr auf das Individuum, aber bestimmen die Regeln, an die die Selbstverwirklichung des Einzelnen gebunden ist. Auseinanderziehung der gesellschaftlichen Konstitutionsebenen bedeutet aber nicht nur, dass sich für den Einzelnen mehr Freiräume eröffnen, sondern auch, dass die gesellschaftlichen Institutionen schwer beeinflussbar sind. Es ist diese Doppelstruktur, die sowohl ein höheres Maß an individueller Autonomie eröffnet als auch die Möglichkeiten zur Direktbeeinflussung von Institutionen limitiert. In beiden Hinsichten unterscheiden sich moderne von vormodernen Institutionen.

Wenn das Auseinanderziehen der sozialen Konstitutionsebenen ein entscheidendes Charakteristikum moderner Gesellschaften ist, dann sind Beschreibungen unangemessen, die von einem Bedeutungsverlust der Gemeinschaftsebene ausgehen (Ferdinand Tönnies), die Kolonisierung der Lebenswelt durch die funktionalen Steuerungssysteme der Gesellschaft wie Politik und Wirtschaft behaupten (Jürgen Habermas) oder die zunehmende Anonymisierung des Einzelnen in der Moderne beklagen. Die Moderne hält gemeinschaftliche Lebensformen ebenso bereit wie vormoderne Gesellschaften, nur drängt sie diese dem Einzelnen über Nachbarschaften, konfessionelle Zugehörigkeiten oder politische Organisationen nicht mehr auf. Gemeinschaftliche Bindungen müssen vielmehr zunehmend individuell gewählt werden. Zwischen Individuum und Gesellschaft besteht in modernen Gesellschaften also nicht – wie der frühe und mittlere Foucault oder die Kritische Theorie annehmen[52] – ein Ausschließungs-, sondern ein Steigerungsverhältnis.[53]

Wettbewerbsforen

Die einzelnen gesellschaftlichen Funktionssysteme sind in den Prozess der funktionalen Differenzierung in unterschiedlicher Weise involviert. Manche Systeme, wie Familie, Erziehung oder Religion, sind diesem Prozess eher reaktiv ausgesetzt, andere, wie Wirtschaft, Politik oder Wissenschaft, treiben ihn voran, indem sie Wettbewerbsarenen ausbilden.

Die Einrichtung von Wettbewerbsforen hat für moderne Gesellschaften zwei unübersehbare Konsequenzen. Einmal werden soziale Praktiken der permanenten Überprüfung ausgesetzt und immer wieder im Lichte neuer Informationen reformiert. Unter Wettbewerbsbedingungen findet eine prinzipielle Delegitimation von Autoritäten, überkommenen Bindungen und Gewohnheiten statt, der sich kaum eine Institution, eine soziale Praxis

---

51 *Ulrich Beck*, Jenseits von Stand und Klasse? Soziale Ungleichheit, gesellschaftliche Individualisierungsprozesse und die Entstehung neuer sozialer Formationen und Identitäten, in: *Reinhard Kreckel* (Hrsg.), Soziale Ungleichheiten, Göttingen 1983, S. 35–74; *Ulrich Beck*, Risikogesellschaft. Auf dem Weg in eine andere Moderne, Frankfurt am Main 1986.

52 *Markus Schroer*, Das Individuum der Gesellschaft. Synchrone und diachrone Theorieperspektiven, Frankfurt am Main 2001.

53 *Niklas Luhmann*, Individuum, Individualität, Individualismus, in: *ders.*, Gesellschaftsstruktur und Semantik. Studien zur Wissenssoziologie der modernen Gesellschaft, Bd. 3, Frankfurt am Main 1989, S. 149–258; *ders.*, Soziologische Aufklärung, Bd. 6: Die Soziologie und der Mensch, Wiesbaden 1995, S. 130.

oder ein Wissensbestand entziehen kann. In dem Prozess der permanenten Überprüfung und Kritik kann es ein letztes Ziel und einen finalen Sinn nicht geben. Die Ergebnisse der demokratischen Willensbildung sind prinzipiell unbestimmbar. Die wissenschaftliche Forschung findet in keinem Ergebnis einen beruhigenden Abschluss. Wirtschaftlicher Wohlstand lässt sich immer weiter steigern. Die Moderne ist insofern eben gerade kein Projekt, wie Habermas behauptet[54], sondern ein prinzipiell ergebnisoffener Prozess. Die Anwendung der modernen Praktiken auf sich selbst schließt die Formulierbarkeit letzter Ziele aus. Das selbstreflexive Konstitutionsprinzip der Moderne macht die Weiterführung des Alten legitimationspflichtig, treibt über den gerade erreichten Zustand hinaus und erhebt damit Beschleunigung zu einem Grundprinzip des Wandels.[55]

Zweitens tragen die Wettbewerbsforen die Tendenz in sich, sich auszubreiten. Es ist die Effektivität der auf dem offenen Markt erbrachten Leistungen, die alle anderen Angebote und Traditionen, auch die ehrwürdigsten, dem Vergleich aussetzen. »Die wohlfeilen Preise der Waren der Bourgeoisie«, sagen Karl Marx und Friedrich Engels, »sind die schwere Artillerie, mit der sie alle chinesischen Mauern in den Grund schießt«.[56] So globalisiert sich mit der Ausbreitung von Marktmechanismen die Moderne. Heute müssen sich selbst diejenigen zur Moderne ins Verhältnis setzen, die von ihr ausgeschlossen sind oder sich von ihr abgrenzen wollen.

Moderne Gesellschaften sind aber nicht nur durch Steigerungsdynamik gekennzeichnet, sondern auch durch ihre Fähigkeit zur Selbstbegrenzung, Entschleunigung und Moderierung. Diese Fähigkeit hängt mit der Selbstreflexivität moderner Institutionen zusammen, aufgrund derer diese nicht nur über erreichte Zustände hinausdrängen, sondern diese auch zurückfahren können.[57] Das wissenschaftliche Denken ist bereit, die Grenzen seiner Zulänglichkeit anzugeben, sofern es diese selbst bestimmt. Wirtschaftliches Handeln vermag ökologische Gesichtspunkte zu berücksichtigen, sofern diese in ökonomische Kosten-Nutzen-Rechnungen überführbar sind. Daher wird nicht alles, was wissenschaftlich denkbar, technisch herstellbar und medizinisch machbar ist, auch realisiert. Selbst das Prinzip der Volkssouveränität ist nicht auf die Spitze getrieben, sondern durch die Einführung von Verfahren der Repräsentativität, die Aufrichtung von Sperrklauseln, die Schaffung von zwei Kammern, also durch die Berücksichtigung von *checks and balances*, relativiert. Der modernen Steigerungsdynamik wohnt eine Tendenz zur reflexiven Selbstbeschränkung inne[58], die allerdings daran gebunden ist, dass sie nicht heteronom erzwungen wird, sondern in der Hand der modernen Institutionen selber liegt und der Steigerungslogik der modernen Institutionen entspricht. Es ist also empirisch nicht überzeugend, der Moderne Absolutheitswahn, Ambiguitätsvernichtung und eine Sucht nach Eindeutigkeit vorzuwerfen.[59] Die Moderne ist zwar von Anfang an durch den Versuch charakterisiert, die eigenen Im-

54 *Habermas*, Die Moderne – ein unvollendetes Projekt.

55 *Hartmut Rosa*, Beschleunigung. Die Veränderung der Zeitstrukturen in der Moderne, Frankfurt am Main 2005.

56 *Karl Marx/Friedrich Engels*, Manifest der Kommunistischen Partei (zuerst 1848), in: *dies.*, Werke, Bd. 4, Berlin 1959, S. 459–493, hier: S. 466.

57 Anders Thomas Schwinn, der davon ausgeht, dass die gesellschaftlichen Bereiche »nicht von sich aus zu einer Selbstbescheidung gegenüber den anderen Ordnungen tendieren«. *Thomas Schwinn*, Zur Neubestimmung des Verhältnisses von Religion und Moderne. Säkularisierung, Differenzierung und multiple Modernitäten, in: *Christof Wolf/Matthias Koenig* (Hrsg.), Religion und Gesellschaft, Wiesbaden 2013, S. 73–97, hier: S. 78.

58 *Claus Offe*, Bindung, Fessel, Bremse. Die Unübersichtlichkeit von Selbstbeschränkungsformeln, in: *Axel Honneth/Thomas McCarthy/Claus Offe* u. a. (Hrsg.), Zwischenbetrachtungen. Im Prozess der Aufklärung, Frankfurt am Main 1989, S. 739–774.

59 *Zygmunt Bauman*, Moderne und Ambivalenz. Das Ende der Eindeutigkeit, Hamburg 1992 (zuerst engl. 1991).

perative auszudehnen und zu steigern, sehr wohl aber auch durch die Selbstzurücknahme ihrer Purifikationsstrategien, durch Kompromissfähigkeit und Entschleunigung.

Diese Fähigkeit zur Selbstbegrenzung und Moderierung hat viel zu tun mit den verstörenden Erfahrungen, die die Moderne mit sich selbst gemacht hat: mit der Konfrontation mit ihren dynamischen, aggressiven und selbstzerstörerischen Potenzialen. Die Weltkriege und die durch moderne Technologien ausgelösten Risiken haben zu einer wachsenden Fortschrittsskepsis, zu Rationalitäts- und Technikkritik geführt. Seit den 1970er-Jahren, in denen unerwartete wirtschaftliche und ökologische Probleme auftraten, ist die allgemeine Fortschrittseuphorie zurückgegangen und ein Bewusstsein der Grenzen des Wachstums, ja der Krise der Moderne an die Stelle des Fortschrittsoptimismus getreten.

Aufgrund ihrer Selbstreferenzialität sind moderne Institutionen in der Lage, aus ihren Fehlern zu lernen, sich zu korrigieren und neue Wege einzuschlagen. Eindrücklich zeigt sich diese Korrekturfähigkeit in dem Vermögen Europas zur Sicherung einer lang anhaltenden Friedensperiode nach dem Zweiten Weltkrieg. Aber auch was die Bewahrung der Umwelt angeht, zeigen die westlichen Industrienationen die Bereitschaft zum Umdenken mit klar erkennbaren Effekten. Die Regulierung der Finanzmärkte, die Kartellaufsicht, der Atomausstieg wären weitere Beispiele.

III. Hypothesen zur Emergenz der Moderne

Der Übergang von vormodernen gesellschaftlichen Zuständen zu modernen und damit zu Bedingungen, unter denen funktionale Differenzierung, vertikale Ebenendifferenzierung und die Errichtung von Wettbewerbsarenen Dominanz gewinnen, ist weder ein eindeutig gerichteter noch ein fest umgrenzter Prozess. Gleichwohl lässt sich die Kernphase, in dem sich der zentrale Bruch zwischen Vormoderne und Moderne vollzieht, relativ genau bestimmen. Er liegt in der Zeit von etwa 1750 bis etwa 1850. In dieser von Reinhart Koselleck[60] als Sattelzeit bezeichneten Periode wandelt sich die ständische zur bürgerlichen Gesellschaft, treten kirchliche und weltliche Ordnung zunehmend auseinander, lockert sich der staatliche und kirchliche Zugriff auf das Handeln und Denken der Individuen und nimmt die religiöse und kulturelle Vielfalt miteinander in Konkurrenz stehender Weltdeutungsangebote zu. Schule, Universität, aber auch Kunst, Musik und Literatur lösen sich mehr und mehr aus ihrer Abhängigkeit von Hof und Kirche. In Frankreich, den Niederlanden und in Amerika kommt es zur Trennung von Kirche und Staat. Ebenso gewinnen Tendenzen der Individualisierung an Fahrt. Am Ende des 18. Jahrhunderts besitzt das auf die Grenzen und Bedingungen seiner Handlungs- und Erkenntnismöglichkeiten reflektierende Individuum ein Bewusstsein seiner ethischen und denkerischen Autonomie. Darüber hinaus treten auch die unterschiedlichen kulturellen und geistigen Strömungen zunehmend auseinander und begegnen sich im sich herausbildenden Raum einer bürgerlichen und städtischen Öffentlichkeit. Neben der lutherischen Orthodoxie, der calvinistischen Kirchenversammlung und dem katholischen Lehramt stehen pietistische Konventikel, methodistische Versammlungen, jansenistisch beeinflusste Gnadenlehren, neologische Moralvorstellungen, aufklärungsphilosophischer Deismus, die enthusiastische Verehrung der Vernunft und unerbittliche Kirchenkritik – Strömungen, die sich wechselseitig infrage stellen. Mit dem 18. Jahrhundert unternehmen die europäischen Gesellschaften unübersehbar große Schritte

---

60 *Reinhart Koselleck*, Einleitung, in: *Otto Brunner/Werner Conze/ders.* (Hrsg.), Geschichtliche Grundbegriffe. Historisches Lexikon zur politisch-sozialen Sprache in Deutschland, Bd. 1, Stuttgart 1972, S. XIII–XXIII; *Reinhart Koselleck*, Vergangene Zukunft. Zur Semantik geschichtlicher Zeiten, Frankfurt am Main 1988, S. 349–374.

auf dem Weg zu ihrer funktionalen Differenzierung, zur Entflechtung von Individuum und kollektiver Ordnung sowie zu ihrer kulturellen Pluralisierung.

Die Wurzeln der Moderne

Schübe der Modernisierung gibt es in der Zeit vor dem 18. Jahrhundert, etwa im Hoch- und Spätmittelalter oder in der Reformationszeit, und danach, zum Beispiel in den langen 1960er-Jahren. Die weitgehende Durchsetzung funktionaler Differenzierung, normativer Individualisierung und kultureller Pluralisierung als Strukturierungsprinzipien ganzer Gesellschaften indes ist das Produkt der letzten 200 Jahre und sie vollzieht sich in dieser Radikalität ausschließlich im Westen, zu dem gewöhnlich auch die *offsprings* des Westens wie Australien oder Neuseeland gerechnet werden. Seitdem treten die wirtschaftlichen, politischen, rechtlichen, wissenschaftlichen Leistungsparameter zwischen den westlichen und den nichtwestlichen Ländern – insbesondere China und Indien als den am höchsten entwickelten nichtwestlichen Regionen – in dramatischer Weise auseinander. Um die *great divergence*[61] zu belegen, ließe sich auf Entwicklungen wie die Entstehung parlamentarischer Demokratien, den exponentiellen Anstieg des wirtschaftlichen Wachstums, den Aufbau von rechtsstaatlichen Institutionen, die Verabschiedung von liberalen Verfassungen, die die Freiheitsrechte des Individuums schützen, auf die Herausbildung eines hochspezialisierten Wissenschaftssystems mit fachspezifischen Methoden und daraus resultierenden wissenschaftsimmanenten Beurteilungsmaßstäben oder auch auf die Sicherung des Gewaltmonopols des Staats verweisen – Entwicklungen, die charakteristisch sind für die westlichen Gesellschaften und sich so in nichtwestlichen Gesellschaften nicht finden.

Zur Veranschaulichung dieser Differenz sei im hier gesetzten Rahmen nur ein einziger, allerdings zentraler Indikator herausgegriffen: der extraordinäre Anstieg der wirtschaftlichen Produktivität seit dem ausgehenden 18. Jahrhundert in Europa und den USA – ein Kennzeichen moderner Gesellschaften, das mit anderen ihrer Spezifika Hand in Hand geht.

Tabelle 1: BIP pro Kopf 1000–2003, in internationalen Dollar von 1990[62]

Jahr	Westeuropa	USA	Japan	China	Indien
1000	427	400	425	450	450
1500	771	400	500	600	550
1700	997	527	570	600	550
1820	1.202	1.257	669	600	533
1870	1.960	2.445	737	530	533
1913	3.457	5.301	1.387	552	673
1950	4.578	9.561	1.921	448	619
1973	11.417	16.689	11.434	838	853
2003	19.912	29.037	21.218	4.803	2.160

Was an den in Tabelle 1 präsentierten Zahlen auffällt, ist nicht nur das seit dem 18./19. Jahrhundert zu beobachtende Auseinandertreten der Wirtschaftsentwicklung zwischen

61 *Kenneth Pomeranz*, The Great Divergence. China, Europe, and the Making of the World Economy, Princeton/Woodstock 2000.

62 Vgl. *Angus Maddison*, Contours of the World Economy, 1–2030 AD. Essays in Macro-Economic History, Oxford/New York etc. 2007, S. 382.

Westeuropa und den USA auf der einen und China und Indien auf der anderen Seite; interessant ist, dass es nach den hier präsentierten Berechnungen der Wirtschaftswissenschaften einen gewissen wirtschaftlichen Vorsprung Westeuropas auch schon in den vorangegangenen Jahrhunderten gab. Die *great divergence* hatte einen Vorlauf. Die hier vertretene These lautet denn auch, dass Prozesse der funktionalen Differenzierung, der normativen Individualisierung und kulturellen Pluralisierung bereits im Mittelalter ihren Ausgang nahmen und nach starken Gegenausschlägen, vor allem in der Zeit des Konfessionalismus, schließlich im 18./19. Jahrhundert zum Durchbruch kamen. Dabei ging ein wesentlicher Anstoß zur Ausdifferenzierung der gesellschaftlichen Sphären, zur Individualisierung und Pluralisierung von der Religion aus. Das lateinische Christentum mit dem römischen Patriarchat an der Spitze läuft voraus und treibt mit seinem Bestehen auf einer weltlich unableitbaren, allein theologisch begründeten Rationalität die anderen Bereiche der Gesellschaft dazu an, eigene Sachlogiken und Rationalitätskriterien aufzubauen und diese gegen die Eigenrationalität der römischen Kirche in Stellung zu bringen.

Diese These wurde erstmals von Niklas Luhmann aufgestellt, der sich mit ihr sowohl positiv als auch negativ auf Max Weber bezog. Im Unterschied zur soziologischen Forschung, die, wenn es um die religiösen Wurzeln der Moderne geht, in der Regel bei Webers »Protestantischer Ethik« ansetzt, macht Luhmann die »Zwischenbetrachtung« Webers zum Ausgangspunkt seiner Überlegungen. Konsequente Rationalisierung sei, so fasst Luhmann die Argumentation Webers zusammen, »nur durch Ausgrenzungen und Abgrenzungen und in der Religion speziell durch ›Weltablehnung‹« zu erreichen.[63]

»Die unbedingt bewahrenswerte Einsicht ist, daß Rationalisierung differenziert, und dies in einem doppelten Sinne: daß Ablehnung Energien freisetzt für den Aufbau einer eigenen Rationalität und daß zugleich die Rationalisierung anderer Lebensbereiche klarstellt, womit man sich nicht identifizieren kann«.[64]

Mit seinem Einsatz bei Webers Theorie der Ausdifferenzierung unterschiedlicher Wertsphären grenzt sich Luhmann gleichzeitig jedoch von dem Versuch ab, die Moderne aus einem religiös motivierten Wandel von Bewusstseinsstrukturen abzuleiten und die kapitalistische Wirtschaftsgesinnung als ein wesentliches Element des modernen Kapitalismus etwa auf die religiös begründete Methodisierung der Lebensführung zurückzuführen. Weniger infolge der stützenden Funktion »religiös-asketischer Motive für wirtschaftlich-rationales Handeln«[65] als mehr durch die Ausdifferenzierung der Religion als »prominentes, semantisch führendes Teilsystem der Gesellschaft«[66] komme der Umbau der Gesellschaft zustande. »Die Religion fördert ihn – teils indem sie ihn zu verhindern sucht und dadurch Differenzerfahrungen erzwingt, und teils indem sie sich selbst einen Primat der eigenen Funktion erlaubt und damit anderen Systemen das Gleiche nahelegt«.[67]

Inzwischen ist Luhmanns[68] Vorschlag, Religion »die Rolle eines Vorreiters« in der gesellschaftlichen Differenzierung zuzuweisen, auch anderweitig aufgegriffen worden.[69] In der bisherigen Diskussion wird sie allerdings noch nicht scharf genug abgegrenzt von Webers Protestantismus-Kapitalismus-These, mit der sie wenig gemein hat. Weber vertritt

63 *Niklas Luhmann*, Gesellschaftsstruktur und Semantik, Bd. 3, Frankfurt am Main 1989, S. 259–357.

64 Ebd.

65 Ebd., S. 344.

66 Ebd., S. 291.

67 Ebd., S. 309.

68 Ebd., S. 260.

69 Vgl. zum Beispiel *Wolfgang Ludwig Schneider*, Religion und funktionale Differenzierung, in: *Schwinn/Kroneberg/Greve*, Soziale Differenzierung, S. 181–210, hier: S. 181; *Schwinn*, Zur Neubestimmung des Verhältnisses von Religion und Moderne, S. 80f.

letztlich eine Transformationshypothese und erklärt, wie sich aus der asketischen Ethik des Calvinismus und einiger protestantischer Sekten eine kapitalistische Geisteshaltung herausgebildet hat, die für die Institutionalisierung des auf Verstetigung des Gewinns abzielenden kapitalistischen Wirtschaftssystems eine unverzichtbare Voraussetzung darstellt. Luhmann hingegen schlägt vor, die Entstehung der modernen Gesellschaft als das Ergebnis von Konflikten, Abgrenzungen und Ablehnungen zu verstehen.

Mit ihrem Insistieren auf Suprematie über alle gesellschaftlichen Bereiche hat die römische Kirche seit dem Mittelalter, so sei Luhmanns These weitergeführt, alle anderen gesellschaftlichen Akteure – Kleriker, Könige, Bauern, Gelehrte, Baumeister – unausweichlich in den Status von Untergebenen oder Abweichlern gebracht. Veränderungen können sich infolgedessen nur gegen diesen Universalitätsanspruch entwickeln, als Abwehr von Suprematieansprüchen, als Bekundung von Nicht-Identifikation, als Dissens oder, wie es Hans Blumenberg sagt, als eine Form der humanen Selbstbehauptung.[70] Prozesse der funktionalen Differenzierung, der normativen Individualisierung und kulturellen Pluralisierung stellen sich so zunächst einmal vor allem als eine Geschichte der Auseinandersetzung mit den Totalitätsansprüchen der römischen Kirche dar. Wesentliche Schübe der Modernisierung in den nachfolgenden Jahrhunderten haben daher immer wieder eine antikatholische Stoßrichtung – die Renaissance, die trotz ihrer religiösen Prägung kirchenkritische Züge trug, die Reformation, die dem Papst nicht nur die weltliche Herrschaft, sondern auch die Herrschaft über den Glauben bestritt und ihn als Antichristen schlechthin porträtierte, die Aufklärung, die mit ihrer Institutionen-, Autoritäts-, Ritual-, Sakraments- und Superstitionskritik ebenfalls eine antikatholische Färbung aufwies[71], der Liberalismus, der die sich auf übernatürliche Quellen berufende kirchliche Tradition hinter sich lassen und die moderne Kultur und das Christentum wieder in Einklang bringen wollte. Auch waren Positionen der römisch-katholischen Kirche seit dem Durchbruch zur Moderne bis weit ins 20. Jahrhundert hinein durch eine schroffe Ablehnung der Prinzipien der Moderne gekennzeichnet.[72]

Natürlich finden sich neben dem Suprematieanspruch der römischen Kirche weitere Faktoren, die zur Herausbildung der modernen Gesellschaft beigetragen haben: technische Innovationen, überseeischer Fernhandel, das Erstarken der mittelalterlichen Stadt, der Ausbau der Verkehrsinfrastruktur, die Erfindung neuer Kommunikationsmittel, die Rationalisierung der Landwirtschaft. Und natürlich sollen damit auch nicht die konflikthaften Spannungen zwischen Moderne und protestantischem Konfessionalismus relativiert werden.[73]

---

70 *Hans Blumenberg*, Die Legitimität der Neuzeit, erneuerte Ausg., Frankfurt am Main 1996, stellt die Entstehung der Neuzeit als einen Akt der Selbstbehauptung des »Humanum« gegenüber hypostasierten theologischen Absolutheitsansprüchen dar. Mit der Steigerung der Souveränität Gottes über alle menschlich fassbare Rationalitätskriterien im Nominalismus des Mittelalters, insbesondere mit der Überordnung des göttlichen Willens über seine Vernunft, treten Göttliches und Menschliches so weit auseinander, dass nur noch die Selbstbehauptung des Menschen gegenüber der potenziell allenthalben drohenden göttlichen Willkür bleibt. Diese von Blumenberg geistesgeschichtlich entwickelte Denkfigur wird hier sozialgeschichtlich gewendet.

71 Die aufklärerische Kirchen- und Religionskritik bezog sich selbstverständlich auch auf die protestantischen Kirchen. Es fällt allerdings auf, dass die Aufklärung in den katholischen Ländern (insb. Frankreich) weitaus kirchen- und religionskritischer ausfiel als in den protestantisch geprägten Ländern (insb. Deutschland) und in den calvinistisch beeinflussten USA kaum eine antikirchliche Tendenz annahm.

72 *Staf Hellemans*, From ›Catholicism Against Modernity‹ to the Problematic ›Modernity of Catholicism‹, in: Ethical Perspectives 8, 2001, S. 117–127.

73 Heinz Schilling betont den Beitrag des Konfessionalismus zur Entstehung des neuzeitlichen Staats, vgl. *Heinz Schilling*, Konfessionskonflikt und Staatsbildung. Eine Fallstudie über das Verhältnis von religiösem und sozialem Wandel in der Frühneuzeit am Beispiel der Grafschaft Lippe, Gütersloh 1981. Mit Michael Stolleis wird man aber wohl daran festhalten müssen, dass die

Die zentralen Implikationen der hier vertretenen These lauten vielmehr, dass die Genese der modernen Welt nicht als ein organisches Herauswachsen aus religiösen Anlagen verstanden werden kann, dass ein wesentlicher Anstoß vielmehr zwar von der Kirche ausgegangen ist, dieser Impuls aber in eine andere als die intendierte Richtung wirkte und die Singularität der westlichen Welt viel mit diesem Ausgangspunkt zu tun hat.

Der Durchbruch zur Moderne

Obwohl wesentliche Wurzeln der Moderne bereits in der kirchlich geprägten Kultur des Mittelalters lagen und teilweise bis in die Antike zurückreichen, lässt sich der Durchbruch zu den Funktionsprinzipien der Moderne, wie er sich in der Sattelzeit vollzog, nicht in direkter Ableitung auf diese Ursprünge zurückführen. Vielmehr wurden im konfessionellen Zeitalter des 16. und 17. Jahrhunderts Tendenzen der Differenzierung, der Individualisierung und Pluralisierung, die sich im Mittelalter herausgebildet und durch die Reformation verstärkt hatten, sogar noch einmal zurückgedrängt. In der Zeit des Konfessionalismus fielen trotz der scharfen konfessionellen Spaltung und der damit zusammenhängenden religionspolitischen Neutralisierung der reichsstaatlichen Herrschaft auf territorialer Ebene politische, religiöse, soziale und rechtliche Ordnung weitgehend zusammen. Eherecht, Sittenzucht, Schulwesen und Armenfürsorge waren ebenso kirchliche Aufgaben, wie es zu den Funktionen der politischen Herrschaft gehörte, für die religiöse Wahrheit und die reine Lehre zu sorgen.[74] Auch übte die Obrigkeit in dieser Zeit eine scharfe Kontrolle über den Glauben ihrer Untertanen sowie über alle Aspekte ihrer Lebensführung aus.[75] Aus dem Grundsatz *cuius regio eius religio* resultierte der Ausschluss abweichender religiöser Bekenntnisse aus dem Territorium des Landesherrn. Über die Kirchenzucht, die der Staat im Auftrag der Kirche vollzog, wurde das Leben der Menschen nicht nur in der Öffentlichkeit, sondern auch in Ehe und Familie, ja bis hin zur individuellen Glaubenspraxis und privaten Gewissensüberzeugung diszipliniert. Das Cuius-Regio-Prinzip garantierte nur dem Landesherrn das Recht, seine Konfession zu wählen. Innerhalb seines Territoriums sorgte er für religiöse Konformität. Insofern wurden in der Reformation und im Mittelalter gegangene Schritte auf dem Weg zur funktionalen Differenzierung, zur Entflechtung von Individuum und kollektiver Ordnung sowie zur religiösen Pluralisierung der Gesellschaft im konfessionellen Zeitalter wieder zurückgedrängt.

Auch der Absolutismus stellte noch nicht den Durchbruch zur Moderne dar. In Reaktion auf die grausamen Kämpfe der einander unduldsam verfolgenden Kirchen im 16. und 17. Jahrhundert installierte der absolutistische Staat eine politische Ordnung, die dazu dienen sollte, den durch die religiösen Bürgerkriege verwüsteten sozialen Raum zu befrieden und wieder bewohnbar zu machen. Die Erfahrungen des Dreißigjährigen Kriegs und seiner anomischen Folgen begünstigten die Einsicht, dass die konfessionelle Einheit nicht durchsetzbar war und die politischen Herrscher um des sozialen Friedens willen die faktische Differenz zwischen den Konfessionen anerkennen mussten. Die Staatszwecklehre

---

schubweise auftretenden Säkularisierungs- und Differenzierungstendenzen bedeutsamer waren, vgl. *Michael Stolleis*, »Konfessionalisierung« oder »Säkularisierung« bei der Entstehung des frühmodernen Staates, in: Ius Commune 20, 1993, S. 1–23, hier: S. 19. Die Staatsbildung sei ein »weit hinter das 16. und 17. Jahrhundert zurückweisender Vorgang« gewesen, ebd., S. 20. Auch die Sozialdisziplinierung setzte nach Stolleis schon vor der Konfessionalisierung ein. Bereits die Frühaufklärung habe auf stärkere Distanzierungen von Staat und Kirche, Religion und Politik, Politik und Moral gedrängt. Die Phase der intensiven Konfessionalisierung wirke in der Langzeitperspektive der sozialen Differenzierung wie ein »Zwischenschritt«, ebd., S. 22.

74 *Emil Sehling*, Geschichte der protestantischen Kirchenverfassung, Leipzig/Berlin 1914, S. 8.

75 *Barbara Stollberg-Rilinger*, Europa im Jahrhundert der Aufklärung, Stuttgart 2000, S. 94.

änderte sich. Nicht länger kam dem Staat die Aufgabe zu, als Beauftragter Gottes die Verkündigung des Evangeliums zu sichern und für die Wahrheit einzutreten. Vielmehr trat an die Stelle der religiösen Zweckbestimmung des Staats die Staatsräson – »das Wohl, der Nutzen des Staates, die *salus publica*«.[76]

Die Bedingung für die Überwindung der destruktiven Konsequenzen der Religionswirren bestand indes, so Reinhart Koselleck[77], in der Aufrichtung einer absoluten politischen Macht. Nur indem der Staat der Religion den Primat bestritt, den Kampfparteien ihre Rechte entzog und sie einzig und allein dem politischen Souverän übertrug, konnte der gesellschaftliche Friede gewonnen und der Bürger vor dem moralisch aufgeladenen religiösen Fanatismus geschützt werden. So sah es auch Thomas Hobbes – der Philosoph des absolutistischen Staats: entweder Bürgerkrieg oder unumschränkte Macht des Fürsten.[78] In seinen Augen konnte der Bürgerkrieg nur durch den Ausschluss religiöser und moralischer Gesinnungen aus der Öffentlichkeit und die Ausstattung der fürstlichen Herrschaft mit einer unantastbaren Souveränität gewährleistet werden. *Auctoritas, non veritas facit legem.* Der Fürst steht über dem Recht und auch über Moral und Wahrheit.

Der Preis dieser absoluten Dignität des Staats, so notwendig sie gegenüber den Religionen mit ihren absoluten Gültigkeitsansprüchen war, bestand allerdings in einer Einschränkung der Rechte des Individuums.[79] Als Bürger schulde der Einzelne dem Staat Gehorsam, auch wenn er in seinen Gesinnungen frei sei. Die absolutistische Staatsdoktrin bewirkte auf diese Weise die Trennung des Menschen in einen Untertan, der in seinen Taten dem Staatsgesetz zu folgen hat, und einen Privatmann, der denken kann, was er will. Mit dieser Staatsdoktrin konnte zwar die zerstörerische Macht der Religion eingedämmt werden, die Zähmung des religiösen Fanatismus erfolgte aber auf Kosten der Freiheit des Einzelnen. Wie das Selbstbestimmungsrecht des Individuums ausgeweitet, wie die in den Innenraum des Denkens eingesperrte individuelle Gesinnung in den öffentlichen Raum eindringt und ihn beeinflusst, wie die Öffentlichkeit zum Forum von Moral, Vernunft und Kritik, wie Moral und Politik miteinander versöhnt werden können – das sind die großen Themen des Aufklärungszeitalters. Standen philosophische Denker und Humanisten zunächst gemeinsam mit den Politikern in einer Front gegen die Geltungsansprüche von Theologie und Kirche, so treten die Vertreter des Bürgertums und der bürgerlichen Gesellschaft nun in eine kritische Auseinandersetzung mit dem absolutistischen Staat – zunächst indirekt und verborgen wie bei den Freidenkern, zunehmend aber auch offen und konfrontativ.

Es sind Kaufleute, Bankiers und Geschäftsleute, finanzkräftige Bürger und Unternehmer, Schriftsteller, Bibliothekare und Philosophen, aber auch Teile des Adels und der Geistlichkeit, die sich daranmachen, in den Städten und teilweise auch an den Höfen eine neue Geselligkeits- und Kommunikationskultur zu errichten. Man traf sich in Kaffeehäusern, Klubs, Akademien, an der Börse, in Teegesellschaften, Salons und literarischen Zirkeln, also an unpolitischen Orten, und diskutierte über den moralischen Zustand der Gesellschaft. Gerade die moralische Ausrichtung der Diskurse aber hatte eine unmittelbare politische Relevanz, denn die politischen Zustände wurden an moralischen Maßstäben gemessen und ihnen letztlich untergeordnet. Der politisch neutrale Ausgangsort der Diskurse hatte von vornherein eine implizit politische Qualität. In dem Maße, wie diese vor allem von städtischen und bürgerlichen Schichten getragene geistige Bewegung die Öffentlich-

---

76 *Sehling*, Geschichte der protestantischen Kirchenverfassung, S. 35.

77 *Reinhart Koselleck*, Kritik und Krise. Eine Studie zur Pathogenese der bürgerlichen Welt, Frankfurt am Main 1973, S. 13.

78 *Thomas Hobbes*, Leviathan, London 1914, vgl. insb. I, S. 13, sowie II, S. 18 und 26.

79 *Ludwig Siep*, Der Staat als irdischer Gott. Genese und Relevanz einer Hegelschen Idee, Tübingen 2015, S. 3.

keit eroberte, wurde sie zu einer kritischen Infragestellung der politischen Ordnung des absolutistischen Staats.[80]

Der Umbruch erfolgte in der zweiten Hälfte des 18. Jahrhunderts, in der es zu einer zunehmenden Ausdifferenzierung von Religion, Politik, Bildung, Kunst und Moral kam. 1791 wurde die Trennung von Kirche und Staat in den USA in der Verfassung verankert, 1795 in Frankreich, 1796 in den Niederlanden. Im Allgemeinen Landrecht für Preußen von 1794 wurden die Kirchen, die einst mit dem Anspruch aufgetreten waren, der wahren Lehre gesamtgesellschaftlich zum Sieg zu verhelfen, zur rechtlichen Organisationsform eines Vereins oder einer »geistlichen Gesellschaft« herabgestuft.[81] Zugleich setzte sich um 1800 auch die Idee durch, Bildung und Erziehung zu eigenständigen, von Herkunft und Stand, aber auch von Tradition und Autorität unabhängigen Zielen zu erklären, bestimmt nicht mehr durch Geburt, sondern durch Talent und Leistung.[82] Die kirchliche Verfügung über die Schule wurde gelockert und der Staat übernahm mit der Einführung des Allgemeinen Landrechts in Preußen die Kontrolle über die Erziehung.[83] An der Wende vom 18. zum 19. Jahrhundert gewannen die Universitäten an Unabhängigkeit; die konfessionell geprägten Universitäten wurden mehr und mehr durch staatlich getragene Universitäten ersetzt.[84] Ebenso vollzog sich in dieser Zeit auch die Loslösung der Künste von Kirche, Königshof und Fürstenhaus. In diese Periode fällt aber auch das Aufkommen neuer Formen des politischen, sozialen und ethischen Denkens, das von allen religiösen Bezügen frei ist, etwa der Ansatz des Utilitarismus eines Cesare Beccaria oder eines Jeremy Bentham.[85]

In der Zeit des Übergangs vom Aufklärungszeitalter zur Romantik löste sich das menschliche Handeln, Denken und Wahrnehmen mehr und mehr von der Orientierung auf eine Zentralperspektive. Nicht mehr eine einheitliche Interpretation der Gesamtwirklichkeit dominierte; vielmehr traten unterschiedliche Wirklichkeitszugänge zunehmend nebeneinander. Im 17. Jahrhundert waren die Denker der großen rationalen Systeme wie René Descartes, Baruch de Spinoza, Nicolas Malebranche oder Gottfried Wilhelm Leibniz noch durchgängig den Prinzipien der Metaphysik verpflichtet. Trotz seines grundsätzlichen erkenntnistheoretischen Zweifels vertrat selbst Descartes die Auffassung, dass die Gewissheit und Wahrheit jeden Wissens »einzig von der Erkenntnis des wahren Gottes« abhänge.[86] Im Sensualismus eines David Hume hingegen ist – nur ein Jahrhundert nach Descartes – der metaphysisch begründete Zugang zur Wirklichkeit depotenziert. Hume zufolge ist Wissen erfahrungsbasiert und allenfalls als eine durch wiederholte Erfahrung gewonnene, also als eine empirisch bedingte und empirisch auch wieder aufhebbare Gewissheit zu verstehen. Wissen verkommt »into probability«; allein Algebra und Arithmetik können »a perfect exactness and certainty« behaupten.[87] Für Kant schließlich besitzt die empirische Ge-

80 Die Entfaltung der bürgerlichen Emanzipationsbewegung im Schatten des Absolutismus und ihre Ausdehnung in den öffentlichen Raum hinein wird anschaulich beschrieben von *Koselleck*, Kritik und Krise, S. 49–103. Vgl. auch *Jürgen Habermas*, Strukturwandel der Öffentlichkeit. Untersuchungen zu einer Kategorie der bürgerlichen Gesellschaft, Frankfurt am Main 1990.

81 *Hans Hattenhauer*, Allgemeines Landrecht für die preußischen Staaten, Frankfurt am Main/Berlin 1970, S. 542–584.

82 *Thomas Nipperdey*, Deutsche Geschichte 1800–1866. Bürgerwelt und starker Staat, München 1983, S. 60.

83 Ebd., S. 56.

84 Ebd., S. 65.

85 *Hugh McLeod*, Introduction, in: *ders./Werner Ustorf* (Hrsg.), The Decline of Christendom in Western Europe, 1750–2000, Cambridge/New York etc. 2003, S. 1–26, hier: S. 7f.

86 *René Descartes*, Meditationes de prima philosophia (zuerst lat. 1641), hrsg. v. *Artur Buchenau*, Leipzig 1915, S. 60.

87 *David Hume*, A Treatise of Human Nature (zuerst 1738–40), hrsg. v. *Lewis Amherst Selby-Bigge*, Oxford 1978, I, 4, sect. 1, S. 180; I, 3, sect. 1, S. 71.

wissheit nur noch den Rang einer assertorischen Gewissheit und entspricht damit dem Modus des Glaubens, während die rationale Gewissheit apodiktisch ist, also mit Notwendigkeit gilt und lediglich insofern empirisch zu sein vermag, als sich ein empirischer Satz aus Prinzipien a priori erkennen lässt.[88] Indem Kant so die letztlich in den Erkenntnisformen des Subjekts liegenden Bedingungen der Möglichkeit synthetischer Erkenntnis a priori angibt, bietet er nicht nur eine Begründung für die Autonomie des Wissens, sondern weist diesem auch seine Grenzen zu, denn wenn die Vernunft an die Bedingungen der Möglichkeit synthetischer Erkenntnis a priori gebunden ist, dann reicht sie nur bis zu den Gegenständen möglicher Erfahrung und muss nichtempirische Ideen wie Gott, Freiheit und Unsterblichkeit als Postulate aus ihrem Gegenstandsbereich ausscheiden.

Doch nicht nur in der Erkenntnistheorie lassen sich Tendenzen der Umgründung des Wirklichkeitszugangs von der Metaphysik zur Empirie und damit Prozesse der Emanzipation von metaphysisch-religiösen Letztbegründungen beobachten. Autonomisierungstendenzen charakterisieren auch die Ästhetik, die Moralphilosophie und nicht zuletzt auch die Religionstheorie selbst. Betrachtete etwa Anthony Ashley Cooper, Third Earl of Shaftesbury, Anfang des 18. Jahrhunderts die Vollkommenheit Gottes noch als die Quelle alles Schönen und lag es daher für ihn nahe, das Schöne und das Gute als »ein und dasselbe« anzusehen[89], so unterscheidet Johann Joachim Winckelmann in der zweiten Hälfte des Jahrhunderts zwischen Schönheit, Sittlichkeit und Wahrheit. In seinen Augen drückt sich das Schöne im Kunstwerk als etwas in sich selbst Sinnvolles und Bedeutsames aus, obschon er es noch immer als einen Abglanz der höchsten Schönheit, die in Gott ist, fasst.[90] Die Herauslösung der Ästhetik aus der Metaphysik, verbunden mit der Akzeptanz des Schönen als eines eigenständigen Geltungsbereichs, wird dann wiederum von Kant vollzogen. Das Schöne sei schön um seiner selbst willen, durch die Abwesenheit von mit ihm verfolgten Interessen, und dadurch, dass es als allgemein und notwendig, also als nicht kontingent empfunden werde.[91]

Außerdem wird auch die Begründung der Moral als autonomer Lebensbereich und die Abkopplung ihrer Geltung von den Wahrheitsansprüchen der Religion durch Kant vollzogen. Der Mensch als freies Wesen bedürfe keiner »Idee eines anderen Wesens über [sich], um seine Pflicht zu erkennen«.[92] Was gut und böse sei, könne er selbst beurteilen. Die an die Priestervorschriften sich haltenden Religionspraktiken und der gehorsame Glaube an das Wort hingegen verletzten das menschliche Gewissen, denn die einzige Maxime des Gewissens sei, »nichts zu glauben als das, was von der eigenen Vernunft geprüft werden kann«.[93] In der Nachfolge Kants verschaffte Friedrich Schleiermacher schließlich auch der Religion ein autonomes Fundament. Neben Moral und Metaphysik als autonome Fakultäten des menschlichen Handelns und Wissens stellt Schleiermacher die Religion, die im

---

88 *Immanuel Kant*, Logik. Ein Handbuch zu Vorlesungen, hrsg. v. *Gottlob Benjamin Jäsche*, Königsberg 1800, S. 71.

89 *Anthony Ashley Cooper Third Earl of Shaftesbury*, The Moralists, A Philosophical Rhapsody (zuerst engl. 1709), in: *ders.*, Standard-Edition. Sämtliche Werke, Briefe und nachgelassene Schriften, hrsg. v. *Wolfram Benda/Gerd Hemmerich/Ulrich Schödlbauer*, Bd. 2: Moral and Political Philosophy, Teil 1, Stuttgart 1987, S. 176, 246, 324 und 346.

90 Vgl. *Gudrun Kühne-Bertram*, Art. Schöne, das (18. Jh.), in: *Joachim Ritter/Karlfried Gründer* (Hrsg.), Historisches Wörterbuch der Philosophie, Bd. 8, Basel 1992, Sp. 1369–1375.

91 *Immanuel Kant*, Kritik der Urteilskraft, § 5 (B 16), § 17 (B 61), §§ 18. 22 (B 62, 68), zit. nach: Akademie-Ausgabe (AA), Bd. 5, S. 211, 236 und 240.

92 *Ders.*, Die Religion innerhalb der Grenzen der bloßen Vernunft, AA, Bd. 6, S. 3.

93 *Heinz D. Kittsteiner*, Die Entstehung des modernen Gewissens, Frankfurt am Main 1995, S. 269, mit Bezug auf *Kant*, Die Religion innerhalb der Grenzen der bloßen Vernunft, S. 188f.

Gefühl ihre weder moralisch noch metaphysisch auflösbare Basis besitzt.[94] Im »Bewusstsein der schlechthinnigen Abhängigkeit«, in dem der späte Schleiermacher[95] die unableitbare Eigenständigkeit der Religion begründet sah, realisiere der Mensch die emotionale Anerkenntnis einer empirisch nicht einholbaren transzendentalen Voraussetzung all seines Denkens, Tuns und Wahrnehmens.

Einen klassischen Ausdruck der im ausgehenden 18. Jahrhundert geführten Diskurse über die Differenzierung unterschiedlicher Denk-, Erfahrungs- und Wahrnehmungsformen des Menschen findet sich in Friedrich Schillers Theorie des modernen Zeitalters, wie er sie in seinen Briefen »Über die ästhetische Erziehung des Menschen« von 1795 niederlegte.[96] In dieser Abhandlung würdigt Schiller die Fortschritte, die die Gesellschaft auf dem Gebiet der Technik, der Wissenschaft und des Handwerks infolge der Arbeitsteilung und Spezialisierung gemacht hat. Diese Erfolge seien aber, so Schiller, auf Kosten des Einzelnen gegangen. So komplex und reich die Gesellschaft geworden sei, so sehr sei der Einzelne in der Entfaltung seiner Anlagen und Kräfte verarmt. Das Individuum sei zu einem Bruchstück degeneriert, verstehe sich nur noch auf sein spezielles Geschäft, könne aber im Kontrast zum Ideal der Antike nicht mehr als eine Ganzheit der Menschheit im Kleinen angesehen werden.

»Der Genuß wurde von der Arbeit, das Mittel vom Zweck, die Anstrengung von der Belohnung geschieden. Ewig nur an ein einzelnes kleines Bruchstück des Ganzen gefesselt, bildet sich der Mensch selbst nur als Bruchstück aus, ewig nur das eintönige Geräusch des Rades, das er umtreibt, im Ohre, entwickelt er nie die Harmonie seines Wesens, und anstatt die Menschheit in seiner Natur auszuprägen, wird er bloß zu einem Abdruck seines Geschäfts.«[97]

Die Kritik an der Fragmentierung und Verzwecklichung des Individuums führt Schiller aber keineswegs dazu, die Rücknahme des gesellschaftlichen Fortschritts zu fordern und die Verwirklichung der Ganzheit des Einzelnen gegen die arbeitsteilige Spezialisierung der Gesellschaft einzuklagen. Vielmehr begreift er die gesellschaftliche Komplexitätssteigerung und die Zersplitterung des menschlichen Wesens als zusammengehörig. Für ihn ist klar, »daß, so wenig es auch den Individuen bei dieser Zerstückelung ihres Wesens wohl werden kann, doch die Gattung auf keine andere Art hätte Fortschritte machen können«.[98] Die Lösung des Problems liegt nach Schiller weder in der Politik, die zu einem Maschinenwesen von Experten der Macht degeneriert sei, noch in der Befreiung des Menschen von der Gesellschaft. Wohl aber sieht Schiller in dem Bereich von Wissenschaft und Kunst einen Freiraum, der es dem Menschen erlaubt, zu einer Ganzheit zu werden. In der Kunst nämlich beuge sich der Mensch nicht kollektiven Nützlichkeitserwägungen und Zwecken; die Kunst ebenso wie die Liebe, die Freundschaft, die Religion habe ihren Zweck vielmehr in sich selbst. In ihr erlebe sich der Mensch als frei, als spielendes Wesen, das sich ausprobiert, und könne sich so in seiner Ganzheit erfahren. Die Bedingung dieser Freiheit aber bestehe darin, dass Kunst oder auch Wissenschaft sich ihre Regeln selbst geben. Nur von innen her könne sich die Eigenlogik der Kunst oder auch der Wissenschaft entfalten. »Der politische Gesetzgeber kann ihr Gebiet sperren, aber darin herrschen kann er nicht.«[99] Im

---

94 *Friedrich Schleiermacher*, Über die Religion. Reden an die Gebildeten unter ihren Verächtern, hrsg. v. *Günter Meckenstock*, Berlin 1999 (zuerst 1799).

95 *Ders.*, Der christliche Glaube, Bd. 1, hrsg. v. *Martin Redeker*, Berlin 1984 (zuerst 1830/31), S. 3–6.

96 *Friedrich Schiller*, Über die ästhetische Erziehung des Menschen in einer Reihe von Briefen, in: *ders.*, Sämtliche Werke, hrsg. v. *Gerhard Fricke/Herbert G. Göpfert*, Bd. 5, München/Wien 1993, S. 570–669.

97 Ebd., S. 584.

98 Ebd., S. 586.

99 Ebd., S. 593.

Verhältnis der Funktionssysteme zueinander kann es, so drückt Luhmann[100] den Sachverhalt aus, Destruktion geben, aber nicht Instruktion.

Wie die Freiheit des Menschen angesichts der Ausrichtung der gesamten Gesellschaft auf die Erfüllung nützlicher Zwecke, wie seine Ganzheit angesichts ihrer funktionalen Zersplitterung bewahrt und entfaltet werden kann – das ist die Frage des Zeitalters, die Schiller und seine Zeitgenossen umtreibt. War es für das Zeitalter des Absolutismus noch erstrebenswert, das friedliche Zusammenleben der Menschen durch die Ausklammerung des Gewissens, des Bewusstseins und der Überzeugungen des Einzelnen zu sichern, so geben sich die Denker im Übergang vom 18. zum 19. Jahrhundert mit der Trennung des Menschen in eine innere und eine äußere Natur nicht mehr zufrieden. Sie suchen nach einer gesellschaftlichen Ordnung, in der der Mensch in seiner Ganzheit eingehen kann, nach einem Platz, an dem der Einzelne nicht für außer ihm liegende Zwecke instrumentalisiert wird, sondern die Empfindung haben kann, wirklich »ein Mensch zu sein«.[101] Schiller findet diesen Platz in der Kunst. In seinen Briefen »Über die ästhetische Erziehung des Menschen« entwirft er eine Theorie des modernen Zeitalters, in der sich nicht nur das Bewusstsein des erreichten Grades der Differenzierung und Spezialisierung der Gesellschaft ausdrückt, sondern auch die Erkenntnis der in der gesellschaftlichen Ausdifferenzierung liegenden Gefahr der menschlichen Entfremdung. Daher ist seine Theorie mit dem Streben nach einem Ort verbunden, an dem die Verzwecklichung und Vereinzelung des Menschen überwunden werden kann, wobei freilich auch die Suche nach Ganzheit, Harmonie und zweckfreier Erfüllung noch den Stand des Differenzbewusstseins reflektiert.

In Reaktion auf dieses Differenzierungsbewusstsein lassen sich im Umbruch zur Moderne zwei Reaktionsweisen beobachten: einmal die Kritik an der Isolation der ausdifferenzierten Bereiche mit dem Versuch, die auseinandergebrochene Einheit wiederzugewinnen, und zum anderen die Akzeptanz der Differenzierung in dem Bemühen um Begründung und Legitimation der ausdifferenzierten Teile. So kritisieren etwa Friedrich Heinrich Jacobi und Johann Gottfried Herder die von Kant vorgenommene Isolierung des Wissens von anderen Formen des Fürwahrhaltens und des Glaubens und suchen nach einer Fundierung des Wissens im Glauben, während Carl Leonhard Reinhold die Unterscheidung des Wissens vom Meinen und Glauben akzeptiert und sich der Frage zuwendet, wie das Wissen besser begründet werden kann. Auch dem deutschen Idealismus von Johann Gottlieb Fichte über Friedrich Wilhelm Joseph Schelling bis Georg Wilhelm Friedrich Hegel geht es um eine Überwindung des Bruchs zwischen Subjekt und Objekt und die Heilung des Auseinandergebrochenen, sei es in der Natur, in der Kunst, in der Selbstsetzung des Ich oder in der Vermittlung des Absoluten durch die Geschichte, während sich die Naturwissenschaften mehr und mehr zur nüchternen Tatsachenfeststellung wenden und im bewussten Verzicht auf alle Systembildung in dieser ihren Sinn erkennen. Ebenso treten auch in Kunst, Literatur und Ästhetik unterschiedliche Kunstkonzeptionen einander gegenüber, etwa die romantische, die die Scheidewände zwischen Poesie, Philosophie und Rhetorik, ja zwischen Literatur und Leben niederreißen und mit ihrer progressiven Universalpoesie (Friedrich Schlegel) die Gesellschaft selbst poetisch machen will, und die Goethes, die auf Mäßigung und Perfektionierung zielt. Aber auch in den Vorstellungen von der Entfaltung der menschlichen Persönlichkeit lässt sich dieser doppelte Umgang mit der gewachsenen sozialen Differenzierung beobachten, etwa wenn man an das romantische Streben nach Steigerung des Selbstgefühls bis ins Unendliche hinein denkt oder an Goethes Warnung, es sei stets ein Unglück, wenn der Einzelne veranlasst werde, »nach etwas zu streben, mit dem er sich

100 *Luhmann*, Die Gesellschaft der Gesellschaft, S. 753.

101 *Friedrich Schiller*, Was kann eine gute stehende Schaubühne eigentlich wirken?, in: *ders.*, Sämtliche Werke, Bd. 5, S. 818–831, hier: S. 831.

durch regelmäßige Selbsttätigkeit nicht verbinden kann«.[102] Immer steht in Behandlung der in Spezialbereiche ausdifferenzierten Gesellschaft das Schicksal des Individuums mit zur Verhandlung an, sei es, dass man ihm Selbstbegrenzung anrät oder Selbsttranszendierung zutraut, es in Konflikt mit der Gesellschaft sieht oder in ausbalancierter Übereinstimmung mit ihr begreift, es als Gefährdung des gesellschaftlichen Zusammenhalts betrachtet oder als Motor und Impulsgeber der gesellschaftlichen Entwicklung. Unübersehbar korrespondieren Tendenzen der funktionalen Differenzierung mit Prozessen der Individualisierung, ohne dass eines auf das andere einfach zurückgeführt werden könnte.

Die Frage, welche strukturellen und semantischen Umbauten in der Zeit der Wende vom 18. zum 19. Jahrhundert die hier dargestellte Ausdifferenzierung eigenlogischer Bereiche sowie das Bestehen auf individueller Autonomie vorangetrieben haben, kann im hier gegebenen Rahmen nur ansatzweise behandelt werden. Auf drei kausale Mechanismen sei hingewiesen.

1. Ein wichtiger Einflussfaktor liegt in den unintendierten Folgen der rechtlichen Trennung von Politik und Religion auf der Reichsebene und zunehmend auch auf der Territorialebene und der damit verbundenen Entstehung einer unabhängigen Öffentlichkeit. Waren im konfessionellen Zeitalter kirchliche und weltliche Ordnung noch eng verklammert, so treten sie wie oben gezeigt im 17. und 18. Jahrhundert zunehmend auseinander. Der Staat richtet sein Handeln immer weniger auf die Interessen der Kirche aus. Er lässt sich zwar auf ihre Lehren und Praktiken ein, aber nur noch dort, wo sie seinen Herrschaftsinteressen entsprechen; Interventions- und Machtansprüche der Kirche werden hingegen abgewehrt. Der Staat existiere nicht um der Kirche willen, er habe – so wollten es die Naturrechtslehren von Samuel von Pufendorf, Christoph Matthäus Pfaff, Justus Henning Boehmer und anderen – sein Ziel vielmehr in der Sicherung der öffentlichen Ordnung. Obwohl die staatliche Religionsaufsicht erhalten blieb, unterstützte der Staat die Kirche auch nicht mehr bei der Umsetzung kirchlich verhängter Strafen und schaffte damit die Kirchenzucht faktisch ab. Das hatte Folgen. Durch die partielle Auflösung der Koalition von neuzeitlichem Staat und Konfessionalismus kam es zu einer Art *Entriegelung*, sodass bislang gesamtgesellschaftlich sekundäre Kräfte und Modernisierungspotenziale zur Wirkung kommen konnten.[103] Zunächst traf dies auf bereits ausdifferenzierte Bereiche wie das neuzeitliche Rechtsdenken, naturwissenschaftliche und medizinische Diskurse oder die politische Theorie zu. Aber auch Schule, Bildung und Universität, die bislang unter konfessioneller Kontrolle standen, gewannen an Selbstständigkeit[104], ebenso auch Moral und Poesie. Aufgrund der funktionalen Entriegelung und der damit verbundenen Lockerung des staatlichen Zugriffs auf den Einzelnen bildete sich im 18. Jahrhundert eine neue urbane Kommunikations- und Freizeitkultur heraus.[105] Die Entstehung dieser neuen Unterhaltungs- und Diskussionskultur mit wachsendem literarischem Markt, neuen Geselligkeitsformen wie Kaffeehäusern, Fahrten ins Grüne, literarischen Zirkeln, Tee-Gesellschaften und Tanzveranstaltungen bedeutete nicht nur eine Aufwertung von Genuss, Lebensfreude, Bildung und Geselligkeit; die neue Freizeit- und Kommunikationskultur trat auch in direkte Konkur-

102 *Johann Wolfgang Goethe*, Wilhelm Meisters Lehrjahre, in: Goethes Werke, hrsg. v. *Erich Trunz*, Bd. 7, München 1994, S. 407.

103 Vgl. auch *Heinz Schilling*, Das konfessionelle Europa, in: *Hans G. Kippenberg/Jörg Rüpke/Kocku von Stuckrad* (Hrsg.), Europäische Religionsgeschichte. Ein mehrfacher Pluralismus, Bd. 1, Göttingen 2009, S. 289–338, hier: S. 327.

104 Vgl. *Nipperdey*, Deutsche Geschichte 1800–1866, S. 56ff.

105 *Lucian Hölscher*, Die Religion des Bürgers. Bürgerliche Frömmigkeit und protestantische Kirche im 19. Jahrhundert, in: HZ Bd. 250, 1990, S. 595–630, hier: S. 603; *ders.*, Geschichte der protestantischen Frömmigkeit in Deutschland, München 2005, S. 95–100.

renz zum Gottesdienst, der bislang das geistige und soziale Zentrum der städtischen Gesellschaft gebildet hatte.

2. Befördert wurden die Tendenzen zur sozialen Differenzierung und Individualisierung aber auch durch die sich verstärkende *religiöse und kulturelle Pluralität*. Schon das Auseinanderbrechen der kirchlichen Einheit in der Reformation und die Entstehung politisch gleichberechtigter christlicher Kirchen bedeutete eine dramatische Zunahme religiöser Pluralität. Mit der Mobilität der Bevölkerung, der Konversion von Fürsten, der Gewährung religionsrechtlicher Ausnahmebestimmungen verringerte sich darüber hinaus aber auch die konfessionelle Homogenität innerhalb der Territorien. Hinzu kam die dramatische Vervielfältigung theologischer, philosophischer und literarischer Strömungen von der lutherischen Orthodoxie, über die neologische Aufklärungstheologie, den philosophischen Deismus, den Aufstieg der religionsneutralen Naturwissenschaften bis hin zur rationalistischen Kirchenkritik, zum Materialismus und Atheismus. In der Deutung der Welt dominiert nun nicht mehr eine Zentralperspektive, von der her alle Bereiche der Wirklichkeit erfasst werden können. Vielmehr stehen die unterschiedlichen Zugänge zur Welt mehr oder weniger gleichberechtigt nebeneinander und relativieren sich so wechselseitig. Auf diese Weise lassen sie erkenntnistheoretische Gewissheit so wenig zu wie eine allumfassende Einheitsinterpretation. An die Stelle einer dogmatisch verbürgten Wahrheit tritt – wie Goethe es nennt – »eine tätige Skepsis, welche unablässig bemüht ist, sich selbst zu überwinden« und allenfalls »zu einer Art von bedingter Zuverlässigkeit zu gelangen« vermag.[106]

3. Eine gewichtige Rolle für die semantischen und strukturellen Veränderungen im 18. Jahrhundert dürfte auch die für diese Zeit nachgewiesene *Beschleunigung des wirtschaftlichen und technischen Wandels* gespielt haben. Aufgrund verbesserter landwirtschaftlicher Anbaumethoden, der Erhöhung der landwirtschaftlichen Nutzfläche, der Einführung neuer Kulturpflanzen sowie der Entwicklung der öffentlichen und privaten Hygiene stieg die Lebenserwartung an.[107] Infolge des beschleunigten wirtschaftlichen und technologischen Wandels sowie der höheren Lebenserwartung wurde das Tempo des sozialen und technologischen Wandels erstmals innerhalb einer Lebensspanne erfahrbar.[108] Zukunft trat dem Einzelnen dadurch als etwas Andersartiges entgegen und damit auch als etwas Gestaltbares. Das mit der Erweiterung der technologischen und wirtschaftlichen Gestaltungskapazitäten ansteigende Zutrauen des Menschen in seine eigenen Handlungsmöglichkeiten könnte zu einer Dynamisierung der Zeitvorstellung, zu einem Verblassen der Endzeiterwartungen, zu einer Umkehr der Blickrichtung vom Jenseits auf das Diesseits und zu einer Aufwertung der Vorstellungen von der Autonomie des Individuums beigetragen haben.

IV. FAZIT

Die Auseinandersetzung mit den Vorbehalten gegenüber der Modernisierungstheorie hat einen gemischten Befund zutage gefördert. Einige Einwände wie etwa der des Fortschrittsglaubens oder der des Linearitätsdenkens und des Determinismus haben sich als obsolet

---

106 *Johann Wolfgang Goethe*, Maximen und Reflexionen, in: Goethes Werke, hrsg. v. *Erich Trunz/Hans Joachim Schrimpf*, Bd. 12, München 1994, S. 406.

107 Vgl. *Edward A. Wrigley*, Bevölkerungsstruktur im Wandel. Methoden und Ergebnisse der Demographie, München 1969; *Peter Marschalck*, Bevölkerungsgeschichte Deutschlands im 19. und 20. Jahrhundert, Frankfurt am Main 1984.

108 Wie Jan Assmann und Reinhart Koselleck vermuten, vermag das kommunikative soziale Gedächtnis nicht mehr als 80 bis 100 Jahre zu umfassen. Die Wahrnehmung von Veränderung wäre dann, so schlussfolgert *Rosa*, Beschleunigung, S. 177f., daran gebunden, dass sich signifikante Wandlungsprozesse innerhalb von drei bis vier Generationen vollziehen.

erwiesen. Andere wie etwa die Bestreitung eines intrikaten Verflechtungszusammenhangs von als modern unterstellten Institutionen, die Ablehnung der Vorstellung einer Konvergenz moderner Entwicklungstendenzen sowie die Skepsis gegenüber der Abgrenzbarkeit der Moderne von vormodernen Gesellschaftsverhältnissen haben auf die Notwendigkeit einer kohärenten Theorie der Moderne verwiesen. Nur mithilfe einer solchen Theorie lassen sich die von der Kritik an der Modernisierungstheorie aufgeworfenen Fragen nach der Einheit und Vielfalt der Moderne sowie nach ihrer historischen Kontinuität und Diskontinuität bearbeiten. Ein weiterer Einwand, der auf die mangelnde Erklärungskraft modernisierungstheoretischer Konzepte abhob, wurde als berechtigt anerkannt.

In Reaktion auf die Vorbehalte gegenüber der Modernisierungstheorie hat sich der Aufsatz in seinem zweiten Teil um den Entwurf einer Theorie der Moderne bemüht. In ihr werden differenzierungstheoretische, individualisierungstheoretische und konkurrenztheoretische Aspekte miteinander verknüpft. Der vorgelegte Entwurf einer Theorie der Moderne unterscheidet sich von klassischen modernisierungstheoretischen Ansätzen – etwa dem der luhmannschen Systemtheorie – darin, dass er die Autonomie der ausdifferenzierten Sphären spezifischer Sinnrationalitäten nicht als gegeben voraussetzt, sondern als umstritten behandelt und an die Gewährleistung günstiger Außenbedingungen knüpft. Welche Leitdifferenzen, Codes und Grenzziehungen in den ausdifferenzierten Gesellschaftssphären gelten, hängt davon ab, welche von ihnen im sozialen Raum Resonanz finden, an welche angeknüpft wird, welche sich kumulativ verstärken und welche aversiv abgewiesen werden. Inwieweit sich in einem Teilsystem der Gesellschaft funktionale Autonomie herausbildet, wird nicht nur durch den Aufbau teilsystemischer Rationalität, sondern auch durch Gelegenheitsstrukturen und die Verfügbarkeit von Ressourcen in seiner Umwelt beeinflusst. Aus dieser Außenabhängigkeit erklärt sich, so wurde argumentiert, warum die kulturellen und institutionellen Elemente der Moderne wie Demokratisierung, Wohlstandsanhebung, Bildungsanstieg, der Ausbau des Rechtssystems so eng miteinander verkoppelt sind. Der hier vorgestellte Entwurf unterscheidet sich von bekannten Modernisierungstheorien aber auch dadurch, dass er individuelle Selbstbestimmungsimperative und gesellschaftliche Differenzierungsprozesse nicht als Gegensatz-, sondern als Steigerungsverhältnis begreift und dass er der Moderne nicht nur Dynamisierungskapazitäten zuschreibt, sondern auch die auf das institutionell verankerte selbstreflexive Konstitutionsprinzip der Moderne zurückzuführende Fähigkeit zur Selbstbegrenzung und Moderierung.

Bezüglich der Frage nach der Erklärungskraft der Modernisierungstheorie lautet die These, dass die Heraufkunft der Moderne in den Konflikten und Differenzierungsprozessen des Hochmittelalters einen Vorlauf hat. Vom Hochmittelalter führt jedoch kein direkter Weg in die Moderne, vielmehr werden bereits erreichte Schritte in Richtung funktionaler Differenzierung, vertikaler Ebenenentflechtung und Ausbildung von Wettbewerbsarenen im Konfessionellen Zeitalter teilweise sogar wieder zurückgenommen; der Durchbruch zur Moderne ereignet sich erst zwischen 1750 und 1850. Dabei erklärt der hier vertretene Ansatz die modernisierungsspezifischen Vorlaufprozesse konfliktsoziologisch, indem er sie als Reaktion auf den allumfassenden Suprematieanspruch der römischen Kirche und als eine Form humaner Selbstbehauptung (Blumenberg) interpretiert. Auch mit der Überwindung des Konfessionalismus durch den absolutistischen Staat ist noch nicht der Beginn der Moderne bezeichnet. Dieser vollzieht sich vielmehr erst mit der Preisgabe des Anspruchs auf eine regulative Zentralperspektive und dem damit verbundenen Auseinandertreten bereichsspezifischer Rationalitäten, die nicht mehr auf ein Letztprinzip – metaphysischer, subjektiver oder kultureller Natur – bezogen werden können, sich als autonom entwerfen, auf andere Sinnbezirke Bezug nehmen und sich damit reflexiv selbst begrenzen.

Als Faktoren für den Durchbruch bringt der hier vorgestellte Entwurf drei kausale Mechanismen in Anschlag: 1) die Auflösung der Allianz von Kirche und Staat und die durch diese Entriegelung ausgelöste Freisetzung sozialer, kultureller, kommunikativer Dynamiken, 2) die durch die religiöse und kulturelle Pluralisierung eintretende wechselseitige Relativierung von Höchstrelevanzansprüchen sowie 3) die mit der Beschleunigung des technischen und wirtschaftlichen Wandels einhergehende Erweiterung von Gestaltungsperspektiven und Zeithorizonten.

Ziel dieses Aufsatzes war es, die Modernisierungstheorie sozial- und kulturgeschichtlich anzureichern und ihr eine dynamische Dimension zu geben. Bei der Fortführung dieses Ansatzes muss es um die Herausarbeitung weiterer kausaler Mechanismen gehen sowie um die genauere Bestimmung von Entwicklungsschwellen, gegenläufigen Bewegungen, Verflechtungen, Entflechtungen, Barrieren, Passagen und Öffnungen.

Peter van Dam

Saving Social History from Itself

Moving on from Modernisation*

In 1975, a damning critique of the viability of modernisation theory for social historians saw the light of day. Modernisation theory, it stated, suggested a linear development from a point of origin towards a distinct present by introducing a fundamental dichotomy between tradition and modernity. The theory also legitimised a view of history which cemented Western hegemony. The publication observed that the theory employed the image of the United States' early post-war society as a realised utopia. Finally, the approach underestimated the importance of violence, authority and politics for historical analysis.

Despite compiling a list of fundamental shortcomings of modernisation theory, however, »Modernisierungstheorie und Geschichte« did not intend to discard it.[1] On the contrary, Hans-Ulrich Wehler published it as a plea to apply it to social history. In order to achieve this application, Wehler deemed a revision of the modernisation theories of his day necessary and possible. Their shortcomings could be countered by consequently treating modernisation as a historical phenomenon, limiting its application to Western countries, and empirically testing hypotheses derived from the theory. According to Wehler, the decisive argument for employing modernisation theory in social history was that there was no plausible alternative theory available.[2]

The insistence on the need for an integrative perspective aptly anticipated the subsequent crisis of social history. As a new generation of historians enthusiastically embraced the notion of social history during the 1960s and 1970s, the divergent strains, which had been united under this common header, became more pronounced.[3] A quickly expanding body of often highly specialised research challenged the ability of social historians to critically reflect on the more general bearing of these new results and to situate their own work within the field.[4] A macro-theoretical perspective, which could account for the vast array of findings, held the promise of alleviating this crisis of plurality.

A genealogy of the attempts to adapt modernisation theories to the needs of social history allows for a more intricate analysis of the crisis of social history.[5] In a broader perspective, it also sheds light on the difficulties of historians in abandoning notions of Western

---

* I would like to thank Chris Lorenz, Ton Nijhuis, Pavol Krchnar, Bastiaan Schoolmann and the participants of the workshop on »Gesellschaftswandel und Modernisierung, 1800–2000« for their comments on earlier versions of this contribution.

1 *Hans-Ulrich Wehler*, Modernisierungstheorie und Geschichte, Göttingen 1975, pp. 18–30.

2 Ibid., pp. 58–63; *Chris Lorenz*, Wozu noch Theorie der Geschichte? Die Krise der Gesellschaftsgeschichte im Lichte der Theorie der Geschichte, in: *Volker Depkat/Matthias Müller/Andreas Urs Sommer* (eds.), Wozu Geschichte(n)? Geschichtswissenschaft und Geschichtsphilosophie im Widerstreit, Stuttgart 2004, pp. 117–145, here: pp. 117–121.

3 *Lutz Raphael*, Geschichtswissenschaft im Zeitalter der Extreme. Theorien, Methoden, Tendenzen von 1900 bis zur Gegenwart, München 2003, pp. 173–192.

4 *Benjamin Ziemann*, Sozialgeschichte jenseits des Produktionsparadigmas. Überlegungen zu Geschichte und Perspektiven eines Forschungsfeldes, in: Mitteilungsblatt des Instituts für Soziale Bewegungen, 2003, no. 28, pp. 5–35, here: pp. 5f.

5 My interpretation of a genealogical approach builds on: *Raymond Geuss*, Nietzsche and Genealogy, in: European Journal of Philosophy 2, 1994, pp. 274–292; *Mark Bevir*, What is Genealogy?, in: Journal of the Philosophy of History 2, 2008, pp. 263–275.

exceptionalism and progress. To observe the critiques of modernisation theory is to take stock of the achievements of social history and of objections brought forward from micro-historical, postmodern, and global perspectives. It thus allows for the exploration of a future agenda for social history. In the light of this genealogy, I will argue that social history should move on from applying modernisation theory, because it hampers its ability to conceptualise social change. In my view, we can continue to benefit from the legacy of modernisation theories by historicising them, thus gaining valuable insight into the ways knowledge about social change has been conceptualised in the post-war era. Second, taking stock of the critiques of modernisation, we can discern the contours of the kind of theories of the middle range social history can fruitfully pursue. At its best, social history combines the empirical precision of historical scholarship with the conceptual clarity of the social sciences. If social historians build on the critique of modernisation theory, they remain uniquely positioned to mediate between historical scholarship and the social sciences.

Long before modernisation theory was introduced to social history, the notion of modernity had become part of common vocabulary. »Being modern« has been a key element of popular self-perception and distinction.[6] Essential debates about viable social, economic, and political strategies and about the position of the West in the world have been negotiated around notions of modernisation by scholars and the public alike. Although a society which was modern by its own standards has hardly, if at all, existed, a vision of modernity has been an important frame of reference.[7] Since at least the 18th century, some Europeans peddled the idea that they had severed their ties with tradition.[8] This narrative served to designate others both near and far as backward, legitimising the views of those who were »modern« as more in tune with the present and the future than others. In the course of the 19th century, the peoples outside the West were identified as such others as part of an imperial discourse.[9]

The outside of modernity was not just found outside of the West, it could also be located within. Here, peripheral areas – especially in Eastern Europe – became associated with backwardness.[10] The idea was also applied in the Culture Wars which swept through Europe in the second half of the 19th century. While liberals and socialists presented themselves as modern against attempts at confessionalisation, Catholics and orthodox Protestants self-consciously posed as modernity's adversaries.[11] The conceptualisation and localisation of

6 *Hans-Ulrich Gumbrecht*, Modern, Modernität, Moderne, in: *Reinhart Koselleck/Werner Conze/Otto Brunner* (eds.), Geschichtliche Grundbegriffe. Historisches Wörterbuch zur politisch-sozialen Sprache, vol. 4, Stuttgart 1978, pp. 93–131; *Christof Dipper*, Moderne, in: Docupedia-Zeitgeschichte, 25.8.2010, URL: <http://docupedia.de/zg/Moderne> [16.8.2017].

7 *Björn Wittrock*, Modernity: One, None, or Many? European Origins and Modernity as a Global Condition, in: Daedalus 129, 2000, no. 1, pp. 31–60, here: p. 38.

8 *Wolfgang Schmale*, Moderne und Definition(en) Europas im 18. Jahrhundert, in: *Olaf Asbach* (ed.), Europa und die Moderne im langen 18. Jahrhundert, Hannover 2014, pp. 85–103, here: p. 89; *Peter Fritzsche*, Stranded in the Present. Modern Time and the Melancholy of History, Cambridge/London 2004.

9 *Kathleen Wilson*, Introduction: Histories, Empires, Modernities, in: *id.* (ed.), A New Imperial History. Culture, Identity, and Modernity in Britain and the Empire, 1660–1840, Cambridge/New York etc. 2004, pp. 1–26, here: pp. 5–10.

10 *Christof Dejung/Martin Lengwiler*, Einleitung: Ränder der Moderne. Neue Perspektiven auf die Europäische Geschichte, in: *id.* (eds.), Ränder der Moderne. Neue Perspektiven auf die Europäische Geschichte (1800–1930), Köln/Weimar etc. 2016, pp. 7–36, here: pp. 16–23.

11 *Manuel Borutta*, Genealogie der Säkularisierungstheorie. Zur Historisierung einer großen Erzählung der Moderne, in: GG 36, 2010, pp. 347–376; *Ian Hunter*, Secularization: The Birth of a Modern Combat Concept, in: Modern Intellectual History 12, 2015, pp. 1–32; Cf. *Christopher Clark/Wolfram Kaiser*, Introduction: The European Culture Wars, in: *id.* (eds.), Culture Wars. Secular-Catholic Conflict in Nineteenth-Century Europe, Cambridge/New York etc. 2003, pp. 1–10.

the modern thus was tied to struggles over social control from its inception. The founding fathers of the social sciences who appropriated the concept were steeped in this tradition of social and cultural criticism and integrated it into their analyses of the modern in order to oppose, doubt, or praise whatever they found to be distinguishing feats of their times in relation to the past.[12]

During the post-war era, the notion of modernity evolved from a legitimisation of bourgeois-liberal aspirations vis-à-vis others both near and far to a concept which demarcated the West from the communist East and the decolonised South. Several explicit theories of modernisation were formulated during this era to analyse and explain the transition from a traditional to a modern society. They gained prominence especially in the context of discussions about the development of countries in the global South. Formulations stemming from the United States especially stressed the connection between the rise of a free market, democracy, and the nation state.[13] Notably, these theories privileged endogenous factors in explaining how societies progressed from traditional to more modern states, thus excluding transnational influences from the analysis even as these theories guided thinking about postcolonial interventions.

Even though social scientists and policymakers from the United States played a prominent role in formulating these post-war theories, they were by no means an exclusively American export product. Similar perspectives were formulated in European states and in decolonised states across the globe. Modernisation theories thus evolved into global claim-making concepts, which implicated the ways in which history was presented, the present was analysed, and the future was mapped.[14] Even though most historiographical attention has been devoted to the ways in which modernisation theories impacted relations between the North and the South, they also had a lasting impact on the internal perspectives of Europe and the United States, especially regarding the role of religion. The rise of the post-war welfare state was presented as a history of the gradual establishment of secular provisions against the claims of religious institutions.[15] Similarly, the decline of confessional networks during the 1950s, 1960s and 1970s was presented as an expected and necessary outcome of ongoing modernisation.[16] Such observations were not simply analyses of historical trajectories but also provided directions for policy. During 1960s, the idea of a politics which could guide society as a whole through an inevitable process of modernisation became popular among political elites across the world.[17]

As a new generation of historians mustered theoretical insights from the social sciences to devise new histories of society during the 1970s, modernisation theory presented itself

12 *Detlev J. K. Peukert*, Max Webers Diagnose der Moderne, Göttingen 1989, pp. 6f.

13 *Michael E. Latham*, Modernization as Ideology. American Social Science and »Nation-Building« in the Kennedy Era, Chapel Hill 2000, pp. 3f.; *David Ekbladh*, The Great American Mission. Modernization and the Construction of an American World Order, Princeton 2011, pp. 153–189.

14 *David C. Engerman/Corinna R. Unger*, Introduction: Towards a Global History of Modernization, in: Diplomatic History 33, 2009, pp. 375–385, here: pp. 377f.; *Frederick Cooper*, Colonialism in Question. Theory, Knowledge, History, Berkeley/Los Angeles etc. 2005, pp. 146f.; *Lynn M. Thomas*, Modernity's Failings, Political Claims, and Intermediate Concepts, in: AHR 116, 2011, pp. 727–740, here: p. 736.

15 *Robert Wuthnow*, Saving America? Faith-Based Services and the Future of Civil Society, Princeton/Woodstock 2004, pp. 10f.

16 *Jo Egbert Ellemers*, Modernisering, macht, migratie. Opstellen over maatschappij en beleid, Amsterdam 1995, pp. 57–74; Cf. *Peter van Dam*, Constructing a Modern Society through »Depillarization«. Understanding Post-War History as Gradual Change, in: Journal of Historical Sociology 28, 2015, pp. 291–313.

17 *Anselm Doering-Manteuffel/Lutz Raphael*, Nach dem Boom. Perspektiven auf die Zeitgeschichte seit 1970, Göttingen 2010 (first published 2008), pp. 41f.

as a framework which could account for a wide variety of social phenomena and thus integrate the disparate results of social history. Historians looking for an approach which could underwrite their attempts to distance themselves from political history and relate their research to the social sciences found a viable alternative to a traditional Marxist perspective.[18] In hindsight, it was all the more attractive to historians in Western Europa and the United States within the context of the Cold War and decolonisation because it stressed the unity and the exceptionality of ›the West‹ as a region shaped by democratic capitalism whilst accounting for the aberrations of its history by presenting these as resulting from a lack of modernisation. This was especially pronounced in West-German historiography, where the notion of a German *Sonderweg* served to establish the development of the American, French, and British societies as models for the German past and present, and a warning for the dangers of lagging modernisation.[19]

I. Revising Modernisation

The integration of modernisation theories into the research of social historians took place at a time when these theories were increasingly criticised for failing to provide an effective rationale for societal development, which was apparent both in the faltering attempts at development in the South and in the criticism of attempts at steering change in the North.[20] As Wehler's plea for the application of modernisation theory in historical research indicated, historians were well aware of its critiques. As a result, they took the conceptual deficiencies and the normative implications of these theories into account as they formulated the versions of modernisation theory they aimed to apply.[21] The resulting approaches are indicative of the possibilities and limitations of modernisation theory and of the evolution of social history. In the following, I will therefore subsume six objections against modernisation theory and subsequently discuss some of the attempts to resolve each of them:

- The concept is a mirage which suggests rather than proves an association between processes of social transformation.
- Modernisation theory integrates the past, the present, and the future within a teleological framework.
- It constructs an opposition between homogenous images of premodern and modern epochs.

18 *Wehler*, Modernisierungstheorie und Geschichte, pp. 51–57; *Christoph Cornelißen*, Ein ständiges Ärgernis? Die Moderne in der (west-)deutschen Geschichtsschreibung, in: *Lutz Raphael/Ute Schneider* (eds.), Dimensionen der Moderne. Festschrift für Christof Dipper, Frankfurt am Main/Berlin etc. 2008, pp. 235–248, here: pp. 235–241.

19 *Chris Lorenz*, Beyond Good and Evil? The German Empire of 1871 and Modern German Historiography, in: JCH 30, 1995, pp. 729–766; *Paul Nolte*, Die Historiker der Bundesrepublik. Rückblick auf eine »lange Generation«, in: Merkur 53, 1999, pp. 413–432; *Thomas Welskopp*, Westbindung auf dem »Sonderweg«. Die deutsche Sozialgeschichte vom Appendix der Wirtschaftsgeschichte zur historischen Sozialwissenschaft, in: *Wolfgang Küttler/Jörn Rüsen/Ernst Schulin* (eds.), Geschichtsdiskurs, vol. 5: Globale Konflikte, Erinnerungsarbeit und Neuorientierungen seit 1945, Frankfurt am Main 1999, pp. 191–237.

20 *Hubertus Büschel/Daniel Speich*, Einleitung – Konjunkturen, Probleme und Perspektiven der Globalgeschichte von Entwicklungszusammenarbeit, in: *id.* (eds.), Entwicklungswelten. Globalgeschichte der Entwicklungszusammenarbeit, Frankfurt am Main/New York 2009, pp. 7–29, here: pp. 14–20; *Dirk van Laak*, Planung, Planbarkeit und Planungseuphorie, in: Docupedia-Zeitgeschichte, 16.2.2010, URL: <http://docupedia.de/zg/Planung> [16.8.2017].

21 *Axel Schildt*, Modernisierung, in: Docupedia-Zeitgeschichte, 11.2.2010, URL: <http://docupedia.de/zg/Modernisierung> [16.8.2017].

- Modernisation theory reifies ›the West‹ and cements claims of its global predominance.
- It presents heterogeneity within ›the West‹ as a problem by constructing a hierarchy between progressive and backward phenomena.
- Historians reinforce a blind spot for the constitutive role of history and the social sciences in constructing an ideal image of a »modern society« by employing modernisation theory.

Any objection raised against modernisation theory can be sure to be countered by the argument that the critique is addressing some older, different, or less refined version than the one which said proponent is adhering to. This points to a pitfall of the theory, which is constituted by its wide range of competing definitions. These have turned the concept into a mirage. First of all, the disorientation stemmed from the coexistence of refined scholarly uses of the term alongside colloquial connotations of the modern as that which befits the (Western) present. Among scholars, the misunderstanding was furthered by disagreement over which processes are essential parts of modernisation. Third, the relation between processes of modernisation and an era designated as »modern« has added to the confusion.[22] Meaningful scholarly conversation about modernisation became a daunting challenge as a result.

Any concept in wide use suffers from a certain measure of confusion about its definition. The common reaction to such confusion has been to specify the processes on which the investigation is focused. For example, many studies on the history of religion have invoked the notion of modernisation to refer to a process of rationalisation, the rise of an empiricist worldview, a process of differentiation which separates religion from other social spheres, or a privatisation of religion.[23] Many of these studies left the relation of the specified process to a wider notion of modernisation unaccounted for. Scholars who have specified the concept of modernisation have moved in two opposite directions. Sociologists such as Hartmut Rosa and Detlef Pollack defined a processual core that drives modernisation. According to Rosa, a process of acceleration lies at the heart of modernisation, transforming the way contemporaries regard the present and the future and accordingly lead their lives. Although this process of acceleration also has external drivers such as economic incentives, cultural expectations, and the differentiation of social functions, this process of acceleration also decisively drives itself.[24] Pollack has a similar ambition to redefine modernisation as a comprehensive process, positioning functional differentiation at its core. This differentiation leads to a competition by different social spheres over acceptance and autonomy, resulting in an image similar to the one Rosa paints: a society which is in constant flux because of attempts to transcend present accomplishments.[25]

In contrast to such expansive visions of modernisation, historians such as John Breuilly have attempted to specify the concept by limiting its scope to specific areas, timeframes, and social phenomena. Taking up the tradition of relating modernity to functional differentiation, Breuilly proposes to regard it as a specific transition from corporate to functionally specialised institutions. He contends that such a transformation can be observed in the history of the German lands in the period from around 1800 until about 1880. Although this was not an inevitable process, Breuilly does regard it as the result of social evolution, which made certain outcomes more likely than others within the specific context of the history of these German lands. Crucially, he contends that this process of modernisation as func-

22 *Cornelißen*, Ein ständiges Ärgernis?, pp. 235f.

23 Cf. *Karel Dobbelaere*, Secularization. A Multi-Dimensional Concept, London 1981; *José Casanova*, Public Religions in the Modern World, Chicago/London 1994.

24 *Hartmut Rosa*, Beschleunigung. Die Veränderung der Zeitstrukturen in der Moderne, Frankfurt am Main 2005, pp. 24–32.

25 *Detlef Pollack*, Modernisierungstheorie – revised: Entwurf einer Theorie moderner Gesellschaften, in: Zeitschrift für Soziologie 45, 2016, pp. 219–240.

tional differentiation cannot be regarded as the project of a specific group of actors. Instead, it was the unintended result of the actions of many different groups of actors over the span of several generations.[26]

Attempts to clarify the status of the many different interpretations of modernisation have identified two different strands in the debates about the concept since the 1990s: modernisation as a process and as a frame of reference. In an analysis of the related historiography, Thomas Mergel, for example, discerns empirical-sociological modernisation theories alongside a historical-philosophical »theory of modernity«. According to Mergel, the criticism of modernisation theory was in fact primarily directed at optimistic philosophical notions of a Western modernity. Therefore, sociologically informed empirical descriptions of modernisation remain useful, even more so because the concept had been modified to accommodate different historical trajectories and objectives. Because recent scholarship had also paid increasing attention to the ways historical actors had conceptualised modernity and pursued modernisation accordingly, questions relating to the theory of modernity had also gained relevance. Such questions could contribute to an understanding of the unique trajectory which Europe and North America had followed according to this theory.[27] Some years later, Björn Wittrock followed up on this line of thinking, noting that modernity should be regarded as a set of »promissory notes« which had become the dominant framework for discussing the direction of social change rather than an existing ensemble of institutions of structures.[28] These attempts at clarification thus resulted in a threefold distinction, separating empirical observations about processes of modernisation, the notions of modernity held by historical actors, and the historical-philosophical notion about modernity which researchers themselves hold.

The reference to a teleological framework was a second problem which modernisation presented to social history. Many versions of the theory integrated perspectives on the past, the present, and the future as stages in a linear progression from tradition towards modernity. This posed a double challenge to social history. On the one hand, its focus on linear development undermined the capability to account for historical contingency. On the other, it introduced normativity into the temporal structure through the association of the modern with the contemporary as well as with a higher stage of development.

As theories of modernisation were formulated during the early post-war era, linearity and normativity went hand in hand. During its first heyday in the 1960s, American post-war society served as the image of the highest stage of modernity, which was realised in the present. Up until the 1970s, US-propaganda aiming at promoting the American model of democratic capitalism abroad explicitly presented contemporary US society as the telos of modernisation.[29] The present and the future converged into a blueprint of society which other parts of the world could and should achieve by concerted interventions.[30] However, the attempts at achieving modernisation through interventions failed to produce the envisaged results. Meanwhile, the ideal image of the United States lost much of its persuasiveness in the wake of the Vietnam War, the struggles over racial equality, and the economic

26 *John Breuilly*, Modernisation as Social Evolution. The German Case, c. 1800–1880, in: Transactions of the Royal Historical Society 15, 2005, pp. 117–147.

27 *Thomas Mergel*, Geht es weiter voran? Die Modernisierungstheorie auf dem Weg zu einer Theorie der Moderne, in: *id./Thomas Welskopp* (eds.), Geschichte zwischen Kultur und Gesellschaft. Beiträge zur Theoriedebatte, München 1997, pp. 203–232.

28 *Wittrock*, Modernity, pp. 32–38.

29 *Laura Belmonte*, Selling Capitalism: Modernization and U.S. Overseas Propaganda, 1945–1959, in: *David C. Engerman/Nils Gilman/Mark H. Haefele* et al. (eds.), Staging Growth. Modernization, Development, and the Global Cold War, Amherst 2003, pp. 107–128.

30 *Nils Gilman*, Modernization Theory, the Highest Stage of American Intellectual History, in: ibid., pp. 47–80; *Belmonte*, Selling Capitalism.

crises of the 1970s. A similar convergence of the present and the telos of modernisation briefly reappeared during the 1990s, as the apparent triumph of free market democracy caused some observers to present it as a final stage of history.[31] Where such a convergence was stated, the task for historians was understood to be twofold: to explain how some societies had achieved this highest stage of development and to diagnose why other parts of the world had not achieved a similar condition.

Where modernity was presented as the telos of a welcome historical development, the dichotomy of tradition and modernity pitted the historical points of departure and termination against each other as a negative against a positive. The advance from the past to the future was presented as a progressive movement from a primitive to a more desirable state. Where modernity appeared less attractive, it could not serve as a self-evident »end of history« in the same way. Thus, since the disenchantment with the American model during the 1960s and 1970s, the present and the future often diverged in analyses of modernisation. The initial reaction was to aim for a better modernity. The utopian vanishing point remained in place, but the project of modernisation gained new urgency by its loss of self-evidence. Modernity had to be achieved, historical analysis could provide insight as to where and how modernisation had at least partially succeeded, and which forces were hampering it. This view made regression or devolution a distinct possibility. As the negative connotation of both terms indicate, within the framework of the theory such instances were presented as unexpected and undesirable aberrations.[32]

This normativity was confronted especially during 1980s by scholars taking up a tradition of criticism which they traced back to the originators of theories of modernity. Max Weber in particular had voiced reservations about modernity, talking of a »shell hard as steel« in which capitalism trapped modern humans. Scholars like Detlev Peukert likewise painted a picture of modernity devoid of affirmation. Here, the transition from tradition to modernity was not equated with a progressive movement but rather with a deeply ambivalent development. The onset of modern rationality among other things enabled a radicalisation of a racist utopia which would result in the attempted annihilation of the European Jews by the National Socialists.[33] Authors like Michel Foucault took this criticism one step further, presenting modernity not as a welcome telos of historical development but as a dystopian situation.[34] In a similar vein, recent studies of colonialism have presented systems of colonial rule as distinctly modern phenomena.[35]

These objections against the normative associations of modernisation were closely related to questions about the supposed progressive movement from the traditional to the modern. Colloquially, the modern is equated with the present. Historians have habitually argued for a contingent view of modernisation which disbands this equation. Although contingency challenges the account of any processual development, it poses distinct problems when confronted modernisation theory. As democratisation signifies a movement from less to more democracy, so industrialisation describes a motion towards more industry. In this sense, the mere suggestion of linearity cannot be held against the notion of moderni-

31 *Peter Fritzsche*, Founding Fictions: History, Myth, and the Modern Age, in: International Journal of Politics, Culture, and Society 12, 1998, pp. 205–220, here: pp. 205f.

32 *Charles Tilly*, Clio und Minerva, in: *Hans-Ulrich Wehler* (ed.), Geschichte und Soziologie, Köln 1972, pp. 97–131.

33 *Peukert*, Max Webers Diagnose der Moderne, pp. 102–121.

34 *Michel Foucault*, Discipline and Punish. The Birth of the Prison, New York 1977 (first published in French 1975).

35 Cf. *Frederick Cooper*, Writing the History of Development, in: JMEH 8, 2010, pp. 5–23, here: pp. 20f.; *Vasant Kaiwar*, The Postcolonial Orient. The Politics of Difference and the Project of Provincialising Europe, Leiden 2014, pp. 103–155.

sation. Notably, however, the colloquial understanding of the modern as the contemporary reinforces the assumption that the present is more modern than the past. This link between the descriptive process and a particular position of the observer on its timeline separates modernisation from many other processual notions. In this sense, modernisation exacerbates the problem of contingency which is habitually presented to historical research in its attempts to combine the paradoxical notions of the open character of historical development with the closed nature of its empirical material.

Two main approaches were developed to incorporate the notion of historical contingency into modernisation theories: deploying it as a descriptive grid and presuming different trajectories. In his formidable volumes on the history of German society, for example, Hans-Ulrich Wehler employed his dimensions of modernisation – rule, economy, culture, and social inequality – to present a comprehensive view of German social history in the 19th and 20th century. Measuring social development along the lines of these indicators, Wehler was able to draw on a remarkable breadth of material in registering progress and regression.[36] The difficulty of avoiding a linear perspective through a descriptive approach became clear, however, as Wehler proposed to explain the catastrophic history of Germany in the first half of the 20th century by pointing out imbalances across the different indicators of modernisation.[37]

The sensibility to the relevance of contingency was reinforced by the sudden collapse of communism in Eastern Europe at the end of the 1980s and by the disenchantment with the prognostic capabilities of social scientific models. This resulted in a more nuanced approach to contingency in processes of social evolution, which did not conceive of historical development as the logic result of a process of modernisation. Instead, it understood processual evolutions in terms of more or less likely results. As Thomas Mergel explained, this presented modernisation as a process which could regress, stagnate, or progress, where regressions were less likely because of the former »transaction costs« a society had invested.[38] This conceptualisation favoured a notion of multiple trajectories of modernisation. Such approaches had been pioneered by historical sociologists Barrington Moore, Jr. and Shmuel N. Eisenstadt from very different directions. Moore discerned the liberal democratic, fascist and communist systems as different outcomes of a transition from a traditional to a modern society and explained these different trajectories by differences in social structure and the timing of industrialisation.[39] Eisenstadt highlighted cultural traditions to explain the appearance of »multiple modernities« across the world. He stressed the ability of modern societies to cope with change based on self-criticism to account for their contingent evolution.[40] Similarly, Peter Wagner has proposed to regard modernisation as an open-ended process which develops along multiple trajectories in reaction to specific historical experiences.[41] Such references to different trajectories also occurred in historiography. Debating African history around the concept of modernity, for example, historians

36 *John Breuilly*, Wehler's Deutsche Gesellschaftsgeschichte Project, in: NPL 55, 2010, pp. 197–212.

37 *Chris Lorenz*, »Won't you Tell Me, Where Have All the Good Times Gone?« On the Advantages and Disadvantages of Modernization Theory for Historical Study, in: *Q. Edward Wang/Franz L. Fillafer* (eds.), The Many Faces of Clio. Cross-cultural Approaches to Historiography, New York/Oxford 2007, pp. 104–127.

38 *Mergel*, Geht es weiter voran?, pp. 212f.

39 *Barrington Moore, Jr.*, Social Origins of Dictatorship and Democracy. Lord and Peasant in the Making of the Modern World, Boston 1967.

40 *Shmuel N. Eisenstadt*, Multiple Modernities, in: Daedalus 129, 2000, no. 1, pp. 1–30.

41 *Peter Wagner*, Modernity as Experience and Interpretation. A New Sociology of Modernity, Cambridge/Malden 2008, p. 4; Cf. *Wolfgang Knöbl*, Die Kontingenz der Moderne. Wege in Europa, Asien und Amerika, Frankfurt am Main/New York 2007, pp. 190–207.

distinguished different varieties of modernity in Africa and in Europe, thus discerning different historical trajectories without labelling some as »modern« next to non-modern, presumably backward alternatives.[42]

The dichotomy between tradition and modernity also posed a challenge to historical periodisation. It suggests a homogenous and static starting point to the history of modernisation. A »flat« image of premodern societies is invoked by collectively labelling them as »traditional« and assigning a fixed set of characteristics to them.[43] The perspective has caused similar problems in analysing modern history itself, because it imposes the notion that the »modern« era has to be regarded as a uniform period which therefore should exhibit certain stable features. Finally, historical inquiry across the border between pre-modern and modern history is also impaired by the presupposed divide. The division between a pre-modern and a modern period presupposes a progressive movement from pre-modern to modern phenomena. Continuity between a premodern and a modern era or cyclical development across these ages are thus deemed unlikely beforehand. A second problem caused by the distinction of a modern and a premodern era relates to locating the process of modernisation within this grid. Is the modern era the final result of processes of modernisation which predate it? Or is the modern era distinguished from its predecessor precisely because it features such processes?

Because no historian could accept this schematic understanding of the periods before and after the turn of the 19th century, historians have developed both pragmatic and conceptual solutions to this problem. The practical answer has been to nuance the distinction and highlight the dynamic character of both the premodern and the modern era. Instead of labelling anything predating 1800 traditional, modern and traditional features have been assigned flexibly across historical periods, based on more specific definitions of what modern feature is being examined. As a result, the notion of a modern era and the distribution of modern phenomena increasingly drifted apart. Moreover, the very presumption of traditional counterparts to modern phenomena could prove hard to maintain. The historiography on the »birth of modern consumer society« provides a telling example of this trend. As historians during the 1980s and 1990s attempted to determine when a modern consumer society came into existence, they ended up continually predating it. Scholars were hard-pressed to come up with a clear distinction between pre-modern and modern modes of consumption. Reviewing the results of the search for the origins of modern consumption in 2003, John Brewer concluded that by presupposing modern consumption to be fundamentally different from premodern varieties, historians had framed their initial question erroneously.[44]

Conceptually, the aforementioned distinction between processes of modernisation and a specific era of modernity has been the primary answer to the problem of the suggested temporal dichotomy. This, however, did not dispel the reservations about contrasting a static tradition with modernising processes. Even if processes of modernisation could be observed in an accordingly more dynamic view of premodern times, this approach continued to regard history before the 19th century through the lens of processes which were originally associated with the modern era. Similar objections were raised regarding the analysis of the 19th and 20th century, because the processes observed in this timeframe too could hardly be reduced to a coherent and recurring set of modernising processes. The key innovation in this regard was related to the notion of a dynamic understanding of the

42 *Thomas*, Modernity's Failings, Political Claims, and Intermediate Concepts, pp. 731f.

43 *Wehler*, Modernisierungstheorie und Geschichte, pp. 21f.; *Carol Symes*, When We Talk about Modernity, in: AHR 116, 2011, pp. 715–726.

44 *John Brewer*, The Error of Our Ways: Historians and the Birth of Consumer Society, 2004, URL: <http://www.consume.bbk.ac.uk/working_papers/Brewer%20talk.doc> [15.9.2017].

process of modernisation itself. Among sociologists, the most prominent example of this line of thinking was exemplified by debates about the »modernisation of modernity«. According to sociologists like Ulrich Beck and Anthony Giddens, Western modernity had reached a new stage in the late 20th century, in which the initial impetus of modernisation was questioned and redeveloped against the background of an increasing awareness of the shortcomings of the original project.[45] Among historians, this trend was visible in proposed periodisations of history in which different phases of modernity were distinguished, such as Ulrich Herbert's suggestion to regard European history between 1890 and 1980 as a unified era of »high modernity«.[46] Reflections on the shortcomings of a schematic periodisation thus resulted in a double movement which has also been observed in reaction to aforementioned challenges: the process was at once generalised to be applicable beyond a specific modern era and then applied in specialised versions.

A similar tendency came to the fore in reaction to the critique of the Western bias of the concept. For modernisation theory has not only set apart a singular modern period, it also singled out ›the West‹ as its distinct geographical birthplace.[47] It reified ›the West‹ through a circular argument stating at once that the history of the West has been shaped by modernisation and that a phenomenon could only be modern if it has occurred in the West. As the concept of modernisation was introduced into social history, this focus on the West was not deemed unwarranted, because Wehler and likeminded historians intended to apply the concept to Western history first and foremost. For a historiographical tradition as sensitive to political agendas as social history, this was a remarkable resolution. The justification, however, became overtly problematic over time, as it was seen to reinforce a presupposed singularity of the West as a »modern« part of the world. As Dipesh Chakrabarty has pointed out, Western rule across the globe has been legitimised by the claim that the whole world is moving into the direction of »the modern«, but that those ahead in this process of modernisation have different rights from those who are lagging behind.[48]

The concerns about the Western bias of the concept became overt as social scientists and historians increasingly developed perspectives which looked beyond the West. If the traditional notion of modernisation was upheld, other regions could only be included into the general narrative if their cases demonstrated either similarity to or influence by the West. This became apparent in early versions of globalisation theory, which set out to expand the range of inquiry beyond the traditional reach of modernisation theory. By regarding globalisation as a global expansion of Western modernity and by placing the West squarely at the centre of the global history of the 19th and 20th, it replicated the shortcomings of modernisation theory.[49] The critique of reification, however, in part impeded the design of viable alternatives. Rejecting modernity as a concept with a Western bias, the underlying assumption of modernisation as a singularly Western combination of processes was often

45 *Ulrich Beck/Wolfgang Bonß/Christoph Lau*, Theorie reflexiver Modernisierung – Fragestellungen, Hypothesen, Forschungsprogramme, in: *Ulrich Beck/Wolfgang Bonß* (eds.), Die Modernisierung der Moderne, Frankfurt am Main 2001, pp. 11–59, here: pp. 11–14; Cf. *Ulrich Beck/Anthony Giddens/Scott Lash*, Reflexive Modernisierung. Eine Kontroverse, Frankfurt am Main 1996.

46 *Ulrich Herbert*, Europe in High Modernity. Reflections on a Theory of the 20th Century, in: JMEH 5, 2007, pp. 5–21.

47 *Gurminder K. Bhambra*, Rethinking Modernity. Postcolonialism and the Sociological Imagination, Basingstoke/New York 2007, pp. 1–8.

48 *Dipesh Chakrabarty*, Provincializing Europe. Postcolonial Thought and Historical Difference, Princeton/Woodstock 2000, pp. 8f.

49 *Angelika Epple*, Globalisierung/en, in: Docupedia-Zeitgeschichte, 11.6.2012, URL: <http://docupedia.de/zg/Globalisierung> [16.8.2017]; *Knöbl*, Die Kontingenz der Moderne, pp. 54–59.

kept intact.[50] Other critics disbanded the theory only to invoke an inverted alternative notion of linear Western development.[51]

This line of criticism has reinforced the tendency to combine a disavowal of the affirmation of modernisation with the generalisation of the concept in regard of its temporal and spatial application. Eisenstadt's notion of multiple modernities presented a comprehensive program to overcome the Western bias of modernisation theory. By allowing for multiple trajectories of modernisation, the program attempted to reconsider the Western trajectory not as a yardstick of modernisation but simply as one possible line of development next to equal alternatives. However, this approach has not been able to account for the interdependency shaping the development of different regions of the world and thus failed to confront the essentialising view of civilisations which underpinned earlier versions of modernisation theory.[52] In reaction to these shortcomings, approaches such as Wagner's notion of several paths of modernisation as reactions to specific historical experiences and Rosa's concept of acceleration have defined modernisation as a process which is not principally tied to any specific region.

Whereas many critics have stressed the difference which was constituted between »the West« and »the rest« by modernisation theories, the construction of asynchronicity was also applied to the West internally. Just as these theories were referred to in order to legitimise Western predominance in relation to other parts of the world, it was also an important argument in debates about the future within Western societies themselves. For instance, Dutch political elites during the late 1960s typically argued for cautiously implementing »progressive« reforms by stating that »going along with the times« was as inevitable as the flow of these times themselves.[53] This line of reasoning can also be observed within religious communities in the 1960s and 1970s. Here, a push for reforms was often presented as a necessary reaction to the objective advance of modernisation. Religious groups could either adapt or perish.[54]

Discerning between progressive and backward phenomenon within the West, modernisation was invoked to frame heterogeneity as fundamentally problematic and often untenable in the long run. The history and historiography of Catholicism in the 19th and 20th century are especially instructive in this respect. In the history of Catholicism, the position in regard of »modernity« had long been a staple of fierce debate following the condemnation of »modern« ideas by the Vatican and the ensuing internal conflicts about »modern« theology and distinction from the »modern« world outside of the church. Supporters and opponents of the Catholic attack on the modern world shared a basic understanding of singular Western history, in which a fundamental opposition between Catholicism and »the Western world« evolved.[55]

The contemporary perception of a conflict between modernity and Catholicism as its Other has continued to inform analyses of the history of Catholicism. For instance, the analysis of the transformation of the Catholic milieu in the Netherlands has been critically influenced by notions of modernisation. Whereas the formation of a well-organised and

50 *Cooper*, Colonialism in Question, pp. 132f.; *Kaiwar*, The Postcolonial Orient, pp. 103–124.

51 *Pollack*, Modernisierungstheorie – revised, pp. 221f.

52 *Bhambra*, Rethinking Modernity, p. 7; *Knöbl*, Die Kontingenz der Moderne, pp. 107–110.

53 *James C. Kennedy*, Nieuw Babylon in aanbouw. Nederland in de jaren zestig, Leiden 2007.

54 *Jonathan C.D. Clark*, Secularization and Modernization. The Failure of a ›Grand Narrative‹, in: The Historical Journal 55, 2012, pp. 161–195; *Peter van Dam*, Das Feindbild als Selbstdeutung. Zur Genealogie von Versäulung und Entsäulung, in: *id./Friso Wielenga* (eds.), Religion als Zündstoff. Gesellschaftliches und politisches Engagement in den Niederlanden seit 1945, Münster/New York 2014, pp. 15–34.

55 *Christopher Clark*, The New Catholicism and the European Culture Wars, in: *id./Kaiser*, Culture Wars, pp. 11–46, here: pp. 12f.

socially isolated Catholic community was deemed a reaction to »modern« plurality in the late 19th century, the transformation of the milieu was caused by ongoing modernisation, which made it untenable to retain the milieu during the 1960s and 1970s.[56] A similar perspective has been applied to the transformation of religious communities in other countries. Thus, Wilfred Loth has diagnosed the Catholic milieu in Germany to have been a »transitory phenomenon«, a »problematic, but probably inevitable« trajectory for different Catholic groups to eventually arrive and participate in modernity.[57]

The myth of European unity has probably been the least examined flaw the concept has introduced into historiography.[58] By the time it was scrutinised, the solutions developed in reaction to other strains of criticism could be mustered to confront it. The normative framing of heterogeneity requited the disavowal of affirmation which had been promoted by Peukert and likeminded scholars. The suggested spatial uniformity had already been undermined by the assumption of several trajectories of modernisation, popularised by the likes of Barrington Moore and Eisenstadt, and culminating in the aforementioned principally deterritorialised conceptions of modernisation.

A final critique of modernisation theory has pointed out that by taking up modernisation theory as an implicit or explicit frame of reference, historians reinforce a »blind spot« for the constitutive role that the social scientists and historians have played in constructing ideal images of a modern society and their commitment to the socio-political agendas of modernisation which were connected to these images.[59] Returning to the aforementioned debates about the necessity of reforms within religious communities during the 1960s and 1970s, the participation of social scientists in particular in debates about the future of religious practices and organisation is striking. As »experts«, the advice of these scholars was sought out by church leaders and the boards of many religious civic organisations to map a successful course towards »modernisation«.[60]

This claim of expertise regarding the process of modernisation is an important element in the history of what Lutz Raphael has labelled »scientification«. During the course of the 20th century, experts of »human sciences« successfully claimed their place in the circles of policymakers and government, companies, and civic organisations. From this position, the knowledge they generated was pivotal in the construction of the self-images of Western societies. The relation to religious authority, Raphael points out, was more far-reaching, because academic knowledge also served to displace religious authority.[61] Concepts such as modernisation, which scholars constructed and distributed, became important points of reference in debates about how to react to the challenges of the present. Morten Reitmayer has noted how the intended societal uses of this knowledge also introduced a fundamental

56 *Cees P. Middendorp*, Ontzuiling, politisering en restauratie in Nederland. Progressiviteit en conservatisme in de jaren 60 en 70, Meppel 1979; *Ellemers*, Modernisering, macht, migratie, pp. 58–66; *Erik H. Bax*, Modernization and Cleavage in Dutch Society. A Study of Long Term Economic and Social Change, Aldershot/Brookfield etc. 1990.

57 *Wilfried Loth*, Politischer Katholizismus in Deutschland: Entstehung, Antriebskräfte, Verfall, in: *Franz-Xaver Kaufmann/Arnold Zingerle* (eds.), Vatikanum II und Modernisierung. Historische, theologische und soziologische Perspektiven, Paderborn/München etc. 1996, pp. 35–52, here: p. 50.

58 *Bhambra*, Rethinking Modernity, pp. 83–144; *Kaiwar*, The Postcolonial Orient, p. 117.

59 *Niklas Luhmann*, Die Gesellschaft der Gesellschaft, Frankfurt am Main 1997, p. 426.

60 Cf. the special issue: Pastoral Sociology in Western Europe, 1940–1970, ed. by *Chris Dols/Herman Paul*, Journal of Religion in Europe 9, 2016; *Chris Dols*, Fact Factory. Sociological Expertise and Episcopal Decisionmaking in the Netherlands, 1946–1972, Nijmegen 2015.

61 *Lutz Raphael*, Die Verwissenschaftlichung des Sozialen als methodische und konzeptionelle Herausforderung für eine Sozialgeschichte des 20. Jahrhunderts, in: GG 22, 1996, pp. 165–193, here: pp. 167–183.

vagueness into the concepts these scholars employed. If they were to be of any use outside of the walls of academic institutions, they had to be open to the experiences and expectations of those ›outside‹ who were interested in the knowledge.[62]

The objection to the continuation of the complicity between social history and modernisation as a legitimising concept resonates with the suggestion by Mergel and Wittrock to regard modernity as a specific frame of reference, which has been employed by historical actors to shape the world around them. In a broader sense, this can be regarded as a response to the lack of historical agency in earlier versions of modernisation theory. Introducing agency into the history of modernisation, these theories appeared as concepts which historical actors referred to in trying to impose order on their environment. Modernity then appears as an era which was marked by people attempting to create an explicitly »modern« environment.[63] This resulted in a shift from applying modernisation theory as an analytic tool in writing social history to regarding it primarily as a concept guiding the action of historical actors. Konrad Jarausch recently underlined this trend, stating that the critiques of modernisation had turned it into an »intellectual problem«. To resolve it, he proposed to employ modernisation as a point of access to European history. By »deconstructing its shifting meaning according to the time, place, and speaker behind it«, modernisation could shed light on competing political agendas and the ways in which Europeans positioned themselves in the world.[64]

II. Moving on

The concept of modernisation has been pronounced dead as often as it has been resurrected. In the context of German historiography, the demise of modernisation theory seemed definitive during the late 1990s, as both Wehler and Jürgen Kocka, as well as their prominent students Thomas Welskopp and Paul Nolte, assigned its popularity to a certain period of West-German history in which the normative foundations of the theory had been especially attractive. Chris Lorenz concluded in 2007 that modernisation theory had become problematic because the normative assumptions underpinning modernisation theory had lost their persuasiveness, as the historicizing of the concept by its founding fathers underlined. Moreover, its inability to conceptualise contingency, the cultural production of social structures, and its one-sided emphasis on social structures had gotten the better of it.[65]

As the ongoing attempts to adapt modernisation theories to their insistent criticism demonstrate, these theories have retained their attraction for social historians nonetheless. They continue to hold the promise of an overarching perspective for the ever-expanding body of specialised studies. Despite criticism, the concept has remained in continuous use as an explicit framework and has provided an implicit frame of reference for many more

62 *Morten Reitmayer*, Politisch-soziale Ordnungsentwürfe und Meinungswissen über die Gesellschaft in Europa im 20. Jahrhundert – eine Skizze, in: *Lutz Raphael* (ed.), Theorien und Experimente der Moderne. Europas Gesellschaften im 20. Jahrhundert, Köln/Weimar etc. 2012, pp. 37–63, here: p. 40.

63 Cf. *Thomas Etzemüller* (ed.), Die Ordnung der Moderne. Social Engineering im 20. Jahrhundert, Bielefeld 2009; *Kerstin Brückweh/Dirk Schumann/Richard F. Wetzell* et al. (eds.), Engineering Society. The Role of the Human and Social Sciences in Modern Societies, 1880–1980, Basingstoke/New York 2012; *Raphael*, Theorien und Experimente der Moderne.

64 *Konrad H. Jarausch*, Out of Ashes. A New History of Europe in the Twentieth Century, Princeton/Woodstock 2015, pp. 5f.

65 *Lorenz*, »Won't you Tell Me, Where Have All the Good Times Gone?«, pp. 174–180 and 190–194.

scholarly works.[66] Even astute critics have often been reluctant to relinquish the concept altogether.[67] In part, this reluctance can be traced to the long-standing tradition of reflecting on Western history as a history of modernity. Being modern has been a crucial element of Western self-imaging throughout the 20th century.[68] Because many of the most common observations on the development of Western societies have been framed within this theory, historians often continued to subsume their specific findings within this framework without much further reflection on modernisation as an overarching notion. At the same time, they provided a connection between scholarly and public discourse. To talk about the modern was to talk about what was relevant to society today.

The efforts to devise better versions of the theory resulted in the double movement of specification and generalisation described above. As the relating processes were specified and more precisely located in time and space, modernisation was disassociated from the West and its »modern« era to constitute a general process. In response to critiques of modernisation as a desirable process, social historians distanced themselves from a naïve affirmation of the normative implications of the theory. Accounting for historical contingency, they stressed the possibilities of stagnation and reversibility and highlighted the descriptive perspective which these theories provided. In presenting modernisation as a contingent process, the notion of multiple trajectories of modernisation also became viable. The Western bias which traditionally accompanied these theories and the tendency to homogenise the West were countered by presenting modernisation as a process which could occur in any place. Concrete inquiries into modernisation accordingly had to be limited to specific areas. Similarly, the association of a process of modernisation with a distinct »modern« era was analytically severed: not only could traditional societies be modernised, modern societies could also modernise themselves. In principal, modernisation could take place at any time and did not take place all the time during the »modern« period. Finally, by stressing the experience of modernity, the notion of modernisation was both historicised and connected to the agency of specific historical actors.

This twofold development, however, has undermined the viability of these theories for social history. By specifying their notions of modernisation, no compelling reason to maintain it remains: modernisation can be substituted by the more specific term in question. In stating the process at hand more clearly, the suggestion of an association between the process under discussion and other processes regularly subsumed under the header of modernisation can effectively be avoided. At best, this association is indeed proposed, in which case it deserves a clear definition. At worst, its suggestion is invoked to claim a broader relevance which remains undemonstrated. Whichever the case, it is possible and desirable to substitute references to a vague notion of modernisation by more specific terms.

On the other hand, the generalisation of these theories has removed them from the original intent of applying them as theories of the middle range. In the classic definition of Robert K. Merton, such theories »lie between the minor but necessary working hypotheses that evolve in abundance during day to day research and the all-inclusive systematic efforts to develop a unified theory that will explain all the observed uniformities of social behaviour, social organization and social change«.[69] Theories of the middle range are attractive to historians, because they do not present a perspective which has to fit all the insights

66 *Thomas*, Modernity's Failings, Political Claims, and Intermediate Concepts, pp. 729–733.

67 AHR Roundtable, Historians and the Question of »Modernity«. Introduction, in: AHR 116, 2011, pp. 631–637.

68 *Jarausch*, Out of Ashes, pp. 3–5; *Bruno Latour*, We Have Never Been Modern, New York 1993 (first published in French 1991).

69 *Robert K. Merton*, Social Theory and Social Structure, enl. ed., New York/London 1968 (first published 1949), p. 39.

which are generated from empirical research. Instead, they enable a constant dialogue between empirical research and conceptualisation to enhance an understanding of the interrelation between findings from different strands of research.[70] The resulting cycle of empirical and conceptual analysis continually generates new conceptual challenges and questions for empirical research.[71] Such an approach is especially attractive to social historians, who – aiming to discern broader patterns – measure the value of concepts and theories above all by relating them to specific empirical results. Although an integrative perspective thus remains viable, the history of a process like urbanisation can be enough of a »grand« perspective to satisfy the tastes of most historians. Such an approach has the added benefit of being more geographically and temporally flexible.[72] The attraction of modernisation theories to social historians in the 1970s lays partly in their envisaged applicability as such theories of the middle range. Devised as approaches to analyse a supposedly distinct trajectory during a distinct era, they lacked the all-encompassing pretences of alternative approaches popular at the time.[73] Generalisation diminished this advantage for historical research.

The evolution of modernisation theories has also produced a growing rift between scholarly and public notions of the modern. While social historians take up specific processes of modernisation in any specific part of the world in any period, the colloquial understanding of the modern remains tied to the general development of the contemporary Western world. The continued interlocution between public and scholarly interpretation of the modern impedes attempts to separate empirical theories of modernisation from philosophical considerations about a theory of modernity. This doubt is reinforced by the methodological problem of separating a theory of modernity from empirical observations based on the categories of this theory.

The viability of modernisation theory as an integrative perspective has been further undermined by its inability to incorporate key results of historical scholarship which have come to the fore since the 1970s. Studies informed by the approach of microhistory cast doubt upon the supposed opposition of traditional and modern phenomena, the coherence between processes subsumed under the header of modernisation, and underlined the ambiguity inherent to such processes.[74] As the work of historians such as Carlo Ginzburg, Emmanuel Le Roy Ladurie, Natalie Zemon Davis and Edward P. Thompson demonstrated, microhistorical approaches could generate insights into structural developments without neglecting individual perspectives and opposing trends.[75] Modernisation theory was similarly unsuited to incorporate perspectives gained from global history. Although initial theories of globalisation were heavily influenced by modernisation, such approaches were subsequently countered by historical research which rejected the presupposition of unique Western trajectory primarily determined by endogenous factors as well as the necessity of integrating historical research from an overarching macro-theoretical perspective.[76] Instead, global histories could be more convincingly constructed along the lines of more specific themes, such as the empires on which Jane Burbank and Frederick Cooper focused

70 Ibid., pp. 39–68.
71 *Id.*, The Bearing of Empirical Research upon the Development of Social Theory, in: American Sociological Review 13, 1948, pp. 505–515, here: p. 505.
72 *Jürgen Osterhammel*, Die Verwandlung der Welt. Eine Geschichte des 19. Jahrhunderts, München 2009, pp. 14–19.
73 *Mergel*, Geht es weiter voran?, p. 207.
74 *Corneließen*, Ein ständiges Ärgernis?, pp. 242–244.
75 *Matti Peltonen*, Clues, Margins, and Monads: The Micro-Macro Link in Historical Research, in: History and Theory 40, 2001, pp. 347–359.
76 *Epple*, Globalisierung/en.

their inquiry, or the imposing panoramas presented by Jürgen Osterhammel in his global history of the 19th century.[77]

Because of the pivotal position of modernisation theories in the evolution of social history since the 1970s, their critiques align with the challenges which the so-called cultural turn presented to social history. Over the 1980s, social history's empiricism, neglect of cultural mediation, focus on abstract processes in favour of the perspectives of historical actors, and disdain of diversity met with growing resistance.[78] Therefore, this inventory of the shortcomings of modernisation theory not only informs the countless inquiries explicitly or implicitly referring to modernisation theory but holds significance for any attempt at advancing social history. As Victoria E. Bonnell and Lynn Hunt insisted, social historians can benefit from their critics by developing new and better forms of knowledge, which account for the blind spots they have uncovered, even if this entails giving up on an overarching theoretical framework for the time being.[79] Instead of staying aboard a sinking ship because swimming in the cold water doesn't seem to promise salvation, I suggest we take the plunge. Historians have all the reason to trust their swimming skills, which have never depended on the floatability of macro theories. Moreover, among the wreckage of modernisation theory, there are several pieces of flotsam which promise to support the swimmers. Abandoning the overarching frameworks frees up the structures and processes which had been subsumed under the header of modernisation for application in social history.[80]

Taking stock of the crisis of social history, Patrick Joyce has noted that despite the fundamental doubt about the nature of »the social«, social historians by and large continue to agree on the agenda of social history[81], which Jürgen Kocka has aptly characterised:

»They reject all forms of strict methodological individualism. They are not primarily interested in single biographies and specific events, but rather in collective phenomena. They try to reconstruct ›the social‹ including social inequality. They do not accept that the past can sufficiently be understood as a context of perceptions, experiences, discourses, actions and meanings, alone. They insist that conditions and consequences, structures and processes have to be taken seriously and brought back in. They try to combine understanding and explanation. Faced by the increasing ›Balkanization‹, i.e. fragmentation, of the discipline and of historical reconstructions, they stress the need for context and interrelation.«[82]

Even if this consensus may serve as a vantage point for social historians, contemporary social history has learned valuable lessons from its crisis, as epitomised by the failure of modernisation theory. Attempts to discern emergent structures can productively be traced from the relations between historical actors. Thus, the social is not conceptualised as a synonym for (national) society.[83] Social historians have similarly benefited from the sceptical approach to grand narratives and the ways in which knowledge has been constructed. Taking seriously the cultural production of knowledge, we have scrutinised our core con-

77 *Jane Burbank/Frederick Cooper*, Empires in World History. Power and the Politics of Difference, Princeton/Woodstock 2010; *Osterhammel*, Die Verwandlung der Welt.

78 *Victoria E. Bonnell/Lynn Hunt*, Introduction, in: *id.* (eds.), Beyond the Cultural Turn. New Directions in the Study of Society and Culture, Berkeley/Los Angeles etc. 1999, pp. 1–32, here: pp. 1–10; *Hans-Ulrich Wehler*, Historische Sozialwissenschaft. Eine Zwischenbilanz nach dreißig Jahren, in: *id.* (ed.), Die Herausforderung der Kulturgeschichte, München 1998, pp. 142–153.

79 *Bonnell/Hunt*, Introduction, p. 25.

80 Cf. *Thomas*, Modernity's Failings, Political Claims, and Intermediate Concepts.

81 *Patrick Joyce*, What is the Social in Social History?, in: Past & Present, 2010, no. 206, pp. 213–248, here: p. 246.

82 *Jürgen Kocka*, Losses, Gains and Opportunities: Social History Today, in: Journal of Social History 37, 2003, pp. 21–28, here: p. 26.

83 *Ute Daniel*, »Kultur« und »Gesellschaft«. Überlegungen zum Gegenstandsbereich der Sozialgeschichte, in: GG 19, 1993, pp. 69–99; Cf. *Joyce*, What Is the Social in Social History?

cepts and revised them in many instances. The increasing importance of the sciences for the conceptualisation of the social during the 20th century and the relationship between scholarly and public discourse have likewise been evaluated.[84] The historical entanglement of the sciences and humanities with the colonial project as well as the increasing attention to the political functions of the knowledge they have produced for use within the West reinforce the importance of revaluation.[85]

In this light, the genealogical analysis of modernisation theory is not merely promising but had indeed become necessary. Not only does it provide valuable insights into the ways in which social change has been understood both in the past and the present. Such an analysis also brings the explicit and implicit influence of concepts of modernisation in society and the academy to the fore. By pointing out these influences and the inadequacies they have imported into the concepts of social history, it may help to avoid the dead end to which modernisation theory as a blind spot has led social history. Without explicitly addressing the ways in which the notion has influenced our view of history, the present, and the future, it will continue to function as an explicit and implicit frame of reference for scholarly inquiry and societal self-fashioning.

The interplay between scholarly and popular discourse deserves particular attention in this regard. The analysis of modernisation has often been reduced to an inquiry into its scholarly incarnations. In such investigations, public conceptions of the modern appear as separate interpretations which at times might interfere with the serious discussions about modernisation within the walls of academia. If social history is to be a history of relations instead of isolated groups and societies, this is unsatisfactory. As the provided genealogy shows, the integration of modernisation theories into social history was motivated by scholarly as well as political agendas, as was its subsequent demise. This points towards a reciprocal relationship between scholarly and public conceptions of the social which deserves closer investigation. It seems worthwhile to study the continuities as well as the transformations and disconnects appearing in the course of these transplants in more detail and beyond the domain of historiography. In fact, in further exploring the genealogy of modernisation, it might be more plausible to set out outside of academic circles, only to investigate how conceptions of progress and Western exceptionalism then migrated into scholarly discussions. This exploration can also shed light on instances where academic experts attempted to assert societal influence, but failed, and thus on the limits of scientification.

As has been apparent in the history of modernisation theories, a critical view of our own concepts has allowed historians to revaluate the relevant categories of time and space for their respective objects of research. Rather than taking a linear development for granted, a conscious decision to doubt narratives of modernisation has opened up the possibilities of circular movements and conjunctures. The conventional analyses of modernisation had tied related processes firmly to the nation-state within the framework of the Western world. Once challenged, instead of presupposing a fixed spatial setting for the object of analysis, the relevant spatial markers had to be deduced from the subject at hand.[86]

84 *Lutz Raphael*, Embedding the Human and Social Sciences in Western Societies, 1880–1980. Reflections on Trends and Methods of Current Research, in: *Brückweh/Schumann/Wetzell* et al., Engineering Society, pp. 41–56.

85 Cf. *Frederick Cooper/Randall M. Packard* (eds.), International Development and the Social Sciences. Essays on the History and Politics of Knowledge, Berkeley/Los Angeles etc. 1997; *Benjamin Ziemann*, Die Soziologie der Gesellschaft. Selbstverständnis, Traditionen und Wirkungen einer Disziplin, in: NPL 50, 2005, pp. 43–67; *Daniel T. Rodgers*, Age of Fracture, Cambridge/London 2011.

86 Cf. *Angelika Epple*, Lokalität und die Dimensionen des Globalen. Eine Frage der Relationen, in: Historische Anthropologie 21, 2013, pp. 4–25; *Peter van Dam*, Vervlochten geschiedenis. Hoe histoire croisée de natiestaat bedwingt, in: Tijdschrift voor Geschiedenis 125, 2012, pp. 97–109.

A genealogical approach to modernisation theories at the same time establishes the critical distance needed to salvage the many fruitful insights which can be won from the tradition of social history. Without examination, these processes would continue to be framed as parts of an overarching ›modernisation‹, providing them with a presupposed direction, relation to the West, and association to other processes. Once they are liberated from this stranglehold, processes such as structural differentiation, bureaucratisation, and scientification can be evaluated against the backdrop of historical empirical investigation. Individually, the applicability of the concept and the direction of its development may be assessed in separate cases. Instead of stating an a priori association with other processes, the relation of one of these processes to other structural developments has to be proven from instance to instance. This call to reassess the applicability of individual processes and their interdependency has the potential to reinvigorate social history.

The confrontation with the cultural turn on the other hand sets the indispensable elements within tradition of social history apart. As Kocka points out, these include the commitment to a view of the social which includes but does not limit itself to cultural mediation. The traditional emphasis on relating disparate insights from historical and social scientific scholarship remains just as appealing. Above all, the tradition of social history entails a focus on structures and processes which exceed individual experience and elude the ability of individual actors to direct or shape them. As Osterhammel has stated, the critique of master narratives has not made such narratives obsolete but rather calls for a more reflexive approach to narrating them.[87] Looking specifically to the legacy of modernisation theory, this understanding on emergent structures has been expanded to account for social evolution in terms of more and less likely paths of development. As recent reflections on the possibilities of a »Vorgeschichte der Gegenwart« have demonstrated, modernisation's orientation towards explaining present phenomena can also continue to play a productive role.[88]

Moving on from applying modernisation in social history will certainly make demands on the methodological and rhetorical restraint of social historians at first. In the light of the agenda of social history, the ambition to define the kind of overarching perspectives such a theory provided remains alive. In the long run, social history will be suited to pursue this ambition if it does not apply an insurmountably flawed theory. This restraint will reinforce the critical interrogation between the social sciences and history, the sense of open-ended inquiry, the ambition to determine structural developments, and the desire to find explanations for how we have arrived in the present on these waves. Reacting to the crisis of modernisation history by mining its historiographical tradition whilst returning to the moderate ambition of identifying and applying theories of the middle range, social history can reclaim the middle ground between the social sciences and history with a renewed vigour.

87 *Osterhammel*, Die Verwandlung der Welt, p. 19.

88 *Hans Günter Hockerts*, Zeitgeschichte in Deutschland. Begriff, Methoden, Themenfelder, in: Historisches Jahrbuch 113, 1993, pp. 98–127; *Doering-Manteuffel/Raphael*, Nach dem Boom; *Anselm Doering-Manteuffel/Lutz Raphael/Thomas Schlemmer* (eds.), Vorgeschichte der Gegenwart. Dimensionen des Strukturbruchs nach dem Boom, Göttingen 2016.

Christoph Weischer

Gesellschaftlicher und sozialstruktureller Wandel 1800–2000

Überlegungen zu einer praxeologischen Protheorie

In diesem Beitrag wird ein konzeptioneller Rahmen skizziert, der es ermöglicht, langfristige Prozesse der Veränderung von Sozialstrukturen im Kontext des gesellschaftlichen Wandels im 19. und 20. Jahrhundert zu analysieren. Gesellschaftlicher Wandel wird dabei begriffen als Wandel des Produktions- und Reproduktionsprozesses und seiner politischen Regulierung. Daran anknüpfend wird sozialstruktureller Wandel als ein Wandel sozialer Lagen und der damit verbundenen Strukturen begriffen. Auf dieser Ebene wird auch von sozialen Ungleichheiten gesprochen. Er wird sowohl als Resultante wie als bedingender Faktor des gesellschaftlichen Wandels verstanden.

Die Frage nach *Prozessen des gesellschaftlichen Wandels* in einem Zeitraum von zwei Jahrhunderten spannt einen sehr weiten Beobachtungshorizont auf. Mit der Entwicklung der industriellen und gewinnorientierten Weise der Produktion wird die landwirtschaftliche und handwerkliche Produktion aus dem lokalen und haushaltlichen Kontext entlassen. Mit der Herausbildung von Nationalstaaten und subsidiären Akteuren entsteht eine Sphäre, in der Regularien und Infrastrukturen für Produktion und Reproduktion bereitgestellt werden. Nur in der Zusammenschau dieser Sphären gesellschaftlichen Wandels können *Prozesse des sozialstrukturellen Wandels* als ein Wandel der Arbeits- und Lebensbedingungen, aber auch der damit verbundenen Erfahrungen skizziert werden. Es geht also darum, Phänomene in einen sinnvollen Zusammenhang zu bringen, die typischerweise arbeitsteilig in ganz unterschiedlichen Feldern der Sozialwissenschaften wie der Geschichtswissenschaft behandelt werden.

Im Beitrag wird zunächst versucht, die Landschaft theoretischer Konzepte zur Analyse längerfristigen gesellschaftlichen Wandels zu strukturieren. Im zweiten Schritt wird die hier favorisierte praxeologische Protheorie sozialer Differenzierung genauer vorgestellt. Im dritten Teil wird dann skizziert, wie dieser theoretisch konzeptionelle Rahmen für Analysen längerfristigen gesellschaftlichen Wandels genutzt werden kann. Im vierten Schritt geht es um den damit zusammenhängenden sozialstrukturellen Wandel, die sich modifizierenden Verhältnisse sozialer Ungleichheit, hauptsächlich am Beispiel Deutschlands. Im Fazit werden die Wandlungsprozesse aufeinander bezogen und die Leistungen der Protheorie reflektiert.

I. Theoretische Konzepte zur Analyse längerfristigen gesellschaftlichen Wandels

Die Analyse längerfristiger und komplexer gesellschaftlicher Wandlungsprozesse bedarf theoretischer und konzeptioneller Werkzeuge, die es vermögen, Kohärenzen herzustellen. Synchron betrachtet geht es um Kohärenzen zwischen verschiedenen Praxisfeldern, in denen sich Prozesse des Wandels vollziehen, diachron um Kohärenzen zwischen verschiedenen Entwicklungsphasen oder Perioden. Derartige Werkzeuge müssen eine Abgrenzung und Ordnung der zu untersuchenden Phänomene leisten, sie müssen analytische Kategorien und verknüpfende Konzepte bereitstellen. Nur so wird es möglich, eine gegenüber den zeitspezifischen Selbstbeschreibungen distanzierte wissenschaftliche Analyse gesellschaftlichen Wandels zu liefern. Schließlich erwartet man sich von einem solchen begrifflich konzeptionellen Rahmen auch Hinweise auf mögliche Erklärungen des gesellschaftlichen und sozialstrukturellen Wandels auf der Mikro- wie auf der Makroebene.

Grob vereinfacht lassen sich zwei Familien solcher Konzepte unterscheiden. Zum einen finden sich Ansätze, die in einem ordnenden Sinne verschiedene Wirklichkeitsphänomene gegeneinander abgrenzen. Die einfachste dieser Ordnungen liefern die disziplinären und subdisziplinären Strukturen der mit der sozialen Welt befassten Wissenschaften. So wird in der Geschichtswissenschaft zwischen Wirtschaftsgeschichte, politischer Geschichte, Sozialgeschichte und Kultur- beziehungsweise Mentalitätsgeschichte unterschieden. In zusammenfassenden Darstellungen, wie etwa in der Gesellschaftsgeschichte Hans-Ulrich Wehlers oder bei Ulrich Herbert[1], hat sich die Differenzierung von politischen, wirtschaftlichen, sozialen und kulturellen Entwicklungen etabliert. In den Sozialwissenschaften finden sich neben der Sozialstrukturanalyse die Arbeits- und Industriesoziologie, die Wirtschaftssoziologie, die Migrationssoziologie, die Familiensoziologie; die Politikwissenschaften interessieren sich für Regierungssysteme, für die Sozialpolitik et cetera. In der Geschichtswissenschaft dominieren darüber hinaus temporale Ordnungen, nach Zeitperioden oder nach Epochen, die dann aber auch von den benachbarten Wissenschaften aufgegriffen werden. Die Sozialstrukturanalyse, die Sozialgeschichte und die disziplinenübergreifend agierende Intersektionalitätsforschung arbeiten häufig mit der Abgrenzung sozialer Großgruppen, indem sie nach Klassen, Schichten oder Milieus unterscheiden oder indem sie nach Geschlecht und anderen Merkmalen differenzierte Personengruppen konstituieren. Neben die disziplinären und zeitlichen Ordnungen tritt also eine gruppenbezogene Ordnung.

Eine andere Familie von Ansätzen zeichnet sich dadurch aus, dass Richtungen des gesellschaftlichen Wandels postuliert werden. Auf diese Weise entstehen Entwicklungstheorien. Hierzu gehören Studien, die auf die ökonomische Entwicklung fokussieren, indem Entwicklungsphasen des Kapitalismus – des (Neo-)Liberalismus, der Landnahme[2], der Akkumulationsregime (Fordismustheorie) – oder säkulare sektorale Verschiebungen (Tertiärisierungstheorie) unterschieden werden. Andere Konzepte konzentrieren sich auf technische beziehungsweise organisationale Entwicklungen und analysieren den technischen Fortschritt oder Prozesse der Rationalisierung. Wieder andere Ansätze interessieren sich für diese Entwicklungen in funktionaler Perspektive; es werden Prozesse der funktionalen Differenzierung oder der Modernisierung postuliert. In der luhmannschen Variante[3] geht mit ihnen auch ein Wandel der Sozialstrukturen – von der stratifikatorischen zur funktionalen Differenzierung – einher. Andere unterscheiden wiederum verschiedene Phasen der Modernisierung.[4] Häufig werden diese Idealtypen auch kombiniert, etwa wenn Wehler Konzepte von Max Weber und Karl Marx mit Ansätzen der Modernisierungstheorie verknüpft. Schließlich sei auf Ansätze verwiesen, die Prozesse der kulturellen Entwicklung in den Vordergrund stellen, indem Prozesse der Zivilisation[5] analysiert oder indem Prozesse des Wertewandels[6] oder der Individualisierung[7] konstatiert werden.

---

1 Vgl. *Ulrich Herbert*, Geschichte Deutschlands im 20. Jahrhundert, München 2014, S. 12.

2 Vgl. *Klaus Dörre/Tine Haubner*, Landnahme durch Bewährungsproben – Ein Konzept für die Arbeitssoziologie, in: *Klaus Dörre/Dieter Sauer/Volker Wittke* (Hrsg.), Kapitalismustheorie und Arbeit. Neue Ansätze soziologischer Kritik, Frankfurt am Main/New York 2012, S. 63–106.

3 Vgl. *Niklas Luhmann*, Die Gesellschaft der Gesellschaft, Frankfurt am Main 1998.

4 Vgl. *Ulrich Beck/Anthony Giddens/Scott Lash*, Reflexive Modernisierung. Eine Kontroverse, Frankfurt am Main 1996 (zuerst engl. 1994).

5 Vgl. *Norbert Elias*, Über den Prozeß der Zivilisation. Soziogenetische und psychogenetische Untersuchungen, Bd. 2: Wandlungen der Gesellschaft. Entwurf zu einer Theorie der Zivilisation, Frankfurt am Main 1976.

6 Vgl. *Ronald Inglehart*, Modernisierung und Postmodernisierung. Kultureller, wirtschaftlicher und politischer Wandel in 43 Gesellschaften, Frankfurt am Main/New York 1998 (zuerst engl. 1997).

7 Vgl. *Ulrich Beck/Elisabeth Beck-Gernsheim*, Individualisierung in modernen Gesellschaften – Perspektiven und Kontroversen einer subjektorientierten Soziologie, in: *dies.* (Hrsg.), Riskante Freiheiten. Individualisierung in modernen Gesellschaften, Frankfurt am Main 1994, S. 10–39.

Der Ansatz, der hier vorgestellt wird, wurde im Rahmen der historisch orientierten Analyse von Sozialstrukturen entwickelt und begreift sich als eine praxeologische Protheorie sozialer Differenzierung. Er erklärt gesellschaftlichen beziehungsweise sozialstrukturellen Wandel über die Entwicklung der Praktiken (und der dabei eingesetzten Techniken und Orientierungsmuster) von Akteuren und Institutionen in verschiedenen Arenen. Er benennt verschiedene generative Faktoren und deren Wechselwirkungen, die Prozesse des Wandels hervorbringen, geht aber nicht von einem gerichteten Wandel aus.

II. Praxeologische Protheorie sozialer Differenzierung

Der Ausdruck Protheorie soll in Anlehnung an Michael Bader und Albert Benschop indizieren, dass es nicht um eine eigenständige Theorie geht. Es geht vielmehr darum, bestimmte Wirklichkeitsbereiche voneinander abzugrenzen und einen konzeptionellen Rahmen sowie analytische Werkzeuge zu entwickeln, die es ermöglichen, vorliegende theoretische und empirische Ansätze sinnvoll miteinander zu verknüpfen. Ein solches Vorgehen erscheint angesichts der Komplexität von Phänomenen, die sozialstrukturellen Wandel ausmachen, angesichts der Frage nach Veränderungsprozessen der längeren Dauer und angesichts des großen sozial- und geschichtswissenschaftlichen Wissensfundus zu Fragen des gesellschaftlichen Wandels sinnvoll. Bader und Benschop plädieren für eine Protheorie sozialer Ungleichheit, weil es eine »›allgemeine Theorie‹ sozialer Ungleichheit« nicht geben könne. Das Erkenntnisobjekt sei zu umfassend, die Erklärungsmomente zu komplex und die gesellschaftlichen Strukturen »weitaus ›kontingenter‹ und ›indeterminierter‹« als üblicherweise angenommen.[8] Demgegenüber sollen Protheorien »die in Theoriebildung und Forschung verwendeten Grundbegriffe klären und definieren«. Zudem sollen sie das

> »komplexe Forschungsfeld übersichtlich und differenziert strukturieren. [...] Umgekehrt legen sie jedoch Theorien nicht eindeutig fest. Bei Problemstrukturierungen geht es um [eine] für Theoriebildung und Forschung sinnvolle Unterscheidung von Ebenen und [eine] differenzierte Analyse von Faktoren, welche für die Erklärung sozialer Ungleichheiten und kollektiven Handelns relevant sind.«[9]

Charakteristika der Praxistheorie

Die Praxistheorie soll hier insbesondere über ihr spezifisches Handlungskonzept, ihr Theorieverständnis und ihre Verknüpfung von mikro- und makrosozialer Ebene charakterisiert werden. Praxeologisch heißt, dass zunächst die Praktiken, die verschiedene Typen von sozialen Differenzierungen hervorbringen und reproduzieren, im Zentrum stehen. Ungleichheitsstrukturen (zwischen Nationalstaaten, zwischen sozialen Großgruppen, zwischen Personengruppen) werden nicht als gesetzt betrachtet, sondern es interessieren die sozialen Praktiken, die Prozesse, die diese sozialen Differenzierungen hervorbringen und die über ihre Reproduktion und Institutionalisierung Strukturen stabilisieren. Der praxeologische Ansatz favorisiert deshalb einen bestimmten Typus von Erklärung, indem er von (individuellen, kollektiven und institutionellen) Akteuren ausgeht, die angesichts bestimmter Rahmenbedingungen in einem Feld »strategisch« und »routinisiert« handeln. Der Clou ist aber, dass diese Strategien an ganz unterschiedlichen Wirklichkeitsdeutungen und Zielen orientiert sind und dass die bewährten Mittel und Wege zur Zielerreichung den Akteuren immer auch eingeschrieben sind. Bei individuellen Akteuren (und sozialen Gruppen) ist das der Habitus, wie er von Pierre Bourdieu pointiert beschrieben wird. Vergleichbare generative

---

8 *Veit-Michael Bader/Albert Benschop*, Protheorie sozialer Ungleichheit und kollektiven Handelns, Bd. 1: Ungleichheiten, Opladen 1989, S. 33.
9 Ebd., S. 35.

Instanzen lassen sich auch bei institutionellen Akteuren ausmachen. Diese Kombination von strategischem und routinisiertem, von voluntaristischem und gebundenem Handeln ermöglicht ganz spezifische Zugänge zur Analyse gesellschaftlicher Wandlungsprozesse.[10] In ähnlicher Form findet sich diese Perspektive auch im Kontext des Pragmatismus als Zusammenspiel von kreativem und habituellem Handeln.

Von zentraler Bedeutung ist die im praxistheoretischen Kontext favorisierte hochgradige Verschränkung von theoretischer Reflexion und empirischer Analyse. Theoretische Überlegungen liefern also einen Beobachtungsrahmen, eine spezifische Begrifflichkeit, die empirische Analysen leitet und strukturiert. Damit sind aber keine Setzungen über Entwicklungsrichtungen, Organisationsweisen, die Konstitution von Akteuren oder die Abgrenzung von Teilsystemen verbunden. Schließlich wird die Unterscheidung von mikro- und makrosozialen Perspektiven unterlaufen, indem ausgehend von den jeweiligen Fragestellungen die angemessene Aggregatebene bestimmt wird und indem makrosoziale Phänomene stets in ihrer meso- und mikrosozialen Einbettung begriffen werden.

Dieser praxistheoretische Ansatz verknüpft Gedanken von Pierre Bourdieu, Anthony Giddens und Norbert Elias. Es wurde aber auch eine Reihe von daran anschlussfähigen Ansätzen einbezogen, so zum Beispiel Charles Tilly, Mark Granovetter, Michael Mann, Thomas H. Marshall und Rogers Brubaker, in gewissen Aspekten auch Gary Becker.[11] Der Begriff der sozialen Differenzierung wird hier in einem deskriptiven Sinne verwandt, er soll aber auch die Prozessorientierung untermauern. Er steht in keinem Bezug zu alten und neuen Differenzierungstheorien in der Soziologie. Auch der Begriff der sozialen Ungleichheit wird ausschließlich in einem deskriptiven Sinne genutzt.

Die folgende Skizze einer Protheorie sozialer Differenzierungsprozesse erfolgt in zwei Schritten. Zuerst wird der gesellschaftliche Produktions- und Reproduktionsprozess als ein zentraler Referenzpunkt von sozialen Differenzierungsprozessen skizziert. Daran anschließend ist zu klären, wie die Positionierungen im Produktions- und Reproduktionsprozess mit differenten sozialen Lagen verbunden sind. Damit wird gezeigt, wie gesellschaftlicher und sozialstruktureller Wandel in Beziehung stehen.

Verhältnis von gesellschaftlichem und sozialstrukturellem Wandel

Im Zentrum sozialer Differenzierungsprozesse stehen der (eher weltweite) gesellschaftliche Produktions- und Reproduktionsprozess und seine (eher nationalstaatliche) Regulierung. Hier wird der gesellschaftliche Reichtum produziert und (national beziehungsweise sozial) verteilt, hier finden die Kämpfe um die Verteilung des Reichtums, um die Regulierung der Produktionsprozesse, um die Arbeitsbeziehungen, um Gewinne und Löhne et cetera statt. Die Sozialstrukturanalyse betrachtet diesen gesellschaftlichen Produktions- und Reproduktionsprozesse nun unter einer bestimmten Perspektive: der Perspektive der sozialen Gleichheit beziehungsweise Ungleichheit. Sie liefert eine »soziale Gesamtrechnung« des Produktions- und Reproduktionsprozesses, analog zu der eher ökonomischen Rechnung, wie sie die Volkswirtschaftliche Gesamtrechnung liefert. Die sozialstrukturelle

10 Vgl. die einschlägigen Beiträge von *Thomas Welskopp*, Unternehmen Praxisgeschichte. Historische Perspektiven auf Kapitalismus, Arbeit und Klassengesellschaft, Tübingen 2014.

11 Vgl. *Mark Granovetter/Charles Tilly*, Inequality and Labor Processes, in: *Neil J. Smelser* (Hrsg.), Handbook of Sociology, Newbury Park/London etc. 1988, S. 175–222; *Michael Mann*, Geschichte der Macht, Bd. 3, Teil I: Die Entstehung von Klassen und Nationalstaaten (1760–1914), Frankfurt am Main/New York 2001 (zuerst engl. 1986); *Charles Tilly*, Durable Inequality, Berkeley/Los Angeles etc. 1998; *Chris Tilly/Charles Tilly*, Work under Capitalism, Boulder/Oxford 1998; *Gary S. Becker*, A Treatise on the Family, 2., erw. Aufl., Cambridge/London 1991 (zuerst 1981); *Rogers Brubaker*, Ethnizität ohne Gruppen, Hamburg 2007 (zuerst engl. 2006), und *ders.*, Grounds for Difference, Cambridge/London 2015.

Perspektive hat sich historisch aus den bürgerlichen Revolutionen und den National- und Sozialstaaten entwickelt, in denen die Gleichheit der sozialen Lagen, die Gleichheit von Männern und Frauen und andere Gleichheitspostulate thematisiert wurden.

Ein Sozialraum-Modell wie das bourdieusche stellt im Sinne einer Sozialstrukturanalyse die Resultate des gesellschaftlichen Produktions- und Reproduktionsprozesses in einer gewissen Perspektive (Verteilung von Kapitalien, Laufbahnen, Homologie von Positionen und Positionierungen) dar. Die Sozialraumanalyse kann beobachten, wie sich Kapitalien verteilen, wie sich soziale Lagen entwickeln und reproduzieren und wie soziale Ungleichheit legitimiert und naturalisiert wird. Sie hat aber keinen Zugriff auf die Ursachen der sozialen Differenzierung in der gesellschaftlichen Organisation der Produktion, den Prozessen der Teilung von Arbeit oder der Unterscheidung von Personengruppen. Das heißt, der Sozialraum ist nicht der Ort beziehungsweise der Raum, in dem sich die differenzierenden Praktiken vollziehen und die sozialen Kämpfe stattfinden.

Die *Analyse des gesellschaftlichen Produktions- und Reproduktionsprozesses* interessiert sich für Akteure verschiedener Art, die in unterschiedlichen Arenen Produktionsprozesse und Regulierungen gestalten; sie interessiert sich für die Organisation dieser Prozesse, für die dort verwendeten Organisations- und Produktions-»Techniken«, für die Infrastrukturen, die diese Produktion ermöglichen, und für Nationalstaaten beziehungsweise subsidiäre Akteure, die ermöglichend und regulierend in diese Prozesse eingreifen. Die Akteure, die in diesen Prozessen eine Rolle spielen, sind somit sehr unterschiedlich verfasst. Es können einzelne Personen sein, die als Unternehmer, als abhängig Beschäftigte, aber auch als Hausfrau oder Rentner agieren. Gemeint sind zudem Personengruppen verschiedener Art, die mehr oder weniger gleichsinnig handeln. Beispiele wären Unternehmen oder Unternehmensnetzwerke in verschiedenen Branchen der Produktion, der Distribution oder der Finanzwirtschaft oder Interessenorganisationen verschiedenster Art wie Unternehmerverbände, Gewerkschaften, Berufsverbände oder Branchenorganisationen. Auch regulierende Institutionen wie Nationalstaaten und deren Gliederungen beziehungsweise subsidiäre Akteure können als Akteure analysiert werden, ebenso politische oder weltanschauliche Organisationen wie Parteien oder Religionsgemeinschaften. Im hier thematisierten Zeitraum der letzten gut 200 Jahre lässt sich die Herausbildung und Abgrenzung dieser Akteure genau beobachten. Die Analyse der gesellschaftlichen Produktion und Reproduktion interessiert sich somit für die historische Entwicklung dieses Prozesses und seine Momente, für die Organisation der Produktion, für die Entwicklung und Verwendung des gesellschaftlichen Reichtums sowie für die Entwicklung der infrastrukturellen Voraussetzungen und der regulierenden Instanzen im Kontext der Nationalstaaten.

Die *Analyse der Sozialstruktur* fragt demgegenüber in summarischer Weise, welche Effekte die unterschiedliche Involvierung von Personen (und sozialen Gruppen) in die Prozesse der gesellschaftlichen Produktion und Reproduktion für deren soziale Lage, deren Ressourcen und deren Arbeits- und Lebenserfahrungen hat. Sie ist wie angedeutet eine bestimmte Betrachtungsweise; sie ist personen- oder gruppenbezogen und rückt soziale Lagen, deren Gleichheit und Ungleichheit sowie die Kumulierung von Ressourcen und Erfahrungen im Lebens- oder Generationenverlauf ins Zentrum. Dabei erfolgt die Charakterisierung von Personen oder sozialen Gruppen in ganz verschiedener Weise: über die soziale Lage, die soziale Herkunft, über personenspezifische Merkmale wie Geschlecht, ethnische Zurechnungen oder über die Zugehörigkeit zu Nationalstaaten, Regionen, Stadt oder Land.

Der Nexus zwischen dem gesellschaftlichen Produktions- und Reproduktionsprozess und der Sozialstruktur erfolgt über die »Besetzung« von sozialen Positionen. Sie sind ein Angelpunkt, indem sie auf der einen Seite untrennbar mit der Organisation des Produktions- und Reproduktionsprozesses und seiner Regulierung verbunden sind, auf der anderen

Seite aber auch in den Lebensweg und die kollektive Laufbahn von sozialen Gruppen eingewoben sind. Sie eröffnen unterschiedliche Gewinn- und Erwerbsmöglichkeiten und sind mit unterschiedlicher Anerkennung verknüpft. Die Unterscheidung von Personengruppen spielt wiederum im Produktions- und Reproduktionsprozess eine wichtige Rolle, wenn personenbezogene Etikettierungen bei der Rekrutierung von Arbeitskräften und bei der Organisation der Reproduktionsarbeit genutzt werden.

Zugleich fungieren Personen und soziale Gruppen als potenzielle Akteure im gesellschaftlichen Produktions- und Reproduktionsprozess. Unternehmerinnen und Unternehmer sind nicht nur Personen, die über hohes ökonomisches Kapital verfügen, sie organisieren auch Produktionsprozesse und prägen mit der Rekrutierung und Entlohnung von Arbeitskräften den Möglichkeitsraum der abhängig Beschäftigten. Zudem verfolgen sie spezifische, positionsbedingte oder -erhaltende Interessen. Lehrende verfügen in der sozialstrukturellen Perspektive über eine bestimmte Kapitalstruktur und einen bestimmten Lebensweg; im Kontext des gesellschaftlichen Produktions- und Reproduktionsprozesses entscheiden sie über die Qualifizierungslaufbahn anderer oder setzen sich für die Beibehaltung eines selektierenden Bildungssystems ein.

Sozialen Großgruppen, wie etwa Klassen, kommt in der Analyse des Produktions- und Reproduktionsprozesses und in der Sozialstrukturanalyse eine unterschiedliche Bedeutung zu. Klassen spielen im *gesellschaftlichen Produktions- und Reproduktionsprozess* (und seiner Analyse) eine wichtige Rolle, indem Interessenorganisationen (zum Beispiel ein Arbeitgeberverband), die einer bestimmten Klasse nahestehen, sich für den Bestand wichtiger Grundstrukturen der Produktion und Reproduktion beziehungsweise der regulierenden Institutionen einsetzen, indem Interessenorganisationen (zum Beispiel eine Gewerkschaft), die anderen Klassen nahestehen, sich für die Verbesserung von Arbeits- und Beschäftigungsverhältnissen einsetzen. Klassen sind aber nur mittelbar Akteure, indem Organisationen und Institutionen Affinitäten zur Lage und zu den Interessen unterschiedlicher Klassen aufweisen. Umgekehrt gibt es auch nicht wenige Organisationen und Institutionen, die quer zu Klassen aufgestellt sind: ein Betrieb, eine Berufs- oder Branchenorganisation, ein Regionalverband oder ein Nationalstaat. Im Kontext der *Sozialstrukturanalyse* kann man Klassen eher als Beobachtungseinheiten begreifen, die es ermöglichen, die soziale Lage von Gruppen zu charakterisieren. Dementsprechend ist hier eher nach der Entwicklung der sozialen Lage von Klassen, nach der Verteilung des Reichtums, nach Prozessen der sozialen Mobilität und der Reproduktion von Ungleichheiten zu fragen.

Arenen im Kontext des (regulierten) gesellschaftlichen Produktions- und Reproduktionsprozesses

Den Ausgangspunkt für die hier zu entwickelnde Analyse sozialer Differenzierungsprozesse bilden der gesellschaftliche Produktions- und Reproduktionsprozess und seine politische Regulierung[12]; somit lassen sich drei Arenen unterscheiden:[13]

1. *Die Arena der Produktion*: Im Zentrum des gesellschaftlichen Produktionsprozesses steht die weltweite Produktion von Waren und Dienstleistungen. Es geht um die Weise, wie Kapital eingesetzt, wie Maschinen, Vorprodukte und Arbeit kombiniert werden, wie solche Produktionseinheiten sozial und räumlich organisiert sind. Es geht außerdem um die institutionellen Voraussetzungen dieser Produktionen, um die Regulation dieses

12 Die Rede von gesellschaftlichen Produktions- und Reproduktionsprozessen bedarf der Abgrenzung gegenüber verschiedenen Implikationen dieses Konzepts: Es werden keine Gesetzmäßigkeiten der historischen, wirtschaftlichen, politischen und sozialen Entwicklung unterstellt; es wird keine Werttheorie postuliert und schließlich impliziert das Modell auch keine materialistischen Postulate über »Basis und Überbau« oder »Sein und Bewusstsein«.

13 Vgl. *Christoph Weischer*, Sozialstrukturanalyse. Grundlagen und Modelle, Wiesbaden 2011.

Prozesses und der damit verbundenen Beziehungen. Dies können Austauschbeziehungen zwischen verschiedenen Akteuren oder Arbeitsbeziehungen sein, aber auch der Umweltbeziehungen. Um diese Prozesse sinnvoll abgrenzen zu können, wird von einer Arena der gesellschaftlichen Produktion gesprochen.

2. *Die Arena der Reproduktion*: Der Reproduktionsbegriff bezog sich bei Marx zum einen auf die materiellen Voraussetzungen der Produktion und zum anderen auf die Arbeitskräfte. Hier ist vor allem die Produktion und Reproduktion der Arbeitskräfte von Interesse, die vorrangig in der Arena der privaten Haushalte erfolgt. In dieser Arena vollzieht sich (historisch variierend) ein mehr oder weniger großer Teil dieser Reproduktionsarbeit. Die Haushalte werden als »Produktionseinheiten«, als »kleine Fabriken« begriffen.[14] Ein einzelner Haushalt ist gegenüber einem großen Unternehmen oder einem Nationalstaat als Akteur bedeutungslos, wenn aber eine große Zahl von Haushalten das Ernährermodell verändert und in die Qualifizierung investiert, so entsteht ein gewichtiger Einflussfaktor.[15] Für die Analyse bringt es große Vorteile, Haushalte als Akteure zu begreifen, die auch unter widrigsten Bedingungen Entscheidungen (etwa über die Haushaltsstruktur oder die Teilung der Arbeit) treffen und nicht nur Opfer abstrakter Entwicklungen, nicht nur Konsumenten sind.[16] Zudem kommen so der große Bereich der nicht-entlohnten gesellschaftlichen Arbeit und die damit verbundenen geschlechtsbezogenen Teilungsverhältnisse systematisch in den Blick.
3. *Die Arena der Regulierung*: Die Produktions- und Reproduktionsprozesse werden in wachsendem Maße reguliert. Die entstehenden Nationalstaaten schaffen oder verschließen Möglichkeitsräume der Kapitalverwertung, indem sie (nationale, imperiale oder globale) Märkte für Rohstoffe und Vorprodukte, für Arbeitskräfte und Produkte eröffnen und sichern (durch Grenzziehungen und -verschiebungen, durch Kriege, durch koloniale Unterwerfung, aber auch durch Handelsabkommen und Bündnissysteme). Durch staatliche Interventionen schaffen sie neue Marktsegmente (Bau von Infrastrukturen und Wohnraum, Einrichtung eines Gesundheits- und Sozialsystems), sichern die kaufkräftige Nachfrage (durch Umverteilung, Regulierung von Einkommen) oder eröffnen und begrenzen Möglichkeiten der Finanzspekulation. Darüber hinaus greifen Nationalstaaten und subsidiäre oder transnationale Akteure zunehmend regulierend sowohl in den Prozess der Produktion wie in die Arena der Haushalte ein. Daher muss sich die Analyse sozialer Differenzierungsprozesse für die Arena der Regulierung interessieren, in der regulierende und ermöglichende Eingriffe erfolgen, aber auch zentrale Infrastruktur- und Wohlfahrtsgüter bereitgestellt werden.

Diese drei Arenen werden als Handlungsfelder begriffen, in denen verschiedenste Akteure tätig sind. Das sind zunächst einmal originäre Akteure: Unternehmen und die darin tätigen Arbeitskräfte in der Produktionsarena, die politische Administration sowie subsidiäre und wohlfahrtsstaatliche Institutionen in der Arena der Regulierung und schließlich Frauen und Männer verschiedenen Alters in der Haushaltsarena. Darüber hinaus finden sich in diesen Arenen über die Austausch- und Regulationsbeziehungen auch Akteure aus den anderen Arenen (zum Beispiel Interessenverbände, regulierenden Instanzen). Die Arenen zeichnen sich dadurch aus, dass in ihnen verschiedene Typen von Gütern hergestellt werden: marktgängige Güter und Dienstleistungen, Infrastruktur- und Wohlfahrtsleistungen, un-

14 Vgl. *Becker*, A Treatise on the Family.

15 Vgl. *Jan de Vries*, The Industrious Revolution. Consumer Behavior and the Household Economy, 1650 to the Present, Cambridge/New York etc. 2008, S. 19, und *Gøsta Esping-Andersen*, Social Foundations of Postindustrial Economies, Oxford/New York etc. 1999, S. 47.

16 Vgl. *Christoph Weischer*, Die Bedeutung von Haushalten für soziale Ungleichheiten, in: *Banu Citlak/Angelika Engelbert/David H. Gehne* u. a. (Hrsg.), Lebenschancen vor Ort, Familie und Familienpolitik im Kontext, Opladen/Berlin etc. 2014, S. 89–100.

mittelbar nutzenstiftende Güter und Dienstleistungen in den Privathaushalten.[17] Auch die Produktionslogiken, nach denen die Akteure in den verschiedenen Feldern diese Produktionen (und Regulierungen) organisieren und die damit verbundenen Konflikte sind arenenspezifisch verschieden. Es geht um Kapitalverwertung und ökonomischen Erfolg; um den Erhalt beziehungsweise die Ausweitung von Institutionen und politischer Macht oder um das alltägliche Überleben und ein mehr oder weniger gutes Leben. In Anlehnung an Adam Smith sind mit den Arenen unterschiedliche Steuerungsmodi (Markt, Staat und Solidarität) verbunden.[18]

Entsprechend dem praxeologischen Handlungsmodell lassen sich arenenspezifische Wahrnehmungs- und Handlungsmuster ausmachen. So lässt sich das bourdieusche Habitusmodell durchaus auch auf andere Akteurstypen beziehen. Auch im Handeln von institutionellen Akteuren im ökonomischen oder im politischen Feld finden sich spezifische Muster der Wahrnehmung und Deutung des institutionellen Umfelds und bestimmte Muster des organisationalen Handelns. In der wirtschafts- und organisationssoziologischen Forschung werden diese zum Beispiel als Konventionen, Rationalitätsmythen, Modi der Regulierung oder Regime begriffen.[19] Arenen sind keine Felder (im bourdieuschen Sinne) oder Teilsysteme (im Sinne Luhmanns). Sie lassen sich auch nicht mit gebräuchlichen disziplinären Abgrenzungen – Ökonomie, Politik, Soziales, Kultur – zur Deckung bringen. Arenen sind vielmehr als eine pragmatische, an der Analyse des sozialstrukturellen Wandels orientierte Abgrenzung von Phänomenen und Akteuren zu begreifen, die ihre Fruchtbarkeit in der empirischen Analyse unter Beweis stellen muss. Es geht also nicht um die Entwicklung der Ökonomie, der Wissenschaft oder des Rechts, sondern darum, wie sich ökonomische, wissenschaftliche und rechtliche Veränderungen vermittelt über die Arenen in der Produktions-, Arbeits- und Lebensweise oder in verschiedenen Typen von Institutionen niederschlagen. Auch die Trennung von System und Lebenswelt erscheint in praxeologischer Perspektive nicht sinnvoll, weil sie Systeme rational überschätzt und umgekehrt die Lebenswelten der rationalisierenden Logik entrückt.

Die hier vorgeschlagene Fokussierung auf den Wandel des gesellschaftlichen Produktions- und Reproduktionsprozesses sowie seiner Regulierung wird – den vorherrschenden Abgrenzungen von Wirklichkeitsbereichen und Denksphären folgend – oft als eine ökonomische Verkürzung begriffen. Es geht hier jedoch vielmehr um Modelle und Metaphern, die helfen, diese Produktionsprozesse sehr genau zu untersuchen. Im Sinne eines praxeologischen Konzepts sollen Akteure und Akteurskonstellationen benannt werden sowie deren Orientierungsmuster, Strategien und Interaktion.

»Historically specific social, economic, and political ideas and institutions constitute together what the ›economy‹ and industry are understood to be at any given time and what the identities of the actors within these social spaces are. Change in the economy, so conceived, involves, immediately, reciprocally, and inseparably, corresponding changes in its articulation with society and politics.«[20]

---

17 Becker spricht von »basic commodities«; vgl. *Becker*, Treatise on the Family.

18 Vgl. *Franz-Xaver Kaufmann*, Solidarität als Steuerungsform – Erklärungsansätze bei Adam Smith, in: *ders./Hans-Günter Krüsselberg* (Hrsg.), Markt, Staat und Solidarität bei Adam Smith, Frankfurt am Main/New York 1984, S. 158–179.

19 Vgl. dazu: *Rainer Diaz-Bone*, Die »Economie des conventions«. Grundlagen und Entwicklungen der neuen französischen Wirtschaftssoziologie, Wiesbaden 2015; *John W. Meyer/Brian Rowan*, Institutionalized Organizations: Formal Structure as Myth and Ceremony, in: American Journal of Sociology 83, 1977, S. 340–363; *Walther Müller-Jentsch*, Soziologie der industriellen Beziehungen. Eine Einführung, Frankfurt am Main/New York 1997.

20 *Gary Herrigel*, Industrial Constructions. The Sources of German Industrial Power, Cambridge/New York etc. 1996, S. 23.

Zugleich bringt diese Perspektive gerade in der Arena der Regulierung und der privaten Haushalte einen wichtigen Verfremdungseffekt, der es ermöglicht, sich von den (zeitgeistigen und interessierten) Selbstbeschreibungen der Akteure in diesen Arenen zu distanzieren. Überdies sind ökonomische und soziale Prozesse nicht zu trennen. Jeder Akt der Produktion, des Tausches oder des Konsums ist immer auch ein sozialer und kultureller Akt.[21] Das impliziert eine kritische Reflexion der damit verbundenen Rationalitätsmythen (vgl. oben).

Die Protheorie ermöglicht es, an übergreifende Forschungsansätze insbesondere der Intersektionalitäts- beziehungsweise der Geschlechter- und Migrationsforschung sowie an soziologische und historische Ansätze zu den verschiedenen Arenen anzuknüpfen, um die Konzepte und Befunde verschiedenster Forschungsfelder zu erschließen. Für die Produktionsarena sind das zum Beispiel Kapitalismustheorien, der *Varieties-of-Capitalism*-Ansatz, die Regulationstheorie, die Politische Ökonomie, die (ökonomischen, soziologischen und historischen) Varianten des Institutionalismus, die Machtanalysen Michael Manns, aber auch die Forschungen der Arbeits- und Betriebssoziologie oder der Professionensoziologie. Für die Arena der Regulierung sind das zum Beispiel die Ansätze von Marshall, Brubaker und Mann sowie die Forschungen zu Wohlfahrtsstaaten und zu einzelnen Feldern der Sozialpolitik (Bildung, soziale Sicherung, Gesundheit). Für die privaten Haushalte sind es die Familien- beziehungsweise Haushaltsökonomie, die Konzepte und Befunde der Geschlechterforschung oder der Migrationsforschung und schließlich die einschlägigen historischen Forschungen.[22]

Sozialstrukturanalyse: von sozialen Positionen zu sozialen Lagen

Im Folgenden sollen die Unterscheidung der Arenen und die damit verbundenen Teilungen der Arbeit genutzt werden, um ein Modell für die Analyse sozialer Differenzierungsprozesse zu gewinnen. Im Sinne der Praxistheorie geht es darum, hinter den Strukturen sozialer Lagen – Klassen, Schichten oder Milieus, aber auch Personengruppen – die strukturierenden und klassifizierenden Prozesse auszumachen:

> »Es gibt kein endgültiges Sozialgefüge für die menschliche Existenz – zumindest keines, das soziale Akteure oder soziologische Beobachter, die inmitten von ihm leben, erkennen können. Was wir als Gesellschaften bezeichnen, sind nur lockere Aggregate vielfältiger, sich überlappender oder überschneidender Machtnetzwerke.«[23]

Soziale Positionen: Ausgangspunkt des Modells sind soziale Positionen, die Personen im gesellschaftlichen Produktions- und Reproduktionsprozess einnehmen. Das können Berufe im Erwerbssystem, aber auch Positionen im Transfersystem (der Rentner, die Arbeitslose) oder in den privaten Haushalten (ein Hausmann, Kinder und Jugendliche) sein. Indem

---

21 Zur Ausdifferenzierung der Ökonomie und der Soziologie vgl. *Gertraude Mikl-Horke*, Historische Soziologie der Wirtschaft. Wirtschaft und Wirtschaftsdenken in Geschichte und Gegenwart, München/Wien 1999. Die Beiträge der neuen Wirtschaftssoziologie arbeiten seit den 1980er-Jahren an einer Reintegration der Perspektiven.

22 Vgl. *Toni Pierenkemper* (Hrsg.), Haushalt und Verbrauch in historischer Perspektive. Zum Wandel des privaten Verbrauchs in Deutschland im 19. und 20. Jahrhundert, St. Katharinen 1987; *Andreas Gestrich/Jens-Uwe Krause/Michael Mitterauer*, Geschichte der Familie, Stuttgart 2003; *Michelle Perrot* (Hrsg.), Geschichte des privaten Lebens, Bd. 4: Von der Revolution zum Großen Krieg, Frankfurt am Main 1992 (zuerst frz. 1987); *Antoine Prost/Gérard Vincent* (Hrsg.), Geschichte des privaten Lebens, Bd. 5: Vom Ersten Weltkrieg zur Gegenwart, Frankfurt am Main 1993 (zuerst frz. 1987); *Burkart Lutz*, Der kurze Traum immerwährender Prosperität. Eine Neuinterpretation der industriell-kapitalistischen Entwicklung im Europa des 20. Jahrhunderts, Frankfurt am Main/New York 1984.

23 *Mann*, Geschichte der Macht, Bd. 3, Teil I, S. 360.

die soziale Positionierung nicht nur auf das Erwerbssystem bezogen wird, wie in weiten Teilen der Sozialstrukturanalyse, geraten die geschlechts- und generationenbezogenen Ungleichheiten wie in der Verteilung der Nicht-Erwerbsarbeit in den Blick. Zudem werden die von M. Rainer Lepsius so bezeichneten »Versorgungsklassen« systematisch einbezogen.[24] Schließlich wird auch die nationalstaatliche Verortung als ein wesentliches Charakteristikum sozialer Positionen begriffen. Damit wird die Frage der politräumlichen Positionierung in verschiedenen Nationalstaaten, Staatenbünden, Imperien oder Wirtschaftsregionen und die Möglichkeit von Mobilität und Migration systematisch als eine Frage der sozialen Positionierung begriffen.

Ranking von Positionen: Ausgehend von der in der Schichtungsforschung genutzten Differenzierung von positionalen und allokativen Ungleichheiten unterscheiden Charles Tilly und Mark Granovetter Ranking- und *Sorting*-Prozesse.[25] Das Konzept wird hier auch auf Nicht-Erwerbspositionen und auf die Positionierung in Nationalstaaten erweitert. Demnach sind Ranking-Prozesse jene Prozesse, in denen diese sozialen Positionen gegeneinander abgegrenzt und mit bestimmten Ressourcen, Rechten und Anerkennungen verknüpft werden. So entsteht in langwährenden Prozessen der gesellschaftlichen Arbeitsteilung und mit der Herausbildung von National- beziehungsweise Sozialstaaten (zunächst personenunabhängig) ein relativ stabiles System unterschiedlicher sozialer Positionen. Ein theoretisches Verständnis von Ranking-Prozessen kann zunächst an Kapitalismustheorien anknüpfen, es bedarf aber auch eines theoretischen Rahmens, der Prozesse der Professionalisierung, die Binnenstrukturierung von Unternehmen, die Genese wohlfahrtsstaatlicher Transferpositionen und die Logik der häuslichen Arbeitsteilung erschließt.

Sorting von Positionen: Im Rahmen von *Sorting*-Prozessen wird dieses System positionaler Ungleichheiten dann mit Personen besetzt. Aus positionalen Ungleichheiten werden auch personale Ungleichheiten. Dem eigentlichen *Sorting*-Prozess, der Besetzung einer sozialen Position, gehen meist noch *Presorting*-Prozesse voraus, in denen sich Personen beruflich und schulisch qualifizieren, und es finden *Self-sorting*-Prozesse statt, in denen sich Personen für oder gegen bestimmte Tätigkeitsfelder und Laufbahnen entscheiden. *Sorting*-Prozesse umfassen auch Prozesse des »Aussortierens«, wenn spezifische Personen ihren Arbeitsplatz verlieren oder ihnen eine zuvor gewährte Sozialleistung verweigert wird. Bei den *Sorting*-Prozessen spielen soziale und institutionelle Schließungen, Diskriminierungen, aber eben auch habituell bedingte Selbstselektionen eine zentrale Rolle. Dementsprechend kann an theoretische Ansätze zur Intersektionalität, zum Rassismus, zur Theorie sozialer Schließung und zum Habitus angeknüpft werden.

Die Unterscheidung von Ranking- und *Sorting*-Prozessen bringt für die Sozialstrukturanalyse große Vorteile, weil so die eher längerfristig variierenden Strukturen der Abgrenzung und unterschiedlichen Ausstattung von Positionen von den immer wieder neu ablaufenden Positionierungsprozessen unterschieden werden können. Die privilegierte soziale Position einer Ärztin geht also zum einen auf Ranking-Prozesse zurück, indem sich im Prozess der Arbeitsteilung der medizinischen Berufe die Positionierung und Dotierung von Ärzten herausgebildet hat. Zum anderen ist die soziale Position verschiedenen *Sorting*-Prozessen geschuldet, indem eine Frau mit spezifischen herkunftsbedingten Aspirationen *(self-sorting)* und mit einem erfolgreich durchlaufenen Bildungsweg *(presorting)* für die soziale Position einer Ärztin ausgewählt wurde *(sorting)*.

Soziale Lagen: Soziale Positionen sind zunächst in einer Querschnitts- und Individualperspektive zu begreifen. Indem Personen nun im Rahmen einer Biografie soziale Positio-

24 *M. Rainer Lepsius*, Soziale Ungleichheit und Klassenstrukturen in der Bundesrepublik Deutschland, in: *Hans-Ulrich Wehler* (Hrsg.), Klassen in der europäischen Sozialgeschichte, Göttingen 1979, S. 166–209.

25 Vgl. *Granovetter/Tilly*, Inequality and Labor Processes.

nen miteinander kombinieren oder Beziehungen eingehen, bilden sich soziale Lagen heraus. Eine soziale Lage zeichnet sich durch die Verfügung über kumulierte ökonomische, kulturelle, soziale und symbolische Kapitalien, aber auch durch einschlägige Arbeits- und Lebenserfahrungen aus. Diese sozialen Lagen sind den Beteiligten jedoch nicht nur äußerlich, sie werden im Sinne Bourdieus inkorporiert und es bilden sich sozial distinkte Habitus heraus.

Soziale Lagen gehen auf zwei Prozesse zurück: auf die soziale und auf die temporale Kumulierung von sozialen Positionen und der damit verbundenen Ressourcen. *Soziale Kumulierungen* finden in der Haushaltsarena statt, wenn Personen mit unterschiedlichen Positionen einen Haushalt konstituieren, die Hausproduktion arbeitsteilig organisieren, Umverteilungen vornehmen, Kapital anlegen oder Mangel verwalten. Es entstehen so aus positionalen Ungleichheiten Lageungleichheiten, zum Beispiel über unterschiedliche Qualifikationen, über unterschiedliche Grade der Erwerbsbeteiligung oder auch über die unterschiedliche Kumulierung von Risiken. *Temporale Kumulierungen* finden über den Lebens- und den Generationenlauf von Personen statt, indem diese von bestimmten sozialen Ausgangspunkten aus eine Kette sozialer Positionen durchlaufen und in verschiedene Haushalte eingebunden sind. Auch hier kommt es zu einer Kumulierung von Kapitalien oder Schulden, von physischen und psychischen Belastungen, von Arbeits- und Lebenserfahrungen, von Erfahrungen der Diskriminierung und Anerkennung.

Mit der Unterscheidung von sozialen Positionen (im Kontext des gesellschaftlichen Produktions- und Reproduktionsprozesses) und sozialen Lagen (im Kontext des sozialen Raums) eröffnet sich die Möglichkeit, eine nichtdeterministische Beziehung zwischen Produktions- und Reproduktionsprozess und Sozialstruktur herzustellen. Sicherlich spielen die sozialen Positionierungen insbesondere in der Produktionsarena eine zentrale Rolle für die soziale Lage. Die Beziehung ist aber mehrfach vermittelt: durch die Regulierung der Produktionssphäre, durch sozialpolitische Interventionen der Nationalstaaten und durch die strategischen sozialen und temporalen Kumulierungen der privaten Haushalte. Positionale Effekte wie Arbeitslosigkeit oder strukturelle ökonomische Veränderungen schlagen stets nur mittelbar auf die sozialen Lagen durch. Auch in der politräumlichen Perspektive birgt die Unterscheidung wichtige Erkenntnisse: Soziale Positionen sind an einen Ort in einem Nationalstaat gebunden; in den sozialen Lagen fließen verschiedene Orte zusammen, indem Personen migrieren oder länderübergreifend in Beziehungen stehen. Das Konzept der sozialen Lage kann dabei recht gut die Kumulierungs-, aber auch die Entwertungsprozesse in transnationalen Lebensverläufen und Haushaltspraktiken abbilden.[26] Auf der Basis dieser Protheorie kann die sozialstrukturelle Analyse also an die vorliegenden konzeptionellen und empirischen Arbeiten der Sozialstrukturanalyse, der Sozialgeschichte, der Lebensverlaufsforschung, aber auch der Intersektionalitätsforschung und der Migrationsforschung anknüpfen.[27]

Zwischenfazit

Der hier skizzierte Ansatz einer praxeologischen Protheorie sozialer Differenzierung nimmt wesentliche Kritikpunkte an einer um das »Produktionsparadigma«[28] konstruierten Sozialgeschichte auf, ohne jedoch die fruchtbaren Einsichten einer soziologisch und praxeologisch reformulierten sozioökonomischen Perspektive zu verschenken:

---

26 Vgl. *Weischer*, Sozialstrukturanalyse, S. 265f.

27 Vgl. *Karl Ulrich Mayer*, Lebensverläufe und sozialer Wandel. Anmerkungen zu einem Forschungsprogramm, in: *ders.* (Hrsg.), Lebensverläufe und sozialer Wandel, Opladen 1990, S. 7–21.

28 Vgl. *Benjamin Ziemann*, Sozialgeschichte jenseits des Produktionsparadigmas. Überlegungen zu Geschichte und Perspektiven eines Forschungsfeldes, in: Mitteilungsblatt des Instituts für Soziale Bewegungen, 2003, Nr. 28, S. 5–35.

- Die systematische Einbeziehung der Reproduktionssphäre erweitert den Blick auf gesellschaftliche Arbeit und die (geschlechtsspezifische) Teilung dieser Arbeit. Indem Haushalte als produktive Einheiten und als soziale Akteure begriffen werden, bieten sich Möglichkeiten, die historischen Verschiebungen zwischen den Arenen zu analysieren, und es wird systematisch eine mikrosoziale Perspektive in die Analyse sozialer Differenzierungsprozesse eingebracht.
- Die Einbeziehung der regulierenden und ermöglichenden Leistungen der Nationalstaaten eröffnet den Blick auf die Variationen der Produktions-, Regulations- und Lebensweisen und auf die Genese national differenter Sozialräume. Migration kann dementsprechend als eine Haushaltsstrategie begriffen werden, mit historisch entstandenen positionalen Differenzierungen umzugehen.
- Die Unterscheidung von sozialen Positionen (im Produktions- und Produktionsprozess) und sozialen Lagen (im sozialen Raum) ermöglicht die im Folgenden weiter ausgeführte Unterscheidung von Prozessen des gesellschaftlichen und des sozialstrukturellen Wandels. Soziale Lagen hängen zwar mit sozialen Positionen zusammen, dieser Zusammenhang ist jedoch mehrfach vermittelt. Eine zentrale Rolle spielen dabei wiederum die Haushalte, die auf die Erweiterungen und Begrenzungen der positionalen Möglichkeitsräume reagieren.
- Die Analyse sozialstrukturellen Wandels verzichtet, an die Kritiken von Rogers Brubaker und anderen anschließend, auf eine vorgängige Konstruktion von Großgruppen nationaler Art, sozialer Art (Klassen, Schichten, Milieus) oder personaler Art (Männer-Frauen, Autochthone-Migranten et cetera). Es wird zu einer empirischen Frage, auf welcher Ebene man sinnvollerweise von nationalen und sozialen Großgruppen sprechen kann, die sich durch ähnliche Lagen, durch ähnliche Arbeits- und Lebensstrategien oder auch durch unterschiedliche Machtressourcen auszeichnen, und welche Rolle personenbezogen konstituierte Gruppen in den *Sorting*-Prozessen spielen. So lassen sich ausgehend von dem Modell systematisch ganz unterschiedliche Bilder strukturierter Ungleichheiten zeichnen. Die beobachtende Wissenschaft übernimmt die vorgefundenen Gruppenkonstrukte nicht einfach. In diesem Sinne sind soziale Großgruppen eher Beobachtungseinheiten, die danach befragt werden können, inwieweit sie in bestimmten Phasen und Kontexten als Akteure zu begreifen sind oder inwieweit Prozesse der sozialen Mobilität oder Immobilität die Abgrenzung von Gruppen rechtfertigen. Dies bedarf der Argumentation und des empirischen Nachweises und es zwingt dazu, die gruppenbildenden Momente genau zu bestimmen. Auch die Dekonstruktion nationalstaatlich abgegrenzter Großgruppen eröffnet fruchtbare Analysen, indem empirisch zu bestimmen ist, wie weit Nationalstaaten als Akteursgruppe[29] zu begreifen sind und in wieweit sie – angesichts grenzüberschreitender Produktions- und Migrationsprozesse – noch einen sinnvollen Rahmen für die Analyse sozialer Differenzierungsprozesse bieten.
- Die sozioökonomische Perspektive wird somit in praxeologischer Weise reformuliert: Durch (neo-)institutionalistische Perspektiven, durch die Konventionentheorie oder durch andere Ansätze der neuen Wirtschaftssoziologie wird die Analyse von Märkten und Produktionsprozessen sozial und gesellschaftlich eingebettet. Durch die praxeologische Perspektive geraten verschiedenste Akteure und Akteurskonstellationen in den Blick, in deren Zusammenspiel sich gesellschaftlicher Wandel vollzieht; zudem wird systematisch nach den strukturbildenden Praktiken und Prozessen gefragt.

---

29 *Herrigel*, Industrial Constructions, S. 22.

III. Analyse langfristigen gesellschaftlichen Wandels

Im Folgenden soll verdeutlicht werden, wie die Protheorie für die Analyse von Prozessen langfristigen gesellschaftlichen Wandels genutzt werden kann. Das kann nur in exemplarischer und illustrierender Weise geschehen, dementsprechend wird insbesondere auf Darstellungen zurückgegriffen, die eine Zusammenschau zentraler Entwicklungen in dem hier interessierenden Zeitraum ermöglichen. Für die Erklärung gesellschaftlichen Wandels in den Arenen sollen drei Momente als erklärende Faktoren unterschieden werden: Prozesse des endogenen Wandels in den Arenen, Verschiebungen und Wechselwirkungen zwischen den Arenen und schließlich der Wandel von Techniken (im weiteren Sinne).

Gesellschaftlicher Wandel als endogener Wandel

Zunächst kann gesellschaftlicher Wandel aus den Handlungslogiken der jeweiligen Arenen begriffen werden. Von herausragender Bedeutung sind diese endogenen Wandlungsprozesse insbesondere im Bereich der gesellschaftlichen Produktion. Hier kommt es mit der Freisetzung aus feudalen Regulierungsstrukturen und den technischen Entwicklungen des 19. und 20. Jahrhunderts zur Durchsetzung einer neuen Logik der Produktion, die von der Verwertungslogik des eingesetzten Kapitals getrieben wird. Die damit einsetzenden, langwährenden, aber dennoch revolutionären Prozesse verändern die Welt fundamental, indem im Sinne der inneren Landnahme immer neue Arbeits- und Lebensbereiche für die kapitalistische Produktion erschlossen werden und indem sich im Sinne der äußeren Landnahme diese Produktionslogik in immer mehr Ländern und unter ganz verschiedenen Rahmenbedingungen durchsetzt. Dennoch sind auch die endogenen Kräfte in den anderen Arenen bedeutsam.

In der Arena der Regulierung ist vor allem die Konkurrenz um politische Macht in den Nationalstaaten und die Konkurrenz zwischen den Nationalstaaten und Imperien ein wesentliches Moment endogenen Wandels, der natürlich erst mit der enormen Expansion des Produktionssektors möglich wird. Die Nationalstaaten wachsen nach innen, indem sie mit der Entwicklung der Verwaltung und anderer regulativer Strukturen die national abgegrenzten Gesellschaften nach und nach durchdringen.

> »Der Staat ist kein kleiner, privater, zentraler Ort mehr, keine Elite mit einer eigenen Rationalität. ›Er‹ besteht aus vielerlei Institutionen, die sich mit ihren Tentakeln vom Zentrum aus über sein gesamtes Territorium hin ausbreiten, bisweilen sogar darüber hinaus in den transnationalen Raum. Umgekehrt ist aber auch die Zivilgesellschaft viel stärker politisiert als in der Vergangenheit, ihre Stoßtrupps – Interessenverbände und politische Parteien – tauchen an allen möglichen Stellen des Staats, auch an seinen transnationalen Außenflanken auf.«[30]

Im Kontext kolonialistischer und imperialer Politik oder im Kontext von Grenzverletzungen wachsen die Staaten auch nach außen, indem sie mit ihrem militärischen und politischen Potenzial andere Länder unterwerfen oder anderweitig dominieren, was ihnen dann neue ökonomische Möglichkeitsräume eröffnet.[31]

Auch auf der Haushaltsebene lassen sich endogene Faktoren des Wandels ausmachen. Eine große Zahl von Haushalten führt einen Kampf ums alltägliche Überleben unter wechselvollen Rahmenbedingungen (wirtschaftliche und politische Krisen, Kriege und Konflikte, Veränderung der Erwerbsmöglichkeiten). Sie tun dies aber in einer durchaus eigensinnigen

---

30 *Michael Mann*, Geschichte der Macht, Bd. 3, Teil II: Die Entstehung von Klassen und Nationalstaaten (1760–1914), Frankfurt am Main 2001 (zuerst engl. 1986), S. 81.

31 Vgl. *ders.*, The Sources of Social Power, Bd. 3: Global Empires and Revolution, 1890–1945, Cambridge/New York etc. 2012, und *ders.*, The Sources of Social Power, Bd. 4: Globalizations, 1945–2011, Cambridge/New York etc. 2013.

Weise, indem sie für sich und andere Haushaltsmitglieder unter gegebenen Bedingungen und mit routinisierten Strategien versuchen, »das Beste« zu erreichen. Dabei nutzen sie verschiedenste Möglichkeiten der Subsistenzproduktion, Nachbarschaften und soziale Netzwerke. Durch verschiedene Formen der Migration und vor allem der Erwerbsarbeit sind sie um Verbesserung ihrer Arbeits- und Lebensbedingungen bemüht. Jan de Vries geht davon aus, dass die Haushalte nicht nur im Sinne der Emulation dem Lebensstil der Eliten zu folgen versuchten, sondern dass sie durchaus innovativ agierten, und dass gewisse Teile der Gesellschaft schon früh über Wahlmöglichkeiten verfügten.[32] Erst mit der Nachkriegsprosperität eröffnen sich die Möglichkeiten eines besseren Lebens für breitere Teile der Bevölkerung. Aber auch in diesem Rahmen sind Haushalte weit mehr als Konsumenten. Sie nutzen neue Waren und Dienstleistungen und die Möglichkeiten des sich entwickelnden Sozialstaats in kreativer – und damit sozial selektiver – Weise. Die Qualifikations-, die Erwerbs- und die sozialen Sicherungsstrategien von Männern und Frauen verändern sich.

Gesellschaftlicher Wandel als Wechselwirkung zwischen den verschiedenen Arenen

Gesellschaftlicher Wandel kann darüber hinaus aus den Wechselwirkungen zwischen den Arenen verstanden werden. Das impliziert Verschiebungen zwischen den Arenen wie auch wechselseitige Reaktionen auf Veränderungen in den anderen Arenen. Wenn man den gesetzten Zeithorizont 1800–2000 betrachtet, ist es in dieser Zeit zu fundamentalen Verschiebungen zwischen den Arenen gekommen.

Abbildung 1

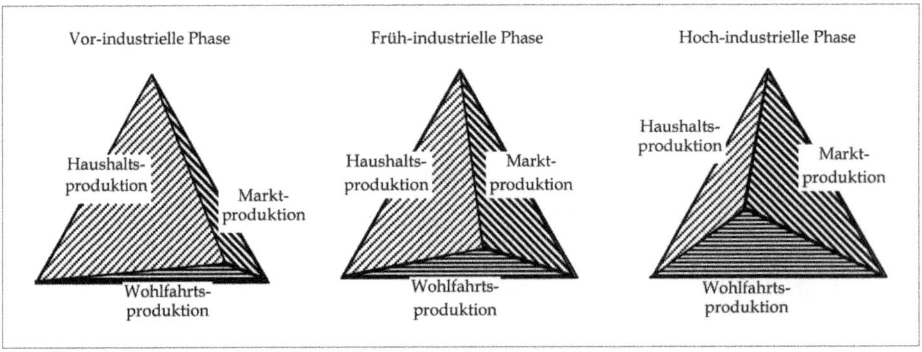

Vor-industrielle Phase
Haushalts-produktion
Markt-produktion
Wohlfahrts-produktion

Früh-industrielle Phase
Haushalts-produktion
Markt-produktion
Wohlfahrts-produktion

Hoch-industrielle Phase
Haushalts-produktion
Markt-produktion
Wohlfahrts-produktion

Eigene Darstellung in Anlehnung an Burns[33]

Große Teile der gesellschaftlichen Produktion lagen zunächst noch in der Haushaltsarena, in der bäuerlichen Landwirtschaft, im Handwerk und im Kleinhandel. Mit der ökonomischen und politischen Entwicklung (Industrialisierung, Kapitalisierung, Nationalstaaten) kommt es zu gewaltigen Verschiebungen (vgl. Abbildung 1), die die Haushalte und deren Produktion radikal verändern. Verschiebungen erfolgen vom Haushalt zum Markt, indem Produkte und Dienstleistungen, die vormals von den Haushalten erbracht wurden, nun in Unternehmen produziert und am Markt erworben werden. Das erfordert außerhäusige Erwerbsarbeit, um die nötigen Einkommen zu erzielen. Andere Verschiebungen setzen mit dem Ausbau der Sozialstaaten ein, indem in hohem Maße Aufgaben der Haushalte, zum

32 *De Vries*, The Industrious Revolution, S. 52.
33 *Scott Burns*, The Household Economy. Its Shape, Origins, and Future, Boston 1975, S. 79.

Beispiel im Bereich der sozialen Sicherung, der Sozialisation und Qualifizierung, an den expandierenden Sozialstaat abgegeben werden. Die privaten Haushalte verlieren zahlreiche Produktionsfunktionen. Sie bleiben aber zentrale Koordinatoren, die Marktleistungen, Sozialleistungen und Eigenleistungen in einer völlig neuen Weise verknüpfen. Parallel verändern sich die Rollen von Männern und Frauen, von Erwachsenen und Kindern beziehungsweise Jugendlichen oder von Jungen und Alten. Dies führt zu nachhaltigen Veränderungen im Beziehungssystem der Haushalte und in der Einbindung der Haushalte in umgebende Netzwerke (Nachbarschaften, Verwandtschaften).

Wenngleich eine klare Entwicklungsrichtung der Verschiebung zwischen den Arenen zu beobachten ist, gibt es immer auch Gegenbewegungen. So fungieren die privaten Haushalte stets als letzte Kompensationsinstanz, wenn Märkte und Sozialstaaten versagen.[34] Im Krisenfall (zum Beispiel nach den Weltkriegen oder in Wirtschaftskrisen) oder wenn Haushalte von sozialstaatlichen oder marktlichen Leistungen ausgeschlossen werden, fallen wichtige Aufgaben der Existenzsicherung wieder an die Haushalte zurück – sie sind der eigentliche *lender of the last resort*.

Auch im Normalbetrieb sind die Grenzen von Produktions- und haushaltlicher Arena stets in Bewegung. So spielen die Haushalte beim Niedergang und bei der Herausbildung von Branchen eine wichtige Rolle, etwa wenn es nach 1945 zu einer Familialisierung der landwirtschaftlichen Arbeit kommt[35] oder wenn bei der Gründung von Unternehmen oder bei Selbstständigen die Haushalte eine wichtige initiierende und unterstützende Funktion (Bereitstellung von Kapital und nicht entgoltener Arbeit) haben. Das immer wieder prognostizierte Verschwinden kleinbetrieblicher, eng mit den Haushalten verwobener Strukturen ist so nicht eingetreten. Sie behalten eine wichtige Funktion als Existenzsicherungsstrategie der Haushalte und als flexible ökonomische Einheiten in Phasen des ökonomischen und technologischen Wandels oder in Nischen, die aus Perspektive der Kapitalverwertung nicht rentabel sind. Auch die mit der Erosion der »Normalarbeitsverhältnisse« einsetzende Rückverlagerung von Risiken auf die abhängig Beschäftigten und deren Haushalte, wie zum Beispiel im Kontext spezifischer Arbeitsverträge oder Arbeitszeitregelungen, führen zu Verschiebungen zwischen den Arenen. Die Haushaltsarena und der Sozialstaat spielen also eine zentrale Rolle bei der Kompensation des saisonal, konjunkturell oder nachfragebedingt schwankenden Bedarfs an Arbeitskräften.[36] Schließlich wird auch die Grenze von Sozialstaat und haushaltlicher Arena stets neu ausgehandelt. So wird nach einer Phase des Ausbaus der Sozialstaaten inzwischen von zunehmender Eigenverantwortung bei der Qualifizierung, bei Arbeitslosigkeit, Gesundheitsvorsorge oder der Absicherung von Risiken zum Beispiel im Alter ausgegangen.

Es ist somit ausgesprochen fruchtbar, gesellschaftlichen Wandel als wechselseitigen oder aufeinander bezogenen Wandel in den verschiedenen Arenen zu begreifen. Man kann das an verschiedenen Beispielen verdeutlichen. De Vries geht in seiner Analyse der *industrious revolution* davon aus, dass es im langen 18. Jahrhundert zu einem korrespondierenden Wandel gekommen sei: »both consumer demand and the supply of market-oriented labour grew by means of reallocations of the productive resources of households«.[37] Die Wege,

34 Vgl. *Paul Ginsborg*, Italy and Its Discontents. Family, Civil Society, State, 1980–2001, New York 2003 (zuerst 2001).

35 Vgl. *Gunter Mahlerwein*, Grundzüge der Agrargeschichte, Bd. 3: Die Moderne (1880–2010), Köln/Weimar etc. 2016, S. 127.

36 Vgl. zum engen Zusammenhang Produktion, Reproduktion und Konsumption beziehungsweise Arbeit und Familie: *Ann Goldberg*, Women and Men: 1760–1960, in: *Helmut Walser Smith* (Hrsg.), The Oxford Handbook of Modern German History, Oxford/New York etc. 2011, S. 71–87, hier: S. 75.

37 *De Vries*, The Industrious Revolution, S. 71.

auf denen sich diese stärkere Marktintegration der Haushalte vollzog, waren die Spezialisierung der landwirtschaftlichen Produktion, protoindustrielle Produktion, Lohnarbeit und Arbeiten im Dienstleistungsbereich. Klaus Voy und Werner Polster zeigen für den Nachkriegsboom den engen Zusammenhang sich verändernder Produktions- (Massenproduktion von Automobilen, Straßen- und Wohnungsbau) und Lebensweise (Eigenheim, Automobilität und Ein-Ernährer-Modell) und den darauf abgestimmten Infrastrukturen (Vorort-Siedlungen, Straßen) und Regulierungen (zum Beispiel Ehegattensplitting) auf.[38] Sie knüpfen damit an die bereits im Fordismuskonzept beschriebene enge Verflechtung der Veränderungen der Produktion, Regulation und Lebensweise an.[39] Das verweist auf die enge Verbindung der Entwicklung der Produktionsarena mit den expandierenden (und kriegführenden) National- und Sozialstaaten. Viele Unternehmen agieren auf Märkten, die mittelbar oder unmittelbar durch die Regulierung oder die Nachfrage des Staats geprägt sind: in der Energie- und Transportwirtschaft, im Bauwesen, in der Rüstungsproduktion, in der Finanz- oder in der Gesundheitswirtschaft. Für das Verständnis der vielfältigen Wechselwirkungen und der substitutiven Effekte zwischen den Arenen ist es wichtig, sich zu vergegenwärtigen, dass es stets ganz verschiedene institutionelle Arrangements (von Markt, Staat, Subsidiären und Haushalten beziehungsweise von externaler und Selbstorganisation) der Produktion und Distribution, der Regulierung und der Bereitstellung von Infrastrukturen und schließlich der Reproduktion gibt.

Gesellschaftlicher Wandel als Wandel von »Techniken«

Schließlich wird gesellschaftlicher Wandel im Kontext sich entwickelnder sozial eingebetteter »Techniken« verstanden. Der erweiterte Technikbegriff umfasst neben den klassischen Techniken auch Techniken der Organisation (die Bürokratisierungs- und Rationalisierungsprozesse bei Max Weber, die Gouvernementalität bei Michel Foucault, die Soziogenese bei Norbert Elias, gegenwärtige Techniken des Controlling und Accounting), aber auch die Selbsttechniken (Disziplinierung bei Foucault, Zivilisierung bei Elias, heute etwa auch Techniken der Selbstoptimierung).

Indem die Arenen als produktive Einheiten verstanden werden, kann gesellschaftlicher Wandel auch als Wandel der hier eingesetzten Produktions-, Organisations- und Selbsttechniken begriffen werden. Mit diesen Techniken sind sich verändernde Rechtsverhältnisse und Wissensbestände verknüpft, die mit der Expansion der Wissenschaft, mit der gezielten Förderung von Forschung und Entwicklung rasant anwachsen und mit dem wachsenden Bildungsniveau distribuiert werden. Wichtig ist es aber, diese Techniken in ihrer gesellschaftlichen Einbindung zu begreifen; das heißt, die »Techniken« setzen sich nicht eigengesetzlich durch. Sie bedürfen der ökonomischen und sozialen Einbindung, indem sie mit den Produktions- und Lebensweisen koordiniert werden, und sie bedürfen der kognitiven Einbindung, indem der Einsatz dieser Techniken mit »Effektivität«, »Rationalität« oder Fortschrittshoffnungen verbunden wird. Die technischen Reorganisationsprozesse sind somit aufs Engste mit Reinterpretationsprozessen verknüpft; das heißt, die technischen Veränderungen gehen mit einer veränderten Sicht auf die Arena und die jeweils dominanten Praktiken einher. Man denkt in anderer Weise über Organisation, Verwaltung, Wirtschaft, Rationalität und Haushalte beziehungsweise Individuen nach.[40]

38 Vgl. *Klaus Voy/Werner Polster*, Eigenheim und Automobil – Die Zentren der Lebensweise, in: *dies./Claus Thomasberger* (Hrsg.), Gesellschaftliche Transformationsprozesse und materielle Lebensweise, Marburg 1991, S. 263–320.

39 Vgl. *Joachim Hirsch/Roland Roth*, Das neue Gesicht des Kapitalismus. Vom Fordismus zum Post-Fordismus, Hamburg 1986.

40 Vgl. *Giuseppe Bonazzi*, Geschichte des organisatorischen Denkens, Wiesbaden 2008 (zuerst ital. 1989); *Lutz Raphael*, Recht und Ordnung. Herrschaft durch Verwaltung im 19. Jahrhundert,

Produktionstechniken: Die im engeren Sinne technischen Entwicklungen des 19. und 20. Jahrhunderts vollziehen sich in allen Arenen im Bereich der Produktions- und Distributionstechniken, im Bereich der dabei genutzten Stoffe und Materialien und schließlich im Bereich der Infrastrukturen (Finanzen, Energie, Verkehr, Kommunikation). Damit geht schließlich auch die Erweiterung des Produktionswissens und der Instanzen einher, die dieses Produktionswissen bereitstellen, ihren Einsatz regulieren, Arbeitskräfte einschlägig qualifizieren et cetera.

Organisationstechniken: Für Max Weber war es noch selbstverständlich, dass militärische Disziplin für den kapitalistischen Betrieb ideal sei.[41] »Dieser gesamte Rationalisierungsprozeß geht hier wie überall, vor allem auch im staatlichen bürokratischen Apparat, mit der Zentralisation der sachlichen Betriebsmittel in der Verfügungsgewalt des Herrn parallel.«[42] Michael Mann macht den mit der Entstehung moderner Staaten einsetzenden Prozess der Bürokratisierung an fünf Elementen fest: besoldete und fachlich qualifizierte Beamte, eine funktionale und zentralisierte Ressortstruktur, die in einer Gesamtverwaltung koordiniert ist und schließlich die Isolierung der Bürokratie »von den Kämpfen der verschiedenen gesellschaftlichen Gruppen«.[43] Die Durchsetzung dieser verschiedenen Komponenten verlief im 19. Jahrhundert sehr unterschiedlich; Mann unterscheidet eine monarchisch-militärisch, eine repräsentativ-staatsbürgerlich und eine industriekapitalistisch ausgerichtete Phase der Bürokratisierung.[44] Die Entwicklung der modernen Organisationstechnik kann Giuseppe Bonazzi folgend entlang der verschiedenen Beiträge zur Klärung der industriellen, der bürokratischen und der organisatorischen Frage unterschieden werden.[45] Eine spezifische Sichtweise dieser Prozesse geht auf Foucaults Konzept der Gouvernementalität zurück, als der »Gesamtheit der Institutionen und Praktiken, mittels derer man die Menschen lenkt, von der Verwaltung bis zur Erziehung«.[46] Einen wichtigen Bereich der Organisationstechniken machen jene Techniken aus, die die Rekrutierung, den flexiblen Einsatz, die Motivierung und die Kontrolle der lohnabhängig Beschäftigten ermöglichen.[47]

Selbsttechniken: Schließlich ist auch die Entwicklung der Selbsttechniken bedeutsam. Bereits für Max Weber sind die Prozesse der »Rationalisierung der politischen und öko-

Frankfurt am Main 2000; *Mikl-Horke*, Historische Soziologie der Wirtschaft; *Max Weber*, Wirtschaft und Gesellschaft. Grundriß der verstehenden Soziologie, Tübingen 1972 (zuerst 1921/1922); *Meyer/Rowan*, Institutionalized Organizations; *Ulrich Bröckling*, Das unternehmerische Selbst. Soziologie einer Subjektivierungsform, Frankfurt am Main 2007.

41 »Die Betriebsdisziplin ruht [...] auf rationaler Basis, sie kalkuliert zunehmend, mit Hilfe geeigneter Messungsmethoden, den einzelnen Arbeiter ebenso, nach seinem Rentabilitätsoptimum, wie irgendein sachliches Produktionsmittel. Die höchsten Triumphe feiert die darauf aufgebaute rationale Abrichtung und Einübung von Arbeitsleistungen bekanntlich in dem amerikanischen System des ›scientific management‹, welches darin die letzten Konsequenzen der Mechanisierung und Disziplinierung des Betriebs zieht«; *Weber*, Wirtschaft und Gesellschaft, S. 686f.

42 Ebd.

43 *Mann*, Geschichte der Macht, Bd. 3, Teil I, S. 295.

44 Ebd., S. 318.

45 Vgl. *Bonazzi*, Geschichte des organisatorischen Denkens; *Eric Haase*, Organisationskonzepte im 19. und 20. Jahrhundert. Entwicklungen und Tendenzen, Wiesbaden 1994.

46 Vgl. *Michel Foucault*, Gespräch mit Ducio Trombadori, in: *ders.*, Dits et Écrits. Schriften, Bd. 4, Frankfurt am Main 2005 (zuerst frz. 2001), S. 51–119, hier: S. 116.

47 Diese Techniken haben sich beständig weiterentwickelt und umfassen Techniken der Rekrutierung und Auswahl von Personal, Techniken des flexibilisierten Personaleinsatzes (zum Beispiel »Hire and Fire«, saisonale und befristete Beschäftigung, Leiharbeit, geringfügige und Teilzeitarbeit, Scheinselbstständigkeit), Techniken der Motivation und schließlich Techniken der externen und internen Kontrolle.

nomischen Bedarfsdeckung« untrennbar mit Prozessen der »Disziplinierung« verknüpft.[48] Foucault versteht unter »Technologien des Selbst« jene Techniken,

> »die es dem Einzelnen ermöglichen, aus eigener Kraft oder mit Hilfe anderer eine Reihe von Operationen an seinem Körper oder seiner Seele, seinem Denken, seinem Verhalten und seiner Existenzweise vorzunehmen, mit dem Ziel, sich so zu verändern, daß er einen gewissen Zustand des Glücks, der Reinheit, der Weisheit, der Vollkommenheit oder der Unsterblichkeit erlangt.«[49]

Auf diese sich verändernden Selbsttechniken wird dann in den Arenen in unterschiedlicher Weise Bezug genommen. Hans J. Pongratz und G. Günter Voß unterscheiden bei Arbeitskräften in der Produktion idealtypisch drei Muster: den proletarisierten Lohnarbeiter in der frühen Phase der Industrialisierung (»rohes Arbeitsvermögen, rigide direkte Kontrolle der Arbeit, harte Ausbeutung, kein sozialer Schutz«), den »verberuflichten« Arbeitnehmer im Fordismus (»standardisierte Qualifikationen, rudimentäre Arbeitstugenden, verwissenschaftlichte, strukturelle Kontrolle der Arbeit, gedämpfte Ausbeutung, hoher staatlicher Schutz«) und schließlich den »verbetrieblichten« Arbeitskraftunternehmer im Postfordismus (»individualisierte Qualifikationen, systematische Selbst-Kontrolle der Arbeit, Selbstausbeutung, unklarer sozialer Schutz«).[50] Im Bereich der sozialen Sicherung oder der Gesundheitsvorsorge wird in zunehmendem Maße an die Selbstverantwortung der Betroffenen appelliert. Auch im privaten Leben gewinnen Techniken der Selbstoptimierung an Bedeutung.

Interessant sind dabei die Diffusionsprozesse von Wirklichkeitsperspektiven und Techniken zwischen den verschiedenen Arenen. Das bezieht sich auf die Nutzung von klassischen Techniken und Infrastrukturen, aber auch auf Organisationstechniken – zum Beispiel bei der Nutzung von militärischen Organisationstechniken oder Verwaltungstechniken in der Produktion oder bei der Rationalisierung der Küche[51] – und auf Selbsttechniken, wenn Techniken aus Produktion und Verwaltung auch im privaten Leben genutzt werden (Optimierung des Einsatzes von Zeit und Ressourcen, Mess- und Kontrolltechniken).[52]

Alle hier skizzierten Momente des »technischen« Wandels hinterlassen aber auch Pfadeffekte. Sie schreiben sich materiell (Infrastrukturen, Raumstrukturen, Maschinen und Gebäude), institutionell (regulierende und ermöglichende Institutionen), konventionell (Konventionen als interpretative Rahmen und Normalitätsvorstellungen) und schließlich habituell in die soziale Welt ein.

Wandel der gesellschaftlichen Produktion

In der Arena der gesellschaftlichen Produktion vollzieht sich ein langwährender Transformationsprozess, indem die gesellschaftliche Produktion nach und nach aus der engen Verzahnung mit dem haushaltlichen und lokalen Kontext gelöst wird. Die haushaltsnahen Produktionssysteme der Subsistenzwirtschaft, der kleinen Landwirtschaft, des Kleinhandwerks und -handels verlieren nach und nach an Bedeutung. Auch das Verlagssystem oder Manufakturen haben gegenüber der sich entwickelnden industrialisierten Produktionsweise und der kapitalistischen Verwertungslogik der neuen Unternehmen längerfristig keinen Bestand.

---

48 *Weber*, Wirtschaft und Gesellschaft, S. 687.

49 *Michel Foucault*, Technologien des Selbst, in: *ders./Rux Martin/Luther H. Martin* u.a. (Hrsg.), Technologien des Selbst, Frankfurt am Main 1993 (zuerst engl. 1988), S. 24–62, hier: S. 26.

50 Vgl. *Hans J. Pongratz/G. Günter Voß*, Erwerbstätige als »Arbeitskraftunternehmer«, in: Sozialwissenschaftliche Informationen 30, 2001, H. 4, S. 42–52.

51 Vgl. *Sigfried Giedion*, Die Herrschaft der Mechanisierung. Ein Beitrag zur anonymen Geschichte, Frankfurt am Main 1982 (zuerst engl. 1948).

52 Zu den jüngeren Reinterpretations- und Reorganisationsprozessen vgl. *Christoph Weischer*, Soziale Ungleichheiten 3.0. Soziale Differenzierungen in einer transformierten Industriegesellschaft, in: AfS 54, 2014, S. 305–342.

Die Dauer dieses Transformationsprozesses wurde jedoch häufig unterschätzt und seine Reichweite eher überschätzt. Wenngleich ein dominanter Trend der »Landnahme« durchaus erkennbar ist, vollzieht sich die Kapitalisierung durchaus selektiv. Fernand Braudel macht am Beispiel der Baumwoll-Revolution in England zudem deutlich, dass diese Entwicklungen eher

»von ›unten‹ gekommen [sind], aus dem gewöhnlichen Leben. [...] Nicht der vorhandene Reichtum, nicht der Londoner Handels- und Finanzkapitalismus haben also den überraschenden Wandel herbeigeführt. Erst in den Jahren nach 1830 übernahm London die Kontrolle über die Industrie. Wir können hier [...] beobachten, daß der sogenannte Industriekapitalismus aus der Kraft und Vitalität der Marktwirtschaft und der einfachen Warenproduktion entsteht, aus einer innovativen Kleinindustrie.«[53]

Die Art der produzierten Güter und Dienstleistungen verändert sich mit den Umbrüchen der Produktions-, Lebens- und Regulierungsweise beständig. In nationaler Perspektive zeichnet sich dies als sektoraler Wandel ab, indem der Agrarsektor durch Technisierung und Chemisierung, durch Offshoring, aber auch durch Familialisierung systematisch an Bedeutung verliert. Demgegenüber wächst der industrielle Sektor erheblich an. Die für das 20. Jahrhundert oft postulierte Tertiarisierung verliert an Plausibilität, wenn man diesen Sektor differenziert und distributive, produktionsbezogene, soziale und personenbezogene Dienstleistungen unterscheidet.[54] Dahinter stehen ganz unterschiedliche Entwicklungen: Substitution haushaltlicher Produktion, Wachstum der Sozialstaaten, Prozesse der Globalisierung, veränderte Arbeitsteilung in den Haushalten, Veränderung der Lebensläufe und so weiter. In einem produktivistischen Sinne lassen sich wechselnde Schlüsselindustrien ausmachen: Bis in die 1880er-Jahre dominieren die Eisen- und Stahlindustrie, Eisenbahnbau, Bergbau und Maschinenbau[55], danach kommen neue Industrien wie die Elektrotechnik und die Chemie hinzu. Nicht zu vergessen ist die Rüstungsindustrie, die die materiellen Voraussetzungen für zwei Weltkriege schafft. Seit den 1950er-Jahren gewinnt schließlich der zivile Fahrzeugbau an Bedeutung. In stofflicher und technischer Perspektive kommt es zu einem beständigen Wandel von Produktionstechniken, Werkstoffen und Energieträgern. Entsprechend verändert sich auch die informationelle und distributive Vernetzung der Produktion.

Weitaus schwieriger ist es, die Organisation dieser Produktion zusammenfassend zu charakterisieren. Die arbeitsteilige Organisation dieser zunehmend komplexeren Produktionsprozesse wird typischerweise nach den Koordinationsformen Markt, Hierarchie und Netzwerk[56] unterschieden – in der hier verfolgten Perspektive wäre noch die haushaltliche beziehungsweise gemeinschaftliche Produktion zu ergänzen. Im Wechselspiel dieser Koordinierungsformen entwickeln sich das Verlagssystem, die Manufakturen, das Handwerk und die Industrie. Parallel verändern sich auch die Formen der Distribution von Waren und Dienstleistungen. Dies geschieht unter ständig wechselnden Rahmenbedingungen: wechselnde Raumbezüge (Regional-, National-, Weltwirtschaft), Wechsel von Krieg und Frieden, wechselnde Verschränkung von kapitalistischer, traditionaler und haushaltlicher Produktion. Mit den Veränderungen der Produktionsorganisation ist auch eine veränderte Einbindung der Arbeitskräfte verbunden. Das betrifft die Rekrutierung und Qualifizierung der Arbeitskräfte, die Mensch-Maschine-Beziehungen, die Beschäftigungsverhältnisse oder die Regulierung der industriellen Beziehungen.

---

53 *Fernand Braudel*, Die Dynamik des Kapitalismus, Stuttgart 1986 (zuerst frz. 1985), S. 96.

54 Vgl. *Colin Crouch*, Social Change in Western Europe, Oxford/New York etc. 1999, S. 96ff.

55 Vgl. *Cornelius Torp*, The Great Transformation. German Economy and Society 1850–1914, in: *Walser Smith*, The Oxford Handbook of Modern German History, S. 336–358.

56 Vgl. *Walter W. Powell*, Weder Markt noch Hierarchie: Netzwerkartige Organisationsformen, in: *Patrick Kenis/Volker Schneider* (Hrsg.), Organisation und Netzwerk. Institutionelle Steuerung in Wirtschaft und Politik. Frankfurt am Main/New York 1996, S. 213–272.

Mit der Unterscheidung von Phasen des Kapitalismus[57], nationalen Varianten des Kapitalismus[58], phasenspezifischen Akkumulations- und Regulationsweisen[59] oder industriellen und postindustriellen Produktionsweisen oder Gesellschaften[60] gelingt es stets, nur bestimmte Aspekte der Entwicklung der Produktion oder nur bestimmte Phasen der Entwicklung zu charakterisieren. Die dabei verfolgten Fragen und Perspektiven sind ausgesprochen inspirierend, die angebotenen Ordnungen jedoch trügerisch. Gary B. Herrigel konstatiert,

»that the organizational forms of production and governance that existed in the process of German industrialization were not natural (or even most efficient) outcomes of the logic of industrialization, but rather were highly contingent and contested outcomes that resulted from conflicts and strategizing under often very turbulent and highly uncertain economic, social, technological, and political conditions.«[61]

Am fruchtbarsten für die Analyse langfristigen Wandels erscheint es, sich ausgehend von den Fragen nach der gesellschaftlichen Einbindung der Produktion für die langen Prozesse des Wandels von Institutionen[62] für die Zusammenhänge von Produktions-, Regulations- und Lebensweise[63], für die räumliche Organisation von Produktion und Reproduktion[64] zu interessieren. Auch Fragen nach sich wandelnden Konventionen[65] und ihrer Transformation unter wechselnden Rahmenbedingungen lassen sich in diesem Zusammenhang untersuchen.

---

57 Braudel äußert sich hierzu recht kritisch: »Sich den Kapitalismus als eine in aufeinander folgenden Phasen oder Sprüngen vom Handelskapitalismus über den Industriekapitalismus zum Finanzkapitalismus verlaufende Entwicklung vorzustellen und einen stetigen Fortschritt von Phase zu Phase anzunehmen [...], wäre ein kapitaler Irrtum: In Wirklichkeit waren [...] die großen ›Kaufleute‹ früherer Zeiten nie spezialisiert, sondern betrieben gleichrangig neben- oder auch nacheinander Handels-, Bank- und Finanzgeschäfte, widmeten sich der Börsenspekulation und [...] der ›industriellen‹ Produktion. [...] Als dann Anfang des 19. Jahrhunderts die Industrieproduktion durch die Mechanisierung hohe Gewinne abwirft, steigt der Kapitalismus massiv auf diesen Sektor ein, ohne sich jedoch auf ihn zu beschränken«; *Fernand Braudel*, Sozialgeschichte des 15.–18. Jahrhunderts, Bd. 3: Aufbruch zur Weltwirtschaft, München 1986 (zuerst frz. 1979), S. 696.

58 So zum Beispiel die vom *Varieties-of-Capitalism*-Ansatz getroffene Unterscheidung von liberalem und koordiniertem (rheinischem) Kapitalismus; vgl. *Peter A. Hall/David Soskice*, Varieties of Capitalism. The Institutional Foundations of Comparative Advantage, Oxford/New York etc. 2001.

59 So zum Beispiel die im Kontext der Regulationstheorie getroffene Unterscheidung von Fordismus und Postfordismus; vgl. *Hirsch/Roth*, Das neue Gesicht des Kapitalismus. Mit stärkerem Bezug auf den Produktionsprozess erfolgen die Periodisierungsangebote etwa bei *Horst Kern/Michael Schumann*, Das Ende der Arbeitsteilung? Rationalisierung in der industriellen Produktion, München 1984; *Michael J. Piore/Charles F. Sabel*, Das Ende der Massenproduktion, Berlin 1985 (zuerst engl. 1984).

60 Vgl. *Daniel Bell*, Die nachindustrielle Gesellschaft, Frankfurt am Main/New York 1975 (zuerst engl. 1973).

61 *Herrigel*, Industrial Constructions, S. 24.

62 Vgl. *Kathleen Thelen*, How Institutions Evolve. The Political Economy of Skills in Germany, Britain, the United States and Japan, Cambridge/New York etc. 2004; *Clemens Wischermann/Anne Nieberding*, Die institutionelle Revolution. Eine Einführung in die deutsche Wirtschaftsgeschichte des 19. und frühen 20. Jahrhunderts, Stuttgart 2004.

63 Vgl. *Klaus Voy/Werner Polster/Claus Thomasberger* (Hrsg.), Marktwirtschaft und politische Regulierung, Marburg 1991.

64 Vgl. *Michael Storper*, The Regional World. Territorial Development in a Global Economy, New York/London 1997; *Herrigel*, Industrial Constructions.

65 Vgl. *Michael Storper/Robert Salais*, Worlds of Production. The Action Frameworks of the Economy, Cambridge/London 1997.

Wandel der Regulierung

Mit dem fundamentalen Umbruch der ständischen Produktions- und der Lebensweise verlieren auch die regulierenden und sozial sichernden Institutionen an Bedeutung. Nach einer Phase weitgehender Liberalisierung in der ersten Hälfte des 19. Jahrhunderts setzt dann spätestens mit der Reichsgründung eine Phase verstärkter Staatsintervention ein. Gemeinhin wird mit der Durchsetzung der Gewerbefreiheit ein radikaler Umbruch des regulativen Rahmens der Produktion und Distribution verbunden. Es finden sich aber »viele Beispiele für das Weiterleben spätmerkantilistischer Institutionen und Traditionen unter dem Dach des neuen liberalen Wirtschaftssystems«.[66] Erst die ab den 1830er-Jahren einsetzenden Produktivitätsfortschritte und die gesetzlichen Veränderungen der 1860er-Jahre haben zur Durchsetzung des liberalen gegenüber dem paternalistischen Modell geführt.[67]

So entwickeln und modifizieren sich im 19. und frühen 20. Jahrhundert Institutionen, die Märkte und Marktzugänge (inklusive der Arbeitsmärkte) abgrenzen und regulieren. Finanzinstitutionen ermöglichen den Tausch, stellen Kapital bereit und sichern Risiken ab. Institutionen regulieren nun überdies den Produktions- und Zirkulationsprozess und die damit verbundenen Arbeitsbeziehungen, sie stellen Infrastrukturen (Energie, Transport, Kommunikation, aber auch Sicherheit, Bildung und Gesundheit) bereit. Zudem erschließen und monopolisieren sie Produktionswissen (Forschung und Entwicklung)[68], sozialisieren und qualifizieren Arbeitskräfte und sichern diese sozial ab.

Für die Entwicklung der Regulationsweise sind Prozesse der Verrechtlichung und der Verwissenschaftlichung sehr bedeutsam. Im Unterschied zu einer modernisierungstheoretischen Perspektive, die Wissenschaft und Recht als geschlossene Systeme konstruiert, eröffnet die hier favorisierte praxeologische Perspektive und die Unterscheidung von Produktions-, Reproduktions- und regulierenden Prozessen die Möglichkeit, Verrechtlichung und Verwissenschaftlichung im Kontext der verschiedenen Arenen und im Kontext des strategischen Handels verschiedener Akteursgruppen zu analysieren. Dabei geht es immer auch um Aushandlungsprozesse[69] und die Instanzen, die diese Rechte durchzusetzen versuchen. In der Arena der Produktion (und Zirkulation) interessiert zum Beispiel die Entwicklung des Gesellschaftsrechts, des Handelsrechts, des Wettbewerbsrechts[70] und ganz zentral des Arbeitsrechts. In der Arena der Regulierung geht es unter anderem um öffentliches Recht und um Sozialrecht, bei der Regulierung der privaten Haushalte um Personenrecht, Familienrecht oder Erbrecht.

Im nationalen wie im historischen Vergleich wird deutlich, dass es stets verschiedene Möglichkeiten gibt, die hier skizzierten regulativen und infrastrukturellen Leistungen zu erbringen. Dies führt zu Varianten des Kapitalismus[71] oder zu verschiedenen Sozialstaatsmodellen.[72] Zum Teil haben diese Institutionen eine lange Vorgeschichte, es sind aber auch völlig neue Institutionen. Klassische regulierende Institutionen, wie Zünfte, Innungen und Gilden, verschwinden oder ändern ihren Charakter, indem aus wirtschaftlichen Zusammen-

66 *Wischermann/Nieberding*, Die institutionelle Revolution, S. 73.

67 Wischermann und Nieberding beziehen sich hier auf die Gewerbeordnung, das Handelsgesetzbuch, das Aktien- und Handelskammergesetz und das Berggesetz; ebd., S. 151f.

68 Ebd., S. 167ff.

69 Vgl. *Sylvia Kesper-Biermann*, Aushandlung und Herrschaft, Rechtsräume und Öffentlichkeit. Neue Forschungen zu Kriminalität, Recht und (Straf-)Justiz, 18.–20. Jahrhundert, in: AfS 56, 2016, S. 487–510, hier: S. 505f.

70 Vgl. dazu Norths Arbeiten zur Entwicklung von Institutionen: *Douglass C. North*, Theorie des institutionellen Wandels. Eine neue Sicht der Wirtschaftsgeschichte, Tübingen 1988 (zuerst engl. 1981).

71 Vgl. *Hall/Soskice*, Varieties of Capitalism.

72 Vgl. *Gøsta Esping-Andersen*, The Three Worlds of Welfare Capitalism, Princeton 1990.

schlüssen mit Staatsauftrag freie Interessenverbände werden.[73] So kommt es nicht selten zu einem Nebeneinander von alten und neuen Regulierungsformen (zum Beispiel Handwerkskammern und Industrie- und Handelskammern). Ähnliches findet sich im Bereich der sozialen Sicherung, wo neben den neuen Sozialversicherungen die Kommunen sowie subsidiäre Akteure wie Kirchen und Privathaushalte wichtige Funktionen der letzten Sicherung behalten.

Herausbildung der Nationalstaaten: Die Entwicklung der industriellen und kapitalistischen Produktionsweise war eng mit der Herausbildung und Reifung der Nationalstaaten beziehungsweise der Entstehung größerer Imperien verbunden. Sie schaffen wesentliche Rahmenbedingungen der kapitalistischen Produktion und der Reproduktion. Mit dem Aufbau von zentralisierten und rationalisierten Verwaltungsstrukturen durchdringt der Staat die Gesellschaft. Abram de Swaan begreift den Aufbau der Sozialversicherung als »administrative und politische Großtat ersten Ranges«.[74] Auch durch die

»Mobilmachung für den totalen Krieg erweiterten sich die Kapazitäten des Staatsapparats enorm. [...] Kriegsprojekte wie Heeresverwaltung, Materialschlachten, Zivilschutz, Evakuierung und Propagandafeldzüge hatten viele westliche Regierungen gelehrt, die Wirtschaft zu steuern, die öffentliche Meinung zu bündeln und das Leben der Bevölkerung zu verwalten.«[75]

Umgekehrt ist jedoch auch die institutionelle, aber auch regionale Heterogenität der administrativen Strukturen zu beachten. »A variety of governance arrangements were established within functional areas (finance, tax, civil law) as well as across them. These arrangements involved the construction of different institutions, each with different boundaries between the state and the industrial economy.«[76]

Lutz Raphael geht davon aus, dass der Durchbruch der Nation als primärer Bezugspunkt für die wirtschaftlichen und sozialen Ordnungen erst in der ersten Hälfte des 20. Jahrhunderts erfolgt, indem sich in den älteren Nationalstaaten

»nationale Gemeinsamkeit und Zugehörigkeit durch Schulbildung, Konsum, Sozialpolitik und politische Partizipation [verdichteten]. Gerade die gesteigerte nationale und imperiale Konkurrenz und die wachsenden Ansprüche an die Integrationsleistungen der nationalen Staaten beflügelten die Phantasien sozialreformerischer Planer und machten aus dem Europa der ersten Hälfte des 20. Jahrhunderts ein Experimentierfeld neuer Formen sozialer Steuerung und Kontrolle. Aber erst die Vertreibungen und Völkermorde des Zweiten Weltkriegs schufen jene Homogenisierungen, welche die europäischen Gesellschaften in der zweiten Hälfte des 20. Jahrhunderts für relativ kurze Zeit zu sprachlich und kulturell homogenen Nationalgesellschaften machten.«[77]

Parallel findet aber auch eine Entwicklung der Zivilgesellschaft statt: Die Arbeiterbewegung wächst heran und nach Aufhebung der Koalitionsverbote bilden sich einflussreiche Gewerkschaften heraus, zugleich formieren sich verschiedene Interessenverbände auf der Kapitalseite. Später entsteht auch die bürgerliche Frauenbewegung.

Infrastrukturen: Bereits vor der Reichsgründung wird die Entwicklung und Regulierung von Märkten zu einer zentralen infrastrukturellen Aufgabe. Nach Clemens Wischermann und Anne Nieberding lassen sich Prozesse der Marktöffnung (Entwicklung des Binnenhandels durch Märkte, durch Kleinhandel und Läden), der Markterweiterung (Außenhandel und dessen Regulierung durch Schutzzölle) und der Marktintegration (die Transport- und

---

73 *Wischermann/Nieberding*, Die institutionelle Revolution, S. 126.

74 *Abram de Swaan*, Der sorgende Staat. Wohlfahrt, Gesundheit und Bildung in Europa und den USA der Neuzeit, Frankfurt am Main/New York 1993 (zuerst nl. 1989), S. 168.

75 Ebd., S. 247.

76 *Herrigel*, Industrial Constructions, S. 22.

77 *Lutz Raphael*, Imperiale Gewalt und mobilisierte Nation. Europa 1914–1945, München 2011, S. 17f.

Kommunikationsrevolution des 19. Jahrhunderts) unterscheiden.[78] So entstehen (rechtlich, sprachlich, logistisch und informationell) zusammenhängende Waren-, Dienstleistungs- und Kapitalmärkte, aber auch Arbeitsmärkte und Migrationsräume. Implizit werden damit der Staat beziehungsweise die Kommunen auch zu Unternehmern. Sie betreiben Eisenbahnen und die Post, investieren in Abwasserentsorgung und Stadtreinigung, gründen Gas-, Wasser- und Elektrizitätswerke, betreiben den Nahverkehr und organisieren Sparkassen. Von großer Bedeutung sind auch die Elementarbildung (Alphabetisierung und Sprachvereinheitlichung) und die damit verbundene Bereitstellung von wissenschaftlichem und technischem Wissen für die Produktion und Distribution wie für die Regulierung (zum Beispiel durch die Universitäten, die technischen Hochschulen, die Sozialmedizin und später die Sozialwissenschaften). Indem der Staat Infrastrukturen bereitstellt und die Institutionenordnung (das Rechtssystem, Patentwesen, Besteuerung, Bildung, Sozialversicherung) verändert, erschließt er damit auch neue Märkte (zum Beispiel im Gesundheitswesen, in der Rechtsberatung oder im Sozialwesen).

Regulierung der Produktion: Der Staat organisiert und reguliert die Akteure (den Unternehmer und das Unternehmen, die Arbeitskräfte, die Interessenorganisationen von Arbeit und Kapital) und wird selbst zum Mitspieler. Die Regulierung der Arbeitsbeziehungen erfolgt über die Setzung von Mindeststandards (wie das Arbeitsschutzgesetz), über die Etablierung von Tarifvertrags- und Schlichtungswesen, über die mit der Weimarer Verfassung angestoßene Demokratisierung der innerbetrieblichen Beziehungen und über die Einrichtung von Gewerbe- beziehungsweise Arbeitsgerichten. Auch die mit der Sozialversicherung durchgesetzte »Zwangsakkumulation von Transferkapital« bedeutet einen direkten Eingriff in die Beziehungen von Kapital und Arbeit.[79]

Regulierung der Reproduktion: Mit der Durchsetzung des Gewaltmonopols und der Gewährung öffentlicher Sicherheit, mit Hygienestandards und Gesundheitsversorgung, mit der Entwicklung schulischer und beruflicher Bildung, mit dem Auf- und Ausbau der Sozialversicherungen, aber auch mit Militarisierung und totalem Krieg greift der Staat weit in die Reproduktionssphäre ein. Ehe und Familie werden reguliert, Homosexualität wird diskriminiert und bestraft. Die verfolgten Zielsetzungen divergieren jedoch: Einerseits ging es um die »quantitative Reproduktionsleistung für Volk und Staat«, andererseits sollte der »familiale Binnenraum als eine dem Staat nicht zugängliche [...] Privatsphäre« geschützt werden.[80] Während zum einen sozialstaatliche Interventionen in die Haushalte und Beziehungen zurückgehen, nehmen sie zum anderen, ausgehend von der Sorge um häusliche und sexualisierte Gewalt oder Vernachlässigung, auch zu: »Institutionen wie Schule, Jugendämter, aber auch Amts- und Schulärzte haben heute geradezu die Aufgabe zu kontrollieren, was hinter der verschlossenen Wohnungstür geschieht«.[81] Die Form der Kontrolle verschiebt sich zu eher indirekten sozialen Kontrollmechanismen. So diagnostiziert de Swaan im Sinne von Elias eine Verschiebung von gesellschaftlichen Zwängen zu Selbstzwängen.[82] Das trifft der Tendenz nach zu, dennoch behält der Staat das Gewaltmonopol und das ist für nicht wenige auch erfahrbar.

In der Zusammenschau ist ein erheblicher Zuwachs der von den Nationalstaaten erbrachten oder organisierten ermöglichenden und regulierenden Maßnahmen zu verzeichnen, was sich schließlich in einem deutlichen und kaum gebrochenen Anstieg der Staatsquote zeigt. Wesentliche Differenzierungen ergeben sich aus der sehr unterschiedlichen (wirtschaftli-

---

78 Vgl. *Wischermann/Nieberding*, Die institutionelle Revolution, S. 100ff.

79 *De Swaan*, Der sorgende Staat, S. 239.

80 *Gestrich/Krause/Mitterauer*, Geschichte der Familie, S. 384f.

81 Ebd., S. 464.

82 *De Swaan*, Der sorgende Staat, S. 21.

chen und politischen) Entwicklung der Nationalstaaten und Imperien und aus ihrer Einbindung in sich verändernde Bündnissysteme.

Von großer Bedeutung ist der Wandel der öffentlichen und privaten Organisation von Verwaltung. Es kommt zu einer Säkularisierung und Rationalisierung. Wischermann und Nieberding sprechen von einer institutionellen Revolution.[83] Eine zentrale Rolle spielen dabei die Kriegswirtschaften, aber auch die Entwicklung der Sozialverwaltung. De Swaan sieht in der Moderation der extremen sozialen Differenzen – in den Ängsten der Reichen vor den Armen – einen wesentlichen Motor der Entwicklung des Sozialwesens. Franz-Xaver Kaufmann skizziert, wie mit der Weiterentwicklung des Sozialstaats einfache von fortgeschrittenen sozialpolitischen Regelungen abgelöst werden.[84]

Die Ungleichheitseffekte der wachsenden Staatsinterventionen variieren. Jürgen Kocka zeigt auf, wie im 18. und frühen 19. Jahrhundert staatliche Politik zur »Aushöhlung ständischer und zur Vorbereitung klassengesellschaftlicher Grundmuster« beiträgt. Mit der Einführung und dem Ausbau des Sozialstaats nehmen dann aber umverteilende und egalisierende Effekte insbesondere durch die Sozialversicherungen zu.[85] Es entstehen damit aber auch neue, zum Beispiel geschlechtsspezifische, Ungleichheiten.

Wandel der privaten Haushalte

Zunächst sind wesentliche Teile der Ökonomie als Haushaltsökonomie zu begreifen.

> »In der Frühen Neuzeit bildete der um ein Ehepaar gruppierte, herrschaftlich organisierte Haushalt mit seiner Hauswirtschaft und seinen Arbeitskräften [...] die Basis von Landwirtschaft, Gewerbe und Handel. Der Haushalt war die Grundordnung sowohl für das Überleben der einzelnen Menschen als auch insgesamt für die soziokulturelle und religiöse Ordnung von Wirtschaft, Gesellschaft und Herrschaft. Wem es auf lange Sicht nicht gelang, einem Haushalt anzugehören, sah sich ausgegrenzt und dem heimatlos vagabundierenden Armutsvolk zugerechnet.«[86]

Die privaten Haushalte erfahren im 19. und 20. Jahrhundert eine fundamentale Transformation. Sie werden von der zentralen Produktions- und Reproduktionsinstanz zu einer nur noch für den Eigenbedarf produzierenden und vor allem zu einer organisationalen Instanz, die die Haushaltsgröße und -struktur reguliert, die Arbeitskräfte bereitstellt und unter Nutzung von Marktgütern und Sozialleistungen sozialisiert und deren Reproduktion sichert, die Ressourcen umverteilt und strategisch anlegt. Auch die Option der Migration (ganzer Haushalte oder einzelner Angehöriger) erweitert deren Handlungspotenzial. De Vries begreift den Haushalt »as an adaptive, strategizing entity capable of responding to the opportunities and threats of the market«.[87] Die fundamentalen sozialen Differenzierungen und die erheblichen Unterschiede zwischen ländlichen und städtischen Haushalten führen jedoch zu großen Unterschieden in der Haushaltsorganisation, in der Haushaltsproduktion und in ihrem Zugriff auf marktvermittelte oder sozialstaatliche Leistungen.

Die Leistungen, die die haushaltliche Produktion zu erbringen hat, haben sich – wenn man von der materiellen Produktion absieht – grundsätzlich nur wenig verändert. Es geht um die Ernährung, das Wohnen, die gegenseitige Unterstützung, die Reproduktion, die Sozialisation und die Pflege, später kommen auch Unterhaltung und Selbstverwirklichung

83 Vgl. *Wischermann/Nieberding*, Die institutionelle Revolution.

84 *Franz-Xaver Kaufmann*, Varianten des Wohlfahrtsstaats. Der deutsche Sozialstaat im internationalen Vergleich, Frankfurt am Main 2003, S. 48f.

85 *Jürgen Kocka*, Stand – Klasse – Organisation. Strukturen sozialer Ungleichheit in Deutschland vom späten 18. bis zum frühen 20. Jahrhundert im Aufriß, in: *Hans-Ulrich Wehler* (Hrsg.), Klassen in der europäischen Sozialgeschichte, Göttingen 1979, S. 137–165, hier: S. 155f.

86 *Karin Hausen*, Arbeit und Geschlecht, in: *Jürgen Kocka/Claus Offe* (Hrsg.), Geschichte und Zukunft der Arbeit, Frankfurt am Main/New York 2000, S. 343–361, hier: S. 347.

87 *De Vries*, The Industrious Revolution, S. 103.

hinzu. Die Veränderungen erwachsen aus dem grundsätzlich neuen Zusammenspiel mit den anderen Arenen (Markt und Sozialstaat), aus den sich verändernden Qualitätserfordernissen und Normalvorstellungen (Standards der Hygiene, der Ernährung, der Erziehung, der Partnerschaft, der Freizeitgestaltung, der Körperbilder); zudem verändern sich die Selbstbilder der Individuen, die Partnerschafts- und Haushaltsskripte. Dabei nimmt das Wissen um Körper und Sexualität, Gesundheit und soziale Beziehungen (zu Kindern, zu Partnern) erheblich zu.

Ähnlich wie in der gesellschaftlichen Produktion kommt es zu einem fundamentalen Wandel der Wohnräume (Beheizung, Beleuchtung, Größe, Ausstattung), der Haushaltstechnik (Haushaltsgeräte und -maschinen, Haushaltschemie), der Vorprodukte (aufbereitete Lebensmittel, Fertigprodukte, pflegeleichte Stoffe und Oberflächen) und der Infrastrukturen (Transport, Energie, Kommunikation), die in der Haushaltsproduktion genutzt werden. Auch die Möglichkeiten der Empfängnisverhütung und der gesundheitlichen Versorgung haben sich erheblich erweitert.

Für die Organisation der Haushalte und die Haushaltsproduktion lassen sich einige wesentliche Trends ausmachen, die jedoch im Kontext der oben angesprochenen erheblichen sozialen und siedlungsräumlichen Differenzierungen und im Kontext von Ungleichzeitigkeiten begriffen werden müssen. Zudem ist zu beachten, dass es im Krisenfall immer wieder zur Trendumkehr kommen kann. Generell wird die gewerbliche Produktion aus den Haushalten ausgelagert und die Subsistenzproduktion geht zurück. Mit den sich verändernden Opportunitätskosten von Kindern und mit der Veränderung von Familienskripten geht die Kinderzahl deutlich zurück. Die Kindersterblichkeit verringert sich und die Lebenserwartung erhöht sich erheblich. Die Partnerwahl wird von rigiden sozialen, moralischen und rechtlichen Restriktionen befreit, die soziale und die Bildungshomogamie bleiben jedoch bestehen. Aus sehr verschiedenen Gründen (Auslagerung der Produktion, Verzicht auf Hausangestellte, Rückgang der Untervermietung, Auszug von Verwandten ersten und zweiten Grads) kommt es zu einer Reduktion der Haushalte auf die Kernfamilie. Grundsätzlich nimmt mit dem Zuwachs an öffentlicher und sozialer Sicherheit, mit verbesserter Hygiene und Gesundheitsversorgung, mit der Geburtenkontrolle auch die Planbarkeit des Haushaltshandelns erheblich zu. Dennoch muss die Haushaltsproduktion auch unter widrigsten Rahmenbedingungen aufrechterhalten werden.

Zwischenfazit

Es ist von zentraler Bedeutung, die verschiedenen Momente des Wandels – endogene und exogene Faktoren, Techniken der Produktion, der Organisation beziehungsweise Selbsttechniken und schließlich die sich verändernden Wirklichkeitskonstrukte – in einen Zusammenhang zu bringen.

> »Changes in industries and their governing arrangements can be provoked by exogenous challenges in the environment (such as the emergence of a global market). They can also be provoked by instability induced endogenously by the simple fact that industry-relevant actors invariably play multiple roles and have multifaceted self-understandings. Industry-related players are constantly engaged in socially reflexive processes that seek both to define the character of the context they find themselves within and to determine what their roles should be.«[88]

Bezieht man außerdem die Aktionen und Reaktionen der Haushaltsarena ein, wird ein Zusammenspiel von strategisch und kreativ handelnden Akteuren und Praktiken (und deren intendierten beziehungsweise nichtintendierten Folgen) erkennbar, das zusammengenommen einen eher kontingenten Charakter hat, obwohl sich in jeder einzelnen Arena und in einzelnen Phasen durchaus typische Strategien und Entwicklungstrends ausmachen lassen.

---

88 *Gary Herrigel*, Manufacturing Possibilities. Creative Action and Industrial Recomposition in the United States, Germany, and Japan, Oxford/New York etc. 2010, S. 7.

IV. Analyse des sozialstrukturellen Wandels

Das bis hierher entwickelte Modell lässt sich nun für Analysen des sozialstrukturellen Wandels und sich verändernder sozialer Ungleichheiten nutzen. Dem praxeologischen Ansatz entsprechend geht es dabei darum, die strukturierenden Mechanismen und Momente hinter den Strukturen sozialer Differenz auszumachen.

Momente sozialstrukturellen Wandels

Im Folgenden werden drei Typen von sozialer Ungleichheit unterschieden, die jeweils spezifische Ungleichheitsmechanismen implizieren:

1. *Soziale Ungleichheit (im positionalen Sinne)* entsteht im Kontext von Ranking-Prozessen, indem in Prozessen der gesellschaftlichen Arbeitsteilung (im Rahmen verschiedener Produktions- und Lebensweisen) Arbeiten voneinander abgegrenzt und mit unterschiedlichen Gewinnchancen, Belohnungen, Bewertungen, Rechten et cetera verknüpft werden. Mit der Entwicklung der kapitalistischen und industriellen Produktion entstehen neue Teilungen der Arbeit in den Betrieben, zwischen Kapitaleignern und Lohnabhängigen, aber auch zwischen verschiedenen Typen von Lohnabhängigengruppen. Parallel setzt sich die Teilung von betrieblicher Erwerbsarbeit und haushaltlicher Reproduktionsarbeit durch. Mit der Herausbildung, Abgrenzung und Abschottung der Nationalstaaten und mit deren unterschiedlicher wirtschaftlicher Entwicklung entstehen auch zwischen den Nationalstaaten erhebliche positionale Differenzierungen. Schließlich bringt der Ausbau der Sozialstaaten neue positionale Ungleichheiten im Transfersystem mit sich, indem die Erwerbsbindung des sozialen Sicherungssystems erwerbsbedingte Ungleichheiten fortschreibt und die typischen Lebensrisiken von Männern und Frauen, aber auch von Autochthonen und Migranten in ungleicher Weise abgesichert werden.
2. *Soziale Ungleichheit (im personalen Sinne)* entsteht über die nicht zufällige Besetzung der so differenzierten sozialen Positionen, indem die günstigen und ungünstigen Positionen nach Geschlecht, Migrationshintergrund oder sozialer Herkunft sehr spezifisch zugewiesen werden. Über solchermaßen strukturierte (nicht zufällige) *Sorting*-Prozesse werden aus positionalen Ungleichheiten personale Ungleichheiten. Es lassen sich typischerweise spezifische Personengruppen ausmachen, die eher die guten oder eher die schlechten Positionen besetzen. Die in den *Sorting*-Prozessen zutage tretenden Ungleichheiten sind in der Regel durch biografisch vorausgehende *Self-Sorting-* und *Presorting*-Prozesse bereits angelegt. Wesentliche Selektionen werden somit auf vorgelagerte Bildungsinstitutionen oder im Sinne der Selbstselektion auf die Individuen und Haushalte verschoben, die Lebensentwürfe, Ausbildungen und Berufe wählen, die zu ihnen passen.
3. *Soziale Ungleichheit (im Sinne sozialer Lagen)* entsteht über Praktiken der sozialen und temporalen Kumulierung von (ungleichen) Positionen, also im Haushalt und im Lebens- und Generationenverlauf. Die einen kumulieren im Lebenslauf über die Wahl von Partnern und sozialen Netzwerken Ressourcenreichtum und Chancen, die anderen eher Ressourcenmangel und Risiken. Die Kumulierung von positionalen Differenzen und damit verbundenen Ressourcen bedingt ganz unterschiedliche Möglichkeiten der Bildung von sachlichen und finanziellen Vermögen, die als Sicherheiten dienen und im Generationenverlauf vererbt werden können. Neben dem materiellen Erbe spielt aber auch die Vererbung von kulturellem und sozialem Kapital (soziale Beziehungen, Netzwerke) eine wichtige Rolle für die Stabilisierung sozialer Ungleichheiten. Die Verdichtung von positionalen Differenzierungen zu spezifischen sozialen Lagen führt schließlich zu einer Verdichtung von spezifischen Arbeits- und Lebenserfahrungen im Sinne einer Inkorporierung und Habitualisierung von sozialen Lagen.

Wir haben es also mit ganz verschiedenen Phänomenen und Erklärungen von Ungleichheit zu tun. Es bedürfte daher ganz unterschiedlicher Politiken, um diese Ungleichheiten zu reduzieren. Für die Reduktion der positionalen Ungleichheiten müssten die Gewinn- und Einkommensdifferenzen zwischen den sozialen Positionen begrenzt werden. Die Reduzierung der personalen Ungleichheiten würde Antidiskriminierungsregeln, Chancengleichheit, Antikorruptionsmaßnahmen, aber auch offene Grenzen erfordern. Lagebedingte Ungleichheiten könnten durch die effektive Besteuerung von Erbschaften reduziert werden sowie durch ein Bildungssystem, das ungleiche Startchancen verringert.

Für das Verständnis der relativen Stabilität sozialer Ungleichheiten ist es wichtig, auch die Effekte der institutionellen und der symbolischen Stabilisierungen dieser Ungleichheitsverhältnisse zu beachten. Die Ranking-Prozesse drücken sich auch in der Organisation von Betrieben oder in positionsspezifischen Interessenorganisationen aus. *Sorting*-Prozesse (und die ihnen vorgelagerten *Self*- und *Presorting*-Prozesse) werden vor allem durch die differenzierten und differenzierenden Institutionen der schulischen und beruflichen Bildung oder durch verschiedene Arbeitsmarktsegmente institutionell affirmiert. Die Differenz sozialer Lagen drückt sich schließlich auch in räumlich differenzierten Wohnquartieren und in Lebensstilen aus. Mit diesen differenzierenden Institutionen sind stets legitimierende Narrationen – Sparsamkeit, Leistung, Begabung oder Kultur – verknüpft, die für die Etikettierung von Personen und Personengruppen genutzt werden.

An den verschiedenen Erklärungen wird deutlich, dass strukturierte soziale Ungleichheiten, die in der soziologischen Analyse häufig im Vordergrund stehen, ein eher abgeleitetes Phänomen sind. Sie entstehen und reproduzieren sich in ganz unterschiedlichen sozialen Prozessen und Arenen auf ganz unterschiedlichen Handlungsebenen. Sie lassen sich nicht auf eine Superstruktur (Kapitalismus, Patriarchat oder Rassismus) zurückführen. Der Kapitalismus und die industrielle Weise der Produktion führen zu einer weitgehenden Neuordnung von Ungleichheitsstrukturen. Dies geschieht aber in völlig unterschiedlichen nationalen und imperialen Kontexten. Für die soziale und personale Teilung der Arbeit wird auf historisch bewährte Muster der Unterscheidung von Personen und damit korrespondierende Ungleichheitsideologien zurückgegriffen. Die oben beschriebenen Varietäten des Kapitalismus und seiner Regulierung führen dann eben auch zu Varietäten der Sozialstruktur.

Sozialstruktureller Wandel als Wandel von Ranking-, Sorting- und Kumulierungsprozessen

Die angeführten Erklärungen sozialer Ungleichheit bieten einen guten Ausgangspunkt, um die Entwicklung von Ranking-, *Sorting*- und Kumulierungsprozessen im zeitlichen Verlauf, insbesondere an historischen Bruchstellen zu beobachten. Die allmähliche Durchsetzung der industriell kapitalistischen Produktionsweise hat die Möglichkeit der Erzielung von Gewinnen radikal verändert. Zur Handels- und Finanzsphäre tritt nun die Produktionssphäre als eine wesentliche Quelle zur Schöpfung von Reichtum. Mit den kapitalistischen und industriell organisierten Unternehmen entstehen jenseits des Kleinbetriebs völlig neue Erwerbsmöglichkeiten. Zudem transformieren sich die Haushalte mit der Ausgliederung der Erwerbsarbeit aus dem haushaltlichen Kontext fundamental. Schließlich geht mit der Entwicklung der Sozialstaaten auch die Entstehung von neuen sozialen Positionen einher, die über akkumuliertes Transferkapital finanziert werden.

Somit bietet der hier untersuchte Zeitraum ideale Möglichkeiten der Analyse von Ranking-Prozessen, da es zu einer sehr weitgehenden Neustrukturierung der Teilung von Arbeit und der damit verbundenen Ressourcen kommt, von *Sorting*-Prozessen, da sich die Muster der Positionszuweisung mit der Erosion der ständischen Ordnung neu gestalten und begründen, und von Kumulierungsprozessen, indem sich die Muster ständischer Kumulierung ausdifferenzieren.

Ann Goldberg arbeitet heraus, wie sich nicht nur in Deutschland am Ende des 17. und im frühen 18. Jahrhundert die Vorstellung von geschlechtlich getrennten (zumeist hierarchisch gedachten) »natürlich« begründeten Lebenssphären[89] herausgebildet hat – »a male public world of work, money, and politics« und eine »female private sphere of reproduction and nurturance«.[90] Arbeits- und lebenspraktisch wurde dieses Modell in den folgenden Entwicklungsphasen stets nur selektiv praktiziert. Zudem muss nach sozialen Gruppen, nach Lebensphasen, nach Stadt beziehungsweise Land und nach Normal- beziehungsweise Krisenphasen differenziert werden. Aber es hat die formellen und informellen Normen geprägt, den Fortbestand einer haushaltlich gerahmten Sphäre unbezahlter Arbeit begünstigt und in der Welt der Erwerbsarbeit geschlechtliche Strukturen hinterlassen. Ferner prägte es nachhaltig die politische Sphäre (Staatsbürgerrechte, Restriktion der politischen Teilhabe, Orientierung von sozialen Bewegungen) und schließlich auch die Sozialpolitik (eher Absicherung der männlichen Lebensrisiken).

> »Die Geschlechtsspezifik der Zuteilungen und Bewertungen von Arbeiten ist Jahrhunderte lang reproduziert worden als eine weit über die Erwerbsarbeit hinausreichende, kulturell tief verankerte und zugleich im historischen Wandel ungemein anpassungsfähige Strukturierung von Gesellschaften.«[91]

Der industrielle Kapitalismus wie auch der Sozialstaat bauten auf den geschlechtsspezifischen Ungleichheitsstrukturen auf, inkorporierten sie und intensivierten sie nicht selten.[92] Erst seit den 1960er-Jahren ist eine gewisse Erosion des Modells beziehungsweise seiner Realisationen zu beobachten.

Wandel von Ranking-Prozessen

Im Folgenden soll der langfristige Wandel von Ranking-Prozessen am Wandel des Rankings der unternehmerischen Tätigkeit, der abhängigen Erwerbsarbeit, der unbezahlten Arbeit und der Transferpositionen aufgezeigt werden.

Ranking der unternehmerischen Tätigkeit: Während die Gewinnerzielung im Feudalismus kein zentrales Orientierungsmuster wirtschaftlichen Handels war und durch vielerlei Regulierungen eingehegt wurde[93], verändern sich mit der allmählichen Durchsetzung der kapitalistischen und industrialisierten Produktion die Orientierungsmuster wirtschaftlichen Handels und die Regulierungen treten zurück. Mit der industriellen Revolution entstehen neue Unternehmensformen[94] und mit der Bildung von Großunternehmen, Großbanken und Aktiengesellschaften steigen die Gewinnmöglichkeiten im Industrie- und im Finanzkapitalismus enorm an.[95] Die Kartellbildung wurde kaum begrenzt.[96] Auch die heterogene Gruppe der Freiberufler kann an diesen Zuwächsen teilhaben. Der wirtschaftliche Aufschwung und die komplexer werdenden Unternehmungsstrukturen bringen einen Nachfrageschub, etwa für Rechtsanwälte.[97] Auch das expandierende Gesundheits- und Sozial-

---

89 »Seit der Wende zum 19. Jahrhundert schließlich wurden erhebliche Anstrengungen darauf verwandt, an den Körpern abzulesen, was die Natur der Weiblichkeit und Männlichkeit« zu sein hat. Vgl. *Hausen*, Arbeit und Geschlecht, S. 349.

90 *Goldberg*, Women and Men: 1760–1960, S. 71.

91 *Hausen*, Arbeit und Geschlecht, S. 347.

92 Vgl. *Goldberg*, Women and Men: 1760–1960, S. 75.

93 Vgl. *Wischermann/Nieberding*, Die institutionelle Revolution, S. 43ff.

94 Vgl. ebd., S. 83ff. und 162ff.

95 Vgl. *Hans-Ulrich Wehler*, Deutsche Gesellschaftsgeschichte, Bd. 3: Von der »Deutschen Doppelrevolution« bis zum Beginn des Ersten Weltkrieges. 1849–1914, München 1995, S. 97ff. und 552ff.

96 Vgl. *Wischermann/Nieberding*, Die institutionelle Revolution, S. 272ff.

97 Vgl. *Hannes Siegrist*, Die Rechtsanwälte und das Bürgertum. Deutschland, die Schweiz und Italien im 19. Jahrhundert, in: *Jürgen Kocka* (Hrsg.), Bürgertum im 19. Jahrhundert. Deutschland im europäischen Vergleich, Bd. 2, München 1988, S. 92–123.

wesen eröffnet neue Einkommens- und Gewinnmöglichkeiten.[98] Die Besteuerung der Gewinne und Einkommen bleibt überschaubar: Die Einkommenssteuer für höhere Einkommen wird in Preußen ab 1851 klassifiziert, 1891 wird dort eine Progression eingeführt, schließlich wird ab 1891 im Deutschen Reich eine Gewerbesteuer und ab 1920 eine einheitliche Körperschaftsteuer erhoben.[99]

Ranking der abhängigen Erwerbsarbeit: Beim Ranking der abhängigen Arbeit ist zunächst das physische Arbeitsvermögen von Bedeutung. Nach und nach gewinnt das Merkmal der informalen und formalen Qualifizierung eine differenzierende Bedeutung. Diese wird jedoch durch das vorherrschende Sphären-Modell der Geschlechter überlagert.[100] Dementsprechend werden Männern eher Familienlöhne gewährt, während bei der Entlohnung und den Beschäftigungsverhältnissen von Frauen diese eher als Zuverdienende begriffen werden. Frauenarbeit wird als »sekundäre, allenfalls temporär oder phasenweise relevante Beschäftigung« begriffen.[101] Die Ordnung der Betriebe orientiert sich zunächst an den »Leitbildern aus Politik, Militär und zunftgebundener Wirtschaft«.[102] Allmählich entsteht eine Dreiteilung in kaufmännisches und technisches Management, eine zunehmend ausdifferenzierte Gruppe von Angestellten und schließlich ungelernte, angelernte beziehungsweise Facharbeiter. Diese Gruppen unterscheiden sich nach Einkommen und Arbeitszeit, aber auch nach Beschäftigungssicherheit, Gehaltsfortzahlungen, freiwilligen Sozialleistungen (zum Beispiel Werkswohnungen) und sozialer Sicherung.[103] Mit der Anerkennung der Gewerkschaften, mit der Etablierung und Verrechtlichung von Tarifverhandlungen und mit darauf bezogenen Konfliktverarbeitungsroutinen hat sich die Feinstrukturierung dieser Ranking-Prozesse institutionalisiert und professionalisiert. Neben den Einkommensunterschieden zwischen gelernter und ungelernter, männlicher und weiblicher Arbeit sind auch die Unterschiede zwischen Handwerkszweigen und Industriebranchen, regionale Unterschiede und schließlich das Lebensalter wichtige differenzierende Momente.[104]

Ranking der unbezahlten Arbeit: Das von Goldberg und anderen analysierte Muster der Teilung und Hierarchisierung von Arbeits- und Lebenssphären impliziert das Leitbild der bürgerlichen Familie. Das Modell einer einzig von privaten Transfers lebenden Ehefrau (und Mutter) konnte anfangs nur im Bürgertum realisiert werden. Erst mit der Nachkriegsprosperität wird es breiteren Schichten möglich, dies umzusetzen. Dabei wird das Modell durch erhebliche Steuervorteile und andere familienpolitische Maßnahmen unterstützt.

---

98 De Swaan verweist auf den großen Einfluss der Ärzteschaft auf die Krankenversicherung; sie »bemächtigte sich der Nachfrage- wie auch der Angebotsseite eines kostspieligen Gesundheitswesens«; auch die »Kollektivierung der Fürsorge« gehe mit »einer Transformation der gesellschaftlichen Mittelschicht einher«; *de Swaan*, Der sorgende Staat, S. 203 und 254.

99 Vgl. auch *Wischermann/Nieberding*, Die institutionelle Revolution, S. 160ff.

100 Vgl. *Goldberg*, Women and Men: 1760–1960, S. 75f: »The male breadwinner [...] justified paying women lower wages, keeping them out of higher paid, unionized ›male‹ jobs in heavy industry, and withholding promotions to managerial positions. It also affected skill definitions (and, hence, wage scales) themselves. Even within the same workplace, tasks performed by women could be classified as unskilled, whereas the same or similar male tasks were labeled as semi-skilled. Skill, in other words, was in part a social construct, the result both of employer exploitation and the demands of many male workers.«

101 *Hausen*, Arbeit und Geschlecht, S. 351.

102 Vgl. *Wischermann/Nieberding*, Die institutionelle Revolution, S. 98; *Gertraude Mikl-Horke*, Industrie- und Arbeitssoziologie, 6., vollst. überarb. Aufl., München/Wien 2007, S. 97ff.

103 Vgl. *Wischermann/Nieberding*, Die institutionelle Revolution, S. 239ff.; *Welskopp*, Unternehmen Praxisgeschichte, S. 229–255; *Patrick Fridenson*, Herrschaft im Wirtschaftsunternehmen. Deutschland und Frankreich 1880–1914, in: *Kocka*, Bürgertum im 19. Jahrhundert, S. 65–91.

104 *Gestrich/Krause/Mitterauer*, Geschichte der Familie, S. 448ff.

Ranking von Transferpositionen: Mit dem Ausbau des Schulsystems und mit der Entwicklung der Sozialversicherungen entstehen völlig neue soziale Positionierungen. Sie werden abgegrenzt und mit monetären oder nichtmonetären Ansprüchen verknüpft, erfahren aber auch spezifische gesellschaftliche Bewertungen und Zuschreibungen. Parallel entwickeln sich Berufsfelder, die diese Leistungen organisieren und die darauf bezogenen *Sorting*-Prozesse vornehmen. Mit den Sozialversicherungen entstehen, auch in der gesellschaftlichen Wahrnehmung, neue soziale Gruppen, die von öffentlichen Transfers abhängen: Arbeitsunfähige, Invaliden, Rentnerinnen und Pensionäre oder Arbeitslose.[105] In ähnlicher Weise werden mit dem Ausbau der schulischen und beruflichen Bildung neue Positionen geschaffen, die von Haushalten, Unternehmen oder vom Sozialstaat finanziert werden: Schüler, Auszubildende und Studentinnen. Insgesamt kommt es zu erheblichen Verschiebungen zwischen den Arenen, indem Fürsorgeleistungen von Kommunen, subsidiären Organisationen und Haushalten, aber auch von Unternehmen auf den Sozialstaat übertragen und neu definiert werden. Zugleich entstehen den Haushalten wie den Unternehmen neue Belastungen.

Wandel von Sorting-Prozessen

Wie auch bei den Ranking-Prozessen vollzieht sich mit der Herausbildung der neuen Produktionsweise und den sich entwickelnden Sozialstaaten eine weitgehende Umgestaltung der *Sorting*-Prozesse – vom ständisch strukturierten zum marktorientierten *sorting*. Zugleich bleiben jedoch die personenbezogenen Muster, nach denen sie organisiert sind (Geschlecht, soziale Herkunft, weitere Konstrukte von »Anderen«), relativ stabil.

Sorting-Prozesse: Wischermann und Nieberding beschreiben, wie sich die ständischen Orientierungsmuster zunächst auch in den industriellen Betrieben fortsetzen. Nicht nur die Betriebsleitung blieb in der Familie, auch bei den Beschäftigten wurde die Unternehmenszugehörigkeit oftmals vererbt.[106] Im 19. und frühen 20. Jahrhundert kommt es allmählich zu einer Professionalisierung der *Sorting*- und *Presorting*-Prozesse. Mit der Entwicklung von komplexeren Betriebsstrukturen und von Führungs- und Bewertungstechniken professionalisieren sich die Auswahl, die Entlohnung, die Kontrolle und der Aufstieg von Arbeitskräften. Eigene Abteilungen übernehmen diese Aufgaben von den Meistern. Erkundigungen, Zeugnisse, Gesundheitsprüfungen, technische Arbeitszeit- und Leistungskontrollen sowie Verhaltens- und Leistungsbeurteilungen spielen eine wachsende Rolle.[107] Diese Verfahren werden beständig weiterentwickelt[108] und durch die Einbindung der betrieblichen Interessenvertretungen sozial eingehegt. Sie ermöglichen eine Professionalisierung des Aussortierens; wer den disziplinären und den Leistungsansprüchen nicht genügt, wird sanktioniert oder entlassen. Auch der außerbetriebliche Arbeitsmarkt wird durch kommunale Vermittlungsstellen, Berufsämter und später Arbeitsämter weiter institutionalisiert und professionalisiert.[109]

Presorting-Prozesse: Mit der Einrichtung von Elementarschulen und dem Ausbau der schulischen und beruflichen Bildung entsteht ein komplexes Bildungssystem, das die *Presorting*-Prozesse strukturiert. Durch die wachsende Bedeutung formaler Qualifizierungen im Erwerbsleben wird das *presorting* auch für Prozesse sozialer Differenzierung bedeutsam.

105 Vgl. *de Swaan*, Der sorgende Staat, S. 197ff., und *Bénédicte Zimmermann*, Arbeitslosigkeit in Deutschland. Zur Entstehung einer sozialen Kategorie, Frankfurt am Main/New York 2006 (zuerst frz. 2001).

106 Vgl. *Wischermann/Nieberding*, Die institutionelle Revolution, S. 99.

107 Vgl. ebd., S. 244 und 246.

108 Vgl. *Ruth Rosenberger*, Experten für Humankapital. Die Entdeckung des Personalmanagements in der Bundesrepublik Deutschland, München 2008.

109 Vgl. *Wischermann/Nieberding*, Die institutionelle Revolution, S. 231f.

De Swaan konstatiert für Preußen, dass das »fast kastenartige dreistufige Schulsystem soziale Aufstiegschancen massiv beschränkte«.[110] Hartmut Kaelble bilanziert, dass es bis 1960 nicht zu »langfristigen Veränderungen bei der Verteilung von Bildungschancen« gekommen sei.[111] Die Einschätzung Wehlers fällt demgegenüber moderater aus. So resümiert er den Ausbau des Schulsystems in der zweiten Hälfte des 19. Jahrhunderts:

»Die Segmentierung hielt ohne Zweifel an, Privilegien wurden weiter verteidigt. An snobistischer Bildungsarroganz gegenüber den ›Ungebildeten‹ herrschte kein Mangel. Aber es gab zunehmend auch soziale Öffnung anstelle von starrer Schließung, es gab die Schleusenwirkung der höheren Schulen zugunsten der Aufstiegsmobilität.«[112]

Auch nach der Expansion des Bildungswesens in den 1960er- und 1970er-Jahren bleiben die Einschätzungen eher skeptisch. »Die Bildungsreformen sind zwar vielen zugute gekommen. Doch das ›enorme Beharrungsvermögen‹ positiver oder negativer klassenspezifischer ›Chancenunterschiede‹ hat die Chancenungleichheit de facto vergrößert.«[113]

Soziale Schließungen: Zusammenfassend können die Effekte der verschiedensten *Sorting*- und *Presorting*-Prozesse aus der Perspektive sozialer Schließungen resümiert werden.[114] Diese Schließungen beziehen sich zum einen auf ganz unterschiedliche Felder: den Nationalstaat, den Arbeitsmarkt, die Ausbildung und so weiter. Zum anderen werden soziale Schließungen ganz unterschiedlich durchgesetzt, sie können auf formelle Regelungen (Gesetze, Berufs- oder Ausbildungsordnungen), auf Konventionen verschiedener Art und schließlich auf eher informelle Schließungspraktiken zurückgehen. Mit der Herausbildung von Nationalstaaten geht deren Abgrenzung und soziale Schließung einher. Auch innerhalb der Nationalstaaten kommt es in verschiedenen Feldern zu Schließungen.

Für die hier verfolgten Fragen sind insbesondere die arbeitsbezogenen und die politischen beziehungsweise sozialpolitischen Schließungen von Interesse. Im politischen Raum werden soziale Schließungen – wenn man zunächst die Schließungen nach dem Geschlecht betrachtet – vor allem über den Ausschluss vom aktiven und passiven Wahlrecht (bis 1918) sowie über ein bis 1908 währendes Verbot der politischen Organisierung von Frauen vollzogen. Die Folgen dieses Ausschlusses insbesondere in der Konstituierungsphase der politischen Institutionen sind nachhaltig, bis 1983 liegt der Frauenanteil im Reichs- beziehungsweise Bundestag nicht über 10%.

Arbeitsbezogene Schließungen erfolgen über die Struktur der verschiedenen Arbeitsmärkte, beim Zugang zu sozialen Positionen *(sorting)*, im Ausbildungssystem *(presorting)* und im Prinzip auch bei den *Self-sorting*-Prozessen. Dabei spielen geschlechtsbezogene Schließungen im 19. und auch noch im 20. Jahrhundert eine zentrale Rolle.[115] Der Zugang zu vielen beruflichen Positionen ist Frauen durch verschiedene Regularien verwehrt: durch Berufs- und Beschäftigungsverbote, durch den Ausschluss von den einschlägigen schulischen und beruflichen Ausbildungsgängen, durch den Ausschluss von einzelnen Segmenten des öffentlichen Diensts, durch die Sanktion von »Doppelverdienerinnen«, durch familienrecht-

---

110 Vgl. *de Swaan*, Der sorgende Staat, S. 105.

111 Vgl. *Hartmut Kaelble*, Soziale Mobilität und Chancengleichheit im 19. und 20. Jahrhundert. Deutschland im internationalen Vergleich, Göttingen 1983, S. 149.

112 *Wehler*, Deutsche Gesellschaftsgeschichte, Bd. 3, S. 414.

113 Vgl. *ders.*, Deutsche Gesellschaftsgeschichte, Bd. 5: Bundesrepublik und DDR. 1949–1990, München 2008, S. 196.

114 Hier wird mit einem Begriff von sozialen Schließungen gearbeitet, wie ihn Sylvia Marlene Wilz vorschlägt, vgl. *Sylvia Marlene Wilz*, Für und wider einen weiten Begriff von Schließung. Überlegungen zur Theorie sozialer Schließung am Beispiel von Geschlechterungleichheiten, in: *Jürgen Mackert* (Hrsg.), Die Theorie sozialer Schließung. Tradition, Analysen, Perspektiven, Wiesbaden 2004, S. 213–231.

115 Vgl. *Goldberg*, Women and Men: 1760–1960, S. 75.

liche Beschränkungen der Frauenerwerbstätigkeit oder durch das selektive Arbeitsrecht (Verbot der Nachtarbeit, Regelungen zum Mutterschaftsschutz). Gleichbedeutend sind die Praktiken der konventionalistischen und der informellen Schließung (Männerbünde, geschlechtsspezifische Skripte und Normalvorstellungen). Grundsätzlich lassen sich eine Verschiebung von formellen zu informellen Schließungen und ein gewisser Rückgang von sozialen Schließungen beobachten. Es finden sich aber auch Phasen des Rückschritts – im Nationalsozialismus oder in den 1950er-Jahren.

Verglichen mit der vorindustriellen Geschlechterordnung sind mit der Industrialisierung auch soziale Öffnungen verbunden:

»Industrialization, while reinforcing sex-segregation in the workplace, also, in undermining the patriarchal *Ganzes Haus*, freed the sexual and marital choices of youths. The dispossessed urban working classes were no longer bound in their sexual and marital choices by the constraints of inheritance and property. [...] The personalized, familial authority of the *Hausvater* was being replaced by the more distant and impersonal authority of the mill owner.«[116]

Auch jenseits der Produktionsarena setzt sich die geschlechtsspezifische Schließung fort, wenn soziale Sicherungssysteme an bestimmte Erwerbskarrieren (männliche »Normalarbeit«) gebunden sind.

Eine wichtige Rolle spielen auch soziale Schließungen entlang nationalistischer und rassistischer Differenzkonstrukte. So werden zum Beispiel in den 1880er-Jahren 32.000 polnische Arbeitskräfte aus dem Deutschen Kaiserreich ausgewiesen.[117] In der Weimarer Republik setzt sich eine protektionistische Migrationspolitik fort.[118] Nach der Machtübernahme der Nationalsozialisten ist die jüdische Bevölkerung von weitreichenden Berufsverboten betroffen, sie wird in die Emigration gezwungen, verfolgt, interniert und ermordet. Ähnliches gilt für die Sinti und Roma. In der Bundesrepublik erfahren Migrantinnen und Migranten darüber hinaus im Schulsystem systematische Benachteiligungen, wenn Kinder nicht der Schulpflicht unterliegen, das System nicht an die Mehrsprachigkeit in einer Migrationsgesellschaft angepasst ist und mangelnde Deutschkenntnisse auf »Sonderschulen« führen; das setzt sich am Arbeitsmarkt fort.[119] Auch Faktoren wie die soziale Herkunft (vgl. unten), das Alter von Erwerbstätigen[120] und schließlich die sexuelle Orientierung werden für Ausgrenzungen genutzt.

Wandel von Kumulierungsprozessen

Differente soziale Lagen entstehen über soziale und temporale Kumulierungsprozesse. *Soziale Kumulierungsprozesse* erfolgten zunächst über die ständische Heirat. Aber auch mit der Erosion ständischen Denkens verschwindet die soziale Homogamie nicht. So bleiben die Homogamie und das Konnubium für das Handwerk[121] und die Bourgeoisie[122], aber

116 Vgl. ebd., S. 77.

117 Vgl. *Andrew Zimmerman*, Race and World Politics. Germany in the Age of Imperialism, 1878–1914, in: *Walser Smith*, The Oxford Handbook of Modern German History, S. 359–377.

118 Vgl. *Jochen Oltmer*, Migration und Politik in der Weimarer Republik, Göttingen 2005, S. 86f.

119 Zum Schulsystem vgl. die Beiträge in *Claudia Diehl/Christian Hunkler/Cornelia Kristen* (Hrsg.), Ethnische Ungleichheiten im Bildungsverlauf. Mechanismen, Befunde, Debatten, Wiesbaden 2016, und *Sabine Hornberg/Christian Brüggemann* (Hrsg.), Die Bildungssituation von Roma in Europa, Münster/New York etc. 2013. Zur Arbeitsmarktpolitik vgl. die Beiträge in *Dittmar Dahlmann/Margrit Schulte Beerbühl* (Hrsg.), Perspektiven in der Fremde? Arbeitsmarkt und Migration von der Frühen Neuzeit bis in die Gegenwart, Essen 2011.

120 Zum Zyklus des Lebensverdiensts vgl. *Wehler*, Deutsche Gesellschaftsgeschichte, Bd. 3, S. 145f.

121 Vgl. *Gestrich/Krause/Mitterauer*, Geschichte der Familie, S. 443f.

122 Vgl. *Wehler*, Deutsche Gesellschaftsgeschichte, Bd. 3, S. 119.

auch für andere soziale Gruppen von großer Bedeutung. Diese »klassenspezifischen Heiratsmärkte« setzen sich im 20. Jahrhundert fort.[123]

Temporale Kumulierungsprozesse finden zunächst im Lebensverlauf statt. Hier bieten sich Männern mit ihren an die Marktgesellschaften angepassten durchgängigen Erwerbsbiografien weitaus bessere Chancen der Kumulierung von Kapitalien. Bedeutsam sind aber auch die Unterschiede nach sozialen Positionen; die Möglichkeiten der temporalen Kumulierung von ökonomischem Kapital bieten sich nur jenen, deren Einkommen und Gewinne deutlich über dem Lebensunterhalt liegen. Während die Kapitalbildung – auch für Phasen des Alters und der Erwerbsunfähigkeit – zunächst eher den Selbstständigen und Freiberuflern vorbehalten ist, kommt es mit der Einführung und dem Ausbau der Sozialversicherung auch zur Kumulierung von »Transferkapital« bei den abhängig Beschäftigten.[124]

Für die Kumulierung von Kapitalien im Generationenverlauf spielt die Frage der sozialen Mobilität beziehungsweise Immobilität eine zentrale Rolle. Wehler unterstreicht die ausgeprägte Reproduktion sozialer Lagen sowohl in der Bourgeoisie als auch in der Arbeiterschaft.[125] Kaelble konstatiert, dass die vertikale Aufstiegsmobilität zumindest bei den nicht agrarischen Gruppen zwar etwas zunahm, verweist jedoch auf Perioden der Stagnation und des Rückgangs sowie auf fortbestehende Defizite der Chancengleichheit. Wesentliche Mobilitätsbarrieren lägen im gestuften Ausbildungssystem und in der Schichtung etwa des Öffentlichen Diensts.[126] Auch die Elitenforschung (vgl. unten) betont die zentrale Bedeutung der sozialen Selbstrekrutierung dieser Gruppe.

Über die Weitergabe ökonomischen und kulturellen, aber auch sozialen und symbolischen Kapitals erfolgt die generationsübergreifende Reproduktion sozialer Lagen. Wischermann und Nieberding begreifen das Erbrecht und die Besteuerung von Erbschaften und Schenkungen als einen der »politischen Hauptkampfplätze des 19. Jahrhunderts«.[127] Die öffentliche Debatte um die Besteuerung von Erbschaften setzt schon in den 1830er-Jahren ein. Nach einzelstaatlichen Regelungen kommt es 1906 zu einer einheitlichen Erbschaftssteuer[128], 1893 war bereits eine Vermögensteuer eingeführt worden. Die Höhe beider Steuern bleibt aber zumeist moderat.[129] Während Fragen der Vererbung im 19. und in der ersten Hälfte des

123 Vgl. *ders.*, Deutsche Gesellschaftsgeschichte, Bd. 5, S. 179ff. und *Weischer*, Soziale Ungleichheiten 3.0, S. 328f.

124 De Swaan konstatiert angesichts der beträchtlichen Abgaben der Lohnarbeiter sogar eine Annäherung an die besitzenden Schichten. Wesentliche Unterschiede liegen jedoch in der Verfügbarkeit dieses Kapitals, es war an den Staat gebunden und nicht vererbbar, also nicht akkumulierbar. Implizit werden mit diesem Transferkapital und seiner Verwaltung die Arbeiter und ihre Organisationen stärker an den Staat gebunden. Vgl. *de Swaan*, Der sorgende Staat, S. 170ff.

125 Vgl. *Wehler*, Deutsche Gesellschaftsgeschichte, Bd. 3, S. 118 und 150.

126 Vgl. *Kaelble*, Soziale Mobilität und Chancengleichheit im 19. und 20. Jahrhundert, S. 122ff.

127 Vgl. *Wischermann/Nieberding*, Die institutionelle Revolution, S. 55.

128 Jens Beckert macht im Vergleich zu den USA auf einen wichtigen Unterschied in den Debatten aufmerksam. In den USA ging es um die Schaffung von »gleichen Ausgangsbedingungen für die Verteilung von Privateigentum«, in Deutschland waren sozialpolitische Maßnahmen zu finanzieren. Auch für das 20. Jahrhundert konstatiert Beckert, das Thema »Chancengleichheit mittels Vermögensumverteilung« spiele in Deutschland kaum eine Rolle; vgl. *Jens Beckert*, Unverdientes Vermögen. Soziologie des Erbrechts, Frankfurt am Main/New York 2004, S. 247 und 281.

129 Beckert verweist auf die im Vergleich zu den USA wesentlich niedrigeren Steuer- beziehungsweise Progressionssätze; vgl. ebd., S. 246. Die Ende der 1940er-Jahre von den Alliierten vorgenommene Anhebung der Steuersätze wurde bereits Anfang der 1950er-Jahre zurückgenommen, Ähnliches war auch zu Beginn der Weimarer Republik geschehen; zudem weist Jürgen Dinkel auf die Rolle von (interessierten) Beratern (Banken und andere Institutionen) hin, die Vererbung erleichtern und Besteuerung verringern; vgl. *Jürgen Dinkel*, Erben und Vererben in der Moderne. Erkundungen eines Forschungsfelds, in: AfS 56, 2016, S. 81–108.

20. Jahrhunderts ausschließlich ein Thema der mittleren und oberen Klassen waren, kommen mit der Nachkriegsprosperität weitere soziale Gruppen hinzu. Zudem führt auch die Tatsache, dass seit dem Zweiten Weltkrieg »keine größeren Vermögenswerte mehr durch Krisen oder Kriege«[130] oder durch Vertreibung und Migration vernichtet wurden, zu beständig wachsenden Vermögensbeständen beziehungsweise -erträgen und damit zu einem wesentlichen Moment sozialer Ungleichheit.

Die sozialen Auseinandersetzungen um die Einführung der Elementarschule, um das gegliederte Schulsystem und das Gymnasium machen deutlich, dass auch die gesicherte Weitergabe kulturellen Kapitals und der Erhalt kultureller Monopole ein Politikum ist.[131]

Sozialstruktureller Wandel als Wandel von Lage-, Positions- und Personengruppen

Der sozialstrukturelle Wandel im 19. und 20. Jahrhundert lässt sich anknüpfend an das skizzierte Modell auf der einen Seite als ein Wandel der sozialen Positionen charakterisieren, auf der anderen Seite als ein Wandel sozialer Lagen. Der *Wandel sozialer Positionen* ist eng mit dem oben dargestellten fundamentalen Wandel des gesellschaftlichen Produktions- und Reproduktionsprozesses und seiner Regulierung in dieser Zeit verbunden. Die Möglichkeiten alltäglichen Überlebens, der Erwerbsarbeit und der Gewinnerzielung haben sich mit der Transformation des Produktionssektors und der Herausbildung regulierender Instanzen grundsätzlich verändert. Der *Wandel sozialer Lagen* hängt demgegenüber grundsätzlich nur mittelbar mit der sich erheblich verändernden Struktur sozialer Positionen zusammen. Die Vermittlung erfolgt wie dargestellt über die Prozesse der temporalen und sozialen Kumulierung von Positionen, also im Lebens- und im Generationenverlauf und im Haushalts- und Netzwerkzusammenhang. Soziale Lagen und soziale Positionen stehen in einem engen Zusammenhang, wenn die inter- und die intragenerationelle soziale Mobilität gering ist, die umverteilenden Effekte von Sozialstaaten wenig ausgeprägt sind und die soziale Sicherung in hohem Maße erwerbsgebunden erfolgt. Dieser Zusammenhang existiert ferner, wenn die Partnerwahl dem Kriterium sozialer Nähe folgt, der gesellschaftliche Wandel gering ist und geschlossene und erwerbsgebundene Sozialmilieus vorherrschen. Falls diese Kriterien so nicht gegeben sind, stellen sich eher losere Zusammenhänge zwischen sozialen Positionen und sozialen Lagen ein.

Eine wichtige Rolle für den Erhalt sozialer Lagen spielen, angesichts des rapiden gesellschaftlichen Wandels, Strategien der Anpassung und Konvertierung. So wird es aus der Perspektive sozialer Lagen zu einer zentralen Frage, wie gut es verschiedenen sozialen Gruppen gelingt, sich den verändernden Möglichkeitsräumen anzupassen und diese für sich zu nutzen. Das betrifft zum Beispiel den Adel[132] oder den alten Mittelstand, es betrifft aber auch die Landarbeiter oder die Erwerbstätigen in Krisenbranchen (zum Beispiel Textilindustrie) beziehungsweise -regionen (zum Beispiel in den Montanregionen).

Lage- und Positionsgruppen im sozialstrukturellen Wandel

Im Folgenden wird der Wandel sozialer Lagen zum einen entlang verschiedener Lage- (Klassen und Schichten) und Positionsgruppen (Unternehmer, Angestellte und Arbeiter), zum anderen entlang verschiedener Personengruppen (geschlechtlich und ethnisch-kultu-

130 Vgl. ebd., S. 98.

131 Vgl. *de Swaan*, Der sorgende Staat, S. 96ff.

132 »Die alten Eliten verstanden es meisterhaft, sich neue Ideen und Verhaltensformen selektiv anzueignen, ohne zuzulassen, daß hierdurch ihr traditioneller Status, ihre Mentalität und ihre Weltanschauung ernsthafte Brüche erlitten«. Es kam zu einer »Aufweichung«, aber nicht zu einer »Deklassierung des Adels«; vgl. *Arno J. Mayer*, Adelsmacht und Bürgertum. Die Krise der europäischen Gesellschaft. 1848–1914, München 1988 (zuerst engl. 1981), S. 19.

rell differenzierte Gruppen) skizziert.[133] In den vorliegenden soziologischen und sozialgeschichtlichen Darstellungen wird die hier getroffene Unterscheidung von sozialen Positionen und sozialen Lagen explizit nicht genutzt[134]; daher fließen in dieser Skizze positionale und Lagekonzepte zusammen. Für die Analyse sozialstruktureller Lagen im 19. und 20. Jahrhundert findet sich in den soziologischen und sozialgeschichtlichen Darstellungen ein gewisser Konsens.[135] Durchgängig wird (zumindest bis zum ersten Drittel des 20. Jahrhunderts) zwischen ländlichen und städtischen Sozialstrukturen unterschieden. In diesem Rahmen werden verschiedene Gruppen des Bürgertums oder des Mittelstands und verschiedene Gruppen der entstehenden Arbeiterschaft unterschieden. Zudem werden städtische und ländliche Unterschichten oder Armutsgruppen analysiert. Relativ indifferenter ist der Umgang mit der Frage von herrschenden Klassen. Mann unterscheidet entlang der Ausübung ökonomischer, politischer und militärischer Macht verschiedene Fraktionen der herrschenden Klasse, legt aber keine zusammenhängende Analyse vor. Wehler arbeitet historisch variierend mit unterschiedlichen Begrifflichkeiten, so spricht er zunächst von der »Oberklasse des Adels« und der »Spitzenbourgeoisie«, später von »Eliten«.[136]

Soziale Gruppen im ländlichen Raum: An der Spitze der ländlichen Gesellschaft steht die Gruppe der Grundherren, die als Hochadel, Gentry oder Bürger über größeren Landbesitz verfügen und eine nicht geringe Zahl von Arbeitskräften beschäftigen.[137] Sie bilden das Zentrum der ländlichen Herrschaftsbeziehungen und organisieren sich im Sinne der Besitzstandswahrung. Die sehr heterogene Gruppe der Bauern und Kleinbauern positioniert sich zwischen den Großbesitzenden und den Landlosen. Die Landlosen stehen schließlich als Freie oder Unfreie in der unmittelbaren Abhängigkeit der Grundherren. Der Anteil

133 »Positionsgruppen« sind soziale Gruppen, die eine bestimmte soziale Position im gesellschaftlichen Produktions- und Reproduktionsprozess innehaben; zum Beispiel Berufspositionen, aber auch Transferpositionen. »Lagegruppen« sind soziale Gruppen, die sich in einer ähnlichen sozialen Lage befinden; zum Beispiel das Bürgertum, das über bestimmte Positionen verfügt, aber auch durch bestimmte Lebensweisen und -orientierungen ausgewiesen ist. »Personengruppen« sind soziale Gruppen, die ein relativ unveränderliches Merkmal und die damit verbundenen Lebenserfahrungen gemeinsam haben; zum Beispiel ein Geschlecht, einen Migrationshintergrund oder eine soziale Herkunft.

134 Implizit wird das jedoch aufgenommen, wenn man sich begrifflich auf soziale Positionen (zum Beispiel die Arbeiter) bezieht, analytisch aber auch die Arbeiterfrauen, die Lebenswege, die soziale Herkunft und das Arbeitermilieu, also Elemente der sozialen Lage, einbezieht. Umgekehrt wird von sozialen Lagen (zum Beispiel dem Bürgertum) gesprochen und es wird neben der Lebensweise und den Familienformen auch die dahinterstehende soziale Positionierung analysiert. Auch die webersche Unterscheidung von Besitz- und Erwerbsklassen einerseits beziehungsweise von sozialen Klassen andererseits wird nur bedingt aufgegriffen; vgl. *Weber*, Wirtschaft und Gesellschaft, S. 177ff.

135 Vgl. *Mann*, Geschichte der Macht, Bd. 3, Teil II; *Wehler*, Deutsche Gesellschaftsgeschichte, Bde. 2–5; *Kocka*, Bürgertum im 19. Jahrhundert; *Klaus Tenfelde* (Hrsg.), Arbeiter im 20. Jahrhundert, Stuttgart 1991.

136 Vgl. *Wehler*, Deutsche Gesellschaftsgeschichte, Bd. 3, S. 845; *ders.*, Deutsche Gesellschaftsgeschichte, Bd. 5, S. 124ff. Von »herrschender Klasse« spricht Wehler nur im Kontext der Sozialstruktur der DDR; vgl. *Wehler*, Deutsche Gesellschaftsgeschichte, Bd. 5, S. 218. Das Elitenkonzept schließt sich Michael Hartmann an, der darunter »Inhaber von Herrschaftspositionen« versteht, »die kraft der Macht, die mit der von ihnen besetzten Position verbunden ist, in der Lage sind, wichtige gesellschaftliche Entscheidungen maßgeblich zu bestimmen bzw. zu beeinflussen oder ›zur Erhaltung oder Veränderung der Sozialstruktur und der sie tragenden Normen unmittelbar beizutragen‹«; vgl. *Michael Hartmann*, Der Mythos von den Leistungseliten. Spitzenkarrieren und soziale Herkunft in Wirtschaft, Politik, Justiz und Wissenschaft, Frankfurt am Main/New York 2002, S. 25; das Zitat Hartmanns stammt aus *Hans Peter Dreitzel*, Elitebegriff und Sozialstruktur. Eine soziologische Begriffsanalyse, Stuttgart 1962, S. 71.

137 *Mann*, Geschichte der Macht, Bd. 3, Teil II, S. 182ff.

der ländlichen Unterschichten (Kleinstellenbesitzer, Landlose und freies beziehungsweise unfreies Gesinde) wird von Wehler für Preußen um 1800 mit 63% angeben, in anderen Regionen liege er noch deutlich höher.[138] In der Pauperismuskrise spitzt sich die Lage der ländlichen Unterschichten weiter zu. Mit der Durchsetzung des Agrarkapitalismus in der zweiten Hälfte des 19. Jahrhunderts entsteht schließlich ein großes ländliches Proletariat.[139]

Die starke soziale Differenzierung der agrarischen Gesellschaft wird jedoch von einer ausgeprägten sektoralen Orientierung überlagert. Man ist den Unbilden der Natur ausgesetzt und in territorial ganz unterschiedlich strukturierte Dörfer segregiert, auch die religiöse Orientierung markiert wichtige Unterscheidungen. Zudem steht man als Nahrungsmittelproduzent im Gegensatz zu den städtischen Konsumenten und entwickelt unterschiedliche Interessen an die Regulierung der nationalen Agrarmärkte.[140] Mit der Kommerzialisierung und Globalisierung der Landwirtschaft vor und während der industriellen Revolution kommt es zu einer Polarisierung der sozialen Lagen. Massive Prozesse der Ab- und Auswanderung setzen ein. Später verschränkt sich die bäuerliche Produktion zunehmend mit der kapitalistischen. Es entsteht eine »symbiotische Beziehung zwischen bäuerlichem Haushalt, Kapitalismus und Militärstaat«[141], in der die kleinbäuerlichen Haushalte nicht nur Lebensmittelproduzenten, sondern auch flexible Arbeitnehmer und Soldaten stellen. Mit dem Wandel der ländlichen (und städtischen) Produktionsweise, dem Sozialstaat und dem technischen und infrastrukturellen Wandel verliert der ländliche Sozialraum seine Spezifika. Bei fortbestehenden Differenzen in der räumlichen Struktur und der Lebensweise entsteht ein eher zusammenhängender Sozialraum.

Herrschende soziale Gruppen: Wehler sieht an der Spitze der Sozialhierarchie des Deutschen Kaiserreichs eine Oberklasse des Adels und die Spitzenbourgeoisie, die zusammen mit dem Bildungs- und dem Wirtschaftsbürgertum gut 5% der Bevölkerung ausmachen.[142] In der Weimarer Gesellschaft habe nach der Demontage der adligen Machtelite eine Doppelspitze der besitzenden und gebildeten Bürgerklassen die hegemoniale Stellung übernommen.[143] Für die Bundesrepublik nutzt Wehler das Konzept der Eliten. In Abgrenzung vom Modell einer herrschenden Klasse als einer kompakten politischen Machtelite betont er, dass »Machtsegmentierung und Machtdiffusion den Alltag beherrschen« und »temporäre Allianzen«, nicht dauerhafte Koalitionen die Regel seien.[144] Im Anschluss an Michael Hartmann hebt Wehler die Bedeutung der Wirtschaftselite und der politisch administrativen Elite (Politik, Administration, Justiz und Militär) hervor. Entgegen dem Mythos der Leistungselite dominieren mit geringen Variationen (beim Militär) die Effekte der sozialen Herkunft. Die neueren Forschungen Hartmanns bestätigen diese Befunde.[145]

Soziale Gruppen in mittleren Lagen: Den Mittelklassen spricht Mann eine ebenso große Bedeutung zu wie der Arbeiterklasse. Er unterscheidet drei Fraktionen: auf der Basis des Eigentums das Kleinbürgertum (die Inhaber kleiner Familienbetriebe im Handwerk oder im Handel), auf der Basis der Hierarchie die Lohn- und Gehaltsempfänger (in der Administration von Unternehmen und öffentlichen Verwaltungen) und auf der Basis der auto-

138 *Hans-Ulrich Wehler*, Deutsche Gesellschaftsgeschichte, Bd. 1: Vom Feudalismus des alten Reiches bis zur defensiven Modernisierung der Reformära. 1700–1815, München 1996, S. 171.

139 Wehler spricht von etwa sechs Millionen, vgl. *Wehler*, Deutsche Gesellschaftsgeschichte, Bd. 3, S. 839.

140 Vgl. *Mann*, Geschichte der Macht, Bd. 3, Teil II, S. 186.

141 Ebd., S. 187.

142 *Wehler*, Deutsche Gesellschaftsgeschichte, Bd. 3, S. 845f.

143 *Ders.*, Deutsche Gesellschaftsgeschichte, Bd. 4: Vom Beginn des Ersten Weltkriegs bis zur Gründung der beiden deutschen Staaten. 1914–1949, München 2003, S. 343.

144 *Ders.*, Deutsche Gesellschaftsgeschichte, Bd. 5, S. 124.

145 Vgl. *Michael Hartmann*, Soziale Ungleichheit – Kein Thema für die Eliten?, Frankfurt am Main/New York 2013.

ritativ staatlichen Lizenzierung berufsständischer Macht (freie Berufe, alte und neue Professionelle, später auch Semiprofessionelle).[146] Letztere stehen in gewisser Dissonanz zur kapitalistischen Produktion, sie sind aber mit der »diffusen Organisation der kapitalistischen Nationalstaaten« eng verwoben.[147] Der Bedeutungszuwachs der administrativen und der freien Berufe steht mit der Ausweitung und der Rationalisierung, Technisierung und Globalisierung der Produktion und mit dem Ausbau der staatlichen Verwaltung in engem Zusammenhang. Das industrielle Wachstum geht zulasten der kleinbürgerlichen Wirtschaftsweise, es entstehen aber auch neue Symbiosen, indem Großbetriebe spezifische Teile der Fertigung auslagern oder indem Kleinbetriebe neue Marktsegmente erschließen. Mit Ausnahme des Handwerks und der (meist weiblichen) untergeordneten Büro- und Verkaufsberufe kommt es kaum zu einer Proletarisierung.[148] Die übrigen Gruppen, vor allem die höheren Berufsstände, sind »in Fragen der politischen Ökonomie in der Regel loyale Verbündete des Kapitals«[149], die anderen partizipieren in der staatlichen Administration »am autoritativen Nationalstaat«.[150] Der Ausbau des Sozialstaats im 20. Jahrhundert führt zu einer Transformation der Mittelschicht. Neben die »Selbstständigen und Kleinunternehmer traten auf breiter Basis hoch gebildete Arbeitnehmer großer Organisationen. [...] Dadurch verschob sich ihr Rückhalt vom privaten Wirtschaftskapital zum Bildungs- und zu Anteilen am kollektiven Transferkapital«.[151] Die Mittelschichten wurden somit stärker an den Staat gebunden.

Soziale Gruppen in der Arbeiterschaft: Die Arbeiterschaft gewinnt insbesondere mit der zweiten industriellen Revolution etwa ab den 1880er-Jahren an Bedeutung. Entgegen der marxschen Prognose und ihrer politischen Beschwörung ist sie jedoch ausgesprochen heterogen – wie auch die anderen sozialen Gruppen. Der der Industrialisierung und Technisierung zugeschriebene Homogenisierungseffekt wirkt nur bedingt. Zum einen kommt der *sektionalen Differenzierung* eine große Bedeutung zu. Neben der Stadt-Land-Differenz sind das die Differenzierung nach Industrie, Handwerk und Handel, nach staatlichen und privaten Betrieben sowie nach Branchen- und Berufsstrukturen. Zudem spielt die qualifikatorische Differenzierung zwischen Handwerkern, Facharbeitern und an- und ungelernten Arbeitern eine bedeutsame Rolle, die mit erheblichen Unterschieden im Einkommen, in der Beschäftigungssicherheit und den Möglichkeiten der Interessenvertretung einhergehen. Zum anderen bleiben die *segmentäre Differenzierung*, die Einbindung in unterschiedliche familiale und dörfliche Kontexte oder die Einbindung in unterschiedliche betriebliche Strukturen bedeutsam. Die Logik der segmentären Differenz bedingt das Gebot der Kooperation von Unternehmern und Arbeitern, die Herausbildung von betriebsinternen Arbeitsmärkten und damit die Abgrenzung zwischen dem betrieblichen Kollektiv und dem Außen. Klassendifferenz, segmentäre und sektorale Differenzen wirken aber eng zusammen. So konstatiert Mann: »Tatsächlich waren die Kernindustrien, die die stärksten Klassentendenzen entwickelten, zugleich diejenigen, die zwischen Facharbeitern und ungelernten Arbeitern am strengsten unterschieden, d.h. die am meisten sektionalisiert und durch einen

146 Kocka konstatiert, dass bei den (Hand-)Arbeitern wie bei den Unternehmen eher die Frage des Produktionsmittelbesitzes – er spricht hier von Besitzklassen – die reale Situation und die Selbst- beziehungsweise Fremdwahrnehmung prägten und die Momente der Leistungsdifferenzierung sekundär blieben. Anders sieht er die Situation von Freiberuflern, Technikern, Ingenieuren und nichtakademischen Spezialberufen; hier stehe die Zugehörigkeit zu einer Leistungsklasse im Vordergrund. Vgl. *Kocka*, Stand – Klasse – Organisation, S. 150f.

147 *Mann*, Geschichte der Macht, Bd. 3, Teil II, S. 60.

148 Ebd., S. 81.

149 Ebd., S. 61.

150 Ebd., S. 83.

151 *De Swaan*, Der sorgende Staat, S. 254.

internen Arbeitsmarkt segmentiert waren«.[152] Dementsprechend entstanden »multiple Kollektivorganisationen [...] unter denen die Klassen [...] keineswegs dominierten«.[153] Schließlich spielt aber auch die Einbindung in unterschiedliche Nationalstaaten und die damit verbundene je spezifische soziale Kräftekonstellation eine zentrale Rolle. So entstanden unterschiedliche sozialstaatliche Arrangements und Varianten der Domestizierung des Konflikts zwischen Kapital und Arbeit: »Klassen, Segmente und Sektionen« waren in verschiedene »autoritative politische Kristallisationen« eingebunden.[154]

Nach einer ersten Phase steigender Einkommen im Kaiserreich kommt es nach 1945 im Nachkriegsboom zu einer zweiten Phase säkularer Einkommenssteigerungen. Robert Castel spricht von einer Lohnarbeitsgesellschaft.[155] Mit dem Schwinden des agrarischen Sektors und mit der Transformation von Kleinhandwerk und -handel geht die Zahl der Selbstständigen und mithelfenden Familienangehörigen deutlich zurück. Die Lohnarbeit wird zur absolut dominanten Erwerbsform. Parallel verschwindet mit den Einkommenszuwächsen und dem Ausbau des Sozialstaats die Proletarität.[156] »Die Lohnarbeit bleibt zwar mit ihren Abhängigkeits- und Ausbeutungsverhältnissen bestehen, hat sich aber substantiell verändert.«[157] Ab Mitte der 1970er-Jahre kommt es mit der Transformation der Industriearbeit nach Castel jedoch zu einer »Wiederkehr der sozialen Unsicherheit«.[158]

Soziale Gruppen am Rand der Gesellschaft: Wie im ländlichen Raum, so bilden auch in den Städten die Unterschichten um 1800 den weitaus größten Bevölkerungsanteil. Oft machen sie mehr als 50–60% der Bevölkerung aus.[159] Die Lage spitzt sich in der Pauperismuskrise im Vormärz weiter zu, erst das ab Mitte des 19. Jahrhunderts einsetzende industrielle Wachstum mildert das Pauperismusproblem.[160] Mit der Durchsetzung der Marktgesellschaft und der dominanten Rolle der industriellen Lohnarbeit entfallen aber auch viele Möglichkeiten der Kompensierung von Notsituationen; Armut erscheint nun als Geldmangel.

Nach dem Ersten Weltkrieg dringt das Armutsproblem wieder in das öffentliche Bewusstsein.[161]

> »Der soziale Abstieg und die Verarmung breiter Bevölkerungsschichten als unmittelbare und mittelbare Folge des Krieges ließ die alte Diskussion über würdige und unwürdige Arme neu aufleben. Das öffentliche Interesse war auf die Entwicklung neuer Sicht- und Handlungsweisen gegenüber den der Fürsorge ›unschuldig‹ anheimgefallenen Kriegs- und Inflationsopfern ausgerichtet. Für diese ›neuen Armen‹ galt es, der Fürsorge den diskriminierenden Charakter zu nehmen.«[162]

---

152 *Mann*, Geschichte der Macht, Bd. 3, Teil II, S. 91.

153 Ebd., S. 215.

154 Ebd., S. 216.

155 Vgl. *Robert Castel*, Die Metamorphosen der sozialen Frage. Eine Chronik der Lohnarbeit, Konstanz 2008 (zuerst frz. 1999).

156 Vgl. *Josef Mooser*, Arbeiterleben in Deutschland. 1900–1970. Klassenlagen, Kultur und Politik, Frankfurt am Main 1984.

157 *Robert Castel*, Krise der Arbeit. Neue Unsicherheiten und die Zukunft des Individuums, Hamburg 2011 (zuerst frz. 2009), S. 16.

158 *Ders.*, Wiederkehr der sozialen Unsicherheit, in: *ders./Klaus Dörre* (Hrsg.), Prekarität, Abstieg, Ausgrenzung. Die soziale Frage am Beginn des 21. Jahrhunderts, Frankfurt am Main/New York 2009, S. 21–34, hier: S. 21.

159 *Wehler*, Deutsche Gesellschaftsgeschichte, Bd. 1, S. 193.

160 *Ders.*, Deutsche Gesellschaftsgeschichte, Bd. 2: Von der Reformära bis zur industriellen und politischen »Deutschen Doppelrevolution«. 1815–1845/49, München 1987, S. 286.

161 Zur Geschichte der Thematisierung von Armut vgl. *Axel Groenemeyer/Melanie Ratzka*, Armut, Deprivation und Exklusion als soziales Problem, in: *Günter Albrecht/Axel Groenemeyer* (Hrsg.), Handbuch soziale Probleme, Bd. 1, 2., überarb. Aufl., Wiesbaden 2012, S. 367–432, hier: S. 371ff.

162 *Wolfgang Voges*, Zur Thematisierung von Armut in Deutschland. Vorwort, in: *Günter Manz*, Armut in der »DDR«-Bevölkerung. Lebensstandard und Konsumtionsniveau vor und nach der Wende, Augsburg 1992, S. VII–XII.

Zudem wird mit der Durchsetzung der Erwerbsgesellschaft die »Arbeitslosigkeit« zu einem neuen Konzept, um Armutslagen zu etikettieren.[163] Im Nationalsozialismus, besonders nach Rückgang der Arbeitslosigkeit im Zuge der Kriegsvorbereitungen, werden Arbeitslose als »Asoziale« abgestempelt.[164] Sie sind nun der Gefahr von Zwangssterilisation, Inhaftierung und Ermordung ausgesetzt.[165]

Harriett Moore und Gerhard Kleining sprechen in der Nachkriegszeit von einer Gruppe der »sozial Verachteten«.[166] Ralf Dahrendorf nimmt den Begriff der Unterschicht wieder auf und bezeichnet damit jene, »die zuweilen als ›Bodensatz‹ der Gesellschaft bezeichnet werden, [...] Dauererwerbslose, Unstete, Rückfallkriminelle, Halbalphabeten und andere«.[167] Parallel wird auch von »Randgruppen« gesprochen. Erst mit der Diagnose einer »neuen sozialen Frage«[168] werden wieder systematisch Fragen der (relativen) Armut und der Unterschichtung diskutiert.[169]

Personengruppen im sozialstrukturellen Wandel

Gegenüber der Perspektive von Lage- beziehungsweise Positionsgruppen, die meist in einem engen Bezug zur Stellung im Produktionsprozess stehen, ermöglicht die Analyse von personenspezifisch abgegrenzten Gruppen, die sich durch relativ unveränderliche personenbezogene Merkmale und Zuschreibungen auszeichnen, den Zugang zu einem anderen Typ von Ungleichheitsstrukturen.

Geschlechterverhältnisse: Die bestehenden Verhältnisse der Arbeitsteilung in den haushaltsnahen Produktionen in Landwirtschaft, Handwerk und Kleinhandel werden durch die räumlich-organisationale Teilung, die mit der industriellen Organisation von Betrieben und Verwaltungen in den Städten einsetzt, neu strukturiert. Es entsteht eine neue Sozialwelt, die von der haushaltlichen und der dörflichen Sozialwelt deutlich unterschieden ist. Geschlechterungleichheiten werden nun zum einen durch die (auch räumlich erfahrbare) Differenz von Haushalt und Produktionssystem und die fortbestehenden, relativ stabilen Teilungsverhältnisse in der Haushaltssphäre strukturiert. Zum anderen sind es die spezifischen Verhältnisse der Arbeitsteilung in der Produktionssphäre und der Administration, wo es Männern und Frauen in ganz unterschiedlicher Weise gelingt, diese für sich zu erschließen und sich zu positionieren. Goldberg geht davon aus, dass sich im 19. Jahrhundert eine »sex-segregated economy« herausgebildet habe, in der Frauen durchgängig eher in den schlecht bezahlten und gering qualifizierten Jobs sowie in den weiblich dominierten und weniger organisierten Branchen tätig waren und neben der Erwerbsarbeit stets für den Haushalt und die Haushaltsproduktion verantwortlich blieben.[170] Demgegenüber lösen sich die Män-

---

163 Vgl. *Zimmermann*, Arbeitslosigkeit in Deutschland.

164 Vgl. *Wolfgang Ayaß*, »Asoziale« im Nationalsozialismus, Stuttgart 1995.

165 Vgl. *Nikolaus Wachsmann*, KL. Die Geschichte der nationalsozialistischen Konzentrationslager, München 2016, S. 168ff. und 176ff.

166 Diese umfassen aber eher Berufe wie »Hilfs- und Gelegenheitsarbeiter wie Handlanger, Saisonarbeiter, Tagelöhner; ungelernte Arbeiter wie Zeitungsausträger, Parkwächter, Gepäckträger und Arbeiter, die sehr schwere und schmutzige Arbeit zu verrichten haben wie Steinbruch-Hilfsarbeiter, Kanalarbeiter«; *Harriett Moore/Gerhard Kleining*, Das soziale Selbstbild der Gesellschaftsschichten in Deutschland, in: Kölner Zeitschrift für Soziologie und Sozialpsychologie 12, 1960, S. 86–119, hier: S. 112.

167 *Ralf Dahrendorf*, Gesellschaft und Demokratie in Deutschland, München 1965, S. 105.

168 *Heiner Geißler*, Die neue soziale Frage. Analysen und Dokumente, Freiburg im Breisgau/Basel etc. 1976.

169 Während Wehler von einer »Randschicht der Armen« spricht, wird in der sozialwissenschaftlichen Debatte oft von einem neuen Prekariat ausgegangen; exemplarisch: *Castel/Dörre*, Prekarität, Abstieg, Ausgrenzung.

170 *Goldberg*, Women and Men: 1760–1960, S. 75.

ner aus dem haushaltsnahen Produktionskontext heraus. Aus der familial und lokal eingebundenen Arbeiterklasse wird eine berufsständische und männliche Klasse.[171]

In ähnlicher Weise finden sich Muster geschlechtsspezifischer Teilung von Arbeit bei der unterschiedlichen Involvierung in die entstehenden Nationalstaaten und die regulativen und sozialen Institutionen (Wahlrecht, Militär, öffentliche Verwaltung, Gesundheits- und Bildungssystem) sowie beim Genuss der hier produzierten Güter und Leistungen (Bildung, soziale Sicherung, Gesundheit) wieder. Die Ausgrenzung von Frauen aus einigen dieser Institutionen – gerade in der Phase der institutionellen Formierung – hat nachhaltige Folgen für die Begründung und Fortschreibung der Geschlechterdifferenz. Dabei spielen das Militär und die militärische Ausbildung eine ganz besondere Rolle: »The new male ideal of the citizen-soldier [...] symbolically, if not in actual social relations, leveled age-old distinctions between men (class, religion, geography) while intensifying those between men and women.«[172]

Die Unterscheidung von sozialen Positionen und sozialen Lagen ermöglicht es nun, diese so reorganisierten Geschlechterverhältnisse zu analysieren. Über das Ranking von typischerweise männlichen oder weiblichen sozialen Positionen und über das geschlechtsspezifische *sorting* in die guten und schlechten Positionen kommt es zu großen Unterschieden in der Positionierung von Männern und Frauen. Betrachtet man jedoch die sozialen Lagen, stellt man die Positionierungen also in einen sozialen und temporalen Zusammenhang, relativieren sich auf den ersten Blick diese Differenzen durch die haushaltliche Umverteilung. Die hohe Abhängigkeit der sozialen Lage von nicht voll erwerbstätigen und lange Zeit schlechter qualifizierten Frauen vom Haushaltszusammenhang und die Erwerbsbindung sozialer Sicherungsleistungen führt hingegen zu spezifischen Abhängigkeitsbeziehungen und einer latenten Prekarität.

Karin Hausen konstatiert, dass sich noch heute »die Wirksamkeit zweier aus der frühneuzeitlichen Gesellschaft hinübergeretteter geschlechtsdifferenzierender Prinzipien« erkennen lasse: zum einen die De-Facto-Zuständigkeit für die Haushalts- und Familienarbeit und der damit verbundene sekundäre, nur temporär relevante Charakter der Erwerbsarbeit, zum anderen die gesellschaftliche Dominanz der Männer gegenüber den Frauen. Sie stütze sich auf

»Interaktionen, die immer erneut zwischen Arbeitnehmern und Arbeitergebern individuell und über Interessenorganisationen ausgehandelt und von politischen Parteien, staatlichen Verwaltungen, flankierenden Gesetzen und nicht zuletzt von Kirchen und Wissenschaft breit unterstützt worden sind«,

und wird in der Ausgestaltung der sozialen Sicherungssysteme reproduziert.[173]

»Diese Ordnung hat im 20. Jahrhundert erstaunliche Stabilität bewiesen. Sie ist weder durch zwei Weltkriege mit ihren dramatischen Auswirkungen auf die Geschlechterverhältnisse noch durch die Expansion des Dienstleistungssektors mit seiner schnell wachsenden Nachfrage nach weiblichen Arbeitskräften, noch durch die gesetzlich eingeforderte Gleichberechtigung beider Geschlechter dauerhaft erschüttert worden.«[174]

Differenzierung nach nationalen und ethnisch-kulturellen Zurechnungen: Ethnische Differenzierungen sind zum einen im Kontext der Kolonialwirtschaften sehr wichtig, zum anderen im Kontext der Rekrutierung und Positionierung von Arbeitskräften in der landwirtschaftlichen und der industriellen Produktion. Wie die lange Geschichte der Beschäftigung ausländischer Arbeitskräfte[175] zeigt, spielte diese – neben dem Einsatz von »flexibel«

171 Vgl. *Mann*, Geschichte der Macht, Bd. 3, Teil II, S. 173.
172 *Goldberg*, Women and Men: 1760–1960, S. 74.
173 *Hausen*, Arbeit und Geschlecht, S. 351.
174 Ebd., S. 352.
175 Vgl. *Ulrich Herbert*, Geschichte der Ausländerbeschäftigung in Deutschland 1880 bis 1980. Saisonarbeiter, Zwangsarbeiter, Gastarbeiter, Berlin/Bonn 1986; *ders.*, Geschichte der Auslän-

erwerbstätigen Frauen – eine zentrale Rolle, um den konjunkturell und saisonal beziehungsweise in Kriegs- und Friedenszeiten schwankenden Arbeitskräftebedarf der landwirtschaftlichen und der gewerblichen Produktion zu decken.

In der ostelbischen Landwirtschaft sind die zumeist saisonal tätigen »Auslandspolen« sowie russische und österreichische Arbeitskräfte unverzichtbar. Auch die expandierende Produktion am Ende des 19. Jahrhunderts, die Kriegswirtschaft und später die Ausweitung der fordistischen Produktion gehen mit einem hohen Bedarf insbesondere an un- und angelernten Arbeitskräften einher. So werden ab den 1890er-Jahren Arbeitskräfte aus verschiedenen benachbarten Ländern in der Industrie eingesetzt – parallel spielen auch Prozesse der Binnenmigration eine wichtige Rolle.[176] In der Kriegswirtschaft werden die ausländischen Arbeitskräfte zwangsverpflichtet, hinzu kommen Kriegsgefangene. In der Weimarer Republik wird dann eine gezielte Rückführung betrieben. Mit dem Ausbau der Rüstungsproduktion in der zweiten Hälfte der 1930er-Jahre setzt die Anwerbung ausländischer Arbeitskräfte wieder ein. Ab Kriegsbeginn werden ganz systematisch Fremd- und Zwangsarbeiter und -arbeiterinnen eingesetzt. In der Nachkriegsphase werden Flüchtlinge und Vertriebene in den Arbeitsmarkt aufgenommen. Als die Fluchtbewegung aus der DDR gewaltsam gestoppt wird, werden verstärkt Arbeitsmigranten und -migrantinnen vornehmlich aus mediterranen Ländern angeworben. Später sind es andere Gruppen von Migranten und Geflüchteten, die das neue Proletariat insbesondere im Dienstleistungsbereich stellen.

Die verschiedensten Formen von Zuwanderung und Zwangsarbeit – aber auch die verschiedenen Formen der Auswanderung – spielen für die gesellschaftliche Produktion (auch für die Haushalte) in Deutschland eine nicht zu unterschätzende Rolle. Die Funktionen sind jedoch sehr verschieden: Sie ermöglichen eine Erweiterung der Produktion und wirtschaftliches Wachstum, sie fungieren als saisonaler und konjunktureller Puffer und sie substituieren Arbeitskräfte, die abgewandert sind, eine Erwerbsarbeit aufgenommen haben, im Krieg eingesetzt werden oder die sozial aufgestiegen sind. Über die Migrationsbewegungen werden die sozial Anderen zu ethnisch-kulturell (oder auch religiös) Anderen: Aus der »Arbeiterfrage« wird die »Integrationsfrage«.

Für die Sozialstruktur und die Wahrnehmung sozialer Differenzierung ist dies in mehrfacher Hinsicht sehr bedeutsam. Ulrich Herbert geht davon aus, dass sich die »rassistische Politik der Nationalsozialisten gegenüber den ›Fremdarbeitern‹« nur in ihrer Zuspitzung »von den in weiten Teilen der Bevölkerung etwa gegenüber den Polen verbreiteten und lange eingeübten Vorurteilen und rassistischen Grundmustern« unterschied und dass auch die Beschäftigung ausländischer Arbeitskräfte in der Bundesrepublik daran anknüpfte.[177] Zudem entsteht eine lange Geschichte der sozialen Unterschichtung, die der autochthonen Bevölkerung saisonale und konjunkturelle Risiken erspart, die Branchenkrisen abfedert und soziale Aufstiege ermöglicht.

Es ist aber zu klären, wie sich diese positionalen Differenzierungen im Kontext der sozialen Lagen darstellen, wenn man sie also im Rahmen des haushaltlichen Zusammenhangs (Kumulierung, Arbeitsteilungen), der haushaltlichen Verflechtung *(remittances)* und der biografischen Einbindung (saisonale Migration, Mehrfachmigrationen, Rückwanderung) begreift.

---

derpolitik in Deutschland. Saisonarbeiter, Zwangsarbeiter, Gastarbeiter, Flüchtlinge, München 2001, und *Sebastian Conrad/Philipp Ther*, On the Move. Mobility, Migration, and the Nation, 1880–1948, in: *Walser Smith*, The Oxford Handbook of Modern German History, S. 573–590.

176 Vgl. *Cornelius Torp*, The Great Transformation. German Economy and Society 1850–1914, in: *Walser Smith*, The Oxford Handbook of Modern German History, S. 336–358, hier: S. 351, und *Wehler*, Deutsche Gesellschaftsgeschichte, Bd. 3, S. 787.

177 *Herbert*, Geschichte der Ausländerbeschäftigung in Deutschland 1880 bis 1980, S. 176.

V. FAZIT

Abschließend werden die wesentlichen Merkmale des gesellschaftlichen und des sozialstrukturellen Wandels im 19. und 20. Jahrhundert aufgezeigt und die Potenziale der vorgeschlagenen Protheorie reflektiert.

Gesellschaftlicher und sozialstruktureller Wandel

Erstens sind die prinzipiellen Veränderungen in der Organisation und Wahrnehmung von sozialer Differenz zu benennen, die mit der Durchsetzung von Marktgesellschaften einhergehen.

Wehler diagnostiziert nach einer Phase des »Überhangs ständischer Lebensformen« den »Aufstieg der neuzeitlichen Marktgesellschaft mit ihren marktbedingten Klassenformationen«.[178] Nach einer langen Phase der Expansion setzt sich diese Organisationsweise schließlich durch – er verortet diesen Durchbruch in der Weimarer Republik.[179] Kocka konstatiert zum einen eine gewisse Verschiebung von Besitzklassen zu Leistungsklassen – bei ersteren bildet die Frage des Produktionsmittelbesitzes das zentrale Identifikationsmoment, bei letzteren ist es die Zurechnung zu einer differenzierten Leistungsgruppe – und zum anderen konterkarieren die umverteilenden Effekte des Sozialstaats die klassengesellschaftlichen Muster überhaupt.[180] Die Durchsetzung von Marktgesellschaften und deren politische und zivilgesellschaftliche Entwicklung implizieren nicht nur eine allmähliche Erosion der ständischen Ordnungen. Nach und nach kommt es auch zur Erosion von einschlägigen Skripten des Lebenslaufs, der Geschlechter, der Generationen, der Haushalte und der Beziehungen.

Die Marktgesellschaft birgt völlig neue Risiken, die nach und nach sozialstaatlich eingehegt wurden. Sie eröffnet aber auch neue Freiheitsmomente, darauf macht Amartya Sen aufmerksam, indem er den Zugang zu Waren- und Dienstleistungsmärkten sowie zu Arbeitsmärkten als ein wesentliches Moment der Freiheit begreift.[181] Wenn die arbeits- und beschäftigungspolitischen Strategien der Europäischen Union heute auf die Themen Antidiskriminierung und *employability* setzen, hat dies zum Ziel, die Frage der sozialen Ungleichheiten im marktgesellschaftlichen Kontext anzugehen.[182] Offene Marktgesellschaften sind gleichzeitig Migrationsgesellschaften: Die *Sorting*-Prozesse verändern sich und es entstehen neue Konkurrenzen und Konflikte. Fragen der sozialen Ungleichheit und Praktiken der Moderation von Ungleichheit müssen neu austariert werden, die Frage der Durchlässigkeit von Grenzen wird zu einer sozialpolitischen Frage.

Mit dem Bedeutungsgewinn des kulturellen Kapitals und der in langen Qualifizierungsprozessen erworbenen Zertifikate für die Besetzung sozialer Positionen verändern sich die

---

178 *Wehler*, Deutsche Gesellschaftsgeschichte, Bd. 3, S. 189. Im Unterschied zur wehlerschen Perspektive geht Christoph Deutschmann davon aus, dass »historisch überlieferte Institutionen der Ständegesellschaft mit der Entstehung des Kapitalismus keineswegs verschwinden. Sie und die mit ihnen verknüpften Formen sozialer Ungleichheit werden vielmehr kapitalistisch neu erfunden«; vgl. *Christoph Deutschmann*, Postindustrielle Industriesoziologie. Theoretische Grundlagen, Arbeitsverhältnisse und soziale Identitäten, Weinheim/München 2002, S. 90.

179 *Wehler*, Deutsche Gesellschaftsgeschichte, Bd. 4, S. 342.

180 *Kocka*, Stand – Klasse – Organisation, S. 153ff.

181 Vgl. *Amartya Sen*, Ökonomie für den Menschen. Wege zu Gerechtigkeit und Solidarität in der Marktwirtschaft, München/Wien 2000 (zuerst engl. 1999).

182 Vgl. *Claus Offe*, Soziale Sicherheit im supranationalen Kontext: Europäische Integration und die Zukunft des ›Europäischen Sozialmodells‹, in: *Max Miller* (Hrsg.), Welten des Kapitalismus. Institutionelle Alternativen in der globalisierten Ökonomie, Frankfurt am Main/New York 2005 (zuerst engl. 2005), S. 189–225, hier: S. 216f.

Qualifizierungs- und Erwerbsstrategien der Haushalte und der Blick auf soziale Ungleichheit. Indem das inkorporierte kulturelle Kapital als Begabung, Intelligenz oder Leistung wahrgenommen wird, werden soziale Unterschiede transformiert und erscheinen als natürliche Unterschiede der Personen. Bourdieu zeigt,

»daß die Übertragung von Kulturkapital zweifellos die am besten verschleierte Form erblicher Übertragung von Kapital ist. Deshalb gewinnt sie in dem System der Reproduktionsstrategien von Kapital um so mehr an Gewicht, je mehr die direkten und sichtbaren Formen der Übertragung sozial mißbilligt und kontrolliert werden.«[183]

Demgegenüber treten andere klassische Organisationsformen sozialer Differenzierung zurück, dies gilt insbesondere für die Stadt-Land-Differenzierung und die damit verbundene konfessionelle Differenzierung.

Zweitens sollen wesentliche Ergebnisse dieser Entwicklung und ihr Niederschlag in den Arbeits- und Lebensbedingungen aufgezeigt werden:

Es ist in dem hier beobachteten Zeitraum zu säkularen Zuwächsen der durchschnittlichen Einkommen gekommen. Wie die Daten zur langfristigen Lohnentwicklung zeigen, lassen sich zwei Phasen bedeutender Lohnsteigerungen ausmachen.[184] Die erste setzt ab Mitte des 19. Jahrhunderts ein und währt bis zum Ausbruch des Ersten Weltkriegs. Der Pauperismus, der zu Beginn des Jahrhunderts allgegenwärtig war, geht damit weitgehend zurück. Nach dem Ersten Weltkrieg kommt es zu Einbrüchen und erst in der zweiten Hälfte der 1930er-Jahre wird der Vorkriegsstand wieder erreicht. Nach dem Zweiten Weltkrieg setzt eine zweite Phase von Reallohnzuwächsen ein, die erst mit der Jahrtausendwende zum Erliegen kommt. Ulrich Beck macht mit Blick auf den Fortbestand sozialer Differenzierungen einen »Fahrstuhleffekt« aus.[185] Diese säkularen Zuwächse implizieren für die Individuen und Haushalte einen stetigen Zuwachs an Wahlmöglichkeiten, die durch den Ausbau des Sozialstaats noch unterstützt werden. Das betrifft nicht nur die Fragen des Konsums oder Lebensstils, sondern auch die biografischen Spielräume und die Lebens- und die Beziehungsformen.

Die Entwicklung des Wohlfahrtsstaats, eine (aus der Perspektive der Autochthonen) mittlerweile 70 Jahre währende Friedensphase und die relative Zivilisierung des Militärs[186] haben die Gesellschaft in Westeuropa fundamental verändert. Der Ausbau des Bildungswesens und die Nutzung von Qualifikation und Wissen in Betrieben und Verwaltungen und die darauf abgestimmten Rekrutierungsverfahren haben die Prozesse des *sorting* und *presorting* nachhaltig transformiert. Dieses schulisch, beruflich und anderweitig erworbene Wissen wird aber auch für die Gestaltung der Zivilgesellschaft und des privaten Lebens genutzt.

Der Ausbau der sozialen Sicherungssysteme und der gesundheitlichen Versorgung hat die Arbeits- und Lebensverhältnisse für viele sicherer und kalkulierbarer gemacht und die Lebensqualität erhöht. Gewaltverhältnisse in Institutionen (sexuelle Übergriffe und Mobbing am Arbeitsplatz, sexualisierte Gewalt in Erziehungseinrichtungen) und im Privaten (häusliche Gewaltbeziehungen) werden öffentlich thematisiert und zunehmend sanktioniert. Zusammen mit der Elementarversorgung durch den Wohlfahrtsstaat ermöglicht das neue Freiheiten, wie sie sich in Neuen sozialen Bewegungen oder im Experimentieren mit

183 *Pierre Bourdieu*, Die verborgenen Mechanismen der Macht, Hamburg 1992, S. 58.

184 Vgl. *Toni Pierenkemper*, Arbeit, Einkommen und Lebensstandard, in: *Thomas Rahlf* (Hrsg.), Deutschland in Daten. Zeitreihen zur Historischen Statistik, Bonn 2015, S. 142–153, hier: S. 148.

185 Vgl. *Ulrich Beck*, Risikogesellschaft. Auf dem Weg in eine andere Moderne, Frankfurt am Main 1986, S. 122.

186 Vgl. die Befunde zur sozialen Rekrutierung des Militärs bei *Wehler*, Deutsche Gesellschaftsgeschichte, Bd. 5, S. 130f.

neuen Lebens- und Beziehungsformen äußern. Es entsteht eine entwickelte Zivilgesellschaft mit vielfältigen Möglichkeiten der politischen Partizipation. Man muss sich aber auch gewisse Paradoxien vergegenwärtigen: So führten die Erosion von Geschlechter- und Familienskripten und die Bildungsexpansion neben mehr Freiheit (zum Beispiel für Frauen) auch zu mehr Ungleichheit.[187] Der Zuwachs von Freiheiten wird von einigen auch als Bedrohung wahrgenommen. Die lange Phase des Wohlstands ohne Kriege und tief greifende Krisen bedeutet auch, dass Vermögensungleichheiten zunehmen, wenn diese nicht reguliert werden.

Drittens soll resümiert werden, wie sich diese Veränderungen in der Strukturierung nach Lage- und Personengruppen niederschlagen:

Die Verhältnisse der sozialen Differenzierung, wie sie sich an der Struktur der Lagegruppen ablesen lassen, bleiben in dem betrachteten Zeitraum trotz der fundamentalen ökonomischen und politischen Veränderungsprozesse und trotz eines entwickelten Sozialstaats erstaunlich stabil. Mann resümierte die Sozialstruktur zu Beginn des Ersten Weltkriegs:

»Obwohl Kapitalismus und Industrialismus die kollektive Macht enorm steigerten, änderte sich an der Verteilungsmacht – sprich der sozialen Schichtung – relativ wenig. Die modernen Klassenbeziehungen gerieten durch die erste und zweite industrielle Revolution und durch die weltweite Kommerzialisierung der Landwirtschaft zwar heftig in Bewegung, doch waren die wechselnden Resultate [...] von autoritativen politischen Kristallisationen bestimmt, deren Institutionalisierung zumeist weiter zurücklag.«[188]

Auch für das Ende des 20. Jahrhunderts fällt die Bilanz recht skeptisch aus:

»Im Prinzip ist es daher ganz und gar irreführend, von einem Abschied von den Klassen zu sprechen. Vielmehr hat sich eine dynamische Sozialstruktur herausgebildet, die pluralistischere Züge als zuvor trägt, im Kern aber aus den marktbedingten Klassen der deutschen Marktgesellschaft und den ererbten Charakterzügen der sozialstrukturellen und -kulturellen Vergangenheit besteht. Jede Hoffnung auf eine egalitäre Nivellierung oder gar Aufhebung der Sozialen Ungleichheit erscheint als trügerische Fata Morgana.«[189]

Das bedeutet jedoch nicht, dass es in der Lebensverlaufsperspektive – bedingt durch die säkularen Einkommenszuwächse, durch die Bildungsaufstiege und durch die immer wieder neue Unterschichtung der Sozialstruktur – nicht auch soziale Aufstiege oder Prozesse der Emanzipation gibt.

Die personenbezogenen Ungleichheitsverhältnisse haben sich gegenüber den lagebezogenen weit stärker verändert. Hier sind insbesondere die Veränderungen der *Sorting*-Prozesse bedeutsam. Ilse Lenz macht deutlich, dass es im Laufe des 20. Jahrhunderts zu einem stetigen Wandel von Geschlechterordnungen (und den damit verbundenen Konflikten) gekommen ist. So sei die zunächst »neopatriarchale Ordnung« von einer »differenzbegründeten Ordnung« abgelöst worden, für die Gegenwart spricht sie von einer »flexibilisierten Geschlechterordnung«.[190] Auch im Verhältnis zur Zuwanderung und zu den Neubürgern lassen sich gewisse Veränderungen beobachten. Die bereits lange praktizierte Migrationsgesellschaft scheint in den Köpfen vieler anzukommen: Aladin El-Mafaalani macht darauf aufmerksam, dass gelungene Integration auch ein neues Konfliktpotenzial birgt.[191] Sind

187 Vgl. *Weischer*, Soziale Ungleichheiten 3.0, S. 341ff.

188 Vgl. *Mann*, Geschichte der Macht, Bd. 3, Teil II, S. 217.

189 Vgl. *Wehler*, Deutsche Gesellschaftsgeschichte, Bd. 5, S. 215.

190 Vgl. *Ilse Lenz*, Geschlechterkonflikte um die Geschlechterordnung im Übergang. Zum neuen Antifeminismus, in: *Erna Appelt/Brigitte Aulenbacher/Angelika Wetterer* (Hrsg.), Gesellschaft. Feministische Krisendiagnosen, Münster 2013, S. 204–226, hier: S. 212ff.

191 Vgl. *Aladin El-Mafaalani*, Migrationssensibilität. Zum Umgang mit Globalität vor Ort, Weinheim (im Erscheinen).

Migrantinnen und Migranten zum Beispiel im ersten Arbeitsmarkt angekommen, entstehen neue Streitpunkte.

Viertens soll aber auch auf eine Reihe von Externalisierungen verwiesen werden, die über die hier verfolgte Perspektive hinausweisen. Es ist anzunehmen, dass nicht wenige Zuwächse des nationalgesellschaftlichen Reichtums auch auf Gewinne aus den weltweiten oder europaweiten Ungleichheitsverhältnissen zurückgehen. Zudem ist auf Gewinne aus der räumlichen Externalisierung sozialer Kosten zu verweisen, wenn physisch und psychisch belastete Arbeitskräfte in ihre »Herkunftsländer« zurückgehen. Den größten Posten machen jedoch vermutlich die immensen Gewinne aus der zeitlichen und räumlichen Externalisierung von Umweltkosten aus.

Potenziale der Protheorie zur Analyse gesellschaftlichen und sozialstrukturellen Wandels

Langfristiger Wandel wird hier in einem doppelten Sinne begriffen: zum einen als Wandel des regulierten gesellschaftlichen Produktions- und Reproduktionsprozesses, zum anderen als Wandel der Sozialstruktur. Mit der praxeologischen Protheorie sozialer Differenzierung wird es ermöglicht, Prozesse des langfristigen gesellschaftlichen und sozialstrukturellen Wandels in verschiedener (aber aufeinander bezogener) Weise zu analysieren. Es lassen sich drei Komponenten unterscheiden:

Mit dem Bezug auf die Praxistheorie wird eine bestimmte Forschungsperspektive favorisiert, die die strukturierenden Prozesse ins Zentrum rückt. Es geht um Prozesse der Produktion und Reproduktion oder um verschiedene Prozesse der sozialen Differenzierung (Ranking-/*Sorting*-/Kumulierungsprozesse), die sich allmählich wandelnde Strukturen der Produktion und der Arbeitsteilung, aber auch Sozial- und Geschlechterstrukturen hervorbringen oder reproduzieren. Es wird von individuell, institutionell und kollektiv Handelnden ausgegangen, die zugleich strategisch wie routinisiert agieren. So kann die Reproduktion von Strukturen über Handlungsroutinen wie auch deren Modifikation über sich verändernde Strategien untersucht werden. Am Ende stehen keine letzten Sätze über die Verfasstheit und die Entwicklungsrichtung von früheren oder gegenwärtigen Gesellschaften, sondern dynamische Analysen, wie bestimmte Probleme der Produktion, Reproduktion und Regulierung gelöst wurden und welche Folgen das für (verschiedene) soziale Ungleichheiten hat.

Mit der Fokussierung auf den regulierten Produktions- und Reproduktionsprozess werden drei Arenen abgegrenzt, die sich durch spezifische Akteurstypen und -konstellationen, durch spezifische Produktionsziele und spezifische Handlungslogiken auszeichnen, sodass sich je spezifische Produktions-, Regulierungs- und Lebensweisen unterscheiden lassen. Gesellschaftlicher Wandel vollzieht sich dadurch, dass sich diese durch endogenen Wandel beziehungsweise durch »technische« Entwicklungen modifizieren und dass die Akteure auf die Veränderungen in den anderen Arenen reagieren.

Das vorgestellte Modell zur Analyse von Ranking-, *Sorting*- und Kumulierungsprozessen ermöglicht es schließlich, die Veränderungen in der Sozialstruktur mit den Veränderungen des gesellschaftlichen Produktions- und Reproduktionsprozesses in einen systematischen, aber nicht deterministischen Zusammenhang zu setzen. Die Beziehungen zwischen den Positionierungen im gesellschaftlichen Produktions- und Reproduktionsprozess und den sozialen Lagen sind in mehrfacher Hinsicht vermittelt: über die Leistungen des Sozialstaats, über das Ranking von Positionen, über *Sorting*-Prozesse und schließlich über temporale und soziale Kumulierungsprozesse.

Wie an der historischen Darstellung deutlich wird, liefert die Analyse von sozialen Positionsgruppen, von sozialen Lagegruppen und von Personengruppen je spezifische – über das praxistheoretische Modell aber vermittelbare – Erkenntnisse über den gesellschaftlichen und sozialstrukturellen Wandel:

Die Analyse von sozialen Positionsgruppen informiert eher über die Veränderungen des gesellschaftlichen Produktions- und Reproduktionsprozesses, über die damit verbundenen Ressourcen und Anerkennungen, über Potenziale der politischen Organisation, über ökonomische und politische Macht (im Sinne Michael Manns). Dabei geht es um Besitz- und Erwerbs- (Weber) beziehungsweise Versorgungsklassen (Lepsius), aber auch um Nationen.

Über die Analyse sozialer Lagen erschließen sich eher die sozial und temporal kumulierten Arbeits- und Lebenserfahrungen, Habitus, Reproduktionsstrategien und die damit verbundenen sozialen (Freundschafts- und Heiratskreise, lokale Kreise) und temporalen Vernetzungen (Lebenswege, Generationenfolgen). Klassen erscheinen dann als soziale Verhältnisse, dem weberschen Modell folgend als soziale Klassen. Bei der Analyse sozialer Lagen werden aber auch die Grenzen der Beobachtbarkeit insbesondere in der Lebensverlaufsperspektive deutlich. Zudem stellt sich das interpretative Problem, dass eine im historischen Verlauf beobachtbare stabile Lagegruppe wie die der »Arbeiter« in relativ mobilen und offenen Gesellschaften nicht zwingend bedeutet, dass dies eine biografisch und generational stabile soziale Lage ist.

Über die Analyse von Personengruppen werden insbesondere die sozialen Machtverhältnisse deutlich, die sich aus der Konstruktion von »Anderen« ergeben und die vermittelt über die *Sorting*-Prozesse (und deren Wechselwirkung mit Rankingprozessen) auch zu ökonomischen und politischen Machtverhältnissen werden.

In vielen Darstellungen wurde eine angesichts des rapiden gesellschaftlichen Wandels verblüffende Trägheit von Ungleichheitsverhältnissen innerhalb der Positions-, der Lage- und (mit Einschränkungen) auch innerhalb der Personengruppen deutlich. Dahinter stehen zum einen die relativ stabilen Muster der Ranking- und *Sorting*-Prozesse und die nur wenig regulierten Möglichkeiten der Kumulation und zum anderen die habituelle und konventionale Verfestigung dieser Strukturen.

Hedwig Richter

Geschlecht und Moderne

Analytische Zugänge zu Kontinuitäten und Umbrüchen in der Geschlechterordnung im 18. und 19. Jahrhundert

Ein zentrales Problem in der Genderforschung führt direkt zu der Frage, ob das Konzept »Moderne« analytisch sinnvoll ist oder nicht: Kam es zu einer grundlegenden Veränderung der Geschlechterordnung seit dem Anbruch der Moderne, die klassischerweise in den Jahrzehnten um 1800 angesetzt wird – in der »Sattelzeit«, wie Reinhart Koselleck diesen Aufbruch genannt hat? Wenn das der Fall ist (und das wird von einem Großteil der Genderforschung angenommen): Was bedeutete diese Veränderung für die Emanzipation der Frauen? Diese zwei Überlegungen sind meine leitende Fragestellung im vorliegenden Text, in dem ich mich mit unterschiedlichen Antworten in der Geschlechterforschung auseinandersetze. Lassen also Erkenntnisse über die historische Entwicklung der Geschlechtermodelle das Konzept »Moderne« plausibel erscheinen und erweisen sich modernisierungstheoretische Annahmen als erklärungskräftig? Oder verweisen historische Einsichten eher darauf, dass es sich bei »Moderne« um ein Konstrukt handelt, das viel über aktuelle »westliche« Vorstellungen von der Welt, jedoch nur wenig über die Geschichte selbst erklären kann, weil sich keine Veränderungen erkennen lassen, die einen so tiefen Einschnitt rechtfertigen, wie sie Theorien der Moderne identifizieren?[1]

Ich gehe nicht von einem engen Verständnis von Modernisierungstheorie aus, reduziert auf eine US-amerikanische Version der 1950er- und 1960er-Jahre. Vielmehr rechne ich, wie heute in Modernisierungstheorien üblich, Denker wie Alexis de Tocqueville oder Émile Durkheim dazu, die sich mit dem Phänomen der Moderne auseinandergesetzt haben, wichtige Theoreme (wie Differenzierung oder Mobilisierung) analysiert haben und teilweise auch – wie Max Weber – ein durchaus düsteres Bild von der Moderne entwarfen.[2] Dank der überbordenden Kritik an der Modernisierungstheorie der letzten Jahrzehnte ist es möglich, diesen Ansatz reflektiert zu nutzen.[3] Entscheidend für den hier verwendeten Moderne-Begriff sind die Interdependenz der Modernisierungsprozesse und die funktionale Differenzierung der Gesellschaft. Das heißt, Entwicklungen, wie sie sich seit der Mitte des 18. Jahrhunderts in Europa und Nordamerika beobachten lassen (Individualisierung, Alphabetisierung, Urbanisierung oder Emanzipationsbewegungen) laufen nicht zufällig parallel ab, sondern bedingen sich einander. Entscheidend ist dabei, dass statt der vormodernen stratifikatorischen Differenzierung nach Ständen die großen Trennungslinien nun nach Funktionen verlaufen: Politik, Religion, Wirtschaft oder Wissenschaft bilden einen je eigenen Bereich mit eigener Logik aus; die Differenzierung ermöglicht nicht zuletzt Individualisierungsprozesse, was wiederum die Realisierung emanzipatorischer Ideale und eine

1 So der klassische Vorwurf, etwa bei *Wolfgang Knöbl*, Aufstieg und Fall der Modernisierungstheorie und des säkularen Bildes ›moderner Gesellschaften‹. Versuch einer Historisierung, in: *Ulrich Willems/Detlef Pollack/Helene Basu* u.a. (Hrsg.), Moderne und Religion. Kontroversen um Modernität und Säkularisierung, Bielefeld 2013, S. 75–116.

2 Vgl. *Wolfgang Zapf*, Modernisierung und Modernisierungstheorien, in: *ders*. (Hrsg.), Die Modernisierung moderner Gesellschaften. Verhandlungen des 25. Deutschen Soziologentages 1990, Frankfurt am Main/New York 1991, S. 23–39; *Detlef Pollack*, Modernisierungstheorie – revised. Entwurf einer Theorie moderner Gesellschaften, in: Zeitschrift für Soziologie 45, 2016, S. 219–240.

3 Vgl. etwa die historisch informierten Arbeiten von *Wolfgang Knöbl*, Spielräume der Modernisierung. Das Ende der Eindeutigkeit, Weilerswist 2001.

enorme Leistungssteigerung befördert, unter anderem deshalb, weil nicht mehr Geburt und Privilegien, sondern Können und Verdienst für den jeweiligen Funktionsbereich relevant sind.[4] Das ist die idealtypische Annahme, von der es in der historischen Wirklichkeit freilich immer zahlreiche Varianten und Abweichungen gibt. Grundlage der Moderne sind nach diesem Verständnis also bestimmte Basisprozesse.

Die Geschlechterforschung hat insgesamt kaum explizit mit den Ansätzen von Modernisierungstheorien gearbeitet.[5] Die Philosophin Cornelia Klinger stellt fest, dass das in den 1990er-Jahren einsetzende »Interesse an der Moderne« in der feministischen Diskussion nur »geringen Widerhall« gefunden habe.[6] Dabei arbeitet ein Großteil der Geschlechter- und der Frauenforschung durchaus mit einem Konzept von Moderne: Erstens, weil sie um 1800 eine entscheidende Zäsur in der Entwicklung der Geschlechterordnung annimmt, die die Geschichte in ein Vorher und ein Nachher teilt, zweitens, weil sie dafür typische Modernisierungsprozesse wie Differenzierung, Industrialisierung oder Mobilisierung verantwortlich macht. Zur Fremdheit zwischen der Geschlechterforschung und Modernisierungstheorien haben allerdings auch letztere beigetragen, denn Modernisierungstheorien haben sich häufig als blind gegenüber den Fragen nach Geschlecht erwiesen. Aufgrund dieser Ausblendung sieht die Soziologin Brigitte Aulenbacher in der Modernisierungstheorie und in der feministischen Theorie »gegenläufige Selbstbeschreibungen der Moderne«, die nicht kompatibel seien.[7] Ulrich Beck ist einer der wenigen Modernisierungstheoretiker, die sich ausdrücklich mit Moderne und Geschlecht auseinandergesetzt haben; auch Norbert Elias kann man dazu rechnen.[8] In der Systemtheorie hat sich ein eher kleiner, aber innovativer Forschungszweig zur Geschlechterforschung etabliert.[9] Aufseiten der Gender Studies finden sich insbesondere in der Soziologie Wissenschaftlerinnen und Wissenschaftler, die sich des Instrumentariums der Modernisierungstheorien bedienen.[10] Da Modernisierungstheorien die Frage nach Fortschritt inhärent ist, geht es bei ihnen häufig um das Problem, »ob

---

4 *Ralf Wetzel*, »Was ist der Phall und was steckt dahinter?«. Ein systemtheoretischer Blick auf die Beobachtung der Geschlechterdifferenz, in: *Maria Funder*, Gender Cage – Revisited, Baden-Baden 2014, S. 89–121, hier: S. 92f.

5 Typisch erscheint vielmehr die kritische Distanz gegenüber einer »übergreifenden Großtheorie […] oft männlicher Autoren«, so Andrea Maihofer, dargestellt im Beitrag zu ihrer Festschrift von *Katharina Pühl*, Auf dem Weg zum dynamischen historischen Tableau. Entwicklung einer kritischen Gesellschaftstheorie des Geschlechts, in: *Dominique Grisard/Ulle Jäger/Tomke König* (Hrsg.), Verschieden sein. Nachdenken über Geschlecht und Differenz, Sulzbach im Taunus 2013, S. 119–130.

6 *Cornelia Klinger*, Die Ordnung der Geschlechter und die Ambivalenz der Moderne, in: *Sybille Becker/Gesine Kleinschmit/Ilona Nord* u.a. (Hrsg.), Das Geschlecht der Zukunft. Frauenemanzipation und Geschlechtervielfalt, Stuttgart/Berlin etc. 2000, S. 29–63.

7 *Brigitte Aulenbacher*, Die »zweite Moderne«, ein herrenloses Konstrukt – Reichweite und Grenzen modernisierungstheoretischer Zeitdiagnosen, in: *Gudrun-Axeli Knapp/Angelika Wetterer* (Hrsg.), Soziale Verortung der Geschlechter. Gesellschaftstheorie und feministische Kritik, Münster 2001, S. 188–224, hier: S. 189.

8 Er sieht vor allem die Ambivalenzen der Moderne für die Frauen und spricht von einer »halbierten Moderne«, *Ulrich Beck*, Risikogesellschaft. Auf dem Weg in eine andere Moderne, Frankfurt am Main 1986, S. 181.

9 Vgl. den Forschungsüberblick bei *Ursula Pasero*, Systemtheorie. Perspektiven in der Genderforschung, in: *Ruth Becker/Beate Kortendiek* (Hrsg.), Handbuch Frauen- und Geschlechterforschung. Theorie, Methoden, Empirie, 2., erw. u. aktual. Aufl., Wiesbaden 2008 (zuerst 2004), S. 245–249.

10 *Birgit Geissler/Mechtild Oechsle*, Lebensplanung junger Frauen. Zur widersprüchlichen Modernisierung weiblicher Lebensläufe, Weinheim 1996; *Elisabeth Beck-Gernsheim*, Vom ›Dasein für Andere‹ zum Anspruch auf ein Stück ›eigenes Leben‹. Individualisierungsprozesse im weiblichen Zusammenhang, in: Soziale Welt 34, 1983, S. 307–340; *Angelika Diezinger*, Frauen: Arbeit und Individualisierung. Chancen und Risiken, Opladen 1991.

ein zur Hälfte gefülltes Glas ›halbleer‹ oder ›halbvoll‹« sei.[11] Wir werden sehen, dass diese Frage nach Erfolg oder Misserfolg der Frauenemanzipation auch jene Genderforschung bewegt, die nur implizit mit einem Konzept von »Moderne« arbeitet.

In einem ersten Schritt meiner Untersuchung stelle ich zwei Thesen der Genderforschung vor, die von einem Einbruch durch die Moderne ausgehen und eine je eigene Antwort darauf geben, inwiefern sich dabei die Geschlechterordnung änderte: Die eine bietet eine Dekadenzerzählung, wie ich es nenne, die andere eine Aufstiegserzählung. Wie bereits deutlich wurde, schaue ich nicht nur auf die Geschichtsschreibung, sondern beziehe auch andere Disziplinen ein. Vor allem berücksichtige ich die Soziologie, weil sie sich am intensivsten mit dem Zusammenhang von Geschlechterordnung und Moderne auseinandergesetzt hat und weil generell die Geschichtsschreibung in der Auseinandersetzung mit Modernisierungstheorien nicht ohne Soziologie auskommt. Gleich zu Beginn sei gesagt, dass mir die Aufstiegserzählung insgesamt plausibler erscheint, weil sie die Frühe Neuzeit nicht ausblendet. Denn entsprechend den akademischen Gepflogenheiten sind viele Studien über die Neueste Zeit und über moderne Gesellschaften geradezu gezwungen, ihre Aussagen über den Wandel der Geschlechterordnung ohne Verweis auf die Zeit vor dem 19. Jahrhundert zu treffen.[12] Doch eine angemessene Analyse des Wandels kann nicht nur das Ergebnis ansehen, sondern muss auch den Ausgangspunkt einbeziehen, sollte also die Vormoderne nicht beiseitelassen. In einem zweiten Teil wird daher ein Blick auf die Entwicklung der Geschlechterdifferenzen im 18. Jahrhundert geworfen, und zwar anhand der Themen Bildung, Ökonomie, Körper und Individualisierung. Diese Untersuchung, die den weiten Zeitraum der Sattelzeit umfasst, ist möglich, weil es eine reiche historische Geschlechterforschung gibt, die seit Jahrzehnten nicht nur Einzelstudien über verschiedene Regionen und Problemstellungen vorgelegt hat, sondern auch beeindruckende Überblickswerke über die Geschlechterordnung und die Stellung der Frau im jeweiligen historischen Kontext bietet. Auf dieser Grundlage will ich dann drittens in Anlehnung an die zweite (die positive) Moderneerzählung eigene Überlegungen entwickeln, wie sich in der Moderne einerseits die Kontinuitäten und andererseits die tief greifenden Änderungen in der Geschlechterordnung erklären lassen.

Der geografische Schwerpunkt liegt auf Mittel- und Nordeuropa, weil Modernisierungstheorien annehmen, dass die wesentlichen Prozesse von da ihren Ausgang nahmen. Methodisch orientiere ich mich zum einen an klassischen sozialhistorischen Fragestellungen nach der Entwicklung der Ökonomie oder der Veränderung von Familienstrukturen. Zugleich bediene ich mich auch einer Geschichte der Materialität und des Körpers, die mit Pierre Bourdieu darauf verweist, wie gerade der mit Körperpraktiken stabilisierte Habitus Macht reproduziert und sichert.[13]

I. These: Dunkle Sicht auf die Moderne

Die Einteilung der Forschung über Geschlecht und Moderne in zwei Thesen bedeutet freilich eine Zuspitzung – und entsprechend gibt es zahlreiche Varianten und Abweichungen, und manche Geschlechterforscherinnen und -forscher finden sich zwischen beiden Thesen. Doch erlaubt es diese Typisierung, einen Überblick über die Forschungslandschaft zu

11 *Beck-Gernsheim*, Vom ›Dasein für Andere‹ zum Anspruch auf ein Stück ›eigenes Leben‹, S. 307.

12 Viele Genderforscherinnen verlegen daher Entwicklungen, die im 18. Jahrhundert ihren Anfang nahmen, ganz ins 19. Jahrhundert (etwa den Prozess der Individualisierung).

13 Über Bourdieu in der Genderforschung der instruktive Aufsatz von *Ulle Jäger/Tomke König/Andrea Maihofer*, Pierre Bourdieu: Die Theorie männlicher Herrschaft als Schlussstein seiner Gesellschaftstheorie, in: *Heike Kahlert/Christine Weinbach* (Hrsg.), Zeitgenössische Gesellschaftstheorien und Genderforschung. Einladung zum Dialog, Wiesbaden 2015 (zuerst 2012), S. 15–35.

gewinnen, der eigene Thesen zu dem schwer fassbaren Thema »Geschlecht und Moderne« ermöglicht – und weitere Diskussionen anregen könnte.

Die erste These über die Veränderungen in der Moderne nenne ich das Dekadenznarrativ. Diese Erzählung – in aller Varianz und Vielfalt – besagt nicht nur, dass es eine einschneidende Zäsur um 1800 gebe, sondern auch, dass erst die Moderne die heute bekannte tief greifende Geschlechterdichotomie hervorgebracht habe.[14] Zwar geht jede Geschlechterforschung davon aus, dass Geschlecht konstruiert ist und entsprechend historisiert werden muss. Doch im Dekadenznarrativ ist der Konstruktivismus radikal und steht im Zentrum der Argumentation. Erst seit dem Ende des 18. Jahrhunderts datiere »die Bedeutung und Betonung der Geschlechterdifferenz«, erklärt Ute Gerhard paradigmatisch.[15] Für die Männlichkeitsforscherin Raewyn Connell gilt als grundlegende Voraussetzung ihrer Forschungen, dass von Männlichkeit recht eigentlich erst seit der »bourgeoisen Ideologie der ›getrennten Sphären‹ im 19. Jahrhundert« gesprochen werden könne, weil erst ab da die neue zweigliedrige Geschlechterordnung die Notwendigkeit eines Kontrastbegriffs zu »Weiblichkeit« hervorgebracht habe.[16]

Die Produktion der Zweigeschlechtlichkeit und damit die Moderne werden in diesem Interpretationszusammenhang negativ gesehen. Erna Appelt beispielsweise sieht die männliche Dominanz als Effekt der Moderne, konstatiert also eine Abwärtsentwicklung für die Frauen in der Moderne: »In der herkömmlichen Politikwissenschaft wird der Androzentrismus gern als ein Relikt vormoderner Gesellschaftsstrukturen wahrgenommen, das im Zuge der Modernisierung überwunden worden sei«; feministische Theoretikerinnen hätten demgegenüber »nachgewiesen, dass der neuzeitliche Androzentrismus selbst Produkt des (aufgeklärten) Absolutismus« und anderer Entwicklungen in der Moderne gewesen sei. Appelt sieht einen direkten kausalen Zusammenhang zwischen den Prozessen der Moderne und der bis heute anhaltenden Exklusion von Frauen.[17]

Im Zentrum dieser Diskussionen steht vielfach der Körper, der insbesondere im angelsächsischen Raum zu einem, wie Maren Lorenz es nennt, »regelrechten epistemologischen science war« zwischen einem Beharren auf der Eigenlogik und partiellen Unverfügbarkeit des materiellen Körpers und einem radikalen Konstruktivismus geführt habe.[18] Auch diese zwei Positionen sind idealtypische Zuspitzungen, wie Lorenz betont, und viele Ansätze liegen dazwischen. Die Interpretationsangebote der Dekadenzerzählung neigen aber deutlich zum Radikalkonstruktivismus. Extremer Ausdruck der These von der Produktion

---

14 *Claudia Ulbrich*, Art. »Geschlecht« und Art. »Geschlechterrollen«, in: Enzyklopädie der Neuzeit, Bd. 4: Friede–Gutsherrschaft, Stuttgart/Weimar 2006, S. 622–631 und 631–650; *Ute Gerhard*, Einleitung, in: *dies.* (Hrsg.), Frauen in der Geschichte des Rechts. Von der Frühen Neuzeit bis zur Gegenwart, München 1997, S. 13, ebenso im Beitrag S. 512f.; *Kirsten Heinsohn/Claudia Kemper*, Geschlechtergeschichte. Version: 1.0, in: Docupedia-Zeitgeschichte, 2012, URL: <http://docupedia.de/zg/Geschlechtergeschichte> [2.8.2017]; *Raewyn Connell*, Der gemachte Mann. Konstruktion und Krise von Männlichkeiten, hrsg. v. *Michael Meuser/Ursula Müller*, 4., durchges. u. erw. Aufl., Wiesbaden 2015 (zuerst 1999), S. 120; *Barbara Stollberg-Rilinger*, Europa im Jahrhundert der Aufklärung, Stuttgart 2000, S. 159f.; *Erna Appelt*, Geschlecht, Staatsbürgerschaft, Nation. Politische Konstruktionen des Geschlechterverhältnisses in Europa, Frankfurt am Main 1999, S. 11–13.

15 *Ute Gerhard*, Einleitung, in: *dies.* (Hrsg.), Frauen in der Geschichte des Rechts. Von der Frühen Neuzeit bis zur Gegenwart, München 1997, S. 1–22, hier: S. 13; ebenso auch die neuere Literatur (als ein weiteres Beispiel unter vielen) *Franziska Schößler*, Einführung in die Gender Studies, Berlin 2008, S. 28; *Ulrike Brunotte/Rainer Herrn*, Statt einer Einleitung. Männlichkeiten und Moderne – Pathosformeln, Wissenskulturen, Diskurse, in: *dies.* (Hrsg.), Männlichkeiten und Moderne. Geschlecht in den Wissenskulturen um 1900, Bielefeld 2008, S. 9–23, hier: S. 16.

16 *Connell*, Der gemachte Mann, S. 157f.

17 *Appelt*, Geschlecht, Staatsbürgerschaft, Nation, S. 12f. und 60–72. Als feministische Theoretikerinnen führt Appelt unter anderem Carole Pateman, Mechthild Rump, Claudia Honegger und Ute Gerhard an.

18 *Maren Lorenz*, Leibhaftige Vergangenheit. Einführung in die Körpergeschichte, Tübingen 2000, S. 22.

der Zweigeschlechtlichkeit in der Moderne ist die Annahme von Thomas Laqueur, dass in der Vormoderne ein One-Body-Modell gegolten habe, also nicht das heute vorherrschende Konzept von einem weiblichen und einem männlichen Körpertypus.[19] Obwohl das Modell inzwischen vielfach widerlegt ist und als veraltet gilt[20], wird es weiterhin angeführt, was auf seine Attraktivität in der Geschlechterforschung verweist und auf die Bedeutung der Vorstellung, die Zweigeschlechtlichkeit überhaupt sei ein Produkt der Moderne.[21]

Als wesentlich verantwortlich für die Neuerungen gilt die im 18. Jahrhundert aufkommende scheinbar objektive Wissenschaft, die Geschlechtsdifferenzen biologisiert und damit essenzialisiert habe. David Armstrong oder Barbara Duden gehörten in den 1980er-Jahren zu den Pionierinnen und Pionieren eines an Michel Foucault orientierten Zugangs: Der Körper dient als Chiffre der gesellschaftlichen Ordnung, hervorgebracht durch die Wechselwirkung zwischen dem ärztlichen Wissen, professioneller Macht und dem körperlichen Material.[22] Foucault als wichtige Bezugsgröße in der Genderforschung verweist einmal mehr auf die große Bedeutung des Modernekonzepts, denn viele seiner Thesen behandeln die »Modernitätsschwelle«, wie er es an einer Stelle nennt.[23] Karin Hausen erläutert diesen Prozess in ihrem programmatischen Aufsatz: »Der Geschlechtscharakter wird als eine Kombination von Biologie und Bestimmung aus der Natur abgeleitet und zugleich als Wesensmerkmal in das Innere des Menschen verlegt.«[24]

Geschlechterforscherinnen haben in zahlreichen Studien gezeigt, wie die Geschlechterdichotomie mithilfe der sich etablierenden Wissenschaften (insbesondere der Biologie) ausformuliert und immer detaillierter wurde. Im Körper, so das Ergebnis, werde die bürgerliche Ordnung der Geschlechter mit objektivierender Wissenschaftssprache durchdekliniert und damit die »Frau« auf ihre begrenzte Rolle festgelegt.[25] Wobei diese Forschung stets begleitet wurde von einer Kritik an »terminologischen Spitzfindigkeiten«, die histo-

19 *Marie-Christine Pouchelle*, Corps et chirurgie á l'apogée du Moyen-Age, Paris 1983.

20 *Bettina Brockmeyer*, Selbstverständnisse. Dialoge über Körper und Gemüt im frühen 19. Jahrhundert, Göttingen 2009, S. 262f.

21 *Schößler*, Einführung in die Gender Studies, S. 11, 22, 28–30 und 33; *Irmela Marei Krüger-Fürhoff*, Körper, in: *Christina von Braun/Inge Stephan* (Hrsg.), Gender@Wissen. Ein Handbuch der Gender-Theorien, Köln/Weimar etc. 2009, S. 66–81, hier: S. 67; *Connell*, Der gemachte Mann, S. 158; vgl. dazu *Ulbrich*, Geschlechterrollen, S. 631–650, hier: S. 639–642. Zur Kritik an dem anhaltenden Einfluss Laqueurs vgl. *Barbara Duden*, Frauen-»Körper«, in: *Becker/Kortendiek*, Handbuch Frauen- und Geschlechterforschung, S. 593–607, hier: S. 600f.

22 *Barbara Duden*, Geschichte unter der Haut. Ein Eisenacher Arzt und seine Patientinnen um 1730, Stuttgart 1987, S. 14–16; *David Armstrong*, Political Anatomy of the Body. Medical Knowledge in Britain in the Twentieth Century, Cambridge 1983.

23 *Michel Foucault*, Sexualität und Wahrheit, Bd. 1: Der Wille zum Wissen, Frankfurt am Main 1992 (zuerst frz. 1976), S. 170.

24 *Karin Hausen*, Die Polarisierung der »Geschlechtscharaktere«. Eine Spiegelung der Dissoziation von Erwerbs- und Familienleben (zuerst 1976), in: *dies.* (Hrsg.), Geschlechtergeschichte als Gesellschaftsgeschichte, Göttingen 2012, S. 19–49, hier: S. 25. Claudia Ulbrich formuliert es so: »Es handelt sich bei der Aufteilung der Geschlechter [...] um ein Forschungsnarrativ [...], das als überholt gilt«, *Claudia Ulbrich*, »Ehe«, in: Enzyklopädie der Neuzeit, Bd. 3: Dynastie–Freundschaftslinien, Stuttgart/Weimar 2006, Sp. 43f.; vgl. auch *Ruth Dawson*, »Light Out! Lights Out!«. Women and the Enlightment, in: *Ulrike Gleixner/Marion W. Gray* (Hrsg.), Gender in Transition. Discourse and Practice in German Speaking Europa, 1750–1830, Ann Arbor 2006, S. 218–245.

25 Um nur wenige Beispiele zu nennen: *Claudia Honegger*, Die Ordnung der Geschlechter. Die Wissenschaften vom Menschen und das Weib. 1750–1850, Frankfurt am Main 1991; *Donna Haraway*, Die Neuerfindung der Natur. Primaten, Cyborgs und Frauen, Frankfurt am Main/New York 1995; *Fox Keller*, Geschlecht und Wissenschaft. Eine Standortbestimmung, in: *Barbara Orland/Elvira Scheich* (Hrsg.), Das Geschlecht der Natur. Feministische Beiträge zur Geschichte und Theorie der Naturwissenschaften, Frankfurt am Main 1995, S. 64–91; vgl. den Literaturüberblick bei *Brockmeyer*, Selbstverständnisse.

rische Forschung aus »erlebbaren Wirklichkeiten« herauslöse, wie Barbara Duden in einem grundsätzlichen Widerspruch gegen die Reduzierung der Geschlechterforschung auf die Diskursanalyse formuliert.[26] Doch wie auch immer der Körper in der Argumentation gefasst wird: Stets gilt die Moderne als die entscheidende Zäsur – und sie wird in diesem Zusammenhang negativ gefasst.[27]

Auch die Ökonomie spielt für das Dekadenznarrativ eine zentrale Rolle – was nicht zu überraschen vermag, wenn man die Interpretationsangebote im Kontext von Modernisierungstheorien sieht. Wie in anderen Kultur- und Sozialwissenschaften boten seit den 1970er-Jahren auch in den Gender Studies marxistische Theoreme wichtige Anregungen.[28] Die Etablierung der kapitalistischen Ordnung und die damit verbundene Arbeitsteilung werden zuweilen als Ursache der neuartigen Unterdrückung der Frau angeführt, wie etwa in Ursula Beers politisch-ökonomischer Untersuchung von 1990.[29] Ute Gerhard stellt grundsätzlich fest, dass »mit dem Aufkommen des Kapitalismus« die Frauen »ins Hintertreffen geraten«.[30] Andere wiederum argumentieren, dass die Industrialisierung nicht ohne die bürgerliche dichotome Geschlechterordnung möglich gewesen wäre: Sie degradierte Frauen zur »heimlichen Ressource« der florierenden Ökonomie – unterbezahlt oder gar, wie in der häuslichen und karitativen Arbeit, ohne Entlohnung.[31] Ulrich Beck verweist darauf, dass die Geschlechterhierarchie konstitutiv für die Moderne sei und die Industriegesellschaft nur als »halbierte Moderne« funktioniere, indem die weibliche Hälfte der Menschheit aus zentralen Institutionen exkludiert werde und keinen Zugang zu Ressourcen erhalte.[32]

Zu den substanziellen Neuerungsprozessen in dieser Dekadenzerzählung zählen auch die durch Aufklärung, durch Rationalisierung und durch Wissenschaftsdiskurse eingeforderten Prinzipien von Universalität und Gleichheit. Sie hätten zur Exklusion der Frauen beigetragen, weil die universelle Gleichheit nur Männern gegolten habe. Indem Männlichkeit als universal ausgerufen wurde, gestaltete sich die Exklusion aller Nicht-Zugehörigen

26 *Duden*, Frauen-»Körper«, S. 601; eine der neuesten Interventionen kommt von der Physikerin und Genderforscherin Karen Barad, die fragt: »Wodurch wurde die Sprache vertrauenswürdiger als die Materie?«, *Karen Barad*, Agentieller Realismus. Über die Bedeutung materiell-diskursiver Praktiken, Berlin 2012, S. 8.

27 Vgl. den Überblick zur Forschungslage bei *Ute Planert*, Der dreifache Körper des Volkes. Sexualität, Biopolitik und die Wissenschaften vom Leben, in: GG 26, 2000, S. 539–576, hier: S. 539–552.

28 *Eva Cyba*, Patriarchat. Wandel und Aktualität, in: *Becker/Kortendiek*, Handbuch Frauen- und Geschlechterforschung, S. 17–22, hier: S. 19f.; *Ingrid Glaster*, Französischer Feminismus. Zum Verhältnis von Egalität und Differenz, in: ebd., S. 45–58, hier: S. 47f.; vgl. auch die von Joan W. Scott skizzierte Forschungslage in *Joan W. Scott*, Gender. A Useful Category of Historical Analysis, in: AHR 91, 1986, S. 1053–1075, hier: S. 1058.

29 *Ursula Beer*, Geschlecht, Struktur, Geschichte. Soziale Konstituierung des Geschlechterverhältnisses, Frankfurt am Main 1990; *Ute Gerhard*, Verhältnisse und Verhinderungen. Frauenarbeit, Familie und Rechte der Frauen im 19. Jahrhundert, Frankfurt am Main 1978, S. 8, passim; *Appelt*, Geschlecht, Staatsbürgerschaft, Nation, S. 12; *Ivan Illich*, Genus. Zu einer historischen Kritik der Gleichheit, Reinbek 1983; vgl. auch *Connell*, Der gemachte Mann, S. 158; *Gudrun-Axeli Knapp*, Macht und Geschlecht. Neuere Entwicklungen in der feministischen Macht- und Herrschaftsdiskussion, in: *dies./Angelika Wetterer* (Hrsg.), TraditionenBrüche. Entwicklungen feministischer Theorie, Freiburg im Breisgau 1992, S. 287–325, hier: S. 325. Eva Cyba erläutert in einem Forschungsüberblick zum Patriarchatskonzept, das Patriarchat allein reiche zur Erklärung der Unterdrückung von Frauen nicht aus, vielmehr werden »Kapitalismus und Patriarchat als die beiden Ursachen der Frauenunterdrückung angenommen«, *Cyba*, Patriarchat, S. 19.

30 *Ute Gerhard*, Verhältnisse und Verhinderungen. Frauenarbeit, Familie und Rechte der Frauen im 19. Jahrhundert, Frankfurt am Main 1978, S. 8.

31 *Elisabeth Beck-Gernsheim*, Frauen – die heimliche Ressource der Sozialpolitik? Plädoyer für andere Formen der Solidarität, in: WSI Mitteilungen 44, 1991, S. 58–66; *Hausen*, Die Polarisierung der »Geschlechtscharaktere«, S. 47.

32 *Beck*, Risikogesellschaft, S. 181.

als eisern und unentrinnbar.[33] Nicht zuletzt der Staats- und Nationsbildungsprozess habe daran wesentlichen Anteil. Eva Kreisky spricht vom modernen »Staat als ›Männerbund‹«.[34] Und während Historikerinnen wie Ute Planert in den modernen Partizipationsformen des 19. Jahrhunderts neue Chancen für Frauen erkennen (wie wir unten noch sehen werden), betrachten Forscherinnen wie Kreisky »die Demokratiefrage« generell mit »großer Skepsis«, da Demokratie mit den in der Moderne entstandenen männlich konnotierten Formen Repräsentation oder Universalismus verbunden sei.[35]

Insgesamt wird Moderne bei diesem ersten Ansatz als ein ambiguitätsvernichtender Prozess interpretiert, der durch die unentrinnbare, biologisch-wissenschaftlich essenzialisierte Geschlechtsdifferenz die entschiedene Unterdrückung und Marginalisierung der Frau bewirkt habe, die wir bis heute beobachten können – so zugespitzt die Positionierung.

II. These: Positive Vergleichsfolie durch den Blick auf die Vormoderne

Gegenüber diesem pessimistischen Ansatz steht eine positivere Interpretation der Moderne, die Aufstiegserzählung. Sie betont ebenfalls die Zäsur in der Zeit um 1800 für die Geschlechterordnung, doch werden die Prozesse eher als vorteilhaft für die Rolle der Frau gesehen. Einige der Vertreterinnen und Vertreter dieses Narrativs, die den Anbruch der Moderne im 18. Jahrhundert verorten, interpretieren dieses Jahrhundert als das der Frau.[36] Die Frauenhistorikerin Olwen Hufton notiert beispielhaft, die Veränderungen im 18. Jahrhundert seien ein »erster, zaghafter Schritt auf dem Weg zu der Vision einer anderen Lebensleiter [gewesen] – einer Vision, die nicht die Rolle der Frau als Gattin und als Mutter bestritt«, aber den Frauen insgesamt »mehr Hoffnung, ein wenig mehr Würde und die Aussicht auf ein genügendes Auskommen bot«.[37]

Die oben durchdeklinierten Modernisierungsprozesse werden im Aufstiegsnarrativ teilweise geradezu spiegelbildlich positiv interpretiert. Dass mit der Moderne ein neues Bild von der Frau konstruiert wurde und dass auf den weiblichen Körper ein radikaler Zugriff stattfand, dass die Wissenschaften dafür die Terminologie lieferten – all das bleibt gleichwohl unbestritten.[38] Allerdings weisen die Studien, die sich der zweiten These zu-

33 *Hausen*, Die Polarisierung der »Geschlechtscharaktere«, S. 26f.

34 *Eva Kreisky*, Der Staat als »Männerbund«. Der Versuch einer feministischen Staatssicht, in: *Elke Biester/Brigitte Geißel/Sabine Lang* u.a. (Hrsg.), Staat aus feministischer Sicht, Berlin 1992, S. 53–62; vgl. dazu auch *Appelt*, Geschlecht, Staatsbürgerschaft, Nation, S. 134f.; ähnlich *Karen Hagemann*, German Heroes. The Cult of the Death for the Fatherland in Nineteenth-Century Germany, in: *Stefan Dudnik/Karen Hagemann/John Tosh* (Hrsg.), Masculinities in Politics and War. Gendering Modern History, Manchester/New York 2008, S. 116–134, hier: S. 123; *Gisela Bock*, Frauen in der europäischen Geschichte. Vom Mittelalter bis zur Gegenwart, München 2000, S. 183; vgl. *John Tosh*, Hegemonic Masculinity and the History of Gender, in: *Dudnik/Hagemann/ders.*, Masculinities in Politics and War, S. 41–60, hier: S. 41 und 47f.

35 So die Erläuterungen von *Barbara Holland-Cunz*, Demokratiekritik. Zu Staatsbildern, Politikbegriffen und Demokratieformen, in: *Becker/Kortendiek*, Handbuch Frauen- und Geschlechterforschung, S. 530–538, hier: S. 532. In diesem Aufsatz findet sich auch ein Forschungsüberblick mit zahlreichen Vertreterinnen dieser Thesen.

36 Darauf verweisen *Arlette Farge/Natalie Zemon Davis*, Einleitung, in: *dies.* (Hrsg.), Geschichte der Frauen, Bd. 3: Frühe Neuzeit, Frankfurt am Main/New York 1994, S. 11–19, hier: S. 13.

37 *Olwen Hufton*, Frauenleben. Eine europäische Geschichte 1500–1800, Frankfurt am Main 1998, S. 687; ganz ähnlich *Michèle Crampe-Casnabet*, Aus der Philosophie des 18. Jahrhunderts, in: *Farge/Davis*, Geschichte der Frauen, S. 333–366, hier: S. 333.

38 Einen informativen Forschungsüberblick über die Geschlechterkonstruktion bietet *Hannelore Faulstich-Wieland*, Einführung in die Genderstudien, Opladen 2006, S. 108–112.

ordnen lassen, häufig auf die Ambivalenz der Moderne. So notiert beispielsweise Ute Planert zum Projekt des Nationalstaats: »Geschlechterpolitische Egalität und gleichberechtigte Partizipationschancen waren im System getrennter Geschlechtersphären nicht vorgesehen, aber dennoch tendierte weibliches Handeln unter nationalen Vorzeichen zu beständiger Grenzüberschreitung«.[39] Dabei verweist Planert auch auf jene Forschung, die zeigen konnte, dass die getrennten Sphären im 19. Jahrhundert zwischen männlicher Öffentlichkeit und weiblicher Privatheit keineswegs so statisch festgelegt und unflexibel waren, wie lange angenommen. Planert plädiert dafür, die Modernisierungsprozesse über einen längeren Zeitraum zu betrachten: »Politisierung im Zeichen der Nation begründete nicht automatisch gleichberechtigte Partizipation, aber sie legte den Grundstein für die stete Erweiterung des weiblichen Handlungsspielraums.«[40] Angelika Schaser wiederum argumentiert – um ein weiteres Beispiel für eine positivere Sicht auf die Moderne zu nennen –, dass die Ausdifferenzierung der Gesellschaft und die Infragestellung der ständischen Ordnung wesentlich zur Emanzipation der Frau beigetragen hätten.[41] Auch im Folgenden werden wir immer wieder auf die Differenzierungsprozesse stoßen.

Grundlegend für diese Argumentation ist es, die Formen der Unterdrückung, die Frauen in der Vormoderne erlebt haben, nicht unberücksichtigt zu lassen. So bargen Frauen in der europäischen Vorstellungswelt der Vormoderne vielfach Unheil. Theologen interpretierten den weiblichen Körper als Ort des Lasters. »Weibisch« galt häufig als das Minderwertige.[42] In manchen Regionen wurde eine wegen Kindsmordes verurteilte Frau ertränkt oder lebendig begraben. Im 16. Jahrhundert mussten Mägde schon allein aufgrund von außerehelichem Geschlechtsverkehr, der durch eine Schwangerschaft zutage trat, damit rechnen, ersäuft zu werden.[43]

Auch die Annahme, ein dualistisches Geschlechterkonzept sei ganz oder zum überwiegenden Teil auf Prozesse der Modernisierung zurückzuführen, wird mit Blick auf die Frühe Neuzeit relativiert. Der Haushalt stellt sich über Jahrhunderte als streng hierarchischer Ort dar, die Befehlsgewalt des Mannes, die Gehorsamspflicht der Frau, das Recht des Mannes auf häusliche Gewalt, die Rechtlosigkeit der Frau im Hinblick auf ihr Eigentum und ihren Körper gehörten überall in Europa schon vor dem 19. Jahrhundert in die Ordnungsvorstellungen.[44] Das Schicksal der Frau hing zwar auch von ihrem Stand ab, dennoch taugte der Tagelöhner und Knecht vor Gericht als Rechtsperson, während das für Frauen nur bedingt der Fall war – egal, welchem Stand sie angehörten.[45] Unbestritten ist zwar, dass mit der Moderne eine Verschärfung der Sphärentrennung einhergeht. Doch erstens war, wie oben gezeigt, diese Trennung nicht so apodiktisch und zweitens galt sie in anderer Form auch schon in den Jahrhunderten zuvor. Die frühneuzeitliche Ratgeberliteratur forderte, dass der Ort der Frau das Haus sei – während der Mann in der Öffentlichkeit agiere.[46] Jean Bodin stellte 1586

39 *Ute Planert*, Vater Staat und Mutter Germania. Zur Politisierung des weiblichen Geschlechts im 19. und 20. Jahrhundert, in: *dies.* (Hrsg.), Nation, Politik und Geschlecht. Frauenbewegungen und Nationalismus in der Moderne, Frankfurt am Main 2000, S. 15–65, hier: S. 25.

40 Ebd., S. 30.

41 *Angelika Schaser*, Frauenbewegung in Deutschland 1848–1933, Darmstadt 2006, S. 1 und 12.

42 *Hufton*, Frauenleben, S. 35 und 71–79; ein nettes Beispiel ist »Die dreyfache natur der Frau«, in: Stralsundische Zeitung, 1.10.1776.

43 *Heide Wunder*, »Er ist die Sonn', sie ist der Mond«. Frauen in der Frühen Neuzeit, München 1992, S. 247f.

44 *Ute Frevert*, Frauen-Geschichte. Zwischen Bürgerlicher Verbesserung und Neuer Weiblichkeit, Frankfurt am Main 1986, S. 17 und 27; *Olwen Hufton*, Arbeit und Familie, in: *Farge/Davis*, Geschichte der Frauen, S. 27–59, hier: S. 53.

45 *Wunder*, Frauen in der Frühen Neuzeit, S. 247.

46 Wobei der Hinweis auf die Diskrepanz von Norm und Alltagspraxis nur bedingt taugt, *Bea Lundt*, Einleitung, in: *dies.* (Hrsg.), Auf der Suche nach der Frau im Mittelalter. Fragen, Quellen, Ant-

in seinen berühmten »Sechs Büchern über den Staat« fest: »Was die Frauen anbelangt, so sei nur das eine gesagt: [...] sie sollten von allen Magistratsämtern, Befehlsfunktionen [...] und öffentlichen Ratsversammlungen so weit wie möglich ferngehalten werden, damit sie sich mit Hingabe ihren Aufgaben als Gattinnen und Hausfrauen widmen.«[47] Und tatsächlich war es auch in der Vormoderne die Frau, die sich primär um Kind und Haushaltsarbeit kümmerte.[48] Als in der Französischen Revolution die Frauenklubs verboten wurden, brauchten die Revolutionäre keine neue Begründung und erklärten im Gestus der Selbstverständlichkeit: »Die häuslichen Aufgaben, zu denen Frauen von Natur aus bestimmt sind, gehören selbst zur allgemeinen Ordnung der Gesellschaft.«[49] Immer wieder beriefen sich die Publizisten sogar auf die Antike, um die unumstößliche dichotome Ordnung zu legitimieren.[50]

Ein dichotomes Geschlechterbild scheint so alt wie die Panik vor der »Weibermacht«. Die Frage »wer die Hosen anhat« (wie das Problem schon damals benannt wurde) führte nicht nur in Deutschland zu beeindruckenden frühneuzeitlichen Schreckensszenarien von Kochlöffel schwingenden Frauen, die auf ihren – auf allen Vieren kriechenden – Männern ritten.[51] Im jahrhundertealten Motiv von »Aristoteles und Phyllis«, dem alten Weisen und die ihn dominierende Frau, zeigt sich die Auffassung von der scheinbaren Absurdität und Gefährlichkeit einer pervertierten Geschlechterordnung, in der nicht der Mann oben und die Frau unten positioniert war.[52] Die Angst saß tief und blieb bestehen.[53]

III. Bildung, Ökonomie, Körper, Individuum: Umbrüche im 18. Jahrhundert

Angesichts der repressiven Praktiken gegen Frauen vor dem 19. Jahrhundert erweist sich ein reines Dekadenznarrativ als problematisch. Um die Analyse zu präzisieren – und zu meinem zweiten Punkt kommend –, soll nun ein Blick auf die Veränderungen der Geschlechterordnung im 18. Jahrhundert geworfen werden: zunächst im Hinblick auf die Bildung, dann auf die Ökonomie, dann auf den Körper und schließlich auf die Frage nach der Individualisierung. Der geografische Schwerpunkt liegt, wie oben ausgeführt, auf Mittel- und Nordeuropa.

---

worten, München 1991, S. 7–22, hier: S. 15; vgl. zur beschriebenen Situation der Frau *Hufton*, Arbeit und Familie, S. 44; *Crampe-Casnabet*, Aus der Philosophie des 18. Jahrhunderts, S. 341, 349f. und 355; *Natalie Zemon Davis*, Frauen, Politik und Macht, in: *Farge/dies.*, Geschichte der Frauen, S. 189–206, hier: S. 189; *Hufton*, Frauenleben, S. 77f. und 96f.

47 3. Buch, 8. Kapitel, zit. nach: *Davis*, Frauen, Politik und Macht, S. 189. 200 Jahre später erklärte der Naturwissenschaftler Johann Georg Krünitz, der Mann müsse das Oberhaupt und der »Beschützer und Ernährer« sein, *Ute Frevert*, Frauen-Geschichte. Zwischen Bürgerlicher Verbesserung und Neuer Weiblichkeit, Frankfurt am Main 1986, S. 27.

48 *Joel Mokyr*, The Enlightened Economy. Britain and the Industrial Revolution 1700–1850, London 2009.

49 *Franziska Wunderer/Hartmann Conrad*, Geschlechtergeschichte. Historische Probleme und moderne Konzepte, Braunschweig 2005, S. 83.

50 *Crampe-Casnabet*, Aus der Philosophie des 18. Jahrhunderts, S. 350; *Ulbrich*, Geschlechterrollen, S. 636.

51 *Wunder*, Frauen in der Frühen Neuzeit, S. 105f., 213f. und 264.

52 *Cornelia Herrmann*, Der gerittene Aristoteles. Das Bildmotiv des ›gerittenen Aristoteles‹ und seine Bedeutung für die Aufrechterhaltung der gesellschaftlichen Ordnung vom Beginn des 13. Jahrhunderts bis um 1500, Pfaffenweiler 1991.

53 Sie gehörte auch in der Provinz zum guten Ton: Im vierteljährlich erscheinenden »Pommerschen Archiv der Wissenschaften und des guten Geschmacks« wurde 1787 eine »Warnung an die Männer« abgedruckt, in der es hieß: »Reitkleider, Hosen, Hüte/Und Stiefeln! – Ach behüte/Die Zukunft uns vor mehr Gefahr!«, Pommersches Archiv der Wissenschaften und des Geschmacks Bd. 6, 1787, S. 67. Für den Hinweis danke ich Matthias Müller.

Zunächst zur Bildung: Auffällig ist, dass Frauen im 18. Jahrhundert erstmals in einer großen literarischen Öffentlichkeit auftreten konnten.[54] Nicht nur in den berühmten Salons wurde das deutlich. Frauen profitierten auch von dem Zeitungs- und Zeitschriftenmarkt, der in der zweiten Hälfte des Jahrhunderts seinen Aufschwung nahm.[55] Im 18. Jahrhundert schrieben immer mehr Frauen Briefe, Tagebücher oder Erinnerungen. Und eine beachtliche Zahl an Frauen – wie Sophie La Roche oder Mary Wollstonecraft – nutzte ihre Bildung, um in der Sprache der Aufklärung mehr Rechte einzufordern und gegen die Willkür der Männerherrschaft zu klagen.[56] Emilie von Berlepsch, eine typische weibliche Stimme des 18. Jahrhunderts, schrieb: Die Vorstellung, dass die Erziehung und Bildung der Frau allein für das Wohlgefallen der Männer da seien, gehöre in »den Orient; zu jener unwürdigen Verfassung, wo der seelenschlaffe Mann [...] nur elender Sklavinnen, nur niedriger Spielwerke sinnlicher Lüste bedarf«.[57] Der Hinweis auf fremde »barbarische« Kulturen, in denen die Frauen besonders unterdrückt seien, war eine gängige Argumentationsfigur. Die Historikerin Barbara Stollberg-Rilinger schreibt dazu: Der Stolz der Menschen im 18. Jahrhundert

»in einer Epoche des Fortschritts und der Zivilisation zu leben, stützte sich auf das Argument, der sittliche Zustand einer Kultur lasse sich am besten an der Lage des weiblichen Geschlechts ablesen, und sie waren der Überzeugung, dass dessen Lage [...] den bisher höchsten Stand in der Menschheitsgeschichte erreicht habe«.[58]

Dennoch: Das »gelehrte Frauenzimmer« wurde – nach einer Blütezeit der gebildeten Frauen in der frühen Aufklärung[59] – am Ende des 18. Jahrhunderts zu einer beliebten Karikatur, und in Jean-Jacques Rousseaus »Emile« konnten alle nachlesen, was für eine verachtenswerte Figur das gelehrte Mädchen sei.[60] Die für das 18. Jahrhundert typische Hochstilisierung der Frau zum »moralischen Geschlecht« ließ ihre Bildung überflüssig erscheinen: Denn anders als der Mann galt sie »von Natur aus«, jenseits aller Bildung, als ein sittliches Wesen.[61] In der Missachtung der gebildeten Frau ließ sich also für die höheren Schichten durchaus ein gewisser Rückschlag erkennen. Die zahlreichen akademischen Berufe, die sich bis zum Ende des 18. Jahrhunderts herausbildeten, blieben jedoch ohnehin für Frauen verschlossen: Juristen, Buchhalter, Beamte in allen Bereichen und auf allen Ebenen, Ärzte oder Chirurgen. Allerdings erwies es sich für die Mehrheit der Frauen als wichtiger, dass die Alphabetisierung stetig zunahm: Konnten 1730 erst rund 10% lesen, waren es um 1800 25 bis 40%. Es gab zwar beachtliche Rückschläge, große Unterschiede zwi-

---

54 *Ulrike Weckel*, Zwischen Häuslichkeit und Öffentlichkeit. Die ersten deutschen Frauenzeitschriften im späten 18. Jahrhundert und ihr Publikum, Tübingen 1998; *Rebekka Habermas/Heide Wunder*, Nachwort, in: *Farge/Davis*, Geschichte der Frauen, S. 539–550, hier: S. 545; auch wenn es schon zuvor zahlreiche Autorinnen gab, vgl. ebd., S. 549.

55 *Frank Bösch*, Mediengeschichte. Vom asiatischen Buchdruck zum Fernsehen, Frankfurt am Main/New York 2011, S. 73–79.

56 *Rebekka Habermas*, Friderika Baldinger und ihr Männerlob. Geschlechterdebatten in der Aufklärung, in: *Heide Wunder/Gisela Engel*, Geschlechterperspektiven. Forschungen zur Frühen Neuzeit, Königsstein im Taunus 1998, S. 242–254; *Hufton*, Frauenleben, S. 684–686.

57 Emilie von Berlepsch, zit. nach: *Wunderer/Conrad*, Geschlechtergeschichte, S. 79.

58 *Stollberg-Rilinger*, Europa im Jahrhundert der Aufklärung, S. 145f. Der Publizist Theodor Gottlieb von Hippel der Ältere erklärt am Ende des 18. Jahrhunderts, die Diskriminierung der Frau in Sachen Bildung sei »ein barbarisches Vorurteil«, das Jahrtausende alt sei, *Theodor Gottlieb von Hippel*, Über die bürgerliche Verbesserung der Weiber, hrsg. v. *Ralph-Rainer Wuthenow*, Frankfurt am Main 1977 (zuerst 1792), S. 170.

59 *Helga Brandes*, Art. »Frau«, in: *Werner Schneiders* (Hrsg.), Lexikon der Aufklärung. Deutschland und Europa, München 2001, S. 126–129, hier: S. 127.

60 *Frevert*, Frauen-Geschichte, S. 21.

61 *Christoph Kucklick*, Das unmoralische Geschlecht. Zur Geburt der Negativen Andrologie, Frankfurt am Main 2015, S. 92.

schen ländlichen und urbanen Gesellschaften und einen stabil bleibenden bemerkenswerten Abstand zwischen der Lesefähigkeit von Frauen und Männern, doch konnten um 1800 in Europa so viele Frauen lesen und schreiben wie noch nie zuvor.[62]

Die Fortschritte in der Bildung hätten jedoch nicht ohne eine prosperierende Wirtschaft stattfinden können. Modernisierungstheoretisch informiert ließe sich sagen, dass sich der Prozess des Bildungsanstiegs nicht von den grundstürzenden Entwicklungen in der Ökonomie trennen lässt. Damit komme ich zu meinem zweiten Punkt. Historiker und Historikerinnen sprechen für die Vormoderne (bis hinein ins 18. Jahrhundert) von der »vorindustriellen Mangelgesellschaft« oder von einer »Ökonomie der Armut«.[63] Armut betraf Frauen besonders hart. Sie hatten keine oder nur eingeschränkte Eigentumsrechte und in aller Regel konnten sie nur mit einem Ehemann ein ehrbares Leben (jenseits der Bettelei und Landstreicherei) führen. Frauen erhielten zumeist die schlechtere Nahrung.[64] Die Entlohnung war extrem ungleich; der Gender Pay Gap lag meistens bei weit über 100%. Kleine Mädchen mussten oft noch einige Jahre früher als ihre Brüder mit harter Arbeit auswärts beginnen, nicht zuletzt, um ihren Familien nicht mehr zur Last zu fallen und um ihr Geld für eine Mitgift zusammenzusparen. Jungen hatten eher die Chance als Mädchen, eine Schule besuchen zu können.[65]

Sowohl Männer als auch Frauen mussten schwerste körperliche Arbeit verrichten; doch die Arbeit der Frauen war normalerweise die besonders niedrige und unehrenhafte.[66] Wenn ein Beruf weitgehend in Frauenhand lag – wie der der Näherin –, war er meistens schlecht angesehen und kärglich bezahlt.[67] Die Minderwertigkeit der Frau, darauf verweist der Historiker Eugen Weber, lag aber eben auch darin, dass sie körperlich schwächer war und damit in der Überlebensgesellschaft der Vormoderne weniger zählte.[68]

Vieles von dem hier Beschriebenen galt bis in das 18. oder gar 19. Jahrhundert; doch es zeigten sich deutliche Veränderungen. So flaute eine lang anhaltende wirtschaftliche und landwirtschaftliche Krise im 18. Jahrhundert allmählich ab. Die Differenzierungsprozesse kamen besonders der Wirtschaft zugute, die effizienter wurde, unabhängiger von theologischen Erwartungen und ständischen Bedenken. Die Zahlen von Angus Maddison über die historischen Entwicklungen des Wirtschaftswachstums weltweit zeigen, wie im 18. Jahrhundert die Ökonomie allmählich zu wachsen begann.[69] Pestepidemien früherer Jahrhunderte und weitgehend auch Versorgungskrisen blieben aus, sodass die Bevölkerung in einem bisher nicht gekannten Ausmaß wachsen konnte.[70] Die Preise für Getreide und Gü-

---

62 *Georg Schmidt*, Wandel durch Vernunft. Deutsche Geschichte im 18. Jahrhundert, München 2009, S. 269; *Robert A. Houston*, Alphabetisierung, in: Europäische Geschichte Online, 26.1.2012, URL: <http://www.ieg-ego.eu/houstonr-2011-de> [2.8.2017], S. 1 und 10f.; *Hufton*, Frauenleben, S. 570, 672 und 684.

63 Ebd., S. 22; *Irmintraut Richarz*, Oeconomia. Lehren vom Haushalten und Geschlechterperspektiven, in: *Wunder/Engel*, Geschlechterperspektiven, S. 316–336, hier: S. 319.

64 *Sara F. Matthews Grieco*, Körper, äußere Erscheinung und Sexualität, in: *Farge/Davis*, Geschichte der Frauen, S. 61–101, hier: S. 71; vgl. dazu auch die Situation der Arbeiterin um 1900, *Frevert*, Frauen-Geschichte, S. 89.

65 Ebd., S. 17 und 27; *Hufton*, Arbeit und Familie, S. 29 und 53.

66 *Pierre Bourdieu*, Die männliche Herrschaft (zuerst frz. 1975), in: *Irene Dölling/Beate Krais*, Ein alltägliches Spiel. Geschlechterkonstruktion in der sozialen Praxis, Frankfurt am Main 1996, S. 153–217; *Hufton*, Frauenleben, S. 22; vgl. kritisch zu Bourdieu *Marion Löffler*, Feministische Staatstheorien. Eine Einführung, Frankfurt am Main 2001, S. 153–165.

67 *Hufton*, Frauenleben, S. 22–29.

68 *Eugen Weber*, Peasants into Frenchmen. The Modernization of Rural France. 1870–1914, Redwood City 2007, S. 171 und 173.

69 *Angus Maddison*, Contours of the World Economy, 1–2030 AD. Essays in Macro-Economic History, Oxford/New York etc. 2007, S. 382.

70 *Schmidt*, Wandel durch Vernunft, S. 255. *Grieco*, Körper, äußere Erscheinung und Sexualität, S. 71; *Hufton*, Frauenleben, S. 31, 667f. und 676.

ter kletterten in die Höhe und regten damit die Produktion an, doch auch die Haushaltseinkommen stiegen.[71] Jan de Vries spricht von einer »Fleiß-Revolution« und vermutet, dass es gerade die zunehmenden Möglichkeiten für Frauen und Kinder waren, mit ihrer Arbeit Geld zu verdienen, die einen vermehrten Konsum im 18. Jahrhundert erlaubten.[72]

Die Sorge um das tägliche Brot und das Ausgeliefertsein des Körpers blieben gleichwohl elementar. Krankheit bedeutete in der Ökonomie der Knappheit die hohe Wahrscheinlichkeit der völligen Verarmung und mithin ein noch viel höheres Sterblichkeitsrisiko. Der Schutz des Eigentums erwies sich gerade für die Armen als bedeutsam, weil sie unausweichlich auf ihre wenigen Kleidungsstücke oder Gerätschaften für ihr Überleben angewiesen waren und weil sie als die Schwächsten dem Raub oder auch den Steuereintreibern besonders ausgeliefert waren (was etwa in Frankreich immer wieder zu Unruhen führte). Im 18. Jahrhundert nun wird bezeichnenderweise das Eigentumsrecht eines jeden festgeschrieben. Es ist Ausdruck wachsender rechtsstaatlicher Sicherheiten. Als das grundsätzlichste Recht auf Eigentum erweist sich das Recht auf die Unversehrtheit des Körpers. Diese Annahme ist zentral für die Entwicklung meiner These.

Damit komme ich zu meinem dritten Punkt, dem Körper. Die Konstruiertheit des Körpers durch wissenschaftliche Diskurse ist, wie oben ausgeführt, für die Moderne essenziell. Doch gerade für ein Verständnis der einschneidenden Änderungen durch die Moderne ist auch ein Zugang zu den »erlebbaren Wirklichkeiten« der Körper (Barbara Duden) wichtig. Die dingliche und materiale Dimension kann verdeutlichen, wie tief durch die scheinbare »Natur der Dinge« (Pierre Bourdieu) Machtverhältnisse in die Körper eingeschrieben sind.[73] So können sich beispielsweise Gedanken von der Würde des Individuums schwerlich entwickeln, wenn Körper einer Prügelstrafe unterzogen werden und Herren die Leiber ihrer Untertanen mit Willkür beherrschen.[74] Die existenzielle Macht über den Körper und die tiefe psychische Imprägnierung von körperlicher Gewalt können vermutlich kaum überschätzt werden. Vermutlich lag der zähe Ausschluss der Frauen auch daran, dass Personen, deren Körper von anderen in Besitz genommen werden durften, nur schwer als rechtsfähig gedacht werden konnten.[75] Tatsächlich wird wohl erst die Abschaffung der körperlichen Formen von Abhängigkeit und die Installierung »leibhaftiger Freiheit« (wie Peter Blickle es nennt) ermöglicht haben, dass Menschen überhaupt als politisch gleich gedacht werden konnten.[76] Und das geschah um 1800 – zunächst vor allem für Männer und, wie wir sehen werden, in viel geringerem Umfang für Frauen.

Eng verbunden mit dem Schutz auf Eigentum bedeutete der Schutz des Körpers außerdem die rechtsstaatliche Sicherheit vor Sklaverei, Leibeigenschaft, aber auch vor willkürlichen Verhaftungen (was verschiedene Verfassungs- und Rechtstexte der Zeit verdeutlichen, wie etwa die »Bill of Rights« oder die französische Verfassung). Um 1800 schafften die europäischen Regierungen Leibeigenschaft und körperliche Strafen ab oder drängten

71 *Hans-Ulrich Wehler*, Deutsche Gesellschaftsgeschichte, Bd. 1: Vom Feudalismus des Alten Reiches bis zur Defensiven Modernisierung der Reformära. 1700–1815, München 2008 (zuerst 1987), S. 88.

72 *Jan de Vries*, The Industrious Revolution. Consumer Behavior and the Household Economy, 1650 to the Present, Cambridge/New York etc. 2008, S. 86, passim.

73 *Bourdieu*, Die männliche Herrschaft, S. 153–217; *Andreas Reckwitz*, Unscharfe Grenzen. Perspektiven der Kultursoziologie, Bielefeld 2008, S. 133 und 147–149.

74 *Edmund S. Morgan*, Inventing the People. The Rise of Popular Sovereignty in England and America, New York 1989, S. 71; *Frederick Douglass*, My Bondage, My Freedom, New York/Auburn 1855, S. 80–88.

75 *Richard Overton*, An Arrow Against All Tyrants (1646), URL: <http://www.constitution.org/lev/eng_lev_05.htm> [2.8.2017].

76 *Peter Blickle*, Von der Leibeigenschaft zu den Menschenrechten. Eine Geschichte der Freiheit in Deutschland, München 2006, S. 17.

sie zumindest zurück. Die Folter als Teil juristischer Prozesse galt als obsolet.[77] Die Masse der Landbevölkerung in Europa – rund vier Fünftel der Einwohner – besaß nun de jure die Dignität des freien Individuums. Peter Blickle hat den engen Zusammenhang, den die Menschenrechtserklärungen zwischen Freiheit, Bürgerrechten und Eigentum knüpfen, damit erklärt, dass Menschenrechte immer gegen die (anthropologisch als Unrecht empfundene) Leibeigenschaft postuliert wurden. Das Recht auf Eigentum bedeute zuallererst das Recht auf die Verfügung über den eigenen Leib.[78]

Zur Unversehrtheit des Körpers gehört jedoch noch ein anderes, wobei die Bedeutung der Ökonomie erneut sichtbar wird: dass Menschen ihr Leben durch Nahrung und ausreichend Besitz an Kleidung und Obdach erhalten können. Lynn Hunt blickt in ihrer Geschichte der Menschenrechte auch auf diese Entwicklungen in der zweiten Hälfte des 18. Jahrhunderts, die dem Anspruch auf Gleichheit vorausgingen. Sie schreibt: »[T]he body became sacred on its own in a secular order that rested on the autonomy and inviolability of individuals.« Erst die Differenzierung der Religion und des Rechts ermöglichten, dass der Körper nicht mehr theologisch determiniert wurde, sondern seine eigene Würde und sein eigenes Recht erhielt. Hunt sieht einen wachsenden Respekt vor der körperlichen Unversehrtheit, klarere Linien zur Markierung des eigenen Körpers gegenüber den anderen Körpern und einen wachsenden Sinn für Scham und körperliche Anstandsregeln.[79]

Der Respekt vor dem Körper zeigte sich auch in der zunehmenden Bedeutung von Reinlichkeit und Sauberkeit. Diese wurden zu einem wichtigen bürgerlichen und hausfraulichen Maßstab.[80] Doch Hygiene errang nicht nur im diskursiven Raum an Bedeutung, sondern verbesserte radikal die Lebensverhältnisse und trug damit wesentlich zur Senkung der Sterblichkeitsrate von Kindern und zum Anstieg der Lebenserwartung bei.[81]

Auch die Konsumgewohnheiten änderten das Leben. Zu Beginn des 16. Jahrhunderts schliefen die meisten Menschen selbst in wohlhabenden Bauernfamilien auf einer Strohmatte oder zusammen mit den anderen Familienmitgliedern in einem einfachen Bett, in Räumen mit unverglasten Fenstern und mit Lehmboden – oft unter einem Dach mit dem Vieh, und häufig schliefen Herr und Herrin im gleichen Raum wie ihr Gesinde. Am Ende des 18. Jahrhunderts lebten die gut gestellten Bauern und städtischen Mittelschichten unter komplett veränderten Bedingungen, in Stein- und Ziegelmauern, mit verglasten Fenstern, die Böden waren gepflastert und die Tiere in Nebengebäude verbannt – wenngleich es auch hier regional große Unterschiede gab. Frauen besaßen am Ende des Jahrhunderts wesentlich mehr Kleidung als am Beginn.[82] Lynn Hunt verweist darauf, wie der Respekt vor dem Körper auch damit zusammenhing, dass die Menschen zunehmend in eigenen Betten schliefen. Man könnte im Hinblick auf die Materialität sagen: Es gibt kein Menschenrecht ohne Obdach, Nahrung, Kleidung und Bett. Für die Menschenrechts-Dinge aber bedarf es eines

---

77 Ebd.

78 Ebd.

79 *Lynn Hunt*, Inventing Human Rights. A History, New York/London 2008, S. 82. Vgl. zu den Dingen des wachsenden Wohlstands *Hufton*, Frauenleben, S. 29f.

80 Das gestaltete andererseits das Leben der Frauen sehr viel anstrengender, denn Haushaltsgeräte, die die Arbeit nennenswert einschränkten, gab es auch um 1800 nur selten, *Manuel Frey*, Der reinliche Bürger. Entstehung und Verbreitung bürgerlicher Tugenden in Deutschland, 1760–1860, Göttingen 1997; *Hufton*, Frauenleben, S. 685. Schon das Wasser blieb in aller Regel eine knappe Ressource, was die neuen Reinlichkeitsanforderungen umso unerfüllbarer machte, je ärmer eine Familie war. Der Schmutz, die rohen, zerschlissenen Kleider der meisten Menschen wirkten angesichts der neuen Reinlichkeitsideale noch krasser, vgl. *Grieco*, Körper, äußere Erscheinung und Sexualität, S. 64; *Hufton*, Arbeit und Familie, S. 33.

81 *Martin Exner*/*Gerhard A. Wiesmüller*, Hygiene und öffentliche Gesundheit. Zur Bedeutung in Medizin und Gesellschaft, in: Das Gesundheitswesen 77, 2015, S. 488–495.

82 *Mokyr*, The Enlightened Economy, S. 315.

gewissen Wohlstands. Allerdings nahm in eben dieser Zeit die Ungleichheit zu. Und auch wenn es den Ärmsten (um 1800) besser ging als 100 Jahre zuvor, so lebten sie nach wie vor unter relativ elenden Bedingungen.[83]

Der Respekt vor dem Körper korreliert mit abnehmender Gewalt. Immanuel Kants Schrift »Zum ewigen Frieden« von 1795 ist nicht zuletzt eine ausführliche Schmähung physischer Gewalt und ein Nachweis für die Inkommensurabilität von Gewalt und Krieg mit Zivilisation. Es heißt darin: »Das Recht der Menschen muss heilig gehalten werden, der herrschenden Gewalt mag es auch noch so große Aufopferung kosten.«[84] Gewaltforscher wie der Kriminologe Manuel Eisner zeigen, wie Gewalt seit der Mitte des 16. Jahrhunderts bis ins 20. Jahrhundert kontinuierlich abnahm: je nach Region, Statistik und Studie um 10 bis 50%.[85] Eisner bestätigt die breite Forschung, die zeigt, wie Gewalt mit Geschlecht verwoben war. Über die Jahrhunderte und in den verschiedenen Ländern gibt es zwei bemerkenswert stabile Variablen: Alter und Geschlecht. Physische Gewalt ging überwiegend von jungen Männern aus.[86] Die Abnahme von Gewalt musste besonders all jenen einen Vorteil verschaffen, die physisch unterlegen waren. Das waren neben Frauen und alten Menschen auch Kinder. Philippe Ariès hat auf die Bedeutung des Kindes im 18. Jahrhundert hingewiesen. Immer mehr Eltern bemühten sich, ihre Kinder nicht mehr von Ammen stillen zu lassen, es entwickelte sich ein Warenmarkt für Kinderkleidung, Kinderspielzeug und Kinderbücher. Halle richtete 1778 den ersten Lehrstuhl für Pädagogik ein.[87] Das 18. Jahrhundert wird folglich nicht nur als Jahrhundert der Frau bezeichnet, sondern auch als Jahrhundert des Kindes.[88] Der Mutterkult, der ebenfalls im 18. Jahrhundert einsetzte und im 19. Jahrhundert neue Blüten trieb, lässt sich davon nicht trennen.

Die Sorge um den Körper und die sinkende Gewalt können nicht nur mit der gestiegenen Achtung gegenüber körperlich Schwächeren korreliert werden, sondern auch mit einem Kult des Schwachen, den viele Publizisten im 18. Jahrhundert betrieben: Durch ihre körperliche Schwäche hätten Frauen erfindungsreicher sein müssen, klüger, umsichtiger – sie seien daher die eigentliche Triebkraft des Fortschritts gewesen, so etwa Theodor Gottlieb von Hippel der Ältere.[89] Hippels Freund Immanuel Kant notierte: »Die Weiblichkeiten heißen Schwächen. Man spaßt darüber; Toren treiben damit ihren Spott, Vernünftige aber sehen sehr gut, dass sie gerade die Hebezeuge sind, die Männlichkeit zu lenken und sie zu jener ihrer Absicht zu gebrauchen.«[90] Das Lob der Schwäche war Teil des bereits erwähn-

83 *Hunt*, Inventing Human Rights, S. 29f. und 82; *Hufton*, Frauenleben, S. 29f. und 36f.; *John Styles/ Amanda Vickery* (Hrsg.), Gender, Taste, and Material Culture in Britain and North America, 1700–1830, New Haven/London 2007, S. 14–21, passim.

84 *Immanuel Kant*, Zum ewigen Frieden. Ein philosophischer Entwurf, Stuttgart 1984 (zuerst 1795), S. 49.

85 *Manuel Eisner*, Long-Term Historical Trends in Violent Crime, in: Crime and Justice 30, 2003, S. 83–142, hier: S. 83. Modernisierungstheoretisch informiert lässt sich feststellen, dass Gesellschaften, in denen Frauen unterdrückt bleiben, ernsthafte Entwicklungsprobleme haben, die einige Forscher tatsächlich auf die Unterdrückung der Frauen zurückführen, *M. Steven Fish*, Islam and Authoritarianism, in: World Politics 55, 2002, S. 4–37; vgl. auch *Valerie M. Hudson/Andrea de Boer*, A Surplus of Men, a Deficit of Peace: Security and Sex Ratios in Asia's Largest States, in: International Security 26, 2002, H. 4, S. 5–38.

86 *Eisner*, Long-Term Historical Trends in Violent Crime; einen Forschungsüberblick bietet *Steven Pinker*, The Better Angels of Our Nature. Why Violence Has Declined, London 2011, S. 394–415 und 684–689.

87 *Schmidt*, Wandel durch Vernunft, S. 265.

88 *Hufton*, Frauenleben, S. 39.

89 *Hippel*, Über die bürgerliche Verbesserung der Weiber, S. 28, 59–61 und 213; vgl. dazu *Kucklick*, Das unmoralische Geschlecht, S. 98f.

90 *Immanuel Kant*, Der Charakter des Geschlechts (zuerst 1798), in: *ders*., Werkausgabe, Bd. 12: Schriften zur Anthropologie, Geschichtsphilosophie, Politik und Pädagogik 2, Frankfurt am Main 1968, S. 648–658, hier: S. 649.

ten Zivilisationsdiskurses: Denn erst in Kulturstaaten werde das Geschlechterverhältnis nicht mehr durch rohe Gewalt geregelt, sondern durch Vernunft, so die selbstbewusste Annahme.[91] Die Historikerin Sylvana Tomaselli spricht von einem »enlightenment consensus« darüber, dass der tyrannische Mann die Frau im (vergangenen) Naturzustand brutal versklavt habe.[92] En détail kann der Soziologe Christoph Kucklick zeigen, wie Männlichkeiten in der Moderne problematisiert wurden. Der Mann galt nicht länger als Hoffnungsträger der Menschheit; vielmehr sei er als gewalttätig und als moralisch gefährdet konstruiert worden.[93] Gefordert wurde die Zähmung des Mannes.

Der Kult des Schwachen ging einher und war teilweise identisch mit dem aufkommenden Kult um die Frau und ihrer moralischen Überhöhung. Männliche Gewalt gegenüber Frauen wurde in Karikaturen, Romanen oder populären Schriften skandalisiert. Samuel Richardsons viel gelesener Roman »Pamela, or Virtue Rewarded« von 1740 demonstrierte die verächtliche Brutalität des Mannes und den moralischen Sieg der physisch schwachen Frau. Mithilfe der Romane, die in der zweiten Jahrhunderthälfte eine bemerkenswerte Konjunktur erfuhren, konnten die Menschen vor allem ein Gefühl von Empathie und Gleichheit entwickeln, so vermutet Lynn Hunt.[94] Wir kommen noch darauf, wie eingeschränkt der körperliche Schutz für Frauen gleichwohl noch blieb.

Der wachsende Wohlstand stand im Zusammenhang mit weiteren Entwicklungen, die einen Einfluss auf die Geschlechterordnung nahmen. Darauf weist der britische Historiker Lawrence Stone hin: Die Partnerwahl wurde zunehmend nicht mehr von klan-strukturierten und familiären Überlebensfragen gelenkt; zumindest in der Theorie – wenn auch noch recht selten in der Praxis – sollte die individuelle Zuneigung zur Partnerin und zum Partner eine Rolle spielen. Stone sieht diesen Wandel bereits in der Zeit um 1700.[95] Die Frühneuzeit-Historikerin Olwen Huften formuliert pointiert, hier sei eine Kultur entstanden, »in der es erstrebenswerter erschien, Zufriedenheit auf Erden als im Himmel zu erlangen, und die eine ›zivilisiertere‹ Gesellschaft vorzieht, in der die Neigung zur Häuslichkeit die Gewalttätigkeit ersetzt«.[96] Die Historikerin Sara F. Matthews Grieco zeigt eine weitere Verbindung: Sie sieht den radikalsten Wandel im 18. Jahrhundert in der Aussöhnung von Liebe, Sexualität und Ehe, die eine Atmosphäre der harmonischen Häuslichkeit stiftete.[97] Der Aufstieg der Häuslichkeit im 18. Jahrhundert lässt sich in engem Zusammenhang mit der von der Romantik beförderten Feier der Kleinfamilie verstehen.[98] Auch hier gilt zwar, dass die neuen Annehmlichkeiten und die Vorstellungen von Liebe überwiegend von den oberen Schichten kultiviert wurden, aber sie wurden stilprägend auch für die unteren Klassen.

Mit der Liebesheirat wird der letzte Punkt deutlich, auf den ich die Forschungserkenntnisse hinsichtlich der Geschlechterdifferenzen untersuchen will: die Individualisierung. Die Marginalisierung der Frau als im Hause waltendes Wesen und ihre diskursive Fixierung auf idealisierte Liebesheirat, auf Ehe und Mutterschaft wurden zu Recht als eine Grundlage für die exkludierende Festschreibung und die Diskriminierung der Frau gesehen.[99] Doch richtig ist auch, dass moderne Vorstellungen von Liebe für Frauen die Wahrschein-

91 *Hippel*, Über die bürgerliche Verbesserung der Weiber, S. 28–31, passim; *Kant*, Der Charakter des Geschlechts. Kant und Hippel argumentieren hier fast bis in den Wortlaut hinein ähnlich.
92 *Sylvana Tomaselli*, The Enlightenment Debate on Women, in: History Workshop 20, 1985, S. 101–124, hier: S. 121.
93 *Kucklick*, Das unmoralische Geschlecht, S. 41.
94 *Hunt*, Inventing Human Rights; *Wunderer/Conrad*, Geschlechtergeschichte, S. 75; zur Konjunktur der Romane vgl. *Schmidt*, Wandel durch Vernunft, S. 269.
95 *Hufton*, Frauenleben, S. 39.
96 Ebd.
97 *Grieco*, Körper, äußere Erscheinung und Sexualität, S. 101.
98 *Hufton*, Frauenleben, S. 681.
99 *Hausen*, Die Polarisierung der »Geschlechtscharaktere«, S. 29.

lichkeit einer eigenen Partnerwahl erhöhten und damit auch mehr Freiheit bedeuteten. Auch hier zeigt sich, wie sich die Basisprozesse der Modernisierung einander ergänzten: Die wachsende Mobilität der Bevölkerung, ohne die das Konzept der Liebesehe nicht möglich gewesen wäre, eröffnete gerade den Frauen die Chance, alten Unterordnungen zu entkommen. Der Dienstleistungssektor wuchs in den Städten des 18. Jahrhunderts und feminisierte sich; das hieß nicht nur, dass Frauen hier ausgebeutet wurden, sondern auch, dass sie ihre Arbeit wählen und ein relativ unabhängiges Leben mit eigenem Lohn führen konnten.[100] Frauen nutzten das Recht ihrer Freiheit und wechselten ihre Herrschaften, wie es ihnen opportun erschien.[101] Die Ökonomin Deirdre McCloskey hat den Zusammenhang von Wohlstandsanstieg, bürgerlichen Diskursen, neuen industriellen Arbeitsmöglichkeiten und wachsender Freiheit der Frauen gezeigt.[102]

IV. Longue durée der Unterdrückung oder Aufbruch in die Moderne?

Doch gilt nicht auch hier die Kritik, die oft generell an Modernisierungstheorien geübt wird: dass sie den Neuigkeitswert ihrer eigenen Zeit überschätzten und die longue durée in der Geschichte unterschätzten? So verweisen etwa neuere Studien auf die jahrhundertelange Gültigkeit mancher Männlichkeitsmodelle.[103] Deutlich wurde ohnehin, dass die Ansicht, Zweigeschlechtlichkeit oder Bipolarität seien erst im 18. Jahrhundert und mit der Moderne entstanden, empirisch nicht stichhaltig ist – ohne dabei abzustreiten, dass mit der Moderne die Zweigeschlechtlichkeit neu justiert wurde. Viele Klischees (oder »Vorurteile«, wie man es in der Sprache der Aufklärung nannte), die in der Forschung häufig den Konstruktionsprozessen der Moderne zugerechnet werden, sind viel älter: sei es die intellektuelle Unfähigkeit der Frauen, ihre ureigenste Zuständigkeit für Kinder und Haushalt oder die weibliche Inkompetenz in öffentlichen Angelegenheiten.

Die Interpretation, dass die Zweigeschlechtlichkeit sich eigentlich erst in der Moderne entwickelt habe und die Vormoderne (unter der harten Oberfläche der ständischen Gesellschaft) ein klammheimliches Queer-Arkadien gewesen sei mit Verkleidungen und vielerlei Geschlechtern und mit ungeahnten Freiheiten für Frauen und anderen Abhängigen (wie etwa den Dienstboten oder Sklaven)[104], diese Vorstellung nennt Ute Frevert spöttisch das Bild einer »prästabilierten sozialen Harmonie in der Vor-Moderne«.[105] Auch Olwen Hufton sieht diesen Ansatz kritisch als »Epos« von der »›Vertreibung aus dem Paradies‹«. Hufton erklärt dieses Epos kritisch damit, dass er »die lineare Abwärtsentwicklung aus einem vorkapitalistischen Utopia, in dem Frauen Würde und Unabhängigkeit besaßen, zu einem Status der Ausbeutung« plausibilisiere, dass er also auch dazu diene, die oben erwähnte antikapitalistische Geschichtsschau zu bestätigen.[106]

Rebekka Habermas und Heide Wunder betonen ebenfalls die Kontinuitäten und konstatieren, im vormodernen Europa habe es eine

100 *Mokyr*, Enlightened Economy, S. 314f.; *Hufton*, Frauenleben, S. 668.

101 *Hufton*, Arbeit und Familie, S. 34.

102 »Der Kapitalismus hat die Frauen befreit«. Die Wirtschaftshistorikerin Deirdre McCloskey war früher ein Mann. Heute kämpft sie für einen neuen Feminismus in der Wissenschaft, in: Frankfurter Allgemeine Zeitung, 12.10.2014, S. 29.

103 Vgl. den Forschungsüberblick dazu bei *Brunotte/Herrn*, Männlichkeiten und Moderne, S. 11.

104 Typisch dafür die Lexikoneinträge in der renommierten Enzyklopädie der Neuzeit: *Ulbrich*, Geschlecht; *dies.*, Geschlechterrollen; vgl. *Appelt*, Geschlecht, Staatsbürgerschaft, Nation, S. 11–13; *Schößler*, Einführung in die Gender Studies, S. 29f.

105 *Frevert*, Frauen-Geschichte, S. 10.

106 *Hufton*, Frauenleben, S. 41; vgl. ganz ähnlich die Kritik an einem »golden age« der Frauenarbeit in der Vormoderne bei *Mokyr*, Enlightened Economy, S. 314f.

»generelle rechtliche und soziale Ungleichheit von Männern und Frauen [gegeben], die nicht nur die Ungleichheit in einer ständischen Gesellschaft darstellen [...], sondern auf einer Anthropologie der Ungleichheit von Mann und Frau beruhten, in der sich griechische, spätantike und christliche Vorstellungen miteinander verbanden.«[107]

Wenn man den Mann loben will, so Pierre Bourdieu, genüge es zu sagen: »Das ist ein Mann« – ein Wesen also, »dessen Sein ein Sein-Sollen impliziert«, ein Wesen im »Modus dessen, was sich fraglos von selbst versteht« und was vorreflexiv richtig ist.[108] Auch der Historiker John Tosh plädiert mit vielen anderen dafür, die Langlebigkeit und Zähigkeit der Unterdrückung von Frauen und damit die »gender longue durée« nicht aus den Augen zu verlieren.[109] Silvia Bovenschen argumentiert grundsätzlich und fundamental: Die »Uniformität und Folgenlosigkeit der Bestimmungen, Funktionszuweisungen und Attributionen, die den Vorstellungsgehalt des Begriffs ›Weiblichkeit‹ prägten, erlaubt ihre Klassifizierung auch quer zum Geschichtsverlauf«.[110] Am Rande sei allerdings erwähnt, dass gerade die Geschlechterforschung immer wieder auf die Macht der Ohnmächtigen aufmerksam gemacht hat, auf die Abhängigkeit der Macht-Habenden von den Beherrschten – auf die komplexe soziale Beziehung zwischen ›oben‹ und ›unten‹, die Elias »Machtbalance« nennt.[111]

Doch trotz der Kontinuitäten in der Geschlechterordnung, die nicht übersehen werden sollten, können die dargestellten neuen Freiheiten und die bessere Stellung, die sich für Frauen seit dem 18. Jahrhundert ergaben, nicht von der Hand gewiesen werden. Dabei lassen gerade die offensichtlichen Verbesserungen für Frauen in der Moderne die Frage nach den Kontinuitäten umso drängender erscheinen: Warum dauerte es noch so viel länger, bis Frauen tatsächlich als »gleich« bewertet werden konnten – und warum stellt ihre Gleichberechtigung vielfach bis heute ein Problem dar? Dazu abschließend einige Überlegungen.

V. Überlegungen zum emanzipativen Potenzial einer neuen Legitimierung von »Weiblichkeit« in der Moderne

In systemtheoretischer Sicht ist es zunächst naheliegend, dass moderne Gesellschaften mit ihrem Gleichheitsdiskurs und ihrer Gleichheitsforderung überkommene Hierarchien hinter sich lassen. Doch im Hinblick auf das Geschlecht war das kaum der Fall. Wie oben dargelegt, können Forschungen über die Geschlechtskonstruktionen in der Moderne plausibel erklären, wie die aufkommenden Wissenschaften die Geschlechtsunterschiede immer dichter und genauer festlegten. So keimte im 18. Jahrhundert auf, was im 19. Jahrhundert dann der Kult der Weiblichkeit wurde. Die Bipolarität wurde damals zwar nicht erfunden,

107 *Habermas/Wunder*, Nachwort, S. 545.

108 *Bourdieu*, Die männliche Herrschaft, S. 188.

109 *Tosh*, Hegemonic Masculinity and the History of Gender, S. 56 und 48, vgl. auch S. 45; *Jäger/König/Maihofer*, Pierre Bourdieu, S. 19. Knapp erklärt, sie halte an der doppelten Aufgabe fest, »die Unterdrückung von Frauen in ihrer endlosen Varietät und monotonen Ähnlichkeit zu analysieren«, *Knapp*, Macht und Geschlecht, S. 228; *Silvia Bovenschen*, Die imaginierte Weiblichkeit. Exemplarische Untersuchungen zu kulturgeschichtlichen und literarischen Präsentationsformen des Weiblichen, Frankfurt am Main 2003, S. 66.

110 Ebd., S. 65.

111 *Annette Treibel*, ›Frauen sind nicht von der Venus und Männer nicht vom Mars, sondern beide von der Erde, selbst wenn sie sich manchmal auf den Mond schießen könnten‹. Elias und Gender, in: *Kahlert/Weinbach*, Zeitgenössische Gesellschaftstheorien und Genderforschung, S. 83–103, hier: S. 87. So konnte Rebekka Habermas beispielsweise zeigen, wie in der Frühen Neuzeit gerade Frauen das Rechtssystem für sich nutzen konnten, *Rebekka Habermas*, Frauen und Männer im Kampf um Leib, Ökonomie und Recht. Zur Beziehung der Geschlechter im Frankfurt der Frühen Neuzeit, in: *Richard van Dülmen* (Hrsg.), Dynamik der Tradition. Studien zur historischen Kulturforschung, Frankfurt am Main 1992, S. 109–136.

aber zweifellos erfuhr sie eine Verschärfung und Zuspitzung. Wie lässt sich nun diese Verschärfung angesichts der Gleichheitsforderungen erklären?

Anregungen lassen sich bei dem Soziologen Christoph Kucklick holen. Er spricht davon, dass in der Moderne eine geschlechtliche Supercodierung stattfinde: Eine Codierung der bipolaren Geschlechterordnung, die in allen Systemen Gültigkeit hat, die also die für moderne Gesellschaften so zentrale Differenzierung der Teilbereiche nicht nachvollzieht, sondern darüber gelegt wird. Egal ob in der Religion, in der Wissenschaft, in der Politik oder im privaten Leben: Überall wurde die geschlechtliche Codierung imprägniert. Kucklick geht davon aus, dass die extreme binäre Geschlechtlichkeit erfunden worden sei, um mit der prekären Männlichkeit in der Moderne umzugehen. Prekär deswegen, weil die männliche Höherstellung – anders als in der Vormoderne – keine Geltung mehr habe. Kucklick schreibt:

> »Es ist gerade die generelle Überordnung des Männlichen über das Weibliche, die in der Moderne zertrümmert wird. An ihre Stelle tritt ein komplexes, heterarchisches Geschlechtermodell, das als substanzielles Moment das negative Denken über Männlichkeit umfasst und strukturgenau auf die funktional differenzierte Gesellschaft der Moderne passt.«[112]

In der Moderne werde erstmals das Wesen der Geschlechterbeziehung als Unterdrückung der Frau durch den Mann gedacht. Dazu gehört die Problematisierung des Mannes: Er wird zum unmoralischen Geschlecht. Das komme daher, so Kucklick, dass der Mensch beziehungsweise der Mann in der Moderne von Fremdbestimmung auf Selbstreferenz umgepolt werde, was eine massive Unbestimmtheit erzeuge. Die Unbestimmtheit führe zur Leere und es drohe die Anarchie; doch der wilde Mann könne sich nicht retten, vielmehr beginne ein »Zirkel der Tyrannei«. Und aus dem könne nur ein »Anderes« und »Besseres« den Menschen befreien: Und das ist die Frau, die für diesen Zweck zum Anderen codiert werden müsse.[113]

Entscheidend für meine These ist erstens, die Gleichheitsforderungen der Zeit um 1800 ernst zu nehmen und sie nicht nur funktional als Diskurs der männlichen Herrschaftssicherung zu interpretieren; zweitens erweist sich der Gedanke von der Zähmung der Männlichkeit als überzeugend. Für dieses Zivilisierungsprojekt war die Ausformulierung der binären Geschlechtercodierung ein notwendiger Schritt zur Gleichberechtigung. Wie Kucklick gehe ich davon aus, dass die Moderne mit ihrer Gleichheitsforderung die vorreflexive Herrschaft des Mannes radikal infrage stellte. Diese Infragestellung lässt sich aber wohl nur angemessen analysieren, wenn man mit Bourdieu die Resistenz einer Ordnung ernst nimmt – die Mühelosigkeit, mit der die überkommene Herrschaft exekutiert wird; schon vor der Moderne war männliche Herrschaft »normal, natürlich und darum unvermeidlich«, so Bourdieu. Dafür sind die Körperpraktiken substanziell, die sowohl physische als auch symbolische Herrschaft reproduzieren, naturalisieren und legitimieren.[114] Körper sind besonders resistent gegen Wandel. Es ist kein Zufall, dass Ungleichheit aufgrund von »race« ähnlich wie Geschlecht nur sehr zögerlich abgebaut wird. Die Aversionen etwa gegen Katholiken oder gegen arme Männer oder gegen Sozialisten oder Atheisten ließen sich schneller beilegen. So wurde die Frau nicht Herrin ihres Körpers. Der Europa prägende »Code civil« von 1804 etwa verdeutlicht die anhaltende Unterdrückung der Frau; Frauen waren rechtlich im Eheleben ihrem Mann nicht zuletzt körperlich völlig ausgeliefert.[115] Gewalt

112 *Kucklick*, Das unmoralische Geschlecht, S. 15.

113 Ebd., S. 52, 64 und 84.

114 *Bourdieu*, Die männliche Herrschaft, S. 158f.

115 *Christoph Sorge*, Die Hörigkeit der Ehefrau. Entstehungsgeschichte und Entwicklungslinien von Art. 213 Code civil 1804 sowie Kritik der französischen Frauenbewegung, in: *Stephan Meder/Christoph-Eric Mecke* (Hrsg.), Reformforderungen zum Familienrecht international, Bd. 1: Westeuropa und die USA (1830–1914), Köln/Weimar etc. 2015, S. 126–187.

nahm also zwar insgesamt gesehen ab, dennoch bleiben die Gerichtsakten voll mit Berichten über häusliche Gewalt.[116] Ungleichheit blieb bestehen.

Die medizinische, biologische und kulturelle Festlegung der Frau auf ihr Geschlecht in der Moderne – so meine Interpretation – ist der wortreiche und umständliche Versuch, dieses Paradox von anerkannter Gleichheitsforderung und praktischer Ungleichheit zu erklären. Die Betonung der Unterschiede von Mann und Frau ist paradoxerweise der Ausdruck, dass die Gleichberechtigung grundsätzlich anerkannt wird. So haben die Geschlechter-Diskurse in der Moderne Geschlechtlichkeit und die Festlegungen der Frauen nicht neu erfunden (wir haben gesehen, dass viel davon vorher schon intensiv gepflegt wurde), sondern neu legitimiert, weil sich alte Legitimationen über Tradition oder Religion nicht mehr als stichhaltig erwiesen.

Aber, so geht meine These weiter: Der Mutterkult, der mit den neuen Geschlechter-Diskursen einherging, und der Kult um die Schwäche ermöglichten im 18. Jahrhundert, dass die (vermeintliche) Andersartigkeit der Frau nicht mehr als Nachteil aufgefasst, sondern vielmehr zunehmend als Vorteil gepriesen wurde. Schwangerschaften, körperliche Unterlegenheit und vor allem: Mutterschaft – all das wurde neu bewertet und zuweilen sogar glorifiziert. Das erwies sich als ein immens wichtiger Schritt für die Gleichstellung der Frau.[117] Diese Feststellung ist wesentlich für mein Argument. Um 1700 war die Gleichstellung einfach noch undenkbar, weil alles, was mit Weiblichkeit verbunden war, insbesondere der weibliche Körper, seine Schwäche und die Mutterschaft, als problematisch galten. »Vom Weibe geboren«[118] – das war bisher der Ausdruck der anthropologischen Sündhaftigkeit des Menschen.

Im Sinne von Norbert Elias, der die Emanzipation von Frauen zu den bedeutsamsten Veränderungsprozessen der Gegenwart zählt, und im Hinblick auf Cas Wouters, der sich wiederum auf Elias bezieht, kann man von einem Prozess der Zivilisation sprechen. Idealtypisch gesprochen: Die Sitten wurden feiner, die Frauen genossen mehr Achtung, Kinder wurden eher respektiert.[119] Der Körper wurde wertgeschätzt, gewaschen und gepflegt, physische Gewalt wirkte zunehmend delegitimierend.

Um 1900, so würde ich ergänzen, trat die Achtung vor der Frau in den gesamtgesellschaftlichen Horizont: Und zwar, weil in dieser Zeit die Körper in allen Gesellschaftsschichten mehr geschützt und geachtet wurden. Und wieder korrelieren hier Prozesse der Modernisierung miteinander: Die Individualisierung durch den Schutz des Körpers war ohne die ökonomischen Entwicklungen nicht denkbar. Erstmals stiegen auch die Reallöhne der unteren Schichten an und ermöglichten einen gewissen Wohlstand für alle; Hungersnöte und Massenobdachlosigkeit gehörten der Vergangenheit an. Arbeitsschutz oder Arbeitszeitbeschränkung kamen auf die politische Agenda und vielfach bemühten sich Gesetze gerade um den Schutz der Frau oder der Mutter.[120] Die Sorge um den Körper fand sich überall, in Wohnungs-,

---

116 *Habermas*, Frauen und Männer im Kampf um Leib, Ökonomie und Recht, S. 111, 114 und 119. Es ist wohl kaum ein Zufall, dass bei den Quäkern bereits im 17. Jahrhundert die Hochschätzung der Frau mit einer dezidierten Ablehnung von physischer Gewalt einherging, wie Natalie Davis zeigen konnte: *Natalie Zemon Davis*, Neue Perspektiven für die Geschlechterforschung in der Frühen Neuzeit, in: *Wunder/Engel*, Geschlechterperspektiven, S. 16–41, hier: S. 34f. Ebenso bezeichnend ist es, dass es ausgerechnet die Pietisten waren – mit ihrer verspotteten, gebeugten, marginalisierten Männlichkeit –, die die erste höhere Mädchenschule gründeten: das »Gynaeceum« in Halle durch August Hermann Francke, vgl. *Brandes*, Frau, S. 127.

117 Vgl. dazu *Angelika Schaser*, Zur Einführung des Frauenwahlrechts vor 90 Jahren am 12. November 1918, in: Feministische Studien 27, 2009, H. 1, S. 97–110, hier: S. 102.

118 »Der Mensch, vom Weibe geboren, lebt kurze Zeit und ist voll Unruhe. Was ist ein Mensch, daß er sollte rein sein, und daß er sollte gerecht sein, der von einem Weibe geboren ist?«, Hiob 15,14.

119 Vgl. *Treibel*, Elias und Gender, S. 88f.; *Cas Wouters*, Sex and Manners. Female Emancipation in the West, 1890–2000, London 2004.

120 Vgl. etwa *Nancy Woloch*, A Class by Herself. Protective Laws for Women Workers, 1890s–1990s, Princeton/Oxford 2015, S. 33–96 und 263f.

Hygiene- und Kleider-Reformen, in Fragen um die Ernährung, in der Sexualaufklärung oder in der Neujustierung der Kindererziehung, aber auch in Anti-Alkoholkampagnen oder der Abmilderung von Strafmaßnahmen – und (das gehört zu den verstörenden Ambivalenzen): Sie zeigte sich nicht zuletzt im weltweit aufblühenden Rassismus und in der Eugenik.

Technik erwies sich ebenfalls als wesentlich für die Herausbildung eines neuen Körperregimes, da sie physische Kraft radikal relativierte – auch darauf verweisen soziologische Studien im Anschluss an Norbert Elias.[121] Es ist daher Ergebnis eines komplexen Zusammenspiels von Wohlstandsanstieg, neuem Körperregime und technischen Innovationen, dass in der Zeit um 1900 eine neue Geschlechterordnung in den Horizont des Denkbaren rückte, in der Frauen erstmals in breiten Schichten potenziell als gleichberechtigt gelten konnten. Gewalt, auch häusliche Gewalt, entwickelte sich zu einem Thema und wurde diskursiv zunehmend tabuisiert. Wie langwierig sich dieser Prozess gestaltete und wie umfassend Gewalt gegen Frauen ausgeübt wurde, zeigt sich an einem englischen Gerichtsurteil im ausgehenden 19. Jahrhundert: Ehemännern wurde es verboten, ihre Frauen zu schlagen, wenn der Stock breiter als der Daumen des Mannes war; und seit 1895 durften sich in England Frauen von ihren Männern trennen, wenn sie länger als zwei Monate von den Ehemännern eingesperrt worden waren.[122] Doch solche Einschränkungen waren in manchen Regionen zunächst tatsächlich ein Sieg. Die positive Entwicklung einer Gewaltabnahme, die in der Moderne ihren Ausgang nahm und in der internationalen Reformära um 1900 forciert wurde, bezeichnet Carol Hagemann-White als die beeindruckendste Erfolgsgeschichte der Frauenbewegung und -forschung, trotz der Gewaltexzesse in der ersten Hälfte des 20. Jahrhunderts und trotz aller anhaltenden Probleme.[123]

Da die Geschlechterforschung in aller Regel mit einem Konzept von Moderne arbeitet – und da die neue Geschlechterordnung die womöglich umstürzendste Veränderung der Moderne überhaupt war, liegt es nahe, beide zu verbinden. Ich möchte für eine »gendersensible Modernisierungstheorie« plädieren.[124] Eine modernisierungstheoretisch informierte Interpretation kann die Analyse schärfen, wenn sie etwa auf die Verwobenheit der Modernisierungsprozesse verweist und darlegt, wie sehr Emanzipations- und Individualisierungsprozesse vom Wohlstand der Menschen abhängig waren. Die gängigen Vorwürfe gegen Modernisierungstheorien – sie seien deterministisch und linear – sind nicht berechtigt. Denn Ungleichzeitigkeiten, Widersprüche und Hybride gibt es in der Geschichte immer, und es ist weder notwendig noch sinnvoll, sie auszublenden, wenn man nach Mustern und ihrer angemessenen Interpretation sucht.

Es erweist sich beispielsweise stets als sinnvoll, gegen alle longue durée der Unterdrückung auf den Eigensinn der Beherrschten hinzuweisen, auf die List und die Macht der Ohnmächtigen. So heißt es etwa im Straßburger Ehespiegel aus dem 16. Jahrhundert: »Die erfahrunge gibt's, das man wenig Weiber findet, die ihren Männern gehorsam und unterthänig sein wollen, sondern seind des mehrern teils stoltz, fräch, hartnäckig und eigensinnig«.[125] Zuweilen sind die Differenzen zwischen den Geschlechtern doch nicht so groß – einerseits; und andererseits sind die Kontinuitätslinien von der Vormoderne zur Moderne immer wieder überraschend.

---

121 So etwa *Christien Brinkgreve*, Elias on Gender Relations. The Changing Balance of Power between the Sexes, in: *Steven Loyal/Stephen Quilley* (Hrsg.), The Sociology of Norbert Elias, Cambridge/New York etc. 2004, S. 142–154.

122 *Ursula Müller*, Gewalt, Von der Enttabuisierung zur Einfluss nehmenden Forschung, in: *Becker/Kortendiek*, Handbuch Frauen- und Geschlechterforschung, S. 660–668, hier: S. 660.

123 *Carol Hagemann-White*, Strategien gegen Gewalt im Geschlechterverhältnis, Pfaffenweiler 1992.

124 So in einem Lehrbuch *Nina Degele/Christian Dries*, Modernisierungstheorie. Eine Einführung, München 2005, S. 209.

125 *Cyriacus Spangenberg*, Ehespiegel, Straßburg 1563.

John Breuilly

Modernisation and Nationalist Ideology

It is frequently and, in my opinion, persuasively argued that nationalism is modern.[1] However, such arguments present nationalism as one contingent outcome of modernity. By contrast, modernisation theory rarely engages with the subject of nationalism. Here I want to put a case for doing so because nationalism is not one contingent outcome but an essential component of modernity.

I begin by outlining key elements of modernisation theory and debates about the modernity of nationalism. I then consider the ideas of Ernest Gellner, the one major theorist to advance a general theory of modernisation and a modernist theory of nationalism. I go on to suggest that there is a major absence in modernisation theory: a concept of modern political space or what I will call territory.[2] I deploy just such a concept, combined with what I call modernising practices of territoriality, to argue that nationalist ideology is a necessary component of state modernisation.[3] After linking this argument to a broad historical survey, I consider a range of cases relating practices of territoriality to different kinds of nationalism. In the compass of what is principally a theoretical article, I can only offer assertive sketches of cases without much historical detail.

Modernisation as Societal Transformation

At the heart of classical sociology is a notion of modernisation as societal transformation. The transformation may be framed as feudalism to capitalism (Karl Marx); mechanical to organic division of labour (Émile Durkheim); religious world views to rationalisation and the disenchantment of the world (Max Weber); social organisation as concentric circles to separate circles (Georg Simmel); differentiation by group to differentiation by function (Niklas Luhmann). There are affinities between these and other modernisation theorists.[4]

They share the view that modern society gets things done by organising *how* instead of *who*. A simple pre-modern society is defined as a face-to-face group which performs in common the essential tasks of securing food, shelter and security, sharing meaningful values and reproducing the next generation. Such a society will split into more than one group once a certain size is reached. A more extensive and complex pre-modern society consists of different groups which divide up these tasks, organising themselves hierarchically and

---

1 For a good introduction to debates about the modernity of nationalism see *Umut Ozkirimli*, Theories of Nationalism. A Critical Introduction, London 2017 (first published 2010). See note 15 below on whether Ernest Gellner treats nationalism as a contingent function or necessary outcome of modernity.

2 I take this term and its conceptual meaning from *Stuart Elden*, The Birth of Territory, Chicago/London 2013.

3 For practices of territoriality I draw on *Charles S. Maier*, Transformations of Territoriality 1600–2000, in: *Gunilla Budde/Sebastian Conrad/Oliver Janz* (eds.), Transnationale Geschichte. Themen, Tendenzen und Theorien, Göttingen 2006, pp. 32–55; *Charles S. Maier*, Leviathan 2.0: Inventing Modern Statehood, in: *Emily S. Rosenberg* (ed.), A World Connecting. 1870–1945, Cambridge/London 2012, pp. 29–282.

4 Most of these are associated with sociology and philosophy. In social anthropology, theory has focussed on »becoming« rather than »being« modern. See the pioneering work of *Godfrey Wilson/Monica Wilson*, The Analysis of Social Change: Based on Observations in Central Africa, Cambridge 1945.

legitimising this arrangement with social codes such as those of caste and inherited privilege, usually presented as divinely ordained. A modern society, by contrast, is understood as one where distinct tasks are carried out by *social subsystems* (Luhmann) in which, in principle, all members can participate and that have no necessary hierarchical ordering, although each subsystem may be so ordered internally.[5]

Historians rarely operate at the level of abstraction of such theories, but that does not make them irrelevant. Historians implicitly assume some transition from pre-modern to modern and sometimes explicitly offer accounts for particular cases. Only rarely do historians – whose own discipline shares the features of functional specialisation central to modernity – link such accounts to general theories of modernisation.[6]

Nationalism and Modernity

The central debate which defines the field called nationalism studies is about whether nationalism *was* modern.[7] The key writers selected an aspect of modernity and related that to the origins of nationalism. Benedict Anderson associated modernity with Newtonian conceptions of space and time as well as new technologies of communication he called »print capitalism«.[8] These conceptions and technologies enabled many people who did not personally know each other to imagine themselves as members of a nation, a large group sharing a long-run linear history and occupying defined space, separated from other such nations. The relationship between modernity and nationalism was contingent because the key aspects of modernity (space, time, communication) were established before national imagining and both could and did enable other extensive group identities (class, race, gender, religion, et cetera) to be imagined. Furthermore, there is a long and winding road from imagined national identity to the political ideologies and movements we call nationalism.

Marxist modernisation theory faced the challenge of explaining why capitalists and workers – the essential classes formed under capitalism – should ever frame their interests and values in terms of non-, even anti-class nationalism. A class approach would suggest that capitalists incline to cosmopolitan liberalism favouring free trade and workers take up class positions opposed to capitalists. Nationalist ideology appealing to opposed classes appears as contingent, requiring additional explanation extending beyond the core features of capitalism.[9]

Theories which start with modern state and politics instead of modern culture/communications or capitalism do not need to derive nationalism from a non-political starting point. However, the modern state and modern politics cannot be equated with nation-state and nationalist politics, given the importance of other state forms (e.g., empires, multinational dynasties), institutions (e.g., bureaucracies, parliaments) and political ideologies (e.g., liberal, radical, socialist, conservative) which accompany political modernisation. Once

5 The literature by and on Luhmann is large. For a good recent survey of his ideas see *Jeffrey C. Alexander/Paul Colomy* (eds.), Differentiation Theory and Social Change. Comparative and Historical Perspectives, New York 1990; *Balázs Brunczel*, Disillusioning Modernity. Niklas Luhmann's Social and Political Theory, Frankfurt am Main/Berlin etc. 2010.

6 The relationship between historical writing and modernisation theory is the central theme of this issue of AfS.

7 See *John Breuilly*, Modernism and Writing the History of Nationalism, in: *Stefan Berger/Eric Storm* (eds.), Writing the History of Nationalism, London 2018 (forthcoming).

8 *Benedict Anderson*, Imagined Communities. Reflections on the Origins and Spread of Nationalism, 2nd, rev. ed., London/New York 1991 (first published 1983); *John Breuilly* (ed.), Benedict Anderson's Imagined Communities: A Symposium, in: Nations and Nationalism 22, 2016, pp. 625–659.

9 For an introduction see *Ephraim Nimni*, Marxism and Nationalism. Theoretical Origins of the Political Crisis, London/Boulder 1991.

again, there is a looseness and contingency in the relationship between modernity and nationalism.

Finally, the contingency of the modernity/nationalism relationship is framed differently in non-modernist approaches, which stress the pre-modern existence of national or ethnic identity in shaping modern nationalism.[10] This is doubly contingent. Non-modernists concede that not every pre-modern ethnicity leads to modern nationalism and not every modern nationalism is based on such ethnicity. The debate between modernist and non-modernist theories of nationalism is about whether, as a contingent phenomenon, it can wholly be understood in relation to conditions of modernity.

I. Gellner as Theorist of Modernity and Nationalism

Gellner is unique in elaborating a theory of modernity and connecting that to a theory of nationalism. In »Sword, Plough, and Book« Gellner outlined an ambitious universal history which located modernity in »industrialism«, following the earlier stages of hunter-gatherers and agrarian empires.[11] He made the link to nationalism by arguing that the functional specialisation of industrial society shifted the basis of social identity from structure to culture.[12] In pre-modern societies, identity was connected to segmented or stratified groups. In modern society, individuals are not locked into such groups but into functional social subsystems. I am household member, citizen, consumer, worker, tourist, churchgoer, et cetera and in each capacity interact with other individuals according to different rules and values. My social identity as a »human being« cannot therefore be framed in terms of these different subsystems but will instead be represented by attributes I carry with me such as my language, skin colour or core beliefs, in short what Gellner calls »culture«.[13] It is on this basis that national identity as something transcending social subsystems becomes central in industrial society.[14]

However, even if one accepts this argument (and there are many problems with it), this still leaves the links between »culture«, national identity and national*ism* unclear and apparently contingent. Skin colour can be framed as racial, not national; beliefs in the transcendent as religious, not national; language as local or regional, not national. Something more is needed to explain the conversion of such »cultural« differences into national differences and in turn into nationalist ideology and politics.

Implicitly conceding this point, Gellner elaborated a secondary argument that national*ism*, as opposed to national identity, originated in the resentment nurtured by intellectuals in societies that had not yet industrialised.[15] These intellectuals appropriated ideas about

10 The key thinker whose arguments largely defined the field of nationalism studies is Anthony D. Smith. From his many works see especially *Anthony D. Smith*, The Ethnic Origins of Nations, Oxford/Malden 1991 (first published 1986).

11 *Ernest Gellner*, Plough, Sword, and Book. The Structure of Human History, London 1988.

12 Gellner's triad is similar to Luhmann's of segmented society, stratified society and functionally differentiated society. I use Luhmann's terms because they link more closely to what I will later argue about modernisation.

13 It also could be represented by a concept of »humanity«. However, such a concept cannot differentiate between human beings, so that when a distinction is made, the danger is that »other« humans come to be regarded as non- or sub-human instead of differently human.

14 *Ernest Gellner*, Nations and Nationalism, Oxford 2006 (first published 1983). This second edition of Gellner's classic study has an extensive introduction by me outlining and critiquing Gellner's arguments as well as referencing the extensive literature on Gellner.

15 Gellner's first argument about national identity in modern society is seen as functionalist. His second argument about nationalism is avowedly intentionalist. I seek to replace both with the

national identity formed in industrial society and used them to mobilise popular support in »backward« regions against »developed« industrial societies.[16]

Gellner's work (as well as that of the pioneering theorist Karl W. Deutsch[17]) is indebted to the Austro-Marxists Otto Bauer and Karl Renner.[18] They argued that national identity was an intrinsic feature of modern society and, *contra* orthodox Marxism, becomes stronger and more socially inclusive with the advance of modernity. However, they also contended that this cultural process could and should be separated from the politics of class consciousness and conflict, which inevitably accompanied capitalism. Institutionally separating culture from politics would enable one to preserve the multi-national Habsburg Empire and take it forward to socialism.

I will return to the inherent flaws in the scheme for »national cultural autonomy« within a multinational state.[19] Here I note that the Austro-Marxist argument enables us to shift perspective beyond individual nations or nation-states and adopt a view that positions them within a regional, even global framework.[20]

However, the kind of historical account to which this leads also involves the construction of a long chain of contingent events with imperial metropoles generating nationalism in resentful peripheries and in conflicts with each other, this extending geographically, culminating as the organising principle and template for global political organisation, as embodied in the League of Nations after 1918 and the United Nations after 1945. In those accounts, by hindsight the units which become nation-states are projected back into a national historiography, thus resurrecting the problem of methodological nationalism.

To break with this problem and incorporate nationalism conceptually into modernisation theory, I draw attention to a major absence in such theory. This is a concept of modern political space.

II. State Modernisation, Territory and the Practice of Territoriality

State Modernisation as Evolution

Should modernisation be seen as a general transformation determined by changes in one key sphere (e. g., the economy) or a plurality of changes with affinities and inter-connections? The debate is insoluble and usually ends up with a woolly convergence such as the Marxist argument that the economic is the »ultimate« determining level.

One way forward is to treat modernisation as social evolution. Functional differentiation in one field (leaving aside for the moment how that comes about) puts pressure on less

---

argument that nationalism is a necessary feature of modernity. For the distinction between function and necessity in Gellner see three articles by *Hudson Meadwell*, Nationalism Chez Gellner, in: Nations and Nationalism 18, 2012, pp. 563–582; *id.*, Gellner Redux?, in: Nations and Nationalism 20, 2014, pp. 18–36; *id.*, Philosophic History and Common Culture in Gellner's Theory of Nationalism, in: Nations and Nationalism 21, 2015, pp. 270–288.

16 The argument resembles that of Nairn who located the origins of nationalism in colonial reactions against modern imperialism. *Tom Nairn*, Faces of Nationalism. Janus Revisited, London/New York 1997.

17 *Karl W. Deutsch*, Nationalism and Social Communication. An Inquiry into the Foundations of Nationality, Cambridge/London 1966 (first published 1953).

18 *Otto Bauer*, A Question of Nationalities and Social Democracy, Minneapolis/London 2000 (first published in German 1907).

19 *Ephraim Nimni* (ed.), National Cultural Autonomy and Its Contemporary Critics, London 2005.

20 This raises the problem of »methodological nationalism«, whereby the national unit (whether nation or nation-state) is taken as the framework for the study of nationalism, thereby assuming what needs to be explained.

differentiated fields. It does this because the differentiated field performs more effectively than its less differentiated predecessor, and this is enhanced when coupled with parallel differentiation in other fields. More effective performance replaces the less effective, relatively undifferentiated field, whether through the rare event of extinction (e.g., a more modern army destroys a less modern one) or marginalisation (e.g. the pre-modern military power becomes less powerful). Alternatively, it diffuses modernity when the society with the less functionally specialised military and related institutions successfully introduces modernising reforms designed to make it more effective. I suggest that state modernisation is just such a selection process and nationalism one element in this process.[21] This is a different approach from that of determinism or pluralism. It also enables one to make a connection between modernity and intentional action but without presenting modernisation as primarily an intentional project. In such a way, one can combine agency and structure in historical accounts.

In the case of nationalism, the question is how the modernisation of state power selects the presentation of that power as nationalist ideology. That ideology then functions to co-ordinate political elites, mobilise popular sentiment and legitimise political objectives in the pursuit of state power.[22]

To pursue this idea, I treat modernisation as a series of *double transformations*. I can only characterise this in general terms before focusing on one particular aspect, namely the ideological impact of the practice of territoriality.

This double transformation involves a transition from functionally undifferentiated to differentiated fields of social action. It is a double transformation because it simultaneously reduces and increases the power of social action in two complementary ways. It reduces the *range* by focusing on one function at the expense of others formerly discharged by specific groups. It increases the *reach* by radically extending that function across different groups.[23] The overall result is to generate a new group in relation to the relevant social subsystem. Therefore, state modernisation, taking the form of political specialisation, generates subject or citizen identity, just as economic modernisation generates producer and consumer identity. However, taken alone that is not enough to account for the emergence and spread of nationalist ideology and politics as a component of modernity. We need to consider how state modernisation occurred and interacted with other strands of modernisation. I do this in two ways: first, a broad historical survey and then a conceptual account.

The European Location of State Modernisation

The initial shifts towards modernity were located on the Atlantic seaboard of early modern Europe.[24] This was not a political system characterised by one hegemon with a surrounding

---

21 I have developed this argument generally for 19th century Germany: *John Breuilly*, Modernisation as Social Evolution: The German Case, c.1800–1880, in: Transactions of the Royal Historical Society 15, 2005, pp. 117–147.

22 I outlined these functions of nationalist ideology in *John Breuilly*, Nationalism and the State, Manchester 1982. Here my focus is on political ideology and not the role it plays in political movements. All nationalist ideologies (and their related organisations and mobilisations) are contingent in the sense that they could have been different in claims and achievements. The necessity resides in all such ideologies having a national component linked to the modern concept of political space.

23 For examples see *Breuilly*, Modernisation as Social Evolution.

24 The literature is too vast to cite. A good start are the relevant chapters in *Michael Mann*, The Sources of Social Power, vol. 1: A History of Power from the Beginning to A.D. 1760, Cambridge 1986; *id.*, The Sources of Social Power, vol. 2: The Rise of Classes and Nation-States 1760–1914, Cambridge 1993.

plethora of subordinate polities but by a series of competing polities unified by a broad value consensus based on Christianity, though one which no longer was monopolised by a single institution and authoritative creed but had become a belief system marked by intense internal disputes. This competition within a consensual value system enabled the rapid diffusion of innovations, whether through common experiences, learning or imitation.[25] This meant that any competitive advantage was quickly cancelled. Military innovations were closely linked to financial and administrative, ideological and communication innovations.[26]

These changes shaped and extended a »public« within each of these polities, a public which critiqued its own government and reacted against threats from similarly modernising states in the limited space of Western Europe. The consequences were the growth of forms of state oriented patriotism which engaged in both internal and external critique in the name of the »nation«.

This conflict was projected into the world beyond Europe. In some zones, this encountered little indigenous resistance.[27] In others – usually higher density populations engaged in sedentary agriculture, with elaborate religious and political structures and not vulnerable to European diseases – the competing western powers proceeded more cautiously and initially with less dramatic consequences.[28]

Whilst the competing European polities developed national statist ideologies[29] based on ethnic or other stereotypes to explain why they were different from each other – precisely because they were not very different from each other –, in these other zones they elaborated cruder race, civilisational or religious ideologies to explain why difference meant inferiority and justified conquest, exploitation and mass murder. Generally speaking, alien segmented societies were depicted as primitive and alien stratified societies as decadent.

Thus were formed two concentric rings of ideological distinction and related political action: elaborate national statism in competition within and between (mainly European and white settlers) modernising polities; crude assertions of superiority in (largely non-European) peripheries.

This created a permanent tension. Imperial rule – except in its harshest, highly unstable and usually short-lived forms (e.g. the Nazi racial empire and King Leopold's rule in the Congo) – requires extensive collaboration from indigenous elites. An imperial ideology which constantly treats such elites as essentially inferior cannot be sustained for long. There will be constant pressure to change it to an ideology of equality which will be associated with projects of assimilation to or separation from the imperial core. This means that the nationalism of the imperial cores, developed in interaction with other such cores, becomes attractive to the colonial peripheries.[30]

---

25 For more on these processes of diffusion see *John Breuilly*, Nationalism as Global History, in: *Daphne Halikiopoulou/Sofia Vasilopoulou* (eds.), Nationalism and Globalisation. Conflicting or Complementary?, London/New York 2011, pp. 65–83.

26 Some political units were marginalised or extinguished in this competition but what was crucial was that no one political unit emerged as dominant.

27 See *Jared Diamond*, Guns, Germs and Steel. A Short History of Everybody for the Last 13,000 Years, London 1997.

28 See *Anna Jackson/Amin Jaffer* (eds.), Encounters. The Meeting of Asia and Europe, 1500–1800, London 2004.

29 I use this awkward term because this is not yet nationalist ideology as it is not associated with the concept of popular sovereignty which involves legitimising the state in relation to the identity and interests of all its subject/citizens.

30 I develop this argument in *John Breuilly*, Modern Empires and Nation-States, in: Thesis Eleven 139, 2017, pp. 11–29.

The Modern Conception of State Territory

There is one final concept which must be introduced to complete my argument: territory. Nationalism claims to express the values of nations understood as complete societies which exist in a particular kind of space and time: a shared long-run cultural identity in a common homeland. However, theorists of modernisation have not integrated a concept of space into their arguments, let alone connected this to theorising about nationalism.[31] Liberal, Marxist and conservative conceptions of modernity are connected to general modes of identity (individual, class, tradition) and norms (liberty, justice, stability) regarded as universal, thus not confined to particular places. Why such identity claims should take a *spatial* form remains a puzzle so long as the modernity of territory as a special kind of political space is neglected.

I leave aside the general history of the development of this concept.[32] My focus is on the subsequent practical transformation of territory into territoriality, and why this is essentially modern. The modernising polity extends the range of its specialised coercive power across all groups under its rule and increasingly expresses that power as sovereignty over a precisely defined territory. These two processes are necessarily related. In a segmentary society, the reach of rule is defined by the members of the group, not their territorial location. This is most obviously the case for nomadic and hunter-gatherer societies, but it applies generally. In a stratified society, the spatial dimensions of coercive power vary according to the strata and hierarchical ordering involved. In medieval Europe, the boundaries within which churches, guilds, noble estates, autonomous villages and princes exercised power did not spatially map on to each other. A privileged landowner could owe allegiance to more than one prince, according to where his manors were located. The boundaries could be different because the institutions involved were not functionally specialised. Instead, a guild or manor, church or prince exercised what a modern society would regard as combined political, economic, religious, welfare, legal and other functions in relation to a defined group, without making clear distinctions between such functions. In addition to these vertical and territorially non-integrated forms of governance, such societies also had a layered conception of authority that meant that the connections between high authority – such as an emperor or Pope – and lower strata such as villages and towns were indirect and mediated through other forms of authority.[33]

Functionally specialised power cannot define its social reach in terms of *who* it rules because it does not rule any social group as a whole, only some functional aspect of many groups. The alternative is to define its reach in terms of *where* it rules.

As far as coercive rule is concerned, this means that the collective identity of the subject-citizens comes to exhibit an intrinsically spatial aspect. Identity concepts associated with economy (class, occupation), religion (confession, world religion), status (privilege, rank) or civilisation (race, language, culture) do not possess this quality. Nationalism is the

31 Luhmann is a good example. In his analysis of modernity he distinguishes three elements: fact (what), time (when) and social (who) which in terms of his theory links to the concepts of differentiation, evolution and communication respectively. The absence of the element space (where) is striking.

32 *Elden*, The Birth of Territory, traces the history of this concept back to classical political thought and argues it had become firmly established by the early modern period.

33 *Mann*, The Sources of Social Power, vol. 1, distinguishes between despotic and infrastructural power. The despot has enormous personal authority within a circumscribed social sphere but no systematic power beyond that. Infrastructural power can extend to all the subject-citizens of a polity but is confined to a functional sphere and is exerted impersonally by office holders. A related distinction between »capstone« and modern states is made by *Michael Hechter*, Containing Nationalism, Oxford/New York etc. 2001.

ideology which seeks to merge this spatial aspect of rule by connecting *where* to *who*, transforming a bare subject/citizen identity into a thick identity framed in such terms as common language, ethnicity, history or faith. The modern territorial state is re-imagined as a national homeland, whether in existing or different state boundaries.

Is this sharp territorial definition and delimitation of coercive power intrinsic to modern polities? Contingently, it appears rooted in the changes I have outlined for the politics of the European Atlantic seaboard, taking the form of intense competition between a plurality of similar polities within a very limited space, which is subsequently projected on to a much wider global stage. However, we can trace a convergence of many processes tending to generate a precise concept of state territory and linked to practices of territoriality such as to make this appear more than contingent.

Thus, in order to address the coordination problems of functionally differentiated modern society, a range of functions or powers are organised within the same sharp territorial boundaries, such as levying tariffs, meeting welfare claims, imposing taxes, providing legal rights and enforcing legal sanctions, and enabling political participation as voters and representatives.[34]

Consequently, the state boundary acquires salience for citizens not only or even principally as something they encounter physically but as mediated through all these functions. As it acquires more and more significance, it also becomes increasingly effectively monitored and guarded, enabled by new technologies such as those of cartography, censuses and other documentations as well as a range of surveillance methods. All this in turn is justified in mass political communication which encourages a sacralisation of the state boundary. This is achieved by linking that boundary to the state citizenry understood as a body of people with a special identity and value: the nation.[35]

Distinguishing Modern State Identity from Modern National Identity

The exception proves the rule. Multi-ethnic polities which have broken into national components are often regarded as disproving the contention that nationality is an ideological representation of state membership. To pursue this question further we must distinguish between different kinds of multi-ethnic polities and the role nationalism plays in them.

First, there are non-modern multi-ethnic polities surviving into a period in which the most powerful states are modernising. The Ottoman and Romanov empires were two such empires. They were stratificatory societies though with very different kinds of dominant elites: a Russian service nobility and a Muslim administrative caste. Both were »despotic« or »capstone« states, lacking specialised coercive power that penetrated to the lowest social strata but instead depended upon a combination of higher state-wide strata and segmented local notability to exercise power at varying levels and in different places. In such polities, there is no room for the cultivation of a generalised national identity except as a final defensive response from endangered elites such as high-ranking Ottoman bureaucrats and army officers or Russian nobles when the empire is crumbling.

Contrast such states with overseas empires formed by a modernising national core ruling over peripheries which are regarded as consisting of different kinds of people. In such polities, sharp territoriality in the core and competition between other such cores encourages the growth of nationalism which is congruent with state territory.

---

34 I elaborate this argument for Germany in *John Breuilly*, Sovereignty, Citizenship and Nationality. Reflections on the Case of Germany, in: *Malcolm Anderson/Eberhard Bort* (eds.), The Frontiers of Europe, London/Washington 1998, pp. 36–67.

35 For the link of the modern territorial state to citizenship see *Andreas Fahrmeir*, Citizenship. The Rise and Fall of a Modern Concept, New Haven 2007.

There is a significant exception to these two broad types of multinational polities that can help to more clearly bring out the link between modern state territory and national identity. The Habsburg Empire shared with the Romanov and Ottoman empires the qualities of being dynastic, territorially continuous and multi-ethnic. However, it shared with the modernising national core of overseas empires many modern features such as mass elections, sophisticated state bureaucracies, rule of law, extensive market economies and high levels of literacy.

For a long time, the simultaneity of the end of the Habsburg Empire with that of the Romanov and Ottoman empires and their replacement by a series of nation-states led historians to bracket all three together. It was a combination of their backwardness compared to modern powers and conflicts between nationalities located within them that were seen to account for their collapse. The First World War was seen as just the occasion for this collapse which would have happened eventually because of the failure to confront the twin challenges of modernity and nationality.

However, in recent decades this historical consensus has been vigorously challenged. The alternative historical interpretations which have been constructed enable us to distinguish between the roles of modernity and ethnicity in the emergence of modern nationalism. It has been persuasively argued that the Habsburg Empire was essentially a modernising state, especially in its western half.[36] In line with Gellner's theory, this favoured the construction of cultural identity framed as national, but it also promoted a citizenship identity framed in statist, territorial terms. Such cultural identity – often itself territorialised through such state practices as language censuses and separate electoral arrangements – was mobilised in support of nationalism at the time of state collapse towards the end of the First World War. However, this nationalism, as movement or ideology, was not dominant before the war.[37] It is this distinction between national identity as a modern cultural form and nationalism as a modern political ideology and movement which was picked up by Otto Bauer and Karl Renner. Unsurprisingly, therefore, their arguments about »national cultural autonomy« were deterritorialised. However, the argument about modernity and territoriality suggests that only the territorialisation of national identity could generate nationalist ideology and mass political mobilisation. This was catalysed less by internal political forces than by the triumphant Allied powers taking up, at the initiative of US President Woodrow Wilson, the principle of national self-determination as the basis for a post-war settlement. That appeared to be a »natural« principle because of the specific nation-state form in which modernisation had taken place in the USA, Britain and France.[38] I will return to this argument in a later section concerning the global diffusion of nationalism after the First World War. First, I want to show how various cases of state modernisation involving practices of territoriality helped generate nationalist ideology.

---

36 See *John Deak*, Forging a Multinational State. State Making in Imperial Austria from the Enlightenment to the First World War, Stanford 2015.

37 This is a key argument in *Pieter M. Judson*, The Habsburg Empire. A New History, Cambridge/London 2016.

38 I develop this comparative argument about the different kinds of empires and nationalism just before, during and immediately after the First World War in *John Breuilly*, Popular Nationalism, State Forms and Modernity, in: *Nico Wouters/Laurence van Ypersele* (eds.), Nations, Identities and the First World War. Shifting Loyalties to the Fatherland, London 2018 (forthcoming). See also chapters by Laurence Cole and Nikolai Vukov in that book dealing with the Habsburg Empire and the Balkans region respectively.

III. State Modernisation, Territoriality and Nationalism in the »Long Nineteenth Century«

Enlightenment and Revolution

I have already sketched out how the inter-state conflicts on the Atlantic seaboard of Europe had, by mid-18th century, produced a discourse of states as territorial and national, while the projection of their conflicts beyond Europe was framed in expansionist and civilisational terms. The revolutionary events of the late 18th century and their consequences crystallised and hardened the concept of the state as a clearly bounded space and made central the problem of how this »decision-space« had to be transformed into »identity-space«, the »solution« to which was both the key achievement of nationalist ideology and the reason for its ubiquity.[39]

The focus on the population as a state resource which can be optimised is expressed in the enlightenment notion that societies controlled by a sovereign are not fixed, unchanging units whereby state power can only be increased as a zero-sum game, either by conquering other lands or seizing more resources from one's own subjects. Instead, subjects come to be regarded by their rulers as malleable and, by the forceful use of reason, capable of being made more plentiful and richer, thereby making the sovereign more powerful. Such notions were more often projects than achievements in the 18th century but they did produce changes in how territoriality and rule were understood.

For complex and much debated reasons, socio-economic change at home and expansion abroad did start to have such envisaged effects, in turn producing new concepts about »society«. It increasingly came to be regarded as no longer an object of old or new style, unenlightened or enlightened rulers but as a dynamic and autonomous force, one which might reshape the state rather than the other way round.[40] Such concepts crystallised in the increasingly global conflict between the two most powerful of the European Atlantic seaboard states – Britain and France – with contrasting theatres of conflict between crowded and territorially defined Europe, the thinly populated, »open« territories of much of the Americas, Africa and the densely populated, »closed« territories of Asia.[41]

These conflicts form a crucial background to the »Atlantic revolution«, starting with the rebellion of the thirteen British colonies in North America and then the revolution in France. The ways in which these movements were understood and justified takes us from enlightenment discourse to ideas about revolution and democracy. We observe a transformation of the concept of sovereignty as flowing from God, embodied in monarchy and hierarchy, to that of popular sovereignty with its implications of equality and participation. The way had been prepared with the enlightenment notion that the sovereign was the »first servant« of the people but that had been little more than a metaphor, not a constitutional doctrine or practice.

The doctrine of popular sovereignty had clear territorial implications. In the case of the thirteen British colonies, it led to the construction of a new territorial and institutional concept intermediate between the separate colonies and the larger imperial polity. The derivation of the USA from the existing, clearly mapped out and institutionalised thirteen colo-

39 I take these terms from *Maier*, Transformations of Territoriality 1600–2000.

40 See, for a good example, *John G. Gagliardo*, From Pariah to Patriot. The Changing Image of the German Peasant, 1770–1840, Lexington 1969.

41 A fuller account would need to take account of two other zones. Parts of Africa were incorporated into this global system, above all through the slave trade. In Asia, European powers encountered densely populated societies with highly organised states which conditioned both the ways Europeans understood these worlds and the forms of conflict in which they engaged both with each other and indigenous rulers.

nies is clear from the name of the new creation: the United States of America. The creation and expansion of the USA was closely associated with surveying, map-making, private property and state territorial claims and purchases. It is no accident that George Washington was, amongst other things in his early career, a surveyor.[42]

A stark vision of the nation-state as a unitary territory was embodied by the Jacobins in their »rational« arrangements of French space and time and the abolition of corporations, privileges and »intermediate powers« which had obscured the spatial projection of power from the new sovereign: the nation. The Jacobins insisted that the boundary of France was one clear line; there could no enclaves whereby people living in »France« owed obligations to privileged individuals or corporations located outside France.

These new and precise concepts of space, time, sovereignty and nation were being reinforced by new capacities to territorialise, such as in map-making, which enabled people to visualise and enforce specific boundaries. The first great map project for France had begun in the late *ancien régime* and was brought to conclusion under Napoleon, an inveterate map-maker and road builder.[43] Furthermore, it was two clashing concepts of territoriality – the revolutionary French with insistence on one precise border where France was wholly sovereign on one side and some other state on the other side, and the *ancien régime* of the Holy Roman Empire of the German Nation[44], where private and public were mixed and an archbishop or an imperial knight had authority over territories which appeared as enclaves within other authorities, including the French state.[45]

This is also the time when the paired concepts of natural and artificial boundaries make their first clear appearance.[46] Ever since then, the boundaries of nation-states have been linked to the »natural« qualities of the nation and its spatial location. Louis XIV and his apologists had made claims for the »natural« frontiers of France – the »hexagon« – but these were framed in a language which the enlightenment and revolution regarded as one of artifice, namely the legitimate claims of the Bourbons. Apart from that, it was little more than the language of prudence expressed in religious form: God had created such natural barriers as the Rhine and the Pyrenees to protect France. Note also that the emphasis was on the protection of the territory of France, not the people of France: France was not yet »identity-space«.

In reaction, the Jacobins made a cult of nature as superior to *ancien régime* artifice. The ten months of the new calendar were named in relation to seasonal phenomena; the departments which replaced the historic provinces had their boundaries and names based on »natural« features such as rivers, watersheds and hills. The natural was good, opposed to the artificial conventions of the *ancien régime*.

---

42 On surveying and mapping the USA see *Andro Linklater*, Measuring America. How the United States was Shaped by the Greatest Land Sale in History, London 2002; *John Rhodehamel*, George Washington. The Wonder of the Age, New Haven/London 2017.

43 See chapter 9 of *Jerry Brotton*, A History of the World in Twelve Maps, London 2012.

44 »Nation« in Jacobin language meant the »people« who were the source of sovereignty. »Nation« in the title of the Holy Roman Empire meant the princes, imperial cities, ecclesiastical and other authorities which together composed the imperial institutions. The people *(Volk)* in late 18th century discourse were conceptually quite distinct from this nation and without political characteristics. See the book-length entry *Reinhart Koselleck/Fritz Gschnitzer/Karl Ferdinand Werner* et al., Volk, Nation, Nationalismus, Masse, in: *Otto Brunner/Werner Conze/Reinhart Koselleck* (eds.), Geschichtliche Grundbegriffe. Historisches Lexikon zur politisch-sozialen Sprache in Deutschland, vol. 7, Stuttgart 1992, pp. 141–431.

45 On the clashing concepts and the road to war in 1792 see *Timothy C. W. Blanning*, The French Revolution. Class War or Culture Clash?, Basingstoke 1998 (first published 1987).

46 *Peter Sahlins*, Natural Frontiers Revisited: France's Boundaries since the Seventeenth Century, in: AHR 95, 1990, pp. 1423–1451.

However, this was a short-lived and arguably self-destructive moment. We can see this in the changing concepts of the »people«. The focus on natural reason marginalised, even rejected, identity based on traditions that were regarded as little more than the accumulation of errors. This is expressed vividly in the writings of Tom Paine who found an enthusiastic readership of British radicals, Jacobins and American rebels. Even Rousseau, who did advocate the cultivation of a particular sense of pride which he called patriotism – whether in a city-state like Geneva or an extensive, loosely organised polity like the Polish-Lithuanian Commonwealth –, saw this being created through civil ceremonies and rituals, and above all through common sacrifices, not as an historic legacy.[47]

Such rational cults failed miserably and came to be associated with destructive wars and constant and arbitrary changes of frontiers. Just at the level of mapping, we find cartographers in Napoleon's time noting the disjuncture between natural boundaries and those that appear as the contingent result of military victories and defeats. Indeed, the more rapidly Napoleon changed the political map of Europe, the more cartographers took refuge in the idea of »natural« frontiers as a source of intellectual stability.[48] Yet even as these boundaries were changed by war and imperial will, so too they were accorded a more precise significance.

For example, the efforts to introduce the »Code civil« (so identified with Napoleon that it was usually called the »Code Napoléon«) into satellite states beyond France required a clear mapping out of boundaries between individual property owners to replace various kinds of common, shared, corporate and privileged types of property as well as a clear delineation of state territory to determine where the law was to apply.[49]

Perhaps because of this tension with the idea of the state as clearly bounded but constantly changing, as natural yet man-made, such changing political arrangements were bizarrely accompanied by historical nomenclature. Thus Napoleon created an imperial nobility based on landed wealth and with grand titles but justified by merit and service, not lineage, and funded from land revenues such as those seized from the new »model« state of the Kingdom of Westphalia. He created new monarchies, but in some cases the new king was drawn from Napoleon's family, such as his brother Jerome in Westphalia, or Napoleon raised up non-French rulers to the status of kings, as in Württemberg and Bavaria. His own imperial coronation harked back to the crowning of Charlemagne, enacted in the presence of the Pope. After his second marriage to the daughter of the Austrian Emperor, Napoleon conferred the title of »King of the Romans« upon their son, drawing directly on traditions of the Holy Roman Empire. Thus the concept of France as a »natural« state with national frontiers jostled uncomfortably with other state concepts, such as an artificial but sharply bounded creation and a traditional empire lacking modern qualities of clearly defined territory and sovereignty. All these were, in turn, coupled with enlightenment, universalist justifications for the extension of Napoleonic rule beyond France.

This failed application of reason combined with historical *kitsch* produced a double reaction. One was the insistence on returning to the genuine, accumulated wisdom of a society embodied in its traditions. Burke's reflections on revolution, written even before the

---

47 *Erica Benner*, Nationalism: Intellectual Origins, in: *John Breuilly* (ed.), The Oxford Handbook of the History of Nationalism, Oxford/New York etc. 2013, p. 36–55.

48 I consider this for the German lands: *John Breuilly*, The Response to Napoleon and German Nationalism, in: *Allan Forrest/Peter H. Wilson* (eds.), The Bee and the Eagle. Napoleonic France and the End of the Holy Roman Empire, 1806, Basingstoke/New York 2009, pp. 256–283.

49 For how Napoleonic officials approached the task of imposing a particular model of the state on satellite allies see *Michael Broers*, Pride and Prejudice: The Napoleonic Empire through the Eyes of its Rulers, in: *Ute Planert* (ed.), Napoleon's Empire. European Politics in Global Perspective, Basingstoke/New York 2016, pp. 307–317.

radical phase of the French revolution, expressed this eloquently, although Burke never sought a return to the past or denied the need for piecemeal reform, unlike some other European conservative thinkers.

The other was a search for sources of deep identity to be found not in traditions linked to pre-revolutionary hierarchy but in emotions, folklore, popular language and customs, and origin myths. These themselves could be selectively appropriated and combined by elites, often in the same shallow way Napoleonic rule was dressed up, as when the Habsburg court donned »German« peasant costumes (under the influence of the Spanish insurrection) as part of the effort to mobilise popular support for its most radical war against France, that of 1809. With its thorough defeat, such notions of old elites leading a popular movement were firmly rejected as Metternich, with his rational but also restorationist values, was appointed Chancellor.[50] It would appear that the brief moment of radical nationalism was being successfully suppressed.

The Dominance of Unification Nationalism

Most people today, if asked, probably envisage state-seeking nationalist movements primarily as separatist movements. The three great waves of nation-state formation which followed the two world wars and the collapse of the Soviet Union are associated with the end of empires and the carving out of a number of small nation-states from that former imperial territory. What remain as nationalist movements are either assertions of greater sovereignty for existing nation-states, such as expressed in the movement for Brexit in the United Kingdom, or secessionist nationalism such as one finds in Scotland and Catalonia.

Yet in the 19th century, separatist nationalism was not significant. I cannot go into detail about the apparent exceptions such as Belgium, Serbia, Greece and Romania but would simply assert that nationalist ideologies and movements were marginal in those cases. When 19th century liberals and radicals such as John Stuart Mill, Giuseppe Mazzini and Marx thought about nationalism, their concern was mainly with what were at the time called »historic« nationalities. In central and eastern Europe there were above all four such nationalities: German, Polish, Italian and Hungarian. Insofar as these developed nationalist ideologies and movements, they always had a »separatist« component in that they pursued freedom from the dynastic rule, direct or indirect, of the Habsburgs, Romanovs and Hohenzollerns. However, with the qualified exception of Hungary, they were as much concerned to unify what was seen as a fragmented nation.[51] Liberals and radicals saw them as progressive both because they opposed dynastic, authoritarian monarchy and because the constitutional states (monarchical or republican) they envisaged would be large states, conducive to economic progress and exercising significant power.

Yet on the face of it, such nationalism seems less connected to any sharp notion of territory than nationalism based on nationalising the existing state(s) such as in France or the Thirteen Colonies or in separating one specific region from the existing state. Here I will make some brief comparisons of 19th century unification nationalist movements, why they were so powerful and often successful, and how modern practices of territoriality contributed to their development.

The German lands, defined in a loose territorial way by the boundaries of the member polities of the Holy Roman Empire, lost that institutional expression with the end of the empire in 1806. Numerous historians have pointed to forms of »nationalism« in the 18th

50 For the recent study which supersedes all previous treatments of Metternich see *Wolfram Siemann*, Metternich. Stratege und Visionär. Eine Biografie, München 2016.

51 Magyar nationalists did wish to standardise and centralise the political institutions of the eastern or Transleithian half of the Habsburg Empire.

century German lands – whether based on the empire or the principal territorial states – but the links to later forms of German nationalism are, in my view, tenuous. They did not challenge the *ancien régime* distinctions of privilege; they did not champion the notion of popular sovereignty as national sovereignty.[52]

The institution which replaced the Holy Roman Empire – the Confederation of the Rhine – was territorially quite different as it excluded Prussia and Austria as well as lands, such as those of the left-bank of the Rhine, which were annexed directly to France. Furthermore, its member states had been radically reduced in number by the destruction of numerous imperial knights and cities and ecclesiastical polities. Unlike the old empire, it was a collection of clearly bounded territorial, secular and nominally sovereign states.

This was not simply an »accidental« result of Napoleon's dramatic defeats of Austria and Russia in 1805 and Prussia and Russia in 1806–7. This process of territorial state displacement of the micro-polities of the empire had begun in the 1790s, especially through secret negotiations between France, Prussia and the Habsburg rulers.[53] The subsequent military events were significant in terms of the balance of power within the German lands and the specific political geography generated but represented just one variant on the general theme of the growth of the territorial state. This trend continued into the post-1815 period. It can also be discerned in other parts of Europe during the Napoleonic period and remained an important legacy after Napoleon.[54]

The typical member of the Confederation of the Rhine was a small, territorial, nominally sovereign state ruled by a native prince or a member of Napoleon's family, all joined under the »protectorship« of Napoleon. Sovereignty was a fiction: these rulers were compelled to grant Napoleon money and soldiers and could conduct no independent foreign policy. However, clearly bounded territoriality was not a fiction but a key component of the state reforms imposed by Napoleon.

Meanwhile Prussia and Austria had also undergone major territorial contraction, in the case of Prussia of a very radical kind following the defeat of 1806–7. Yet such contraction to the »core« of the dynastic state made it easier to link dynasty to people, as Austria tried in 1809 and as Prussia was to do with much greater success in 1813–15, than it was for the Confederation states in which the core had diminished in significance because of the extent of the territorial additions.[55] Later this would enable a powerful current of German national historiography to portray these states as »artificial« because of their novel territorial and institutional features and Austria as »artificial« by virtue of its multi-ethnic composition, thus leaving Prussia as the only »natural« state which would go on to be the core of the later German state.

---

52 It is impossible in this article to cite the extensive literature and debates. A very good introduction placing the issue within a longer-term perspective is *Dieter Langewiesche/Georg Schmidt* (eds.), Föderative Nation. Deutschlandkonzepte von der Reformation bis zum Ersten Weltkrieg, München 2000.

53 Until 1806, the Habsburg ruler was Emperor Francis II by virtue of holding the elective office of Holy Roman Emperor. »Austria« is a shorthand term historians use for the different lands ruled by Francis separately from his imperial title. In 1804, emulating Napoleon, Francis assumed a hereditary and territorial imperial title which is also normally designated »Austrian«. For two years, therefore, he was both Francis II and Francis I.

54 For a good recent overview and with chapters covering every region affected by Napoleonic rule see *David Laven/Lucy Riall* (eds.), Napoleon's Legacy. Problems of Government in Restoration Europe, Oxford/New York 2000; *Planert*, Napoleon's Empire.

55 I consider this relationship between core and periphery in *John Breuilly*, Napoleonic Germany and State Formation, in: *Michael Rowe* (ed.), Collaboration and Resistance in Napoleonic Europe. State-Formation in an Age of Upheaval, c.1800–1815, Basingstoke/New York 2003, pp. 121–152.

If by artificial we mean new, it is true that the Confederation rulers had little or nothing in the way of political traditions which they could map on to their new and dependent states. The rulers of these dependent polities pursued a policy of bureaucratic rationalisation drawing upon Napoleonic concepts of a society of equal subject-citizens, hoping that the benefits this produced compared to the old privileged order would create acquiescence, if not loyalty. However, this was a flimsy basis for generating popular loyalty. It perhaps was having some degree of success during the short period of relative stability and peace enjoyed between 1807 to 1811. However, any such gains were overwhelmed by the suffering so many experienced from the time of Napoleon's preparations for invasion of Russia to his final overthrow.

The conventional story of German nationalism frequently starts with responses to the earliest of Napoleon's military successes. The humiliating defeats inflicted on the German lands by Napoleon are seen to stimulate a strong nationalist response. The emphasis introduced by revolutionary France on the people or nation as the bedrock of a strong state required a political ideology that broke with older conceptions of German nationality as articulated through the privileges of the Holy Roman Empire. This would extend beyond the individual polities of the German lands and also break with the non-German parts of Austria.

As far as nationalist ideology was concerned, the key idea was that of the *Kulturnation*. This might take a »high« cultural form, as expressed in the achievements of major composers, artists and, above all, writers. It might take a populist form with the stress on the »common folk« as the heart of national culture and identity. The distinctions were often blurred and merged with a stress on the German language, which was taken to comprehend both its sophisticated literature and its everyday speech.

However, this emphasis sits uneasily with the argument I have been developing about nationalism as the ideological expression of a sharper concept of state territoriality associated with political modernisation. Here I want to press this argument for the German case, challenging the opposition made between *Staatsnation* and *Kulturnation*, often particularised as a contrast between France and Germany.[56]

As far as the impact of these kinds of cultural nationalist ideology is concerned, there is now a large literature based on innovative research into popular politics and mentalities that questions its significance for the Napoleonic period and until well into the 19th century. Lower-class conscripts led by old-regime officers were more important than artisan and bourgeois nationalist volunteers in the military coalition that defeated Napoleon. Such military mobilisation had more to do with traditional elite solidarity in the face of the French threats than any independently popular movement. Nationalist discourses, which figured so centrally in traditional accounts, such as Johann Gottlieb Fichte's »Addresses to the German Nation«, are now seen as marginal at the time, even if having much influence on political thought after 1871. In that particular case, the French permitted Fichte's lectures in Berlin, seeing them as harmless effusions about language and education, far less threatening than advocacy of guerrilla resistance or insurrection.

Indeed, following conventional military defeats the inhabitants of the German lands put up extraordinarily little resistance to Napoleon. The major exception is that of the Tyrol but this cannot be connected to German nationalism, given that it was directed against Bavaria and framed its cause in terms of Habsburg loyalism. Arguably, geography matters more than national identity as such resistance resembles that one finds in other mountainous territory such as much of Spain and the south of Italy.

Both Prussia and Austria were military allies in the invasion of Russia. Both states cooperated in delivering indemnities to France. Prussia's army only abandoned its French

56 *Rogers Brubaker*, Citizenship and Nationhood in France and Germany, Cambridge/London 1992.

ally in December 1812, and that at first unofficially and disavowed by the king. Austria, under Metternich's leadership, waited until after the June 1813 armistice talks had failed before joining the anti-French coalition. Napoleon's own creations – the Confederation states – also switched sides (with the signal exception of Saxony) in 1813, in part to ensure that they survived Napoleon. The triumphant dynastic states easily crushed noisy student nationalism after 1815, even as they also exaggerated its significance.

What this suggests is that the crucial shift from a pro-French to an anti-French position was, at elite level, more a matter of a military balance of power than ideological antipathy, whether nationalist or something else. At a popular level, anti-French sentiment and even protests increase significantly with the terrible experiences from 1812 onwards.

Consequently, control remained firmly in the hands of princes focused mainly on the survival of their own states. This emphasis on the princely state increased with the territorialisation of the German lands under Napoleon.

This trend towards the territorial, sovereign state was confirmed, indeed strengthened after 1815. The micro-polities of the Holy Roman Empire were not resurrected, thus ensuring that the post-1815 states were larger, more secular and sharply territorial than what had existed before. Only the »purely« French creations – the annexed left-bank of the Rhine and the state ruled by Napoleon's relatives – were destroyed but their territories given to other territorial states, above all Prussia. Furthermore, the Napoleonic-era reforms ensured that these were states in which personal monarchy had declined in the face of increasingly centralised bureaucratic government which accepted the ideas of specialised ministries, private property rights and equality before the law, even if there remained many exceptions to such arrangements. Also inherited from Napoleon was a distrust of popular involvement in government and of constitutions being more about defining the sovereignty of the state than ensuring any significant role for representative institutions.

Second, a German state system survived in the form of the German Confederation (»Deutscher Bund«). Although drawing on certain traditions from both the Holy Roman Empire and the Confederation of the Rhine, it accorded considerable internal sovereignty to its members.[57] On this basis, the medium states – especially Hannover, Bavaria, Baden, and Württemberg – were able to engage in state-building projects, including constitutionalism, building upon the reforms initiated under Napoleon. By contrast, diversity mattered more in Austria and Prussia, where one finds varying systems of law, urban administration and forms of land tenure in different provinces. It is difficult to see how appeals to German »nationality« based on language and literature could make much headway under such conditions. However, the ability of these two states to control the affairs of the »Deutsche Bund« had important consequences for the growth of German nationalism.

There were two convergent forces at work that produced an increasingly significant kind of German nationalism. First, there was one broad social group which was attracted to the idea of a national culture: the educated bourgeoisie. Germany was not only a political system in the form of the »Bund«; it was also an educational and communications system at elite level. The elite secondary school – the *Gymnasium* – displayed an educational ethos that was becoming increasingly similar across different German states. This was even more the case at university level where students frequently moved from their own state to study in universities in other states, often attending more than one. Given the growing role of trained officials in state government, this common cultural formation could become politically significant. German language books, newspapers and periodicals circulated across

57 Member states could not pursue an independent military and foreign policy. However, any state which also had territory outside the Confederation – like Austria and Prussia – was not bound by this rule.

state boundaries to a growing readership. Here, it would appear, an »imagined nation« could be constructed.

Yet, unless able to cooperate with more powerful established or emerging elites and/or to persuade their rulers to take on board their values, it is difficult to see how this bourgeois sense of national identity could become a significant political force, still less acquire popular support. Here the second factor plays its part, which is to do with the effect of continuing practices of territoriality and its impact within a German political system.

The most obvious practices of territoriality can be seen in the state-building efforts of the medium states.[58] Less obvious but, I would argue, more significant was what happened in Prussia, the reason being precisely that this was less an intentional project pursued from the centre but more something arising from the pressure to select appropriate policies in a modernising process.

One relevant policy field concerns tariffs. It was in Prussia's state interest to remove internal tariff barriers, between provinces and between town and countryside. Given the territorial separation of the six eastern and central provinces from the two western provinces, this naturally extended into efforts to integrate the adjacent non-Prussian territories. This had a further logic. The costs of enforcing a customs boundary vary inversely with the length of that boundary. Prussia could offer to pass on much of this cost reduction to other states if they joined in a customs union. That offer appealed to other states anxious to reduce their dependence on negotiations with their subjects in order to increase revenue. The formation of the German customs union was motivated initially by such considerations, not as a Prussian weapon in a long-run policy aimed at national unification and against Austria. Only later did it acquire that meaning, one which national historiography then read back into the earlier phase of the process.

Another policy area with territorialising implications was poor relief. In primarily agricultural, *ancien régime* societies the principal welfare benefit regulated by government was relief offered to those thrown temporarily into poverty for no fault of their own. This was regarded as a local matter. Migrant workers unable to support themselves were to be returned to their parish *(Gemeinde)* of birth to receive poor relief. However, in a society where increasing numbers of workers moved far from their place of birth, often migrating into large cities, where unemployment was more closely related to the rapid economic cycles of an early industrialising economy, not to the periodic failures of harvests, this was an irrational way to administer poor relief. There was pressure to »select« a more rational policy. In the case of Prussia, this involved setting time limits to the policy of returning impoverished workers to their place of birth. This made poor relief a matter for the central state to organise, or at least coordinate, not for the local state alone or private charity.

This had a further consequence. Under the local system, one could depend upon each parish to police eligibility for poor relief. There was no need to keep a special control over »foreigners« because automatically they would not be eligible in any parish. To be Prussian was to be born in a Prussian parish. This no longer applied with the innovation of state-coordinated poor relief. Now it became necessary to distinguish Prussians from non-Prussians. On the same day in 1842 that the law on poor relief was passed, so too was a law defining who was Prussian. (The term used was not citizen – inappropriate given the lack of political citizenship rights and the continuation of distinction by privilege of the parishes of Prussia – but »state member«, *Staatsangehörige*). In turn, that made it necessary to devise methods of enforcing the new law, such as insistence on documentation.

This is one instance of how modernisation set in train practices of territoriality which themselves had an escalating logic. Centralised states became more salient to their sub-

58 *Abigail Green*, Fatherlands. State-Building and Nationhood in Nineteenth-Century Germany, Cambridge/New York etc. 2001.

jects, which in turn stimulated the growth of state level politics. This was especially expressed in the growing strength of liberal political movements. Given the prominent role of educated bourgeois in these movements, it was to be expected that their values included an emphasis on a shared elite German culture.

However, this combined with something else to endow this liberal movement with a national character. I have stressed that the German medium states had »internal« sovereignty. There comes a point when the meaning of this term is questioned when it turns out that not having »external« sovereignty has domestic consequences. Increasingly liberal opponents of the territorialising states found this to be the case as their efforts to constitutionalise state government and make it more efficient were frustrated by the rules of the Confederation, rules that ultimately the two dominant states of Austria and Prussia were ready to enforce. Liberals, as well as a growing radical democratic opposition, were pushed into developing a national political programme, if only as a means to pursue state-centred objectives. In this way a »national« movement was formed out of the links between similarly minded liberal and radical associations in the separate states.

This culminated in the revolution of 1848–49 when such movements dominated the elections to the German National Assembly with its key objective of establishing a constitutional nation-state. As is well known, the project failed. However, it also laid bare the tensions between sovereignty and non-sovereignty in the German political system and between Austrian and Prussian interests in different ways of organising that political system. Mark Hewitson has recently argued persuasively that in many ways the »answers« provided by the assembly deeply shaped the actual arrangements brought into being by 1871 with the formation of the German Second Empire.[59] German nationalism was as much a response to problems posed by modernisation and the practices of state territoriality as it was an expression of some pre-existing national cultural identity. It was how these could be combined that mattered.

This is but one such argument one could mount in order to revise national historiographies which either make too much of long-run cultural or ethnic identity or the instrumental interests of particular individuals, classes and states (e.g., Otto von Bismarck, capitalists and Prussia) and too little of the pressures to ideological innovation brought about by modernisation, in particular the practices of territoriality.

The final moves to the triumph of unification nationalism in the German case are inextricably linked to the selective modernisation of key forms of power in the Prussian state. This was most obvious with the military modernisation, which also caused the constitutional crisis that brought Bismarck to power. That military modernisation was linked to modernising communications and transport technology, mass manufacture of weapons, new kinds of military training and constitutionalism. (One can only have a constitutional crisis if constitutional politics matters).[60]

Germany is the most clear-cut case of how the new German state was conceived of as the territories of the existing German states minus Austria coupled with selective modernisation processes that enabled one existing state to take the leading role.

As for the other three »historic« nations of central Europe, one can again link the role of practices of territoriality to the power and character of nationalist movements. The

---

59 *Mark Hewitson*, Nationalism in Germany, 1848–1866. Revolutionary Nation, Basingstoke/New York 2010.

60 I consider this cluster of modernisation changes and their impact in chapter 6 of *John Breuilly*, Austria, Prussia and the Making of Germany, 1806–1871, London/New York 2011 (first published 2002). It is not possible to cite the vast literature on 19th century Germany. Very useful are the five volumes (13–17) of the tenth edition of the series »Gebhardt. Handbuch der deutschen Geschichte« produced under the general editorship of Jürgen Kocka.

strongest and most successful was that of Hungary based as it was on Magyar elite control of Transleithian Habsburg Empire. Radical separatism failed in 1848–49 but more conservative assertions of autonomy following the crisis of the Habsburg defeat by Prussia in 1866 succeeded. From then on the dominant Magyar elite sought to impose its rule ever more strongly on its state territory.

Mazzini insisted on a clear territorial concept of Italy based on the peninsula south of the Alps, including offshore islands. Yet though such a geographic concept appears to modern eyes more clear-cut than, say, one based on »wherever the German tongue is heard«, what matters is whether those who live in this abstractly defined territory actually share that view. There is much evidence to suggest that they did not, and that this increased the further south one moved. There was no equivalent to the »Deutsche Bund« or the »Zollverein« or a diffuse bourgeoisie to some extent brought together by cultural tastes, educational institutions and elite liberal associations. Unification consequently was more a function of international crisis, powerful external support (France in 1859, Prussia in 1866 and 1870–71) and the contingent collapse of the Kingdom of the Two Sicilies in the face of Giuseppe Garibaldi's miniscule nationalist expedition. One could almost rephrase the famous quote attributed to Massimo d'Azeglio: »We have made Italy, now we must make Italians« as »We have conquered states in Italy, now we must create an Italian state.«

The final case – that of 19th century Polish nationalism – failed in the sense that a Polish nation-state was only formed after the First World War. Yet arguably it was the most powerful movement of the four – linked to uprisings and brutal repression in 1830–31, 1846, 1848, and 1863. That capacity was based on the links between aristocratic elites with direct connections to the actual state of Poland, which had existed until the third and final partition of 1797. Yet that gentry nationalism arguably could never convert into enduring and popular nationalism. Only with its final destruction by Russian power in 1863 could something more modern and formidable develop. Furthermore, as each of the partitioning states created different notions of state territoriality in what had been former Poland, so did effective political movements adapt to each of these circumstances in ways which made coordination between them difficult, if not impossible. Only when the power of the three partitioning powers was destroyed in 1917–1918 could unification nationalism succeed. By then, as I will show in the next section, this was a very different kind of nationalism from that of the 19th century.[61]

The contrasts between these four nationalist movements aiming to consolidate large nation-states, which were not defined by ethnicity rather than by a claim to cultural dominance over a multi-ethnic zone, can help illuminate the role played by state territoriality. I return to the period of the mid-century revolutions. German and Hungarian nationalism could connect to a clear conception of state territoriality. In the case of Hungary, this was the Transleithian Habsburg Monarchy, which Magyar elites loosely controlled (with the significant exception of Croatia, which had its own autonomous institutions played a major counter-revolutionary role).

In the case of Germany, this was the German Confederation. This enabled the convening of the German National Assembly, a unique constituent assembly in that it was organised through a plurality of states. A comparable example is the Congress that convened in Philadelphia. Just as the USA was defined as the totality of the thirteen colonies, or sub-states, so was Germany as the totality of the member states of the Confederation. This is clear in the first sentence of Article 1 of the 1849 constitution drawn up by the assembly: »The

61 My treatment of these nationalisms draws upon my chapter *John Breuilly*, Nationalism and National Unification in Nineteenth-Century Europe, in: *id.*, The Oxford Handbook of the History of Nationalism, pp. 149–174.

German Reich consists of the territory of the former German Federation.«[62] State territoriality, not ethnicity or language, provided the institutional base and the boundaries of Germany. The division that eventually took place was a division between state territories, namely the separation of Austrian Germany from the remaining member states of the Confederation.

Nothing like this happened in the cases of Polish and Italian nationalism. It is telling that the most recent effort to assert the centrality of nationalism in mid-19th century Italian history, associated with historian Alberto Banti, has no institutional or territorial focus at all but rather treats the Risorgimento as a »canon« associated with key texts, musical compositions and paintings and the vision and enthusiastic followings these evoked.[63] It is a weak basis on which a nationalist movement can coordinate elites and mobilise popular support, and so it proved.

That is even more the case for Poland. So firmly integrated were the four zones of partitioned Poland into their respective state territories that Polish politics – nationalist and non-nationalist – took different directions in each zone.[64] Failure to coordinate between the zones weakened Polish nationalism. Thus, an attempted insurrection in Galicia took place in 1846 and its repression (helped by widespread opposition from Polish speaking peasants) meant no resistance was possible during the 1848 revolution. The uprising in Congress Poland in 1863 was isolated from the other zones and crushed. Polish nationalism was a strong movement but it took on different forms according to the state territory in which it was located. Only a general collapse of those states, which is what happened in 1917–1918, provided the space within which Polish nationalism could achieve success.

The dominance of unification nationalism in the 19th century can be extended beyond Europe. Charles Maier has argued persuasively that such unification, based on modern conceptions of state territoriality, can be seen in the US Civil War where the modernising Unionist movement eventually prevailed over the Confederacy and imposed a more unitary system of authority than had existed before. The Meiji Restoration was another civil war in which the modernising elites triumphed and centralised. Maier takes other cases too, such as Mexico. This can also explain why nationalism was not seen at this time as an ideology in its own right but rather as one aspect of modernising movements, variously associated with economic progress and large constitutional states.

IV. Diffusing Nationalism Globally in the 20th Century

My arguments so far have applied to Europe and some other parts of the world up to the First World War. In this final section, I want to sketch out how the connection between modern practices of territoriality and nationalist ideology extended globally after 1918 but at the same time took different forms from earlier.

The separation into two spheres of conflict (inter-imperial and core/periphery) could not be indefinitely sustained. Relations between the modern powers were unstable and membership of this club itself changed (e.g. the rise of Japan by the early 20th century), accompanied by constant fears of one power becoming hegemonic. In turn, imperial ex-

62 I take the English translation from *Elmar M. Hucko* (ed.), The Democratic Tradition. Four German Constitutions, Leamington Spa 1987, pp. 79–117.

63 *Lucy Riall/Axel Körner/David Laven* et al., Alberto Banti's Interpretation of Risorgimento Nationalism. A Debate, in: Nations and Nationalism 15, 2009, pp. 396–454.

64 These were the lands brought directly under Romanov rule, the constitutional Polish state (»Congress Poland«) bound by personal union to the Russian Tsar, Prussian Poland – itself divided between East Prussia, West Prussia and Posen, and the Austrian province of Galicia.

ploitation as well as inter-imperial competition provided motives and opportunities for groups in the peripheries to acquire modern knowledge and skills, often at the behest of the imperial power that could not run its empire on a simple, non-collaborator basis such as race domination. This in turn led colonial elites to reflect on why and how such skills and knowledges conferred power and to the formulation of strategies to possess that power for themselves. In these ways, nationalism was generated and diffused as political ideology within modernising polities, in the competition between those polities, and in the responses of peripheries.

However, initially the construction of such ideological responses in the peripheries was detached from practices of territoriality. There is a problem about seeking to extend the kind of analysis that works for Europe with its clearly defined borders and national-imperial states to the non-European world largely divided into imperial blocs and dominated by practices of inter-empire conflict and cooperation.[65]

An important early nationalist periphery response to this world of imperial blocs took the form of pan-nationalism. One can point to a plethora of pan-national ideologies and movements taking shape around 1900: Pan-Africanism, Pan-Slavism, Pan-Turkism, Pan-Arabism, Pan-Islamism, Pan-Asianism, Pan-Celtism, and Pan-Americanism. This spread and simultaneity suggests a common origin. I consider them all to be responses to the most powerful and successful pan-movement of all, what we might call Pan-Whiteism or Pan-Westernism, as cooperative global imperialism practised by the major European powers and the USA reached its zenith.[66]

This imperialism constructed a hierarchical view of the world, whether racial, religious or civilisational, which was communicated to its »own« populations through popular writings, cartoons and exhibitions, fairs and popular science. It was also communicated, more forcibly and effectively, to those deemed inferior, above all in violent forms of discrimination. Pan-nationalism was a set of counter ideologies and movements which opposed this hierarchical vision. Pan-nationalists shared with imperialism the assumption of a world of a few large blocs – civilisations, races, world religions or cultures – but they converted hierarchy into plurality.[67] This conversion parallels the earlier one whereby representatives of »non-historic« nationalities in Europe opposed a vision of equal nations to the hierarchical vision of »historic« nations.[68]

Another parallel between how these two subordinate forms of nationalist ideology were elaborated can be found in the role played by transnational networks of political exiles in imperial cities. Different versions of Polish and Hungarian, German and Italian nationalism, all combined with varieties of European pan-nationalism, were formed in London and Paris in the middle decades of the 19th century. Those same two cities saw the elaboration

65 The cooperation is as, if not more, important than overt conflict, for example in the six-power military repression of the Boxer Rebellion in China in 1900.

66 *Marylin Lake/Henry Reynolds*, Drawing the Global Colour Line. White Men's Countries and the International Challenge of Racial Equality, Cambridge/New York etc. 2008. The problem with these terms is these powers include Japan. The very ambivalence of its position is linked, as I will argue, to its unique role in the development of pan-nationalism.

67 There were some who inverted the hierarchy in one way or another, including certain kinds of »Orientalist« westerners but this was not common.

68 For an introduction to this rapidly developing research field see *Cemil Aydin*, Pan-Nationalism of Pan-Islamic, Pan-Asian, and Pan-African Thought, in: *Breuilly*, The Oxford Handbook of the History of Nationalism, pp. 672–693. For the non-historic/historic distinction and the »small« nationalism response see *Miroslav Hroch*, Social Preconditions of National Revival in Europe. A Comparative Analysis of the Social Composition of Patriotic Groups among the Smaller European Nations, Cambridge/New York etc. 1985; *Roman Rosdolsky*, Engels and the ›Nonhistoric‹ Peoples. The National Question in the Revolution of 1848, Glasgow 1986.

of different types of Pan-Africanism in mid-20th century. Black US and Caribbean intellectuals did something similar in New York and Washington.

Especially dramatic for the spread of pan-nationalism was the impact of the Japanese defeat of Russia in 1904–5. This destroyed the myth of white race superiority. It provided pan-nationalists with an intellectual model and place of refuge. Tokyo in the first three decades of the 20th century played a similar role for Asian intellectuals to develop nationalist ideologies as Paris and London had earlier. Furthermore, there was now a powerful state which, for its own purposes, promoted certain kinds of pan-nationalism, especially one form of Pan-Asianism.[69]

A key feature of pan-nationalism is negative: it lacks territorial focus. This was its strength as a proselytising ideology but a key weakness in terms of elite coordination. From this perspective, the vision of a world of nation-states presaged in the 14 Points of Woodrow Wilson and the near simultaneous call by Wladimir Iljitsch Lenin for national liberation, declarations with global impact[70], was not a continuation of that earlier pan-nationalism but a rupture produced by a war of unparalleled destruction, the collapse of the European dynastic empires and the unwillingness of the victorious Allies to extend direct rule to the territories of the defeated.

There were two kinds of rupture. Within multi-ethnic, »continuous« dynastic empires in Europe itself, earlier visions of cultural autonomy and limited federalism were transformed into demands for sovereign territorial nation-states. These were given precise territorial and constitutional expression, as it was only such a demand which the triumphant Allies with their own models of the nation-state could understand how to implement. Indeed, it was above all the US deputation to the Versailles Peace Conference, with its hundreds of »experts«, maps and census figures, which provided the intellectual instruments through which arguments about the territory of successor states were conducted.[71]

In the modern states of Germany and the Habsburg Empire, these arguments could be related to already well developed practices of territoriality. The arguments played out differently in the Soviet Union, both because one empire replaced another and because there was a less modern set of territoriality practices. Yet the USSR itself set about dividing its lands (in particular those designated as non-Russian) into a series of national republics, a practice that would shape the manner of its collapse some seventy-five years later.

These arguments played out differently in the non-European lands of the Ottoman Empire, a story with more parallels to the shift from pan-nationalism to territorial nationalism that principally took place in European overseas empires after 1945. The story that is often told here is of the construction of »artificial« states, whether this be post-1918 »Iraq« or post-1960 »Tanzania«. This concept has echoes of the original radical nationalist critique of the European Ancien regimes I discussed earlier and it remains just as problematic.

Part of the reason for the shift from pan to territorial nationalism was the firm view amongst the western powers after 1945 that ethnic ideologies (the principal nationalist justification for the new nation-states of post-1918 central Europe) were unstable and dangerous bases on which to found states. The failure of the successor states produced by Versailles (seen as due to a combination of internal instability associated with embittered national minorities, insufficient power to assert themselves against powerful neighbours and inadequate international security arrangement), along with the barbarisms associated with

69 The best known figure is Sun Yat Sen, though Hawaii and Christianity are other crucial non-Chinese experiences in his intellectual formation.

70 *Erez Manela*, The Wilsonian Moment. Self-Determination and the International Origins of Anti-colonial Nationalism, Oxford/New York etc. 2007.

71 *Liliana Riga/James Kennedy*, Mitteleuropa as Middle America? »The Inquiry« and the Mapping of East Central Europe in 1919, in: Ab Imperio 4, 2006, pp. 271–300.

fascism, especially Nazism, more than explain this attitude. Yet the nation-state model could not be surrendered by the western powers, anxious both to resist Soviet imperialism and to generalise its own model to the world. The answer was to take the distinct colonial territories as the basis for the successor nation-state.

Only a transnational framework can explain this transformation of nationalism into what became the familiar demand for »national self-determination«. That claim, notoriously vague and ambiguous, would go through characteristic changes in the interwar period, after 1945 and following the collapse of the Soviet bloc, each change only to be understood within a global historical perspective.[72]

These were not wholly novel constructions. Already, especially in the years between 1930 and 1960 (though interrupted by war) new forms of imperial exploitation had given more meaning to colonial territories. In turn, the original boundaries were not as arbitrary as often portrayed, with complex negotiations taking place between imperial agents and indigenous elites. This has been argued, for example, in relation to the Berlin Conference of 1884–85, which is usually depicted as an arbitrary division of African territories between the European powers.[73] It has also been used to rebut the view that Iraq was an »artificial« state based on the Sykes-Picot agreement of 1916.[74] (The names are those of the British and French diplomats involved.) More generally, the growing field of what might be called »boundary studies« has probed the complexities involved of drawing boundaries, both for internal administrative reasons and to delineate internationally recognised frontiers.[75]

Irrespective of that, however, the colonial practices of territoriality forced nationalist movements into using such territories and their political institutions to construct and justify their own organisations and objectives. Furthermore, apart from any practical issues such as control of movements of goods and people, the symbolic importance of national boundaries in modern international relations compelled states to proclaim the sanctity of their frontiers and to obtain mutual recognition of these. Finally, the international forces at work in many parts of the world – especially during the period of the Cold War – ensured that boundary changes were ruled out of order.[76]

V. CONCLUSION

There are many countervailing forces to the modernising processes I have sketched and, in particular, the development of a modern concept of state territory, which I have argued is closely related to the rise and impact of nationalist ideology. Not all state boundaries

72 The changes from the perspective of US policy are traced in *Liliana Riga/James Kennedy*, To Build a Notion. US State Department Nation Building Expertise and Postwar Settlements in 20th Century East Central Europe, in: Sociological Research Online 18, 2013, issue 2, URL: <http://journals.sagepub.com/doi/pdf/10.5153/sro.3097> [20.9.2017]. For a transnational history into the interwar period see *Adam Tooze*, The Deluge. The Great War and the Remaking of the Global Order, 1916–1931, London/New York 2014.

73 For revisions of this standard view of the Berlin Conference of 1884/85 see *Simon Katzenellenbogen*, It Didn't Happen in Berlin. Politics, Economics and Ignorance in the Setting of Africa's Colonial Boundaries, in: *Paul Nugent/Anthony Ijaola Asiwaju* (eds.), African Boundaries. Barriers, Conduits and Opportunities, London 1996, pp. 21–31.

74 *Sara Pursley*, ›Lines Drawn on an Empty Map‹. Iraq's Borders and the Legend of the Artificial State (Part 1), 2.6.2015, URL: <http://www.jadaliyya.com/pages/index/21759/> [9.8.2017].

75 See *Paul Readman/Cynthia Radding/Chad Bryant* (eds.), Borderlands in World History, 1700–1914, Basingstoke/New York 2014.

76 On African state practices of territoriality see *Jeffrey Herbst*, States and Power in Africa. Comparative Lessons in Authority and Control, Princeton 2000. On the »stability« of African state boundaries see *Pierre Englebert*, Africa. Unity, Sovereignty and Sorrow, Boulder 2009.

are precisely mapped out and their enforcement made part of the »normal« sovereignty of the state.[77]

There continue to be many cases of »extra-territoriality«. Economic, ideological and other forms of social power, each organised as a specialised sub-system, often transcend the specialised functions and meanings associated with state boundaries. New forms of inter-state agreements and trans-state movements of people, capital, goods and services undermine the significance of state boundaries. As the very process of modernisation destroys the segmented and/or stratified groups which long continued to exist within the framework of functional differentiation, so this also reveals many of the dysfunctionalities of a »pure« modern society. In addition, that in turn leads to efforts to blur or reconfigure functional differences. All of this is associated with the many debates about multiple paths to modernity, post-modernity and globalisation. I cannot enter into these here.

Rather I had a more limited concern, which was to sketch out a theory of modernisation in which the construction of a new kind of political space – state territory – was a crucial element. That both stimulated and crystallised the most effective forms of nationalist ideology and associated political movements that formed around spatial conceptions of the nation and thereby shaped the key nationalist objective of achieving a sovereign nation-state.

77 Many pre-modern boundaries are precisely defined and effectively enforced, such as the military border districts of the Habsburg Empire. However, the border zone is a special area, ruled in a different way from the rest of state territory. What is modern is to have a precise and all-purpose boundary, effective enforcement based above all on the documentation of citizens and non-citizens, and »normal« sovereignty, i.e. that the last strip of state territory is ruled in just the same way as any other part of the state.

Wolfgang Göderle

Modernisierung durch Vermessung?

Das Wissen des modernen Staats in Zentraleuropa, circa 1760–1890

Im folgenden Beitrag sollen die engen Beziehungen zwischen Kartografie, Statistik im weiteren Sinne und staatlicher Modernisierung im europäischen Kontext des 18. und 19. Jahrhunderts ausgeleuchtet und mit Rückgriff auf jüngste Arbeiten neu bewertet werden. Er stellt weniger eine Quellenarbeit dar als einen explorativen Beitrag, der ausgehend von einem zentralen Ergebnis meiner Dissertation das Zustandekommen staatlichen Kartenmaterials und Raumwissens in den breiteren Kontext der Genese (moderner) Staatlichkeit rückt und die Nähe zwischen diesen beiden Basisprozessen (Lutz Raphael) herausarbeitet.[1]

Als Ausgangspunkt dient die Beobachtung, dass räumliche Repräsentationen und Medien, die diese visualisierten und handhabbar machten, im mittleren 19. Jahrhundert zu einem Fundament des Handelns von Herrschenden und deren Verwaltungen geworden waren.[2] Das in ihnen enthaltene Wissen bildete, nach David Gugerli und Daniel Speich Chassé, den »Nukleus der zentralen Verwaltung«.[3] Im Rahmen einer Wissensgeschichte soll die Erzeugung von raumbezogenen Daten und Raumwissen in zentraleuropäischen Landes- und Katasteraufnahmen im 18. und 19. Jahrhundert vor dem Hintergrund eines umfassenderen Modernisierungsprozesses nachgezeichnet werden, der maßgeblich dazu beitrug, Staatlichkeit in Europa zu transformieren.

Dabei wird von der Triangulation und Vermessung Frankreichs zwischen den 1660er- und den 1780er-Jahren ausgegangen, in deren Verlauf fundamentales Grund- und Praxiswissen zusammengetragen wurde, das in der Folge für kartografische Aufnahmen in ganz Europa herangezogen wurde. Anschließend wird der Beginn einer zentralen staatlichen Kartenerzeugung im Habsburgerreich unter Maria Theresia und Joseph II. ab 1765 in den Fokus genommen. Da die Verbreitung und Dissemination von Innovationen in Bezug auf Verwaltung und Herrschaft aus dem napoleonischen Frankreich nach Zentraleuropa vornehmlich über Oberitalien erfolgte und dieser Prozess nach dem Wiener Kongress seine intensivste Phase erlebte, wird auch kurz auf das »Militärgeografische Institut« in Mailand eingegangen. Daran knüpft die Analyse der sich über Jahrzehnte hinziehenden Franziszeischen Landesaufnahme und des Katasters, der Neuordnung und des Abschlusses des Unternehmens ab den späten 1860er-Jahren an.

Zur Erklärung und Analyse gesellschaftlicher Modernisierungsprozesse zwischen 1800 und 2000 haben Soziologie und Geschichtswissenschaft verschiedene theoretische Konzepte vorgelegt. Dass deren Deutung und die Auseinandersetzung mit ihnen seitens der jüngeren historischen Forschung fruchtbar sind, möchte ich eingangs zeigen.

1 Vgl. *Lutz Raphael*, Die Verwissenschaftlichung des Sozialen als methodische und konzeptionelle Herausforderung für eine Sozialgeschichte des 20. Jahrhunderts, in: GG 22, 1996, S. 165–193, hier: S. 166ff.

2 Vgl. *Wolfgang Göderle*, Zensus und Ethnizität. Zur Herstellung von Wissen über soziale Wirklichkeiten im Habsburgerreich zwischen 1848 und 1910, Göttingen 2016, S. 86ff.

3 Vgl. *David Gugerli/Daniel Speich*, Topografien der Nation. Politik, kartografische Ordnung und Landschaft im 19. Jahrhundert, Zürich 2002, S. 20.

I. MODERNISIERUNG

Dass modernisierungstheoretische Ansätze seit den 1980er-Jahren unter Druck geraten sind, hat Erklärungsdefizite und Fragen aufgeworfen, die ein schwieriges und von Historikerinnen und Historikern mitunter nur mit großer Vorsicht betretenes Terrain konstituieren.[4] Deutlich wird das etwa an zwei maßgeblichen Arbeiten zum Feld der Globalgeschichte aus den letzten 15 Jahren: Während bei Christopher Alan Bayly von »The Birth of the Modern World. 1780–1914« die Rede ist, sein Werk also Modernität an zentraler Position im Titel trägt, geht Jürgen Osterhammel in »Die Verwandlung der Welt. Eine Geschichte des 19. Jahrhunderts« auf den Modernisierungsbegriff nur am Rande ein.[5] Im Ergebnis bilden die beiden Studien kein polares Gegensatzpaar, vielmehr wird an Übereinstimmungen und Parallelen in Forschungsarchitekturen deutlich, wie sich in der jüngeren Vergangenheit ein globalhistorischer Common Sense herausbildet. Der unterschiedliche Umgang mit den Potenzialen und Risiken modernisierungstheoretischer Ansätze kann jedoch durchaus als Prüfstein herangezogen werden, um deren Möglichkeiten und Begrenzungen in gegenwärtigen geschichtswissenschaftlichen Arbeiten gegeneinander abzuwägen.[6]

Dabei bedürfen modernisierungstheoretische Zugänge keiner weiteren Dekonstruktion.[7] Ein pragmatischer Umgang mit dem Begriff Modernisierung legt zunächst eine Trennung von Modernisierungstheorien und Modernisierungsprozessen nahe. Aus der Perspektive von Historikerinnen und Historikern erscheint Distanz zum theoretischen Großmodell angebracht. Dass dieses dabei, der umfassenden und fundierten Kritik zum Trotz, nicht gänzlich aus dem Blick gerät, liegt nicht zuletzt an dessen narrativer Wirkung, die nach wie vor viel Auseinandersetzung mit dem Gegenstand hervorbringt.[8]

Anders verhält es sich mit Modernisierungsprozessen, die durchaus einen Rahmen zur Untersuchung von bestimmten Entwicklungen vor einem konkreten Kontext anbieten, der die Benennung und die kritische Auseinandersetzung mit narrativen Bedingungen, aber auch mit realen Machtverhältnissen erlaubt. Als grundlegendes Problem stellt sich die klare Abgrenzung gegen eine »Vormoderne« beziehungsweise ein *ancien régime* dar.[9] Einer

---

4 Dieser Befund lässt sich an vielen Stellen nachprüfen. Aktuell und sehr umfassend sei hier verwiesen auf *Marcus Twellmann*, Was war Modernisierung? Für eine allgemeine Geschichte situierter Erzählungen, in: *Michael Neumann/ders./Anna-Maria Post* u.a. (Hrsg.), Modernisierung und Reserve. Zur Aktualität des 19. Jahrhunderts, Stuttgart 2017, S. 5–22.

5 *Christoper Alan Bayly*, The Birth of the Modern World 1780–1914. Global Connections and Comparisons, Malden/Oxford 2004; *Jürgen Osterhammel*, Die Verwandlung der Welt. Eine Geschichte des 19. Jahrhunderts, München 2009.

6 Vgl. *Kapil Raj/H. Otto Sibum*, Globalisation, science et modernité. De la Guerre de Sept Ans à la Grande Guerre, in: *dies.* (Hrsg.), Histoire des sciences et des savoirs, Bd. 2: Modernité et globalisation, Paris 2015, S. 11–30.

7 Vgl. *Patrick Kupper/Bernhard C. Schär*, Moderne Gegenwelten. Ein mikrohistorischer Beitrag zur europäischen Globalgeschichte, in: *Christof Dejung/Martin Lengwiler* (Hrsg.), Ränder der Moderne. Neue Perspektiven auf die Europäische Geschichte (1800–1930), Köln/Weimar etc. 2016, S. 93–116, hier: S. 94ff.; sowie fundamental *Frederick Cooper*, Kolonialismus denken. Konzepte und Theorien in kritischer Perspektive, Frankfurt am Main/New York 2012 (zuerst engl. 2005), S. 194ff.

8 Vgl. *Johannes Feichtinger*, Modernisierung, Zivilisierung, Kolonisierung als Argument. Konkurrierende Selbstermächtigungsdiskurse in der späten Habsburgermonarchie, in: *Dejung/Lengwiler*, Ränder der Moderne, S. 147–181.

9 Vgl. *Lutz Raphael*, Staat im Dorf. Transformation lokaler Herrschaft zwischen 1750 und 1850. Französische und westdeutsche Erfahrungen in vergleichender Perspektive, in: Zeitschrift für Agrargeschichte und Agrarsoziologie 51, 2003, S. 43–61. Vgl. auch *Klemens Kaps*, Ungleiche Entwicklung in Zentraleuropa. Galizien zwischen überregionaler Verflechtung und imperialer Politik (1772–1914), Wien/Köln etc. 2015, S. 20f.

homogenisierenden Beschreibung und Analyse jener Verhältnisse, in denen Modernisierung ansetzt, scheinen dabei, das geht aus jüngeren Studien deutlich hervor, wesentlich engere Grenzen gesetzt, als das bislang in der Forschungspraxis mitunter gehandhabt wurde.[10] Ebenso wenig wie eine »Vormoderne« lassen sich Modernisierungsprozesse selbst homogenisieren: Nicht nur setzen sie an einer bestimmten Ebene oder in einer bestimmten Dimension sozialer Wirklichkeiten an und entfalten dort spezifische Charakteristika und Ausprägungen, auch verlaufen die Achsen, entlang derer sich Modernisierung ausbreitet und entwickelt, in komplexeren und vielgestaltigeren Wegen als zuweilen angenommen.[11] Ein zunehmendes Interesse an Agenten und Akteuren von Modernisierungsprozessen in den letzten Jahren, sowie an den Dynamiken von Ausbreitung und Übertragung, erfordert vielmehr eine besondere Sensibilität gegenüber den Partikularitäten einzelner Entwicklungspfade. Gerade in Feldern, die ein starkes Interesse an Praktiken aufweisen, wie etwa der Wissenschaftsgeschichte, wurden Aspekte von Modernisierungsprozessen zuletzt gewissermaßen indirekt ausgeleuchtet.[12] Die Arbeiten von Bruno Latour, die für die kritische Auseinandersetzung mit dem Begriff der Moderne in den letzten Jahren zunehmend wichtiger geworden sind, bauen ebenfalls auf der Untersuchung und Analyse wissenschaftlicher Praktiken auf.[13] Der Interdependenz von Modernisierungsprozessen wurde evidenzbasiert in Forschungsfeldern nachgegangen, die sich vor allem um eine *new imperial history* ausgeprägt haben, die Innovationspotenziale vieler kulturgeschichtlicher Neuerungen der letzten beiden Jahrzehnte erfolgreich absorbieren konnte.[14]

Mikrogeschichtliche Zugänge begünstigen zudem einen Fokus auf individuelle Entwicklungspfade, die zwar in differenzierte, vergleichende Analysen integriert werden können, aber kaum in Forschungsarchitekturen, die großmaßstäblich komparativ operieren und eine starke Quantifizierung von Schlüsselparametern erzwingen.[15] Die Verlagerung der Untersuchung von Modernisierungsprozessen auf solch eine mikrohistorische Ebene birgt insbesondere dann ein Potenzial zur Erklärung weiterer Zusammenhänge, wenn eine Verbindung mit anderen Betrachtungsebenen und angrenzenden Macht- und Handlungsfeldern hergestellt werden kann.

Es scheint mir deshalb angebracht, Modernisierung als einen hintergründig ablaufenden Prozess zu verstehen, der länder- und regionsübergreifend Veränderungsdruck erzeugte, den Innovationsführern aber erhebliche Vorteile einbringen konnte. Ich rücke im Folgenden die technischen und administrativen Innovationen in den Vordergrund, die eine neue räumliche Vor- und Darstellung Europas, und in der Folge angrenzender Gebiete, hervorbrachten, und gehe der Frage nach, welchen Einfluss diese auf die Neuformulierung und -implementierung von Staatlichkeit, also auf die Gestaltung und Ausübung von Herrschaft, hatten.

---

10 Vgl. für Zentraleuropa dazu *Pieter M. Judson*, The Habsburg Empire. A New History, Cambridge/London 2016; *John Deak*, Forging a Multinational State. State Making in Imperial Austria from the Enlightenment to the First World War, Stanford 2015.

11 Das gilt insbesondere für »Modernisierung« als Narrativ, vgl. *Twellmann*, Was war Modernisierung?, S. 6f.

12 Vgl. etwa *Gugerli/Speich*, Topografien der Nation.

13 Vgl. *Bruno Latour*, Eine neue Soziologie für eine neue Gesellschaft. Einführung in die Akteur-Netzwerk-Theorie, Frankfurt am Main 2010 (zuerst engl. 2005), sowie *ders.*, Existenzweisen. Eine Anthropologie der Modernen, Frankfurt am Main 2014 (zuerst frz. 2012).

14 Vgl. dazu den Übersichtsbeitrag von *Durba Ghosh*, Another Set of Imperial Turns?, in: AHR 117, 2012, S. 772–793.

15 Hier gilt sinngemäß, was bei *Marcus Twellmann*, »Ja, die Tabellen!«. Zur Heraufkunft der politischen Romantik im Gefolge numerisch informierter Bürokratie, in: *Gunhild Berg/Borbála Zsuzsanna Török/ders.* (Hrsg.), Berechnen/Beschreiben. Praktiken statistischen (Nicht-)Wissens 1750–1850, Berlin 2015, S. 141–169, hier: S. 143, zur Bürokratie festgehalten wird.

II. Staatliche Modernisierung in Zentraleuropa: Das Habsburgerreich

Der vorliegende Beitrag entwirft eine Wissensgeschichte, in deren Rahmen erkundet wird, wie in Zentraleuropa zwischen etwa 1760 und 1890 bestimmte Akteure an der Erzeugung spezifischer Wissensformationen beteiligt waren, die neue Planungshorizonte, Darstellungsmöglichkeiten und Aktionsräume für staatliches Handeln bereitstellen sollten.[16] Diese wird auf das Raumwissen bezogen, das in diesem Zeitrahmen im Habsburgerreich produziert wurde, insbesondere im Kontext von drei großen Landesaufnahmen und zwei Katastrierungsoperationen.[17] Letztere wurden zu einer Vorbedingung für die Zentralisierung der Verwaltung und zur Grundlage für die Ausformung moderner Staatlichkeit.[18] Zugleich wurden mit der Durchführung von Landesaufnahmen und der Erzeugung erster räumlicher Repräsentationen fortlaufend Pfadentscheidungen mit entsprechender Tragweite getroffen. Diese hatten sukzessive Auswirkungen auf weitere Entwicklungen, nicht nur der kartografischen Darstellung, sondern gerade auch des Entstehens der Strukturen des modernen Staats. Sie schufen Möglichkeiten und Entscheidungsspielräume an der einen Stelle, verschlossen diese aber an anderen Stellen.[19]

---

16 Zu den Perspektiven einer Wissensgeschichte als Forschungsprogramm vgl. an dieser Stelle *Marianne Sommer/Staffan Müller-Wille/Carsten Reinhardt* (Hrsg.), Handbuch Wissenschaftsgeschichte, Stuttgart 2017, S. 3ff.; *Jürgen Renn*, From the History of Science to the History of Knowledge – and Back, in: Centaurus 57, 2015, S. 37–53; *Daniel Speich Chassé*, Die Erfindung des Bruttosozialprodukts. Globale Ungleichheit in der Wissensgeschichte der Ökonomie, Göttingen/Bristol 2013, S. 12f. Vgl. *Philipp Sarasin*, Was ist Wissensgeschichte?, in: IASL 36, 2011, S. 159–172; *Daniel Speich Chassé/David Gugerli*, Wissensgeschichte. Eine Standortbestimmung, in: Traverse 19, 2012, H. 1, S. 85–100; *Jakob Vogel*, Von der Wissenschafts- zur Wissensgeschichte. Für eine Historisierung der »Wissensgesellschaft«, in: GG 30, 2004, S. 639–660. Vgl. auch *Peter Collin/Thomas Horstmann* (Hrsg.), Das Wissen des Staates. Geschichte, Theorie und Praxis, Baden-Baden 2004, insb. die Einleitung.

17 Eine solche Annäherung, vergleichbar mit *Gugerli/Speich*, Topografien der Nation, steht für das Habsburgerreich noch völlig aus. Vgl. dazu den Forschungsstand bei *Helmut Rumpler/Kurt Scharr/Constantin Ungureanu* (Hrsg.), Der Franziszeische Kataster im Kronland Bukowina Czernowitzer Kreis (1817–1865). Statistik und Katastralmappen, Wien/Köln etc. 2015, S. 12; sowie *Manuela Maier*, Pittoreske »Merkwürdigkeiten«. Volksfrömmigkeit, kärglicher Lebensalltag. Der Franziszeische Kataster für Kärnten als kulturgeschichtliche Quelle des ländlichen Raumes, Klagenfurt am Wörthersee 2015, S. 11ff.; *Bernhard Reismann/Elisabeth Seuschek/Marion Starzacher* u.a. (Hrsg.), verMESSEN. Franziszeische Grundkataster von Graz, Graz 2013, S. 11ff.; *Helmut Rumpler* (Hrsg.), Der Franziszeische Kataster im Kronland Kärnten (1823–1844), Klagenfurt am Wörthersee 2013. Diese Angaben beziehen sich auf den Kataster. Schmäler ist die Literaturbasis für die Landesaufnahmen im Habsburgerreich, die lange einer disziplinhistorischen Annäherung ausgehend von der Geodäsie und Vermessungstechnik folgte. Zu den jüngeren Arbeiten vgl. 250 Jahre Landesaufnahme. Eine Festschrift, hrsg. v. Bundesministerium für Landesverteidigung und Sport, Wien 2014. Vgl. auch *Josef Zeger*, Die historische Entwicklung der staatlichen Vermessungsarbeiten (Grundlagenvermessungen) in Österreich, Bd. 1: Verschiedene Arbeiten vom Altertum zum Ersten Weltkrieg, Wien 1992; *Ernst Hofstätter*, Beiträge zur Geschichte der österreichischen Landesaufnahmen, 2 Bde., Wien 1989.

18 Der Befund von *Gugerli/Speich*, Topografien der Nation, S. 20, wonach »[d]as Vermessungsprojekt […] als Nukleus der zentralen Verwaltung gelten [kann]«, ist für das Habsburgerreich vollinhaltlich zu teilen. Vgl. *Wolfgang Göderle*, Die räumliche Matrix des modernen Staates. Die Volkszählung des Jahres 1869 im Habsburgerreich im Lichte von Latours zirkulierender Referenz, in: Schweizerische Zeitschrift für Geschichte 65, 2015, S. 414–427.

19 Vgl. *Douglass C. North*, Institutions, Institutional Change and Economic Performance, Cambridge/New York etc. 2007 (zuerst 1990), S. 3–10.

Neben dem wissensgeschichtlichen Zugang sollen im Weiteren auch raumtheoretische Überlegungen mit in die Untersuchung einfließen. Dabei wird von der Prämisse ausgegangen, dass Raum keine Existenz aufweist, die dem Diskurs vorausgeht, sondern vielmehr konstituiert wird.[20] Raum wurde, wenn er sehr genau vermessen, bestimmt und dargestellt werden konnte, gleichsam zu einem Behältnis, dessen Inhalt wiederum in neuartiger Weise quantifizierbar wurde und damit neuen Regimes herrschaftlicher Kontrolle und effizienterer Verwendung unterworfen war.[21] Damit kommt es zu einer Abgrenzung von viel differenzierteren und komplexeren Formen des Umgangs mit Raum, wie er sich in analytischen Konzepten von Fraktalität manifestiert.[22] In Verbindung mit zeitgenössischen Interpretationslogiken und Handlungsskripten von Verwaltung und Herrschaft, die stark durch die Vorstellungen von Kameralismus und Polizeiwissenschaft geprägt waren, verschoben sich Vorstellungen des Herrschaftsraums auf der höchsten Ebene.[23] Indem moderne Staatlichkeit stark auf eine spezifisch vereinheitlichte Darstellung von Raum setzte, ging damit eine Verschiebung einer Raumvorstellung im Sinne von Martina Löw einher: Große, nach innen homogen imaginierte territoriale Räume finden eine Entsprechung in der Vorstellung des Containerraums, der als ein konstitutiver Faktor von Modernisierung in Zentraleuropa angesehen werden kann.[24]

Eine weitere theoretische Achse entspannt sich entlang der Frage nach Staatlichkeit.[25] Insbesondere am Beispiel des Habsburgerreiches werden um die Mitte des 19. Jahrhunderts jene Transformationen sichtbar, denen Staatlichkeit um diese Zeit vielfach (aber nicht nur) in Europa unterliegt: Das Kaisertum Österreich entspricht nach 1848/49 und vor 1867 keinem der beiden Schemata, die sich aus der *new imperial history* kommend als analytisches Raster etabliert haben: Weder das Empire noch der Nationalstaat eignen sich als kategoriale Beschreibungsgrundlage für das Habsburgerreich in der Jahrhundertmitte, zumal sich dessen Struktur und Gestalt mehrfach und keineswegs linear verändert.[26] Anstatt die

20 Vgl. *Benno Werlen*, Geographie/Sozialgeographie, in: *Stephan Günzel* (Hrsg.), Raumwissenschaften, Frankfurt am Main 2009, S. 142–158.

21 Grundlegend *Jörg Dünne*, Die Karte als Operations- und Imaginationsmatrix. Zur Geschichte eines Raummediums, in: *Jörg Döring/Tristan Thielmann* (Hrsg.), Spatial Turn. Das Raumparadigma in den Kultur- und Sozialwissenschaften, Bielefeld 2008, S. 49–69.

22 Vgl. *Falk Bretschneider/Christophe Duhamelle*, Fraktalität. Raumgeschichte und soziales Handeln im Alten Reich, in: ZHF 43, 2016, S. 703–746.

23 Zum Kameralismus vgl. *Marcus Sandl*, Ökonomie des Raumes. Der kameralwissenschaftliche Entwurf der Staatswirtschaft im 18. Jahrhundert, Köln/Weimar etc. 1999. Zur Polizeiwissenschaft vgl. *Andrea Iseli*, Gute Policey. Öffentliche Ordnung in der Frühen Neuzeit, Stuttgart 2009. Zum weiteren Hintergrund der Aufklärung vgl. *Franz Leander Fillafer*, Imperium oder Kulturstaat? Die Habsburgermonarchie und die Historisierung der Nationalkulturen im 19. Jahrhundert, in: *Philipp Ther* (Hrsg.), Kulturpolitik und Theater. Die kontinentalen Imperien in Europa im Vergleich, München/Wien etc. 2012, S. 23–53.

24 Zur Raumvorstellung vgl. *Martina Löw*, Raumsoziologie, Frankfurt am Main 2001, S. 15ff. Zum Containerraum vgl. *Marcus Sandl*, Geschichtswissenschaft, in: *Günzel*, Raumwissenschaften, S. 159–174, hier: S. 160. Vgl. dazu auch *Robert Sack*, Human Territoriality. Its Theory and History, Cambridge/New York etc. 2009 (zuerst 1986). Spezifisch *Kurt Scharr*, Der Franziszeische Kataster als Mittel der Raumkonsolidierung in der Habsburgermonarchie am Beispiel der Bukowina, in: 250 Jahre Landesaufnahme, S. 39–50, hier: S. 40ff. Grundlegend zum Raum im »Alten Reich«: *Bretschneider/Duhamelle*, Fraktalität.

25 Vgl. *Stefan Nellen/Thomas Stockinger*, Staat, Raum und Verwaltung im langen 19. Jahrhundert, in: Administory 2, 2017 (in Vorbereitung). Für die Gelegenheit, diesen und andere Beiträge bereits im Vorfeld zu lesen, und für hilfreiche Gespräche danke ich sehr herzlich.

26 Ebd. Für den Zeitraum nach 1867 vgl. *Jörn Leonhard/Ulrike von Hirschhausen*, Empires und Nationalstaaten im 19. Jahrhundert, Göttingen 2009; *Benno Gammerl*, Untertanen, Staatsbürger und Andere. Der Umgang mit ethnischer Heterogenität im Britischen Weltreich und im Habs-

Entwicklung von Staatlichkeit vom modernen Staat ausgehend zu denken, sollen im vorliegenden Beitrag Kontingenzen aufgezeigt werden, die sich zu unterschiedlichen Zeitpunkten zeigten. Zugleich soll herausgearbeitet werden, welche Faktoren sich in der Folge begünstigend oder limitierend für die weitere Entwicklung des modernen Staats auswirkten. In der Verfolgung der Frage nach Territorialisierung soll aufgezeigt werden, wie sich staatliche Akteure im 19. Jahrhundert definierten, wie sie mit ihren Staatsbürgerinnen und Staatsbürgern interagierten und wie letztere Strategien entwickelten, eigene Interessen und Initiativen durchzusetzen.[27]

Der Beitrag geht von der Annahme aus, dass mit der Schaffung einer staatlichen räumlichen Wissensformation über die Landesaufnahmen und Katastrierungen ein Katalysator für sehr viel weiter reichende Modernisierungsprozesse in Zentraleuropa entstand.[28] Dabei ist das Entstehen dieser Wissensformation in einem transimperialen (keineswegs einem transnationalen) Kontext zu verorten: Um die Anschlussfähigkeit und das Anknüpfungsvermögen an angrenzende Kartennetze zu gewährleisten, wurden nicht nur Standards und Bezugspunkte für die Vermessung übernommen, es wurde auch in einem großen Umfang Know-how integriert, insbesondere aus Frankreich und der Lombardei. Moderne Staatlichkeit definierte nicht nur neue Kollektividentitäten, sie schuf auch neue Partizipationsmöglichkeiten und Handlungsräume. Diese wurden in einem transimperialen Kontext ausgehandelt.[29] Die Entscheidungsspielräume, die einzelnen Akteuren dabei offenstanden, waren also nicht ausschließlich durch die Bedürfnisse und Anforderungen ihrer jeweiligen Verwaltungs- und Machtfelder bestimmt, sondern wurden in zunehmendem Ausmaß auch durch Standards und Praktiken eingeschränkt, die auf einer Expertenebene festgelegt wurden; durch einen Personenkreis, der zuvor von politischer Mitbestimmung ausgeschlossen war.

Ein Fokus auf Staatlichkeit birgt stets die Gefahr einer Übernahme von Kategorien und Abgrenzungen, die durch den untersuchten Gegenstand etabliert werden, zumal es forschungspragmatisch naheliegt, etablierten Spuren und Quellenbeständen in ihrem Entstehungs- und damit häufig auch ihrem Aufbewahrungskontext nachzugehen. Als hilfreich im Umgang mit dieser Schwierigkeit hat sich zuletzt die Auseinandersetzung mit Forschungsperspektiven angrenzender Fächer und Gegenstände erwiesen, insbesondere der Literaturwissenschaft, die stärker auf Kommunikations- und Kontakträume denn auf Sphären eines vorgeblich Nationalen fokussiert.[30]

---

burgerreich 1867–1918, Göttingen 2010, S. 73ff.; *Göderle*, Zensus und Ethnizität, S. 17ff. Auf andere analytische Raster, die sich insbesondere für das 18. Jahrhundert etabliert haben, wie etwa den »fiscal-military state«, wird in diesem Beitrag noch eingegangen.

27 Vgl. *Charles S. Maier*, Leviathan 2.0. Inventing Modern Statehood, Cambridge/London 2014, S. 99ff.

28 Vgl. *Werner Drobesch*, Bodenerfassung und Bodenbewertung als Teil einer Staatsmodernisierung. Theresianische Steuerrektifikation, Josephinischer Kataster und Franziszeischer Kataster, in: *Reto Furter/Anne-Lise Head-König/Luigi Lorenzetti* (Hrsg.), Les migrations de retour. Rückwanderungen, Zürich 2009, S. 165–185; *Scharr*, Der Franziszeische Kataster als Mittel der Raumkonsolidierung, S. 40ff.; *Werner Drobesch*, Der Franziszeische Kataster als Baustein zur Modernisierung des Habsburgerstaates, in: *Reismann/Seuschek/Starzacher* u.a., verMESSEN, S. 20–25.

29 Vgl. zum Begriff der Transimperialität *Bernhard C. Schär*, Tropenliebe. Schweizer Naturforscher und niederländischer Imperialismus in Südostasien um 1900, Frankfurt am Main/New York 2015, S. 12ff.

30 Vgl. *Franco Moretti*, Distant Reading, Konstanz 2016 (zuerst engl. 2013), S. 10–43. Zur analytischen Nutzbarmachung des Begriffs Kommunikationsraum im historischen Kontext vgl. *Moritz Csáky*, Das Gedächtnis der Städte. Kulturelle Verflechtungen – Wien und die urbanen Milieus in Zentraleuropa, Wien/Köln etc. 2010, S. 89ff.

III. Colberts Frankreich und die Suche nach einem Raumwissen jenseits des Sozialen

In Frankreich wurden unter Jean-Baptiste Colbert die Grundlagen einer umfassenden Vermessung und kartografischen Aufnahme des Staatsgebiets gelegt, die Absichtserklärung dazu wurde in einem Memorandum 1665 festgehalten. Colbert gab als Ziel eine Generalkarte Frankreichs sowie Karten sämtlicher regionalen administrativen Einheiten aus. Seine Interessenslage orientierte sich an den Bedürfnissen der Verwaltung, er suchte nach einer Gesamtübersicht und -bewertung der Ressourcen und Besitztümer Frankreichs.[31]

Vorhergehende Versuche, das vorhandene und überwiegend in sozialen Konfigurationen gebundene Wissen auf der regionalen Ebene zu sammeln und in Paris zu einer Übersichtsdarstellung zu kollationieren, waren gescheitert: Nur eine kleine Anzahl der angefragten Provinzen hatte überhaupt auf Anfragen geantwortet.[32] Mittelsleute und Repräsentanten in frühneuzeitlichen europäischen Staaten wiesen keine ausgeprägte Neigung auf, die Wissensbasis, die ihre Herrschaftspartizipation sicherte, preiszugeben.[33] Colberts Vorhaben war so umfänglich, dass es mit den zur Verfügung stehenden Verfahren nicht lösbar war: Eine Vermessung mit Messstangen, unter Zuhilfenahme lokalen Wissens und unter Einbeziehung nur spärlich vorhandenen älteren schriftlichen Materials, erschien angesichts der schieren Größe und Diversität Frankreichs als vollkommen illusorisch.[34]

Colbert beauftragte in der Folge die von ihm gegründete »Académie des sciences« mit der Entwicklung einer Lösung, die es erlauben würde, große Territorien zu vermessen. In der »Académie« wurden zwei Verfahren zusammengeführt: einerseits die astronomische Lagebestimmung, die ganz maßgeblich durch Giovanni Domenico Cassini (im Weiteren Cassini I) vorangebracht worden war, andererseits neueste und sehr präzise Vermessungsverfahren. In der Anwendung und Durchführung letzterer galt der Abt Jean Picard als weithin führend. Erste Messverfahren betrafen primär die Meridianbestimmung und wurden von Picard durchgeführt. Er griff dazu auf trigonometrische Messverfahren zurück und auf neue Instrumente zur Winkelbestimmung, die von der »Académie« unter Einbeziehung der Expertise von Cassini I entwickelt worden waren.[35] Nach der erfolgreichen Vermessung eines Meridianteils wurde eine Umgebungskarte von Paris angefertigt, die auf den erprobten Verfahren und Methoden aufbaute. Die Kombination aus grundlegend verbesserten Positionsbestimmungen, die sich der Expertise Cassinis I verdankten, und neuen und wesentlich präziseren Längenbestimmungen, die von Picard vorangebracht worden waren, erlaubte neue und wesentlich genauere Aussagen sowohl zur Lage als auch zur Ausdehnung Frank-

31 Zum erweiterten Hintergrund vgl. *Benjamin Steiner*, Colberts Afrika. Eine Wissens- und Begegnungsgeschichte in Afrika im Zeitalter Ludwigs XIV., München 2014, S. 50f. Zu Colberts Administration vgl. *Jacob Soll*, The Information-Master. Jean-Baptiste Colbert's Secret State Intelligence System, Ann Arbor 2009, S. 50ff.

32 Vgl. dazu auch den beschriebenen Basisprozess in *Raphael*, Die Verwissenschaftlichung des Sozialen als methodische und konzeptionelle Herausforderung für eine Sozialgeschichte des 20. Jahrhunderts.

33 Vgl. dazu etwa für die Habsburgermonarchie schon im 18. Jahrhundert *Anton Tantner*, Ordnung der Häuser, Beschreibung der Seelen. Hausnummerierung und Seelenkonskription in der Habsburgermonarchie, Innsbruck/Wien etc. 2007, S. 48ff. Vgl. auch die Beiträge in *Ronald G. Asch/Dagmar Freist* (Hrsg.), Staatsbildung als kultureller Prozess. Strukturwandel und Legitimation von Herrschaft in der Frühen Neuzeit, Köln/Weimar etc. 2005.

34 Vgl. *Ingrid Kretschmer/Johannes Dörflinger/Franz Wawrik*, Lexikon zur Geschichte der Kartographie, Wien 1986, insb. den Beitrag zu Landesaufnahme, Bd. 1, S. 435–437, zur Illustration gängiger Vermessungsverfahren im 17. Jahrhundert.

35 *Zeger*, Die historische Entwicklung der staatlichen Vermessungsarbeiten, Bd. 1, S. 21f.

reichs.[36] Picard, unterstützt von Philippe de La Hire, vermaß in den Folgejahren sukzessive große Teile der französischen Atlantik- wie auch der Mittelmeerküste und wies durch die präzisere astronomische Lagebestimmung aus, dass Frankreich um rund 20% kleiner war als zuvor angenommen.[37]

Zwischen dem Beginn der Vermessungsarbeiten in den späten 1660er-Jahren und dem Vorliegen korrigierten Kartenmaterials der Küsten in den frühen 1680er-Jahren vergingen rund eineinhalb Jahrzehnte, in denen intensiv an der Herstellung und Weiterverarbeitung eines räumlichen Wissens gearbeitet wurde. Ermöglicht wurde das primär durch die finanzielle Absicherung und die Infrastruktur, die Colbert der »Académie« und deren Mitgliedern bereitwillig zur Verfügung stellte. Trotz der Fortschritte, die dabei gemacht wurden, nahm sich das Ergebnis vor dem Hintergrund der Dimension der Herausforderung äußerst bescheiden aus.

Darin tritt ein Aspekt zutage, der sich in vielen vergleichbaren Vermessungs- und Kartografierungsoperationen beobachten lässt: die Kontinuität, Stabilität und Resilienz besonders solcher Prozesse, die sich mit Abbildung und Mediatisierung großer räumlicher Zusammenhänge auseinandersetzen. Der Fall Frankreichs ist dabei insofern von Interesse, als es sich dabei um einen der frühesten solcher Prozesse handelte und die institutionelle Stabilität vordergründig nicht durch eine staatliche Großinstitution wie das Militär gewährleistet wurde. Dennoch evozierte das Kartenprojekt die Vorstellung, Raum wäre endlich, bestimmbar und letztlich, unter Zuhilfenahme einer medialen Repräsentation, kontrollierbar.[38]

Dem Aufwand zum Trotz war man dem von Colbert angestrebten Ziel der Generalkarte noch nicht wesentlich nähergekommen. Mit dem Tod von Picard (1682) und Colbert (1683) ergab sich eine neue Gesamtsituation: Die finanzielle Ausstattung der »Académie« verschlechterte sich, bedingt auch durch die anhaltende Beteiligung Frankreichs an mehreren kostspieligen Kriegen gegen Ende der 1680er-Jahre. Die Grundlage für eine systematische und großmaßstäbliche Landesvermessung, geschaffen durch die gemeinsame Arbeit von Picard und Cassini I, blieb damit vorerst ungenutzt.

Stattdessen widmete man sich in der »Académie« mit viel Elan der Klärung elementarer wissenschaftlicher Fragen, die durch die neuen Verfahren bearbeitbar geworden waren.[39] Dabei ging es konkret um die genaue Beschaffenheit der Erdgestalt, wobei sich die Positionen von Isaac Newton und René Descartes gegenüberstanden.[40] Wenngleich die Klärung dieser Fragen einen bestimmten Einfluss auf die weitere Gestaltung von Landesvermessungen hatte, war dieser Praxisbezug nicht das eigentliche Ziel zweier aufwendiger Forschungsreisen nach Peru und Lappland, die französische Wissenschaftler und Gelehrte 1735 dazu unternahmen. Ihre Bestätigung der Richtigkeit von Newtons Annahmen wurde in Frankreich in breiteren Kreisen als Niederlage wahrgenommen.[41] Der Umstand, dass es letztlich erst die französische Messtechnik gewesen war, die diese Verifikation überhaupt zugelassen hatte, spendete nur wenig Trost.

---

36 Zur Einordnung in einen weiteren kartografiegeschichtlichen Kontext: *Gyula Pápay*, Kartographie, in: *Günzel*, Raumwissenschaften, S. 175–190; *Georg Krauß/Rolf Harbeck*, Die Entwicklung der Landesaufnahme, Karlsruhe 1985; *Peter Kohlstock*, Kartographie, Paderborn/München etc. 2004, S. 12ff. Im weitesten Sinne *Heribert Kahmen*, Angewandte Geodäsie: Vermessungskunde, 20., völlig neu bearb. Aufl., Berlin/New York 2005, S. 492ff.

37 Vgl. *Jerry Brotton*, A History of the World in Twelve Maps, London 2012, S. 300–307.

38 Vgl. *Dünne*, Die Karte als Operations- und Imaginationsmatrix, S. 49f.

39 Vgl. *Brotton*, A History of the World in Twelve Maps, S. 309.

40 Vgl. zu den Auswirkungen auch *Richard Drayton*, Nature's Government. Science, Imperial Britain, and the ›Improvement‹ of the World, New Haven/London 2000, S. 90.

41 Vgl. Brotton, A History of the World in Twelve Maps, S. 308ff.

Das illustriert bis zu einem gewissen Grad die enge Verflechtung, die Wissenschaft, Politik und Verwaltung in Frankreich im frühen 18. Jahrhundert aufwiesen. Die drei Handlungsfelder können im Sinne von Mitchell G. Ash durchaus als »Ressourcen für einander« [sic] interpretiert und analysiert werden; die wechselseitige Konfiguration von Ensembles in diesen unterschiedlichen Bereichen leistete einen beträchtlichen Beitrag zur genaueren Abgrenzung des Staats.[42] Politische und sogar militärische Konflikte konnten damit auch teilweise in einen anderen Kontext übertragen und dort ausgetragen werden, womöglich mit gänzlich anderen Voraussetzungen und Ergebnissen.[43]

Latour verortet gar den Beginn der Moderne in der scheinbaren Trennung analytisch nicht voneinander abgrenzbarer Handlungsfelder. Die Beobachtung einer »großen Spaltung« vermag an dieser Stelle einen Zusammenhang zu erhellen, zumal sie sich in der Tendenz an vielen Orten in historischem Quellenmaterial nachweisen lässt und sich insbesondere in der Ethnologie und Anthropologie behaupten konnte.[44] Latour schlägt vor, sogenannte Akteur-Netzwerke zu betrachten, sich also analytisch nicht auf eine Dimension des untersuchten Gegenstands (hier also der Kartografie) zu beschränken, sondern diesen aus mehreren Perspektiven auszuleuchten.[45] So besehen hat es keinen Sinn, die Kartografie abgelöst von den politischen und ökonomischen Kontexten zu analysieren, aus denen heraus sie ermöglicht wurde. »[S]tändige Verquickungen von Wissenschaft und Politik« wurden bereits in der Arbeit von Gugerli und Speich Chassé herausgearbeitet und sichtbar gemacht.[46] In aktuellen Arbeiten zu Zentraleuropa wurde auch evident, wie solche Verbindungen zwischen vorgeblich klar getrennten Handlungsfeldern als Ressource zur Erreichung konkreter Ziele eingesetzt werden konnten.[47] Insbesondere liberale Strömungen im 19. Jahrhundert und jene Akteure, die deren grundlegende Inhalte umfassend vertraten, konnten davon profitieren, dass sich die staatliche Wissensproduktion zu ändern begann und besondere Techniken, Fertigkeiten und Fähigkeiten, die sie beherrschten, ihre Position gegenüber Verwaltungen und Herrschern allmählich verbesserten.

1733, also noch bevor die Frage Descartes oder Newton entschieden war (die beiden Expeditionen kehrten erst 1737 beziehungsweise 1744 zurück und berichteten an die »Académie« und den König), übernahm 1730 mit Philibert Orry ein neuer »contrôleur général des finances« jenes Amt, das ein gutes halbes Jahrhundert zuvor Colbert innegehabt hatte, und entwickelte eine neue Perspektive und eine neue Zielrichtung für das ruhende Kartografieprojekt. Seine Vision unterschied sich grundlegend von der Colberts; Orry legte Wert auf Standardisierung und Genauigkeit, er erkannte in einem Kartenwerk primär eine administrative Ressource und beauftragte mit der Fertigstellung Jacques Cassini (Cassini II,

---

42 Vgl. *Mitchell G. Ash*, Wissenschaft und Politik als Ressourcen für einander, in: *Rüdiger vom Bruch/Brigitte Kaderas* (Hrsg.), Wissenschaften und Wissenschaftspolitik. Bestandsaufnahmen zu Formationen, Brüchen und Kontinuitäten im Deutschland des 20. Jahrhunderts, Stuttgart 2002, S. 32–51.

43 Für das 19. Jahrhundert ist diese Konfiguration gut erforscht, vgl. etwa *Ralph Jessen/Jakob Vogel* (Hrsg.), Wissenschaft und Nation in der europäischen Geschichte, Frankfurt am Main/New York 2002.

44 Vgl. *Bruno Latour*, Wir sind nie modern gewesen, Frankfurt am Main 2008 (zuerst frz. 1991), S. 129ff.

45 Vgl. *Latour*, Existenzweisen, S. 65ff.

46 *Gugerli/Speich*, Topografien der Nation, S. 11.

47 Im Habsburgerreich gelang es etwa Beamten, die als Juristen und Historiker ausgebildet waren und Führungspositionen in der Zentralstatistik hielten, wissenschaftliche Argumente im internationalen statistischen Kongress zur Durchsetzung der politischen Ziele ihrer Vorgesetzten nutzbar zu machen. Vgl. *Wolfgang Göderle*, Administration, Science, and the State: The 1869 Population Census in Austria-Hungary, in: Austrian History Yearbook 47, 2016, S. 61–88.

Sohn von Cassini I).[48] Diesem wurde die Enormität der Aufgabe, die ihm übertragen wurde, schnell bewusst: Orrys Auftrag war umfassend und Cassini II, der es vorgezogen hätte, sich weiter der wissenschaftlichen Kontroverse um Descartes und Newton zu widmen, sah sich ungeahnten Schwierigkeiten und Hindernissen gegenüber. Nicht überall war man dem Vermessungsvorhaben gegenüber aufgeschlossen; lokales Wissen konnte mitunter, wenn überhaupt, nur unter größten Schwierigkeiten erworben werden und die Diversität der französischen Landschaft, insbesondere der dünn besiedelten Gebirgslandschaften, warf ohnehin ganz neue Probleme auf.[49] Unterstützt von seinem Sohn César-François Cassini de Thury (Cassini III) gelang es Cassini II, 1744 das Triangulationsnetz zu vollenden. Es setzte sich aus 800 Dreiecken erster Ordnung und 19 Basislinien zusammen, korrigierte nochmals Picards ursprüngliche Bestimmung des Pariser Meridians um etwa fünf Meter (was aber beträchtliche Korrekturen nach sich zog) und bestätigte sehr zu Jacques Cassinis Bedauern nochmals, dass Newton und nicht Descartes richtiggelegen hatte. Verwaltungspraxis und Wissenschaft fielen wieder ineinander.[50]

IV. Knochen und Fleisch? Frankreich als Kartenbild

Die neue Karte Frankreichs war dabei nicht mehr als ein Skelett, sie zeigte die Umrisse des Landes und darin ein aus Dreiecken zusammengesetztes Gerippe.[51] Der Karte waren die Lagen der unterschiedlichen Orte und Städte des Landes zueinander zu entnehmen, aber darüber hinaus waren in ihr keine Informationen zur physischen Geografie enthalten. Große, insbesondere unzugängliche Gebiete wie die Alpen oder Pyrenäen waren weitestgehend weiß geblieben. Gleichwohl stellte die Karte ebenso die Vollendung von Colberts ursprünglichem Vorhaben dar wie die der Pläne von Orry. Den gehobenen Ansprüchen einer zentralstaatlichen Planung genügte sie vorerst.[52]

Zugleich antizipierte die Karte bereits viel von den Informationen und dem Wissen, das im 19. Jahrhundert in weiten Teilen Europas zu einem angestrebten Standard werden sollte. Bedingt durch die zur Verfügung stehenden Ressourcen und Anforderungen war sie weitestgehend ohne Rückgriff auf lokales Wissen entworfen worden. Zwar enthielt sie Orte und wichtige Punkte, eigentlich produzierte sie aber ein Wissen, das entkoppelt war von dem, was sozial zirkulierte. Die Triangulationspunkte und die wichtigen Orte des Landes stimmten nicht überein. Die Karte verknotete Frankreich mit naturräumlichen Merkmalen, die in jeder anderen Beziehung bedeutungslos waren. Die Knoten der Triangulationsnetze lagen neben und abseits der Knotenpunkte des politischen und wirtschaftlichen Lebens im Land. Die Karte entwarf ein Frankreich, das nach außen scharf abgegrenzt, nach innen aber annähernd homogen war. Die dichtesten Triangulationsnetze verliefen entlang des Pariser Meridians und der Breitengrade, nur in den schroffsten und ausgesetztesten Gebieten des Landes waren größere Flächen völlig unbeeinträchtigt vom Eifer der Vermesser geblieben. Überall sonst hatte man dem Land in elfjähriger unausgesetzter Arbeit ein technisches Vermessungsnetz übergestülpt, das als solches einen höchst interessanten, weil bis zum Zeitpunkt der Vermessungsausführung rein theoretischen Standpunkt realisierte:

---

48 *Brotton*, A History of the World in Twelve Maps, S. 311ff.

49 Etwas später gestaltete sich das bereits reibungsloser, vgl. *Alain Desrosières*, La politique des grands nombres. Histoire de la raison statistique, Paris 2000 (zuerst 1993), S. 37ff. Zur Nutzung lokalen Wissens zu dieser Zeit außerhalb Frankreichs und zu den daraus folgenden Implikationen: *Twellmann*, »Ja, die Tabellen«, S. 149ff.

50 *Brotton*, A History of the World in Twelve Maps, S. 313f.

51 Vgl. *John Keay*, Expedition Great Arc. Die abenteuerliche Vermessung des indischen Subkontinents, Frankfurt am Main/New York 2002 (engl. 2000), S. 15ff.

52 *Brotton*, A History of the World in Twelve Maps, S. 315.

jenen des Königs, der Verwaltung und der Wissenschaft. Frankreich war mit unübertroffener Genauigkeit neu entworfen worden, auf der als unverrückbar vorgestellten Grundlage des Naturraumes.

Der Entwurf einer Karte, die einen als gegeben erachteten Naturraum als Ausgangspunkt heranzog und das vorhandene soziale Wissen nicht integrierte, sondern vielmehr weitläufig umging, ließe sich analytisch durchaus mit der von Latour konstatierten Trennung unterschiedlicher Sphären als Ausgangspunkt des Modernen erklären.[53] Die Triangulation und die durch sie ermöglichten Karten erlaubten es, etablierten und nicht zur Kooperation bereiten sozialen Institutionen ein neues Wissen gegenüberzustellen. Dieses verdankte sich einem wissenschaftlichen Verfahren und schuf Objekte und Fakten, die nicht einfach ignoriert werden konnten. Zwar erlaubten sie keinen Zugriff auf das soziale Wissen, aber sie stellten diesem ein anderes Wissen gegenüber. Dieses erforderte andere Lesarten und Herangehensweisen, dafür ermöglichte es auch andere Wahrnehmungen und Darstellungen.[54]

Es ist insofern irreführend, von Cassinis Karte in der Einzahl zu sprechen, als seine »Nouvelle carte qui comprend les principaux Triangles qui servent de Fondement à la Description Géométrique de la France« zum einen kein Unikat darstellte und zum anderen ein Kondensat einer Unzahl von Karten und Skizzen repräsentierte, die Ausschnitte, Aspekte und Facetten der »Nouvelle carte« enthielten. Das erlaubt die Bezugnahme zu zwei grundlegenden theoretischen Rahmen der *science studies*; einerseits liegt die Beschreibung als »Referenzkette« nahe, andererseits kann man auch von der Überlagerung von »Inskriptionen« sprechen.[55]

Cassinis II Karten dienten sehr bald als Grundlage für detailliertere topografische Bestimmungen und Vermessungen, die insbesondere für das Militär einen hohen Stellenwert hatten, und erlangten so auch die Aufmerksamkeit des Königs, der Cassini II wiederholt nach einer topografischen Gesamtaufnahme fragte, basierend auf der abgeschlossenen Triangulation. Cassini II nahm diesen Auftrag 1748 an, wissend um die Herausforderungen und Schwierigkeiten, die damit verbunden waren. Zwar stellte sich schnell heraus, dass die ursprünglich avisierte Laufzeit des Vorhabens von 18 Jahren nicht halten würde, die Durchführung verschob aber das Verständnis von Geografie in Frankreich nochmals umfassend und irreversibel. Es veränderte vor allem die Praktiken und Verfahren, die in der Kartografie fortan als Standards galten: Cassini III vereinheitlichte die Herangehens- und Arbeitsweisen seiner Ingenieure; er veranlasste, dass für das topografische Kartenwerk auch das lokale Wissen von Honoratioren und Eliten vor Ort miteinbezogen wurde.[56] Der starke Fokus auf visuelle Praktiken verweist auf den breiteren wissenschaftshistorischen Kontext und insbesondere auf kontemporäre Vorstellungen von Objektivität.[57]

Unmittelbar vor dem Beginn der Französischen Revolution war die Karte (inzwischen in der Verantwortung von Jean Dominique Comte de Cassini, Cassini IV, dem Sohn von Cassini III) beinahe abgeschlossen: Das durch die Triangulation entstandene Gerippe, das die Distanzen zwischen Gelände- und anderen Aussichtspunkten mit hoher Genauigkeit

---

53 Vgl. *Latour*, Existenzweisen, S. 40ff.

54 Vgl. *Dünne*, Die Karte als Operations- und Imaginationsmatrix, S. 50–52.

55 Vgl. *Bruno Latour*, Die Hoffnung der Pandora. Untersuchungen zur Wirklichkeit der Wissenschaft, Frankfurt am Main 2000 (zuerst engl. 2000), S. 36–95; beziehungsweise *ders.*, Visualization and Cognition: Thinking with Eyes and Hands, in: Knowledge and Society. Studies in the Sociology of Culture Past and Present 7, 1986, S. 1–40.

56 Vgl. dazu die detaillierte Beschreibung in *Monique Pelletier*, Les Cartes des Cassini. La science au service de l'État et des provinces, Paris 2013 (zuerst 1990), S. 123ff.

57 Vgl. *Lorraine Daston/Peter Galison*, Objektivität, Frankfurt am Main 2007 (zuerst engl. 2007), S. 26ff.

festgehalten hatte, war durch präzise topografische Aufnahmen ergänzt worden und lag für den Großteil der Provinzen vor. Der Weg dahin war allerdings nicht sehr geradlinig verlaufen. Die durch den König zugesagte Finanzierung hatte nicht gehalten, und Cassini IV war darauf angewiesen gewesen, weitere Finanzmittel aufzustellen. Bereits dabei hatte sich herausgestellt, dass das Wissen, das dieses präzise Kartenwerk enthielt, auch außerhalb von Militär und Verwaltung einen nicht zu unterschätzenden Wert besaß: Cassini IV suchte und fand private Investoren und finanzierte die Arbeiten insbesondere über die kontinuierliche Veröffentlichung abgeschlossener Provinzkarten.[58]

V. Karten als Folien von Planung und Handeln

Die große Anzahl von Karten, die so in den Umlauf gelangte, entfaltete eine in ihrer Breite schwerlich genau abschätzbare Wirkung: Die Karten waren insbesondere für Unternehmer und Bürger von Wert, die sie einerseits lesen konnten und ihr andererseits nützliche und direkt verwertbare Informationen für viele berufliche Anwendungskontexte entnahmen. Sie veranschaulichten und mediatisierten räumliche Zusammenhänge in einer einheitlichen Art und Weise und erlaubten die Herstellung ganz neuer Beziehungen und Verbindungen.[59] Die Genauigkeit und Verbindlichkeit der Angaben, die Ausweisung detaillierter Geländeinformationen und die präzise Darstellung und Einbeziehung lokalen Wissens über regionale (und schließlich: nationale) Bezüge hinweg ermöglichte insbesondere dem Bürgertum die Entwicklung eines neuen Verständnisses zunächst ihrer regionalen Lebens- und Arbeitskontexte.[60]

Insbesondere auf einen Aspekt soll an dieser Stelle hingewiesen werden: Die Karten der Cassinis erlaubten ihren Betrachtern einen kontingenten Blick auf Fragen, die eine räumliche Dimension aufwiesen. Durch die hohe Genauigkeit der Karte und die detaillierte Wiedergabe der Geländeverhältnisse konnten bestimmte Fragen, die bis dahin nur im Gelände praktisch gelöst werden konnten, einer belastbaren theoretischen Überprüfung unterzogen werden.[61] Fragen von Distanz und Wegzeit konnten auf dem Medium der Karte durch Vermessung und Multiplikation mit dem Maßstab beziehungsweise etablierter Geschwindigkeitswerte eruiert werden. Die Cassinis gaben nicht nur Orte und Wege wieder, sondern entwarfen auch den Raum dazwischen und dessen Beschaffenheit. Ihre Karten brachen endgültig mit den Konventionen und Sehgewohnheiten relationaler Raumvorstellungen, sie entwarfen Raum nicht mehr als eine Beziehung zwischen Orten, sondern als eine homogene Sphäre, die – abhängig vom Gelände – an der einen Stelle schwerer, an der anderen leichter zu überwinden war.[62]

In dieser Erzeugung einer homogenen räumlichen Sphäre – über die Produktion eines solchen Wissens – begegneten sich gleich mehrere Interessenkomplexe, deren Aufeinandertreffen Aussagen über die Zusammensetzung jener sozialen Kräfte, die »Modernisierung« hervorbrachten, zulassen: Sowohl Verwaltung als auch Herrscher hatten ein Interesse daran, bestehende komplexe Beziehungsnetzwerke für ihre eigenen Belange und Interessen durchdringbarer und transparenter zu gestalten. Im Diskurs standen dabei fiskalische und militärische Überlegungen im Vordergrund, die umfassenden dahinterliegenden Themenkom-

58 *Brotton*, A History of the World in Twelve Maps, S. 321ff.

59 Die intensivste Auseinandersetzung mit der Wirkung von Karten findet sich bei *Gugerli/Speich*, Topografien der Nation, S. 75ff., ihre Ergebnisse lassen sich aber nur eingeschränkt auf das Frankreich des 18. Jahrhunderts übertragen.

60 Vgl. *Brotton*, A History of the World in Twelve Maps, S. 322ff.

61 Vgl. *Dünne*, Die Karte als Operations- und Imaginationsmatrix, S. 55.

62 Vgl. *Löw*, Raumsoziologie, S. 18ff.

plexe dürfen aber nicht aus dem Blick verloren werden: Letztlich ging es um die Sicherung der etablierten sozialen Ordnung, deren Funktionieren im Kern durch die Kontrolle und eine restriktive Weitergabe von Wissen gewährleistet war.[63] Diese soziale Ordnung unter dem Begriff des *ancien régime* zu subsumieren, könnte sich in mehreren Beziehungen als kontraproduktiv herausstellen, zumal es sich dabei genau besehen um Ordnungen handelte, die im europäischen Kontext zwar in Teilbereichen vergleichbar waren, in jedem Fall aber lokale und individuelle Institutionen und Problemlösungskompetenzen entwickelten, die sich schwerlich aus einer Überblicksperspektive heraus analysieren ließen.[64]

Neben Verwaltung und Herrschaft spielte das expandierende Handlungsfeld der Wissenschaft eine wichtige Rolle in der Herstellung einer neuen Raumvorstellung. Gelehrte und Wissenschaftler schufen die Voraussetzungen, über die großflächige und genaue Landesaufnahmen möglich wurden. Zentral treten dabei zwei Aspekte hervor: einerseits ihre zunehmende Organisation in staatlichen institutionellen Strukturen, wie etwa der französischen »Académie«, andererseits ihr hoher Grad transimperialer Verflechtung. Wissen, und insbesondere praktisches Wissen, zirkulierte spätestens ab dem 17. Jahrhundert innerhalb Europas mit zunehmender Dynamik.[65] Es stand in verschiedenen Zusammenhängen grundsätzlich zur Verfügung, eine erfolgreiche Verwertung im gegenständlichen Feld der Kartografie hing insbesondere mit dem Vorhandensein finanzieller Ressourcen zusammen.[66] Die Strukturen und Wissensformationen der Gelehrtenrepublik boten sich dem Staat – und auch dem monarchischen Staat – als Ressource an, eine bestehende soziale Ordnung umzubauen.[67] Aus der Perspektive einer *new imperial history* wäre zu konstatieren, dass eine (nach wie vor) imperiale Herrschaft damit begann, die Mittelsleute auszutauschen, auf die sie sich stützte. An die Stelle der etablierten Aristokratie traten zunehmend (bürgerliche) Experten, deren aufgeklärte Wissensproduktion Herrscherinnen und Herrschern umfassendere und direktere Eingriffsmöglichkeiten versprach.

Wenngleich nicht in der Kartografie der Cassinis, so spielte doch die zunehmende Aufstellung standardisiert ausgebildeter und aufgestellter professioneller Militärverbände insgesamt eine wichtige Rolle. Triangulationen und Landesaufnahmen griffen ab der zweiten Hälfte des 18. Jahrhunderts in zunehmendem Maße auf die Ressourcen und Fähigkeiten des Militärs zurück und konnten so beträchtliche Einsparungspotenziale bei gleichzeitiger Steigerung der Produktqualität erzielen.[68]

63 Zum »fiscal-military state« vgl. etwa *Christopher Storrs* (Hrsg.), The Fiscal-Military State in Eighteenth-Century Europe, Farnham/Burlington 2009; insb. den Beitrag von Michael Hochedlinger; sowie *Rafael Torres Sánchez*, War, State and Development. Fiscal-Military States in the Eighteenth Century, Pamplona 2007. Vgl. alternativ auch die analytische Kategorisierung nach *Lutz Raphael*, Recht und Ordnung. Herrschaft durch Verwaltung im 19. Jahrhundert, Frankfurt am Main 2000, S. 41ff.

64 Zu differenzierteren Perspektiven auf *ancien régimes* und dem Umgang mit solchen vgl. unter anderem *Jörg Ganzenmüller/Tatjana Tönsmeyer* (Hrsg.), Vom Vorrücken des Staates in die Fläche. Ein europäisches Phänomen des langen 19. Jahrhunderts, Köln/Weimar etc. 2016; *Asch/Freist*, Staatsbildung als kultureller Prozess; *Monika Wienfort*, Patrimonialgerichte in Preußen. Ländliche Gesellschaft und bürgerliches Recht 1770–1848/49, Göttingen 2001. Zu Vergleichsperspektiven *Raphael*, Staat im Dorf, S. 44. Für den außereuropäischen Fall vgl. etwa *Wolfgang Reinhard*, Die Unterwerfung der Welt. Globalgeschichte der europäischen Expansion 1415–2015, München 2006.

65 Vgl. *Caspar Hirschi*, Akademie, in: *Sommer/Müller-Wille/Reinhardt*, Handbuch Wissenschaftsgeschichte, S. 211–224.

66 Vgl. *Peter Burke*, Die Explosion des Wissens. Von der Encyclopédie bis Wikipedia, Berlin 2014 (engl. 2012).

67 Vgl. unter anderem das Projekt »Mapping the Republic of Letters«, URL: <http://republicofletters.stanford.edu> [14.3.2017].

68 Vgl. *Gugerli/Speich*, Topografien der Nation, S 34ff.

Schließlich darf der Aspekt, dass in zunehmendem Ausmaß Märkte zur Verfügung standen, die das erzeugte Raumwissen in erheblichem Umfang abnahmen, nicht unterschätzt werden.[69] Gerade im Fall Frankreichs war eine kontinuierliche Abnahme der erzeugten Karten über einen wachsenden Markt entscheidend für die Fertigstellung der topografischen Aufnahme, die nach dem Teilausstieg des Staats als Investor auf diese Einnahmen angewiesen war.[70]

Die genannten Akteure, Kollektive und Konfigurationen brachten nicht nur sozialen Wandel hervor, indem sie ein Wissen erzeugten, das Staatlichkeit in einer neuen Art und Weise denk- und administrierbar machte, sie waren selbst durch sozialen Wandel entstanden. Tatsächlich lassen sich – sowohl für den Fall Frankreichs als auch für jenen des Habsburgerreiches, der als nächstes behandelt wird – nur wenige Vertreter älterer Herrschafts- und Elitengruppen in den Reihen jener Personen ausmachen, die sich der Vermessung und Landesaufnahme verschrieben. Sowohl im Militär als auch in den relevanten wissenschaftlichen Arbeitsfeldern als auch in den Bereichen der Administration, die direkt mit der Kartografie befasst waren, waren Angehörige einer langsam neu entstehenden und keineswegs abgesicherten Klasse tätig, deren einziges Kapital in etlichen Fällen Wissen – genauer: praktisches Wissen – bildete.[71]

VI. Transimperiale Modernisierung? Die Vermessung des Habsburgerreiches in mehreren Akten: Die Josephinische Landesaufnahme

Der Ausgangspunkt für das Projekt der Landesaufnahmen in Zentraleuropa unterschied sich nicht fundamental von der Situation in Frankreich ein Jahrhundert früher.[72] Raumvorstellungen des Alten Reiches waren von Fraktalität geprägt, die komplexen und tiefen sozialen Verflechtungen gewährten insbesondere den habsburgischen Herrschern nur geringe Handlungsspielräume.[73] Der Aufstieg Preußens setzte diese ab der ersten Hälfte des 18. Jahrhunderts unter Anpassungsdruck.[74]

Der Blick auf einzelne Landesaufnahmen und Mappierungsoperationen, wie er in der Forschungsliteratur für das Habsburgerreich dominiert, verstellt nicht nur die Sicht auf die Beziehungen, Verbindungen und Bezugslinien, die zwischen einzelnen solcher Projekte bestanden, sondern auf den größeren Gesamtkontext dieser Maßnahmen überhaupt.[75] Folgt man Falk Bretschneider und Christophe Duhamelle in ihrer Analyse räumlicher Ausprägungen des Alten Reiches, so tritt plastisch hervor, an welchen komplexen Verhältnissen die Kartografie von Maria Theresia und Joseph II. ansetzte und welche Erwartungen an eine fundamentale Veränderung ihrer herrschaftlichen Handlungsspielräume damit verknüpft waren.[76]

---

69 Vgl. *Mary Sponberg Pedley*, The Commerce of Cartography. Making and Marketing Maps in Eighteenth-Century France and England, Chicago 2005.

70 *Brotton*, A History of the World in Twelve Maps, S. 323ff.

71 Vgl. *Waltraud Heindl*, Gehorsame Rebellen. Bürokratie und Beamte in Österreich 1780 bis 1848, Wien/Köln etc. 1990, S. 93ff.

72 Vgl. *Scharr*, Der Franziszeische Kataster als Mittel der Raumkonsolidierung, S. 43f.

73 Vgl. *Bretschneider/Duhamelle*, Fraktalität, S. 705ff.

74 Vgl. *Michael Hochedlinger*, The Habsburg Monarchy: From ›Military-Fiscal State‹ to ›Militarization‹, in: *Storrs*, The Fiscal-Military State in Eighteenth-Century Europe, S. 55–94, hier: S. 73; *Petra Svatek*, Die Josephinische Landesaufnahme. Anlass – Ziele – Durchführung – Nachläufer, in: 250 Jahre Landesaufnahme, S. 25–30.

75 Vgl. *Latour*, Existenzweisen, S. 66ff.

76 Vgl. *Bretschneider/Duhamelle*, Fraktalität, S. 709ff.

In der Entwicklung moderner kartografischer Verfahren verbündeten sich Herrscher und deren Verwaltungen mit bürgerlichen Akteuren.[77] Deren beschränkten Ressourcen zum Trotz zeichneten diese bereits im Verlauf des 17. und 18. Jahrhunderts für wichtige und qualitativ hochwertige Kartenwerke verantwortlich und bedienten damit einen wachsenden Markt.[78] Im Habsburgerreich standen in der Mitte des 18. Jahrhunderts für Teile des Reiches verhältnismäßig gute Karten zur Verfügung.[79] Insbesondere die Karten, die Georg Matthäus Vischer für Österreich ob und unter der Enns und Steiermark in den 1670er-Jahren angefertigt hatte, und Martin Stiers Karte für Ungarn (1664), die durch Johann Christoph Müller im frühen 18. Jahrhundert nochmals überarbeitet wurde, genossen ein hohes Renommee.[80] Jedoch erlaubte keine der angesprochenen Karten eine umfassende fiskalische Nutzbarmachung.[81]

In überschaubarem Umfang verbreiteten sich im Habsburgerreich trigonometrische Vermessungen, insbesondere Gradmessungen.[82] Die wichtigste Person in diesem Kontext war Joseph Liesganig (1719–1799), der nicht nur mit Cassini III zusammenarbeitete, welcher mit ihm anlässlich eines Besuchs ein Dreiecksnetz in der Umgebung von Wien ausmaß, sondern der auch zum Teil mit französischen Messgeräten arbeitete.[83]

Nachdem die Geodäsie um die Jahrhundertmitte im Auftrag Maria Theresias noch primär fiskalische Ziele avisiert hatte, trat nach dem Ende des Siebenjährigen Kriegs (1763) auch eine starke militärische Komponente hinzu.[84] Sowohl die Katasteraufnahme als auch die topografische Vermessung standen im Vordergrund der Josephinischen Landesaufnahme, die 1764 begann und eine einheitliche räumliche Repräsentation des Habsburgerreiches herstellen sollte. Die Vermessungsoperation musste die Herrscherin in einen Konflikt mit Adel und Grundherrschaft bringen, oder, in der Terminologie der *new imperial history*, mit ihren imperialen Repräsentanten und Mittelsleuten.[85] Sie zielte darauf ab, das Habsburgerreich zu zentralisieren und sich selbst einen direkteren und schnelleren Zugriff auf zentrale Ressourcen zu gewähren, auf die Steuererhebung und damit die militärische Leistungsfähigkeit.[86]

Anders als in Frankreich gut zwei Jahrzehnte früher wurde im Habsburgerreich hauptsächlich das Militär zur Durchführung der Arbeiten herangezogen. Die Grundtechniken

---

77 Vgl. grundlegend *Raphael*, Recht und Ordnung.

78 Vgl. *Zeger*, Die historische Entwicklung der staatlichen Vermessungsarbeiten, Bd. 1, S. 61ff.

79 Vgl. *Johannes Dörflinger*, Vom Aufstieg der Militärkartographie bis zum Wiener Kongress (1684 bis 1815), in: *Ingrid Kretschmer/ders./Franz Wawrik* (Hrsg.), Österreichische Kartographie. Von den Anfängen im 15. Jahrhundert bis zum 21. Jahrhundert, Wien 2004, S. 75–167, hier: S. 79f. und 84ff.

80 Vgl. auch den Überblick bei *Jan Mokre*, Militärkartographie in der Österreichischen Monarchie bis zur Ersten Landesaufnahme, in: 250 Jahre Landesaufnahme, S. 13–23, hier: S. 14ff.

81 Vgl. *Scharr*, Der Franziszeische Kataster als Mittel der Raumkonsolidierung, S. 43f.

82 Vgl. *Erich Imrek*, Geodätische Grundlagen als Voraussetzung für die Landesaufnahmen, in: 250 Jahre Landesaufnahme, S. 81–89; *Dörflinger*, Vom Aufstieg der Militärkartographie bis zum Wiener Kongress (1684 bis 1815), S. 81.

83 Vgl. *Zeger*, Die historische Entwicklung der staatlichen Vermessungsarbeiten, Bd. 1, S. 26 und 119ff.; *Hofstätter*, Beiträge zur Geschichte der österreichischen Landesaufnahmen, S. 23. Zu Liesganig vgl. auch *Karl Lego*, Abbé Joseph Liesganig zur 150. Wiederkehr seines Todestages, in: Österreichische Zeitschrift für Vermessungswesen 37, 1949, S. 59–62; *Walther Fischer*, Liesganig, Joseph, in: Neue Deutsche Biographie, Bd. 14, Berlin 1985, S. 540–542.

84 Vgl. *Svatek*, Die Josephinische Landesaufnahme, S. 25ff.

85 Vgl. *Jane Burbank/Frederick Cooper*, Imperien in der Weltgeschichte. Das Repertoire der Macht vom Alten Rom und China bis heute, Frankfurt am Main/New York 2012 (zuerst engl. 2010), S. 31ff.

86 Vgl. *Drobesch*, Bodenerfassung und Bodenbewertung als Teil einer Staatsmodernisierung, S. 165ff.; *Hochedlinger*, The Habsburg Monarchy, S. 73ff.

der aktuellen Kartografie waren dort inzwischen gut etabliert, vor allem aber verfügte das Militär über eine personelle Grundausstattung, die es in der Theorie erlauben sollte, die große Operation schnell, effizient und zugleich günstig durchzuführen.[87]

Die gleichzeitige Durchführung einer ökonomischen Aufnahme und einer militärischen Aufnahme führte in der Folge zu nicht unerheblichen Konflikten und Differenzen. Im Endeffekt bedeutete das, dass in der Mappierung zwei unterschiedliche Anforderungsprofile berücksichtigt werden mussten. Zunächst wurde das Kartenmaterial der militärischen Mappierung als geheim angesehen, was in der Arbeitspraxis für Schwierigkeiten sorgte.[88] Für die in der ökonomischen Aufnahme erzeugten Daten galt die Geheimhaltung nicht. Auch hinsichtlich der zu verwendenden Maßstäbe wurde man sich nicht einig, für das Militär stand der Überblick und der Zusammenhang im Vordergrund, der Kataster präferierte das Detail und ignorierte das Gelände.[89] Am Ende stand ein Resultat, das den ursprünglichen Erwartungen der Initiatoren nicht gerecht wurde. Es fehlte an einem einheitlichen Triangulationsnetz, dazu war in zu unterschiedlichen Weisen gearbeitet worden. Teils war trianguliert worden, teils hatte man im Augenmaß aufgenommen, einige Kartenblätter waren nur bessere Skizzen. Eine Gesamtkarte war aus dem Material nicht zu erstellen. Das offizielle Ende der Josephinischen Aufnahme 1787 bedeutete nicht die Einstellung der Vermessungsarbeiten – diese wurden kontinuierlich fortgesetzt, aber der größere Rahmen der Landesvermessung entfiel für das Erste.[90]

Die Josephinische Landesaufnahme lieferte damit vorerst keine brauchbare Karte der Habsburgermonarchie, aber sie entwickelte eine Idee, eine Folie für das, was eine solche hätte sein sollen.[91] Aus dem Heiligen Römischen Reich Deutscher Nation heraus entwarf sie die Vorstellung eines Staats, der durch eine einheitliche Territorialität zentralisiert und gestrafft nach aufgeklärten und kameralistischen Vorstellungen administriert werden konnte.[92] In dieser Vorstellung wurde ein vereinheitlichter und homogener Raum zur Gegenvorstellung der fraktalen politischen, administrativen und rechtlichen Wirklichkeit des Alten Reiches.[93]

VII. Zweiter Akt: Die Franziszeischen Aufnahmen und die Neuausformung von Staatlichkeit

An die – zugleich unzulänglichen und vielversprechenden – Ergebnisse der Josephinischen Landesaufnahme knüpfte bereits ab dem Jahr 1807 die Zweite Landesaufnahme an, später auch Franziszeische Aufnahme genannt. Mit dieser wurde erneut eine Katasteraufnahme verbunden (der Franziszeische Kataster), die ab 1817 einsetzte und mit einer eigenen Triangulation, der sogenannten Katastertriangulation, arbeitete.[94] Militärische und wirtschaftliche Zielsetzungen der Vermessungsoperationen wurden damit voneinander abgetrennt,

87 Vgl. *Mokre*, Militärkartographie in der Österreichischen Monarchie bis zur Ersten Landesaufnahme, S. 13ff.

88 Vgl. *Dörflinger*, Vom Aufstieg der Militärkartographie bis zum Wiener Kongress (1684 bis 1815), S. 121.

89 Vgl. *Gerhard Fasching*, Vom »Staatsgeheimnis« zur Zivil-Militärischen Karte im 21. Jahrhundert, in: 250 Jahre Landesaufnahme, S. 107–119, hier: S. 109ff.

90 Vgl. *Svatek*, Die Josephinische Landesaufnahme, S. 29.

91 Ebd., S. 27ff.

92 Dazu, dass von einer solchen im Alten Reich keine Rede sein konnte, vgl. *Bretschneider/Duhamelle*, Fraktalität, S. 70f.

93 Vgl. *Twellmann*, »Ja, die Tabellen«, S. 166.

94 *Josef Zeger*, Die historische Entwicklung der staatlichen Vermessungsarbeiten (Grundlagenvermessungen) in Österreich, Bd. 2: Triangulierungen für Katasterzwecke, Wien 1991.

wenngleich die Katasteroperation weiterhin stark von der Expertise von Militärangehörigen abhing und auch über die gleiche Zentralstelle, den General-Quartiermeister-Stab, organisiert und geplant wurde.[95] Die Katasteraufnahme und die militärische Aufnahme entwickelten sich in der Folge zeitgleich, aber separat. Der Kataster zielte auf einen kleinen Maßstab, großes Detail und vernachlässigte das Gelände. Die militärische Aufnahme erfolgte in einem größeren Maßstab, fokussierte auf die Topografie und den staatlichen Gesamtzusammenhang, wenngleich erneut ausgehend von den einzelnen Ländern und Provinzen vermessen wurde, die gemeinsam den habsburgischen Kaiserstaat (seit 1804) konstituierten. Denn mit dem Ende des Heiligen Römischen Reichs Deutscher Nation 1806 war das Habsburgerreich in der Theorie zum Zentralstaat geworden, zum Kaisertum Österreich.[96]

Die mehrfachen und weitreichenden Veränderungen in Form und Struktur des Habsburgerreiches zwischen dem späten 18. und dem späten 19. Jahrhundert verdienen Aufmerksamkeit. Ein näherer Blick zeigt, dass die Zukunft von Staatlichkeit in Zentraleuropa im späten 18. und frühen 19. Jahrhundert kontingente Entwicklungsräume kannte und durchaus Gegenstand von Debatten war.[97] Die Stabilisierungsleistung und die Kontinuität, die durch vorhandene, großteils durch Maria Theresia und Joseph II. überprägte administrative Strukturen gewährleistet wurden, traten erst durch eine umfassende Neubewertung in jüngeren Arbeiten zutage, die die Kontinuität insbesondere zwischen Joseph II. und seinen beiden Nachfolgern stärker herausarbeiteten als den Bruch betonten, der sich zwischen den respektiven Auffassungen von Regierung feststellen lässt.[98] Die unvollständige und personell unzureichende Zentralisierungsvorleistung wurde damit zu einer Folie für die weitere Entwicklung des Reiches, das sich ab 1804 als Kaisertum begriff und 1806 endgültig aus dem Gebilde ausschied, das als Heiliges Römisches Reich Deutscher Nation fast 900 Jahre lang einen losen politischen Rahmen begründet hatte.

In der Administrations- und Herrschaftspraxis bedeutete diese Verschiebung und Neudefinition von Staatlichkeit, dass »moderne« beziehungsweise aufgeklärte und im Kern konservative Interessen zusammenfielen: Das josephinische Programm im Hinblick auf die Zentralisierung von Verwaltung und Herrschaft bot auch Franz II./I. eine gute Grundlage für die Stabilisierung und den Ausbau seiner Position. Bestimmte administrative Praktiken änderten sich damit weniger als die Etiketten, mit denen sie versehen wurden.[99] Das bedeutet nicht, dass ein nahtloser und kontinuierlicher Übergang stattfand, Brüche waren auf verschiedenen Schauplätzen und Ebenen zu konstatieren. Aber was in den Jahrzehnten zuvor im historisierenden Rückgriff übereinstimmend als Modernisierungsprozess ausgedeutet wurde, fiel solchen Brüchen in der Praxis weniger zum Opfer als im Herrschaftsdiskurs des frühen 19. Jahrhunderts. Vielmehr lassen sich an vielen Orten Weiterentwicklungen und Fortsetzungen einer Modernisierung festhalten.[100] In welchem Verhältnis die reaktionäre Erstarrung der gesellschaftlichen Entwicklung zwischen Vorbiedermeier und

95 Zur Verbindung zwischen Kataster und militärischer Aufnahme ebd., S. 46ff.

96 Vgl. *Fillafer*, Imperium oder Kulturstaat?, S 40ff.

97 Vgl. aktuell *Wolfram Siemann*, Metternich. Stratege und Visionär. Eine Biografie, München 2016.

98 Vgl. grundlegend *Waltraud Heindl*, Bürokratie und Beamte in Österreich 1848–1914, Bd. 2: Josephinische Mandarine, Wien/Köln etc. 2013, S. 35ff.; vgl. auch *Judson*, The Habsburg Empire, S. 79ff.; *Deak*, Forging a Multinational State, S. 30ff. Zudem *Klaus Koch*, Frühliberalismus in Österreich bis zum Vorabend der Revolution 1848, in: *Dieter Langewiesche* (Hrsg.), Liberalismus im 19. Jahrhundert. Deutschland im europäischen Vergleich, Göttingen 1988, S. 64–70.

99 Vgl. dazu für die 1860er-Jahre *Göderle*, Administration, Science, and the State, S. 66ff.

100 Vgl. *Reinhard Stauber*, Der Zentralstaat an seinen Grenzen. Administrative Integration, Herrschaftswechsel und politische Kultur im südlichen Alpenraum 1750–1820, Göttingen 2001.

Vormärz zu einer sich modernisierenden und dadurch an Macht gewinnenden Administration stand, unterliegt gegenwärtig einer Neubewertung.[101]

Im Hinblick auf die Neudefinition und Weiterentwicklung von Staatlichkeit und jener Praktiken, die diese grundlegend ausgestalteten, mit zentralen Wissensformationen versahen und damit mit einem Rahmen versorgten, muss jedenfalls konstatiert werden, dass die erste Hälfte des 19. Jahrhunderts für Zentraleuropa keinesfalls den Stillstand bedeutete, als der sie lange Zeit interpretiert wurde.[102]

In der Praxis der erneuten Landesaufnahme blieben die einzelnen Provinzen vorerst der Ausgangspunkt für die weiteren Vermessungsarbeiten, teils aus pragmatischen Überlegungen heraus, da vorhandene Vorarbeiten qualitativ unterschiedlich ausgeführt waren worden, teils aus praktischen Erwägungen, da die Aufgabe in ihrem Ausmaß gut 20 Jahre nach dem Abschluss der Ersten Landesaufnahme nach wie vor eine enorme Herausforderung für einen in vielen Beziehungen deutlich veränderten Staat, seine Institutionen und Ressourcen darstellte. Ein ähnliches Bild bietet sich mit Blick auf die Volkszählungen des frühen 19. Jahrhunderts. Das neue Kaisertum unterschied sich administrativ nicht vom alten Habsburgerreich; mehrere grundlegend unterschiedliche administrative Regime bestanden in ihm fort. Neben dem administrativen Erbe des Josephinismus, das im Duktus der Volkszählung in den »altconscribirten Gebieten« bestand, wurde insbesondere ein Teil der habsburgischen Ländereien relevant: jene Gebiete, die zu irgendeinem Zeitpunkt zwischen den 1790er-Jahren und 1815 Teil Frankreichs gewesen waren und als solche die Integration in das Reich Napoleons erfahren hatten.[103] Insbesondere diese Gruppe wurde zu einem Innovationsreservoir, was die Einführung neuer Technologien und Verwaltungspraktiken für die Umgestaltung, Neuformulierung und Kontrolle des staatlichen Raumes betraf.

Dass man mit der Neuaufnahme auf der Provinzebene ansetzte, reflektierte einerseits den niederen staatlichen Integrationsgrad, mit dem man nach wie vor zu kämpfen hatte. Andererseits zeigte dies auch deutlich an, wie stark die älteren politischen und sozialen Einheiten nach wie vor kaiserliche, und in weiterer Folge staatliche Handlungsräume vorformatierten und determinierten.[104] Ihr integraler Bestandteil, die Neutriangulation,wurde nicht um einen zentralen Bezugspunkt für das gesamte Kaisertum konzipiert, vielmehr wurden für mehrere Provinzgruppen unterschiedliche Kartenmittelpunkte herangezogen. Als Konsequenz daraus ließen sich die einzelnen Provinzaufnahmen nicht nahtlos aneinanderfügen.[105] Die Franziszeische Aufnahme (nicht der Franziszeische Kataster, mit dem knapp zehn Jahre später auf einer völlig anderen organisatorischen Grundlage begonnen wurde) barg nicht nur das Potenzial, bloß zu einer qualitativ verbesserten Neuauflage der Ersten Landesaufnahme zu werden, in etlichen Aspekten wurde sie das auch.

---

101 Als Referenz *Helmut Rumpler*, Eine Chance für Mitteleuropa: Bürgerliche Emanzipation und Staatsverfall in der Habsburgermonarchie. Österreichische Geschichte 1804–1914, Wien 1997. Eine völlige Neubewertung insb. verwaltungsgeschichtlicher Aspekte aus aktuell laufenden Arbeiten steht zu erwarten, vgl. *Harm-Hinrich Brandt*, Verwaltung als Verfassung – Verwaltung und Verfassung? Zum historischen Ort des ›Neoabsolutismus‹ in der Geschichte Österreichs, in: *ders.* (Hrsg.), Der österreichische Neoabsolutismus als Verfassungs- und Verwaltungsproblem. Diskussionen über einen strittigen Epochenbegriff, Wien/Köln etc. 2014, S. 11–34, hier: S. 18f.

102 Vgl. *Judson*, The Habsburg Empire, S. 28ff.

103 Vgl. *Frank J. Bundy*, The Administration of the Illyrian Provinces of the French Empire, 1809–1813, New York 1987; *Reinhard Stauber*, Politische und soziale Integration in »Illyrien« in der ersten Hälfte des 19. Jahrhunderts, in: *Marco Bellabarba/Ellinor Forster/Hans Heiss* u.a. (Hrsg.), Eliten in Tirol zwischen Ancien Régime und Vormärz/Le élites in Tirolo tra Antico Regime e Vormärz, Innsbruck/Wien etc. 2010, S. 61–82.

104 Vgl. *Bretschneider/Duhamelle*, Fraktalität, S. 712ff.

105 Vgl. *Hofstätter*, Beiträge zur Geschichte der österreichischen Landesaufnahmen, S. 73.

Modernisierung von außen: Mailand und die Militärgeografie Frankreichs

Während das Habsburgerreich in seinen Zentren nur wenige Impulse zu einer Zentralisierung und Effizienzsteigerung der Aufnahme mobilisieren konnte, war in der imperialen Peripherie zwischen 1720 und 1723 der Mailänder Kataster entstanden, der noch ohne Triangulation vorgenommen wurde, dafür aber im Hinblick auf das Verfahren und die Darstellung neue Maßstäbe setzte.[106] Der »Censimento milanese« stellte in der Folge einen Standard für ein modernes Steuersystem über einen Kataster dar, dessen Umsetzung stieß jedoch vielerorts (vor allem im Habsburgerreich, aber auch im vorrevolutionären Frankreich) auf erbitterte Widerstände.[107]

Unter napoleonischer Herrschaft wurde in Mailand zwischen 1797 und 1814 ein »Deposito della guerra« eingerichtet, in dem vorhandenes Kartenmaterial und Know-how gesammelt und zugleich ein Militärtopografen-Korps aufgestellt wurde, das Kartenmaterial vornehmlich zur militärischen Nutzung herstellen sollte.[108] Die mailändische Militärgeografie operierte vor dem Hintergrund eines über das Habsburgerreich hinausreichenden Bezugsraumes, ihre Arbeit knüpfte an die bestehenden Triangulationsnetze westlich und südlich der Lombardei an und führte diese fort. Als die lombardisch-venezianischen Teile des Königreichs Italien 1814 wieder an das Habsburgerreich zurückfielen (nachdem sie bereits vor 1797 diesem angehört hatten), bildete sich zunächst eine strukturelle Doppelgleisigkeit aus: In Wien war 1807 eine »Topographische Anstalt« gegründet worden, in Mailand bestand das »Deposito della guerra del Regno Italico«. Nach der Inspektion durch den General-Quartiermeister-Stab, der das hohe technische und praktische Niveau der Einrichtung erkannte, wurde daraus noch 1814 das »I[mperiale] R[egio] Istituto Geografico Militare«, das dem General-Quartiermeister-Stab unterstellt wurde.[109]

Das gesamte militärische und zivile Personal des militärgeografischen Instituts wurde beibehalten, in der Folge wurde auch Militärpersonal aus anderen Teilen der Monarchie nach Mailand verlegt und dort mit den Verfahren und Herangehensweisen des Instituts vertraut gemacht.[110] Das Institut fuhr mit seinen kartografischen Arbeiten Oberitaliens fort, ehe diese im Jahr 1839 beendet wurden und die Einrichtung mitsamt ihrem Personal nach Wien verlegt wurde, wo sie Anfang 1840 mit der »Topographischen Anstalt« vereinigt wurde und als »Militärgeographisches Institut« (MGI) ihre Arbeit wieder aufnahm.[111] Das Spezialwissen des mailändischen Instituts ließ sich insbesondere für die Neutriangulation gut nutzbar machen, zudem bot es den Anschluss an umliegende Mappierungen im Sinne der Herstellung einer transimperialen Wissensformation. In den Jahrzehnten der Zweiten Landesaufnahme, in denen zugleich der Franziszeische Kataster erstellt wurde, entwickelte

---

106 *Zeger*, Die historische Entwicklung der staatlichen Vermessungsarbeiten, Bd. 2, S. 95ff.; *Karl Lego*, Geschichte des Österreichischen Grundkatasters, Wien 1968, S. 1ff.

107 *Zeger*, Die historische Entwicklung der staatlichen Vermessungsarbeiten, Bd. 2, S. 101. Vgl. *James Scott*, Seeing Like a State. How Certain Schemes to Improve the Human Condition Have Failed, New Haven/London 1998, S. 3ff.

108 Vgl. *Robert Messner*, Geschichte des militärgeographischen Instituts und seines Hauptgebäudes, in: 125 Jahre Hauptgebäude des Bundesamtes für Eich- und Vermessungswesen 1841–1966, hrsg. v. Bundesamt für Eich- und Vermessungswesen, Wien 1966, S. 7–26, hier: S. 9. Es ist davon auszugehen, dass die führende mailändische Expertise bezüglich der Katastererstellung und das französische Know-how zur Triangulierung an dieser Stelle aufeinandertrafen und wechselseitig nutzbar gemacht werden konnten, wenngleich das im Detail noch nicht untersucht wurde.

109 Vgl. *Hofstätter*, Beiträge zur Geschichte der österreichischen Landesaufnahmen, S. 60ff.

110 Das geht etwa aus Standeslisten aus dem Jahr 1839 hervor, in denen unter anderem ein Offizier eines galizischen Regiments geführt wird und ein Feldwebel von der Militärgrenze, ebd., S. 65f.

111 Vgl. *Messner*, Geschichte des militärgeographischen Instituts und seines Hauptgebäudes, S. 9ff.

sich ein starkes Bewusstsein für den erweiterten Kontext, in den sich die Aufnahme einschrieb. Letztlich ging es bei dieser Großoperation nicht um das Habsburgerreich allein, es ging um einen Teil Europas – und um die Position des Kaisertums in demselben.[112]

Kartografie und Statistik

Ebenfalls in den späten 1830er-Jahren wurde die Statistik des Kaisertums institutionalisiert und in der »k.k. Direction der administrativen Statistik« in Wien zentralisiert.[113] Zunächst wurde bereits in den späten 1820er-Jahren ein (erfolgloser) Versuch unternommen, eine »topographisch-statistische Anstalt« zu installieren. Im ab 1829 existierenden, der Rechnungskontrollbehörde angegliederten statistischen Büro wurde in den 1830er-Jahren – trotz fehlender eigener Ressourcen und weitgehend in Eigeninitiative der handelnden Beamten – sehr schnell ein statistisches Wissen über den Gesamtstaat erzeugt. Der Kaiser schien von den statistischen Tafeln beeindruckt, ließ deren Publikation aber unterbinden.[114]

Ähnliche Eigeninitiativen durch handelnde Personen ließen sich auch im Feld der Kartografie nachweisen. Besonders hervorzuheben wäre dabei die Karte, die Joseph Ritter von Scheda nach 1845 veröffentlichte.[115] Die sogenannte Scheda-Karte wurde zu einem wichtigen Behelfsmittel, bis in den späten 1860er-Jahren eine offizielle Generalkarte des Habsburgerreiches zur Verfügung stand. Wie auch bei anderen hohen Beamten und Funktionären des Staats, die häufig einen bürgerlichen Hintergrund vorzuweisen hatten, lassen sich in Schedas Arbeit zum Teil private und dienstliche Aspekte nicht trennen.[116] So konnte er auf dienstliche Ressourcen und Daten zurückgreifen, erarbeitete aus diesen aber in Eigenregie und während seiner Privatzeit seine bekanntesten Kartenwerke. Ganz ähnlich gelagerte Konfigurationen lassen sich in der statistischen Zentralkommission beobachten, von Karl von Czoernig-Czernhausen bis zu Adolf Ficker, aber auch in Nachbarstaaten.[117]

Die selbstverständliche Nähe zwischen Kartografie und Statistik ist sowohl im Quellenmaterial wie auch im Diskurs allgegenwärtig und verweist auf die Mächtigkeit eines Modernisierungsversprechens, das in Kameralismus und Polizeiwissenschaft wurzelt. Bedingt durch bereits eingetretene Erfolge – nach 1840 wurden statistische Tafeln erstmals einer bürgerlichen Öffentlichkeit zugänglich gemacht, und etwa zeitgleich auch verhältnismäßig

112 Die eigentliche Bedeutung des Instituts in Mailand für die habsburgische Kartographie ist insofern schwer zu erfassen, als das Narrativ der offiziellen Darstellung, und es existiert bis dato keine in einer gegenwärtigen Auffassung als kritisch zu bezeichnende Arbeit, darauf abzielt, dessen Rolle zu marginalisieren. Dabei lassen sich aber Verschiebungen beobachten, die nahelegen, dass die tatsächliche Wichtigkeit des Mailänder Instituts kaum zu unterschätzen sein dürfte. Vgl. etwa *Messner*, Geschichte des militärgeographischen Instituts und seines Hauptgebäudes, S. 11, zum Mailänder Campana, und davon abweichend *Hofstätter*, Beiträge zur Geschichte der österreichischen Landesaufnahmen, S. 96. Vgl. auch *Robert Messner*, Das Wiener Militärgeographische Institut. Ein Beitrag zur Geschichte seiner Entstehung, in: Jahrbuch des Vereins für Geschichte der Stadt Wien 23–25, 1967–69, S. 206–292, hier: S. 214ff.

113 Fundamental zur Statistik *Lars Behrisch*, Die Berechnung der Glückseligkeit. Statistik und Politik in Deutschland und Frankreich im späten Ancien Régime, Ostfildern 2016, S. 19f. Vgl. Geschichte und Ergebnisse der zentralen amtlichen Statistik in Österreich 1829–1979, hrsg. v. Österreichischen Statistischen Zentralamt, Wien 1979, S. 27ff.

114 Ebd., S. 19ff.

115 Vgl. *Hofstätter*, Beiträge zur Geschichte der österreichischen Landesaufnahmen, S. 94.

116 Vgl. *Heindl*, Gehorsame Rebellen, S. 226ff.

117 Vgl. *Göderle*, Zensus und Ethnizität, S. 196ff. In der äußerst quellenreich gearbeiteten Studie von *Michael C. Schneider*, Wissensproduktion im Staat. Das königlich preußische statistische Bureau 1860–1914, Frankfurt am Main/New York 2013, S. 151ff., lässt sich ebenfalls beobachten, wie dienstliches und privates Handeln von Beamten zusammenfällt.

präzise Karten – gewann der Prozess des Vermessens, Zählens und Berechnens im Jahrzehnt vor der Jahrhundertmitte an zusätzlicher Dynamik.

VIII. Zentralstaatliches Zwischenspiel: 1848 bis zu den frühen 1860er-Jahren

Die Wirklichkeit im Feld war dabei von den Verheißungen mitunter bemerkenswert weit entfernt: 1839, über 30 Jahre nach dem Beginn der Arbeiten, wurde erst die Neutriangulation von Ungarn und Siebenbürgen begonnen, die gesamte Neutriangulation 1. Ordnung wurde überhaupt erst 1861 zum Abschluss gebracht. Die Neuaufnahme wurde angesichts der langen Dauer der Operation mehrfach von neuen Aufnahmestandards überholt. Die provinzweise Aufnahme brachte neben den bereits erwähnten Problemen bei der Zusammenführung des Kartenmaterials auch Schwierigkeiten mit sich, einen einheitlichen Mappierungsstandard durchzuhalten, und es zeichnete sich in den späten 1840er-Jahren ab, dass bis zur Fertigstellung der Gesamtaufnahme noch rund 80 Jahre zu kalkulieren waren. Außerdem meldeten verschiedene Instanzen der Zentralverwaltung Bedarf an Kartenmaterial in einem größeren Maßstab an, der durch die detaillierten Aufnahmen nicht einfach gedeckt werden konnte, zumal 1848 gerade ein Drittel des Kaisertums vermessen war.[118] Die Franziszeische Aufnahme fuhr sich also zunehmend fest. Die Katasteraufnahme stieß zwar zum Teil auf Einschränkungen und Verlangsamungen (um Kosten zu senken), blieb davon aber in geringerem Ausmaß beeinträchtigt als die militärische Aufnahme.[119]

Zwar erschien nach 1845 die Scheda-Karte und ab 1855 kam Czoernigs eindrucksvolle »Ethnographie der österreichischen Monarchie« auf den Markt – zwei Unternehmen, die staatliche Ressourcen nutzten, gleichwohl aber keine offiziellen staatlichen Karten lieferten – was den Druck auf das Unternehmen, möglichst schnell genauere Überblickskarten zu liefern, etwas milderte, aber die Landesaufnahme insgesamt geriet immer stärker in eine Schieflage.[120] Ganz ähnlich lässt sich übrigens auch die Situation der Statistik beschreiben, deren grundlegende Prozesse zur Informationsgewinnung und Wissenserzeugung – die Volkszählungen – zwar schlechterdings überhaupt nicht funktionierten, deren übrige, wesentlich kleinere Erzeugnisse aber auf ein wachsendes Publikum und beträchtliches Interesse stießen.

Dazu verschoben sich in der ersten Hälfte des 19. Jahrhunderts grundlegende Parameter in der sozialen und ökonomischen Sphäre des Habsburgerreiches, und als 1848/49 Revolutionen an vielen Orten Europas ausbrachen, blieb das nicht ohne Auswirkungen auf die an dieser Stelle untersuchten Prozesse.[121] Für das Kaisertum Österreich ist zunächst zu konstatieren, dass das Revolutionsjahr einen enormen Schub hinsichtlich der weiteren Entwicklung moderner Staatlichkeit auslöste. Die Gründung des Kaisertums als Erbmonarchie und Einheitsstaat am Beginn des Jahrhunderts war zumindest in der administrativen Praxis vordergründig in vielen Feldern ohne weitreichende Folgen geblieben. Die langsame und kontinuierliche Weiterentwicklung hinsichtlich der Generierung staatlicher Wissensformationen wurden im Hinblick auf die fortgesetzte Landesvermessung und Katastrierung und die weitere Genese einer zentralstaatlichen Statistik bereits angesprochen beziehungsweise angerissen.[122]

---

118 Vgl. *Hofstätter*, Beiträge zur Geschichte der österreichischen Landesaufnahmen, S. 79.

119 Vgl. *Zeger*, Die historische Entwicklung der staatlichen Vermessungsarbeiten, Bd. 2, S. 64ff.

120 Vgl. *Ingrid Kretschmer*, Von der Zweiten Landesaufnahme (1806) bis zur Gegenwart (2004), in: *dies./Dörflinger/Wawrik*, Österreichische Kartographie, S. 169–289, hier: S. 174 und 256.

121 Vgl. insb. *Heindl*, Gehorsame Rebellen, S. 21ff.

122 Vgl. *Zeger*, Die historische Entwicklung der staatlichen Vermessungsarbeiten, Bd. 2, S. 75ff.

Nach den Märzrevolutionen des Jahres 1848, die in Zentraleuropa die habsburgische Herrschaft ernsthaft gefährdeten, wurde die bestehende Verwaltungsarchitektur radikal umgebaut, zentralistische Institutionen wurden neu geschaffen und – wo sie bereits bestanden – zum Teil stark ausgebaut und erweitert.[123] Die Relikte adeliger Herrschaftspartizipation, die Landtage, fielen diesem Umbau ebenso zum Opfer wie die Grundherrschaft. Ein zentralisierter kaiserlicher Einheitsstaat, der sich in der sozialen Praxis auf einen stark erweiterten bürokratischen Apparat stützte, wurde in kürzester Zeit errichtet und erwies sich über mehr als ein Jahrzehnt auch soweit funktional und operabel.[124] Insbesondere die Katasteraufnahmen wurden zu einer Handlungsgrundlage für das Funktionieren der Zentralverwaltung.[125]

Die Landesaufnahmen wurden über diesen Kontinuitätsbruch hinweg fortgesetzt und blieben davon weitestgehend unberührt, was nicht zuletzt damit zu tun hatte, dass sie ohnehin in der Durchführung einer zentralisierten staatlichen Institution unterstellt waren.[126] Die nur periodisch durchgeführten Volkszählungen wurden 1857 zentralisiert, und mit dieser Zentralisierung ging eine weitreichende konzeptuelle Homogenisierung des Staatsgebiets – Ungarn wurde als ein Teil desselben angesehen – einher.

Dieser Punkt verdient insofern Beachtung, als er für den Prozess, der in diesem Beitrag untersucht werden soll, von kaum zu überschätzender Bedeutung war. Nach mehr als einem Dreivierteljahrhundert kontinuierlichen Vermessens und Mappierens stand dem Herrscher und seiner Administration ein Wissen zur Verfügung, das dazu herangezogen werden konnte, Herrschaftsrechte auf der materiellen Grundlage moderner Karten wahrzunehmen.[127] Die wahrgenommenen Unzulänglichkeiten des vorhandenen Kartenmaterials waren dabei zweitrangig, aber in der Praxis war es denk- und praktizierbar geworden, eine zweidimensionale Verdichtung der räumlichen Verhältnisse zur Grundlage eines staatlichen Handelns zu machen – und auf dieser Grundlage auch weiteres Wissen zu generieren.[128]

In den frühen 1860er-Jahren konnte der Adel seine Partizipation an Verwaltung und Herrschaft wiederherstellen. Im langen Jahrzehnt zwischen 1848/49 und ca. 1860 etablierte sich gleichzeitig eine neue Auffassung von Staatlichkeit, die eng mit einer containerräumlichen Vorstellung des Staatsgebiets verbunden war. Raum wurde durch die neu geschaffene Wirklichkeit der Verwaltung als homogene rechtliche Sphäre aufgefasst. Weitreichende Maßnahmen, wie die Abschaffung der Grundherrschaft, machten neue Institutionen notwendig, die mit den praktischen Auswirkungen dieser Veränderungen umgingen.[129]

---

123 Vgl. dazu *Thomas Stockinger*, Bezirke als neue Räume der Verwaltung. Die Einrichtung der staatlichen Bezirksverwaltung in den Kernländern der Habsburgermonarchie nach 1848. Ein Problemaufriss, in: Administory 2, 2017 (in Vorbereitung).

124 Vgl. grundlegend *Brandt*, Verwaltung als Verfassung – Verwaltung und Verfassung?; vgl. auch die Arbeit von *Deak*, Forging a Multinational State, S. 99ff.

125 Zum Niederschlag in der Volkszählung vgl. *Göderle*, Die räumliche Matrix des modernen Staates, S. 423ff. Bemerkenswert ist eine weitreichende Absenz der Karten im Verwaltungsdiskurs.

126 Vgl. *Kretschmer*, Von der Zweiten Landesaufnahme (1806) bis zur Gegenwart (2004), S. 172ff.

127 Als Überblick vgl. *Hofstätter*, Beiträge zur Geschichte der österreichischen Landesaufnahmen, S. 91f.

128 Als Beispiel für die Qualität des zur Disposition stehenden Kartenmaterials dieser Zeit vgl. etwa Czoernigs Ethnographische Karte der österreichisch-ungarischen Monarchie, URL: <http://gallica.bnf.fr/ark:/12148/btv1b531028419/f1.item> [30.3.2017], oder die sogenannte Scheda-Karte.

129 Zu den Auswirkungen auf den staatlichen Administrationsapparat und dessen Beamte vgl. *Heindl*, Josephinische Mandarine.

Die Gendarmerie und die Kontrolle des staatlichen Raumes in der Tiefe

Am umfassendsten und in der räumlichen Tiefe am sicht- und wahrnehmbarsten war dabei vielleicht die Einführung einer Gendarmerie.[130] Wie viele andere Impulse zur Durchsetzung einer neuen und zentralisierteren Auffassung von Staatlichkeit verdankte sie sich einem französischen Vorbild und kam – wie viele andere konkrete Maßnahmen und Praktiken zur weiterreichenden Verräumlichung von Herrschaft – über Oberitalien in das Habsburgerreich.[131] Die 1848 angeordnete und ab Anfang 1849 konsequent und großflächig umgesetzte Schaffung der neuen Behörde orientierte sich am funktionierenden Vorbild der lombardischen Gendarmerie, die ihrerseits ein Relikt der französischen Herrschaft zwischen 1797 und 1814 war.[132]

Die Aufstellung der Gendarmerie stellt eine bis in die Gegenwart wenig beforschte Großleistung der Zentralverwaltung dar. Sie stieß auf Widerstände und Hindernisse, die zunächst fast unüberwindlich erschienen.[133] Vom Mangel an geeignetem Personal zum vollständigen Fehlen einer Infrastruktur über die bekannten finanziellen Begrenzungen erstreckte sich das Spektrum an bekannten und soweit üblichen Schwierigkeiten. Deren Überwindung, und vor allem die Art und Weise, in der diese vor sich ging, deutete allerdings unmissverständlich auf eine veränderte Stellung der zentralstaatlich organisierten Herrschaft im inneren Machtgefüge des Kaiserstaats hin. In kürzester Zeit wurden über das Gesamtgebiet der Monarchie weitestgehend einheitliche Unterkünfte errichtet, verantwortliche Personen in den Zentralstellen nahmen sich der übrigen Schwierigkeiten wie der Finanzierung und der Rekrutierung geeigneten Personals an. Dass die Gendarmerie mit Jahresbeginn 1849 soweit ihren Dienstbetrieb aufnahm, bedeutete eine umfassende Veränderung in den staatlichen Verwaltungspraktiken und der Art und Weise, wie ein gesamtstaatliches Rechtsinstitut exekutiert werden konnte.[134]

Zunächst erfolgte eine territoriale Homogenisierung, die zumindest auf der formalen Ebene die frühneuzeitliche Differenzierung zwischen städtischen und ländlichen Räumen endgültig beseitigte. Mit der Gendarmerie übernahm eine zentralstaatliche Gewalt symbolisch die Kontrolle über das innerhalb der Grenzen auf modernen Karten abgebildete und detailliert visualisierte Territorium. Der symbolische Anspruch wurde durch die theoretische – und in zunehmendem Ausmaß auch praktische – Fähigkeit, diesen Machtanspruch auch durchzusetzen, fundiert. Der Wachkörper der Gendarmerie, der sich hauptsächlich aus militärischem Personal rekrutierte, war auch militärisch organisiert und bewaffnet.[135]

Die Aneignung der territorialen Kontrolle erfolgte dabei in einer aktiven Art und Weise. Die Gendarmerie war kein kasernierter Wachkörper, der primär in einer passiven Weise auf Verstöße und Vergehen gegen die Rechtsordnung reagierte. Sie war einer strikten Bestreifungsordnung unterworfen und ihre Angehörigen verbrachten den Großteil ihrer aktiven

---

130 Die Forschung zur Gendarmerie in Zentraleuropa bleibt teilweise hinter etablierten internationalen Standards zurück. Neben einem unsystematischen und kursorischen Einblick in die unübersehbare Masse an vorhandenen Quellen wird daher für den vorliegenden Beitrag auf die soweit aktuelle Arbeit von *Helmut Gebhardt*, Die Gendarmerie in der Steiermark von 1850 bis heute, Graz 1997, zurückgegriffen. Vgl. auch *Franz Neubauer*, Die Gendarmerie in Österreich 1849–1924, Graz 1925. Zum Forschungsstand: *Clive Emsley*, Gendarmes and the State in Nineteenth-Century Europe, Oxford/New York etc. 1999; *Jean-Noël Luc* (Hrsg.), Gendarmerie, État et société au XIXe siècle, Paris 2002.

131 Vgl. *Raphael*, Recht und Ordnung, S. 139f.

132 Vgl. *Gebhardt*, Die Gendarmerie in der Steiermark von 1850 bis heute, S. 22–25.

133 Vgl. *Jean-Noël Luc*, Pour une histoire des »soldats de la loi«, in: *ders.*, Gendarmerie, État et société au XIXe siècle, Paris 2002, S. 5–27, hier: S. 6ff.

134 Vgl. *Gebhardt*, Die Gendarmerie in der Steiermark von 1850 bis heute, S. 51ff.

135 Ebd.

Dienstzeit damit, vorgeschriebene Routen abzugehen, aktiv nach »Auffälligkeiten« Ausschau zu halten und dagegen vorzugehen.[136]

Der zentralisierte Kaiserstaat drang damit in die Tiefe seines Territoriums vor und schuf sich eine permanente Möglichkeit zur Intervention und zur Durchsetzung seiner Interessen, wobei diese abhängig von den vorhandenen zweidimensionalen Repräsentationen des zu verwaltenden und kontrollierenden Raumes war. Erst ein zunehmend detailliertes Kartenmaterial eröffnete jene Handlungsspielräume, die eine zentralisierte taktische Planung, Anordnung, Durchführung und Reaktion auf konkrete Einsatzlagen ermöglichte.

Parallel zur Errichtung der Gendarmerie ging der Ausbau der Zentralverwaltung und deren Vordringen in die Tiefe des staatlichen Raumes voran. Dieser Prozess verlief relativ gesehen langsamer. Vielfach führte das zu einer Realisierung und Operativschaltung bereits lange geplanter, aber nie umgesetzter Verwaltungsentwicklungen. Während auf der institutionellen Ebene in kurzer Zeit eine neue Administrationsinfrastruktur im Entstehen begriffen war, die die umfassenden Aufgaben und Verpflichtungen wahrzunehmen hatte, die zuvor die adeligen und grundherrschaftlichen Verwaltungen innegehabt hatten, entfalteten die Zentralstellen eine überaus eifrige Aktivität im Hinblick auf die Standardisierung, Vereinheitlichung und Normierung des Wissens, das sie fortan zur Erfüllung ihrer Funktionen zu erwarten hatten.[137]

Der Kaiserstaat Österreich brachte so in den 1850er-Jahren, im Jahrzehnt des sogenannten Neoabsolutismus, eine zentralstaatliche Struktur zum vorläufigen Höhepunkt, die in ihren Grundzügen schon auf die zweite Hälfte des 18. Jahrhunderts zurückging, auf die Reformbemühungen zunächst Maria Theresias und dann ihres Sohnes Joseph II.[138] Erst mit der vorläufigen Ausschaltung der Mitbestimmungsrechte des Adels nach 1848, dem Ausbau eines großen bürokratischen Apparats und unter Ausnützung des massiv erzeugten räumlichen Wissens über das zentraleuropäische Territorium der Monarchie gelang es, den zentralisierten Einheitsstaat vorläufig zu realisieren.[139]

IX. Probleme und der Abbruch der Franziszeischen Landesaufnahme

Bereits 1848 existierte eine Anzahl zentralstaatlicher Institutionen, deren Aufgabenbereich im Wesentlichen in der Erzeugung, Weiterverarbeitung und Bereitstellung von spezifischem Wissen bestand. Das »Militärgeographische Institut« wurde in diesem Zusammenhang bereits angesprochen, ebenso wie die »Direction der administrativen Statistik«. In den späten 1840er- und frühen 1850er-Jahren kamen weitere Institutionen dazu, die teilweise wesentlich spezifischer aufgestellt waren und daher einen hohen Bedarf an sehr spezialisiertem Wissen hatten. Damit entstanden eine neue Arena und neue Anforderungen an die Art und Weise, in der sich Staaten und Imperien nach außen präsentierten. Modernität wurde über die Jahre zwischen 1850 und 1870 immer stärker zu einem Kriterium staatlicher beziehungsweise imperialer Qualität und konnte dazu herangezogen werden, bestimmte politische oder wirtschaftliche Ziele oder aber auch Gewalt und Diskriminierung zu legitimieren.[140] Vor dem Hintergrund der Standardisierung der zentralen staatlichen Wissenserzeugung über Raum und Bevölkerung zeichnete sich damit in den 1850er-Jahren ein Anpassungsbedarf ab.[141]

136 Ebd., S. 60ff.

137 Vgl. *Deak*, Forging a Multinational State, S. 99ff.

138 Vgl. *Stockinger*, Bezirke als neue Räume der Verwaltung.

139 Ebd.

140 Vgl. *Drayton*, Nature's Government, S. 92f.

141 Vgl. *Kretschmer*, Von der Zweiten Landesaufnahme (1806) bis zur Gegenwart (2004), S. 174f.

Im Fall der fortgesetzten Kartierung stieß man bereits 1849 auf Schwierigkeiten, als die neu ins Leben gerufene »k.k. Geologische Reichsanstalt« für die Erzeugung geologischer Spezialkarten Vorarbeiten des MGI im Maßstab 1:144.000 benötigt hätte, deren Fertigstellung aller Voraussicht nach erst 30 Jahre später zu erwarten gewesen wäre. Damit traten die lange bekannten Schwierigkeiten mit der Zweiten Landesaufnahme (nicht jedoch mit der parallel laufenden Katasteraufnahme) deutlich zutage.

Die Einrichtung einer »Geographischen Kommission« war die Konsequenz, diese sollte die Fertigstellung und Publikation der Spezialkarten beschleunigen und sämtliche zivilen und militärischen Organe des Zentralstaats in dieser Sache zusammenbringen. Beteiligt waren neben dem »Militärgeographischen Institut« die Generaldirektion des Grundsteuerkatasters, die Direktion der Katastral-Triangulierung und -Aufnahme, die Generaldirektion der Straßen- und Wasserbauten, die Direktion besagter »k.k. Geologischen Reichsanstalt«, der Custos des »k.k. Hof-Mineralien-Cabinettes« und die Archivdirektion im »k.k. Unterrichtsministerium«.[142] Die Karten und ihr Raumwissen waren zu einer Materie geworden, die nicht nur viele Stellen der Zentralverwaltung befasste, durch die Ausdifferenzierung von Kompetenzen und Zuständigkeiten war auch eine Zergliederung und Ausfransung eingetreten, die sich auch im Bereich der Statistik beobachten lässt, wo man sich bemühte, sogenannte Ressortstatistiken zurückzudrängen.[143]

Die »Geographische Kommission« konnte eine Erhöhung der Mittel für die Landesaufnahme und die Aufstellung eines Militär-Ingenieur-Geografen-Corps erwirken. Es war vorgesehen, so die dringend benötigten Spezial- und Generalkarten zu vollenden, erstere im Maßstab 1:144.000, letztere 1:288.000, sowie die Militäraufnahme abzuschließen. Zwischen 1851 und 1860 wurde damit unter Hochdruck an der Fertigstellung einer sehr genauen Karte des kaiserlichen Einheitsstaats gearbeitet.[144] Tatsächlich konnten in diesem knappen Jahrzehnt drängende Schwierigkeiten aufgearbeitet werden.

Das Ende der Zweiten Landesaufnahme

Die Franziszeische Landesaufnahme als Vermessungsoperation stieß aber in den späteren 1860er-Jahren auf zunehmend unüberwindbare Hindernisse: Mit der bevorstehenden Einführung der metrischen Maßsysteme auch im Habsburgerreich veränderte sich die gesamte Grundlage des Unternehmens, zudem bildeten die Karten zu diesem Zeitpunkt bereits Aufnahmen ab, die teilweise mehr als ein halbes Jahrhundert auseinanderlagen, und die Bemühungen zur sogenannten Reambulierung, also Wiederbegehung, erwiesen sich als aufwendig und unpraktikabel.[145]

Das Habsburgerreich, um kurz die Dimensionen der Staatlichkeit nochmals in den Vordergrund zu rücken, erklärte sich 1804 zum Kaisertum und verlor 1806 den größeren Hintergrund des Heiligen Römischen Reichs Deutscher Nation. Seine Erneuerung als Einheitsstaat blieb zumindest administrativ weitestgehend folgenlos, es kam zu keinem expliziten Bruch mit dem davor praktizierten, unter Maria Theresia und Joseph II. stärker zentralisierten Verwaltungshandeln. In den gut vier Jahrzehnten bis 1848 entwickelte sich der Verwaltungsapparat weiter, aber erst in der Folge der Revolutionen von 1848 kam es zu umfassenden Veränderungen und der Errichtung einer konsequent gedachten zentralstaatlichen Administrationsarchitektur, die auf die Beherrschung und Kontrolle einer territorialräumlich gedachten Sphäre abzielte.

---

142 Vgl. *Hofstätter*, Beiträge zur Geschichte der österreichischen Landesaufnahmen, S. 91.
143 Vgl. *Göderle*, Zensus und Ethnizität, S. 168 und 176.
144 Vgl. *Hofstätter*, Beiträge zur Geschichte der österreichischen Landesaufnahmen, S. 91f.
145 Ebd., S. 98.

Diese in der Forschung meistens unter dem Begriff »Neoabsolutismus« behandelte Ära dauerte nur wenig mehr als zehn Jahre. Bereits in den frühen 1860er-Jahren gelang es der Aristokratie, ihre Partizipationsrechte wieder geltend zu machen, in der Folge wurde eine über die Kronländer vereinheitlichte Rekonstruktion der alten adeligen Herrschaftsstrukturen neben die kaiserliche Zentralverwaltung gestellt.[146] Weitgehend offen war zu dieser Zeit die Frage nach der Art und Weise der Beteiligung des Kaisertums im Deutschen Bund. Das war insbesondere für die größten Fraktionen der bürokratischen Wissensarbeiter von Relevanz, für die Karto- und Topografen noch weniger als für die Statistiker, für die viel daran hing, ob der Zensus fortan im Drei- oder Zehnjahrestakt aufzunehmen war. Wenngleich diese Frage erst mit der Gründung des Deutschen Reiches 1871 endgültig beendet war, erschien bereits nach 1867 eine relevante Rolle des Habsburgerreiches im Zollverein unwahrscheinlich.[147]

Zugleich führte der Österreichisch-Ungarische Ausgleich 1867 zum Ende des zentralisierten Einheitsstaats, stattdessen entstand die österreichisch-ungarische Doppelmonarchie, die aus einer analytischen Perspektive viel stärker an einem Imperium als an einem Nationalstaat angesiedelt war.[148] Österreich und Ungarn waren durch drei gemeinsame Ressorts verbunden, das Kriegs-, das Finanz- und das Außenministerium, sowie durch das Staatsoberhaupt. Darüber hinaus entwickelten sich separate Verwaltungsstrukturen, die dazu im Fall der österreichischen Reichshälfte (den »im Reichsrathe vertretenen Königreichen und Ländern«) in den Folgejahrzehnten eine starke Tendenz zur weiteren Ausdifferenzierung entwickelten.[149]

Die Dimension dieser Verschiebungen und Umwälzungen auf der Ebene der Staatlichkeit spiegelte sich in der Verwaltungsentwicklung nicht zur Gänze wider. Zwar durchzog, aus einer Makroperspektive besehen, ein beständiger Prozess der Bürokratisierung – und damit einhergehend des Aufbaus eines immer größeren Beamtenapparats – das 19. Jahrhundert in Zentraleuropa, mit wenigen Ausnahmen war dieser Verlauf aber durch ein gewisses Trägheitsmoment charakterisiert. Die aufgebauten Strukturen wirkten nach, auch in den Konfigurationen von Staatlichkeit, die jene ihrer Entstehung beerbten, und sie entwickelten jeweils spezifische Dynamiken der Stabilisierung. Dieser Stabilisierungseffekt wurde verstärkt durch jene enormen Wissensformationen, die sowohl auf der räumlichen als auch der statistischen Ebene die zentralen staatlichen Institutionen mit Handlungs- und Entscheidungsgrundlagen versorgten.

X. Dritter Akt: Dritte Landesaufnahme und die Rückkehr des Imperiums

Mit dem Abbruch der unvollendeten Zweiten Landesaufnahme (nicht aber der Franziszeischen Katasteraufnahme, die 1861 abgeschlossen wurde) versuchte man, auch der Zersplitterung des Vermessungswesens zu begegnen und das »Militärgeographische Institut« zu einer Zentralbehörde zu machen und gewissermaßen zu entmilitarisieren. Wenngleich eine umfassende Veränderung der Rolle des MGI an Widerständen aus diversen Ministerien scheiterte, wurde es neu organisiert, um der zentralen Aufgabe der Dritten Landes-

146 Vgl. *Stockinger*, Bezirke als neue Räume der Verwaltung.

147 Vgl. *Adolf Ficker*, Vorträge über die Vornahme der Volkszählung in Österreich. Gehalten in dem vierten und sechsten Turnus der statistisch-administrativen Vorlesungen, in: Mittheilungen aus dem Gebiete der Statistik 17, 1870, H. 2, S. 1–142, S. 27.

148 Vgl. zu dieser Perspektive *Leonhard/Hirschhausen*, Empires und Nationalstaaten im 19. Jahrhundert.

149 Vgl. *Deak*, Forging a Multinational State, S. 137ff.

aufnahme (später Franzisco-Josephinische Landesaufnahme genannt) gerecht werden zu können.[150] Diese bestand zentral in der Erarbeitung neuer Spezialkarten, insbesondere einer Spezialkarte des gesamten Reiches, die von der kronlandweisen Aufnahme abging und eine Gesamtperspektive realisierte.[151] Neben den technischen Details stand eine schnelle und günstige Vervielfältigung und eine breite Dissemination der Karte, gerade im zivilen Kontext, im Vordergrund.[152] Darin spiegelt sich eine deutlich veränderte Erwartungshaltung der staatlichen Behörden gegenüber der Kartografie insgesamt wider. In dem knappen Vierteljahrhundert zwischen den frühen 1840er- und den mittleren 1860er-Jahren hatte man umfassende Erfahrungen gesammelt und eine viel konkretere Vorstellung davon gewonnen, wofür diese konkret herangezogen werden konnte.

Neben dem Grundentwurf der Karte als eine solche des gesamten Habsburgerreiches, und nicht als Zusammensetzung von Spezialkarten der einzelnen Kronländer und Provinzen, und der Wahl eines größeren Maßstabs bestand die wichtigste Weiterentwicklung in der vollständigen Einpassung in das Mosaik von Landesaufnahmen, das sich um die Doppelmonarchie herum auszuprägen begonnen hatte. In den ersten Jahren der Aufnahme trat das Habsburgerreich der Meterkonvention bei (1875), die Dritte Landesaufnahme war vollkommen kompatibel mit den angrenzenden Dreiecksnetzen und auf den Meridian von Ferro bezogen.[153]

Nicht nur das gesamte in den ersten beiden Landesaufnahmen erzeugte Datenmaterial, auch das vollständige Know-how des »Militärgeographischen Instituts« standen für die Operation zur Verfügung. Dessen Neuorganisation integrierte viel von dem vorhandenen Erfahrungswissen und zielte darauf ab, die Aufnahmen insgesamt zu beschleunigen. Der 1861 fertiggestellte Franziszeische Kataster, der zwischen 1867 und 1869 aktualisiert (reambuliert) worden war, wurde ebenfalls in die erneuten Aufnahmen einbezogen.[154]

Insgesamt wurde die Operation für die Erstellung der Generalstabskarte im Maßstab 1:75.000 optimiert. Im ersten Arbeitsschritt trat dabei die »Reconstructions-Abteilung« in Aktion, die die Aufnahmeblätter vorbereitete, das heißt, bereits abgesichertes und vorhandenes Wissen eintrug. In der Realität kam es dabei zu einer Reduzierung der Ausgangskarten, da nur selektiertes Wissen übertragen wurde und viele Zusatz- und Detailinformationen ausgelassen wurden.

> »Das so vorbereitete Aufnahmeblatt zeigte das auf 1:25.000 verkleinerte Gerippe der Kataster-Mappenblätter, sowie die Markierungen und Bezifferungen der Quadratmeileneinteilungen, des auf den Koordinatenursprung bezogene[sic] lokale[sic] Katastersystems. Ebenfalls wurde von den Bearbeitern der Rekonstruktions-Abteilung das für den Arbeitsmaßstab 1:25.000 notwendige Gerippe der Mappenblätter in Bleistift und zum Teil auch bereits in Tusche ausgezogen. Weiters wurden die Lisièren (frz. Einfassung, hier Kulturgrenzen) und die übrigen Grenzen in Schwarz, die Häuser rot umrandet und die Achsen der Straßen, sowie das übrige Wegenetz schwarz punktiert wiedergegeben. Im Kataster ausgeschiedene Wiesen wurden durch einen grünblauen Flächenton erkennbar gemacht.«[155]

Im zweiten Schritt übernahmen Mappeure die Feldarbeit. Mit den präparierten Aufnahmeblättern gingen sie ins Gelände, um dort unter Zuhilfenahme eines Detaillier-Apparats

---

150 Vgl. *Peter Jordan*, Das Wiener Militärgeographische Institut und seine Bedeutung für die Kartographie in Ostmittel- und Südeuropa, in: *Harald Heppner* (Hrsg.), Der Weg führt über Österreich… Zur Geschichte des Verkehrs- und Nachrichtenwesens von und nach Südosteuropa, Wien/Köln etc. 1996, S. 143–170, hier: S. 144f.

151 Vgl. *Hofstätter*, Beiträge zur Geschichte der österreichischen Landesaufnahmen, S. 99.

152 Ebd., S. 100.

153 Vgl. zur Meterkonvention *Peter Galison*, Einsteins Uhren, Poincarés Karten. Die Arbeit an der Ordnung der Zeit, Frankfurt am Main 2006 (zuerst engl. 2003), S. 82ff.

154 Vgl. *Hofstätter*, Beiträge zur Geschichte der österreichischen Landesaufnahmen, S. 111.

155 Ebd., S. 116.

– Messtisch mit Stativ und Zeichenbrett, Bussole, Libelle, Perspektiv-Lineal, Diopter-Lineal, Höhenmesser und Holzbehälter zum Transport der genannten Instrumente – die dort enthaltenen Angaben zu überprüfen und zu ergänzen.[156] In der Folge wurde eine Messtischaufnahme durchgeführt, wobei besonderer Wert auf die Aufnahme und Verzeichnung von Höheninformationen gelegt wurde. Das stellte eine Neuerung dar. Ein weiterer Schwerpunkt, die Terrainaufnahme, wurde hingegen von der Zweiten Landesaufnahme übernommen. Die Komplexität insbesondere von Höhenmessungen erforderte viel Erfahrung und hohe Kompetenz der Mappeure, ein Expertenwissen, das durch die Institution des MGI offensichtlich erfolgreich aufgebaut und verwaltet wurde.

Die Feldaufnahmen bildeten die sogenannte Sommerarbeit, für die etwa siebeneinhalb Monate im Jahr (April bis Mitte November) vorgesehen waren, daran knüpfte die Winterarbeit an, in der die Aufnahmen revidiert, geprüft, beschriftet, übertragen und für die Vervielfältigung vorbereitet wurden.[157] 1885 wurde die Neuaufnahme beendet, daran schloss eine Reambulierung an, also eine Neubegehung mit dem Ziel der endgültigen Aktualisierung, um zu gewährleisten, dass die Daten zeitlich auf einem vergleichbaren Stand waren.[158] Rekonstruktion und Mappierung wurden durch die Mappierungsabteilung des MGI durchgeführt. Die Vorbereitung der zu veröffentlichenden Karten erfolgte durch die sogenannte Topographische Gruppe, die Entwurfs- und Definitivzeichnungen anfertigte. Die Kartenreproduktion lag in der Verantwortung der Technischen Gruppe.[159]

Während zwischen 1873 und 1876, also bereits inmitten der Dritten Landesaufnahme, noch eine »Provisorische Generalkarte von Central-Europa« (1:300.000, fotografisch vergrößert vom Original), basierend auf der Scheda-Karte (1:576.000) vorbereitet und in der Folge publiziert wurde, die als Grundlage für die 1882–1886 erschienene »Übersichtskarte von Mitteleuropa« (1:750.000) diente, begannen ab 1879 die Arbeiten an der »Generalkarte von Mitteleuropa« (1:200.000), aufbauend auf den neuen Materialien der laufenden Mappierung.[160] Die ersten Blätter dieser Karte erschienen 1887 und begründeten ein Kartenwerk, das über 100 Jahre lang gedruckt und verkauft wurde.

Die Generalkarte war primär für den militärischen Gebrauch gedacht – generell hatte der Generalstab das Recht, Kartenmaterial aus der Produktion des MGI zurückzuhalten. Von diesem Recht wurde aber in den 1880er-Jahren kaum mehr Gebrauch gemacht, lediglich die Original-Aufnahmesektionen aus den Landesaufnahmen wurden nicht veröffentlicht. Die publizierten Kartenwerke erreichten zum Teil enorme Auflagen. Von der Spezialkarte der österreichisch-ungarischen Monarchie (1:75.000) wurden rund 130.000 Exemplare verkauft (davon gingen 60% an das Militär, der Rest wurde überwiegend über eine Buchhandlung an Privatpersonen abgesetzt), aber auch die Generalkarte (1:200.000) und die Übersichtskarte von Mitteleuropa (1:750.000) verkauften sich jeweils über 30.000-mal.[161] Die genannten Karten waren äußerst detailliert und mehrteilig, die hohen Absatzzahlen lassen durchaus den Schluss zu, dass das Kartenbild der Habsburgermonarchie vor allem in Gestalt kleinerer und einteiliger Karten eine hohe Verbreitung gehabt haben dürfte.

Modernität, Transimperialität und Herrschaft

Anhand der zentraleuropäischen Landesaufnahmen wird deutlich, dass sich Entscheidungs- und Handlungsräume von Herrscherinnen und Herrschern im Verlauf des 19. Jahrhunderts

---

156 Ebd. Für weitere Details vgl. auch ebd., S. 118.
157 Ebd., S. 145–150.
158 Ebd., S. 152f.
159 Ebd., S. 163ff.
160 Ebd., S. 169f.
161 Ebd., S. 170.

in Europa sukzessive verringerten. Normen und Standards der Wissenserzeugung wurden von Experten festgesetzt, deren Vorstellungen immer weniger ignoriert werden konnten. In zunehmendem Ausmaß geschahen diese Festlegungen im Rahmen von Gremien und Kongressen, die auf einer transimperialen Ebene immer weiter reichende Beschlüsse fassten. Insbesondere jene Staaten und Imperien, deren Position auf einer oder mehreren Ebenen unter Druck geraten war, konnten es sich sukzessive weniger leisten, diesen Vorgaben nicht nachzukommen, da mit deren Einhaltung ihre Anerkennung als »modern« verknüpft war. Damit ging auch eine Machtverschiebung zugunsten von Beamten und Wissenschaftlern einher, die es verstanden, eigene oder Gruppeninteressen mit Notwendigkeiten zu verbinden, die in der Gestalt neuer Standards und Normen kamen.[162]

Auf der Ebene des Handelns wurde deutlich, dass die Entstehung moderner Staatlichkeit mit der massiven Vergrößerung eines Bürgertums einherging, das insbesondere durch ein spezifisches praktisches Wissen charakterisiert war. Das rapide Anwachsen bürgerlicher Bevölkerungsanteile – zu dem auch in nicht zu unterschätzendem Umfang Angehörige des niederen Adels beitrugen – erlaubte es Herrscherinnen und Herrschern zwar, ihre Abhängigkeit von den Ständen zu reduzieren. In der Terminologie der *new imperial history* wäre hier zu befinden, dass sich Herrschaft in der Folge auf neue Mittelsleute stützte, die Stände wurden sukzessive durch eine Berufsbürokratie ersetzt, die Aristokratie damit durch Angehörige des wachsenden Bürgertums.[163] Mit dem Anwachsen neuer und medial völlig anders gelagerter Wissensformationen – neben der Karte sei hier insbesondere die Statistik genannt – bildeten sich aber neue Abhängigkeitsbeziehungen aus, die ebenfalls nicht reibungsfrei waren. In der ersten Hälfte des 19. Jahrhunderts wurden in Europa, ausgehend vom Westen des Kontinents, technische Standards in der Kartografie etabliert. In der Folge, und insbesondere nach 1840, verschob sich die Gesamtkonfiguration: Kartografie und Statistik wurden zunehmend zu als selbstverständlich erachteten Werkzeugen im Kontext einer in immer schärferen Konturen zutage tretenden modernen Staatlichkeit. Herrschaft ohne sie und ohne Experten, die zur Erzeugung und Instandhaltung dieses Wissens befähigt waren, erscheint in der Analyse als zunehmend unmöglich. Unklar bleibt, inwiefern sich die Angehörigen der Administration ihrer diesbezüglichen Machtstellung bewusst waren, zumal die Gruppe in Zentraleuropa in der Jahrhundertmitte keinesfalls durchgehend selbstbewusst auftrat, im Gegenteil.[164]

Das Handeln in der Herstellung, Lagerung und Verwaltung von Raumwissen lässt sich weitestgehend im Kontext der in den *science studies* etablierten und bewährten theoretischen und methodischen Prämissen analysieren und verstehen. Deutlich zutage tritt dabei die Überlappung von Wissenschaft, Administration und Politik nicht nur an den Rändern, sondern auch in zentralen Handlungsfeldern: So war etwa Czoernig zugleich hoher Verwaltungsbeamter, Politiker und Wissenschaftler und er changierte mühelos zwischen den unterschiedlichen Rollen, derer er sich durchaus auch bewusst zu sein schien. Weitere Kartografen und Statistiker arbeiteten in wechselnden Funktionen an den zentralen Wissensformationen moderner Staatlichkeit, ehe sich in den 1880er-Jahren eine stärkere Abgrenzung zwischen den unterschiedlichen Handlungsfeldern etablierte.[165]

Wenngleich die Entscheidungsfindung formal in Zentraleuropa ein Herrschaftsprivileg blieb, wurde dieses zumindest ab den 1850er-Jahren dadurch unterminiert, dass Sachgesichtspunkte durch Beamte und Wissenschaftler formuliert werden konnten. Schon ab den

162 Vgl. *Göderle*, Administration, Science, and the State, S. 69ff.

163 Vgl. *Burbank/Cooper*, Imperien in der Weltgeschichte, S. 31ff.

164 Vgl. auch *Schneider*, Wissensproduktion im Staat, S. 157ff.

165 Vgl. auch die Beobachtungen von *Siegfried Weichlein*, Zählen und Ordnen. Der Blick der Statistik auf die Ränder der Nationen im späten 19. Jahrhundert, in: *Dejung/Lengwiler*, Ränder der Moderne, S. 115–146.

1830er-Jahren bewährten sich vorsichtige Eigeninitiativen, die nicht nur unsanktioniert blieben, sondern sich auf mittlere Sicht teils auch beachtlich rentierten.[166]

Die Landesaufnahmen betraten auch auf einer medialen Ebene Neuland: Sie erzeugten Inskriptionen (Latour) zuvor unvorstellbaren Ausmaßes. Das erzeugte Datenmaterial musste verwaltet, koordiniert, aufbewahrt und verfügbar gehalten werden, was für die damit befasste Institution erhebliche Probleme schuf. Darüber hinaus zeigte sich in der Jahrhundertmitte, dass Fehler und Dysfunktionalitäten in der Datenerhebung katastrophale und teure Auswirkungen haben konnten. Anders als in der Pragmatik eines *ancien régime*, in der Wissen überwiegend sozial gelagert und abgespeichert wurde, war die moderne Kartografie nicht fehlertolerant und darüber hinaus zeitabhängig: Karten, insbesondere solche, die auf soziale Sachverhalte rekurrierten, unterlagen einem Ablaufdatum. Diese schmerzhafte Lektion lernte man gleich zweifach, einmal beim Abbruch der Franziszeischen Landesaufnahme, der eine mühsame und langwierige Revidierung der bereits produzierten Daten auf deren Weiterverwendbarkeit hin zur Folge hatte, und einmal bei der Volkszählung des Jahres 1857, die nicht die ortsanwesende, sondern die rechtliche Bevölkerung erhob, und damit völlig unbrauchbar wurde. Inwiefern diese kostspieligen Fehlschläge auch das Verhältnis zwischen Herrscher und Administration beeinflussten, bleibt noch zu untersuchen.

XI. Wissen und moderne Staatlichkeit: Ein vorläufiger Schlusspunkt

Eine Geschichte moderner Staatlichkeit in Zentraleuropa ließe sich als eine Geschichte der zentraleuropäischen Landesaufnahmen verfassen. Die Kartografie bildet durchaus eine Linse, die eine Anzahl von miteinander verflochtenen Prozessen bündelt und in einen Brennpunkt konzentriert, der eine Beobachtung von Modernisierung auf vielen Ebenen zuließe: Das betrifft zunächst die Entwicklung einer neuen Qualität von Staatlichkeit und staatlicher Verwaltung, deren Genese im engen Verband mit wissenschaftlichen Praktiken und Herangehensweisen sowie ein kontinuierliches Wachstum bürgerlicher Bevölkerungsgruppen und einen Bedeutungsgewinn ebendieser im sozialen Gefüge des späten 18. und frühen 19. Jahrhunderts, insbesondere in den Feldern von Statistik und Kartografie.

Der Beitrag, den bürgerliche Akteure zu den Landesaufnahmen – und damit auch zu einer neuen und spätestens ab der zweiten Hälfte des 19. Jahrhunderts grundlegenden medialen Repräsentation des Raumes – leisteten, ist kaum zu überschätzen: Anfangs gewährleistete ihre transimperiale Vernetzung, dass zeitgemäße Technologien zur Verfügung standen und angewandt werden konnten, später war es der Umstand, dass eine gute Ausbildung häufig ihr einziges Kapital war, der sicherstellte, dass stets eine ausreichend große Anzahl von fachkundigen Personen im Militär und in der Zivilverwaltung zur Verfügung standen, um ein Projekt voranzutreiben, das in Summe und mit Unterbrechungen 154 Jahre dauerte und sieben Herrscherinnen und Herrscher erlebte.[167] Am Ende dieses Zeitraumes hatten sich Vorstellungen von Staatlichkeit und Herrschaft umfassend verändert: Der moderne Staat in Zentraleuropa war insofern ein Staat von Bürgern geworden, als es diese waren, die sein Funktionieren auf einer täglichen Basis gewährleisteten. Das Beispiel der staatlichen Kartografie illustriert auf besonders anschauliche Art und Weise, wie bürgerliche Akteure sukzessive auch auf die Strukturen einwirkten, in denen sie tätig waren. Der im 19. Jahrhundert allgegenwärtige Modernisierungsimperativ, der insbesondere das Habsburgerreich nach der Jahrhundertmitte massiv unter Druck setzte, konnte in vielen Situationen

---

166 Vgl. Geschichte und Ergebnisse der zentralen amtlichen Statistik in Österreich, S. 35.

167 Über die drei in diesem Beitrag behandelten Landesaufnahmen hinaus wurde 1896 eine Vierte Landesaufnahme begonnen, die erst 1987 offiziell beendet wurde.

dazu genutzt werden, Wissensbestände zu erzeugen, die auf mittlere Sicht die politische Partizipation bürgerlicher Gesellschaftsschichten begünstigten.

Den größten Teil der eineinhalb Jahrhunderte ihrer Entstehungszeit liefen die Landesaufnahmen als Hintergrundprozess ab. Weder standen sie auf der politischen Tagesordnung im Vordergrund noch bedurften sie besonderer herrschaftlicher Aufmerksamkeit. Aus dieser diskreten Existenz heraus versorgten sie ab der Mitte des 19. Jahrhunderts kontinuierlich Herrschaft und Verwaltung mit erneuerten und aktualisierten medialen Grundlagen von deren Tätigkeiten und Aufgaben – und in zunehmendem Ausmaß die Öffentlichkeit mit einem Kartenbild ihres Staats. Dieser Prozess hinterließ in den Quellen auffällig wenig Spuren: Der Raum wird um die Mitte des 19. Jahrhunderts als Organisationsprinzip der Verwaltung sichtbar, er schleicht sich in Abläufe und Prozesse ein, aber ohne dass darüber umfassende Diskussionen geführt würden.[168] Aufsehen, auch öffentliches Interesse erregten spektakuläre Kartenprojekte wie jenes von Czoernig, nicht jedoch die schrittweise Territorialisierung des Verwaltungshandelns.[169]

Für die Verwaltung waren die kontinuierlich anwachsenden Karten aus der Katasteraufnahme von zentraler Bedeutung, diese wurden zur Folie und Organisationsgrundlage administrativen Wissens, in allen fundamentalen Handlungsfeldern. Den Ergebnissen der militärischen Landesaufnahme kam im täglichen administrativen Ablauf kaum Relevanz zu. Sie wurden aber als Kartenbild zu einem Kristallisationspunkt eines in Entstehung begriffenen bürgerlichen Staatsbewusstseins. Ihre starke Verbreitung belegt, wie stark sich räumliche Repräsentationen spätestens im letzten Drittel des 19. Jahrhunderts verbreiteten. Die Deutungshoheit über das machtvolle Dispositiv der Karte vermochten moderne Staaten freilich nicht zu behalten.[170]

Darüber hinaus lernten die Organe moderner Staatlichkeit, das Militär und die Zivilverwaltung, nicht nur, aber auch anhand der Landesaufnahmen langjährige und scheinbar unüberschaubare Operationen zu administrieren und zu steuern, enorm große Wissensmengen zu sammeln und zu verwalten. Die zentrale Fähigkeit moderner Staatlichkeit, Wissen zu erzeugen und vorzuhalten, wurde in solchen Großoperationen eingeübt und verfeinert. Die dazu notwendigen Handlungsskripte sowie die Infrastruktur entwickelten sich sukzessive. Mit den Landesaufnahmen wurde zudem die Fähigkeit geschult, langfristige strategische Unternehmungen zu unterhalten, die keinen unmittelbaren Nutzen und keine absehbare Rendite hatten.

Die Karten, die die Landesaufnahmen am Ende hervorbrachten, und die Raumvorstellung, die diesen zugrunde lag, veränderten eine kollektive Auffassung von Raum in kaum überschätzbarem Ausmaß. Daneben veränderten sich so gut wie alle anderen Parameter, die im späten 18. Jahrhundert maßgeblich gewesen waren: Die Karten erlaubten nicht nur eine fiskalische Nutzung, sondern auch die Umsetzung neuer, territorial gedachter administrativer Ordnungen. Sie erwiesen sich für die moderne Verwaltung in der zweiten Hälfte des 19. Jahrhunderts auch als so gut wie uneingeschränkt anschlussfähig: Praktisch das gesamte Wissen von Behörden ließ sich mit Karten verknüpfen, und Karten konnten auch dazu herangezogen werden, Zusammenhänge für breitere Bevölkerungsgruppen aufzubereiten.

Spätestens ab den 1880er-Jahren waren Karten auch in Zentraleuropa zu mächtigen Wissensformationen geworden, die zum einen innerhalb der Administration als fundamentales Medium der Verwaltungsorganisation dienten. Dazu waren die wichtigsten Überblicks-

---

168 Vgl. *Göderle*, Die räumliche Matrix des modernen Staates, S. 418ff. Darüber *Stockinger*, Bezirke als neue Räume der Verwaltung, Abschnitt Räume und Orte.

169 Vgl. *Göderle*, Zensus und Ethnizität, S. 196ff.

170 Vgl. *Jason D. Hansen*, Mapping the Germans. Statistical Science, Cartography, & the Visualization of the German Nation, 1848–1914, Oxford/New York etc. 2015, S. 103ff.

karten längst zu stark nachgefragten Bestsellern geworden, die hunderttausendfach über die Ladentische der Buchhandlungen wanderten. Und schließlich drangen sie in immer stärkerem Umfang in einen breiten öffentlichen Diskurs vor, der auch sukzessive Lesergruppen erreichte, die nicht dem gut ausgebildeten Bürgertum zuzurechnen waren. In weniger als einem halben Jahrhundert vollzog sich so ein Wandel, der präzises Kartenmaterial vom herrschaftlichen Geheimwissen zu einer Gemeinressource machte. Bei der Betrachtung der Karte konnten sich Bürgerinnen und Bürger zum einen selbst verorten und ihre Position im Staat auf vielen verschiedenen Ebenen bestimmen. Die vielleicht wichtigste Wirkung der Karte lag aber darin, dass sie subtil und doch bestimmt administrative Raumordnungen vermittelte, dass sie den Staat als nach innen homogenes, geschlossenes Gefäß imaginierte und sich nahtlos in den hegemonialen Herrschaftsdiskurs einfügte. Zugleich repräsentierte sie aber ein wissenschaftliches und damit scheinbar alternativloses Verfahren: Sie bot Fakten an.

Karten erlaubten es modernen Staaten ab der zweiten Hälfte des 19. Jahrhunderts, sämtliche Bereiche und Subsysteme von Gesellschaften zu durchdringen. Indem sie Bürgern, Unternehmern, Diplomaten und Arbeitern gleichermaßen zur Verfügung standen, war bis zu einem gewissen Grad sichergestellt, dass, was immer auf der Grundlage dieser Medien geschah, in Übereinstimmung mit den Konventionen erfolgte, auf deren Grundlage sie hergestellt worden waren. Sie katalysierten die Genese moderner Staatlichkeit, indem sie ein territoriales Raumdenken als hegemoniale Lesart und Aneignungslogik etablierten, was auf einer globalen Ebene zentrale Bruch- und Konfliktlinien des 20. Jahrhunderts präformatierte.

Manuel Bastias Saavedra

Weltgesellschaft, Functional Differentiation, and the Legal System

Modernisation of Law in the Chilean Frontier (1790–1850)*

In an article written in the year 2000, Dieter Grimm reflected on where the law was to be found in Hans-Ulrich Wehler's *Gesellschaftsgeschichte*. Grimm stated that, at first sight, law does not seem to have any role but that, on closer examination, it actually appears in each of the constitutive dimensions of *Gesellschaft*. Grimm argues that though law is ubiquitous and therefore influences almost every aspect of social life, it should be understood within the dimension of *Herrschaft*, »weil Recht heute überwiegend politisch erzeugt wird, und der Politik als Herrschaftsinstrument dient«.[1] This, however, is a concession made by Grimm to Wehler's concept of *Gesellschaft*, because the law would constitute a »vergessene Grunddimension« and therefore is actually »unzureichend erfasst«.[2] The analytical problem of the law is not only a problem of Wehler's concept of *Gesellschaft* but constitutes a broader problem for social historians. Traditionally, social historians treat law as the codification of specific power relations[3] or as an instrument for asserting political or economic control.[4] This way of looking at the problem, however, reduces law to an outcome of political processes and, as Nijhuis has pointed out, neglects questions regarding »the autonomy of law as well as developments within law and jurisdiction«.[5] But perhaps a more important reason for this is that the ubiquity of law makes it difficult to define units of analysis: how can the social historian isolate legal phenomena in a meaningful manner without reducing it to an element of political or economic power?

This article suggests approaching the problem of law in a way that can be productive for social historical research by recourse to the idea of *Weltgesellschaft*. The concept is used here to provoke rethinking of the concept of society in a double sense. The first intention is to rethink the centrality of the concept of society in social history. I will argue

* This article was written in the course of a Georg Forster Fellowship of the Alexander von Humboldt Foundation at the Max Planck Institute for European Legal History. Different versions of this article were presented at the AfS-Workshop at the Friedrich-Ebert-Stiftung in Bonn; in the Permanent Seminar for Ibero-American Legal History of the Max Planck Institute for European Legal History in Frankfurt am Main and at Professor Hauke Brunkhorst's Post-Graduate Workshop in Flensburg. I would like to thank the participants of these events for their valuable comments. I especially thank Samuel Barbosa, Mónika Contreras Saiz, Mariana Armond Dias Paes and Pedro Henrique Ribeiro for sharing their expertise for different aspects of this article. Any shortcomings are, of course, my own.

1 *Dieter Grimm*, Die Bedeutung des Rechts in der Gesellschaftsgeschichte. Eine Anfrage, in: *Paul Nolte/Manfred Hettling/Frank-Michael Kuhlemann et al.* (eds.), Perspektiven der Gesellschaftsgeschichte, München 2000, pp. 52f.

2 Ibid., pp. 56 and 55.

3 *Ton Nijhuis*, Problems and Opportunities of the German *Gesellschaftsgeschichte*. Some Reflections on its Methodological Foundations and its Future Agenda, in: AfS 36, 1996, pp. 529–535, here: p. 535.

4 *Cf. Wolfgang J. Mommsen*, Introduction, in: *id./Jaap de Moor* (eds.), European Expansion and Law. The Encounter of European and Indigenous Law in 19th- and 20th-Century Africa and Asia, Oxford/New York 1992, pp. 1–14, here: p. 2. See also *Jörg Fisch*, Law as a Means and as an End. Some Remarks on the Function of European and Non-European Law in the Process of European Expansion, in: *Mommsen/Moor*, European Expansion and Law, pp. 15–38.

5 *Nijhuis*, Problems and Opportunities of the German *Gesellschaftsgeschichte*, p. 535.

that ever since Wehler originally formulated his three-dimensional concept of *Herrschaft*, *Wirtschaft*, and *Kultur*, the notion of society has fallen out of favour in historical debates and has not been critically reassessed.[6] Second, Niklas Luhmann's concept of *Weltgesellschaft* is also a way of rethinking modernisation: *Gesellschaft* is the overarching social system, the *Gesamtsystem*, which in modern society can only be described as a *Weltgesellschaft*. It is the hypothesis of the existence of one – and only one – global system of society. Luhmann's characterisation of modernity as the fragmentation of society into diverse autonomous communicative systems allows thinking of modernisation not as the improvement of social structures but as the substitution of forms of differentiation. Modern society is thus characterised by multiple processes of differentiation of functional systems, where each system handles a task which is relevant for the whole of society in a monopolising manner. In this framework, law acquires a specific analytical role as a system among others. *Weltgesellschaft* is a consequence of functional differentiation because the operations of functional systems can no longer be bound to a specific territory or social group.

Following this characterisation of modern society, this article seeks to exemplify how modern forms can appear in unexpected places, and in a rather understated manner, by looking into property transfers in the Chilean frontier between 1790 and 1850. The space historically known as the Chilean frontier was one of very few places in the Americas where resistance against Spanish invasion and colonisation succeeded.[7] The military feats of the disparate groups of Che[8] that inhabited the regions to the south of the Kingdom of Chile created a zone of independent indigenous territories, which were ratified in the Quilín treaty of 1641. Chilean social-historical research has divided this zone into three distinct »frontiers«: a cattle herding frontier, a military frontier, and an Andean frontier, characterised as areas which sheltered extensive internal migration due to the freedoms provided by less State control and less repressive labour regimes.[9] In a recent article, María Angélica Illanes proposed the existence of a »fourth frontier«, characterised by a process of colonisation through private property. The colonial enclave of Valdivia, located in the »country of Indians«[10] and bound by the sea with the territories of the Spanish crown, produced a distinct kind of encounter between the Spanish and the local Huilliche population, based on the recognition of original indigenous »property« with a discrete and piecemeal process of occupation through the purchase of indigenous land.[11] Looking for manifestations of mod-

6 There has been some recent interest in the historical use of the concept of *Weltgesellschaft* according to two conferences held in October and November 2016: the conference »Dimensionen und Perspektiven einer Weltgesellschaft?« held by the »Institut für Geschichte« of the University of Hildesheim and the symposium »Sociology and History of World Society: Interdisciplinary Perspectives on Globalization« at the »Forum Internationale Wissenschaft« at the University of Bonn.

7 *James Lockhart/Stuart Schwartz*, Early Latin America. A History of Colonial Spanish America and Brazil, Cambridge/New York etc. 1999 (first published in 1983), pp. 287ff.

8 »Che« is the self-identification of the people that inhabited southern Chile until the 19th century, they are the fore-bearers of today's Mapuche. The specific group studied in this paper is known as Huilliche or Williche, which translates from the native language Mapudungun as »people of the south«. *Mónika Contreras Saiz*, En nombre de la seguridad. Procesos de segurización en el Gulumapu y la Frontera de Chile. 1760–1885, Stuttgart 2016, pp. 44f.; *Guillaume Boccara*, Etnogénesis mapuche. Resistencia y restructuración entre los indígenas del centro-sur de Chile (siglos XVI–XVIII), in: The Hispanic American Historical Review 79, 1999, pp. 425–461, here: pp. 426f.

9 *Mario Góngora*, Vagabundaje y sociedad fronteriza en Chile (siglos XVII a XIX), in: Cuadernos del Centro de Estudios Socioeconómicos 3, 1966, no. 2, pp. 1–41; *Sergio Villalobos*, Vida fronteriza en la Araucanía. El mito de la Guerra de Arauco, Santiago 1995.

10 *Juan Ignacio Molina*, Compendio de la historia geográfica, natural y civil del Reyno de Chile, vol. 1, Madrid 1788, p. 9.

11 *María Angélica Illanes*, La cuarta frontera. El caso del territorio valdiviano (Chile, XVII–XIX), in: Atenea, 2014, no. 509, pp. 227–243.

ern society in this fourth frontier is highly counter-intuitive, especially if one takes into account characterisations of this territory in the 1840s as being »almost one hundred years in the past« compared to the Chilean regions in the north.[12] These ideas, however, can be contrasted with the profound changes in the representations of ownership, which occurred in the Valdivia territory by way of property formation and private law.

In the following, (I) I will discuss how, except for the German program of *Gesellschaftsgeschichte*, social history has often undertheorised the concept of society. While the problems of providing a strict definition have become evident in the critique against *Gesellschaftsgeschichte* in recent decades, the program of a history of society is only meaningful if social historians confront the complexity of the notion of society itself. In this sense, I suggest that recourse to Luhmann's concept of *Gesellschaft* and his characterisation of modern society as a *Weltgesellschaft* may allow the resumption of a history of society after the critiques of postmodernism, postcolonialism, and methodological nationalism. In this sense, (II) this article proposes a case study for analysing the modernisation of law from a systems-theoretical perspective. Looking into the different regimes which structured transfers of indigenous land between 1790 and 1850, I will argue that the de-localisation of the law and the reliance on legal instruments after 1830 were a reflection of the broader process of functional differentiation of the legal system. The modernisation of law was highly disruptive to local forms of life in the Valdivia territory, which by the 1850s could be seen in the shifts in land ownership – from indigenous to white populations – and in the consequent ecological transformations in the region's landscape, in which the vast and »impenetrable« forests were slowly but steadily replaced by rural estates.

I. THE PROBLEM OF SOCIETY: FROM *GESELLSCHAFT* TO *WELTGESELLSCHAFT*

Since the 1930s, most social historians have taken Lucien Febvre's cue and treated the question of the »social« in social history as an open-ended issue.[13] This made sense because it allowed the inclusion of many themes that had been neglected by 19th-century historians without imposing an a priori exclusion of others. By the 1970s, social history was increasingly understood as the history of society. Albert Soboul, for example, stated that »[s]ocial history appears linked to the study of society and the groups that compose it«.[14] Eric J. Hobsbawm suggested that social history was moving towards a history of society[15], while Chilean social historian Sergio Grez Toso also argued that »in the end what we try to write is a history of society in its totality«.[16] In this shift towards a history of society, however, the actual meaning of *society* remained obscure. In his essay, Hobsbawn abstained from providing a definition, aware of the difficulties such a task implies: »How do we de-

12 *Cesar Maas*, Viaje a través de las provincias australes de la República de Chile, desde enero hasta junio de 1847, Santiago 1950 (first published in 1847), p. 35.

13 »When Marc Bloch and I chose those two traditional words [›économique et sociale‹] for the cover of the *Annales*, we knew perfectly well that ›social‹, in particular, was one of those adjectives that has had so many meanings over the course of time that, in the end, it did not mean anything. But we chose it precisely for that reason.« *Lucien Febvre*, Combates por la Historia, Madrid 1993 (first published in French 1953), p. 39. All translations by the author.

14 *Albert Soboul*, Description et mesure en histoire sociale, in: *id.*, L'histoire sociale. Sources et méthodes, Paris 1967, pp. 9–33, here: p. 11.

15 *Eric J. Hobsbawm*, From Social History to the History of Society, in: Daedalus 100, 1971, no. 1, pp. 20–45.

16 *Sergio Grez Toso*, Debates en torno a la historia social, una aproximación desde los historiadores, Primera Jornada de Historia Social, Santiago 2004, URL: <http://repositorio.uchile.cl/handle/2250/122852> [13.9.2016].

fine these units [societies]? It is far from easy to say, though most of us solve – or evade – the problem by choosing some outside criterion: territorial, ethnic, political, or the like. But this is not always satisfactory.«[17] Yet the problem of defining society was not restricted to historians, as noted by Robert Deilège in 2001: »While the concept of society is to be found in most sociological writings, it remains ambiguous and relatively ill-defined. Like most of the scientific concepts that are also used in common speech, that of society seems to need no introduction and to reflect reality in a rather straightforward, transparent way.«[18]

Arguably the most systematic attempt to move social history towards a history of society was the Bielefeld School's program of *Gesellschaftsgeschichte*. Having identified that social history had positioned itself as an area of historical research in its own right, *Gesellschaftsgeschichte* was an attempt to provide an »übergreifende, ›gesamtgeschichtliche[]‹ Interpretation« required to synthesise the results produced by social history and other historical subdisciplines, as well as assess the interactions between, and the relative importance of, different dimensions in a historical process.[19] The manner in which German historians understood social history – as a subdiscipline within a broader historical discipline – was important in framing the necessity of constructing a precise theory for the history of society. Unlike other approaches to the history of society, German historians needed to construct a more encompassing idea that could make social history equivalent to total history.[20] This was the function of the concept of *Gesellschaft*, understood as the *Gesamtsystem* composed by every *Teilsystem*, as a way of making *Gesellschaftsgeschichte* the historical discipline which encompassed every other historical subdiscipline. The history of society was thus an attempt to reconcile social, political, and, later, cultural history under a common, overarching research paradigm.[21]

To this end, Hans-Ulrich Wehler defined society as *Gesellschaftsgeschichte*'s specific object of study and divided it into three dimensions: *Herrschaft*, *Wirtschaft*, and *Kultur*. These dimensions, and the interactions between them, were considered to have exhausted the basic processes that determined »die historische Entwicklung eines gewöhnlich innerhalb staatlich-politischer Grenzen liegenden Großsystems«.[22] While the idea of *Gesellschaft* as a synonym for *Gesamtsystem* was taken from the Marxist tradition[23], Wehler emphasised the »Gleichrangigkeit und Gleichberechtigung« of the economic, political, and cultural dimensions, which was taken from his particular reading of Max Weber.[24] According to

17 *Hobsbawm*, From Social History to the History of Society, p. 30.

18 *Robert Deliège*, Societies, Types of, in: *Neil Smelser/Paul B. Bates* (eds.), International Encyclopedia of the Social & Behavioral Sciences, vol. 21, Amsterdam 2001, p. 14530.

19 *Jürgen Kocka*, Sozialgeschichte – Strukturgeschichte – Gesellschaftsgeschichte, in: AfS 15, 1975, pp. 1–42, here: p. 34.

20 »Die Zielvorstellung einer solchen [...] Gesellschaftsgeschichte gleicht dann in der Tat dem, was die französische Geschichtswissenschaft seit einiger Zeit ›Totalgeschichte‹ nennt«, *Hans-Ulrich Wehler*, Deutsche Gesellschaftsgeschichte, vol. 1: Vom Feudalismus des alten Reiches bis zur defensiven Modernisierung der Reformära. 1700–1815, München 2008, p. 7. Also Kocka: »Gesucht wird also eine [...] sozialgeschichtlich orientierte Interpretation der allgemeinen Geschichte, die häufig auch als ›Sozialgeschichte‹ bezeichnet wird, für die hier aber der Begriff der ›Gesellschaftsgeschichte‹ vorgeschlagen wird.« *Kocka*, Sozialgeschichte – Strukturgeschichte – Gesellschaftsgeschichte, p. 36.

21 Ibid., pp. 41f.; *Wehler*, Deutsche Gesellschaftsgeschichte, p. 21.

22 Ibid., p. 6.

23 *Kocka*, Sozialgeschichte – Strukturgeschichte – Gesellschaftsgeschichte, p. 35.

24 It may be worth noting that Weber avoided using the concept of society altogether, preferring instead the idea of *Vergesellschaftung* as a way to highlight the dynamic and functional character of social action. *Klaus Lichtblau*, Von der »Gesellschaft« zur »Vergesellschaftung«. Zur deutschen Tradition des Gesellschaftsbegriffs, in: Zeitschrift für Soziologie 33, 2005, Sonderheft »Weltgesellschaft«, pp. 68–88, here: p. 80. It is also important to note that *Gesellschaftsgeschichte*

Wehler, this three-dimensional structure was more empirically adequate than the Marxist-Hegelian deterministic emphasis on the economy, since the aprioristic assumption that the economy determines all other spheres was not adequate for historical research. On the contrary, the three-dimensional characterisation of society avoided starting with preconceptions from the point of departure, which did not mean, however, that eventually a historian could fixate on culture, politics, or the economy as the determinant of societal development, but this could only come about as a result of historical research.[25] Wehler also included »the system of social inequality« as a fourth, transversal, dimension to act as a selection and organisation criterion for the historian.[26]

The limitations of *Gesellschaftsgeschichte* so defined were extensively discussed in the decades that followed its first formulation. Following this discussion, drawing from post-modern and postcolonial theories, and taking into account diverse methodological and analytical inspirations, the critique of *Gesellschaftsgeschichte* focused on the fact that, despite its intentions of providing a comprehensive paradigm for understanding historical reality, its practise and area of research had become too narrow. On the one hand, it was too narrow in analytical scope. In the 1980s, the criticism by German historians of everyday life centred on the exclusion of experiential and meaningful dimensions of historical actors. This critique was followed by the inclusion of gender as a central dimension of social inequality, which led to a broader critique of the manner in which the history of society handled culture more generally.[27] Cultural historians criticised the fact that by reducing the agency of collective actors to instrumental or strategic actions, the subjective, meaningful experiences were reduced to objective interests. And since actions that conformed to the system were treated as normal cases that did not need explanation, cultural meaning systems did not have an autonomous and systematic place in history of society. Chris Lorenz observed that Wehler's addition of *Kultur* alongside politics and the economy as a third dimension of society could not solve the theoretical problem of the opposition of structure and culture since this solution involved understanding culture as a separate sphere and not as a subjective dimension present in every social action.[28]

On the other hand, the concept of society was too narrow in its spatial representation: *Gesellschaft* meant the whole »nation« and was thus bound to the borders of the nation-state. On a global scale, this implied the co-existence of many societies that could be compared with each other according to their paths of modernisation. The German *Sonderweg* thesis was perhaps the most salient expression of the influence these premises carried. The problems of this approach, however, have been extensively noted by the critique of modernisation theory and methodological nationalism. The emphasis on modernisation implied not only a theoretical but also a normative standpoint through which western modernisation could be represented as the model or standard on which historical comparison could be grounded.[29]

---

did not allow an unproblematic conciliation with Weber's Handlungstheorie. *Chris Lorenz*, Wozu noch Theorie der Geschichte? Über das ambivalente Verhältnis zwischen Gesellschaftsgeschichte und Modernisierungstheorie, in: *Volker Depkat/Matthias Müller/Andreas Urs Sommer* (eds.), Wozu Geschichte(n)? Geschichtswissenschaft und Geschichtsphilosophie im Widerstreit, Stuttgart 2004, p. 134.

25 *Wehler*, Deutsche Gesellschaftsgeschichte, p. 8.

26 Ibid., p. 9.

27 *Jürgen Kocka*, Historische Sozialwissenschaft heute, in *Nolte/Hettling/Kuhlemann* et al., Perspektiven der Gesellschaftsgeschichte, pp. 5–24.

28 *Lorenz*, Wozu noch Theorie der Geschichte?, pp. 136ff.

29 Ibid., pp. 127f.; *Thomas Welskopp*, Westbindung auf dem »Sonderweg«. Die deutsche Sozialgeschichte vom Appendix der Wirtschaftsgeschichte zur historischen Sozialwissenschaft, in: *Wolfgang Küttler/Jörn Rüsen/Ernst Schulin* (eds.), Geschichtsdiskurs, vol. 5: Globale Konflikte, Erinnerungsarbeit und Neuorientierungen seit 1945, Frankfurt am Main 1999, pp. 210f.

Ideal types were thus constructed as a means for assessing correspondence or divergence from development paths considered to be »normal«. Additionally, *Gesellschaftsgeschichte* was criticised for becoming simply another way of writing German national history.[30] The calls for a transnational perspective[31] and the broader critique of methodological nationalism of more recent global historical approaches[32] have moved *Gesellschaftsgeschichte* to reassess the importance of the »globalen Zusammenhänge«.[33]

As the tradition of *Gesellschaftsgeschichte* reacted to these debates with the selective »Erweiterung« of its themes and its geographic scope[34], what happened regarding the concept of society? The problems of its theoretical construction became evident with the extension of its spatial scope: could other societies be understood in the same sense as German society? Could the concept expand beyond Germany or Europe?[35] While Wehler seemed to exclude this possibility altogether, Jürgen Osterhammel struggled to reconcile the idea of *Gesellschaft* and a global historical perspective when laying the ground for a »transnationale Gesellschaftsgeschichte«. Osterhammel proposed distinguishing between two forms of writing the history of society, the first kind (type I) was the Bielefeld School's synthesis-oriented, »gesamtgesellschaftliche« kind of national history writing, and the second form, a *Gesellschaftsgeschichte* type II, understood as a »Geschichte des Sozialen in seinen weltweit realisierten Erscheinungsformen unter Einschluss transnationaler Wirkungen und Wechselwirkungen«.[36] However, despite this openness towards global interdependencies, Osterhammel's *Gesellschaftsgeschichte* in the latter sense continued to ascribe to a nationally restricted concept of society when he argued that the »Nationalgesellschaft« was still, »gerade auch außerhalb Europas, der umfassendste lebensweltliche Bezugsrahmen der meisten Menschen«.[37] In this sense, though advocating the expansion of the study of history towards a global perspective, Osterhammel denied the possibility of conceiving a »Weltgesellschaft« as a »soziologischen Tatbestand«. Therefore a »transnationale Gesellschaftsgeschichte« »muß sich […] vom Konzept der ›Gesamtgesellschaft‹ lösen«.[38]

Society as Weltgesellschaft

While the critique of *Gesellschaftsgeschichte* was justified, the abandonment of the concept of society has led to an evident fragmentation of social historical research.[39] The prob-

30 *Nijhuis*, Problems and Opportunities of the German *Gesellschaftsgeschichte*, p. 533; *Lutz Raphael*, Nationalzentrierte Sozialgeschichte in programmatischer Absicht. Die Zeitschrift »Geschichte und Gesellschaft. Zeitschrift für Historische Sozialwissenschaft« in den ersten 25 Jahren ihres Bestehens, in: GG 26, 2000, pp. 5–37.

31 *Jürgen Osterhammel*, Transnationale Gesellschaftsgeschichte: Erweiterung oder Alternative?, in: GG 27, 2001, pp. 464–479; *Albert Wirz*, Für eine transnationale Gesellschaftsgeschichte, in: GG 27, 2001, pp. 489–498.

32 *Sebastian Conrad/Andreas Eckert*, Globalgeschichte, Globalisierung, multiple Modernen: Zur Geschichtsschreibung der modernen Welt, in: *id./Ulrike Freitag* (eds.), Globalgeschichte. Theorien, Ansätze, Themen, Frankfurt am Main/New York 2007, pp. 7–47.

33 *Kocka*, Historische Sozialwissenschaft heute, p. 21.

34 *Osterhammel*, Transnationale Gesellschaftsgeschichte.

35 This question was also raised in *id.*, Gesellschaftsgeschichtliche Parameter chinesischer Modernität, in: GG 28, 2002, pp. 71–108; and *Ulrike Freitag*, Gibt es eine arabische Gesellschaftsgeschichte?, in: GG 32, 2006, Sonderheft 22, pp. 161–177.

36 *Jürgen Osterhammel*, Gesellschaftsgeschichte und Historische Soziologie, in: GG 32, 2006, Sonderheft 22, pp. 81–102, here: p. 83.

37 *Id.*, Transnationale Gesellschaftsgeschichte, p. 475.

38 Ibid.

39 *Jürgen Kocka*, Losses, Gains and Opportunities: Social History Today, in: Journal of Social History 37, 2003, Sonderheft, pp. 21–28.

lem of selection and organisation of potentially infinite information existent in historical reality, which the Bielefeld historians recognised as the main issue in constructing their theoretical program, was a question about how the complexity of the social world could be described in a meaningful and interrelated manner.[40] In a sense, this was the main question that Luhmann identified when proposing his social theory: if there are no unitary and encompassing ways of describing social reality in modern society, then how is social order (still) possible?[41] Therefore, he constructed his theory as one for observing the complexity of the social world, while at the same time excluding the possibility of providing a unifying and definitive description of society.[42]

Luhmann's theory is consequently highly complex and abstract, one of the reasons for its slow reception among historians and in the social sciences more generally.[43] The Bielefeld historians did not warm to the abstruse language of Luhmann's theory, and more recently Osterhammel referred to »Die Gesellschaft der Gesellschaft« to highlight the unsatisfactory character of nation-bound concepts of society but stopped short of endorsing the idea of a *Weltgesellschaft*. Even some good commentators of Luhmann's work have correctly observed that strict adherence to basic systems-theoretical concepts would reduce the theory of society to a pure analytical category precluding the possibility of historical discussion.[44] If theories always pose difficulties for historians, Luhmann's conceptual constructions create a high entry barrier for more empirically oriented analysis; not least because his theory does not study individuals or even groups of individuals but communicative (i.e. social) *systems*. Despite these reservations, there are some good reasons to suggest familiarising oneself with the language of systems theory may be worth the effort. Stated briefly, it includes the »umfassende« and social-scientific orientation of early *Gesellschaftsgeschichte*; the constructivist, discursive, and meaning-oriented elements of the post-modern and culturalist critique[45]; and it presupposes an openness to global perspectives demanded by contemporary historical research.

The concept of society plays a central role in Luhmann's social theory and therefore has been defined in a very precise manner. Luhmann analyses the path of generalisation followed by Aristotle in which many communities *(koinoniai)* were encompassed in the overarching concept of *koinonía politiké*. One among many of these communities, the *koinonía politiké*, is, at the same time, the community which represents the whole. Stichweh recognises this paradoxical formulation as the starting point of Luhmanns idea of society: »Gesellschaft ist eine unter vielen Gemeinschaften, aber sie ist zugleich die Gemeinschaft, die alle anderen Gemeinschaften in sich schließt.«[46] However, since Luhmann's theory is a theory of social systems, it is more accurate to define society as the social system that encompasses every other social system. Through its own operations, a system draws its own

---

40 *Kocka*, Sozialgeschichte – Strukturgeschichte – Gesellschaftsgeschichte, p. 37. Also more recently *id.*, Historische Sozialwissenschaft heute, p. 21.

41 *João Paulo Bachur*, Kapitalismus und funktionale Differenzierung. Eine kritische Rekonstruktion, Baden-Baden 2013, pp. 13f.

42 *Niklas Luhmann*, Die Gesellschaft der Gesellschaft, Frankfurt am Main 1998, p. 64.

43 *Benjamin Ziemann*, The Theory of Functional Differentiation and the History of Modern Society. Reflections on the Reception of Systems Theory in Recent Historiography, in: Soziale Systeme 13, 2007, pp. 220–229.

44 *Bachur*, Kapitalismus und funktionale Differenzierung, p. 92.

45 *Petra Gehring*, Entflochtene Moderne. Zur Begriffsgeschichte Luhmanns, in: *Ute Schneider/Lutz Raphael* (eds.), Dimensionen der Moderne. Festschrift für Christof Dipper, Frankfurt am Main/Berlin etc. 2008, pp. 31–41.

46 *Rudolf Stichweh*, Zum Gesellschaftsbegriff der Systemtheorie: Parsons und Luhmann und die Hypothese der Weltgesellschaft, in: Zeitschrift für Soziologie 33, 2005, Sonderheft »Weltgesellschaft«, pp. 174–185, here: p. 180.

boundaries, which differentiates it from its environment and allows it to increase and organise its own complexity. In this regard, social systems are a special kind of self-referential system defined by a specific boundary-drawing operation: communication.[47] Insofar, as they communicate, all social systems (e.g. families, cities, and the economic system) are the same.[48] What distinguishes social systems from each other is *how* they historically reproduce the system/environment difference, thus constituting their own identity, and *how* they organise their internal structures *(autopoiesis)*. Each system presupposes, and *autopoiesis* could not occur without an environment. From the perspective of the system, which draws distinctions, the environment is constituted by the lack of specification. It is for this reason that systems are always less complex than their environment: system autonomy entails the reduction of complexity. The environment of social systems, however, is also composed by other social systems, which means that social systems can alternate between internal and external communications. Society, as the overarching social system, is particular in the sense that it includes all possible meaningful communication and makes communication between other social systems possible. However, no meaningful communication is possible outside of society; there is no social system in the environment of society.[49]

This definition of society would seem to preclude the co-existence of multiple societies. This is, however, an empirical and not a theoretical issue. Luhmann's concept of society highlights the communicative closure of the system, which would seem to resume the Aristotelic idea of autarchy in an operative sense.[50] Thus, the concept of society allows the empirical co-existence of various societies which structure their internal differentiation and generate meaning for their interdependent social systems but »ohne kommunikative Verbindung dieser Gesellschaften, oder so, daß, von den Einzelgesellschaften aus gesehen, eine Kommunikation mit den anderen unmöglich ist, oder ohne Konsequenzen bleibt«.[51] Luhmann speaks, in this sense, of historical societies, in which trade relations, technological diffusion, and reports of other societies had little reciprocal communicative effect. Societies, as systems, however, have the potential to extend their operative boundaries. Since no system can realise operations (communications) outside of the boundaries of the system, whenever a system includes new operations, the boundaries of the system have to expand accordingly.[52] Thus the distinction drawn between society and its environment »has no *fundamentum in re* but varies its meaning according to changing historical circumstances«.[53] This was the case of empires, which attempted to control expansive territories, and more recently the case of the modern *Weltgesellschaft*. As such, *Weltgesellschaft* is the hypothesis of the existence of one global system of society, which includes all previous societal systems. In this sense, contemporary *Weltgesellschaft* constitutes a historical singularity.[54]

47 *Niklas Luhmann*, The World Society as a Social System, in: International Journal of General Systems 8, 1982, pp. 131–138, here: p. 131.

48 *Luhmann*, Die Gesellschaft der Gesellschaft, p. 90.

49 »Gesellschaft ist daher ein vollständiges und ausschließlich durch sich selbst bestimmtes System«, ibid., p. 95.

50 *Stichweh*, Zum Gesellschaftsbegriff der Systemtheorie, p. 182.

51 *Luhmann*, Die Gesellschaft der Gesellschaft, p. 145.

52 *Id.*, Das Erkenntnisprogramm des Konstruktivismus und die unbekannt bleibende Realität, in: *id.*, Soziologische Aufklärung, vol. 5: Konstruktivistische Perspektiven, Wiesbaden 1990, p. 38.

53 *Id.*, Globalization or World Society: How to Conceive of Modern Society?, in: International Review of Sociology 7, 1997, pp. 67–79, here: p. 72.

54 *Rudolf Stichweh*, Interkulturelle Kommunikation in der Weltgesellschaft. Zur politischen Soziologie der Integration und Assimilation, in: *id.*, Der Fremde. Studien zur Soziologie und Sozialgeschichte, Berlin 2010, pp. 195–205.

The idea of *Weltgesellschaft* is Luhmann's response to theories that restrict the concept of society to territorial references (e.g. nation-states) and to those that reduce the global system to a particular subsystem (e.g. the economy). Since the historical emergence of modern *Weltgesellschaft* is »the unavoidable consequence of functional differentiation«[55], neither of these representations is satisfactory. Societies cannot be defined by their identification to particular social systems but are rather defined by their primary form of internal differentiation.[56] The form of differentiation determines the unity of society and, at the same time, limits the autonomy of the respective partial systems. Throughout history, there have only been a limited number of primary forms of internal differentiation: segmentary differentiation, in which society is structured mainly through partial systems that stand in horizontal relation to each other (families, lineages, villages); centre/periphery differentiation, which results from the development of a centre that determines new forms of division of labour (cities, empires); stratified differentiation, which designates a society primarily structured in a hierarchical social order (aristocracy, nobility, bureaucracies); and a society structured around the primacy of functional differentiation (economy, law, politics, art, and so on).[57] Characterised by the primacy of functional differentiation, modern society is thus not determined by progress or specific social descriptions but by a replacement of the primary forms of societal integration. This does not mean that other forms of differentiation cease to exist but rather that modern *Weltgesellschaft* is defined by the *primacy* of functional differentiation[58], by which each functional system determines, for itself, which issues it considers relevant, under what rules it communicates, and what roles it provides persons (consumer, citizen, plaintiff, patient, student, and so on) under these conditions.[59]

Functional Differentiation and the Legal System

Functional differentiation means that partial systems acquire their identity through specific functions they fulfil for the *Gesamtsystem*; they act unilaterally and in a monopolistic sense, conditioning possibilities in such a manner that the horizons of possibility of each partial system are highly expansive but also become highly incompatible to each other. The hypothesis of the primacy of functional differentiation implies at least three complementary ideas: (i) functional specialisation leads to a functionally differentiated society in which there is no hierarchical ordering of social systems; (ii) all social functions are equally important insofar as they cannot be replaced by any other; and, finally (iii) the primacy of functional differentiation means that there is no partial system that can represent the whole of society.[60] The hypothesis of the primacy of functional differentiation thus resembles Wehler's appeal to the *Gleichrangigkeit* of societal dimensions, but here the theoretical consequences come to their logical conclusion: no subsystem has privileged access to the observation of society in its entirety, and this holds true for social evolution as well as for historical reconstruction. The fracture in observation produced by functional differentiation means that the reconstruction of causal relations can no longer be assumed to arise from an objective point of view: »They differ, depending upon observing systems, that attribute effects to causes and causes to effects, and this destroys the ontological and

55 *Luhmann*, The World Society as a Social System, p. 132.
56 *Id.*, Globalization or World Society, p. 70.
57 *Id.*, Die Gesellschaft der Gesellschaft, esp. chap. 4.
58 *Id.*, Die Weltgesellschaft, in: Archiv für Rechts- und Sozialphilosophie 57, 1971, pp. 1–35, here: p. 27.
59 *Id.*, Die Gesellschaft der Gesellschaft, pp. 738f.
60 *Bachur*, Kapitalismus und funktionale Differenzierung, p. 90.

logical assumptions of central guidance.«[61] Understood in this manner, the concept of *Weltgesellschaft* forces the social historian to assume a constructivist perspective. If systems theory is not occupied with objects that exist in an independent reality but with distinctions – i.e. how systems make distinctions –, then it must be held that no historical moment can be described in a unitary manner.

Thinking of law as a system highlights the fact that law provides society with a specialised form of observation which reconstructs reality according to its own specific, self-referential meanings. For our case, the most important difference is the basic distinction made by the legal system between norms and facts, which allows it to distinguish between self-reference and external reference. This basic distinction allows the legal system to sustain its function of reproducing normative expectations in spite of factual disappointments. For this, the legal system operates using a rule of attribution and connection, the system's binary code: legal/illegal. »If the question arises whether something is legal or illegal, the communication belongs to the legal system, and if not then not.«[62] The code allows the autopoietic closure of the legal system and structures its identity, but the code itself is not a norm. While the code structures the operative closure of the system, legal norms are the way in which the legal system takes information from its environment to make possible the application of the code legal/illegal. Legal norms are thus internally generated rules that allow the system to assign positive or negative value for the internal processes of the system. Understanding law as a system means thinking of law as becoming an open-ended concern structurally occupied with assigning legality/illegality.

The differentiation of the legal system entails a strict adherence to the binary code and requires that decisions be increasingly made deductively from legal norms. Before operating as a differentiated system, one could say that the law functioned as a program without a code.[63] Part of a broader »jurisdictional culture«[64], this codeless program was based on the doctrinal corpus of the *ius commune* which »was not a common core of universal norms, but rather the rational and elegant disposition of the seemingly disparate diversity of legal norms«.[65] As such, laws and norms could not be »applied« but rather served as normative sources that the judge had to consider for providing just decisions based on the consideration of the particularities and the facts of each case. As such, the local context determined

61 *Luhmann*, Globalization or World Society, p. 75. Bachur provides a neat example of how this should be thought: »Freilich ist die Kontingenz des Beobachters historisch und institutionell saturiert bzw. stabilisiert: Es ist nicht im Voraus zu entscheiden, ob eine Finanzkrise z.B. wesentlich zum Wirtschafts- oder zum politischen System gehört; das Vorhandensein der Krise besteht nur aus einer Sukzession von flüchtigen und ephemeren kommunikativen Ereignissen, die in ihrer Überkomplexität nicht fassbar sind. Sie kann deshalb von der Wirtschaft, von der Politik, von den Familien, vom Rechtssystem, vom Erziehungssystem usw. unterschiedlich beobachtet werden, ohne dass eine vereinheitlichende Beobachtungsinstanz vorausgesetzt werden muss. Die im klassischen Sinne des Marxismus verstandene Totalität findet keinen Platz mehr in der Systemtheorie, denn Totalität ist immer und paradoxerweise eine ›partielle Totalität‹, d.h. die konstruierte Totalität eines beobachtenden Systems.« *Bachur*, Kapitalismus und funktionale Differenzierung, pp. 36f.

62 *Niklas Luhmann*, Operational Closure and Structural Coupling: The Differentiation of the Legal System, in: Cardozo Law Review 13, 1992, pp. 1419–1441, here: p. 1428.

63 I am indebted to Samuel Barbosa for this observation.

64 *Alejandro Agüero*, Las categorías básicas de la cultura jurisdiccional, in: *Marta Lorente Sariñena* (ed.), De justicia de jueces a justicia de leyes: hacia la España de 1870, Madrid 2007, pp. 19–58, p. 24f. Also *Paolo Grossi*, L'ordine giuridico medievale, Bari 2011 (first published in 1995).

65 *António Manuel Hespanha*, Uncommon Laws. Law in the Extreme Peripheries of an Early Modern Empire, in: Zeitschrift für Rechtsgeschichte. Germanistische Abteilung 130, 2013, pp. 180–204, p. 183.

which norms had to be applied to each case.[66] The application of the binary code required, therefore, a reversion in how law handled the relation between facts and norms. Luhmann understands the programmes of the legal system as *Konditionalprogramme*, i.e. as rules that allow the deductive use of facts (»if ... then«). In this manner, the facts that are relevant to the legal system do not necessarily correspond to facts in other social systems. »In other words, knowledge has different ›credibility profiles‹ inside and outside the legal system. Legal facts are made to fit the legal framework; they have to facilitate the deductive use of legal norms.«[67] Therefore a differentiated legal system requires »große Entscheidungsmengen vorzuentscheiden unter selektiver Vernachlässigung fast aller Details«.[68] The transformation of indigenous land into private property is precisely a way to observe how these shifts in meaning occurred. In the following, I will concentrate on how indigenous land sales that took place between 1790 and 1850 were handled by the legal system and argue that the passage from tradition to consent as ways of transferring ownership rights of indigenous land was a reflection of the broader process of functional differentiation of the legal system.

II. Of Tradition and Consent: The Legal System in the Valdivia Territory

Since indigenous ownership of land was recognised by the colonial and, as of 1820, the Chilean government, land sales became a central institution in accessing indigenous land and, therefore, in the historical structuring of this territory. In the following, I will argue that the territory of Valdivia underwent a distinct form of modernisation concomitant to increasingly abstract representations of ownership related to the importance of legal definitions in the structuring of land transfers. In other words, the intent is to show how the definition of land ownership was monopolised by legal observations, particularly through the introduction of specialised instruments in handling the conveyance of indigenous property. Based on an analysis of notary archives of the Province of Valdivia between 1790 and 1850, the following discussion is an explicit attempt to reconstruct the first-order observations that are being used to structure the transfer of indigenous property, i.e. I focus on the conditions that make the transfer of land ownership legal. The analysis reveals two periods with marked contrasts in how sales of indigenous land were handled, which differ mainly in how the distinction indigenous/non-indigenous was applied to the procedures necessary to transfer ownership.

Transfer of Land Ownership, 1790–1829

Between 1790 and 1829, conveyance of land ownership differed according to whether it involved indigenous or Spanish/Chilean sellers. In both cases, according to the *Siete Partidas*, the main source of private law in Spanish America, the sale was not possible simply through contracts of purchase but involved the legal act of tradition, which meant that legal ownership was only transferred once the object of the sale had been handed over from seller to buyer.[69] In land sales involving Spanish/Chilean sellers, this act of transfer

66 *Víctor Tau Anzoátegui*, Casuismo y sistema: Indagación histórica sobre el espíritu del Derecho Indiano, Buenos Aires 1992.

67 *Niklas Luhmann*, Operational Closure and Structural Coupling, p. 1430.

68 *Niklas Luhmann*, Ausdifferenzierung des Rechts. Beiträge zur Rechtssoziologie und Rechtstheorie, Frankfurt am Main 1999, p. 46.

69 *José María Álvarez*, Instituciones del Derecho Real de Castilla y de Indias, New Mexico 1842 (first published in 1818), pp. 49f.

was symbolic and done through the creation or transfer of a deed of ownership before the public scribe.[70] Land sales involving indigenous sellers, probably related to the lack of written deeds within the territory, sustained the medieval act of physical possession that signalled tradition. Transfers of ownership of indigenous land consequently occurred on the tracts and paddocks subject to sale; they intertwined *written* legal documents with *physical* legal acts. This is relevant since, as we will see, not only were transfers of indigenous land conditioned by political considerations, but many important prerequisites for the legal transfer of ownership could only be ascertained by recurring to shared local knowledge.

The process of buying and selling indigenous land occurred in six different steps: (i) First, buyer and seller agreed on the tract of land and the price to be paid, and the payments were settled in one or more instalments. (ii) Once this had been agreed upon, the buyer had to submit a written supplication to the Governor asking him to send the *Comisario de Naciones*[71] or some other agent with the power to »verify the purchase«[72] and give the lands »in possession«.[73] (iii) The Governor then issued a decree instructing the agent to assess the propriety of the transaction and, if that was the case, give possession to the buyer. (iv) The agent would travel to the designated location to meet buyer and seller, summon local *caciques*[74], neighbours, and witnesses (often local *Capitanes de Amigos*) and proceed to execute the verification of the land sale. (v) Following a last act of physical possession, conveyance was considered complete, and (vi) a written deed served as the legal instrument of ownership. As can be seen, the process of buying indigenous land involves numerous interactions and institutions beyond the strictly legal and economic.

The second and third steps of this process are the stage in which the political authority directly intervenes in the purchase of land. The governor's decrees, for example, on occasion introduce additional criteria beyond the strictly private legal conditions for the sale. In one case, in 1798, the sale is conditioned to »the precise obligation to make home [poblar casa] in the village«[75]; and in two cases the sale could only be authorised if »enough land

70 *Abelardo Levaggi*, Historia del Derecho de las Obligaciones, Contratos y Cosas, Buenos Aires 1982, p. 92.

71 The system of indigenous land transfers in Valdivia during this period was structured around a group of colonial institutions particular to southern Chile, collectively known as the »oficiales de indios« (officers of Indians), created to negotiate the relations of the Chilean colonial government with the diverse Che nations. The first was the »Lengua General« (General Interpreter), an outgrowth of the diverse indigenous translators that accompanied the Spanish conquest of Chile. The second institution was that of the »Capitanes de Amigos« (Captains of Friends), Spaniards or mestizos who usually lived among the indigenous population and carried out diverse functions according to their place of habitation. Finally, the »Comisarios de Naciones«, created in the 17th century, were charged with sustaining relations with the caciques, maintaining the peace among Ches and avoiding abuses by Spanish soldiers. As the »Lengua General«, there was one »Comisario de Naciones« for the Kingdom of Chile and one for Valdivia. *Sergio Villalobos*, Tipos fronterizos en el Ejército de Arauco, in: *id./Carlos Aldunate/Horacio Zapater et al.* (eds.), Relaciones fronterizas en la Araucanía, Santiago 1982, pp. 175–221. Also: *Contreras Saiz*, En nombre de la seguridad, pp. 137–144; *María Ximena Urbina Carrasco*, La Frontera de arriba en Chile Colonial. Interacción hispano-indígena en el territorio entre Valdivia y Chiloé e imaginario de sus bordes geográficos, 1600–1800, Valparaíso 2009, pp. 207–212; *Jorge Iván Vergara*, La herencia colonial del Leviatán. El Estado y los mapuche-huilliches (1750–1881), Iquique 2005, pp. 89–107.

72 Land sale from cacique Calfuquir and others to Ventura Carvallo, 1791, Archivo Notarial de Valdivia (ANV), vol. 2, fol. 5ff.

73 Land sale from cacique Queipul to Antonio Solis, 1792, ANV, vol. 2, fol. 23ff.

74 »Cacique«, the Spanish word for »lonko«, translated literally as »head«, was the leader of each Che group. I use the Spanish word because it often appears in the quoted documents.

75 Land sale in Quelaco from Juan Queipul to Dionisio Delgado, 1826, ANV, vol. 2, fol. 126ff.

remains in possession of the sellers for their sustenance and of their families«.[76] These conditions were introduced to sustain the population of the territory: on the one hand, authorities wish to inhabit the region with Spanish families; on the other hand, they seek to retain converted Huilliches within the jurisdiction.[77] It was not uncommon that having sold their land, indigenous families would move *tierra adentro* (inland) to the territory of the independent, »faithless« Ches[78], and thus it seems plausible that these conditions sought to stem the emigration of Huilliches to the north or towards the Andes. The decrees, however, are primarily intended to ascertain that certain legal prerequisites have been fulfilled. In the documents, the agreement of the sale is only informed in the supplication submitted by the buyer, and therefore every step up until the production of the deed of purchase was intended to ascertain that the purchase, as described by the buyer, corresponds with what has actually taken place. The governor's decrees are thus filled with exhortations to »verify« *(verificar)*; »find out« *(averiguar)*; »have knowledge« *(tener conocimiento)*; be »well informed of the certainty« *(bien informado de la certidumbre)*; »have proof« *(constando)*; »with greatest precision« *(con la mayor exactitud)*. The responsibility for the »legality of the instrument«[79] and avoiding complaints was therefore placed on the agent instructed with verifying the purchase, which was often – though not always – the *Comisario de Naciones*.

The most important part of the transfer of ownership, the acts of verification and possession, were highly localised affairs, taking place on the farms, tracts, and paddocks subject to sale. Here, the facts of the sale at hand were discussed among the various actors: is the seller the legitimate owner? Has the price been agreed upon and has it, in fact, been paid? Is the tract subject to purchase correctly delimited? Does the seller indeed wish to sell? Are third parties (successors, neighbours) harmed by the sale? The answer to these questions guaranteed the legality of the sale, and if any of the facts were contested the sale could not take place. This manner of physical tradition thus served the very specific purpose of giving the political authority a high degree of oversight over land transfers in a territory where central forms of delimitation were lacking and intended to avoid unnecessary litigation and disputes. But how were these issues resolved? How were ownership and the other requisites for the sale determined?

One decree is particularly insightful into how verification had to take place. Governor Alejandro Eagar in 1808 instructed that the *Comisario de Naciones*, Francisco Aburto,

»shall summon the casiques [sic] and interested parties to the lands of Pichihue and in presence of everyone and of the respective capitanes de amigos and two witnesses will find out the legitimate owner or owners of the land and will ask if it is their own free will to sell them: In how many payments, and the time in which they may be satisfied, and done this he will give possession to the buyer, with the summoning of immediate neighbours for the signalling of the limits. All of this with greatest precision to avoid the continuous complaints that these cases cause this Government, of

76 Posession. Pablo González against J. Cotrén, 1816, Archivo Judicial de Valdivia (AJV), 05/01. The second case, from 1827, conditions the sale to finding out if »said seller has other lands on which to live to sustain his family, because on the contrary he shall not be permitted to sell all of them«. Land sale from Lebitun Antiguir to José Antonio Agüero, 1827, ANV, vol. 2, fol. 158ff.

77 This was part of the broader rationale of Spanish occupation under Bourbon reformism, which had no use for uninhabited spaces. See *Vergara*, La herencia colonial del Leviatán, p. 106.

78 This concern was raised by the »Comisario de Naciones«, Francisco Aburto, in a case of a failed land sale. He stated that rather than having problems with the Spaniards, the ›Huilliche‹, Mateo Catalan, would prefer to sell all his lands and move to »live among the Pehuenches, where he also has lands; but this has the great inconvenient [for the government of Valdivia] that five or six Christian families will go on to live among the unfaithful, very *tierra adentro*«. Lands of Pablo Caniu, 1801, AJV, 19/01.

79 Land sale from H. Llancal and others to Julián Pinuer, 1800, ANV, vol. 2, fol. 36ff.; *Lands of Pablo Caniu, 1801, AJV, 19/01.*

which he will be responsible providing the account of everything and returning it to this Government.«[80]

Though not all decrees contain such detailed instructions, the acts of verification and possession are conducted more or less in this manner. These acts are therefore, first and foremost, public and must be conducted »in presence«[81] of interested parties or »being everyone gathered«.[82] On these occasions this would include sellers, buyers, *caciques*, along with »capitanejos, Guilmenes, and mocetones«[83], *Capitanes de Amigos*, witnesses of both parties, and neighbours. On occasion, these gatherings would be larger, involving neighbouring Huilliche families, or »several Spaniards«.[84] The gatherings for the sale fulfilled two purposes: first, they made the act of transfer known to the inhabitants of the surrounding area; second, and more important for our discussion, they had the function of determining the legal prerequisites of the sale, of which I will concentrate on three: consent, legitimate ownership, and demarcation.

Consent, according to the aforementioned decree, had to be ascertained by an explicit question. In some documents, we find rather formal statements whereby sellers indicate that they sell »of their spontaneous wills not preceded by force or deception«.[85] This very formal expression of consent, however, was probably obtained by an explicit question and answer. In a case from 1795, for example, the *Comisario de Naciones* having gathered »casique Dn. Colin, his brothers Hilmenen, Redeyuqueo, Lancuqueo, Pocollafan, and Huayquipan, asked them if it was their will to sell those lands of ›el Rozal‹ [...] to which they said [...] that of their will they sell them and guarantee them«.[86] In 1828, a local judge in company of the scribe, the *Comisario de Naciones*, and others asked two Huilliche sellers »in clear and intelligible voice if of their spontaneous will they wished to sell« to which they answered that »they were very willing« *(eran muy gustozos)*.[87]

Consent was an important prerequisite for the authorisation of the sale because it fulfilled the contractual condition for the transfer of ownership; sales were prohibited without the explicit consent of both parties: willingness to sell and willingness to acquire. Indigenous land sales in the period did fail because this clause was not duly agreed upon in the initial agreement (or Huilliche sellers changed their minds between the agreement and the verification). In one verification in 1807, we find a case in which one Huilliche seller does not consent. The Spanish buyer had declared that he had agreed with four sellers to purchase lands »which were inherited from their fathers«. Asked by the local judge, with assistance of the *Comisario de Naciones*, »the first three said it was their will to give in

80 Tract sale in Pichihue from Juan Llancamán to Antonio Leuvu, 1808, ANV, vol. 2, fol. 74ff.

81 Santiago Ancaguirre regarding possession in Cudico, 1806, AJV, 01/02.

82 Land sale by Manuel Lefian, 1828, ANV, vol. 2, fol. 168ff.

83 These denominations are social ranks attributed by the Spaniards to the Che, though they are not always straightforward. »Guilemenes« or »ulmenes« were apparently equivalent to »lonkos« or »caciques«, and »capitanejos« and »mocetones« were warriors subordinate to the »lonko«, known as »cona« in Mapundungun. See *Contreras Saiz*, En nombre de la seguridad, pp. 358 and 362. According to Alcamán, in documents, »cacique« is used to designate »lonkos« who had a broader jurisdiction, commanding over several lineages led by their respective »guilmenes«. *Eugenio Alcamán*, Los mapuche-huilliche del Futahuillimapu septentrional: expansión colonial, guerras internas y alianzas políticas (1750–1792), in: Revista de Historia Indígena 2, 1997, pp. 29–75, here: p. 33.

84 Land sale from Agustín Pilun to Felipe Bastidas, 1824, ANV, vol. 2, fol. 97ff.

85 Land Sale in Rio Bueno from Felipe Guenchumilla to Francisco Javier Carrasco, 1795, ANV, vol. 1, fol. 116ff.; Dionisio Delgado claims possession of lands in Rio Bueno, 1814, AJV, 02/06; Severino Catalan against N. Antilef and others for right to lands, 1826, AJV, 09/04.

86 Cacique Colin and others sell land to Gregorio Ulloa, 1795, ANV, vol. 2, fol. 10ff.

87 Land sale by Manuel Lefian, 1828, ANV, vol. 2, fol. 168ff.

Royal sale the lands called Nales [...]. The fourth heir Ñancucheo, said in presence of everyone that he for his part did not agree to such sale«.[88] In this case, ownership could not be transferred to the buyer.

Ownership was perhaps the most important of the prerequisites. Though many accounts of the acts of verification indicate simply that the Huilliche sellers are »owners«[89], »legitimate owners«[90], or that the lands are »owned by said Indians«[91], this was not simply a statement of fact. Unlike the consent clause, this was something that could not be simply verified by asking the seller but rather had to be ratified by the local inhabitants gathered at the site of the sale; it had to be »found out«. It seems that discussions among those gathered were common, and Huilliches often resolved issues of ownership in their »own debates according to their customs and style«.[92] There is one case from 1800 that is particularly illustrative of this:

»I [the Commander of the Fort of Alcudia, accompanied by the Lengua General] summoned to the site contained in this petition, the Indians, sellers, Cacique Calfunir, Llancal, and other neighbours of the Indians of the area of Chanchan with the others, their relatives being the head of the latter the cacique Epuyan and having everyone gathered were told of the sale of this piece of land that the Indian Llancal was selling Dn. Julian Pinuer and after several reasons that each presented in attention to the relations of kinship that connects them with each other, unanimously said: That the sale made by Llancal was legitimate as true owner with which they were satisfied stating that in the adjacent lands in the area of Pilmaiquen said Llancal could from now on not claim access nor right.«[93]

Llancal's claim to the land was therefore valid only as it corresponded with the shared knowledge of both family groups. The fact that the verification of ownership was only possible with recourse to local knowledge is well exemplified in a case in which a land sale failed when cacique Josef Sunil claimed that the seller Pablo Caniu was not »owner to dispose of said lands«. Caniu claimed recourse from the Governor, arguing that he had inherited the lands from his father and that the cacique had only disputed his claim because he was not included to benefit from the sale. He claimed that the »ancient possession I have is known to many living old Indians«. The *Comisario de Naciones*, with presence of the *Lengua General* and *Capitanes de Amigos*, visited the area and interviewed different witnesses. Tomás Huaytu, whom Caniu had cited as a witness, expressed that when he was a young boy those lands had in fact belonged to Caniu's father, but this was no longer the case, because Caniu had »sold all of the lands that were of his deceased father Chanacul«. As Caniu was not unable to produce another witness, the *Comisario* summoned don Lucas Aricales »a man in his eighties or nineties« who »confirmed that Caniu did not have lands of his own to sell«.[94]

The importance of shared local knowledge is also visible in the demarcation of the lands subjected to sale. The »recognition« or »indication« *(señalamiento)* of the boundaries *(lindes)* of the tracts, farms, or paddocks required that »everyone together« walk through the land in order to settle the correct limits. Though most documents simply indicate the demarcations (»the limits of which are«), others are more explicit in showing that this in itself constituted a physical act. In one sale from 1824, we find the following: »The bounda-

88 Manuel Delgado against Manuel Quepul and others for the delivery of a tract (Rio Bueno), 1807, AJV, 01/06.

89 Possession of Julian Pinuer of a paddock in Chanchan, 1802, ANV, vol. 2, fol. 46ff.

90 Land sale from Bernardo Calfunir to Dionisio Delgado, 1797, ANV, vol. 2, fol. 16ff.

91 Land sale from cacique Juan Queipul and others to Julian Pinuer, 1792, ANV, vol. 2, fol. 25ff.

92 Manuel Delgado against Manuel Quepul and others for the delivery of a tract (Rio Bueno), 1807, AJV, 01/06.

93 Land sale from H. Llancal and others to Julián Pinuer, 1800, ANV, vol. 2, fol. 36ff.

94 Lands of Pablo Caniu, 1801, AJV, 19/01.

ries explained were signalled materially by the very Indian sellers in my presence and that of my Lieutenant Comisario, Captain of the Reduccion, Casiques, Guilmenes, and mozetones and several Spaniards publicly at three in the afternoon.«[95] The boundaries could also be set by creating landmarks. In one case the boundary was indicated »in an old fence and by chopping a Pellín [tree] for firewood«[96]; in another »a dead tree was marked«; finally, in a vast plain »several trees were marked all along the plot of land, serving as boundaries *[linderos]* until they reach the stream«.[97] These kinds of landmarks could only make sense to those who had a good knowledge of the terrain and shared common understandings of the area. In one sale the boundary was indicated as »to the south on a broad marked tree on the top of a knoll«[98]; another sale established a boundary »on a large apple tree located on a depression on the public road«; and another »at the gully *[quevrada]* that makes a corner with the place where the head of a criminal had been placed on a stake as an example of justice«.[99] This latter example is interesting because it refers to a landmark which was no longer present at the place but was probably very well known to local inhabitants.

The act of verification was thus important because, before possession could be given, those gathered (and not only seller and buyer) had to come to the point of »having nothing to contradict«, of no one »placing obstruction nor contradiction«, or »having come to agreement« *(quedando acordes y llanos)*.[100] This was followed by the physical act of possession, which signalled tradition, i.e. it was the condition by which ownership was transferred from seller to buyer. One such possession from 1792 can be provided as an example:

»and not having anything to contradict on the part of Antonio Solis nor of the casique, having come to agreement I gave mentioned Antonio Solis integral possession of the mentioned lands of Lligco throwing stones as well as pulling weeds, in sign of possession and true tradition and saying three verses in loud and clear voices possession, possession, possession, in which he was left absolute owner«.[101]

These ceremonies of possession can be traced back to medieval Spain[102] and were commonly used by colonists since the very beginning of European expansion to claim rights over the American territories.[103] In the territory of Valdivia, they can be found dating up until the late 1820s, and though some documents do not always have the detailed description of the physical act of possession, they do include the observation that possession is given on the spot »in accordance to law«[104], »in due form«[105], or »practicing the remaining ceremonies they are accustomed to« *(que acostumbran)*.[106]

95 Land sale from Agustín Pilun to Felipe Bastidas, 1824, ANV, vol. 2, fol. 97ff.
96 Santiago Ancaguirre regarding possession in Cudico, 1806, AJV, 01/02.
97 Land sale in Quelaco from Juan Queipul to Dionisio Delgado, 1826, ANV, vol. 2, fol. 126ff.
98 Land sale from Lebitun Antiguir to José Antonio Agüero, 1827, ANV, vol. 2, fol. 158ff.
99 Land sale from Agustín Pilun to Felipe Bastidas, 1824, ANV, vol. 2, fol. 97ff.
100 Land sale from Agustín Pilun to Felipe Bastidas, 1824, ANV, vol. 2, fol. 97ff.
101 Land sale from cacique Queipul to Antonio Solis, 1792, ANV, vol. 2, fol. 23ff.
102 *Levaggi*, Historia del Derecho de las Obligaciones, Contratos y Cosas, pp. 91f.
103 On symbolic acts of sovereignty, see: *Arthur Keller/Oliver Lissitzyn/Frederick Mann*, Creation of Rights of Sovereignty through Symbolic Acts, 1400–1800, New York 1967; *Patricia Seed*, Ceremonies of Possession in Europe's Conquest of the New World, 1492–1640, Cambridge/New York 1995. Silvio Zavala has shown that these ceremonies of possession were related to sales of indigenous land in Mexico in the 16th century. *Silvio Zavala*, De encomiendas y propiedad territorial en algunas regiones de la América española, México 1940, p. 46. More recently, *Brian P. Owensby*, Empire of Law and Indian Justice in Colonial Mexico, Stanford 2008, chap. 4.
104 Land sale in Rio Bueno from Felipe Guenchumilla to Francisco Javier Carrasco, 1795, ANV, vol. 1, fol. 116ff.
105 Tract sale in Pichihue from Juan Llancamán to Antonio Leuvu, 1808, ANV, vol. 2, fol. 74ff.
106 Santiago Ancaguirre regarding possession in Cudico, 1806, AJV, 01/02.

The importance of the acts of verification and possession was that, in their absence, property rights could not be conveyed. However, beyond their specific legal function, the ceremonies of possession during the early republican period also reveal that the attribution of relevant facts is not yet exclusively managed by legal institutions. First, the distinction between indigenous and non-indigenous, and thus the difference by which land sales were to be handled, was introduced by local political authorities. Though the republic, as of 1820, had dissolved the legal differences between Spaniards and indigenous populations, legal claims by Ches continued to follow colonial custom, consequently placing the decision on political, not judicial, authorities. Intendant Ramón Picarte observed that this occurred mainly because the Ches, »according to long-standing custom«, continued to seek justice through the *Comisario de Naciones* or the local political authority.[107] Second, the ceremonies of possession established a direct relation between facts and their legal meaning. The publicity of the act meant that at any point those present could call the sanction of the legal act into question: the claims to ownership, the limits of the tract, and consent could be disputed by any of those gathered, thus invalidating the purchase. This indicates that the acts of possession were not a mere formality associated with sales of indigenous land but were intrinsic to ascertaining the validity of the contracts of purchase. The legally relevant facts were thus analogue to the shared knowledge of those living on the spot; no instrument could in and of itself determine the legality of its contents.

Transfer of Land Ownership, 1830–1850

Beginning in the 1830s, the distinction between indigenous and non-indigenous, which had been so important in the previous period, no longer carried any consequence for the legal system. This meant that indigenous populations no longer transferred ownership of land under a different regime: they came to be conducted solely through written legal instruments; intendants and *Comisarios de Naciones* lost their legal functions, and the approval of the cacique was no longer required. Instead, legal functions were handled by different magistrates according to the territorial unit: subdelegates, *alcaldes*, and judges *(jueces de letras)*. The latter, and the public scribe, were seated in the provincial capital, Valdivia, and were the only persons authorised to produce public instruments.[108] Thus land sales were de-localised, being exclusively sanctioned in the city of Valdivia. This shift is certainly related to the increasing consolidation of republican institutions and reflects very clearly a process of state centralisation. But it is, at the same time, a reflection of increasing functional differentiation: legal decisions are handled by legal authorities, and claims to legal ownership are handled exclusively by the legal system. In the remainder of this section, I will focus on three important private legal instruments that became prevalent in sales of indigenous land from 1830 until the enactment of the Civil Code in 1855: deeds of purchase, powers of attorney, and contracts of sale. All of these instruments introduced a displacement in how the legal system handled the question of legitimate ownership.

Though having been the sole legal instrument for sales among Spaniards, the deeds given in public sale *(venta pública)* became important instruments in the purchase of indigenous land after 1830. This displacement of the instrument introduced a series of changes. The first and arguably most important shift is the already mentioned de-localisation of the legal act: from the tracts and paddocks to the city. Thus the sanction of sales always occurs in the city of Valdivia »before this court of first instance«[109] or »before me the scribe and

107 Quoted in *Villalobos*, Tipos fronterizos en el Ejército de Arauco, p. 199.

108 *Juan Bautista Alberdi*, De la majistratura y sus atribuciones en Chile. O sea de la organización de los tribunales y juzgados según las leyes que reglan al presente la administración de justicia, Valparaíso 1846.

109 Land sale from Pedro Manquenir to Antonio Carrillo, 1830, ANV, vol. 8, fol. 8f.

witnesses«.[110] Second, this entailed that tradition no longer required a physical act, replaced instead by a symbolic one contained in the instrument by which the seller gave the buyer »the power to judicially or extrajudicially take and acquire the possession and tenancy of the land«.[111] Third, this removed the subset of colonial institutions – including the customary gatherings – that had until then structured indigenous land sales from the legal act. Finally, it displaced the responsibility for the identity of the instrument from the agent charged with its creation to the seller. Sellers were thus obligated by the deed to remove anyone living on the tract and handle any claims that contested the validity of the sale.

This shift expedited the process of buying and selling land by solely requiring that the agreement of sale be ratified through the creation of the public deed. For our purpose, however, these changes in the instrument separated the verification of the facts of the sale from the transfer of ownership. Though land sales still required tradition for the transfer of ownership, the elimination of a specific regime for indigenous sellers removed the political and social mechanisms of control over the territory. Ownership, consent, and the demarcation of the tracts were hence contained in the creation of the instrument. Legitimate ownership, for example, was often declared by the seller as »inheritance from their fore-bearers«[112], i.e. in reference to ancestral rights, or occasionally certified by a written deed.[113] Consent was the statement, as we have already seen, that the seller is selling »of his own spontaneous will«. Finally, the demarcation of the tracts was either provided by the creation of the deed or, before this, was done by the subdelegate, a local legal authority, in the presence of a witness named by the seller.[114] Since the responsibility of the instrument was placed on the seller, the act of verification was no longer used and the facts of the sale were simply presumed to be true by virtue of the deed of purchase.[115]

By placing the responsibility of the instrument on the seller, contested claims were treated in a very different manner than in the previous regime. On the one hand, it displaced the moment for the introduction of contending claims. The gatherings on the tracts that served to find out the facts of the sale *before* property was transferred were intended to reduce complaints directed at the political authority. Complaints that arose after the fact were considered the result of negligence or malice on the part of the agent charged with the creation of the instrument and thus required a repetition of the act of verification or the annulment of the transfer of ownership.[116] After 1830, as a matter of course, contending claims had to be dealt with *after* the fact. Lawsuits involving indigenous parties multiplied and these disputes were handled in lengthy trials, which occasionally ended with appeals before the Supreme Court. This shift in responsibility, on the other hand, increased the importance of specifically legal institutions in handling indigenous land sales and the conflicts that arose: scribes and judges became the sole handlers of property claims.

---

110 Land sale in Pichoy, 1843, ANV, vol. 2, fol. 208f.

111 Land sale from Josefa Cariman and Maria Luisa Raitrai to Maria Josefa Zuli and Tomasa Samudio, 1844, ANV, vol. 7, fol. 48.

112 Ibid.

113 Public sale of farm from Esteban Curitripai to Ramon Flandes, 1836, ANV, vol. 9, fol. 84.

114 Land sale from Juan Collilef to Francisco Bezerra, 1837, ANV, vol. 9, fol. 102.

115 In a legal doctrinal sense this was the equivalent of understanding tradition independently from the contractual aspects of the exchange. This idea informs most civil codes that have sustained conveyance on the *traditio* side of Roman law and in Germany was developed in Savingy's »Theorie der abstrakten dinglichen Verträge« which informs the doctrine of the »Bürgerliches Gesetzbuch«. See *Helmut Coing*, Europäisches Privatrecht, vol. 2: 19. Jahrhundert. Überblick über die Entwicklung des Privatrechts in den ehemals gemeinrechtlichen Ländern, München 1989, pp. 393f.

116 Bernardo Calfuquir against Lucas Molina concerning borders of tract, 1803, AJV, 01/04.

It may be worth briefly noting that the tension between oral and written legal acts, though relevant, should not be overemphasised.[117] Both in this period and the previous one, the transfer of property connects oral interactions with written procedures. While between 1790 and 1830 the agreement of the sale and the verification are mostly oral interactions, after 1830 the contents of the deed are the result of oral interactions before the scribe.[118] In both cases, the most important outcome is the production of the written deed. The more relevant question, however, is which communications are legally relevant in each period, and not through which media these communications are conveyed. As we saw in the previous section, land sales were not structured only around buyers and sellers before the respective authorities but also involved numerous other actors who could state their claims during the procedure. The gatherings on the tracts were not only intended to let the community know of the sale but were an instance where the community could also be heard: this is the meaning of the publicity of the act of transfer. The displacement of the act of transfer to the city and before the scribe separated this ›social‹ component from the land sales. By removing the act of verification from the transfer of indigenous land, the communications of the community and neighbours were rendered irrelevant for the legal procedure of property transfer and could only be introduced retroactively through lawsuits.

As a consequence of the changes made for land sales, powers of attorney acquired importance for Huilliche sellers. Since sales and lawsuits took place in the city, and appeals had to be delivered to the Supreme Court in Santiago, powers of attorney were mostly used for two reasons: because illness or occupation impeded the seller from travelling to Valdivia to complete a sale, or because lawsuits, being lengthy affairs, required time and reiterated travel. In 1831, for example, before departing to Calle-Calle »to tend to his farming obligations«, *cacique* Francisco Caillumanqui, who was in Valdivia, extended a power in favour of Javier Castelblanco to handle the sale of a tract of land and other matters.[119] In a case from 1836, to sort out a dispute with Santiago Sapí over a tract of land, *cacique* Francisco Colimanque »not being able due to his ailments and advanced age to travel to this city [Valdivia] to clear before the justices the right he has to said land« gave a power in favour of Miguel Arbuco to settle the matter before the court.[120] Powers of attorney were, however, particularly useful in the case of appeals before the Supreme Court in Santiago. This spared a lengthy trip by sea to Valparaiso and a 100-kilometre trip from there to Santiago over mountainous terrain. In 1837, Antonio Vio, who was representing Huilliche sellers in a land dispute, transferred his power to José María Navarro and José Manuel Valverde so they could handle »the lodged appeal until obtaining a favourable ruling in the matter«.[121] In 1846, Antonio Asenjo transferred a power granted by Tomás Tranquil to his brother Domingo Asenjo »resident in the city of Santiago« so that he could »do and determine in all degrees and instances on the appeal lodged before the Honourable Court«.[122]

---

117 Cf. *Jack Goody*, The Logic of Writing and the Organization of Society, Cambridge/New York etc. 1996 (first published in 1986).

118 This has been argued by *António Manuel Hespanha*, »The Everlasting Return of Orality«. Paper presented to Readings of Past Legal Texts. International Symposium in Legal History in Tromso, Norway, 13–14 June 2002, URL: <https://sites.google.com/site/antoniomanuelhespanha/home/textos-selecionados> [9.8.2017].

119 Power of attorney from Francisco Caillumanqui to Javier Castelblanco, 1831, ANV, vol. 8, fol. 56.

120 Power of attorney granted by Francsico Colimanque 1836, ANV, vol. 9, fol. 44.

121 Power of attorney granted by the heirs of Alapan to Maria Calfunado and others, 1835, ANV, vol. 9, fol. 21ff.

122 Power from Anonio Asenjo (Valdivia) to Domingo Asenjo (Santiago) for land dispute involving Tomás Tranquil, 1846, ANV, vol. 7, fol. 117.

Powers of attorney consequently became important instruments for bridging space and time.

Powers of attorney, however, perhaps best symbolise the displacement of reality introduced by legal observation. The power granted through this instrument is given to »represent the person of the granter«[123] and act »in everything as if [the granter] were present«.[124] Thus, the powers of attorney are strictly counterfactual: they create a fiction that carries legal effect. One case is particularly illustrative. In 1835, in the locality of Arique, located roughly 40 kilometres from Valdivia bordering the Calle-Calle River, nineteen Hulliche individuals gave powers of attorney to two of their relatives, María Calfunado and Manuela Raynao, to travel to Valdivia to settle a land dispute. The latter transferred the power, in turn, to Antonio Vio to oversee the lawsuit before the judge in Valdivia. Two years later, as seen above, Vio transferred the power to a representative in Santiago to oversee the appeals before the Supreme Court.[125] The separation of individual and legal person is here clearly represented: for the legal system, the grantee and the granters of the power have equal legal capacity within the limits provided by the instrument. The displacement of the legal acts from the farms to the city and the increasing mediation by legal representatives[126] highlight the subtle coercive power of the procedural shifts.

The final and possibly most consequential instrument used in this period was the contract of sale. Its form is a personal statement from the owner declaring the intention to sell or the completion of the sale. This was probably the written form of the agreement of sale that occurred before seller and buyer legalised the transfer of property. Unlike the deeds of purchase and the powers of attorney, the legal status of the contract of sale is unclear because it was not always emitted by authorised public servants. Some of these contracts were signed by »inspectors«, minor local magistrates, who were not authorised to emit public instruments other than powers of attorney and wills. It is therefore unclear to which degree such contracts were enforceable should one of the parties fail to keep their end of the agreement. Further, these documents fell under the rules of obligations and contracts, meaning that though they could be binding for the contracting parties, they did not bind third parties. Although they created a contractual obligation between the parties, according to existing law, these documents lacked legal power to transfer property.

Yet the contracts of sale began to be used for transferring ownership of land since at least the late 1830s, though due to their informal nature they are only sparsely found in archives. Two documents from 1839 and 1846 are good examples of these contracts.[127] The first, celebrated in Calle-Calle on 10 September 1839, states: »I Patricio Castro say, that I

---

123 Power of attorney granted by Francsico Colimanque 1836, ANV, vol. 9, fol. 44.

124 Power of attorney from Francisco Caillumanqui to Javier Castelblanco, 1831, ANV, vol. 8, fol. 56.

125 Power of attorney granted by the heirs of Alapan to Maria Calfunado and others, 1835, ANV, vol. 9, fol. 21ff.

126 It is unclear how these representatives were selected, but they apparently did not have legal training according to a list published in 1865 which shows lawyers authorised before the Appeals Courts in Chile since 1812. The list is incomplete but provides some insight into the national distribution of attorneys. According to the author, in 1865 there was only one trained lawyer in Valdivia, probably the local magistrate. Cf. Abogados chilenos. Ensayo estadístico de los que actualmente existen, recibidos en nuestras Cortes de Apelaciones desde el 10 de octubre de 1812 hasta el 1° de diciembre de 1864, segun la Matrícula recien publicada en el número 1183 del periódico oficial Gaceta de los Tribunales, i segun varios datos tomados de la última entrega del Anuario estadístico de la República, in: Anales de la Universidad de Chile 27, 1865, pp. 3–13.

127 In the volume's index they are both incorrectly marked as »compraventa« (purchase), the same way in which deeds of purchase are catalogued.

sell Don Pascual Mayorga the lands that belong to me through inheritance«.[128] The document, a simple piece of paper, does not indicate the precise location, or limits, and is signed for both parties by Miguel Arbuco and by the witness, Patricio Ochoa. The second document, signed in Molpun on 14 April 1846, follows a similar format: »I Ignacio Antipan say, that I have sold Don Pascual Mayorga a block of land of my belonging.« It includes sparse information on the boundaries of the tract and neighbours. It also says that Antipan gives (»entrego«) Pascual Mayorga a second tract, apparently a donation.[129] Like the document above, it also lacks most of the formalities associated with the deeds of purchase produced by the public scribe: the official seal, the cost and year of the paper, and the formal legal statements usually provided by the scribe.

These contracts acquired widespread use as of the mid-1840s. In the preparations for the colonisation of the territory, an 1849 brief instructed the fiscal agent to abstain from taking possession of public lands if individuals were in possession of the land or disposed of »reliable titles« *(títulos atendibles)* to it. Among the latter, the government listed prolonged possession, transmission of the lands over three generations, having worked the field, or having enclosed the tract. Among the reliable titles was also having conducted »three successive contracts of sale on the same lands«.[130] This seems to indicate that land transfers had been taking place through the more informal contracts before this time. By the time the agent travelled to Valdivia to take possession of the public lands in 1851, however, he was confronted by the fact that the state had »but very few properties« in the territory and that titles of property that were used by those who claimed fiscal land as private property were »perverse and monstrously informal«. The titles described by the agent in a communication to the Ministry of Interior fit the description of the documents mentioned above:

> »the writings mentioned are merely strips of paper, without seals, without certifying dates, nor any formality of mention in them; I gave, exchanged, or sold so-and-so [Fulano], the piece of land (such and such) without knowing with which title it was given, exchanged or sold; and without this being acknowledged in archives, nor through the payment of alcabala [sales tax], nor appearing in them the signatures of two credible witnesses«.[131]

These documents thus served to lay property claims to land. Crucially, however, in the lawsuits filed by the state against holders of titles of this kind, these claims were upheld by the courts, thus recognising contracts as legitimate instruments for transferring ownership rights. In the most famous case of the period, filed by the treasury against the German immigrant Francisco Kindermann, who through an intermediary had bought large expanses of land for speculation, the courts ruled – in first and second instance – in favour of Kindermann. Both rulings were ratified by the Supreme Court, which argued that by virtue of the »contracts of sale« *(escrituras de compras corrientes)* Kindermann was »in possession of the lands claimed by the fiscal agent«.[132] As such, Kindermann should be left »in quiet and pacific possession of the lands bought from the natives [naturales] mentioned in the said contracts [escrituras]«.[133]

The widespread use of contracts indicated that transfers of land ownership between 1830 and 1850 had in practice moved from tradition to consent. If the exclusive handling of land sales by the scribe had removed the Governor and the gatherings, among other institutions,

128 Land sale from Patricio Castro to Pascual Mayorga, 1839, ANV, vol. 2, fol. 213.

129 Land sale from Ignacio Antipan to P. Mayorga, 1846, ANV, vol. 2, fol. 212.

130 *Ricardo Donoso/Fanor Velasco*, Historia de la constitución de la propiedad austral, Santiago 1928, p. 98.

131 Ibid., p. 107.

132 *Agustín Torrealba*, La propiedad rural en la zona austral de Chile, vol. 1, Santiago 1917, p. 188.

133 Ibid., p. 189.

from the legal process of conveyance, the transition to consensual mechanisms removed the remaining administrative procedures from the buying and selling of land: scribes, and the payment of sales and paper taxes. The purchase of land was thus liberated from every kind of institutional constraint to which it was hitherto bound, functioning purely as a transaction between private individuals. This manner of property transfer had been institutionalised in the French »Code Civil« of 1804 which in its article 1138 correspondingly stated that »La propriété se transfère par simple consentement«[134], grounding the transferral of ownership solely on a contractual basis. The consensual mechanism for transferring the ownership of land was, however, short-lived in Chile. By 1855, the Chilean Civil Code reintroduced the idea of tradition through the registration of property.[135] While sales could still be contractually agreed upon, conveyance of ownership only occurred once the estate had been registered before the Real Estate Register *(Conservador de Bienes Raíces)*.[136]

The manner in which property was transferred during this period was a reflection of broader shifts in legal doctrinal discussions that characterised the codification processes of the 19th century. Whether property transfers were understood in the direction of tradition or in the direction of consent, the practical consequence was the same: the removal of political and social mechanisms of control.[137] Luhmann argues that the changes in the doctrine of contracts, which were henceforth only determined by the will of the parties, completed the modern structural coupling between law and the economy. As such, the transformation of the concepts of property and contract during the 19th century had tremendous consequences.[138] The consequences of this process, however, were not the same across different territories. In our case, the introduction of specialised legal instruments in the transfer of indigenous property detached the legal fact of property from the social knowledge of legitimate possession and created a fluidity of ownership that became impossible to submit to political control. This generated problems both for the indigenous communities which were continuously dispossessed of their lands by land speculators and European immigrants[139] as well as the state insofar as it could not contain the loss of public lands in the region. The decree-laws enacted by the Chilean state throughout the 19th century to stem these problems – which submitted sales of indigenous land to the supervision of the intendants (1853, 1855, and 1856), restricted the conditions under which indigenous people could grant powers of attorney (1856, 1857), and finally prohibited all sales of indigenous land (1874, 1883, 1893) – were to a large extent ineffective.[140]

134 *Coing*, Europäisches Privatrecht, p. 396.

135 *Javier Barrientos Grandon*, De la ›tradición‹ y su definición en el Código Civil chileno. A propósito del artículo 670, in: Revista Chilena de Derecho Privado 1, 2003, pp. 11–108; *Alejandro Guzmán Brito*, La tradición como modo de adquirir el dominio en el derecho romano, en el común y en el iusnaturalismo y su destino en los derechos patrios de la América española, in: Revista Chilena de Derecho 42, 2015, pp. 329–344.

136 *Manuel Montt*, Mensaje del Ejecutivo al Congreso proponiendo la aprobación del Código Civil, in: Código Civil de la República de Chile, Santiago 1877, p. vi.

137 See *Dieter Grimm*, Recht und Staat der bürgerlichen Gesellschaft, Frankfurt am Main 1987, pp. 165–191.

138 *Cf. Luhmann*, Die Gesellschaft der Gesellschaft, chap. 10, esp. pp. 463–467.

139 *Eugenio Alcamán*, Memoriales Mapuche-Williches. Territorios indígenas y propiedad particular (1793–1936), Osorno 2010; *Jorge I. Vergara*, La matanza de forrahue y la ocupación de las tierras huilliche, Valdivia 1991; id., La herencia colonial del Leviatán.

140 *Álvaro Jara*, Legislación indigenista de Chile, México 1956; *Ismael Errázuriz Ovalle*, Títulos de propiedad en el territorio indíjena, Santiago 1914.

III. CONCLUSIONS

The modernisation of law has been described by legal historians in diverse ways. Helmut Coing argued that the 19th century was the moment in which the unitary transnational law of the *ius commune* was dissolved and replaced by modern national law through codification.[141] For Victor Tau Anzoátegui, the most important transformation of this period was in how law was practiced. Until the 19th century, though grounded on norms, law was realised only in its application on a case-to-case basis. Thereafter, law was predominantly conceived as a rationally constructed and internally connected structure of legal norms meant to provide appropriate solutions to every problem of everyday life.[142] While both are correct characterisations of the transformations occurring in law, the ways in which these transformations were interrelated and how they affected social life more generally were left in the background.

This article has attempted to take a social historical approach to the study of law by recourse to Luhmann's idea of *Weltgesellschaft*. In Luhmann's idea of an operatively closed legal system both the shift in sources as well as the changes in the application of law go hand-in-hand with a society that organises itself globally according to the primacy of functional differentiation. A functionally differentiated legal system requires a reorganisation of legal communications in two interrelated directions. First, the legal system sacrifices normative unity in favour of operative unity. This means general norms that were applied differently across local contexts are replaced by nationally heterogeneous norms, which are applied in the same way everywhere, using the code legal/illegal as a rule of attribution and connection for all legal communications. Second, the legal system has to construct rules that allow the application of the system's binary code. These rules are conditional rules, creating »if ... then« relations that subordinate the facts of the case to the deductive application of the norm. In a modern legal system, the application of legal rules becomes more important than the social nuances of the case at hand and reaching decisions based on socially shared understandings of justice.

The case analysed in this article exemplifies how this process occurred in the territory of Valdivia between 1790 and 1850. Fundamentally, the legal interactions that surrounded the conveyance of indigenous land went from politically and socially negotiated transactions, highly reliant on local memory and knowledge, to become increasingly specialised affairs organised around rules provided by the legal system itself. The detachment of the legal from social representations, exemplified by this article, suggests that discrete manifestations of societal change were interrelated with the manner in which legal communications were structured. This process, of course, was not restricted to law nor to the territory of our case study.[143] Inscribing the case studied in this article in a theory of *Weltgesellschaft* sought to highlight the contradictory outcomes that are produced by modernisation. Within the framework of *Weltgesellschaft*, modern society does not necessarily lead to social improvement or to an increasing homogenisation of social structures. Rather it produces and increases heterogeneity, because the general detachment of socially bound mechanisms of regulation generates disruptions and problems that can no longer be perceived unilateral-

141 *Helmut Coing*, Europäische Grundlagen des modernen Privatrechts. Nationale Gesetzgebung und europäische Rechtsdiskussion im 19. Jahrhundert, Opladen 1986.

142 *Tau Anzoátegui*, Casuismo y sistema, pp. 30f.

143 Similar observations on the way law was detached from physical acts and local communities have been provided for 19th-century rural England and southern India. Cf. *Alain Pottage*, The Measure of Land, in: The Modern Law Review 57, 1994, pp. 361–384; *David Washbrook*, Sovereignty, Property, Land and Labour in Colonial South India, in: *Huri Islamoğlu* (ed.), Constituting Modernity. Private Property in the East and West, London 2004, pp. 69–99.

ly.[144] The case of indigenous property transfer in southern Chile is an example of this process of introduction of modern forms of communication – with devastating consequences. Property transfers in the Valdivia territory suffered important changes by detaching the legality of land transfers from social and political mechanisms of regulation.

Finally, rethinking the concept of society is a way of suggesting that it may be fruitful to recover the programmatic aspiration of the first German *Gesellschaftsgeschichte*. The concept of *Weltgesellschaft* is an effort to construct a comprehensive category that accounts for the social construction of meaning and, as such, traces the contours of the *Gesamtsystem*. However, it is also a category that is self-aware of its limitations and through its theory of observation precludes complete and unitary descriptions of society. As such, the concept of *Weltgesellschaft* may be interesting in light of the cultural, linguistic, and global-turns of social history. The case analysed in this article, more than following through on a programmatic proposal, has attempted to exemplify the potential this theory may have for a social historical study of law. A systems-theoretical approach to the study of law has the analytical advantage of taking the legal experience seriously as an area of study in its own right. Instead of focusing on the codes and laws created by central decision-making instances, such a perspective opens the possibility of studying the vague ubiquity of law from the lived everyday experiences of actors and their relation to the broader normative context.

144 On the heterogeneity of »Weltgesellschaft« and its problematic nature see *Luhmann*, The World Society as a Social System; *Stichweh*, Interkulturelle Kommunikation in der Weltgesellschaft.

Marc Breuer

Funktionale Differenzierung im Horizont religiöser Milieus

Zur Verortung älterer katholischer und jüngerer migrantischer Milieus in der Struktur der Gesellschaft*

Soziologische Differenzierungstheorien verstehen Modernisierung als einen Prozess des Auseinandertretens gesellschaftlicher Teilbereiche. Wenn das Erkenntnisinteresse dieser Theorien auch nicht in erster Linie historischer Art ist, führen sie doch eine sozialgeschichtliche Perspektive mit: Die spezifisch moderne Struktur der Gesellschaft wird erkennbar in Abgrenzung von ihrer vormodernen Form.[1] Der vorliegende Beitrag fragt nach der Rolle *segmentärer* Einheiten in modernen Gesellschaften. Diese Frage bezieht sich nicht auf die segmentäre Binnendifferenzierung, die für viele Funktionssysteme charakteristisch ist, etwa für die Wissenschaft (nach Disziplinen) oder die Wirtschaft (nach Märkten).[2] Vielmehr geht es darum, inwiefern segmentäre Differenzierungen der Gesellschaft mit funktionalen Differenzierungen einhergehen können. Ausgangspunkt ist die These, dass sich funktionale Differenzierung historisch erst im Horizont der Nationalstaaten entfalten konnte, bei denen es sich um eine Form segmentärer Differenzierung handelt (I). Zudem wird angenommen, dass analog zu den Nationalstaaten in Teilen Westeuropas auch die – ebenfalls segmentären – konfessionellen Milieus in der Lage waren, Übergänge zu funktionaler Differenzierung zu unterstützen (II). Dieser Zusammenhang gilt insbesondere für den Katholizismus im 19. und frühen 20. Jahrhundert. Trotz der strikt antimodernen kirchlichen Selbstbeschreibung bildeten katholische Milieus einen Rahmen für Prozesse der funktionalen Differenzierung, die weitgehend analog der nationalstaatlich gerahmten Prozesse zu verstehen sind. Davon ausgehend stellt sich die Frage, ob sich daneben auch andere religiöse Milieus als gesellschaftliche Segmente verstehen lassen, die funktionale Ausdifferenzierungen unterstützen. Für einen solchen Vergleich muss zunächst geklärt werden, inwiefern ein Begriff sozialer Milieus auf unterschiedliche religiöse Bevölkerungsgruppen angewandt werden kann (III). Im Deutschland der Nachkriegszeit entstanden Migrantengemeinden vielfältiger religiöser Zugehörigkeiten, um die herum sich ebenfalls soziale Milieus bildeten, die den früheren katholischen Milieus in mancher Hinsicht ähneln (IV). Das lässt sich am Beispiel muslimischer Moscheegemeinden mit ihren dichten Strukturen lebensweltlicher Vergemeinschaftung zeigen. In Bereichen der Freizeitgestaltung, Wirtschaft, Mediennutzung oder der alltäglichen, zum Beispiel gesundheitsbezogenen Unterstützung sind dort Formen ausdifferenzierter Kommunikation erkennbar, die mit einer religiösen Leitdifferenz verknüpft werden, zugleich jedoch auf die gesamtgesellschaftlich durchgesetzte funktionale Differenzierung Bezug nehmen (V). Sowohl im früheren Katholizismus wie in neueren migrantischen religiösen Milieus werden diese Verknüpfungen, so wird abschließend gezeigt, vor allem mithilfe multireferenzieller Organisationen vorgenommen (VI).

* Für wertvolle Hinweise danke ich Detlef Pollack.

1 Vgl. zur Übersicht *Uwe Schimank*, Theorien gesellschaftlicher Differenzierung, Opladen 2000; *ders.*, Gesellschaft, Bielefeld 2013, S. 37ff.; *Hartmann Tyrell*, Zur Diversität der Differenzierungstheorie. Soziologiehistorische Anmerkungen, in: Soziale Systeme 4, 1998, S. 119–149.

2 *Niklas Luhmann*, Die Gesellschaft der Gesellschaft, Frankfurt am Main 1997, S. 760f.

I. Nationalstaaten und funktionale Differenzierung

Modernisierungstheorien gehen davon aus, dass segmentäre Einheiten – wie Ethnien, Regionen oder Nationen – ihre Relevanz für die gesellschaftliche Struktur in der Moderne verlieren.[3] Dagegen wurde im Kontext der Systemtheorie auf die fortlaufende Bedeutung solcher Segmente zumindest in Übergangsprozessen aufmerksam gemacht. Alois Hahn formuliert die These, dass der Übergang zu funktionaler Differenzierung im Laufe der Neuzeit erst möglich war, weil gleichzeitig *Nationen* als neue segmentäre Begrenzungen entstanden.[4] Zwar setzten anfängliche Ausdifferenzierungsprozesse – etwa der Religion, der Wirtschaft oder der Politik – bereits lange vor der Entstehung der Nationalstaaten ein.[5] Zudem reichte die Macht der frühneuzeitlichen Territorialstaaten nicht ausreichend weit, um gesellschaftliche Prozesse tatsächlich in allen Bereichen zu prägen. Auch im 19. Jahrhundert lagen die Nationalstaaten keinesfalls in abgeschlossener Form vor; sie brachen sich vielmehr an vielfältigen Herrschaftsformen wie Imperien, Stadtstaaten oder Fürstentümern.[6] Tatsächlich zielt die These Hahns denn auch vor allem auf die Bedeutung des »Nationenbegriffs als Selbstbeschreibungskategorie«, welche »die Einheit verschiedener funktionaler Subsysteme hinsichtlich ihrer segmentären Geltungsgrenzen postuliert«.[7] Dieser Anspruch war weitgehend kontrafaktisch, denn die politisch definierten Grenzen der Nationalstaaten stimmten zunächst keineswegs mit denen von Sprach- oder Währungsräumen überein. Geschichtswissenschaftliche Deutungen lassen sich mit diesem Argument verknüpfen: Im 19. Jahrhundert, so resümiert Jürgen Osterhammel, wurde es »zu einer selbstverständlichen Erwartung, dass dem National-*Staat* innerhalb seiner Grenzen eine charakteristische National-*Gesellschaft* entsprechen müsse«.[8] Diese Erwartung verband sich mit den politisch geschaffenen Möglichkeiten, innerhalb der staatlichen Grenzen weitreichende Rahmenbedingungen für andere Bereiche der Gesellschaft durchzusetzen. Das gilt offensichtlich für das Rechtssystem oder für die Wirtschaft; für letztere nicht allein weil diese auf das Medium Geld in der Form nationaler Währungen zurückgreift, sondern auch weil man die wirtschaftliche Entwicklung im Zeitalter der Industrialisierung im Sinne nationaler Pro-

---

3 Vgl. zum Beispiel *Johannes Berger*, Die Einheit der Moderne, in: *Thomas Schwinn* (Hrsg.), Die Vielfalt und Einheit der Moderne. Kultur- und strukturvergleichende Analysen, Wiesbaden 2006, S. 201–226.

4 *Alois Hahn*, Identität und Nation in Europa, in: Berliner Journal für Soziologie 3, 1993, S. 193–203; *ders.*, Konstruktionen des Selbst, der Welt und der Geschichte. Aufsätze zur Kultursoziologie, Frankfurt am Main 2000, S. 13ff. Vgl. dazu *Luhmann*, Die Gesellschaft der Gesellschaft, S. 710ff. und 1045ff.; *Rudolf Stichweh*, Die Weltgesellschaft. Soziologische Analysen, Frankfurt am Main 2000, S. 51ff. Bereits *Émile Durkheim*, Über soziale Arbeitsteilung. Studie über die Organisation höherer Gesellschaften, Frankfurt am Main 2004 (zuerst frz. 1893), S. 237ff., macht auf eine vorübergehende Bedeutung territorialer Einheiten für die Herausbildung arbeitsteilig organisierter Gesellschaften aufmerksam. Zur fortdauernden Bedeutung nationalstaatlicher Segmentierungen vgl. *Uwe Schimank*, Weltgesellschaft und Nationalgesellschaften: Funktionen von Staatsgrenzen, in: *Bettina Heintz/Richard Münch/Hartmann Tyrell* (Hrsg.), Weltgesellschaft. Theoretische Zugänge und empirische Problemlagen, Stuttgart 2005, S. 394–414.

5 Vgl. *Detlef Pollack*, Die Genese der westlichen Moderne. Religiöse Bedingungen der Emergenz funktionaler Differenzierung im Mittelalter (zuerst 2013), in: *ders.*, Religion und gesellschaftliche Differenzierung, Tübingen 2016, S. 113–144.

6 Vgl. *Jürgen Osterhammel*, Die Verwandlung der Welt. Eine Geschichte des 19. Jahrhunderts, München 2009, S. 584f.; *Stichweh*, Die Weltgesellschaft.

7 *Hahn*, Konstruktionen des Selbst, der Welt und der Geschichte, S. 29.

8 *Osterhammel*, Die Verwandlung der Welt, S. 1057; vgl. *John Breuilly*, Nationalism and National Unification in Nineteenth-Century Europa, in: *ders.* (Hrsg.), The Oxford Handbook of the History of Nationalism, Oxford 2013, S. 149–174.

jekte vorantrieb.[9] Die Bedeutung der Nation zeigt sich auch für Wissenschaft: Bekanntlich wirkten die Geisteswissenschaften an der Konstruktion nationaler Selbstbeschreibungen prominent mit; selbst die Naturwissenschaften sahen sich in einem Wettstreit um nationale Reputation und Entwicklungschancen.[10] Ein »Bekenntnis zur Nation« wurde bereichsübergreifend »in den Lebenswelten, den Leitbildern und Verhaltensnormen der Menschen selber verankert«.[11]

Die Bedeutung, welche nationale Segmente für funktionale Differenzierung erlangten, liegt unter anderem in der Form der sozialen Einbindung von Individuen begründet. Bereits Georg Simmel macht auf die Umstellung der Form individueller Zugehörigkeit von konzentrischen zu nebeneinanderliegenden Kreisen aufmerksam.[12] Nach Niklas Luhmann sind die Individuen in segmentären und stratifizierten Gesellschaften über die Zugehörigkeit zu dem jeweiligen Segment beziehungsweise zur Schicht inkludiert. Andere Formen gesellschaftlicher Mitwirkung, zum Beispiel über Heirat, Besitz oder Bildung, waren stets abhängig von dieser primären Zugehörigkeit. Funktionale Differenzierung dagegen beruht auf sachlichen Kriterien: In den Systemen der Wirtschaft, des Rechts, der Wissenschaft oder Erziehung werden jeweils nur Teilaspekte der Person relevant, ohne dass die Individuen dort ihre Identität als Ganzes zum Thema machen könnten. Das Individuum gehört keinem System mehr vollständig an, sondern ist auf parallele und partielle Inklusionen in verschiedene Systeme angewiesen.[13] In den vielfältigen Kontexten kann die eigene Identität nicht mehr aus der Zugehörigkeit zu Gruppen verstanden werden, in die man hineingeboren wurde. Man beschreibt sich vielmehr über Teilidentitäten, die in privaten Beziehungen, im Beruf, als Konsument und anderen Bereichen eingenommen werden. Diese Umstellung wirkte sich auf das Selbstverständnis der Individuen in mehrfacher Hinsicht aus:[14] Die Individuen »müssen in der Lage sein, subsystemspezifisch differenziell zu reagieren, d.h. sie müssen die Unterschiedlichkeit der jeweiligen Erwartungen, Unterstellbarkeiten, Rhythmen usw. habitualisieren«.[15] Wer sich bislang über seine segmentäre Einbindung identifizierte, war daher in den neuen, funktional ausdifferenzierten Handlungskontexten mit Identitäts- und Sinnstiftungsproblemen konfrontiert.[16] Historisch eignete sich die Nation nun als neue Basis individueller Zugehörigkeiten, weil sich Ausdifferenzierungen an dieses Segment koppeln ließen. Aus Sicht der Individuen (aber auch von Organisationen) stellt die Nation eine »komplexitätsentlastete Innenwelt«[17] bereit, welche die Sinnhorizonte eingrenzt und so Handlungsfähigkeit ermöglicht. Für eine Übergangszeit bestand

---

9 Vgl. *Dieter Langewiesche*, Nation, Nationalismus, Nationalstaat. In Deutschland und Europa, München 2000, S. 65f.

10 Vgl. *Christoph Weichlein*, Nationalismus und Nationalstaat in Deutschland und Europa. Ein Forschungsüberblick, in: NPL 51, 2006, S. 265–351, hier: S. 279ff.

11 *Langewiesche*, Nation, Nationalismus, Nationalstaat, S. 42.

12 Vgl. *Georg Simmel*, Die Kreuzung sozialer Kreise (zuerst 1908), in: *ders.*, Soziologie. Untersuchungen über die Formen der Vergesellschaftung, Frankfurt am Main 1992, S. 456–511.

13 Vgl. *Niklas Luhmann*, Gesellschaftsstruktur und Semantik, Bd. 3, Frankfurt am Main 1989, S. 149ff.

14 Vgl. *Cornelia Bohn*, Inklusion, Exklusion und die Person, Konstanz 2006; *Lutz Raphael*, Inklusion/Exklusion – ein Konzept und seine Gebrauchsweisen in der Neueren und Neuesten Geschichte, in: *Herbert Uerlings/Iulia-Karin Patrut* (Hrsg.), Inklusion/Exklusion und Kultur. Theoretische Perspektiven und Fallstudien von der Antike bis zur Gegenwart, Köln/Weimar 2013, S. 235–256.

15 *Hahn*, Konstruktionen des Selbst, der Welt und der Geschichte, S. 228.

16 So mit einer handlungstheoretischen Begründung bereits *ders.*, Religion und der Verlust der Sinngebung. Identitätsprobleme in der modernen Gesellschaft, Frankfurt am Main/New York 1974, insb. S. 107ff.

17 *Schimank*, Weltgesellschaft und Nationalgesellschaften, S. 399.

»eine gewisse [...] Wahrscheinlichkeit, daß nationale Selbst-Identifikation (als Beschreibung) mit territorialen Grenzen funktional ausdifferenzierter Kommunikations- und Leistungssysteme zusammenfällt, daß also nationale Identifikation mit nationalstaatlichen Grenzen (wenn auch natürlich nicht unüberwindlichen) der Sprache, der Kultur, der Bildung, des Rechts, der Währung usw. tendenziell konvergiert«.[18]

II. Nation oder Religion?

An die Überlegungen zu Nationalstaaten anknüpfend lässt sich zeigen, dass auch religiös umschriebene Teilgesellschaften in der Lage waren, Übergänge zu funktionaler Differenzierung zu unterstützen: In der Form *katholischer Milieus*, so wurde in der religionssoziologischen und historischen Forschung vielfältig gezeigt, etablierte sich etwa zur Mitte des 19. Jahrhunderts »ein abgrenzender und ausgrenzender katholisch-konfessioneller Gruppenzusammenhang mit einem gewissen Wir-Gefühl [...], der über eine eigene ›Welt-Anschauung‹, eigene Institutionen und eigene Alltagsrituale verfügt«.[19] Wenn auch strittig bleibt, inwiefern regionale Teilmilieus in Deutschland nebeneinander bestanden oder ob diese – nach der Reichsgründung, angetrieben durch den Kulturkampf – zu einem landesweiten Milieu zusammenwuchsen[20], lässt sich doch vielfältig zeigen, wie sich die damaligen Katholiken schicht- und klassenübergreifend konfessionell orientierten.[21] Als ursächlich für die Milieubildung gelten die von Seymour Martin Lipset und Stein Rokkan identifizierten Cleavages:[22] Im Rahmen der Nationalstaaten ergaben sich im 19. Jahrhundert Hauptspannungslinien zwischen Zentrum und Peripherie, Staat und Kirche, städtisch-industrieller und ländlich-agrarischer Produktionsweise sowie zwischen Kapital und Arbeit. Das gilt auch für Belgien, die Niederlande oder die Schweiz, wo die bürgerliche und städtische Kultur ebenso wie die Eliten in Politik, Verwaltung, Wissenschaft, Industrie und Handel vorrangig protestantisch geprägt waren. Dagegen waren Katholiken in ländlichen Regionen und in den traditionellen Berufen des Handwerks und der Landwirtschaft überrepräsentiert.[23] Weil die Unterscheidung von Protestanten und Katholiken weitgehend parallel zu den genannten Hauptspannungslinien lief und die Katholiken sich jeweils auf der als »rückständig« oder »unterlegen« geltenden Seite wiederfanden, konnte die Konfession auf katholischer Seite zur Basis einer ebenso defensiven wie hochintegrierten Teilgesellschaft

---

18 *Hahn*, Konstruktionen des Selbst, der Welt und der Geschichte, S. 55. Vgl. auch *Dietrich Rüschemeyer*, Power and the Division of Labour, Cambridge 1986, S. 141ff.: Staatsbürgerschaft (»Citizenship«) als universale Rolle erlaubt ein »entdifferenzierendes« Verständnis personaler Identität, wodurch das Nebeneinander der Spezialrollen kompensiert wird.

19 *Karl Gabriel*, Christentum zwischen Tradition und Postmoderne, Freiburg im Breisgau/Basel etc. 1992, S. 96. Vgl. *Franz-Xaver Kaufmann*, Kirche in der ambivalenten Moderne, Freiburg im Breisgau/Basel etc. 2012, S. 90ff.

20 Vgl. *Wilfried Loth*, Katholiken im Kaiserreich. Der politische Katholizismus in der Krise des wilhelminischen Deutschlands, Düsseldorf 1984, S. 35ff.

21 Vgl. als Literaturüberblick *Marc Breuer*, Religiöser Wandel als Säkularisierungsfolge. Differenzierungs- und Individualisierungsdiskurse im Katholizismus, Wiesbaden 2012, insb. S. 71ff. und 105ff.

22 Vgl. *Seymour Martin Lipset/Stein Rokkan*, Cleavage Structures, Party Systems, and Voter Alignments: An Introduction, in: *dies.* (Hrsg.), Party Systems and Voter Alignments. Cross-National Perspectives, New York 1967, S. 1–64; Arbeitskreis für kirchliche Zeitgeschichte (AKKZG), Konfession und Cleavages im 19. Jahrhundert. Ein Erklärungsmodell zur regionalen Entstehung des katholischen Milieus in Deutschland, in: Historisches Jahrbuch 120, 2000, S. 358–395.

23 Vgl. bereits *Max Weber*, Die protestantische Ethik und der Geist des Kapitalismus, in: *ders.*, Gesammelte Aufsätze zur Religionssoziologie, Bd. 1, Tübingen 1920, S. 17–206, hier: S. 17ff.

werden. Vor dem Hintergrund des konfessionellen Konflikts, der sich im Kulturkampf verschärfte, war ihnen die nationale Identität nur sehr beschränkt zugänglich.[24]

Mit Rogers Brubaker lassen sich vier mögliche Bezüge zwischen Religion und Nationalismus unterscheiden:[25] Neben solchen Konstellationen, in denen nationale Identitäten religiös legitimiert werden, mit religiösen Identitäten verschmelzen oder wo Religionen selbst als Spielart des Nationalismus fungieren, gebe es viertens ein konkurrierendes Verhältnis zwischen Religion und Nation. »As a principle of vision and division of the social world [...], religion too provides a way of identifying and naming fundamental social groups, a powerful framework for imagining community, and a set of schemas, templates, and metaphors for making sense of the social world«.[26] Diesem zuletzt genannten Typus lässt sich auch der milieuförmige Katholizismus zuordnen, wo die Religion analog der Nation als Basis sozialer und kultureller Identitäten fungierte. Ähnlich wie für die Nationalstaaten war auch für die katholischen Milieus und Säulen (in Belgien und den Niederlanden[27]) die Verknüpfung von Religion mit möglichst vielen der übrigen gesellschaftlichen Bereiche charakteristisch. Innerhalb der Milieus kam es zu einer »Verkirchlichung des Christentums«[28], das heißt, die Kirche als *Organisation* übernahm die vorrangige Zuständigkeit für alle religiösen Gehalte. Die religiöse Zugehörigkeit erschien für die Individuen nun als Mitgliedschaft in einer Organisation. Natürlich waren nicht alle Strukturen und Prozesse im Katholizismus direkt von dieser Organisation reguliert, aber diese bestimmte den Rahmen dessen, was als »zugehörig« gelten kann.[29] Vereine oder Ordensgemeinschaften verfügten als Teilorganisationen zwar über eine gewisse Unabhängigkeit, waren jedoch zugleich (zum Beispiel über Präses-Funktionen der Pfarrer und die Jurisdiktion der Bischöfe) fest mit der kirchlichen Organisation verbunden. Gesteigerte »Volksfrömmigkeit« und massenhafte Partizipation an Gottesdiensten, Prozessionen und Wallfahrten bildeten einen zentralen Faktor für die Stabilisierung des Milieus.[30] Trotz dieser Betonung spezifisch religiöser Praktiken und Symbole lässt sich für solche Milieus von »funktional diffuser«[31] Durchdringung vielfältiger Lebensbereiche mit religiösen Gehalten sprechen. Die segmentäre Abgrenzung der katholischen Milieus erfolgte in erster Linie als »institutional

---

24 Vgl. *Weichlein*, Nationalismus und Nationalstaat in Deutschland und Europa, S. 319ff.; *Christopher Clark/Wolfram Kaiser* (Hrsg.), Culture Wars. Secular-Catholic Conflict in Nineteenth-Century Europe, Cambridge/New York etc. 2003; *Breuer*, Religiöser Wandel als Säkularisierungsfolge, S. 127ff.

25 Vgl. *Rogers Brubaker*, Religion and Nationalism. Four Approaches, in: Nations and Nationalism 18, 2012, S. 2–20.

26 Ebd., S. 4.

27 Vgl. *Wilhelm Damberg*, Abschied vom Milieu? Katholizismus im Bistum Münster und in den Niederlanden 1945–1980, Paderborn/München etc. 1997, S. 521ff.

28 *Franz-Xaver Kaufmann*, Kirche begreifen – Analysen und Thesen zur gesellschaftlichen Verfassung des Christentums, Freiburg im Breisgau/Basel etc. 1979, S. 100ff.; *Gabriel*, Christentum zwischen Tradition und Postmoderne, S. 74ff.

29 Zur milieutypischen kirchlichen Organisation vgl. *Michael N. Ebertz*, Die Bürokratisierung der katholischen »Priesterkirche«, in: *Paul Hoffmann* (Hrsg.), Priesterkirche, Düsseldorf 1987, S. 32–163.

30 Vgl. *Norbert Busch*, Katholische Frömmigkeit und Moderne. Die Sozial- und Mentalitätsgeschichte des Herz-Jesu-Kultes in Deutschland zwischen Kulturkampf und Erstem Weltkrieg, Gütersloh 1997; *Thomas Nipperdey*, Religion im Umbruch. Deutschland 1870–1918, München 1988, S. 14ff.

31 Vgl. die an Simmel und Parsons anschließenden Überlegungen von *Hartmann Tyrell*, »Religion« in der Soziologie Max Webers, Wiesbaden 2014, S. 22ff.; *Detlef Pollack/Gergely Rosta*, Religion in der Moderne. Ein internationaler Vergleich, Frankfurt am Main/New York 2015, S. 314 und 462f.

duplication«[32], das heißt als Etablierung konfessioneller Organisationen, die weitgehend ihren säkularen Pendants entsprachen.

In Familien, konfessionellen Kindergärten und Schulen gelang es, ein »weitgehendes kirchliches Sozialisationsmonopol«[33] zu gewährleisten. Für die konfessionelle Durchdringung zahlreicher gesellschaftlicher Teilbereiche sorgten insbesondere vielfältige Vereine. Darunter bezogen sich viele nicht direkt auf religiöse und karitative Anliegen. Vielmehr sorgten Standes- und Berufsverbände, Gesellen-, Studenten-, Sport- und Gesangsvereine dafür, dass für nahezu alle Teilgruppen und Bereiche des Alltags eigenständige Organisationen vorhanden waren.[34] Gerade die Vereine trugen zur Stabilisierung des Milieus bei, weil sie sich den Eigenlogiken von Funktionssystemen anpassten, ihren Mitgliedern also ermöglichten, in den funktional ausdifferenzierten Kontexten unter konfessionell Gleichgesinnten zu bleiben. Konfessionelle Gewerkschaften und die Zentrumspartei erfüllten dieselbe Aufgabe bezogen auf Wirtschaft und Politik; katholische Verlage etablierten – unter Mitwirkung von Autoren und Lesern – ein konfessionelles Segment der Massenmedien. Man kann daher nicht einfach von einer Isolierung des katholischen Bevölkerungsteils gegenüber funktionaler Differenzierung sprechen. Vielmehr sorgten die genannten Organisationen dafür, dass funktionale Differenzierung *innerhalb* des konfessionellen Segments reproduziert wurde. Ähnlich wie in den Nationen setzten sich Sachunterscheidungen – etwa der Politik, des Rechts, der Erziehung – durch, die aber in ihren Selbstbeschreibungen jeweils an einen religiösen Deutungsvorrang gekoppelt blieben.

Die Analogie zur Nation liegt darin, dass sich das Individuum mit seiner konfessionellen Identität »als Ganzes« fühlen konnte, weil die »vereinzelten« Zugänge zu den Nationen ebenfalls weitgehend innerhalb der konfessionellen Teilgesellschaft verstanden wurden. Der Zusammenhang betrifft – was hier nur angedeutet werden kann – auch die Entwicklung eines Wohlfahrtssektors: Einerseits etablierten sich staatliche Sozialpolitiken und soziale Dienste bis hin zum Wohlfahrtsstaat. Parallel dazu entstanden evangelische und katholische Sozialbewegungen mit vielfältigen Vereinen und Einrichtungen, die sich zu nationalen kirchlichen Wohlfahrtsverbänden zusammenschlossen. Sowohl in den national als auch in den konfessionell umschriebenen Segmenten bildeten sich zunächst eigenständige – und sich gegeneinander abgrenzende – Formen der Bewältigung jener Exklusionen, die innerhalb derselben Segmente für die zugehörigen Individuen anfielen. Seit der Weimarer Republik und in der Bundesrepublik wurden die konfessionellen sozialen Dienste – angesichts weggefallener Cleavages und der Auflösung der traditionellen Milieus – in der Form der »Freien Wohlfahrtspflege« in den Wohlfahrtsstaat integriert.[35]

32 *Pierre L. van den Berghe*, Race and Racism. A Comparative Perspective, New York 1967, S. 34; vgl. *Brubaker*, Religion and Nationalism, S. 3. Vgl. für die belgischen und niederländischen Säulen *Karel Dobbelaere*, The Rationale of Pillarization: The Case of Minority Movements, in: Journal of Contemporary Religion 15, 2000, S. 181–199, hier: S. 181f.

33 *Gabriel*, Christentum zwischen Tradition und Postmoderne, S. 101.

34 Vgl. *Michael N. Ebertz*, »Was steht ihr da und schaut zum Himmel…?«. Die Geburt der Sozialkirche aus dem Geist der Sozialpolitik, in: *Karl Gabriel/Alois Herlth/Klaus Peter Strohmeier* (Hrsg.), Modernität und Solidarität. Konsequenzen gesellschaftlicher Modernisierung, Freiburg im Breisgau/Basel etc. 1997, S. 268–301; *Breuer*, Religiöser Wandel als Säkularisierungsfolge, S. 140ff.

35 Vgl. *Marc Breuer*, Nationale oder konfessionelle Solidarität? Zur Konstitution von Wohlfahrtsstaaten im Rahmen segmentärer Strukturen, in: *Monika Eigmüller* (Hrsg.), Zwischen Gemeinschaft und Gesellschaft. Sozialpolitik in historisch-soziologischer Perspektive, Weinheim/Basel 2012, S. 77–101; *Karl Gabriel/Hans-Richard Reuter*, Religion und Wohlfahrtsstaatlichkeit in Deutschland. Korporatistischer Sozialversicherungsstaat mit konfessioneller Prägung, in: *dies./Andreas Kurschat* u. a. (Hrsg.), Religion und Wohlfahrtsstaatlichkeit in Europa. Konstellationen – Kulturen – Konflikte, Tübingen 2013, S. 93–140.

III. VERGLEICHENDE PERSPEKTIVEN

In der migrations- und religionssoziologischen sowie in der geschichtswissenschaftlichen Literatur finden sich wiederholt Hinweise auf Gemeinsamkeiten zwischen den früheren katholischen und heutigen muslimischen Minderheiten in westlichen Staaten. Diese Hinweise beziehen sich auf heterogene historische und nationalstaatliche Kontexte und wurden bislang nicht systematisiert (was auch hier nicht leistbar ist), sodass allgemeine Aussagen nicht ohne Weiteres abzuleiten sind. Offenkundig gibt es jedoch Parallelen zumindest in dreifacher Hinsicht, die nachfolgend vorgestellt werden. Davon ausgehend stellt sich die Frage, ob sich muslimische Bevölkerungsgruppen – und dann auch andere religiöse Gemeinschaften – nicht ebenfalls als gesellschaftliche Segmente verstehen lassen, die für funktionale Differenzierung bedeutsam sind.

Parallelen betreffen *erstens* die sozialstrukturellen Positionen beider Gruppen. So ähnelt die Lage älterer katholischer Einwanderergruppen in den USA jener der muslimischen Gruppen im jüngeren Westeuropa.[36] Für Westeuropa selbst gleichen sich die die autochthonen Bevölkerungen früherer katholischer Milieus und jüngere muslimische Migrantengruppen zumindest in der Hinsicht, dass sie den Zugang zur funktional differenzierten Struktur der Mehrheitsgesellschaft zu großen Teilen nur unzureichend realisieren konnten. Eine 2015/2016 durchgeführte quantitative Erhebung unter Türkeistämmigen in Deutschland zeigt beispielsweise, dass sich diese zwar zu einem sehr großen Anteil in Deutschland wohlfühlen, aber gleichwohl »bei der Mehrheit der Befragten ein klares Bewusstsein für eine herkunftsbezogene Chancenungleichheit hinsichtlich der strukturellen Integration in die deutsche Gesellschaft vorhanden ist«.[37] Wesentlich ist, dass diese wahrgenommene Benachteiligung auf die Religionszugehörigkeit zurückgeführt wird. *Zweitens* zeigen sich Gemeinsamkeiten hinsichtlich mehrheitsgesellschaftlicher Diskurse, die sich auf die jeweiligen Gruppen beziehen. José Casanova macht darauf aufmerksam, dass in den gegenwärtigen Diskursen über Muslime in westlichen Gesellschaften gerade solche Stereotypen wiederkehren, die im 19. und frühen 20. Jahrhundert gegenüber katholischen Einwanderern in den USA geäußert wurden. Im öffentlichen Bild des Islam wiederholt sich insbesondere die »Vorstellung, dass der Katholizismus mit der modernen Demokratie und den individuellen Freiheiten nicht zusammengehe«.[38] Auch bezogen auf Deutschland lassen sich jüngere islamfeindliche Positionen oder verbreitete Vorbehalte gegenüber Muslimen[39] mit dem im 19. Jahrhundert in vielen Ländern verbreiteten »Antikatholizis-

---

36 *Phillip Connor*, Contexts of Immigrant Receptivity and Immigrant Religious Outcomes. The Case of Muslims in Western Europe, in: Ethnic and Racial Studies 33, 2010, S. 376–403.

37 *Olaf Müller/Detlef Pollack*, Angekommen und auch wertgeschätzt? Integration von Türkeistämmigen in Deutschland, in: APuZ, 2017, H. 27–29, S. 41–46, hier: S. 42. Weitere Hinweise in diese Richtung finden sich unten, am Ende von Abschnitt IV.

38 *José Casanova*, Aggiornamenti? Katholische und muslimische Politik im Vergleich, in: Leviathan 34, 2006, S. 305–320, hier: S. 310f.; vgl. *ders.*, The Politics of Nativism: Islam in Europe, Catholicism in the United States, in: Philosophy & Social Criticism 38, 2012, S. 485–495. Auch in der französischen Debatte um die *laïcité*, die sich in jüngerer Zeit auf den Islam konzentriert, tauchen erneut Argumente auf, die sich zuvor gegen die katholische Kirche richteten. Vgl. *Olivier Roy*, Secularism Confronts Islam, New York 2007 (zuerst frz. 2005).

39 *Detlef Pollack/Olaf Müller/Gergely Rosta* u.a., Grenzen der Toleranz. Wahrnehmung und Akzeptanz religiöser Vielfalt in Europa, Wiesbaden 2014; *Gert Pickel*, Islam als Bedrohung? Beschreibung und Erklärung von Einstellungen zum Islam im Ländervergleich, in: Zeitschrift für Vergleichende Politikwissenschaft 10, 2016, S. 1–37; *Thorsten Gerald Schneiders* (Hrsg.), Islamfeindlichkeit. Wenn die Grenzen der Kritik verschwimmen, Wiesbaden 2009.

mus«[40] vergleichen. Von protestantischer und liberaler Seite sah man den Katholizismus als eine im Kern orientalische Religion, die ebenso wie der Islam im Gegensatz zur abendländischen Geschichte und Zivilisation stehe.[41] Ungünstige sozialstrukturelle Positionen und symbolische Abwertungen lassen Cleavages vermuten, die denen ähnlich sind, die sich bereits für den milieuförmigen Katholizismus zeigten. *Drittens* reagiert man in früheren katholischen und jüngeren muslimischen Bevölkerungsgruppen gleichermaßen auf Erfahrungen der kollektiven Benachteiligung mit einer religiösen Vitalisierung und mit Rückgriff auf traditionelle religiöse Symbole und Praktiken. Über die lokalen und nationalen Konfliktarenen hinaus, so Casanova, formieren sich antinational-globale Bewegungen, die sich damals auf das Label des katholischen Ultramontanismus, heute auf das einer muslimische *Umma* berufen, um transnationalen Zusammenhalt zu gewinnen und einen Vorrang der Religion vor dem Staat geltend machen.[42] Im internationalen Vergleich ähnelt zudem der Aufstieg des politischen Islam in der Türkei (in seiner frühen Phase!) der Entwicklung der katholischen Zentrumspartei zur Zeit der deutschen Reichsgründung: In beiden Fällen politisierten sich ursprünglich religiöse Bewegungen, weil sich die jeweiligen, in der Peripherie verorteten Trägergruppen durch Modernisierungsprozesse benachteiligt sahen.[43] Die Erfolgschancen und langfristigen Entwicklungsrichtungen solcher Bewegungen lassen sich mithilfe der genannten Vergleiche natürlich keinesfalls vorhersagen. Im Gegenteil fordert der Blick auf Gemeinsamkeiten auch die Markierung von Unterschieden. So war eine »parallelgesellschaftliche« Formierung für die katholischen Minderheiten im Deutschen Kaiserreich (und ähnlich für die Sozialdemokraten) »Defensive und Selbstbehauptung zugleich«.[44] Dagegen erzielten die jüngeren migrantischen Bewegungen in Deutschland bislang keine vergleichbaren Erfolge, nicht zuletzt, weil es ihnen an der notwendigen Kohäsion fehlt.[45]

Der vorliegende Beitrag kann einem Vergleich nur bezogen auf einen Teilaspekt nachgehen. Die zu klärende Frage ist, ob sich in westeuropäischen Einwanderungsländern eine gesellschaftsstrukturelle Relevanz religiöser Segmentierungen wiederholt, wie sie aus dem früheren Katholizismus bekannt ist. Über die katholischen und muslimischen Gemeinschaften hinaus zielt das Erkenntnisinteresse auf *religiöse Milieus* im Allgemeinen. Möglicherweise handelt es sich bei religiösen Milieus um eine spezifisch religiöse Sozialform[46], die sich im Kontext von Modernisierungsprozessen herausbildet und für welche Verknüpfungen zwischen Religion und anderen ausdifferenzierten Bereichen der Gesellschaft charakte-

40 *Manuel Borutta*, Antikatholizismus. Deutschland und Italien im Zeitalter der Kulturkämpfe, Göttingen 2010; vgl. *Yvonne Maria Werner/Jonas Harvard* (Hrsg.), European Anti-Catholicism in a Comparative and Transnational Perspective, Amsterdam/New York 2013; *Michael B. Gross*, The War against Catholics. Liberalism and the Anti-Catholic Imagination in Nineteenth-Century Germany, Ann Arbor 2004; *Clark/Kaiser*, Culture Wars.

41 Vgl. *Borutta*, Antikatholizismus, S. 109ff. und 136ff.

42 Vgl. *Casanova*, Aggiornamenti?

43 *Ateş Altınordu*, The Rise and Transformation of German Political Catholicism (1848–1914) and Turkish Political Islam (1970–2011), in: *Christof Wolf/Matthias Koenig* (Hrsg.), Religion und Gesellschaft. Kölner Zeitschrift für Soziologie und Sozialpsychologie, Sonderheft 53, Wiesbaden 2013, S. 383–408.

44 *Nipperdey*, Religion im Umbruch, S. 31.

45 *Matthias Micus/Franz Walter*, Mangelt es an »Parallelgesellschaften«?, in: Der Bürger im Staat 4, 2006, S. 215–221.

46 Vgl. dazu die Systematisierung von *Volkhard Krech/Jens Schlamelcher/Markus Hero*, Typen religiöser Sozialformen und ihre Bedeutung für die Analyse religiösen Wandels in Deutschland, in: *Wolf/Koenig*, Religion und Gesellschaft, S. 51–71, die jedoch das religiöse Milieu nicht als eigenständige religiöse Sozialform verstehen.

ristisch sind.[47] Die Untersuchung beschränkt sich auf die gesellschaftsstrukturelle Relevanz religiöser Milieus. Lohnend wäre darüber hinaus eine Analyse der religiösen Semantiken und der theologischen Sozialethiken, die hier jedoch aus Raumgründen nicht geleistet werden kann.

Zunächst ist zu klären, inwiefern sich der für den Katholizismus eingeführte Milieubegriff auf neuere migrantische Bevölkerungsgruppen anwenden lässt. Begrifflich wird eine Übertragung dadurch erschwert, dass in verschiedenen Theoriesprachen ausgesprochen heterogene Sachverhalte als *soziale Milieus* bezeichnet werden.[48] Generell lassen sich darunter Gruppen mit ähnlichen Lebensweisen und Präferenzen sowie sozialstrukturell ähnlichen Positionen verstehen, die – je nach Perspektive – als bloß analytische Kategorien oder als tatsächlich existierende, sich voneinander abgrenzende Kollektive untersucht werden. Hilfreich sind die systematisierenden Überlegungen von Thomas Schwinn.[49] Dieser unterscheidet Milieutheorien, die sich auf »ältere Milieus« beziehen, von solchen, die »neue«, individualisierte Milieus zum Gegenstand haben. Bei den katholischen Milieus handelt es sich um eine Spielart der *älteren* Milieus, die sich unter den Bedingungen der Auflösung traditioneller ständischer Ordnungen und der Industrialisierung im 19. Jahrhundert herausbildeten. Bezogen auf Deutschland etablierte sich der Begriff im Anschluss an M. Rainer Lepsius' Analyse der sozialmoralischen Milieus im Kaiserreich.[50] Ähnlich wie die Katholiken sahen sich vor allem die damaligen Arbeiterinnen und Arbeiter durch Modernisierungsprozesse benachteiligt. Solche auf kollektiven Identitäten beruhende Milieus, die einen hohen Verpflichtungsgrad gegenüber ihren Mitgliedern aufwiesen, lösten sich spätestens in den 1960er- und 1970er-Jahren auf, weil ihre Konstitutionsbedingungen wegfielen. Bezogen auf die Gegenwart lassen sich *neue* Milieus erkennen, die Individualisierungsprozesse voraussetzen: Der Einzelne wird nicht mehr in durchgängig geprägte Lebenswelten hineingeboren, sondern sieht sich fortlaufend mit alternativen Optionen konfrontiert. Die Milieutheorien von Gerhard Schulze oder Michael Vester beziehen sich auf Ähnlichkeiten von Lebensstilen und Wertorientierungen, wie sie in individuellen Konsum- und politischen Wahlentscheidungen, Geschmackspräferenzen oder Partnerschaftsverhalten zum Ausdruck kommen und nur teilweise von Schichtzugehörigkeiten geprägt werden. »Es handelt sich um Teilvergesellschaftungen, um bestimmte Lagen und Themen zentrierte Wahrscheinlichkeiten einer erhöhten Binnenkommunikation und wechselseitigen Wahrnehmung«.[51]

Der Vergleich zwischen älteren katholischen und jüngeren migrantisch-religiösen Milieus wird im vorliegenden Beitrag geleitet von der Frage nach den Relationen zwischen segmentär abgegrenzten Milieustrukturen und funktionaler Differenzierung. Darauf bezogen erscheinen die Hinweise von Schwinn zu den älteren Milieus jedoch als nicht unproblematisch, denn diese Milieus seien mit der differenzierten Struktur moderner Gesellschaften unvereinbar:

---

47 Mithilfe von »cross-religious and cross-regional comparative studies«, also über den Vergleich vordergründig sehr unterschiedlicher religiöser Bewegungen mit ihren heterogenen Rahmenbedingungen, lässt sich reflexives Wissen gewinnen und einer »universalization and naturalization of categories [vorbeugen] that have been derived from specific religious and historical traditions«, *Altnordu*, The Rise and Transformation of German Political Catholicism, S. 384.

48 Vgl. *Peter Isenböck/Linda Nell/Joachim Renn* (Hrsg.), Die Form des Milieus. Zum Verhältnis von gesellschaftlicher Differenzierung und Formen der Vergemeinschaftung, Weinheim 2013.

49 *Thomas Schwinn*, Soziale Milieus. Varianten und Entstehungsbedingungen, in: *Isenböck/Nell/Renn*, Die Form des Milieus, S. 150–167.

50 *M. Rainer Lepsius*, Parteiensystem und Sozialstruktur. Zum Problem der Demokratisierung der deutschen Gesellschaft (zuerst 1966), in: *ders.*, Demokratie in Deutschland. Soziologisch-historische Konstellationsanalysen. Ausgewählte Aufsätze, Göttingen 1993, S. 25–50.

51 *Schwinn*, Soziale Milieus, S. 158.

»Ihre weitgehende Prägung aller Lebensbereiche und die Koinzidenz mehrerer Strukturdimensionen widerspricht gerade differenzierungstheoretischen Prämissen. [...] Starke Milieubildungen sind Ausdruck einer mangelhaften, unvollständigen Modernisierung und Inklusion in das institutionelle Angebot.«[52]

Offenbar unterschätzt Schwinn dabei den Modernisierungsbeitrag der älteren Milieus. Zwar waren diese aus heutiger Perspektive tatsächlich nur »unvollständig« modernisiert; es handelte sich um Konstellationen des Übergangs zur modernen, funktional differenzierten Gesellschaft. Allerdings waren auch viele der übrigen Bereiche damaliger Gesellschaften durchaus »unvollständig« modernisiert: Statt der Religion dominierten zeitgenössisch in zahlreichen Bereichen nationalistische Ideologien, die man heute ebenfalls im Widerspruch gegenüber den Logiken funktionaler Differenzierung sehen würde. Im Zeichen des Nationalismus isolierte man sich scharf von den benachbarten Territorien, führte geschichtete Ordnungen weiter, verwendete vormoderne Symbole und orientierte sich an Normen, die mit »modernen« Inklusionspostulaten keineswegs vereinbar waren. Nun ist die Frage, wie hochintegrierte Milieus im Verhältnis zur differenzierten Struktur moderner Gesellschaften zu beurteilen sind, nicht allein hinsichtlich der älteren katholischen Milieus relevant, sondern bezieht sich auch auf die jüngeren migrantischen Milieus. Auch diesen spricht Schwinn eine Sonderrolle in ihrer Relation zu funktionaler Differenzierung zu. Bei den »Subkulturen ethnischer Minderheiten« handele es sich ebenfalls um hochintegrierte Milieus, die auf »unterprivilegierten Klassenlagen«[53] ihrer Mitglieder beruhen und religiöse Deutungsmuster sowie milieuspezifische Organisationen und Vereine etablieren. Auch diese Milieus seien nur unvollständig mit den Strukturen der Mehrheitsgesellschaft verknüpft. Ebenso wie den früheren katholischen Milieus wird dieser Hinweis jedoch den migrantischen Milieus nicht ausreichend gerecht. Ein großer Teil der ethnischen Subkulturen zeichnet sich – wie im folgenden Abschnitt erläutert wird – durch weitreichende Merkmale der Individualisierung aus und ist, wenn man sie mithilfe der Milieutheorie analysiert, eher dem Begriff der »neueren« Milieus zuzuordnen. Aber auch dort, wo es sich um hochintegrierte religiöse migrantische Milieus handelt, ist das Verhältnis zu funktionaler Differenzierung komplexer, also in seiner gesellschafsstrukturellen Relevanz dem der früheren katholischen Milieus vergleichbar.

IV. Religiöse Migrantenmilieus

Die hier zu untersuchenden Phänomene sind auf den ersten Blick deutlich heterogen, handelt es sich doch beim früheren Katholizismus um religiöse Milieus autochthoner Bevölkerungsgruppen, die teilweise gerade ihre traditionelle regionale Identität bewahren wollten (allerdings setzten die katholischen Milieus der Industrieregionen des Saarlands und des Ruhrgebiets Binnenmigration voraus). Dagegen verdanken sich migrantische Milieus den mit internationaler Migrationserfahrung verbundenen Bedingungen. Ein direkter Vergleich ist auch begrifflich nicht ohne Weiteres durchzuführen, da der Milieubegriff in der Migrationssoziologie bislang wenig verankert ist. Etabliert sind die Begriffe ethnischer Communities, Kolonien oder Subkulturen sowie – aus der Soziologie sozialer Ungleichheiten kommend – der stadträumlichen Segregation und der Exklusion.[54] Als vielversprechend

52 Ebd., S. 152 und 155.

53 Ebd., S. 155.

54 Vgl. etwa *Alejandro Portes/Rubén G. Rumbaut*, Immigrant America. A Portrait, Berkeley 2006, S. 92ff.; *Friedrich Heckmann*, Ethnische Minderheiten, Volk und Nation. Soziologie inter-ethnischer Beziehungen, Stuttgart 1992, S. 96ff.; *Hartmut Häußermann/Martin Kronauer/Walter Siepel* (Hrsg.), An der Rändern der Städte, Frankfurt am Main 2004. Als problematisch erweist

erscheinen milieutheoretische Zugänge, die nach Lebensstilen, Wissensformen und Netzwerken fragen und zudem migrationsbezogene und ungleichheitstheoretische Merkmale berücksichtigen. So verstehen Hans-Georg Soeffner und Dariuš Zifonun als Milieu einen »gemeinsame[n] Fundus an geteilten Wissensbeständen, Routinen und Interaktionsmustern oder mit anderen Worten ein Einverständnis darüber, was als ›normal‹ gilt«.[55] In modernen, pluralisierten und individualisierten Gesellschaften bestehen vielfältige Milieus nebeneinander. Diese Autoren beziehen sich eher auf die »neueren« Milieus im Sinne Schwinns, bei denen sich Zugehörigkeiten aus der Perspektive ihrer Mitglieder nicht notwendig ausschließen. So bewegen sich Individuen zugleich in den Milieus zum Beispiel ihres Berufslebens, ihrer Freizeit oder der Familie, ohne dass sich diese Zugehörigkeiten notwendig ausschließen würden. Davon ausgehend lassen sich als *Migrantenmilieus* solche Formationen verstehen, die von Einwanderern aufgrund ihrer geteilten Erfahrungen und migrationsbezogener Herausforderungen gebildet werden:

»Wenn Einwanderung nicht individuell, sondern in Form von Masseneinwanderung aus derselben Herkunftsregion erfolgt, erwerben Migrantenmilieus nicht selten die Funktion einer Kernwelt [...]. Sie dienen ihren Bewohnern als Mittel zur Bewältigung der Migrationssituation und ihrer Folgen. [...] In solchen nur relativ geschlossenen Milieus werden überkommene Kulturmuster transformiert und angepasst, genauso wie neu erworbenes Wissen umgeformt und eingepasst wird. In Migrantenmilieus schaffen sich Einwanderer neue Institutionen, es entstehen eigene Muster ökonomischer und sozialer Reproduktionen sowie interne soziale Differenzierungen mit eigenen Status- und Rangordnungen, die zu einer Stabilisierung dieser sozialen Welt führen.«[56]

In eine ähnliche Richtung weisen die Überlegungen von Jan Fuhse: Im Anschluss an die Milieutheorien von Gerhard Schulze und Jörg Rössel handele es sich bei »migrantischen Milieus« um »relativ dichte soziale Netzwerke mit gemeinsamen kulturellen Mustern (Deutungsmustern und sozialen Praktiken)«, die sich über die Spannung zwischen gemeinsamem migrantischem »Herkunfts- und Aufnahmekontext«[57] konstituieren. Die Herkunft aus einem Staat oder einer Teilregion, mitunter auch aus kulturell ähnlichen Staaten, sorgt unter den Einwanderern für eine relativ erhöhte Dichte persönlicher Beziehungen. Innerhalb des Milieus etablieren sich spezifische kulturelle Formen und Verhaltensweisen, die in Teilen aus dem Herkunftsland übernommen sind, sich aber zugleich aus den Erfahrungen im Einwanderungsland speisen.

Für den Vergleich mit dem Katholizismus interessieren nun solche Milieus, in welchen die herkunftslandbezogene Identität mit einer *religiösen* Identität verknüpft wird. Die englischsprachige Soziologie wendet darauf seit Langem den Begriff der »ethnic churches«[58] an, während vergleichbare Phänomene im deutschsprachigen Bereich erst in jüngerer Zeit größere Aufmerksamkeit fanden. Wenn im Folgenden exemplarisch von *muslimischen Milieus* gesprochen wird, sind damit Submilieus des jeweiligen migrantischen Milieus (im Sinne Fuhses) gemeint, in denen Religionszugehörigkeit und religiöse Praktiken geteilt

---

sich das Konzept der Sinus-Milieus, weil sich migrantische Milieus kaum vorrangig aufgrund individualisierungstheoretischer Merkmale gegenüber der Mehrheitsgesellschaft und untereinander abgrenzen lassen. Vgl. *Dirk Halm/Martina Sauer*, Die türkische Gemeinde in Deutschland und das Konzept der sozialen Milieus, in: Leviathan 39, 2011, S. 73–97.

55 *Hans-Georg Soeffner/Dariuš Zifonun*, Integration und soziale Welten, in: *Sighard Neckel* (Hrsg.), Mittendrin im Abseits. Ethnische Gruppenbeziehungen im lokalen Kontext, Wiesbaden 2011, S. 115–131, hier: S. 120; vgl. *Dariuš Zifonun*, Versionen. Soziologie sozialer Welten, Weinheim 2016.

56 *Soeffner/Zifonun*, Integration und soziale Welten, S. 122.

57 *Jan Fuhse*, Parallelgesellschaft, ethnische Gemeinschaften oder migrantische Milieus?, in: *Isenböck/Nell/Renn*, Die Form des Milieus, S. 189–204, hier: S. 196 und 198.

58 *Mark Mullins*, The Life-Cycle of Ethnic Churches in Sociological Perspective, in: Japanese Journal of Religious Studies 14, 1987, S. 321–334.

werden. Die genannten Eigenschaften können sich sowohl auf stärker individualisierte wie segregierte Milieus beziehen. Religions- und migrationssoziologische Analysen zeigen, dass religiöse Überzeugungen und Praktiken für viele Migranten eine deutlich größere Bedeutung haben, als das in den Mehrheitsgesellschaften der Fall ist.[59] Insbesondere muslimische Religiosität wird seit einigen Jahren intensiv untersucht.[60] Im Vergleich zur deutschen Gesamtbevölkerung beschreiben sich muslimische Migranten als überdurchschnittlich religiös.[61] Während die Religiosität unmittelbar nach der Einwanderung rückläufig ist, kommt es in den Folgejahren zu einem Anstieg, der möglicherweise durch symbolische Grenzen gegenüber dem Islam begünstigt wird.[62] Auch im generationellen Vergleich ist eine Stabilität religiöser Orientierungen erkennbar.[63] Wenn die religiöse Praxis in Form von Moscheebesuchen und persönlichem Gebet auch rückläufig ist, fällt doch eine Zunahme der religiösen Selbsteinschätzung im generationalen Wandel auf, die dem Trend der Mehrheitsgesellschaft entgegenläuft.[64] Dabei kann die hohe subjektive Bedeutung der Religion keinesfalls einfach als Weiterführung von Orientierungen aus dem Herkunftsland verstanden werden. Vielfach war die Religion in den eher traditionell geprägten Herkunftsregionen lebensweltlich eingebunden. Erst nach der Migration verloren zuvor alltägliche religiöse Praktiken und Überzeugungen ihre Selbstverständlichkeit. Dabei lassen religiöse migrantische Milieus sowohl deutliche Merkmale der Individualisierung erkennen, wie sie gleichzeitig von einer bei vielen Mitgliedern geteilten Annahme selbstverständlicher religiöser Zugehörigkeit profitieren: So wird die Religionszugehörigkeit nach der Migration einerseits zu einem zentralen Merkmal der personalen Identität, über welches sich Individuen von der Mehrheitsgesellschaft unterscheiden und das daher zur fortlaufenden Reflexion und damit zur Subjektivierung der religiösen Praxis anregt.[65] Die religiösen Gemeinden, die unten näher vorzustellen sind, konkurrieren mit ihren Angeboten um Mitglieder, wodurch religiöse Partizipation immer wieder unter Entscheidungszwang gerät.[66]

59 Für die USA vgl. *Charles Hirschman*, The Role of Religion in the Origins and Adaptation of Immigrant Groups in the United States, in: International Migration Review 38, 2004, S. 1206–1233; *Portes/Rumbaut*, Immigrant America, S. 299ff.

60 Vgl. *David Voas/Fenella Fleischmann*, Islam Moves West. Religious Change in the First and Second Generation, in: Annual Review of Sociology 38, 2012, S. 525–545; *Connor*, Contexts of Immigrant Receptivity and Immigrant Religious Outcomes.

61 *Dirk Halm/Martina Sauer*, Lebenswelten deutscher Muslime, Gütersloh 2015.

62 *Claudia Diehl/Matthias Koenig*, Zwischen Säkularisierung und religiöser Reorganisation – Eine Analyse der Religiosität türkischer und polnischer Neuzuwanderer in Deutschland, in: *Wolf/Koenig*, Religion und Gesellschaft, S. 235–258.

63 *Claudia Diehl/Matthias Koenig*, Religiosität türkischer Migranten im Generationenverlauf: Ein Befund und einige Erklärungsversuche, in: Zeitschrift für Soziologie 38, 2009, S. 300–319.

64 Vgl. *Detlef Pollack/Olaf Müller/Gergely Rosta* u.a., Integration und Religion aus der Sicht von Türkeistämmigen in Deutschland, Münster 2016, S. 12f.; *Halm/Sauer*, Lebenswelten deutscher Muslime.

65 *Werner Schiffauer*, Nach dem Islamismus. Die Islamische Gemeinschaft Milli Görüş. Eine Ethnographie, Berlin 2010, S. 36ff.; *Astrid Reuter*, Religionen im Prozess von Migration. Eine Fallstudie: Muslimische Migration nach Deutschland und Frankreich im 20. Jahrhundert, in: *Hans G. Kippenberg/Jörg Rüpke/Kocku von Stuckrad* (Hrsg.), Europäische Religionsgeschichte. Ein mehrfacher Pluralismus, Bd. 1, Göttingen 2009, S. 371–410; *Nikola Tietze*, Islamische Identitäten. Formen muslimischer Religiosität junger Männer in Deutschland und Frankreich, Hamburg 2001, S. 236ff.; *Christel Gärtner/Zehra Ergi*, The Relation of Religious Identity and National Heritage among Young Muslims in Germany, in: *Francis-Vincent Anthony/Hans-Georg Ziebertz* (Hrsg.), Religious Identity and National Heritage. Empirical-Theological Perspectives, Leiden/Boston 2012, S. 73–90.

66 Vgl. *Dariuš Zifonun*, Jenseits von »ethnic community« und »ethclass«: Migrantenmilieus als lebensweltliche Individualisierungs- und Differenzierungsphänomene, in: *Peter A. Berger/Ronald*

Andererseits erscheint vielen Milieuangehörigen die religiöse Zugehörigkeit an die ethnische Identität gekoppelt: Zwar kommen in den meisten Moscheegemeinden Besucher verschiedener Herkunftsländer zusammen, gleichwohl wird fast jede Gemeinde deutlich von einem Herkunftsland dominiert.[67] Vielfach werden religiöse Gemeinden für Migranten zu Orten der Tradierung ihrer ethnischen Identität. Insbesondere in den türkisch geprägten Gemeinden ist die nationalkulturelle Bindung an die Türkei sehr deutlich. Religiöse Praxis und Zugehörigkeit erscheinen vielen Besuchern als selbstverständlicher Ausdruck ihres Türkischseins.[68] Die hier untersuchten ethnisch und eher traditionell orientierten Milieus sind daher von salafistischen Gemeinschaften abzugrenzen, die eine (gegebenenfalls auch innermuslimische) Konversion verlangen und ihren multiethnischen sowie posttraditionalen Charakter betonen.[69]

Die Ursachen der Milieubildung lassen sich zunächst über die Bewältigung der Migrationssituation verstehen, wie migrationssoziologische Analysen vielfältig zeigen.[70] Ein Bedarf an einer segmentären Identität, welche die systemspezifischen Inklusionen überwölbt, entstand gerade bei den Arbeitsmigranten der Bundesrepublik dadurch, dass diese aus weitgehend peripheren Regionen kamen, in welchen die Zugehörigkeit zu Familien, Dörfern und Clans sowie Gegenseitigkeitskommunikation nach wie vor von hoher Bedeutung waren.[71] Ähnlich wie bei den älteren katholischen Milieus verläuft die Grenze migrantisch-religiöser Milieus zumindest teilweise parallel zu Cleavages, worauf oben bereits hingewiesen wurde. Diese sind in pluralen und individualisierten Gesellschaften zwar nicht annähernd von jener Trennschärfe, die für die traditionellen Milieus des Deutschen Kaiserreichs prägend war. Gleichwohl sind migrantische Gruppen überdurchschnittlich von Einschränkungen hinsichtlich sozialer Teilhabemöglichkeiten betroffen.[72] Man kann daher von einer mehrfachen *Stratifikation* individueller Rechte sprechen:[73] In aufenthaltsrechtlicher, sozialrechtlicher und sozialstruktureller Hinsicht haben Teilgruppen der migrantischen Bevölkerung signifikant ungleiche Möglichkeiten, ihre Rechte geltend zu machen. Hinzu kommt die bereits erwähnte, in weiten Kreisen der Bevölkerung verbreitete Ablehnung gegenüber Muslimen, die man als eine »neue religiös-kulturelle Spannungslinie in Deutschland«[74] verstehen kann. Während diese Cleavage in der Gesamtbevölkerung signifikanten

---

Hitzler (Hrsg.), Individualisierungen. Ein Vierteljahrhundert »jenseits von Stand und Klasse«?, Wiesbaden 2010, S. 139–151.

67 *Dirk Halm/Martina Sauer/Jana Schmidt* u.a. (Hrsg.), Islamisches Gemeindeleben in Deutschland. Im Auftrag der Deutschen Islam-Konferenz, Nürnberg/Essen 2012, S. 59ff. In 64% der Moscheegemeinden stammt die Mehrzahl der Mitglieder aus der Türkei, vgl. *Halm/Sauer*, Lebenswelten deutscher Muslime.

68 Vgl. *Theresa Beilschmidt*, Gelebter Islam. Eine empirische Studie zu DITIB-Moscheegemeinden in Deutschland, Bielefeld 2015, S. 143ff.; *Tietze*, Islamische Identitäten, S. 14f.

69 Vgl. *Rauf Ceylan*, Neo-Salafiyya – Charakteristik und Attraktivität einer neuen fundamentalistischen Bewegung in Deutschland, in: Leviathan 44, 2016, S. 187–205; *Zifonun*, Versionen, S. 98f.

70 Vgl. die in Anm. 54 zitierte Literatur.

71 *Werner Schiffauer*, Die Bauern von Subay. Das Leben in einem türkischen Dorf, Stuttgart 1987; *Klaus-Peter Japp*, Zur Bedeutung von Vertrauensnetzwerken für die Ausdifferenzierung politischer Kommunikation, in: *Michael Bommes/Veronika Tacke* (Hrsg.), Netzwerke in der funktional differenzierten Gesellschaft, Wiesbaden 2011, S. 261–286.

72 *Olaf Müller*, »Objektive« Lage und soziale Ablehnung: Das soziostrukturelle Profil der Muslime in Deutschland und Europa im Vergleich, in: *Pollack/Müller/Rosta* u.a., Grenzen der Toleranz, S. 79–109.

73 *Kathrin Mohr*, Stratifizierte Rechte und soziale Exklusion von Migranten im Wohlfahrtsstaat, in: Zeitschrift für Soziologie 34, 2005, S. 383–398.

74 *Gergely Rosta/Detlef Pollack*, Eine neue religiös-kulturelle Spannungslinie in Deutschland?, in: *Pollack/Müller/Rosta* u.a., Grenzen der Toleranz, S. 179–196.

Einfluss auf die Parteienwahl zeigt, stärkt sie umgekehrt die kollektive Identität und das Distinktionspotenzial muslimischer Gemeinschaften.[75]

V. Milieus und Funktionssysteme

Inwiefern finden sich in religiösen migrantischen Milieus Verknüpfungen von Milieustrukturen und funktionaler Differenzierung, die den früheren katholischen Milieus vergleichbar sind? Joachim Renn widerspricht zwar der oben (Abschnitt I) zugrunde liegenden systemtheoretischen Auffassung der Exklusionsindividualität, weil er die Selbstbehauptung des Subjekts als notwendige Ressource sieht, worauf funktionale Differenzierungsprozesse zurückgreifen würden.[76] Ohne die Unterschiede zwischen beiden Positionen hier angemessen diskutieren zu können, sei dennoch auf eine bedeutende Gemeinsamkeit hingewiesen: Während Hahn, wie erläutert, segmentäre Nationalstaaten als historische Voraussetzung funktionaler Differenzierung sieht, macht Renn auf den konstitutiven Beitrag sozialer Milieus für funktionale Differenzierung aufmerksam, da sie Anschlüsse zwischen individuellen Lebenswelten und Funktionssystemen herstellen.[77] Bei der funktionalen Differenzierung der Gesellschaft und der milieuförmigen Differenzierung von kulturellen Sinnhorizonten handelt es sich Renn zufolge um verschiedene Achsen einer *multiplen Differenzierung*. Ein Milieu stellt einen »abgegrenzten Horizont realer Gruppen« dar, »zu *deren* Einheit die faktische Binnenkommunikation mit besonderem Akzent auf Stilpräferenzen gehört«. Diese unterscheidet sich von den Funktionssystemen mit ihren spezifischen Codes »vor allem durch den Grad der *Konkretheit*, der symbolischen Dichte und zugleich Vagheit der verwendeten Sprache, damit auch durch das Gewicht, das dem impliziten, praktischen und habituellen Wissen zukommt«.[78] Davon ausgehend besteht die differenzierungstheoretisch relevante Leistung sozialer Milieus in Anschlussleistungen, das heißt in der »situationssensiblen Applikation generalisierten Sinns innerhalb eines praktischen Kollektivs«.[79]

Solche Anschlussleistungen, das heißt lebenswelt- oder milieuspezifische Zugänge zu den Funktionssystemen, werden zweifellos auch in religiösen Milieus erbracht. Allerdings ist damit noch nichts über die spezifisch *religiösen* Komponenten gesagt, die für Anschlüsse an funktionale Differenzierung bedeutsam sind. Diesbezüglich sind die ländervergleichenden quantitativen Analysen religiöser Bindungen von Detlef Pollack und Gergely Rosta aufschlussreich.[80] Diese zeigen, dass fortschreitende Prozesse funktionaler Differenzierung empirisch unter bestimmten Umständen mit nachlassender Religiosität einhergehen, was sich mit differenzierungstheoretischen Einsichten deckt: In vormodernen Gesellschaften konnte Religion einen Geltungsvorrang durchsetzen. Dagegen entkoppeln sich die gesellschaftlichen Teilbereiche im Modernisierungsprozess von religiösen Ansprüchen. Religion erscheint jetzt als ein gesellschaftliches Teilsystem neben anderen.[81] Während die reli-

75 *Wolfgang Bergem*, Wann ist das Distinktionspotenzial religiöser Identitäten anfällig für eine Eskalation zur Freund-Feind-Schematisierung?, in: *Ines-Jacqueline Werkner/Oliver Hidalgo* (Hrsg.), Religiöse Identitäten in politischen Konflikten, Wiesbaden 2016, S. 125–143.

76 Vgl. *Joachim Renn*, Selbstentfaltung – Das Formen der Person und die Ausdifferenzierung des Subjektiven. Soziologische Übersetzungen II, Bielefeld 2016, S. 186f.

77 *Ders.*, Die Form des Milieus – Vergemeinschaftung, multiple Differenzierung und die tiefenhermeneutische Makroanalyse, in: *Isenböck/Nell/Renn*, Form des Milieus, S. 304–338.

78 Ebd., S. 318f.

79 Ebd., S. 322.

80 *Pollack/Rosta*, Religion in der Moderne.

81 Vgl. bereits *Max Weber*, Zwischenbetrachtung, in: *ders.*, Gesammelte Aufsätze zur Religionssoziologie, S. 536–573; *Luhmann*, Gesellschaftsstruktur und Semantik, S. 259ff.; weitere Hinweise bei *Breuer*, Religiöser Wandel als Säkularisierungsfolge, S. 32ff.

giöse Inklusionsfähigkeit also unter funktionaler Differenzierung leidet, sind gegenteilige Effekte dort erkennbar, wo es zu religiös gerahmten Prozessen der Entdifferenzierung oder Diffusion kommt: »[D]ie Integrationsfähigkeit von Religionsgemeinschaften und Kirchen steigt, wenn sie sich mit nichtreligiösen Identitäten und Interessen verbinden.«[82] Spezifisch für die historischen Milieus und Säulen etwa in Westdeutschland oder in den Niederlanden war »die Diffusion der religiösen Funktion mit der Wahrnehmung anderer Funktionen, die kirchliche Integration in das politische Handeln, in die politische Diskussionskultur und zivilgesellschaftliche Assoziationen«.[83] Auch die polnische oder die russische Nationalbewegung ebenso wie evangelikale Bewegungen in den USA lassen erkennen, dass »Prozesse der funktionalen Entdifferenzierung mit einem Relevanzgewinn des Religiösen«[84] verbunden sind. Während die traditionellen religiösen Sozialformen ihre Bindungskraft aufgrund von Modernisierungsprozessen verloren haben, sind fundamentalistische religiöse Bewegungen der Gegenwart – ob salafistischer, evangelikaler oder ultra-orthodoxer Couleur – dadurch erfolgreich, dass sie in entdifferenzierender Absicht versuchen, politische, wirtschaftliche oder rechtliche Sachverhalte ihrer religiösen Perspektive unterzuordnen.[85]

Mit den Hinweisen Renns auf die Anschlussleistungen sozialer Milieus an funktionale Differenzierung sowie denjenigen Pollacks und Rostas auf die Integrationsfähigkeit von Religion in funktional diffusen Subkulturen sind zwei Mechanismen benannt, über welche religiöse Milieus bezogen auf funktionale Differenzierung relevant werden: Erstens ist allgemein eine Differenzierung der Gesellschaft nach sozialen Milieus zu beachten, aus denen heraus sich jeweils subkulturell spezifische Zugänge zu den Funktionssystemen eröffnen. Zweitens gibt es für Religionsgemeinschaften deutliche Anreize, solche Zugänge zu Funktionssystemen bewusst vorzuhalten und auszubauen, weil sie davon in ihrer »Inklusionsfähigkeit« profitieren. Hinsichtlich der Form, in denen Bezüge zu Funktionssystemen konkret hergestellt werden, sind allerdings Unterschiede zwischen älteren katholischen und jüngeren migrantischen Milieus zu beachten. Bei den katholischen Milieus ging es darum, dass milieu*intern* funktionale Differenzierungen – etwa in der Medizin oder der Erziehung – etabliert wurden, und zwar historisch weitgehend parallel zur milieu*externen* Etablierung funktionaler Ausdifferenzierungen.[86] Für die Systeme zum Beispiel der Erziehung, der Wirtschaft, der Politik oder der Massenmedien ermöglichte das Milieu seinen Mitgliedern konfessionell eingebundene Inklusionen. Aufgrund der hohen regionalen Verdichtung konnten Kontakte mit Individuen anderer Konfession weitgehend vermieden werden, sodass die konfessionelle Rahmung aller Aktivitäten von den Einzelnen weitgehend unhinterfragt blieb. Das bedeutet zwar nicht, dass ein spezifisch katholisches Wirtschafts- oder Politiksystem neben dem nationalen Wirtschafts- oder Politiksystem existiert hätte. Aber das konfessionelle Milieu konnte – ebenso wie die Nationalstaaten – die Illusion durchsetzen, dass ausdifferenzierte wirtschaftliche oder politische Kommunikationen der konfessionellen oder nationalen Gemeinschaft zugeordnet seien, weil die empirischen Mitwirkungen auch tatsächlich immer im Kontakt mit Zugehörigen erfolgen. Über die Form, in der das bezogen auf die einzelnen Systeme geschah – mithilfe von Organisationen – wird im nächsten Abschnitt zu sprechen sein. Zunächst kommt es nur darauf an, dass sich aus der Perspektive der Individuen ausdifferenzierte, »entpersonalisierte« Kommunikatio-

82 *Pollack/Rosta*, Religion in der Moderne, S. 462.
83 Ebd., S. 463.
84 Ebd., S. 469.
85 Vgl. ebd.
86 Vgl. *Breuer*, Religiöser Wandel als Säkularisierungsfolge, S. 134ff.; *Karl Gabriel*, Das 19. Jahrhundert: Das Zeitalter der Säkularisierung oder widersprüchlicher Entwicklungen?, in: *ders./Christel Gärtner/Detlef Pollack* (Hrsg.), Umstrittene Säkularisierung. Soziologische und historische Analysen zur Differenzierung von Religion und Politik, Berlin 2012, S. 417–438.

nen jederzeit mit einer kollektiven Identität (auf nationaler oder konfessioneller Basis) koppeln ließen.

Während die älteren katholischen Milieus in einer Gesellschaft des Übergangs zu funktionaler Differenzierung verortet waren, sind die migrantischen Milieus der zweiten Hälfte des 20. Jahrhunderts und der Gegenwart eingebettet in eine funktional differenzierte Gesellschaft, das heißt in einen Rahmen fortgeschrittener Modernisierung. Die Bedingungen betreffen aber nicht alle Teilsysteme in gleicher Weise: Ähnlich wie im früheren Katholizismus[87] hat die Zuordnung von Eheschließung und von Familien zu den Milieus, das heißt die Vermeidung von »Mischehen« für die Milieuintegration zentrale Bedeutung. Ethnisch-religiös beziehungsweise konfessionell homogene Ehen ermöglichen die Zuordnung der Familie zum religiösen Milieu. Der Anteil interethnischer Ehen ist bei muslimischen Migranten in westeuropäischen Ländern sehr gering.[88] Die Familie ermöglicht unter diesen Umständen die Reproduktion einer ethnisierten Religiosität sowie religiöse Sozialisation und die Stabilisierung religiöser Traditionen im Alltag. Jenseits der Familie ist eine eigenständige Reproduktion funktionaler Differenzierung in den segmentären Milieugrenzen der muslimischen Migrationsmilieus hingegen kaum in ähnlich ausgearbeiteten und weitreichenden Formen möglich, wie das in den früheren konfessionellen Milieus der Fall war. Dafür sorgen bereits die starken Differenzierungen der Gemeinden und Verbände nach Glaubensrichtungen und Herkunftsländern sowie nach Verbandszugehörigkeiten.[89] Hinzu kommt, dass die lokale Verdichtung der muslimischen Bevölkerung sehr viel geringer ist als die der früheren katholischen Bevölkerung.[90] Eine weitgehende Beschränkung der Alltagskontakte auf Milieuangehörige ist daher kaum zu gewährleisten. Zwar wird mitunter problematisiert, dass sich ethnische Gemeinschaften zu einer »institutionellen Vollständigkeit [...] mit eigenen funktionalen Bereichen und einem eigenen Schichtungssystem«[91] entwickeln. Zweifellos kommt es teilweise zu Prozessen der Segregation, die für Integrationsprozesse erschwerende Wirkungen haben. Während sich die Einbindung in ethnisch-religiöse Gemeinden in den USA offenbar positiv auf die Integration in die Mehrheitsgesellschaft auswirkt, werden hierzulande auch negative Effekte beobachtet:[92] Dichtere intrareligiöse Kontakte begünstigen es zumindest für einen Teil der Gemeindemitglieder,

87 Vgl. *Breuer*, Religiöser Wandel als Säkularisierungsfolge, S. 215ff.

88 Vgl. *Müller*, »Objektive« Lage und soziale Ablehnung, S. 94ff. Zum Beispiel beträgt der Anteil von Ehen zwischen türkischen und deutschen Staatsangehörigen im Jahr 2000 bezogen auf türkische Männer nur 13 % und bezogen auf türkische Frauen nur 6–7 %. Für Österreich zeigen *Hilde Weiss/Julia Hofmann*, Gegenseitige Wahrnehmungen: Annäherungen, Stereotype und Spannungslinien zwischen ÖsterreicherInnen und MuslimInnen, in: *Hilde Weiss/Gülay Ates/Philipp Schnell* (Hrsg.), Muslimische Milieus im Wandel? Religion, Werte und Lebenslagen im Generationenvergleich, Wiesbaden 2016, S. 113–133, hier: S. 125f., dass sowohl unter Einheimischen als auch unter muslimischen Migranten starke Grenzziehungen bezogen auf die Ehe vorgenommen werden.

89 Vgl. *Sonja Haug/Stephanie Müssig/Anja Stichs*, Muslimisches Leben in Deutschland. Im Auftrag der Deutschen Islam Konferenz, Nürnberg 2009; *Halm/Sauer/Schmidt* u.a., Islamisches Gemeindeleben in Deutschland; *Mathias Rohe*, Der Islam in Deutschland. Eine Bestandsaufnahme, München 2016, S. 128ff.

90 Im Katholizismus führten die Cleavages nur dort zu einer Milieubildung, wo der Bevölkerungsanteil hinreichend groß war. Unter Diaspora-Bedingungen, wie in Berlin oder Nürnberg, kam es nicht zur Ausbildung der charakteristischen Milieustrukturen. Vgl. Arbeitskreis für kirchliche Zeitgeschichte (AKKZG), Konfession und Cleavages im 19. Jahrhundert, S. 378.

91 *Hartmut Esser*, Integration und ethnische Schichtung, Mannheim 2001, URL: <http://www.mzes.uni-mannheim.de/publications/wp/wp-40.pdf> [12.4.2017], S. 40.

92 *Müller/Pollack*, Angekommen und auch wertgeschätzt?, S. 45; *Nancy Foner/Richard Alba*, Immigrant Religion in the U.S. and Western Europe: Bridge or Barrier to Inclusion?, in: International Migration Review 42, 2008, S. 360–392.

auf das Erlernen der Sprache des Einwanderungslandes zu verzichten und sich in ihren sozialen Kontakten stärker ko-ethnisch zu orientieren. Dass jedoch die zentralen gesellschaftlichen Teilbereiche vollständig – oder auch nur weitgehend – innerhalb dieser ethnischen Gemeinschaften reproduziert würden, konnte bislang nicht nachgewiesen werden. Von »Parallelgesellschaften«, deren Mitglieder weitgehend ohne Kontakte zur Mehrheitsgesellschaft auskommen, kann man, so wurde mehrfach gezeigt, allenfalls für kleine Teilgruppen der migrantischen Bevölkerung sprechen.[93] Die Relevanz religiös-migrantischer Milieus für funktionale Differenzierung lässt sich daher nicht in einem strikten Sinne als Entdifferenzierung verstehen.[94] Nur in seltenen Fällen wäre davon auszugehen, dass innerhalb der Milieus funktionale Ausdifferenzierungen vollständig zurückgenommen werden, dass also etwa körperliche Krankheiten nur religiös und nicht mehr medizinisch behandelt werden; dass Kinder keine Schulen besuchen oder Waren und Dienstleistungen nicht mit Geld bezahlt werden, sondern allein auf der Basis ethnischer und religiöser Solidaritäten getauscht werden. Sehr wohl ist jedoch zu erkennen, wie solche Sachverhalte, die in der Mehrheitsgesellschaft funktional differenziert und damit – jenseits von Religion – säkularisiert sind, mit religiösen Zuordnungen verknüpft werden und dadurch zumindest »funktional diffus«[95] erscheinen. Die Diffusion liegt in der Verknüpfung von genuin säkularen Gehalten mit der religiösen Identität des Milieus.[96]

Die Diffusion ist nicht unabhängig von den in der Umwelt des Milieus bereits eingespielten funktionalen Differenzierungen zu verstehen. Vielmehr nimmt das Milieu gerade auf diese Bezug. Die Frage ist nun, wie solche Bezüge in religiösen Milieus installiert werden. Teilweise mag es sich um »Netzwerke des wechselseitigen Gunsterweises«[97] handeln, die auf Verwandtschaft und ethnischer Gemeinschaft beruhen. Luhmann weist darauf hin, dass solche Netzwerke, welche die Person als Ganze (und nicht funktional spezifisch) inkludieren, funktionale Differenzierung unterlaufen, das heißt »parasitär« in den Funktionssystemen operieren, weil stabile Organisationsbildungen nicht funktionieren.[98] Die spezifischen Zusammenhänge religiöser Milieus sind damit allerdings noch nicht getroffen, denn diese zeichnen sich – wie für den Katholizismus bereits gezeigt – gerade durch vielfältige Organisationen aus. Entscheidend sind solche Organisationen, die nicht funktionale Differenzierung unterlaufen, sondern sich alternativ zu Organisationen der Mehrheitsgesellschaft etablieren. Weiterführend sind die Überlegungen von Michael Bommes zu der »querständigen« Positionierung ethnischer Netzwerke im Verhältnis zu den Funktionssystemen. In Einwanderungsländern etablieren sich Migrantennetzwerke aufgrund von Verwandt-

---

93 *Dirk Halm/Martina Sauer*, Parallelgesellschaft und ethnische Schichtung, in: APuZ, 2006, H. 1-2, S. 18–24; *Martina Sauer*, Teilhabe und Orientierungen türkeistämmiger Migrantinnen und Migranten in Nordrhein-Westfalen. Ergebnisse der zehnten Mehrthemenbefragung 2009 im Auftrag des Ministeriums für Generationen, Familie, Frauen und Integration des Landes Nordrhein-Westfalen, Essen 2010; *Wolf-Dietrich Bukow/Claudia Nikodem/Erika Schulze* u.a., Einleitung, in: *dies*. (Hrsg.), Was heißt hier Parallelgesellschaft? Zum Umgang mit Differenzen, Wiesbaden 2007, S. 11–28; *Fuhse*, Parallelgesellschaft, ethnische Gemeinschaften oder migrantische Milieus?, S. 190ff.

94 Das gilt zumindest, sofern man in diesen Begriff den unwahrscheinlichen Fall fasst, dass »eine Systemgrenzen ziehende Unterscheidung wieder aufgelöst wird und ein älterer Systemzustand restauriert wird«, so *Rudolf Stichweh*, Differenzierung und Entdifferenzierung. Zur Gesellschaft des frühen 21. Jahrhunderts, in: Zeitschrift für Theoretische Soziologie 4, 2014, S. 8–19, hier: S. 9.

95 Vgl. die in Anm. 31 genannte Literatur.

96 Vgl. das Verständnis von Diffusion als »Vermischung von religiösen mit anderen, mit politischen, nationalen oder moralischen Funktionen« bei *Pollack/Rosta*, Religion in der Moderne, S. 314.

97 *Niklas Luhmann*, Inklusion und Exklusion, in: *ders*., Soziologische Aufklärung 6. Die Soziologie und der Mensch, Wiesbaden 2008 (zuerst 1997), S. 239.

98 Ebd., S. 235ff.

schaft und gemeinsamer regionaler Herkunft. Indem die Netzwerke ihre Teilnehmer im Zugang etwa zu Wohnraum, Ausbildung, Arbeit, Recht oder Gesundheitsleistungen unterstützen, richten sich die Netzwerke gleichwohl an den Inklusionserfordernissen funktional differenzierter Gesellschaften aus. In der Form von Migrationsnetzwerken kommt es

»zu sozialen Strukturbildungen [...], die sich komplementär zu bzw. jenseits von staatlichen Organisationsformen herausbilden. Diese Migrationsnetzwerke besitzen in ihrer Querständigkeit auf der einen Seite eine erstaunliche Ähnlichkeit zur Funktionsweise von Wohlfahrtsstaaten. Sie bilden sich an der Inklusionsproblematik von Migranten, und mit Querständigkeit ist dabei gemeint, dass sie sich nicht an einem spezifischen Funktionssystem und den daran angelagerten Organisationen orientieren, sondern, ähnlich wie Wohlfahrtsstaatlichkeit, an den Inklusionsproblemen von Individuen in verschiedenen Inklusionskontexten und Organisationen. Netzwerke gewinnen Bedeutung für die sozialen Teilhabechancen von Migranten in den für ihre Lebensführung gesellschaftlich relevanten Bereichen«.[99]

In dieser Funktion werden migrantische Milieus gerade dort relevant, wo Migranten die Leistungen wichtiger Funktionssysteme nur eingeschränkt zugänglich sind, aber zudem auch wohlfahrtsstaatliche Leistungen nicht in demselben Ausmaß genutzt werden (können?), wie das in der Mehrheitsgesellschaft der Fall ist.[100]

VI. Multireferenzielle Organisationen

Sowohl in älteren katholischen als auch in neueren religiösen Migrationsmilieus haben Organisationen zentrale Bedeutung für die Verknüpfung des Milieus mit säkularen Funktionssystemen. Dieser Zusammenhang wird aus dem Milieu heraus zunächst dadurch konstituiert, dass Religion die Sozialform von Gemeinschaften und zugleich von modernen Organisationen annimmt.[101] Wie oben erläutert ermöglichten in den Übergangsprozessen des 19. Jahrhunderts konfessionelle Organisationen milieuinterne Modernisierungen, weil sie sich an den Strukturen funktionaler Differenzierung orientierten. In religiösen Migranten*gemeinden*, das heißt in »Zusammenschlüsse[n] bzw. Gruppen von Menschen mit Migrationshintergrund, die in erster Linie auf geteilten religiösen Sinnzusammenhängen beruhen«[102], setzt sich die Doppelgesichtigkeit von gemeinschaftlicher und organisierter Sozialform fort. Mithilfe ethnografischer Untersuchungen zeigt Werner Schiffauer[103], wie Moscheegemeinden für türkische Arbeitsmigranten angesichts alltäglicher Erfahrungen der Fremdheit und der Sinnkrisen zu einer »Ersatz-Heimat«[104] wurden. Migranten der ersten Generation schoben das ursprüngliche Ziel der Rückkehr auf, es kam zum Familiennachzug und zur Niederlassung in Stadtquartieren. In Hinterhöfen, Industriegebäuden oder Wohnhäusern

---

99 *Michael Bommes*, Migrantennetzwerke in der funktional differenzierten Gesellschaft, in: *ders.*/*Tacke*, Netzwerke in der funktional differenzierten Gesellschaft, S. 241–260, hier: S. 253.

100 Ein Beispiel dafür ist die unterdurchschnittliche Nutzung ambulanter und stationärer Pflegedienste durch Migranten im Alter, vgl. *Hürrem Tezcan-Güntekin*/*Jürgen Breckenkamp*/*Oliver Razum*, Pflege und Pflegeerwartungen in der Einwanderungsgesellschaft. Expertise im Auftrag der Beauftragten der Bundesregierung für Migration, Flüchtlinge und Integration, Berlin 2015.

101 Vgl. *Krech*/*Schlamelcher*/*Hero*, Typen religiöser Sozialformen und ihre Bedeutung für die Analyse religiösen Wandels in Deutschland, S. 58ff.

102 *Alexander-Kenneth Nagel*, Diesseits der Parallelgesellschaft. Religion und Migration in relationaler Perspektive, in: *ders.* (Hrsg.), Diesseits der Parallelgesellschaft. Neuere Studien zu religiösen Migrantengemeinden in Deutschland, Bielefeld 2015, S. 11–36, hier: S. 16; vgl. *Krech*/*Schlamelcher*/*Hero*, Typen religiöser Sozialformen und ihre Bedeutung für die Analyse religiösen Wandels in Deutschland, S. 62ff.

103 *Schiffauer*, Nach dem Islamismus, S. 36ff.

104 Ebd., S. 46.

entstanden provisorische Moscheen. Während man die Mehrheitsgesellschaft als trostlos und amoralisch wahrnahm, sah man die religiöse Gemeinde als einen Ort, der die Weitergeltung traditioneller Solidaritäten, Geschlechterordnungen und familiärer Werte garantierte. Aufgrund rechtlicher und politischer Rahmenbedingungen des Einwanderungslandes sowie der Dynamiken des religiösen Feldes entwickelten sich lokale Gemeinschaften mit ihren später entstandenen Dachverbänden »zu einem Isomorphismus«[105] in Richtung der christlichen Kirchen. Die Gemeinden und ihre Verbände nehmen verstärkt organisationale Formen an, die jener der christlichen Kirchen vergleichbar sind, indem sie sich primär religiös definieren, Spezialrollen – der Imame als Seelsorger, der Vorstände, der haupt- und ehrenamtlich Mitarbeitenden – ausbilden und zudem andere soziale Kontexte, etwa der Politik oder der Erziehung, nach ihren sozialen Bedarfen einbinden. Diese Dynamiken lassen sich als »funktionale ›Verkirchlichung‹ des Islam«[106] verstehen. Dabei gibt es deutliche Parallelen zu der früheren Verkirchlichung[107], wie sie sich im Fall des Katholizismus unter Milieubedingungen vollzog.

Eigenständige Organisationen, die zwar innerhalb des Milieus operieren, jedoch nicht direkt der religiösen Kernorganisation (der Gemeinden und Verbände) zugeordnet sind, lassen sich bei Weitem nicht in jener Vielfalt finden, welche den früheren katholischen Milieus entspricht. Zeitungen, Fernsehsender aus dem Herkunftsland (und die sozialen Netzwerke des Internets)[108] unterstützen die Milieuintegration ebenso wie ethnische Ökonomien: Milieuzugehörige Personen führen zum Beispiel Lebensmittelgeschäfte, Reisebüros oder Arztpraxen, die sich allerdings in den meisten Fällen auch an Kunden aus der einheimischen Bevölkerung richten.[109] Ethnische Sportvereine, so zeigt Zifonun[110], stärken die Einbindung ihrer Mitglieder in ein Migrantenmilieu, ermöglichen aber auch die Teilhabe an den jeweiligen lokalen und sportlichen Kontexten. Im schulischen Bereich ist die ethnische Segregation an Regelschulen, welche über wohnräumliche Segregation und Bildungsbenachteiligung zu erklären ist[111], von quantitativ weitaus größerer Relevanz als türkische oder islamische Privatschulen, die eher von bildungsorientierten Familien genutzt werden.[112] Bezüglich der Frage, wie sich solche binnenethnische Organisationen hinsichtlich der gesamtgesellschaftlichen Integration ihrer Mitglieder auswirken, laufen die Bewertungen weit auseinander. Während ein Teil der Literatur auf positive Effekte aufmerksam

---

105 *Volkhard Krech*, Wo bleibt die Religion? Zur Ambivalenz des Religiösen in der modernen Gesellschaft, Bielefeld 2011, S. 63; zu den Dachverbänden vgl. *Kerstin Rosenow-Williams*, Organizing Muslims and Integrating Islam in Germany. New Developments in the 21st Century, Leiden/Boston 2012.

106 Vgl. *Levent Tezcan*, Islam, in: *Lucian Hölscher/Volkhard Krech* (Hrsg.), Handbuch der Religionsgeschichte im deutschsprachigen Raum, Bd. 6/2: 20. Jahrhundert – Religiöse Positionen und soziale Formationen, Paderborn 2016, S. 151–176, hier: S. 166ff.

107 Vgl. Anm. 28.

108 Zwar nutzt nur eine Minderheit der türkeistämmigen Bevölkerung ausschließlich muttersprachliche Medien, vielmehr überwiegt eine komplementäre Nutzung mit deutschen Medien. Allerdings werden muttersprachliche Medien als Brücke zum Herkunftsland wahrgenommen und erhalten so eine wichtige Bedeutung für die Bewahrung der ethnischen Identität. Vgl. *Susanne Worbs*, Mediennutzung von Migranten in Deutschland, Nürnberg 2010.

109 Vgl. *René Leicht/Marc Langhauser*, Ökonomische Bedeutung und Leistungspotenziale von Migrantenunternehmen in Deutschland, Bonn 2014.

110 *Zifonun*, Versionen, S. 108ff.

111 Vgl. *Friedrich Heckmann*, Integration von Migranten. Einwanderung und neue Nationenbildung, Wiesbaden 2015, S. 139f.

112 *Inga Niehaus*, Muslimische Minderheiten und ihre islamischen Schulen in Europa, in: *Dietrich Reetz* (Hrsg.), Islam in Europa: religiöses Leben heute. Ein Portrait ausgewählter islamischer Gruppen und Institutionen, Münster 2010, S. 191–211.

macht, die aus der Selbstorganisation der Migranten resultieren[113], verweisen andere, wie schon angemerkt, auf negative Effekte für das Erlernen der Sprache des Einwanderungslandes und auf reduzierte Kontakte außerhalb der ethnischen Gruppe.[114] Ohne diese Kontroverse hier näher diskutieren zu können, scheint es doch insgesamt sinnvoll, auf die integrationsbezogene *Ambivalenz* religiöser Migrantenmilieus hinzuweisen (wie man sie auch für die früheren katholischen Milieus geltend machen kann). Jedenfalls dürfte es im Einzelfall sehr unterschiedlich ausgeprägt sein, ob und inwiefern migrantische Organisationen neben der ethnischen auch eine religiöse Identität unterstützen. Sehr viel weniger als in den älteren katholischen Milieus ist das Spektrum milieueigener Organisationen insgesamt hinreichend, um funktionale Differenzierung segmentär zu reproduzieren. Unter diesen Umständen kann eine Segmentierung von Funktionssystemen kaum so weitgehend durchgesetzt werden, dass sich alltägliche Kontakte nur noch auf andere Milieuangehörige beschränken. Der Zusammenhang zwischen Milieu und funktionaler Differenzierung ist bei den religiösen Migrantenmilieus daher schwerer zu fassen, als das bei den älteren katholischen Milieus der Fall war.

Von zentraler Bedeutung sind dagegen Sub-Organisationen, die sich innerhalb der (auch baulichen) Kontexte der *Moscheegemeinden* ansiedeln. Bereits für die christlichen Kirchen ist charakteristisch, dass sich diese nicht als einheitliche, zentral gesteuerte Organisationen verstehen lassen, sondern als »Organisation von Organisationen«:[115] Zu unterscheiden sind im Katholizismus die territorialen Organisationen der Diözesen mit ihren Untergliederungen von der parallelen Struktur der Orden und Kongregationen. Hinzu kommen vielfältige Verbände sowie zahlreiche Verknüpfungen zwischen den diversen Organisationsformen, sowohl auf regionalen wie lokalen Ebenen. Auch die am Vereinsrecht orientierten Moscheegemeinden und ihre Verbände bilden vielfältige Suborganisationen aus. Im vorliegenden Zusammenhang sollen vor allem die lokalen Moscheegemeinden in den Blick genommen werden, die sich – aufgrund der in ihnen gebildeten Teilorganisationen und Gruppen – als »multifunktionale Zentren im Wohngebiet« und als »Kristallisationspunkte«[116] religiöser migrantischer Milieus verstehen lassen.[117] Insgesamt scheinen die religiösen Gemeinden für die Konstitution religiöser Migrationsmilieus eine wichtigere Rolle zu spielen, als das im früheren Katholizismus der Fall war, der eine größere Pluralität von Organisationen jenseits der Gemeinden aufwies. Viele Gemeindemitglieder verbringen in den Moscheegemeinden über die Gottesdienste hinaus bedeutende Teile ihres Alltags. Im Gebäudekomplex bildet sich die Multifunktionalität auch räumlich ab: Neben den Räumen für Gebet und rituelle Waschungen gibt es eine Teestube und ein Lebensmittelgeschäft, Räume für Religionsunterricht, Treffpunkte für Jugendgruppen, Mütter oder alte Menschen.

113 Vgl. die im folgenden Abschnitt zitierte Literatur, Anm. 115ff.

114 Vgl. *Müller/Pollack*, Angekommen und auch wertgeschätzt?, S. 45, und insb. *Ruud Koopmans*, Assimilation oder Multikulturalismus? Bedingungen gelungener Integration, Berlin/Münster 2017.

115 *Michael N. Ebertz*, Kirche als Organisation von Organisationen. Am katholischen Beispiel, in: *Patrick Heiser/Christian Ludwig* (Hrsg.), Sozialformen der Religionen im Wandel, Wiesbaden 2014, S. 169–184; vgl. *Kaufmann*, Kirche in der ambivalenten Moderne, S. 93f.

116 *Rauf Ceylan*, Ethnische Kolonien. Entstehung, Funktion und Wandel am Beispiel türkischer Moscheen und Cafés, Wiesbaden 2006, S. 18 und 145ff.; vgl. *Schiffauer*, Nach dem Islamismus, S. 45; *Beilschmidt*, Gelebter Islam.

117 Zu religiösen Migrantengemeinden vgl. *Alexander-Kenneth Nagel*, Religiöse Migrantenorganisationen als soziale Dienstleister, in: Soziale Passagen 8, 2016, S. 81–97; *ders.*, Diesseits der Parallelgesellschaft; *Martin Baumann*, Von Gegenorten zu neuen Brücken- und Heimatorten. Moscheen, Tempel und Pagoden von Immigranten in der Schweiz, in: *Jürgen Mohn/Adrian Hermann/Jürgen Mohn* (Hrsg.), Orte der europäischen Religionsgeschichte, Würzburg 2015, S. 503–523.

Die Vielzahl nichtreligiöser Angebote wurde auch quantitativ analysiert. Dabei zeigen sich diese umso zahlreicher, je umfangreicher auch das spezifisch religiöse Angebot der Gemeinden ist. Zudem wirkt sich die finanzielle und personelle Ressourcenausstattung der Gemeinden positiv auf die religiösen und nichtreligiösen Aktivitäten aus.[118] Der für das Milieu konstitutive Netzwerkcharakter wird also, ähnlich wie in den älteren Lepsius-Milieus, über Organisationen stabilisiert: »Religiöse Migrantengemeinden unterscheiden sich von lediglich individuellen Formen der religiösen Betätigung und Selbstvergewisserung im Migrationskontext durch einen höheren Grad der wechselseitigen Bezogenheit und Verbindlichkeit.«[119] Gleichwohl sind Organisationen jenseits der Gemeinde – in Form von Vereinen, Gewerkschaften, Parteien, Medien – nicht in der strikten Form mit dem Milieu gekoppelt wie im früheren Katholizismus. Vielmehr zentriert sich das religiöse Milieu in den Gemeinden mit ihren Teilorganisationen.

In den milieuspezifischen Organisationen werden die Perspektiven der jeweiligen Religion mit anderen Funktionssystemen verknüpft. Allgemein ist es so, dass sich Organisationen einerseits in einer Zuordnung zu primär einem Funktionssystem beschreiben, tatsächlich jedoch gezwungen sind, sich *multireferenziell*, das heißt an den heterogenen Perspektiven verschiedener Systeme zu orientieren.[120] Für religiöse Organisationen, das heißt hier für die religiösen Gemeinden und ihre Teilorganisationen, ist die Situation häufig insofern noch komplizierter, als sie die Pluralität ihrer Orientierung bereits in ihrem Selbstverständnis hervorheben: Sie folgen zwar in ihren zentralen Aktivitäten einem systemspezifischen Wert, zum Beispiel der Politik, Gesundheit oder Erziehung, verknüpfen diesen jedoch mit einem religiösen Deutungsvorrang: Das politische, medizinische oder erzieherische Handeln dient zugleich religiösen Zielen, indem etwa die Unabhängigkeit der kirchlichen Seelsorge gesichert oder diakonisch gehandelt wird. Man kann die konfessionellen Organisationen daher als *intersystemische Organisationen* verstehen, die ihre Relevanzen an mehreren Funktionssystemen orientieren und zwischen teilsystemspezifischen Funktionslogiken vermitteln.[121] Sie greifen funktionale Relevanzen auf, führen damit jedoch stets die Binnenperspektive und den religiösen Deutungsvorrang des konfessionellen Milieus weiter: Der Erziehung dienen Treffpunkte von Müttern und Kindern, schulische Nachhilfeangebote sowie die besonders ausgeprägten Aktivitäten der Jugendarbeit. Auf die Gesundheit beziehen sich informelle Formen der gegenseitigen Beratung, Hilfsdienste (Einkäufe, Pflegeleistungen) bis hin zu ambulanten Pflegediensten. Ähnlich wie die christlichen Kirchen bemühen sich Moscheegemeinden und ihre Verbände um die Gründung von Kindergärten, Schulen sowie Pflegeheimen.[122] Auf das Rechtssystem beziehen sich die Unterstützung bei Behördengängen ebenso wie informelle Beratungen und andere Angebote.

---

118 Vgl. *Halm/Sauer/Schmidt* u.a., Islamisches Gemeindeleben in Deutschland.

119 *Nagel*, Diesseits der Parallelgesellschaft, S. 16.

120 Vgl. *Veronika Tacke*, Funktionale Differenzierung als Schema der Beobachtung von Organisationen, in: *dies.* (Hrsg.), Organisation und gesellschaftliche Differenzierung, Wiesbaden 2001. Anders jedoch *Uwe Schimank*, Organisationsgesellschaft, in: *Georg Kneer/Armin Nassehi/Markus Schroer* (Hrsg.), Klassische Gesellschaftsbegriffe der Soziologie, München 2001, S. 278–307, der die Zugehörigkeit von Organisationen zu jeweils einzelnen Teilsystemen in den Vordergrund stellt.

121 Vgl. *Ingo Bode/Hanns-Georg Brose*, Zwischen den Grenzen. Intersystemische Organisationen im Spannungsfeld funktionaler Differenzierung, in: *Tacke*, Organisation und gesellschaftliche Differenzierung, S. 112–140.

122 Vgl. *Dirk Halm/Martina Sauer*, Soziale Dienstleistungen der in der Deutschen Islam Konferenz vertretenen religiösen Dachverbände und ihrer Gemeinden. Studie im Auftrag der Deutschen Islam Konferenz, Berlin 2015; *Marc Breuer*, Leitbilder der Pflege in religiösen Migrantengemeinden. Eine Untersuchung am Beispiel von Moscheevereinen, in: *Liane Schirra-Weirich/Henrik Wiegelmann* (Hrsg.), Alter(n) und Teilhabe. Herausforderungen für Individuum und Gesellschaft, Opladen 2017, S. 61–73.

Diese differentiellen Aktivitäten von Moscheegemeinden mit ihren Suborganisationen ermöglichen Anschlüsse an säkulare Funktionssysteme auch dahin gehend, dass sie milieuinterne Prozesse mit *milieuexternen Erfolgskriterien* konfrontieren. In den Organisationen der religiösen Migrantenmilieus wird die Zugehörigkeit zur religiösen Überzeugungsgemeinschaft gewahrt, gleichzeitig orientiert man sich an säkularen Relevanzen. Der Nachhilfeunterricht oder die Gesundheitsberatung in der Gemeinde mögen religiös motiviert sein, als *erfolgreich* können sie erst gedeutet werden, sofern sie zu schulischem Erfolg oder zu der richtigen medizinischen Behandlung verhelfen. Zumindest für einen Großteil der Gemeinden wirken sich solche Aktivitäten offenbar nicht als Abschottung gegenüber der Mehrheitsgesellschaft aus; sie werden vielmehr als Brücken zur Mehrheitsgesellschaft genutzt.[123]

VII. Folgerungen

Die Untersuchung zeigt, dass funktionale Differenzierung historisch und bis zur Gegenwart wiederholt mit der Ausbildung segmentärer Strukturen einherging. Beispiele dafür finden sich nicht allein in den Nationalstaaten und in konfessionellen Milieus des 19. und frühen 20. Jahrhunderts, sondern auch in jüngeren migrantischen religiösen Milieus. Vergleichbare Analysen ließen sich zum Beispiel auch für die von Spätaussiedlern in Deutschland aufgebauten freikirchlichen Gemeinden anstellen.[124] Die Bedeutung der segmentären Strukturen setzt jeweils an Bedarfen von Individuen an, den vielfältigen Inklusionen in Funktionssysteme eine kollektive Identität entgegenzusetzen. Während sich die Bevölkerungen des 19. Jahrhunderts in Übergangsprozessen befanden und sich in ihren Erwartungen weiterhin an den Identitätskonstruktionen stratifizierter Gesellschaften orientierten, waren Migranten in den westeuropäischen Ländern der zurückliegenden Jahrzehnte teilweise mit ähnlichen Herausforderungen konfrontiert. Das ist dort offenkundig, wo migrantische Bevölkerungsgruppen aus peripheren Regionen ihrer Herkunftsländer stammen, in denen funktionale Differenzierungen allenfalls ansatzweise durchgesetzt waren. Religiöse Milieus werden als segmentäre Einheiten gesellschaftsstrukturell relevant, sofern ihre Trägergruppen in der Situation der Minderheit sind, sich infolge von Cleavages benachteiligt sehen und sich in Abgrenzung zur Mehrheitsgesellschaft religiös beziehungsweise konfessionell identifizieren. Das Milieu wird dominiert von religiösen Organisationen, insbesondere in Form religiöser Gemeinden mit vielfältigen Teilorganisationen und -gruppen. Unter den Mitgliedern wird dadurch die Intensivierung religiöser Überzeugungen und Praktiken begünstigt. Zudem werden möglichst vielfältige Lebensbereiche in den Milieukontext eingebunden und auf diese Weise mit der religiösen Identität und einem religiösen Deutungsvorrang verknüpft. Gemeinsam ist Nationalstaaten und religiösen Milieus, dass sie sich nicht als Entdifferenzierung verstehen lassen, sondern als segmentäre Strukturen, die Anschlüsse an funktionale Differenzierungen ausbilden. Während in den Nationalstaaten Funktionssysteme – zumindest nach ihren Selbstbeschreibungen – milieuintern reproduziert wurden und die katholischen Milieus ähnliche Beiträge erbrachten, haben die jüngeren Migrantenmilieus (aufgrund der geringeren Bevölkerungsdichte und ihrer größeren Diversität) keine derart weitreichende Integrationskraft. Gleichwohl entwickeln sich Gemeinden zu multifunktionalen Zentren, die über eine möglichst große Zahl von Teilorganisationen Vermittlungsleistungen gegenüber den Funktionssystemen übernehmen. Trotz

123 Vgl. *Baumann*, Von Gegenorten zu neuen Brücken- und Heimatorten.

124 Vgl. *Nagel*, Diesseits der Parallelgesellschaft; *Frederik Elwert*, Religion als Ressource und Restriktion im Integrationsprozess. Eine Fallstudie zu Biographien freikirchlicher Russlanddeutscher, Wiesbaden 2015.

vielfältiger Unterschiede der religiösen Orientierungen und der gesellschaftlichen Rahmenbedingungen sind sich ältere katholische und jüngere migrantische Milieus zumindest insofern ähnlich, als in ihnen die erläuterten Anschlüsse an funktionale Differenzierung geschaffen werden, die sich innerhalb des Milieus als Verknüpfung von Religion mit genuin säkularen Teilbereichen der Gesellschaft darstellen. Die damit verbundenen Differenzierungsdynamiken[125] und die Rolle religiöser Akteure wäre eine eigene Untersuchung wert. Zudem wäre es aufschlussreich, die hier überblicksartig gezeigten Zusammenhänge durch detaillierte Untersuchungen religiöser Migrantenmilieus näher zu verfolgen – für die jüngere Geschichte ebenso wie für die Gegenwart –, welche deren Implikationen zum Beispiel für Erziehung, Gesundheit, Politik oder Wirtschaft klären.

Abschließend lässt sich nach dem dauerhaften »Schicksal« der religiösen Milieus fragen. Die katholischen Milieus lösten sich bekanntlich in der Zeit vom frühen 20. Jahrhundert bis zu den 1960er- und 1970er-Jahren auf, weil die konstituierenden Cleavages wegfielen. Generell sind den hochintegrierten religiösen Milieus offenbar Tendenzen der Selbstauflösung inhärent: Sofern sich religiöse Organisationen an vielfältigen außerreligiösen Relevanzen orientieren, geraten sie fortlaufend in Widersprüche gegenüber ihren religiösen Zielen, was zur Abschwächung des religiösen Profils und dadurch auch zur Auflösung religiöser Milieus führen kann.[126] Die Frage nach der weiteren Entwicklung der hier analysierten religiös-migrantischen Milieus ist allerdings derzeit kaum zu beantworten. Zunehmende Teilhabe von Migranten an den Strukturen der Mehrheitsgesellschaft, wie sie insbesondere über Bildung und qualifizierte Erwerbsarbeit ermöglicht wird, begünstigt Prozesse der Individualisierung und der Assimilation und dadurch einen subjektiven Bedeutungsverlust von ethnischen Milieubindungen. Umgekehrt wirken Cleavages weiterhin zugunsten einer stärkeren Milieuintegration. Insbesondere verbreitete Vorbehalte und abwertende Stereotype, zum Beispiel gegenüber den hier exemplarisch untersuchten Muslimen, können – darin wiederholen sich Effekte des früheren Antikatholizismus – eine Stärkung religiöser Identitäten begünstigen. Auch politische Konflikte zwischen Einwanderungs- und Herkunftsländern, wie zum Beispiel jüngst zwischen deutscher und türkischer Regierung, stärken vermutlich die Identifikation von Teilgruppen der migrantischen Bevölkerung mit dem Herkunftsland (vor allem in jenen Gruppen, die im Einwanderungsland von ungünstigen Teilhabebedingungen betroffen sind), was die Milieuintegration wiederum fördert.

---

125 Vgl. *Schimank*, Gesellschaft, S. 62ff.

126 Vgl. *Martin Petzke/Hartmann Tyrell*, Religiöse Organisationen, in: *Maja Apelt/Veronika Tacke* (Hrsg.), Handbuch Organisationstypen, Wiesbaden 2012, S. 275–306; *Pollack/Rosta*, Religion in der Moderne, S. 234.

Anette Schlimm

Formwandel der Politik

Transformationen des Regierens im ländlichen Raum, circa 1870–1930*

Gesellschaftswandel im 19. und 20. Jahrhundert betraf nicht zuletzt die Formen, Vorstellungen, Praktiken und Institutionen von Politik.[1] Dabei wäre es falsch, Politik – etwa im Gegensatz zu »Herrschaft« – als Kennzeichen erst der Moderne zu fassen, wie zahlreiche Studien, nicht nur zur Begriffsgeschichte, gezeigt haben.[2] Doch fragt sich, wie die Veränderungen von Politik, politischen Institutionen, auch politischen Akteuren und politischen Kommunikationsweisen, für das 19. und 20. Jahrhundert analysierbar sind, wenn sie nicht vollkommen neu, aber doch deutlich gewandelt erscheinen. Ein klassischer Ansatz, diesen Wandel zu beschreiben, ist das Paradigma der Fundamentalpolitisierung, das von der Entstehung eines »politischen Massenmarktes« seit dem späten 19. Jahrhundert ausgeht.[3] Aufgrund seiner starken modernisierungstheoretischen Prägung ist dieses Forschungskonzept in den letzten Jahren aus der Mode gekommen; diverse andere Ansätze, etwa zur Herrschaftsverdichtung oder zur Durchstaatlichung, haben die Forschungen zur Fundamentalpolitisierung ergänzt und erweitert. Ich schlage in diesem Aufsatz vor, zur Bündelung älterer und neuerer Forschungsprogramme ebenso wie zur Integration von Mikro- und Makroansätzen nach Transformationen der Politik aus der Perspektive des *Regierens* zu fragen: also nach den Wandlungen desjenigen Wissens, derjenigen Akteure und derjenigen Praktiken, mit deren Hilfe Gesellschaft beeinflusst, gesteuert, unterworfen, mobilisiert und geregelt werden sollte.[4]

---

* Ich danke der Redaktion des Archivs für Sozialgeschichte für hilfreiche Hinweise zu früheren Versionen dieses Aufsatzes sowie Levke Harders für Lektüre und Kritik.

1 Die Unterscheidung zwischen Politik und dem Politischen ergibt offenbar nur Sinn, wenn man »Politik« ähnlich eng versteht, wie es Pierre Rosanvallon tut: Die Geschichte der Politik sei vor allem die chronologische Wiedergabe politischer Ereignisse sowie die Analyse der »Funktionsweise der Institutionen, [...] [der] Mechanismen der öffentlichen Entscheidungsfindung, [...] [der] Wahlresultate« sowie der Motivationen von Akteuren und Systemen. Das Politische hingegen widme sich darüber sowohl dem Feld wie auch der Tätigkeit: dem Raum einerseits, in dem »Männer wie Frauen [...] ihre vielfältigen Lebensentwürfe koordinieren« und den »Prozess der Erarbeitung impliziter oder expliziter Regeln des kollektiv Zugänglichen und Verfügbaren [...], die dem Leben des Gemeinwesens seine Gestalt verleihen«. *Pierre Rosanvallon*, Für eine Begriffs- und Problemgeschichte des Politischen. Antrittsvorlesung am Collège de France, Donnerstag, den 28. März 2002, in: Mittelweg 36 20, 2011, H. 6, S. 43–66, hier: S. 51 und 46. Alle Aspekte, die Rosanvallon anspricht, wären meiner Meinung nach problemlos in einen breiten Politikbegriff zu integrieren.

2 *Willibald Steinmetz*, Neue Wege einer historischen Semantik des Politischen, in: *ders.* (Hrsg.), »Politik«. Situationen eines Wortgebrauchs im Europa der Neuzeit, Frankfurt am Main/New York 2007, S. 9–40, hier: S. 30.

3 Ein Modell zur Organisation der vielfältigen Transformationen hat Michael Th. Greven vorgeschlagen, der mit seinem Konzept einer »politischen Gesellschaft« in der Geschichtswissenschaft bislang nur wenig rezipiert wurde, dabei aber ein Modell mittlerer Reichweite anbietet, das meiner Meinung nach analytisch noch längst nicht ausgeschöpft ist. *Michael Th. Greven*, Die politische Gesellschaft. Kontingenz und Dezision als Probleme des Regierens und der Demokratie, Opladen 1999.

4 Explizit sind damit Formen der Selbstregierung eingeschlossen; Regierung sollte nicht nur in einer Top-down-Perspektive verstanden werden.

Dass hier als Untersuchungsgegenstand der ländliche Raum gewählt wird, hat mehrere Gründe: Erstens galt der ländliche Raum lange Zeit als statischer Raum, der auch in der Hochmoderne letztlich unverändert geblieben sei – in neueren Gesamtdarstellungen sind noch immer Spuren dieser Haltung zu finden, offenbar ist sie auch unter Historikerinnen und Historikern noch sehr verbreitet.[5] Zweitens ist der Forschungsstand zur Wandlung politischer und Herrschaftspraktiken im ländlichen Raum weiterhin sehr uneinheitlich; vor allem gibt es kaum Ansätze, die etwa die Mobilisierung agrarischer Interessen mit den Veränderungen lokaler Herrschaftspraktiken und weitergehenden gesellschaftlichen Wandlungsprozessen zu verknüpfen versuchen. Eine integrierte Geschichte der politischen Praktiken im ländlichen Raum fehlt für die Transformationsperiode zwischen 1850 und 1950 nicht zuletzt deshalb, weil die deutschsprachige Agrargeschichte des 19. und 20. Jahrhundert sehr stark an agrar*wirtschaftlichen* Fragestellungen orientiert ist, während Sozial-, Politik- und Kulturgeschichte vornehmlich den städtischen Raum in den Blick nehmen.[6] Drittens wird im Folgenden Politik in ihren Wandlungen dort sichtbar gemacht, wo sie nach Ansicht der Zeitgenossen eben gerade nicht zu finden war oder nicht zu finden sein sollte: im ländlichen Raum. Damit wird der Ansatz, der das Regieren fokussiert, eingeführt, um dem Quellenproblem einer nominalistischen Politikdefinition zu entgehen, dass nämlich das Politische dort zu finden sei, wo davon die Rede war.[7]

Zunächst nehme ich das klassische modernisierungstheoretische Paradigma der Politikforschung, das Konzept der Fundamentalpolitisierung, kritisch unter die Lupe, zeige aber auch anhand der neueren Forschungsansätze die Weiterentwicklungen und Umorientierungen auf (Abschnitt I). Anschließend umreiße ich knapp meinen Alternativvorschlag, der auf der lockeren Anbindung an foucaultsche und post-foucaultsche Überlegungen zur Gouvernementalität beruht. Anhand von zwei Fallstudien werde ich danach diese Überlegungen am empirischen Material erproben und dabei das Konzept weiter differenzieren (Abschnitt II). Schließlich plädiere ich dafür, auf unterschiedlichen Ebenen politische Regierungsweisen zu untersuchen, um damit die bislang vorhandenen Ansätze zum Formwandel der Politik zu bündeln und in einen breiteren Kontext zu stellen. Gleichzeitig ermöglicht es diese Orientierung, jenseits eines teleologischen Modernisierungsverständnisses Wandlungen der Politik zu untersuchen (Abschnitt III).

Die beiden Fallstudien sind nicht als Beispiele für generalisierbare Prozesse zu verstehen, sondern dienen der Untersuchung von Zusammenhängen, die nur in spezifischen Kontexten und einem bestimmten Untersuchungsmaßstab sichtbar gemacht werden können.[8] Die erste Fallstudie, die legislative Reformen und lokale Alltagspraktiken zusammenbringt, widmet sich dem Verhältnis von Staat und Gemeinden in Bayern im letzten Drittel des 19. Jahrhunderts und wirft dabei einen genaueren Blick auf die Gemeindeverwaltung in Bernried am Starnberger See, eine zu dieser Zeit etwa 500 Einwohner zählende Gemeinde in Oberbayern, die um die Jahrhundertwende als kleiner Sommerfrischeort zumindest regio-

5 Vgl. etwa *Ulrich Herbert*, Geschichte Deutschlands im 20. Jahrhundert, München 2015, S. 41.

6 Vgl. dazu *Gunter Mahlerwein*, Grundzüge der Agrargeschichte, Bd. 3: Die Moderne 1880–2000, Köln/Weimar etc. 2016. Für eine differenziertere Darstellung des Forschungsstands vgl. den nächsten Abschnitt.

7 Dies ist ein grundsätzliches Problem derjenigen Ansätze, die sehr stark von der politischen Semantik her kommen. Vgl. die Studien in *Steinmetz*, »Politik«; allerdings eignet sich gerade die semantisch sensible Politikgeschichte dazu, auch die (wiederum hochpolitischen!) Grenzziehungen zwischen Politik und Nicht-Politik, die jeweils historisch unterschiedlich praktiziert wurden, zu analysieren. *Ute Frevert*, Neue Politikgeschichte. Konzepte und Herausforderungen, in: *dies./Heinz Gerhard Haupt* (Hrsg.), Neue Politikgeschichte. Perspektiven einer historischen Politikforschung, Frankfurt am Main/New York 2005, S. 7–26, hier: S. 24.

8 Vgl. dazu *Matthias Pohlig*, Vom Besonderen zum Allgemeinen? Die Fallstudie als geschichtstheoretisches Problem, in: HZ Bd. 297, 2013, S. 297–319.

nale Bekanntheit erlangte. Die zweite Fallstudie widmet sich der Regierung und Mobilisierung von Vorstehern preußisch-ostelbischer Landgemeinden vor und nach dem Ersten Weltkrieg und nimmt für die 1920er-Jahre die zunehmende Polarisierung zwischen Stadt und Land anhand des Preußischen Landgemeindeverbands in den Blick.

Intendiert ist mithin kein Vergleich von Bayern und Preußen oder von Mikro-, Makro- und Mesoebenen. Die Fallstudien verdeutlichen vielmehr, dass Wandlungen des Regierens nicht nur an einem Beispiel untersucht werden können. Es bedarf also der Analyse ganz unterschiedlicher Gegenstände auf verschiedenen Untersuchungsebenen und mit unterschiedlichen Methoden.

I. Die Modernisierung der Politik: Die Entstehung des »politischen Massenmarktes« und die Wandlung von lokalen Herrschaftspraktiken

Für die Wandlungen der Erscheinungsformen von Politik ist die erweiterte Wende zum 20. Jahrhundert im Sinne einer verlängerten Transformationsperiode von besonderer Bedeutung.[9] In der klassischen Sozialgeschichte sprach man von der Politisierung oder auch Fundamentalpolitisierung der Gesellschaft seit dem letzten Drittel des 19. Jahrhunderts, in deren Folge immer größere Bevölkerungsgruppen dauerhaft in die Politik einbezogen wurden. Obwohl in der gegenwärtigen Geschichtswissenschaft die klassisch modernisierungstheoretische Perspektive nur noch selten eingenommen wird, ist sie für die Erforschung des ländlichen Raums beziehungsweise regionaler politischer Kulturen weiterhin ein wichtiger Bezugspunkt.[10] Und auch in anderen Forschungsarbeiten sind implizite Bezugnahmen auf bestimmte grundlegende Deutungsmuster des Politisierungsparadigmas immer noch anzutreffen, sodass eine sorgfältige Kritik hier angebracht zu sein scheint.

Wichtige institutionelle Veränderungen der erweiterten Jahrhundertwende waren vor allem die Gründung von Massenparteien und -verbänden (etwa der SPD oder des Alldeutschen Verbands), massenhaft anschlussfähige Ideologien (wie Nationalismus und Sozialismus), die Einbindung der breiten Bevölkerung in Wahl- und Repräsentativsysteme sowie die wachsende Bedeutung der massenmedialen Vermittlung und Beeinflussung von Politik. Insgesamt, so Hans Rosenberg in seiner klassischen Formulierung, habe sich in den 1870er-Jahren im Deutschen Reich ein »politischer Massenmarkt«[11] etabliert. Dadurch veränderten sich nicht nur die äußeren Erscheinungsformen, sondern auch die Rationalitäten, Methoden und Möglichkeitsräume von Politik. Die Politisierungsforschung lenkte mithin den Blick darauf, wie Politik das Leben von immer mehr Menschen betraf, wie breitere Bevölkerungskreise in die Politik einbezogen wurden, nicht mehr nur Objekte, sondern Subjekte politischer Prozesse wurden. Trotz dieser wichtigen Einsichten ist der Begriff in vielerlei Hinsicht problematisch und sollte für eine reflektierte Geschichte des Gesellschaftswandels im 19. und 20. Jahrhundert kritisch hinterfragt und durch andere Perspektiven zumindest ergänzt werden.

Erstens ist das Politisierungsparadigma einer grundlegenden Teleologie verpflichtet; mithilfe des Grades der Politisierung ließen sich, so wiederum Rosenberg, traditionelle von

9 *August Nitschke/Gerhard Ritter/Detlev J.K. Peukert* u.a. (Hrsg.), Jahrhundertwende. Der Aufbruch in die Moderne, 2 Bde., Reinbek 1990.

10 Vgl. etwa *Heinz-Joachim Barsickow*, Politische Lager und Reichstagswahlen im Raum Herne vor dem Ersten Weltkrieg, Bochum 2004; *Alfred Bauer*, Ländliche Gesellschaft und Agrarwirtschaft im Hunsrück zwischen Tradition und Innovation (1870–1914), Trier 2009.

11 *Hans Rosenberg*, Große Depression und Bismarckzeit. Wirtschaftsablauf, Gesellschaft und Politik in Mitteleuropa, Berlin 1967, S. 123.

modernen Gesellschaften unterscheiden, da die Beteiligung der »unteren Klassen« an der Politik nun dauerhaft, nicht mehr nur punktuell sei.[12] Demgegenüber werden frühere Formen politischer Betätigung als nicht politisch disqualifiziert, etwa als bloße Subsistenzproteste.[13]

Zweitens ist dem Begriff auch eine normative Tendenz eingeschrieben, wenn er explizit oder implizit in der Prägung Karl Mannheims als »Fundamental*demokratisierung*«[14] verstanden wird. Dann nämlich handelt es sich um eine notwendige Vorbedingung der modernen Massendemokratie, ohne dass dabei andere Entwicklungswege einer politisch mobilisierten Gesellschaft jenseits eines demokratisch-repräsentativ-rechtsstaatlichen Systems ausreichend beachtet werden.[15] Besonders stark ausgeprägt ist das republikanisch-demokratische Telos in der französischen Politisierungsforschung, etwa bei Maurice Agulhon.[16]

Drittens ist der Begriff Fundamentalpolitisierung durch eine negative Grundhaltung gegenüber den »Massen« geprägt. So ist bei Rosenberg von den »aufgescheuchten« Unterschichten die Rede, von den Bauern, die »von der Depressionspsychose« ergriffen gewesen seien und sich daraufhin politisiert hätten.[17] Auch Karl Mannheim sieht die Beteiligung der Massen an der Politik skeptisch, sähe es doch so aus, »als ob die irrationalen Kräfte den Sieg davontragen werden«.[18] Diese massenkritische Perspektive ist für eine analytische Herangehensweise hinderlich und produziert mehr Probleme, als sie zu lösen vermag.[19]

Schließlich privilegiert der Begriff der Politisierung viertens häufig nationale Bezugsräume gegenüber der lokalen oder regionalen Ebene.[20] Politisierung finde dann statt, wenn »parochial[e], lokal[e] und regional[e] Wertesysteme«[21] abgeschliffen und durch nationale

---

12 Ebd., S. 122.

13 Zu dieser Problematik vgl. abwägend *Manfred Gailus*, Zur Politisierung der Landbevölkerung in der Märzbewegung von 1848, in: *Peter Steinbach* (Hrsg.), Probleme politischer Partizipation im Modernisierungsprozess, Stuttgart 1982, S. 88–113.

14 *Karl Mannheim*, Mensch und Gesellschaft im Zeitalter des Umbaus, Darmstadt 1958, S. 51 (Hervorhebung nicht im Original).

15 *Paul Nolte*, Was ist Demokratie? Geschichte und Gegenwart, München 2012, S. 183–186.

16 »La politisation des campagnes, c'est, logiquement, la pénétration dans les campagnes de la politique. Mais qu'est-ce, à son tour, que la politique ? Nous avons peut-être trop tardé à expliciter : nous parlons de la politique moderne, la nôtre, c'est-à-dire, en termes précis, la démocratie libérale«, *Maurice Agulhon*, Présentation, in: La politisation des campagnes au XIXe siècle. France, Italie, Espagne, Portugal, Rom 2000, S. 1–11, hier: S. 2.

17 *Rosenberg*, Große Depression und Bismarckzeit, S. 122f.

18 *Mannheim*, Mensch und Gesellschaft im Zeitalter des Umbaus, S. 53.

19 Diesen pejorativen Einschlag der Rede vom »politischen Massenmarkt« hat auch Margaret L. Anderson in der Einleitung ihres Buchs zum Reichstagswahlrecht herausgestellt. *Margaret Lavinia Anderson*, Lehrjahre der Demokratie. Wahlen und politische Kultur im Deutschen Kaiserreich, Stuttgart 2009 (zuerst engl. 2000), S. 38f.

20 Vor allem explizite und implizite Verweise auf Stein Rokkan, den norwegischen Politikwissenschaftler und wichtigen Stichwortgeber für die sozialwissenschaftliche Modernisierungstheorie, sind hier von Relevanz. Vgl. *Peter Flora*, Staat, Nation und Demokratie in Europa. Die Theorie Stein Rokkans (zuerst engl. 1999), Frankfurt am Main 2000.

21 *Thomas Kühne*, Wahlrecht – Wahlverhalten – Wahlkultur. Tradition und Innovation in der historischen Wahlforschung, in: AfS 33, 1993, S. 481–547, hier: S. 507. Vgl. dazu Peter Steinbach, der die rokkanschen Kategorien maßgeblich in die deutsche Diskussion eingeführt hat. Die Nationalisierung sieht Rokkan (und mit ihm Steinbach) erst in der zweiten Hälfte des 20. Jahrhunderts endgültig durchgesetzt; vorher seien viele Politisierungs- und Partizipationsformen weiterhin regional gebrochen gewesen. Doch die Abschleifung lokaler und regionaler Deutungs- und Partizipationsmuster sehen beide als das »Ende der politischen Entwicklung« an. *Peter Steinbach*, Modernisierungstheorie und politische Beteiligung. Zur Analyse politischer Partizipation im langfristigen Wandel, in: *Jürgen Bergmann/Jürgen Brockstedt/Hartmut Kaelble* u.a. (Hrsg.), Arbeit, Mobilität, Partizipation, Protest. Gesellschaftlicher Wandel in Deutschland im 19. und 20.

ersetzt würden. Dagegen haben nicht nur neuere Forschungen die enorme Bedeutung lokaler und regionaler Bezugsräume für den Wandel des Politischen im 19. und 20. Jahrhundert hervorgehoben.[22]

Aufgrund dieser Probleme scheint die Benutzung der Begriffe Politisierung oder Fundamentalpolitisierung nicht sinnvoll zu sein, um den Formwandel von Politik nicht-teleologisch und multidimensional zu erforschen. Thomas Stockinger hat vorgeschlagen, die »qualitativen Veränderungen der Politik« mithilfe einer Vielzahl von ineinander verschränkten Bewegungsbegriffen – von »Formalisierung« über »Durchstaatlichung« bis hin zu »Pluralisierung« von Politik – zu beschreiben.[23] Doch auch diesen Begriffen bleibt eine Teleologie eingeschrieben, allen Bemühungen zum Trotz, dem zu entgehen. Welche Alternativen gibt es darüber hinaus?

Ein wichtiger Strang der aktuellen Forschungen zur Wandlung der politischen Praktiken im ländlichen Raum ist der gesamte Bereich, der unter »Durchstaatlichung«, »Herrschaftsverdichtung« oder »administrative Durchdringung« zu subsumieren ist. Dabei handelt es sich insbesondere um neuere Studien zur Verwaltungsgeschichte, die Verwaltung als Herrschaftspraxis begreifen und nicht als vermeintlich neutrale Ausführung von Regeln.[24] Sie haben sich der Frage gewidmet, wie der expandierende Staat die Verhältnisse vor Ort gewandelt und beeinflusst hat; viele Anregungen in dieser Richtung stammen aus der Frühneuzeit-Forschung, die wichtige Impulse für die neue Verwaltungsgeschichte gesetzt hat.[25] Dabei haben diese Forschungen, so unterschiedlich sie auch jeweils angelegt sind, vor allem gezeigt, dass eine eindeutige Kausalität oder Bewegungsrichtung von ›oben‹ nach ›unten‹, vom Staat bis in die kleinsten Verästelungen der lokalen Verhältnisse, nicht eindeutig auszumachen ist. Vielmehr wurde offenbar, dass die lokalen Akteure eine deutlich größere Gestaltungsmacht bei der Aneignung und Aushandlung der neuen Verhältnisse hatten, als das bisher sichtbar geworden sei. Damit haben diese Forschungen nicht nur dazu beigetragen, die Wandlungen der lokalen Verhältnisse im 19. Jahrhundert nachzuzeichnen, sondern auch die Geschichte der Staatlichkeit neu zu fassen.[26]

Eng mit diesen Forschungen verknüpft sind Ansätze zur Herrschaftspraxis durch Eliten, wie sie beispielsweise Patrick Wagner oder Tatjana Tönsmeyer vorgelegt haben. Sie gehen der Frage nach, welchen Einfluss vor allem adlige Eliten auf die Herrschaftsgefüge in ländlichen Regionen Europas in der zweiten Hälfte des 19. Jahrhunderts noch hatten.

Jahrhundert, Opladen 1986, S. 36–65, hier: S. 56. *Stein Rokkan/Angus Campbell/Per Torsvik* u.a., Citizens, Elections, Parties. Approaches to the Comparative Study of the Processes of Development, Oslo 1970, S. 227.

22 Vgl. *Martina Steber*, Ethnische Gewissheiten. Die Ordnung des Regionalen im bayerischen Schwaben vom Kaiserreich bis zum NS-Regime, Göttingen 2010; *Alon Confino*, The Nation as a Local Metaphor. Württemberg, Imperial Germany and National Memory, 1871–1918, Chapel Hill 1997; *Celia Applegate*, A Nation of Provincials. The German Idea of Heimat, Berkeley 1990.

23 *Thomas Stockinger*, Dörfer und Deputierte. Die Wahlen zu den konstituierenden Parlamenten von 1848 in Niederösterreich und im Pariser Umland (Seine-et-Oise), Wien/München 2012, S. 75.

24 *Joachim Eibach*, Verfassungsgeschichte als Verwaltungsgeschichte, in: *ders.* (Hrsg.), Kompass der Geschichtswissenschaft. Ein Handbuch, Göttingen 2002, S. 142–151, hier: S. 149.

25 Eine Zwischenbilanz der Forschung zieht der Band von *Stefan Brakensiek/Corinna von Bredow/Birgit Näther* (Hrsg.), Herrschaft und Verwaltung in der Frühen Neuzeit, Berlin 2014.

26 Vgl. *Jörg Ganzenmüller/Tatjana Tönsmeyer* (Hrsg.), Vom Vorrücken des Staates in die Fläche. Ein europäisches Phänomen des langen 19. Jahrhunderts, Köln/Weimar etc. 2016; *Lutz Raphael*, Staat im Dorf. Transformation lokaler Herrschaft zwischen 1750 und 1850: Französische und westdeutsche Erfahrungen in vergleichender Perspektive, in: Zeitschrift für Agrargeschichte und Agrarsoziologie 51, 2003, H. 1, S. 43–61; *Thomas Ellwein*, Der Staat als Zufall und als Notwendigkeit. Die jüngere Verwaltungsentwicklung in Deutschland am Beispiel Ostwestfalen-Lippe, 2 Bde., Opladen 1993–1997.

Dabei zeigen beide Autoren, dass der Eindruck, diese Eliten hätten ungebrochen ihre Machtposition halten können, einer optischen Täuschung geschuldet ist. Zwar konnten die preußischen Gutsbesitzer in Wagners Studie weiterhin die Herrschaftsgefüge vor Ort stark beeinflussen, doch waren sie in ihrer Machtausübung seit dem späten 19. Jahrhundert von den bürokratischen Akteuren, vor allem den professionellen Landräten, abhängig, verfügten mithin also nicht mehr über ungebrochene eigene Machtressourcen.[27] Auch Tönsmeyer verweist darauf, dass die von ihr untersuchten Eliten in Böhmen und England, jeweils der landbesitzende Adel, keineswegs die eigenen Herrschaftspraktiken konservierte, sondern situativ unterschiedliche Ressourcen nutzte.[28] Eine Teleologie der Herrschaftsmodernisierung lässt sich aus diesen Forschungen nicht ableiten, sondern vielmehr infrage stellen. Gleichzeitig wird aber auch deutlich, dass der Einfluss des Staats in den untersuchten Regionen wuchs und die lokalen Verhältnisse dynamisierte, dass dies aber ein weder ungebrochener noch zielgerichteter Prozess war.

Während diese Forschungen vor allem die Herausbildung staatlicher Herrschaftsinstitutionen sowie deren Interaktionen mit regionalen und lokalen Akteuren betrachten, haben etwa Forschungen zur lokalen Armenpolitik im 19. Jahrhundert stärker das Agieren lokaler Akteure in den Blick genommen. Diese Forschungen haben für den Formwandel von Politik zweierlei zutage gefördert: Erstens blieben im ländlichen Raum unterschiedliche Formen und damit Institutionen der Armenfürsorge nebeneinander bestehen, veränderten sich aber in ihrem Verhältnis zueinander. So übernahm keineswegs der expandierende Staat das Monopol in Sachen Armenfürsorge; vielmehr ordnete er sich andere, bereits existierende Formen der Wohltätigkeit unter.[29] Zum anderen haben die Forschungen ebenso wie andere Untersuchungen zum Gebaren von Landgemeinden gezeigt, dass diese durchaus gegenüber der staatlichen Verwaltung eine Handlungsmacht entfalteten, wenn sie geschlossen handelten. Innere soziale Konflikte und Verwerfungen standen also mit dem Agieren der Landgemeinden nach außen in einem engen Zusammenhang.[30]

Die neueren Forschungen, die sich dem Wandel politischer Formen im ländlichen Raum widmen, setzen sich von der stark teleologisch und normativ aufgeladenen Politisierungsforschung ab. Sie fokussieren Herrschaftspraktiken stärker als Institutionen und stellen alte Denkmuster von vollständiger oder auch partieller (und damit pathologischer) Modernisierung infrage. Dabei orientieren sie sich an Joachim Eibachs Diktum von der Verwaltungsgeschichte als Geschichte der »Herrschaftspraxis«[31] und fragen für den langen Übergang vom 19. zum 20. Jahrhundert in erster Linie nach den Interdependenzen zwischen staatlichen Expansionsprozessen und lokalen oder zumindest regionalen administrativen Praktiken.

27 *Patrick Wagner*, Bauern, Junker und Beamte. Lokale Herrschaft und Partizipation im Ostelbien des 19. Jahrhunderts, Göttingen 2005, S. 569f.

28 *Tatjana Tönsmeyer*, Adelige Moderne. Großgrundbesitz und ländliche Gesellschaft in England und Böhmen 1848–1918, Wien/Köln etc. 2012, S. 327.

29 *Inga Brandes/Katrin Marx-Jaskulski*, Armut und ländliche Gesellschaften im europäischen Vergleich – eine Einführung, in: *dies.* (Hrsg.), Armenfürsorge und Wohltätigkeit. Ländliche Gesellschaften in Europa, 1850–1930, Frankfurt am Main/Berlin etc. 2008, S. 9–45, hier: S. 20.

30 Vgl. dazu auch *Niels Grüne*, Dorfgesellschaft – Konflikterfahrung – Partizipationskultur. Sozialer Wandel und politische Kommunikation in Landgemeinden der badischen Rheinpfalz (1720–1850), Stuttgart 2011; *Norbert Franz*, Durchstaatlichung und Ausweitung der Kommunalaufgaben im 19. Jahrhundert. Tätigkeitsfelder und Handlungsspielräume ausgewählter französischer und luxemburgischer Landgemeinden im mikrohistorischen Vergleich (1805–1890), Trier 2006.

31 *Eibach*, Verfassungsgeschichte als Verwaltungsgeschichte, S. 149.

II. Perspektivenerweiterung: Regierungsweisen im ländlichen Raum

Die skizzierten Forschungen zur administrativen Praxis im ländlichen Raum stellen einen wichtigen Ausgangspunkt für meine Überlegungen dar, doch möchte ich im Folgenden noch darüber hinausgehen, indem ich sie mit anderen Aspekten der Steuerung und Beeinflussung des Sozialen auf unterschiedlichsten räumlichen Ebenen verknüpfe. Dafür schlage ich vor, den angesprochenen Wandlungen im 19. und 20. Jahrhundert mithilfe des Terminus des »Regierens« zu begegnen. Dabei ist »Regieren« weder ein Synonym für Herrschaft oder Souveränität noch für den politikwissenschaftlichen Terminus der »governance«.

Vielmehr kopple ich diesen Begriff locker an Überlegungen zum Begriff der Gouvernementalität an, wie er in Michel Foucaults Spätwerk uneinheitlich verwendet[32] und später in diversen Disziplinen aufgegriffen wurde.[33] Damit stellt dieses Konzept, ganz im Sinne der neueren Forschungen zur Geschichte moderner Staatlichkeit[34], »den Staat« als Gegebenheit infrage, indem er als *Effekt* einer historischen Konstellation von Regierungspraktiken und -rationalitäten auf unterschiedlichen Ebenen verstanden wird.[35] Gouvernementalität beschreibt zunächst kein institutionelles Zentrum wie »den Staat«, sondern dezentrale Praktiken unterschiedlicher Akteure, die sich selbst, aber auch ihre Umwelten zu regieren, zu beeinflussen und zu steuern versuchten. Damit einher geht die Aufmerksamkeit für institutionelle Verfestigungen, neue Wissensbestände, Handlungspositionen und mehr oder weniger zur Routine gewordene Praktiken, die sich in konkreten historischen Situationen herausbildeten und gegenseitig beeinflussten. Für die Erforschung des Regierens im ländlichen Raum ergeben sich daraus drei verschiedene Beobachtungsperspektiven:

---

32 Michel Foucault selbst definiert Gouvernementalität in seiner berühmten Vorlesung vom 1. Februar 1978 in dreierlei Hinsicht, wobei sich diese Definitionen durchaus widersprechen. Zum einen bezeichnete er damit ein spezifisches Setting von Regierungsrationalität, -institutionen und -praktiken seit dem ausgehenden 18. Jahrhundert. Zum zweiten führte er Gouvernementalität als ein allgemein-neuzeitliches Phänomen der »raison d'État« ein und zum dritten beschrieb er den Prozess der Staatstransformation vom »mittelalterliche[n] Staat der Gerichtsbarkeit« zum »Polizeystaat« und schließlich zum gouvernementalisierten, liberalen, sich selbst beschränkenden Staat, ohne damit aber eine Höherentwicklung von Staatlichkeit zu implizieren. Vielmehr sollen historisch spezifische Erscheinungsformen des Staats skizziert werden. *Michel Foucault*, Geschichte der Gouvernementalität I. Sicherheit, Territorium, Bevölkerung. Vorlesung am Collège de France 1977–1978, Frankfurt am Main 2004, S. 164.

33 Als Überblick zu den vor allem britischen und amerikanischen Gouvernementalitätsstudien: *Ulrich Bröckling/Susanne Krasmann/Thomas Lemke*, From Foucault's Lectures at the Collège de France to Studies of Governmentality. An Introduction, in: *dies*. (Hrsg.), Governmentality. Current Issues and Future Challenges, New York/Oxon 2011, S. 1–33.

34 Vgl. etwa (mit weiterführender Literatur) *Jörg Ganzenmüller/Tatjana Tönsmeyer*, Einleitung: Vom Vorrücken des Staates in die Fläche. Ein europäisches Phänomen des langen 19. Jahrhunderts, in: *dies*., Vom Vorrücken des Staates in die Fläche, S. 7–31; als Versuch der interdisziplinären Debatte zwischen Geschichts- und Politikwissenschaft *Mathias Albert/Willibald Steinmetz*, Be- und Entgrenzung von Staatlichkeit im politischen Kommunikationsraum, in: APuZ 2007, Nr. 20/21, S. 17–23.

35 Die »Gouvernementalisierung des Staates«, so Foucault, sei ein indirekt zu beobachtender Prozess, »da es ja die Taktiken des Regierens sind, die in jedem Augenblick erlauben zu definieren, was in die Zuständigkeit des Staates fallen darf und was nicht, was öffentlich und was privat ist, was staatlich ist und was nicht staatlich ist«. *Foucault*, Geschichte der Gouvernementalität I, S. 164. Vgl. dazu auch *Bob Jessop*, From Micro-Powers to Governmentality: Foucault's Work on Statehood, State Formation, Statecraft and State Power, in: Political Geography 26, 2007, S. 34–40.

Zum Ersten frage ich nach den zeitgenössischen *Wissensordnungen*, die Voraussetzungen, gleichzeitig aber auch bereits Praktiken des Regierens waren. Konkret auf den ländlichen Raum bezogen: Was verstand man seit der Mitte des 19. Jahrhunderts unter einer »Landgemeinde«? Welche Funktionen wurden ihr zugeschrieben, welche normativen Ordnungen entworfen, an die die vorgefundene Wirklichkeit auf dem Dorf mittels Regierungspraktiken angepasst werden sollte? Besonders interessant ist dabei, wie das Verhältnis von (Land-)Gemeinde und modernem Staat gefasst wurde und wie es sich veränderte. Ebenso ist die Differenz zwischen Stadt und Land diesen Wissensordnungen eingeschrieben und muss besonders analysiert werden.

Zum Zweiten geraten damit unterschiedliche *Akteure* in den Blick, die unterschiedlichen sozialen Gruppen und institutionellen Ordnungen angehörten, die über je spezifisches Wissen verfügten und entsprechende politische Agenden hatten. Wie griffen diese verschiedenen Gruppen von Akteuren ineinander, auch auf unterschiedlichen räumlichen Ebenen? So sind die Praktiken von dörflichen Akteuren ebenso zu untersuchen wie die von »Brokern«[36], die zwischen der dörflichen und der staatlichen Ebene vermittelten, etwa die Vertreter der regionalen Bürokratie wie die Landräte; dazu kommen staatliche, parlamentarische, wissenschaftliche, soziale und religiöse Akteure, die zumindest punktuell versuchten, Einfluss auf das Regieren im ländlichen Raum beziehungsweise des ländlichen Raums zu nehmen. Diese Akteure waren jeweils mit unterschiedlichen Machtressourcen und Handlungsoptionen ausgestattet, wobei keineswegs ausgemacht ist, dass immer die Staatsvertreter über die stabilsten Machtressourcen verfügten, um innerhalb einer ländlichen Gemeinde erfolgreich intervenieren – oder regieren – zu können.[37]

Zum Dritten wird der Blick auf die *Praktiken* des Regierens gelenkt, nicht (nur) im Sinne der Umsetzung von Programmen des Regierens.[38] Damit sind alltägliche, mehr oder weniger verfestigte Handlungsroutinen angesprochen, mittels derer unterschiedliche Akteure Gesellschaft zu steuern und öffentliche Angelegenheiten zu regeln versuchten; nicht nur im Raum der (staatlichen oder kommunalen) Verwaltung, aber doch besonders hier.[39] Dabei interessieren nicht nur die Praktiken selbst, sondern auch deren Effekte, etwa im Sinne der Gouvernementalitätsstudien die Schaffung von Räumen, in denen ein bestimmtes Verhalten von Individuen wahrscheinlicher wurde als ein anderes.[40] Dafür müssen Prak-

---

36 Den Begriff des »Brokers«, der aus der soziologischen Netzwerkanalyse stammt, hat Patrick Wagner in die Diskussion um die Herrschaftspraxis im ländlichen Raum eingebracht, und seitdem ist er aus der Diskussion nicht wegzudenken. *Patrick Wagner*, Gutsherrn – Bauern – Broker. Die ostelbische Agrargesellschaft in der zweiten Hälfte des 19. Jahrhunderts, in: JMEH 2, 2004, S. 254–278; vgl. auch *Ira Spieker*, Kapital – Konflikte – Kalkül. Ländlicher Alltag in Sachsen im 19. Jahrhundert, Dresden 2012, S. 79f.; *Ganzenmüller/Tönsmeyer*, Einleitung: Vom Vorrücken des Staates in die Fläche, S. 15.

37 Zum schwachen beziehungsweise starken Staat und den problematischen Implikationen, die mit dieser Bewertung einhergehen vgl. *Wagner*, Bauern, Junker und Beamte, S. 102.

38 Insofern versteht sich dieser Aufsatz auch als Beitrag zu einer historischen Praxeologie – trotz aller Schwierigkeiten und notwendigen Anpassungen, die für die Geschichtswissenschaft mit dem Konzept der Praxeologie verbunden sind. Vgl. *Sven Reichardt*, Praxeologische Geschichtswissenschaft. Eine Diskussionsanregung, in: Sozial.Geschichte 22, 2007, H. 3, S. 43–65.

39 *Gilbert Coutaz/Thomas Gees/Urs Germann* u.a., Was soll und kann Verwaltungsgeschichte?, in: Traverse 18, 2011, H. 3, S. 160–170, hier: S. 161 und 169.

40 In den letzten Jahren seines theoretischen Wirkens definierte Foucault Macht generell als »ein Ensemble aus Handlungen, die sich auf mögliches Handeln richten [...]. Sie [die Macht] bietet Anreize, verleitet, verführt, erleichtert oder erschwert, sie erweitert Handlungsmöglichkeiten oder schränkt sie ein, sie erhöht oder senkt die Wahrscheinlichkeit von Handlungen, und im Grenzfall erzwingt oder verhindert sie Handlungen, aber stets richtet sie sich auf handelnde Subjekte, insofern sie handeln oder handeln können«, *Michel Foucault*, Subjekt und Macht, in: *ders.*, Dits et Ecrits. Schriften in vier Bänden, Bd. 4: 1980–1988, Frankfurt am Main 2005 (zuerst frz.

tiken des Zwangs, des Ausschlusses, der Unterdrückung und Verpflichtung, aber eben auch der Mobilisierung, Aktivierung und Auszeichnung in den Blick genommen werden.

Diese drei Dimensionen können nicht getrennt voneinander untersucht werden. Das Wissen um das Regieren im ländlichen Raum, die Positionen der Akteure und ihre jeweiligen Machtressourcen, aber auch die Praktiken, die sie an den Tag legten, veränderten sich nicht nur mit der Zeit, sondern auch durch ihre wechselseitige Beeinflussung. Mit diesem Ansatz wird die Perspektive der Verwaltungs- und Herrschaftspraxis, die in neueren Forschungen zur Geschichte von Verwaltung, Staatlichkeit und Politik entwickelt wurde, erweitert. Denn Regieren fand und findet nicht nur innerhalb staatlicher Institutionen statt, sondern war und ist ein integraler Bestandteil (moderner) Gesellschaften, ist eine besondere Perspektive, aus der sich Macht und Politik beschreiben lassen. Damit geraten nicht nur administrative Praktiken und Institutionen in den Blick, sondern auch die Organisation von Interessen, insofern sie auf die Regierung des Sozialen abzielten, die gemeinsame Regelung ökonomischer Verhältnisse oder das Wissen darum, wer mitreden und mitregieren durfte. All diese Aspekte lassen sich ebenso wie die klassischen Bereiche der administrativen Praktiken als Regieren untersuchen; die erweiterte Perspektive ermöglicht es vor allem, die Interdependenzen zwischen diesen unterschiedlichen Praktiken in den Blick zu nehmen und das Verhältnis zwischen den jeweiligen Akteuren, ihrem je unterschiedlichen Wissen und ihren Handlungsspielräumen genauer zu untersuchen. Gleichzeitig wird damit eine Teleologie vermieden und die Gewissheit, was »der Staat« eigentlich ist, infrage gestellt.

Eine Herausforderung ist die Analyse von Regierungsweisen insofern, als sie die übliche Unterscheidung von Mikro- und Makrostudien unterläuft. Die Perspektive des Regierens »vor Ort« reicht nie aus, denn zu viele institutionelle Rahmenbedingungen, diskursive Muster, Akteurspositionen und Machtressourcen sind nur durch die Analyse überörtlicher Zusammenhänge zu verstehen; gleichzeitig spiegeln sich diese Verhältnisse auf Makro- oder Mesoebene nicht einfach im Lokalen wider. Die Regierungsanalyse macht also den ständigen Wechsel der Untersuchungsmaßstäbe ebenso notwendig wie die sorgfältige Abwägung von Einflussmustern und Kausalitäten zwischen diesen Ebenen.

In den beiden folgenden Abschnitten werde ich diese analytischen Perspektiven an zwei Aspekten des Formwandels von Politik im ländlichen Raum durchspielen, ohne dass ich damit eine endgültige Geschichte des Regierens im ländlichen Raum erzählen könnte. Vielmehr dient dieser Aufsatz dazu, die skizzierte analytische Perspektive zu plausibilisieren und anhand des Untersuchungsgegenstands weiter zu präzisieren. Die beiden Fallstudien sollen also nicht Beispiele für bereits Bekanntes liefern, sondern das Potenzial der Regierungsanalyse genauer eruieren und den Formwandel des Regierens im ländlichen Raum mit ersten Thesen unterfüttern.

Gemeinden zwischen lokaler Korporation und Staatlichkeit in der zweiten Hälfte des 19. Jahrhunderts: Die Regierung der Dörfer

Der Charakter von Land- wie Stadtgemeinden war schon in der Frühen Neuzeit umstritten: Waren sie Objekte von Herrschaft, Untereinheiten des sich ausbildenden Territorialstaats oder selbstständige Korporationen? Im Zuge der Herrschaftsverdichtung und der

2002), S. 269–294, hier: S. 286. Zur Schaffung »staatsferner« Räume zur Regierung der Bevölkerung im Neoliberalismus vgl. *Nikolas Rose/Peter Miller*, Political Power beyond the State. Problematics of Government, in: The British Journal of Sociology 61, 2010, Beiheft 1, S. 271–303 (zuerst 1992). Clemens Reichold schlägt vor, neben den liberalen Formen des Regierens auch solche konservative Formen der Gesellschaftssteuerung als Gouvernementalität zu analysieren, die über die Etablierung von Räumen der Tradition indirekt zu regieren versuchten. *Clemens Reichhold*, Der Imperialismus als Regierung der Masse. Zur Geschichte der Gouvernementalität bei Foucault, in: GG 36, 2010, S. 437–461.

Expansion zentralstaatlicher Gewalten wurden partikulare Machträume wie Gemeinden gegenüber dem staatlichen Machtanspruch mehr und mehr zurückgedrängt, ohne dass die Korporationen ihre Selbstverwaltung vollständig verloren.[41] Diese Dualität von Staat und Gemeinde blieb auch über das Ende des Alten Reiches hinaus erhalten: (Land-)Gemeinden behielten eigene Handlungsspielräume und der Frühliberalismus basierte vor allem im deutschen Südwesten auf dem Bewusstsein bürgerlicher Rechte (wenn auch vornehmlich in der Stadt).[42] Allerdings sollte das Verhältnis zwischen Staat und Gemeinde nicht (nur) als Polarität gedacht werden. Die beiden politischen Ebenen bildeten sich nicht ausschließlich in Konkurrenz zueinander heraus, sondern durchdrangen sich durchaus gegenseitig. Die Ausweitung staatlicher Interventionen ging in Mitteleuropa in der Regel mit der Ausweitung kommunaler Handlungsmöglichkeiten einher.[43]

In den süddeutschen Staaten nahm die verfassungsrechtliche Neuorganisation des Verhältnisses von Staat und Gemeinden um 1800 ihren Anfang, als die Verstaatlichung der Gemeinden und deren Verselbstständigung in großer zeitlicher Nähe vorangetrieben wurden. Land- und Stadtgemeinden wurden als öffentliche Korporationen eingesetzt, deren Selbstverwaltungsrechte vom Staat verliehen und garantiert, standardisiert und strikt überwacht wurden. Ein Beispiel dafür ist das Königreich Bayern.[44] Nachdem 1808 die Gemeinden einer zentralen staatlichen Verwaltung unterworfen worden waren, wurden sie 1818 wieder als Selbstverwaltungskörperschaften eingesetzt. Seitdem wählten die Gemeindebürger in Stadt und Land ihre Vorsteher und Körperschaften zur Verwaltung der Gemeinden selbst. Auf dem Land wurde die Gemeindeversammlung als Organ der Gemeinde etabliert, das allerdings keine bindenden Entscheidungen treffen konnte.[45] Von einer Demokratisierung der Verhältnisse in den Gemeinden kann allerdings nicht gesprochen werden, weil die Einwohner, die über das Bürgerrecht verfügten, eine sehr kleine Minderheit darstellten.[46]

---

41 *Peter Blickle*, Kommunalismus: Skizzen einer gesellschaftlichen Organisationsform, 2 Bde., München 2000; als Kurzzusammenfassung inklusive der Kritik am Konzept *ders.*, Kommunalismus, in: *Friedrich Jaeger* (Hrsg.), Enzyklopädie der Neuzeit, Bd. 6, Stuttgart 2007, Sp. 985–990; *Heide Wunder*, Die bäuerliche Gemeinde in Deutschland, Göttingen 1986.

42 *Grüne*, Dorfgesellschaft – Konflikterfahrung – Partizipationskultur; *Robert von Friedeburg*, Ländliche Gesellschaft und Obrigkeit. Gemeindeprotest und politische Mobilisierung im 18. und 19. Jahrhundert, Göttingen 1997; *Wolfgang Kaschuba*, Kommunalismus als sozialer »Common Sense«. Zur Konzeption von Lebenswelt und Alltagskultur im neuzeitlichen Gemeindegedanken, in: *Peter Blickle* (Hrsg.), Landgemeinde und Stadtgemeinde in Mitteleuropa. Ein struktureller Vergleich, München 1991, S. 65–91; *Josef Mooser*, Ländliche Klassengesellschaft 1770–1848. Bauern und Unterschichten, Landwirtschaft und Gewerbe im östlichen Westfalen, Göttingen 1984; für die kommunalistischen Wurzeln des Frühliberalismus vgl. *Paul Nolte*, Gemeindebürgertum und Liberalismus in Baden 1800–1850, Göttingen 1994.

43 *Ganzenmüller/Tönsmeyer*, Einleitung: Vom Vorrücken des Staates in die Fläche, S. 23. Zur Verflechtung der beiden politischen Bezugs- und Handlungsräume vgl. die Untersuchungen zum »Staat im Dorf«, die in Trier durchgeführt wurden. Zusammenfassend: *Raphael*, Staat im Dorf.

44 *Werner K. Blessing*, Staatsintegration als soziale Integration. Zur Entstehung einer bayerischen Gesellschaft im frühen 19. Jahrhundert, in: ZBLG 41, 1978, S. 633–700.

45 *Emma Mages*, Gemeindeverfassung (19./20. Jahrhundert), in: Historisches Lexikon Bayern 2006, URL: <http://www.historisches-lexikon-bayerns.de/Lexikon/Gemeindeverfassung_(19./20._Jahrhundert)> [22.2.2017]; *Hans-Joachim Hecker*, Bayerisches Kommunalrecht von 1818 bis 1919: Historische Einführung, in: Bayerisches Kommunalrecht 1818–1919 mit Reprint der Originale und einer Einführung von Archiv-Oberrat Hans-Joachim Hecker, München/Kronach 1998, S. 3–9; *Wilhelm Volkert*, Innere Verwaltung, in: *ders.* (Hrsg.), Handbuch der bayerischen Ämter, Gemeinden und Gerichte 1799–1980, München 1983, S. 30–108, hier: S. 92f.

46 *Reinhard Heydenreuter*, Heimatrecht, Heiratserlaubnis und Ansässigmachung. Die Gesetzgebung zum Heimat- und Ansässigmachungsrecht im Königreich Bayern, in: Forum Heimatforschung 16, 2013, S. 120–138.

Durch verfassungsrechtliche Änderungen wurden die Gemeindebürger also in die Verwaltung der lokalen Angelegenheiten eingebunden. Das sagt aber nichts darüber aus, wie sehr diese Regelungen vor Ort auf Gegenliebe stießen. Reinhart Koselleck hat für die preußische Städteordnung, die bis heute oft als erster Schritt in die kommunale Demokratie gilt, verdeutlicht, dass sich die Begeisterung derjenigen, die nun als Bürger partizipieren sollten, in sehr engen Grenzen hielt.[47] Auch in einigen bayerischen Landgemeinden dürfte das lokalpolitische Engagement im frühen 19. Jahrhundert eher gering ausgeprägt gewesen sein. Das Protokollbuch der Gemeindeverwaltung, das in der kleinen Gemeinde Bernried am Starnberger See aus der ersten Hälfte des 19. Jahrhunderts überliefert ist, zeugt nicht gerade von einer aktiven Selbstverwaltung. Im Gegenteil weist es in erster Linie Fehlanzeigen und große zeitliche Lücken auf; neben Pflichtaufgaben wie der regelmäßigen Feuer- und Viktualienvisitation verzeichnete die Gemeindeverwaltung auch in besseren Zeiten wenig Aktivität.[48] Da auch in der Parallelüberlieferung der Regierung des Isarkreises (ab 1837 Oberbayern) und des zuständigen Landgerichts Weilheim wenig bis gar keine Aktivitäten der Gemeinden zu verzeichnen sind, weist die fehlende Überlieferung für die erste Hälfte des 19. Jahrhunderts auf sehr passive Gemeindeverwaltungen hin, wie sie auch für andere Regionen festgestellt wurden.[49]

In der zweiten Hälfte des 19. Jahrhunderts begann sich das nach und nach zu ändern. Zwei Faktoren spielten dabei eine Rolle: Erstens wurden durch Lernprozesse langfristiger Art administrative und politische Verfahren und Gewohnheiten in den Landgemeinden etabliert. So rückten die Gemeinden und ihre ehrenamtlichen Verwaltungseliten durch alltägliche Praktiken immer stärker an die staatliche Bürokratie heran; eine besonders wichtige Rolle dafür spielten die Beamten der Landgerichte beziehungsweise Bezirksämter[50], die für die Gemeindeaufsicht zuständig waren und den engsten Kontakt mit den Gemeindeverwaltungen pflegten. Doch je nach geografischer Lage der Gemeinde zum Bezirksamt, der Zahl der Gemeinden im Bezirk, den vorhandenen Verkehrswegen und natürlich der Initiative der jeweiligen Beamten konnte dieser Kontakt zwischen lokaler Gemeindeverwaltung und der untersten Ebene der staatlichen Bürokratie sehr unterschiedlich eng sein. Jedoch wurden die Bezirksämter im letzten Drittel des 19. Jahrhunderts zunehmend professionalisiert; hatten die Landrichter noch um die Mitte des 19. Jahrhunderts ihre Aufsicht über die Gemeinden häufig aufgrund persönlicher Überlastung, anderer Verpflichtungen et cetera nur sehr rudimentär gehandhabt[51], wuchs nun der Mitarbeiterstamm der

47 *Reinhart Koselleck*, Preußen zwischen Reform und Revolution. Allgemeines Landrecht, Verwaltung und soziale Bewegung von 1791 bis 1848, 2., bericht. Aufl., Stuttgart 1975, S. 568f.

48 Protokollbuch für Gemeindesachen 1822–1854, Gemeindearchiv Bernried (GAB), B2/0.

49 Mayr hat herausgearbeitet, dass in der ersten Hälfte des 19. Jahrhunderts ein passiver Amtsstil von ländlichen Gemeindevorstehern auch im Rhein-Maas-Raum nichts Ungewöhnliches war. Diese Vertreter der Gemeindeverwaltungen traten schlichtweg gar nicht in Erscheinung, füllten ihr Amt nicht aus – zumindest nicht so, dass es Spuren hinterlassen hätte. *Christine Mayr*, Zwischen Dorf und Staat. Amtspraxis und Amtsstil französischer, luxemburgischer und deutscher Landgemeindebürgermeister im 19. Jahrhundert. Ein mikrohistorischer Vergleich, Frankfurt am Main 2006, S. 275f.

50 In Bayern wurde erst im Jahr 1861/62 die unterste Ebene der Verwaltung von der Justiz getrennt; ab diesem Zeitpunkt waren die neu geschaffenen Bezirksämter, nicht mehr länger die Landgerichte, für die Gemeindeaufsicht zuständig.

51 Ein Großteil der im Staatsarchiv München überlieferten Akten zur Gemeindevisitation bis etwa 1860 beschäftigt sich nicht etwa mit den Verhältnissen in den Gemeinden, sondern mit den Problemen, die Landrichter und ihre Assessoren zu ordnungsgemäßer Überprüfung der Gemeinden anzuhalten – oft genug ohne Erfolg. Beispielhaft: Akten der Königlichen Regierung von Oberbayern, Kammer des Innern. Visitation der Gemeinden des Bezirksamts Weilheim, 1845–1899, Staatsarchiv München, RA 65693.

Bezirke, aber gleichzeitig auch ihr Aufgabenspektrum. Doch im Vergleich zu anderen deutschen Staaten, etwa Preußen, lag in Bayern der Schwerpunkt der Kommunalverwaltung in den Gemeinden, nicht auf der Ebene der Bezirke, und die Interventionsmöglichkeiten des Bezirksamtsmanns auf die gemeindlichen Verhältnisse bezogen sich vor allem auf die Kontrolle der rechtlichen Verhältnisse und der fachmännischen Aufsetzung des Etats. Von einer Dominierung der lokalen Verhältnisse durch die Unterbeamten kann hier nicht die Rede sein.[52]

Zweitens hatte auch die Gesetzgebung Auswirkungen darauf, wie die öffentlichen Angelegenheiten im ländlichen Raum geregelt wurden, etwa die neue Gemeindeordnung von 1869. Gemeindeordnungen zogen oder verschoben Grenzen des Möglichen, legten Verfahrensregeln, Hierarchien und Ausschlussweisen fest. Und durch die langwierigen Debatten über ihre Ausgestaltung – in Bayern von der ersten Ankündigung der neuen Gemeindeordnung im Jahr 1861 bis zum Inkrafttreten der Ordnung im Jahr 1869 immerhin fast acht Jahre – wurden auch Deutungsmuster dessen verschoben, was unter einer (Land-)Gemeinde zu verstehen sei und welche Regierungsweisen wünschenswert, welche abzulehnen seien.

Schon seit 1848 wurde die sachgerechte Autonomisierung von Gemeinden, besonders von Landgemeinden, als wirksame Schranke gegen das Eindringen politischer Leidenschaften und Bindungen in den lokalen Raum diskutiert. Es ging also bei der Abwägung von Verstaatlichung und Autonomisierung nicht nur darum, eine effiziente Verwaltung bis in den letzten Winkel des Königreiches sicherzustellen, sondern auch darum, Verhaltensprogramme für die ländliche Bevölkerung zu realisieren. In dieser konservativen Spielart wurde noch Ende des 19. Jahrhunderts im maßgeblichen Kommentar zur Gemeindeordnung dieser Ansatz als besonders erfolgreich gepriesen:

> »So viel ist gewiß, – je mehr sich die Gemeinden und deren Vertreter in die Gemeindeordnung einleben, je mehr sie sich mit dem Gefühle der Selbständigkeit zugleich der daraus hervorgehenden Verantwortlichkeit und Pflichten bewußt werden, je mehr sie es vermeiden, in den Kreis der gemeindlichen Verwaltung politische Rücksichten und Bestrebungen, welche außerhalb des gesetzlichen gemeindlichen Wirkungskreises liegen, hereinzuziehen, und je mehr sie sich endlich namentlich auch bei den Gemeindewahlen lediglich durch die Rücksicht auf die Interessen der Gemeinde und nicht durch einseitige Parteirücksichten leiten lassen, desto mehr wird es sich zeigen, daß der in der Gemeindeordnung zum Ausdruck gekommene Grundsatz gemeindlicher Selbstverwaltung unter der Kontrolle einer gesetzlich genau begrenzten, maßvollen Staatsaufsicht volle Berechtigung hat.«[53]

Die liberale Kammermehrheit hingegen wollte durch die Reform der Gemeindeordnung die gemeindlichen Rechte weiter stärken; dabei hatten die Abgeordneten aber vor allem das städtische Bürgertum im Kopf; die ländlichen Gemeinden wollten sie möglichst wenig antasten, da die Landbevölkerung als konservativ eingeschätzt wurde und nicht in Aufruhr versetzt werden sollte.[54] Doch die Gesetzesänderungen sowie die damit einhergehenden neuen Ausführungsbestimmungen, Formulare, Protokollbücher et cetera bewirkten, dass beispielsweise die Gemeindeverwaltung der kleinen bayerischen Gemeinde Bernried immer mehr Schriftgut produzierte, welches bis heute überliefert ist. Hier ist zu beobachten, wie in einer individuellen Landgemeinde die Gemeindeverwaltung aktiver wurde, ohne dass es sich dabei um eine vollständige Angleichung der ländlichen an die staatlichen Verwaltungspraktiken gehandelt hätte.

---

52 Vgl. im Kontrast dazu Preußen: *Christiane Eifert*, Die kleinen Könige. Zu Selbstverständnis und Herrschaftspraxis brandenburgischer Landräte im 19. Jahrhundert, in: Historische Anthropologie 7, 1999, S. 381–403.

53 *Gustav von Kahr*, Bayerische Gemeindeordnung für die Landestheile diesseits des Rheins, erläutert und mit den Vollzugsvorschriften, Bd. 1, München 1896, S. 32f.

54 *Horst Hesse*, Die sogenannte Sozialgesetzgebung Bayerns Ende der sechziger Jahre des 19. Jahrhunderts. Ein Beitrag zur Strukturanalyse der bürgerlichen Gesellschaft, München 1971, S. 185.

Die Auswertung der Protokolle der Gemeinderatssitzungen lässt zunächst den Schluss zu, dass die Selbstverwaltung weiterhin vor allem ad hoc operierte. Regelmäßige Sitzungen der Gemeindeverwaltung (also des kleinen gewählten Gremiums, bestehend aus Bürgermeister, Beigeordneten und einigen sonstigen Gemeindemitgliedern) gab es nicht; mal traf sich das Gremium über Monate hinweg gar nicht, mal in sehr engen Abständen. Die Zahl der Gemeindeverwaltungssitzungen blieb über Jahrzehnte hinweg stark schwankend – von einem kontinuierlichen Aufwuchs kann nicht die Rede sein, geschweige denn davon, dass diese Sitzungen regelmäßiger wurden. Im Gegenteil: Erst nach dem Zweiten Weltkrieg wurden in Bernried regelmäßige Sitzungen mit geschäftsmäßiger Vorbereitung abgehalten, in denen nicht mehr nur ein jeweils akut anliegendes Problem geklärt wurde, sondern mehrere Tagesordnungspunkte geschäftsmäßig abgehandelt wurden. Demgegenüber wirkt die Gemeindeverwaltung im späten 19. und frühen 20. Jahrhundert wenig regelhaft.[55]

Die Themen, die in den Gemeindeverwaltungssitzungen verhandelt wurden, waren dabei relativ gleichförmig: Die Gemeindeverwaltung entschied über Bürgeraufnahme und Verehelichungsgenehmigungen, legte einmal im Jahr den Etat für das kommende Jahr, damit einhergehend die Höhe der Gemeindeumlagen, fest und besetzte die Ämter, die die Gemeinde zu bespielen hatte: im Armenrat, in Genossenschaften, bei der Schulaufsicht et cetera. So kamen zwar über das Jahr einige Entscheidungen zusammen, doch fragt sich, inwieweit es sich hierbei um »politische« Entscheidungen im eigentlichen Sinne handelte, also um solche, die unterschiedliche mögliche Alternativen voraussetzten, oder ob nicht einfach Pflichtaufgaben erledigt wurden.[56] Die Sitzungsprotokolle lassen als Ergebnisprotokolle in der Regel nicht auf größere Konflikte oder kontroverse Diskussionen schließen; die wenigen Ausnahmen, etwa bei der Verteilung von Diensten und Abgaben, zeigen sich durch nachträgliche Änderungen im Protokoll.[57]

Dennoch, die lokale Verwaltung der Landgemeinde spielte in Bayern nicht nur für die politischen, sondern auch für die sozialen und materiellen Verhältnisse vor Ort eine enorme Rolle, nicht zuletzt, weil von einer Vereinheitlichung der Verwaltung bis auf die unterste Ebene aufgrund des hohen Autonomiegrades der Gemeinden und der eingeschränkten Gemeindeaufsicht bis weit ins 20. Jahrhundert hinein keine Rede sein konnte. Werner K. Blessings Befund für das frühe 19. Jahrhundert, dass »lokalspezifische Formen öffentlicher Ordnung« bestehen blieben, obwohl gleichzeitig eine Neuausrichtung auf das Königreich im Ganzen stattfand, kann problemlos bis ins späte 19. Jahrhundert verlängert werden.[58] Die lokalspezifischen Formen und informellen Strukturen vor Ort sollten jedoch nicht vorschnell als »Fortdauern« traditionaler Praktiken interpretiert werden. Vielmehr gilt es zunächst, die Spezifik dieser lokalen Verwaltungs- und Regierungspraktiken zu analysieren. An einem Großprojekt, nämlich dem Bau des neuen Gemeinde-, Schul- und Feuerwehrhauses, das nach längerem Vorlauf in den frühen 1880er-Jahren schließlich realisiert wurde, lässt sich exemplarisch zeigen, wie die Bernrieder Gemeindeverwaltung aus einem breiten Arsenal unterschiedlicher Handlungsweisen schöpfte, um zu lokal praktikablen Lösungen zu kommen.

Zunächst zur Frage der Finanzen:[59] Der Bau des Schulhauses, das neben Unterrichtsräumen auch Platz für die Feuerwehrutensilien und für die Gemeindeverwaltung und

---

55 Protokollbücher der Gemeindeverwaltung 1870–1954, GAB, B2/2–B2/9.

56 Vgl. zu diesem Politikbegriff *Greven*, Die politische Gesellschaft, S. 27.

57 Vgl. dazu *Anette Schlimm*, Die wortkargen Spuren ländlicher Politik, URL: <https://uegg.hypotheses.org/33> [14.3.2017].

58 *Blessing*, Staatsintegration als soziale Integration, S. 669.

59 Den Prozess der Durchstaatlichung und der Ausweitung der Kommunalaufgaben hat insbesondere mit Blick auf die gemeindlichen (Finanz-)Ressourcen Norbert Franz untersucht. *Franz*, Durchstaatlichung und Ausweitung der Kommunalaufgaben im 19. Jahrhundert.

-registratur bieten sollte, war für einen Ort von knapp 500 Einwohnern, die zumeist Kleinbauern oder kleine Handwerker waren, eine gewaltige finanzielle Anstrengung, und bereits zu Beginn der Verhandlungen hatten einige Gemeindemitglieder darauf bestanden, dass der Bau »einfach u. so billig als möglich ausgeführt« werden möge.[60] Allein das Grundstück wurde für 650 Mark erworben; der erste Kostenvoranschlag für den Bau belief sich auf 2.000 Mark.[61] Ein Teil des Kapitals sollte nun über einen Kredit bei der Hypothek- und Wechselbank akquiriert werden. Wie aber an den Rest kommen? Die Verwaltung diskutierte, ob ein Lokalmalzaufschlag eingeführt werden sollte, wie die Gemeindeordnung es als Möglichkeit vorsah. Diese kommunale Abgabe hätte allein den einzig ökonomisch potenten Dorfbewohner, den Brauerei- und Gutsbesitzer Baron von Wendland, getroffen. Doch die Gemeindeverwaltung entschied sich dagegen – die Gründe dafür sind nicht protokolliert. Statt eine administrative Strategie einzuschlagen und die Möglichkeiten der Gemeindeordnung auszuschöpfen, entschied die Gemeindeverwaltung, mit dem reichen Gutsbesitzer eine kooperative Übereinkunft zu schließen, die an klassische Formen der Spende und Patronage erinnert: Baron von Wendland wurde dazu gebracht, die Einrichtungsgegenstände für das Schul- und Gemeindehaus zu finanzieren, ebenso wie die notwendige Wasserleitung. Außerdem sollte er für den nötigen Sand sowie dessen Lieferung für den Bau sorgen.[62]

Im Bereich der Ressourcenmobilisierung finden sich also Anfang der 1880er-Jahre unterschiedliche Strategien, die die Gemeindeverwaltung kombinierte. Was aus der Rückschau als Anachronismus[63] oder Abweichung von bürokratischen Normen erscheint, dürfte aus der Perspektive der Akteure, die ja keine Vertreter einer professionalisierten Verwaltungselite waren, eine pragmatische Strategie gewesen sein, um einerseits die notwendigen Finanzmittel zu akquirieren, andererseits die soziale Ordnung im Dorf zu wahren. Dafür war eine Mischung aus personalisierten und formalisierten Regierungspraktiken besonders gut geeignet; erst beide gemeinsam ermöglichten der Gemeinde die Realisierung des Schul- und Gemeindehausbaus.

Die Auftragsvergabe zeigt ein ähnliches Handlungsmuster. Nach dem ersten Kostenvoranschlag, der der Gemeindeverwaltung zu hoch erschien, entschied sich das Gremium, die unterschiedlichen Gewerke einzeln zu beauftragen und dafür Submissionen einzufordern. Es wurde also (in heutigen Begrifflichkeiten) eine Ausschreibung durchgeführt, bei der jedoch Handwerker aus Bernried besonders berücksichtigt werden sollten.[64] Ein halbes Jahr später waren 42 Submissionen bei der Gemeindeverwaltung eingegangen. Nun entschied man sich kurzerhand, doch eine Gesamtbauausführung zu wählen. Der Maurermeister Eberhart aus der Kreisstadt Weilheim wurde in die engere Wahl gezogen, und da er sich gerade am Ort befand (womöglich im Bernrieder Wirtshaus?), wurde er kurzerhand in die Sitzung geholt. Dort gab er einen weiteren Rabatt auf sein Angebot. Das und die persönliche Nähe zum Maurermeister gaben nun den Ausschlag, obwohl er nicht aus dem Ort stammte beziehungsweise zumindest sein Geschäft nicht in Bernried betrieb.

»[D]a nun derselbe ein tüchtiger Baumeister ist, u. man von ihm die richtige Ausführung des Plans sowie die Caution Beachtung am sichersten erwarten kann, so wurde von der unterzeichneten Ge-

60 Protokoll des Gemeindeausschusses vom 14.8.1881, Ankauf eines Grundstückes zum Schulhausbau betreffend, GAB, B2/3, S. 39f., hier: S. 40.

61 Ebd.; Protokoll der Gemeindeverwaltung vom 12.12.1881, Schul, Feuer u. Gemeindehausbau [sic] betr., GAB, B2/3, S. 47f.

62 Ebd.

63 Zur Kritik dieses Deutungsmusters vgl. *Achim Landwehr*, Über den Anachronismus, in: ZfG 61, 2013, S. 5–29.

64 Protokoll der Gemeindeverwaltung vom 12.12.1881, Schul, Feuer u. Gemeindehausbau [sic] betr., GAB, B2/3, S. 47f., hier: S. 47.

meindeverwaltung u. vom Bauausschuß Maurermeister Eberhart in Weilheim einstimmig als Bauübernehmer für den ganzen Schulhausbau erwählt.«[65]

Auch in diesem Fall wurde also regelhaftes Handeln (die Ausschreibung, die Prüfung von Kostenvoranschlägen) durch personale Strategien (die Vergabe an einen persönlich bekannten Handwerker, mit dem *face to face* nachverhandelt werden konnte) ergänzt und erweitert.

Die Veränderung von Handlungsspielräumen und Handlungsweisen, wie sie exemplarisch am Schul- und Gemeindehausbau herausgearbeitet wurden, verschließen sich einer einfachen Teleologie. Weder handelt es sich hierbei um einen reinen Übergang von einer ›alten‹ Handlungslogik in eine neue, modernere, noch sind permanente Ausweitungen von Handlungsspielräumen zu beobachten. Von einem Hereinragen »traditionalen Handelns« in die Epoche der bürokratischen Moderne kann ohnehin nicht die Rede sein, da gerade im Falle Bernrieds eine Kontinuität gemeindlichen Handelns angesichts der dargestellten Passivität im frühen 19. Jahrhundert nicht belegt werden kann. Vielmehr finden sich im lokalen Raum der kleinen Gemeinde besondere Formen, mit denen gemeindliche Herausforderungen bewältigt wurden. Diese Regierungsweisen waren zum Teil dadurch geprägt, dass es sich bei den Handelnden eben nicht um bürokratische Experten, sondern um ehrenamtlich Tätige handelte, dass diese aber durchaus durch den Kontakt mit den vorgesetzten Behörden und durch verschiedenes Schulungsmaterial keine vollkommenen administrativen Analphabeten waren.[66] Zudem wird deutlich, dass nicht nur administrative, sondern auch soziale Erwägungen beim Handeln der Gemeindeverwaltung eine Rolle spielten.

Die Wandlungen, die bis zur Mitte des 20. Jahrhunderts in der Praxis der Gemeindeverwaltung zu beobachten sind, lassen sich nicht ausschließlich auf staatliche Diskontinuitäten wie die Reformen von Gemeindeordnungen zurückführen. So fand die entscheidende verfassungsrechtliche Diskontinuität für das Verhältnis von Staat und Gemeinden bereits um 1800 statt. Weitere Faktoren müssen für die Wandlungen des lokalen politischen Lebens mit einbezogen werden; dazu gehören praktische Erwägungen der lokalen Akteure und Veränderungen des lokalen Settings einerseits, langfristige Lernprozesse und Veränderungen im politischen Gefüge – auf lokaler wie staatlicher Ebene – andererseits. Interessant wird also die Perspektive auf das Regieren im lokalen Raum dann, wenn die konkreten Spezifika der Regierungsweisen zunächst herausgearbeitet werden, ohne sie unmittelbar als Mischung aus alt/neu oder parochial/national einzuordnen. Mit dem Begriff der Politisierung sind diese Entwicklungen ohnehin nicht sinnvoll zu fassen, handelt es sich doch nicht um Auswirkungen oder Beiträge zur Entstehung politischer Massenbewegungen. Vielmehr ermöglicht der Fokus auf das Regieren des ländlichen Raums und im ländlichen Raum, das veränderte Verhältnis von Staat und Gemeinde, idealisierte Verhaltensprogramme für die ländliche Bevölkerung und lokale Praktiken gleichermaßen in den Blick zu nehmen und in ihrer Interdependenz zu beobachten.

Objekte und Subjekte des Regierens: Dorfbürgermeister im frühen 20. Jahrhundert

Stand im vorigen Abschnitt das Königreich Bayern im Fokus, bewegen wir uns nun in Richtung Norden. Im ostelbischen Teil Preußens prägte sich die Interdependenz von Verstaatlichung und Autonomisierung der Landgemeinden deutlich geringer und auch später aus als etwa in Bayern. Das hat unterschiedliche Gründe: Die starke Position des landsässigen

65 Protokoll der Gemeindeverwaltung, Betr. Vergabe der Bauaufträge, 4.6. [o.J., 1882], GAB, B2/3, S. 63f., hier: S. 64.

66 Vgl. dazu *Anette Schlimm*, Vom unwilligen, unfähigen Schulzen zum kompetenten Bürgermeister. Lernprozesse der kleinsten Rädchen im Staatsgetriebe, in: Administory 2, 2017 (im Erscheinen).

Adels verhinderte eine Verstaatlichung des ländlichen Raums seit dem Beginn des 19. Jahrhunderts.[67] Außerdem war die Gemeindestruktur anders als im Süden oder Südwesten. Sehr kleine und kleine Gemeinden mit bis zu 500 Einwohnern herrschten vor.[68] Diese galten als nicht leistungsfähig genug, um ihre eigenen Angelegenheiten regeln zu können. Hinzu kam, dass vom frühen 19. Jahrhundert bis zu den späten 1920er-Jahren neben den ostelbischen Landgemeinden eine weitere Form ländlicher kommunaler Struktur existierte: die Gutsbezirke, in denen der Gutsbesitzer alle kommunalen Rechte (und formal auch: Pflichten) hatte. Erst ab 1927 wurden die letzten (bewohnten) Gutsbezirke in Landgemeinden überführt.[69] In der Konsequenz konzentrierte sich die Selbstverwaltung im ostelbischen Preußen auf die Kreisebene. Durch die Kreisordnung von 1872, vor allem aber die Landgemeindeordnung von 1891 wurde jedoch auch die örtliche Verwaltung standardisiert; durch die wachsenden Staatsaufgaben und die Notwendigkeit, wirklich *vor Ort* zu regieren, wurden zumindest die preußischen Gemeindevorsteher (weniger aber andere Gemeindemitglieder) nach und nach in die bürokratischen Strukturen eingeordnet.

Die Gemeindevorsteher dienten als Relais zwischen der Dorfgesellschaft und der Bürokratie, die im ländlichen Raum in erster Linie durch die preußischen Landräte repräsentiert wurde. Aus deren Perspektive waren die Bürgermeister vor allem passive Werkzeuge, die als Verlängerung des Arms der Bürokratie die staatliche Regierung noch in den entlegensten Ort des jeweiligen Territoriums hineintragen sollten. Diese Sichtweise wird bis heute verstärkt durch die einseitige Quellenüberlieferung, die der bürokratischen Perspektive – den Sprecherpositionen von Landrat, Provinzregierung et cetera – eindeutig den Vorrang einräumt, während in vielen ländlichen Gemeinden Ostelbiens aus der Zeit vor der Landgemeindeordnung von 1891 kaum lokale Quellen überliefert sind, die die Perspektive von Gemeindevorsteher und Gemeindeversammlung nachzuvollziehen erlauben.[70] Die Idealvorstellung brach sich allerdings an den Alltagsproblemen zwischen bürokratischer und lokaler Ebene, denn die Gemeindevorsteher waren aus der Perspektive der Bürokratie oft nicht für ihre Aufgaben geeignet; sie weigerten sich, ihr Amt zu übernehmen oder beriefen sich darauf, die Aufgaben nicht erfüllen zu können.[71] Entsprechend mussten die ländlichen Gemeindevorsteher, die ihr Amt ehrenamtlich ausführten, diszipliniert und mobilisiert werden, um ihren eigenen Anteil am Regieren des ländlichen Raums übernehmen zu können. Sie wurden von den Bürokraten, vor allem den Landräten, zumindest in gerin-

---

67 *Barbara Vogel*, Verwaltung und Verfassung als Gegenstand staatlicher Reformstrategie, in: *Bernd Sösemann* (Hrsg.), Gemeingeist und Bürgersinn. Die preußischen Reformen, Berlin 1993, S. 25–40; *Paul Nolte*, Staatsbildung als Gesellschaftsreform. Politische Reformen in Preußen und den süddeutschen Staaten 1800–1820, Frankfurt am Main/New York 1990, S. 54–77.

68 *Ferdinand Fischer*, Die Gemeindeordnung vom 11. März 1850 ergänzt aus den Motiven der Regierung, den Berichten der Kommissionen beider Kammern, den Verhandlungen derselben, der Instruktion des Ministeriums und den früheren Gesetzen. Hilfsbuch für Bürgermeister, Gemeindevorsteher, Schöffen, Gemeinderäthe, Mitglieder der Kreis-Kommissionen, Gemeindebeamte und Gemeindewähler, Breslau 1850, S. 85.

69 *Thomas Nabert*, Der Großgrundbesitz in der preußischen Provinz Sachsen 1913–1933. Soziale Struktur, ökonomische Position und politische Rolle, Köln/Weimar etc. 1992, S. 151.

70 In »meiner« Untersuchungsgemeinde Mahlow ist das auch der Fall; die Überlieferung der Gemeindeverwaltung setzt im Jahr 1893 ein. Protokollbuch Gemeinderatssitzungen, 1893–1909, Kreisarchiv Teltow-Fläming Luckenwalde, Mahlow: XII.294.

71 Vgl. *Schlimm*, Vom unwilligen, unfähigen Schulzen zum kompetenten Bürgermeister; *Patrick Wagner*, Landräte, Gutsbesitzer, Dorfschulzen. Zum Wandel der »Basisposten« preußischer Staatlichkeit in Ostelbien im 19. Jahrhundert, in: *Bärbel Holtz/Hartwin Spenkuch* (Hrsg.), Preußens Weg in die politische Moderne. Verfassung – Verwaltung – politische Kultur zwischen Reform und Reformblockade, Berlin 2001, S. 249–283.

gem Maße geschult und in ihrer Amtsführung unterstützt.[72] Häufig aber wurden sie für die »Konformität« ihrer jeweiligen Gemeindemitglieder verantwortlich gemacht, etwa zur Sicherstellung der konservativen Stimmenmehrheit bei Landtags- und Reichstagswahlen.[73] Für die preußisch-monarchische Bürokratie waren die Gemeindevorsteher nicht nur selbst Objekte des Regiertwerdens, sondern auch wichtige Relais, um die ländliche Bevölkerung zu regieren – neben Schule, Kirche und Militär.

Zwar waren die Gemeindevorsteher formal gesehen sowohl von der jeweiligen Gemeinde als auch von der Bürokratie als Legitimationsinstanzen abhängig, denn sie wurden einerseits von den Gemeindebürgern gewählt (seit 1872), aber andererseits vom Landrat bestätigt. Dieser hatte erheblichen Ermessensspielraum, um nicht genehmen Kandidaten die Bestätigung zu versagen, sodass sich in erster Linie die Abhängigkeit der Gemeindevorsteher von der Bürokratie ausprägte. Vor allem im späten 19. und im frühen 20. Jahrhundert wurde diese Kopplung der Gemeindevorsteher an den bürokratisch-monarchischen preußischen Staat immer stärker, obwohl die Vorsteher nicht als Staatsbeamte galten und beispielsweise keinerlei Versorgungsansprüche aus ihrem Amt ableiten konnten. Doch auch auf symbolischer Ebene, nicht nur durch harte Disziplinierung, wurden die Gemeindevorsteher an den preußischen Staat gebunden. Sie leisteten einen Eid auf den preußischen König und die preußische Verfassung, während das Gemeindeamt bei der feierlichen Amtseinführung keine Erwähnung fand.[74] Anfang des 20. Jahrhunderts wurde in der Provinz Brandenburg diskutiert, ob nicht auch die Gemeindevorsteher nach langjähriger Amtsführung, zum Beispiel nach 25 oder 40 Jahren im Amt, mit einem Ehrenzeichen geehrt werden sollten.[75] Der Kreis Beeskow-Storkow meldete zurück, hier verleihe man den langjährigen Gemeindevorstehern bereits seit geraumer Zeit »ein schön gerahmtes Kaiserbild mit entsprechender Widmung« und diese Ehrung habe allseits Anerkennung gefunden.[76] Aus Jüterbog kam hingegen die Antwort, ein offizielles Ehrenzeichen sei schon deshalb eine hervorragende Idee, weil die Gemeindevorsteher vonseiten der lokalen Einwohner stark unter Druck stünden.[77] Waren die Dorfschulzen Mitte des 19. Jahrhunderts noch vor allem Vertreter der Gemeinden, so führte nicht zuletzt die symbolische Aufwertung der Gemeindevorsteher, etwa durch die Verleihung von Ehrenzeichen und Ähnlichem, dazu, dass die Gemeindevorsteher an die preußische Monarchie gebunden und der konservativen politischen Ordnung auf dem Land gegenüber loyal waren.

Im Ersten Weltkrieg wuchs die Aufgabenlast der ehrenamtlichen Gemeindevorsteher immer weiter an. Baten die Gemeindevorsteher darum, von ihrem Amt entbunden zu wer-

---

72 Patrick Wagner hat allerdings darauf hingewiesen, dass zumindest in den von ihm untersuchten Regierungsbezirken Ost- und Westpreußen sowie Schlesien die Landräte in der Regel wenig Interesse daran hatten, die lokalen Gemeindevorsteher zu kompetenten Mitspielern zu machen, um ihre eigene Einflusssphäre nicht zu schmälern. *Wagner*, Bauern, Junker und Beamte, S. 123.

73 Vgl. dazu *Thomas Kühne*, Dreiklassenwahlrecht und Wahlkultur in Preußen 1867–1914. Landtagswahlen zwischen korporativer Tradition und parlamentarischem Massenmarkt, Düsseldorf 1994, S. 64. Ähnliche Prozesse dürften bei den Reichstagswahlen, obwohl in anderem Modus durchgeführt, stattgefunden haben. *Anderson*, Lehrjahre der Demokratie, S. 69 und 78f.

74 *Emil Brandt*, Der Preußische Gemeindevorsteher (Richter, Schulze). Eine systematische Darstellung der bei der Amtsführung dieses Beamten in Anwendung kommenden Gesetze, Verordnungen etc. Vollständige Anleitung für des Gemeindevorstehers gesammte Functionen vom Stadtrath Otte, 6., neu bearb. u. verm. Aufl., Halle an der Saale 1888, S. 44.

75 Regierungspräsident an die Landräte des Bezirks, mit Ausnahme des Kreises Niederbarnim, 24.8.1906, Brandenburgisches Landeshauptarchiv (BLHA) Potsdam, 2A I Kom 81, Bl. 34.

76 Landrat des Kreises Beeskow-Storkow an den Regierungspräsidenten, 10.9.1906, BLHA Potsdam, 2A I Kom 81, hier: Bl. 38 und RS.

77 Landrat des Kreises Jüterbog-Luckenwalde an den Regierungspräsidenten in Potsdam, 13.9.1906, BLHA Potsdam, 2A I Kom 81, Bl. 41 und RS.

den, wurden sie vom Landrat daran erinnert, dass sie dem Vaterland insgesamt zu dienen hatten: »Ich habe die betreffenden Beamten selbstverständlich darauf aufmerksam gemacht, dass sie wie jeder gute Patriot ihre Pflicht jetzt bis zum äussersten [sic] zu erfüllen hätten, und dass von einer Niederlegung ihrer Aemter – soweit diese überhaupt angängig sei – jetzt nicht die Rede sein dürfte.«[78]

Die Anbindung der Gemeindevorsteher an den bürokratisch-monarchischen Staat war allerdings nicht die einzige für die Gemeinden bedeutsame Entwicklung, die seit dem späten 19. Jahrhundert stattfand. Auch die Polarisierung von Stadt und Land, von Gemeinde und Staat, prägte sich in bestimmten Zeitfenstern besonders aus. Statt diesen Gegensatz jedoch im Sinne einer Cleavage-Theorie als universelles Kennzeichen moderner Gesellschaften zu verstehen, muss genau analysiert werden, in welchen Situationen und wodurch genau diese Polarisierung zustande kam.[79] Aus der Perspektive des Regierens im ländlichen Raum wird deutlich, wie stark die Polarisierung von Stadt und Land an bestimmte Formen der Bürokratiekritik gekoppelt war.

Bereits im 19. Jahrhundert zeigte sich bei Reformen der ländlichen Verwaltung eine Konfliktlinie zwischen den vermeintlich »ländlichen« Interessen und denjenigen des bürokratischen Staats, etwa in Bayern 1869 oder im ostelbischen Preußen 1891.[80] Besonders spitzte sich dieser Konflikt in Preußen aber in den frühen 1920er-Jahren zu, als sich die ländlichen Vertreter der Gemeinden, die gerade aufgrund ihrer Loyalität zur konservativen Ordnung auf dem Land ins Amt gekommen und als Vertreter des bürokratisch-monarchischen Staats in der Peripherie stabilisiert worden waren, einer veränderten Bürokratie gegenübersahen. Die Funktionsträger der preußischen Bürokratie wurden insbesondere nach dem gescheiterten Kapp-Lüttwitz-Putsch 1920 auf den mittleren und oberen Ebenen, zum Teil aber auch auf Landratsebene, gegen republikfreundliche, demokratische Beamte ausgetauscht.[81] Zeitlich eng verschränkt mit der Umbesetzung der Landratsposten waren andere gravierende Veränderungen der politisch-administrativen Struktur der Landgemeinden. Die Einführung des allgemeinen Wahlrechts auf kommunaler Ebene (mit Ausnahme der Gutsbezirke) beendete die Privilegierung der Landbesitzer. Unruhe brachte auch das Gesetzesvorhaben einer neuen Gemeindeordnung. Bereits im Ersten Weltkrieg hatte die Preußische Regierung erste Erkundungen in dieser Richtung vornehmen lassen, die vor

78 Schreiben des Landrats des Kreises Teltow an den Herrn Regierungspräsidenten in Potsdam, betrifft: Amtsniederlegung von Gemeindevorstehern und sonstigen Kommunalbeamten, 28.4.1915, BLHA Potsdam, 2A I Kom 81, Bl. 148ff., hier: Bl. 148. Im Anhang des Schreibens befinden sich diverse Eingaben von landgemeindlichen Funktionsträgern; auch der zuständige Amtsvorsteher betonte, dass diese Belastungen zu hoch seien. Geändert wurde trotzdem nichts.

79 Dann ist nämlich das Konzept von »Land« zu grob und nicht hilfreich; vielmehr wird damit eine Kategorie gesetzt, die eigentlich erst das Ergebnis der Untersuchung sein müsste. Vgl. dazu den polemischen, aber hilfreichen Diskussionsbeitrag von *Keith Hoggart*, Let's Do Away with Rural, in: Journal of Rural Studies 6, 1990, S. 245–257. Zur Cleavage-Theorie vgl. *Seymour Martin Lipset/Stein Rokkan*, Cleavage Structures, Party Systems, and Voter Alignments: An Introduction, in: *dies.* (Hrsg.), Party Systems and Voter Alignments. Cross-National Perspectives, New York/London 1967, S. 1–64.

80 Regelmäßig entzündeten sich die Konflikte daran, wie stark die staatliche Bürokratie die ländlichen Gemeinden umformen dürfe. Besonders heikel war die Frage der Samtgemeinden oder Bürgermeistereien, in denen mehrere kleine Landgemeinden zu einem Verwaltungsbezirk zusammengefasst werden sollten, um die (aus bürokratischer Perspektive) geringe Leistungsfähigkeit der Gemeinden ausgleichen zu können. In Bayern agitierte vor allem der konservativ-katholische »Volksbote« und mit ihm die Bayerische Patriotenpartei (später: Bayerisches Zentrum) gegen die Einrichtung von Bürgermeistereien. *Hesse*, Die sogenannte Sozialgesetzgebung Bayerns Ende der sechziger Jahre des 19. Jahrhunderts, S. 266–269.

81 *Hagen Schulze*, Democratic Prussia in Weimar Germany, 1919–33, in: *Philip G. Dwyer* (Hrsg.), Modern Prussian History. 1830–1947, Harlow 2001, S. 211–229, hier: S. 218.

allem die Verwaltungseffizienz fördern sollten. Nach 1918 sollte die Reform der Umformung des monarchischen in einen demokratischen Staat dienen: Auch die Landgemeinden sollten nun im Sinne der neuen modernen, republikanischen Ordnung regiert werden und sich selbst regieren. Bis 1927 dauerten die zähen und konfliktreichen Verhandlungen über die Landgemeindeordnung; letztlich scheiterte das Gesetzesvorhaben im Preußischen Landtag.[82] Trotzdem hatte der lang dauernde Reformprozess weitreichende Wirkungen. Die Debatten fanden nicht nur unter Fachleuten oder im Parlament statt; alle Parteien versuchten, ihre Wähler auf öffentlichen Veranstaltungen über die Gemeindeordnung aufzuklären und machten Stimmung für oder gegen die Reform. Zudem entfachte die Gesetzesreform eine rege publizistische Debatte in den unterschiedlichsten Presseorganen. In allen diesen Kommunikationsräumen wurde die Frage des Regierens im ländlichen Raum beziehungsweise die des Regierens *des* ländlichen Raums ausführlich und durchaus erhitzt debattiert.[83]

Die ländlichen Gemeindevorsteher reagierten auf die (geplanten und realisierten) Veränderungen der administrativen Struktur des Landes zunehmend mit Opposition zum preußischen Staat. Besonders interessant ist in diesem Zusammenhang der Preußische Landgemeindeverband. Dieser war zwar bereits im Jahr 1897 gegründet worden, doch bewegte er sich als Verband der *kleinen* östlichen Gemeinden lange am Rande der Handlungsunfähigkeit. So kamen im Jahr 1906 lediglich 16 Delegierte nach Berlin, um Fragen der Verwaltung der preußischen Landgemeinden zu debattieren.[84] Doch nach dem Ersten Weltkrieg änderte sich das Bild. Der Verband inszenierte sich weiterhin als unpolitischer Verband[85], mobilisierte aber Tausende neuer Mitglieder in den frühen Jahren der Weimarer Republik, indem er gegen das Projekt der Landgemeindeordnung agitierte.[86] Zwar hatte der Verband sich bereits im Kaiserreich als Interessenverband der kleinen, der ländlichen Gemeinden im östlichen Preußen inszeniert; jetzt aber schien diese Strategie zu verfangen. Dabei war der selbst ernannte Agitator des Verbands, der Verleger und Herausgeber der Zeitschrift »Die Landgemeinde«, Bruno Krey, durchaus paternalistisch gegenüber den Landgemeinden eingestellt. Die Organisation nur der ländlichen Interessen sei deshalb so wichtig, weil nur so »die kleinen Gemeinden verstehen lernen, wie notwendig es für sie ist, ihre Gemeindeinteressen selbst wahrzunehmen«.[87] Der Verband grenzte in den 1920er-Jahren immer

82 *Horst Möller*, Preußen von 1918 bis 1947: Weimarer Republik, Preußen und der Nationalsozialismus, in: *Wolfgang Neugebauer* (Hrsg.), Handbuch der Preußischen Geschichte, Bd. 3: Vom Kaiserreich zum 20. Jahrhundert und große Themen der Geschichte Preußens, Berlin/New York 2001, S. 149–316, hier: S. 261–266; *Hartwin Spenkuch*, »Es wird zu viel regiert«. Die preußische Verwaltungsreform 1908–1918 zwischen Ausbau der Selbstverwaltung und Bewahrung der bürokratischen Staatsmacht, in: *ders./Holtz*, Preußens Weg in die politische Moderne, S. 321–356.

83 Vgl. dazu *Anette Schlimm*, Governing Rural Exodus in Nazi Germany: 1933 to 1939, in: *Liesbeth van de Grift/Amalia Ribi Forclaz* (Hrsg.), Governing the Rural in Interwar Europe, New York (im Erscheinen).

84 *Krey*, Kurze Geschichte des Preußischen Landgemeinde-Verbandes und der Verschmelzungs-Verhandlungen mit dem Preußischen Landgemeindetag (1. Teil), in: Die Landgemeinde 30, 1921, S. 209–221.

85 Das war zum einen bedingt durch den unpolitischen Charakter von Vereinen (vgl. dazu § 3 der Satzung des Preußischen Landgemeindeverbands von 1902 beziehungsweise 1910, BLHA Potsdam, 2 A I Kom 88), zum anderen war aber die Betonung des »unpolitischen« Charakters ein klassisches konservativ-reaktionäres Argumentationsmuster. Vgl. dazu *Rudy Koshar*, Social Life. Local Politics, and Nazism. Marburg, 1880–1935, Chapel Hill 1986.

86 *Bruno Krey*, Kurze Geschichte des Preußischen Landgemeinde-Verbandes und der Verschmelzungs-Verhandlungen mit dem Preußischen Landgemeindetage (Schluß), in: Die Landgemeinde 30, 1921, S. 227–244, hier: S. 230 und 237.

87 Ebd., S. 229.

stärker die Interessen kleiner Landgemeinden von denen größerer, etwa Vorortgemeinden, ab. So argumentierte ein Mitglied des Verbands gegen die Vereinigung mit dem »Preußischen Landgemeindetag«, der in erster Linie große Landgemeinden vertrat:

»Die Landgemeinden stehen in direktem Gegensatz in vielen Fragen zu den Gemeinden, die in der Nähe von großen Städten liegen. [...] Ich denke weiter daran, daß die kleinen Landgemeinden die Kreise umfassen, die die Erzeuger sind, die die Produkte liefern, um das deutsche Volk zu ernähren, daß aber außer den Städten die Industrievororte von Großstädten und andere größere Landgemeinden vor allen Dingen die Gemeinden sind, die die Tausende von Menschen liefern, die das brauchen, was bei uns auf dem Lande erzeugt wird. Ganz naturgemäß müssen sich entgegengesetzte Interessen herausbilden.«[88]

Es wurde sogar ein neuer Terminus eingeführt, um den Rechtsbegriff »Landgemeinde« zu ersetzen, der neben dörflichen Gemeinden auch größere Orte ohne Stadtrecht umfasste: die »Dorfgemeinde«.

»Die Verwaltung einer Dorfgemeinde hat ihre Grundlage auf einem gewissen Vertrauensverhältnis zwischen den Gemeindebürgern und den von ihnen erwählten Ehrenbeamten. Die Dorfgemeinden setzen sich fast durchweg aus alteingesessenen Familien zusammen, welche an den ihnen von ihren Vorfahren überkommenen Sitten und Gebräuchen, auch hinsichtlich der Gemeindeverwaltung, hängen. Und das ist gut so. Solche alten Gewohnheiten sind noch in vielen der zurzeit in Kraft befindlichen Landgemeindeordnungen der verschiedenen Teile Preußens enthalten. Es wäre bedauerlich, wenn man solche althergebrachten Ueberlieferungen nur der lieben ›Einheitlichkeit‹ wegen beseitigen wollte.«[89]

Die wesensmäßige Beschreibung einer traditionalen Dorfgemeinde ließ sich einerseits einsetzen, um gegen die Verwaltungsreform zu argumentieren, wie es im vorangestellten Zitat geschah. Zunehmend diente der Terminus (und das ganze Reden von wesensmäßig spezifischen Dörfern) aber auch dazu, einen grundlegenden und überzeitlichen Interessengegensatz im Sinne eines Kampfes zu evozieren. So seien die Dorfgemeinden »noch niemals von so viel offenen und verkappten Feinden umgeben [gewesen] wie gegenwärtig«[90]; das Mitgliederblatt des Preußischen Landgemeindeverbands wurde um den Zusatz »Kampforgan für die Interessen der Dorfgemeinden« erweitert. Denn die Gefahr bestehe darin, dass endgültig die städtische Bevölkerung mit ihren partikularen Interessen im Staat die Oberhand gewinne und alle Maßnahmen, die direkt gegen das Land gerichtet seien, problemlos durchsetzen könne. Diese Verschwörungstheorie wurde nicht nur mit antiurbanen und antisozialdemokratischen, sondern auch mit antisemitischen Stereotypen unterlegt, indem ohne inneren Zusammenhang auf den Barmat-Kutisker-Skandal angespielt wurde.[91] Diese Ausrichtung verstärkte sich im Laufe der 1920er-Jahre noch weiter, bis 1928 der Verbands-

---

88 Die Verhandlungen des Verbandstages des Preußischen Landgemeinde-Verbandes am 18. März 1922 im neuen Rathause zu Berlin-Schöneberg, in: Die Landgemeinde 31, 1922, Beilage, S. 1–16, hier: S. 11.

89 Die Vereinheitlichung der Städte- und Landgemeindeordnungen, in: Nachrichtenblatt des neuen Preußischen Landgemeinde-Verbandes, zugleich Kampforgan für die Interessen der Dorfgemeinden und für die Zeitschrift »Die Landgemeinde«. Zwanglose Beilage zum Verwaltungsblatt »Die Landgemeinde«, 2.2.1925, S. 6–7, hier: S. 7.

90 Ebd.

91 *Ursus*, Landgemeinden, seid auf der Hut, in: Nachrichtenblatt des neuen Preußischen Landgemeinde-Verbandes, zugleich Kampforgan für die Interessen der Dorfgemeinden und für die Zeitschrift »Die Landgemeinde«. Zwanglose Beilage zum Verwaltungsblatt »Die Landgemeinde«, 2.3.1925, S. 10–11, hier: S. 11. Zum Skandal und seiner Kontextualisierung im politischen Klima der Weimarer Republik vgl. *Martin H. Geyer*, Der Barmat-Kutisker-Skandal und die Gleichzeitigkeit des Ungleichzeitigen in der politischen Kultur der Weimarer Republik, in: *Ute Daniel/Inge Marszolek/Wolfram Pyta* u.a. (Hrsg.), Politische Kultur und Medienwirklichkeiten in den 1920er Jahren, München 2010, S. 47–80.

geschäftsführer Günther Gereke davon sprach, man müsse »die Landesverräter rechtzeitig dahin [stellen], wohin sie gehörten, nämlich an die Wand [...]. Die Auflösung der Gutsbezirke und Einführung der Landbürgermeistereien sei ein neuer Schlag der jüdischen Plutokratie gegen das verhaßte Dorf«.[92]

Innerhalb weniger Jahre wandelte sich der Preußische Landgemeindeverband, der vor dem Ersten Weltkrieg mit wenigen Mitgliedern und noch weniger Aktiven etwa für die Verleihung des Titels »Bürgermeister« an alle besoldeten Gemeindevorsteher gekämpft hatte[93], zu einem Verband, der für sich reklamierte, die wahren Interessen des ländlichen Raums und seiner Bevölkerung zu repräsentieren und dabei einen grundlegenden Interessenkonflikt zwischen Stadt und Land, aber auch zwischen ländlichen Interessen und dem demokratischen preußischen Staat beschwor. Dass der Verband dabei eng mit anderen republikfeindlichen agrarischen Interessenorganisationen wie dem Landbund kooperierte, verfestigt dieses Bild.[94]

In der klassischen Mobilisierungs- und Politisierungsforschung wäre dieser Mobilisierungsprozess auch von Interesse – das zeigen schon die vielfältigen Untersuchungen, die sich den größeren Kontexten der Mobilisierung, etwa durch die Landbünde, widmen.[95] Was aber lässt sich gewinnen, wenn nicht nach der Herausbildung des »politischen Massenmarktes« auf dem Land gefragt wird, sondern der Fokus auf dem Regieren des Landes beziehungsweise dem Regieren auf dem Land liegt?

Hier zeigt sich der Vorteil einer längeren zeitlichen Perspektive sowie der Verknüpfung der Verbands- mit der Gemeindeebene. Denn dadurch kann die Mobilisierung der preußischen Gemeindevorsteher durch einen republikfeindlichen Verband verknüpft werden mit ihrer gewandelten Stellung zwischen Gemeinde und preußischem Staat im 19. Jahrhundert. Außerdem wird die Attraktivität des Verbands beziehungsweise anderer rechter Organisationen nicht nur an strukturelle Faktoren (agrarische Interessen, Konfession oder Ähnliches) gekoppelt, sondern auch aus spezifischen Praktiken und Wissensbeständen heraus erklärt. Damit wird die These von der grundlegenden Differenz zwischen Stadt und Land zumindest insofern aufgelöst, als sie selbst erklärungsbedürftig und zu einem Kennzeichen der Regierung des Landes wird. Vor allem zeigt sich, welch ambivalente Stellung zwischen Objekt und Subjekt von Regierung die Gemeindevorsteher insbesondere in Preußen hatten. Sie sollten im 19. Jahrhundert zu funktionsfähigen Werkzeugen der Verwaltung gemacht werden und nach 1919 ihre vergrößerte Autonomie nutzten, um gegen das neue System zu opponieren.

III. Regieren und der ländliche Raum – Zusammenfassung und Ausblick

Im zweiten Abschnitt habe ich drei analytische Bereiche unterschieden, die für das Regieren im ländlichen Raum von besonderem Interesse sind: Wissen, Akteure und Praktiken. Die beiden Fallstudien haben gezeigt, wie relevant diese Kategorien in ihrer Interdependenz für die empirische Arbeit tatsächlich sind.

---

92 Preußischer Landtag, 3. Wahlperiode, 1. Tagung 1928, Kleine Anfrage Nr. 491, Bl. 498, in: BLHA Potsdam, 2 A I Kom 88.

93 *Krey*, Kurze Geschichte des Preußischen Landgemeinde-Verbandes und der Verschmelzungs-Verhandlungen mit dem Preußischen Landgemeindetage (Schluß), S. 227.

94 Vgl. Verbands-Nachrichten, in: Die Landgemeinde 31, 1922, S. 97–100; Verbands-Nachrichten, in: ebd., S. 157–164.

95 *Mechthild Hempe*, Ländliche Gesellschaft in der Krise. Mecklenburg in der Weimarer Republik, Köln/Weimar etc. 2002; *Stephanie Merkenich*, Grüne Front gegen Weimar. Reichs-Landbund und agrarischer Lobbyismus 1918–1933, Düsseldorf 1998.

Das *Wissen*, das das Regieren des ländlichen Raums strukturierte und durch das das Regieren wiederum strukturiert wurde, war ein Wissen um die Differenz des ländlichen Raums gegenüber dem Raum des Staats, auch gegenüber der Stadt. Diese Differenz prägte sich jedoch in den beiden Fallstudien unterschiedlich aus. Im späten 19. Jahrhundert in Bayern galt es zwar, die ländlichen Räume möglichst wenig zu reformieren, um die lokale Bevölkerung nicht in Aufruhr zu versetzen, doch gleichzeitig waren die Reformer der Meinung, nur eine sachgerechte Autonomisierung ländlicher Gemeinden könne ein Bollwerk gegen politische Leidenschaften bilden. Im 20. Jahrhundert agierte der Preußische Landgemeindeverband, indem er ein Wissen um ländliche Gemeinden verbreitete, das diese in eine strikte Opposition zu städtischen Gemeinden einerseits und zum nun demokratischen preußischen Staat andererseits stellte. In beiden Fällen jedoch kam dem jeweiligen Wissen um die Ländlichkeit und deren Spezifika (zum Beispiel traditionelle soziale Verfasstheit) eine besondere Bedeutung zu. Dies wirkte sich auch auf die Praxis ländlicher Verwaltung aus, ohne sie zu determinieren. Zwei unterschiedliche Möglichkeiten, wie die Verwaltung von Landgemeinden gefasst werden konnte, habe ich am Beispiel von Bayern und Preußen en passant erwähnt: In Bayern wurden die Landgemeinden autonomisiert, hier wurden örtliche Spezifika und die unbürokratische Regierung vor Ort zumindest partiell durch die Verwaltung toleriert; in Preußen hingegen versuchten die Landräte, über die Gemeindevorsteher als funktionstüchtige, aber letztlich passive Objekte die konservative politische Ordnung im ländlichen Raum sicherzustellen.

Das deutet nun bereits auf die Ebene der Akteure hin. Nicht nur wurden in den Fallstudien unterschiedliche Akteure untersucht. Neben staatlich-bürokratischen Akteuren wie Beamten und Politikern sowie Verbandsvertretern waren auch lokale Handelnde präsent, zumindest soweit es der nicht immer günstigen Quellenlage zu entnehmen war. Diese Akteure verfügten über unterschiedliche Machtressourcen, und auch die institutionellen Settings, in denen sie sich bewegten – zu denken ist nur an die unterschiedlichen Strukturen der Landgemeinden in Bayern und Ostelbien –, hatten Auswirkungen auf ihre Handlungsmöglichkeiten und -reichweiten. Besonders interessant scheint zudem zu sein, welche Rolle diesen Akteuren von anderen dabei zugeschrieben wurde: Sollten sie nur als passive Objekte dienen? Oder wurde ihnen eigene Handlungsmacht zugestanden? Wie nutzten die Akteure jeweils die ihnen zugestandenen (oder auch versagten) Optionen, wo gingen sie darüber hinaus, wie veränderten sich ihre Stellungen in den komplexen personalen und institutionellen Gefügen? Diese Fragen wurden angerissen, aber noch nicht systematisch bearbeitet.

Der Fokus auf Praktiken zeigte, dass Regieren im ländlichen Raum auf einem breiten Arsenal unterschiedlicher (nicht nur bürokratischer) Praktiken beruhte. Einige der von der Bernrieder Gemeindeverwaltung ausgeübten Praktiken basierten auf der lokalen Nähe der Akteure zueinander, ohne dass sie damit nicht mehr zeitgemäß gewesen wären. Nun könnte man diese Gleichzeitigkeit unterschiedlicher Handlungslogiken im Sinne einer verlängerten Modernisierung verstehen, die nicht durch revolutionäre Brüche, sondern langfristige Entwicklungen gekennzeichnet wäre und damit die Transformationsperiode vom späten 18. bis ins frühe 20. Jahrhundert verlängerte. Diese Deutung basiert auf zwei problematischen Vorannahmen, nämlich einerseits einer klaren Unterscheidung, welche Praktiken als »modern« und welche als »traditional« zu verstehen sind, und andererseits der Gewissheit, wann dieser Übergang abgeschlossen war, von welchem Endpunkt her also die Transformation des Regierens im ländlichen Raum sinnvollerweise zu betrachten sei. Dass damit zudem die Annahme einer Bewegungsrichtung der Geschichte jenseits konkreter sozialer Verhältnisse nahegelegt wird, macht es nicht besser. Ich schlage hingegen vor, beispielsweise das Agieren der Bernrieder Gemeindeverwaltung eher als situatives Austesten unterschiedlicher Möglichkeiten zu verstehen und damit keine natürliche Zielrichtung der (administrativen) Entwicklung zu unterstellen. Dann nämlich kann die Untersuchung des lokalen Regierens von der Kontingenz der Transformationen der Politik nicht nur im ländlichen Raum zeugen und von den vielfältigen Einflüssen und Einflussmöglichkeiten, denen diese Entwicklung ausgesetzt war (und möglicherweise auch immer noch ist).

Die Analyse hat neben der Interdependenz der drei Felder Wissen, Akteure und Praktiken auch gezeigt, dass der Wechsel der Untersuchungsebenen für eine Untersuchung der Regierungsweisen nicht nur hilfreich, sondern notwendig ist. Damit stellt sich aber gleichzeitig das Problem des Verhältnisses von Mikro-, Meso- und Makroebene. Mikro- und Makrogeschichte sind weder, um einen berühmten Debattenband zum Thema zu erwähnen, komplementär noch inkommensurabel[96], sondern stehen in einem wirklich komplexen Verhältnis zueinander. Auf je unterschiedlichen Untersuchungsebenen können unterschiedliche Aspekte des Regierens sichtbar gemacht werden, die auf anderen Ebenen veborgen bleiben. Gleichzeitig standen alle Ebenen miteinander in einem engen Beziehungsgefüge und beeinflussten sich gegenseitig. Nicht nur hatten staatliche Politiken Einfluss auf die lokale Ebene, sondern auch lokale Akteure eigneten sich Regierungsprogramme, Wissensbestände und Praktiken der Steuerung des Sozialen an und trugen damit zur Dynamisierung des Gesamtgefüges bei. Dabei handelt es sich aber um wechselseitige Beeinflussungen, nicht um klare kausale Gefüge und Determinierungen. Gegenüber einer Unterscheidung von Fallstudien auf Mikro-, Makro- und Mesoebene ist es für die Analyse von Regierungsweisen sinnvoller, in vernetzten Strukturen zu denken und die lokale Ebene gegenüber der staatlichen (und umgekehrt) nicht als abgeschottet zu denken. Der Fokus auf die wechselseitige Beeinflussung von Wissen, Akteuren und Praktiken hilft dabei, denn diese Faktoren implizieren bereits unterschiedliche Schwerpunkte, was die Beobachtungsperspektive, die untersuchten Quellen et cetera angeht. Wichtig bleibt zu betonen, dass die Fallstudien, die für die Analyse von Regierungsweisen herangezogen werden, nicht Beispiele im Sinne des Belegs übergeordneter Makrothesen sind, sondern eher der Verkomplizierung einheitlicher Entwicklungserzählungen dienen.

Die Fallstudien haben aber auch gezeigt, dass das begrifflich-konzeptionelle Verhältnis von Politik, Staatlichkeit und Regieren genauer geklärt werden muss, wenn die Erforschung von Regierungsweisen den Formwandel politischer Praktiken erhellen soll. Dafür muss vor allem der Begriff des Regierens stärker spezifiziert werden und an einen breiten Politikbegriff angekoppelt werden. Mit einem solchen Begriff, der etwa den Vorschlag Pierre Rosanvallons modifiziert aufgreift und damit Politik begreift als die Art und Weise, wie »Männer wie Frauen [...] ihre vielfältigen Lebensentwürfe koordinieren« und dabei die »implizite[n] oder explizite[n] Regeln des kollektiv Zugänglichen und Verfügbaren [erarbeiten], die dem Leben des Gemeinwesens seine Gestalt verleihen«[97], würde Regieren an genau diese Prozesse ankoppeln, sie aber stärker in eine Machtperspektive rücken. Wenn Regieren so als *politisches* Regieren verstanden wird, werden damit auch solche Prozesse erforschbar, die in der klassischen Politisierungsperspektive ebenfalls in den Blick geraten; diese werden dann aber anders kontextualisiert und interpretiert. So wird zum Beispiel die Mobilisierung von Bevölkerungsgruppen, die dadurch zu Subjekten von Politik werden, nicht als »Vermassung« von Politik gedeutet, sondern als ein Effekt von ebenso wie als ein Ausgangspunkt neuer Regierungsweisen interpretiert werden können.

---

96 *Jürgen Schlumbohm* (Hrsg.), Mikrogeschichte – Makrogeschichte. Komplementär oder inkommensurabel?, Göttingen 1998.

97 *Rosanvallon*, Für eine Begriffs- und Problemgeschichte des Politischen, S. 46. Vgl. dazu Anm. 1 in diesem Aufsatz.

Christoph Lorke

(Un-)Ordnungen der mobilen Moderne

Grenzüberschreitende Paare und das deutsche Standesamtswesen im Kaiserreich und in der Weimarer Republik

Im Juni 1926 hielt der Standesbeamte Brinkmann auf der westfälischen Standesbeamtenkonferenz in Bielefeld ein Referat über die »Eheschließung von Ausländern in Deutschland«. Nach einem Überblick über die wichtigsten gesetzlichen Bestimmungen ließ der Redner aus Wetter an der Ruhr seine Ausführungen mit einem positiven Resümee enden: In den letzten Jahren sei durch gesetzgeberische Maßnahmen »etwas mehr Klarheit über die große, umfangreiche Materie« – der Eheschließung deutscher Reichsangehöriger mit Angehörigen einer anderen Nation – geschaffen worden.[1] Brinkmann berührte mit seinen Überlegungen ein Rechtsgebiet, das seinerzeit eine Vielzahl seiner Berufskollegen umtrieb. Bereits 1921 wies etwa Karl Wilhelm Feyertag, Standesbeamter, Amts- und Gemeindevorsteher außer Dienst, in seiner »Anleitung zur Führung der Standesamtsgeschäfte für Standesbeamte und deren Stellvertreter, Standesamtssekretäre und Kommunalbeamte« auf die aus seiner Sicht unübersichtliche Gesetzeslage hin, die sich insbesondere als Folge der territorialen und staatsrechtlichen Veränderungen nach dem Weltkrieg ergeben hätte. Bestünden Zweifel über die Vollständigkeit der beizubringenden Unterlagen und somit letztlich der Rechtmäßigkeit der geplanten Eheschließung, lautete der ausdrückliche Rat Feyertags, solle der beauftragte Standesbeamte zur Sicherheit immer die Aufsichtsbehörde befragen.[2] Und noch im Jahr 1929 wurde das »Ausländereherecht« sowie die von deutschen Standesämtern vorzunehmende Eheschließung von Reichsausländerinnen und -ausländern von einem Breslauer Kollegen als »die schwierigste Aufgabe im ganzen Standesamtsbetrieb« apostrophiert – wohl auch, um auf die mangelnde Würdigung der gestiegenen Anforderungen hinzuweisen, die sich insbesondere bei Besoldungsfragen niederschlagen sollten.[3]

Die rechtlichen und staatsbürgerlichen, aber auch die organisatorisch-logistischen Problemfelder, die sich mit einer solchen Eheschließung verbinden konnten, stellten die zuständigen Behörden und Beamten vor Herausforderungen und neue Fragen; Fragen, die in einem solchen Umfang in der Zeit vor dem Ersten Weltkrieg oder gar der Jahrhundertwende eine wesentlich geringere Rolle gespielt hatten. Ihr Aufkommen ist auf die fundamentalen gesellschaftlichen und demografischen Umbrüche seit der Zeit um 1900 zurückzuführen.[4] Modernisierungsprozesse wie Industrialisierung, Technologisierung, Urbanisierung

---

1 *Brinkmann*, Die Eheschließung von Ausländern in Deutschland, unter besonderer Berücksichtigung der Staatsangehörigkeit ehemals deutscher Gebiete, in: Zeitschrift für Standesamtswesen (STAZ) 6, 1926, S. 249–251 und 264–267, Zitat: S. 267.

2 *Karl Wilhelm Feyertag*, Die Pflichten des Standesbeamten. Anleitung zur Führung der Standesamtsgeschäfte für Standesbeamten und deren Stellvertreter, Standesamtssekretäre und Kommunalbeamte, Berlin 1921 (zuerst 1913).

3 *Heiber*, Die Eheschließung von Ausländern, in: STAZ 9, 1929, S. 63f., 77–79 und 94–96, hier: S. 63.

4 Vgl. zu dieser Zeit *Paul Nolte*, 1900. Das Ende des 19. und der Beginn des 20. Jahrhunderts in sozialgeschichtlicher Perspektive, in: GWU 47, 1996, S. 281–300, hier: S. 285. Zu dem Begriff der »Hochmoderne« *Ulrich Herbert*, Europe in High Modernity. Reflections on a Theory of the 20th Century, in: JMEH 5, 2007, S. 5–20; *Lutz Raphael*, Ordnungsmuster der »Hochmoderne«? Die Theorie der Moderne und die Geschichte der europäischen Gesellschaften im 20. Jahrhundert, in: *Ute Schneider/ders.* (Hrsg.), Dimensionen der Moderne. Festschrift für Christof Dipper, Frank-

und die hohe Geschwindigkeit in sozialen, kulturellen und ökonomischen Belangen, etwa in den Bereichen Konsum, Verkehr und Mobilität, beförderten letztlich auch eine grundlegende Änderung der Verhältnisse von Nationalität und Zugehörigkeit, Staatsangehörigkeit und Geschlecht zueinander. Die im Folgenden zu diskutierenden bürokratisch-administrativen Beobachtungs-, Wahrnehmungs- und Handlungsweisen in Bezug auf national grenzüberschreitend heiratende Paare erlauben Rückschlüsse auf die Ambivalenzen der »klassischen Moderne«, die neben einem ungekannten Zuwachs an (individuellen) Lebenschancen auch »eine ungeheuerliche Steigerung an Existenzbedrohung«[5] für den Nationalstaat bedeuten konnte.

I. Zum Verhältnis von Moderne, Mobilität und Partnerwahlverhalten

Die stark gestiegene Mobilität, deren Höhepunkt Steve Hochstadt zwischen 1880 und 1920 verortet hat[6], die sich intensivierende internationale Kommunikation und der Handel sowie die einschneidenden Verschiebungen in der europäischen Arbeitsplatzgeografie erhöhten die Möglichkeiten und die Bereitschaft zum Kontakt mit Menschen fremder Staaten und Kulturen. Das Deutsche Reich stieg in dieser Hochkonjunkturperiode zu dem weltweit zweitwichtigsten Einwanderungsland nach den USA auf. Zunehmend verlagerte sich hier das Migrationsgeschehen von innen nach außen, die Zahl der hier lebenden Ausländerinnen und Ausländer versechsfachte sich innerhalb von vier Jahrzehnten von gut 200.000 (1871) auf über 1,2 Millionen (1910), deren Anteil an der Gesamtbevölkerung stieg im selben Zeitraum von 0,5 auf knapp 2%.[7] Die daraus resultierende Umstrukturierung des Binnenarbeitsmarktes[8] musste sicherlich auch Veränderungen und Ausdifferenzierungen der Heiratsgeografie befördern. Gründe hierfür sind auf struktureller Ebene vor allem in zweierlei Hinsicht zu suchen: zum einen in der schlichten Erweiterung von Opportunitätsstrukturen auf den unterschiedlichen Teilheiratsmärkten wie dem Arbeitsplatz oder dem nachbarschaftlichen Umfeld.[9] Dadurch erhöhte sich die Wahrscheinlichkeit, eine national exogame Beziehung einzugehen. Zum anderen begünstigte der »Frauenmangel« diese Selektions-

---

furt am Main/Berlin etc. 2008, S. 73–91, insb. S. 79–85; *Christof Dipper*, Die Epoche der Moderne. Konzeption und Kerngehalt, in: *Ulrich Beck/Martin Mulsow* (Hrsg.), Vergangenheit und Zukunft der Moderne, Berlin 2014, S. 103–182, insb. S. 130–158.

5 *August Nitschke/Gerhard A. Ritter/Detlev J.K. Peukert* u.a., Einleitung, in: *dies.* (Hrsg.), Jahrhundertwende. Der Aufbruch in die Moderne, Bd. 1, Reinbek 1990, S. 9–12, hier: S. 12.

6 *Steve Hochstadt*, Mobility and Modernity. Migration in Germany 1820–1989, Ann Arbor 1999. Vgl. daneben *James H. Jackson*, Migration and Urbanization in the Ruhr Valley, 1821–1914, Atlantic Highlands 1997; *Norman Stone*, Europe Transformed 1878–1919, Oxford 1999 (zuerst 1983); *Thomas Mergel*, Das Kaiserreich als Migrationsgesellschaft, in: *Sven Oliver Müller/Cornelius Torp* (Hrsg.), Das Deutsche Kaiserreich in der Kontroverse, Göttingen 2009, S. 374–391.

7 Hinzu kamen Wander- und Saisonarbeiter, deren Zahl vor dem Ersten Weltkrieg bereits circa 800.000 betrug. Vgl. *Gerhard A. Ritter/Klaus Tenfelde*, Arbeiter im Deutschen Kaiserreich 1871–1914, Bonn 1992, S. 179. Nach diesen Zahlen kam gut die Hälfte dieser Menschen aus Österreich-Ungarn, danach folgten Personen mit niederländischer, russischer und italienischer Staatsangehörigkeit. Vgl. hierzu auch *Ulrich Herbert*, Geschichte der Ausländerbeschäftigung in Deutschland 1880 bis 1980. Saisonarbeiter, Zwangsarbeiter, Gastarbeiter, Berlin/Bonn 1986, S. 54–56.

8 Vgl. unter anderem *Klaus J. Bade*, »Preußengänger« und »Abwehrpolitik«. Ausländerbeschäftigung, Ausländerpolitik und Ausländerkontrolle auf dem Arbeitsmarkt in Preußen vor dem Ersten Weltkrieg, in: AfS 24, 1984, S. 91–162.

9 Zu Gelegenheitsstrukturen etwa *Bernhard Nauck*, Binationale Paare, in: *Karl Lenz/Frank Nestmann* (Hrsg.), Handbuch Persönliche Beziehungen, Weinheim/München 2009, S. 695–712; *Peter M. Blau*, Structural Contexts of Opportunities, Chicago 1994; *Matthijs Kalmijn*, Intermarriage and Homogamy: Causes, Patterns, Trends, in: Annual Review of Sociology 24, 1998, S. 395–421.

regeln zusätzlich, denn die Fernwanderer waren vor allem ledige Männer. In Phasen rascher Zuwanderung kamen auf 100 Männer im Heiratsalter nur 70–90 Frauen in den entsprechenden Altersgruppen. Eine Ehefrau aus der Herkunftsregion war für die Zugereisten beispielsweise im Ruhrgebiet oder in Oberschlesien nur schwer zu finden, was Beziehungen mit Frauen abweichender Staatsangehörigkeit begünstigte.[10] Als Folge dieser Entwicklungen waren deutsche Standesbeamte nun zunehmend mit Gesuchen deutscher Reichsangehöriger konfrontiert, die ihre ausländischen Partnerinnen beziehungsweise Partner zu ehelichen suchten. Dabei hing das Aufkommen solcher Gesuche deutlich vom Industrialisierungsgrad, dem Anteil ausländischer Arbeitnehmer oder auch der Grenznähe ab. Für den Untersuchungsraum kann für unterschiedliche Kommunen von einer stetig wachsenden Anzahl von 2 bis 6% »Ausländerehen« – so der geläufige zeitgenössische Begriff – am Gesamtanteil aller Eheschließungen ausgegangen werden.[11] Die in (Duisburg-)Hamborn vom dortigen stellvertretenden Standesbeamten Stümpges wohl vor allem aufgrund des im Zuge der raschen Expansion dortiger Eisen- und Stahlindustrie hohen Zuwandereranteils ermittelten 16,3% (1929), 16,8% (1930) und 13,9% (1931) »Ausländerehen«[12] können ungeachtet aller methodischen Schwierigkeiten im Umgang mit derartigen Zahlen[13] bereits als außerordentlich hoch angesehen werden.

Diese Entwicklungen werfen ein Schlaglicht auf das Verhältnis zwischen Moderne, Mobilität und dem Wandel in Paarbeziehungen. National, konfessionell, ethnisch oder sozial grenzüberschreitende Bewegungen waren freilich mitnichten eine »moderne« Besonderheit, vielmehr gab es diese seit jeher. Neu an diesen Grenzüberschreitungen waren indes die Geschwindigkeit und Dynamik, mit denen sie geknüpft wurden.[14] Zeitgenössischen

10 *Ritter/Tenfelde*, Arbeiter im Deutschen Kaiserreich 1871–1914, S. 194.

11 Stichprobenartig wurden Aufgebotsakten verschiedener deutscher Standesämter eingesehen. Für das Standesamt I der Hansestadt Hamburg lag die Zahl von Eheschließungen deutscher Reichsangehöriger mit ihrem ausländischen Partner im Jahre 1910 in den untersuchten Monaten beispielsweise bei 2,8%, im Jahr 1914 bei 5,2%, 1920 bei 5,4% und 1925 bei 6,3% aller Eheschließungen. Vgl. Staatsarchiv Hamburg, 332-5 (Hamburg, Standesamt I), 3146 (Januar–April 1910); 3263 (Januar–Mai 1914); 3362 (Januar–März 1920); 3502 (Januar–Mai 1925). In Düsseldorf war diese Zahl vergleichsweise konstant (1905: 4,1%, 1915: 5,1%, 1925: 4,7%, Stadtarchiv Düsseldorf, Heiratsregister Standesamt Düsseldorf Mitte). In Münster lag sie etwas darunter (1895: 4,8%, 1912: 2,6%, 1926: 3,3%, Stadtarchiv Münster, Standesamt Münster, Heiratsregister, jeweils August–Oktober). In Berlin wurde in den Statistischen Jahrbüchern der Stadt zwischen 1881 und 1917 der Geburtsort der Eheschließenden statistisch erfasst und nach der Herkunft differenziert (Berlin, Provinz Brandenburg, andere preußische Provinz, sonstiges Reich, Ausland). Auch wenn dieser keinen verlässlichen Rückschluss auf die Nationalität der Nupturienten erlaubt und die verwandten Kategorien keineswegs unproblematisch sind, so deuten doch die ansteigenden Zahlen auf eine stetig steigende Exogamie in puncto Herkunft: Stammten 1882 2,2% aller Eheschließenden aus dem »Ausland«, so waren es 1910 3,9% und 1917 bereits 6,2%.

12 *Stümpges*, Ausländerehen 1929, in: STAZ 10, 1930, S. 127; *ders.*, Ausländerehen 1930, in: STAZ 11, 1931, S. 63; *ders.*, Ausländerehen 1931, in: STAZ 12, 1932, S. 80.

13 Welche Staatsangehörigkeit die Ehepartner hatten, lässt sich anhand der Heiratssammelakten in der Regel nicht ablesen, sondern nur Geburtsland und -ort sind zu erkennen. Überhaupt ist zu hinterfragen, inwiefern die Staatsangehörigkeit als Identifikationselement von Migration taugt. Daneben ist nicht problematisch anzumerken, dass nicht alle solche Eheschließungen auch in deutschen Standesämtern dokumentiert worden sind, eine Eheschließung also auch im Herkunftsland des ausländischen Partners oder in Drittstaaten erfolgt sein konnte.

14 *Bernhard Giesen*, Entgrenzung und Beschleunigung – Einige Bemerkungen über die kulturelle Vielfalt der Moderne, in: *Thorsten Bonacker/Andreas Reckwitz* (Hrsg.), Kulturen der Moderne. Soziologische Perspektiven der Gegenwart, Frankfurt am Main/New York 2007, S. 173–182, hier: S. 175; für die Frühe Neuzeit *David M. Luebke/Mary Lindemann* (Hrsg.), Mixed Matches. Transgressive Unions in Germany from the Reformation to the Enlightenment, New York/Oxford

Beobachtern entging das veränderte Heiratsverhalten nicht und so nimmt es wenig Wunder, dass Emotionen und ihre Wandlungen seinerzeit Gegenstand gesellschaftlicher Diagnosen waren.[15] Neben Max Weber, der in seiner Religionssoziologie »Liebe«[16] ebenso wie die religiöse Sphäre in ein Spannungsverhältnis des Marktes, der Wirtschaft und Wissenschaft einordnete[17], befasste sich auch Georg Simmel in einem Fragment mit Paarbeziehungen: Die moderne Gesellschaft sei demnach durch eine fortschreitende Differenzierung und Individualisierung gekennzeichnet, was zu einer Bedeutungssteigerung persönlicher Beziehungen führe.[18] Das Zusammenspiel aus Moderne und Individualisierungsdynamiken hat vermutlich nicht nur den Heiratsmarkt, sondern auch die Einstellung zur Liebe (beziehungsweise zu Eheschließungen und Paarbeziehungen) grundlegend verändert.[19]

Mit dem Begriff der *mobilen Moderne* werden diese Entwicklungen genauer fokussiert, indem weniger allein Räume an sich, sondern die Folgen sich wandelnder Raumkonstellationen betrachtet werden, die sich aus den räumlichen wie sozialen Mobilitätsformen »jenseits von Nationalgesellschaften«[20] ergeben hatten. Eine solche Perspektive kann nicht nur helfen, die veränderten sozialen Wirklichkeiten in der historischen Rückschau zu begreifen, sondern auch, die verschiedenen Modi der Mobilität, die sich um 1900 entfaltet hatten, zu vermessen und im Zusammenhang zu sehen.[21] Entscheidend ist dabei, nach den abweichenden Qualitäten unterschiedlicher Mobilitäten zu differenzieren: die grundsätzliche Mobilisierung einiger oder Immobilisierung bestimmter anderer sozialer Gruppen. Diese Immobilisierung bezieht sich dabei nicht nur auf deren räumliche Entfaltung, sondern auch auf lebensweltliche Dimensionen. Gerade der nationalstaatliche oder genauer administrativ-institutionelle Umgang mit mobilen Individuen und Paaren erlaubt Hinweise auf Beschleunigung als Privileg sowie auf Verlangsamung als politische beziehungsweise bürokratische Strategie.[22]

2014; stärker populärwissenschaftlich *Eva Verma*, Wo du auch herkommst. Bi-nationale Paare durch die Jahrtausende, Frankfurt am Main 1993.

15 *Sabine Dreßler/Karl Lenz/Sylka Sylka*, In Liebe verbunden. Paar- und Elter(n)-Kind-Liebe in der soziologischen Diskussion, in: *dies.* (Hrsg.), In Liebe verbunden. Zweierbeziehungen und Elternschaft in populären Ratgebern von den 1950ern bis heute, Bielefeld 2013, S. 11–48, hier: S. 19f.

16 Ob es sich bei den hier in den Blick genommenen Konstellationen um »Liebe« gehandelt haben mag, ist nicht Thema dieses Beitrags. Zur Frage, ab wann und in welchen sozialen Schichten von einer »Liebesheirat« gesprochen werden kann und zur sozialen und kulturellen Codierung von »Liebe« vgl. unter anderem *Anne-Charlott Trepp*, Emotion und bürgerliche Sinnstiftung oder die Metaphysik des Gefühls: Liebe am Beginn des bürgerlichen Zeitalters, in: *Manfred Hettling/Stefan-Ludwig Hoffmann* (Hrsg.), Der bürgerliche Wertehimmel. Innenansichten des 19. Jahrhunderts, Göttingen 2000, S. 23–55, sowie *Andreas Gestrich/Jens-Uwe Krause/Michael Mitterauer*, Geschichte der Familie, Stuttgart 2003, S. 484–504.

17 *Max Weber*, Zwischenbetrachtung: Theorie der Stufen und Richtungen religiöser Weltablehnung, in: *ders.*, Gesammelte Aufsätze zur Religionssoziologie, Bd. 1, Tübingen 1986 (zuerst 1920), S. 536–573.

18 Vgl. hierfür *Guy Okaes*, Eros and Modernity: Georg Simmel on Love, in: *David D. Franks/E. Doyle McCarthy* (Hrsg.), The Sociology of Emotions. Original Essays and Research Papers, Greenwich 1989, S. 229–247.

19 *Ulrich Beck/Elisabeth Beck-Gernsheim*, Das ganz normale Chaos der Liebe, Frankfurt am Main 1990; vgl. daneben *Anthony Giddens*, Wandel der Intimität. Sexualität, Liebe und Erotik in modernen Gesellschaften, Frankfurt am Main 1993.

20 *Ludger Pries*, Die Transnationalisierung der sozialen Welt. Sozialräume jenseits von Nationalgesellschaften, Frankfurt am Main 2008.

21 *John Urry*, Mobilities, New York 2007; *ders.*, Sociology beyond Societies. Mobilities for the Twenty-First Century, London/New York 2000.

22 *Valeska Huber*, Multiple Mobilities. Über den Umgang mit verschiedenen Mobilitätsformen um 1900, in: GG 36, 2010, S. 317–341, insb. S. 333–335.

Die größere soziale Differenzierung sowie Inklusion breiter Bevölkerungsteile und die Mobilisierung besaßen im Zuge einer zunehmenden gesellschaftlichen Komplexitätssteigerung ausgesprochenes Konflikt- und Protestpotenzial, das in verschiedenen, teils neuartigen institutionellen und bürokratischen Arrangements verarbeitet worden ist und von Routinen und Formalisierungen kontinuierlich anfallender Informationen begleitet war.[23] Denn diese Migrationsbewegungen forderten nationale Ordnungsmuster heraus, wobei zu den typischen Reaktionsweisen eine effizientere Kontrolle mobiler Personen durch die Professionalisierung der Polizei, eine stärkere Überwachung von Grenzen und der Einreisebewegungen gezählt werden können. Hierzu gehört auch das Staatsangehörigkeitsrecht. Das Ziel solcher Regulierung war die Stabilisierung der eigenen, ethnisch-national homogen gedachten Bevölkerung. Diese Überlegungen verweisen auf eine Verklammerung von nationalstaatlicher Herrschaft und Migrationspolitik, wobei die hier in den Blick genommene Zeit in migrationsgeschichtlicher Hinsicht eine Phase des Übergangs darstellte, in der sich bei einer Verdichtung in Wirtschaft, Handel und Verkehr einzelne Nationalstaaten gleichzeitig voneinander abschotteten.[24] Nicht zuletzt Preußen erhob frühzeitig den Anspruch, die entsprechenden Wanderungsbewegungen zu kontrollieren und zu regulieren, um der Problematisierung und dem Ausschluss des national, sprachlich, kulturell und religiös »Fremden« Vorschub zu leisten. Der Blick auf zeitgenössische administrative Strukturen und Praktiken vermag diese Haltung zu erhellen.[25] Die stetig und wiederholt erfolgte Zuschreibung von »Fremdheit« und die Kennzeichnung des Fremden als »eine inkongruente und daher abgelehnte ›Synthesis aus Nähe und Ferne‹«[26] war ein auch in Behörden vollzogener repetitiver kommunikativer Akt und richtete sich an als außerhalb der eigenen Sphäre liegend wahrgenommene Begebenheiten.

Von diesen Vorüberlegungen ausgehend werden im Folgenden die personellen, organisatorischen und strukturellen Modernisierungsprozesse anhand des deutschen Standesamtswesens nachgezeichnet – ein bislang von der historischen Forschung nur kaum berücksichtigtes Berufsfeld[27], das geradezu idealtypisch Diversität und Konflikthaftigkeit sich entfaltender Modernisierungsdynamiken spiegelt. Die Entwicklungen im deutschen Standesamtswesen stechen dabei als ein besonders markantes unter den »Experimentierfelder[n] unterschiedlicher Weiterentwicklungen der Moderne«[28] hervor. Dieses Fallbeispiel institutioneller und organisatorischer Anpassungs- und Lernprozesse sowie die damit verbundenen, sich wandelnden Beziehungen von Geschlecht, Transnationalität und Mobilität lassen die Komplexität industriegesellschaftlicher Modernisierung in zweifacher Hinsicht analytisch fassbar machen: Erstens wird das Zusammenspiel der einzelnen Funktionsbereiche Recht, Wissenschaft und Bürokratie beispielhaft deutlich, und zwar bezogen auf die Expansion des Staats und die zu erlernenden, eingeübten und sich verstetigenden

23 *Shmuel Noah Eisenstadt*, Modernization: Protest and Change, Englewood Cliffs 1966, S. 161; *ders.*, Multiple Modernen im Zeitalter der Globalisierung, in: *Thomas Schwinn* (Hrsg.), Die Einheit und Vielfalt der Moderne. Kultur- und strukturvergleichende Analysen, Wiesbaden 2006, S. 38–62.

24 *Christiane Reinecke*, Staatliche Macht im Aufbau: Infrastrukturen der Kontrolle und die Ordnung der Migrationsverhältnisse im Kaiserreich, in: *Jochen Oltmer* (Hrsg.), Handbuch Staat und Migration in Deutschland seit dem 17. Jahrhundert, Berlin/Boston 2016, S. 341–384, hier: S. 342.

25 *Raphael*, Ordnungsmuster der »Hochmoderne«?, S. 88.

26 *Zygmunt Bauman*, Moderne und Ambivalenz. Das Ende der Eindeutigkeit, Frankfurt am Main 1995 (zuerst engl. 1991), S. 82.

27 Ausnahmen sind *Siegfried Maruhn*, Staatsdiener im Unrechtsstaat. Die deutschen Standesbeamten und ihr Verband unter dem Nationalsozialismus, Frankfurt am Main/Berlin 2002, und *Lore Kleiber*/*Eva-Maria Gömüsay*, Fremdgängerinnen. Zur Geschichte bi-nationaler Ehen in Berlin von der Weimarer Republik bis in die Anfänge der Bundesrepublik, Bremen 1990.

28 *Raphael*, Ordnungsmuster der »Hochmoderne«?, S. 87.

bürokratischen Regeln und Entscheidungsfindungen seiner Beamten.[29] Die damit verbundenen zeitgenössischen Diagnosen und ihre vielfältigen Ordnungs- und Rationalisierungsbemühungen deuten auf gängige, höchst »moderne« Formen von Wissensproduktion, Wissensorganisation und letztlich Wissens- und Wirklichkeitskonstruktion innerhalb einer Verwaltung.[30] Zweitens werden in der Rekonstruktion behördlicher Handlungspraxis und -orientierung auch die verschiedenen Techniken und Logiken der Produktion und Reproduktion von Kategorien sozialer Ungleichheit nachvollziehbar: Neben der Klasse beziehungsweise Schichtzugehörigkeit sowie der nationalen und konfessionellen Zuordnung ist hier insbesondere das Geschlecht zu nennen, ein zentrales Strukturprinzip der Migration. Und gerade Geschlechterbeziehungen können im Untersuchungszeitraum als eine der zentralen Stoßrichtungen administrativer Rationalisierungsanstrengungen angenommen werden.[31]

II. Erkundung und Vermessung intimer Exogamie im Kaiserreich

Nach der Gründung des Deutschen Kaiserreichs war hinsichtlich der Eheschließungen mit Ausländerinnen und Ausländern zunächst weiterhin das preußische Ehegesetz vom 13. März 1854 »betreffend die Zulassung von Ausländern zur Eingehung einer Ehe in Preußen« maßgebend; das Reichspersonenstandsgesetz ließ die »Ausländerehe« zunächst noch unberührt. Verlangt wurde nach § 1 ein »gehörig beglaubigtes Attest der Ortsobrigkeit ihrer Heimath«, wonach den Verlobten eine solche Ehe einzugehen gestattet war. Die Minister der Justiz, der geistlichen Angelegenheiten und des Innern waren jedoch befugt, die Erbringung des Attests im Einzelfall zu erlassen.[32] Mit der reichsweiten Einführung der Zivilehe 1875 sowie der Standesämter ein Jahr später ist eine entscheidende Zäsur im Zuge größerer personenstandsrechtlicher Komplexität und weiterer funktionaler Differenzierung zu vermerken, zumal sich die zuständigen Standesbeamten nach § 69 Reichsgesetz strafbar machten, wenn sie vorsätzlich oder fahrlässig bestehende Gesetze nicht beachteten.[33] Fortan wurde der Nationalstaat zur wichtigsten Basis politischen Handelns, war eine standesamtliche die Voraussetzung für eine kirchliche Trauung und es war demnach Aufgabe des Staats, die standesamtliche Eheschließung ordnungsgemäß zu beurkunden.[34]

Länderspezifische Rechtsvorschriften und Eigenentwicklungen waren teilweise sehr unterschiedlich. Erst mit dem »Einführungsgesetz zum Bürgerlichen Gesetzbuche« vom 18. August 1896 wurden diese landesgesetzlichen Vorschriften und Besonderheiten auf-

29 *Max Weber*, Politik als Beruf, Berlin 1982 (zuerst 1919).

30 Vgl. *Stefan Haas*, Die Kultur der Verwaltung. Die Umsetzung der preußischen Reformen 1800–1848, Frankfurt am Main/New York 2005; *Michael C. Schneider*, Wissensproduktion im Staat. Das königlich-preußische statistische Bureau 1860–1914, Frankfurt am Main/New York 2013. Zu Verfahren bei der Erzeugung von Rationalitätsfiktionen sowie symbolischen Wirkungen bürokratischer Informationserhebung *Stefan Brakensiek/Corinna von Bredow/Birgit Näther* (Hrsg.), Herrschaft und Verwaltung in der Frühen Neuzeit, Berlin 2014.

31 *Detlev J.K. Peukert*, Max Webers Diagnose der Moderne, Göttingen 1989, S. 88; *Petrus Han*, Frauen und Migration. Strukturelle Bedingungen, Fakten und soziale Folgen der Frauenmigration, Stuttgart 2003; *Marita Krauss/Holger Sonnabend* (Hrsg.), Frauen und Migration, Stuttgart 2001.

32 Ueber die Eheschließung von Ausländern, in: Der Standesbeamte 1, 1875, S. 140–143.

33 *A. von Erichsen*, Die Führung der Standesregister: Praktische Anleitung für Standesbeamte, in Beispielen systematisch zusammengestellt und erläutert, Berlin 1878.

34 Vgl. unter anderem *Max von Oesfeld*, Die Beurkundung des Personenstandes und die Form der Eheschliessung nach dem Preußischen Gesetz vom 9. März 1874, Breslau 1874; *Paul Hinschius*, Das Reichsgesetz über die Beurkundung des Personenstandes und die Eheschließung vom 6. Februar 1875, Berlin 1875.

gehoben und einheitlich neu geregelt, die Behandlung der Ausländerinnen und Ausländer nach ihrem heimatlichen Recht allgemein eingeführt. Reichsweit sollten Ausländerinnen und Ausländer, die in deutschen Standesämtern die Ehe eingehen wollten, demnach künftig ein Zeugnis der zuständigen Behörde ihres Heimatstaats über das Nichtbekanntsein materieller Ehehindernisse und die rechtliche »Unbedenklichkeit« – das sogenannte Ehefähigkeitszeugnis – einreichen. Darüber hinaus sollten männliche Ausländer einen Nachweis darüber erbringen, dass sie nach der Eheschließung ihre Staatsangehörigkeit nicht verlören, sondern diese auf Frauen und ihre ehelichen und legitimierten Kinder übertrügen.[35] Dass die Ehefrauen in Erwerb wie Verlust automatisch der Staatsangehörigkeit ihres Mannes folgten, berührt nicht nur geschlechtergeschichtliche und rechtsphilosophische Problemfelder – die Geschlechterdichotomie sollte in späteren Jahren als entscheidendes politisches wie rechtliches Strukturprinzip[36] das Denken und Urteilen über anvisierte nationalstaatenübergreifende Eheschließungen maßgeblich prädeterminieren. Durch das Reichs- und Staatsangehörigkeitsgesetz von 1913 wurde Modernisierungsansätzen zum Trotz das Abstammungsprinzip »ius sanguinis« im Deutschen Reich nicht nur beibehalten, sondern zusätzlich in seiner Leitfunktion zementiert, nationale Zugehörigkeiten im Zuge einer »Ethnisierung der Staatsangehörigkeit«[37] möglichst eindeutig bestimmen zu können.

Die Vorbereitung, rechtliche Sicherstellung und Durchführung einer solchen Eheschließung zwischen Partnern unterschiedlicher Staatsangehörigkeit konnte für die Brautleute und den Standesbeamten unter Umständen ein langwieriges wie mit Blick auf die Dokumentenbeschaffung logistisch aufwendiges Unterfangen sein. Verzögerungsmomente und potenzielle Problemlagen waren jedenfalls zahlreich vorhanden. Gerade in grenznahen Gebieten wie der Rheinprovinz wurden wiederholt Klagen von Standesbeamten laut, wonach sich der Vollzug der Ehe in vielen Fällen nach hinten verschoben habe. Für die Brautleute seien aufgrund rechtlicher Unsicherheiten – etwa hinsichtlich der Vollständigkeit einzureichender Unterlagen oder der im Ausland zuständigen Behörden – Schwierigkeiten entstanden, obwohl sie geglaubt hatten, »sie wären jetzt so weit«.[38] Um diesen und anderen bestehenden Unklarheiten zu begegnen, begann im Standesamtswesen um die Jahrhundertwende eine vertiefte Auseinandersetzung mit der Eheschließung von Ausländerinnen beziehungsweise Ausländern und deutschen Reichsangehörigen, die ihren Niederschlag in Fachpublikationen und auch in Diskussionsbeiträgen auf Standesbeamtenkonferenzen fand. Die im Zuge eines einsetzenden Verwissenschaftlichungsprozesses vorgelegten Broschüren und Handbücher sollten den Standesbeamten verlässliche Anhaltspunkte insbe-

35 Eheschließung von Ausländern/Gesetz vom 20.9.1899, in: Der Standesbeamte 25, 1899, S. 50.

36 *Ute Frevert*, »Mann und Weib, und Weib und Mann«. Geschlechter-Differenzen in der Moderne, München 1995, insb. S. 84–95; *Nira Yuval Davis*, Gender & Nation, London 1997; *Erna Appelt*, Geschlecht, Staatsbürgerschaft, Nation. Politische Konstruktionen des Geschlechterverhältnisses in Europa, Frankfurt am Main/New York 1999; *Silke Margherita Redoli*, Liebe über die Grenze. Der Verlust der Schweizer Staatsangehörigkeit durch die Heirat mit einem Ausländer und die Folgen für die Frauen, in: *Wolfgang Homburger/Wolfgang Kramer/R. Johanna Regnath* u.a. (Hrsg.), Grenzüberschreitungen. Der alemannische Raum – Einheit trotz der Grenzen?, Ostfildern 2012, S. 73–84; *Kathleen Canning*, Gender History in Practice. Historical Perspectives on Bodies, Class & Citizenship, Ithaca 2006.

37 *Dieter Gosewinkel*, Die Nationalisierung der Staatsangehörigkeit im Deutschen Kaiserreich, in: *Müller/Torp*, Das Deutsche Kaiserreich in der Kontroverse, S. 392–405, hier: S. 404; zum Kontext jüngst auch *ders.*, Schutz und Freiheit? Staatsbürgerschaft in Europa im 20. und 21. Jahrhundert, Berlin 2016, sowie *Rogers Brubaker*, Staats-Bürger. Deutschland und Frankreich im historischen Vergleich, Hamburg 1994 (zuerst engl. 1992); *Andreas Fahrmeir*, Citizenship. The Rise and Fall of Modern Concept, New Haven/London 2007.

38 Eheschließung von Ausländern. Zu § 1315 Art. 43 des Ausführungsgesetzes zum Bürgerlichen Gesetzbuch vom 20.9.1899, in: Das Standesamt 1, 1902, S. 81.

sondere bei rechtlichen Ambiguitäten und Unbestimmtheiten liefern.[39] Exemplarisch hervorzuheben ist hier der Duisburger Standesbeamte Ludwig Schmitz. Schmitz war ab 1902 auch Herausgeber des Zentralorgans deutscher Standesbeamter, der bis 1921 monatlich erscheinenden Fachzeitschrift »Das Standesamt: Fachschrift für Behörden und alleinige Zeitschrift des Reichsverbandes der Standesbeamten Deutschlands«. Hier wurden nebst anderem auch regelmäßig Fragen um ausländisches Eherecht sowie personenstandsrechtliche Entwicklungen in anderen Staaten ebenso vorgestellt, wie diffizile Sachverhalte und Präzedenzfälle aus der Praxis diskutiert. In seinem knapp 70-seitigen »praktischen Handbuch für Standesbeamte« widmete Schmitz sich bereits 1899 in einer eigenständigen Veröffentlichung der unabdingbaren Vorprüfung durch den Standesbeamten, die die tatsächliche Erfüllung aller Eheerfordernisse für Ausländer sicherstellen sollte. Das Werk versammelte die wichtigsten Vorschriften von 20 Staaten mitsamt einer Auflistung über die jeweils beizubringenden Unterlagen sowie einem Fragebogen.[40] Das Buch war bereits nach kurzer Zeit vergriffen. Schmitz legte daher nur ein Jahr später eine Neubearbeitung vor, und zwar offensichtlich aufgrund des nicht nachlassenden Bedürfnisses sowie der »allgemein günstige[n] Beurteilung«[41] der Erstauflage durch viele Standesbeamte.

Diese zeitgenössische Unsicherheitswahrnehmung (und in vielen Fällen vermutlich schlichte Überforderung) innerhalb des deutschen Personenstandswesens und das Bedürfnis, diese zu reduzieren und künftig für das Alltagsgeschäft durch die Einübung notwendiger rechtlicher Praktiken und Routinen gewappnet zu sein, verbanden sich immer auch mit einer transnationalen Ebene. Denn um ihren Pflichten nachzukommen, nämlich der gewissenhaften und korrekten Anwendung bestehender Gesetze und Führung der Standesamtsregister, mussten die Standesbeamten auch ohne Ausländerbeteiligung zunächst etwaige Ehehindernisse ausschließen, bezogen etwa auf die Abstammung (Verwandtschaft), das Alter (Ehemündigkeit, beschränkte Geschäftsfähigkeit, nicht erfolgte elterliche Einwilligung), den Stand (mangelnde erforderliche Erlaubnis für eine Militärperson oder einen Landesbeamten), den Wohnort oder den gewöhnlichen Aufenthalt (Zuständigkeit des Standesbeamten) und den ehelichen Stand (bestehende Ehe, Ehebruch, Wartezeit der Witwe).[42] Bei der Beteiligung eines Partners, der nicht deutscher Reichsangehöriger war, wurden mit der Staatsangehörigkeit nicht nur Fragen aufgeworfen, die die Zuständigkeit, Zugehörigkeit und Gültigkeit betrafen. Es konnten auch länderspezifische Gegebenheiten zur Geltung kommen, wie das Ehehindernis der Religionsverschiedenheit zum Beispiel in Bulgarien und Österreich (zwischen Christen und Nichtchristen) oder Griechenland (zwischen griechisch-katholischen und Nichtchristen), das im Heimatland der ausländischen Verlobten zu vollziehende Aufgebot (wie in Italien oder Ungarn) oder besondere Ehrerbietungsakte gegenüber Eltern bei nicht volljährigen Verlobten, wie sie unter anderem in Frankreich, Belgien oder den Niederlanden verlangt waren.[43] Eine deutsch-russische Ehe beispielsweise durfte, wie die kaiserliche russische Botschaft an das Reichsjustizamt im Jahr 1880 übermittelte, dann nicht zustande kommen, wenn es sich bei den Ehepartnern um Verwandte handelte, eine Ehe zwischen Orthodoxen und Nichtchristen geschlossen werden

39 *Lutz Raphael*, Die Verwissenschaftlichung des Sozialen als methodische und konzeptionelle Herausforderung für eine Sozialgeschichte des 20. Jahrhunderts, in: GG 22, 1996, S. 165–193.

40 *Ludwig Schmitz*, Fragebogen zur Vorprüfung der Eheerfordernisse der Ausländer in Preussen. Praktisches Handbuch für Standesbeamte, Meiderich 1899.

41 *Ders.*, Die Eheerfordernisse der Ausländer in Preussen. Praktisches Handbuch für Standesbeamte, Meiderich 1900.

42 Vgl. die Übersicht bei *Friedrich Meß*, Die rechtliche Stellung des Standesbeamten, Meiningen 1913.

43 Vgl. hierfür unter anderem *Erichsen*, Die Führung der Standesregister, S. 165.

sollte, einer der Partner 80 Jahre oder älter, schon dreimal verheiratet gewesen war oder in einer früheren Ehe der ehelichen Untreue überführt wurde.[44]

Mit dem Haager »Abkommen zur Regelung des Geltungsbereichs der Gesetze auf dem Gebiete der Eheschließung« vom 12. Juni 1902 kam es zu einer einheitlichen Regelung des internationalen Privatrechts auf europäischer Bühne. Das Abkommen unterzeichneten Vertreter aus Deutschland, Österreich-Ungarn, Belgien (in Kraft bis zum Ausbruch des Ersten Weltkriegs), Frankreich (in Kraft bis 1913), Spanien, Italien, Luxemburg, den Niederlanden, Portugal, Rumänien, Schweden und der Schweiz. Zuvor (1893, 1894, 1900) waren Abgeordnete dieser Staaten wiederholt ebenda unter dem Vorsitz des niederländischen Staatsrats und internationalen Privatrechtlers Tobias Asser[45] zusammengekommen. Die 1902 gefassten Vereinheitlichungen betrafen vor allem die Bindung an das Gesetz des Heimatstaats, an das die Eheschließung gekoppelt war (Artikel 1), einen einzureichenden Nachweis, wonach die Heirat den Bedingungen der Heimatstaaten entspricht (Artikel 4), und die Gültigkeit der Ehe (Artikel 5 und 6). Die Bestimmungen beförderten zwar den Austausch und die gegenseitige Anerkennung von Eheschließungsurkunden unter den Vertragsstaaten, bedeuteten aber auch neue Anforderungen und Erfordernisse hinsichtlich einer fundierten Einarbeitung in die Materie. So waren die Standesbeamten angehalten, sich mit den personenstandsrechtlichen Fragen und insbesondere Eheschließungsregelungen aller Vertragsstaaten bekannt zu machen, gleichzeitig ratsuchende Ausländerinnen und Ausländer zu informieren und etwaige Hindernisse geplanter Eheschließungen festzustellen.[46]

Im Zuge dieses Lernprozesses war eine zunehmend internationale Ausrichtung einschlägiger Veröffentlichungen zur Thematik logische Konsequenz. Erwähnenswert ist zum einen der Band 4 der Serie »Die Rechtsverfolgung im internationalen Verkehr«, 1904 vom Geheimen Ober-Justizrat und Vortragenden Rat im preußischen Justizministerium Franz Leske sowie William Loewenfeld, Justizrat und Rechtsanwalt am königlichen Landgericht Berlin unter Mitwirkung von Rechtsanwälten aus verschiedenen Ländern publiziert. Das über 1.000-seitige Werk wollte dem zeitgenössischen Anliegen vieler Beamter nachkommen, auf eine zuverlässige Informationsgrundlage für ausländerrelevante Eherechtsfragen zurückgreifen zu können, sei der Mangel an einheitlichem Recht laut Verfassern doch auf wohl keinem Gebiet des Privatrechts so empfindlich wie hier und wären hier »besonders bunte Fälle verschiedenartiger Gestaltungen«[47] vorzufinden. Zum anderen ist die ein Jahr später vorgelegte zweibändige Veröffentlichung »Eheschliessung im internationalen Verkehr« zu nennen, zusammengestellt von Ludwig Schmitz in Kooperation mit dem Geheimen Rechnungsrat im Königlichen Preußischen Justizministerium Albert Wichmann.[48] Das Buch wurde von den Justizbehörden einzelner Länder als »überaus wertvolles Hand- und Nachschlagebuch«[49] amtlich empfohlen. In dieser Fortentwicklung und immensen Erweiterung der ersten schmitzschen Publikationen fand der ratsuchende Standesbeamte hier neben einem alphabetisch geordneten Staatenverzeichnis zahlreiche Musterbeispiele, Konsulatsverzeichnisse, einschlägige Literaturhinweise aus dem In- und Ausland sowie prak-

44 Verfügung des Herzoglichen Staatsministeriums Sachsen-Meiningen, Abtheilung der Justiz, betreffend Eheschließung nach Russischem Rechte vom 23. Januar 1880, in: Der Standesbeamte 6, 1880, S. 1.

45 Vgl. die deutsche Ausgabe seines Überblickswerkes zum Thema: *Tobias Michael Carel Asser*, Das internationale Privatrecht, Berlin 1880.

46 Eine Übersicht findet sich bei *Ludwig Schmitz/Albert Wichmann*, Die Eheschliessung im internationalen Verkehr, 2 Bde., Meiderich 1905, Bd. 1, S. 1ff.

47 *Franz Leske/William Loewenfeld*, Die Rechtsverfolgung im internationalen Verkehr, Bd. 4: Das Eherecht der Europäischen Staaten und ihrer Kolonien, Berlin 1904, S. 1.

48 *Schmitz/Wichmann*, Die Eheschliessung im internationalen Verkehr.

49 *Oertel*, Bücherbesprechungen, in: Das Standesamt 5, 1905, S. 215.

tische Erfahrungsberichte der Zentralbehörden. Mit den Bänden wurde eine Erleichterung der täglich anfallenden personenstandsrechtlichen Arbeit erstrebt, vor allem um die Gültigkeit der Ehe außerhalb der eigenen Landesgrenzen zu sichern oder die teils bestehende Zweifelhaftigkeit der maßgebenden rechtlichen Bestimmungen weitgehend auszuräumen. Denn die Prüfung der Vollständigkeit und Gültigkeit der Ehe sei, so äußerten sich beide Verfasser mit Berufung auf den preußischen Ministerialerlass vom 4. Dezember 1899, »mit großen, kaum überwindbaren Schwierigkeiten verbunden«, verlange aber gerade von solchen Beamten, die in besonders ausländerreichen Bezirken tätig waren, eine intensive Beschäftigung und Auseinandersetzung mit dem ausländischen Recht, um »dem ausländischen Verlobten mit Rat und Auskunft bei Erlangung der erforderlichen Unterlagen zur Seite stehen«[50] zu können.

Beide Veröffentlichungen standen am Ende einer Vielzahl von Überblicksdarstellungen, in denen die Eheschließung mit Ausländerinnen und Ausländern allgemein[51] oder für bestimmte Staaten detailliert abgehandelt wurde.[52] Diese erste Entdeckungswelle, umfassende Vermessung und eingehende Reflexion der bis dahin vorliegenden rechtlichen Bestimmungen verfolgten nicht zuletzt das Ziel, einer Versicherheitlichung des zivilstandesrechtlichen Alltagsgeschäfts den Weg zu bahnen. Diese Verfahren zur Herstellung von Sicherheit – oder zumindest zur Erzeugung entsprechend nützlicher Rationalitätsfiktionen – waren auch noch im späten Kaiserreich als eine Notwendigkeit ausgemacht worden, und zwar nicht nur von den Standesämtern und Aufsichtsbehörden, sondern auch von übergeordneten ministeriellen Behörden. Denn wenn die Form der erfolgten Eheschließung in einem der beiden Herkunftsländer der Nupturienten nicht anerkannt wurde, bedeutete dies in der Regel nicht nur erhebliche Konsequenzen für die Betroffenen, sondern auch für den zuständigen Standesbeamten. Ein Redner auf der 6. Konferenz der Standesbeamten des Regierungsbezirks Breslau beklagte sich beispielsweise im Mai 1912 darüber, die Tätigkeit des Standesbeamten würde in vielen Fällen nur nebenberuflich ausgeführt werden können. Gleichzeitig sei es kaum zu verlangen, den Beamten als »ein wandelndes Lexikon« zu begreifen, der jegliche Rechtsvorschriften anderer Staaten kenne.[53] Der Beruf des Standesbeamten wurde seinerzeit in der Tat häufig als Teilzeitberuf von Bürgermeistern oder Lehrern, in ländlichen Gemeinden mitunter auch von Müllermeistern, Ingenieuren oder Landwirten ausgeführt. Klagen übergeordneter Behörden über unzureichende rechtliche Kenntnisse auf dem Gebiet des internationalen Eheverkehrs und entsprechende Fehler in der Registerführung waren die logische Folge. Im Königreich Sachsen beispielsweise meldete die Amtshauptmannschaft Döbeln im Februar 1912 hinsichtlich der erfolgten Revision von 36 Standesämtern im Bezirk, einigen, insbesondere ländlichen Standesbeamten fehle »noch immer« die »Vorstellung oder doch die Fähigkeit für eine auch formell ganz genaue Beurkundung«. So nahmen diese Eheschließungen vor, obwohl Ehehindernisse bestanden hätten, worauf die Staatsanwaltschaft eingeschaltet werden musste.[54] In Dippoldiswalde, ebenfalls im Königreich Sachsen gelegen, ergab dieselbe Überprüfung ebenfalls

50 Ebd., S. VIII.

51 Vgl. zum Beispiel *Theodor Hergenhahn*, Das Eheschließungs- und Ehescheidungsrecht, Hannover 1893; *Ludwig Donle*, Ueber internationale Eheschließung mit besonderer Berücksichtigung der geltenden Codificationen, Sonderdruck der Deutschen Zeitschrift für Kirchenrecht, Bd. 2, H. 1, Freiburg im Breisgau 1892; *Friedrich von Wickede*, Der preußische Standesbeamte, Wiesbaden 1899; *Adolf Stölzel*, Deutsches Eheschließungsrecht, Berlin 1904.

52 Etwa von *Ödön Kovács*, Das ungarische Ehegesetz, Wien 1896: *Charles Gelbert*, Das bulgarische Ehegesetz, Sofia 1900; *Kojiro Iwasaki*, Das japanische Eherecht, Leipzig 1904.

53 Bericht über die 6. Konferenz der Standesbeamten des Regierungsbezirks Breslau am 16. Mai 1912, in: Das Standesamt 11, 1912, S. 137–141, hier: S. 140.

54 Abschrift aus dem Geschäftsberichte der Amtshauptmannschaft Döbeln auf das Jahr 1911 vom 29.2.1912 an das Sächsische Ministerium des Innern, Hauptstaatsarchiv Dresden, 10736/17761.

erhebliche Qualifizierungsmängel: Insbesondere »den einfachen Männern«, die im Bezirk als Standesbeamte tätig waren, helfe eine solche Kontrollinstanz, unterliefen doch gerade auf dem Land »manche Irrtümer und Fehler«, was eine »persönliche Anleitung« sinnvoll erscheinen lasse.[55] Doch die ohnehin bestehenden Schwierigkeiten wurden mit dem Ausbruch des Ersten Weltkriegs keineswegs obsolet.

III. Steigende Anforderungen und zunehmende Ethnisierung grenzüberschreitender Paarbeziehungen seit dem Ersten Weltkrieg

Der Ausbruch des Ersten Weltkriegs brachte noch einmal eine zusätzliche Komplexitätssteigerung mit sich, die von den Standesbeamten verschiedene Anpassungen verlangte. Fortan waren Angehörige anderer Staaten, die eine Ehe mit einer oder einem deutschen Reichsangehörigen eingehen wollten, hinsichtlich der Beibringung erforderlicher Unterlagen mitunter vor unlösbare Probleme gestellt. Folglich wurden die zuvor gefassten Vorgaben im Einzelfall zeitweilig außer Kraft gesetzt und in Ausnahmefällen sowie bei »aussichtslosen Schwierigkeiten« bei der Beschaffung notwendiger Dokumente durfte eine Befreiung von der Beibringung dieser Dokumente »per Handschlag« an Eides statt erfolgen. Dieser kurzzeitige Bürokratieabbau betraf vor allem russische Staatsangehörige[56] beziehungsweise nach Kriegsende auch ehemalige Gefangene[57], für die die Beschaffung von Geburtsurkunden oder sonstigen Unterlagen während des Kriegs oder danach aufgrund der kriegerischen und revolutionären Geschehnisse kaum möglich war. Ähnlich wurde noch in den frühen 1920er-Jahren mit Gesuchen verfahren, bei denen ein Verlobter die polnische Staatsangehörigkeit besaß. Hier stieß die Erlangung des Ehefähigkeitszeugnisses aufgrund temporärer Verzögerungen oder schlicht ausbleibender Antworten durch die polnischen Behörden immer wieder auf massive Schwierigkeiten. Aufgrund von »Erwägungen von politischer oder persönlicher Art« durfte nach einem Runderlass des Justizministeriums vom 25. Oktober 1922 und einer entsprechenden Verfügung vom 19. Dezember 1922 der zuständige Standesbeamte letztlich von einer lückenlosen Beibringung absehen, insofern der polnische Verlobte sein vergebliches Bemühen um fehlende Dokumente bei der zuständigen Heimatbehörde glaubhaft versichern konnte.[58]

Doch war der Weltkrieg in vielerlei Hinsicht auch Katalysator, wurden Denkweisen, Klassifikations- und Interpretationsmuster durch die Radikalität der Erlebnisse und Erfahrungen nochmals entscheidend verstärkt.[59] Auch für das deutsche Standesamtswesen lässt sich nach 1918 eine oft widersprüchliche Mischung aus Archaischem und Modernem nachweisen, gerade in Zusammenhang mit Heiraten über die nationale Grenze hinweg. Diese Eheschließungen waren weiterhin ein kompliziertes rechtspolitisches Problem. Die immensen Bevölkerungsbewegungen brachten jedoch eine gesteigerte Quantität entsprechender Gesuche mit sich und auch in kleineren Gemeinden kamen in zunehmendem Maße Fragen

---

55 Geschäftsbericht Dippoldiswalde, auf das Jahr 1911 vom 10.2.1912 an das Sächsische Ministerium des Innern, Hauptstaatsarchiv Dresden, 10736/17761.

56 Vgl. nebst anderen: Bescheinigung des Fürstlichen Staatsministeriums, Detmold 4.5.1915, Landesarchiv Detmold, L 75/II Abt. 9, Nr. 8/Bd. I.

57 *Walter Hübschmann*, Fälle aus der Praxis. Eheschließung von ehemaligen russischen Kriegsgefangenen, in: STAZ 5, 1925, S. 97.

58 In den Jahren 1926 und 1927 wurden zwei weitere Erlasse des Preußischen Ministers des Innern an die mit der Entscheidung beauftragten Oberlandesgerichtspräsidenten gerichtet. Reichsministerium der Justiz an sämtliche Landesregierungen, 21.7.1927, LA Detmold, L 75/IV Abt. 9, Nr. 17.

59 *Benjamin Ziemann*, Germany 1914–1918. Total War as a Catalyst of Change, in: *Helmut Walser Smith* (Hrsg.), The Oxford Handbook of Modern German History, Oxford/New York etc. 2011, S. 378–399.

des internationalen Personenstands- und Familienrechts auf.[60] Wenig überraschend fiel denn auch 1920 die Gründung der wichtigsten Institution im Standesamtswesen, des »Reichsverbands (ab 1922 Reichsbund) der Standesbeamten Deutschlands« in Kassel, in die unmittelbare Nachkriegszeit. Damit wurde an die bereits seit 1875 regelmäßig stattfindenden »Standesbeamtenkonferenzen«, auf denen dienstliche und sachliche Probleme erörtert wurden, angeknüpft. 1919 existierten bereits drei Standesamtsverbände auf Landesebene, die »Standesbeamtenfachverbände Bezirk Düsseldorf und Provinz Westfalen«, die »Vereinigung der Standesbeamten von Berlin« sowie der »Verband der Süddeutschen Berufsstandesbeamten«. Die erhöhten fachlichen Anforderungen, die besonders mit der steigenden Mobilität und territorialen Verschiebungen einhergingen, gipfelten in der Gründung des Reichsverbands, unter dessen Dach im Sommer 1921 bereits circa 20 Landes- und Provinzialverbände organisiert waren. Zum 1. Vorsitzenden wurde der Herner Standesbeamte Heinrich Schiffke bestimmt. Die wichtigere Position im Verband indes hatte unzweifelhaft Edwin Krutina inne, der seit dem 1. Juli 1922 Bundesdirektor und gleichzeitig hauptamtlicher Schriftleiter der Verbandszeitschrift, der »Zeitung für Standesamtswesen« war. Die »STAZ« war das Zentralorgan des Reichsbundes, Pflichtlektüre für deutsche Standesbeamte, die fortan immer wieder auch »Fälle aus der Praxis« und rechtliche Problemlagen bei der Eheschließung mit Ausländerinnen und Ausländern in Deutschland vorstellte. Sie erschien zweimal monatlich mit einer Auflage von 12.000 und war das Ergebnis einer Zusammenlegung der bis dato zur Verfügung stehenden Fachzeitschriften, jene auf Ludwig Schmitz zurückgehende »Das Standesamt« (1902–1921) und »Der Standesbeamte: Organ für die Interessen der Standesämter in Deutschland und der Schweiz« (1874/75–1920), die in Berlin verlegt worden waren. Im Februar 1923 wurde vom Reichsbund die Reichsauskunftstelle für Personenstands- und Eherecht ins Leben gerufen und Krutina mit deren Leitung betraut. Schon hier gab es eine eigene Abteilung, die sich ausschließlich mit Ausländereherecht beschäftigte.[61] Neben diesen ersten Anpassungsinitiativen an die veränderte Situation war der Reichsbund als Dachverband einzelner Landesverbände gleichzeitig auch Träger der fachlichen Ausbildung der deutschen Standesbeamten. 1928 gehörten dem Reichsbund bereits rund 10.000 Standesbeamte an.[62] Die folgenden vier Schwerpunkte der Verbandsarbeit verdeutlichen plastisch die Dynamiken damaliger Modernisierungsprozesse auf unterschiedlichen Ebenen ebenso wie die Folgen kollektiv geteilter Vorstellungen und Zuschreibungen.

Aufwertung und Anerkennung: Als Reaktion auf die zunehmenden Anforderungen ging es dem Reichsbund darum, auf das schlechte Ansehen der Standesbeamten in der breiten Bevölkerung hinzuweisen und davon ausgehend staatliche Unterstützung und materielle Verbesserungen einzufordern. Krutina bemängelte 1924 nachdrücklich die gegenwärtige »Abbau-Hitze«, doch gelte es aus seiner Sicht stattdessen, den Standesbeamten als »Vertraute[n] und Berater«, also als Scharnier zwischen Staat und Bürgern, ernst zu nehmen, was sich auch in dessen Bezahlung und der Ausstattung entsprechender Stellen widerspiegeln müsse.[63] In den frühen 1930er-Jahren waren allerdings von den reichsweit insgesamt rund 45.000 haupt- und nebenamtlichen Standesbeamten noch etwa 75% ehrenamtlich tätig.[64]

---

60 *Maruhn*, Staatsdiener im Unrechtsstaat, S. 15.

61 *Helmut Weidelener*, 75 Jahre Bundesverband der deutschen Standesbeamten, in: Bundesverband der Deutschen Standesbeamten (Hrsg.), Die deutschen Standesbeamten und ihr Verband. Rückblick auf 75. Jahre Verbandsgeschichte, Frankfurt am Main/Berlin 1995, S. 13–33, hier: S. 16f.

62 Reichsinnenministerium an das Auswärtige Amt, 5.6.1928, BArch, R 3001/3787.

63 *Edwin Krutina*, Zur Aus- und Fortbildung der Standesbeamten, in: STAZ 4, 1924, H. 5, S. 41f. Klagen über schlechte Bezahlung sind unter anderem auch bei *Herre*, Der ländliche Standesbeamte und sein Einkommen, in: STAZ 8, 1928, S. 44f., zu vernehmen.

64 *Maruhn*, Staatsdiener im Unrechtsstaat, S. 95.

Internationalisierung und Verflechtung: Zweitens spiegeln sich die internationalen Verflechtungen des Personenstandswesens, denen sich Verwaltung, Gerichte, Anwälte und Notare gegenübersahen, auch in der Verbandsarbeit wider. So wurde auf Initiative des Reichsbundes am 28. Oktober 1926 in Bern die »Internationale Vereinigung der Beamten des Zivilstandsdienstes« gegründet. Gründungsländer waren neben Deutschland noch Belgien, Frankreich, Luxemburg, die Niederlande und die Schweiz. Im Rahmen der Gründungsveranstaltung stellte Krutina die Tätigkeiten des Reichsbundes en détail vor und erhoffte sich, dass dieses Modell ausstrahlen würde.[65] Ziele der Vereinigung waren neben der schnelleren Vermittlung fremder Gesetzgebung, die bei der Eheschließung mit und von Ausländern Relevanz besaß, die weitere Vereinfachung und Verkürzung von Antragsverfahren sowie die Anerkennung deutscher Kinder durch Ausländer. Da seinerzeit »allein in Deutschland eine starke und einheitliche Organisation von Zivilstandesbeamten«[66] bestand, führte der Reichsbund auch die Geschäfte dieser internationalen Vereinigung, die sich 1929 zu einem zweiten Kongress in Paris versammelte.

Professionalisierung und Verwissenschaftlichung: Daneben wollte der Reichsbund den ausführenden Standesbeamten zuverlässige und aktuell gültige zivilrechtliche Auskünfte offerieren und die alltäglich anfallenden Aufgaben zu erleichtern helfen. Zu beobachten sind auch hier die vielfältig wirksamen Basisprozesse wie Bürokratisierung, Professionalisierung und Verwissenschaftlichung und eine damit eng verwobene zunehmende Ausdehnung staatlicher Regelungskompetenz auf verschiedene gesellschaftliche Felder. Diese Entwicklung war wiederum zwangsläufig eng mit der »Nationalisierung« dieser Prozesse verknüpft.[67] Die Bevölkerungsverschiebung nach dem Krieg sowie der starke »Ausländerzustrom« hatten die Schwierigkeiten bei einer Eheschließung nämlich noch einmal merklich gesteigert – und erzeugten bei den Beamten ein »Gefühl der Unsicherheit«.[68] Abhilfe und Klärung sollten der vom Reichsbund ursprünglich jährlich geplante, letztlich aber doch seltener stattfindende Bundestag[69], mithin Landestage und seit 1923 diverse Ausbildungs-, Fortbildungs- und Schulungskurse schaffen. Von herausgehobenem Stellenwert für die Erweiterung und Vertiefung von Fachwissen waren daneben die Veröffentlichungen des hauseigenen Verlags für Standesamtswesen. Unentbehrliches Hilfsmittel und von nachhaltiger Wirkung waren insbesondere die Schriften Alexander Bergmanns[70], damals Ministerialrat im Preußischen Justizministerium, Mitarbeiter der STAZ und von 1936 bis

---

65 Und zwar in einem Vortrag mit dem Titel: »Die Auswirkung der internationalen Vereinigung. Gründung einer Zeitschrift und eines Verlages. Mitwirkung an der Gesetzgebung. Zusammenarbeit unter den Zivilstandsbeamten usw.« Vgl. Edwin Krutina an Ministerialrat Brandis im Reichsjustizministerium, 16.9.1926, BArch, R 3001/3787.

66 *Edwin Krutina*, Die Aufgaben der Internationalen Vereinigung der Beamten des Zivilstandesamtes. Referat, gehalten auf dem 2. Internationalen Kongress in Paris vom 29.–31.5.1929, Berlin 1929, überliefert in BArch, R 3001/3787.

67 *Raphael*, Die Verwissenschaftlichung des Sozialen als methodische und konzeptionelle Herausforderung für eine Sozialgeschichte des 20. Jahrhunderts, S. 182.

68 So der Stadtrat Freital in seinem Vortrag auf der Landeshauptversammlung des sächsischen Fachverbandes am 11.5.1924 in Leipzig, zit. nach: *Baumgarten*, Die fachliche Aus- und Fortbildung der Standesbeamten, in: STAZ 4, 1924, S. 116f.; über die gestiegenen Anforderungen auch *Carl Sterzel*, Über die Notwendigkeit der Abänderung des Personenstandsgesetzes, in: STAZ 1, 1921, S. 168–171.

69 Bis 1930 gab es hiervon fünf: Berlin 1921, München 1922, Berlin 1925, Stuttgart 1927 und Essen 1930. Der geplante dritte Bundestag in Dresden 1923 wurde wegen der wirtschaftlichen Situation kurzfristig abgesagt.

70 *Alexander Bergmann*, Internationales Ehe- und Kindschaftsrecht, Bd. 1: Allgemeine Einführung, Berlin 1926, S. 108.

1945 Vorsitzender des Reichsbundes.[71] In seinem »Wegweiser«[72] versammelte er Übersichten zu Nachweisen, Zuständigkeitsfragen und Musterbeispiele. Bemerkenswerterweise hob er auch explizit auf die Eheschließung einer Deutschen mit »einem Angehörigen eines fremdrassigen Volkes« ab. Bei einer solchen Verbindung würden die Anschauungen über das Wesen der Ehe nicht den in Deutschland gebräuchlichen entsprechen, vor allem dann, wenn der Mann mehrere Frauen heiraten konnte. In einem solchen Falle müsse die deutsche Braut vor der Eheschließung »in geeigneter Weise« auf mögliche Probleme hingewiesen werden.[73] Diese Bemerkung und die damit verbundenen Vorbehalte und Ängste verweisen bereits auf eine vierte, etwas ausführlicher zu erörternde Dimension.

Ethnisierung und nationale, kulturelle und religiöse Hierarchisierungen: In steigendem Maß verfolgte der Reichsbund bereits wenige Jahre nach seiner Gründung auch dezidiert bevölkerungspolitische Aufgaben. Eine Anbiederung des Reichsbundes an rassenhygienische und eugenische Denkweisen ist spätestens ab den mittleren 1920er-Jahren nicht mehr zu übersehen. Eine daraus resultierende rasche Aufladung des deutschen Standesamtswesens mit sozialdarwinistischen Erblichkeits- und Rassetheorien kann auf die zunehmende Diffusion eugenischer Gedanken in die Gesellschaft als Reaktion auf Modernisierungskrisen, zeitgenössische Krisendiagnosen und Zukunftsängste zurückgeführt werden, wobei der Erste Weltkrieg und seine Folgen eine deutliche Verschärfung der Biologisierung des Sozialen mit sich brachten und die Eugenik sodann ihre Institutionalisierung als anerkannte wissenschaftliche Disziplin erfuhr.[74] Es verwundert daher kaum, dass diese Ideen auf der Ebene staatlicher Funktionsträger Anklang finden mussten. Auf kommunaler Ebene fanden diese Entwicklungen seit den ausgehenden 1920er-Jahren in Form von Eheberatungsstellen ihren Niederschlag.[75] Diese breitenwirksamen eugenischen Maßnahmen korrespondierten mit bereits im Gang befindlichen Entwicklungen im Standesamtswesen: So sollten die im Reichsbund organisierten Standesbeamten nach einer der frühesten entsprechenden Überlegungen von 1924 künftig unter Rückgriff auf einschlägige Lehrbücher[76] »zu Trägern der rassenhygienischen Lehre« avancieren, weshalb auch durch Hochschulkurse oder im Selbststudium zu erlangende Kenntnisse in der Vererbungslehre, der Eugenik und der Erbwissenschaft nötig seien. Mithin habe sich der Standesbeamte als »eugenischer Eheberater« in den »Dienst der Rassenhygiene« zu stellen und solle damit die »rassenhygienische Volksbewegung« unterstützen, wobei vor allem »besonders hochbefähigte Erb-

71 Zur Biografie Bergmanns vgl. *Maruhn*, Staatsdiener im Unrechtsstaat, S. 246–252.

72 *Alexander Bergmann*, Der Ausländer vor dem Standesamt. Ein Wegweiser für Standesbeamte bei der Eheschließung von Ausländern, Berlin 1926; vgl. ferner auch *A. Scholl*, Eheschließung außerdeutscher Staatsangehöriger in Württemberg, Bad Mergentheim 1926; *Hellmut Carius*, Das Aufgebot im deutschen Eherecht und im internationalen Privatrecht, Berlin 1927.

73 *Bergmann*, Der Ausländer vor dem Standesamt, S. 63f.

74 *Matthias Weipert*, »Mehrung der Volkskraft«. Die Debatte über Bevölkerung, Modernisierung und Nation 1890–1933, Paderborn/München etc. 2006, S. 160–175, sowie *Jürgen Reulecke*, Rassenhygiene, Sozialhygiene, Eugenik, in: *Diethart Kerbs/ders.* (Hrsg.), Handbuch der deutschen Reformbewegungen. 1880–1933, Wuppertal 1998, S. 197–210.

75 *Michael Schwartz*, Sozialistische Eugenik. Eugenische Sozialtechnologien in Debatten und Politik der deutschen Sozialdemokratie, Bonn 1995, S. 337. Zur Eheberatung in der Weimarer Republik auch *Annette F. Timm*, The Politics of Fertility in Twentieth-Century Berlin, Cambridge/New York etc. 2010, insb. S. 103–117; *Kristine von Soden*, Die Sexualberatungsstellen der Weimarer Republik 1919–1933, Berlin 1988; zeitgenössisch *Arthur Ostmann*, Das Heiratszeugnis, in: Zeitschrift für Volksaufartung und Erbkunde 1926, H. 1, S. 105–107, sowie die Ausführungen des Stadtschularztes und Leiter der Eheberatungsstelle Berlin Prenzlauer Berg, *F. Karl Scheunemann*, Eheberatung. Einrichtung, Betrieb und Bedeutung für die biologische Erwachsenenberatung, Berlin 1928.

76 Allen voran das damalige Standardwerk zum Thema: *Erwin Baur/Eugen Fischer/Fritz Lenz*, Grundriß der menschlichen Erblichkeitslehre und Rassenhygiene, 2 Bde., München 1921.

stämme« sowie die »Heirat einwandfreier Kandidaten« begünstigt werden sollten, um dadurch eine »große Mission zu erfüllen«.[77] Auf Initiative von Konrad Dürre, Edwin Krutina und Hans Wander, dem Vorsteher des Berliner Standesamts I, das gleichzeitig auch als reichsweites Auslandsstandesamt firmierte, erfolgte im März 1925 die Gründung des »Deutschen Bundes für Volksaufartung und Erbkunde«. Ein halbes Jahr später wurde ein erster gemeinsamer Kongress abgehalten. Dieser war eingebettet in den 4. Bundestag des Reichsbundes in Berlin und in seiner programmatischen Ausrichtung bereits unübersehbar von rassenhygienischen Überlegungen überwölbt. So sprachen beispielsweise der Heidelberger Hygieniker Gustav Ernst Gerhard Dresel zu den »Aufgaben des Standesbeamten in der Bevölkerungspolitik«, der Berliner Eugeniker Erwin Baur über »Zweck und Ziele der Rassenhygiene« oder der in Uppsala lehrende Rassentheoretiker Herman Lundborg über »die drohende Degeneration«.[78] Diese Entwicklung und Zusammenarbeit steht für ein spürbar radikales, rassisch aufgeladenes Ordnungsdenken bei rechts- und bevölkerungswissenschaftlich interessierten Akteuren im Standesamtswesen sowie dessen Dunstkreis und kann als einschneidende Modernisierungsoffensive interpretiert werden, betrieben von einer kleinen Gruppe mit bestimmten Erwartungshaltungen.[79] Dadurch wurden bestehende Verfahren des Ausdeutens sozialer (Lebens- und Heirats-)Wirklichkeit zunehmend rassistisch durchdrungen und diszipliniert – und letztlich die Popularisierung der Rassenhygiene in deutschen Standesämtern nachhaltig befördert.[80]

Die Rückwirkungen der skizzierten Entwicklungen auf die Praxis im Standesamt und in den nachgeordneten Behörden zeigen denn auch eindrücklich, inwiefern bestimmte Paarkonstellationen bei grenzüberschreitenden Eheschließungen deutlich skeptischer als andere als bedrohliche, irritierende Erscheinungen beurteilt wurden. Die Abwertung bestimmter Paarbeziehungen schlug sich dann in der behördlichen Willkür und/oder Verlangsamung nieder. Ein Runderlass des Ministeriums des Innern mahnte beispielsweise im Jahr 1925 nachdrücklich, die Ehefähigkeitszeugnisse oder – wenn dieses nicht zu beschaffen war – Anträge auf Befreiung zur Beibringung dieses Nachweises sorgfältig zu prüfen, auch und

---

77 *Konrad Dürre*, Der Standesbeamte im Dienste der Rassenhygiene, in: STAZ 4, 1924, S. 279f.; vgl. auch die Ausführungen des Eugenikers *Karl Friedrich Ludwig von Behr-Pinnow*, Was muß der Standesbeamte über »Volksaufartung« wissen, in: STAZ 5, 1925, S. 141f.; *Gluck*, Die Mitwirkung der Standesämter bei der Aufklärung über rassehygienische und erbbiologische Fragen, in: STAZ 6, 1926, S. 29f.; *Max Sachsenröder*, Die Förderung biologischer Aufzeichnungen beim Standesamt durch Gesundheitspässe und -bogen, in: STAZ 6, 1926, S. 62; *ders.*, Wie kann der Standesbeamte zur Lösung bevölkerungspolitischer Aufgaben beitragen?, in: STAZ 9, 1929, S. 181–184; ferner ebenfalls *Max Christian*, Eugenische Gattenwahl, in: *Max Marcuse* (Hrsg.), Die Ehe. Ihre Physiologie, Psychologie, Hygiene und Eugenik. Ein biologisches Ehebuch, Berlin/Köln 1927, S. 148–162.

78 Zum Programm vgl. die Überlieferung im Institut für Stadtgeschichte Frankfurt am Main, S. 2128: Akten des Magistrats, Reichsbund der Standesbeamten, Einladungsschreiben des Bundesdirektors Edwin Krutina am 10. August 1925. Vgl. ebenfalls *Hans-Walter Schmuhl*, Rassenhygiene, Nationalsozialismus, Euthanasie. Von der Verhütung zur Vernichtung »lebensunwerten Lebens«. 1890–1945, Göttingen 1987, S. 96; *Peter Weingart/Jürgen Kroll/Kurt Bayertz*, Rasse, Blut und Gene. Geschichte der Eugenik und Rassenhygiene in Deutschland, Frankfurt am Main 1988, S. 246f. sowie *Weipert*, »Mehrung der Volkskraft«, S. 173.

79 *Lutz Raphael*, Sozialexperten in Deutschland zwischen konservativem Ordnungsdenken und rassistischer Utopie (1918–1945), in: *Wolfgang Hardtwig* (Hrsg.), Utopie und politische Herrschaft im Europa der Zwischenkriegszeit, München 2003, S. 327–346; zu den Hintergründen *Maruhn*, Der Reichsbund der Standesbeamten Deutschlands im Dritten Reich, in: Bundesverband, Die deutschen Standesbeamten und ihr Verband, S. 87–119.

80 *Peter Wagner*, Soziologie der Moderne, Frankfurt am Main/New York 1995, S. 54; zum Kontext *Paul Weindling*, Health, Race and German Politics between National Unification and Nazism, 1870–1945, Cambridge/New York etc. 1989.

insbesondere hinsichtlich der Echtheit der eingereichten Unterlagen.[81] Sobald alle erforderlichen Dokumente vorlagen, versah der Standesbeamte das Gesuch der Verlobten mit einem Bericht, in dem er etwaige Bedenken gegen die Eheschließung hervorzuheben hatte. Vom jeweiligen Regierungspräsidenten wurde der Antrag dann an den Oberlandesgerichts-Präsidenten beziehungsweise Justizminister weitergeleitet, wo endgültig über Genehmigung oder Ablehnung des Verfahrens befunden werden sollte. Auf diesem Wege entschied nicht selten der gute Wille der zuständigen Bearbeiter den Fortgang. Denn Ehefähigkeitszeugnisse besaßen in der Regel nur eine zeitlich begrenzte Gültigkeitsdauer. Häufig lag eine Schwangerschaft vor und eine rasche Eheschließung sollte die Legitimation des unehelich gezeugten Kindes gewährleisten. Gerade in solchen Fällen wird die Schlüsselrolle dieser Instanzen und ihrer Beamten als Beschleuniger rechtlicher Verfahren für spezifisch lebensweltliche Belange greifbar. Waren Beschleunigung und Generosität in manchen Fällen ein Privileg, so verweisen sie zugleich auf die Willkür im Behördenhandeln und die dort erfolgten geografischen, kulturellen und sozialen Grenzziehungen aufgrund standesamtlicher Beobachtung und Kommentierung: Die Retardierung des Bürokratischen war ein wichtiger Regulierungsmechanismus und ermöglichte gezielt angewandte administrative Verzögerungstaktiken. Diese behördlich-politische Strategie konnte die eheliche Legitimierung unliebsamer *matches* wenn nötig ganz unterbinden. In wenigstens zweifacher Hinsicht deuten zeittypische Differenzkonstruktionen auf das Verständnis und die Handlungsspielräume des Standesamtswesens als eine ausgesprochen moderne Institution, die Macht ausstrahlte, indem sie gleichzeitig ermöglichend und beschränkend sein konnte.[82]

Erstens dann, wenn der christliche Kulturkreis überschritten wurde und ein muslimischer (männlicher) Verlobter beteiligt war. Entsprechende Gesuche deutscher Frauen sorgten für regelmäßiges Aufsehen innerhalb der beteiligten Behörden. Bereits seit dem späten Kaiserreich sind Fälle zu finden, bei denen das Auswärtige Amt sowie das Reichsjustiz- und -innenministerium vom Standesbeamten beziehungsweise verantwortlichen Regierungspräsidenten eingeschaltet wurden. Zurückgewiesen wurden diese Anfragen in der Regel mit Verweisen auf die unsichere Position der dann »nicht gleichberechtigten« Frau, den »traurigen Erfahrungen« aus der Vergangenheit und der »Vielweiberei«. Insofern keine besonderen Ausnahmefälle diplomatisch oder außenpolitisch relevanter Konstellation oder durch Kriegsgeschehen bedingte Umstände vorlagen, wurden diese Anbahnungsversuche auch in der Weimarer Republik behördlicherseits grundsätzlich mit Misstrauen und Skepsis beäugt und häufig zurückgewiesen, galten sie doch weder als im Interesse des Staats »an der Familienbildung« noch im Interesse des »Mädchens weißer Rasse und Kultur«[83] liegend. Der Fachreferent für Fragen des Standesamtsrechts im Reichsjustizministerium Werner Brandis verlangte von den involvierten Standesbeamten kraft ihrer Stellung als »wohlunterrichtete [...] Berater« Aufklärung und Warnung zu leisten, um »von mancher

81 *Hans Wander*, Preußische Ehefähigkeitszeugnisse, in: STAZ 5, 1925, S. 205f.; Ehefähigkeitszeugnisse für Ausländer. Runderlaß des Ministeriums des Innern vom 12.10.1925, in: ebd., S. 332.

82 *Wagner*, Soziologie der Moderne, S. 46f.; *Karl-Siegbert Rehberg*, Institutionen als symbolische Ordnungen. Leitfragen und Grundkategorien zur Theorie und Analyse institutioneller Mechanismen, in: *Gerhard Göhler* (Hrsg.), Die Eigenart der Institutionen. Zum Profil politischer Institutionentheorie, Baden-Baden 1994, S. 47–84.

83 *Walter Hübschmann*, Eheschließung weißer Mädchen mit fremdrassigen Männern, in: STAZ 8, 1928, S. 53f., hier: S. 53. Hübschmann war seinerzeit Leiter der Standesämter I, II und IV sowie der Städtischen Auskunftsstelle für Personenstandsrecht in Berlin. Vgl. auch *Otto Stölzel*, Kann ein Mann nach deutschem Recht zwei Frauen haben?, in: STAZ 5, 1925, S. 153; *ders.*, Noch einmal die Heirat von Türken, in: STAZ 8, 1928, S. 78f.

deutschen Frau schweres Unheil abzuwenden« und somit adäquat auf »Unwissenheit, Sinnesrausch oder Abenteuerlust« der »betroffenen« Frauen reagieren zu können.[84]

Vergleichbare Argumentationen, Verfahrensweisen und Handlungslogiken lassen sich – zweitens – auch bei männlichen Verlobten aus Fernost nachweisen. Diese Beziehungen wurden behördlicherseits spätestens seit dem ausgehenden Kaiserreich ebenfalls als »gefährliche Liebschaften« aufgefasst. Entsprechende Eheschließungen sollten seitens der Standesbeamten gar aktiv verhindert werden. Gerade hier zeigt sich, wie Prozesse der Globalisierung um 1900 mit einer Rekonfiguration des Nationalen verbunden waren.[85] Wesentlich beeinflusst vom Topos einer »gelben Gefahr«[86] fallen in den zeitgenössischen Diagnosen der Behörden frappierende Ähnlichkeiten in den Narrativen zur Wahrnehmung (und Zurückweisung) christlich-muslimischer Paare auf. Insbesondere die beteiligten deutschen Frauen wurden dabei in der Regel stark abgewertet. Anhand der Konstruktionsweisen weiblicher sexueller Devianz wird deutlich, inwiefern Weiblichkeitsbilder Herrschaftspraktiken prägten: Die »Mädchen und Frauen« seien naiv, unerfahren, stammten aus unteren Bevölkerungsschichten und hätten vielfach auf dem »ersten« Heiratsmarkt keine Chance, wichen deshalb auf Partner anderer Herkunftsländer aus. Gezielt wurden die preußischen Standesbeamten so im Jahr 1913 angewiesen, Eheschließungen zwischen deutschen Frauen und Chinesen durch »Bereitung von Schwierigkeiten aller Art hinsichtlich der Beschaffung der Personalpapiere möglichst zu vereiteln«.[87] In den 1920er-Jahren wurden diese Denkhaltungen weitgehend unverändert übernommen und wiederholt die Gefahren »deutsch-chinesischer Mischehen« reflektiert.[88] Vonseiten führender Standesbeamter wurde die steigende Zahl der Gesuche deutscher Frauen als Beleg für »mangelndes Verständnis und Gleichgültigkeit in Rassenfragen« interpretiert, was letztlich auch Rückwirkungen auf (Nicht-)Bewilligungslogiken gehabt haben mag.[89]

Die zeitgenössische (Über-)Betonung von »Gefahr« und Brisanz einer solchen Partnerwahl stand in beiden Fällen indes in keinem Verhältnis zu ihrer quantitativen Bedeutung. Diese hier skizzierten Vertiefungen zeigen jedoch auf anschauliche Weise die unterschiedlichen Ausprägungen und behördlicherseits imaginierten Folgen bei der Überschreitung der Grenze von »Eigen« und »Fremd«. Erkennbar ist auch eine geschlechtergeschichtliche Besonderheit, denn eine *outmarriage* von Frauen wurde ungleich strenger observiert als die von Männern. Als Folge der patriarchalischen, fürsorgenden und bevormundenden Aufsicht der ausschließlich mit Männern bestückten Institutionen[90] entwickelten sich be-

---

84 *Werner Brandis*, Zur Verehelichung deutscher Frauen mit Ausländern, in: STAZ 7, 1927, 199f. Forderungen von Standesbeamten, entsprechende »Bedenken zu zügeln« und die Eheschließung deutscher Frauen zumindest mit türkischen Staatsangehörigen »nicht durch kleinliche oder formell juristische Bedenken unmöglich« zu machen, waren eine Ausnahme: *Schaarschmidt*, Ergänzungen zu der in Nr. 15 vom 1. Januar 1921 dieser Zeitschrift veröffentlichten »Zusammenstellung der Übergangsbestimmungen und zeitgemäßen Verfügungen usw.« bezüglich der jetzigen Neuordnung der Aufgebote und Eheschließungen, in: STAZ 2, 1922, S. 61–67, hier: 66.

85 *Sebastian Conrad*, Globalisierungseffekte: Mobilität und Nation im Kaiserreich, in: *Müller/Torp*, Das Deutsche Kaiserreich in der Kontroverse, S. 406–421, hier: S. 414f.

86 *Heinz Gollwitzer*, Die Gelbe Gefahr. Geschichte eines Schlagworts. Studien zum imperialistischen Denken, Göttingen 1962, sowie der Überblick bei *Helwig Schmidt-Glintzer*, Die gelbe Gefahr, in: Zeitschrift für Ideengeschichte 8, 2014, H. 1, S. 43–58.

87 Kaiserliches Deutsches Konsulat Tientsin an Reichskanzler Bethmann-Hollweg, 22.7.1914, BArch, R 901/28151.

88 Deutsches Generalkonsulat Tientsin an das Auswärtige Amt, 4.10.1923, BArch, R 901/28151.

89 *Hübschmann*, Eheschließung weißer Mädchen mit fremdrassigen Männern, S. 54.

90 *Thomas Kühne*, Staatspolitik, Frauenpolitik, Männerpolitik: Politikgeschichte als Geschlechtergeschichte, in: *Hans Medick/Anne-Charlott Trepp* (Hrsg.), Geschlechtergeschichte und Allgemeine Geschichte. Herausforderungen und Perspektiven, Göttingen 1998, S. 171–231.

stimmte Diskurse, bei denen die Frauen abgewertet wurden. Persistente geschlechtsspezifische Zuschreibungen in Bezug auf Partnerwahl, Eheschließung und Reproduktionstätigkeiten sowie die davon abgeleitete Zugriffs- und Verfügungsgewalt des Staats beziehungsweise der Nation können als moderne Disziplinierungstechnologien gelesen werden, die zur Aufrechterhaltung »geordneter« Geschlechterverhältnisse beitragen sollten. Die durch solches behördliches Handeln stark geprägte Dialektik von staatlichem Ausschluss und Zugehörigkeit und der auch im Standesamt präsente, symbolisch aufgeladene weibliche Körper verweisen auf die Bedeutung der Frau als Reproduktionsort von Nation und »Rasse«. Die Wahl des jeweiligen Ehepartners – beziehungsweise der durch entsprechende Anfragen zum Ausdruck gebrachte Wunsch, einen »anderen« Mann zu heiraten – diente den zuständigen Beamten somit als starker Indikator für eine Unterscheidung der »eigenen« von der »fremden« Frau.[91] Diese Separierung weist nicht nur auf geschlechtsbedingte ungleichheitskonstituierende Modernisierungsmechanismen, sie war letztlich maßgebender Orientierungsanker einer – auch und gerade von staatlichen Funktionsträgern wie den Standesbeamten – zunehmend als unübersichtlich wahrgenommenen Geschlechter(un)ordnung.[92]

Ist die Entstehung formaler Organisationen mit den oben exemplarisch betrachteten Nebeneffekten entscheidendes Merkmal sozialen Wandels, so bliebe doch die Beschreibung der weitgreifenden gesellschaftlichen Veränderungen unvollständig, wenn allein Rechtslage, Verwaltungshandeln und -diskurse und nicht auch die konkrete Praxis und Perspektive der beteiligten Paare einbezogen würden. Dadurch wird es möglich, die »Wechselwirkung zwischen Ordnungsentwürfen und gestaltungsoffenen anonymen Veränderungsdynamiken«[93] noch genauer zu erfassen. So ist hinsichtlich des hochgradig institutionalisierten Phänomens der Eheschließung, das bürokratisiert und standardisiert, verrechtlicht und rationalisiert, also »modern« daherkam, gewissermaßen als Folge der Konfrontation mit den rechtlichen Voraussetzungen und den Erwartungshaltungen der Standesbeamten ein Mehr an Individualisierung und Lernprozessen auf Paarebene augenfällig. Selbstverständlich war wohl nur eine Minderheit der Individuen in einer entsprechenden monetären, sozialen oder intellektuellen Lage, die Regulierungen aufzuweichen oder zu umgehen, doch schälen sich nach einer Vielzahl durchgesehener Fälle[94] mindestens drei Möglichkeiten für betreffende Paare heraus, auf die staatlichen Regulierungsversuche zu reagieren und behördliche Entscheidungsfindungen zu ihren Gunsten zu beeinflussen oder gar gänzlich zu umgehen. Dadurch entstanden neue Handlungsgefüge, die auf die *agency*[95] beziehungs-

---

91 *Ute Planert*, Reaktionäre Modernisten? Zum Verhältnis von Antisemitismus und Antifeminismus in der völkischen Bewegung, in: Jahrbuch für Antisemitismusforschung 11, 2002, S. 31–51, hier: S. 44, sowie *dies.*, Der dreifache Körper des Volkes. Sexualität, Biopolitik und die Wissenschaften vom Leben, in: GG 26, 2000, S. 539–576; zum Kontext zudem *Edward R. Dickinson*, Sex, Freedom, and Power in Imperial Germany, 1880–1914, Cambridge/New York etc. 2014, und *Cornelie Usborne*, The Politics of the Body in Weimar Germany. Women's Reproductive Rights and Duties, Ann Arbor 1992.

92 Vgl. hierfür *Gabriele Metzler/Dirk Schumann* (Hrsg.), Geschlechter(un)ordnung und Politik in der Weimarer Republik, Bonn 2016, hier insb. die Beiträge von *Kathleen Canning*, The Order and Disorder of Gender in the History of the Weimar Republic, S. 59–80, und von *Cornelie Usborne*, Bio-Politics and Gender in the First World War and Weimar Germany, S. 109–134.

93 *Raphael*, Ordnungsmuster der »Hochmoderne«?, S. 86.

94 Und zwar in den entsprechenden Akten in den Landesarchiven von Berlin, Detmold, Duisburg, Münster, Oldenburg, Schleswig und Schwerin, dem Generallandesarchiv Karlsruhe, den Staatsarchiven Dresden, Hamburg und Bremen, dem Bundesarchiv sowie dem Politischen Archiv des Auswärtigen Amts, in denen Entscheidungen der Oberlandesgerichtspräsidenten zumindest exemplarisch verwahrt werden.

95 Vgl. allgemein etwa *Christiane Harzig*, Women Migrants as Global and Local Agents. New Research Strategies on Gender and Migration, in: *Pamela Sharpe* (Hrsg.), Women, Gender and La-

weise den »Eigen-Sinn« (Alf Lüdtke) von Paaren im Behördenkontakt weisen und an dieser Stelle nur in gebotener Kürze angeführt werden können: 1) durch gezieltes Nachfragen bei den involvierten Standesbeamten, dem deutschen Konsulat beziehungsweise der deutschen Botschaft oder dem Auswärtigen Amt; 2) durch das Einschalten Dritter, etwa einer Anwaltskanzlei oder auch des Arbeitgebers, der dem ausländischen Ehepartner eine wohlwollende Einschätzung ausstellte; sowie 3) durch Heiratsmigration, also der Eheschließung im Heimatland des Partners oder in einem Drittland ein offensichtlich nicht selten gewähltes Verfahren zur Umgehung restriktiver rechtlicher Vorgaben in Deutschland.[96] Die hier genannten Beschleunigungs- wie Umgehungsstrategien deuten auf Erfahrungen, Wahrnehmungen und Handlungsmöglichkeiten auf Paarebene, die mit den weiter oben erörterten Entwicklungen im Standesamtswesen in spannungsreicher Wechselwirkung standen und neue Handlungsoptionen entstehen ließen. Es bedarf jedoch einer fundierten Analyse, um die historischen Bedingungsfaktoren und Erfolgsaussichten solcher individuellen Interventionsbemühungen systematisieren zu können.

IV. SCHLUSSBEMERKUNGEN

Robert K. Merton hat in seinem Aufsatz »Intermarriage and the Social Structure« die wesentlichen Faktoren erörtert, von denen die Partnerwahl bestimmt wird: Die vorherrschenden gesellschaftlichen Normen und Bedingungen seien ausschlaggebend für die Regulierung des Heiratsmarktes; eine *intermarriage* hebe sich dabei wesentlich von der »typischen«, der *intercaste marriage* ab: Letztere sei »gängige Art« des Ehelichens und symbolisiere demzufolge normgemäße, ja unantastbare kulturelle Werte, während Verletzungen dieser Grenze Behinderungen oder gar Diskriminierungen zur Folge haben könnten. Endogamienormen und daraus folgende gesellschaftlich geltende Partnerwahlregeln und -einschränkungen bestimmten sich dabei aus einem Geflecht aus Nationalisierung, Internationalisierung und Globalisierung.[97] Auch aktuellere familiensoziologische Beiträge heben in der Regel auf die gesellschaftlichen Sanktionen von Partnersuche und -wahl ab und verstehen die Partnersuche als »entscheidendes gesellschaftliches Organisations- und Kooperationskriterium«[98], das verschiedenen gesellschaftlichen Reglementierungen, wie mehr oder weniger expliziten Endogamie- und Exogamieregeln von größerer und geringerer Restriktivität unterworfen ist. Die migrations- und mobilitätsbedingte Weitung des deutschen Partner- und Heiratsmarktes seit der Wende zum 20. Jahrhundert beförderte staatlich forcierte, ex- wie inkludierende Techniken und Mechanismen und war auf das Engste mit solchen Regeln verbunden, was auf eine widersprüchliche Modernisierung als Wellenbewegung verweist. Der hier in den Blick genommene Zeitraum offenbart auf der Ebene des Standesamtswesens mannigfache Paradoxien eines Modernisierungsprozesses, der sich zwischen Rationalisierung der Verfahren und Inhalte einerseits und einer kaum linearen und keineswegs

---

bour Migration. Historical and Global Perspectives, London/New York 2001, S. 15–28; *Bernd Hausberger* (Hrsg.), Globale Lebensläufe. Menschen als Akteure im weltgeschichtlichen Geschehen, Wien 2006.

96 Für die Zeit ab den mittleren 1930er-Jahren vgl. *Frank Caestecker/David Fraser*, The Extraterritorial Application of the Nuremberg Laws. Rassenschande and »Mixed« Marriages in European Liberal Democracies, in: Journal of the History of International Law 10, 2008, S. 35–81, hier: S. 46.

97 *Robert K. Merton*, Intermarriage and the Social Structure. Fact and Theory, in: Psychiatry 4, 1941, S. 361–374; *Simon Marcson*, A Theory of Intermarriage and Assimilation, in: Social Forces 29, 1950, S. 75–78, hier: S. 75.

98 *Paul B. Hill/Johannes Kopp*, Familiensoziologie. Grundlagen und theoretische Perspektiven, 5., grundl. überarb. Aufl., Wiesbaden 2013, S. 146.

teleologisch zu deutenden Re-Ideologisierung der Ehe, also ihrer behördlicher- beziehungsweise staatlicherseits anvisierten Entdifferenzierung und Homogenisierung andererseits bewegte. So unterlag die grundsätzliche Zunahme der Gestaltbarkeit von Liebesbeziehungen in der Moderne[99] im Untersuchungszeitraum einigen auffälligen Einschnitten. Dies meint vor allem die Abfolge distinkter Wandlungsprozesse und das spannungsreiche Nebeneinander von Geschwindigkeiten und Entwicklungen, von Basisprozessen und »modernen« Formen der Individualisierung und institutionellen wie individuellen (Neu-)Ausrichtungen. Die skizzierten Differenzierungsprozesse des Heiratsmarktes bei gleichzeitiger Individualisierung als allmähliche Ablösung der Menschen aus traditionellen Lebensformen (hier: der Endogamie) standen auf diesem Feld den handfesten staatlich-institutionellen reglementierenden Vorgaben gegenüber, die aus den (prinzipiell) neuen Wahlmöglichkeiten des Heiratsmarktes Wahlbeschränkungen beziehungsweise Wahlzwänge machten, die zudem von den hierarchisch strukturierten Geschlechterverhältnissen und entsprechend abweichenden Mobilitätschancen überlagert waren. Dies lässt letztlich nicht nur die immanenten Widersprüchlichkeiten einer Modernisierung, ja einen vielfach »reaktionären Modernismus« (Jeffrey Herf) erkennen. Die skizzierten Wandlungsdynamiken, Lernprozesse und Aufladungen im Umgang mit den Folgen moderner Mobilitätsformen verdeutlichen die Durchdringung und Regulierung staatlich gelenkter sozialer Prozesse im Kleinen, hier im Standesamt als zutiefst modernen Ort regulativen Beobachtens, Handelns und Entscheidens. Die dargelegten Modernisierungsprozesse im deutschen Standesamtswesen und die daraus folgenden wirklichkeitskonstituierenden Verfahren waren aber zunächst auch Suchbewegung und systematische Erfassung, Aneignung und Einübung neuer Verfahren. Die umrissenen Entwicklungen spiegeln behördliche Kontingenzbewältigung ebenso wider wie Prozesse einer Versicherheitlichung auf legalem Terrain. Letztlich kommt damit insgesamt der Wunsch einer standardisierten, effizienteren, vereinfachten und fehlervermeidenden Handhabe und Kontrolle nun offenkundig komplizierter werdender und schwerer zu überblickender zivil- und personenstandsrechtlicher Fragen zum Ausdruck. Die tief greifenden Umwälzungen auf dem Heiratsmarkt schufen neue Handlungs- und Orientierungsmöglichkeiten sowohl für staatliche Stellen als auch für das Individuum, gleichzeitig aber auch Einschränkungen.

Gewissermaßen als Nebeneffekt dieser administrativen Suchbewegungen avancierte die durch staatliche Organisationen gelenkte Ehepolitik seit etwa der Jahrhundertwende zunehmend zu einem potenziellen Instrument zur Verhinderung »unerwünschter« Ehen. So leitete die Moderne als beständiger Kampf gegen das Bedrohliche, Uneindeutige, Irritierende, nicht oder nur schwer zu Klassifizierende neue Separierungsprozesse ein.[100] Auf das verstärkte Aufkommen »neuer« Paarbeziehungen und die modernisierungsbedingten Erschütterungen traditioneller Geschlechterverhältnisse[101] wurde behördlicherseits mit Klassifizierungsversuchen, der Herstellung von Eindeutigkeit und einem grundsätzlich kontrollierenden Umgang reagiert, was schließlich einen weitgehenden Zuwachs staatlicher Durchmachtungsgewalt auf private Lebensbereiche mit sich brachte. Durch Einflussnahme beziehungsweise -versuche auf das Heiratsverhalten strebten staatliche Akteure einen Eingriff in die Geschlechterordnung des Nationalstaats und eine Beeinflussung sozialer Prozesse an, was auf sozialtechnologisch inspirierte und gestaltungsoptimistisch-interven-

99 *Elisabeth Beck-Gernsheim*, Von der Liebe zur Beziehung? Veränderungen im Verhältnis von Mann und Frau in der individualisierten Gesellschaft, in: *Johannes Berger* (Hrsg.), Die Moderne – Kontinuitäten und Zäsuren, Göttingen 1986, S. 65–104.

100 *Bauman*, Moderne und Ambivalenz.

101 *Ute Planert*, Antifeminismus im Kaiserreich, Göttingen 1998, S. 262.

tionsfreudige Machbarkeitsüberzeugungen deutet.[102] Der Faktor Nationalität beziehungsweise Staatsangehörigkeit konnte dabei die Mobilität und sozialen Praktiken von Paaren wesentlich einschränken, wenngleich die Staatsangehörigkeit nicht zwingend Disqualifikationskriterium sein musste, sondern erst im jeweiligen Zusammenspiel mit den Faktoren Geschlecht, Konfession und Ethnie ihre Wirkung entfaltete.

Die Herausbildung von Regeln, Macht- und Kontrollmechanismen lässt sich durch die empirische Beobachtung administrativer Verfahrenslogiken nachverfolgen. Verwaltungshandeln, das geprägt ist von einem Streben nach Ordnung, Effizienz, Produktivität und Rationalität, führt in der Moderne zwangsläufig auch zur (Re-)Produktion von Ungleichheiten. Im Handeln und Wahrnehmen vieler institutioneller Akteure waren völkische und sozialdarwinistische Denkfiguren bereits eingeschrieben in einer Zeit, in der sich die Koordinaten in der Begründung von Eheverboten allmählich von sozial und religiös-konfessionell hin zu rassisch-eugenisch verschoben.[103] Die im Zuge der Etablierung, Professionalisierung und Ausdehnung des Standesamtswesens erlernten Technologien und Kulturen der Ehewahrnehmung und behördlichen Entscheidungsfindung über Ausdeutungen des Fremden, Grenzziehungen, erwünschte oder unerwünschte Paarbeziehungen bereiteten zumindest zu Teilen auch den Boden für weitere rassenpolitisch aufgeladene Ehebehinderungen und -verbote im Nationalsozialismus. Wird der Bogen bis in die Zeit nach 1945 gespannt, so belegen jüngere Studien[104] gewisse Analogien in behördlichem Wahrnehmen und Handeln, was nicht zuletzt auf die weitgehende personelle und organisatorische Kontinuität im (bundes-)deutschen Standesamtswesen und die (auch) dadurch bedingt nur verzögert sich entfaltende »Integration des Romantikcodes in die Entscheidung zur Ehe«[105] nach 1945 zurückzuführen ist.

---

102 *Lutz Raphael*, Zwischen Selbstaufklärung und radikalem Ordnungsdenken. Die Verwissenschaftlichung des Sozialen im Europa der ideologischen Extreme, in: *Gangolf Hübinger* (Hrsg.), Europäische Wissenschaftskulturen und politische Ordnungen in der Moderne (1890–1970), München 2014, S. 29–50; *Kerstin Brückweh/Dirk Schumann/Richard F. Wetzell* u.a. (Hrsg.), Engineering Society. The Role of the Human and Social Sciences in Modern Societies, 1880–1980, Basingstoke/New York 2012.

103 *Monika Wienfort*, Verliebt, verlobt, verheiratet. Eine Geschichte der Ehe seit der Romantik, München 2014, S. 25–30.

104 Vgl. unter anderem *Julia Woesthoff*, »When I Marry a Mohammedan«: Migration and the Challenges of Interethnic Marriages in Post-War Germany, in: Contemporary European History 22, 2013, S. 199–231.

105 *Kornelia Hahn*, Romantische Liebe als Phänomen der Moderne. Anmerkungen zur Soziologie intimer Beziehungen, in: *Yvonne Niekrenz/Dirk Villányi* (Hrsg.), LiebesErklärungen. Intimbeziehungen aus soziologischer Perspektive, Wiesbaden 2008, S. 40–49, hier: S. 46.

Stefanie Middendorf

Ökonomisierung des Regierens?

Überlegungen zum Wandel »moderner« Staatsfinanzierung in Deutschland und Frankreich (1920–1980)

Anfang der 1940er-Jahre diskutierten französische Finanzwissenschaftler das »System Dr. Schacht«, das ihres Erachtens den deutschen Sieg über Frankreich finanziell ermöglicht hatte. Die unter Hjalmar Schacht als Reichsbankpräsident im nationalsozialistischen Deutschland entwickelten Techniken der Kapitalmarktsteuerung seien daher, so forderte etwa Henry Laufenburger, auch in Frankreich als Fundamente einer »neuen Ordnung« einzuführen.[1] Der Wirtschaftsjournalist François Legeu würdigte ebenfalls die Mobilisierungsleistung, die in Deutschland durch die Steigerung der Produktion und die Ausweitung staatlicher Verschuldung erreicht worden sei. Während Frankreich im *bataille du chèque* zurückliege, sei es dem deutschen Regime gelungen, die Staatsfinanzierung zu einem »Gesellschaftsprojekt« zu machen – durch die Bündelung aller Kräfte im Dienste der Erweiterung des Staatskredits. Dies sei Ausdruck von Modernität, denn die »modernen Finanzen« seien nur durch »die Leistung aller« zu gestalten.[2]

Anders sah dies der mit Laufenburger seit den 1920er-Jahren befreundete Fritz Neumark, der in der Weimarer Republik zu den Repräsentanten einer sich als modern begreifenden deutschen Finanzwissenschaft gehört hatte und 1933 zur Emigration gezwungen worden war.[3] In einem 1937 veröffentlichten Beitrag analysierte er minutiös die Finanzierungstechniken verschiedener Länder. Im Unterschied zu Laufenburger oder Legeu sah er nicht die Leistungen, sondern vor allem die diversen Probleme der Finanzgebarung seiner Zeit. Gegen die allgegenwärtige »Politisierung« der Staatsfinanzen forderte er deren »Rationalisierung«. Die Modernität staatlicher Finanzpolitik verknüpfte er nicht mit materiellem Output im Sinne der Staatsführung, sondern mit der Wahrung formaler Prinzipien. Diese sah er nicht nur im nationalsozialistischen Deutschland in Gefahr, sondern ebenso im zeitgenössischen Frankreich, wo etwa »Art und Tempo der Rechnungskontrolle noch viel zu wünschen übrig« ließen und die »Unzulänglichkeit der Verrechnungsmethoden« zu bemängeln sei. Für die »Lenkung einer modernen öffentlichen Finanzwirtschaft« aber sei es unerlässlich, Finanzgebarung und Budgetführung nach solchen Prinzipien genuin »wirtschaftlicher« (nicht: politischer) Rationalität auszurichten.[4]

1 *Henry Laufenburger*, Le financement de l'économie française aujourd'hui. Conférence prononcée le 7 août 1941 à l'École supérieure d'organisation professionnelle, in: Centre d'information interprofessionnel (Hrsg.), L'organisation économique actuelle. Conférences d'information organisées en juillet-août 1941, o.O. 1941, hier: S. 106; *ders.*, Finances publiques et affaires privées. Cours professé à l'École supérieure d'organisation professionnelle, Paris 1943, S. 257. Zu diesen Transfers und Netzwerken *Olivier Feiertag*, Wilfrid Baumgartner. Un grand commis des finances à la croisée des pouvoirs (1902–1978), Paris 2006, S. 242–250 (Übersetzung hier und im Folgenden, soweit nicht anders gekennzeichnet, durch die Verf.).

2 *François Legeu*, Économie et finances nouvelles. Conférence d'information de l'École libre des sciences politiques, 18 mars 1941, o.O., S. 14 und 17f.

3 Vgl. *Fritz Neumark*, Zuflucht am Bosporus. Deutsche Gelehrte, Politiker und Künstler in der Emigration 1933–1953, Frankfurt am Main 1980, S. 42.

4 *Ders.*, Aktuelle Probleme des Budgetwesens, in: Österreichische Zeitschrift für Bankwesen 2, 1937, S. 328–347, hier: S. 328 und 347; sowie Neumarks Vortrag bei einer Konferenz am »Institut international de finances publiques« in Paris 1939, wo er die »cohérence économique des choix

Was als bestimmend für eine »moderne« Staatsfinanzierung erscheint, erweist sich also als Effekt historischer Erfahrungen und Zuschreibungen. Dies gilt nicht nur für die Krisen- und Kriegsjahre der ersten Hälfte des 20. Jahrhunderts, sondern auch für die Gegenwart. Derzeit wird der Zustand der Staatsfinanzwirtschaft vielfach als Ausdruck der Transformation von Staatlichkeit mittels der Universalisierung globaler Marktmechanismen gedeutet; dabei schwingt die Vorstellung einer Verflechtung von Staat und Ökonomie als Problem der Moderne mit. So hat etwa Jakob Vogl von der »Ökonomisierung des Regierens am Leitfaden des Finanzwesens« gesprochen und Wolfgang Streeck beschrieb die zugrunde liegende Konfliktlinie als Konkurrenz von »Marktvolk« und »Staatsvolk«.[5] In dieser Lesart hat die Entwicklung seit den 1970er-Jahren den Finanzmarkt zur primären Legitimationsressource von Staaten werden lassen und demokratische Prinzipien ausgehöhlt. Doch auch die Soziale Marktwirtschaft der 1940er- und 1950er-Jahre lässt sich bereits als Etappe der liberalen Durchdringung des Staatlichen mit Prinzipien des Markts deuten – darauf hat Michel Foucault mit seiner Interpretation des deutschen »Ordoliberalismus« in seinen Vorlesungen zur Gouvernementalität bestanden.[6] David Graeber argumentiert mit seinen historisch-anthropologischen Bestsellern zur Staatsverschuldung und zur Bürokratie ebenfalls in diese Richtung, betont aber stärker die Eigenmacht des Staats. Staatliche Organisationen konstruierten selbst, so Graeber, »den Markt«, aber nicht, um effizient im Sinne ihrer Zielstellung zu regieren (wie Max Weber und Foucault beide fälschlicherweise annähmen), sondern um gewaltsam das demokratische Kräftespiel auszuschalten. »Bürokratische Effizienz« und »Rationalität des Marktes« seien daher austauschbar, weil sie beide von politischen Zusammenhängen abstrahierten und dadurch Regulierung – meistens im Dienste von Kriegen – rechtfertigten.[7] Diesen Machtzuwachs der Bürokratie im »neoliberalen Zeitalter« hebt auch Béatrice Hibou hervor und unterstreicht den »emblematischen« Charakter der Finanzen für diese Entwicklung.[8]

Solche Diagnosen der Ökonomisierung des Regierens und der »neoliberalen« Transformation des Staatlichen haben unterdessen auch Eingang in die geschichtswissenschaftliche Debatte gefunden. Ihren Ursprung aber haben sie in der zeitgenössischen Betrachtung unterschiedlicher historischer Phänomene und Zusammenhänge, über deren konkrete Beschaffenheit oft noch wenig bekannt ist. Ausgehend von diesen durchaus widersprüchlichen Gegenwartsbeschreibungen soll daher im Folgenden der Wandel der Staatsfinanzierung im 20. Jahrhundert empirisch genauer in den Blick genommen werden. Betrachtet wird dafür die Regierungspraxis im Bereich des Staatshaushalts sowie die begleitende Wissensproduktion in Deutschland und Frankreich seit den 1920er-Jahren. Die Befunde

budgétaires« forderte, vgl. *ders.*, Considérations sur l'attitude de l'État vis-à-vis du déficit conjoncturel, in: Les Finances publiques et l'évolution cyclique, Paris 1948, zit. nach: *Lucile Tallineau*, Le questionnaire ayant pour but de faire ressortir les traits généraux du droit budgétaire (1935). Contribution à la doctrine budgétaire en droit comparé, in: Comité pour l'histoire économique et financière de la France (Hrsg.), La direction du Budget entre doctrines et réalités. 1919–1944. Journée d'études tenues à Bercy le 10 septembre 1999, Paris 2001, S. 317–381, hier: S. 352.

5 *Joseph Vogl*, Der Souveränitätseffekt, Zürich/Berlin 2015, S. 161; *Wolfgang Streeck*, Gekaufte Zeit. Die vertagte Krise des demokratischen Kapitalismus. Frankfurter Adorno-Vorlesungen 2012, Berlin 2014, S. 125f. Vgl. auch *Ulrich Bröckling/Susanne Krasmann/Thomas Lemke* (Hrsg.), Gouvernementalität der Gegenwart. Studien zur Ökonomisierung des Sozialen, Frankfurt am Main 2000.

6 *Michel Foucault*, Die Geburt der Biopolitik. Geschichte der Gouvernementalität II. Vorlesung am Collège de France 1978–1979, hrsg. v. *Michel Sennelart*, Frankfurt am Main 2006 (zuerst frz. 2004), S. 185–224.

7 *David Graeber*, Bürokratie. Die Utopie der Regeln, Stuttgart 2016 (zuerst engl. 2015), S. 51f.; *ders.*, Schulden. Die ersten 5000 Jahre, Bonn 2012 (zuerst engl. 2011).

8 *Béatrice Hibou*, La bureaucratisation du monde à l'ère néolibérale, Paris 2012, S. 46–51.

sollen in die übergreifende Frage nach dem Ertrag modernisierungstheoretischer Ansätze für gesellschaftshistorische Analysen eingebettet werden, da auch die Interpretation und Organisation von Staatsfinanzwirtschaft durch die Zeitgenossen immer wieder im Bezugssystem der Modernität verlief. Dafür soll zunächst das »moderne« Problem, das mit der Debatte um Staatsfinanzierung und Ökonomisierung angesprochen ist, noch etwas genauer umrissen werden (I). Basierend auf neueren soziologischen Modellen der Moderne sowie organisationstheoretischen Überlegungen wird daran anschließend ein erfahrungsgeschichtlicher Zugriff vorgeschlagen, der Momente der Offenheit, der Verflechtung und der Widersprüchlichkeit innerhalb des Wandels betont (II). Dieser Zugriff wird dann anhand exemplarischer Analysen zur deutschen und französischen Staatsfinanzierung in drei Zeitschnitten konkretisiert (III). Dabei kann es nicht um einen vollständigen Überblick über die Praxis der Haushaltsplanung oder der Finanzmarktregulierung in den beiden Ländern gehen. Vielmehr sollen die empirischen Fallstudien die methodischen Überlegungen konkretisieren. Abschließend wird der Ertrag dieses Vorgehens und der analytischen Bezugnahme auf Kategorien der Moderne für eine Geschichte der Staatsfinanzierung im 20. Jahrhundert abgewogen (IV).

I. Zeitdiagnosen: Staatsfinanzwirtschaft und Ökonomisierung als Problem

Ökonomisierung ist ein fluider Begriff, ein Gespenst.[9] Vogl, Streeck, Graeber oder Hibou beschreiben damit den Aufstieg des globalen Finanzkapitalismus und das Denken in Kategorien des Markts im 21. Jahrhundert. Foucault hingegen wandte sich mit seiner Theorie der liberalen Gouvernementalität gegen die intellektuelle »Staatsphobie« der späten 1970er-Jahre ebenso wie gegen die Tradition des Etatismus in Frankreich.[10] Karl Polanyi, dessen Konzept der *great transformation* in der neueren Forschung zur Finanzialisierung eine hervorgehobene Rolle spielt, interpretierte damit in den 1940er-Jahren den Wandel von Industriegesellschaften und die Niederlage der Demokratie.[11] Von dem Finanzwissenschaftler Fritz Karl Mann wurde der Begriff der »Ökonomisierung der Finanzpolitik« verwendet, um den Übergang vom »Anteilsystem« zum staatlich dominierten »Kontrollsystem« in der Finanzwirtschaft der 1930er-Jahre zu beschreiben, der einen Bedeutungszuwachs intermediärer Institutionen mit sich brachte. Mann wurde damit zum Kronzeugen für Carl

9 Hierzu und zum Folgenden *Gebhard Kirchgässner*, Das Gespenst der Ökonomisierung, in: *Wolfgang Reinhard/Justin Stagl* (Hrsg.), Menschen und Märkte. Studien zur historischen Wirtschaftsanthropologie, Wien/Köln etc. 2007, S. 401–433.

10 *Foucault*, Die Geburt der Biopolitik, S. 268f. Hierzu auch *Martin Kindtner*, »Wie man es anstellt, nicht zu viel zu regieren.« Michel Foucault entdeckt den Neoliberalismus, in: *Morten Reitmayer/Thomas Schlemmer* (Hrsg.), Die Anfänge der Gegenwart. Umbrüche in Westeuropa nach dem Boom, München 2014, S. 37–49.

11 Hierzu *Kari Polanyi Levitt* (Hrsg.), From the Great Transformation to the Great Financialization. On Karl Polanyi and Other Essays, London/New York 2013; *Fred Block*, The Contradictory Logics of Financialization. Bringing Together Hyman Minsky and Karl Polanyi, in: Politics & Society 44, 2016, S. 3–13; *Şahan Savaş Karataşli/Şefika Kumral*, Financialization and International (Dis)Order: A Comparative Analysis of the Perspectives of Karl Polanyi and John Hobson, in: Berkeley Journal of Sociology 57, 2013, S. 40–73. Zur Forschungsdiskussion *Alexander Engel*, The Bang after the Boom: Understanding Financialization, in: Zeithistorische Forschungen/Studies in Contemporary History 12, 2015, Online-Ausgabe, URL: <http://www.zeithistorische-forschungen.de/3-2015/id=5278> [21.8.2017]; *Sebastian Teupe*, Everyday Transactions and Great Transformations. Markets and Marketization from the Perspective of New Economic Sociology, in: ebd., URL: <http://www.zeithistorische-forschungen.de/3-2015/id=5273> [21.8.2017].

Schmitts Kritik am »totalen« Weimarer Parlamentarismus.[12] Die ordoliberale Diskussion der späten 1930er- und 1940er-Jahre um den Wettbewerb als »staatliche Veranstaltung« spiegelte wiederum die zunächst krisenbedingte und dann nationalsozialistisch geformte Verflechtung privater Wirtschaftsinteressen mit interventionistischen Regierungstechniken (ihre Haltung ist daher auch nicht so eindeutig marktorientiert, wie Foucault annahm).[13] Und nach dem Ende des Zweiten Weltkriegs theoretisierte der erwähnte Laufenburger unter dem Vorzeichen der Ökonomisierung die Kapitalmarktsteuerung im »faustischen« Nachkriegsfrankreich als europäischen Basisprozess.[14]

Mit Ökonomisierung ist also je nach Standpunkt ein komplexes Bündel von wirtschaftlichen, sozialen und politischen Relationen gemeint, das variierende historische Kontexte aufruft. Die meisten dieser Beschreibungen implizieren gleichwohl, dass sich die Rolle staatlicher Institutionen in der Finanzwirtschaft im Verlauf einer längeren Entwicklung von der bloßen Ausgabenkontrolle zur Steuerung und Regulierung ökonomischer Prozesse verlagerte, die »den Staat« letztlich in eine Situation der Abhängigkeit von Bedingungen »des Markts« brachte. An die Stelle der jährlichen Deckung des Bedarfs für die Kernaufgaben des Staats mittels des Haushaltsausgleichs[15] sei im gleichen Zuge das Agieren mit Haushaltsdefiziten und Verschuldungsstrategien getreten, das sich nicht mehr allein an der Erfüllung staatlicher Aufgaben, sondern an gesamtwirtschaftlichen Prozessen orientiert habe.[16] Unter der Ägide des *public management* seien, so das daran anschließende Narrativ, dann auch die eingeübten »bürokratischen« beziehungsweise »legalistischen« Regeln der Verwaltung ausgehebelt und durch »liberale« Instrumentarien der Flexibilität ersetzt worden.[17] Im Hinblick auf das verantwortliche Personal verbindet sich damit vielfach auch die Vorstellung einer (von James Burnham schon 1941 ausgerufenen) *managerial revolution*, die mit zunehmender Verwissenschaftlichung einhergehe.[18]

Im Kern dreht sich diese hier nur grob skizzierte Diskussion also um die Machtbeziehungen in der Staatsfinanzwirtschaft, die Rolle von Märkten für die Definition dieser Be-

---

12 *Fritz Karl Mann*, Die Staatswirtschaft unserer Zeit. Eine Einführung, Jena 1930, S. 11f.; *Carl Schmitt*, Die konkrete Verfassungslage der Gegenwart, in: *ders.*, Der Hüter der Verfassung, Tübingen 1931, S. 71–131, hier: S. 80–81.

13 Vgl. etwa *Franz Böhm*, Die Ordnung der Wirtschaft als geschichtliche Aufgabe und rechtsschöpferische Leistung, Stuttgart/Berlin 1937; *Leonhard Miksch*, Wettbewerb als Aufgabe. Die Grundsätze einer Wettbewerbsordnung, Göttingen 1949 (zuerst 1937). Hierzu *Jan-Otmar Hesse*, »Der Mensch des Unternehmens und der Produktion«. Foucaults Sicht auf den Ordoliberalismus und die ›Soziale Marktwirtschaft‹, in: Zeithistorische Forschungen/Studies in Contemporary History 3, 2006, Online-Ausgabe, URL: <http://www.zeithistorische-forschungen.de/2-2006/id=4521> [28.3.2017].

14 *Henry Laufenburger*, Finances comparées. États-Unis, France, Grande-Bretagne, Suisse, U. R.S.S., Paris 1947, S. 12.

15 Der gleichwohl bis heute das zentrale Bezugssystem in der Finanzpolitik darstellt, vgl. *Lucile Tallineau* (Hrsg.), L'équilibre budgétaire, Paris 1994.

16 Als Ergebnis einer »Konversion« bezeichnet dies *Michel Margairaz*, L'État, la direction de l'économie et des finances en France (1932–1952). Remarques à propos d'une conversion, in: Etudes & documents, 1, 1989, S. 191–205.

17 Hierzu *Philippe Bezes*, Pour une histoire de la régulation des finances publiques. Le regard d'un politiste, in: *ders./Florence Descamps/Sébastien Kott* u. a. (Hrsg.), L'invention de la gestion des finances publiques. Élaborations et pratiques du droit budgétaire et comptable au XIXe siècle (1815–1914), Paris 2010, S. 3–46, hier: S. 5f.; *Florence Descamps*, Les comités de réforme administrative et d'économies budgétaires, 1919–1959: vie et mort d'une politique de gestion publique?, in: *Philippe Bezes/dies./Sébastien Kott* u. a. (Hrsg.), L'invention de la gestion des finances publiques. Du contrôle de la dépense à la gestion des services publics (1914–1967), Paris 2013, S. 201–249.

18 *James Burnham*, The Managerial Revolution. What is Happening in the World, New York 1941.

ziehungen sowie um das Verhältnis von politischen und ökonomischen Handlungslogiken in der beteiligten Bürokratie. Sie ist – weil Ausdruck einer gesellschaftlichen Selbstverständigung über Modernität – nicht nur geprägt von Zeitgenossenschaft, sondern auch von linearen Erzählungen. Die Gestalt der Staatsfinanzwirtschaft scheint darin zunehmend dem Einfluss ökonomischer Prinzipien unterworfen; der entscheidende Bruch erfolgte gemäß der gegenwärtig prägenden Sicht in den Jahren »nach dem Boom«. Diese Interpretation setzt einen früheren Zustand (*vor* der Ökonomisierung) voraus, dessen Beschaffenheit aber kaum differenziert betrachtet wird.[19] Im Folgenden wird daher insbesondere der Zeitraum vor der »neoliberalen Wende« näher in den Blick genommen. Die vermeintliche Linearität der Entwicklung soll dabei mithilfe einiger methodischer Setzungen hinterfragt werden. Diese verorten das Handeln von staatlichen Organisationen und Marktakteuren in einem Kontext, der die Moderne als prozessuale, aber nicht teleologische Kategorie der Erfahrung und Interpretation versteht.

II. Konzepte: Staatliche Organisationen und *Social Ordering* in der Moderne

Die Frage nach der Staatsfinanzierung lenkt den Blick auf jene staatlichen Institutionen, die finanzwirtschaftliche Entscheidungen organisieren und öffentlich repräsentieren. Gerade die Institutionalisierung von Herrschaftsverhältnissen durch formale Organisationen ist als Ausdruck von Modernität gedeutet worden. »Erst in der Moderne finden bürokratische Apparate zu ihrer vollen Entfaltung«, heißt es bei Giuseppe Bonazzi. »Ihre Verbreitung ist nicht auf den Staat und die öffentliche Verwaltung beschränkt, sondern erstreckt sich auf alle Formen sozialen Lebens.«[20] Dies war die Herrschaftstheorie Webers und die damit verbundene Vorstellung, der moderne Staat expandiere mittels seiner Verwaltungseinheiten in immer weitere Räume. Die bürokratische Organisation wurde damit zum Sinnbild einer funktional differenzierten Moderne, in der die »Logik der Trennschärfe« die »eindeutige institutionelle Zuschreibung von Zuständigkeit, Kompetenz und Verantwortung« ermöglichte.[21] Peter Wagner hat diese Konzeption in seiner »Soziologie der Moderne« Mitte der 1990er-Jahre zu der These zugespitzt, dass für den Zeitraum zwischen 1890 und 1960 von einer »Schließung der Moderne« zu sprechen sei, die sich auf die Klassifizierung sozialer Phänomene mithilfe des Staatsapparats gestützt habe. In dieser Zeit sei nicht nur die Präsenz bürokratischer Staatlichkeit in gesellschaftlichen Zusammenhängen gewachsen, sondern zugleich das Bewusstsein dafür geschwunden, »daß bestehende Institutionen durch menschliches Handeln geschaffen wurden«. Alternativen zu ihnen seien undenkbar geworden beziehungsweise allenfalls als Überreste früherer Stadien und Phänomene der Rückständigkeit fassbar gewesen.[22]

---

19 So etwa die ansonsten sehr anregende Studie von *Pierre Rosanvallon*, Der Staat in Frankreich. Von 1789 bis heute, Münster 2000 (zuerst frz. 1990), insb. S. 169–197, die eine bemerkenswert geschlossene Geschichte des keynesianischen »Staatsapparates« seit 1945 erzählt, auf die dann die »Wende der 1980er-Jahre« folgt – die Erfahrungen der späten 1930er-Jahre und der Vichy-Zeit werden hingegen vollständig ausgeblendet.

20 *Giuseppe Bonazzi*, Geschichte des organisatorischen Denkens, hrsg. v. *Veronika Tacke*, Wiesbaden 2008 (zuerst ital. 1989), S. 172.

21 *Ulrich Beck/Wolfgang Bonß/Christoph Lau*, Entgrenzung erzwingt Entscheidung: Was ist neu an der Theorie reflexiver Modernisierung?, in: *Ulrich Beck/Christoph Lau* (Hrsg.), Entgrenzung und Entscheidung, Frankfurt am Main 2004, S. 13–64, hier: S. 16.

22 *Peter Wagner*, Soziologie der Moderne. Freiheit und Disziplin, Frankfurt am Main/New York 1995, S. 120–122.

Wagners Bestandsaufnahme der vermeintlichen Geschlossenheit des Sozialen in den 1960er-Jahren deutet bereits selbst die blinden Flecken der zugrunde liegenden Modernisierungstheorie an. Auch Bonazzi weist auf solche Leerstellen hin, insbesondere auf Webers Gleichsetzung der Logik von bürokratischer Herrschaft mit den zweckrationalen Selbstbeschreibungen der Akteure (eine Kritik, die zuerst von der funktionalistischen Organisationstheorie vorgebracht wurde).[23] Ungeklärt blieb darin vor allem die Relevanz nicht intendierter Effekte organisationalen Handelns und informaler Interaktionen in bürokratischen Zusammenhängen. Zudem wurde die Unbestimmtheit der Grenzen zwischen gesellschaftlichen Bereichen zugunsten vermeintlicher Kollektivkategorien wie Staat, Klasse, Markt oder Nation ausgeblendet. Angesichts solcher Auslassungen hat auch Peter Wagner unterdessen seine soziologische Bestimmung der Moderne um »Erfahrung und Interpretation« als zentrale Dimensionen erweitert, welche auf die innere Vielfalt der Moderne als einer gesellschaftlichen Konfiguration abzielen. Ereignisse mittlerer Reichweite gewinnen in dieser reformierten Theorie der Moderne an Bedeutung gegenüber der in der älteren Modernisierungstheorie vorherrschenden Idee revolutionärer Umbrüche, von denen an sich das »evolutionäre Programm der Moderne« nur noch entfalten musste. Zudem betont Wagner die Diversität von Erfahrungen in verschiedenen Gesellschaften sowie die Umstrittenheit der ihnen auf der Basis weiterer Erfahrungen verliehenen Deutungen: »Es sind die Interpretationen«, so Wagner, »die den Erfahrungen jener bedeutsamen Momente kollektiv gegeben werden und die einer spezifischen Form der Moderne Gestalt verleihen: Erfahrungen sind nicht selbstredend, sie verlangen nach Interpretation und der Verleihung von Sinn durch menschliche Interaktion.«[24] In der so verstandenen Moderne geht es demnach um die Gestaltbarkeit gesellschaftlicher Verhältnisse und nicht um ein prozessuales Fortschritts- oder Zukunftsprogramm.[25]

Blickt man von dieser Grundlage auf neuere organisationswissenschaftliche Diskussionen, so zeigt sich aber auch die damit verbundene Gefahr der Wiederkehr modernisierungstheoretischer Teleologie in neuer Gestalt. Diese rufen nun nicht mehr staatliche Rationalität, sondern unternehmerische Flexibilität zum universalen Leitbegriff aus. Privatwirtschaftliche Unternehmen und ihr betriebliches »Kontingenzmanagement« dienen darin als Vorbild von Organisationsverhalten in der Moderne[26]; entsprechend werden Verwaltungsstrukturen zu Orten der Beharrung, die mittels ihnen äußerlicher Prinzipien ökonomischer Optimierung transformiert werden (sollen).[27] Bürokratien wandeln sich in dieser

23 *Bonazzi*, Geschichte des organisatorischen Denkens, S. 177.

24 *Peter Wagner*, Moderne als Erfahrung und Interpretation. Eine neue Soziologie der Moderne, Konstanz 2009 (zuerst engl. 2008), S. 16.

25 Ohne eine solche Erweiterung um den Faktor der Erfahrung bleibt auch das Problem der wechselseitigen Beziehung zwischen Organisationen und ihren gesellschaftlichen Resonanzräumen unterbelichtet. Organisationen werden dann zu eigenartigen Mikrokosmen verengt, etwa in verhaltenswissenschaftlichen Ansätzen. Vgl. den Überblick bei *Alfred Kieser/Mark Ebers* (Hrsg.), Organisationstheorien, 7., aktual. u. überarb. Aufl., Stuttgart 2014, S. 73–163.

26 Dies lässt sich insbesondere an kontingenzbasierten Organisationstheorien sehen, hierzu *Markus Holzinger*, Kontingenz in der Gegenwartsgesellschaft. Dimensionen eines Leitbegriffs moderner Sozialtheorie, Bielefeld 2007, S. 36–38 und 185–259; *Timon Beyes*, Kontingenz und Management, Hamburg 2003.

27 Dies ist etwa der Ausgangspunkt bei *Michel Crozier*, Le phénomène bureaucratique. Essai sur les tendances bureaucratiques des systèmes d'organisation modernes et sur leurs relations en France avec le système social et culturel, Paris 1963; gesellschaftskritisch erweitert in *ders.*, La société bloquée, Paris 1968; mit kritischem Blick darauf *Peter Evans/James E. Rauch*, Bureaucracy and Growth: A Cross-National Analysis of the Effectiveness of ›Weberian‹ State Structures on Economic Growth, in: American Sociological Review 64, 1999, S. 748–765. Für den Bereich der Finanzadministration *Florence Descamps*, L'entreprise a-t-elle été un modèle d'inspiration au ministère des Finances pour la modernisation de l'état dans la France des trente glorieuses?, in: Entreprises et Histoire 3, 2016, Nr. 84, S. 103–122.

Perspektive von Herrschaftszentren einer staatlich organisierten Moderne zu Getriebenen moderner Marktgesellschaften. Will man die Interdependenzen von Staat und Markt hingegen als offene Situation in den Blick nehmen, hilft eher Karl E. Weicks Akzentverschiebung von der *organization* zur Analyse des *organizing* und des *sensemaking* in formal geprägten Handlungskontexten weiter. Diese hat Eingang in diverse interpretative Organisationstheorien jüngeren Datums gefunden. Weick betonte schon in den 1970er-Jahren, dass Organisationen durch ihre Entscheidungen ein eigenes Selektionssystem und damit eine Umwelt – zum Beispiel einen »Markt« als vermeintlich objektive Größe – schaffen, die wiederum ihre Handlungsbedingungen definiert. Sowohl Kategorien der Umwelt von Organisationen (neben dem Markt auch der Staat) als auch deren Inneres, etwa die Verteilung von Zuständigkeiten, sind damit an konkrete Handlungszusammenhänge und Repräsentationsweisen der Akteure rückzubinden.[28]

Diese Überlegungen sind nicht nur organisationstheoretisch relevant, sondern veranschaulichen jenen gedanklichen Schritt, den Patrick Joyce vor einiger Zeit für die grundsätzliche Erneuerung einer Gesellschaftsgeschichte, die an Vorstellungen der Moderne festhält, gefordert hat. Diese müsse die Konstruktion des Sozialen selbst zum Thema machen, einen beständigen Prozess der Strukturierung *(social ordering)* durch eine Vielzahl von Akteuren erforschen und nicht nach vorgängigen Strukturen *(social order)* wie »Staat« oder »Markt« mit Akteurcharakter fahnden. Das bedeute auch, bewusst die Effekte von Zeitlichkeit (Ereignishaftigkeit, Chronologie, Erfahrungsgebundenheit) für solche Analysen heranzuziehen. Zudem hat Joyce mit Timothy Mitchell die Bedeutung der Materialität dieses Konstruktionsprozesses hervorgehoben, die erkennbar werde in kleinen Instrumentarien der Macht, in konkreten Arbeitstechniken und in übergreifenden Rationalisierungen des Regierens. Denn bürokratischen Organisationen gehe es darum, aus dieser Materialität »Abstraktion zu produzieren«, das heißt über die administrative und normsetzende Praxis eine bestimmte Vorstellung des Staats zu generieren.[29]

Während Joyce dabei die *techno power* eines sich als liberal verstehenden britischen Staatswesens im 19. Jahrhundert interessiert, soll es hier um die Repräsentation der *financial power* zweier Sozialstaaten des 20. Jahrhunderts gehen. Zudem soll die Gebrochenheit staatlich intendierter Machtverhältnisse stärker betont werden. Was »Staat« und »Markt« als vermeintliche *power blocs* moderner Gesellschaften jeweils waren, ergab sich erst daraus, dass Vorstellungen davon durch diverse Akteure organisiert wurden – und nicht immer war diese Organisation erfolgreich, gerade im Bereich der Staatsfinanzwirtschaft. Finanzpolitische Handlungen spielten dennoch für die Konstruktion von Staatlichkeit eine wesentliche, oft aber vergessene Rolle – darauf hinzuweisen, ist ein Verdienst von Foucaults Texten zur Gouvernementalität (auf die sich auch Joyce bezieht), in denen Markt und Staat als »Transaktionsrealitäten« und Effekt von »Investitionsmodalitäten« definiert werden.[30]

---

28 *Karl E. Weick*, Der Prozeß des Organisierens, Frankfurt am Main 1985 (zuerst engl. 1969); *ders.*, Sensemaking in Organizations, Thousand Oaks 1995; *ders./Kathleen M. Sutcliffe/David Obstfeld*, Organizing and the Process of Sensemaking, in: Organization Science 16, 2005, S. 409–421. Hierzu *Bonazzi*, Geschichte des organisatorischen Denkens, S. 334; *Petra Hiller*, Organisationswissen. Eine wissenssoziologische Neubeschreibung der Organisation, Wiesbaden 2005; *Patricia H. Thornton/William Ocasio/Michael Lounsbury*, The Institutional Logics Perspective. A New Approach to Culture, Structure, and Process, Oxford/New York etc. 2013.

29 *Patrick Joyce*, What is the Social in Social History?, in: Past & Present, 2010, Nr. 206, S. 213–248, hier: S. 228 und 242. Hierzu auch *Aradhana Sharma/Akhil Gupta*, Introduction. Rethinking Theories of the State in an Age of Globalization, in: *dies.* (Hrsg.), The Anthropology of the State. A Reader, Malden 2006, S. 1–41.

30 *Foucault*, Die Geburt der Biopolitik, S. 115 und 407. Zu Foucaults Staatsverständnis auch die Beiträge in *Andreas Vasilache* (Hrsg.), Gouvernementalität, Staat und Weltgesellschaft. Studien zum Regieren im Anschluss an Foucault, Wiesbaden 2014; *Susanne Krasmann/Michael Volkmer*

Anknüpfend daran wird im Folgenden nicht nach einem Basisprozess der Modernisierung, verkoppelt mit einem Mehr oder Weniger an Staat oder Markt, gefragt. Vielmehr geht es darum, die sich verändernden Erfahrungsschichten und die konkreten Arten des Handelns zu untersuchen, die sich mit Staat-Markt-Relationen im Feld der Finanzpolitik in (West-)Deutschland und Frankreich verbanden. Betont wird dabei die deutungsgebundene Perspektive auf Modernität: Was wann als »modern« in der Staatsfinanzierung bezeichnet und auf dieser Basis umgesetzt wurde, war abhängig von zuvor gemachten Erfahrungen und den daraus entstehenden Interpretationen, die sich in den zeitgenössisch beschriebenen Problemen und Lösungen artikulierten.

III. Erfahrungsgeschichten im Vergleich: Staatsfinanzierung in Deutschland und Frankreich

Die eingangs zitierten Debatten der 1930er- und 1940er-Jahre weisen auf Parallelitäten und Verflechtungen in der Geschichte der Staatsfinanzierung in Deutschland und Frankreich hin. Aus diesem Grund eignet sich ein deutsch-französischer Vergleich inhaltlich dafür, den Wandel der beiden Staatsfinanzwirtschaften unter dem Tertium Comparationis der Ökonomisierung des Regierens in der Moderne auszuloten. Methodisch bietet er eine Möglichkeit, in die mit Wagner und Joyce angenommene Offenheit der historischen Entwicklung dennoch die Frage nach verallgemeinerbaren Erkenntnissen einzubetten.[31] Anders als auf dem einstigen »Königsweg«[32] komparativer Modernisierungsforschung sollen hier jedoch keine nationalen Pfade (ob als *société bloquée* oder »Sonderweg«) im Hinblick auf ihre Normalität oder Abweichung abgeschritten, sondern gesellschaftliche Konstellationen und Momente der Relativität im Vergleich betrachtet werden. Anhand der Analyse dreier Zeitschnitte werden die Erfahrungsgebundenheit von Strategien der Staatsfinanzierung und die damit verkoppelten Interpretationsweisen der beteiligten Akteure zwischen »Staat« und »Markt« betrachtet.

Ethik des Etats: Finanzadministration und Budgetpolitik in den 1920er-Jahren

Sowohl in Frankreich als auch in Deutschland wurden nach dem Ende des Ersten Weltkriegs Reorganisationen der administrativen Strukturen staatlicher Finanzpolitik vorgenommen, die langfristige Wirkmacht entfalteten. Dabei dienten internationale Entwicklungen (etwa die Schaffung des amerikanischen Budgetbüros unter Charles G. Dawes in den Jahren 1921/22) in beiden Ländern als Orientierung. In Frankreich wurde die 1919 gegründete und dann bis 1936 expandierende Direction du Budget des Finanzministeriums 1922 per Gesetz (die sogenannte *loi Marin*) mit neuen Kompetenzen ausgestattet, die bis Anfang der 2000er-Jahre fortbestanden. Durch Entsendung von Inspektoren als Schnittstellenmanager in die einzelnen Ressorts sollte der Zugriff des Ministeriums von der Aus-

(Hrsg.), Michel Foucaults »Geschichte der Gouvernementalität« in den Sozialwissenschaften. Internationale Beiträge, Bielefeld 2007; *Jan-Otmar Hesse/Frieder Vogelmann*, Zum Begriff des Staates im Ordoliberalismus und bei Michel Foucault, in: *Hans-Helmuth Gander* (Hrsg.), Phänomenologie und die Ordnung der Wirtschaft. Edmund Husserl, Rudolf Eucken, Walter Eucken, Michel Foucault, Würzburg 2009, S. 127–143.

31 Hierzu vgl. auch *Wolfgang Knöbl*, Die Kontingenz der Moderne. Wege in Europa, Asien und Amerika, Frankfurt am Main/New York 2007, S. 202–207, hier: S. 205f.: »Und – durch den Gebrauch von ›multiple narratives‹ lässt sich zumindest eine gute Basis für Verallgemeinerungen [...] schaffen, lässt sich herausarbeiten, was einmalig ist, und welche ›plots‹ des Öfteren vorkommen, kurz: ob bestimmte Mechanismen immer wieder auftauchen.«

32 *Thomas Welskopp*, Stolpersteine auf dem Königsweg. Methodenkritische Anmerkungen zum internationalen Vergleich in der Gesellschaftsgeschichte, in: AfS 35, 1995, S. 339–367.

gabenbewilligung auf das Ausgabenmanagement erweitert und damit die Steuerungsleistung optimiert werden. Mit Beginn der Weltwirtschaftskrise wurden diese Strukturen der Ausgabenüberwachung ab 1930/31 noch einmal ausgebaut und die Exekutive dabei gegenüber dem Parlament gestärkt.[33] In Deutschland wurde ebenfalls 1922 die Reichshaushaltsordnung verabschiedet, die bis 1969 in Kraft blieb. Das 1919 als Nachfolger des Reichsschatzamts begründete Reichsfinanzministerium erhielt damit weitgehende Veto- und Bewilligungsrechte, zudem wurden unter dem Grundsatz der »Sparsamkeit und Wirtschaftlichkeit« zuvor schon eingeübte Prinzipien exekutiver Haushaltsführung kodifiziert.[34] Auch auf deutscher Seite wurde bemerkt, dass die normative Stärkung der Ministerialbürokratie an Grenzen stieß und die haushälterische Praxis nicht zuletzt vom Machtbewusstsein des Reichsfinanzministers und dem informellen Kooperationswillen seiner Verhandlungspartner abhing. So wurde ab 1923 durch die Bestellung sogenannter Haushaltsreferenten in den Ressorts ein dezentrales Netzwerk der Interaktion etabliert, das sich an den französischen Maßnahmen von 1922 orientierte, aber nicht gesetzlich geregelt war.[35] Dahinter stand die Idee, neben bürokratisch gefasster Ordnung auch eine informelle »Ethik des Etats« unter den beteiligten Akteuren, also eine Art gouvernementaler Selbststeuerung, zu verankern.[36] In Deutschland trug der beständig beschworene Ausnahmezustand zur Durchsetzung solch intransparenter Regierungstechniken bei.[37]

Programmatische Stellungnahmen zur Budgetpolitik bezogen sich in der Zwischenkriegszeit aber nicht auf solche arkanen Maßnahmen, sondern auf offensichtliche Formalisierung und Rationalisierung als Ausdruck von Modernität. Unter dem Vorzeichen der »Vereinfachung« konnte dies die Herbeiführung maximaler Effizienz oder individueller Verantwortung der Beamten, aber auch die autoritäre Überformung von Entscheidungsstrukturen meinen.[38] Orientierung bot dabei die »privatwirtschaftliche Unternehmensfüh-

---

33 Vgl. *Nathalie Carré de Malberg*, Introduction, in: Comité pour l'histoire économique et financière de la France, La direction du Budget entre doctrines et réalités, S. 1–21, hier: S. 9f.; *Robert Belot*, Les enjeux politiques du contrôle budgétaire. Quelques aspects du fonctionnement de l'État français sous l'occupation. Première partie (I), in: Revue française de finances publiques, 1996, H. 53, S. 179–196, hier: S. 185; *Sébastien Kott*, Le contrôle des dépenses engagées. Évolutions d'une fonction, Paris 2004, S. 328–334; *Gaston Jèze*, Le rôle du ministre des Finances dans une démocratie, in: Revue de science et de législation financières 27, 1929, Nr. 1, S. 5–24.

34 Reichshaushaltsordnung, 31.12.1922, in: RGBl. 1923, S. 17, hier: § 26.

35 Hierzu: Verfügung des Reichsfinanzministers an alle Haushaltsreferenten, 13.12.1923; Vermerk an den Leiter der Abt. I betr. Entsendung von Beauftragten des Reichsfinanzministeriums in die übrigen Reichsressorts, 15.10.1923, beide Bundesarchiv (BArch), R 2/21795.

36 Der Begriff nach *Fritz Neumark*, Zur Fortbildung des Reichshaushaltsrechts, in: Vierteljahresschrift für Steuer- und Finanzrecht 3, 1929, S. 417–442, hier: S. 419f.

37 Vgl. als Überblick *Martin H. Geyer*, Grenzüberschreitungen: Vom Belagerungszustand zum Ausnahmezustand, in: *Niels Werber/Stefan Kaufmann/Lars Koch* (Hrsg.), Erster Weltkrieg. Kulturwissenschaftliches Handbuch, Stuttgart/Weimar 2014, S. 341–384.

38 Hierzu exemplarisch *Michael Ruck*, Patriotischer Institutionalismus und bürokratische Modernisierung – Arnold Brecht als Verwaltungsreformer in der Weimarer Republik, in: *Eberhard Laux/Karl Teppe* (Hrsg.), Der neuzeitliche Staat und seine Verwaltung. Beiträge zur Entwicklungsgeschichte seit 1700, Stuttgart 1998, S. 177–202; sowie *Peter Collin*, Staatsfinanzkrisen und Verwaltungsreformen. Das Beispiel der Weimarer Republik, in: *Christian Rühr* (Hrsg.), Staatsfinanzen. Aktuelle und grundlegende Fragen in Rechts- und Verwaltungswissenschaft. Liber discipulorum Maximilian Wallerath, Baden-Baden 2007, S. 123–142; *ders.*, Ökonomisierung durch Bürokratisierung. Leitkonzepte und Umsetzungsstrategien in der tayloristisch beeinflußten Verwaltungsreformdebatte der Weimarer Republik, in: *ders./Klaus-Gert Lutterbeck* (Hrsg.), Eine intelligente Maschine? Handlungsorientierungen moderner Verwaltung (19./20. Jh.), Baden-Baden 2009, S. 217–231; zur verwaltungsinternen Diskussion um Vereinfachung, Sparkommissare und Finanzdiktatoren im Verlauf der 1920er-Jahre vgl. BArch, R 43 I/1946–1953.

rung«[39] – eine Form der »Verquickung von Staat und Wirtschaft«, die von Beamten des Reichsfinanzministeriums, wie dem Haushaltsreferenten Kurt Wachsmann, zunächst kritisch gesehen wurde. Es wurde eine »Umstellung des Staates vom Verwaltungsmechanismus zum Wirtschaftskörper« befürchtet, die diesen dem Dilettantismus gesellschaftlicher Interessenvertretungen ausliefere und »aus Zweckmäßigkeitsgründen die Staatsbelange denen der Wirtschaft« unterordne – ein Autonomieverlust nach innen, welcher das durch das Reparationsregime nach außen ohnehin schon »entmannte« Staatswesen weiter schwäche.[40] Andere Mitglieder der Finanzbürokratie sahen in der Ökonomie durchaus den entscheidenden Handlungskontext, jedoch nicht in seiner Form als Privatwirtschaft, sondern als Volkswirtschaft. So befand Herbert Dorn, seit 1926 Abteilungsleiter im Reichsfinanzministerium, dass die Notlage von Staat und Wirtschaft eine gemeinsame sei. Wie der Beamte Diener »des Staates« (und nicht einer Partei im Staate) sei, so sei er auch Diener »der Wirtschaft« (und nicht eines ökonomischen Sektors): »Die Gesamtheit des Volkes, organisiert im Staat, verkörpert in der gesamten Wirtschaft, ist Gegenstand seiner Arbeit, und das bedeutet zugleich die Aufgabe, zur Wirtschaft in allen ihren Teilen […] innerlich Stellung zu nehmen.«[41] Hier war ein breiterer Wandel zu erkennen, denn seit der zweiten Hälfte der 1920er-Jahre verkörperte auch für Wachsmann die volkseigene Wirtschaft »das große Ganze«[42], und die Zielsetzung der Haushaltspolitik bestand darin, die »zweckmäßigste und volkswirtschaftlich günstigste Gestaltung eines Staatswesens« zu ermöglichen.[43] Dass so die Grenzen zwischen Staat und Wirtschaft verschwammen, war auch Dorn bewusst: Schon im scheiternden Ruhrkampf des Jahres 1923 »habe die Politik nicht weiter gewußt; sie sei zum erstenmal zur Wirtschaft gekommen und habe gebeten, zu helfen«. Der Weg habe damit vom Versailler Vertrag zum Dawes-Plan, von der Politik zur Wirtschaft geführt. Zugleich sei damit aber der Weg zu einer wachsenden Macht des Staats über die Wirtschaft beschritten worden und zu einer »wenig glückliche[n] Zwitterbildung« in entsprechenden Berufen, die in ihrer Charakteristik zwischen Beamtenstatus und Unternehmertum schwankten.[44]

Mehr als um solche widersprüchlichen Relationen von Staat und Wirtschaft ging es in den budgetpolitischen Rationalisierungsdebatten der 1920er-Jahre in Deutschland und Frankreich jedoch zunächst um die Abgrenzung der verschiedenen Strukturen des Staats zueinander. So entstanden Allianzen zwischen der Volksvertretung und den Haushaltsabteilungen der Finanzressorts, wenn beide auf die Einhaltung gesetzlicher Verfahren und die Verhinderung von Budgetüberschreitungen drangen und das herrschende »Chaos« in den Staatsfinanzen als Ausdruck eines »altmodischen, anämischen, papierkriegerischen und ohnmächtigen Staats« betrachteten. Dies war eine Strategie der Argumentation, die insbesondere in Frankreich zur Stärkung der Direction du Budget des Finanzministeriums in

39 *Friedrich Saemisch*, Die Mitarbeit der Verwaltungs-Akademie an der wirtschaftlicheren Gestaltung der Verwaltung, in: Jahrbuch der Verwaltungs-Akademie Berlin, Berlin 1926, S. 24–29.

40 *Kurt Wachsmann*, Über das Verhältnis zwischen Staat und Wirtschaft im neuen Deutschland, in: Deutsche Wirtschafts-Zeitung 17, 1921, Nr. 10, S. 168–202, hier: S. 199.

41 *Herbert Dorn*, Die Stellung des Steuerbeamten zu Staat und Wirtschaft, ein Beitrag zur Lehre vom Fachbeamtentum, in: Reich und Länder 6, 1932, Nr. 9, S. 211–222, hier: S. 212f.

42 *Kurt Wachsmann*, Bemerkungen zum neuen Reichshaushaltsplan II, in: Deutsche Wirtschafts-Zeitung 23, 1927, S. 486–488, hier: S. 487f.

43 *Ders.*, Über Probleme und praktische Möglichkeiten der Ersparnis im öffentlichen Haushalt, in: Deutsche Wirtschafts-Zeitung 23, 1927, S. 1128–1131, hier: S. 1128.

44 *Herbert Dorn*, Deutschlands Wirtschaft und Finanzen unter besonderer Berücksichtigung des Reparationsproblems, in: Arbeitsgemeinschaft Hochschule und höhere Schule für Niederschlesien und Oberschlesien (Hrsg.), Staatsbürgerkunde und höhere Schule. Eine Vortragsreihe, Breslau 1931, S. 122–138, hier: S. 125.

der Zwischenkriegszeit beitrug.[45] Aber auch in Deutschland hatte die »Vereinfachung« der Verfahrensweisen in der Planung und Durchführung des Reichshaushalts sowohl für die Ministerialbürokratie als auch für den Reichstag staatsbildende Bedeutung. »Kontrolle« (im Sinne einer *rationalité juridique*[46]) war das zentrale, beide Akteure verbindende Schlagwort, in dem das parlamentarische Recht zur Budgetbewilligung ebenso zum Ausdruck kam wie die juristische Denkweise der Ministerialbürokratie. Dies erklärt, warum für die Ministerialbürokratie die Interessen von Staat, Wirtschaft und Demokratie gleichermaßen durch eine weitgehend autoritäre Steuerung der Finanzwirtschaft zu retten waren: »Ein Veto des Reichsfinanzministers oder der Reichsregierung«, so der erwähnte Wachsmann im Jahr 1927,

> »würde nicht nur der Sicherung der Finanzwirtschaft der öffentlichen Verbände, und damit mittelbar der Wirtschaft gegen Überlastung dienen, sondern auch das Parteigefüge vor Erschütterungen bewahren. Es könnte ein Mittel zur Stabilisierung der öffentlichen Finanzen wie schließlich auch des parlamentarischen Regimes sein.«[47]

Die Rhetorik der Rationalisierung war somit doppelbödig, bot sie doch die Möglichkeit, größere Handlungsspielräume der Exekutive gegenüber dem Parlament einzufordern und die »Entartung des Parlamentarismus«[48] zu bekämpfen beziehungsweise, etwas gemäßigter, einen *parlementarisme rationalisé* anzustreben.[49] Die entsprechende Wissensproduktion war von internationalen Transfers geprägt; sowohl der französische Finanz- und Verwaltungswissenschaftler Gaston Jèze als auch der bereits erwähnte Neumark, der Jèze ins Deutsche übersetzte, produzierten in den 1920er-Jahren Schriften, welche die Rolle des Parlaments in der Haushaltsplanung und die Stellung des Finanzministeriums zum Gegenstand hatten und sich des Rechtsvergleichs bedienten. Jèze definierte das Budget an sich als »ganz moderne Einrichtung«, als eine gemeinsame Errungenschaft der »großen modernen zivilisierten Staaten«. Die Beachtung wichtiger Budgetgrundsätze durch alle Beteiligten sei ebenso wichtig wie der Prozess der Aushandlung selbst: »Voranschläge, Beratung in den Volksvertretungen, Oeffentlichkeit: das sind die Grundgedanken, auf denen das Budgetsystem der modernen Staaten beruht«, so Jèze.[50] Auch Neumark betonte die »modernen« Eigenschaften des Budgets wie Vorherigkeit, Öffentlichkeit und Einheitlichkeit, fasste deren Bedeutung aber im Vergleich zu Jèze (der vom »politischen Akt« beziehungsweise vom »Regierungsakt«[51] sprach) stärker rechtsstaatlich und mit Anklängen an Webers Herrschaftssoziologie: »Das Budget ist Ausdruck eines Willens, der auf rationale (planmäßige) Gestaltung der Haushaltsführung eines politischen Verbandes gerichtet ist«, es treffe »planmäßige Fürsorge für die Zukunft«.[52] Dieses Planungsdenken blieb

45 Hierzu *Nathalie Carré de Malberg*, Introduction, in: Comité pour l'histoire économique et financière de la France (Hrsg.), La direction du Budget face aux grandes mutations des années cinquante, acteur … ou témoin?, Journée d'études tenue à Bercy le 10 janvier 1997, Paris 1998, S. IX–XIX, hier: S. XIV; *Belot*, Les enjeux politiques du contrôle budgétaire, S. 182, dort auch das Zitat von *Adolphe Delemer*, Le bilan de l'étatisme, Paris 1922, S. XIV–XV.

46 Zum Begriff *Florence Descamps*, Introduction, in: *Bezes/dies./Kott* u.a., L'invention de la gestion des finances publiques (1914–1967), S. 1–14, hier: S. 4–6.

47 *Kurt Wachsmann*, Zur Frage des Vetos gegen öffentliche Ausgaben, in: Deutsche Wirtschafts-Zeitung 23, 1927, S. 1178–1181, hier: S. 1181.

48 *Ders.*, Über das Verhältnis zwischen Staat und Wirtschaft im neuen Deutschland, S. 200.

49 *Gilles Sicart*, La défense de la compétence technique dans la doctrine financière de l'entre-deux guerres, in: Comité pour l'histoire économique et financière de la France, La direction du Budget entre doctrines et réalités, S. 299–316, hier: S. 316.

50 *Gaston Jèze*, Allgemeine Theorie des Budgets, Tübingen 1927 (zuerst frz. 1922), S. VI, 7 und 15.

51 Ebd., S. VII.

52 *Fritz Neumark*, Der Reichshaushaltsplan. Ein Beitrag zur Lehre vom öffentlichen Haushalt, Jena 1929, S. 15f.

bei Neumark in den 1920er-Jahren ganz im fiskalischen Rahmen. Erst nach dem Zweiten Weltkrieg ergänzte er seine Definition des Haushaltsplans um eine »wirtschaftspolitische Budgetfunktion« sowie um das Wissen, dass die in der Zwischenkriegszeit angestrebte Budgetrationalität in der »modernen parlamentarischen Demokratie« nur schwer zu realisieren sei, sofern die Legislative nicht »auf ihr Recht, die Exekutive einer strengen, laufenden Kontrolle zu unterstellen«, verzichten wolle.[53]

Neumark suchte für das damit benannte Problem der Machtrelation von Exekutive und Legislative in den 1920er-Jahren dezidiert demokratische Lösungen, die auf eine Selbstbeschränkung des Parlaments im Hinblick auf die Bewilligung von Ausgaben sowie auf eine engmaschigere Kontrolle der Ausgabengebarung durch den Reichstag abzielten – damit argumentierte er gegen Regierungsvertreter wie Wachsmann, die für mehr Autonomie der Administrationen eintraten.[54] Jèze hingegen näherte sich in den folgenden Jahren antiparlamentarischen Positionen wie jenen (des auch von Carl Schmitt geschätzten) Maurice Haurious an, welche die Rolle der Haushaltsplanung als neutrale »Technik« des Regierens interpretierten und deren »Rationalisierung« mit Vorstellungen einer umfassenden »Staatsreform« zugunsten der Exekutive verbanden.[55] Die Jahre 1933/1934 stellten dann nicht nur im ›Dritten Reich‹, in dem der Reichstag per Ermächtigungsgesetz ausgeschaltet und Experten wie Neumark verfolgt wurden, sondern auch in der Dritten Republik einen Übergang zum Verordnungsregime dar. Per Gesetz vom 19. Februar 1934 wurde in Frankreich die Globalbewilligung des Haushalts ermöglicht, zudem erhielt die Regierung einige Tage später die Ermächtigung zu *décrets-lois* in diesem Bereich. Maßnahmen zur Stärkung der Budgetkontrolle und der Einheitlichkeit der Haushaltsführung folgten im Rahmen der Deflationspolitik bis 1938 – unter technokratischer Ägide.[56] Die von Jèze und Neumark entworfenen programmatischen Lösungen für die Durchsetzung einer umfassenden Budgetrationalität in der modernen Staatsfinanzwirtschaft sollten schließlich seit den späten 1950er-Jahren eine gewisse Renaissance erfahren, allerdings dann im Zuge »keynesianischer« Erneuerungsprojekte und mit veränderten Aufladungen hinsichtlich der damit beabsichtigten Steuerung der Beziehungen von Staat und Ökonomie.[57]

Mobilisierung aller Ressourcen: Kriegsfinanzierung als Laboratorium

Im Verlauf der 1930er-Jahre zeichnete sich die Reorganisation der Staatsfinanzierung im Modus plan- und kriegswirtschaftlicher Mobilisierung ab. In Frankreich begannen nach der skizzierten Hochphase der Macht der Direction du Budget bereits ab 1936 Umstrukturierungen, welche die Reichweite ihres Einflusses auf die Aufgabengebarung reduzierten.[58]

53 *Ders.*, Theorie und Praxis der Budgetgestaltung, in: *Wilhelm Gerloff/ders.* (Hrsg.), Handbuch der Finanzwissenschaft, Bd. 1, 2., völlig neubearb. Aufl., Tübingen 1952, S. 554–605, hier: S. 559 und 604f.

54 *Ders.*, Zur Fortbildung des Reichshaushaltsrechts, S. 436, dort mit Abgrenzung gegenüber Wachsmann.

55 *Sicart*, La défense de la compétence technique, S. 299–304 und 310f.

56 Vgl. *Belot*, Les enjeux politiques du contrôle budgétaire, S. 187; für die deutsche Diskussion die Beiträge von Carl Schmitt, Johannes Popitz und Lutz Graf Schwerin von Krosigk in: Verwaltungs-Akademie (Hrsg.), Notverordnung und öffentliche Verwaltung, Berlin 1931.

57 Vgl. *Sicart*, La défense de la compétence technique, S. 316; *Lucile Tallineau*, L'inspiration keynésienne du décret du 19 juin 1956, in: Comité pour l'histoire économique et financière de la France, La direction du Budget face aux grandes mutations, S. 163–185, insb. S. 168f.; *Hans-Peter Ullmann*, Das Abgleiten in den Schuldenstaat. Öffentliche Finanzen in der Bundesrepublik von den sechziger bis zu den achtziger Jahren, Göttingen 2017, S. 50f.

58 Hierzu *Nathalie Carré de Malberg*, La naissance de la direction du Budget et du contrôle financier et les grandes étapes d'un développement contrasté 1919–1940, in: Comité pour l'histoire

Ergänzt wurde dies durch die in der Volksfront-Zeit zunächst unter dem Vorzeichen ökonomischer Modernisierung, dann unter den Vorgaben der Aufrüstung durchgesetzte Restrukturierung des Kapitalmarkts durch die Umwandlung der Banque de France in eine nationale Zentralbank.[59] Diese Maßnahmen wurden, nicht zuletzt aufgrund der sozialen Nähe zwischen den Repräsentanten des Bankensektors und des Finanzministeriums, nicht im Konflikt, sondern im Konsens durchgeführt[60] – ganz ähnlich gestaltete sich die Reorganisation des Bankensektors nach der Bankenkrise 1931 in Deutschland. Auch hier zeigten sich eher wechselseitige Abhängigkeiten von einem funktionierenden Kreditmarkt als strikte Antagonismen. So konnte die staatliche Regulierung von verschiedenen Seiten als Maßnahme zur Stabilisierung der »Vertrauensbasis zwischen Einlegern und Banken« begrüßt werden.[61] Erst rückblickend interpretierten Beteiligte wie der zeitweilige Finanzminister Yves Bouthillier dies als lineare Transformation »von einem liberalen Laisserfaire zur autoritären Kontrolle«.[62]

Diese Entwicklungen prägten schließlich auch die Restrukturierung des französischen Finanzressorts per Gesetz vom 30. August 1940, nun unter den Bedingungen der deutschen Besatzung und des Vichy-Regimes. Die Direction du Budget wurde im neu geschaffenen Staatssekretariat für Wirtschaft und Finanzen zwar zunächst gestärkt, daneben trat jedoch die Direction du Trésor, die sich in der Folge zum Nukleus einer veränderten Interpretation der Rolle des Staats in Relation zur Wirtschaft entwickeln sollte. An der Spitze dieser Organisation standen allerdings altbewährte Kräfte wie der in der Volksfront-Zeit aufgestiegene Jean Jardel oder Bouthillier, der an der Strategie des Haushaltsausgleichs im Dienste einer stabilen Währung festhielt.[63] Die Reorganisation des Ministeriums wurde von zeitgenössischen Beobachtern daher als Einhegung »der Politik« durch die technokratische Kompetenz von Fachleuten interpretiert. Doch rieben sich diese (wie ihre deutschen Pendants im Reichsfinanzministerium) rasch an der Ausgabenexplosion und mangelnden Haushaltsdisziplin in den Kriegsjahren.[64] Dies trug dazu bei, dass auch um kleine Ausgabenposten gerungen wurde, sofern sie in Verdacht standen, zu Präzedenzfällen für die Ausschaltung des Ministeriums und seiner fiskalischen Logik aus Entscheidungsprozessen zu werden. So war in Frankreich wie in Deutschland das Finanzministerium auch aus solchen Gründen darum bemüht, antijüdische Maßnahmen (etwa das »Gesetz zur Wiederherstellung des Berufsbeamtentums« vom 7. April 1933 oder die »Loi portant statut des Juifs« vom 3. Oktober 1940) entscheidend zu verantworten und deren konsequente Anwendung – konsequent heißt hier: im Sinne von Personalabbau, Rationalisierung und Ausgaben-

---

économique et financière de la France, La direction du Budget entre doctrines et réalités, S. 65–104, hier: S. 100f.

59 Vgl. *Michel Margairaz*, La période singulière où la Banque de France s'est nationalisée (1936–1966). De l'imbrication dans la politique nationale du crédit à la tentation de la politique monétaire, in: *Olivier Feiertag/ders.* (Hrsg.), Les banques centrales et l'État-nation, Paris 2016, S. 404–415.

60 Vgl. *Hubert Bonin*, The Political Influence of Bankers and Financiers in France in the Years 1850–1960, in: *Youssef Cassis* (Hrsg.), Finance and Financiers in European History, 1880–1960, Cambridge/Paris 1992, S. 219–242, hier: S. 220f. und 231–233.

61 Ein Jahr Bankenaufsicht, in: Bank-Archiv 35, 1935/36, Nr. 7, S. 146–149, hier: S. 146. Hierzu auch *Christoph Müller*, Die Entstehung des Reichsgesetzes über das Kreditwesen vom 5. Dezember 1934, Berlin 2003, S. 442.

62 Zit. nach: *Belot*, Les enjeux politiques du contrôle budgétaire, S. 182.

63 Vgl. *Belot*, Les enjeux politiques du contrôle budgétaire, S. 187–189; *Michel Margairaz*, L'État, les finances et l'économie. Histoire d'une conversion 1932–1952, Bd. 1, Paris 1991, S. 503–511.

64 Vgl. *André Bisson*, Finances publiques françaises, o. O. [Paris] 1943 (zuerst 1941), S. 271f.; *Belot*, Les enjeux politiques du contrôle budgétaire, S. 196; *Marc Olivier Baruch*, Servir l'État français. L'administration en France de 1940 à 1944, Paris 1997, S. 196–198.

reduktion – zu erreichen.[65] Diese vermeintlich traditionelle (in der deutschen Semantik: »preußische«) Sparsamkeit konnte zeitgenössischen Beobachtern und insbesondere den Repräsentanten von Parteiorganen als Hemmschuh für den revolutionären Durchbruch zu einer »neuen Ordnung« erscheinen und rückblickend von den beteiligten Beamten als Beweis ihrer widerständischen beziehungsweise »unpolitischen« Haltung herangezogen werden. Gerade diese Haltung ermöglichte aber nicht selten erst die Gnadenlosigkeit administrativer Maßnahmen.[66]

Die Entmachtung des Parlaments bedeutete insofern eine Stärkung der staatlichen Administration, die nun allerdings eher auf der Steuerung von Prozessen als auf der Beeinflussung politischer Programme beruhte. Solche diktatorischen Machtverschiebungen wurden auf deutscher Seite vom Reichsfinanzministerium dezidiert unterstützt und aktiv betrieben.[67] Aber auch in Frankreich erkannte man diese Potenziale. So wurden kleinteilige Machtstrategien in der Haushaltsplanung und Haushaltsführung, die zuvor als Mängel an demokratischer Transparenz gedeutet worden waren, neu entdeckt: die informelle Interaktion, das Regieren über die Steuerung von Informationsflüssen, die Umschichtung von Ausgabenposten, die nur von der Budgetdirektion selbst vorgenommen werden konnte.[68] Die so hergestellte Omnipräsenz eines (wenngleich nicht immer erfolgreichen) *esprit de contrôle* in der Finanzpolitik bot vor allem in Frankreich Anlass zu Kritik und zu Debatten, in deren Verlauf nun in programmatischer Absicht größere Spielräume in der Ausgabengestaltung gefordert wurden.

Unter solchen verwaltungshistorischen Gesichtspunkten lässt sich daher auch der Prozess der Transformation der Staatsfinanzierung hin zu ökonomisch motivierter Kreditschöpfung anders betrachten: Dieser Wandel ist nicht allein mit der Rezeption »keynesianischer« oder sonstiger wissenschaftlicher Modelle in zeitgenössischen Expertenzirkeln, sondern ebenso mit den eigenständigen Effekten von Kompetenzkonflikten und Machtlogiken innerhalb der Administration zu erklären. So wurden beispielsweise in dem 1940 an der Seite des französischen Finanzministeriums neu eingerichteten Budgetkomitee Stimmen laut, die größere »Freiheit« der Ressorts forderten, insbesondere mit Blick auf Verhandlungen mit privaten Unternehmern – formuliert als Forderung nach Anpassung der Administration an den »Rhythmus des modernen Lebens«.[69] Aus diesen Diskussionen erwuchsen Pläne, ein eigenes Wirtschaftsministerium zu schaffen, das sich losgelöst von den Zwängen der Budgetdisziplin um die Regulierung der Ökonomie kümmern sollte. Dies

---

65 Zur Rolle des Reichsfinanzministeriums, allerdings mit einer entpolitisierenden Interpretation, vgl. *Hans Mommsen*, Beamtentum im Dritten Reich, Stuttgart 1966, S. 54f., 59f. und 70–73; für Frankreich *Belot*, Les enjeux politiques du contrôle budgétaire, S. 191–194.

66 Für den Bereich der fiskalischen Verfolgung im nationalsozialistischen Staat haben das umfangreiche Forschungen bereits gezeigt, vgl. zuletzt *Christiane Kuller*, Bürokratie und Verbrechen. Antisemitische Finanzpolitik und Verwaltungspraxis im nationalsozialistischen Deutschland, München 2013.

67 Vgl. etwa die Forderung des Reichsfinanzministers bei der Ministerbesprechung am 31. Januar 1933, die Reichstagsausschüsse aufzulösen und dauerhaft »beschlußunfähig« zu machen (was am nächsten Tag durch die NS-Fraktion u. a. im Haushaltsausschuss umgesetzt wurde), in: *Konrad Repgen/Hans Booms* (Hrsg.), Akten der Reichskanzlei. Die Regierung Hitler, Teil I: 1933/34, Bd. 1, Boppard am Rhein 1983, S. 6.

68 Vgl. *Carré de Malberg*, Introduction, S. XV; *Serge Berstein*, Rapport de synthèse, in: Comité pour l'histoire économique et financière de la France, La direction du Budget face aux grandes mutations, S. 1–10, hier: S. 4; die Ambivalenz von Machtgewinn und Machtverlust betont *Marc Olivier Baruch*, La direction du Budget face aux novations de Vichy, in: Comité pour l'histoire économique et financière de la France, La direction du Budget entre doctrines et réalités, S. 439–451.

69 Zit. nach: *Robert Belot*, Les enjeux politiques du contrôle budgétaire. Quelques aspects du fonctionnement de l'État français sous l'occupation. Seconde partie (II), in: Revue française de finances publiques 54, 1996, S. 161–184, hier: S. 172–174.

war zugleich ein Impuls, der aus der Résistance beziehungsweise aus gaullistischen Zirkeln in London, die zu dieser Zeit John Maynard Keynes lasen, hervorging und 1944 tatsächlich kurzzeitig zur Gründung eines eigenen Ministeriums für Wirtschaft führen sollte.[70] Die Kritik am Finanzressort traf sich in der Kriegszeit aber auch mit dem Misstrauen der auf maximale Ressourcenmobilisierung drängenden deutschen Besatzungsmacht, welche eine »antideutsche« Haltung der örtlichen Finanzbürokratie und entsprechende Verschleierungen in der Haushaltsführung vermutete. Die Vertreter der französischen Finanzadministration wiederum sahen jene Technokraten (etwa im Industrieministerium), die eine stärkere Ökonomisierung der Finanzpolitik befürworteten, als Kollaborateure und Strategen einer autoritären europäischen Planwirtschaft an.[71]

Gleichwohl waren die Strukturen, die in den folgenden Jahren die von Michel Margairaz betonte »Konversion« zu einer gesamtwirtschaftlichen Ausrichtung der Staatsfinanzen trugen – vor allem der sogenannte *circuit du Trésor* –, schon seit den 1930er-Jahren von den alteingesessenen Finanzbürokraten aufgebaut worden, insbesondere von Bouthillier. Nun sollten die wachsenden Geldströme der Besatzungszeit auf dieser Grundlage wieder der französischen Staatskasse zugeführt und somit die Währung stabilisiert werden; erreicht wurde dies durch ein System von Schatzanweisungen sowie die enge Zusammenarbeit des Finanzressorts mit der Banque de France und dem Bankensektor insgesamt.[72] Der französische Staat entwickelte sich daher in der Folge des Zweiten Weltkriegs zum machtvollen *État banquier*.[73] Dieser aber bildete kein stahlhartes Gehäuse, sondern eine hybride Formation. Denn zugleich siegte damit eine vom Finanzministerium im Verbund mit den Banken geforderte »liberale« Politik staatlicher Steuerung über eine (von Wirtschaftsminister Pierre Mendès France vertretene) »dirigistische« Planpolitik, die in der unmittelbaren Nachkriegszeit auf direkte Verstaatlichung gesetzt hatte. Getragen wurde dieses von der Direction du Trésor dominierte Gebilde durch die Interaktion zwischen institutionellen Geldgebern (Banken, Kapitalsammelstellen, Versicherungen) und staatlichen Akteuren – wobei dieses Zusammenspiel nicht zuletzt durch enge personelle Netzwerke und eine entsprechend ausgeprägte *pantouflage* abgesichert wurde.[74]

Blickt man vor diesem Hintergrund auf die Entwicklung in Deutschland (die hinsichtlich der Eigenlogik der beteiligten Administrationen noch wenig erforscht ist), so rückt als vergleichbare Konstellation die »geräuschlose« Finanzierung des nationalsozialistischen Kriegs in den Fokus, die in der wirtschaftshistorischen Debatte als Strategie der gezielten Verheimlichung inflationärer Staatsverschuldung gegenüber der deutschen Bevölkerung

---

70 Hierzu *Michel Margairaz*, L'État, les finances et l'économie. Histoire d'une conversion 1932–1952, Bd. 2, Paris 1991, S. 722.

71 Vgl. *Belot*, Les enjeux politiques du contrôle budgétaire (II), S. 181–183; *Robert O. Paxton*, Parades and Politics at Vichy. The French Officer Corps Under Marshal Pétain, Princeton 1966, S. 282–310; *Margairaz*, L'État, les finances et l'économie, Bd. 1, S. 667–672 und 678–680.

72 *Margairaz*, L'État, les finances et l'économie, Bd. 1, S. 541–550; *ders*., Les ministres des Finances: personnalités, structures, conjonctures, in: Pouvoirs 53, 1990, S. 101–108, insb. S. 108; *ders*., La période singulière où la Banque de France s'est nationalisée, S. 397–449; *Laure Quennouëlle-Corre*, Dette publique et marchés de capitaux au XXe siècle: le poids de l'État dans le système financier français, in: *Jean Andreau/Gérard Béaur/Jean-Yves Genier* (Hrsg.), La dette publique dans l'histoire. Les Journées du Centre de recherches historiques, 26–28 novembre 2001, Paris 2006, S. 445–471, insb. S. 449–455.

73 *Laure Quennouëlle-Corre*, La direction du Trésor 1947–1967. L'État-banquier et la croissance, Paris 2000, S. 44–61.

74 Vgl. *Margairaz*, L'État, les finances et l'économie, Bd. 2, S. 790–795; *Alain Richard*, Les Finances et les investisseurs institutionnels, in: Pouvoirs 53, 1990, S. 65–71, hier: S. 69f.; *Alain Plessis*, Bankers in French Society, 1860s–1960s, in: *Cassis*, Finance and Financiers in European History, 1880–1960, S. 147–160, hier: S. 158f.

gedeutet worden ist. Weil Hitler eine »finanzielle Volksabstimmung« durch Publikumsanleihen gefürchtet habe, sei die Schuldenaufnahme zunächst über die verschleierte Kreditausweitung mittels der für die Arbeitsbeschaffungspolitik eingeführten Mefo-Wechsel sowie dann über den sogenannten rollenden Verkauf organisiert worden, also durch Absprachen mit den Sparkassen, Versicherungen und anderen Kapitalsammelstellen.[75] Dies war jenes von Hjalmar Schacht vor seinem Ausscheiden aus dem Amt des Reichsbankpräsidenten eingeführte, für Deutschland neuartige »System«, das die eingangs zitierten französischen Beobachter als erfolgreiche Mobilisierungsstrategie des Deutschen Reiches wahrnahmen und das Bouthillier in seiner (übrigens zunächst ebenfalls auf »Geräuschlosigkeit« bedachten) *politique du circuit* nicht nur aufgriff, sondern im Verbund mit Experten wie Laufenburger, Legeu oder dem Bankier Wilfrid Baumgartner zu einer dezidiert modernistischen, bereits auf die Nachkriegszeit abzielenden Finanztheorie ausformulierte.[76] Diese lagerte sich in Teilen an die schon vor 1940 verbreitete Praxis des Anstaltsbesitzes in Frankreich an, verlieh der staatlichen Schuldenpolitik aber jene »Planmäßigkeit«, die zeitgleich von deutschen Beobachtern als Manko der französischen Staatsfinanzierung seit der Weltwirtschaftskrise kritisiert wurde.[77]

Hingegen führte die 1942 durch den Reichswirtschaftsminister Walther Funk an die deutsche Finanz- und Wirtschaftswissenschaft gerichtete Aufforderung, »durch Überlegungen, Forschungen und Systematik und Methodik uns zu helfen und uns ihre Erkenntnisse an die Hand zu geben, damit wir die richtigen Entschlüsse fassen«, zwar zu breiten Diskussionen, aber nicht zur Konstruktion eines geschlossenen Gedankengebäudes nationalsozialistischer Staatsfinanzierung. Hervorgehoben wurden stattdessen die »Dynamik« und das »Undogmatische« – im Verlauf des Kriegs mündete dies in ein Lob des Wettbewerbs und des (so Funk) »wagemutigen Unternehmertums« im Dienste des »wirtschaftlichen Fortschritts«, aus dem die Konturen der staatlich gerahmten Marktwirtschaft der Bundesrepublik erkennbar wurden.[78] Dies bedeutet nicht, dass der in dieser Phase sich formierende Ordoliberalismus als Programm »nationalsozialistisch« war; er war ein Effekt der Erfahrungen des ökonomischen Ausnahmezustands in der Kriegsgesellschaft.[79] Wenn

---

75 Exemplarisch für diese Diskussion ist *Willi A. Boelcke*, Die Kosten von Hitlers Krieg. Kriegsfinanzierung und finanzielles Kriegserbe in Deutschland 1933–1948, Paderborn 1985, S. 16–36.

76 Hierzu *Kim Oosterlinck*, Sovereign Debts and War Finance in Belgium, France and the Netherlands, in: *Christoph Buchheim/Marcel Boldorf* (Hrsg.), Europäische Volkswirtschaften unter deutscher Hegemonie 1938–1945, München 2012, S. 93–106, hier: S. 99; *Quennouëlle-Corre*, La direction du Trésor 1947–1967, S. 34f.; zur Interaktion von Bankensektor und Ministerium bei der Institutionalisierung und zur modernistischen Aufladung des *circuit* vgl. *Margairaz*, La période singulière où la Banque de France s'est nationalisée, S. 417–419 und 427.

77 Zeitlich parallel entstanden in Frankreich, angestoßen auch durch Bouthillier, Entwürfe einer zukünftigen europäischen Währungsunion, die entsprechende deutsche Ideen aufgriffen. Zum französischen Anstaltsbesitz im internationalen Vergleich vgl. *Siegfried Schulze*, Wandlungen in der staatlichen Kreditpolitik der Großmächte, Jena 1940, S. 62, 81f. und 143; zu deutsch-französischen Transfers vgl. *Arnaud Manas*, Les projets monétaires européens de Vichy, in: *Feiertag/Margairaz*, Les banques centrales et l'État-nation, S. 535–561.

78 *Walther Funk*, Wirtschaftslenkung – ein nationalsozialistischer Grundsatz, in: Die Deutsche Volkswirtschaft 10, 1941, Nr. 26, S. 975–976, hier: S. 976; *Lothar Mischke*, Autorität und Freiheit, in: Die Bank 34, 1941, H. 44, S. 891, zit. nach: *Michael Brackmann*, Vom totalen Krieg zum Wirtschaftswunder. Die Vorgeschichte der westdeutschen Währungsreform 1948, Essen 1993, S. 92f., weitere Zitate ebd., S. 47 und 85.

79 Dies gegen die zum Teil auch personalistische Engführung der entsprechenden Fragestellung bei *Milène Wegmann*, Früher Neoliberalismus und europäische Integration. Interdependenz der nationalen, supranationalen und internationalen Ordnung von Wirtschaft und Gesellschaft (1932–1965), Baden-Baden 2002, S. 55–73. Zum Gefühl des »Ausnahmezustands« vgl. *Mischke*, Autorität und Freiheit, S. 891.

etwa Franz Böhm 1942 postulierte, die Aufgabe der Staatsführung liege darin, »auf den Inhalt der sich unter dem Einfluß des Wettbewerbs bildenden Einzelwirtschaftspläne psychologisch bestimmend« einzuwirken, während der Unternehmer, so Peter Yorck von Wartenburg, seinerseits als *zoon politicon* im Sinne der Gemeinnützigkeit handeln müsse, so zeugte dies von der in die Nachkriegszeit fortwirkenden und dann von den Plänen der Besatzungsmächte beförderten Erkenntnis der Kriegsjahre, dass eine Steuerung komplexer Staatsfinanzwirtschaften eher über eine subtile (»psychologische«) Beeinflussung unternehmerischer Dispositionen als allein über staatlichen Dirigismus zu erreichen war.[80]

In der finanzhistorischen Forschung sind die Finanzierungsstrategien des nationalsozialistischen Regimes stattdessen primär von ihrem Scheitern im »Staatsbankrott« des Jahres 1945 her gelesen worden. Damit verbunden war die Vorstellung, Fachbehörden wie das Finanzministerium seien in diesem System allenfalls »willfährige Zahlmeister« des Regimes gewesen, da eine im Sinne der 1920er-Jahre »rationale« Haushaltsplanung und -kontrolle nicht mehr erreichbar war.[81] Solche Zuschreibungen verlieren jedoch an Plausibilität, wenn man die dargestellten französischen Erfahrungen vergleichend heranzieht und auf dieser Basis nach differenzierteren Bewertungen der ministerialen Machtstrategien sucht. In Frankreich spielten sich die entsprechenden Konflikte allerdings zuerst zwischen der Direction du Budget und der Direction du Trésor, also innerhalb eines Ministeriums ab, während sich die deutsche Situation als Auseinandersetzung unter verschiedenen Reichsbehörden darstellte, erweitert um die Interventionen von Partei- und Sonderorganisationen wie der Vierjahresplanbehörde. Die vielschichtigen Effekte dieser dynamischen politisch-administrativen Konstellation, die sich nicht auf eine bloße »Willfährigkeit« der Fachverwaltungen reduzieren lassen, zeigten sich im nationalsozialistischen Deutschland insbesondere im Zusammenhang mit der sogenannten »Finanzierungswende« der Jahre 1938/39.[82] Zu diesem Zeitpunkt ließ die hohe staatliche Beanspruchung des Kapitalmarkts die Grenzen seiner Aufnahmefähigkeit in Erscheinung treten und die Etatlage gestaltete sich immer schlechter. In einer Denkschrift an Hitler vom Januar 1939 forderte das Reichsbankdirektorium ein Ende der »hemmungslosen Ausgabenwirtschaft«.[83] Letztlich ging es in diesem Konflikt um die Machtposition der Reichsbank im Feld der Kapitalmarktsteuerung; das Reichsfinanzministerium sollte, so die Strategie der Reichsbank, vor allem etatrechtliche Befugnisse zurückerhalten, vor allem gegenüber der Wehrmacht. Doch das Reichsfinanzministerium unter Führung des schon seit in der Weimarer Zeit (so Neumark) »gewissen neuen ökonomischen Theorien zugänglichen Etatsfachmanns« Lutz Graf Schwerin von Krosigk

80 *Franz Böhm*, Der Wettbewerb als Instrument staatlicher Wirtschaftslenkung, in: *Günter Schmölders* (Hrsg.), Der Wettbewerb als Mittel volkswirtschaftlicher Leistungssteigerung und Leistungsauslese, Berlin 1942, S. 4–98, hier: S. 91; *Peter Yorck von Wartenburg*, Ansätze zum Leistungswettbewerb in der Kriegswirtschaft, in: ebd., S. 17–27, hier: S. 18. Zum Zusammenspiel mit alliierten Positionen im Hinblick auf marktwirtschaftliche Steuerungsmechanismen vgl. *Brackmann*, Vom totalen Krieg zum Wirtschaftswunder, S. 244–254; *Ludolf Herbst*, Der Totale Krieg und die Ordnung der Wirtschaft. Die Kriegswirtschaft im Spannungsfeld von Politik, Ideologie und Propaganda 1939–1945, München 1982, S. 301–305.

81 So *Boelcke*, Die Kosten von Hitlers Krieg, S. 28. Zu diesen Debatten auch *Hans-Peter Ullmann*, Der deutsche Steuerstaat. Geschichte der öffentlichen Finanzen vom 18. Jahrhundert bis heute, München 2005, S. 141–149; *Stefanie Middendorf*, Staatsfinanzen und Regierungstaktiken. Das Reichsministerium der Finanzen (1919–1945) in der Geschichte von Staatlichkeit im 20. Jahrhundert, in: GG 41, 2015, S. 140–168. Ausführlich und in international vergleichender Perspektive dargelegt sind bedeutsame Entwicklungen im Haushaltswesen bei *Kurt Heinig*, Das Budget, 3 Bde., Tübingen 1949–1951.

82 Hierzu *Schulze*, Wandlungen in der staatlichen Kreditpolitik der Großmächte, S. 113–116; *Boelcke*, Die Kosten von Hitlers Krieg, S. 28.

83 Vgl. *Michiyoshi Oshima*, Von der Rüstungsfinanzierung zum Reichsbankgesetz 1939, in: Jahrbuch für Wirtschaftsgeschichte 47, 2006, S. 177–217, hier: S. 205.

nutzte die Gelegenheit, nach der Entlassung des Reichsbankdirektoriums durch Hitler die eigene Relevanz an der Grenze von Staat und Ökonomie neu zu bestimmen.[84] Dafür kamen die »neuartigen Aufgaben« in der Lenkung des Kapitalmarkts eher infrage als die aus den bereits dargelegten Gründen nur begrenzt zu erreichende Planung des Reichshaushalts. So war auf verschiedenen Ebenen das Bestreben erkennbar, gerade in diesen Bereichen »die Initiative ganz in der Hand des RFM. zu erhalten«.[85]

Mit einigem öffentlichen Aufwand wurde daher 1939 vom Finanzstaatssekretär Fritz Reinhardt der »Neue Finanzplan« vorgestellt, mit dem eine andere Art der Finanzierung erprobt werden sollte. Während man sich weiterhin auf die Unterbringung von Anleihen bei Sparkassen, Versicherungen und anderen Fonds stützte und die Unabhängigkeit der Reichsbank per Gesetz im Juni 1939 endgültig aufgehoben wurde, schuf man mit den sogenannten »Steuergutscheinen« eine Art Wertpapier, das die »bisher vom Kapitalmarkt verdrängten Emissionswünsche der Privatwirtschaft zur Befriedigung« bringen sollte. Diese Steuergutscheine konnten daher teilweise am Rentenmarkt gehandelt werden oder umfassten steuerliche Privilegien. Sie sollten dem Bedürfnis der Unternehmer nach »Gewinn« Rechnung tragen, weil ihr längerfristiger Besitz Bewertungsfreiheit für Teile des betrieblichen Anlagevermögens verschaffte. Auch von Expertenseite wurde daher betont, dass dies keine Zwangsanleihe, sondern ein wirkliches Kreditinstrument (das für den Staat als Kreditnehmer also Kosten verursachte) war.[86] Der Reichsfinanzminister vertrat diese, letztlich recht kurzlebige, Maßnahme nach außen ebenfalls als eine »Öffnung des Kapitalmarkts für die Befriedigung der Bedürfnisse der Privatwirtschaft«, allerdings versehen mit einer »nur aus der nationalsozialistischen Wirtschaftsauffassung zu verstehenden erheblichen Einschränkung«, das heißt der Lenkung der »Privatinitiative« in eine Richtung, die »im Interesse des Gesamtwohles« liege.[87] Begleitet wurde dies durch vertrauensstiftende PR-Kampagnen. In seiner populär aufgemachten Broschüre »Was geschieht mit unserem Geld?« zerstreute Reinhardt 1942 Inflationsängste und schloss mit einem Lob des Wettbewerbs: »Wir haben allen Grund, vertrauensvoll in die Zukunft zu blicken. Es kommt nur darauf an, daß wir gegenwärtig miteinander wetteifern in der Steigerung unserer Arbeitsleistungen, in der größtmöglichen Einschränkung unseres zivilen Verbrauchs und im Sparen.«[88]

Intern rang das Reichsfinanzministerium in den letzten Kriegsjahren gleichwohl mit den richtigen Dimensionen der Staatsschuld und der Rolle des Budgets in diesem Kontext. Ort

---

84 *Neumark*, Zuflucht am Bosporus, S. 55; vgl. auch *Heinrich Köhler*, Lebenserinnerungen des Politikers und Staatsmannes 1878–1949, Stuttgart 1964, S. 197, der Schwerin von Krosigk als »roten Grafen« bezeichnet; *Wilhelm Grotkopp*, Die große Krise. Lehren aus der Überwindung der Wirtschaftskrise 1929/32, Düsseldorf 1954, S. 81, der ebenfalls die Aufgeschlossenheit Schwerin von Krosigks für entsprechende Methoden betont; sowie die Erinnerungen des Leiters der Abt. V, Hugo Fritz Berger, in seinem Nachlass: Schreiben Berger an Wilhelmine Dreißig, 5.2.1964, BArch, NL 1181/44, mit dem Verweis, Schwerin von Krosigk sei von Hans Schäffer in die »moderne Finanzakrobatik« eingeführt worden.

85 Vermerk, Referat Bayrhoffer, 5.4.1937, BArch, R 2/24167; Schreiben Reuning an Bayrhoffer, 30.7.1940, BArch, R 2/24191.

86 Zur Präsentation des Planes vgl. *o. V.*, Der Reinhardtsche Neue Finanzplan. Entscheidende Wende der Deutschen Finanzpolitik, in: Steuer-Warte 8, 1939, S. 215; *Schulze*, Wandlungen in der staatlichen Kreditpolitik der Großmächte, S. 121f.

87 Manuskript »Finanzpolitik«, von Lutz Graf Schwerin von Krosigk [vorgesehen für die Veröffentlichung in »Die Verwaltungs-Akademie. Ein Handbuch für den Beamten im nationalsozialistischen Staat«], o.D., S. 20, BArch, R 2/24176.

88 *Fritz Reinhardt*, Was geschieht mit unserem Geld? Finanzen – Kaufkraft – Währung, Nürnberg 1942, S. 71. Ein weiteres Beispiel war *Ernst Wagemann*, Wo kommt das viele Geld her?, Berlin 1943. Hierzu auch *Günter Schmölders*, Psychologie des Geldes, München 1982 (zuerst 1966), S. 172.

dieser internen Aushandlung war das 1938 eingerichtete Generalbüro für allgemeine Finanz- und Kreditfragen, ein (schon in der Zwischenkriegszeit gefordertes) »volkswirtschaftlich« ausgerichtetes Zentralreferat, das im Krieg um ein Statistisches Büro ergänzt wurde. Dies bildete eine Vorform der 1949 gegründeten Volkswirtschaftlichen Gruppe des Bundesfinanzministeriums.[89] Sich an Prinzipien des *deficit spending* im Dienste des »modernen Krieges« herantastend, beschrieb ein im Generalbüro verfasstes handschriftliches Exzerpt von Otto Donners »Grenzen der Staatsverschuldung« 1942 die daraus entstehende Spannung von Staat und Wirtschaft: »Zunahme der Kreditschöpfung (bei Vollbeschäftigung) bedenklich? unverantwortlich? Rein ökonomisch gesehen! Man kann die Grenze des maximal Produzierbaren hinausrücken! Der Staat hat keine wirtschaftspol. Zielsetzungen als letzte Richtschnur!«[90] Ein Vermerk konstatierte: »Staatsausgaben sind volkswirtschaftlich weitgehend geboten. Das wurde eine Zeitlang eigenartigerweise vielfach nicht gern zugegeben, obwohl die neuzeitliche Wirtschaft anerkanntermaßen ohne den Staat gar nicht denkbar ist.«[91] Der Staat als Bedingung einer funktionierenden Ökonomie und die Politik als eigentliche Leitlinie des Handelns, die ökonomische Prinzipien zu überwinden vermochte – so die tendenziell etatistische, aber keineswegs widerspruchsfreie Haltung im Generalbüro des Reichsfinanzministeriums in den Kriegsjahren. Mit Blick auf die Strukturen der Staatsschuld berücksichtigte man dort in Verhandlungen mit der Reichsbank und dem Reichswirtschaftsministerium sowie mit privaten Banken insofern nicht nur die Perfektionierung indirekter (teils auf Zwang basierender) Begebungstechniken, sondern ebenso den »Markt der öffentlich-rechtlichen Schuldverschreibungen« sowie die »Wünsche der Anlegerkreise«.[92] Die Logiken des Politischen und die Logiken des Markts wurden also in ihrer Interdependenz gesehen. So ergaben sich aus der Organisation des Staatskredits über intermediäre Institutionen auch im Deutschen Reich arkane Spielräume der Aushandlung und personelle Netzwerke, die über das Ende des Zweiten Weltkriegs hinausreichten.[93] Rüstungsfinanzierung und die materielle Organisation der Besatzungsherrschaft wurden daher nicht nur zu einem Laboratorium der Staatsverschuldung, sondern auch zu einem Geschäftszweig der Privatbanken, in enger Kooperation mit den Regierungsstellen des Reiches und angetrieben durch die Konkurrenz innerhalb des Bankensektors.[94]

---

89 Vgl. Geschäftsverteilungsplan des Reichsfinanzministeriums, 25.4.1938, BArch, R 2/60579, Bl. 100. Zur Debatte der Zwischenkriegszeit *Kurt Ball*, Organisationsprobleme der Finanzverwaltung. Ein Beitrag zur Verwaltungslehre, in: Vierteljahresschrift für Steuer- und Finanzrecht 1, 1927, S. 523–549, hier: S. 533–536.

90 BArch, R 2/24159, Bl. 59. Hierzu auch *Walther Bayrhoffer*, Entwicklung und Aufgaben der deutschen Finanzwirtschaft im Krieg, in: Bank-Archiv, 1942, Nr. 3, S. 41–44, hier: S. 41; *Otto Donner*, Grenzen der Staatsverschuldung, in: Weltwirtschaftliches Archiv 56, 1942, S. 183–226; *ders./Bernhard Benning*, Kriegskosten und Grenzen der Staatsverschuldung, Jena 1942.

91 BArch, R 2/24156, Bl. 74.

92 Hauptabteilung IV [des Reichswirtschaftsministeriums], Vorlage für den Minister, 24.1.1944, BArch, R 2/24164, Bl. 22–30; Korrespondenz Bayrhoffer mit Oswald Rösler, Vorstandsmitglied der Deutschen Bank, Juli 1943, BArch, R 2/24165, Bl. 85–87.

93 Vgl. *Stefanie Middendorf/Kim Christian Priemel*, Jenseits des Primats. Kontinuitäten der nationalsozialistischen Finanz- und Wirtschaftspolitik, in: *Birthe Kundrus/Sybille Steinbacher* (Hrsg.), Kontinuitäten und Diskontinuitäten. Der Nationalsozialismus in der Geschichte des 20. Jahrhunderts, Göttingen 2013, S. 94–120.

94 Vgl. *Harald Wixforth*, Die Banken in den abhängigen und besetzten Gebieten Europas 1938–1945. Instrumente der deutschen Hegemonie?, in: *Buchheim/Boldorf*, Europäische Volkswirtschaften unter deutscher Hegemonie 1938–1945, S. 185–207; noch stärker die Handlungsspielräume betonend *Ingo Loose*, Kredite für NS-Verbrechen. Die deutschen Kreditinstitute in Polen und die Ausraubung der polnischen und jüdischen Bevölkerung 1939–1945, München 2007; sowie *Michael Geyer*, Deutsche Rüstungspolitik 1860–1980, Frankfurt am Main 1984, S. 162, der von einer »Börse« spricht, an der »Herrschaftsanteile« gehandelt wurden.

Dabei schienen die Spielräume für das Ministerium als Organisation einerseits zu schrumpfen, andererseits zu wachsen – was auch die zeitgenössische Finanzwissenschaft zum Ausdruck brachte: »Vordringlichste und wichtigste Aufgabe« der Finanzadministration sei nicht mehr Kontrolle, sondern »Mittelbeschaffung«. Der Haushaltsplan wurde daher, das galt wie in Frankreich, als Regierungstechnik und nicht mehr als Regierungsprogramm interpretiert. Dies veränderte die Bedeutung seiner »formalrechtlichen Gesichtspunkte«, machte ihn aus Sicht der Experten aber für den »modernen Staat« nicht bedeutungslos.[95] Rationalität der Haushaltsführung meinte nun nicht mehr formale Transparenz, sondern »differenzierte Verrechnungstechnik«. Der Haushaltsausgleich wurde als »wirkliches« Gleichgewicht im Sinne der Zweckerreichung zu einer dynamischen Ordnungskategorie (einer »Zielordnung«) umgedeutet und vom »Normativismus« gesetzlicher Regelungen befreit. Basierend auf einem mehrjährigen Finanzplan sollte der Reichshaushalt »echte Planung« und ökonomisches Zukunftsdenken statt politischer Kompromisse zum Ausdruck bringen.[96] Solche programmatischen Reformansätze blieben allerdings ebenfalls Stückwerk, eine wirkliche Finanzplanung entwickelte sich daraus nicht. Der auch von nationalsozialistischen Finanzwissenschaftlern betonte Grundsatz der »Einheitlichkeit« des Budgets wurde nicht verwirklicht, stattdessen wurden immer mehr Ausgaben aus dem Reichshaushalt ausgelagert – die sogenannte »Flucht aus dem Budget«, deren Anfänge in die Zwischenkriegszeit zurückreichten und die sich nach 1945 in beiden Ländern fortsetzen sollte.[97]

Friedrich Karl Vialon, ehemaliger Referent im Reichsfinanzministerium und ab 1950 im Bundesfinanzministerium tätig, bevor er später Staatssekretär im Bundesministerium für wirtschaftliche Zusammenarbeit werden sollte, bezeichnete das Laboratorium der Staatsfinanzierung in der Kriegszeit rückblickend als »eine sensationelle, das bisherige Wissen geradezu auf den Kopf stellende« Erfahrung.[98] Diese Experimente waren nach Kriegsende in der Bundesrepublik aber zunächst diskreditiert, vor allem dort, wo es um autoritäre Methoden staatlicher Lenkung und Planung ging. Andere, weniger offensichtliche Spuren wirkten subtiler fort: So beharrte Günter Schmölders, der die bereits zitierten Texte Böhms und von Wartenburgs 1942 herausgegeben hatte, in seinen finanzpsychologischen Schriften der 1960er-Jahre (nun als Präsident der Mont Pèlerin Society) darauf, dass »das Irrationale« in der Staatsfinanzierung zu berücksichtigen sei – dies habe gerade das »hohe Spiel der Rüstungs- und Kriegsfinanzierung« in der Zeit des Nationalsozialismus mit seinem ausgefeilten Vertrauensmanagement gezeigt.[99] Die Historizität des frühen »Ordo-« oder »Neoliberalismus« als Übergangsphänomen, das erst nach 1945 programmatisch unter dem Begriff der »Freiheit« geformt wurde, wird daran ersichtlich.[100] Dieses Wissen um die Entwicklung »liberaler« Marktrhetorik aus der historischen Erfahrung der kämpferischen Konkurrenz im Krieg hilft, auch für die folgenden Jahrzehnte weniger auf revolu-

95 *Felix Boesler*, Der Weg zum nationalsozialistischen Finanzrecht, in: Deutsches Recht 6, 1936, S. 368–374, hier: S. 368 und 374; *Hubert Armbruster*, Die Wandlung des Reichshaushaltsrechts, Stuttgart/Berlin 1939, S. 11.

96 Ebd., S. 15, 17, 20, 33 und 113.

97 *Ullmann*, Der deutsche Steuerstaat, S. 141; *Christian Smekal*, Die Flucht aus dem Budget, Wien 1977; *Thomas Puhl*, Budgetflucht und Haushaltsverfassung, Tübingen 1996.

98 *Friedrich Karl Vialon*, Haushaltsrecht. Systematische Einführung. Übersicht über das Haushaltsrecht des Bundes, der Länder und Gemeinden. Kommentar zur Haushaltsordnung (RHO), Berlin/Frankfurt am Main 1953, S. 48.

99 *Schmölders*, Psychologie des Geldes, S. 172; *ders.*, Das Irrationale in der öffentlichen Finanzwirtschaft. Probleme der Finanzpsychologie, Hamburg 1960.

100 Hierzu auch *Hesse*, »Der Mensch des Unternehmens und der Produktion«; *Bernhard Löffler*, Soziale Marktwirtschaft und administrative Praxis. Das Bundeswirtschaftsministerium unter Ludwig Erhard, Stuttgart 2002, S. 56–70.

tionäre Brüche als auf graduelle Umdeutungen zu blicken und die innere Widersprüchlichkeit finanzwirtschaftlicher Politik (jenseits der paradigmatischen Selbstinszenierung von Expertenzirkeln) zwischen Staat und Markt einzubeziehen.

Finanzplanung und Haushaltsreform: Übergangsmanagement in den 1960er-Jahren

Wie schon angedeutet, wich in Frankreich nach Kriegsende unter den Bedingungen des Marshall-Plans der planwirtschaftliche Dirigismus einem planerisch gerahmten *managerialism à l'américaine*, der bei aller Neuheitsrhetorik Personen und Strukturen der Vichy- und der Volksfront-Zeit aufnahm. In diesem Rahmen rückte das französische Finanzministerium und insbesondere die Direction du Trésor von einer auf den Haushaltsausgleich »der Vergangenheit« fokussierten Politik ab und setzte auf Wachstum und Produktionsförderung. Dabei wurde die Macht des Finanzministeriums gegenüber dem 1946 eingerichteten »Commissariat général du Plan« gestärkt; letzteres blieb ein Ort strategischer Überlegungen (was es seit 2006 als »Centre d'analyse stratégique« auch dem Namen nach ist), jedoch von der entscheidenden Steuerung der Geldströme ausgeschlossen. Die Programmatik der Planifikation diente vor allem als Versicherung gegenüber einer französischen Öffentlichkeit, die anders als ihr deutsches Pendant mit »Planung« politische Entschlossenheit, mit »Liberalismus« hingegen Marktradikalität verband.[101] So entstand bis Ende der 1950er-Jahre eine Synthese aus staatlicher Lenkung, korporatistischer Organisation und Marktkräften, die Richard F. Kuisel sogar als »neoliberale Ordnung« bezeichnet hat.[102] In der haushälterischen Praxis war damit die fortgesetzte Infragestellung des Budgets als Steuerungsinstrument verbunden, versinnbildlicht etwa durch die Vermehrung von undurchsichtigen Nebenhaushalten und, auch hier, eine Tendenz zur »Flucht aus dem Budget«. Dies führte zu inneradministrativen Konflikten, in denen die Direction du Budget gemeinsam mit der Banque de France die von der Direction du Trésor unter dem Signum der »Modernisierung« betriebene Ausgabenpolitik zu begrenzen versuchte. Diese Konflikte verstärkten sich Anfang der 1950er-Jahre.[103]

In diesem Zuge gewannen »Marktreformer« an Einfluss, dazu zählten Repräsentanten von Banken und Versicherungen sowie Vertreter der Ministerialbürokratie. Ein programmatisch »neoliberales« Gesicht erhielt dieser Wandel durch den Einfluss von Finanzexperten wie Jacques Rueff, Gründungsmitglied der Mont Pèlerin Society und Vertreter eines wettbewerbsbasierten europäischen Wirtschaftsraumes, der gemeinsam mit dem gaullistischen Finanzminister Antoine Pinay schon 1958 einen Sanierungsplan für die französischen Staatsfinanzen vorgelegt hatte – dessen Ideen trafen sich, trotz anfänglicher Zurückhaltung, mit den sich verändernden Interessen der Banque de France, die zuvor die Politik

101 Vgl. *Philip Nord*, France's New Deal. From the Thirties to the Postwar Era, Princeton/Oxford 2010, S. 160–163 und 166; *Feiertag*, Wilfrid Baumgartner, S. 279; *Yves Mamou*, Une machine de pouvoir. La direction du Trésor, Paris 1988, S. 113.

102 *Richard F. Kuisel*, Capitalism and the State in Modern France. Renovation and Economic Management in the Twentieth Century, Cambridge/New York etc. 1981, S. 248; vgl. auch *Quennouëlle-Corre*, La direction du Trésor 1947–1967, S. 230; *François Denord*, Néo-libéralisme version française. Histoire d'une idéologie politique, Paris 2007.

103 Vgl. *Laure Quennouëlle*, La direction du Budget, la direction du Trésor et le financement public des investissements 1946–1957, in: Comité pour l'histoire économique et financière de la France, La direction du Budget face aux grandes mutations, S. 587–607, hier: S. 590 und 599; *Lieselotte Klein*, Finanzpolitische Instrumente der Konjunkturpolitik. Institutionelle Möglichkeiten und Grenzen ihrer Anwendung in Deutschland und Frankreich, Berlin/München 1963, S. 21. Zur Selbstbeschreibung der Verantwortlichen des Trésor als »Modernisierer« vgl. *Mamou*, Une machine de pouvoir, S. 109; *François Bloch-Lainé*/*Jean Bouvier*, La France restaurée 1944–1954. Dialogue sur les choix d'une modernisation, Paris 1986.

des *circuit* mitgetragen hatte.[104] Dies zielte nicht zuletzt auf die Reduktion der Staatsverschuldung, insbesondere mit Blick auf die Auslandsschulden. Für einen Zeitraum von etwa zehn Jahren war diese Strategie von 1958 an erfolgreich, bevor sie neuerlicher Verschuldung Platz machte. Angetrieben wurde sie von wirtschaftlichen Krisenanzeichen in den frühen 1960er-Jahren.[105] Die Direction du Trésor transformierte sich in diesem Zuge vom Staatsbankier zu einem Organ des Übergangs, das die Einführung neuer »Finanzprodukte« initiierte und die »Normalisierung« des französischen Kreditmarkts befördern wollte.[106] Betriebswirtschaftliches Denken veränderte den Blick auf die Rolle von Verwaltung: 1968 wurde in der Budgetdirektion eine »Mission de rationalisation des choix budgétaires« eingerichtet, die eine Reform und Flexibilisierung der französischen Administration nach internationalen Methoden »zweckmäßiger« Programmsteuerung anstrebte.[107] Personell war dies vom Aufstieg jüngerer Beamte mit einem Hintergrund als *énarques* (Absolventen der »École nationale d'administration«) geprägt, die ähnlich gut vernetzt waren wie ihre Vorgänger. Gegenüber der Banque de France inszenierten sie sich als »moderne« Streiter gegen die mangelnde Effizienz dieser »alten« Institution, die zu diesem Zeitpunkt – anders als die Deutsche Bundesbank – noch nicht regierungsunabhängig war.[108]

Damit verbunden war eine eher implizite und wiederum widersprüchliche programmatische Transformation, zumal sie bei den verantwortlichen Eliten eine Umdeutung der mit der bisherigen Finanzpolitik verbundenen historischen Erfahrung erforderte – war doch die restriktive Budget- und Geldpolitik der 1930er-Jahre mit Depression und militärischer Niederlage assoziiert, die inflationäre Politik der Zeit seit den 1940er-Jahren hingegen mit wirtschaftlichem Wachstum. Mit dem Dekret vom 19. Juni 1956 über die Haushaltsgesetzgebung, das auf die Überlegungen einer 1948 eingerichteten Reformkommission zurückging, hielt daher zunächst der Keynesianismus in den französischen *dirigisme* Einzug, jedoch unter den Bedingungen der autoritären Transformation von der Vierten zur Fünften Republik. Damit verbunden war insbesondere eine Neudeutung der Budgetpolitik als Instrument konjunktureller Steuerung. Das Dekret legte fest, dass der Staatshaushalt sowohl die finanziellen als auch die wirtschaftlichen Absichten der Regierung abzubilden habe. Zudem mussten nunmehr die entsprechenden Informationen in der Gesetzesvorlage zum Haushaltsplan sowohl nach institutionellen als auch nach funktionalen Gesichtspunkten gegliedert werden. Damit wurden engere Verbindungen zu volkswirtschaftlichen Entwicklungen geschaffen und Reformkonzepte der Hoover-Kommission beziehungsweise der

---

104 *Bonin*, The Political Influence of Bankers and Financiers in France in the Years 1850–1960, S. 234; *Margairaz*, La période singulière où la Banque de France s'est nationalisée, S. 441f.; *Sylviane Guillaumont-Jeanneney*, L'alternance entre dirigisme et libéralisme monétaires (1950–1990), in: *Maurice Lévy-Leboyer/Jean-Claude Casanova* (Hrsg.), Entre l'État et le marché. L'économie française des années 1880 à nos jours, Paris 1991, S. 519; *Feiertag*, Wilfrid Baumgartner, S. 478–480.

105 Vgl. *Jean-Claude Ducros*, L'emprunt de l'État, Paris 2008, S. 354 und 436; *Quennouëlle-Corre*, Les réformes bancaires et financières de 1966–1967, in: Comité pour l'histoire économique et financière de la France (Hrsg.), Michel Debré, un réformateur aux Finances 1966–1968. Journée d'étude tenue à Bercy le 8 janvier 2004, Paris 2005, S. 85–117, insb. S. 89f.

106 So die Einschätzung des daran beteiligten *François Bloch-Lainé*, L'affirmation d'une puissance, in: Pouvoirs 53, 1990, S. 5–15, hier: S. 13. Hierzu auch *Quennouëlle-Corre*, Dette publique et marchés de capitaux au XXe siècle, S. 465.

107 *Bernard Perret*, De l'échec de la rationalisation des choix budgétaires (RCB) à la loi organique relative aux lois de finances (LOLF), in: *Revue française d'administration publique*, 2006, S. 31–41, URL: <http://www.cairn.info/revue-francaise-d-administration-publique-2006-1-page-31.htm> [26.7.2017]; hierzu *Crozier*, La société bloquée; *Descamps*, Introduction, S. 6.

108 Hierzu *Mamou*, Une machine de pouvoir, S. 113–115; *Quennouëlle-Corre*, Les réformes bancaires et financières de 1966–1967, S. 92–94.

Organisation für europäische wirtschaftliche Zusammenarbeit, die ein nach Input-Output-Kategorien strukturiertes *performance budget* forderten, aufgegriffen. Gleichzeitig wurde die Macht des Parlaments eingeschränkt, da es nur noch über größere Ausgabenblöcke abzustimmen hatte, während die genaue Verteilung der Mittel Regierungsdekreten überlassen blieb.[109] Ausgebaut wurden diese Regelungen durch eine *loi organique* vom 2. Januar 1959, eine ohne Abstimmung durch das Parlament festgelegte »Finanzverfassung«, die bis 2001 in Kraft blieb, bevor sie unter dem Einfluss des *new public management* (wie auch die seither in eine rechtlich autonome Organisation transformierte Direction du Trésor) reformiert wurde. Das Konzept des »wirtschaftlichen und finanziellen Gleichgewichts«, das dem Organgesetz zugrunde lag, markierte den grundsätzlichen Rahmen für die Gestaltung des staatlichen Budgets. Zugleich wurden die Kompetenzen der Exekutive noch einmal gestärkt, insbesondere bei Verzögerungen der parlamentarischen Beratungen sowie im Hinblick auf die Mittelzuweisung – damit sollte die administrative »Gleichgewichtspolitik« die parlamentarische »Interessenpolitik« zurückdrängen.[110] Diese gesetzlichen Maßnahmen waren begleitet von einer Debatte um eine »notwendige keynesianische Konversion« des Finanzministeriums, die der als Experte im Wirtschafts- und Sozialrat der Vereinten Nationen aktive Finanzpolitiker Georges Boris bereits 1948 gefordert hatte. Entsprechend sind die Formulierungen der Dekrete und die damit verbundene Einbettung der Haushaltspolitik in einen »globalen« ökonomischen Kontext auch in der Forschung gedeutet worden. Die »Tradition« des formalen Haushaltsrechts sei auf diese Weise unter der Ägide der von Experten beratenen Exekutive und aufgrund der bis dahin gesammelten Erfahrungen »modernisiert« worden; damit sei die Anerkennung einer »neuen budgetären Rationalität« und einer »neuen Rolle des Staats« verbunden gewesen.[111]

Doch war der Begriff des Keynesianismus in dieser Phase ein zwar omnipräsentes, zugleich aber uneindeutiges und umstrittenes Gut.[112] Während die Finanzadministration für sich in Anspruch nahm, entsprechende Instrumente innovativ einzuführen, erlebten die zugrunde liegenden ökonomischen Theorien zeitgleich einen Aufschwung auch im Umfeld regierungskritischer, linkskatholischer und syndikalistischer Reformer, die gegen die gaullistische Variante des Budgetkeynesianismus mehr »demokratische Planung« forderten sowie die Emanzipation der Staatsfinanzierung von der wachsenden Macht der Zentralbank. Diese Sichtweise fand sich bei technokratischen Zirkeln wie dem Club Jean Moulin (in dem ehemalige sowie aktive Mitglieder der Finanzbürokratie wie François Bloch-Lainé oder Simon Nora eine Rolle spielten) ebenso wie im damaligen Wirtschaftsprogramm François Mitterrands. Zitiert wurden in den dort produzierten Texten nicht nur Keynes,

109 Décret n° 56-601 du 19 juin 1956 déterminant le mode de présentation du budget de l'État, in: Journal officiel de la République française, 20.6.1956, S. 5632–5640, URL: <https://www.legifrance.gouv.fr/jo_pdf.do?id=JORFTEXT000000687477> [24.3.2017]; OEEC (Hrsg.), A Standardised System of National Accounts, Paris 1952. Hierzu *Klein*, Finanzpolitische Instrumente der Konjunkturpolitik, S. 31; *Lucille Tallineau*, Le décret de 1956 et l'ordonnance de 1959: leurs conséquences sur la gestion financière de l'État, in: *Bezes/Descamps/Kott* u.a., L'invention de la gestion des finances publiques (1914–1967), S. 519–555, hier: S. 540f.; *dies.*, L'inspiration keynésienne du décret du 19 juin 1956, S. 166.

110 Ordonnance n° 59-2 du 2 janvier 1959 portant loi organique relative aux lois de finances, in: Journal officiel de la République française, 3.1.1959, S. 180–185, URL: <https://www.legifrance.gouv.fr/jo_pdf.do?id=JORFTEXT000000339591> [21.8.2017]. Hierzu *Klein*, Finanzpolitische Instrumente der Konjunkturpolitik, S. 35f.; *Ducros*, L'emprunt de l'État, S. 81.

111 *Tallineau*, L'inspiration keynésienne du décret du 19 juin 1956, S. 166, 175, 177 und 185; hierzu und zum Folgenden auch *Margairaz*, Les ministres des Finances, S. 106f.

112 Vgl. *Quennouëlle-Corre*, La direction du Trésor 1947–1967, S. 178–180; *Pierre Rosanvallon*, Histoire des idées keynésiennes en France, in: Revue française d'économie 2, 1987, H. 4, S. 22–56, hier: S. 49–51.

sondern auch Burnham und John Kenneth Galbraith, zudem dienten der Fabianismus und Dritte-Weg-Diskurse der Zwischenkriegszeit sowie Modelle sozialer Marktwirtschaft als Orientierungspunkte. Der Staat sollte die Ökonomie regulieren und gesellschaftliche Aushandlungsprozesse steuern, aber nicht mehr selbst ökonomischer Akteur sein.[113] Der Liberalismus des von Rueff verantworteten Expertenberichts und die autoritäre Tonlage des Dekrets von 1959 wurden kritisiert: als Ausdruck der Rückkehr einer »alten Garde«, die im Widerspruch zum Wunsch der »Beamtengeneration von heute« nach umfassenden Reformen stehe und sich nicht auf der Höhe volkswirtschaftlicher Erkenntnisse bewege.[114] Traditionalität und Modernität bildeten daher sowohl aufseiten der regierungsnahen Beamtenschaft als auch bei ihren Kritikern politische Kampfbegriffe, die das jeweils Eigene als »neu«, die Gegenposition hingegen als »alt« beschreiben sollten.[115]

Von zeitgenössischen Beobachtern in Deutschland wurden die französischen Dekrete von 1956 und 1959 dennoch als eindeutiger Ausdruck einer erneuerten Finanzpolitik interpretiert, die – anders als die deutsche – bereits erkannt habe, »daß der Staatshaushalt wirtschaftlich nicht neutral sein kann« und dass finanzpolitische Steuerung mittels Haushaltsplanung vom Staat gezielt betrieben werden müsse. In der Bundesrepublik stehe dem hingegen bisher noch das »altmodische« Beharren auf einem »ordnungsgemäßen, soliden Haushaltsgebaren« entgegen, welches sich der von der Finanzwissenschaft längst »als Selbstverständlichkeit« erkannten Notwendigkeit eines »konjunkturgerechten Verhaltens« des Staats verschließe. Grund dafür sei nicht zuletzt das Abreißen der deutschen Verbindung zu internationalen Entwicklungen, insbesondere auf dem Gebiet der Volkswirtschaftlichen Gesamtrechnung, in den Jahren 1933 bis 1945.[116] Letzteres stimmte nur bedingt, blendete es doch die (teils an Agententhriller gemahnenden) Transfers der in den letzten Kriegsjahren unter der Ägide des speerschen Rüstungsministeriums gesammelten Daten und Berechnungsgrundlagen in die Anfänge der von den Alliierten geförderten internationalen Wirtschaftsstatistik aus.[117] Gerade deswegen sowie wegen ihres »planwirtschaftlichen« Charakters waren entsprechende Ansätze jedoch in der öffentlichen Debatte der frühen Bundesrepublik diskreditiert, anders als in Frankreich.[118] Versuche staatlicher Kapitalmarktlenkung im Dienste des Wohnungsbaus konnten so noch 1952 als »Methoden des Hitler-Regimes« delegitimiert werden; entsprechende Maßnahmen wurden daher weiterhin eher verdeckt

---

113 Hierzu *Mathieu Fulla*, Les socialistes français et l'économie (1944–1981). Une histoire économique du politique, Paris 2016, S. 126–131, 142–176 und 182–184; *Quenouëlle-Corre*, La direction du Trésor 1947–1967, S. 264–267.

114 Bulletin du Club Jean Moulin, Nr. 4, März 1959, zit. nach: *Gilbert Ziebura*, Die V. Republik. Frankreichs neues Regierungssystem, Köln/Opladen 1960, S. 231–235.

115 Hierzu *Jacques Donzelot*, D'une modernisation à l'autre, in: Esprit, 1986, Nr. 117/118, S. 30–45; *Delphine Dulong*, Moderniser la politique. Aux origines de la Ve République, Paris/Montréal 1997.

116 *Klein*, Finanzpolitische Instrumente der Konjunkturpolitik, S. 27–29.

117 Anschaulich geschildert bei *Philipp Lepenies*, Die Macht der einen Zahl. Eine politische Geschichte des Bruttoinlandsprodukts, Berlin 2013, S. 123–151; weniger anekdotisch *Reinhard Vilk*, Von der Konjunkturtheorie zur Theorie der Konjunkturpolitik. Ein historischer Abriss 1930–1945, Wiesbaden 1992; *Rainer Fremdling/Reiner Stäglin*, Der Industriezensus von 1936 als Grundlage einer neuen volkswirtschaftlichen Gesamtrechnung für Deutschland, Rostock 2003; sowie die Beiträge in *Klaus Voy* (Hrsg.), Kategorien der Volkswirtschaftlichen Gesamtrechnungen, Bd. 4: Zur Geschichte der Volkswirtschaftlichen Gesamtrechnungen nach 1945, Marburg 2009. Zeitgenössisch *Otto Schörry*, Volkseinkommen und Sozialprodukt des Vereinigten Wirtschaftsgebiets im Jahre 1936 und im zweiten Halbjahr 1948, in: Wirtschaft und Statistik 1, 1949, H. 3, S. 94–99.

118 Hierzu *Klein*, Finanzpolitische Instrumente der Konjunkturpolitik, S. 31f.

durch eine Mischung von korporativer Selbstverpflichtung und rechtlicher Rahmensetzung durch den Staat umgesetzt.[119]

Die (Wieder-)Entdeckung der Konjunkturtheorie der 1930er- und 1940er-Jahre setzte in der Bundesrepublik insofern zeitverzögert und unter spezifischen Konstellationen ein – zum Teil unter der Ägide ihrer ehemals nationalsozialistischen Protagonisten wie Karl Schiller, dem für die Konzeption der »Globalsteuerung« zuständigen sozialdemokratischen Wirtschafts- und dann auch Finanzminister der Jahre 1966 bis 1972, vor allem aber unter dem Einfluss emigrierter Wissenschaftler wie Neumark oder Gerhard Colm, die schon in der Zwischenkriegszeit für eine theoretisch reflektierte Allianz von Finanz- und Wirtschaftspolitik plädiert hatten. Deren doppelt glaubwürdige Stellung als international vernetzte Experten und als Emigranten trug zur Reimplementierung »keynesianischer« Gedanken in die deutsche Diskussion bei.[120] Sie prägten daher die in den späten 1950er-Jahren beginnenden Debatten um eine Haushaltsreform sowie die Einführung einer mittelfristigen Finanzplanung. Anders als in Frankreich ging es bei den bundesdeutschen Reformen weniger um die autoritäre Restrukturierung des Staats und die entsprechende Neugewichtung der Haushaltsplanung zugunsten der Exekutive, wenngleich dieser Aspekt auch eine gewisse Rolle spielte. In Deutschland hatte aber schon die grundgesetzliche Regelung (insbesondere Artikel 111 und 112 des Grundgesetzes) die Regierung mit einem eigenständigen Bewilligungsrecht ausgestattet; dies wurde durch die Reformen der 1960er-Jahre nur noch einmal präzisiert und gestärkt.[121]

Im Vordergrund der bundesrepublikanischen Debatten stand hingegen die konzeptionelle Einbettung der Finanz- in die Wirtschaftspolitik – ein Schritt, der in Frankreich durch die institutionelle Einheit von Finanz- und Wirtschaftsressort sowie die bestehende Pro-

---

119 *Gerd Müller*, Unterstützung der Gesamtwirtschaft und Sicherung des Sparers, in: Versicherungswirtschaft 6, 1951, S. 249ff.; *Peter Borscheid*, Mit Sicherheit leben. Die Geschichte der deutschen Lebensversicherungswirtschaft und der Provinzial-Lebensversicherungsanstalt von Westfalen, Bd. 2: Von der Währungsreform 1948 bis zur Vollendung des europäischen Binnenmarktes, Münster 1993, S. 30f. und 64.

120 Vgl. *Alexander Nützenadel*, Stunde der Ökonomen. Wissenschaft, Politik und Expertenkultur in der Bundesrepublik 1949–1974, Göttingen 2005, S. 44–51 und 61f.; *Claus-Dieter Krohn*, Wissenschaft im Exil. Deutsche Sozial- und Wirtschaftswissenschaftler in den USA und die New School for Social Research, Frankfurt am Main/New York 1987, S. 134–145; *Karl Schiller*, Arbeitsbeschaffung und Finanzordnung in Deutschland, Berlin 1936; *ders.*, Konjunkturpolitik auf dem Wege zu einer Affluent Society, Kiel 1968; *Gerhard Colm*, Volkswirtschaftliche Theorie der Staatsausgaben. Ein Beitrag zur Finanztheorie, Tübingen 1927; *ders.*, Der Staatshaushalt und der Haushalt der Gesamtwirtschaft, in: Finanzarchiv N.F. 11, 1949, S. 620–633; *ders.*, Integration of National Planning and Budgeting, Washington 1968; *Fritz Neumark*, Konjunktur und Steuern, Bonn 1930; *ders.*, Wo steht die »Fiscal Policy« heute?, in: Finanzarchiv N.F. 19, 1958/59, S. 46–71. Neumark, der tendenziell für eine Beibehaltung des fiskalischen innerhalb des ökonomischen Gleichgewichtsgedankens und damit für die Vermeidung von übermäßiger Inflation plädierte, war als Experte auch beteiligt an: Kommission für die Finanzreform (Hrsg.), Gutachten über die Finanzreform in der Bundesrepublik Deutschland, Stuttgart/Köln etc. 1966; hierzu auch die Diskussion in: *Erik Lundberg* (Hrsg.), Inflation Theory and Anti-Inflation Theory. Proceedings of a Conference held by the International Economic Association at Saltsjöbaden, Sweden, Basingstoke/London etc. 1986 (zuerst 1977), S. 375–386. Auch Wilhemine Dreißig, die zu Kriegsende in der Forschungsstelle für Wehrwirtschaft und beim Reichsfinanzministerium gearbeitet hatte, zählte zu diesen biografischen Mittlern, vgl. die Beiträge von Neumark und Dreißig in *Heinz Haller* (Hrsg.), Probleme der Haushalts- und Finanzplanung, Berlin 1969.

121 Vgl. *Kurt Bienert/Rolf Caesar/Karl-Heinrich Hansmeyer*, Das Ausgabenbewilligungsrecht des Bundesfinanzministers nach Art. 112 GG. Historische Entwicklung, praktische Handhabung und finanzwirtschaftliche Bedeutung, Berlin 1982, insb. S. 70–75.

grammatik des *dirigisme* schon getan war. Insofern ging es in den 1960er-Jahren unter dem Signum des Keynesianismus in Frankreich darum, die spezifische Bedeutung des Budgets für die Wirtschaftspolitik neu zu betonen, in Deutschland hingegen darum, eine veränderte Bedeutung der Wirtschaft für die Budgetpolitik zu fordern. In beiden Ländern wurde dieser Wandel zeitlich und inhaltlich akzentuiert durch erste ökonomische Krisenzeichen nach einer langen Wachstumsphase sowie durch die zunehmende Öffnung der nationalen Wirtschaft für den europäischen Wirtschaftsraum. Die Bezugnahme auf »keynesianische« Prinzipien war insofern Effekt einer internationalen Synchronisierung von Debatten. Während der Zweite Weltkrieg gezeigt hatte, wie ähnliche Strategien national unterschiedlich ausgedeutet wurden, war nun die ähnliche Interpretation unterschiedlicher Strategien beobachtbar.

Bundesrepublikanische Autoren beriefen sich nun auf die dezidiert politische Akzentsetzung, die der französische Wissenschaftler Jèze schon in der Zwischenkriegszeit vorgenommen hatte. Die verwaltungstechnische Ausrichtung der deutschen Haushaltsrechtler (mit Ausnahme des späten Neumarks) habe hingegen schon in der Weimarer Republik, so die Argumentation, solche »modernen Ansätze« verschüttet und sich stattdessen »traditionalistisch« auf die Rationalität bestimmter Budgetgrundsätze (wie Vorherigkeit, Öffentlichkeit oder Klarheit) beschränkt.[122] Statt solche Prinzipien als in sich »objektivierte Rationalitätsgrundsätze« anzusehen, müsse es vielmehr darum gehen, »nach einer Rationalität dieser Grundsätze selbst zu fragen« – also nach ihrer Relevanz für die Verwirklichung eines bestimmten »Programms«, ihrer Bedeutung für eine im doppelten Sinne ökonomische »Zielerreichung«. Diese Bedeutung könne bereits in der Gestaltung des »Handlungsprozesses« liegen, sei also nicht auf den Fall des »Erfolgs« beschränkt. Solche Debatten verknüpften sich – ähnlich wie in Frankreich – mit der Rezeption angelsächsischer Cost-Benefit-Theorien und des »Planning-Programming-Budgeting-Systems«, das seit 1961 im US-amerikanischen Verteidigungsministerium erprobt wurde.[123] In der Bundesrepublik wurde die Volkswirtschaftliche Gruppe im Finanzministerium in diesem Zuge ausgebaut und erstmals ein parlamentarischer Staatssekretär ernannt. Zudem wurden neue Techniken der Datenverarbeitung gefördert, die bereits im Prozess der Haushaltsaufstellung abbilden sollten, »inwieweit das Ziel der Verhandlungen erreicht ist«.[124] Diese »unternehmerische« Gestaltung der Staatsfinanzen konnte allerdings mit Setzungen einhergehen, die aus Sicht der parlamentarischen Demokratie nicht unproblematisch waren und frühere Erfahrungsschichten in sich trugen. Sie übertünchten die Konfliktzonen der Budgetrationalität, die schon in den 1920er-Jahren sichtbar gewesen und auch von den national-

122 *Karl-Heinrich Hansmeyer*, Das rationale Budget. Ansätze moderner Haushaltstheorie, Köln 1971, S. 12f.

123 Ebd., S. 15f., dort mit Bezug auf *Dieter Eckel*, Rationales Handeln in der Ökonomie. Maximierung und Optimierung als Entscheidungskriterien in der Mikroökonomie, Berlin 1970, S. 10f. Vgl. auch *Norbert Koubek*, Die zeitliche Dimension der Ausgaben im modernen Budget, Diss., Frankfurt am Main 1969, S. 24–26.

124 Bundesministerium der Finanzen (Hrsg.), Von der Reichsschatzkammer zum Bundesfinanzministerium. Geschichte, Leistungen und Aufgaben eines zentralen Staatsorganes, Köln 1969, S. 166. Hierzu auch *Rolf Caesar/Karl-Heinrich Hansmeyer*, Die finanzwirtschaftliche Entwicklung seit 1949, in: *Kurt G.A. Jeserich/Hans Pohl/Georg-Christoph von Unruh* (Hrsg.), Deutsche Verwaltungsgeschichte, Bd. 5: Die Bundesrepublik Deutschland, Stuttgart 1987, S. 919–954, hier: S. 932; *Fritz Schiettinger*, Die Volkswirte in der Bundesfinanzverwaltung, in: *Alfred Müller-Armack/Herbert B. Schmidt* (Hrsg.) Wirtschafts- und Finanzpolitik im Zeichen der Sozialen Marktwirtschaft. Festgabe für Franz Etzel, Stuttgart 1967, S. 351–359, hier: S. 357; *Bertram M. Gross*, Die neue Systembudgetierung, in: *Frieder Naschold/Werner Väth* (Hrsg.), Politische Planungssysteme, Opladen 1973, S. 245–295, insb. S. 262; *Franz Klein*, Das Bundesministerium der Finanzen, Bonn 1970 (zuerst 1966), S. 45f.

sozialistischen Finanzwissenschaftlern erkannt worden waren, mit Technokratie: So argumentierte der Staatswissenschaftler Friedhelm Wilkenloh 1959, dass eigentlich nur »Plan« und »Norm« dem Budget »wesenzugehörig« seien, nicht aber die Regierungsbindung an die Parlamentsbewilligung von Ausgaben. Die ökonomisch begründete »Finanzplanung« konnte so auch als Mittel verstanden werden, um die parlamentarische Ausgabeninitiative zu beschränken.[125]

So begann Mitte der 1950er-Jahre eine Konjunktur programmatischer Erneuerung in der bundesdeutschen Finanzpolitik, die schließlich in das Gesetz zur Förderung der Stabilität und des Wachstums der Wirtschaft von 1967 (das vor allem die Finanzautonomie der Länder und Gemeinden einschränkte) und in die große Haushaltsreform von 1969 mündete. Letztere umfasste Änderungen der grundgesetzlichen Regelungen in den Artikeln 109 bis 115, das sogenannte Haushaltsgrundsätzegesetz vom 19. August 1969 sowie die am gleichen Tag verabschiedete Bundeshaushaltsordnung, welche die Reichshaushaltsordnung ablöste. Damit verbunden war wie in Frankreich die Veränderung der Budgetsystematik durch eine Verbindung von Gruppierungs- und Funktionsplänen. Der Haushaltsausgleich wurde nun nicht mehr als »formales«, sondern als »politisches« Ordnungsprinzip definiert, blieb gleichwohl an die Vorgabe der Ausgabenbegrenzung prinzipiell gebunden.[126] Die entsprechenden Regelungen wurden als Befreiung von den Zwängen des bisherigen Haushaltsausgleichs zugunsten des *demand managements* durch Verschuldung kommuniziert. Sie schufen neben Erleichterungen in der Kreditaufnahme aber zugleich einheitliche Strukturen der Information und erweiterten die »Beweglichkeit beim Haushaltsvollzug«, also nicht zuletzt die Befugnis des Finanzministeriums zu »Eingriffen in den planmäßigen Haushaltsvollzug« mittels Ausgabensperren. Demgegenüber wurde die Zuständigkeit des Parlaments für die nachträgliche Kontrolle der Haushaltsführung mithilfe des Rechnungshofs gestärkt.[127]

Die durch diese Maßnahmen eingeführte »antizyklische Fiskalpolitik« wurde von Regierungsseite als Ausweitung der Finanzpolitik zur »umfassenden Gesellschaftspolitik« unter staatlicher Verantwortung dargestellt, so etwa 1970 durch Bundesfinanzminister Alex Möller.[128] Doch brachte diese Debatte ein Denken in Kategorien nicht des Sozialen, sondern des Ökonomischen mit sich, das auch ganz andere Schwerpunktsetzungen ermöglichte: So wies der Bundesbankpräsident Karl Blessing schon 1967 darauf hin, dass eine konjunkturpolitische Ausrichtung der Finanzpolitik zu begrüßen sei, dass diese aber nicht zuletzt bedeute, zukünftig wieder Ausgaben und Schulden abzubauen. Zugleich müsse sie eine enge »Kooperation« zwischen öffentlicher Hand und Bundesbank mit sich bringen, da letztere dafür sorge, »daß genügend Kredite am Markt angeboten werden«, ohne dass Inflation entstehe.[129] Auch Herbert Fischer-Menshausen, Abteilungsleiter im Bundesfinanzministerium, betonte die Notwendigkeit, eine in diesem Sinne »rationale« Haushaltspolitik zu betreiben – der Staat war damit in umfassender ökonomischer Bringschuld gegenüber Marktakteuren, bei gleichzeitiger Reduktion seiner eigenen Ausgaben:

---

125 *Friedhelm Wilkenloh*, Grundprobleme des modernen Budgetwesens, Diss., Freiburg im Breisgau 1959, S. 4 und 50; *Albrecht Zunker*, Finanzplanung und Bundeshaushalt. Zur Koordinierung und Kontrolle durch den Bundesfinanzminister, Frankfurt am Main/Berlin 1972, S. 235.

126 Hierzu *Ullmann*, Das Abgleiten in den Schuldenstaat, S. 64–75; *Albert Leicht*, Die Haushaltsreform, München/Wien 1970, S. 61; *Rolf Caesar/Karl-Heinrich Hansmeyer*, Die finanzwirtschaftliche Entwicklung seit 1949, in: *Jeserich/Pohl/von Unruh*, Deutsche Verwaltungsgeschichte, Bd. 5, S. 919–954, hier: S. 922–927.

127 *Leicht*, Die Haushaltsreform, S. 65 und 76f.

128 Zit. nach: *Ullmann*, Das Abgleiten in den Schuldenstaat, S. 138.

129 *Karl Blessing*, Finanzpolitik und Währungspolitik, in: *Müller-Armack/Schmidt*, Wirtschafts- und Finanzpolitik im Zeichen der Sozialen Marktwirtschaft, S. 273–279.

»Die überfällige Sanierung der öffentlichen Finanzen stellt dem Staat Aufgaben von höchstem Schwierigkeitsgrad. Es genügt nicht, die Haushaltsdefizite zu beseitigen; darüber hinaus muß der finanzielle Spielraum für die anspruchsvollen Aufgaben der Zukunftsvorsorge gewonnen, zugleich der Wirtschaft die Möglichkeit zur Finanzierung wachstumsfördernder Investitionen belassen werden.«[130]

In einer Hochphase seiner planungspolitischen Ermächtigung wurde »der Staat« somit zum Getriebenen der Funktionsweisen der Wirtschaft und die Wirtschaft ihrerseits zum Ausdruck individuellen Unternehmertums und Marktverhaltens erklärt. Durch mittels EDV »automatisch« hergestellte Transparenz der Haushaltsplanung sollte dieses Staatswesen nicht mehr primär parlamentarische Budgetrechte achten, sondern »moderne Öffentlichkeitsarbeit« betreiben, um jeden Einzelnen für seine Teilhabe an der Staatsfinanzierung durch Kredite zu interessieren. »Letztlich fast unmerkliche« Formen des »freiwilligen« Sparens per Lohnabzugsverfahren und begleitende Formen der »Seelenmassage« sollten die Anlagewilligkeit des Publikums befördern und ebenfalls »als Mittel der Konjunkturpolitik« verstanden werden – so Schmölders, der damit seine Erfahrungen in der Kriegsfinanzierung auf »Friedenszeiten« übertrug und gerade deswegen an der vertrauensstiftenden Symbolpolitik des Haushaltsausgleichs festhalten wollte.[131]

Es folgten Jahrzehnte wachsender Staatsverschuldung – und der Aufstieg der Finanzmarktpolitik zum eigenen Feld der Aushandlung der Grenzen von Staat und Markt. Auf die Euphorie der Planungsexpertise folgte in der Bundesrepublik eine »Ernüchterung«, die allerdings weniger das Ende der Verwissenschaftlichung einleitete als deren neuerliche Transformation, nun zu einem selbstreflexiven Spiel wirtschaftswissenschaftlicher »Modelle«.[132] Gefordert war seither vom Staat, auch aufgrund der nach dem Ende von Bretton Woods neu gestalteten Währungsordnung, ein *policy mix* aus monetärer und fiskalischer Strategie.[133] In Frankreich schloss sich ein Zeitraum des Experimentierens zwischen »dirigistischen« beziehungsweise »keynesianischen« und »liberalen« Maßnahmen an. Die Wiederherstellung des *équilibre budgétaire* wurde auch dort zur zentralen Anforderung an den Staat, doch (neuerlich) innerhalb eines hybriden Systems.[134] Die damit verbundenen Widersprüche waren bereits in den Diskussionen um den V. Plan (1966–1970) und den VI. Plan (1971–1975) aufgebrochen und in der Krise des Mai 1968 sogar auf die Straße getragen worden, als sich die Protestbewegung im Namen der Freiheit auch gegen die nunmehr marktliberale Rhetorik der Planifikation erhob – bis hin zu Streiks des Bankpersonals gegen die Lockerung des *circuit*.[135] Angesichts ökonomischer Krisenerscheinungen in der Folge der Ölpreiskrise wurde 1973 per Gesetz noch einmal die Unterordnung der französischen Zentralbank unter die staatliche Wirtschafts- und Finanzpolitik bekräftigt.

130 *Herbert Fischer-Menshausen*, Haushaltspolitische Flurbereinigung zur Sicherung der öffentlichen Zukunftsaufgaben, in: ebd., S. 281–301, hier: S. 282 und 284.

131 *Günter Schmölders*, Öffentlichkeitsarbeit der Finanzverwaltung, in: ebd., S. 335–350, hier: S. 344f. Schmölders blieb daher (auch hier in der Tradition der NS-Zeit) gegenüber allzu offensichtlichem *deficit spending* kritisch, da der Haushaltsausgleich als vertrauensstiftendes Moment von zentraler Bedeutung für eine funktionierende Finanzwirtschaft sei, vgl. *Schmölders*, Das Irrationale in der öffentlichen Finanzwirtschaft, S. 143.

132 *Tim Schanetzky*, Die große Ernüchterung. Wirtschaftspolitik, Expertise und Gesellschaft in der Bundesrepublik 1966 bis 1982, Berlin 2007; *Daniel Speich Chassé*, Die Erfindung des Bruttosozialprodukts. Globale Ungleichheit in der Wissensgeschichte der Ökonomie, Göttingen/Bristol 2013, S. 264, 271 und 276.

133 Vgl. *Schiettinger*, Die Volkswirte in der Bundesfinanzverwaltung, S. 355.

134 *Guillaumont-Jeanneney*, L'alternance entre dirigisme et libéralisme monétaires (1950–1990), S. 511f. und 518; *Fulla*, Les socialistes français et l'économie (1944–1981), S. 247–249.

135 Vgl. *Michel Margairaz*, La faute à 68? Le Plan et les institutions de la régulation économique et financière: une libéralisation contrariée ou différée?, in: *ders./Danielle Tartakowsky* (Hrsg.), 1968 entre libération et libéralisation. La grande bifurcation, Rennes 2010, S. 41–62.

Hingegen wurde gerade unter der sozialistischen Präsidentschaft Mitterrands ab 1983/84 die Entstehung eines größeren Kapitalmarkts auch für private Anleger gefördert und das Einwirken der Direction du Trésor auf den Bankensektor zurückgenommen.[136] Doch verschloss man sich anders als in der Bundesrepublik dabei programmatischen Konversionen: Als die Banque de France 1976 erstmals eine Geldmenge festsetzte, wurde dies dezidiert nicht als eine »monetaristische Wende« kommuniziert. Auch wenn man sich ein Ziel für die monetäre Politik setze, so ein Verantwortlicher, »schließe man sich nicht den Thesen der Monetaristen an«.[137]

Die Frage der Staat-Markt-Relationen im Bereich der Finanzpolitik blieb also ein Kampf um Deutungen. Die Kooperation von Staat, Bankensektor sowie einem wachsenden Feld weiterer Kreditgeber im In- und Ausland steht seit den 1970er-Jahren im Zentrum der »modernen« Problematik von Staat und Ökonomie. Während dabei in Deutschland der sich international ausbreitende Handel mit Aktien und Wertpapieren, also das Investmentbanking, in den Fokus rückte, blieb in Frankreich das »klassische« Kredit- und Einlagengeschäft bedeutsam. Das dortige Finanzressort nutzte seine eingeübten Steuerungsmechanismen nun für Maßnahmen der Privatisierung.[138] Trotz aller Liberalisierungs- und Globalisierungsprozesse wird neuerlich die gleichzeitig wachsende Bedeutung von nationaler Regulierung und Bürokratisierung erkennbar. So sahen gerade deutsche Banker und Börsenvertreter, die zuvor auf Selbststeuerung gesetzt hatten, »dass dieses in einem globalisierten Markt zu einem Wettbewerbsnachteil« werden konnte – und forderten daher rigide staatliche Überwachung als eine Art »Qualitätssiegel«. Dies traf sich mit den Interessen der europäischen Kapitalmarktpolitik, die auf die Angleichung nationaler Rechtslagen abzielte. Auch die Zentralbanken forderten die Optimierung des Marktverhaltens mittels staatlicher Interventionen. Der Staat wiederum konnte sich (beispielsweise über die gezielte Gestaltung von Fristigkeiten) auf einem kompetitiv organisierten Wertpapiermarkt unter Umständen günstiger Kapital verschaffen als über organisierten Anstaltsbesitz. Dass sich also neue paradoxe Konstellationen zwischen »Staat« und »Markt« ergaben, sollte abschließend betont werden.[139]

---

136 *Fabien Jouan*, La libéralisation de la politique monétaire: une tentative avortée (1966–1973), in: *Margairaz/Tartakowsky*, 1968 entre libération et libéralisation, S. 79–89; *Guillaumont-Jeanneney*, L'alternance entre dirigisme et libéralisme monétaires (1950–1990), S. 522–528 und 538–540.

137 Zit. nach: *Margairaz*, La période singulière où la Banque de France s'est nationalisée, S. 447. Für Deutschland hingegen *Hauke Janssen*, Milton Friedman und die »monetaristische Revolution« in Deutschland, Marburg 2006.

138 Vgl. *Guillaumont-Jeanneney*, L'alternance entre dirigisme et libéralisme monétaires (1950–1990), S. 513; *Mamou*, Une machine de pouvoir, S. 25; *Jean-Luc Perron*, Le ministère des Finances. Les avant-postes, in: Pouvoirs 53, 1990, S. 37–53, hier: S. 47.

139 Hierzu *Elie Cohen*, L'innovation financière et les paradoxes du financement public sur les marchés de capitaux, in: *Bruno Théret* (Hrsg.), L'État, la finance et le social. Souveraineté nationale et construction européenne, Paris 1995, S. 418–431; *Vincent Duchaussoy*, La Banque de France et l'État. De Giscard à Mitterrand: Enjeux de pouvoir ou résurgence du mur d'argent? 1978–1984, Paris 2011, S. 50–55; *Markus M. Müller*, The New Regulatory State in Germany, Birmingham 2002, S. 167–212; *Susanne Lütz*, Der Staat und die Globalisierung von Finanzmärkten. Regulative Politik in Deutschland, Großbritannien und den USA, Frankfurt am Main/New York 2002, S. 234 und 238f.; *Lotte Frach*, Finanzmarktregulierung in Deutschland, Baden-Baden 2010, S. 53–58; *Wilhelmine Dreißig*, Die Technik der Staatsverschuldung, in: *Fritz Neumark* (Hrsg.), Handbuch der Finanzwissenschaft, Bd. 3, 3., gänzl. neubearb. Aufl., Tübingen 1981, S. 51–115, hier: S. 71; *Jean-Yves Haberer*, Le ministère de l'Economie et des Finances et la politique monétaire, in: Pouvoirs 53, 1990, S. 27–36, hier: S. 30. Auch im Rahmen der vorherigen Selbstregulierung hatten bundesdeutsche Kreditinstitute – etwa im Zentralen Kapitalmarktausschuss – bereits eine dirigistische Politik verfolgt, um konkurrierende Auslands-

IV. SCHLUSSBEMERKUNGEN

Nicht nur die Spielräume »des Markts« veränderten und vergrößerten sich also mit der wachsenden Staatsverschuldung im letzten Drittel des 20. Jahrhunderts. Um diese Geschichte im Vergleich jedoch fortschreiben zu können, wären weitere empirische Forschungen nötig. Gerade für den bundesdeutschen Fall ist noch wenig bekannt über die entscheidungsrelevanten Interessenkoalitionen und Sinnstiftungsprozesse, etwa über Netzwerke zwischen Ministerialbürokratie, privaten Bankiers, Versicherungswirtschaft und Zentralbanken oder über Strategien des Vertrauensmanagements auf dem weltweiten Finanzmarkt. Erst wenn solche Schnittstellen empirisch ausgelotet sind, lassen sich Mechanismen und Motive der Entwicklungen seit den 1970er-Jahren in ihrer Bedeutung für eine mögliche Ökonomisierung des Regierens interpretieren. Die in der hier untersuchten *longue durée* seit dem Ersten Weltkrieg aufscheinenden institutionellen Interdependenzen, die sich immer wieder überlappenden Erfahrungsschichten, die wiederkehrenden Interpretationsmuster und Bezugssysteme sowie die vielfachen Widersprüche der versuchten Grenzziehungen machen jedenfalls skeptisch gegenüber Narrativen, die den scharfen Bruch einer Ära des marktradikalen Neoliberalismus mit einem Zeitalter demokratischer Steuerung durch den Staat skizzieren. Gerade in den jüngsten Debatten um die Ökonomisierung des Regierens erscheinen »Staat« und »Markt« entgegen der historischen Erfahrung häufig weniger als erkenntnisleitende Konstrukte denn als tatsächliche Akteure. Die fortwährende Etikettierung der finanzpolitischen Strategien unterschiedlicher Länder als »Keynesianismus«, »Ordoliberalismus«, »Neoliberalismus« oder »Monetarismus« mit ihren paradigmatischen Vorannahmen hinsichtlich der damit verbundenen Staat-Markt-Relationen trägt dazu bei.[140] Sie verlängert die zeitgenössische strategische Entleerung entsprechender Kategorien von ihren komplexen historischen und politischen Dimensionen in die Gegenwart.[141]

Interpretative Theorien der Moderne helfen in dieser Hinsicht, um in der Analyse des empirischen Materials erfahrungsgebundene und dadurch mehrdeutige Zusammenhänge zwischen Staat- und Marktkategorien herzustellen. Sie definieren Modernität als die Gestaltbarkeit von Situationen, also als Triebkraft und nicht als das Erreichen eines bestimmten Zustands. Da Selbstbeschreibungen und programmatische Interventionen der Akteure im Untersuchungszeitraum (mit einer Hochphase während der 1960er-Jahre) immer wieder auf das semantische Arsenal und die normativen Ansprüche der Moderne Bezug nahmen[142], ergeben sich aufschlussreiche Perspektiven. So zeigen sich transnationale Interdependenzen, aber auch die Aufladung gleicher Begriffe mit unterschiedlichen historischen Erfahrungen. Situative Mischungsverhältnisse von Staatsdenken und Marktlogik, von Formalität und Informalität sowie von Rationalität und Irrationalität werden auf diese Weise auch im Kontext vermeintlich »bürokratischer« Organisationen beschreibbar. Doch liefert

banken vom deutschen Markt fernzuhalten, vgl. *Thorsten Beckers*, Kapitalmarktpolitik im Wiederaufbau. Der westdeutsche Wertpapiermarkt zwischen Staat und Wirtschaft 1945–1957, Stuttgart 2014, S. 404 und 421.

140 So etwa in den Beiträgen zu *Bernhard H. Moss*, Monetary Union in Crisis. The European Union as a Neo-liberal Construction, Basingstoke 2005; sowie bei *Vivien A. Schmidt*, From State to Market? The Transformation of French Business and Government, Cambridge/New York etc. 1996. Hierzu kann man auch die Diskussion um das »deutsche Modell« zählen, die auch Foucault aufgriff, vgl. *Foucault*, Die Geburt der Biopolitik, S. 269f.

141 Hierzu *Stefan Eich/Adam Tooze*, The Great Inflation, in: *Anselm Doering-Manteuffel/Lutz Raphael/Thomas Schlemmer* (Hrsg.), Vorgeschichte der Gegenwart. Dimensionen des Strukturbruchs nach dem Boom, Göttingen 2016, S. 173–196, hier: S. 184f.; *Greta R. Krippner*, Capitalizing on Crisis. The Political Origins of the Rise of Finance, Cambridge/London 2012.

142 Die Modernisierungstheorie als Fortschrittsnarrativ prägt insbesondere in Frankreich bis heute auch viele der Forschungsarbeiten.

diese »neue« Modernisierungstheorie im Unterschied zu ihrer »älteren« Schwester keine vergleichbaren Orientierungspunkte für größere Erzählungen. Sie dient in Kombination mit dem komparativen Ansatz daher weniger dem Auffinden von Kausalitäten und Gesetzmäßigkeiten als der narrativen Verkettung wiederkehrender historischer Problemlagen und Lösungsmechanismen.[143] Der Blick wird für Widersprüche, Temporalitäten und Paradoxien geschärft, aber die Definition von Wendepunkten, Perioden und Zäsuren erschwert. Gerade für den Bereich der Finanzpolitik, in dem die Normalität der Marktlogik und die Vorstellung vom Staat als Getriebenem seiner Schuldenlast am Ende des 20. Jahrhunderts selbstverständlich geworden zu sein scheinen[144], mag historisches Wissen um die Vieldeutigkeit und Gestaltbarkeit solcher Relationen aber vorerst hilfreicher sein als die Einbettung in neue Entwicklungslogiken.

143 Hierzu *Knöbl*, Die Kontingenz der Moderne, S. 200–207.

144 Vgl. auch *Benjamin Lemoine*, The Politics of Public Debt Financialisation: (Re)Inventing the Market for French Sovereign Bonds and Shaping the Public Debt Problem (1966–2012), in: *Marc Buggeln/Martin Daunton/Alexander Nützenadel* (Hrsg.), The Political Economy of Public Finance. Taxation, State Spending and Debt since the 1970s, Cambridge/New York etc. 2017, S. 240–261.

Steffen Dörre

Entwicklung durch Leistungsstreben

Theorie und Praxis der psychosozialen Modernisierung*

Für jeden Menschen ist ›Modernisierung‹ zwar wünschenswert, aber auch schmerzhaft.[1] Davon waren die Modernisierungstheoretiker der 1950er- und 1960er-Jahre überzeugt, als sie die Restrukturierung der ihrer Meinung nach ›unterentwickelten‹ Gesellschaften in Angriff nahmen. Denn sie zielten nicht nur auf Reformen in der Verwaltung und im Bildungswesen oder begnügten sich mit vereinzelten Eingriffen in die Wirtschaftsstruktur. Ihnen ging es vielmehr auch darum, die psychischen Grundstrukturen der einheimischen Bevölkerung umzuformen. Das sich modernisierende Individuum sollte sich von etablierten Sozialstrukturen lossagen, eigene mentale Beharrungsstrukturen zerschlagen, neue Normen und Werte akzeptieren und lernen, sich selbst in neuer Weise in seiner sozialen Welt zu entwerfen. Die Theoretiker und Praktiker der ›Modernisierung‹ beschäftigten sich daher intensiv mit den Ursachen für die weltweite Verschiedenartigkeit psychischer Dispositionen zur Leistungsbereitschaft. Sie fragten danach, durch welche Impulse die als defizitär angesehene Psyche der Einheimischen so verändert werden könne, dass sich deren Streben nach Leistung signifikant erhöhe und wie sich dieser Lernerfolg in einer mehrheitlich ›traditionellen‹ Gesellschaft sichern ließe. Dieser Text handelt von den Versuchen, die Psyche der einheimischen Bevölkerung in den ›Entwicklungsländern‹ für die »Errungenschaften« der »westlichen Moderne« aufzuschließen und die unterbewussten Ziele der Menschen auf eine leistungsbezogene Arbeitsethik auszurichten. Als Sonde dienen hierzu die Debatten um die »modern men«, denn der ›moderne‹ Mann war zentrales Vorbild, Kristallisationspunkt und treibende Kraft des angestrebten gesamtgesellschaftlichen Wandlungsprozesses.

Diese Schwerpunktsetzung verspricht auch eine Hinterfragung gängiger Narrative der Geschichte der ›Entwicklungspolitik‹ sowie Erkenntnisse zur Wissensgeschichte und zum globalen Ideentransfer in der zweiten Hälfte des 20. Jahrhunderts. In den vergangenen drei Jahrzehnten haben sich Historikerinnen und Historiker intensiv mit der Modernisierungs- und Entwicklungseuphorie der 1950er- und 1960er-Jahre beschäftigt.[2] Dabei lag und liegt

* Ich danke Anna Catharina Hofmann und Robert Bernsee für ihre hilfreichen Kommentare.

1 Im Folgenden werden die zeitgenössischen Termini mit den Wortstämmen »entwickeln«, »modern« und »tradition« in einfachen Anführungszeichen gesetzt, da es sich bei diesen nicht um wertfreie Begriffe handelt, sondern über sie Vorstellungen von Rückständigkeit und Minderwertigkeit reproduziert werden. Doppelte Anführungsstriche werden bei diesen Begriffen dann verwendet, wenn sie in direktem Kontext des belegten Zitats so auch in der Primärquelle stehen.

2 Von einer Phase der ungetrübten Entwicklungseuphorie sprechen *Hubertus Büschel/Daniel Speich*, Einleitung. Konjunkturen, Probleme und Perspektiven der Globalgeschichte von Entwicklungszusammenarbeit, in: *dies.* (Hrsg.), Entwicklungswelten. Globalgeschichte der Entwicklungszusammenarbeit, Frankfurt am Main/New York 2009, S. 7–29, hier: S. 13. Vgl. auch *Hubertus Büschel*, Geschichte der Entwicklungspolitik, Version: 1.0, in: Docupedia-Zeitgeschichte, 11.2.2010, URL: <http://docupedia.de/zg/Geschichte_der_Entwicklungspolitik> [16.8.2017]. Generell gelten die 1960er-Jahre als Jahrzehnt der Planbarkeit und der Machbarkeit. Vgl. *Gabriele Metzler*, »Geborgenheit im gesicherten Fortschritt«. Das Jahrzehnt von Planbarkeit und Machbarkeit, in: *Matthias Frese/Julia Paulus/Karl Teppe* (Hrsg.), Demokratisierung und gesellschaftlicher Aufbruch. Die sechziger Jahre als Wendezeit der Bundesrepublik, Paderborn/München etc. 2003, S. 777–797. Wolfgang Knöbl verweist demgegenüber darauf, dass unter den Theoretikern bereits

der bisherige Forschungsschwerpunkt auf denjenigen Aspekten der Modernisierungstheorie, die auf der außenpolitischen Ebene im Kalten Krieg besonders wirkmächtig wurden, das heißt vor allem auf jenen, die einen sehr schnellen Modernisierungserfolg versprachen, etwa durch die Erhöhung der Sparquote und einen einmaligen großen Kapitalimpuls. Wissenshistorikerinnen und -historiker der Ökonomie haben darauf hingewiesen, dass diese Entwicklungsbemühungen als Teil eines Prozesses zu verstehen sind, der die zunehmende statistische Erfassung und Durchdringung der Welt umfasste.[3] Die Geschichtsschreibung zur Dekolonisierung hat die lang anhaltenden Traditionen des kolonialistischen, imperialistischen und rassistischen Denkens bei den Akteuren der ›Entwicklungshilfe‹ offengelegt. Schließlich haben Forschungsarbeiten zu den Entwicklungsprojekten der 1950er- und 1960er-Jahre den großen Investitionsprojekten das Scheitern attestiert.[4] Infolge dieser Forschungen ist unser Bild von den Modernisierungstheorien und ihren praktischen Auswirkungen mittlerweile sehr differenziert. Klar geworden ist auch, dass von einer einheitlichen, geschlossenen Modernisierungstheorie gar keine Rede sein kann, sondern dass unter den Modernisierungstheoretikern von Beginn an selbst grundlegende Begriffe, Indikatoren und Messverfahren umstritten waren.[5]

Trotz ihrer großen Verdienste erwecken diese Arbeiten mitunter ein falsches Bild. Sie berücksichtigen nicht ausreichend, dass in den Geistes-, Sozial- und Wirtschaftswissenschaften damals immer auch die Psyche der Indigenen als entwicklungshemmend thematisiert wurde.[6] Insbesondere wird dadurch die paradigmatische Grundausrichtung der damaligen Entwicklungsökonomie verkannt. Sie war keineswegs so stark mathematisiert, wie in den bisherigen historischen Arbeiten hervorgehoben wird.[7] Abseits der scheinbar »harten« ökonomischen Abstraktionen wie der Investitionsquote und der Debatten um gleichgewichtiges und ungleichgewichtiges[8] beziehungsweise um export- oder binnen-

---

Ende der 1950er-Jahre die Zweifel an der eigenen Perspektive so groß wurden, dass sich die Frage stellte, »wie man theoretisch weitermachen könne, ohne mit der Idee der Modernisierung ganz zu brechen«. *Wolfgang Knöbl*, Die Kontingenz der Moderne. Wege in Europa, Asien und Amerika, Frankfurt am Main/New York 2007, S. 25.

3 Vgl. *Monika Dommann/Daniel Speich Chassé/Mischa Suter*, Einleitung: Wissensgeschichte ökonomischer Praktiken, in: Berichte zur Wissenschaftsgeschichte 37, 2014, S. 107–111; *Christof Dejung/Monika Dommann/Daniel Speich Chassé*, Einleitung. Vom Suchen und Finden, in: *dies.* (Hrsg.), Auf der Suche nach der Ökonomie. Historische Annäherungen, Tübingen 2014, S. 1–15.

4 Beispielhaft für die deutschsprachige Diskussion: *Hubertus Büschel*, Hilfe zur Selbsthilfe. Deutsche Entwicklungsarbeit in Afrika 1960–1975, Frankfurt am Main/New York 2014. Ein allgemeiner Forschungsüberblick bei: *Corinna R. Unger*, Histories of Development and Modernization. Findings, Reflections, Future Research, in: H-Soz-Kult, 9.12.2010, URL: <http://hsozkult.geschichte.hu-berlin.de/forum/2010-12-001> [16.8.2017].

5 Daniel Speich Chassé hat dies etwa für das Bruttosozialprodukt als zentralen Entwicklungs-Indikator gezeigt. Vgl. *Daniel Speich Chassé*, Die Erfindung des Bruttosozialprodukts. Globale Ungleichheit in der Wissensgeschichte der Ökonomie, Göttingen 2013; *ders.*, Der Entwicklungsautomatismus. Ökonomisches Wissen als Heilsversprechen in der ostafrikanischen Dekolonisation, in: AfS 48, 2008, S. 183–214. Allgemein: *Michael E. Latham*, Introduction. Modernization, International History, and the Cold War World, in: *David C. Engerman/Nils Gilman/Mark H. Haefele* u.a. (Hrsg.), Staging Growth. Modernization, Development, and the Global Cold War, Amherst/Boston 2003, S. 1–22, hier: S. 3.

6 Beispielsweise fehlen die Autoren der psychologischen Modernisierungstheorien in: *David Simon* (Hrsg.), 50 Key Thinkers on Development, London/New York 2006.

7 Vgl. hierzu *Geoffrey Martin Hodgson*, How Economics Forgot History. The Problem of Historical Specificity in Social Science, London/New York 2001.

8 In der Debatte zwischen Anhängern des *balanced* und des *unbalanced growth* standen sich zwei grundsätzlich verschiedene Strategien gegenüber. Die Anhänger des ungleichgewichtigen Wachstums setzten auf die Förderung von Schlüsselindustrien, von denen sie sich positive Effekte auf

marktorientiertes Wachstum waren in einflussreichen Modernisierungstheorien »weichere« Faktoren von Interesse.[9] Im Folgenden geht es mir darum zu zeigen, wie psychologische Faktoren in den verschiedenen Spielarten der Modernisierungstheorie gewichtet wurden. Dabei ist zu fragen, was sich die zeitgenössischen Theoretiker von einer ›Modernisierung der Psyche‹ versprachen und auf welche Weise sie ›traditionelle‹ in ›moderne‹ Individuen umformen wollten, um ›rückständige‹ in leistungs- und fortschrittsorientierte Gesellschaften zu verwandeln.

In einem ersten Schritt werden daher die Schriften und Vorträge von Walt Whitman Rostow, Daniel Lerner, Everett E. Hagen und David McClelland in Bezug auf ihre Vorstellungen vom ›modern man‹ analysiert. Bei den ausgewählten Personen handelt sich um Wissenschaftler internationaler Prominenz: Rostow als Vertreter der in der US-amerikanischen Außenpolitik einflussreichsten und international wohl bekanntesten modernisierungstheoretischen Richtung; Lerner, weil er sich mit seiner Theorie der »Modernisierung des Lebensstils« direkt gegen seinen Institutskollegen Rostow richtete; Hagen, weil er für die Rezeption in der Soziologie von großer Bedeutung war und McClelland als wichtigster Vertreter der Psychologie.

Ausgangspunkt der nachfolgenden Betrachtungen zu den ›modern men‹ muss der Blick auf die damals international tonangebende US-amerikanische Ökonomie, Psychologie und Soziologie sein. Es ist aber auch von Interesse, die Rezeption und spezifische Ausformung dieser Debatten andernorts zu analysieren. Die historische Forschung hat sich bisher zu sehr auf die Denkfabriken in den Vereinigten Staaten konzentriert[10], aber kaum danach gefragt, wie das dort hervorgebrachte Wissen in anderen Ländern aufgegriffen, in eigene Denktraditionen eingepasst und in die Praxis umgesetzt wurde. Daher frage ich, welche Akteure in der Bundesrepublik an der Diskussion über die ›modernisierende‹ Kraft der ›modern men‹ beteiligt waren. Wer produzierte hier Wissen zur indigenen Psyche? Woraus speiste sich dabei die Plausibilität der zentralen Annahmen? Und: Wie schlugen sich die Vorstellungen von individuellen und kulturellen entwicklungshemmenden Faktoren in den Praktiken der ›Entwicklungshilfe‹ nieder?[11]

In einem zweiten Schritt widme ich mich daher dem transatlantischen Wissenstransfer. Im Fokus steht hier die Frage, wer in der Bundesrepublik aus welchen Gründen und auf welchen Wegen die Arbeiten und Konzepte der eingangs analysierten US-amerikanischen Forscher rezipierte. Der Fokus liegt hier insbesondere auf den Vertretern der Sozialpsychologie und der Sozialökonomik. In einem dritten Schritt frage ich nach der Praxisrelevanz dieses Wissens über das ›moderne‹ Individuum. Hierzu richte ich meine Aufmerksamkeit auf eine eher unerwartete Akteursgruppe, nämlich jene Unternehmer in der Bundesrepublik, die am Handel mit und an Direktinvestitionen in ›Übersee‹, dem damals gebräuchlichen Sammelbegriff für die sogenannten entwicklungsfähigen Länder, interessiert wa-

---

andere Wirtschaftsbereiche versprachen. Das gleichgewichtige Wachstum, das heißt die Förderung aller Wirtschaftsbereiche (inklusive der Landwirtschaft), war demgegenüber sehr viel kapitalintensiver, vgl. *Michele Alacevich*, Early Development Economics Debates Revisited, URL: <https://elibrary.worldbank.org/doi/pdf/10.1596/1813-9450-4441> [9.8.2017].

9 Diese Theorien mentaler und sozialer Mobilisierung sind dargestellt in: *Reinhard Stockmann/Ulrich Menzel/Franz Nuscheler*, Entwicklungspolitik. Theorien – Probleme – Strategien, 2., überarb. u. erw. Aufl., Berlin/Boston 2016, S. 103–106.

10 *Corinna Unger/Marc Frey/Sönke Kunkel* (Hrsg.), International Organizations and Development, 1945–1990, Basingstoke 2014.

11 Im Folgenden wird der zeitgenössische Begriff ›Entwicklungshilfe‹ verwendet und nicht der spätere Begriff ›Entwicklungszusammenarbeit‹. Dies dient dazu, die damalige Vorstellung von einer Hilfsleistung des ›Westens‹ an die ›unterentwickelten‹ Länder deutlich zu machen. Zum Bedeutungsgehalt der verschiedenen Begriffe vgl. *Büschel/Speich*, Einleitung, S. 15. Vgl. auch *Büschel*, Geschichte der Entwicklungspolitik.

ren.[12] Insbesondere die exportorientierten bundesdeutschen Unternehmer befassten sich nämlich anhand dieser Regionen sehr intensiv mit dem, was sie als entwicklungshemmende einheimische Mentalität begriffen. Diese schien ihnen entscheidungsrelevant zu sein, wenn sie sich fragten, wo sich Auslandsinvestitionen langfristig auszahlen würden. Zudem hat diese Gruppe versucht, die von ihnen als problematisch erachteten Teile der ›indigenen Mentalität‹ in den eigenen Betrieben aktiv zu verändern. Dabei griffen sie auch auf neue Experten zurück, insbesondere auf Sozialpsychologen.[13]

Was ich hier skizzieren werde, ist ein weiter Weg der Konzepte von US-amerikanischen Soziologen und Psychologen zu ausländischen Praktikanten in westdeutschen Unternehmen. Meine These ist nicht, dass in der Industrie der Bundesrepublik die Ideen US-amerikanischer Provenienz eins zu eins umgesetzt wurden. Vielmehr werde ich argumentieren, dass die Modernisierungstheorien und die aus ihnen gezogenen entwicklungspolitischen Konsequenzen stark durch Vorstellungen über ›moderne‹ Individuen, deren Eigenschaften und psychische Grundlagen geprägt waren. Dabei werde ich ausführen, dass die angloamerikanischen Vorstellungen vom ›modern man‹ und von der indigenen Psyche als zentralem Entwicklungshemmnis in der Bundesrepublik für diejenigen äußerst attraktiv waren, die im Bereich der ›Entwicklungshilfe‹ den Schwerpunkt auf die sogenannte Technische Hilfe legten, dass sie dazu aber in eigene Interessenlagen und Denktraditionen eingepasst wurden.[14]

Zuvor jedoch noch zwei notwendige definitorische Bemerkungen: Erstens ist es ein Problem des Modernisierungsbegriffs, dass er zugleich ein Projekt und einen Prozess benennt. Im Folgenden wird daher genau zwischen ›Modernisierung‹ und gesellschaftlichem Wandel unterschieden. ›Modernisierung‹ wird ausschließlich als ein Projekt verstanden, das ideengeschichtlich von bereits industrialisierten – in der Selbst- und Fremdbeschreibung meist als ›westlich‹ und ›modern‹ bezeichneten – Gesellschaften ausging, das aber zugleich auch von indigenen Eliten andernorts als eine Möglichkeit verstanden wurde, die eigenen – als ›traditionell‹ begriffenen – Gesellschaften zu verändern. Das Projekt der ›Modernisierung‹ hatte eine erhebliche Strahlkraft und die Fähigkeit, Kräfte freizusetzen und zu bündeln. Es wurde von klar benennbaren Akteuren betrieben, die versuchten, ihre eigenen und fremde Gesellschaften auf eine neue Basis zu stellen. Mit der ›Modernisierung‹ als Projekt verbanden sich Versprechen auf Wachstum, Wohlstand, inneren gesellschaftlichen Frieden und sozialen Ausgleich.[15] Um diese zu erfüllen, wurde umfangreiches Wissen erzeugt und

12 Zu ›Übersee‹ gehörten damit weder die USA noch Kanada oder Japan. Zum Begriff ›Übersee‹ vgl. *Steffen Dörre*, Wirtschaftswunder global. Die Geschichte der Überseemärkte in der frühen Bundesrepublik (im Erscheinen). Die Kategorie der »entwicklungsfähigen Länder« unter anderem bei: *Clodwig Kapferer*, Die Bedeutung der technischen Beratung in den entwicklungsfähigen Ländern. Vortrag vor der Deutschen Weltwirtschaftlichen Gesellschaft am 21.4.1955, o.O., o.J. [1955], S. 2.

13 Bislang wird die Bedeutung von Unternehmern in den Entwicklungs- und Modernisierungsdiskursen und -bemühungen meist nur am Rande gestreift. Für den deutschen Fall typisch: *Hubertus Büschel*, In Afrika helfen. Akteure westdeutscher »Entwicklungshilfe« und ostdeutscher »Solidarität« 1955–1975, in: AfS 48, 2008, S. 333–366. Ausnahmen sind: *Corinna R. Unger*, Export und Entwicklung: Westliche Wirtschaftsinteressen in Indien im Kontext der Dekolonisation und des Kalten Krieges, Jahrbuch für Wirtschaftsgeschichte/Economic History Yearbook 53, 2012, H. 1, S. 69–86; *dies.*, Rourkela, ein ›Stahlwerk im Dschungel‹. Industrialisierung, Modernisierung und Entwicklungshilfe im Kontext von Dekolonisation und Kaltem Krieg (1950–1970), in: AfS 48, 2008, S. 367–388.

14 Als »Technische Hilfe« wurden Maßnahmen der allgemeinen und beruflichen Bildung der Bevölkerung in den ›Entwicklungsländern‹ bezeichnet. Zugleich umfasste sie Zahlungen an dort tätige Berater, Gutachter und Ausbilder.

15 Bis Mitte der 1960er-Jahre spielte die Demokratisierung als Ziel beziehungsweise wünschenswerter Nebeneffekt von ›Modernisierung‹ keine Rolle. Rostow geht erst Anfang der 1970er-

so in neuer Art und Weise über globale Ungleichheiten nachgedacht. Wenn im Folgenden von ›Modernisierung‹ gesprochen wird, dann sind damit nur die Theorieproduktion und die praktischen Umsetzungsversuche der 1950er- und 1960er-, zum Teil der frühen 1970er-Jahre gemeint.[16] ›Modernisierung‹ als Projekt war damit eingebunden in den historischen Kontext der Blockkonfrontation des Kalten Kriegs, der Dekolonisierung und diverser ›Wirtschaftswunder‹-Erfahrungen in den sogenannten industrialisierten Ländern.[17] Soziologische und ökonomische Veränderungen hat es freilich auch zu anderen Zeiten gegeben. Um dies kenntlich zu machen, werde ich im Folgenden den Begriff des »gesellschaftlichen Wandels« verwenden. Dieser hat den Vorteil, nicht an die normativen Vorstellungen von ›Modernisierung‹ und ›(Höher-)Entwicklung‹ gekoppelt zu sein. Er dient damit als wertfreier und überzeitlicher Beschreibungsterminus. Mit seiner Hilfe kann darauf verwiesen werden, dass sich Gesellschaften im Zuge des Projekts der ›Modernisierung‹ veränderten, ohne dass damit zugleich Aussagen über die Wünschbarkeit dieser Veränderung getroffen werden.

Zweitens läuft die historische Forschung zu den Themen ›Entwicklung‹ und ›Modernisierung‹ immer Gefahr, jene Dichotomien zu reproduzieren, die sie eigentlich aufzudecken und zu hinterfragen verspricht.[18] Dennoch ist es notwendig, die zeitgenössischen Begriffe »Entwicklungsländer«, »Industrieländer«, »Unterentwicklung«, »traditionell« und »modern« weiter zu verwenden. Insbesondere, wenn ein kulturhistorischer Ansatz verfolgt wird, lässt es sich nicht rechtfertigen, die damals gebräuchlichen Begriffe unseren heutigen Vorstellungen entsprechend sprachlich einzuebnen. Die entscheidenden Konnotationen würden damit nicht analysiert, sondern zum Verschwinden gebracht werden. Im vorliegenden Text werden daher die zeitgenössischen Begriffe benutzt. Dies gilt mit einer Ausnahme: Wenn im Folgenden von den »Indigenen« die Rede ist, wird ein Begriff verwendet, der in den damaligen Stellungnahmen noch nicht etabliert war. Mit ihm soll im weiteren Text die jeweils einheimische Bevölkerung bezeichnet werden. Er hat meines Erachtens den Vorteil, dass mit ihm zugleich das damals empfundene Gefühl der Fremdheit transportiert wird, was beim Begriff des »Einheimischen« oder des »Autochthonen« nicht so stark der Fall ist, wie es angebracht erscheint. Der Begriff wird im Folgenden auch nicht durch eine genauere Präzisierung der jeweils gemeinten Bevölkerungsgruppen, Ethnien und Nationen ersetzt. Denn diese lässt sich aus den Quellen meist gar nicht erschließen. Er verdeutlicht somit, wie stereotyp und blind für Differenzierungen die Vorstellungen von der ortsansässigen Bevölkerung waren.

I. DIE ›MODERN MEN‹ IN DER US-AMERIKANISCHEN MODERNISIERUNGSTHEORIE

Begibt man sich auf die Suche nach den ›modern men‹, dann landet man schnell in Cambridge. Denn an der dortigen Harvard University und am Massachusetts Institute of Technology (MIT) war in den 1950er-Jahren das Who's who der Modernisierungstheoretiker

Jahre darauf ein, vgl. *Walt Whitman Rostow*, Politics and the Stages of Growth, Cambridge/New York etc. 1971.

16 Zu den frühen 1970er-Jahren als erster Hochphase der Kritik an den ›Modernisierungstheorien‹ vgl. *Dean C. Tipps*, Modernization Theory and the Comparative Study of National Societies. A Critical Perspective, in: Comparative Studies in Society and History 15, 1973, S. 199–226.

17 Dass das bundesrepublikanische ›Wirtschaftswunder‹ nicht als Ausnahmeerfahrung gelten kann, darauf ist in vergleichender Perspektive schon oft hingewiesen worden. Als Einstieg in diese Debatte bietet sich an: *Tony Judt*, Die Geschichte Europas seit dem Zweiten Weltkrieg, Bonn 2006, S. 273–398. Maßgeblich auch: *Ludgar Lindlar*, Das mißverstandene Wirtschaftswunder. Westdeutschland und die westeuropäische Nachkriegsprosperität, Tübingen 1997.

18 Vgl. *Unger*, Histories of Development and Modernization; *Arturo Escobar*, Encountering Development. The Making and Unmaking of the Third World, Princeton 1995, S. 16f.

versammelt.[19] Hierzu gehörten unter anderem Walt Whitman Rostow, Daniel Lerner, Everett E. Hagen, Paul A. Samuelson, Robert M. Solow, Paul Rosenstein-Rodan, Charles P. Kindleberger, Benjamin Higgins, Wilfred Malenbaum, Lucian W. Pye, Robert E. Baldwin und Richard S. Eckaus.[20] Institutionelles Bindeglied dieses interdisziplinären wissenschaftlichen Zirkels war das 1951/52 gegründete MIT Center of International Studies (CENIS). Von der Central Intelligence Agency, der Ford Foundation und der Rockefeller Foundation finanziell unterstützt, wurde dieses Forschungszentrum schnell zum wichtigen Generator von Expertenwissen im Kalten Krieg.[21] Die dort zusammenarbeitenden Wissenschaftler waren auf die »Gegnerbeobachtung« spezialisiert und entwickelten eigene Zukunftsversprechen für dekolonisierte Länder zur Sicherung der US-amerikanischen Einflusssphäre. In Form der Modernisierungstheorien schufen sie Denkmodelle zur sozialen und ökonomischen Eindämmung des Kommunismus. Die Pioniere der Entwicklungstheorie hatten dabei durchaus unterschiedliche und zum Teil auch gegensätzliche Vorstellungen von den Grundvoraussetzungen der ›Modernisierung‹. Dies zeigt sich nicht zuletzt in ihren Konzeptionen vom ›modern man‹.

Walt Whitman Rostow[22], der 1950 zum »Chair of Economic History« am MIT berufen wurde, zeichnete sich durch einen ausgeprägten Antikommunismus aus. Damit passte er sowohl habituell als auch inhaltlich gut zur Linie des CENIS.[23] Seine 1960 veröffentlichte Modernisierungstheorie »The Stages of Economic Growth« war dann auch dezidiert als Gegenentwurf zur sowjetischen Spielart der ›Modernisierung‹ gedacht, die sich in der damaligen Zeit bei den Eliten der sich in der Dekolonisierung begriffenen Staaten großer

19 Zur engen Verschränkung von akademischer Welt und US-Außenpolitik vgl. *Latham*, Introduction, S. 12.

20 Vgl. *Ulrich Menzel*, Walt Whitman Rostow, in: *David Simon* (Hrsg.), Fifty Key Thinkers on Development, London/New York 2006, S. 211–217, hier: S. 212.

21 Vgl. *David Milne*, America's Rasputin. Walt Rostow and the Vietnam War, New York 2008, S. 45f. Allgemein: *Bruce Kucklick*, The Rise of Policy Institutes in the United States 1943–1971, in: Orbis 55, 2011, S. 685–699. Aus der Perspektive des am CENIS tätigen Zeitzeugen: *Donald L.M. Blackmer*, The MIT Center for International Studies. The Founding Years 1951–1969, Cambridge 2002. Zur Gründungsgeschichte des CENIS vgl. auch *Karsten Kumoll*, Kultur, Geschichte und die Indigenisierung der Moderne. Eine Geschichte des Gesamtwerks von Marshall Sahlins, Bielefeld 2007, S. 64, und *Nils Gilman*, Mandarins of the Future. Modernization Theory in Cold War America, Baltimore/London 2003, S. 157–159. Zur Bedeutung der großen amerikanischen Stiftungen in der ›Entwicklungshilfe‹ vgl. *Corinna R. Unger*, Present at the Creation. The Role of American Foundations in the International Development Arena, 1950s and 1960s, in: Comparativ 24, 2014, H. 1, S. 66–80. Zur Interdisziplinarität der Wissensproduktion zur ›Modernisierung‹ am Beispiel der US-amerikanischen Forschung zur Ökonomie der UdSSR vgl. *David C. Engermann*, The Price of Success: Economic Sovietology, Development, and the Costs of Interdisciplinarity, in: History of Political Economy 42, 2010, S. 234–260.

22 Walt Whitman Rostow (geb. 7.10.1916, gest. 13.2.2003) war Ökonom und Wirtschaftshistoriker und übernahm Lehrtätigkeiten in Oxford, am MIT und an der University of Texas. Von 1947 bis 1949 war er Assistent von Gunnar Myrdal, Chef der UN Economic Commission for Europe, und zwischen 1960 und 1969 Mitglied der US-Regierung, unter anderem zwischen 1966 und 1969 als Nationaler Sicherheitsberater von Präsident Lyndon B. Johnson. Zur Person vgl. *Menzel*, Walt Whitman Rostow, S. 211–217; *Milne*, America's Rasputin, S. 15–40. Milne konzentriert sich in seinem Buch jedoch vor allem auf Rostows Rolle während der Eskalation des Vietnamkriegs.

23 *Menzel*, Walt Whitman Rostow, S. 213. Zudem war Rostow seit seiner Studienzeit in Yale mit dem ersten Chef des CENIS, Max Millikan, bekannt. Zum Programm Millikans vgl. *David Ekbladh*, The Great American Mission. Modernization and the Construction of an American World Order, Princeton 2010, S. 173–175.

Beliebtheit erfreute.[24] Seine Theorie wurde aber nicht aufgrund ihrer Neuartigkeit zum wichtigsten Referenzmodell dieser Zeit im Kampf um die ›Modernisierung‹ bisher ›traditioneller‹ Gesellschaften, sondern weil es Rostow gelang, wirkmächtige Metaphern für den gesellschaftlichen Wandlungsprozess zu finden.[25] Insbesondere die Vorstellung eines Take-off war schnell allgegenwärtig. Der Begriff fand Eingang in zahlreiche Weltbank-Berichte, in andere Entwicklungstheorien, in den zeitgenössischen publizistischen Diskurs und in außen- und innenpolitische Reden.

Rostows Ausnahmeposition in der damaligen Debatte lag zudem darin begründet, dass er mit seinem Buch der US-amerikanischen Administration einen Leitfaden für die ›Modernisierung‹ lieferte, den er nicht nur als Wissenschaftler und Politikberater anbot, sondern in den kommenden Jahren als Teil der US-amerikanischen Regierung auch aktiv durchsetzte. Als Mitglied der US-Regierung und in seiner späteren Funktion als Nationaler Sicherheitsberater hatte er direkten Einfluss auf die beiden US-amerikanischen Präsidenten John F. Kennedy und Lyndon B. Johnson.[26] Sein ideengeschichtlicher und politischer Einfluss zeigte sich in der gesamten sogenannten ersten Entwicklungsdekade (1960–1969):[27] bei der Gründung der »United States Agency for International Development«, der »Alliance for Progress« zur Förderung der wirtschaftlichen Entwicklung in Lateinamerika, dem »Peace Corps« sowie des »Development Assistance Committees« der »Organisation für wirtschaftliche Zusammenarbeit und Entwicklung« (OECD).[28] Das »Life«-Magazin bezeichnete ihn daher in einem großen Personenporträt im Dezember 1967 nicht ohne Grund als einen der fünf wichtigsten Männer in Washington.[29]

Der Überzeugungskraft der rostowschen Stadientheorie lagen vier Aspekte zugrunde: ihre Einfachheit, ihre leicht in die Praxis zu überführenden Ratschläge, ihre Passgenauigkeit für die US-amerikanische Außenpolitik und ihre Attraktivität sowohl für die sich ›modernisierenden‹ Länder als auch für die ›Geber‹ von ›Entwicklungshilfe‹. Das Werk »The Stages of Economic Growth« beinhaltete, erstens, eine eher schlichte Wirtschafts- und Gesellschaftstheorie ohne mathematische Formeln oder lange Reihen aggregierter Daten.[30] Es bot, orientiert an der historischen Wirtschaftsentwicklung Nordamerikas, allen »Nach-

24 *Walt Whitman Rostow*, The Stages of Economic Growth. A Non-Communist Manifesto, Cambridge 1960. Die ersten Reaktionen auf das Buch fielen durchweg positiv aus. Erst in den Folgejahren wurde die Kritik aus der akademischen Landschaft immer harscher. Vgl. *Milne*, America's Rasputin, S. 65f. Eine zeitgenössische Zusammenfassung der Debatte um Rostows Publikation in: *o. V.*, The Debate on Growth, in: The Economist, 6.2.1960, S. 503f. Die Studie erschien im gleichen Jahr auf Deutsch bei Vandenhoeck & Ruprecht mit dem Titel: Stadien wirtschaftlichen Wachstums. Eine Alternative zur marxistischen Entwicklungstheorie. Zum sowjetischen Entwicklungsmodell vgl. *Engermann*, The Price of Success.

25 Vgl. *Anna Catharina Hofmann*, Mit Franco in die Moderne? Planung, Herrschaft und Kritik in Spanien (1956–1973) (im Erscheinen). Auch Ulrich Menzel hat zu Recht darauf verwiesen, dass es sich bei Rostows fünfstufigem Stadienmodell um eine krude Mischung aus bereits zuvor diskutierten Konzepten handelte. Von Jean Fourastié entnahm Rostow die Idee der Stadientheorie, von Paul Rosenstein-Rodan die Idee eines *big push*, von Alexander Gerschenkron das Konzept *spurt* und von Albert O. Hirschman die Vorstellungen von *linkage concept* und industriellen Schlüsselsektoren. Vgl. *Menzel*, Walt Whitman Rostow, S. 214. Vgl. *Stockmann/Menzel/Nuscheler*, Entwicklungspolitik, S. 98.

26 Vgl. *Menzel*, Walt Whitman Rostow, S. 213.

27 Dieser Quellenbegriff beruht auf Kennedys Rede vor der UN-Vollversammlung und seiner Forderung nach einer *decade of development*. Zu den ›Entwicklungsdekaden‹ und deren wechselnden Zielen vgl. *Büschel*, Geschichte der Entwicklungspolitik.

28 Vgl. *Menzel*, Walt Whitman Rostow, S. 215f.

29 *Thomas B. Morgan*, The Most Happy Fella, in: Life, 1.12.1957, S. 80–88, hier: S. 80B.

30 Vgl. *Stockmann/Menzel/Nuscheler*, Entwicklungspolitik, S. 96.

folgern« ein eindeutiges und regelhaftes Muster der evolutionären Höherentwicklung.[31] Ausgehend von ›traditionellen‹ Sozialformationen durchlief Rostows Annahmen zufolge jede Gesellschaft auf einem allgemeinen Pfad fünf Stadien hin zur ›modernen‹ Gesellschaft.[32] Der zentrale Erfolgsfaktor für den Aufstieg in die nächsthöhere Stufe war dabei die Erhöhung der Spar- und Investitionsquote.[33] Der Grundgedanke, dass es ausreiche, die Investitionsquote zu erhöhen, und dass daraus in der Endkonsequenz ein sich selbst tragendes, kontinuierliches Wachstum resultiere, war für zahlreiche Akteure in der Entwicklungspolitik verlockend, denn es schien eine leicht zu beeinflussende Stellschraube für ökonomisches Wachstum gefunden worden zu sein, die zudem allein durch Geldtransfers beeinflusst werden konnte.[34] Der Fokus auf Geldtransfers machte die rostowsche Theorie leicht umsetzbar – ihr zweiter überzeugender Aspekt. Drittens passte sie zur antikommunistischen Stoßrichtung der damaligen US-amerikanischen Außenpolitik. So folgte – in der Theorie – aus dem ökonomischen Wachstum auch die demokratische Entwicklung. Das hieß, dass Geldtransfers in sich dekolonisierende und modernisierende Staaten zugleich der antikommunistischen Stabilisierung der für Revolutionen und Umstürze anfälligen Regionen dienten. Viertens traf die rostowsche Modernisierungstheorie die Zielvorstellung der Eliten in den sich dekolonisierenden Gebieten, weil in ihr ein starker, zentralisierter Nationalstaat als Motor des Prozesses der ›Modernisierung‹ hervorgehoben wurde.[35] Auf der anderen Seite versprach ein Nationalstaat mit einer funktionstüchtigen Verwaltung auch für die »Geberländer« – allen voran für die USA – einen (!) klaren Ansprechpartner für ›Entwicklungshilfe‹ und damit eine schnelle und effektive Einflussnahme. Auf den ersten Blick spielen psychologische Faktoren in Rostows Stadienmodell also keine entscheidende Rolle. Rostow, der die zentrale Person bei der Popularisierung der Modernisierungstheorie war, gilt daher als einer der Hauptvertreter der kapitalinduzierten ›Modernisierung‹.

Dabei wird übersehen, dass seine Modernisierungstheorie nicht ohne Akteure auskam: die ›modern men‹. Sie tauchten – so auch dezidiert bezeichnet – in seinen Ausführungen in den beiden Stadien auf, in denen sich der Wandel hin zu einer ›modern society‹ vollzog: der Übergangsgesellschaft (Phase 2) und dem Take-off (Phase 3). Die ›modern men‹ waren, so Rostow, eine der Vorbedingungen dafür:[36] »The initial requirement appears to be the emergence of a minimum cadre of modern men; that is, men who, for one reason or another, are willing to initiate modern economic activity and trained to do so.«[37] So gesehen war der menschliche Wille zur ›Modernisierung‹ für den Erfolg entscheidend. Es sei nötig, eine »new élite« zu schaffen und zu stabilisieren, die ein Interesse an der wirtschaft-

---

31 Zu den USA als Endziel der ökonomisch-historischen Entwicklung der Welt vgl. *Gilman*, Mandarins of the Future, S. 3f.

32 (1) the traditional society; (2) the preconditions for take-off; (3) the take-off; (4) the drive to maturity (self-sustained growth); and (5) the age of high mass consumption, vgl. *Rostow*, The Stages of Economic Growth, S. 4–16.

33 Die Idee von der zentralen Rolle der Spar- und Investitionsquote basiert auf dem Harrod-Domar-Modell, das sich bereits seit spätestens Anfang der 1950er-Jahre und infolge der Theorieentwürfe von Rosenstein-Rodan und Arthur Lewis vollkommen durchgesetzt hatte. Vgl. *Gustav Ranis*, Arthur Lewis's Contribution to Development Thinking and Policy, in: The Manchester School 72, 2004, S. 712–723.

34 Zur damaligen Kritik an Rostows Modell vgl. *Menzel*, Walt Whitman Rostow, S. 214f.

35 Zum Staat als zentralem Entwicklungsakteur vgl. *Niels P. Petersson*, »Großer Sprung nach vorn« oder »natürliche Entwicklung«? Zeitkonzepte der Entwicklungspolitik im 20. Jahrhundert, in: *Büschel/Speich*, Entwicklungswelten, S. 89–111, hier: S. 89.

36 *Rostow*, Politics and the Stages of Growth, S. 20.

37 *Ders.*, Leading Sectors and the Take-off, in: *ders.* (Hrsg.), The Economics of Take-off into Sustained Growth. Proceedings of a Conference held by the International Economic Association, London 1963, S. 1–21, hier: S. 20.

lichen und gesellschaftlichen Höherentwicklung der eigenen Nation auspräge und die das Modernisierungsprojekt freudig bejahe. Würden die »enterprising men« sowohl im privaten Sektor als auch in der öffentlichen Verwaltung nicht auftauchen, sei auch ein Take-off nicht möglich.[38] Ohne sie sei, so das Ergebnis von Rostows historischen Fallanalysen, die Erhöhung der Sparquote wirkungslos.[39] Die Voraussetzungen für den Auftakt zu lang anhaltendem Wirtschaftswachstum lägen damit in Verhaltensänderungen in der Übergangsgesellschaft. Folgerichtig forderte er die »education of a generation of modern men«, damit die Wirtschaft wachsen könne.[40]

Wodurch zeichnete sich diese neue Elite aus ›modern men‹ aus? Rostows Anmerkungen hierzu sind meist knapp und vage gehalten: Sie sollten fähig sein, »to manipulate and apply [...] modern science and useful cost-reducing inventions«, sie müssten die Lust und den Willen dazu erkennen lassen, »to undergo the strain and risks of leadership in bringing the flow of inventions productively into the capital stock«.[41] Andere ›modern men‹ würden sich hingegen dadurch auszeichnen, dass sie bereit wären, ihr Geld auch bei hohen Risiken langfristig in den Industrialisierungsprozess anzulegen.[42] In Rostows Vorstellungen gab es mithin unterschiedliche gesellschaftliche Gruppen, in denen sich ›modern men‹ finden lassen mussten, die dann in einer zunehmend differenzierteren Gesellschaft jeweils eigene Aufgaben übernahmen. Es sollte sich also nicht nur um Unternehmer handeln: »The modern men are – in the past and in the present – a much wider spectrum, embracing some kinds of soldiers, intellectuals, civil servants, etc., as well as men of commerce and industry«.[43]

Rostows Äußerungen zu den ›modern men‹ beruhten offensichtlich nicht auf einer wohlüberlegten Theorie. Er nahm zwar psychologische Effekte an, ergründete sie aber nicht weiter. Andere Modernisierungstheoretiker hatten ausgefeiltere und weitreichendere Vorstellungen von den Akteuren der ›Modernisierung‹, deren Motivationen und Einstellungen. Insbesondere Psychologen und Soziologen fragten danach, was die ›modern men‹ dazu veranlassen würde, sich nicht mehr von ›traditionellen‹ Verhaltensweisen, Selbstkonstruktionen und Normen leiten zu lassen. Warum verhielt sich eine Gruppe von Individuen plötzlich rational und unternehmerisch? Wie konnte das Auftauchen von ›modern men‹ ermöglicht und deren innergesellschaftlicher Erfolg unterstützt werden?

Mit diesen Fragen befasste sich unter anderem Daniel Lerner, der seit 1953 am MIT arbeitete und 1958 zum »Ford Professor of Sociology and International Communications« am CENIS ernannt wurde.[44] Er gilt aufgrund seiner These, dass psychologische Barrieren

---

38 Zudem sei es nötig, gut ausgebildete Arbeitskräfte zu haben, die sich für das wechselnde ökonomische System anpassungsfähig zeigten und bereit wären, in großen Organisationen spezialisierte Aufgaben zu übernehmen, vgl. *ders.*, Politics and the Stages of Growth, S. 20.

39 Vgl. *ders.*, Leading Sectors and the Take-off, S. 21. Vgl. auch: Matthew Smith, Historical Growth Modelling. Rostow's ›Take-off‹ and Rosenstein-Rodan's ›Big Push‹, in: *Claudia Sunna/Davide Gualerzi* (Hrsg.), Development Economics in the Twenty-First Century, London/New York 2016, S. 14–32, hier: S. 18.

40 *Rostow*, Politics and the Stages of Growth, S. 182.

41 Ebd., S. 20.

42 Vgl. ebd., S. 20.

43 *Ders.*, Rostow on Don, in: Encounter, Januar 1960, S. 89. In dieser Antwort auf einen seiner frühen Kritiker, den englischen Ökonomen Peter Wiles, betonte er 1960: »I do not believe that the commercial and industrial middle class and the profit motive played the preponderant role«. Vgl. Peter Wiles Besprechung der »Stages of Economic Growth«: *Peter Wiles*, Don on Rostow, in: Encounter, Dezember 1959, S. 46–49.

44 Daniel Lerner (1917–1980) war nicht nur Soziologe, sondern auch Spezialist für psychologische Taktik in zwischenstaatlichen Konflikten. Zum Ausbildungshintergrund und zum Werdegang bis 1953 vgl. *Hemant Shah*, The Production of Modernization. Daniel Lerner, Mass Media, and The Passing of Traditional Society, Philadelphia 2011, S. 31–100.

die entscheidenden hemmenden Faktoren für die ›Modernisierung‹ von Gesellschaften darstellten, als prominenter Gegenspieler Rostows.[45] Ein allein kapitalinduzierter gesellschaftlicher Wandlungsprozess war für ihn nicht vorstellbar. Die treibende Kraft der ›Modernisierung‹ sei die »mobile Persönlichkeit« als Initiator sozialer Wandlungsprozesse, die dem ökonomischen Wachstum notwendigerweise vorausgingen. Nur die »mobilen Persönlichkeiten« könnten unter bestimmten – beeinflussbaren – Bedingungen einen kumulativen Effekt anstoßen, der die ›Modernisierung‹ in ihre gesamte Gesellschaft trage. Diese Personengruppe gebe es in ›traditionellen‹ Gemeinschaften aufgrund psychologischer Barrieren – die durch das dortige Gesellschaftssystem und den Gemeinschaftsverband konserviert wurden – nicht, zumindest nicht in ausreichender Zahl. ›Unterentwicklung‹ – so das viel zitierte Lerner-Bonmot – sei damit kein »Hardware-Problem«, sondern eines der »Software«.

In seinem 1958 – und damit bereits zwei Jahre vor Rostows »Stages« – veröffentlichten Stadienmodell fragte Lerner nach den notwendigen Eigenschaften dieser »mobilen Persönlichkeiten«. »Mobil« seien sie dabei weniger geografisch und sozial. Sie seien vielmehr innerlich bereit für Veränderungen. Ihnen sei es erstens möglich, »sich in hohem Maße mit neuen Aspekten [ihrer] Umgebung zu identifizieren«.[46] Denn sie seien – als »empathische« Persönlichkeiten – fähig, sich selber als fremde Personen in fremden Situationen, Orten und Zeiten vorzustellen.[47] Zweitens zeichneten sie sich dadurch aus, dass sie eine »Meinung« zu öffentlichen Fragen hätten. Während die ›traditional men‹ öffentliche Angelegenheiten nicht als ihre Obliegenheit definierten, sehe der ›modern man‹ diese als wichtig und in seinem Interesse liegend an. Drittens war ihnen ein rationaler und positiv zukunftsgewandter Geist (»a rationalist and positivist spirit«) zu eigen.[48]

Neben diesen Definitionsfragen suchte Lerner nach den Bedingungen dafür, dass die »mobilen Persönlichkeiten« zu Trägern der ›Modernisierung‹ – verstanden als langsamer Prozess von einem ›traditionellen‹ zu einem partizipierenden Lebensstil – werden konnten. Weil er einen so deutlichen Schwerpunkt auf die Partizipation legte, waren für Lerner die individuellen Kommunikationsfähigkeiten und die Strukturen der Medienlandschaft der Schlüssel, um eine Gesellschaft zu ›modernisieren‹.[49] Einen Multiplikatoreffekt versprach er sich insbesondere von den Massenkommunikationsmitteln, vor allem in den Städten.[50]

45 In ähnliche Richtung hatte vor ihm aber auch schon Karl W. Deutsch argumentiert. Vgl. *Karl W. Deutsch*, Nationalism and Social Communication. An Inquiry into the Foundations of Nationality, Cambridge/London 1953.

46 *Gerhard Grohs*, Zur Soziologie und Sozialpsychologie kolonialer Abhängigkeitsverhältnisse, in: *Dieter Danckwortt* (Hrsg.), Internationale Beziehungen. Ein Gegenstand der Sozialwissenschaft, Festgabe zum 70. Geburtstag von Dr. Walter Jacobsen, Frankfurt am Main 1966, S. 65–84, hier: S. 76.

47 Diese Fähigkeiten wurden als Projektion und Introjektion bezeichnet. Beide Mechanismen wurden bei Lerner unter dem Begriff »Empathie« zusammengefasst. Vgl. *Daniel Lerner*, The Passing of Traditional Society. Modernizing the Middle East, New York/London 1958, S. 49f.

48 Ebd., S. 45.

49 Kenneth S. Sherrill hat schon 1978 darauf verwiesen, dass die ›modern men‹ in den Modernisierungstheorien als »political modern men« konzipiert wurden. Man beschrieb sie als »opinionated« und »empathic«. Der »political modern man« könne zwischen persönlichen und politischen Beziehungen unterscheiden, sei »highly exposed to the mass media« und sei daher zugleich »well informed«. Er sei »concerned with, but not obsessed or excessively worried by, political events«. Als aktiver Teil eines politischen Gemeinwesens habe er »a general faith in people« – vor allem in andere ›modern men‹. Er könne zu diesen beständige Beziehungen etablieren und pflegen. *Kenneth S. Sherrill*, The Attitudes of Modernity, in: Comparative Politics 1, 1969, S. 184–210.

50 Vgl. *Daniel Lerner*, Die Modernisierung des Lebensstils. Eine Theorie, in: *Peter Heintz* (Hrsg.), Soziologie der Entwicklungsländer. Eine systematische Anthologie, Köln/Berlin 1962, S. 211–243, hier: S. 220–222. Lerners Forschungsansatz war damit durchaus stilbildend. An ihn lehnte sich etwa Alex Inkeles an, der Ende der 1960er-Jahre mit seiner Feldstudie zu den Einstellungen

Lerner hob zudem die Rolle der Bildung hervor, da sie rationales Verhalten fördere. Da rationale Entscheidungen belohnt würden, würde sich qua Erfahrung die Deutung durchsetzen, jeder könne seine Zukunft selbst beeinflussen. Sie sei nur von der eigenen Leistung und nicht von Vorherbestimmung oder Herkunft abhängig. Der ›traditionelle‹ Mensch, der von dieser Vorherbestimmung ausginge und allem Neuem gegenüber abweisend sei, würde so durch Bildung, kommunikativer Teilhabe und Erfahrung zum ›modern man‹.[51]

Auch Everett E. Hagen[52], der 1970 Direktor des CENIS wurde, setzte in seiner 1962 veröffentlichten Theorie bei Fragen der Persönlichkeitsentwicklung an. Gesellschaften waren in seinen Augen ›unterentwickelt‹, weil in ihnen die Führungsschicht aus »unschöpferischen Personen« bestehe, die körperlicher Arbeit, Kreativität und Innovationen gegenüber abgeneigt seien.[53] Erfordernisse für den Übergang zum Wirtschaftswachstum waren demnach:

»a) bei einem großen Teil der Bevölkerung die Fähigkeit, Probleme zu lösen, und die Absicht, diese Fähigkeit anzuwenden – kurz: Kreativität; und b) eine positive Einstellung zur manuell-technischen Arbeit und zur physischen Umwelt, damit die schöpferischen Energien eher auf Innovationen im Bereich der Produktion als auf Kunst, Krieg, Philosophie, Politik oder andere Bereiche gerichtet werden.«[54]

Im Zentrum seines einflussreichen Buches »On the Theory of Social Change«, in dem er immer wieder auf psychoanalytische Konzepte Bezug nahm, stand daher die »schöpferische Persönlichkeit«.[55] Diese zeichnete sich durch ein hohes Bedürfnis nach Leistung aus, habe eine positive Einstellung gegenüber handwerklicher und technischer Arbeit, könne Probleme auf rationale Weise lösen und habe zudem die Absicht, diese Fähigkeiten einzusetzen. Hagen ging dabei nicht von angeborenen Begabungsunterschieden zwischen den Völkern aus. Ganz dezidiert forderte er aber, erst einmal die »Aspekte der traditionalen Persönlichkeitsstruktur [zu] verändern«, bevor Kapitalmittel in die dortigen Gesellschaften transferiert wurden. Auch einer Übertragung ›westlicher‹ Technologien erteilte er eine Absage:

---

und Werten von 6.000 ›modern men‹ in Argentinien, Chile, Indien, Israel, Pakistan und Nigeria international Berühmtheit erlangte. Insbesondere dessen Messvariablen von Modernität wiesen erhebliche Ähnlichkeit mit Daniel Lerners Vorstellungen von der ›modern personality‹ in seiner »The Passing of Traditional Society« auf. Auch Inkeles trennte ›traditionell‹ und ›modern‹ anhand von Fähigkeiten zu kommunizieren und sich ›moderner‹ Medien zu bedienen. Für ihn waren die ›modern men‹ zudem dadurch geprägt, dass sie an den Nutzen von Wissenschaft glaubten, Fatalismus und Passivität ablehnten und bereit waren, sich industriellen Zeitregimen anzupassen und vorausschauend zu planen. Zudem waren sie fähig, ihre Umwelt den eigenen Ansprüchen entsprechend umzugestalten und waren ›moderner‹ Technik gegenüber aufgeschlossen. *Alex Inkeles*, Making Men Modern. On the Causes and Consequences of Individual Change in Six Developing Countries, in: American Journal of Sociology 75, 1969, S. 208–225, hier: S. 210f.; *ders.*, The Modernization of Man, in: *Myron Weiner* (Hrsg.), Modernization. The Dynamics of Growth, New York 1966, S. 138–150, hier: S. 141–144. Zu den Studien von Inkeles vgl. *Jerome Braun*, Is the Study of Attitudes Sufficient for the Study of National Character? Putting the Work of Alex Inkeles in Context, in: Comparative Sociology 13, 2014, S. 748–772.

51 Vgl. *Stockmann/Menzel/Nuscheler*, Entwicklungspolitik, S. 105.

52 Everett E. Hagen (1906–1992) kam 1953 ans MIT. Ab 1959 war er Professor für Ökonomie, ab 1965 für Political Science. Von 1970–1972 war er Direktor des CENIS.

53 Vgl. *Stockmann/Menzel/Nuscheler*, Entwicklungspolitik, S. 104. So argumentierend auch: *Richard N. Adams*, Die Träger des kulturellen Wandels. Test einer Hypothese, in: *Heintz*, Soziologie der Entwicklungsländer, S. 110–118.

54 *Everett E. Hagen*, Traditionsverlust, Statusverlust, Innovation, in: *Wolfgang Zapf* (Hrsg.), Theorien des sozialen Wandels, Köln/Berlin 1971 (zuerst 1969), S. 351–361, hier: S. 352.

55 *Everett E. Hagen*, On the Theory of Social Change. How Economic Growth Begins, Homewood 1962. Die Vorstellung von schöpferischen und unschöpferischen Persönlichkeiten übernimmt Hagen von Parsons.

diese sei sogar kontraproduktiv. Denn nicht bloße Nachahmung, sondern eine schöpferisch begabte Schicht von Neuerern war die langfristig tragfähige Basis der ›Modernisierung‹.[56]

Hagens Interesse galt den Ursachen dafür, dass einzelne Personen später schöpferisch tätig wurden. Anhand von historischen Beispielen argumentierte er, dass der Statusverlust eines Teils der Elite von zentraler Bedeutung für das Auftauchen und die Vermehrung »schöpferischer Persönlichkeiten« war. Denn der Statusverlust qua Herkunft führe dazu, dass nunmehr nur noch über Leistung ein Führungsanspruch legitimiert werden könne. Dadurch veränderten sich die Ziele der primären Sozialisation, welche nun Kreativität förderte und unternehmerisches Handeln belohnte. Langsam bilde sich so eine neue, einflussreiche Gruppe heraus, die den traditionellen Werten ihrer Gesellschaften gegenüber »entfremdet« sei.[57] Hagens Fokus lag damit auf den in ›traditionellen‹ Gesellschaften üblichen Methoden der Kindererziehung und den prägenden Leistungs- und Rollenvorstellungen der Eltern.[58] Ihm galt der Wandel einer Gesellschaft als durch den Wandel in der Kindheitsentwicklung und den Erziehungsmethoden begründet.[59] Während Lerner Erwachsene untersuchte, konzentrierte sich Hagen also darauf, herauszufinden, welche Ereignisse in der Kindheit jener Personen ausschlaggebend dafür gewesen waren, dass sie in traditionellen Gesellschaften plötzlich als Neuerer und Reformatoren auftauchten.[60]

So wichtig die Forschungen von Lerner und Hagen für die Rezeption des Konzepts ›modern men‹ auch waren, einflussreichster Vertreter der These einer Modernisierung der Psyche war ein anderer: der heutzutage kaum noch bekannte US-amerikanische Verhaltens- und Sozialpsychologe David C. McClelland.[61] Seine Arbeiten erregten in den 1950er- und 1960er-Jahren enorme Aufmerksamkeit und wurden auch von den oben genannten Pionieren der Entwicklungstheorie rezipiert. McClelland war seit 1956 Professor für Psychologie an der Harvard University und »Deputy Director of the Behavioral Science Division« der Ford Foundation. Sein zentrales Buch »The Achieving Society«, 1961 veröffentlicht und schnell zum internationalen Bestseller geworden, entstand parallel zu Rostows »The Stages of Economic Growth«, Lerners »The Passing of Traditional Society« und Hagens »On the Theory of Social Change« am CENIS.[62] McClelland tat sich vor allem mit seinen empirischen Datenerhebungen zur Leistungsmotivation hervor. Anfänglich an der Genese des Leistungsmotivs im frühkindlichen Alter interessiert, konzentrierte er sich später vor allem auf die Rolle der Leistungsmotivation im wirtschaftlichen Entwicklungsprozess.[63] In diesen Forschungsarbeiten war ›Unterentwicklung‹ das Ergebnis eines Mangels an Motivation.[64] Für McClelland waren die Antriebe, die wirtschaftliches Wachstum ermöglich-

56 *Ders.*, Traditionsverlust, Statusverlust, Innovation, S. 352.

57 Vgl. *Stockmann/Menzel/Nuscheler*, Entwicklungspolitik, S. 104f.

58 Vgl. *Hagen*, Traditionsverlust, Statusverlust, Innovation, S. 354–357.

59 Vgl. hierzu: *Grohs*, Zur Soziologie und Sozialpsychologie kolonialer Abhängigkeitsverhältnisse, S. 79.

60 Hier bezieht sich Hagen vor allem auf die Arbeiten von Erikson. Vgl. *Erik H. Erikson*, Kindheit und Gesellschaft, Stuttgart/Zürich 1957 (zuerst engl. 1950).

61 David Clarence McClelland (1918–1998). Zum akademischen Lebenslauf vgl. *Weiner*, Modernization, S. XI.

62 *David C. McClelland*, The Achieving Society, Princeton 1961.

63 Vgl. *Hans Thomae*, Psychologische Voraussetzungen der Leistungsbereitschaft, in: Walter-Raymond-Stiftung (Hrsg.), Leistungsbereitschaft. Soziale Sicherheit. Politische Verantwortung, Köln/Opladen 1967, S. 53–72, hier: S. 60.

64 Stark von traditionellen Verhaltensmustern geprägte Wirtschaftssysteme galten dabei als nur sehr eingeschränkt fähig, eine dynamische Wirtschaftsentwicklung anzustoßen. Im Fokus des Interesses stand somit die Frage, wie man auf der individuellen und der sozialen Ebene in den ›Entwicklungsländern‹ einen Wechsel von der Statusorientierung zur Leistungsorientierung anstoßen und begleiten konnte. Vgl. *Dieter Fricke*, Einkommen und Anspruchsniveau, Opladen 1972, S. 66.

ten, unbewusst. Es ging ihm nicht um rationales ökonomisches Denken, sondern um das sozial erlernte und internalisierte Leistungsmotiv. Folglich schien es ihm ratsam, einerseits die Sozialstrukturen in den ›Entwicklungsländern‹ umzuformen. Er zielte jedoch vor allem darauf, das Fantasieleben der Menschen psychologisch-politisch umzuorganisieren. Dabei ging er davon aus, dass ›Modernisierung‹ – und hier erinnert seine Argumentation sehr an Joseph Schumpeter – vom selten anzutreffenden Typ des energischen, aktiven, entscheidungs- und risikofreudigen Individuums getragen werde. Seinen Analysen zufolge schien es in den ›unterentwickelten‹ Gebieten der Erde an jenen Persönlichkeiten zu fehlen, die sich seiner Meinung nach vor dem und im historischen Moment des Take-off – und hier verwandte er den rostowschen Begriff – wie ein »Virus« vermehrt hatten.[65]

Dabei verallgemeinerte McClelland Max Webers These von der protestantischen Arbeitsethik[66], das heißt der stimulierenden Kraft des Protestantismus auf die Industrialisierung: Überall dort, wo sich wirtschaftliche Entwicklung vollzog, musste es zuvor ein hohes Leistungsbedürfnis gegeben haben.[67] Verbunden mit einer historischen Analyse glaubte McClelland belegen zu können, dass dem epochalpsychologischen Wandel des Leistungsmotivs Auf- und Abstiege der Wirtschaftsentwicklung auf dem Fuße folgen. In seiner groß angelegten interkulturellen Längs- und Querschnittsanalyse stellte er anhand von Beispielen aus den letzten 3.000 Jahren einen Zusammenhang von Leistungsmotivation und wirtschaftlicher Entwicklung her.[68] Zentrales Maß für das Bedürfnis nach Leistung war dabei »n-Ach« (»n-achievement«).[69]

---

65 Vgl. *David C. McClelland*, The Impulse to Modernization, in: Weiner, Modernization, S. 28–39, hier: S. 28f. Im selben Band erschien auch ein Aufsatz von *Alex Inkeles* »The Modernization of Man«. Die Verwendung des biologistischen Vokabulars im oben angeführtem Zitat ist dabei durchaus typisch. Es prallt in den 1960er-Jahren verstärkt mit dem ökonomischen Wissen zusammen. »Virus« bedeutet hier zugleich die Vorstellung, dass es genüge, einige wenige Individuen zu »infizieren«, da das Leistungsmotiv hochgradig ansteckend sei. Zum Gebrauch der Virusmetapher vgl. *Eva Gredel*, Diskursdynamiken. Metaphorische Muster zum Diskursobjekt Virus, Berlin/Boston 2014.

66 *Max Weber*, Die protestantische Ethik und der Geist des Kapitalismus, in: *ders.*, Gesammelte Aufsätze zur Religionssoziologie, Tübingen 1988 (zuerst 1904/05), S. 17–206.

67 Vgl. *David C. McClelland*, Die Leistungsgesellschaft. Psychologische Analyse der Voraussetzungen wirtschaftlicher Entwicklung, hrsg. v. *Ingeborg Y. Wendt/Gerd Fleischmann*, Stuttgart/Berlin etc. 1966 (zuerst engl. 1961), S. 90–102. Für McClelland basierte damit ›Entwicklung‹ auf einer spezifischen, religiösen Vorprägung. Dies lehnte beispielsweise Rostow ab, der davon ausging, dass ›modern men‹ überall auftauchen könnten und nicht unbedingt strenggläubige Pietisten sein müssten. Die meisten anderen Modernisierungstheoretiker gingen allerdings implizit oder explizit von der These Max Webers aus, der zufolge eine enge Verbindung zwischen der protestantischen Ethik und dem Geist des Kapitalismus bestünde. Vgl. *Rob Potter/Dennis Conway/Ruth Evans* u.a., Key Concepts in Development Geography, London 2012, S. 67. Zur Rolle der Religion in den Modernisierungstheorien vgl. *Wolfgang Knöbl*, Aufstieg und Fall der Modernisierungstheorie und des säkularen Bildes ›moderner Gesellschaften‹. Versuch einer Historisierung, in: *Ulrich Willems/Detlef Pollack/Helene Basu* u.a. (Hrsg.), Moderne und Religion. Kontroversen um Modernität und Säkularisierung, Bielefeld 2013, S. 75–116. Rostow lehnte die Vorstellung, dass spezifischen religiösen Motiven und Begründungsweisen eine entscheidende Bedeutung beizumessen sei, ab: »the Protestant ethic by no means represents a set of values uniquely suitable for modernization«. *Rostow*, Politics and the Stages of Growth, S. 26.

68 Vgl. *McClelland*, Die Leistungsgesellschaft, S. 150–197.

69 In der deutschen Übersetzung als »b Leistung« angegeben. Da es McClelland darum ging, den Ansporn zur Leistung zu erhöhen, maß er die Offenheit gegenüber Neuerungen. Die Ergebnisse der Forschung zur Leistungsmotivation der 1960er-Jahre werden dargestellt in: *Gustav Grauer*, Die Entwicklung des Leistungsstrebens, in: *Günter Hartfiel* (Hrsg.), Das Leistungsprinzip. Merkmale – Bedingungen – Probleme, Opladen 1977, S. 82–101.

Dieses bestimmte er durch eine quantitative Analyse von leistungsbezogenen Situationen in Volksmärchen und Lesebuchgeschichten.[70]

McClellands Untersuchung zeigte eine deutliche Prägung der Leistungsmotivation durch die frühkindlichen Eltern-Kind-Beziehungen.[71] Er konzentrierte sich dabei vor allem auf die Rolle des (patriarchalen und autoritären) Vaters, stellte aber auch die Wirkung religiöser Einstellungen, der gesamten sozialen Umwelt und der Familienstruktur heraus. McClelland verwies darauf, dass Wachstum auf Einstellungen und Motivationen beruhte, die wiederum abhängig waren von den – frühkindlich erlernten – gesamtgesellschaftlichen Normen und Werten sowie der Durchschlagskraft der gesellschaftlichen Sanktionsmechanismen.

Aufgrund seiner Ergebnisse empfahl er der Politik, die Leistungsmotivation vor Ort zu messen, um die Entwicklungschancen korrekt einschätzen zu können.[72] Selbst wenn McClelland – in Übereinkunft mit der gängigen zeitgenössischen psychologischen Lehrmeinung[73] – davon ausging, dass das Leistungsmotiv nur in Kindern geweckt werden könne, bezog er auch die Veränderung des Verhaltens von Erwachsenen mit ein.[74] Dabei konzentrierte er sich auf die Gruppe der Unternehmer.[75] Da diese, so seine dahinterliegende Annahme, die meisten ›modernisierungsrelevanten‹ Institutionen einer Stadt kontrollieren würden, hätte eine Steigerung des Leistungsmotivs hier den größten Effekt.[76] Ab Mitte der 1960er-Jahre war er an der Organisation und Durchführung von Fortbildungsangeboten beteiligt, die die unzureichend entwickelten Leistungsmotive von Erwachsenen in ›Entwicklungsländern‹ verstärken sollten. In eineinhalb bis zweiwöchigen – freiwilligen – Kursen versuchte er beispielsweise in Indien im Rahmen eines Entwicklungshilfeprogramms bei Geschäftsleuten die Leistungsmotivation zu steigern.[77] Ziel dieser Kurse war es, Leistungsmotivation einzuüben und dies als Bereicherung des eigenen kulturellen Kosmos zu begreifen. Als Erfolgsfaktoren hob er aufgrund seiner persönlichen Erfahrungen zwei Bedingungen hervor: eine möglichst große Dissonanz zwischen anfänglicher Motivation und angestrebtem Ziel und die Möglichkeit, neue Verhaltensmöglichkeiten längerfristig zu er-

---

70 Vgl. *McClelland*, Die Leistungsgesellschaft, S. 146–149 sowie die Tabelle auf S. 134f. Ähnlich argumentierend: *John William Atkinson*, Motives in Fantasy, Action, and Society. A Method of Assessment and Study, Princeton 1958.

71 Schon frühzeitig in: *David McClelland/Gerald A. Friedmann*, A Cross-Cultural Study of the Relationship Between Child-Training Practices and Achievement Motivation Appearing in Folk-Tales, in: *Guy E. Swanson/Theodore M. Newcomb/Eugene Hartley* (Hrsg.), Readings in Social Psychology, New York 1952, S. 243–249.

72 Ausführlich zu den Empfehlungen: *McClelland*, Die Leistungsgesellschaft, S. 336–381.

73 Vgl. *Heinz Heckhausen*, Die Interaktion der Sozialisationsvariablen in der Genese des Leistungsmotivs, in: *Carl F. Graumann* (Hrsg.), Sozialpsychologie, 2. Halbbd.: Forschungsbereiche, Göttingen/Toronto etc. 1972, S. 955–1019, hier: S. 1007; *ders.*, Einflußfaktoren der Motiventwicklung, in: *Carl F. Graumann/ders./Hellgard Rauh* (Hrsg.), Pädagogische Psychologie, Teil II: Entwicklung und Motivation, Weinheim/Basel 1976, S. 107–140, hier: S. 130.

74 McClelland maß das Bedürfnis nach Leistung (»n-achievement«) an der Häufigkeit von leistungsbezogenen Situationen in Volksmärchen, Literatur und Lesebuchgeschichten. Kritik an den Forschungen McClellands zum Einfluss der Religion auf die wirtschaftliche Entwicklung bei *Jacques Vontobel*, Leistungsbedürfnis und soziale Umwelt. Zur sozio-kulturellen Determination der Leistungsmotivation, Bern/Stuttgart etc. 1970, S. 104–106.

75 Zum unternehmerischen Verhalten als Antrieb für die ›Modernisierung‹ und zu den Charakteristika von Unternehmerpersönlichkeiten vgl. *McClelland*, Die Leistungsgesellschaft, S. 201–281; *ders.*, Toward a Theory of Motive Acquisition, in: American Psychologist 20, 1965, S. 321–333.

76 Vgl. *ders.*, The Impulse to Modernization, S. 35; *ders.*, N Achievement and Entrepreneurship: A Longitudinal Study, in: Journal of Personality and Social Psychology 1, 1965, S. 389–392.

77 Vgl. *ders./David G. Winter*, Motivating Economic Achievement, New York 1969.

proben. McClelland hielt seine Kurse – gemessen an der Verhaltensveränderung innerhalb von zwei Jahren nach dem Kurs – für äußerst erfolgreich:

»A minor economic revolution appears to be in the making [...] if the n Ach virus remains firmly implanted, may in time produce a take-off into rapid economic development. Note particularly that what came from the outside was not material aid or technical instruction-all of which the businessmen [...] have or can obtain from the government – but an idea, the motive, the spark, the impulse, that seems to be necessary to set such a process in motion.«[78]

McClelland postulierte folglich, dass es fortschrittliche und hemmende Verhaltensdispositionen, Einstellungen und Motive gab, die wachstumsrelevant waren und die die Dynamik des wirtschaftlichen Handelns massiv prägten. Statt finanzieller ›Entwicklungshilfe‹ forderte er daher die Finanzierung von Kursen zur Erhöhung der Leistungsmotivation bei unternehmerisch Tätigen.[79] Dies macht noch einmal deutlich: Man darf wirtschaftswissenschaftliche und sozialpsychologische Modernisierungstheorien nicht zu stark kontrastieren. Denn die Soziologen und Psychologen nahmen an, das für die ›Modernisierung‹ Wirtschaftswachstum unverzichtbar sei. Die Ökonomen fragten wiederum nach den sozialen und psychologischen Voraussetzungen für ökonomische Prosperität.

In den um das Jahr 1960 herum publizierten Modernisierungstheorien wurden nicht nur ›traditionelle‹ und ›moderne‹ Gesellschaften idealtypisch einander gegenübergestellt. Zugleich manifestierte sich in ihnen die Vorstellung, dass ›traditionelle‹ und ›moderne‹ Persönlichkeiten klar voneinander unterscheidbar seien. Konkrete (männliche) Akteure – und nicht nur ein anonymer Nationalstaat – setzten den für das ökonomische Wachstum grundlegenden wissenschaftlichen und technischen Fortschritt in ihren Gesellschaften durch. Die genannten Modernisierungstheoretiker fragten alle nach den entwicklungshemmenden und -fördernden psychischen Faktoren. Sie hatten implizite und explizite Vorstellungen vom ›modern man‹ und rangen um Konzepte, wie ›moderne‹ Individuen in ›traditionell‹ geprägten Gesellschaften erzeugt werden können. Das Konzept der Leistungsmotivation war dabei zentral. Sie sollte in einzelnen Individuen hervorgerufen werden, sodass sie sich in einem Top-down-Effekt gesamtgesellschaftlich verbreitete. Das Ziel war dabei, scheinbar statusorientierte Gesellschaften auf Leistungsorientierung umzustellen.

Der Blick auf Rostow, Lerner, Hagen und McClelland zeigt aber auch, wie sich die Konzepte über die ›modern men‹ voneinander unterschieden. Augenfällig ist dies bei der Bedeutung, die der Familienformation, der Kindheitsentwicklung und den Erziehungsmethoden jeweils beigemessen wurde.[80] Umstritten war, wann die Grundlagen der ›modernen‹ Persönlichkeit gelegt wurden. Während die meisten Soziologen ihren Fokus auf die sekundäre Sozialisation legten und das Augenmerk dabei auf die Rolle von Kommunikation und Erziehung fiel, fokussierten sich die eher psychologisch und psychoanalytisch geprägten Studien stärker auf die Phase der primären Sozialisation, das heißt auf die ersten Lebensjahre im Familienkontext.[81] Überhaupt waren sich die genannten Autoren nicht einig darüber, wie sich die sozialen Bezüge der Menschen und die psychischen Dispositionen zur Leistung gegenseitig bedingten; auch wenn sie darin übereinstimmten, dass die psychischen Eigenschaften der Indigenen durch bestimmte ›traditionelle‹ Sozialformationen gestützt wurden. Umstritten war zudem, wie man Anspruchsniveau und Leistungsmotivation überhaupt mes-

---

78 *McClelland*, The Impulse to Modernization, S. 35.

79 Vgl. *Liv Kirsten Jacobsen*, Erfolgsfaktoren bei der Unternehmensgründung. Entrepreneurship in Theorie und Praxis, Wiesbaden 2006, S. 51.

80 Vgl. hierzu: *Grohs*, Zur Soziologie und Sozialpsychologie kolonialer Abhängigkeitsverhältnisse, S. 79.

81 Vgl. *Carlo Trigilia*, Economic Sociology. State, Market, and Society in Modern Capitalism, Oxford 2002, S. 152 (zuerst ital. 1998).

sen könne. Zu guter Letzt unterschieden sich die Konzepte von den ›modern men‹ darin, welche Forderungen aus ihnen abgeleitet wurden.

Bei allen zeigt sich aber eine klare Dichotomisierung: auf der einen Seite der aktive, veränderungswillige ›moderne‹ Mensch, der seine innere Unruhe fruchtbar nutzt, auf der anderen Seite der fatalistische, passive und in traditionellen Strukturen verharrende Indigene.[82] Basierend auf seiner Fähigkeit zu Effizienz und wissenschaftlicher Rationalität sowie seiner Offenheit für Wandel war der ›modern man‹ in der Lage, seine natürliche Umwelt den eigenen Bedürfnissen anzupassen und das soziale gesellschaftliche System so zu verändern, dass es sowohl seiner eigenen Karriere als auch dem gesellschaftlichen Gesamtwohl nutzte.[83] Die individuelle Leistungsorientierung war die zentrale Grundvoraussetzung für die ›Modernisierung‹ der Gesellschaft. Dafür waren Fortschrittszuversicht, ein starkes Selbstbewusstsein, Veränderungswillen, Optimismus und Wagemut sowie die Fähigkeit, Veränderungspotenziale zur Kenntnis zu nehmen und zu nutzen, unabdingbar. Mit den ›modern men‹ wurden daher auch als europäisch beziehungsweise US-amerikanisch geltende Werte und Normen zum Ziel allgemeiner menschlicher Entwicklung erhoben. Die angeblich allein auf Leistung und nicht auf Statussicherung ausgerichteten Normen und Werte in den ›Industrieländern‹ wurden zur Basis der weltweiten Modernisierungsanstrengungen erklärt und waren damit, darauf haben Rob Potter und seine Mitautoren verwiesen, »a demonstration of Western superiority and advancement«.[84]

II. Rezeption in der Bundesrepublik

In der Bundesrepublik etablierten sich im Zuge der 1960er-Jahre mit der Sozialökonomik und der Sozialpsychologie zwei Disziplinen, die sich mit Themen der ›Entwicklung‹ und ›Modernisierung‹ beschäftigten. Ihr Aufstieg fällt dabei in eine Zeit, in der auch in der Bundesrepublik eine gestiegene publizistische und politische Aufmerksamkeit für Fragen der ›Entwicklungshilfe‹ zu verzeichnen war und die ›Entwicklungspolitik‹ zu einem eigenständigen Politikfeld wurde. Daraus ergab sich die Nachfrage nach wissenschaftlich abgesichertem und praktisch verwertbarem Wissen. In diesem Kontext rezipierten Sozialökonomen und Sozialpsychologen in Westdeutschland die bisher analysierten Forschungen US-amerikanischer Provenienz zu den ›modern men‹ und münzten sie in Politikempfehlungen um. Die Rezeption der vorgenannten Autoren erfolgte dabei fast ausschließlich über die Lektüre ihrer Schriften.

Die Beschäftigung mit individual- und gruppenpsychologischen entwicklungshemmenden Faktoren versprach unter den genannten Bedingungen öffentliche Aufmerksamkeit sowie Forschungsgelder aus Bundes- und Landeshaushalten. Diese Möglichkeiten wurden vor allem von Wissenschaftlern ergriffen, die ihrer eigenen Disziplin einen Entwicklungsrückstand gegenüber der US-amerikanischen Theoriebildung attestierten beziehungsweise sich darum bemühten, ihre Stellung im Kosmos der Sozialwissenschaften genauer zu bestimmen oder überhaupt erst zu etablieren. Dabei taten sich insbesondere jene Forscher hervor, die an der Schnittstelle zwischen Wissenschaft, ›Entwicklungspolitik‹ und praktischer ›Entwicklungshilfe‹ tätig waren. Es ist daher wenig verwunderlich, dass die bislang vorgestellten soziologischen und psychologischen Modernisierungskonzepte in der Bun-

82 Gegen diese Deutung richtete sich seinerzeit etwa Frantz Fanon, der die – ebenfalls konstatierte – Passivität der Indigenen auf die kolonialen Abhängigkeitsverhältnisse zurückführte und nicht als allgemeinen Wesenszug ansah.

83 Explizit so auch bei *Joseph A. Kahl*, The Measurement of Modernism. A Study of Values in Brazil and Mexico, Austin 1968, S. 4–6 und 18–20.

84 Vgl. *Potter/Conway/Evans* u.a., Key Concepts in Development Geography, S. 67.

desrepublik insbesondere von einer jüngeren Generation von Wissenschaftlern diskutiert, weiterentwickelt und den eigenen Fachtraditionen angepasst wurden. Sie nutzten die Forschungsbezüge zur angloamerikanischen Entwicklungsökonomie, um sich neue Forschungsfelder zu erschließen und um bisherige Forschungsinteressen mit neuer Relevanz zu versehen. Zugleich dienten ihnen die Verweise auf die US-amerikanischen Vorbilder dazu, neue methodische Herangehensweisen argumentativ zu untermauern und ihre Forschungsziele durchzusetzen.

Das lässt sich leicht an der bundesdeutschen Sozialpsychologie nachvollziehen. Die Rezeption der US-amerikanischen Modernisierungstheorien setzte hier ein, als von einer eigenständigen, universitär fest verankerten Sozialpsychologie noch keine Rede sein konnte.[85] Die Beschäftigung mit der Leistungsmotivation in ›Entwicklungsländern‹ war dabei anschlussfähig an eine zeitgenössisch in der Nervenheilkunde viel diskutierte Frage: Inwiefern gab es kulturtypische und kulturspezifische Ausformungen psychischer Variablen (Motivation, Angst, Wahrnehmung) und psychischer Abweichungen?[86] Krankheitsbilder, so Eberhard Kluge 1963 in der Fachzeitschrift »Der Nervenarzt«, waren offensichtlich nicht unabhängig von »allgemeinen Lebensauffassungen und religiösen Einstellungen«.[87] Daher suchte die mit diesen Fragen beschäftigte transkulturelle Psychiatrie verstärkt nach der Beziehung zwischen soziokulturellen Unterschieden und Ausprägungen von Geisteskrankheiten. Das Erkenntnisobjekt der kulturellen psychischen Variationen hatte den Zusatznutzen, dass sich mit ihm die Öffnung der Psychowissenschaften gegenüber anderen kulturwissenschaftlichen Disziplinen – insbesondere der Geschichte, der Ethnologie und der Soziologie – einfordern ließ.[88] Nicht nur junge Praktiker und Theoretiker, sondern auch etablierte und einflussreiche Psychiater wie Jürg Zutt wollten mittels der Berücksichtigung »nicht-westlicher« Gesellschaften eine Abkehr von der »naturwissenschaftlichen Psychiatrie« und die Hinwendung zu einer »kulturwissenschaftlichen Psychiatrie« erreichen.[89] In Abgrenzung zu einer Psychiatrie, die Geisteskrankheiten rein als Gehirnkrankheiten verstand, sollten die konkreten Lebenssituationen und Vorstellungswelten der Betroffenen stärker berücksichtigt werden. Zum Untersuchungsobjekt wurden so auch die in den Modernisierungstheorien wichtigen indigenen Mythen und Riten sowie Vorstellungen von Magie, da diesen ein gewichtiger Einfluss auf Schuld- und Schamphänomene zugeschrieben wurde. Die Beschäftigung mit den ›modern men‹ erfolgte in der bundesdeutschen Sozialpsychologie damit zeitgleich zur zunehmenden Wissensproduktion in kulturvergleichenden Untersuchungen in den Psychowissenschaften. Dies ist der fachwissenschaftliche Hintergrund der bundesrepublikanischen Rezeption der Forschungen zur Leistungsmotivation.

McClellands Arbeiten wurden in der Bundesrepublik schon bald nach ihrer Veröffentlichung durch den international anerkannten Motivationsforscher Heinz Heckhausen bekannt gemacht.[90] Direkt auf McClelland Bezug nehmend, definierte dieser die Leistungs-

85 Zur Geschichte des Fachs vgl. *Helmut E. Lück/Susanne Guski-Leinwand*, Geschichte der Psychologie. Strömungen, Schulen, Entwicklungen, 7., vollst. überarb. Aufl., Stuttgart 2014, S. 180–186. In internationaler Perspektive: *Kathleen Haack/Ekkehardt Kumbier*, History of Social Psychiatry, in: Current Opinion in Psychiatry 25, 2012, S. 492–496.

86 So rückblickend: *Ernst E. Boesch/Lutz H. Eckensberger*, Methodische Probleme des interkulturellen Vergleichs, in: *Carl Friedrich Graumann* (Hrsg.), Sozialpsychologie, 1. Halbbd.: Theorien und Methoden, Göttingen/Toronto etc. 1969, S. 515–566, hier: S. 525.

87 *Eberhard Kluge*, Allgemeine Gestaltung des psychiatrischen Krankenhauses als Mittel der Therapie. Ein Erfahrungsbericht aus Java, in: Der Nervenarzt 34, 1963, S. 206–215, hier: S. 207.

88 *Jürg Zutt*, Transkulturelle Psychiatrie, in: Der Nervenarzt 38, 1967, S. 6–9, hier: S. 8.

89 Vgl. ebd., S. 6f., hier auch die verwendeten Begrifflichkeiten.

90 Heinz Heckhausen (1926–1986) war zwischen 1964 und 1982 Professor für Psychologie an der Ruhr-Universität Bochum.

motivation als »das Bestreben, die persönliche Tüchtigkeit [...] zu steigern oder möglichst hochzuhalten«.[91] Heckhausen suchte, darin Hagen und McClelland sehr ähnelnd, nach den Faktoren, aus denen sich das Leistungsmotiv speiste, und konzentrierte sich dabei auf die Erforschung der frühkindlichen Phase (2–5 Jahre), die er als »kritische Phase der Genese des Leistungsmotivs« bezeichnete.[92] Er analysierte daher die Rolle der Eltern und anderer Personen, die am Sozialisationsprozess maßgeblich beteiligt waren. Zugleich richtete er sein Interesse auch auf andere Einflüsse: die Konfessionszugehörigkeit, die Familienstruktur und die Stellung einer Person in der Geschwisterreihe. Er versuchte also, ein erweitertes kognitives Motivationsmodell mit zahlreichen Variablen aufzustellen. Sieben Faktoren begünstigten diesem Modell zufolge die Entwicklung des Leistungsmotivs: erstens die Einsicht in die Notwendigkeit individueller Selbsterfüllung und damit ein individualistisches und kein kollektives Ethos; zweitens eine fest verankerte Selbstverantwortlichkeit, die kaum durch allgemeine Verhaltensnormierung beschränkt wird; drittens die Möglichkeit, Erfolg und Misserfolg innerhalb einer überschaubaren Zeit klar ausmachen zu können; viertens eine aktivistische, nicht fatalistische Lebenseinstellung; fünftens die realistische Möglichkeit, auch anspruchsvolle Ziele erreichen zu können; sechstens eine Orientierung auf eine ferne Zukunft und damit verbunden der Verzicht auf unmittelbare Belohnung und siebtens soziale, wirtschaftliche und geografische Mobilität.[93]

Mit Blick auf die ›Entwicklungsländer‹ fokussierte sich Heckhausen folglich vor allem auf den Wandel von Erziehungspraktiken. In Anlehnung an die US-amerikanische Forschung forderte er:

»Es gilt, unbehinderten Zugang in das Selbstbekräftigungssystem zu finden; die vorhandenen kognitiven ›Netzwerke‹ zu ergänzen, neu zu organisieren; Voreingenommenheiten in der Kausalattributierung von Erfolg und Mißerfolg zu ändern; neue Normwerte einzuschleusen; sowie ein neues Repertoire von Möglichkeiten der Fremd- und Selbstbekräftigung aufzubauen. Anders und kürzer gesagt gilt es, erstens den Blick für Gütemaßstäbe der eigenen Leistungstüchtigkeit zu schärfen, zweitens neue Normwerte einzuführen und drittens Bekräftigungsmöglichkeiten zu erschließen.«[94]

Einfluss hatte McClellands Forschung zudem auf jene Psychologen, die sich seit Mitte der 1960er-Jahre im »Sozialwissenschaftlichen Studienkreis für internationale Probleme« am Soziologischen Institut der Universität Köln (SSIP) sowie dem »Institut für Selbsthilfe und Sozialforschung« (Köln) engagierten.[95] An einer wichtigen Schnittstelle stand dabei der Leiter der »Deutschen Stiftung für Entwicklungshilfe« (DSE) in Berlin, Diether Breitenbach.[96]

91 *Heinz Heckhausen*, Einflüsse der Erziehung auf die Motivationsgenese, in: *Theo Herrmann* (Hrsg.), Psychologie der Erziehungsstile. Braunschweiger Symposion über Erziehungsstile (28.3.–31.3.1966), Göttingen 1966, S. 140.

92 *Heckhausen*, Die Interaktion der Sozialisationsvariablen in der Genese des Leistungsmotivs, S. 998.

93 Vgl. ebd.; *ders.*, Einflußfaktoren der Motiventwicklung, S. 126; *ders.*, Motivation in der Leistungsgesellschaft, in: Die deutsche Schule 60, 1968, S. 637–648; *ders.*, Hoffnung und Furcht in der Leistungsmotivation, Meisenheim am Glan 1963. Heckhausens auf McClellands Forschungen aufbauendes Untersuchungsdesign ist prägnant dargestellt in: *Fricke*, Einkommen und Anspruchsniveau, S. 21f.

94 1972 seine Forschung der 1960er-Jahre zusammenfassend: *Heckhausen*, Die Interaktion der Sozialisationsvariablen in der Genese des Leistungsmotivs, S. 1009f.

95 Vgl. *Dieter Danckwortt*, Vorwort, in: *ders.*, Internationale Beziehungen, S. 6–14, hier: S. 8f. Am SSIP entstanden unter anderem auch die Studien: *Ladislaus Sprohó*, Arbeits- und Lebensverhältnisse von Praktikanten aus Entwicklungsländern. Ergebnisse einer empirischen Untersuchung im Lande Nordrhein-Westfalen, Saarbrücken 1967; *Rolf E. Vente*, Die Technische Hilfe für Entwicklungsländer, 2 Bde., Baden-Baden 1962. Vente wurde 1969 zum Ordinarius für Soziologie der Universität Stuttgart berufen.

96 Diether Breitenbach (geb. 1935) war zudem als Bildungspolitiker in der SPD einflussreich.

Als Diplom-Psychologe hatte er am Psychologischen Institut der Universität Hamburg zusammen mit Dieter Danckwortt schon seit 1959 – und damit für die Bundesrepublik sehr früh – interkulturelle Anpassungsstudien durchgeführt.[97] Dies geschah anfänglich noch ohne direkten Bezug auf Lerner, Hagen oder McClelland.[98] In den 1960er-Jahren untermauerte er dann aber zunehmend seine eigenen Forschungsergebnisse mit Verweisen auf die US-amerikanische Forschung.

Die stärkere Berücksichtigung soziologischer und psychologischer Erklärungsmuster war dabei durchaus ein Hauptmerkmal der bundesdeutschen Human- und Geisteswissenschaften der 1960er-Jahre.[99] Zeitgleich zu den beschriebenen Entwicklungen in der Sozialpsychologie suchte beispielsweise die Sozialökonomik nach einem neuen – verhaltenstheoretischen – Erklärungsmodell für wirtschaftliches Wachstum. Sie wollte sich als »empirische Wissenschaft« der ökonomischen Realität zuwenden.[100] Und dies rückte nicht ohne Grund die ›Entwicklungsländer‹ in den Fokus, denn hier schienen die Unzulänglichkeiten der neoklassischen Wachstumsanalyse offensichtlich zu sein.[101] Die bisherige Theorie des Wirtschaftswachstums und die grundlegenden Verhaltenshypothesen der Nationalökonomie sollten durch die Einbeziehung soziologischer und sozialpsychologischer Erklärungsfaktoren in eine allgemeine Theorie des sozialen Handelns und des kulturellen Wandels eingebettet werden.[102] In der Bundesrepublik war dabei die 1958 gegründete und von

97 Vgl. *Diether Breitenbach*, Probleme der Ausbildung und Anpassung von Praktikanten aus Entwicklungsländern. Kurzbericht über 20 Einzelfallstudien bei ausländischen Praktikanten, die in der deutschen Wirtschaft tätig sind, Saarbrücken 1966 (als Schreibmaschinenmanuskript bereits 1960 im Umlauf). Diese Studie wurde 1959 von der Carl Duisberg Gesellschaft in Auftrag gegeben. Breitenbach befasste sich zudem aus psychologischer Perspektive mit der öffentlichen Meinung zur Entwicklungshilfe. Vgl. *ders.*, Psychologische Probleme der Entwicklungshilfe, in: *Danckwortt*, Internationale Beziehungen, S. 85–96, hier: S. 85–89. Ähnlich auch *Dieter Danckwortt*, Zur Psychologie der deutschen Entwicklungshilfe. Eine Analyse von Meinungen, Motiven und Gefühlen um die deutsche Entwicklungshilfe, Baden-Baden/Bonn 1962. Eine wichtige frühe Akkulturations-Studie war auch: *ders.*, Probleme der Anpassung an eine fremde Kultur. Eine sozialpsychologische Analyse der Auslandsausbildung, Köln 1959. Dieses Forschungsfeld, darauf hat Rolf Vente hingewiesen, war auch deshalb so interessant, weil sich hier »wie in einem Laboratoriumsversuch [...] allgemeine Fragen der Psychologie, Soziologie und Anthropologie« untersuchen ließen. *Rolf E. Vente*, Entwicklungsländer, Entwicklungshilfe, Ausbildungshilfe. Eine Darstellung und Auswertung sozialwissenschaftlicher Untersuchungen, die von der Carl Duisberg-Gesellschaft e.V. gefördert worden sind, Saarbrücken 1966, S. 44.

98 In einer späteren Studie mit dem Titel »Psychologische Probleme der Entwicklungshilfe« bescheinigte er dabei den »jungen Eliten in Entwicklungsländern«, dass es ihnen grundsätzlich an den »Einstellungen [fehle], die für die Entwicklung des Landes lebensnotwendig sind«. *Breitenbach*, Psychologische Probleme der Entwicklungshilfe, S. 94.

99 Vgl. *Lutz Raphael*, Die Verwissenschaftlichung des Sozialen als methodische und konzeptionelle Herausforderung für eine Sozialgeschichte des 20. Jahrhunderts, in: GG 22, 1996, S. 165–193.

100 Vgl. bereits *Günter Schmölders*, Der Beitrag der Verhaltensforschung zur Theorie der wirtschaftlichen Entwicklung, in: *Norbert Kloten/Wilhelm Krelle/Heinz Müller* u.a. (Hrsg.), Systeme und Methoden in den Wirtschafts- und Sozialwissenschaften. Erwin von Beckerath zum 75. Geburtstag, Tübingen 1964, S. 363–386.

101 Vgl. *Burkhard Strümpel*, Wirtschaftliche Entwicklung als menschliches Verhalten. Ein Forschungsbericht, Berlin 1964.

102 Vgl. die Forderung in: *Meinolf Dierkes*, Produktivität und Expansion. Ein Beitrag zur empirischen Theorie des Wirtschaftswachstums und des Unternehmerverhaltens, Berlin 1971, S. 34. Anschlussfähig waren sie damit an jene Kreise in der Nationalökonomie, die der Wirtschaftskultur in der Ökonomie eine bedeutende Rolle zuschrieben. Diese Perspektive hatte in Deutschland bereits eine lange Tradition, die allerdings für die Zeit nach 1945 als weithin einflusslos gilt. Anders als die bisherige ideen- und wissenschaftsgeschichtliche Forschung zur Geschich-

Günter Schmölders geleitete »Forschungsstelle für empirische Sozialökonomik« in Köln von besonderer Bedeutung.[103] Wirtschaftsentwicklung wurde hier einerseits mit individuellen Dispositionen, andererseits mit gesellschaftlichen Normen und Gratifikationsmechanismen erklärt, die entweder wachstumshemmend oder -fördernd sein konnten. Gefragt wurde folglich nach den sozialen und kulturellen Merkmalen der schnell wachsenden »Industriegesellschaften« im Vergleich zu den eher statisch und stagnierend erscheinenden Gesellschaften. ›Entwicklungsunterschiede‹ sollten erklärt, ›Entwicklungspotenziale‹ abgeschätzt und Prognosen über wirtschaftliches Wachstum abgegeben werden. Programmatisch hielt der am Institut beschäftigte Burkhard Strümpel 1964 fest: »Welche Neuerungen in einer Gesellschaft auf fruchtbaren Boden fallen, läßt sich nicht aufgrund der Analyse rein wirtschaftlicher Daten entscheiden, sondern hängt mit von den kulturellen und sozialen Verhältnissen der untersuchten Bevölkerung ab.«[104] Insbesondere, wenn es um den Vergleich von ›entwickelten‹ und ›weniger entwickelten‹ Volkswirtschaften ging, waren die Forschungen McClellands, Hagens und der oben genannten deutschsprachigen Sozialpsychologen ein zentraler Bezugspunkt.[105] Rostows Werk wurde zwar zur Kenntnis genommen und auch besprochen; seine Auswirkungen auf die akademische Textproduktion und die ›Entwicklungspolitik‹ waren dennoch begrenzt, da in der Bundesrepublik fast alle Akteure stärker auf »Technische Hilfe« und weniger auf »Kapitalhilfe« setzten.[106]

Dies gilt auch für die wichtigsten Wirtschaftsforschungsinstitute der Bundesrepublik. Es ist daher auch kein Zufall, dass die deutschsprachige Ausgabe von McClellands Hauptwerk 1966 unter dem Titel »Die Leistungsgesellschaft« in einer Reihe des Hamburgischen Welt-Wirtschafts-Archivs (HWWA) erschien.[107] Denn das HWWA, neben dem Institut für Weltwirtschaft (IfW) der wichtigste Produzent weltwirtschaftlichen Wissens in der Bundesrepublik und einflussreicher Wissenslieferant für die deutsche Unternehmerschaft, vertrat ein umfassendes Verständnis von der Volkswirtschaft und legte den Fokus daher auch

---

te des ökonomischen Denkens betont, spielten Fragen und Herangehensweise der Historischen Schule aber auch in der zweiten Hälfte des 20. Jahrhunderts noch eine wichtige Rolle – zumindest im Bereich der Entwicklungsökonomie. Zwar ist völlig richtig, dass in dieser Zeit in den führenden wirtschaftswissenschaftlichen Fachorganen endgültig eine »Trennung der Nationalökonomie von den Sozial- und Geisteswissenschaften« festzustellen ist. Anscheinend gab es aber im interdisziplinären Feld der Entwicklungsökonomie auch nach 1945 noch zahlreiche Wissenschaftler, die die Wirtschaft als kulturelle Sphäre begriffen und die daher die sozialen und psychischen Bedingungen für Wachstum hervorhoben. Vgl. *Michael Hoelscher*, Transnationale Wirtschaftskulturen in Europa. Empirische Befunde, in: *Werner Abelshauser/David A. Gilgen/Andreas Leutzsch* (Hrsg.), Kulturen der Weltwirtschaft, Göttingen 2012, S. 182–201, hier: S. 182.

103 Günter Schmölders (geb. 1903) war Mitglied der »Deutschen Weltwirtschaftlichen Gesellschaft« (Berlin). Neben seiner universitären Tätigkeit war er Berater des Finanzministeriums.

104 *Strümpel*, Wirtschaftliche Entwicklung als menschliches Verhalten, S. 9. Strümpel nimmt in diesem Buch immer wieder auch direkt Bezug auf Rostow.

105 Zusammengefasst sind diese Forschungen in: *Fricke*, Einkommen und Anspruchsniveau. Vgl. auch die Veröffentlichungen der Schmölders-Schüler Gerhard Brinkmann und Horst Zimmermann. Die Sozialökonomen wiesen auch auf die erheblichen methodischen Mängel der sozialpsychologischen Forschung zur Leistungsmotivation der ›modern men‹ hin. Sie stellten daher die berechtigte Forderung, Psychologen und Soziologen sollten die kulturellen und psychischen Faktoren operationalisierbar, messbar und deren Wirkungen eindeutig zuschreibbar machen. Vgl. *Dierkes*, Produktivität und Expansion, S. 35f.

106 Zur Organisation und Ausrichtung der Entwicklungspolitik in der Bundesrepublik vgl. *Bastian Hein*, Die Westdeutschen und die Dritte Welt. Entwicklungspolitik und Entwicklungsdienste zwischen Reform und Revolte 1959–1974, München 2006.

107 *McClelland*, Die Leistungsgesellschaft.

auf historische und kulturelle Analysen des Wirtschaftsgeschehens.[108] Folglich konzentrierten sich die Forscher am HWWA und am IfW in ihren Studien zu den ›Entwicklungsländern‹ auch auf die ihrer Ansicht nach problematischen sozialen und psychischen Beharrungsstrukturen.

So ethnozentrisch die Forschung zu den psychischen und sozialen entwicklungshemmenden Faktoren heute auch erscheinen mag, ist es wichtig zu sehen, dass in ihr die Indigenen als entscheidende Agenten und Multiplikatoren für Neuerungen angesehen wurden.[109] Sie, und nicht die ›Entwicklungshelfer‹, seien der eigentliche Motor der sozialen, wirtschaftlichen und technischen Wandlungsprozesse.[110] Damit richteten sich die genannten Forscher auch dezidiert gegen die weiterhin verbreitete Ansicht von der Unveränderbarkeit vermeintlich primitiver Kulturen sowie gegen die Idee feststehender, quasi natürlicher Nationalcharaktere und Rasseeigenschaften.[111] Beinahe parallel zur Veröffentlichung von McClellands Forschungsergebnissen auf Deutsch mehrten sich die Zweifel an einem zu einfachen Gegensatz zwischen den ›traditional‹ und den ›modern men‹. Prägnant formulierte die Kritik der Leiter der Abteilung ›Entwicklungsländer‹ an der Sozialforschungsstelle der Universität Münster, Karl Heinz Pfeffer, in seiner soziologischen Gesamtschau der ›Entwicklungsländer‹, die er für das Deutsche Übersee-Institut in Hamburg 1967 verfasste. Die ›Entwicklungsländer‹ seien zwar durch »den offenen Konflikt zwischen Tradition und Moderne auf allen Lebensgebieten, in allen Sozialstrukturen und in allen sozialen Handlungen gekennzeichnet«, die enorme Variationsbreite des Phänomens der »Unterentwicklung« zwinge aber dazu, bisherige soziologische Grundannahmen empirisch zu überprüfen. Denn auch wenn sich die »Tradition als Bremse der Entwicklung« erweise, so könne man gar nicht von ›traditionellen‹ Gesellschaften im Allgemeinen sprechen. Nicht die Religionen, die Familienbindungen oder die Landwirtschaft seien die zentralen Entwicklungshemmnisse, »sondern innerhalb jeder Religion, jeder Familienverfassung und jeden Landwirtschaftstypus ringen Tradition und Moderne miteinander«. Zwar sei der Mensch der entscheidende Modernisierungsfaktor, aber der ›modern man‹ bleibe ein Trugbild. Die Grenze zwischen Moderne und Tradition verlaufe nicht zwischen verschiedenen Individuen,

---

108 Universitär verloren diejenigen Ansätze, die die Disziplinen Soziologie, Geografie, Ethnologie sowie Wirtschafts- und Geschichtswissenschaften zusammenbringen wollten, darauf hat Alexander Nützenadel hingewiesen, nach anfänglichen Wiederbelebungsversuchen dieser Denkrichtung nach 1945 bald an Bedeutung. Unter wachsendem Einfluss der amerikanischen Wirtschaftswissenschaften spielten sie vor allem in der wissenschaftlichen Forschungspraxis keine große Rolle mehr, sodass bereits Mitte der 1950er-Jahre »die Historische Schule mit ihren Nebenlinien nur noch ein Schattendasein« gefristet habe. Vgl. *Alexander Nützenadel*, Stunde der Ökonomen. Wissenschaft, Politik und Expertenkultur in der Bundesrepublik 1949–1974, Göttingen 2005, S. 27–31, Zitat: S. 31. Roman Köster geht sogar davon aus, dass die Historische Schule »mit dem Ersten Weltkrieg unterging, nachdem sie bereits seit der Jahrhundertwende ihre Dominanz zunehmend verloren hatte«, vgl. *Roman Köster*, Nationalökonomie und ordnungspolitische Diskussion in der Weimarer Republik, in: *Werner Plumpe/Joachim Scholtyseck* (Hrsg.), Der Staat und die Ordnung der Wirtschaft. Vom Kaiserreich bis zur Berliner Republik, Stuttgart 2012, S. 43–60, Zitat: S. 44. Zur Geschichte der Nationalökonomie als universitärem Fach vgl. *Claus-Dieter Krohn*, Wirtschaftstheorien als politische Interessen. Die akademische Nationalökonomie in Deutschland 1918–1933, Frankfurt am Main/New York 1981; *Roman Köster*, Die Wissenschaft der Außenseiter. Die Krise der Nationalökonomie in der Weimarer Republik, Göttingen 2011; *Hauke Janssen*, Nationalökonomie und Nationalsozialismus. Die deutsche Volkswirtschaftslehre in den dreißiger Jahren, 2., überarb. Aufl., Marburg 2001.

109 Vgl. *Breitenbach*, Psychologische Probleme der Entwicklungshilfe, S. 92f.

110 Vgl. ebd., S. 89–96.

111 Zur Einstellung der deutschen Bevölkerung zur ›Entwicklungshilfe‹ vgl. die zeitgenössische Studie von *Danckwortt*, Zur Psychologie der deutschen Entwicklungshilfe.

sondern durch jedes Individuum hindurch. Der Mensch in den Industrieländern sei damit nicht »so eindeutig ›modern‹ […], wie er zu sein behauptet«.[112]

III. Die Erziehung der ›modern men‹ in der Praxis: Praktikantenprogramme in bundesrepublikanischen Industrieunternehmen

Die Ideen zur Erzeugung einer »westlichen Psyche« blieben keineswegs auf die akademische Textproduktion beschränkt. Vielmehr gab es seit den 1950er-Jahren in verschiedenen Ländern Praktikantenprogramme, in denen die als problematisch erachteten Eigenschaften der Indigenen verändert werden sollten. Ihre zentralen Ziele waren »Entwurzelung und Neuanpflanzung«.[113] Während in den USA und Großbritannien überwiegend versucht wurde, Schulungsprogramme in den ›Entwicklungsländern‹ durchzuführen, verfolgte man in der Bundesrepublik hauptsächlich die Strategie, Personen aus den ›Entwicklungsländern‹ in der Bundesrepublik eine neue Orientierung zu geben. Nicht nur Politiker setzten auf diese Option. Insbesondere die exportorientierten Unternehmer engagierten sich bei der sozialpsychologischen Umformung in den eigenen Industriebetrieben. Zwischen 1958 und dem Ende der 1970er-Jahre absolvierten mehr als 100.000 Praktikanten aus ›Entwicklungsländern‹ ein derartiges Programm der Kulturentfremdung – etwa bei Daimler-Benz, BASF, Siemens, Bosch und Mannesmann.[114] Die oben genannten bundesdeutschen Sozialpsychologen waren dabei wichtige Wissenslieferanten. Bereits das erste – 1958 begonnene – Praktikantenprogramm wurden von ihnen evaluiert.[115] Von Anfang an war die Nachfrage nach wissenschaftlicher Beratung hoch. Allein die DSE organisierte zwischen 1960 und 1962 fünf mehrtägige Kongresse zum Thema der Ausbildung und Betreuung von Praktikanten aus ›Entwicklungsländern‹ in deutschen Betrieben.[116]

---

112 Vgl. *Karl Heinz Pfeffer*, Die Entwicklungsländer in soziologischer Sicht. Soziologische Aspekte der wirtschaftlichen Entwicklung, Hamburg 1967, S. 56f., Zitate: S. 56. Weithin beachtet wurde die Aufhebung der ›modernen‹ Dichotomien erst zweieinhalb Jahrzehnte später. Maßgeblicher Ausgangspunkt war die Veröffentlichung von *Bruno Latour*, Nous n'avons jamais été modernes. Essai d'anthropologie symétrique, Paris 1991.

113 *Stockmann/Menzel/Nuscheler*, Entwicklungspolitik, S. 103.

114 Schon zu Beginn der 1960er-Jahre kamen jährlich circa 6.000 Praktikanten in die Bundesrepublik. Damit überstieg die Zahl deutlich diejenige der Praktikanten in den von der Bundesrepublik Deutschland in den ›Entwicklungsländern‹ neu errichteten Gewerbeschulen. Vgl. Deutsche Stiftung für Entwicklungsländer (Hrsg.), Probleme der Ausbildung und Betreuung von Praktikanten aus Entwicklungsländern. Arbeitstagung in Zusammenarbeit mit der Carl Duisberg Gesellschaft für betriebliche Führungskräfte vom 15. bis 17.11.1961, Berlin 1962, S. 3. Für Daimler-Benz werden beispielsweise für die Zeit um 1960 herum Zahlen von 250 bis 400 Praktikanten jährlich angegeben. Vgl. ebd., S. 4. An den Praktikantenprogrammen waren insbesondere diejenigen deutschen Firmen beteiligt, auf die auch der Großteil der Direktinvestitionen zurückging. Zur Konzentration der damaligen Direktinvestitionen auf wenige »Branchenriesen« vgl. die zeitgenössische Studie: *Dieter Kebschull/Otto G. Mayer*, Vorwort, in: *dies.* (Hrsg.), Multinationale Unternehmen. Anfang oder Ende der Weltwirtschaft, Frankfurt am Main 1974.

115 Vgl. zu den ersten Praktikantenprogrammen: *Diether Breitenbach/Dieter Danckwortt*, Probleme der Ausbildung und Anpassung von Praktikanten aus Entwicklungsländern, die in der Deutschen Wirtschaft tätig sind, Zwischenbericht und Abschlussbericht, unveröffentlichtes Manuskript, Hamburg 1960.

116 Vgl. *Dieter Danckwortt*, Vorwort, in: Deutsche Stiftung für Entwicklungsländer (Hrsg.), Probleme der Ausbildung und Weiterbildung und der Betreuung von Praktikanten aus Entwicklungsländern. Bericht der 5. Arbeitstagung für betriebliche Führungskräfte vom 13. bis 16. Juni 1962, Berlin/Bonn 1962, DOK 94/62, o. S.

Die Programme konzentrierten sich auf junge Erwachsene. Mit der neuen Zielgruppe ging auch eine Neuausrichtung des Forschungsinteresses einher. Selbst Heckhausen, dem die Motivationsänderungen im Erwachsenenalter eigentlich »wenig aussichtsreich« zu sein schienen[117], hielt nun McClellands Unternehmerschulungen zumindest für »insgesamt ermutigend«.[118] Fortan befassten sich die sozialpsychologischen Studien auch mit der Auswahl der Praktikanten.[119] Zudem wurde in ihnen eruiert, worin die optimalen Bedingungen für eine »Kulturentfremdung und -anpassung« bestünden und wie nach Abschluss des Auslandsaufenthalts eine Rückanpassung an die jeweilige »Heimat«-Kultur verhindert werden könne.[120]

Bevor diese Konzeptionen näher analysiert werden, stellt sich die Frage, warum der Ansatz der sozialpsychologischen ›Modernisierung‹ für bundesdeutsche Unternehmer überhaupt plausibel war. Diesbezüglich ist zu berücksichtigen, dass die ›Entwicklungsländer‹ als wichtige zukünftige Absatzmärkte galten. Auch wenn sich deren Anteil am Außenhandel nie mit dem der USA und Westeuropa messen konnte, so galten nach 1945 die Länder in ›Übersee‹ schnell als »Länder und Märkte der Zukunft«.[121] Insbesondere die sogenannten »entwicklungsfähigen Länder« hatten unter den bundesdeutschen Unternehmern in den 1950er- und 1960er-Jahren eine enorme diskursive Bedeutung – nicht zuletzt, weil sie den Wiederaufstieg Deutschlands auf den Weltmarkt und damit den Rückgewinn der ehemaligen internationalen Bedeutung versprachen. Wenn es um die betriebs- und volkswirtschaftlichen Chancen in ›Übersee‹ ging, dann wollten die Unternehmer nicht nur deutsche Produkte, sondern – fußend auf Vorstellungen vom ›modern man‹ – auch »deutsche« Werte exportieren. Darunter fielen für die Zeitgenossen insbesondere die vermeintlich »deutschen« Tugenden Fleiß, Disziplin, Ordnungsliebe, vorausschauende Planung und aufopferungsvolle Leistungsbereitschaft. Diesem Ziel lagen keinesfalls nur altruistische Motive zugrunde. Vielmehr verfolgten die bundesdeutschen Unternehmer damit ganz konkrete ökonomische Interessen: Modernisierungswillige Führungskräfte und gut ausgebildete, rationalen Argumenten zugängliche und der Technik gegenüber aufgeschlossene Facharbeiter galten ihnen als Grundvoraussetzung für die Errichtung von Produktionsstätten in diesen Ländern.

In den Debatten der 1950er- und 1960er-Jahre um die ›überseeischen Länder‹ ging es daher nur am Rande um die klassischen Faktoren der Globalisierungstheorie. Infrastrukturbedingungen, steuerliche Anreize vor Ort und Rechtssicherheit spielten nur eine unter-

117 *Ders.*, Die Interaktion der Sozialisationsvariablen in der Genese des Leistungsmotivs, S. 1009.

118 *Ders.*, Einflußfaktoren der Motiventwicklung, S. 130. Zugleich äußert er sich mit Bezug auf Horst Speichert aber auch zur Frage, inwiefern die Ziele der Leistungsmotivationsforschung moralisch fragwürdig seien. Vgl. ebd., S. 132–134.

119 In einer Überprüfung von McClellands Ergebnissen kam auch Heckhausen zu dem Schluss, dass bei Erwachsenen die vorherige Motivmessung Aufschluss über die Erfolgswahrscheinlichkeit von Trainingsprogrammen zuließe. Vgl. *Heinz Heckhausen*, Trainingskurse zur Erhöhung der Leistungsmotivation und der unternehmerischen Aktivität in einem Entwicklungsland. Eine nachträgliche Analyse des erzielten Motivwandels, in: Zeitschrift für Entwicklungspsychologie und Pädagogische Psychologie 3, 1971, S. 253–268.

120 Für die Bundesrepublik: *Dieter Danckwortt*, Untersuchungen über den Rückanpassungsprozess bei Stipendiaten aus Entwicklungsländern, in: Deutsche UNESCO-Kommission (Hrsg.), Fragen der Entwicklungshilfe aus soziologischer Sicht. Bericht von einer Tagung der Deutschen UNESCO-Kommission und der Friedrich-Ebert-Stiftung im Mai 1960, S. 49–55.

121 So beispielsweise in: Bundesverband der Deutschen Industrie (Hrsg.), Goodwill-Reise nach Ostasien. Bericht der deutschen Industrie-Delegation, Bergisch Gladbach 1956, S. 21. Zur realen wirtschaftlichen Bedeutung des ›Überseehandels‹ vgl. *Harm G. Schröter*, Außenwirtschaft im Boom. Direktinvestitionen bundesdeutscher Unternehmen im Ausland 1950–1975, in: *Hartmut Kaelble* (Hrsg.), Der Boom 1948–1973. Gesellschaftliche und wirtschaftliche Folgen in der Bundesrepublik Deutschland und in Europa, Opladen 1992, S. 82–106.

geordnete Rolle. Ständig war indes von der Bedeutung von Psyche und Kultur im ›Entwicklungsprozess‹ die Rede.[122] Dies ist aus drei Gründen eigentlich wenig überraschend. Erstens, weil die deutschen Unternehmer frühzeitig auf die Mittel der »Technischen Hilfe« setzten. Aufgrund des Eigenkapitalmangels in deutschen Industrieunternehmen war die Idee der Take-off-Wirkung einer erhöhten Sparquote und eines großen einmaligen Kapitalimpulses offensichtlich nicht praxisrelevant. Zweitens waren die sozialpsychologischen Modernisierungskonzepte anschlussfähig an die lange Tradition des Denkens der sogenannten Historischen Schule, die mit ihrem Fokus auf Geschichte und Kultur für die Praktiker in den Unternehmen weiterhin erkenntnisleitend war.[123] Drittens korrespondierte der sozialpsychologische Modernisierungsansatz mit dem enormen Informationsdefizit über die ›überseeischen Gebiete‹. Man darf nicht vergessen, dass in den ersten ein bis zwei Nachkriegsjahrzehnten über die ökonomischen Bedingungen in den ›Entwicklungsländern‹ nur wenig aktuelles Zahlenmaterial vorlag. »Kultur« war unter diesen Bedingungen ein sinnvoller und seit Langem etablierter Analyserahmen und bot auch für unternehmerische Entscheidungen eine offenkundig überzeugende Möglichkeit der Komplexitätsreduktion.

Folglich war unter Unternehmensvertretern in der Bundesrepublik immer wieder von der zeittypischen »psychologischen Überschätzung des Kapitals und seines wirklichen Anteils am Aufbau einer leistungsfähigen Volkswirtschaft« die Rede.[124] Schon 1952 hatte Emil Helferich aufgrund seiner Beobachtungen im Zuge der ersten Goodwill-Mission der deutschen Wirtschaft nach Indonesien betont, dass vor Ort jene »Köpfe und Hände« fehlten, die das Kapital erst produktiv werden ließen.[125] Diese Ansicht wurde auch von Ökonomen und Sozialphilosophen wie Wilhelm Röpke geteilt. Dieser hielt in seinen grundsätzlichen Überlegungen zu den ›unterentwickelten Ländern‹ im Jahr 1953 fest:

»Ein fundamentaler Irrtum, von dem das Entwicklungsprogramm radikal befreit werden muß, ist die Vorstellung, als ob es sozusagen nur des ›Kunstdüngers‹ des Kapitals und des technischen-organisatorischen Wissens bedürfe, um die schlummernden Wirtschaftskräfte jener Länder zum Sprießen zu bringen. [...] Die unterentwickelten Länder müssen lernen, daß das letzte Geheimnis der reichen Länder nicht in Kapital, Maschinenmodellen, technisch-organisatorischen Rezepten, Naturreserven zu suchen ist, sondern in einem Geiste des Ordnens, Versorgens, Kombinierens, Unternehmens, menschlichen Führens, freien Gestaltens [...].«[126]

---

122 Die Geschichte der Abkehr der Wirtschaftswissenschaften von ›kulturellen‹ Deutungen ist dargestellt in: *Hodgson*, How Economics Forgot History. Zwar gibt es mittlerweile auch in den Wirtschaftswissenschaften wieder ein breites Spektrum an Ansätzen, in denen auch kultur- und verhaltenswissenschaftliche Forschungsergebnisse rezipiert werden. Diese arbeiten allerdings nur im Ausnahmefall auch historisch. Vgl. *Hartmut Berghoff/Jakob Vogel*, Wirtschaftsgeschichte als Kulturgeschichte. Ansätze zur Bergung transdisziplinärer Synergien, in: *dies.* (Hrsg.), Wirtschaftsgeschichte als Kulturgeschichte. Dimensionen eines Perspektivenwechsels, Frankfurt am Main/New York 2004, S. 9–41, hier: S. 18–24.

123 Zu diesen vgl. *Thomas Düe*, Fortschritt und Werturteilsfreiheit. Entwicklungstheorien in der historischen Nationalökonomie des Kaiserreichs, Diss., Bielefeld 2001.

124 BDI-Jahresbericht 1963/64, S. 72.

125 Ostasiatischer Verein Hamburg-Bremen (Hrsg.), Bericht der Goodwill-Mission für Indonesien, Hamburg 1952, S. 15.

126 *Wilhelm Röpke*, Unterentwickelte Länder, in: Ordo 5, 1953, S. 63–117, hier: S. 77. In Röpkes Werk spiegelten sich dabei auch Vorstellungen von der unterschiedlichen Entwicklungsfähigkeit der Rassen. Vgl. *Quinn Slobodian*, The World Economy and the Color Line. Wilhelm Röpke, Apartheid, and the White Atlantic, in: GHI Bulletin Supplement, 2014, H. 10, S. 61–87. Zur Deutungstradition vgl. *Harald Sippel*, »Wie erzieht man am besten den Neger zur Plantagen-Arbeit?«. Die Ideologie der Arbeitserziehung und ihre rechtliche Umsetzung in der Kolonie Deutsch-Ostafrika, in: *Kurt Beck/Gerd Spittler* (Hrsg.), Arbeit in Afrika, Münster 1996, S. 311–333.

Diese Argumentation war so einflussreich, dass der »Mangel an Fachkräften aller Art« auch auf späteren Auslandsreisen von Industriedelegationen immer wieder als »Kernfrage« des »Entwicklungsgeschäfts« bezeichnet wurde.[127] Der Bundesverband der Deutschen Industrie hob, seine bisherigen Beobachtungen zusammenfassend, daher 1964 in seinem viel gelesenen Jahresbericht hervor: »Entwicklungshilfe kann eigentlich erst richtig gegeben und eingesetzt werden, wenn sich auch in den überseeischen Ländern die Erkenntnis durchgesetzt hat, [...] daß Kapital allein keine Werte schafft«.[128]

Vor dem Hintergrund dieser Problemanalyse diskutierten Manager und Unternehmenseigner, Wirtschaftswissenschaftler und Wirtschaftspolitiker intensiv über die »einheimische Mentalität«. Es ist nicht übertrieben, wenn man behauptet, dass dies geradezu eine Obsession der exportorientierten Unternehmer in den 1950er- und 1960er-Jahren war: So zog beispielsweise Clodwig Kapferer, Direktor des HWWA, Beiratsmitglied der Deutschen Weltwirtschaftlichen Gesellschaft und bei Unternehmern gern gesehener Vortragsgast, im Jahre 1955 mit folgenden Worten Bilanz zum Thema der »Bedeutung der technischen Beratung in den entwicklungsfähigen Ländern«: »Der Ursprung der Schwierigkeit [in den sich entwickelnden Ländern] liegt zum allergrößten Teil in der Psyche und Mentalität der Bevölkerung dieser Gebiete begründet«.[129] Insbesondere in Asien und Afrika sei der Mensch erst noch »reif« für die Industrialisierung zu machen. Seine Passivität, seine Duldsamkeit, seine Bedürfnislosigkeit, seine Suche nach ausschließlich religiöser Erfüllung und seine Infantilität seien zu durchbrechen.[130] Ähnlich äußerte sich Werner Eckart, Geschäftsleiter der Pfanni-Werke, gegenüber Bundespräsident Heinrich Lübke. Anlässlich dessen für 1960 geplanten Staatsbesuchs in Indien teilte er ihm mit, er habe sich dazu entschlossen, seine geplante Fabrik nicht in Indien zu errichten. Er komme – so die einzige Begründung – »mit der Mentalität der indischen Arbeiter doch nicht zurecht«.[131] Auch für Karl Hautmann schien es 1962 weitestgehend evident zu sein, dass, um investieren zu können, bei Eliten und Arbeitern vor Ort erst einmal eine »grundsätzlich bejahend[e] [...] Einstellung zum Leben« geschaffen und eine Abkehr von jenseitigen Heilsvorstellungen erreicht werden müsse.[132] Zugleich, und dies war ein weiterer Topos in den Diskussionen, fehle es, so 1961 Hans Bobek in der Wirtschaftszeitung ORIENT, an der »Einsicht in das Wesen der industriellen Unternehmung«. Es müsse das »rentenkapitalistische Denken« und der mit ihm verbundene »Wirtschaftsgeist« den neuen Anforderungen angepasst und damit der »Rentenkapitalismus allmählich in einen gesunden Produktionskapitalismus umgewandelt« werden.[133]

---

127 Bundesverband der Deutschen Industrie, Goodwill-Reise nach Ostasien, S. 14.

128 BDI-Jahresbericht 1963/64, S. 72f.

129 *Kapferer*, Die Bedeutung der technischen Beratung in den entwicklungsfähigen Ländern, S. 12. Clodwig Kapferer, geb. 1901, war zudem Vorstandsmitglied der Arbeitsgemeinschaft deutscher wirtschaftswissenschaftlicher Forschungsinstitute e. V. (Bonn) und als angesehener Experte auf den Gebieten der Exportförderung und der ›Entwicklungshilfe‹ beratend für die OECD und für die zuständigen Bundesministerien tätig.

130 Vgl. ebd., S. 3–5.

131 Werner Eckart, Geschäftsleitung der Pfanni-Werke (München), an Bundespräsident Heinrich Lübke, 20.10.1960, BArch B 122/5315, S. 1. Werner Eckart (geb. 1909) war nicht nur Fabrikant, sondern auch Konsul von Guatemala, Vorsitzender des Kaufmanns-Casinos in München, Spartenleiter des Bundesverbands der kartoffelverarbeitenden Industrie und Vizepräsident der »Union Européenne des Industries Transformatrices de la Pomme de Terre pour l'Alimentation Humaine«.

132 *Kurt Hautmann*, Grundlagen und Ziele der Entwicklungshilfe. Der deutsche Unternehmer in einer veränderten Wirtschaftsordnung, Berlin 1962, S. 14.

133 Hans Bobek wird zit. in: *Hans Croon*, Organische Entwicklungshilfe für Iran, in: ORIENT 5, 1961, S. 211–213, hier: S. 212. Zur zeitgenössischen Vorstellung vom Rentenkapitalismus und seinen psychologischen Grundlagen vgl. auch *Pfeffer*, Die Entwicklungsländer in soziologischer Sicht, S. 39–41.

Auffällig ist dabei, dass sich die Außenhandelskreise immer dann am nachdrücklichsten mit der einheimischen »Mentalität« auseinandersetzten, wenn sie am intensivsten die Zukunftschancen einer bestimmten Region diskutierten. Die jeweilige »Mentalität« galt dann als entscheidender Hemmschuh oder – deutlich seltener – als Vorteil für ein erfolgreiches Investment in ›Übersee‹. Anfang der 1950er-Jahre finden sich zahlreiche Äußerungen zur »Mentalität« in »Iberoamerika« und zum »Nahen und Mittleren Osten«, Mitte der 1950er-Jahre drehten sich die Diskussionen um den »Subkontinent Indien« und »Ostasien«, ab 1960 verstärkt um »Afrika«.[134] Die jeweilige Prominenz des Konzepts bildete damit auch die Aufmerksamkeitsverschiebung in den bundesrepublikanischen Außenhandelskreisen ab.[135]

Die Sichtweise der exportorientierten Unternehmer war grundsätzlich kompatibel mit den Forschungsansätzen bundesdeutscher Sozialpsychologen.[136] Trotz aller theoretischen Skepsis setzten diese bei der Umsetzung der psychologischen ›Modernisierung‹ daher auch nicht bei Kindern – auf die man auch keinen Zugriff hatte –, sondern bei jungen Erwachsenen an. Dafür boten sich jene Ausländer besonders an, die ein Praktikum in bundesdeutschen Betrieben absolvierten. Das SSIP, das Soziologische Institut der Universität Köln, und das Psychologische Institut der Universität Hamburg beteiligten sich an der Erstellung und Evaluation von Programmen zur Erziehung zum ›modernen‹ – oder wie es in den Quellen auch hieß: zum »industriellen« – Verhalten. Neben Heckhausen erforschten auch Dieter Danckwortt und Diether Breitenbach die Trainingsmöglichkeiten von ausländischen Praktikanten in deutschen Industriebetrieben. Sie definierten Auswahlkriterien, implementierten dabei Vorstellungen von einer notwendigen Kulturentfremdung dieser Menschen in die unternehmerische Praxis und versuchten mit Rückkehrerseminaren den erzielten Umerziehungserfolg zu sichern.[137] Insbesondere die Frage nach der Auswahl der »anpassungsfähigen« Praktikanten stand angesichts erster Misserfolge im Vordergrund sozialpsychiatrischer Expertise.[138] Die genannten Forscher hoben hervor, dass man nicht den

---

134 Die genannten metageografischen Bezeichnungen waren zentrale Erkenntnisobjekte im ›Überseewissen‹ der damaligen Zeit. Sie sind nicht deckungsgleich mit den jeweiligen Kontinenten und Regionen. Vgl. *Steffen Dörre*, Wirtschaftsräume als Kulturräume. Großraumkonzeptionen in Westdeutschland 1945–1975, in: *Andreas Dix* (Hrsg.), Geschichte und Geographie II (im Erscheinen).

135 Dabei wurde in auffälliger Weise das begriffliche Instrumentarium Rostows nicht verwendet. Vom Take-off einer Region ist in den Quellen aus dem Unternehmerlager nicht die Rede.

136 Die neue Hochschätzung für sozial- und verhaltenswissenschaftliche Expertise im Unternehmen war dabei durchaus zeittypisch. Sie schlug sich etwa im Bedeutungsgewinn des Themas »Menschenführung im Betrieb« nieder und zeigte sich auch in der generell aufgewerteten Rolle von Psychologen in den Bereichen Personal und Absatzförderung. Vgl. *Ruth Rosenberger*, Experten für Humankapital. Die Entdeckung des Personalmanagements in der Bundesrepublik Deutschland, München 2008; *Rainer Gries*, Die Geburt des Werbeexperten aus dem Geist der Psychologie. Der »Motivforscher« Ernest W. Dichter als Experte der Moderne, in: *Berghoff/Vogel*, Wirtschaftsgeschichte als Kulturgeschichte, S. 353–375.

137 Vgl. *Breitenbach/Danckwortt*, Probleme der Ausbildung und Anpassung von Praktikanten aus Entwicklungsländern, die in der Deutschen Wirtschaft tätig sind. *Diether Breitenbach*, Probleme der Ausbildung und Anpassung von Praktikanten aus Entwicklungsländern. Kurzbericht über 20 Einzelfallstudien bei ausländischen Praktikanten, die in der westdeutschen Wirtschaft tätig sind, Saarbrücken 1966; *Dieter Danckwortt*, Anpassungsprobleme von Studenten und Praktikanten aus Entwicklungsländern in Westdeutschland. Eine sozialpsychologische Untersuchung, Hamburg 1958; *ders.*, Untersuchungen über den Rückanpassungsprozess bei Stipendiaten aus Entwicklungsländern.

138 Carl Duisberg Gesellschaft (Hrsg.), Ein Jahr in Deutschland. Bericht über das erste Jahr »Ägypter-Ausbildung« (Oktober 1956 bis September 1957). 88 Gewerbelehrer-Studenten vom High Technical Institute for Teacher Training (Heliopolis – Kairo), Köln o.J., Rheinisch-Westfäli-

ausländischen Partnern die Auswahl überlassen dürfe, sondern selbst auf Eigenverantwortung, soziale Intelligenz und soziale Anpassungsfähigkeit der Praktikanten zu achten habe. Es sei, so Breitenbach und Danckwortt 1960, für den Erfolg der Programme maßgeblich, dass die Praktikanten bereits vor ihrer Auslandsreise außerhalb ihres Familienverbands gelebt und sich beruflich bewährt hätten. Sie mussten kontaktoffen und bereit sein, sich Entscheidungen unterzuordnen. Zudem sei es von Vorteil, wenn sie schon zur Einsicht gelangt seien, dass ihre soziokulturellen Normen nicht in die industrielle Arbeitswelt passten. Danckwortts Forschungsergebnissen zufolge seien Personen, die »in ihrer Kindheit und Jugend besonders verwöhnt oder autoritär erzogen wurden« oder »die bis zur Deutschlandreise innerhalb eines Familienverbandes gelebt hatten« besonders großen Anpassungsschwierigkeiten bei der Konfrontation mit der industriellen Moderne ausgesetzt.[139] Schon in der ersten Phase des Anpassungsprozesses zeigten sie auffällige »passive« und »depressive [...] Zustandsbilder [...] sozialer Isolierung und Rückbeziehung auf die Verhältnisse des Heimatlandes«.[140] Auch in der zweiten Phase der »aktiven Neuorientierung« sei die Tendenz größer, sich nicht den Anforderungen der neuen Umwelt unterzuordnen und die Anpassungsanforderungen aktiv abzulehnen.[141] Diese Gruppe sei damit kaum für eine sozialpsychologische ›Modernisierung‹ offen.[142] Eine Leistungsorientierung könne aber, und hier ist der Einfluss der eingangs analysierten US-amerikanischen Modernisierungstheorien deutlich zu spüren, bei Personen aus gesellschaftlichen Gruppen gelingen, die bereits in ihrem Heimatland durch Erfahrungen des Statusverlusts geprägt waren und damit sowohl eine generelle Offenheit für Neues mitbrachten als sich auch in Personen aus anderen Kulturkreisen hineinversetzen konnten. Das Ziel eines Auslandsaufenthalts könnte es dann sein, diese Personen von der eigenen Kultur zu entfremden, ihr Anspruchsniveau zu heben, sie durch Erfolge zu motivieren und ihnen ein neues Bewusstsein zu vermitteln.

Der spezifisch unternehmerische Beitrag zur bundesdeutschen ›Entwicklungshilfe‹ bestand dem eigenen Selbstverständnis nach auch darin, die jungen Fachkräfte für längere Zeit weit weg von ihren angestammten sozialen Verhältnissen arbeiten zu lassen. Durch meist einjährige – und damit deutlich längere als bei McClelland vorgesehene – Aufenthalte in einem Industrieland wie der Bundesrepublik sollten bei jungen Männern aus den ›Entwicklungsländern‹ unter den kontrollierten Bedingungen einer Arbeit in einem deutschen Industriebetrieb psychologische Unsicherheit gestiftet und Erprobungssituationen geschaffen werden.[143] Dieser Weg schien Johannes W. Funke, der in den 1960er-Jahren mit der Koordination der betrieblichen Praktikantenausbildung in der Carl Duisberg Gesellschaft (CDG) befasst war, nicht nur sinnvoll, weil man kaum geeignete Ausbildungsleiter

---

sches Wirtschaftsarchiv zu Köln (RWWA) 352-14-9, S. 28f. und 50. Schmerzlich vermisste man bei den ausländischen Praktikanten: Ordnung, Fleiß, Pünktlichkeit, Rationalität, Pflichterfüllung, Tatendrang und Tatkraft, Unternehmergeist, Einsatz- und Opferbereitschaft, geistige Regsamkeit und souveräne Weltoffenheit. Vgl. ebd.

139 Protokoll der 5. Arbeitstagung, S. 4.

140 Ebd., S. 5.

141 Ebd.

142 So auch argumentiert in: *Dieter Danckwortt*, Materialien zur Förderung des Erziehungswesens in Entwicklungsländern, Bonn 1970.

143 Vgl. *Breitenbach*, Psychologische Probleme der Entwicklungshilfe, S. 92f. Die Akten der CDG sind nicht sehr aussagekräftig, wenn es um das Sozialprofil der Praktikanten geht. Um sich dem zu nähern, ist man auf spätere Daten angewiesen. Einigermaßen repräsentativ könnte die Umfrage unter 394 ehemaligen CDG-Stipendiaten aus den Jahren 1977/78 sein. Von ihnen waren fast 90% männlich. Laut dem Bericht handelte es sich vor allem um Personen vergleichsweise hoher Schulbildung und einer Tätigkeit in einem Unternehmen zwischen 26 und 500 Arbeitskräften. Vgl. Carl Duisberg Gesellschaft (Hrsg.), Was aus ihnen wurde. Erfahrungsberichte über eine Fortbildung im Ausland, Mainz 1979, S. 65f.

fand, die bereit waren, diese Aufgabe in den ›Entwicklungsländern‹ selbst zu übernehmen.[144] Wichtiger sei, dass »[j]ede Industrialisierung, jedes Hineinwachsen aus der Steinzeit oder der Bronzezeit in das hochindustrialisierte Zeitalter [...] ein Schock« bewirke und zu psychischen Erschütterungen führe. Folglich sei ein »gelenkter und kontrollierter Schock bei uns [einem] ungelenkte[n] Schock draußen« vorzuziehen.[145] Dieser »Schock« wurde als durchaus produktiv und hilfreich verstanden. Er ermögliche es bestimmten vorausgewählten Individuen, ›traditionelle‹ Normen abzulegen und ›moderne‹ Normen anzunehmen.[146] Zudem hatte dieses Vorgehen den Vorteil, damit zugleich zukünftige Geschäftspartner mit einer Nähe zur und Wertschätzung der deutschen Kultur und ihrer industriellen Produkte beeinflussen zu können.[147]

In den Praktikantenprogrammen verschwand allerdings das emanzipatorische Potenzial, das in den sozialpsychologischen Modernisierungstheorien immer auch angelegt war, fast vollständig. Ein gesamtgesellschaftlicher Modernisierungsprozess wurde entweder gar nicht angestrebt oder in eine sehr ferne Zukunft verlagert. Zunehmend sollten nur noch Fachkräfte ausgebildet werden, die bei deutschen Direktinvestitionen in ›Übersee‹ zwischen einer deutschen Betriebsleitung und den indigenen Arbeitern vermitteln konnten. Während bei den Sozialpsychologen die Indigenen noch als zentraler Modernisierungsfaktor galten, ist diese Ansicht bei den Unternehmern nicht von Bedeutung.[148] Die Psyche der einheimischen Arbeiter und die ›Mentalität‹ der fremden ›Völker‹ sollten zwar im allgemeinen Interesse von Wohlstand und Fortschritt verändert werden, nicht aber auf Kosten des Führungsanspruchs ökonomischer Eliten aus der Bundesrepublik. Je stärker auf die psychischen Beharrungskräfte einzelner indigener Gesellschaften verwiesen wurde, desto stärker wurde von einem langsamen, erst über mehrere Generationen wirksamen, Wandel der zu ›entwickelnden‹ Gesellschaften ausgegangen. Und desto nötiger schien das Wirken deutscher Führungskräfte vor Ort zu sein. Dies hatte weitreichende Folgen: Im Unternehmerlager wurde die reine Kapitalhilfe abgelehnt beziehungsweise als ausschließlich außenpolitische Notwendigkeit ohne modernisierenden Effekt angesehen.[149] Auch die Übertragung ›westlicher‹ Technologien in die ›Entwicklungsländer‹ wurde nicht befürwortet.

---

144 Vgl. *Johannes W. Funke*, Hier und dort? Aufzeichnungen zu einem Vortrag in Wien im Januar 1964, niedergeschrieben in Köln 4.3.1965, RWWA 352-18-23, S. 4.

145 Ebd., S. 5.

146 Zum Problem der Rückanpassung vgl. *Klaus Dieter Oswald*, Tradition und Wandel. Die Rolle ausgebildeter Fachkräfte nach ihrer Rückkehr in ein Entwicklungsland, Vortrag anläßlich der Sitzung des Beirats der CDG am 19.6.1972 in Köln, RWWA 352-19-18.

147 Darauf verwies beispielsweise die CDG. Vgl. Carl Duisberg Gesellschaft (Hrsg.), Carl Duisberg Arbeitskreise und Arbeitsgemeinschaft Ausland, o.O. 1984, RWWA 352-23-8, S. 2.

148 Unverkennbar war hier eine aus dem Hochimperialismus stammende – damals freilich noch nicht auf Arbeitskräfte in der Industrie, sondern auf die Plantagen-Arbeit ausgerichtete – Denktradition weiterhin wirksam. In ihr wurde die indigene Bevölkerung als »arbeitsscheu, faul und indolent« dargestellt, die dazu veranlasse, sie mit väterlicher Hand zu erziehen. Gekleidet in das Gewand der »Zivilisierung« basierten die Praktiken auf der Trias von »Beschäftigungsförderung, Arbeitsgewöhnung und Disziplinierung«. Vgl. *Sippel*, »Wie erzieht man am besten den Neger zur Plantagen-Arbeit?«, S. 312, 314f., 318f. und 326. Zur »Erziehung zur Arbeit« in den Kolonien des Deutschen Kaiserreichs, unter Einbeziehung ihrer damaligen wissenschaftlichen Grundlagen, vgl. auch *Horst Gründer*, »Neger, Kanaken und Chinesen zu nützlichen Menschen erziehen«. Ideologie und Praxis des deutschen Kolonialismus, in: *Thomas Beck/ders./ Horst Pietschmann* u.a. (Hrsg.), Überseegeschichte. Beiträge der jüngeren Forschung. Festschrift anläßlich der Gründung der Forschungsstiftung für Vergleichende europäische Überseegeschichte 1999 in Bamberg, Stuttgart 1999, S. 254–266.

149 Das deckte sich auch mit den Ansichten in wichtigen Regierungsstellen. Beispielsweise bezeichnete Ludwig Erhard auf seiner Asien-Reise 1958 die US-amerikanischen Kapitalhilfen als »verschwenderisch und ineffektiv«. Vgl. *Heide-Irene Schmidt*, German Foreign Assistance

Die dahinterstehenden Vorstellungen von der indigenen Psyche schlugen sich auch in jenen Führungskräfteschulungen für ›Übersee‹ nieder, in denen deutsche Mitarbeiter auf ihren Einsatz im Ausland vorbereitet wurden.[150] Stilbildend für diese war die 1960 getätigte Äußerung eines der Gewinner eines Preisausschreibens der Beratungsstelle für Stahlverwendung zum Thema ›Entwicklungshilfe‹: »Erziehungsmethoden seien oft wertvoller als große Kapitalanlagen«.[151] Um diesen ›Erziehungsauftrag‹ erfüllen zu können, sollten die deutschen Betriebsstättenleiter wirkliche »Führungspersönlichkeiten«, das hieß traditionsbewusste, umfassend gebildete und somit gefestigte Unternehmerpersönlichkeiten sein.[152] Von ihnen wurden Pioniergeist, eine »starke Hand« und Vorbildwirkung verlangt. Nur am Rande wurde über Fachwissen oder bereits erbrachte Leistungen gesprochen; es ging vorwiegend um charakterliche Eignung. Im Grunde entwarf man damit meist ein genaues Gegenstück zu den Vorstellungen, die man sich von den indigenen Eliten gemacht hatte. Immer wieder wurde ein Selbstbild von aufopferungsbereiten, rationalen und auf langfristiges (Firmen-)Wachstum zielenden Machern, Pragmatikern und Leistungsträgern entworfen und vermittelt. Dabei spielte zugleich die »sittlich fundierte Persönlichkeit« mit ihren klassischen bürgerlichen Normen – insbesondere Arbeitsethos und Fleiß – eine wichtige Rolle.[153]

Policy 1958–1974, in: *Helge Ø. Pharo/Monika Pohle Fraser* (Hrsg.), The Aid Rush, Bd. 2: Aid Regimes in Northern Europe during the Cold War, Oslo 2008, S. 91–143, hier: S. 95. Kapferer sprach ebenfalls nur von »überstürzten Hilfsprogramme[n] der westlichen Industrienationen«, vgl. *Kapferer*, Die Bedeutung der technischen Beratung in den entwicklungsfähigen Ländern, S. 2. Auch Walter Scheel, damals Bundesminister für wirtschaftliche Zusammenarbeit, hatte 1965 betont, dass für die Verbesserung der materiellen Lebenslagen die »Leistungsfähigkeit und der Leistungswille der Menschen und die Zweckmäßigkeit ihrer gesellschaftlichen Organisation« entscheidend seien. *Walter Scheel*, Entwicklungspolitik im Wandel, in: Für Sie gelesen. Aus deutschen Büchern und Zeitschriften, Informationsschrift des Bundesministeriums für wirtschaftliche Zusammenarbeit 2, 1965, H. 22, S. 1.

150 Im Laufe der 1960er-Jahre veranstalteten immer mehr Institutionen Vorbereitungskurse für Auslandsaufenthalte in ›Übersee‹. Seminare und Tagungen für Fach- und Führungskräfte fanden so etwa in der Rheinisch-Westfälischen Auslandsgesellschaft, in der Akademie für Welthandel und in der Deutschen Afrika-Gesellschaft statt. Auch die Carl Duisberg Gesellschaft engagierte sich noch einmal verstärkt bei der Weiterbildung der mittleren Führungsschicht deutscher Unternehmen für Aufgaben der ›Entwicklungshilfe‹. Von zentraler Bedeutung für die Internationalisierung des deutschen Führungskräftenachwuchses war die in Düsseldorf ansässige Rudolf C. Poensgen Stiftung e. V. zur Förderung des Führungsnachwuchses in der Wirtschaft. Herauszuheben sind zudem die »Führungskräfte-in-Übersee-Seminare« der Evangelischen Akademie Bad Boll, die seit Anfang der 1960er-Jahre organisiert und in Zusammenarbeit mit dem Institut für Auslandsbeziehungen abgehalten wurden. Sie wurden unter anderem von den Führungskräften der Firmen Bosch, BASF und VW frequentiert, vgl. Evangelische Akademie Bad Boll BB 001.

151 Stahl-Revue, November 1960, o. S. Das Preisausschreiben war mit Preisen in einer Gesamthöhe von 100.000 DM dotiert. Zum Preisausschreiben vgl. auch *Werner Langenheder*, Die Einstellung von Führungskräften und Nachwuchskräften der Deutschen Wirtschaft zur Expertentätigkeit in Entwicklungsländern. Ergebnis einer sozialempirischen Untersuchung, durchgeführt von Werner Langenheder unter der wissenschaftlichen Leitung von Prof. Dr. K.G. Specht, Nürnberg, maschinenschriftliches Manuskript [nach 1961], zusammengefasst in: *Vente*, Entwicklungsländer, Entwicklungshilfe, Ausbildungshilfe, S. 149–172.

152 Vgl. Arbeitsgemeinschaft Entwicklungsländer (Hrsg.), Investieren in Indien. Bericht über die Reise einer Delegation deutscher Wirtschaftler zur Prüfung des Investitionsklimas in Indien, Bergisch Gladbach 1965, S. 32f.

153 Zur Tradition dieser Selbstdeutung vgl. *Stefan Unger*, Die Wirtschaftselite als Persönlichkeit. Zur Selbstdarstellung von Unternehmern und Managern im Ruhrgebiet während der Zwischenkriegszeit, in: *Volker R. Berghahn/ders./Dieter Ziegler* (Hrsg.), Die deutsche Wirtschaftselite im 20. Jahrhundert. Kontinuität und Mentalität, Essen 2003, S. 295–316. Michael E. Latham

Die deutschen Führungskräfte in ›Übersee‹ hatten somit nicht nur eine betriebliche Aufgabe. Vielmehr galten sie im Idealfall als Kulturträger im Ausland.[154]

In den Praktikantenprogrammen und den Führungskräfteseminaren der bundesdeutschen Wirtschaft zeigt sich deutlich, dass bei der Wiedereingliederung der westdeutschen Wirtschaft in die Weltwirtschaft ältere hegemoniale Sichtweisen nicht abgelegt, sondern lediglich ideengeschichtlich neu fundiert wurden. Wenn die am Außenhandel interessierten Kreise der Bundesrepublik die als defizitär empfundenen kulturellen und psychischen Eigenschaften der einheimischen Bevölkerung zu ändern versuchten, dominierten »deutsche« Konzepte.

IV. FAZIT

In den 1950er- und 1960er-Jahren existierte sowohl der Glaube an die Planbarkeit von ›Entwicklung‹ als auch ein ausgeprägter Wille zur Planung. In internationalen Organisationen und in den sich ›entwickelnden Ländern‹ erstellte man umfassende, mehrjährige Pläne zur Industrialisierung. Orientiert an internationalen Durchschnitten wurden schier endlose Statistiken für einzelne Branchen und zum Teil sogar für einzelne Betriebsstätten produziert. Diese Zahlenreihen machten die ›Modernisierung‹ der jeweiligen Gesellschaft – reduziert auf ihre Bedeutung als Industrialisierung – überschaubar, überprüfbar und gestaltbar. Sie erhöhten den Glauben an die Machbarkeit gesellschaftlichen Wandels. Die im vorliegenden Aufsatz in den Mittelpunkt gerückten Sozialpsychologen, Soziologen und Sozialökonomen hinterfragten dabei, ob die zu wirtschaftlichem Wachstum führenden Antriebe in diesen Plänen richtig berücksichtigt wurden. Ihnen schien ›Modernisierung‹ kein auf den Bereich der Ökonomie beschränktes Projekt zu sein, das sich an beliebigen Orten auf die immer gleiche Weise implementieren ließ. Der für eine erfolgreiche ›Modernisierung‹ notwendigen Leistungsmotivation, so die damalige Diagnose, stünden nicht Planungsunwille, sondern gesellschaftlich tief verwurzelte und individuell unbewusste psychische Beharrungskräfte entgegen. Für die ›Modernisierung‹, so David McClelland, sei »der Mann [...] wichtiger als der Plan«.[155]

In den Modernisierungstheorien existierten damit auch konkrete männliche Akteure, die den angestrebten gesellschaftlichen Wandlungsprozess bejahten und ihn gegen die Beharrungskräfte der ›traditionellen‹ Gesellschaft durchzusetzen halfen. Dies führte innerhalb der Entwicklungsökonomie zur Etablierung des wissenschaftlichen Erkenntnisobjekts der ›modern men‹. Wenn man mit Gilbert Rist das damalige Entwicklungsdenken mit seinen fast nicht hinterfragbaren Gewissheiten als wichtiges Element der »Religion der Moderne« bezeichnet, dann waren die ›modern men‹ die Heilsbringer der Moderne[156]; eine Grundannahme, die sich in zahlreichen Modernisierungstheorien und in der Entwicklungshilfepraxis niederschlug. So wandten sich alle hier vorgestellten Autoren – und das gilt mit Abstrichen selbst für Rostow – dezidiert gegen Theorien, in denen es nur einen ökonomischen Schlüsselfaktor gab, der sich als Stellschraube für die Implementierung von ›Modernisie-

hat darauf verwiesen, dass dies auch in den USA so war. So sei über die Definition ›traditioneller‹ Gesellschaften – die wiederum stark durch den Blick auf die Minderheiten in den USA selbst beeinflusst worden sei – auch eine US-amerikanische Identität entworfen worden. Vgl. *Latham*, Introduction, S. 8f.

154 Vgl. Thesen zum Selbstverständnis der CDG, 1972, RWWA 352-19-18.

155 Mit direktem Bezug auf McClelland: *Ingeborg Y. Wendt/Gerd Fleischmann*, Vorbemerkungen der Herausgeber. Psychologie im Dienste der Wirtschaftswissenschaften, in: *McClelland*, Die Leistungsgesellschaft, S. 11–19, hier: S. 19.

156 Vgl. *Gilbert Rist*, The History of Development. From Western Origins to Global Faith, London/New York 2008 (zuerst 1997), S. 21–24.

rungsprozessen‹ anbot. Auch wenn dessen ungeachtet das Wirtschaftswachstum zentrales Kernkonzept der Modernisierungstheorien blieb, so galt dieses stets als mit dem politischen, sozialen und psychologischen Wandel verzahnt. Daher spielten in den makrosoziologischen und makroökonomischen Großentwürfen, die meist auf einer anderen Ebene argumentierten als auf der des Individuums, nicht nur soziale Aggregate – wie Nationalstaaten, Klassen, Eliten – eine Rolle. In ihnen existierten konkrete menschliche Akteure als Träger der ›Modernisierung‹.

Damit war es ein grundlegendes Ziel der mit der ›Modernisierung‹ befassten Planer, den ›traditional man‹ zu einem ›modern man‹ zu machen. Hieraus ergab sich die Notwendigkeit, einen möglichst ungehinderten Zugriff auf die indigene Psyche zu bekommen. Denn in ihr waren, ebenso wie in den sozialen Normen, ›entwicklungshemmende‹ Eigenschaften konserviert. Sie war verantwortlich für den angeblichen Fatalismus, für die schicksalsergebene Lebensführung, die Scheu vor Risiken, den Mangel an Selbstbestimmung, Empathie und schöpferischer Kraft, die man allerorten in den ›Entwicklungsländern‹ zu erblicken glaubte. Aus den psychologischen Defiziten der Indigenen erwuchs ihr positives Pendant: der ›modern man‹. Dieser galt als Vorreiter und Vorbild.[157] Er zeichnete sich durch Tatkraft, Optimismus, Leistungsorientierung, hohes Autonomiebedürfnis, die Fähigkeit zum systematischen Denken, durch Ordnungswille und Naturbeherrschung aus.

Offensichtlich störte es dabei zeitweilig wenig, dass der ›modern man‹ mehr ein Idealbild der damaligen ›modernen‹ Gesellschaften als eine realitätsgetreue Zustandsbeschreibung war. Seine zeitgenössische Prominenz erklärt sich auch nicht aus dem Vermögen, mit seiner Hilfe die tatsächlich ablaufenden Prozesse besser beschreiben zu können. Die Idee vom ›modern man‹ und die mit ihr verbundene Vorstellung einer psychosozialen ›Modernisierung‹ waren vielmehr attraktiv, weil sie eine bessere Zukunft versprachen und einen Weg aufzuzeigen schienen, wie diese – mit wenig Geld – erreicht werden könne. Sie weckten Zuversicht, schufen handlungsleitende Erwartungen und erhöhten den Glauben an die Machbarkeit von ›Entwicklung‹.[158] Ihre Überzeugungskraft wurde zudem dadurch gesteigert, dass sie es ermöglichten, sich im ›Westen‹ selbst als ›modern‹ zu begreifen. Da die Selbstbeschreibung als ›modern man‹ den – männlichen – Akteuren des Projekts der ›Modernisierung‹ eine herausgehobene Stellung in der Welt versprach, wurde der weithin als bedrohlich wahrgenommene Prozess der Dekolonisierung auch für Personen in den ›Industrieländern‹ attraktiv.

Timothy Mitchell hat schon vor 30 Jahren darauf verwiesen, dass die europäischen Beobachter der ›Unterentwicklung‹ deren Zeichen weithin kontextlos interpretierten. Ihr Standpunkt war kein neutraler oder wertfreier.[159] Der Modernisierungsdiskurs der 1950er- und 1960er-Jahre separierte die industrialisierte Welt auf neue Weise vom (ehemals) kolonialen Raum. Indes blieb der ›Westen‹ der zentrale Referenzpunkt.[160] Der im ›Westen‹ produzierte Modernisierungsdiskurs stellte die Deutungsmodelle bereit, in denen über ›Modernisierung‹ und damit über die Behebung der Ungleichheit im globalen Maßstab nachgedacht werden konnte. Dadurch wurden ältere Stereotype mit neuer Plausibilität versehen.

---

157 Frauen tauchen erst in den 1970er-Jahren als Adressaten der ›Entwicklungszusammenarbeit‹ auf. Hierzu vgl. *Escobar*, Encountering Development, S. 171–192.

158 Vgl. *Frederick Cooper/Randall Packard*, Introduction, in: *dies.* (Hrsg.), International Development and the Social Sciences. Essays on the History and Politics of Knowledge, Berkeley/Los Angeles etc. 1997, S. 1–41, hier: S. 31, bezogen auf die Entwicklungstheorien im Allgemeinen.

159 Vgl. *Timothy Mitchell*, Colonising Egypt, Cambridge/New York 1988, S. 28.

160 Allgemein hierzu vgl. *Stuart Hall*, The West and the Rest: Discourse and Power, in: *ders./David Held/Don Hubert* u.a. (Hrsg.), Modernity. An Introduction to Modern Societies, Cambridge 1995, S. 184–227.

Da diese Stereotype durch wissenschaftliche Autorität abgesichert wurden, ist nach den Produzenten des Wissens über ›Modernisierungsrückstände‹, nach ihrer wissenschaftlichen Benennungsmacht und deren Folgen zu fragen.[161] Längst hat die historische Forschung darauf verwiesen, dass die Wahrnehmung globaler Differenzen eine lange Tradition hat, in der sich zu unterschiedlichen Zeiten jeweils andere wissenschaftliche Disziplinen bei der Deutung ihrer Ursachen sowie bei Empfehlungen zu ihrer Überwindung besonders hervortaten. Die bisherige historische und sozialwissenschaftliche Forschung hat dabei hervorgehoben, dass den nach dem Zweiten Weltkrieg entstehenden Development Economics ab den 1960er-Jahren eine diskursprägende Kraft zukam. War die Ökonomik bis zu den 1950er-Jahren bei der Beschreibung und Analyse globaler Differenzen noch unbedeutend, wurde sie nun zu einer neuen »Leitwissenschaft in der Beschreibung des Sozialen«.[162] Die vorliegende Analyse zeigt indes, dass dabei zweierlei nicht vergessen werden darf. Erstens war in den 1950er- und 1960er-Jahren die Beschäftigung mit den sogenannten Entwicklungsländern ein Phänomen interdisziplinärer Forschung. In ihr arbeiteten Ethnologen, Geografen, Politologen, Ökonomen, Historiker und Soziologen zusammen, schärften dabei einerseits ihr Profil, loteten andererseits aber auch produktive Überschneidungsbereiche aus. Immer wieder fragten die beteiligten Wissenschaftler, welche Erklärungsangebote aus anderen Disziplinen in das eigene Theoriegebäude als Stützpfeiler und Erklärungsvariablen eingebaut werden konnten. Nicht nur Wirtschaftswissenschaftler, auch die Vertreter der Sozial- und Verhaltenswissenschaften wurden hierdurch zu bedeutenden Wissensproduzenten über globale Differenzen.[163] Zweitens waren die Development Economics, gerade aufgrund ihrer interdisziplinären Ausrichtung, kein Vorreiter in der Mathematisierung der Wirtschaftswissenschaften. In der Entwicklungsökonomie ging es – fasst man, was auch den damaligen Selbstbeschreibungen entspricht, darunter alle an der wirtschaftlichen Entwicklung der ›unterentwickelten‹ Gebiete der Erde interessierten Wissenschaftler zusammen – immer auch um Kulturen, Mentalitäten und die unbewussten menschlichen Antriebe.

Wenn hier davon die Rede war, dass die ›modern men‹ in den späten 1950er-Jahren zu einem wichtigen Erkenntnisobjekt der Theoretiker und Praktiker in der ›Entwicklungshilfe‹ wurden, dann ist zu fragen, ob sich daraus ein Theorieeffekt ergab. Denn die Begriffe, in denen sich eine bestimmte Sicht auf globale Differenzen manifestiert, sind nicht nur als Beschreibungsmodi oder Identitätskonstruktionen ernst zu nehmen. Es ist auch nach ihrer produktiven Kraft für die Wissenserzeugung und -zirkulation zu fragen.[164] Insbesondere interdisziplinäre Forschung benötigt gemeinsame Erkenntnisobjekte und ein Mindestmaß an gemeinsamen Grundannahmen. Ohne diese ist es nicht möglich, dass sich die unterschiedlichen Fragehorizonte, Erkenntnisinteressen und Forschungsmethoden über die Fachgrenzen hinweg gegenseitig als produktiv erweisen. Nützlich waren dabei weniger die statistischen Abstraktionen wirtschaftlicher Kennziffern, sondern die sozialen Verhältnisse und psychischen Dispositionen. Dies macht die Vorstellungen von den ›modern men‹ so bedeutsam für die Wissensgeschichte. Sie zeigen nämlich, wie verschiedene Disziplinen ihre jeweils eigenen Semantiken, Redeweisen, Theoriebezüge und Plausibilisierungsweisen in

161 Darauf verwies zuerst: *Edward W. Said*, Orientalism, New York 1978.

162 *Daniel Speich Chassé*, Die »Dritte Welt« als Theorieeffekt. Ökonomisches Wissen und globale Differenz, in: GG 41, 2015, S. 580–612, hier: S. 582f., Zitat: S. 583.

163 Deren Beitrag zum Modernisierungsdiskurs beschränkte sich damit nicht nur auf die Frage nach den psychologischen Pathologien, welche durch die Modernisierungserfahrungen ausgelöst wurden. Zu diesen vgl. *Hubertus Büschel*, »Die Moderne macht sie geisteskrank!«. Primitivismus-Zuschreibung, Modernisierungserfahrung, Entwicklungsarbeit und globale Psychiatrie im 20. Jahrhundert, in: GG 41, 2005, S. 685–717.

164 Speich Chassé betont, dass mit dem Begriff »Dritte Welt« auch eine neue Wissensordnung zum Thema globale Differenz entsteht. Vgl. *Speich Chassé*, Die »Dritte Welt« als Theorieeffekt, S. 607. Vgl. auch ebd., S. 583.

die Wissensproduktion der damaligen Zeit einspeisten. Der ›traditional man‹ als Problem und damit auch sein idealisiertes Gegenbild, der ›modern man‹, waren zentrale Verbindungsglieder der an der Diskursproduktion beteiligten Wissenschaften. Die beiden Idealtypen von Männlichkeit stellten gerade aufgrund ihrer Unbestimmtheit und platten Gegensätzlichkeit einen wichtigen Fixpunkt in den Debatten um die Veränderungspotenziale ›traditioneller Gesellschaften‹ dar. Die Debatten über die ›modern men‹ stießen so Prozesse der Wissensproduktion an, vernetzten Wissenschaftler unterschiedlicher Disziplinen und erleichterten den Aufstieg neuer Disziplinen jenseits bisheriger Fächergrenzen.

Die historische Forschung zu den Modernisierungstheorien hat oft hervorgehoben, dass es eine globale Wissensproduktion von Entwicklungsexperten gegeben hat.[165] Auch im vorliegenden Fall waren der transatlantische Wissenstransfer sowie die Expertenerfahrungen in den ›Entwicklungsländern‹ selbst wichtig. Allerdings war beim Blick auf die Rezeption der US-amerikanischen Modernisierungstheorien nicht die einseitige Übernahme von Vorstellungen und Rezepten, sondern die Indienstnahme und die Einpassung in deutsche Denktraditionen festzustellen. Die US-amerikanischen Theorien waren in der deutschsprachigen Forschung vor allem Stichwortgeber, die die innerfachliche und intragenerationelle Abgrenzung ermöglichten und eigene Forschungsinteressen mit internationalem Glanz versahen.[166] Eingepasst wurden die Argumente aus den USA in Denktraditionen, die freilich auch zuvor bereits durch internationalen Erfahrungsaustausch geprägt waren. Der Ansatz einer psychosozialen ›Modernisierung‹ speiste sich in der Bundesrepublik ideengeschichtlich stark aus der Historischen Schule der Nationalökonomie und anderen Strömungen, die zeitlich vor Rostow, Lerner, Hagen und McClelland zurückreichten. Dies betrifft insbesondere die Rationalisierungsbewegung der 1920er-Jahre sowie Diskussionen innerhalb der Deutschen Arbeitsfront und der britischen Arbeitswissenschaften, die die Notwendigkeit zur Steigerung der Leistungsmotivation bereits in ähnlicher Weise thematisiert hatten und aus denen sich zum Teil das Personal derjenigen Institutionen in der Bundesrepublik rekrutierte, die hier vorgestellt wurden.

Daraus ergeben sich neue Forschungsfragen, die ich abschließend in einer gender- und globalgeschichtlichen Erweiterung der hier gewählten Perspektive vorstellen möchte. Um die Bedeutung des psychosozialen Modernisierungsansatzes und des entwicklungspolitischen und -ökonomischen Erkenntnisobjekts ›modern men‹ noch präziser zu ergründen, ist zu fragen: Welchen Einfluss hatten die Vorstellungen vom ›modern man‹ auf die US-amerikanische Administration und die von ihr verfolgten konkreten Projekte der ›Entwicklungshilfe‹? Welche Vorstellungen von den ›modern men‹ existierten in den ›Entwicklungsländern‹? Wurde die Theorie der psychosozialen ›Modernisierung‹ hier bejaht oder abgelehnt? Warum? Wie speziell ist die hier ausgebreitete Rezeptionsgeschichte in der Bundesrepublik, etwa verglichen mit den noch verbliebenen Kolonialmächten? Wann und mit welchen Konsequenzen tauchten Frauen in einer Rolle als ›modern women‹ in der ›Entwicklungspolitik‹ auf? Wie veränderte sich dadurch die Vorstellung vom ›modern man‹?

Diese Fragen weisen nicht nur den Weg zu einer globalen Ideen- und Wissensgeschichte. Zugleich lenken sie die Aufmerksamkeit auf Erkenntnisobjekte in der Ökonomie jenseits statistischer Abstrakta. Einmal mehr lässt sich fordern, dass nicht die Zahl im Mittelpunkt der Wissensgeschichte der Ökonomie stehen sollte, sondern der wirtschaftlich handelnde und denkende Mensch. Die Wissensgeschichte der Ökonomie sollte sich nicht allein auf eine Geschichte der universitären Wirtschaftswissenschaften und ihrer Funktion als zu-

---

165 Vgl. beispielsweise *Büschel/Speich*, Einleitung, S. 20.

166 Wie üblich dies auch außerhalb der Wissenschaft war, zeigt *Bernd Greiner*, »Test the West«. Über die »Amerikanisierung« der Bundesrepublik Deutschland, in: Mittelweg 36 6, 1997, H. 5, S. 4–40.

nehmend gefragter Politikberater beschränken.[167] Es ist unbestritten, dass mathematische Formeln, statistische Kennziffern, Tabellen und Graphen wichtige Erkenntnisobjekte sind, versucht man die gestiegene Autorität und Wirkmächtigkeit des wirtschaftswissenschaftlichen Wissens zu ergründen. Gleichwohl darf der Fokus auf die zunehmende statistische Durchdringung der Welt nicht dazu führen, dass das wirtschaftende Subjekt verschwindet. Auch in der Wissensgeschichte der Ökonomie ist der Mensch oft wichtiger als der statistische Plan.

167 So auch *Dommann/Speich Chassé/Suter*, Einleitung.

Markus Holzinger

Kriegerische Gewalt und Dynamik der Bürgerkriege in den »Peripherien«

Über den Mythos der globalen Moderne

Der modernisierungstheoretische Diskurs über den Krieg ist durch eine erstaunliche Diskrepanz gekennzeichnet. Auf der einen Seite ist über den Krieg in den letzten Jahren auch in der Soziologie eine ernsthafte Rezeption in Gang gekommen.[1] Auf der anderen Seite aber ist das Phänomen des Kriegs in den gesellschaftlichen Großtheorien der Modernisierungstheorie – man denke etwa an Talcott Parsons, Jürgen Habermas, Pierre Bourdieu, Niklas Luhmann – immer noch ein blinder Fleck. Wer sich stattdessen über die mit der Moderne assoziierten gesellschaftlichen Wandlungsprozesse informieren will, wird sich auch heute des Eindrucks nicht erwehren können, dass das Bild der »modernen Gesellschaft« nach wie vor in der Modernisierungstheorie durch eine Reihe von evolutionären Basisprozessen geprägt ist, die die ursprünglichen Strukturen und regionalen Kontexte traditioneller Gesellschaften, so die Annahme ihrer Vertreter, auflösen und in Richtung einer modernen Gesellschaft ablösen. Zu diesen Basisprinzipien gehören im Wesentlichen die Prozesse funktionaler Differenzierung und Individualisierung, die Entwicklung von Arbeitsteilung, Marktkonkurrenz, Staatsformierung, die universale Expansion des liberal-demokratischen Rechtsstaats, die Nationenbildung, die Säkularisierung und das Abstreifen der Fesseln der Tradition – nicht aber kriegerische Gewalt. Daran hat sich bis heute nichts geändert. Bis in die Gegenwart hinein wird in den Theorien der »Weltgesellschaft« – zu denken ist hier an Niklas Luhmann, Rudolf Stichweh oder John W. Meyer – der Modernisierungsprozess insbesondere nach 1945 als eine Art friedfertige Evolution konzipiert, so als ob es ausgemacht sei, dass die moderne Gesellschaft des 21. Jahrhunderts automatisch in einen »sozialen Raum des Friedens und der Zivilität«[2] hinübergleiten würde. Luhmann konstatierte in seinem viel zitierten »Weltgesellschaftsaufsatz«, es sei eine auf »Weltfrieden beruhende durchgehende Verkehrszivilisation entstanden«.[3] Die westliche Modernisierungstheorie wiege sich, so hat Hans Joas das Phänomen schon vor Jahrzehnten benannt, im »Traum von der gewaltfreien Moderne«.[4]

Es besteht freilich kein Zweifel, dass die Kriege und die Gewaltexzesse des 20. Jahrhunderts belegen, dass nicht nur Demokratie, Bürgerrechte, Zivilisierung und der »Sprung vorwärts« zur Formierung der Moderne gehören, sondern dass ebenso Krieg und Gewalt, Hunger und Armut Teil der Moderne sind. »Politische und militärische Macht [...] haben die westliche Moderne entscheidend geprägt«[5], was in einer Theorie, die sich »nur« einer

1 Vgl. nur *Hans Joas/Wolfgang Knöbl*, Kriegsverdrängung. Ein Problem in der Geschichte der Sozialtheorie, Frankfurt am Main 2008; *Andreas Wimmer*, War, in: Annual Review of Sociology 44, 2014, S. 173–197.

2 *Volker Kruse*, Kriegsgesellschaftliche Moderne. Zur strukturbildenden Dynamik großer Kriege, Konstanz 2015, S. 26.

3 *Niklas Luhmann*, Die Weltgesellschaft, in: *ders.*, Soziologische Aufklärung 2. Aufsätze zur Theorie der Gesellschaft, Wiesbaden 1975, S. 51–71, hier: S. 54.

4 *Hans Joas*, Kriege und Werte. Studien zur Gewaltgeschichte des 20. Jahrhunderts, Weilerswist 2000, S. 71.

5 *Wolfgang Knöbl*, Spielräume der Modernisierung. Das Ende der Eindeutigkeit, Weilerswist 2001, S. 298.

Weiterentwicklung der Grundeinsichten von Luhmann oder Habermas verschreibt, übersehen und vernachlässigt wird. Die folgenden Darlegungen wollen sich diesem Thema widmen. Gemeinhin haben im Zeitraum von 1800 bis 2000 – zumal in der europäischen Forschung – vor allem die klassischen Staatenkriege in Europa unser Bild vom Krieg geprägt. Der Prozess europäischer Staatsbildung verlief äußerst gewaltsam und war gekennzeichnet von heftigen territorialen Auseinandersetzungen. Die Geschichte Europas war ein kontinuierlicher Rüstungswettkampf, wobei in diesen Ausscheidungskämpfen ebenso der entscheidende Impuls zur Staatsbildung erfolgte.[6] Der Krieg gab der europäischen Geschichte über Jahrhunderte ein Doppelgesicht: Einhegung gewalttätiger Konflikte im Innern von »Machtcontainern« (Anthony Giddens) durch staatliche Herrschaft und gleichzeitig zügellose, brutale Expansion nach außen. Staatsbildung und imperiale Expansion rund um den Globus gingen Hand in Hand. »Der Zeitraum von 1880 bis 1945 kann in globalgeschichtlicher Perspektive als Kulminationspunkt imperialer Machtentfaltung und Konkurrenz gelten.«[7] Der Erste Weltkrieg markierte den Höhepunkt dieser gesellschaftlichen Widersprüche und der Rivalität der europäischen Mächte. Das Ergebnis des Kriegs war der Zusammenbruch des ›alten‹ Europa. In Russland löste der Krieg unmittelbar eine Revolution aus. In Deutschland führten Krieg und Revolution zum Sturz des Kaiserreichs, zu einer Demokratisierung des Staats, aber auch zu heftigen innenpolitischen Auseinandersetzungen und schließlich zum Wiederaufstieg des Deutschen Reichs unter der Herrschaft des Nationalsozialismus.

Der folgende Beitrag wird sich jedoch nicht auf die zentralen Staatenkriege oder »totalen Kriege« der Zeit bis 1945 konzentrieren, sondern seinen Blick stärker auf die Kriege nach 1945 richten. Nach dem Ende des Ost-West-Konflikts verbreitete sich (erneut) die trügerische Erwartung, dass Kriege der Vergangenheit angehören würden. Tatsächlich ging zwar die Ära des klassischen zwischenstaatlichen Kriegs zu Ende und in Europa zeitigten friedenspolitische Fortschritte ihre Wirkung. Dieses europäische »Erfolgsmodell« ließ sich jedoch nicht globalisieren. Besonders die Kriege an den Rändern der Wohlstandszonen offenbarten eine neue Erscheinungsform und eine bis dahin unbekannte Strukturlogik des Kriegs. Zwar kam es beispielsweise in Afrika in den 1990er-Jahren im Zuge von Demokratisierungsrevolten zu unbestreitbaren Erfolgen (wie etwa in Ghana, Mauritius und den Kapverden) und die meisten Einparteienregime fielen in sich zusammen. Aber auch hier ergibt sich ein gemischtes Bild von Erfolgen und Misserfolgen.[8] Was das Kriegsgeschehen betrifft, lassen sich folgende Momente festhalten: 94% aller mit Waffengewalt ausgetragenen Konflikte sind in den 1990er-Jahren innerstaatliche Konflikte. Ein besonderes Merkmal dieser Kriege ist in ihrer langen Dauer zu sehen.[9] Circa 40% aller innerstaatlichen Gewaltkonflikte dauern mindestens sechs Jahre. Der Bürgerkrieg in Sierra Leone dauerte von 1991 bis 2002. Im Zweiten Kongokrieg kamen über drei Millionen Menschen zu Tode in nur fünf Jahren, bis heute gibt es dort kriegerische Auseinandersetzungen. Der Krieg in Somalia begann 1988 und ist ebenfalls bis heute nicht beendet. Diese Kriege waren jedoch kurz im Verhältnis zum Bürgerkrieg in Kolumbien, dem mit einer Dauer von rund 50 Jahren längsten Bürgerkrieg weltweit.

---

6 »Soldat und Steuereinnehmer gemeinsam gründeten den Staat, denn Machtpolitik und Machtmittel bedingten sich gegenseitig«, kommentiert dies *Wolfgang Reinhard*, Geschichte der Staatsgewalt. Eine vergleichende Verfassungsgeschichte Europas von den Anfängen bis zur Gegenwart, München 1999, S. 305.

7 *Lutz Raphael*, Imperiale Gewalt und mobilisierte Nation. Europa 1914–1945, München 2011, S. 12f.

8 *James Ferguson*, Global Shadows. Africa in the Neoliberal World Order, Durham/London 2006, S. 12f.

9 *James D. Fearon*, Why Do Some Civil Wars Last so Much Longer than Others?, in: Journal of Peace Research 41, 2004, S. 275–301.

Erklärungsangebote für die Kriegsursachen reichen von ökonomischen Motiven *(greed)*, sozialen Missständen *(grievance)* bis hin zu Ressourcen-, ethnopolitischen oder religiösen Konflikten. Seit einiger Zeit ist die dominierende Ursachen-Kontroverse, die »Greed vs. Grievance«-Debatte, wieder etwas ins Hintertreffen geraten, da sich zunehmend zeigte, dass sich die Motive von Kriegsteilnehmern meist nicht auf eine Variable reduzieren lassen (»does not follow a single logic«).[10] Plünderungsökonomien sind beispielsweise nicht die Ursache lang dauernder Kriege, sondern gehen aus dem Krieg erst hervor und können überhaupt nur Fuß fassen, wo die staatlichen Strukturen so marode sind, dass sich ein Machtvakuum ausbreitet. Die Ursachen der neuen Kriege sind mithin vielfältiger Natur. Meine These ist, dass die Persistenz dieser Kriege mit ihrer Eigendynamik zusammenhängt.[11] Die Kriegsakteure befinden sich gewissermaßen ab einer bestimmten Situation in einer »Konfliktfalle«, deren verursachende Variablen eigendynamische Prozesse erzeugen: »Eigendynamische Prozesse erzeugen Wirkungen, die zu Bestandteilen ihrer eigenen Verursachung werden.«[12] Dennoch lässt sich meines Erachtens insbesondere bei den hier zur Debatte stehenden Kriegen ein Grundmechanismus erkennen, der für unser Modernisierungs-Thema interessant ist. Wie etwa Kalevi J. Holsti[13], Jean-François Bayart[14] oder Trutz von Trotha[15], aber auch andere Kriegsforscher, bin ich der Meinung, dass die zentrale Quelle ursächlicher Eskalationsprozesse bei diesen Kriegen die mangelnde *Durchstaatlichung* der Gesellschaften der ›Entwicklungsländer‹ ist.[16] Das europäische Modell des Nationalstaats und seine bürokratisch-legale Herrschaft konnten sich in vielen ›Entwicklungsländern‹ nicht konsolidieren. Die »traditionalen« Vergesellschaftungsformen wurden nicht von modernen Strukturen absorbiert. Im Inneren der Gesellschaften der ›Dritten Welt‹ sind sie nach wie vor sozial dominant. Mit anderen Worten: Eine wesentliche Bedingung für die kriegerischen Konflikte in der ›Dritten Welt‹ ist somit die »nachholende Konsolidierung vorausgesetzter Staatlichkeit«.[17] Es ist die fehlende Dominanz des Staats, die dem Krieg seine eigendynamischen Qualitäten verleiht und die letztlich über eine Kette von *Mechanismen* eine Tendenz schafft, dass sich bewaffnete Konflikte perpetuieren.[18] Und es

---

10 *Macartan Humphreys/Jeremy M. Weinstein*, Who Fights? The Determinants of Participation in Civil War, in. American Journal of Political Science 52, 2008, S. 436–455, hier: S. 450; *Jeffrey Herbst*, Economic Incentives, Natural Resources and Conflict in Africa, in: Journal of African Economies 9, 2000, S. 270–294.

11 Vgl. dazu neuerdings *Stefan Deißler*, Eigendynamische Bürgerkriege. Von der Persistenz und Endlichkeit innerstaatlicher Gewaltkonflikte, Hamburg 2016.

12 *Philipp Genschel/Klaus Schlichte*, Wenn Kriege chronisch werden: Der Bürgerkrieg, in: Leviathan 25, 1997, S. 501–517, hier: S. 503.

13 *Kalevi J. Holsti*, The State, War, and the State of War, Cambridge/New York etc. 1996.

14 *Jean-François Bayart*, The State in Africa: The Politics of the Belly, Cambridge 2009.

15 *Trutz von Trotha*, Die Zukunft liegt in Afrika. Vom Zerfall des Staates, von der Vorherrschaft der konzentrischen Ordnung und vom Aufstieg der Parastaatlichkeit, in: Leviathan 28, 2000, S. 253–279.

16 Holsti kommentiert: »The more general claim is that regions populated by strong states, defined in terms of legitimacy, are a necessary condition for peace, and that regions of weak and failed states are a prime location of war.« *Kalevi J. Holsti*, War, Peace, and the State of the State, in: International Political Science Review 16, 1995, S. 319–339.

17 *Dietrich Jung/Klaus Schlichte/Jens Siegelberg*, Kriege in der Weltgesellschaft. Strukturgeschichtliche Erklärung kriegerischer Gewalt 1945–2002, Wiesbaden 2003, S. 60.

18 Mit Mechanismen sind Sequenzen von kausal miteinander verknüpften Ereignissen gemeint, die in der Realität, unter bestimmten Umständen, wiederholt auftreten, vgl. *Renate Mayntz*, Mechanisms in the Analysis of Social Macro-Phenomena, in: Philosophy of the Social Sciences 34, 2004, S. 237–259, hier: S. 241. Einige neuere Arbeiten, die sich auf das Thema »Staatszerfall« beziehen, versuchen auch quantitativ empirisch die Mechanismen dieser Kriege herauszuarbeiten, vgl. etwa *Daniel Lambach/Eva Johais/Markus Bayer*, Warum Staaten zusammenbrechen. Eine vergleichende Untersuchung der Ursachen von Staatskollaps, Wiesbaden 2016.

ist durchaus plausibel, diese Konflikte nicht mehr als Bürgerkriege, sondern als »post-nationalstaatliche Kriege« zu begreifen.[19]

Dass es sich im Fall der Übertragung des europäischen Staats in andere Weltregionen um ein durch viele Brechungen und Kreuzungen gekennzeichnetes Programm handelt, lässt sich kaum besser demonstrieren als anhand der schwierigen Anfänge des Staatsbildungsprozesses in den afrikanischen Kriegen. Im Folgenden seien einige provisorische Betrachtungen zusammengetragen, die sich insbesondere auf die Staatsentwicklung in Afrika beziehen. Es versteht sich von selbst, dass an dieser Stelle nur sehr skizzenhaft einige Thesen der jüngeren Afrika- und Kriegsforschung erläutert werden können. Dennoch sollen in den folgenden Abschnitten (I–V) einige der zentralen Einsichten über die Wirkkräfte und Mechanismen dieser Kriege skizziert werden. Schließlich wird in einem Fazit (VI) resümiert, was die Analyse dieser Kriege zum Verständnis des Verhältnisses von Krieg und Moderne beitragen kann.

I. Staatsferne Räume: Die Instabilität kolonialer Herrschaft

Viele Staaten in den heutigen ›Entwicklungsländern‹, die vom Kosovo nach Kolumbien, von Somalia nach Süd-Thailand bis hin nach Zentralasien reichen, sind solche, die dem Typ der »Parastaatlichkeit« zuzuordnen sind.[20] Diese Strukturform tritt in verschiedenen Staaten in jeweils heterogenen Formen auf. Die Gründe für diese Tendenz sind vielfältig und können hier nicht umfassend behandelt werden. Zudem sind die wirtschaftlichen und sozialen Umfelder und die historischen Voraussetzungen des Staatszerfalls für jeden Staat isoliert zu betrachten. Doch liegt die Vermutung nahe, dass das zentrale Problem bei diesen politischen Konstellationen die staatliche Legitimität ist. Einer der wesentlichen Gründe für das Scheitern dieser Staaten besteht darin, dass sich in den ›Entwicklungsländern‹ im Prozess der Nationenbildung häufig nur eine Hülse des Staats, nicht aber seine Legitimität durchgesetzt hat. Diese »Staaten« sind selbstverständlich – trotz ihrer teilweise prekären Lage – bereits eingebunden in den Prozess der globalen Ausbreitung der »Idee moderner Staatlichkeit«.[21] Sie müssen sich die wesentlichen Kennzeichen eines Staats – die effektive Kontrolle über ein bestimmtes Territorium und »Staats«-Volk, die Durchsetzung des Monopols legitimer physischer Gewaltsamkeit, das Steuermonopol – jedoch überhaupt erst aneignen.[22] Man hat es also mit »Quasi-Staaten«[23] oder »Schattenstaaten«[24] zu tun, die als solche überhaupt nur als Staaten interpretiert werden, weil sie qua völkerrechtlichem

---

19 *Mark Duffield*, Global Governance and the New Wars. The Merging of Development and Security, London/New York 2001. Michael Ehrke führt gegen den Begriff des »Bürgerkriegs« an, dass sein Bezug auf die staatliche Armee als eine Konfliktpartei gewissermaßen hinfällig werde, »da der Staat in vielen Fällen nicht mehr der Bezugspunkt der Auseinandersetzungen ist«, *Michael Ehrke*, Zur politischen Ökonomie post-nationalstaatlicher Konflikte, in: IPG, 2002, H. 3, S. 135–163, hier: S. 160. Auch *Holsti*, The State, War, and the State of War, S. 36ff., spricht in ähnlicher Weise von »wars of the third kind«.

20 *Von Trotha*, Die Zukunft liegt in Afrika, S. 255. Siehe dazu auch bereits: *Markus Holzinger*, Ist die Weltgesellschaft funktional differenziert? Niklas Luhmanns Staatskonzept im Spiegel parastaatlicher Gewalt und informeller Staatlichkeit, in: Politisches Denken. Jahrbuch 2012, S. 201–231.

21 *Klaus Schlichte*, Der Staat in der Weltgesellschaft. Politische Herrschaft in Asien, Afrika und Lateinamerika, Frankfurt am Main/New York 2005, S. 127.

22 Vgl. *Volker Böge*, Neue Kriege und traditionale Konfliktbearbeitung, Duisburg 2004, S. 19.

23 *Robert H. Jackson*, Quasi-States. Sovereignty, International Relations and the Third World, Cambridge/New York etc. 1990.

24 *William Reno*, Shadow States and the Political Economy of Civil Wars, in: *Mats Berdal/David M. Malone* (Hrsg.), Greed and Grievance. Economic Agendas in Civil Wars, Boulder/London 2000, S. 43–68.

Status und externer Subventionierung (Rentierstaaten) auch unabhängig von der Gesellschaft existieren können. Bei Extremfällen des Staatszerfalls oder Staatskollapses – Beispiele in Afrika wären Somalia, Demokratische Republik Kongo, Sudan, Tschad, Liberia oder Sierra Leone – verliert der Staat teilweise oder völlig die Kontrolle über das Gewaltmonopol und die damit verbundenen physischen Zwangsmittel. Seinem formaljuristischen Staats-Status, der ihm von der internationalen Gemeinschaft zugeschrieben wurde, entspricht keine empirische Realität (»empirical state-hood«).[25]

Möchte man die Frage nach den Ursachen und den historischen Wurzeln dieses Typus von Staat beantworten, ist man gezwungen, sich mit der afrikanischen Kolonialgeschichte zu befassen. Zurückführen lässt sich diese Variante von Staatlichkeit in zahlreichen Fällen auf die koloniale Expansion Europas und die europäische Kolonialherrschaft. Die Geschichte des Kolonialismus lässt sich einerseits als Fortsetzung der Einbindung in die Wirkzusammenhänge des sich aus Europa entfaltenden Staats begreifen. Im Prozess des europäischen Imperialismus wurde versucht, das Modell des bürokratischen Verwaltungsstaats auf die kolonisierten Areale zu übertragen. Mit dem von Europa ausgehenden kapitalistischen Expansionsprozess wurde auch das territorialstaatliche Strukturmoment weltweit ausgedehnt. Überall sollte die Vision realisiert werden, eine staatliche Verwaltung gemäß der Struktur des Mutterlands aufzubauen. 1914 waren fast zwei Drittel der Erde Kolonialbesitz, aber nur wenige Kolonialmächte vermochten es, die kolonialisierten Gesellschaften vollständig nach ihrem Bild umzugestalten.[26] Trotz aller Rhetorik war der Kolonialismus schließlich vor allem mit der Absicht ökonomischer Expansion angetreten. Die Kolonisierung fremder Territorien erfolgte im Wettlauf der europäischen Mächte um den Zugang zu entfernten Märkten. Dementsprechend war das Interesse der Kolonialherren an einer *politischen* Umgestaltung des Kolonialgebiets begrenzt. Die Epoche des europäischen Kolonialismus lebte in Amtssprachen und Verfassungsformen fort. Sie schufen hin und wieder »Inseln der Kontrolle und Machtausübung«.[27] Die kolonialen Herren waren jedoch nicht in der Lage, koloniale Politiken im Sinne von europäischer Staatlichkeit voll und ganz durchzusetzen. Ihre Gesetze und Normen waren weitgehend Pläne auf dem Papier. Auch die fiskalischen Strukturen in vielen Staaten der ›Dritten Welt‹, entsprachen nicht dem Ideal des Staats.[28] Es gab in der Regel nur eine rudimentäre Verwaltung, die kaum den Namen Bürokratie verdiente.[29] Besondere Schwierigkeit bereitete den Kolonialherren die »Staatenlosigkeit« und die Wei-

---

25 Johanna Mantel und Rüdiger Wolfrum schreiben auf Grundlage des Regionalberichts »Freedom in Sub-Saharan Africa« für das Jahr 2009: »Während weltweit 46 Prozent der Staaten als frei *(free)*, 32 Prozent als teilweise frei *(partly free)* und 22 Prozent als nicht frei *(not free)* eingestuft werden, sind es im subsaharischen Afrika nur 21 Prozent, die als frei bezeichnet werden, 48 Prozent als teilweise frei und 31 Prozent als nicht frei. Nur 18 der 53 kontinentalafrikanischen Länder [etwa 37%] haben demokratisch gewählte Regierungen *(electoral democracies)*.« *Johanna Mantel/Rüdiger Wolfrum*, Ein Kontinent lernt Demokratie, in: MaxPlanckForschung, 2010, H. 1, S. 10–15, hier: S. 10. Die Daten des »Freedom in the World« von 2013 ergeben für Nordafrika und den Nahen Osten einen noch geringeren Anteil parlamentarischer Demokratien: »Von den 18 Staaten der Region waren 2012 nur drei Staaten parlamentarische Demokratien (17%) – Israel, Libyen und Tunesien. Dabei war Israel der einzige Staat der Region, der gleichzeitig als frei galt. Libyen und Tunesien wurden als eingeschränkt frei eingestuft«, vgl. Bundeszentrale für politische Bildung, Verbreitung parlamentarischer Staaten, URL: <http://www.bpb.de/internationales/weltweit/menschenrechte/38794/demokratische-staaten> [10.8.2017].

26 *Jung/Schlichte/Siegelberg*, Kriege in der Weltgesellschaft, S. 146.

27 *Andreas Eckert/Michael Pesek*, Bürokratische Ordnung und koloniale Praxis. Herrschaft und Verwaltung in Preußen und Afrika, in: *Sebastian Conrad/Jürgen Osterhammel* (Hrsg.), Das Kaiserreich transnational. Deutschland in der Welt 1871–1914, Göttingen 2004, S. 87–106, hier: S. 96.

28 *Schlichte*, Der Staat in der Weltgesellschaft, S. 197.

29 Vgl. *Reinhard*, Geschichte der Staatsgewalt, S. 505.

te des Raums. Infolge der nur lose besiedelten Territorien und der mangelnden herrschaftlichen Durchdringung war es zum Beispiel afrikanischen Bevölkerungsgruppen fast immer möglich gewesen, Herrschaftsansprüchen zu entfliehen.[30] Eine verschwindend geringe Zahl von Kolonialherren stand einer Masse von Beherrschten gegenüber. Im vom Deutschen Kaiserreich beherrschten Togo waren dies zwischen 1899 und 1912 im Jahresdurchschnitt lediglich 67 deutsche Regierungsbeamte, die auf 948.400 Togolesen trafen.[31] In Nigeria gab es Ende der 1930er-Jahre »386 weiße Administratoren für 20 Millionen Menschen«.[32] Der bürokratische Verwaltungsapparat blieb für die afrikanischen Kolonien eine Herrschaftsutopie, insbesondere aufgrund der großen Diversität politischer Formen.[33]

Um einen Status der Ordnung und eine Erwartungssicherheit wenigstens auf niedrigem Niveau bereitzustellen, reagierten die Institutionen und Funktionen des Kolonialstaats auf diese Misere mit zwei Strategien: Die Bürokratie zeigte sich *erstens* weniger als Institution, die effektive Aktenapparate zu realisieren imstande war, sondern vor allem in Gestalt permanenter Gewaltbereitschaft. Betrachtet man den globalen Kontext des Imperialismus der europäischen Länder zu jener Zeit, würde nicht »Inklusion«[34], sondern de facto die »Exklusion« beziehungsweise »die Klassifikation nach Rassezugehörigkeit mit einigem Recht den Spitzenplatz beanspruchen«.[35] Über Tansania berichtet Andreas Eckert: »Männer mit Peitsche und Gewalt hatten über Jahre hinweg mehr Gewicht als die Männer des Buchs.«[36] Gerd Spittler kommt zu dem Schluss, dass die Anwendung von Gewalt eher als »Zeichen von Ohnmacht« denn als ein Zeichen herrschaftlicher Souveränität gedeutet werden müsse: »Gewalt wird in Bauernstaaten von der staatlichen Verwaltung auch häufig demonstrativ eingesetzt, weil nur diese ständige Sichtbarkeit den Staat überhaupt ins Blickfeld der Bauern rückt, die sich sonst an den intermediären Lokalgewalten orientierten.«[37] Staatliche Ordnung (wenn auch meist nur vorübergehende) wurde in den Kolonien nicht selten mithilfe von Massakern hergestellt. Besonders infernalisch manifestierte sich in diesem Zusammenhang die Herrschaft Belgiens über den Kongo: Bevor der belgische König Leopold II. die Kolonie erwarb, lebten dort über 20 Millionen Menschen. Bis zum Ersten Weltkrieg war die Bevölkerung auf rund 10 Millionen dezimiert, weshalb Joseph Conrad behauptete, Belgisch-Kongo sei »die verkommendste, beutegierigste Balgerei« gewesen, »die je die Geschichte des menschlichen Gewissens verunstaltet hat«.[38]

Die exterminatorischen Pläne der Kolonialherren erfolgten dabei durchaus nach strategischen Gesichtspunkten, die sich von dem angestrebten Kolonialisierungs*typus* leiten ließen. Während die spanischen Konquistadoren »nur« eine »Stützpunktkolonie« errichten woll-

30 *Jeffrey Herbst*, States and Power in Africa. Comparative Lessons in Authority and Control, Princeton/Woodstock 2000, S. 39.

31 *Trutz von Trotha*, Koloniale Herrschaft. Zur soziologischen Theorie der Staatsentstehung am Beispiel des »Schutzgebietes Togo«, Tübingen 1994, S. 87.

32 *Wolfgang Reinhard*, Die Unterwerfung der Welt. Globalgeschichte der europäischen Expansion 1415–2015, München 2016, S. 986.

33 *Andreas Eckert*, Herrschen und Verwalten. Afrikanische Bürokraten, staatliche Ordnung und Politik in Tansania, 1920–1970, München 2007, S. 10.

34 *Rudolf Stichweh*, Leitgesichtspunkte einer Soziologie der Inklusion und Exklusion, in: *ders./Paul Windolf* (Hrsg.), Inklusion und Exklusion. Analysen zur Sozialstruktur und sozialen Ungleichheit, Wiesbaden 2009, S. 29–42, hier: S. 37.

35 *Thomas McCarthy*, Rassismus, Imperialismus und die Idee menschlicher Entwicklung, Berlin 2015, S. 43.

36 *Eckert*, Herrschen und Verwalten, S. 263.

37 *Gerd Spittler*, Verwaltung in einem afrikanischen Bauernstaat. Das koloniale Französisch-Westafrika 1919–1939, Freiburg im Breisgau 1981, S. 24.

38 Zit. nach: *James Sheehan*, Kontinent der Gewalt. Europas langer Weg zum Frieden, München 2008, S. 75.

ten und ihr Interesse insbesondere auf die Gold- und Silberbestände in den süd- und mittelamerikanischen Kolonien gerichtet war, hatten die Eroberer Nordamerikas aufgrund anderer Interessen einen »Siedlerkolonialismus« im Sinn. Die entscheidende Wende für die indigene Bevölkerung kam mit der expansiven Besiedlung, da diese nun »weichen oder dienen« musste.[39] Gemäß Berechnungen von John Bodley kamen zwischen 1780 und 1930 nach realistischer Schätzung etwa 50 Millionen Indigene aufgrund von Gewalt, Ausbeutung und Krankheiten in Grenzregionen ums Leben.[40]

Mit gnadenloser Härte gingen die Kolonisatoren auch gegen Oppositionsgruppen vor. Die britischen Verwalter Kenias gründeten anlässlich der »Mau-Mau-Rebellion«, wie Caroline Elkins zusammenfasst, »one of the most restrictive police states in the history of the empire«.[41] Das Gros der Kikuyu, die weitaus größte Volksgruppe in Kenia, geriet in die Machtmaschinerie der britischen Besatzer, die beinahe 1,5 Millionen Menschen in Lager deportierten und mit äußerster Brutalität Umerziehungsmaßnahmen durchführten. Frankreich stand Großbritannien, was den Mangel an ethischen Restriktionen und die Brutalität der Gewaltverhältnisse betrifft, in nichts nach. Unter dem juristischen Kniff einer Notstandsregelung sah sich die arabische Zivilbevölkerung im Algerienkrieg (1954–1962) mit systematischer Folter, vorsätzlicher Tötung, täglichen standrechtlichen Hinrichtungen, kollektiver Bestrafung, schweren Misshandlungen und Massenvergewaltigungen von Frauen konfrontiert.[42] Der zivilisierten Welt gegenüber rechtfertigten die Kolonialherren ihre Mission freilich mit der Begründung, die Aufgabe der Europäer sei es, die europäischen Standards und Werte in die vormodernen Institutionen an der Peripherie zu tragen. Dennoch war die koloniale »civilizing mission« häufig nichts anderes als ein unter dem Deckmantel der Entwicklungshilfe geführter »Modernisierungskrieg«.[43]

Trotz der genozidalen Gewalt gegenüber den Kolonien konnte weder für das mittel- und südamerikanische Festland noch für Afrika von einem linearen Transfer von Europa zur Kolonie gesprochen werden. Die europäische Verwaltung in den Kolonien hatte insbesondere in Afrika dafür schlicht zu wenig Menschen. Deswegen wurde *zweitens* ein Großteil der administrativen Aufgaben inklusive eines Teils der Steuereinziehung im Sinne eines »dezentralisierten Despotismus«[44] an Chiefs und Häuptlinge auf der Dorfebene delegiert. Aufgrund der fragmentarischen Verfasstheit des kolonialen Staats setzte sich eine Art »indirekte Herrschaft« durch.[45] Der Ausbau der Staatsgewalt konnte nur über intermediäre Akteure, vor allem Chiefs beziehungsweise »Big Men«, aber ebenso durch Übersetzer erfolgen. Diese »kulturellen Makler« stellten eine Scharnierfunktion dar, die es vermochte, zwischen dem Alten und dem Neuen, zwischen dem Lokalen und dem Globalen zu vermitteln.[46]

Ziehen wir ein erstes Fazit: Der Kolonialstaat war von Anfang an kein moderner Staat. Er war ein Mischgebilde aus einem rationalen und einem traditionalen Staat und somit »aus modernen und traditionalen Elementen«.[47]

---

39 *Reinhard*, Die Unterwerfung der Welt, S. 28.

40 *John Bodley*, Der Weg der Zerstörung. Stammesvölker und die industrielle Zivilisation, München 1983, S. 57f.

41 *Caroline Elkins*, Britain's Gulag. The Brutal End of Empire in Kenya, London 2005, S. 61.

42 *Fabian Klose*, Zur Legitimation kolonialer Gewalt. Kolonialer Notstand, antisubversiver Krieg und humanitäres Völkerrecht im kenianischen und algerischen Dekolonisierungskrieg, in: AfS 48, 2008, S. 249–274.

43 *Stephan Malinowski*, Modernisierungskriege. Militärische Gewalt und koloniale Modernisierung im Algerienkrieg (1954–1962), in: AfS 48, 2008, S. 213–248.

44 *Mahmood Mamdani*, Citizen and Subject. Contemporary Africa and the Legacy of Late Colonialism, Princeton 1996, S. 8f.

45 *Eckert*, Herrschen und Verwalten, S. 41.

46 Ebd., S. 263, ebenso schon *Spittler*, Verwaltung in einem afrikanischen Bauernstaat.

47 *Jung/Schlichte/Siegelberg*, Kriege in der Weltgesellschaft, S. 57.

II. Nachkoloniale Phase: »Informalisierung« und »Extraversion«

Nach der Dekolonisierung, die Mitte der 1950er-Jahre begann, sahen sich die neuen Staaten mit dem Erbe eines schwachen und autoritären Staats konfrontiert: »Die afrikanischen Politiker erbten gleichsam ein Haus ohne Fundament.«[48] Der Staat in Afrika war auch zu diesem Zeitpunkt nicht zur eigenständigen Institution geworden. Die künstlich gezogenen Grenzen der Kolonialherren konnten einerseits nicht darüber hinwegtäuschen, dass die Bevölkerung des afrikanischen Kontinents sich selbst zunächst nach wie vor eher als Mitglied in einem Personenverbandsstaat deutete denn als nationale Community als Ergebnis einer Vollendung von Nationenbildung. Daher waren in Afrika »sämtliche Kategorien des Begriffsfeldes ›Staat‹ den einheimischen politischen Kulturen fremd!«.[49] In vielen Regionen gab es nie eine Polarität von »Nation« und »Gesellschaft«.

Zum anderen lag in vielen Regionen in den ›Entwicklungsländern‹ ebenso nur ein defizitäres *state building* vor: Das legitime Gewaltmonopol des Staats über ein ganzes Territorium und die Etablierung von Gewaltenteilung waren unvollständig ausgeprägt. In der Forschung wird dieser Punkt immer wieder betont: »Nowhere in Africa is there a clear line of demarcation between state and society; they interpenetrate each other in more or less complex ways and at different levels (symbolic, normative, or structural)«.[50] Während in westlichen Staaten politische Phänomene als dekontextualisiert oder »disembedding« beschrieben werden[51], betonen Afrikawissenschaftler deren »Einbettung«: »State institutions remain embedded in society. State does not lead society in Africa and state does not control society.«[52] Der Staat war vor allem deshalb nicht zur eigenständigen Institution geworden, weil das Klansystem für die Formierung der sozialen Beziehungen zentral blieb. Nicht nur besetzten Afrikaner in der nachkolonialen Verwaltung die Posten der Europäer, sondern es griffen erneut informelle, klientele, personalisierte Beziehungs- und Handlungsschemata der patrimonialen Herrschaftsweise in den bürokratischen Verwaltungsablauf ein.[53] Politik fand in Afrika nach wie vor stark personalisiert statt, was sich in der Durchsetzung von Einparteiensystemen und dominanten Regierungschefs wie Mobutu Sese Seko (Kongo), Jean-Bédel Bokassa (Zentralafrikanische Republik), Idi Amin (Uganda) oder Charles Taylor (Liberia) zeigte.

Jean-François Bayart fasst den afrikanischen Staat mit dem Begriff des »Rhizomstaats«, um so die Verflechtung netzwerkförmiger und formaler Strukturen zu beschreiben.[54] Die Unterwanderung des formalen Staats vollzieht sich durch das unterirdische Labyrinth des Rhizoms (Wurzel). Im Unterschied zum langwierigen europäischen Prozess der institutionellen Entkopplung des Staats von den *personalen* Einflüssen derjenigen, die die führenden Positionen innehaben – Luhmann spricht von der »Unpersönlichkeit der Orientierung«[55] –, existiert die staatliche Administration bestenfalls als Fassade, nicht jedoch jenseits personaler, klan- oder stammesgebundener Loyalitäten. Im Gegensatz zu einigen modernisierungstheoretischen Fehldeutungen der Bielefelder Systemtheorie, die davon ausgeht, dass *informelle Netzwerke* in den ›Entwicklungsländern‹ eine (moderne) strukturelle Folgeerscheinung

48 *Eckert*, Herrschen und Verwalten, S. 265.

49 *Reinhard*, Die Unterwerfung der Welt, S. 1281.

50 *René Lemarchand*, Uncivil States and Civil Societies: How Illusion Became Reality, in: The Journal of Modern African Studies 30, 1992, S. 177–191, hier: S. 178.

51 *Rudolf Stichweh*, Die Weltgesellschaft. Soziologische Analysen, Frankfurt am Main 2000, S. 18.

52 *Goran Hyden*, African Politics in Comparative Perspective, Cambridge/New York etc. 2006, S. 228f.

53 *René Lemarchand*, Political Clientelism and Ethnicity in Tropical Africa. Competing Solidarities in Nation-Building, in: American Political Science Review 66, 1972, S. 68–90.

54 *Bayart*, The State in Africa, S. 220f.

55 *Niklas Luhmann*, Politische Soziologie, Berlin 2010, S. 158.

darstellten, »die Folgeprobleme funktionaler Differenzierung zu verarbeiten«[56], muss man das hier zur Debatte stehende Netzwerkkonzept anders verstanden wissen. In den postkolonialen Ordnungen ist der Vorrang der primären Beziehungen (Netzwerke!), der Vorrang des Nächsten, des Klans, den modernen Strukturen historisch lange vorgeschaltet und kann daher nicht seinerseits Konsequenz von Modernisierung (funktionaler Differenzierung) sein. Diese Muster insbesondere des afrikanischen Staats sind nicht erst, wie Bayart heraushebt, in der Phase der Dekolonisierung entstanden, sondern seien Strukturen der *longue durée*.[57] Es sei der welthistorische »Normalfall«, dass tribale Relationen und Verbindungen den politischen Raum strukturieren.[58] Hungersnöte und wirtschaftliche Bedrohungen lenkten das primäre Interesse des politischen Kampfs auf die »Politik des Bauches«. Im harten Überlebenskampf seien Seilschaften und Begünstigungen an der Tagesordnung. Korruption lasse sich hierbei als politischer Mechanismus begreifen, der nicht nur permanent durch herrschende Klaneliten betrieben werde, sondern tief in die afrikanische Kultur eingebettet sei.[59] Man füge sich in ein Netzwerk ein, um etwas vom »nationalen Kuchen« zu bekommen. Die Verwaltung sei daher ein soziales Netzwerk wie andere und folglich vor allem personalistisch geprägt. Der afrikanische Staat, so Patrick Chabal und Jean-Pascal Daloz, »was never properly institutionalized because it was never significantly emancipated from society«.[60] Der verschiedene Ethnien integrierende übergreifende Nationalstaat, der sektionale Interessengruppen gar nicht erst aufkommen lässt, sei daher für die afrikanischen Einwohner eine fremde Struktur.

Die defizitäre Penetrationsfähigkeit der staatlichen Institutionen, die sich ebenso in der mangelnden Kompetenz zur Extraktion von Finanzressourcen manifestierte, musste freilich kompensiert werden. Bayart bezeichnet die besondere Herrschaftsform in Afrika mit Blick auf das Verhältnis des Kontinents zum Rest der Welt als »Extraversion«.[61] Die Stammesführer sähen in ihrer externen Abhängigkeit eine Gelegenheit, ihre teilweise prekären Machtapparate durch die Ausnutzung *externer* Ressourcen zu stabilisieren und proaktiv Gewinn zu erzielen.[62] Das nachkoloniale Organisationsgefüge, das sich anstelle des europäischen Staats herauskristallisierte, wurde daher häufig am Modell des »Rentenstaats« angelehnt. Somalia beispielsweise bezog den Staatshaushalt zu etwa 80% von einer externen Entwicklungshilfe.[63] Der Staat in Kuwait bezieht ungefähr 94% aller seiner Einkommen aus dem Ölgeschäft.[64] Unternehmen werden häufig verstaatlicht. Die »Staats-

---

56 *Ders.*, Die Gesellschaft der Gesellschaft, 2 Bde., Frankfurt am Main 1997, S. 811; *Boris Holzer*, Wie modern ist die Weltgesellschaft? Funktionale Differenzierung und ihre Alternativen, in: Soziale Systeme 13, 2007, S. 357–368, hier: S. 365.

57 *Bayart*, The State in Africa, S. lxxvi.

58 *Von Trotha*, Die Zukunft liegt in Afrika, S. 265.

59 *Bayart*, The State in Africa; *Steven Pierce*, Looking Like a State: Colonialism and the Discourse of Corruption in Northern Nigeria, in: Comparative Studies in Society and History 48, 2006, S. 887–914; *Christopher Krupa*, State by Proxy. Privatized Government in the Andes, in: Comparative Studies in Society and History 52, 2010, S. 319–350.

60 *Patrick Chabal/Jean-Pascal Daloz*, Africa Works. Disorder as Political Instrument, London 1999, S. 4.

61 *Jean-François Bayart*, Africa in the World. A History of Extraversion, in: African Affairs 99, 2000, S. 217–267, hier: S. 218.

62 Auch diese Form von Interdependenz war im Übrigen, worauf Bayart hinweist, für Afrika bereits wesentlich früher kennzeichnend. Seit dem 15. Jahrhundert wurden mehr als acht Millionen Sklaven von Afrika in die Amerikas transportiert, vgl. *Bayart*, Africa in the World, S. 220; *Sven Beckert*, King Cotton. Eine Globalgeschichte des Kapitalismus, München 2014, S. 49.

63 *Rainer Tetzlaff/Cord Jakobeit*, Das nachkoloniale Afrika. Politik, Wirtschaft, Gesellschaft, Wiesbaden 2005, S. 130.

64 *Holsti*, The State, War, and the State of War, S. 103.

klasse«[65] verwendet das öffentliche Gewaltmonopol, um an öffentliche Güter und Gelder zu gelangen, die ihrerseits in die Kanäle des herrschenden Klans und seiner Allianzen umgeleitet werden. Außenpolitik dient dabei einer Art Abschöpfung international zirkulierender finanzieller Mittel. Der formale Staat stellt als »Schattenstaat« gewissermaßen keine vollständige Sphäre eigener (moderner) Ordnung dar. Er ist nur die Hülle, um an Gelder zu gelangen. In exemplarischer Zuspitzung wird die als »Kriminalisierung des Staats«[66] zu bezeichnende Entwicklung im Kongo deutlich. Der in Zaire regierende Diktator Mobutu Sese Seko brachte es durch »Rentenökonomie« auf ein Fünf-Milliarden-Dollar-Vermögen, das er sich durch den Griff in die Staatskassen erworben hatte.[67] Lange Zeit war der Kongo daher ein Musterbeispiel für die rücksichtslose Selbstbereicherungsmentalität heimischer Eliten (Häuptlinge). Dass die Geschichte der Gesamtverschuldung der Länder Schwarzafrikas mit der Kleptokratie der regierenden Staatschefs zusammenhängt, dürfte als erwiesen gelten.[68] An Mobutu wird aber zugleich ersichtlich, mithilfe welcher unterschiedlichen Ressourcen »Big Men« zu ihrer Macht gelangen. Mobutu war auch geschickt darin, sich ideologisch an ›den Westen‹ zu koppeln. Im Kalten Krieg, als sich der Schauplatz der Rivalität zwischen den USA und der Sowjetunion von Europa in die ›Dritte Welt‹ verlagerte, unterstützten bekanntlich die USA verschiedene Länder, in denen eine kommunistische Machtübernahme befürchtet wurde. CIA-Agenten entdeckten in Mobutu einen Mann, der sich aufbauen ließ. Mit ihrer Hilfe putschte er sich 1965 an die Macht. Informell belief sich die Entwicklungs- und Militärhilfe, die die USA dem Mobutu-Regime als Bollwerk gegen den Kommunismus in Afrika etwa im Jahr 1977 zahlte, auf 30,4 Millionen Dollar.[69]

Die Hauptwirkung der Rente ist dabei eine Schwächung staatlicher Macht nach innen. Denn der Rentenstaat, der ja die Rentenfinanzierung nicht aus der Besteuerung von Lohn und Arbeit generiert, kann auf Repräsentation verzichten – Legitimation wird »nicht durch Verfahren, sondern durch Patronage garantiert«.[70] Ebenso kann er die Durchstaatlichung der Gesellschaft verhindern – die Reproduktion politischer Herrschaft ist grundsätzlich auch ohne bürokratische Herrschaft und den Ausbau einer leistungsfähigen Steuerpolitik möglich.[71] Dieser Gesellschaftsvertrag *(rentier bargain)* kommt gewissermaßen einer Umkehrung des Diktums der Amerikanischen Revolution – »no taxation without representation« – gleich.[72] Für Nigeria hält Johannes Harnischfeger fest:

»Da die Politiker kaum einer demokratischen Kontrolle unterliegen, entscheiden sie im Wesentlichen unter sich – durch ein Spiel von Intrigen und stets wechselnden Allianzen –, wer die Regierungsmacht erhält. An Gesetze und Verfassungsprinzipien fühlt sich dabei niemand gebunden. Entscheidend bei den eliten-internen Machtkämpfen ist die Drohung mit Gewalt.«[73]

---

65 *Hartmut Elsenhans*, Abhängiger Kapitalismus oder bürokratische Entwicklungsgesellschaft. Versuch über den Staat in der Dritten Welt, Frankfurt am Main 1981.

66 *Bayart*, Africa in the World, S. 267.

67 *Crawford Young/Thomas Turner*, The Rise and Decline of the Zairean State, Madison 1985; *Ghislain C. Kabwit*, Zaïre: the Roots of the Continuing Crisis, in: The Journal of Modern African Studies 17, 1979, S. 381–407.

68 So *Holsti*, The State, War, and the State of War, S. 114: »The total amount of stolen money, that African elites have parked in foreign banks ›may conceivably be close to the debt burden in the subcontinent‹, that is, about US-Dollar 150 Billion«.

69 *Gerhard T. Mollin*, Die USA und der Kolonialismus. Amerika als Partner und Nachfolger der belgischen Macht in Afrika 1939–1965, Berlin 1996, S. 483.

70 *Michael Dauderstädt*, Zur politischen Ökonomie von Demokratisierung und Demokratieförderung, in: *Stefanie Weiss/Joscha Schmierer* (Hrsg.), Prekäre Staatlichkeit und internationale Ordnung, Wiesbaden 2007, S. 378–407, hier: S. 385.

71 *Schlichte*, Der Staat in der Weltgesellschaft, S. 205.

72 *William Reno*, Warlord Politics and African States, London 1998, S. 140.

73 *Johannes Harnischfeger*, Rivalität unter Eliten. Der Boko-Haram-Aufstand in Nigeria, in: Leviathan 40, 2012, S. 491–516, hier: S. 494.

Selbst Demokratisierungsprozesse, die nach der Dekolonisierungsphase einsetzten, werden, so die Interpretation von Bayart und Hartmut Elsenhans, zur Mobilisierung von *rent seeking* eingesetzt. Sie werden im Stil einer Maskerade mit dem Ziel aufgeführt: »everything must change if we want to stay the same«.[74] In Afrika entstünden soziale Bewegungen, die eine Neuaufteilung der Rente anstreben. »Sie pflegen einen an den Werten der französischen und amerikanischen Revolution angelehnten Diskurs, um den Zufluß der Ressourcen zu sichern.«[75] Politische Parteien seien nicht an universalistischen Kommunikationsformen orientiert, sondern ethnisch ausgerichtet. Die Mehrheit der 20 Millionen Ghanaerinnen und Ghanaer mit ihren mehr als 44 lokalen Sprachen gibt beispielsweise bei Umfragen ihre jeweiligen traditionellen lokalen Führer als wichtigste Loyalitätsinstanz an.[76] Gerade diese Orientierung verhindere eine Demokratisierung nach westlichem Muster: »[I]t is democracy that has been adapted to the logic and rigours of clientelism and not, as so often proclaimed, the reverse.«[77]

III. Fragmentierung des Staats und Ressourcenkonflikte

Welche Konsequenzen ergaben sich aus diesem Typus von Staat? Die politische Fokussierung der eigenen Ethnie produzierte ein permanentes Konfliktpotenzial. Gerade weil politische Herrschaft personal vermittelt blieb, setzte sich temporär immer nur eine selektive Inklusion durch. »In Africa as elsewhere, the State is a major manufacturer of inequality.«[78] Regionalistische Konflikte, die häufig gewaltsam eskalierten, waren somit durch die »ethnische Fragmentierung«[79] des Staats vorprogrammiert. Im Regelfall wurden Oppositionen durch finanzierte Pfründe kooptiert. Im Kongo zur Zeit Mobutus wurden allein circa 65% des staatlichen Budgets für Mobutus Klientelpolitik verwendet.[80] Solange die etablierten Mechanismen und die Ressourcen hinreichen, die externen Zahlungen nicht sinken oder gar wegfallen, können Konflikte ohne Gewalt auskommen. Solange ist ein solches System recht stabil. Die Wahrscheinlichkeit gewaltsamer Konflikte steigt aber, wenn die Konkurrenz um Ressourcen – wie zum Beispiel in Zeiten ökonomischer Rezession – nicht mehr über die bestehenden klientelistischen Netzwerke ausgetragen werden kann.[81] Zu einer solchen Verknappung externer Ressourcen kam es in der zweiten Hälfte der 1980er-Jahre, als die Entwicklungshilfe als wichtigste Quelle von westlichen Geldtransfers langsam austrocknete. Die Weltbank forderte die Liberalisierung des Außenhandels und »good governance« im Modus des Neoliberalismus. Der Rückgang der Renten aus dem Export von

---

74 *Theodore Trevon*: Administrative Obstacles to Reform in the Democratic Republic of Congo, in: International Review of Administrative Sciences 76, 2010, S. 702–722, hier: S. 716.

75 *Hartmut Elsenhans*, Das internationale System zwischen Zivilgesellschaft und Rente, Münster/Hamburg etc. 2001, S. 162. *Bayart*, Africa in the World, S. 217, kommentiert: »One might summarize by saying that democracy, or more precisely the discourse of democracy, is no more than yet another source of economic rents, comparable to earlier discourses such as the denunciation of communism or of imperialism in the time of the Cold War, but better adapted to the spirit of the age.«

76 *Anke Draude/Sonja Neuweiler*, Governance in der postkolonialen Kritik. Die Herausforderung lokaler Vielfalt jenseits der westlichen Welt, Berlin 2010.

77 *Patrick Chabal/Jean-Pascal Daloz*, Culture Troubles. Politics and the Interpretation of Meaning, London 2006, S. 29.

78 *Bayart*, The State in Africa, S. 60.

79 *René Lemarchand*, Political Clientelism and Ethnicity in Tropical Africa, S. 69.

80 *Volker Kaul*, Diamantenhandel und der Krieg in Kongo/Zaire, in: Africa Spectrum 42, 2007, H. 1, S. 49–71, hier: S. 52.

81 *Klaus Schlichte*, Staatsbildung oder Staatszerfall? Zum Formwandel kriegerischer Gewalt in der Weltgesellschaft, in: Politische Vierteljahresschrift 47, 2006, S. 547–570, hier: S. 561.

Rohstoffen ist hier ebenso zu nennen wie das Nachlassen militärischer und finanzieller Unterstützung nach dem Ende des Ost-West-Konflikts.[82] Im Somalia der 1980er-Jahre wurden die staatlichen Schlüsselpositionen verknappt und nur noch mit Siad Barres Klan besetzt. Die Möglichkeit der Korruption wurde auf Mitglieder weniger Klangruppen beschränkt.[83] Als Reaktion auf die Krisen wurden die übrigen finanziellen Mittel auf die militärische Sicherheit umgelenkt – kurz, auf die Instrumente des Machterhalts und der Repression. In den meisten Fällen ersetzten Regierungen, wenn der Konflikt drohte, den mangelnden Konsens durch repressive Maßnahmen.[84] Siad Barre in Somalia, Siaka Stevens in Sierra Leone, Mobutu im Kongo, Mugabe in Simbabwe, Bokassa in Zentralafrika, Idi Amin in Uganda oder Charles Taylor in Liberia setzten brutale Gewalt gegen politische Opposition ein.

Gehen die politische und ökonomische Marginalisierung und die Kämpfe um Ressourcen beziehungsweise deren Monopolisierung über das akzeptierte Maß materieller Vorteilsnahme hinaus, wird der sozioökonomische Status quo in einem Staat oft gesprengt. Klaus Schlichte kommentiert: »Die Schwelle zum Krieg wird in aller Regel dadurch überschritten, dass die undifferenziert repressive Reaktion des Regimes immer größere Bevölkerungskreise vor den Wahlzwang zwischen Flucht, Opferschicksal oder Teilnahme an den bewaffneten Auseinandersetzungen stellt.«[85] Nach einem solchen Muster spielten sich die Bürgerkriege zwischen dem marginalisierten Südsudan und dessen Autonomiebestrebungen ablehnenden Nordsudan seit 1955 ab.[86] Ähnliche Ursachen hatte die gegen die Herrschaft der Tutsi gerichtete Hutu-Revolution (1959–1962).[87] Flankiert wurden ökonomische Krisen häufig durch ökologische Sachverhalte. Die vor allem im Zentrum und Norden des Niger ansässigen Tuareg wurden beispielsweise in den Jahren 1968–1973 und 1983 zu Opfern der die Sahelzone heimsuchenden Dürreperioden. Der Darfur-Konflikt begann als ökologische Krise, die zumindest teilweise dem Klimawandel geschuldet ist. Der aussetzende Regen vor dem Ausbruch des Konflikts trug zum Gewaltpotenzial und der Unzufriedenheit der Gruppen wesentlich bei.

Mit anderen Worten: Benachteiligte Gruppen, die aus dem klientelistischen Verbund exkludiert werden, sehen angesichts einer solchen Entwicklung keine andere Wahl, als sich (häufig mit Waffengewalt) zur Wehr zu setzen. Zu Akteuren eines Konflikts werden die Träger dieser Wahrnehmung aber erst, wenn sie sich zu bewaffneten Gruppen zusammenschließen.[88] Die Rekrutierungsmaßnahmen und die Motivationen der Akteure sind freilich heterogen, wie die Forschung in den letzten Jahren gezeigt hat. Sie reichen von ökonomischen, ideologischen und finanziellen Anreizen bis hin zur Ausübung von Zwang (Zwangsrekrutierung).[89] Zahlreiche Rebellengruppen, wie etwa die »National Patriotic Front of Liberia« (NPFL), die Charles Tylor anführte, die »Front Populaire de Libération Nationale-Chamssyya« (FPLN) in der Tuareg-Rebellion, die »Revolutionary United Front« (RUF) in Sierra Leone, die »Somali National Movement« (SNM) in Somalia, wurden zum Auffangbecken und Integrationsorgan einer gewaltsamen Opposition. Als eine zentrale Ursa-

82 Ebd., S. 561; *Ferguson*, Global Shadows; ebenso *Nicolas van de Walle*, African Economies and the Politics of Permanent Crisis 1979–1999, Cambridge/New York etc. 2001.

83 *Jutta Bakonyi*, Land ohne Staat. Wirtschaft und Gesellschaft im Krieg am Beispiel Somalias, Frankfurt am Main/New York 2011, S. 111.

84 *Tetzlaff/Jakobeit*, Das nachkoloniale Afrika, S. 126.

85 *Schlichte*, Der Staat in der Weltgesellschaft, S. 165.

86 *Albert Wirz*, Krieg in Afrika. Die nachkolonialen Konflikte in Nigeria, Sudan, Tschad und Kongo, Wiesbaden 1982, S. 172ff.

87 *René Lemarchand*, The Dynamics of Violence in Central Africa, Philadelphia 2009, S. 31ff.

88 *Schlichte*, Der Staat in der Weltgesellschaft, S. 165.

89 *Herbst*, Economic Incentives, Natural Resources and Conflict in Africa; *Humphreys/Weinstein*, Who Fights?

che von Bürgerkriegen müssen demnach – sehr generell gesprochen – *Verteilungskämpfe um Ressourcen* konstatiert werden.

Die Staaten des subsaharischen Afrika – zum Beispiel Liberia, Sudan, Kongo, Tschad oder Sierra Leone – sind ein Brennpunkt solcher Konflikte. Höhepunkte der Kriegsentwicklung waren die 1990er-Jahre mit bis zu 16 laufenden Kriegen, etwa in Ruanda, Somalia, Uganda, Burundi und Äthiopien. Nach dem vorläufigen Höchststand im Jahr 1994 halbierte sich deren Zahl innerhalb von nur zwei Jahren auf 8. Doch anders als in Europa eskalierte das Konfliktgeschehen erneut und erreichte 2002 mit 19 innerstaatlichen Kriegen einen abermaligen Höchstwert. Einen besonderen Schwerpunkt der gewaltsamen Auseinandersetzungen bildete in diesem Zeitraum die Demokratische Republik Kongo, aber auch der Sudan, Angola und Uganda weisen bis heute eine hohe Kriegsbelastung auf.[90] Ein Hauptschauplatz von Kriegen sind auch die arabischen Erdölstaaten. Alle sieben Staaten der arabischen Halbinsel haben Schwierigkeiten, rechtsstaatliche Strukturen aufzubauen, insbesondere die Vereinigten Arabischen Emirate und der Jemen.[91] Die Staaten haben erhebliche Probleme, die Funktionsbereiche Sicherheit, Wohlfahrt und territoriale Souveränität zu gewährleisten.[92] Die Region erwies sich daher auch als besonders kriegsanfällig.

IV. Ressourcenextraktion und Kriegsökonomie

Mit dem Versagen von Polizei und Justiz sind westliche Vorstellungen von Recht und Gewaltenteilung diskreditiert. Es kommt zum Defekt eines staatlichen Gewaltmonopols und der Entstehung »gewaltoffener« Räume.[93] An die Stelle des zentralen Gewaltmonopols tritt in vielen Staaten ein »horizontales Gefüge konkurrierender regionaler und lokaler Sicherheitsherrschaften«.[94] In den Mittelpunkt rücken nun Militärs oder Warlords, die die Sicherung einer lokal begrenzten Kriegsökonomie unter ökonomischen Handlungsimperativen als ihre Chance betrachten.

Die kriegstypische Situation und der gewaltinduzierte Handlungsdruck führen die verschiedenen gegnerischen Gruppierungen zu einem Zwang zur Akquisition von Ressourcen. Um nicht Opfer der Staatsrepression zu werden, müssen Aufstandsorganisationen ebenfalls Rentenökonomien generieren. Auch der oppositionellen Gewaltorganisation bleibt, wenn sie im gewaltsamen Konflikt eine Chance haben will, am Ende keine andere Möglichkeit, als in die Rolle des *racketeer* zu schlüpfen und über eine erpresserische Gewaltausübung an Ressourcen zu gelangen. Gewaltoffene Räume gebären somit »Gewaltmärkte«. Als Erstes greifen Plündersysteme nach den Kapitalinjektionen internationaler Organisationen und der Entwicklungshilfe. Extraktive Praktiken richten sich aber ebenso auf die Vergabe von Konzessionen und die Besteuerung der Ausbeutung von Rohstoffen. Das Phänomen der Persistenz dieser Kriege dürfte dort besonders hoch sein, wo Bodenschätze oder andere Güter besondere Einkommenschancen versprechen und wo unterschiedliche Kon-

---

90 *Nicolas Schwank*, Entwicklung innerstaatlicher Kriege und gewaltsamer Konflikte seit dem Ende des Ost-West Konfliktes, 24.6.2014, URL: <http://www.bpb.de/internationales/weltweit/innerstaatliche-konflikte/54520/entwicklung-innerstaatlicher-kriege-seit-dem-ende-des-ost-west-konfliktes> [10.8.2017].

91 *Steffen Hertog*, The Sociology of the Gulf Rentier Systems: Societies of Intermediaries, in: Comparative Studies in Society and History 52, 2010, S. 282–318, hier: S. 287.

92 *Iris Glosemeyer*, Jemen: Staatsbildung mit Hindernissen, in: *Ulrich Schneckener* (Hrsg.), States at Risk. Fragile Staaten als Sicherheits- und Entwicklungsproblem, Berlin 2004, S. 122–139, hier: S. 123ff.

93 *Georg Elwert*, Gewaltmärkte. Beobachtungen zur Zweckrationalität der Gewalt, in: *Trutz von Trotha* (Hrsg.), Soziologie der Gewalt, Opladen 1997, S. 86–101.

94 *Trutz von Trotha*, Der Aufstieg des Lokalen, in: APuZ, 2005, H. 28-29, S. 32–38, hier: S. 33.

fliktgruppen um die Ausbeutung wertvoller Ressourcen konkurrieren.[95] In den »Biafra Kriegen« ging es etwa um das »Niederdelta Erdöl«. Im Osten der Demokratischen Republik Kongo, in der Provinz Kivu, befinden sich schätzungsweise 80% der Coltan-Weltreserven. »Im Jahre 2000 betrugen die geschätzten Einnahmen der RPA (Ruanda Patriotic Army) in der DRK allein aus Coltan zwischen 80 und 100 Millionen USD, was ungefähr den offiziellen ruandischen Verteidigungsausgaben entspricht (diese betrugen 86 Millionen USD).«[96] Primäre Zielgruppen der Besteuerung sind die Schürfer von Diamanten und Betreiber von Drogengeschäften. Liberias früherer Präsident Charles Taylor, der die Rebellen der RUF im Bürgerkrieg im Nachbarland Sierra Leone zwischen 1991 und 2002 mit Waffenlieferungen unterstützte, bekam im Austausch dafür Diamanten und soll durch deren Verkauf ein Vermögen von bis zu drei Milliarden US-Dollar angehäuft haben.[97] Mit anderen Worten: Der Krieg ernährt sich nicht allein aus dem Land, in dem er tobt, »sondern über die Integration in den Weltmarkt, auf dem die Ressourcen des Landes vermarktet werden und über den die Mittel zu seiner Fortführung (Waffen zuerst) bezogen werden«.[98] Die internen Versorgungsstrukturen in den neuen Bürgerkriegen stützen sich typischerweise mehr und mehr auf die gewaltsame Plünderung der Bevölkerung. Nicht selten führen die Plünderungen und Raubüberfälle – wie etwa in Somalia 1991/92 – zu Hungersnöten: Die Länder, in denen in den letzten Jahren die blutigsten Bürgerkriege stattfanden, gehören (wohl nicht von ungefähr) zu den ärmsten Ländern der Welt, wie etwa die Republik Kongo, Liberia, Nigeria oder Somalia.

V. WARUM DIE WAFFEN SELTEN SCHWEIGEN

Die Entwicklung hin zu einer *dezentralen* Ordnung wird dann endgültig, wenn der ursprüngliche Zentralstaat nicht mehr in der Lage oder willens ist, ihm zugedachte Aufgaben adäquat auszuführen und das Gewaltmonopol aufrechtzuerhalten. Für die neuen Kriege ist charakteristisch, dass an die Stelle des Kriegs zwischen Armeen, die sich gegenseitig aufzureiben suchten, um das Gegenüber wehrlos zu machen und zu unterwerfen, ein diffuses Gemisch heterogener Gewaltakteure getreten ist. Staaten »haben als die faktischen Monopolisten des Krieges abgedankt«.[99] Es kommt – wie etwa in den Kongokriegen – zu einer schier unübersichtlichen Zahl an »parastaatlichen« und nichtstaatlichen Rebellengruppen, die häufig in Form von Splittergruppen die Seite wechseln.

Warum gestaltet sich die Beendigung von Bürgerkriegen aber als so schwer und warum haben sie eine »Tendenz zur Selbstperpetuierung«?[100] Wie ich oben bereits sagte: Die Parteien befinden sich in einer Konfliktfalle, bei der der Staat eine entscheidende Variable darstellt.[101]

Erstens: Häufig fehlen in einem schwachen Staat die staatlichen Institutionen beziehungsweise eine auf das »Zentrum gerichtete Zentripetalkraft«[102], die die rivalisierenden und in Machtkämpfe verstrickten Klans vereinen würden. Der Krieg ähnelt jetzt dem »pri-

95 Vgl. dazu auch *Michael L. Ross*, How Do Natural Resources Influence Civil War? Evidence from Thirteen Cases, in: International Organization 58, 2004, S. 35–67.

96 *Filip Reyntjens*, Staatlichkeit in der Region der Großen Seen Afrikas, in: *Weiss/Schmierer*, Prekäre Staatlichkeit und internationale Ordnung, S. 279–294, hier: S. 286.

97 *Felix Gerdes*, Civil War and State Formation. The Political Economy of War and Peace in Liberia, Frankfurt am Main/New York 2013, S. 141ff.

98 *Böge*, Neue Kriege und traditionale Konfliktbearbeitung, S. 5.

99 *Herfried Münkler*, Die neuen Kriege, Reinbek 2004, S. 7.

100 *Genschel/Schlichte*, Wenn Kriege chronisch werden, S. 508.

101 Vgl. generell ebd.

102 *Pierre Clastres*, Archäologie der Gewalt, Zürich/Berlin 2008 (zuerst frz. 1999), S. 65.

mitiven Krieg«, über den Pierre Clastres geschrieben hat, er sei Ausdruck einer »zentrifugalen Logik der Aufteilung in kleine Stücke, der Zerstreuung, der Aufspaltung. [...] Der primitive Krieg ist die Arbeit einer Logik der Fliehkraft, eine Logik der Trennung.«[103] Auch das Beenden eines Kriegs setzt ja voraus, dass politische Eliten über das »Monopol legitimer physischer Gewaltsamkeit« (Max Weber) verfügen. »Oft scheitert der ›Siegfrieden‹ somit schon daran, dass keine der Kriegsparteien je die dazu notwendige Überlegenheit erreicht.«[104] Selbst der Verfall der Macht eines diktatorischen Regimes führt also keineswegs automatisch in die Demokratie, wie gegenwärtig das Beispiel Libyen zeigt. Seit dem Sturz des langjährigen Machthabers Muammar al-Gaddafi 2011 herrschen in Libyen chaotische Zustände.[105] Der Staat ist tief gespalten. Die als »Islamischer Staat« firmierende Terrororganisation kontrolliert inzwischen einen rund 200 Kilometer langen Küstenstreifen. Für den Aufbau neuer, monopolisierender Institutionen fehlen schlicht die Mittel. »Der von Norbert Elias skizzierte ›Königsmechanismus‹ – die Monopolisierung der politischen Gewalt durch einen Kontrahenten – springt nicht immer an.«[106] Die Eigendynamik von Bürgerkriegen sorgt daher kaum für klare Sieger.

Zweitens: Der Krieg findet in diesem Kontext häufig kein Ende durch *Auszehrung*, wie für gewöhnlich in einem zwischenstaatlichen Krieg. Die Erlöse aus Kriegsökonomien und die Kopplung an die globalen Märkte und die Schattenglobalisierung sichern Ressourcenzuflüsse in die Kriegsregion und verhindern eine schnelle Auszehrung.[107] Ziel der Nutznießer der Gewaltökonomie ist es, aus dem strukturellen Chaos maximalen wirtschaftlichen Profit zu erzielen. Häufig ist es daher so, dass die ideologischen Gewaltmotive zunehmend von ökonomischen Gewaltmotiven überlagert werden. Es ist letztlich nicht im Interesse der Warlords und zahlreicher Rebellengruppen, den Krieg definitiv zu beenden, da er ihre Lebensgrundlage (in einer unsicheren Zukunft) bildet. Folglich ist es berechtigt anzunehmen, dass die zirkulären Folgen der Kriege zum Bestandteil ihrer eigenen Verursacherstruktur werden.

Drittens: Kriege können auf dem Verhandlungsweg beendet werden, wenn es den Parteien gelingt, sich auf Verteilungsregeln zu verständigen.[108] Das scheitert in vielen Kriegen der ›Dritten Welt‹ aber daran, dass das Verhältnis zwischen Führern und Parteigängern, wie oben gezeigt, rein klientelistisch strukturiert ist.[109] Es mangelt an integren und korruptionsresistenten Eliten, »die im Zugriff auf den Staatsapparat nicht die Möglichkeit zur persönlichen Bereicherung, sondern Aufgabe und Pflicht sehen«.[110] Selbst wenn die kriegerischen Aktivitäten durch Verhandlung eine Zeit lang ruhen, bedeutet es nicht, dass ein Krieg definitiv zu Ende ist. Auch ein »Verhandlungsfrieden« kann nur erfüllt sein, wenn sich der neue Machthaber mit den konkurrierenden Gewaltakteuren einigen und gegen Opposition durchsetzen kann. Aufgrund des fragmentierten Gewaltmonopols und der defizitären Verstaatlichung des Militärs ist dies nur bedingt möglich. Selbst Einigungen, die den Bürgerkrieg scheinbar beenden, sind daher häufig nur temporär. Bei vielen Bürgerkriegen, etwa im Sudan, handelt es sich um erneut aufgeflammte Kriege, die im Jahrzehnt davor geendet hatten. Laut einer Berechnung ist dies mittlerweile in 90% der Bürgerkriege der Fall.[111]

---

103 Ebd., S. 77.
104 *Genschel/Schlichte*, Wenn Kriege chronisch werden, S. 512.
105 *Anne-Béatrice Clasmann*, Der arabische (Alb-)Traum. Aufstand ohne Ziel, 2., aktual. Aufl., Wien 2016, S. 151ff.
106 *Genschel/Schlichte*, Wenn Kriege chronisch werden, S. 512.
107 *Fearon*, Why Do Some Civil Wars Last so Much Longer than Others?, S. 284.
108 Vgl. generell *Genschel/Schlichte*, Wenn Kriege chronisch werden, S. 510f.
109 Ebd.
110 *Münkler*, Die neuen Kriege, S. 16.
111 *Barbara F. Walter*, Why Bad Governance Leads to Repeat Civil War, in: Journal of Conflict Resolution 59, 2015, S. 1242–1272.

Häufig wird zwar ein Bürgerkrieg durch die demokratischen Versprechen des neuen Staatschefs beendet. Aber kaum im Amt, gehen Korruption und Misswirtschaft weiter. Nach Kaiser Bokassa folgte in Zentralafrika David Dacko, der von General André Kolingba gewaltsam und schließlich erneut von Ange-Félix Patassé abgelöst wurde. Für das Volk änderte sich nichts. Nach Bokassa, so heißt es, war wie vor oder während Bokassa.

Viertens: Schließlich können Bürgerkriege durch eine auswärtige Intervention beendet werden. Auch hier dürften allerdings die Probleme erheblich sein. Abgesehen davon, dass die westlichen »postheroischen« Gegenwartsgesellschaften und deren labile ökonomische und psychische Infrastruktur eine schwindende Opferbereitschaft zeigen, stellen diese Bürgerkriege eine intervenierende Macht aufgrund der Asymmetrisierung der Gewaltanwendung vor große Herausforderungen. Das Negativbeispiel bietet hier immer noch Somalia im Jahr 1993, als die Interventionskräfte der USA die Stadt Mogadischu nach verlorenen Gefechten fluchtartig wieder verließen. »Die örtlichen Warlords und Milizen«, so Herfried Münkler,

> »haben relativ schnell gelernt, daß es gar nicht zu größeren Kampfhandlungen kommen muß, wenn sie frühzeitig in der Lage sind, mit Terroranschlägen den Streitkräften der westlichen Staaten empfindliche Verluste zuzufügen. Die Bilder von CNN wirken dann wie Waffen, und die Interventionskräfte verlassen das Land schneller, als sie es betreten.«[112]

VI. Fazit: Krieg und Moderne

Sieht man einmal von Ausnahmen ab, ist unübersehbar, dass der Krieg in der Modernisierungstheorie keine bedeutende Rolle spielte. Die Modernisierungstheorie begreift ihn nach wie vor als quasi »barbarisches Relikt« und als einen »Rückfall« zivilisierter Kulturen.[113] Die strukturellen Bedingungen, die sich in den Gewaltkonfigurationen des Kriegs manifestieren, widersprachen ganz einfach den grundsätzlichen *normativen* Prämissen, die der Modernisierungstheorie zugrunde liegen.[114] So erinnert Joas mit Recht daran, »daß im Selbstverständnis der Moderne zunächst Zivilisierung ›das Prinzip der modernen Gesellschaft, Barbarei ihr Gegenprinzip‹«[115] sei. Aus heutiger Sicht werden die Schwächen der Modernisierungstheorie, welche in den 1950er- und 1960er-Jahren eine geradezu »irrationale Faszination ausstrahlte«[116], nur allzu deutlich. Kriege sind generell bis ins 21. Jahrhundert hinein bedeutende Ursachen sozialer Wandlungsprozesse, die als eigenständige kausale Variable gelten müssen.[117] Am Krieg wird deutlich, wie wenig Modernisierung als ein »homogenes Ganzes mit gleichläufigen Entwicklungen«[118] betrachtet werden kann, weil unterstellte Pfade der Linearität infolge der Kriege aufgebrochen werden. Gewalt, egal ob in Form eines zwischenstaatlichen Konflikts oder eines Bürgerkriegs, untergräbt das Funktionieren von Gesellschaften. Es kommt zur Tötung von Kombattanten und Zivilisten. Allein für den Zweiten Weltkrieg werden Schätzungen von 60 bis 65 Millionen Menschen angegeben, die durch direkte Kriegseinwirkung getötet wurden. Im Krieg kommt es zur massiven Zer-

112 *Herfried Münkler*, Über den Krieg. Stationen der Kriegsgeschichte im Spiegel ihrer theoretischen Reflexion, Weilerswist 2002, S. 241.

113 *Joas/Knöbl*, Kriegsverdrängung, S. 15; *Markus Holzinger*, Niklas Luhmanns Systemtheorie und Kriege, in: Zeitschrift für Soziologie 43, 2014, S. 458–475.

114 *Hans-Ulrich Wehler*, Modernisierungstheorie und Geschichte, Göttingen 1975, S. 18.

115 *Joas*, Kriege und Werte, S. 33.

116 *Andreas Eckert*, Spätkoloniale Herrschaft, Dekolonisation und internationale Ordnung. Einführende Bemerkungen, in: AfS 48, 2008, S. 3–20, hier: S. 12.

117 Vgl. generell zu den Kriegsfolgen die Beiträge in *Arthur Marwick* (Hrsg.), Total War and Social Change, New York 1988, und *Roger Chickering/Dennis Showalter/Hans van de Ven* (Hrsg.), The Cambridge History of War, Bd. 4: War and the Modern World, Cambridge/New York etc. 2012.

118 *Joas*, Kriege und Werte, S. 84.

störung von Infrastruktur, zum Zerfall rechtsstaatlicher Institutionen, zu wirtschaftlichem Chaos, zum Zusammenbruch des Bildungs- und Gesundheitssystems sowie zu Flucht- und Migrationsbewegungen. Generell werden im Krieg Zivilgesellschaften in »Kriegsgesellschaften« transformiert. Nur durch eine radikale zentrale Steuerung lässt sich eine effektive Mobilisierung im Krieg gewährleisten, sodass im Prinzip die diktatorische Spitze, systemtheoretisch gesprochen, den ökonomischen Code usurpiert und unter die Herrschaft des Politischen stellt.[119] Der »Kriegsstaat« wird – wie im Ersten Weltkrieg – zum »entscheidenden Akteur der Mobilisierung und Kontrolle«.[120] Kriege verändern mit anderen Worten auch das demokratische Institutionengerüst, die politischen Entscheidungsprozesse und die Funktion von Parlamenten. Andererseits muss davon ausgegangen werden, dass Kriegsfolgen auf lange Sicht nicht nur zerstörerische, sondern auch ökonomisch und politisch stimulierende, zumindest aber transitive Effekte entfalten können, insofern sich die Konfliktparteien und ihre Organisationen auch als gestaltende Akteure auffassen lassen: »War made the state, and the state made war« (Charles Tilly). All diese Prozesse stehen nicht außerhalb des Prozesses der Moderne, sondern sind diesem immanent.

Theoretiker, die sich nach 1945 positiv auf die Modernisierungstheorie bezogen, glaubten zudem nicht nur theoretisch an eine »allgemeine Evolutionsmechanik«[121], sondern meinten, man könne die Modernisierungsprämissen als *politische* Programmatik auf die zumeist ärmeren Länder der ›Dritten Welt‹ übertragen.[122] Die ärmeren Regionen der Welt, so Luhmann, könnten einen Kampf gegen die von Europa expandierende moderne Weltgesellschaft niemals gewinnen.[123] Gewalt und kriegerische Konflikte waren mit diesen angedachten Vorhaben, die von den 1950er-Jahren bis heute in den Varianten der Modernisierungstheorie diskutiert wurden, nicht in Einklang zu bringen. Der Ideologie einer friedliebenden Moderne war es somit gedankt, dass in der Soziologie, auch was die Frage des weltweiten Transfers dieser modernen Strukturen betraf, wie Volker Kruse formuliert, »ein zivilgesellschaftlich verzeichnetes Bild der Moderne« entstand.[124]

Unter dem Strich lässt sich sagen, dass auch die sozialstrukturellen Konstellationen bei den Kriegen nach 1945, die in den peripheren Regionen stattfinden, angemessener Modernisierung nicht entgegenkommen. Die dort beobachtbaren strukturellen Effekte verändern das gesellschaftliche Ordnungsgefüge und entpuppen sich als Problemkomplexe, die die grundlegenden Basisprämissen des (bisherigen) differenzierungstheoretischen Moderneverständnisses unterlaufen. Im Gegensatz zur europäischen Staatsgenese, so argumentierte bereits Charles Tilly, muss man für den nachkolonialen Staat vieler ›Entwicklungsländer‹ feststellen, dass es ihnen in Bezug auf Verstaatlichung an den entscheidenden Differenzierungsmerkmalen fehlt, die das westliche (europäische) Staatsbild umreißt.[125] Während sich die Formierung des europäischen Staatensystems in einem Wechselspiel von »war making, extraction, and capital accumulation«[126], mithin in einem extrem kriegerischen und feindlichen Umfeld vollzog, wurde, so argumentiert Tilly, vielen im Zuge der Dekolonisierung neu entstandenen souveränen Staaten das Format »Staat« buchstäblich »from

119 Ausführlich dazu: *Kruse*, Kriegsgesellschaftliche Moderne.
120 *Jörg Leonhard*, Die Büchse der Pandora. Geschichte des Ersten Weltkriegs, München 2014, S. 1001.
121 *Wehler*, Modernisierungstheorie und Geschichte, S. 18.
122 *Knöbl*, Spielräume der Modernisierung, S. 33; *Wehler*, Modernisierungstheorie und Geschichte, S. 11ff.
123 *Luhmann*, Die Gesellschaft der Gesellschaft, S. 810.
124 *Kruse*, Kriegsgesellschaftliche Moderne, S. 21.
125 *Charles Tilly*, War Making and State Making as Organized Crime, in: *Peter B. Evans/Dietrich Rueschemeyer/Theda Skocpol* (Hrsg.), Bringing the State Back In, Cambridge/New York etc. 1985, S. 169–191.
126 Ebd., S. 172; vgl. dazu auch *Joas/Knöbl*, Kriegsverdrängung, S. 270ff.

outside«[127] übergestülpt. Daher vermutete Tilly, dass die nach 1945 selbstständig gewordenen Länder andere Kriegs-, Staats- und Demokratisierungsprozesse durchlaufen würden als die europäischen Staaten.

Und in der Tat: Wie ich zu zeigen versuchte, kann sich aufgrund der in diesen Regionen festzustellenden »prekären Staatlichkeit« in vielen Ländern der Bürgerkrieg ungehindert auf alle sozialen Bezüge ausdehnen. »Es gibt nichts, was sich seiner Eigendynamik noch widersetzen könnte, und deshalb ist er auch so schwer wieder zu beenden.«[128] Es kann daher kaum verwundern, dass die im Europa des 19. Jahrhunderts dominante Form des zwischenstaatlichen Kriegs regional und zeitlich begrenzt blieb, während die meisten der 218 Kriege zwischen 1945 und 2002 als innerstaatliche Gewaltkonflikte geführt wurden.[129] Betrachtet man die Tatsache, dass nach einer Berechnung des DFG-Sonderforschungsbereichs 700 »Governance in Räumen begrenzter Staatlichkeit« zwei Drittel der heutigen Staatenwelt zu den zu erforschenden »Räumen begrenzter Staatlichkeit« gehören[130], dürfte die Frage plausibel erscheinen, ob sich »der moderne entwickelte und souveräne Nationalstaat letztlich als historische Ausnahme erweist«.[131]

Wenn auch zuzugestehen ist, dass die Modernisierungstheorie an ihren eigenen Anforderungen gescheitert ist, kann kein Zweifel daran bestehen, dass gerade in unterprivilegierten Regionen der Welt weiterhin am Ideal der Moderne festgehalten wird. James Ferguson, ein scharfer Kritiker der Modernisierungstheorie, hat darauf hingewiesen, dass man die Kategorie der Moderne schon deswegen noch ernst nehmen müsse, weil viele Bewohner des afrikanischen Kontinents eine Art Nostalgie für die Moderne empfänden: »Modernity, for them, was not an anticipated future but a dream to be remembered from the past.«[132] Hier drückte sich die Hoffnung aus, dass die wirtschaftlichen und sozialen Standards dereinst auf das Niveau der wohlhabenden Gesellschaften angehoben werden könnten: »the condition of being ›first class‹«.[133] Die Hoffnung auf eine Zukunft, in der diese Unterprivilegierung ein Ende nehmen möge, sei das, was man sich in diesen Regionen von Modernisierung verspricht, daher rühre die Skepsis gegenüber der Preisgabe dieses Ideals. Auch unmittelbar Beteiligte der Entwicklungszusammenarbeit weisen immer wieder darauf hin, wie schwierig der Erfolg von Projekten zu beurteilen sei, ohne irgendwie Modernisierung, im Sinn einer Verstetigung von Säkularisierung, Rationalisierung, Kapitalisierung und Arbeitsteilung, zu einem universellen Maßstab in Anschlag zu bringen.[134]

Aus alldem wäre zu schließen, dass auch in Zukunft fortgeschrittene Gesellschaften zu einer »artikulierten Selbstbeschreibung« nicht gelangen können, »ohne zumindest auf Versatzstücke der Geschichtsphilosophie um 1800 zurückzugreifen«.[135] Weil gerade in Zeiten des Umbruchs ein »Bedarf an ›höherem Sinn‹«[136] erwächst, ist davon auszugehen, dass der Begriff der Moderne und die dahinterstehende Idee weiterhin eine eigentümliche Anziehungskraft haben werden. Solange die Menschen am »Projekt der Moderne« festhalten wollen, werden auch, so ist zu vermuten, modernisierungstheoretische Argumentationen eine Rolle spielen.

---

127 *Tilly*, War Making and State Making as Organized Crime, S. 186.

128 *Genschel/Schlichte*, Wenn Kriege chronisch werden, S. 515.

129 *Jung/Schlichte/Siegelberg*, Kriege in der Weltgesellschaft, S. 59.

130 *Thomas Risse/Ursula Lehmkuhl*, Governance in Räumen begrenzter Staatlichkeit, in: APuZ, 2007, H. 20-21, S. 3–9, hier: S. 5.

131 Ebd.

132 *Ferguson*, Global Shadows, S. 186.

133 Ebd., S. 187.

134 *Hubertus Büschel/Daniel Speich*, Einleitung: Konjunkturen, Probleme und Perspektiven der Globalgeschichte von Entwicklungszusammenarbeit, in: *dies.* (Hrsg.), Entwicklungswelten. Globalgeschichte der Entwicklungszusammenarbeit, Frankfurt am Main/New York 2009, S. 7–29, hier: S. 13f.

135 *Albrecht Koschorke*, Hegel und Wir. Frankfurter Adorno-Vorlesungen 2013, Berlin 2015, S. 146.

136 Ebd., S. 20.

Massimiliano Livi

Neotribalismus als Metapher und Modell

Konzeptionelle Überlegungen zur Analyse emotionaler und ästhetischer Vergemeinschaftung in posttraditionalen Gesellschaften

Nicht nur im alltäglichen Diskurs und in der Werbung hat es den Anschein, als ob der Individualismus an Strahlkraft verliert. Immer häufiger wird – gerade in medialen Narrationen – das »Ich« durch ein »Wir« mit unterschiedlichen Nuancierungen ersetzt. Auch die sozialwissenschaftliche Forschung konstatiert jenseits dieser eher feuilletonistischen Wir-Erzählung eine »Rückkehr des Kollektiven«, die erklärungsbedürftig ist und eine methodische Herausforderung darstellt.[1] Seit den 1980er-Jahren haben sich unzählige Formen als bedeutsam erlebter Vergemeinschaftung und Gestaltung von sozialen Beziehungen herauskristallisiert, etwa über lebensstil- und konsumorientierte Communitys, kreative Zusammenhänge, Formen der Tauschwirtschaft, berufliche Kollaborationen oder politische Netzwerke. Sie erscheinen flüssiger und provisorischer als Milieus, Subkulturen oder soziale Bewegungen und sind deshalb nicht ohne Weiteres mit diesen etablierten sozialgeschichtlichen Kategorien zu erfassen. Es gilt zu entschlüsseln, wie weit diese Hinwendung der reichen postindustriellen Gesellschaften Europas zu unterschiedlichen Formen neuartiger kollektiver Identität reicht und inwiefern diese als eine Weiterentwicklung von modernen Basisprozessen wie der Individualisierung oder der Pluralisierung »nach dem Boom« aufgefasst werden können.[2]

Bereits Ende der 1980er-Jahre beobachtete der französische Soziologe Michel Maffesoli diese Dynamik und prägte dafür die Metapher des »Neotribalismus«. Damit beschrieb er die Formierung ephemerer sozialer Gebilde, die als vielfältige Netzwerke heterogener Personen existieren. Ihre Vergemeinschaftung vollziehe sich nicht anhand rationaler kognitiver Elemente, sondern aufgrund von ästhetischen, emotionalen oder von Konsum geprägten Bindungen.[3] Maffesoli grenzte sich damit von einer dominanten Interpretation der Postmoderne ab, wonach diese primär von Individualisierung geprägt sei, das heißt von einer zunehmenden Herauslösung der Menschen »aus traditionalen Klassenbindungen und Versorgungsbezügen der Familie«, sodass diese »verstärkt auf sich selbst« gestellt seien.[4] Er beobachtete vielmehr, wie durch sinnliche Erfahrung, Gefühle und nicht rationale und imaginäre Momente eine Pluralität von Rollen und Masken für das Individuum möglich werde, die in verschiedenen postmodernen Gemeinschaften zum Ausdruck komme. Es entstehe – so Maffesoli – ein heterodoxer Erkenntnisprozess, der eine neue Topologie des sozialen Zusammenhalts schaffe. Die Vertikalität der politischen Macht und die Orthodoxie des Wissens würden als unangemessen entblößt, es entstehe eine neue »Horizontalität der Kollektivmacht«.[5]

---

1 Vgl. nur *Kirsten Brühl/Silvan Pollozek*, Die neue Wir-Kultur. Wie Gemeinschaft zum treibenden Faktor einer künftigen Wirtschaft wird, Frankfurt am Main 2015.

2 *Thomas Großbölting/Massimiliano Livi/Carlo Spagnolo* (Hrsg.), Jenseits der Moderne? Die Siebziger Jahre als Gegenstand der deutschen und der italienischen Geschichtswissenschaft, Berlin 2014.

3 *Michel Maffesoli*, Le temps des tribus. Le déclin de l'individualisme dans les sociétés de masse, Paris 1988.

4 *Ulrich Beck*, Jenseits von Stand und Klasse?, in: *ders./Elisabeth Beck-Gernsheim* (Hrsg.), Riskante Freiheiten. Individualisierung in modernen Gesellschaften, Frankfurt am Main 1994, S. 43–60, hier: S. 44.

5 *Michel Maffesoli*, Le rythme de la vie. Variations sur l'imaginaire postmoderne, Paris 2004, S. 24.

In den 1990er-Jahren fand diese Metapher des Neotribalismus vor allem unter angloamerikanischen kulturtheoretischen Soziologen wie Zygmunt Bauman, Scott Lash oder John Urry große Resonanz.[6] Im deutschsprachigen Raum erhielt sie hingegen deutlich weniger Zuspruch, nicht zuletzt wegen der offensichtlichen Schwierigkeit, Semantiken der Begriffe »Tribe« beziehungsweise »Tribù« durch »Stamm« oder »Sippe« zu replizieren.[7] In Italien, Spanien und Portugal erlebt die neotribale Metapher im Sinne Maffesolis dagegen seit zwei Jahrzehnten einen regelrechten Boom, der sich in einer Fülle populärwissenschaftlicher und journalistischer Publikationen widerspiegelt, die »Tribe« als Etikett aufführen.[8] Diese Konjunktur wurde vor allem durch die empirischen Studien von Bernard Cova in der Marktforschung angekurbelt. Cova begründete Ende der 1990er-Jahre das sogenannte *tribal marketing* (zunächst unter dem Label »Marketing Mediterraneo«) als mediterrane Alternative zu dem dominierenden Gedanken eines One-to-One-Marketing im amerikanischen Stil und somit als Antwort auf ein neues postmodernes Bedürfnis nach Herstellung neuer sozialer Bindungen. Daraus ergibt sich die Grundannahme des *tribal marketing*, dass (mediterrane) Konsumenten Produkte und Dienstleistungen in Betracht ziehen, die sie mit anderen Menschen zu einer Community verbinden können.[9] Mit dem *tribal marketing* begründete Cova vor allem eine kommunikative Praxis zur Identitätsstiftung, zur Befriedigung von Bedürfnissen und Erwartungen und letzten Endes zur Konsenskonstruktion, die in den vergangenen 20 Jahren in weiteren Feldern wie der Arbeitswelt und der Politik sowie sogar im Bereich des Religiösen (nicht immer intendiert) mit Erfolg aufgenommen und verbreitet werden konnte. Ohne Zweifel stehen sowohl die Reichweite als auch die Wirksamkeit des *tribal marketing* in direktem Zusammenhang mit der Informatisierung der Gesellschaft und der Entwicklung der »Network Society« beziehungsweise der »Turing-Galaxis«.[10] Nicht zuletzt befindet sich die neotribale Metapher bereits seit längerer Zeit im Fokus von Studien des Medientheoretikers Derrick de Kerckhove oder des Ethnografen Robert Kozinets, die die Verwirklichung jener »Clusters of Affiliation« durch die Sozialen Medien beschreiben, die Marshall McLuhan bereits 1970 vorausgesehen hatte.[11]

---

6 *Scott Lash/John Urry*, Economies of Signs and Space, Thousand Oaks 1993; *Scott Lash/Jonathan Friedman* (Hrsg.), Modernity and Identity, Oxford 1998; *Zygmunt Bauman*, Liquid Modernity, Cambridge/Malden 2000; *Chris Rojek/John Urry*, Touring Cultures. Transformations of Travel and Theory, London/New York 2002, aber auch die Analyse von *David Evans*, Michel Maffesoli's Sociology of Modernity and Post-modernity. An Introduction and Critical Assessment, in: The Sociological Review 45, 1997, S. 220–243.

7 Darauf weist der Augsburger Soziologe Reiner Keller hin, der sich bisher als Einziger in Deutschland intensiv mit dem Werk von Maffesoli beschäftigt hat, vgl. *Reiner Keller*, Michel Maffesoli. Eine Einführung, Konstanz 2006, und *ders.*, Michel Maffesoli: Die Wiederkehr der Stamme in der Postmoderne, in: *Stephan Moebius/Dirk Quadflieg* (Hrsg.), Kultur. Theorien der Gegenwart, Wiesbaden 2006, S. 209–220; vgl. auch *Stephan Moebius*, Die Zauberlehrlinge. Soziologiegeschichte des Collège de Sociologie (1937–1939), Konstanz 2006.

8 Nur um einige wenige Beispiele aus Italien zu nennen, vgl. zum Thema Konsum und Ernährung: *Marino Niola*, Homo dieteticus. Viaggio nelle tribù alimentari, Bologna 2015; zum Thema der Globalisierung der Identitäten und ihrer gleichzeitigen Fragmentierung: *Duccio Canestrini*, Antropop. La tribù globale, Turin 2014; als Begriff im politischen Bereich: *Marco Aime*, Verdi tribù del Nord. La Lega vista da un antropologo, Rom 2012, und im Kunstbereich: *Achille Bonito Oliva*, Le tribù dell'arte. Galleria comunale d'arte moderna e contemporanea, Mailand 2001.

9 *Bernard Cova*, Marketing tribale. Legame, comunità, autenticità come valori del Marketing mediterraneo, Mailand 2003.

10 *Manuel Castells*, The Rise of the Network Society, Malden/Oxford etc. 2010; *Wolfgang Coy*, Die Turing-Galaxis – Computer als Medien, in: *Klaus Peter Dencker/Ute Hagel* (Hrsg.), Weltbilder, Bildwelten. Computergestützte Visionen, Hamburg 1995, S. 48–53.

11 *Marshall McLuhan*, Culture is our Business, Eugene 1970; *Robert V. Kozinets*, Netnography. Doing Ethnographic Research Online, Los Angeles/London 2010.

In der Geschichtswissenschaft fand dieses Konzept aber bisher weder in Europa noch in den USA eine besondere Resonanz. In den letzten 15 Jahren haben sich vor allem die deutsche, italienische und nordamerikanische Geschichtswissenschaft in vielen Studien und Tagungen mit dem Kontinuitäts- beziehungsweise Zäsurcharakter der 1970er-Jahre und den danach eingetretenen Veränderungen auf den politischen, wirtschaftlichen, produktiven und sozialen Feldern beschäftigt. Die 1970er-Jahre werden als Krisenzeit[12], aber auch, bezogen auf die Finanzkrise, die herausgeforderten Nationalstaaten sowie in Bezug auf die Globalisierung, als Weichensteller für längerfristige Transformationen beziehungsweise als »Anfänge der Gegenwart« aufgefasst.[13] Trotz der Hervorhebung einiger Basisprozesse des sozialen Wandels wie der bereits erwähnten Individualisierung (zum Beispiel durch die Einführung neuer Formen des Massenkonsums)[14] oder der damit einhergehenden Pluralisierung der Lebensläufe und Lebensentwürfe und somit der Werte- und Normensysteme in einer dadurch immer komplexer werdenden Gesellschaft[15] liegt der Fokus deutscher sozialhistorischer Analysen zur Zeit »nach dem Boom« eher auf dem transnationalen, wirtschaftlichen und technologischen Wandel.[16]

Vor allem bei der Annäherung an die nächsten historiografischen dekadologischen Schritte der 1980er- bis 2000er-Jahre scheint es, als ob das Soziale – im Sinne kollektiver Lebenserfahrungen, Lebensentwürfe und -praktiken – nicht mehr innerhalb des Untersuchungshorizonts der Sozialgeschichte liege. Die Formveränderung der Gesellschaft durch die Entstehung von neuartigen kulturellen, sozialen und ästhetischen Phänomenen wird meistens als Folge politischer und wirtschaftlicher Faktoren (wie der Liberalisierung des Finanzkapitalismus, der Herausforderung der Nationalstaaten durch die Globalisierung, der Schaffung des europäischen Binnenmarkts, der Revolution im Iran, des Nato-Doppelbeschlusses und Ähnliches) bewertet und nicht – vor allem phänomenologisch – in ihrer Wirkung auf die Umgestaltung von (nicht nur) sozialen Strukturen sowie der Schaffung neuer symbolischer Ordnungssysteme wahrgenommen.[17] Stattdessen wurde das Soziale seit

12 *Niall Ferguson/Charles S. Maier/Erez Manela* u.a. (Hrsg.), The Shock of the Global. The 1970s in Perspective, Cambridge 2010; *Konrad H. Jarausch* (Hrsg.), Das Ende der Zuversicht? Die siebziger Jahre als Geschichte, Göttingen 2008; *Anselm Doering-Manteuffel/Lutz Raphael*, Nach dem Boom. Perspektiven auf die Zeitgeschichte seit 1970, 2., erg. Aufl., Göttingen 2010; *Christoph Dipper/Paolo Pombeni*, Le ragioni del moderno, Bologna 2014.

13 *Morten Reitmayer/Thomas Schlemmer* (Hrsg.), Die Anfänge der Gegenwart. Umbrüche in Westeuropa nach dem Boom, München 2014; *Frank Bösch*, Kommunikative Netzwerke. Zur glokalen Formierung sozialer Bewegungen am Beispiel der Anti-Atomkraftproteste, in: *Jürgen Mittag/Helke Stadtland* (Hrsg.), Theoretische Ansätze und Konzepte in der Forschung über soziale Bewegungen in der Geschichtswissenschaft, Essen 2011, S. 149–166; *Piero Craveri*, Gli anni Ottanta, la crisi del sistema politico, l'Italia contemporanea, Novara 2007; *Simona Colarizi/Piero Craveri/Silvio Pons* (Hrsg.), Gli anni Ottanta come storia, Soveria Mannelli 2004; *Marco Gervasoni*, Storia d'Italia degli anni Ottanta. Quando eravamo moderni, Venedig 2010.

14 Vgl. *Detlef Siegfried*, Time is on my Side. Konsum und Politik in der westdeutschen Jugendkultur der 60er Jahre, Göttingen 2006; *Anselm Doering-Manteuffel/Lutz Raphael/Thomas Schlemmer* (Hrsg.), Vorgeschichte der Gegenwart. Dimensionen des Strukturbruchs nach dem Boom, Göttingen 2016, und insb. die Beiträge von *Maren Möhring*, Ethnic Food, Fast Food, Health Food, in: ebd., S. 309–332, und *Frank Trentmann*, Unstoppable: The Resilience and Renewal of Consumption after the Boom, in: ebd., S. 293–308.

15 *Thomas Raithel/Andreas Rödder/Andreas Wirsching* (Hrsg.), Auf dem Weg in eine neue Moderne? Die Bundesrepublik Deutschland in den siebziger und achtziger Jahren, München 2009.

16 *Daniel T. Rodgers*, Age of Fracture, Cambridge 2011; *Andreas Rödder*, 21.0. Eine kurze Geschichte der Gegenwart, München 2015.

17 In diese Richtung gehen bis jetzt *Alexander Sedlmaier*, Consumption and Violence. Radical Protest in Cold-War West Germany, Ann Arbor 2014, und *Tobias Gerstung*, Vom Industriemoloch zur Creative City?, in: *Doering-Manteuffel/Raphael/Schlemmer*, Vorgeschichte der Gegenwart,

den 1990er-Jahren eher von jenen kulturhistorischen Ansätzen wiederbelebt und neu ausgerichtet, die dazu angetreten waren, es zu demontieren. Die von der Konsumgeschichte sowie von anderen Teilgebieten der Geschichtswissenschaft wie der *material* oder *body history* oder der Emotionsgeschichte bereitgestellten Perspektiven bieten viele neue Anhaltspunkte und zeigen, wie jüngst von Kathleen Canning hervorgehoben, sowohl die Möglichkeit als auch die Notwendigkeit eines »Return to the Social« in die Sozialgeschichte.[18]

Nicht zuletzt unterstreichen diese Bereiche der historischen Forschung, dass sich das Individuum in der »Spätmoderne« von den Bindungen an traditionelle (feste) gesellschaftliche Strukturen der Moderne emanzipiert, dies aber weder einen Triumph des Individualismus zur Folge hat noch starke kollektive Voraussetzungen und gemeinsame Bezüge für die Bildung neuer subjektiver Identitäten ausschließt. Die Geschichtswissenschaften im Allgemeinen und speziell die Sozialgeschichte haben in den letzten Jahrzehnten daher einige soziologische, politologische und sogar marketingbasierte Konzepte und Beschreibungsmodelle mit Gewinn übernommen, um (posttraditionale) Vergemeinschaftungsformen zu beschreiben, die sich nicht (mehr) in klassische Strukturmuster einordnen lassen. Darunter fallen beispielsweise die pragmatisch zweidimensional konstruierten »Sinus«-Milieus, das – inzwischen als überholt angesehene – Subkultur-Konzept des »Centre for Contemporary Cultural Studies« (CCCS) in Birmingham sowie Konzepte wie »Szene«, »Erlebnisgesellschaft«, »Lifestyle« oder »Pop«.[19]

Ohne an dieser Stelle die einzelnen Konzepte vertieft und differenziert erklären zu können, kann generell festgehalten werden, dass diese für die Sozialgeschichte vor allem den Zweck erfüllten, einige veränderte Handlungslogiken von traditionellen kollektiven Subjekten (Beamten, Mittelstand, Christen, Militär, Jugend, Frauen und anderen) und rationalisierten kollektiven Akteuren wie etwa Studenten, Bergarbeiter, Sekten oder Clubs sowie von weiteren Vergemeinschaftungsformen in einen aktualisierten kulturellen und sozialen Kontext einzufügen.[20] Gleichzeitig jedoch wird gerade bei der Untersuchung der Jahrzehnte seit 1980 deutlich, dass ein Zugang fehlt, der auch Handlungslogiken jener Subjekte – sowohl individueller als auch kollektiver Natur – erfassen kann, die sich weder durch demografische Merkmale wie Bildung, Beruf oder Einkommen noch durch ein bestimmtes Klassenbewusstsein oder eine politische beziehungsweise konfessionelle Zugehörigkeit begreifen lassen.

S. 149–170. Vgl. auch *Lewis Smith*, Tagungsbericht: New Subjectivities, New Emotions, New Politics. Oppositional Politics and Counter Cultures across the Iron Curtain during the Long 1970s, in: H-Soz-Kult, 9.1.2016, URL: <http://hsozkult.geschichte.hu-berlin.de/tagungsberichte/id=6315> [31.8.2017].

18 *Roman Wild/Magaly Tornay*, Tagungsbericht: The Good Years! Historical Trajectories 1980–2010, in: H-Soz-Kult, 13.8.2015, URL: <http://www.hsozkult.de/conferencereport/id/tagungsberichte-6127> [31.8.2017].

19 Vgl. dazu: *Benjamin Woo/Jamie Rennie/Stuart R. Poyntz*, Scene Thinking, in: Cultural Studies 3, 2014, S. 285–297; *Gerhard Schulze*, Die Erlebnis-Gesellschaft. Kultursoziologie der Gegenwart, Frankfurt am Main 1992; *Jürgen Danyel/Alexa Geisthövel/Bodo Mrozek*, Popgeschichte, Bd. 2: Zeithistorische Fallstudien 1958–1988, Bielefeld 2014.

20 Nur als Beispiel der Rezeption dieser Konzepte *Bodo Mrozek*, Subkultur und Cultural Studies. Ein kulturwissenschaftlicher Begriff in zeithistorischer Perspektive, in: *Alexa Geisthövel/ders./Kordula Röckenhaus* (Hrsg.), Popgeschichte, Bd. 1: Konzepte und Methoden, Bielefeld 2014, S. 101–125; *Ingvill C. Mochmann/Yasemin El-Menouar*, Lifestyle Groups, Social Milieus and Party Preference in Eastern and Western Germany. Theoretical Considerations and Empirical Results, in: German Politics 14, 2005, S. 417–437; *Markus Köster*, Entdecker der Erlebnisgesellschaft? Weimarer Jugendgeneration und moderne Freizeitkultur in der westfälischen Provinz, in: Westfälische Forschungen 47, 1997, S. 539–559.

Die Grundfrage und der Vorschlag dieses Beitrags sind also, zu eruieren, inwieweit die Sozialgeschichte Bedarf hat an neuen Modellen zum Verständnis gegenwärtiger Vergesellschaftungsformen in westlichen, urbanen, industrialisierten Gesellschaften und wie sie diese in ihren Untersuchungshorizont zurückholen kann. Welche Phänomene erlangen dadurch eine größere oder sogar überhaupt erst Sichtbarkeit? Welche Zusammenhänge zwischen Phänomenen der Spätmoderne aus unterschiedlichen gesellschaftlichen Bereichen lassen sich erfassen? Und welche Formveränderung der Gesellschaft und Umgestaltung ihrer Strukturen sowie welche Schaffung neuer symbolischer Ordnungssysteme und materieller Verhältnisse lassen sich so messen?

Durch eine Annäherung an die neotribale Phänomenologie wird in diesem Beitrag ein erster konzeptioneller und projektorientierter Vorschlag formuliert, dieser epistemologischen Herausforderung nachzugehen, um die »flüssigen« (im Sinne Zygmunt Baumans)[21] Bereiche der kulturellen, sozialen und ästhetischen Phänomene, die seit den 1980er-Jahren jenseits von politischen und wirtschaftlichen Faktoren den gesellschaftlichen Wandel markieren, in den Fokus der sozialhistorischen Analyse zu bringen.

Nach einer kurzen Einführung in die neotribale Begrifflichkeit wird der Versuch unternommen, anhand einiger Beobachtungen aus dem deutschen und italienischen Kontext sowohl einige Hauptmerkmale der neotribalen Phänomenologie zu fixieren als auch deren analytische Relevanz für die Sozialgeschichte zur Untersuchung neuartiger Formen von Identitätskonstruktion und sozialen Verbindlichkeiten in den westeuropäischen Gesellschaften hervorzuheben. Zum Schluss des Beitrags wird in einem Ausblick auf mögliche intersektionale Verknüpfungen der neotribalen Perspektive mit klassischen sozialwissenschaftlichen Kategorien wie Klasse, Gender, Religion oder Rasse hingewiesen.

I. WAS IST DAS NEOTRIBALE?

Mit dem zunehmenden Relevanzverlust der klassischen industriegesellschaftlichen sozialen Formen als strukturierende Identitätsfaktoren seit den 1970er-Jahren und dem Beginn einer Dynamik der Deregulierung und Flexibilisierung der sozialen Beziehungen, die eine Fragmentierung der Identitäten beziehungsweise eine Erosion der traditionellen Vergemeinschaftungsformen und der sozialen, politischen und konfessionellen Verortung mit sich gebracht haben, sind diese in den westeuropäischen Gesellschaften in ihrer identitätsstiftenden Funktion vor allem durch Konsum (in weitgefasstem Sinn) ersetzt worden.[22] Obwohl, wie Bauman zusammenfasst, »one's place in society no longer comes as a gift [...] and the determination of social standing is replaced with a compulsive and obligatory self-determination«[23], bedeutet die Möglichkeit eines »shop around in the supermarket of identities«[24] trotzdem nicht die völlige Atomisierung des Individuums. Konsum neigt zwar dazu, Begehrlichkeiten zu individualisieren, standardisiert gleichzeitig aber auch neue (wenn auch flüssige) Verhaltens- und Identitätsmuster, die viel mit der Wahl neuer gemeinsamer Lebensstrategien gemein haben. Der französische Marktforscher Bernard Cova wagte Mitte der 1990er-Jahre die Prognose, dass der Individualismus nur eine Übergangsphase im Individualisierungsprozess darstellt, in dessen Vollendung »a reverse movement of a desperate

21 *Bauman*, Liquid Modernity.

22 Das entspricht bekanntlich der Individualisierungsthese von Ulrich Beck. Für eine kritische Auseinandersetzung mit diesem Standardwerk vgl. *Peter A. Berger/Ronald Hitzler* (Hrsg.), Individualisierungen. Ein Vierteljahrhundert »jenseits von Stand und Klasse«?, Wiesbaden 2010.

23 *Zygmunt Bauman*, Identity in the Globalizing World, in: Social Anthropology 9, 2001, S. 121–129, hier: S. 121.

24 *Bauman*, Liquid Modernity, S. 82–88.

search for the social link« wieder zum Vorschein komme und in dem die Entstehung neuer Gemeinschaften ausgelöst werde.[25] Es sei dieser Moment, in dem sich die individualisierten Identitäten zu neuen Gemeinschaften, zu neuen tribalen Gruppen zusammenfügen.

Tatsächlich lässt sich in den westeuropäischen Gesellschaften (aber auch in der US-amerikanischen) in den letzten 30 Jahren die Tendenz beobachten, dass Individuen, die dieselben Lebensstrategien gewählt haben und dieselben Erfahrungen machen, ihre subjektive Identität in ähnlichen Mustern (Patterns) suchen (und ausleben). Genauso wie die Pluralisierung des Werte- und Normensystems (Entnormativierung) nicht nur eine Deregulierung oder Reduktion traditioneller Werte bedeutet, führen Individualisierung und Pluralisierung nicht zwangsläufig zum Auftreten eines unverbindlichen *anything goes*, sondern (spätestens seit den 1980er-Jahren) vielmehr auch zur Ausgestaltung beziehungsweise zur Herausbildung neuer Formen sozialer Beziehungen.

Darunter auch jene Communitys, »inherently unstable, small-scale, affectual and not fixed by any of the established parameters of modern society«[26], die Maffesoli, Cova und Bauman durch ähnliche Metaphern skizziert haben. Analog zu den »ästhetischen Gemeinschaften« von Zygmunt Bauman[27] beziehungsweise zu der »posttraditionalen Vergemeinschaftung« von Ronald Hitzler[28] bestehen in der soziologischen Narration die *neo-tribes* aus Individuen, die jenseits von demografischen Merkmalen wie Bildung, Beruf und Einkommen durch eine gemeinsame (von Konsum geprägte) Subjektivität, einen emotionalen Impuls, eine kollektive Vorstellungswelt oder ein gemeinsames Ethos miteinander verknüpft sind. Diese Art von Verknüpfung wird von Cova als »Link« benannt.[29] Bei den *neo-tribes* handelt es sich nach Cova also um nicht exklusive soziale Gebilde, die parallel zu weiteren traditionellen Vergemeinschaftungsformen existieren und von einer einzelnen Person in ihrem täglichen Leben zeitgleich erfahren werden.[30] Im Vergleich zu den traditionellen Subkulturen wie »Mods«, »Rocker«, »Teddy Boys«, »Biker«, »Ultras«, »Goths«, »Skins«, »Trekkies« oder »X-Philers«[31], die um bestimmte und vor allem permanente Interaktionsformen, Dresscodes und Lebensstile organisiert sind und über klar definierte Hierarchien sowie über ein (in-)formelles System der Mitgliedschaft verfügen[32], sind *neo-tribes* hingegen ephemere und (anscheinend) akephale soziale Zusammenhänge, die ihre Verbindlichkeit und Zugehörigkeit nicht primär politisch (oder konfessionell oder anders), sondern durch eine Semantik der Emotionen und der Sehnsucht eher ästhetisch (hier und im

---

25 *Bernard Cova*, Community and Consumption. Towards a Definition of the »Linking Value« of Product or Services, in: European Journal of Marketing 31, 1997, S. 297–316, hier: S. 300.

26 Ebd.

27 *Zygmunt Bauman*, Intimations of Postmodernity, London/New York 1992.

28 *Ronald Hitzler*, Posttraditionale Vergemeinschaftung. Über neue Formen der Sozialbindung, in: Berliner Debatte INITIAL 9, 1998, H. 1, S. 81–89; *ders./Anne Honer/Michaela Pfadenhauer*, Posttraditionale Gemeinschaften. Theoretische und ethnografische Erkundungen, Wiesbaden 2008.

29 *Bernard Cova*, Il marketing tribale. Legame, comunità, autenticità come valori del Marketing Mediterraneo, Mailand 2003, S. 16.

30 *Cova*, Community and Consumption, S. 302.

31 Vgl. unter anderem *Rolf Schwendter*, Theorie der Subkultur, Köln/Berlin 1971; *Dick Hebdige*, Subculture. The Meaning of Style, London 1979; *Ansgar Klein/Jupp Legrand/Thomas Leif* (Hrsg.), Subkultur und Subversion, Wiesbaden 1995; *Andy Bennett*, Subcultures or Neo-Tribes? Rethinking the Relationship between Youth, Style and Musical Taste, in: Sociology 33, 1999, S. 599–617; *Benjamin Woo*, Subculture Theory and the Fetishism of Style, in: Stream: Inspiring Critical Thought 2, 2009, H. 1, S. 23–32.

32 *Douglas Brownlie/Paul Hewer/Steven Treanor*, Sociality in Motion. Exploring Logics of Tribal Consumption among Cruisers, in: *Robert V. Kozinets/Bernard Cova/Avi Shankar* (Hrsg.), Consumer Tribes, Amsterdam/Boston etc. 2007, S. 109–128.

Folgenden immer im etymologischen Sinn einer kollektiven Gefühlswahrnehmung gemeint) begründen.[33] Die Zugehörigkeit zu einem *neo-tribe* beruht daher nicht auf Konformität oder Exklusivität, sondern auf einem Zustand des Geists, der Individuen, auch Fremde, in einem tribalen Moment bindet.[34]

Neo-tribes sind aus soziologischer Perspektive also hybride informelle Gemeinschaften, die sich als Ausdruck einer provisorischen Dynamik der multiplen und nicht selten widersprüchlichen Definition von situativen Identitäten und parallelen Verbindlichkeiten präsentieren. In der Tat existieren *neo-tribes* meistens »in no other form but the symbolically and ritually manifested commitment of their members«.[35]

Für Historikerinnen und Historiker lassen sich *neo-tribes* daher besser als Phänomene und Semantiken und schwieriger als konstituierte Gruppen begreifen. Denn erst durch die Übertragung der neotribalen Metapher auf eine empirisch begreifbare Ebene ist es möglich, zu erfassen, inwieweit die unterschiedlichen Formen der Verflüssigung der westeuropäischen Gesellschaften, die Etablierung von neuen Diskurs- und Handlungspraxen im Zusammenhang mit der Entwicklung neuer kommunikativer Interaktionsformen (zwischen Individuen und zwischen diesen und den normativen Strukturen) sowohl einen kulturellen als auch einen strukturellen Wandel angetrieben haben.

II. Grundmerkmale neotribaler sozialer Beziehungen

Mit diesem Beitrag ist sicherlich auch das Desiderat verbunden, eine Reihe von neuen Fallstudien auf den erwähnten Feldern der Arbeit, des Politischen und des Religiösen anzuregen, die die neotribalen Formen und Semantiken der sozialen Bewegungen, der zivilgesellschaftlichen Partizipation beziehungsweise der neuen Arbeitsformen und -kulturen sowie der neuen Organisations- und Praxisformen des Religiösen empirisch überprüfbar machen können.

Anders als bereits erwähnte interpretative Metaphern, die auf die genaue Definition und Eingrenzung von einzelnen sozialen Phänomenen wie etwa Subkulturen, Szenen oder Milieus abzielen, verspricht die neotribale Perspektive der Sozialgeschichte die Möglichkeit, heterogene Bewegungen, Strategien, individuelle und kollektive Erscheinungen als *entangled* zu betrachten und durch eine mehrschichtige Deutung die sozialhistorische Relevanz solcher Phänomene in Bezug auf unterschiedliche Kontexte und Bereiche des sozialen Lebens messen zu können. Betrachtet man zum Beispiel den italienischen Kontext, kann man darunter sicherlich auch die starke Personalisierung und Emotionalisierung der Politik, den Aufstieg der *Antipolitica* (Ablehnung des Politischen) und die Krise der Volks- und Massenparteien in Kontext der Krise des politischen Systems Italiens seit den späteren 1970er-Jahren fassen, ebenso Transformationen der Arbeitsmodelle und der Arbeitskulturen im postoperaistischen Sinne, das heißt die Horizontalisierung der betrieblichen Hierarchien, die Subjektivierung der Arbeit, die allgemeine Transformation der industriellen Beziehungen in einem wenig industrialisierten Land und die Auswirkungen auf die traditionell starke staatliche Präsenz in der Regelung der Beziehungen zwischen Staat, Betrieben, Gewerkschaften und Arbeitnehmern. Zu guter Letzt würde dazu auch die Ästhetisierung einiger Glaubenspraktiken gehören, etwa jene von Papst Johannes Paul II., der Gemeinschaftsformen in den Mittelpunkt seiner Pastorale für Italien stellte.

---

33 *Michel Maffesoli*, Tribal Aesthetic, in: ebd., S. 27–34.

34 Vgl. *Bennett*, Subcultures or Neo-Tribes?

35 *Zygmunt Bauman*, A Sociological Theory of Postmodernity, in: Thesis Eleven, 1991, Nr. 29, S. 33–46.

Um aber der Gefahr zu entgehen, einfach eine Entdifferenzierung beziehungsweise eine pauschale Bündelung von disparaten politischen, wirtschaftlichen oder religiösen Phänomenen zu betreiben, benötigt eine Anwendung dieser Metapher in der sozialhistorischen Forschung zunächst eine empirische Präzisierung sowohl der betroffenen gesellschaftlichen Dynamiken und Prozesse als auch der Merkmale, welche die neotribale Phänomenologie für die Sozialgeschichte sichtbar machen sollen. Auf welche Indikatoren können Historikerinnen und Historiker zurückgreifen, um eine neotribale Phänomenologie und ihre Semantik in den Feldern der Politik, der Produktion und der Religion zu erkennen?

Diese Fragen sollen auf den folgenden Seiten durch einige explorative Beobachtungen beantwortet werden.[36] Obwohl diese keine Vollständigkeit beanspruchen, ermöglichen sie es, einen sicherlich noch vorläufigen Katalog von Dynamiken und Merkmalen bereitzustellen, der nicht nur die Identifizierung und somit die Ausdifferenzierung der verschiedenen Ausprägungen posttraditionaler Vergemeinschaftung, sondern auch ihre Bündelung auf phänomenologischer Ebene ermöglichen soll. Im Folgenden soll anhand einiger Beispiele gezeigt werden, dass neotribale Phänomene aus sozialhistorischer Perspektive oft als eine Weiterentwicklung von bereits bestehenden sozialen Phänomenen erscheinen, dass sie im Vergleich zu diesen aber eine Gemeinschaftssemantik entwickeln, die sehr stark durch ein postindustrielles beziehungsweise postoperaistisches Verhältnis zwischen Produktion und Konsum geprägt ist, und dass sie, nicht zuletzt, durch eine gemeinschaftsinterne »Ich-Optimierung« als Ersatzsicherheitskonstruktion dienen.

Wenn auch diese Dynamiken nicht immer alle gleichzeitig vorkommen müssen, charakterisiert sich die neotribale gemeinschaftliche Dimension durch eine erhöhte Vernetzung der Teilnehmer, nicht nur in digitaler Form, eine daraus folgende neue Definition und Belebung ihrer partizipatorischen Kultur (zum Beispiel in den drei Feldern des Politischen, Produktiven und Religiösen) im gemeinschaftlichen Sinn, die stark durch eine Multiplizität und Nichtexklusivität der Verbindlichkeit oder Zugehörigkeit in und mit der Gemeinschaft geprägt ist.

Eine (gefühlte) neotribale Gemeinschaft beruht nicht auf rationalen kognitiven Elementen, sondern vielmehr auf emotionalen Impulsen und Sehnsüchten, mit denen heterogene Individuen, auch Fremde, in einem kollektiven (oft temporären) Moment gebunden werden können. Trotz einer gefühlten Überwindung der Klassenunterschiede im neotribalen Moment stellen die meisten neotribalen Phänomene eine Erscheinung der westeuropäischen urbanen Mittelschicht dar.

Konsum, Produktion und Partizipation

Eine erste Beobachtung betrifft die Zentralität des destrukturierten postfordistischen Verhältnisses von Konsum und Produktion (beide im weitesten – auch kulturellen – Sinne gefasst) für die Gestaltung einer gemeinsamen Subjektivität sowie einer sozialen, politischen,

36 Die Grundlage der Überlegungen im weiteren Verlauf des Aufsatzes wurde 2015 und 2016 in einer Arbeitsgemeinschaft mit den Masterstudierenden des Historischen Seminars der Westfälischen Wilhelms-Universität Münster ausgearbeitet. Die hier präsentierten Beobachtungen wurden in deren Abschlussarbeiten zum ersten Mal empirisch getestet und stellen einen wichtigen Ausgangspunkt eines weiteren Dissertationsvorhabens dar: *Svanje Cordua*, Transformation von Männlichkeit zwischen Engagement und Krise, Masterarbeit, Münster 2016; *Astrid Mohr*, Movimento 5 Stelle. Ein politisches Laboratorium in Zeiten des gesellschaftlichen Umbruchs und der Krise der repräsentativen Demokratie, Masterarbeit, Münster 2016; *Anna Maria Schmidt*, Bewusste Ernährung als kultureller Motor sozialstruktureller Veränderung? Eine historische Untersuchung am Beispiel der Stadt Münster seit den 1970er Jahren, Masterarbeit, Münster 2016; *Jacopo Ciammariconi*, Die Rekonzeptualisierung der Arbeit in Italien seit den 1970er Jahren. Neue Arbeitskulturen, Praktiken und Konflikte (Arbeitstitel), Dissertationsvorhaben, Universität Trier.

wirtschaftlichen Diskurs- und Handlungspraxis (Semantik), die über die kommunikative Infrastruktur der Netzwerkgesellschaft verbreitet wird. Anders als für die oben erwähnten Subkulturen hat Konsum (sei er kulturell oder materiell begriffen) in der neotribalen Dimension keine situative Natur. Er dient dabei primär nicht zur Etablierung eines symbolträchtigen Systems zur Selbstdifferenzierung von der Massengesellschaft, zum Beispiel durch Konsumkritik und -verweigerung (wie noch am Anfang des 20. Jahrhunderts bei den Wandervögeln, in den 1970er-Jahren bei den Hippies und Punks oder wie bei einigen religiösen Subkulturen wie der »Comunità di Damanhur«, den Anhängern von Osho, New Age oder der Anthroposophie). Vielmehr verstehen sich und agieren die Individuen als »Prosumer«[37] im Sinne einer direkten Interaktion zwischen den Teilnehmern einer Gemeinschaft und dem System, in dem sie zur Gestaltung und Verbreitung von politischen, religiösen, ethischen, ökonomischen oder technischen Inhalten eingebettet sind. Sie werden also Teil einer identitätsstiftenden Partizipationskultur und entwickeln dank neuer und vereinfachter Beteiligungsmöglichkeiten ein erhöhtes Bewusstsein dafür, dass ihr individueller Beitrag (zumindest gefühlt) systemrelevant wird.[38] Schon mit dem Auftreten von Zines und freien Radios in den 1970er- und auf jeden Fall spätestens seit den 1990er-Jahren, parallel zur Entwicklung von Blogs, Podcasts, Social Media, Online-Handel und vor allem der Wiki-Welt, meint Prosuming in der neotribalen Phänomenologie nicht nur das Interaktionsprinzip zwischen Individuen und neuen Gemeinschaften, Privatwirtschaft und Medien, sondern stellt auch Verbindungen zu normativen gesellschaftlichen Strukturen der Mesoebene her. 2008 kommentierte Axel Bruns auf dem Deckblatt seines Buchs, dass

> »what's emerging here is no longer just a new form of content production, but a new process for the continuous creation and extension of knowledge by collaborative communities. The implications of the gradual shift from production to produsage are profound, and will affect the very core of culture, economy, society, and democracy.«[39]

In der Tat lässt sich seit den 1980er-Jahren eine Verbindung zwischen der Abwertung traditioneller Vermittlungsinstanzen und der wachsenden Bedeutung neuer Formen von öffentlicher Kommunikation, sozialem Engagement und Partizipation beobachten, die der Prognose von Bruns Plausibilität verleiht.[40] Ob diese Dynamik, wie Derrick de Kerckhove suggeriert[41], aus einer Nutzung ähnlicher Medien resultiert oder durch eine Wechselwirkung zwischen gemeinschaftlichen und kommunikativen Leerstellen westlicher Gesellschaften und den Möglichkeiten neuer (sozialer) Medien zur Schöpfung und Verbreitung von Inhalten jeglicher Natur entsteht, wäre sicherlich genauer zu überprüfen. Als mögliche Untersuchungsobjekte kämen in diesem Sinne (trotz unterschiedlicher Nuancierungen und vor allem unterschiedlicher Auswirkungen auf die jeweiligen Systeme) etwa der kreative und situationistische Teil der italienischen 1977er-Bewegung[42] oder das Erscheinen der

37 *Alvin Toffler*, The Third Wave, New York 1980; *Birgit Blättel-Mink/Kai-Uwe Hellmann* (Hrsg.), Prosumer Revisited. Zur Aktualität einer Debatte, Wiesbaden 2010.

38 *Henry Jenkins*, Confronting the Challenges of Participatory Culture. Media Education for the 21st Century, Cambridge/London 2009.

39 *Axel Bruns*, Blogs, Wikipedia, Second Life, and Beyond. From Production to Produsage, New York/Washington etc. 2008.

40 *Klein/Legrand/Leif*, Subkultur und Subversion; *Stine Marg/Franz Walter*, Proteste in der Postdemokratie. Mob, Wutbürger und kosmopolitisches Prekariat, in: INDES. Zeitschrift für Politik und Gesellschaft 2, 2012, H. 1, S. 14–25.

41 *Derrick de Kerckhove*, Connected Intelligence. The Arrival of the Web Society, Toronto 1997.

42 *Massimiliano Livi*, Die Stämme der Sehnsucht: Individualisierung und politische Krise im Italien der 1970er Jahre, in: *Thomas Großbölting/Massimiliano Livi/Carlo Spagnolo* (Hrsg.), Jenseits der Moderne? Die Siebziger Jahre als Gegenstand der deutschen und der italienischen Geschichtswissenschaft, Berlin 2014, S. 215–248.

prekären *creative economy* seit den 1980er-Jahren infrage, außerdem ab den 1990er-Jahren nachweisbare neue Formen kollaborativer Produktion und die gegenwärtige »Maker«-Kultur.[43] In dieselbe Gruppe gehören einige Formen des Religiösen in der pluralisierten Gesellschaft, wie die katholische Bewegung »Wir sind Kirche«, die »Comunità cristiana di base« oder »Comunione e Liberazione« mit ihrem starken Subsidiaritätsprinzip[44] sowie die neoheidnischen Bewegungen der »Wicca« und vor allem der »Neo-Wicca«.[45] Jüngere Beispiele auf den Feldern von Politik und Zivilgesellschaft wären die »Orange Revolution« in der Ukraine im Jahr 2004 und der »Arabische Frühling« vor allem in Tunesien und Ägypten seit 2011.[46]

Auf der Suche nach einer Ersatzsicherheit

Nicht immer stellen neotribale Phänomene eine neue Form von sozialen Zusammenfindungsprozessen dar. Sie ähneln, wie bereits angedeutet, teilweise sogar subkulturellen Phänomenen des 19. Jahrhunderts und der Jahrhundertwende wie der Wandervogel-Bewegung, den Lebensreformern (vor allem den Landkommunen, den Ernährungsreformern und der Freikörperkultur) oder der Homo-Subkultur.[47] Vor allem in ihrer politischen Dimension überlagert sich die Definition von neotribalen Phänomenen oft mit jenen der sozialen beziehungsweise Graswurzelbewegungen seit den 1980er-Jahren, wie den Anti-Atomkraftprotesten in Deutschland oder der »No-Tav«-Bewegung in Italien.[48]

Anders als die früheren und vor allem als die Subkulturen der Nachkriegszeit leisten neotribale Vergemeinschaftungsformen allerdings keinen kohäsiven und kollektiven kulturellen Widerstand, um eine (relative) Unabhängigkeit von der »herrschende[n] Ordnung«[49] zu erreichen. Sie suchen vielmehr einen neuen Platz in einer neu zu definierenden Ordnung; sie suchen neue Formen von Ersatzsicherheiten, die sie etwa durch urbane Gemeinschaftsprojekte wie die Ökodörfer oder die Nachbarschaftsgärten und durch Gemeinschaftsdynamiken in Tauschökonomien und im gesamten Bereich der digitalen Vernetzung zu schaffen versuchen.[50] Mit Fred Turner könnte man behaupten, dass sie im Vergleich zu gegenkulturellen Phänomenen der 1960er-Jahre keine Kritik des Kapitalismus mehr verfolgen, sondern vielmehr eine Kritik des Markts und seiner normativen Instanzen. Dabei praktizieren sie eine Art selbstreferenzielle Ich-Optimierung, die konträr zur durkheimschen Begrifflichkeit von organischer und mechanischer Solidarität steht. Neotribale Gemeinschaften bilden sich aus gemeinsam Gefühltem und sind deshalb nicht zwingend ein Syno-

43 Vgl. weiter unten.

44 Vgl. *Massimo Faggioli*, Breve storia dei movimenti cattolici, Roma 2008.

45 Vgl. *Kathrin Fischer*, Das Wiccatum. Volkskundliche Nachforschungen zu heidnischen Hexen im deutschsprachigen Raum, Würzburg 2007.

46 *Philip N. Howard/Aiden Duffy/Deen Freelon* u.a., Opening Closed Regimes. What was the Role of Social Media during the Arab Spring?, Working Paper, University of Washington's Department of Communication, 2011, URL: <https://ssrn.com/abstract=2595096> [21.9.2017].

47 *Judith Baumgartner/Bernd Wedemeyer-Kolwe* (Hrsg.), Aufbrüche – Seitenpfade – Abwege. Suchbewegungen und Subkulturen im 20. Jahrhundert. Festschrift für Ulrich Linse, Würzburg 2004.

48 *Bösch*, Kommunikative Netzwerke; *Adriano Chiarelli*, I ribelli della montagna. Una storia del movimento No Tav, Bologna 2015. Zu Kontinuitätslinien und Differenzen zwischen früheren Gegenkulturen und den Neuen sozialen Bewegungen vgl. *Frank Uekötter*, Wie neu sind die Neuen Sozialen Bewegungen? Revisionistische Bemerkungen vor dem Hintergrund der umwelthistorischen Forschung, in: Mitteilungsblatt des Instituts für soziale Bewegungen, 2004, Nr. 31, S. 115–138.

49 So die offizielle Definition von Subkultur seitens des CCCS, vgl. *Hebdige*, Subculture, S. 18.

50 Vgl. hierzu zum Beispiel das Projekt Holzmarkt in Berlin, URL: <http://www.holzmarkt.com> [31.8.2107].

nym für verstärkte Solidarität oder eine neue Empathie.[51] Vor allem nicht, wenn eine der Orientierungsachsen die Verteidigung der durch die Globalisierung herausgeforderten territorialen, wirtschaftlichen, kulturellen und nicht zuletzt konfessionellen Grundlagen ist, wie dies etwa aktuell im Fall von Bewegungen wie PEGIDA der Fall ist. Eindeutig neotribale Elemente lassen sich in jenen gesellschaftlichen Phänomenen erkennen, die als Reaktion auf die Verbreitung des neoliberalen Privatisierungs- und Prekarisierungskurses der Wirtschaft sowie den Abbau des Sozialstaats entstanden sind und die mittels einer neotribalen Semantik eine Popularisierung von verschwörungstheoretischen, nationalistischen und offen rassistischen Argumentationsmustern betreiben.

Neue (ästhetisch-emotionale) soziale Bewegungen?

Tatsächlich scheinen etliche westeuropäische Protestphänomene der vergangenen Jahre wie die Anti-EU-Bewegungen in Griechenland und Spanien sowie »Occupy«, »Stuttgart 21« und die deutschen »Wutbürger« sowohl neotribale Charakteristika als auch Eigenschaften der Neuen sozialen Bewegungen zu besitzen. Wie letztere lehnen auch sie die traditionellen Formen und Räume repräsentativer Partizipation ab und artikulieren sich in erster Linie auf symbolischer Ebene.[52] Anders aber als bei strukturierten sozialen Bewegungen der Vergangenheit ist bei neotribalen Formen des Protests das ästhetische Moment dem programmatischen meist überlegen. Die Mobilisierungskraft von neotribalen Protesten stützt sich zum Beispiel maßgeblich auf die »Aktivierung von emotionalen Wertbindungen durch die öffentliche Skandalisierung von und [die] Empörung über moralische Verstöße«[53], weniger auf eine konkrete programmatische Aktion sowie auf schlüssige Konzepte für die Zeit im Anschluss an die Proteste.[54] Somit liegt zum Beispiel die Wirkung der »Occupy«-Kampagne »weniger im Angebot von konkreten Lösungen, sondern darin, dass sie die Finanzkrise aus einem engen technokratischen Kontext herausgelöst und zu einer öffentlichen Angelegenheit gemacht hat«.[55] Dieselbe symbolische und ästhetische Charakterisierung neotribaler Protestphänomene lässt sich auch hinsichtlich ihrer inneren Dynamik der organisatorischen Vielfalt und Dezentralität erkennen, die sich fast nie durch ein kodifiziertes Mitgliedschaftssystem kanalisieren lässt. Wie auch im Fall der deutschen Neuen sozialen Bewegungen definiert sich die (informelle) Teilnahme mehr über die Adhäsion zu einer kollektiven Identität[56], die immer öfter durch emotionale Elemente geprägt wird.[57] Die »Occupy«-Bewegung in den USA mobilisierte 2011 in diesem Sinne all diejenigen, die das Gefühl des »We are the 99 percent« beziehungsweise die Wahrnehmung, von dem herr-

---

51 Vgl. *Brühl/Pollozek*, Die neue Wir-Kultur.

52 *David Bebnowski*, Der trügerische Glanz des Neuen: Formierte sich im Protest gegen »Stuttgart 21« eine soziale Bewegung?, in: *Frank Brettschneider/Wolfgang Schuster* (Hrsg.), Stuttgart 21. Ein Großprojekt zwischen Protest und Akzeptanz, Wiesbaden 2013, S. 127–148; *Fabienne Décieux/Oliver Nachtwey*, Occupy. Protest in der Postdemokratie, in: Forschungsjournal Soziale Bewegungen 27, 2014, H. 1, S. 75–89.

53 *Thomas Kern/Sang-hui Nam*, Werte, kollektive Identität und Protest: Die Mobilisierung der Occupy-Bewegung in den USA, in: APuZ, 2012, H. 25-26, S. 29–36.

54 *Marg/Walter*, Proteste in der Postdemokratie.

55 *Kern/Nam*, Werte, kollektive Identität und Protest.

56 *Alberto Melucci*, L'invenzione del presente: movimenti, identità, bisogni collettivi, Bologna 1982; *Kai-Uwe Hellmann*, Soziale Bewegungen und kollektive Identität, in: Neue soziale Bewegungen 8, 1995, H. 1, S. 68–81; *Cristina Flesher Fominaya*, Collective Identity in Social Movements: Central Concepts and Debates, in: Sociology Compass 4, 2010, S. 393–404.

57 *James M. Jasper*, The Emotions of Protest. The Affective and Reactive Emotions in and around Social Movements, in: Sociological Forum 13, 1998, S. 397–424.

schenden »1 Prozent« der Gesellschaft hinsichtlich der eigenen Zukunftsperspektiven sozial, ökonomisch und politisch betrogen worden zu sein, teilen konnten.[58]

Zwischen ausgeübter Systemkritik und gefühlter Systemrelevanz: Die »Maker«-Kultur

Nicht selten sind die hier angesprochenen Erscheinungen eine Transformation bereits bestehender Phänomene, die die Semantik der *neo-tribes* übernommen haben und somit neue Auswirkungen auf den jeweiligen Kontext erzeugen. Dies ist sicherlich der Fall bei einem sichtbaren neotribalen Phänomen im produktiven Bereich: der sogenannten Maker-Bewegung, die die Do-it-yourself-Subkultur (DIY) der 1950er-Jahre aktualisiert, neu interpretiert und auf eine neue Wirkungsebene gebracht hat. Wenn auch der Fokus vieler Produkte der (europäischen und insbesondere der deutschen) »Maker«-Bewegung auf Gesundheit, Umwelt und Nachhaltigkeit liegt und als Reaktion zur globalisierten Massenproduktion gesehen werden kann, ist wenig von der alten subversiven Prägung durch Hippies und Punks geblieben, die DIY als Ausdruck ihrer Konsumverweigerung praktizierten. In der heutigen »Maker«-Kultur vermischt sich hingegen der traditionelle Handwerker mit dem neuen Geist des »Prosumers«. Sicherlich ist die Entwicklung der »Maker«-Bewegung ein Resultat der Informatisierung und der Digitalisierung der Arbeitsprozesse der letzten 30 Jahre, die eine Verbreitung auf häuslicher Ebene von Produktionsmitteln und Know-how ermöglicht und somit eine neue DIY-Generation zum festen Bestandteil sowohl der Konsum- als auch der Produktionsmechanismen gemacht haben. Dabei weist die Bewegung neotribale Eigenschaften auf. Das Link-Element der »Maker«-Bewegung besteht in der Überzeugung, dass ihre Kultur die Grundlage für neue technologische und produktionsrelevante Innovation sei.[59] Tatsächlich hat bereits in den letzten zehn Jahren etwa die Weiterverwendung von individuellen Ergebnissen, zum Beispiel durch die Verbreitung von »Copyleft«- und Open-Source-Lizenzen sowie die Verwendung kostengünstiger Technologien, dazu beigetragen, spürbare Wirtschaftseffekte und neue produktive Kontexte auszulösen. Während die industrielle Welt bis zu den 1980er-Jahren die Produktionsmittel (und ihren Besitz) als tragende Säule hatte, dreht sich die Digitale Revolution um die Information(smittel) und ihre Demokratisierung. Chris Anderson brachte diese Dynamik 2010 mit der Formel »From Do It Yourself to Do It Together« auf den Punkt.[60] Das Crowdsourcing von Ideen sowie das Teilen von teurer Arbeitsinfrastruktur über digitale Netzwerke oder geteilte Arbeitsplätze ermöglicht seit einigen Jahren die Bündelung von Synergien von »larger numbers of diversified and talented individuals to more and more rapidly innovate and drive new levels of performance on a continuing basis«.[61] Das ist zum Beispiel der Fall bei »Share Makerspace« in Mailand, einem Verein von mittelständischen Handwerkern, die ihre Anlagen und Maschinen für einzelne »Maker« zur Verfügung stellen und somit die Herstellung von Qualitätsprodukten in geringer Stückzahl ermöglichen.[62]

Die »Maker«-Kultur ist soziologisch und volkswirtschaftlich nicht nur aufgrund der Tatsache relevant, dass durch die Verbreitung kostengünstiger Technologien und sozialer Medien immer mehr Personen mit der als Hobby betriebenen häuslichen Entwicklung von

---

58 *Nils C. Kumkar*, Explodiertes Unbehagen. Die Generation Occupy Wall Street, in: INDES. Zeitschrift für Politik und Gesellschaft 3, 2013, H. 4, S. 54–58; *Lars Geiges*, Occupys Alltag. Erkenntnisse über Protestcamps und Basisdemokratie, in: INDES. Zeitschrift für Politik und Gesellschaft 3, 2013, H. 1, S. 108–115.

59 *Birgit Richard/Alexander Ruhl* (Hrsg.), Konsumguerilla. Widerstand gegen Massenkultur?, Frankfurt am Main/New York 2008.

60 *John Hagel III/John Seely Brown/Lang Davison*, From Do It Yourself to Do It Together, URL: <https://hbr.org/2010/02/from-do-it-yourself-to-do-it-t.html> [31.8.2017].

61 Ebd.

62 URL: <http://www.sharemakers.it> [7.9.2017].

Software und Hardware beziehungsweise von Bekleidung, Lederwaren oder sonstigem Zubehör in Teil- oder Vollzeit beschäftigt sind und immer häufiger kleine Unternehmen gründen, sondern auch wegen der Tatsache, dass diese Tendenz spätestens im letzten Jahrzehnt eine signifikante Dimension in der sozialen (mit der Entstehung von einem neuen Mittelstand) und in der produktiven Infrastruktur (unter anderem durch den Übergang von Business-to-Consumer- zu Consumer-to-Consumer-Modellen) einiger produktiver Distrikte sowie in der gesamten Wirtschaft angenommen hat. Die Entscheidung von Barack Obama aus dem Jahr 2014, die Initiative »Nation of Makers« ins Leben zu rufen[63], sowie die über eine Million aktiven »Maker«, die auf »DaWanda« oder »Etsy« täglich verkaufen, und zu guter Letzt der Jahresumsatz von »Etsy« von circa 2,4 Milliarden US-Dollar sind klare Beweise dafür.[64] Relevant für die geschichtswissenschaftliche Perspektive wäre zum Beispiel die Möglichkeit, die nun 30 Jahre alte postindustrielle Transition der ehemaligen Verarbeitungsindustriegebiete Norditaliens (»Distretti Industriali«) hinsichtlich des Aufkommens von neuen Formen der Entwicklung, Herstellung und des Vertriebs von Produkten in einem vernetzten Kontext zu untersuchen.[65]

Die neotribale Kommunikation: Die soziale Gestaltung eines individualisierten Dialogs

Eine zentrale Rolle für das Auftreten von neotribalen Phänomenen spielen, wie bereits mehrfach angedeutet, die medialen und technologischen Entwicklungen seit den frühen 1980er-Jahren und die damit verbundenen neuen kommunikativen und virtuellen sozialen Infrastrukturen.

An dieser Stelle sind die freien Radios und die Verbreitung von neuen xerografischen Reproduktionsverfahren sowie von Faxgeräten zu nennen, da diese die Möglichkeit boten, eine horizontale, nicht hierarchisch kontrollierte Kommunikation innerhalb einer Community zu etablieren und zu gewährleisten. Das »Minitel« von 1982 zeigte das soziale Potenzial der digitalen Netzwerke lange vor dem kommerziellen Internet. Die Markteinführung der Personal Computer durch IBM markierte im Jahr 1981 nicht nur eine Revolution in technologischer, sondern auch in sozialer Hinsicht, indem die Beziehung zwischen Individuum und Maschine neu definiert und direkt beziehungsweise persönlich wurde. Die Markteinführung des »Macintosh« von Apple 1984 kann nicht von ungefähr als das letzte Kapitel dieser personellen Revolution angesehen werden. Mit dem »Macintosh« wurde nicht nur ein PC auf den Markt gebracht, sondern vor allem das Konzept des »Personal Computing«, das im Großen und Ganzen bis heute intakt geblieben ist. Die von dem Unternehmen angestrebte Stufe der Personalisierung zeigte sich schon im Verzicht auf einen numerischen Code zur Namensgebung und stattdessen der Verwendung eines eher gewöhnlichen Familiennamens (»Macintosh«) für den ersten Apple-PC. Erst mit der Liberalisierung und Kommerzialisierung des Internets seit Mitte der 1990er-Jahre, mit den ersten »Weblogs« (später dann »Blogs«) sowie mit der Entwicklung der sozialen Netzwerke wurden die technischen Geräte von der Privatsphäre des Büros oder des Hauses auf die öffentlich-soziale Ebene verlagert. Dadurch wurden die alten Netzwerke allmählich in die Lage versetzt, »to cope at the same time with flexible decentralization, and with focused

63 URL: <https://www.whitehouse.gov/nation-of-makers> [31.8.2107].

64 Etsy: Number of Registered Members 2014, URL: <https://www.statista.com/statistics/294865/number-of-registered-etsy-members/> [31.8.2017]; Etsy: Total Annual Merchandise Sales Volume 2015, URL: <https://www.statista.com/statistics/219412/etsys-total-merchandise-sales-per-year/> [31.8.2017]. Vgl. zum gesamten Phänomen neuer prekärer Selbstständigkeit *Timo Luks*, Prekarität. Eine nützliche Kategorie der historischen Kapitalismusanalyse, in: AfS 56, 2016, S. 51–80, insb. S. 73f.

65 Vgl. zum Thema *Stefano Micelli*, Futuro artigiano. L'innovazione nelle mani degli italiani, Venedig 2011.

decision-making«.[66] 1999 schrieb Rick Levine in seinem »Cluetrain Manifesto« in Bezug auf die neuen Märkte, dass diese »aus Menschen, nicht aus demografischen Segmenten« bestünden und »Gespräche« geworden seien.[67] Das World Wide Web erweiterte anders als ursprünglich gedacht nicht allein den globalen Marktplatz, sondern schuf völlig neue Märkte mit eigenen Regeln und Produkten. Gerade die Verbindung von Prosuming und digitaler Welt ließ in der Wirtschaft eine bis dahin noch nie da gewesene neuartige Kommunikation zwischen Individuen und Organisationen entstehen.[68] Der kommerzielle Durchbruch von Amazon oder Facebook ist unter anderem auf deren Fähigkeit zurückzuführen, einen Dialog mit den Konsumenten zu etablieren. Nicht das Produktangebot dieser Webseiten war ihr Schlüssel zum Erfolg, sondern der gelungene und permanente Austausch mit den Konsumenten über deren Wünsche und Bedürfnisse. Amazon konkretisierte diesen Dialog zum Beispiel mithilfe von Rezensionen und Bewertungen der Konsumenten zu den angebotenen Produkten. Mark Zuckerberg ging sogar noch weiter, indem er 2004 zunächst unzählige Kontakte und Communitys und somit unendliche »Gespräche« im Sinne Rick Levines entstehen ließ, bevor er seinen Werbepartnern mit Facebook die wahrscheinlich am besten strukturierte Konsumentenmasse der Geschichte anbieten konnte.

Diese Form der in vielerlei Hinsicht neotribalen Kommunikation hat in den letzten Jahren tief greifende Auswirkungen auf die Produktion und Verbreitung von Inhalten jeglicher Natur. Dies lässt sich mit dem von Chris Anderson beschriebenen »Long-Tail«-Effekt erklären. Anderson spricht auch nicht etablierten Subjekten die Möglichkeit zu, Nischeninhalte (wie zum Beispiel Fake News) unabhängig von Mittelinstanzen zu produzieren und damit über eine gewisse Zeit ebenso viel Resonanz zu bekommen wie Inhalte aus den Mainstream-Strukturen.[69] In der deutschen Politik kann man diesen Effekt in Bezug auf die zunehmende Fragmentierung der Parteienlandschaft spätestens seit den 2000er-Jahren beobachten. Die Hegemonie der etablierten (Volks-)Parteien wird seitdem immer stärker durch die Konsensfähigkeit sowohl von oppositionellen Protest- und Meinungsbewegungen (Die Piraten, AfD, PEGIDA, die LINKE in der ersten Phase) als auch – vor allem auf kommunaler Ebene – von alten und neuen Formen der zivilgesellschaftlichen politischen Partizipation (Wählergemeinschaften) herausgefordert, die gerade durch die Übernahme von neotribalen Kommunikationsformen und mit ihren oft radikalen und neopopulistischen Inhalten (man denke an die sogenannten Reichsbürger) aus der Nische heraustreten und unabhängig von ihrer reellen Bedeutung eine breite Masse der Gesellschaft ansprechen und beeinflussen können.

Wenn auch die neotribale Natur der oben genannten deutschen Bewegungen und Parteien genauso wie der Zusammenhang zwischen der Herausbildung von neuen Organisationsformen des Politischen, deren Einsatz vernetzter Konsensstrategien und der Krise und Transformation der Volksparteien in den letzten 30 Jahren noch empirisch zu prüfen ist, lässt sich im Allgemeinen die These aufstellen, dass die neotribale Phänomenologie, inklusive der »Prosumer«- und »Long-Tail«-Effekte, wichtige Auswirkungen auf die Daseinsberechtigung und auf die normative Kraft der gesellschaftlichen Mittelinstanzen hatte. Spätestens seit den 1990er-Jahren finden sich diese durch solche sozialen Phänomene vor die Herausforderung gestellt, dass sie sich ihrerseits (und nicht ohne Konflikt) immer häu-

66 *Manuel Castells*, Materials for an Exploratory Theory of the Network Society, in: The British Journal of Sociology 51, 2000, S. 5–24, hier: S. 5.

67 *Rick Levine/Christopher Locke/Doc Searls* u. a., The Cluetrain Manifesto. The End of Business as Usual, Cambridge 2000.

68 Vgl. hierzu die bereits genannte Masterarbeit von *Schmidt*, Bewusste Ernährung als kultureller Motor sozialstruktureller Veränderung?

69 *Chris Anderson*, The Long Tail – Der lange Schwanz. Nischenprodukte statt Massenmarkt. Das Geschäft der Zukunft, München 2007.

figer mit neotribalen Semantiken konfrontiert sehen und teilweise selber eine neotribale kommunikative Praxis der Identitätsstiftung, der Befriedigung von Bedürfnissen und Erwartungen und letzten Endes der Konsenskonstruktion anwenden müssen.

Das Neotribale als Strategie

Auf dem Feld des Konsums haben Kommunikationsexpertinnen und -experten schon lange eine Kehrtwendung des Marketings im neotribalen Sinne betrieben und dahin gehend ihr Selbstverständnis angepasst: Nicht mehr die Reaktion auf existente Zielgruppen, sondern die aktive Initiierung der Herausbildung kollektiver Gebilde steht im Mittelpunkt einer immer größeren Anzahl von Agenturen.[70] Es handelt sich um Kommunikationsstrategien, die schon zuvor, teilweise unhinterfragt, in anderen Feldern jenseits der Kommerzialisierung von Konsumgütern zum Vorschein kamen und sich mittlerweile als geläufige Grundlage von Wandlungsstrategien normativer Instanzen im politischen, produktiven und sogar religiösen Feld beobachten lassen. Auf politischer Ebene gestalteten die Parteien ihre Kommunikation mit der Wählerschaft in der ersten Hälfte des 20. Jahrhunderts anhand des Paradigmas der Parteizugehörigkeit und der sozialen Identität, wohingegen die Parteien der Nachkriegszeit den Weg einer unmittelbaren personalisierten Konsenskonstruktion suchten. Die Zunahme der Wählervolatilität – eine Auswirkung der Lockerung der traditionellen sozialen und kulturellen Verbindlichkeiten – brachte bereits in den 1960er-Jahren auch in Europa eine immer größere Relevanz individualisierter Meinungsbildung der Wählerschaft in Bezug auf Programme und Kandidaten zum Vorschein.[71] In dieser Zeit wurde die Logik der Medien vor allem in den USA zum dominierenden Paradigma der Wahlkämpfe.

Zunächst dominierte das Fernsehen über alle anderen Medien und Fernsehspots wurden zur zentralen politischen Kommunikationsform jedes Wahlkampfs. In Europa fand die Einführung des »politicus catodicus«[72] in den 1980er-Jahren statt. Erst mit den damaligen Wahlkämpfen der italienischen und französischen Sozialisten sowie der englischen Labour Party wurden Marketingelemente und somit die mediale Eventisierung fester Bestandteil der Politik. Seit den früheren 1980er-Jahren fungierten in Italien zunehmend Prominente aus der Kultur und aus dem Sport als Testimonials für die Wahlspots des »Partito Socialista Italiano« und sogar des »Partito Comunista Italiano«. Die Labour Party in Großbritannien mobilisierte im Wahlkampf 1984 das Beste der damaligen Rock- und Popszene und in Frankreich ließ sich François Mitterrand sogar eine eigene Fernsehshow gestalten.[73] Seitdem erlebte diese »Pop-Politik«[74] nicht nur in Europa nach und nach qualitativ eine bedeutende Vertiefung vor allem medialer Natur. Spätestens seit den 1990er-Jahren fand eine zunehmende Verschmelzung von Politik, Unterhaltung und Marketing nicht mehr nur mittels des Fernsehens statt, sondern sie wurde multidimensional und multimedial. In der Epoche der »centrifugal diversification«[75] spielen vor allem das Direct Mailing, das

70 International, URL: <http://tribalworldwide.com>; URL: <http://www.brandwarriors.co.uk>; in Deutschland, URL: <http://ddb-tribal.com> und in der Schweiz, URL: <http://cooltribes.com> [31.8.2017].

71 *Marco Cacciotto*, Marketing politico. Come vincere le elezioni e governare, Bologna 2011, S. 38f.

72 *Gervasoni*, Storia d'Italia degli anni Ottanta, S. 190.

73 Die Sendung hieß »Ça nous intéresse … Monsieur le Président« und wurde in Form eines Interviews mit Filmausschnitten und Videoclips gestaltet. Insgesamt wurde sie zwischen dem 28. April 1985 und dem 2. März 1986 dreimal veranstaltet und ausgestrahlt.

74 Ebd., S. 184–189.

75 *Jay G. Blumler/Dennis Kavanagh*, The Third Age of Political Communication: Influences and Features, in: Political Communication 16, 1999, S. 209–230.

Telemarketing und die internetbasierte Kommunikation die Hauptrolle. Dadurch wenden sich politische Agenturen und Akteure der neuen Wählerschaft nicht nur mit einem personalisierten Angebot, sondern auch individuell und persönlich zu. Das Internet ist außerdem per Definition sowohl personal als auch kollektiv. Es ist also keineswegs Zufall, sondern ein Zeichen des grundlegenden gesellschaftlichen und politischen Wandels, dass die letzten beiden erfolgreichen Parteigründungen in Italien – »Forza Italia« und »Movimento 5 Stelle« – in enger Verbindung mit marketingstrategischen und unternehmerischen Überlegungen stehen.[76]

Gerade die zeitgenössische mediale Hypertrophie produziert eine immer dringendere Notwendigkeit für Politikerinnen und Politiker, sich direkt und ständig mit den (potenziellen) Wählern zu verbinden und zu vernetzen. Dadurch lässt sich auch aus der Perspektive der Hauptakteure der Politik selbst ein Funktionsverlust der mittleren Instanzen erkennen, der weitreichende Auswirkungen auf Modi und Wege der Formulierung politischer Inhalte (nicht nur seitens der Parteien) mit sich bringt.[77] »Das Medium« bleibt also anscheinend auch mit dem Internet und den sozialen Medien tatsächlich »die Botschaft«.[78] Das gilt vor allem aus der Perspektive der nun individualisierten Möglichkeit, basisdemokratische Bestrebungen zu bündeln und zu verschärfen, wie zum Beispiel im Fall der Piratenpartei in Deutschland oder des »Movimento 5 Stelle« in Italien deutlich wird.

Als Antrieb neotribaler Phänomene[79] liefern das Internet und die sozialen Medien aufgrund ihrer »Peer-to-Peer«-Dimension einen der Kontexte. Aber genau wie die Tendenz zur Personalisierung der politischen Kommunikation offensichtlich kein Novum ist, so war auch die der ästhetischen Gemeinschaftsbildung im Sinne Maffesolis bereits vor dem Web vorhanden. Beide sind jedoch seit wenigstens zwei Jahrzehnten durch die Entwicklung der neuen Medien auch in Europa zu einem systemischen Phänomen geworden[80], dessen Entwicklungsgeschichte es noch zu untersuchen gilt.

Ähnlich wie im Showgeschäft wird die Vermarktung der eigenen Persönlichkeit beziehungsweise die Konstruktion einer Persönlichkeit, die nach außen vermarktet werden kann, auch in der Politik zum zentralen Anliegen. Auch die Formulierung der politischen Programme unterliegt immer öfter dieser Logik. Beobachtet man Politiker wie Beppe Grillo, Silvio Berlusconi, Donald Trump, Hillary Clinton und sicherlich ebenso Angela Merkel, erkennt man eine eindeutige Tendenz zur Emotionalisierung der Kommunikation und eine damit verbundene Simplifizierung komplexer Inhalte sowie eine starke Symbolik und Metaphorik der Sprache. Emotionen scheinen seit einigen Jahren auch von der Politik als

---

76 Im Fall von »Forza Italia« bildeten 1984 die Manager und Mitarbeiter der Werbeagentur »Publitalia 80« (eine der größten in Europa) den ursprünglichen Kern der neuen Partei von Silvio Berlusconi, während das »Movimento 5 Stelle« im Jahr 2009 von der Webmarketingagentur »Casaleggio e associati« und Beppe Grillo gegründet wurde. Vgl. *Marco Maraffi*, Forza Italia. Apparato personale e comitati elettorali, in: *Gianfranco Pasquino* (Hrsg.), La politica italiana. Dizionario critico, 1945–95, Rom 1995, S. 247–259, und *Alberto Di Majo*, Casaleggio. Il Grillo parlante, Rom 2013.

77 Eine Entwicklung, die in einer langen historischen Kontextualisierung noch nicht untersucht worden ist.

78 Nach der berühmten These von *Marshall McLuhan*, Understanding Media. The Extensions of Man, New York 1964.

79 Wie weitblickend 1996 von Derrick de Kerckhove in einem Interview mit Wired geschildert wurde, *Kevin Kelly*, What Would McLuhan Say?, in: The Wired, 10.1.1996, URL: <https://www.wired.com/1996/10/dekerckhove/> [31.8.2017]. Vgl. auch *Kerckhove*, Connected Intelligence, sowie *ders./Antonio Tursi*, Dopo la democrazia? Il potere e la sfera pubblica nell'epoca delle reti, Mailand 2006.

80 Vgl. für Italien zum Beispiel *Luca Mori*, Partiti, leadership e consenso agli albori del social networking (2005–2010): il caso italiano, in: SocietàMutamentoPolitica 2, 2011, Nr. 3, S. 183–197.

bindendes Element erkannt worden zu sein. Tatsächlich verlagerte sich die Suche nach Konsens im Laufe der letzten 30 Jahre von einer rationalen auf eine emotionale Ebene. So wie im ursprünglichen etymologischen Sinn wird Konsens in der zeitgenössischen politischen Kommunikation durch das gemeinsame Fühlen und Empfinden, durch geteilte Emotionen und Erlebnisse hervorgerufen. Erfolgreich ist die Vermarktung des politischen »Produkts« also dann, wenn es den Wähler nicht nur zu einer einmaligen Stimmabgabe bewegt, sondern eine langfristige Beziehung hergestellt wird, die die Wählerschaft emotional an die Partei beziehungsweise ihre führende Persönlichkeit bindet.[81]

III. Ausblick

Trotz ihres starken Bezugs zur Gegenwart zeigen die zentralen Elemente dieser vorläufigen Beobachtungen, dass die herausgestellten Trends und Dynamiken im Kontext einer steigenden Pluralisierung und Emotionalisierung von Verhaltens-, Identitäts- und Partizipationsmustern und einer zunehmenden Relevanz der Technologisierung und Computerisierung der Gesellschaft, eine starke sozialhistorische Perspektive auf die Transformationen der Gesellschaft und ihre Strukturen anbieten können.

Die analytische Qualität der neotribalen Perspektive liegt einerseits darin, dass durch die Verlagerung des Fokus auf ephemere und situative Identitäten sowie gleichzeitige Verbindlichkeiten diese relationalen Vergemeinschaftungsformen in das Zentrum der sozialhistorischen Analyse ab den 1980er-Jahren rücken. Andererseits ermöglicht die Untersuchung neotribaler Phänomene, teilweise anders nicht greifbare Sozialformen in den Blick zu nehmen und diese in ihren Auswirkungen auf soziale, politische, ökonomische, staatliche und religiöse Strukturen zu untersuchen. Denn – so die zentrale These des Beitrags – jenseits ihrer Valenz als Modeerscheinung oder als mögliche Subjekte der Pop-Geschichte[82] – nehmen diese durch Konsum und mediale Entwicklungen geprägten Identitäten und Phänomene tatsächlich eine sozialhistorische Relevanz an, indem sie durch eine eigene Diskurs- und Handlungspraxis seit nunmehr 30 Jahren in der Lage sind, neue symbolische Ordnungssysteme und materielle Verhältnisse zu schaffen und somit die Daseinsberechtigung und die normative Kraft gesellschaftlicher Mittelinstanzen wie Parteien, Kirchen, Betriebe, Gewerkschaften und sozialstaatliche Strukturen herauszufordern.

---

81 Als empirisches Beispiel vgl. die Masterarbeit von *Mohr*, Movimento 5 Stelle.

82 In den letzten Jahren haben die Studien über den Pop als Subjekt der Geschichtswissenschaft – zu Recht – eine gewisse Konjunktur erlebt. In einer jüngst erschienenen zweibändigen Publikation mit dem Titel »Popgeschichte« wird durch Pop eine historische Perspektivierung von Formen populärer Kultur- und Vergesellschaftung vorgeschlagen, in dem diese in ihren Handlungsfeldern medial, ökonomisch und nicht zuletzt politisch substantiiert werden. Trotzdem wird aber die sozialhistorische Bewertung von Pop-Phänomenen und -Trends nicht als Ziel der Pop-Geschichte deklariert, da solche Phänomene von den Autorinnen und Autoren selbst als »kulturalistisches Beiwerk« (*Geisthövel/Mrozek/Röckenhaus*, Popgeschichte, Bd. 1, S. 13) beziehungsweise als »kulturelle Nische« betrachtet werden (ebd., S. 10). Sicherlich ist die Beziehung zwischen Pop und der neotribalen Phänomenologie sehr eng. Einige Pop-Phänomene stellen tatsächlich die Grundlage von oder sind sogar selber als neotribale Phänomene aufzufassen. Während sich Pop aber als eine epochale Kategorie verstehen lässt, welche eine unter anderem durch mediale und technologische Entwicklungen hervorgerufene Differenz zur vorangegangenen Volks- und Massenkultur anzeige (ebd., S. 20), bezieht sich *tribal* nicht auf Kultur, sondern auf die Ausgestaltung von neuen (gewiss zumindest anfänglich minoritären und ephemeren) Formen der sozialen Beziehungen und auf die daraus folgenden Auswirkungen ihrer Diskurs- und Handlungspraxis für den sozialen und strukturellen Wandel.

In diesem Sinne zählen zu der neotribalen Dimension – um nur noch wenige, eher aktuelle Beispiele aufzuführen – sowohl Communitys wie die der Veganer und der Impfgegner sowie Erscheinungen wie »Refugees Welcome« und ihre entgegengesetzten fremdenfeindlichen Formen oder partizipative urbane Phänomene wie »Guerrilla Gardening«, »WikiWoods« oder Fair-Trade-Konsumenten oder selbst schwer nachvollziehbare Phänomene wie die »Horrorclowns«, die im Herbst 2016 in der Lage waren, Polizei, Innenministerium und den Dachverband der Zirkusbetreiber in Aufregung zu versetzen.[83]

Sicherlich haben die aufgeführten Beispiele in den Beobachtungen gezeigt, dass wir aus der Sicht einer längeren Periodisierung noch sehr wenig über die Entstehungs- und Entwicklungsphasen dieser aktuellen Vergemeinschaftungsformen wissen. Sehr wenig wissen wir auch über die Bedeutung der Verflechtung und über mögliche Synergien von neotribalen Semantiken und Praxisstrategien mit einigen mehrschichtigen Phänomenen wie der Gentrifizierung und der urbanen Transformation insgesamt, der nicht politisch motivierten Gewalt im städtischen Raum, einigen Aspekte der New Economy, der Subjektivierung der Arbeit, der Entwicklung von bewussten Konsummodellen, der Durchsetzung des Neoliberalismus auch auf kultureller Ebene sowie neuen basisdemokratischen Tendenzen in der Politik und neuen Formen des Populismus.[84] Wir wissen auch noch sehr wenig über die sozialhistorische Dimension der von Maffesoli und Cova beschriebenen kommunikativen Praxis in Bezug auf ihre Übernahmen seitens der institutionellen Akteure, die sie zur Identitätsstiftung, Befriedigung von Bedürfnissen und Erwartungen und zur Konsenskonstruktion anwenden.

Die empirische sozialhistorische Wahrnehmung von neotribalen Phänomenen bietet aber nicht nur eine neue Beobachtungsperspektive auf die Krise und Transformationen sozialer Strukturen und auf die Schaffung neuer symbolischer Ordnungssysteme und materieller Verhältnisse in der jüngsten Vergangenheit. Sie könnte auch als Fragengenerator zum Beispiel hinsichtlich der Bedeutung und der Auswirkung des Neotribalen auf einige klassische zentrale Begriffe der Sozialgeschichte (und umgekehrt) fungieren, wie zum Beispiel Klasse und Gender, aber auch politische Partizipation oder Solidarität und soziale Ungleichheit. Welche Auswirkung hätte eine neotribale Perspektive auf Gender, Generation, Nation, Rasse, beziehungsweise welche weiteren Erkenntnisse können von der Intersektion dieser Kategorien mit dem Neotribalen gewonnen werden? Wie sind neotribale Phänomene zum Beispiel in Bezug auf Gender zu deuten, wenn die Widersprüchlichkeit der vermeintlichen Homogenisierung der Unterschiede durch Konsum und dem offensichtlichen Weiterbestehen ungleichgewichteter Machtverhältnisse in der Gesellschaft betrachtet wird? Oder umgekehrt: Wie werden diese Unterschiede durch die neotribale Phänomenologie neu definiert? Wie verändern neotribale Konstellationen die Stiftung von Genderidentitäten?

Das Gleiche gilt für die Kategorie Klasse, die zwar in der neotribalen Dimension ausgeklammert wird, aber trotzdem ihre zentrale Funktion zur Deutung sozialer Unterschiede behält.[85] Der vor Kurzem gestorbene Soziologe Luciano Gallino konstatierte 2012, dass die sozialen Klassen weiterhin existieren, auch wenn sie aus den Köpfen der meisten von uns verschwunden seien.[86] Klassen bestehen demnach auch in der neotribalen Gesellschaft,

---

83 *Jan Küveler*, Was uns die Horrorclowns wirklich sagen wollen, in: Die Welt, 30.10.2016, URL: <https://www.welt.de/kultur/article159129187/Was-uns-die-Horrorclowns-wirklich-sagen-wollen.html> [7.9.2017].

84 *Joshua David Greene*, Moral Tribes, Emotion, Reason, and the Gap Between Us and Them, New York 2013.

85 *Angelo Livreri Console*, Di che classe sei? Una riflessione sociologica sull'attualità dell'analisi di classe, Rom 2006.

86 *Luciano Gallino/Paola Borgna*, La lotta di classe dopo la lotta di classe, Rom/Bari 2012.

das heißt in kulturellen Systemen, die Klasse als Konzept überwinden wollen. Viele der vorhin aufgelisteten Phänomene sind im Endeffekt Ausdruck einer zum großen Teil globalisierten urbanen Mittelschicht. Darunter befinden sich zum Beispiel jene unter prekären Bedingungen arbeitenden Intellektuellen oder »cognitarian workers«[87], die ihr Unwohlsein mit ihrem reellen wirtschaftlichen Zustand mit den äußerlichen Merkmalen einer nivellierten Wohlstandgesellschaft konfrontieren: »zu reich, um auf ihre Sehnsüchte zu verzichten, aber zu arm, um sie zu realisieren«.[88]

Ohne eine neue Definition von Klasse geben oder eine Erweiterung des Schichtkonzepts wie für die »Sinus«-Milieus praktizieren zu wollen: Welche neue Deutung der sozialen Unterschiede bietet uns die neotribale Perspektive an? Werden dadurch alte Grenzen (Klasse und Schicht, Ethnie, Rasse und geografische Herkunft) tatsächlich oder nur auf symbolischer Ebene aufgelöst? Kann uns die neotribale Perspektive zum Beispiel helfen, die radikale Veränderung, ja quasi das Verschwinden der Mittelschicht in Italien seit der Mitte der 1990er-Jahre neu zu interpretieren? Welche Wechselwirkung besteht zwischen dem Auftreten von neotribalen Phänomenen in den letzten 30 Jahren und der Verfestigung jener neoliberalen Politiken in Europa, die trotz der vielen eklatanten Dementis nahezu unverändert geblieben sind?[89]

Die meisten neotribalen Phänomene stellen eine kontrahegemoniale Antwort auf den kulturellen und ideologischen Wandel des Neoliberalismus dar, indem sie seine individualistische Herausforderung annehmen und diese auf die Ebene des Gemeinschaftlichen umkehren. Gerade die Durchdringung der Arbeitswelt durch eine postfordistische Partizipationskultur hat eine noch nicht untersuchte Auswirkung auf die Produktions- und Unternehmensformen, auf die innerbetrieblichen Beziehungen sowie auf Modi und Wege der Forschung und Entwicklung mit sich gebracht.[90] Dasselbe gilt für weitere Felder, die hier nicht alle aufgelistet werden können, aber eine Reihe an offenen Fragen zeigen: Wie lassen sich zum Beispiel im Rahmen einer ästhetischen partizipativen Kultur jene offensichtlich neuen sozialen und politischen Partizipationsformen interpretieren, die seit einigen Jahren das europäische Panorama prägen? Wie wurden die alten Formen des Protests und des sozialen Kampfs sowie der politischen Partizipation im Allgemeinen durch jene Bewegungen verändert, die die traditionellen Argumentationsmuster der Moderne mit einer Gefühlssemantik[91] der Illusion, der Enttäuschung, des Unkonventionellen und gleichzeitig des Konformismus (der weiterhin existiert), des Hedonismus und der Leidenschaft (im etymologischen Sinne) sowie der apokalyptischen Visionen einer Zukunft, die seit Jahrzehnten hier und jetzt konsumiert wird, ersetzt haben?

---

87 *Franco Berardi*, Cognitarian Subjectivation, in: E-flux, 2010, Nr. 20, URL: <http://www.e-flux.com/journal/20/67633/cognitarian-subjectivation/> [7.9.2017].

88 *Raffaele Alberto Ventura*, Noi, classe disagiata, in: IL – Idee & Lifestyle, 30.8.2016, URL: <http://24ilmagazine.ilsole24ore.com/2016/08/noi-classe-disagiata/> [7.9.2017].

89 Vgl. hierzu *Gallino/Borgna*, La lotta di classe dopo la lotta di classe, S. VII.

90 Vgl. hierzu das bereits erwähnte Promotionsvorhaben von *Ciammariconi*, Die Rekonzeptualisierung der Arbeit in Italien seit den 1970er Jahren.

91 Was Maffesoli als »transfiguration du politique« bezeichnet, vgl. *Michel Maffesoli*, La transfiguration du politique. La tribalisation du monde postmoderne, Paris 2002.

Dokumentation – Analyse – Kritik

Werner Neuhaus

Ein »Monstrebrief«

Der bisher unauffindbare Brief von Ferdinand Lassalle an Clemens August Graf von Westphalen vom 17. Mai 1855

Der hier zum ersten Mal abgedruckte Brief Ferdinand Lassalles an Clemens August Graf von Westphalen vom 17. Mai 1855 ist nur vor dem Hintergrund der Beziehung zwischen diesen beiden ungleichen Zeitgenossen und dem sich daraus ergebenden Briefwechsel um die Mitte des 19. Jahrhunderts zu verstehen. Sie hatten sich Anfang des Jahres 1847 in Arnsberg kennengelernt, wo einer der zahlreichen Prozesse im Zusammenhang mit der Scheidungsklage Sophie von Hatzfeldts gegen ihren Ehemann Edmund verhandelt wurde.[1] Bei diesen »Hatzfeldthändeln« (Eduard Bernstein) trat Lassalle über acht Jahre hinweg als juristischer Generalbevollmächtigter der Gräfin auf und wurde in dieser Funktion deutschlandweit bekannt. Während zu Beginn der Bekanntschaft zwischen Lassalle und dem Grafen ein Kredit für Sophie von Hatzfeldt und Maßnahmen gegen ihren Ehemann im Zentrum des Briefwechsels gestanden hatten, waren im Laufe der Zeit immer mehr politische und philosophische Probleme zwischen dem konservativen katholischen Adligen und dem radikaldemokratischen Agitator thematisiert worden. Nachdem beide die Revolution von 1848/49 in völlig unterschiedlichen Positionen teilweise sehr konkret erlebt, erlitten und mitgestaltet hatten, ging es in den Jahren 1853 bis 1855 in ihrem Briefwechsel besonders um allgemeine Voraussetzungen, Möglichkeiten und Grenzen einer Revolution.

Der im Folgenden präsentierte Brief bezieht sich vor allen Dingen zu Beginn auf das Schreiben von Westphalens an Lassalle vom 23. August 1853[2], in welchem der Graf Lassalles Sicht der Revolution von 1848, die dieser ihm in früheren Briefen dargestellt hatte, rekapituliert und teilweise scharf kritisiert hatte. Dabei hatte von Westphalen Lassalle seine rechtlichen und philosophischen Bedenken und Einwände gegen dessen Sicht der Revolution mitgeteilt, wobei er dem Philosophen Lassalle »Missachtung oder Nichtbeachtung – und Nichtgeltenlassen des Gegebenen – Bestehenden – des Objekts« ankreidete – ein Vorwurf, den Lassalle in seiner hier abgedruckten Antwort mehrfach aufgreift und gegen seinen aristokratischen Briefpartner wendet, indem er diesem wiederholt »Subjectivismus« und eine völlig falsche Auffassung von Revolutionen und der Geschichte insgesamt vorwirft.

Nicht ganz zwei Jahre nach diesem ersten schriftlichen Gedankenaustausch über die Revolution von 1848/49 und ihre Einschätzung kam es dann im Zusammenhang mit der Rückzahlung eines Kredits, den von Westphalen Sophie von Hatzfeldt im Jahre 1847 im Rahmen ihres Scheidungsprozesses gewährt hatte, zu einer erneuten schriftlichen Kontaktaufnahme zwischen den beiden. In diesem Zusammenhang unterbreitete der radikaldemokratische Lassalle, der gerade an der Veröffentlichung einer philologischen und rechtsphilosophischen Untersuchung über den griechischen Philosophen Heraklit arbeitete, weit ausholend und zusammenhängend seine Sicht vom allgemeinen Wesen von Revolutionen und ihren Voraussetzungen.

1 Vgl. hierzu *Werner Neuhaus*, Der »rothe Republicaner«, sein »weißer Neger« und der »weiße Rabe«. Ferdinand Lassalle, Sophie von Hatzfeldt und Clemens August Graf von Westphalen, in: Westfälische Zeitschrift 165, 2015, S. 335–352.

2 *Ferdinand Lassalle*, Nachgelassene Briefe und Schriften, Bd. 2: Lassalles Briefwechsel von der Revolution 1848 bis zum Beginn seiner Arbeiteragitation, hrsg. v. *Gustav Mayer*, Stuttgart/Berlin 1923, S. 107–109. Das folgende Zitat findet sich auf S. 109.

Nicht alle Historikerinnen und Historiker würden so weit gehen wie Susanne Miller, welche »die Revolution als Kernstück der Geschichtsbetrachtung Lassalles«[3] bezeichnet hat, aber unbestreitbar ist, dass Lassalles Gedanken in vielen seiner Briefe, Vorträge und Bücher um gesellschaftlichen Wandel, Reformen und Revolutionen kreisen. In der historischen Forschung besteht seit Langem eine weitgehende Übereinstimmung darüber, dass die Französische Revolution und die Revolution von 1848/49 für Lassalles allgemeine Sicht der Revolution eine überragende Rolle gespielt haben.[4] Jedoch lässt sich weder in seinen Briefen noch in seinen rechtsphilosophischen Schriften[5] oder in seinen Vorträgen aus der Zeit der Arbeiteragitation[6] eine vergleichbare Stelle finden, in welcher Lassalle so umfassend und unter Hinzuziehung von Beispielen aus Geschichte, Literatur, Philosophie und Religion seine »Theorie« der Voraussetzungen gesellschaftlichen Wandels darlegt. Vergleiche seiner während der frühen 1850er-Jahre vor Düsseldorfer Arbeitern gehaltenen Vorträge über die »Geschichte der sozialen Entwicklung«[7] mit seinen hier geäußerten Ansichten über Revolutionen und ihre Bedingungen sowie den Agitationsschriften aus den 1860er-Jahren belegen, dass sich seine Interpretation der Französischen Revolution und der Revolution von 1848/49 sowie seine allgemeine Sicht vom Wesen gesellschaftlicher Revolutionen im Prinzip nicht geändert haben.[8]

Wie in seinem gesamten Werk bildet auch in diesem Brief die Geschichtsphilosophie Georg Wilhelm Friedrich Hegels die Grundlage für die Argumentationsweise Lassalles, des »größten Spätlings« der Junghegelianer[9], der die »Fahne des unsterblichen Meisters Hegel« auch in dieser Beziehung »zum entscheidenden Siege zu führen« gedachte.[10] Die Grundlage der Geschichtsauffassung Lassalles beruht auf der auf Hegel fußenden Überzeugung, »die geschichtliche Entwicklung des Menschengeschlechtes [sei] ein continuir-

---

3 *Susanne Miller*, Das Problem der Freiheit im Sozialismus. Freiheit, Staat und Revolution in der Programmatik der Sozialdemokratie von Lassalle bis zum Revisionismusstreit, Berlin/Bonn 1974 (zuerst 1964), S. 26.

4 Grundlegend hierfür ist sein Brief an v. Westphalen vom 9. Juli 1853: *Lassalle*, Nachgelassene Briefe und Schriften, Bd. 2, S. 83–103; zum Thema Lassalle und Revolution vgl. insgesamt *Shlomo Na'aman*, Revolutionstheorie und revolutionäre Praxis bei Ferdinand Lassalle, in: *Walter Grab/ Julius H. Schoeps* (Hrsg.), Juden im Vormärz und in der Revolution von 1848, Stuttgart/Bonn 1983, S. 312–330; *Thilo Ramm*, Ferdinand Lassalle. Der Revolutionär und das Recht, Berlin 2004, insb. S. 239–258. Zu Lassalles und anderer Sozialisten Sicht der Französischen Revolution vgl. *Beatrix W. Bouvier*, Französische Revolution und deutsche Arbeiterbewegung. Die Rezeption des revolutionären Frankreich in der deutschen sozialistischen Arbeiterbewegung von den 1830er Jahren bis 1905, Bonn 1982; *dies.*, Die Französische Revolution und die Grundwerte der Sozialdemokratie, in: *Anja Kruke/Meik Woyke* (Hrsg.), Deutsche Sozialdemokratie in Bewegung. 1848 – 1863 – 2013, Bonn 2013, S. 28–35.

5 Dazu bietet sich vor allen Dingen sein theoretisches Hauptwerk »Das System der erworbenen Rechte« (1861) an, vgl. *Shlomo Na'aman*, Lassalle, Hannover 1970, S. 331–376; *Thilo Ramm*, Lassalles Rechtsphilosophie: »Das System der erworbenen Rechte«, in: *Peter Brandt/Detlef Lehnert* (Hrsg.), Ferdinand Lassalle und das Staatsverständnis der Sozialdemokratie, Baden-Baden 2014, S. 45–65.

6 Hier ist vor allen Dingen an die Verfassungsreden, das »Arbeiterprogramm«, das »Offene Antwortschreiben« und die anschließenden Verteidigungsreden zu denken, vgl. *Ferdinand Lassalle*, Gesammelte Reden und Schriften, hrsg. v. *Eduard Bernstein*, Bd. 2, Berlin 1919.

7 Vgl. das fragmentarische Manuskript Lassalles von 1850/51, das unter diesem Titel in *Lassalle*, Nachgelassene Briefe und Schriften, Bd. 6, Stuttgart 1925, S. 92–155, abgedruckt ist, sowie Gustav Mayers Bemerkungen dazu, ebd., S. 89ff.

8 Vgl. hierzu die Bemerkungen bei *Na'aman*, Lassalle, S. 122 und 148ff.

9 *Gustav Mayer*, Die Junghegelianer und der preußische Staat, in: HZ Bd. 121, 1920, S. 413–440, hier: S. 438.

10 Zit. nach *Ramm*, Lassalles Rechtsphilosophie, S. 48.

licher Progress« (Brief, S. 4), oder, wie er es Jahre später im »Arbeiterprogramm« ausdrückte, dass das »Lebensprinzip der Geschichte nichts anderes als die Entwicklung der Freiheit«[11] sei. Auch die im Brief zentrale Behauptung der dialektischen Einheit von Aufstieg und Untergang, Wachstum und Vergehen, nämlich die Auffassung, dass alles Bestehende bereits den Keim des Verfalls in sich berge, die er am Beispiel der Pflanze und ihrer Erscheinungsformen als Knospe, Blüte, Frucht und Samen erläutert, lässt sich bei seinem philosophischen Vorbild finden.[12] Den inhaltlichen Kern des lassalleschen Briefes macht die Frage aus, unter welchen Umständen Revolutionen in der Geschichte eintreten. Auch hier lässt sich die idealistische Sichtweise Hegels nachweisen, wenn Lassalle im Hinblick auf die Entstehung von Revolutionen darauf besteht, dass diese letztlich Ergebnisse von geistigen Prozessen seien: »Eine Revolution erfindet nichts; sie hat keine neuen Gedanken zu schaffen, was sie auch gar nicht könnte, da sie nur die Verwirklichung eines schon vorhandenen Gedanken[s] sein soll« (Brief, S. 8). Eine Revolution ist für Lassalle lediglich eine Zeit beschleunigten gesellschaftlichen, politischen und rechtlichen Wandels: »Geschichte ist nichts anderes als langsame Revolution, Revolution nichts anderes als schnelle Geschichte« (Brief, S. 39). Den Unterschied zwischen Reform und Revolution fasst er in einem eindrucksvollen Bild zusammen: »Die Schlange des menschlichen Geistes häutet sich, manchmal, unter dem Zusammentreffen glücklicher Umstände, schmerzlos (Reform), manchmal, wenn dieser Häutung Widerstand entgegengesetzt wird, unter schmerzlicher convulsivischer Contraction aller ihrer Muskeln (Revolution)« (Brief, S. 28).[13]

Allerdings beharrt Lassalle auch in diesem Brief darauf, dass zum Beispiel die Reformen Turgots und die Erfindung der Dampfmaschine (Brief, S. 14ff.) ebenso wie die vorausgegangenen Erfindungen von Pulver, Kompass und Buchdruck »das Suchen des Geistes nach Ausdruck, Gestaltung u. Beherrschung des neuen Bedüfnißes« (Brief, S. 14) anzeigten, das dann mit der Französischen Revolution zum Anbruch einer neuen Epoche geführt habe:

> »Dampfmaschine, das bedeutete auch: Totaler u. entscheidender Sieg des beweglichen Capitals über den Grundbesitz u. seine Bedeutung, entschiedene Ueberwindung der Macht u. des Einflußes der Grundherren (Adelclaße) durch die Macht und den Einfluß der Kapitalisten (tiers état) u. folgeweise deshalb auch: Aufhebung der bestehenden Rechtsunterschiede, Uebergabe der politischen Herrschaft an die Bourgeoisie!« (Brief, S. 16).

Während in diesem Zitat die geradezu klassische materialistische Interpretation des Staats als politischen Herrschaftsapparats der jeweils ökonomisch dominierenden Klasse deutlich wird, lassen sich trotz der »interminablen Länge dieses Briefs« (Brief, S. 38) keinerlei Hinweise auf jene politischen und wirtschaftlichen Forderungen finden, die normalerweise mit Lassalle in Verbindung gebracht werden: allgemeines gleiches Männerwahlrecht, »ehernes Lohngesetz« sowie Produktivassoziationen mit staatlicher Finanzierung. Dies liegt darin begründet, dass Lassalle bei Abfassung des Briefes Mitte der 1850er-Jahre im

---

11 *Ferdinand Lassalle*, Über den Zusammenhang der gegenwärtigen Geschichtsperiode mit der Idee des Arbeiterstandes – »Arbeiterprogramm«, in: *ders.*, Gesammelte Reden und Schriften, Bd. 2, S. 194.

12 Vgl. *Tatjana Schönwälder-Kuntze*, Philosophische Methoden zur Einführung, Hamburg 2015, S. 41: »Ein von Hegel häufig verwendetes Beispiel ist die Knospe, die durch die Blüte verneint wird, und diese wiederum durch die Frucht.« Vgl. auch unten Anm. 29.

13 In Lassalles Schriften finden sich zahlreiche Stellen, die diese Gedanken ähnlich ausdrücken, vgl. zum Beispiel *Lassalle*, Gesammelte Reden und Schriften, Bd. 2, S. 275f.: »Revolution heißt Umwälzung, und eine Revolution ist somit stets dann eingetreten, wenn, gleichviel ob mit oder ohne Gewalt – auf die Mittel kommt es dabei gar nicht an – ein ganz neues Prinzip an die Stelle des bestehenden Zustandes gesetzt wird. Reform dagegen tritt dann ein, wenn das Prinzip des bestehenden Zustandes beibehalten und nur zu milderen oder konsequenteren und gerechteren Folgerungen entwickelt wird.«

Rheinland nicht mehr in Arbeiterkreisen agitierte, wie er es noch zu Beginn des Jahrzehnts getan hatte.[14] Im Jahre 1855 dachte er auch nicht im Entferntesten daran, eine sozialistische Arbeiterpartei mit Stoßrichtung gegen den bürgerlichen Liberalismus zu gründen. Die »Trennung der proletarischen von der bürgerlichen Demokratie« (Gustav Mayer) war zu dieser Zeit in Deutschland noch nicht vollzogen, und zum Zeitpunkt der Abfassung des Briefes war Lassalle schwerpunktmäßig an seiner Umsiedlung nach Berlin interessiert, um dort als Demokrat sowie gesellschaftlich akzeptierter Bürger und wissenschaftlich anerkannter Intellektueller zu wirken.[15] Dabei wäre die Veröffentlichung politisch-ökonomischer Versatzstücke der Programmatik einer sich aus heterogenen Wurzeln entwickelnden und noch gar nicht erkennbaren Arbeiterpartei, deren Führungsrolle er zur damaligen Zeit noch gar nicht anstreben konnte, angesichts der reaktionären preußischen Innenpolitik nur hinderlich gewesen. Angesichts dieser Politik, die seiner angestrebten Umsiedlung nach Berlin auch so schon immer neue Steine in den Weg legte, ist es verständlich, dass Lassalle den einflussreichen Adligen auch nach Abfassung des hier abgedruckten Briefes noch einmal inständig bat: »Können Sie gar nichts thun, lieber Graf, um zu erwirken, dass man mir die Domicilirung in Berlin gestattet? [...] Sie würden mir einen erstaunlichen Dienst damit thun«, denn Düsseldorf sei ihm »zu eng« und »auch zuwider« geworden.[16] Daher erscheint es wenig sinnvoll, im Zusammenhang mit dem vorliegenden Brief eine ideologische Ahnengalerie für Lassalles später entwickelte parteipolitische Programmatik und Strategie aufzubauen.[17]

Neben einer Darstellung der ideologischen Ideengeber des späteren Arbeiterführers wird hier ebenfalls auf die Auswirkungen Lassalles auf Ideologie, Programmatik und politische Praxis der deutschen Sozialdemokratie ab den 1860er-Jahren verzichtet, da der Brief keinerlei Hinweise auf diesen Themenkomplex enthält.[18] Als einzige Ausnahme von diesem Prinzip soll hier auf die auch im vorliegenden Brief immer wieder betonte Sicht Lassalles hingewiesen werden, dass man Revolutionen nicht vom Zaun brechen, nicht »machen« könne, wie er es sieben Jahre später im »Arbeiterprogramm« ausdrückte. Daher hatte er schon 1853 gewarnt, dass revolutionäre »Beglückungsversuche à la Louis Blanc das er-

---

14 So hieß es zum Beispiel in einem Bericht des Düsseldorfer Regierungspräsidenten vom 7. Dezember 1851: »Bekanntlich gehören die hier wohnende Gräfin von Hatzfeld [sic] und deren Geschäftsführer, der berüchtigte Literat Laßalle, zu den tätigsten und gefährlichsten Leitern der Umsturzpartei in der Rheinprovinz. In dem Hause dieser beiden verkehren die Koryphäen der Umsturzpartei, und von dort aus gehet die Parole an letztre.« Zit. nach: *Christiane Kling-Mathey*, Gräfin Hatzfeldt 1805 bis 1881. Eine Biographie, Bonn 1989, S. 64.

15 Vgl. *Na'aman*, Lassalle, S. 218–277.

16 Archiv Fürstenberg, I. Nl – 42, Lassalle an C.A. v. Fürstenberg, 24.7.1855.

17 Zum theoretischen Eklektizismus Lassalles vgl. Thilo Ramms Bemerkung: »Geht man [...] von den einzelnen Ideen und Äußerungen aus, dann ergeben sich mit den Werken der Sozialisten vor Lassalle viele Parallelen, und es hängt im wesentlichen nur von der Kenntnis des betreffenden Forschers ab, in welchem Umfang er sie aufzeigen kann.« *Thilo Ramm*, Ferdinand Lassalle als Rechts- und Sozialphilosoph, Meisenheim/Wien 1953, S. 167 (Neudruck unter dem Titel: Ferdinand Lassalle. Der Revolutionär und das Recht, Berlin 2004). Als Beispiel eines (allerdings polemischen) Nachweises von Gedanken französischer Frühsozialisten wie Charles Fourier, Pierre-Joseph Proudhon, Louis Blanc und Henri de Saint-Simon bei Lassalle vgl. *Bernhard Becker*, Geschichte der Arbeiter-Agitation Ferdinand Lassalle's. Nach authentischen Aktenstücken, Braunschweig 1875, S. 208–216 (Neudruck: Berlin/Bonn 1978).

18 Erst recht bleibt hier Thilo Ramms Behauptung, Lassalle zähle zu den geistigen Vätern so unterschiedlicher Politiker wie Hitler, Mussolini, Franco, Lenin, Stalin, Rosa Luxemburg, Karl Liebknecht, Walther Rathenau und Philipp Scheidemann, unkommentiert. Vgl. die knappen Kommentare dazu bei *Detlef Lehnert*, »Bürger sind wir alle« – »Arbeiter sind wir alle«: Demokratie und Wohlfahrtsstaat bei Lassalle, in: *Brandt/ders.*, Ferdinand Lassalle und das Staatsverständnis der Sozialdemokratie, S. 18–44, hier: S. 34–36.

bärmlichste Fiasko machen« würden.[19] Zehn Jahre später blieb der inzwischen zum Arbeiterführer avancierte Lassalle in seinem »Arbeiterprogramm« seinen geschichtsphilosophischen Einsichten und Überzeugungen treu und warnte vor jeder Form von unbedachtem sozialrevolutionärem Putschismus: »Eine Revolution machen wollen, ist eine Torheit unreifer Menschen, die von den Gesetzen der Geschichte keine Ahnung haben.«[20] Somit ist Detlef Lehnerts Fazit bezüglich der Lehren, die die deutsche Sozialdemokratie aus Lassalles Überzeugungen zog, zuzustimmen: »Die Erkenntnis, daß ein an den gesellschaftlichen Realitäten vorbeigehender blinder Aktionismus der Arbeiterschaft nur schaden konnte, war einer von vornherein als feste Parteiorganisation auftretenden Sozialdemokratie bereits in die Wiege gelegt.«[21] Nicht zu Unrecht konnten sich die Vertreter dieser Sicht der Taktik und Programmatik der Sozialdemokratie im Kaiserreich auf Ferdinand Lassalle berufen.

Der unten wiedergegebene Brief entstammt dem Aktenkonvolut im Nachlass von Clemens August von Westphalen zu Fürstenberg (Archiv Fürstenberg, I. Nl – 42), ist nachträglich von unbekannter Hand mit Bleistift foliiert worden und enthält ebenfalls mit Bleistift die nachträgliche Datierung: »Vor 17. Mai 1855? Nach 22. Aug. 1853«. Diese Foliierung ist im hier abgedruckten Text – in eckige Klammern gesetzt – beibehalten worden. Lassalle bezeichnet das Schreiben in seinem Zusatz vom 15. Mai 1855 als »Fragment« und sogar als »Fragment vom Fragmente«, da einige Seiten vom Anfang und Ende des ursprünglichen Briefentwurfs unauffindbar geblieben sind, wie Lassalle zu Beginn des Zusatzes, der hier dem eigentlichen Brief vorangestellt wird, einräumt.

Es ist nicht sicher, ob die vom Grafen mehrfach angekündigte Antwort auf den »Monstrebrief«[22] vom 9. Juli 1853, in welchem Lassalle bereits seine sehr negative Sicht der Revolution von 1848/49 geschildert hatte, sowie seine am 9. August 1855 erneut angekündigte Antwort auf den hier abgedruckten, ebenfalls unendlich langen Brief jemals geschrieben worden sind[23], jedenfalls konnte ein solches Schreiben bisher weder im Fürstlich Fürstenbergschen Archiv noch in Lassalles Nachlass gefunden werden. Der Graf hatte – angesichts der Vielzahl der Aspekte, die Lassalle in dem mehr als 40 Seiten langen Brief anschneidet – angekündigt, er werde sich in seiner Antwort auf das Thema »Revolution und Revolutionär«[24] beschränken, zumal dies der Ausgangspunkt für die damalige Auseinandersetzung der beiden Briefpartner war.

---

19 *Lassalle*, Nachgelassene Briefe und Schriften, Bd. 2, S. 108, 23.8.1853. – Louis Blanc (1811–1882), französischer Frühsozialist, war Mitglied der Pariser Provisorischen Regierung von 1848, befürwortete Nationalwerkstätten sowie das Recht auf Arbeit und sah die radikale Phase der Französischen Revolution von 1792–94 einschließlich des *Terreur* in einem positiven Licht. Im Mai 1848 wurde er verdächtigt, den erfolglosen Putsch gegen die Nationalversammlung und die gerade geschaffene Zweite Republik angeführt zu haben. Der sich anschließende Juniaufstand in Paris wurde von General Louis-Eugène Cavaignac blutig niedergeschlagen.

20 *Lassalle*, Gesammelte Reden und Schriften, Bd. 2, S. 165 (»Arbeiterprogramm«).

21 *Detlef Lehnert*, Reform und Revolution in den Strategiediskussionen der klassischen Sozialdemokratie. Zur Geschichte der deutschen Arbeiterbewegung von den Ursprüngen bis zum Ausbruch des 1. Weltkriegs, Bonn 1977, S. 62.

22 Gustav Mayer hat offenbar, ohne dass ihm dies anzukreiden wäre, das hier zum ersten Mal abgedruckte Schreiben Lassalles als den »Monstrebrief« bezeichnet. Das im Nachlass des Grafen befindliche Original zeigt allerdings, dass Lassalle selbst bereits seinen Brief vom 9. Juli 1853 als »Monstrebrief« bezeichnete, während im Entwurf dieses Briefes im Nachlass Lassalles noch von einem »unendlichen Brief« die Rede ist, vgl. *Lassalle*, Nachgelassene Briefe und Schriften, Bd. 2, S. 103 (Entwurf), und das Original im Nachlass v. Westphalen, Archiv Fürstenberg, I. Nl – 42, S. 41 des Briefes vom 9.7.1853.

23 Vgl. *Lassalle*, Nachgelassene Briefe und Schriften, Bd. 2, S. 118, Anm. 1, sowie Gustav Mayers Einleitung, ebd., S. 14.

24 V. Westphalen an Lassalle, 9.6.1855, in: *Lassalle*, Nachgelassene Briefe und Schriften, Bd. 2, S. 118–119, Zitat: S. 119.

Im Folgenden werden zunächst die am 17.5.1855 verfassten Erläuterungen Lassalles zu seinem vorher niedergeschriebenen (undatierten) eigentlichen Brief abgedruckt. Sie befanden sich im gleichen Aktenkonvolut, aber an anderer Stelle, sodass sie bisher noch nicht mit dem eigentlichen Brief in Verbindung gebracht wurden und unfoliiert sind. Die Seitenenden in diesem später verfassten Text werden jeweils durch // angezeigt.

I. ERLÄUTERUNGEN FERDINAND LASSALLES VOM 17. MAI 1855 ZU SEINEM BRIEF

Verehrter Herr Graf!

Nachdem ich heute den ganzen Tag gesucht, finde ich endlich zerdrückt u. verstümmelt mein Fragment wieder. Es fehlt der Eingang u. leider besonders auch 1 1/2 Bogen am Ende. Am Anfang ist nichts gelegen: Aber leid thut mir das Fehlen der letzten Bogen, weil ich in diesen gerade mich angeschickt hatte, mehr ins Einzelne u. somit auf den Inhalt meiner Anschauung einzugehen. Während der Brief sich bis dahin doch eigentlich nur im formellen Element bewegt hatte.

Eben deswegen weil ich in dem Briefe durchaus noch nicht zur Discußion der eigentlichen sozialen Gedanken gekommen war, habe ich auch durchaus nicht die Meinung, daß Sie derselbe irgend schon überzeugen würde; wohl aber, daß er Ihnen mindestens in ungefähren Umrißen deutlich machen könnte, daß man streng objectiv gesinnt – und dennoch ein Revolutionär sein kann, ohne in den geringsten innern Widerspruch zu verfallen.

Uebringens hat mich jetzt bei Durchlesung des Fragments vom Fragmente sehr gestört, daß dasselbe, statt sich geradezu nur auf die Gedankenentwicklung unsrer vorletzten, letzten (der gegenwärtigen) u. bevorstehenden Culturperiode einzulaßen, hauptsächlich nur polemisch auf die Sätze Ihres Briefes eingegangen ist, aus welchem Grunde das Fragment weit weniger Positives enthält, als bei einer etwas freieren selbständigen Entwicklung doch immerhin möglich // gewesen wäre.

Sie sehen also, daß ich mir durchaus keine besonderen Resultate von dem Brief verspreche, falls Sie eben nur lesen, was dort steht. Mehr erwarte ich noch davon, daß Sie weiterdenkend über das Gegebene, vieles selbständig entwickeln dürften was nicht da steht.

Bei alledem bitte ich Sie doch, mir nach gehöriger Lesung wenn auch nur ganz kurz den ungefähren Eindruck mitzutheilen, den Ihnen das Fragment gemacht hat. –

Eine Bekehrung Ihrer Anschauungen, die wie gesagt, nicht im entferntesten die Folge dieses Briefes sein soll, wäre nichts desto weniger nach meiner festen Ueberzeugung ein ganz sicher u. verhältnißmäßig sehr leicht zu erzielendes Resultat. Es würde dazu nur gehören, Ihnen einerseits die geschichtsphilosophischen Anschauungen der modernen Gedankenwissenschaft u. ferner die Resultate der national-oeconomischen Kritik einigermaaßen erschöpfend mitzutheilen.

Blos diese Mittheilung – u. alles wäre gethan. Freilich geht das nicht in einzelnen Gesprächen, in welchen man ewig über die Sache spricht u. darum ewig außer der Sache bleibt, statt in diese selbst einzudringen. Und eben so wenig geht es in Briefen. Lebten wir aber zufällig in derselben Stadt u. Sie unterzögen sich zuerst der Curiosität oder Gefälligkeit einer gemeinschaftlichen Lektüre u. Besprechung derselben eine viertel Jahr lang – so wäre // das Werk vollbracht.

Sie lachen vielleicht über die absonderliche Bekehrungsmanir, die sich allaugenblicklich bei mir in Bezug auf Sie zu erkennen giebt? Sie hat ihre guten Gründe, die ich an eine jener Wissenschaften anlehne, die Sie bereits erobert hat, während Philosophie u. Nat. Oekonomie Sie nur deswegen zur Zeit noch nicht erobert hatten, weil Sie sich zufällig auf diese Wissenschaften nicht oder noch nicht hinlänglich eingelassen haben.

Jene Gründe aber will ich so ausdrücken: In ganz außergewöhnlichem Grade entwickelt muß ich jenes Organ besitzen, welches Sie den »Mittheilungstrieb« nannten.

Andrerseits müssen Sie, wenn nicht die Schädellehre[25] eine Lüge ist, im höchsten, ausnehmendsten Grade jenes Organ besitzen, welches Sie »Organ der Gewissenhaftigkeit« (in dem zwischen uns besprochenen hohen Sinne) nannten.

---

25 Eine zu Beginn des 19. Jahrhunderts von Franz Joseph Gall begründete Lehre, nach welcher sich bestimmte Hirnbezirke des Menschen als Sitz bestimmter seelischer und intellektueller Veran-

Was mich von Anfang an so zu Ihnen hinzog war die für mich nach der kürzesten Bekanntschaft, ich möchte sagen nach der ersten Unterredung erwiderte, ausnahmsweis große Treue mit der es Ihnen auf Wahrheit ankommt, die Religiosität mit der Sie – wie sehr es selbst mit der eigenen Bequemlichkeit u. den eigenen Alltagsinteressen collidire – dem einmal als wahr Erkannten sich hingeben. Diese »Gewissenhaftigkeit«, diese rücksichtsloseste Hingebung an das einmal theoretisch Erkannte, ist es die wir in // der philosophischen Sprache »Sittlichkeit« zu nennen pflegen. Dieses Organ, welches ich wie ich hoffe mit Ihnen gleichfalls in solchem Grade entwickelt besitze, ist mir dasjenige, welches nur das Kriterium ächter Humanität zu sein, über den Werth einer Menschennatur zu entscheiden scheint.

Einen der Geister mit diesem Organe erobert zu haben, ist eine lohnendere That, als eine ganze Horde jener Menschen zu erobern, die mehr oder weniger des theoretischen Wahrheitssinns u. des practischen Drangs für die erkannte Wahrheit entbehrend, aus Leichtsinn oder wegen persönlicher Interessen, sich sauwohl zu befinden vermögen, »gegen ihr Wissen« (contra scientiam). – Dieses Organ ist aber zugleich, weil es diejenige Geistesrichtung ist, welche den Unterschied zwischen Wissen u. Sein nicht duldet weil es das practische Pathos ist, welches unerbittlich gegen jede Verlängerung des Wißens im Sein reagierend, zur Verwirklichung des Gewußten im Sein, zur Aufhebung des Seins in die erkannte theoretische Wahrheit antreibt u. so den Zwiespalt zwischen »Denken u. Dingheit« Gedanken u. Welt nicht duldet – aus diesem Grunde ist es auch dasjenige Organ welches jeden seiner Träger, gleichsam praedestinatorisch zum Revolutionär stempelt u. entwickelt!

Auf Nächstens

Ganz Ihr

F. Lassalle

Düsseldorf, 17. Mai 55

[Hier endet der Nachtrag].

II. DER TAGE ZUVOR ANGEFERTIGTE EIGENTLICHE BRIEF

Aber zur Sache, zur Sache!

Der Schlüssel Ihrer ganzen Weltanschauung steckt concis zusammen gefaßt u. trefflich ausgedrückt in einem der letzten Sätze Ihres Briefes[26], wo Sie das Anathema willkürlicher Subjectivität vom Thema objectiver Weltordnung gegen uns herabschleudernd sagen: zur Democratie oder mindestens zur Democratie in meinem Sinne gehöre:

»ein Grad von Frivolität, von Mißachtung oder Nichtbeachtung u. Nichtgeltenlaßens des Gegebenen, Bestehenden, des Objects; daneben das Bedürfniß despotischen gewaltthätigen Geltenmachens eigenen Witzes u. Ideals – des Subjects – kurz aller jener Eigenschaften, die zwar von jeher die Demokraten par excellence ausgezeichnet«, aber mit Gerechtigkeit etc. schlechterdings unvereinbar sind.

Ich gebe aus vollem Herzen meine Zustimmung zu diesem Haße gegen den Subjectivismus der sich in diesen Worten ausspricht. Ich habe diese Eitelkeit u. Willkühr des Subjects, das jede eigene Wichtigkeit für Weisheit hält, weil es die Vernünftigkeit des Allgemeinen nicht zu begreifen vermag, mein Lebtag mindestens eben so verabscheut wie Sie. Ich bin in Folge der strengen Schule deutscher Philosophie, die ich durchgemacht, zu mindestens derselben Verehrung, wenn nicht größerer, für das Objective gelangt als Sie. Wie kann man dennoch ein Revolutionär sein, werden Sie fragen?

Ihr Irrthum liegt darin, dass Sie unvermerkt das Objective und Wahre (– denn das Beides ist in der That identisch –) mit dem

---

lagungen an der Form des Schädels ablesen lassen. Die Anhänger dieser heute als unhaltbar angesehenen Theorie waren der Überzeugung, dass die Schädelform Rückschlüsse auf geistige Fähigkeiten und Charaktereigenschaften zulasse.

26 Hierbei handelt es sich um den Brief v. Westphalens an Lassalle vom 23.8.1853, in: *Lassalle*, Nachgelassene Briefe und Schriften, Bd. 2, S. 107–109.

[2]

Seienden, Bestehenden identificiren. Das Seiende ist aber nicht schlechthin das Objective u. Wahre, ist nicht immer das Objective; ja es kömmt für jedes Seiende eine Zeit, wo es total aufhört, das Objective zu sein. Der Beweis, daß das Seiende, Bestehende nicht das Objective schlechthin ist, ist aber schon dadurch geführt, daß für jedes geschichtliche Bestehende eine Zeit kommt (– bis her mindestens immer noch gekommen ist –) wo es aufhört, das Bestehende zu sein, wo sich ein anderer ganz entgegengesetzter Inhalt zum Bestehenden macht u. somit seinerseits, obgleich der scharfe Gegensatz des vor ihm Seienden, die Ehre der Objectivität in Anspruch nimmt. Wenn das Seiende das Objective wäre,– wie hätte dann das Nicht-Sein u. die Zerstörung Macht über es? Nimmermehr hätte es dieselbe! Wenn das Seiende das Objective wäre, wie käme dann ein ganz entgegengesetzter Inhalt dazu eine Stunde darauf gleichfalls das Seiende zu sein? Kurz, daß das Seiende vergeht, zeigt schon, dass, wenn es auch für eine gewisse Zeit das Objective war, dennoch eine Zeit kommt wo es unwahr, subjectiv, willkührlich geworden ist. Die völlige Vollendung dieser an dem früher objectiv gewesenen Sein ausgebrochenen Subjectivität u. Unwahrheit ist sein Tod. Diesem acuten Moment voraus geht ein Zustand, in welchem das Seiende zwar noch äußerlich ist, aber innerlich bereits aufgehört hat, das Objective, Wahre zu sein, – die Periode des Vergehens /: Alter u. Krankheit bei Menschen, Verfall bei geschichtlichen Zuständen etc.:/ der Satz: Alles was ist, ist vergänglich – hat keinen anderen Sinn als den, daß keine einzelne Existenz Anspruch hat auf den Titel das Objective zu sein, u. daß die relative Unwahrheit u. Lüge, die jede einzelne Erscheinung in sich enthält, dazu auch in der Zeit als Untergang u. Tod derselben zum

[3]

Ausbruch kommt. – Wenn aber das Seiende nicht das Objective ist, was ist dann das Objective? Das Nichtseiende, die Zerstörung doch nicht? Gewiß nicht! Das wirklich u. wahrhaft Objective ist die Einheit von beidem – d. h. die geschichtliche Entwicklung! Sie ist die wirkliche Wahrheit, das wahrhaft Objective zu welchem sich das Seiende u. sein Gegensatz nun als Momente der Wahrheit verhalten. Als Momente der Wahrheit muß jedes Seiende, als es in die Existenz trat, u. weil es in die Existenz trat, einen vernünftigen Inhalt enthalten haben (dies ist das wahre Sein des Hegelschen: Was ist, ist vernünftig).[27]

Es ist somit ein relativ (zu seiner Zeit) Objectives. Aber als bloßes Moment der Wahrheit muß eben so die Periode an ihm eintreten, wo sich seine Unwahrheit u. Unangemessenheit, seine Nicht-Objectivität zur Erscheinung treibt. (»Es erben sich Gesetz u. Rechte, wie eine große Krankheit fort. Vernunft wird Unsinn, Wohlfahrt Plage, weh dir daß du ein Enkel bist« drückt das Ihr großer Lieblingsdichter[28] trefflich aus). Die historische Entwicklung selbst ist eben nur dadurch das wahrhaft Objective, daß sie das Seiende u. seinen Gegensatz zu Momenten ihrer Totalität herabsetzt, d. h. also dadurch, daß sie das Seiende wieder aufhebt.

Ich spreche hier natürlich nur von der Geschichte, doch zeigt es sich auch im Naturreich. Die Wahrheit der Pflanze liegt nur in der Totalität ihrer Entwick-

[4]

lungsstadien. Saamen, Knospe, Blüthe, Frucht, Saamen. Die Wahrheit des Saamens ist die Knospe, die Wahrheit der Knospe die Blüthe, die durch eine revolutionäre Sprengung ihrer Knospendecke sich entfaltet, die Wahrheit der Blüthe die Frucht, die Wahrheit der Frucht der Saamen zu neuen Früchten. Das ist die objective Wahrheit des Pflanzenlebens.[29] – Was würde das nun für ein subjec-

27 In seiner »Vorrede« zu den »Grundlinien der Philosophie des Rechts« (1820) formulierte Georg Wilhelm Friedrich Hegel: »Was vernünftig ist, das ist wirklich, und was wirklich ist, das ist vernünftig.«

28 Damit ist Johann Wolfgang von Goethe gemeint, den sowohl Lassalle als auch der Graf v. Westphalen in ihrem Briefwechsel mehrfach zitieren. Das Zitat stammt aus Goethes Faust I, Kap. 7, wo Mephistopheles einen Schüler mit diesen Worten belehrt.

29 Erneut greift Lassalle hier auf ein häufig von Hegel verwendetes Beispiel zurück, der etwa in seiner »Phänomenologie des Geistes« formulierte: »Die Knospe verschwindet in dem Hervorbrechen der Blüte und man könnte sagen, dass jene von dieser widerlegt wird. Ebenso wird durch die Frucht die Blüte für ein falsches Dasein erklärt, und als ihre Wahrheit tritt jene an die Stelle

tiver Narr, für ein schrullköpfiger Willkührmensch sein, der da proclamirte: Die Wahrheit der Pflanze ist nur der Saamen, oder nur die Blüthe, oder nur die Frucht u. in seinen Treibhäusern die Pflanze in einem dieser Stadien dauernd zu erhalten strebte! Freilich ist die Entwicklung des Naturreichs in einen Kreislauf hinein gebannt /: obgleich auch nur innerhalb gewisser Perioden; unsere Geographen unterscheiden 8 Erdformationen, die sich zueinander als Entwicklung in aufsteigender Linie verhalten :/ während die geschichtliche Entwicklung des Menschengeschlechtes ein continuirlicher Progress ist[30], worüber später. Soviel aber ist schon jetzt klar, daß ich trotz aller, oder vielmehr gerade wegen meiner Verehrung für das Objective einen bestehenden Zustand nicht deshalb schon respectiren im practischen Sinne, d.h. gelten laßen kann, weil es eben der Gegebene ist. Denn das wirklich Gegebene ist ebenso sehr das Vergehen als das Bestehen jedes solchen Zustandes u. um zu wissen, wie ich mich zu einem bestehenden Zustande zu verhalten habe, muß ich zuvor noch wißen, ob er in dem ersten oder schon in dem zweiten seiner geschilderten beiden Stadien ist.

[5]

So oft ein Zustand in jenes zweite Stadium getreten ist, in welchem die göttliche Gerechtigkeit, die historische Entwicklung als Negation an ihm ausbricht, (– ein uralter griechischer Philosoph sagt schon: Alles was ist, giebt einander Buße für seine Ungerechtigkeit (adikía) durch den Untergang in der Zeit[31] –) – so oft ist es ein höchst objectives Thun für den Einzelnen sich nach Kräften an dem Untergang dieses Bestehenden zu betheiligen. Das revolutionäre Thun ist dann ein objectives Thun, denn es geht in Uebereinstimmung u. handelt Hand in Hand mit der geschichtlichen Notwendigkeit, mit der unbewußten That u. Wirksamkeit aller, mit der Wirklichkeit selbst. – Ein solches Sein, an welchem die Pestzeichen des Untergangs einmal ausgebrochen sind, krampfhaft aus Liebe oder Interesse, mit zu ungleichen Kräften – denn wessen Kräfte sind denen der Wirklichkeit gleich? – am Leben erhalten zu wollen, das ist ein willkührlich-subjectives, eitel-zwecklos Thun.[32] Objectivität, Gerechtigkeit u. Negation sind so wenig ausschließende u. schlechthin entgegengesetzte Begriffe, daß vielmehr die Gerechtigkeit selbst, daß die griechische Göttin, die Nemesis, eine schlechthin negative Gottheit u. Anschauung war. –

Objectiv u. revolutionär kann also sehr wohl zusammengehen. Nur die Objectivität des [zwei unleserliche Wörter] unbewegt. Wo aber Leben ist, da ist Treiben, Negatives, Entwicklung. Soll ich Ihnen sagen, welche Völker nach Ihrer Theorie des Objectiven, Gegebenen verfuhren? Ja, es gab Völker denen ihr

[6]

einmal gegebener Zustand schlechthin das Objective war, die deshalb niemals aus sich heraus den Gedanken einer Aenderung u. Entwicklung derselben zu produciren vermochten, denen es als unfassbarer Frevel gegolten hätte, an dem objectiven Sein rütteln zu wollen; – es sind die Völker, welche

---

dieser. Diese Formen unterscheiden sich nicht nur, sondern verdrängen sich auch als unverträglich miteinander. Aber ihre flüssige Natur macht sie zugleich zu Momenten der organischen Einheit, worin sie sich nicht nur widerstreiten, sondern eins so notwendig wie das andere ist. Und diese gleiche Notwendigkeit macht erst das Leben als Ganzes aus.« *Georg Wilhelm Friedrich Hegel*, Werke in 20 Bänden, Frankfurt am Main 1986, Bd. 3, S. 12. Vgl. auch *ders.*, Vorlesungen zur Geschichte der Philosophie I, ebd., Bd. 18, S. 41.

30 Auch hier erweist sich Lassalle als Schüler Hegels, der in seinen »Vorlesungen über die Philosophie der Geschichte« formulierte: »Die Weltgeschichte ist der Fortschritt im Bewußtsein der Freiheit.« *Georg Wilhelm Friedrich Hegel*, Vorlesungen über die Philosophie der Geschichte, Stuttgart 1961, S. 61.

31 Von dem griechischen Philosophen Anaximander von Milet (um 610–nach 547 v. Chr.) ist folgendes Fragment überliefert: »Woher das Seiende seinen Ursprung hat, in dasselbe hat es rechtmäßiger Weise auch seinen Untergang, indem es einander Buße und Strafe gibt für die Ungerechtigkeit, nach der Ordnung der Zeit.« Zit. nach: *Albert Schwegler*, Geschichte der griechischen Philosophie, Tübingen 1859, S. 16.

32 In seinem »Arbeiterprogramm« (1862) drückte Lassalle diesen Gedanken ähnlich aus: »Deshalb ist es ebenso unreif und ebenso kindisch, eine Revolution, die sich bereits einmal in den Eingeweiden einer Gesellschaft vollzogen hat, zurückdämmen [...] zu wollen.« *Lassalle*, Gesammelte Reden und Schriften, Bd. 2, S. 165.

die Geschichte dafür mit der Bezeichnung des Stationären oder Statarischen gebrandmarkt hat[33], Chinesen u. Juden, die als man sie nach ca. 2000 Jahren wieder entdeckte, noch genau auf derselben Stufe standen wo sie die Geschichte vor so viel tausend Jahren verlassen hatte, versteinerte Geister! Ja dem Orientalen gilt in der That das Sein u. alles einmal Gegebene als das schlechthin Objective (als »von Gott«), die abendländischen Völker aber, die zu ihrem Lebensprincip den Geist haben, wißen, daß der Begriff des Geistes nicht gedacht werden kann ohne Negation, ohne die Quaal u. Arbeit der Vernichtung.

Also, noch einmal, objectiv u. revolutionär gehen dann allemal ganz energisch zusammen, sind geradezu identisch, so oft ein bestimmter historischer Inhalt in die Periode seiner Auflösung geraten ist. Wann dies der Fall ist u. ob es zu einer bestimmten Zeit der Fall ist? Das muß nun freilich der Einzelne beurtheilen, ohne aber hierbei im Geringsten die Gefahr eines subjectiven Urtheils zu laufen. Denn er hat für sein Urtheil äußerst objective Erkennungszeichen. Die Auflösung, die über ein Bestehendes kommt, giebt sich vor allem höchst objectiv im Bestehenden selbst kund; zuerst als all-

[7]

gemeine Malaise, dann als Verfall, Crisen, Spaltung u. an einer um sich greifenden Partheiung, Aufstände, zuerst hier u. da, mit mehr oder weniger Unglück bis der allgemeine Umschwung aus diesen Vorboten sich entwickelt.

In dieser Hinsicht glaube ich nun kühn annehmen zu können, daß was der europaeische Zustand seit 1830 u. ganz besonders seit 1848 erlebt hat, eben keine Kinder-Masern, keine Entwicklungskrankheit eines Jugendalters gewesen ist, sondern selbst von verstocktesten Optimisten als höchst lebensgefährliche Krise im Ganzen der Gesellschaft, als eine aus unserem Zustand hervorgegangene u. darum gegen ihn zeugende Frage von Tod u. Leben für den status quo aufgefaßt werden wird.

Was nun aber an Stelle eines bestehenden Zustandes gesetzt werden soll? Hier entsteht allerdings die größte Gefahr für den einzelnen Revolutionär an der Klippe des Subjectiven, der Willkühr zu scheitern u. die meisten Einzelnen scheitern häufig daran. Hier ist am meisten Bildung u. Schulung für den einzelnen Revolutionär dazu erforderlich, dem Objectiven gemäß zu bleiben u. es zu erfaßen. Ganz fatal, bedauerlich, lächerlich u. tadelnswerth sind hier allerdings Beglückungsideale, die sich ein erhitztes Gemüth, oder ein subjectiv-verständiger Mensch in seinem Hirne ausbrütet, um sie dann gleich einer Schablone der Welt aufzupreßen als wenn diese nur ein Eperimentircabinet für solche mehr oder minder gescheite und dumme persönliche Einfälle wäre. – Solches Thun belächele u. tadele

[8]

ich mit Ihnen um die Wette. Aber es giebt auch hier, selbst für den Einzelnen, einen Weg, sich à la hauteur[34] der objectiven Entwicklung zu halten. – Keine Revolution u. keine noch so mächtige Umwälzung, die in einer Revolution bewirkt wurde, ist in die Welt hinein geschneit, ist plötzlich u. unvermittelt aus den Wolken gefallen! – Jeder neue Weltzustand welcher durch eine Revolution geschaffen wurde, hat immer schon eine der Revolution selbst vorausgehende mehr oder weniger partielle Präexistenz gehabt. Es wäre eine der intereßantesten, aber sehr wohl lösbare Aufgabe einer Geschichtsschreibung diese Präexistenz des neuen Weltzustandes in der der Revolution selbst vorausgegangenen Zeit an dem Beispiele unserer gesammten europäischen Geschichte nachzuweisen. Eine Revolution erfindet nichts; sie hat keine neuen Gedanken zu schaffen was sie auch gar nicht könnte, da sie nur die Verwirklichung eines schon vorhandenen Gedanken[s] sein soll. Dieser ihr vorausgehende Gedanke ist also schon vorhanden; am deutlichsten u. meisten hat er sich stets in Litteratur u. Philosophie der Völker ausgesprochen; er hat aber eben so sehr schon (nicht nur fast immer, sondern immer) mehr oder weniger große partielle Kreise des réell Bestehenden durchdrungen u. sich unterworfen. Es handelt sich für die Revolution nur darum diesen Gedanken, der sich nicht nur theoretisch, sondern schon in tausend einzelnen Sphären des reellen Daseins, in Einrichtungen, Erfindungen u. Gesetzen inconsequent kund gegeben hat, herauszulösen, zu seinem allgemeinen

33 Auch dieser Gedanke findet sich bis in die Formulierung hinein bei Hegel, der behauptet hatte, in China sei »jede Veränderlichkeit ausgeschlossen, und das Statarische, das ewig wiedererscheint, ersetzt das, was wir das Geschichtliche nennen würden.« *Hegel*, Vorlesungen über die Philosophie der Geschichte, S. 183.

34 Frz.: auf der Höhe von; angemessen.

[9]

Ausdruck zu erheben u. das in inconsequenten Anfängen vorher schon Vorhandene, als allgemeines Lebensprinzip, durch alle Sphären des Daseins consequent durchzuführen u. zu realisieren.

Das ist es was man eine Revolution zu nennen pflegt. –

(Wenn es übrigens für den Einzelnen hin u. wieder schwer sein kann, hierbei den objectiven Zeitgedanken heraus zu lösen u. ihm die Gefahr droht in das Dickicht persönlicher Einfälle u. subjectiver Klugheit sich zu verirren, so ist glücklicherweise für das Allgemeine für die Welt diese Gefahr nicht vorhanden. Hier im allgemeinen heben, wie in einem ausgleichenden Medium, die vorgefundenen subjectiven Verrücktheiten exact sich gegenseitig vernichtend, sich selber auf. Die Welt thut niemals, geschweige denn in Zeiten der Revolution u. Selbstbefreiung, etwas anderes als das Allgemein-Einleuchtende. Und das ist eben wieder der objective Zeitgedanke, so dass frei von selbst immer das Allgemeine herauskömmt. Es sind daher noch immer die willkührlichen Einfälle auch der größten Revolutionsführer unschädlich vorüber gegangen; sie haben keine Macht über das objective Dasein gehabt, welches nur dem allgemeinen Geist gehört.)

Aber auch für den Einzelnen ist es bei gehöriger historischer Bildung u. objectiver Richtung des Geistes immer leicht genug den wirklichen Zeitgedanken aus der Pyramidenschrift der Vergangenheit u. jenen bereits zerstreut vorhandenen Anfängen von Realisierungen des neuen Inhalts in tausend Lebensgebieten heraus zu lösen u. sich so vor dem Irrthum subjectiven Weltumgestaltenwollens nach eigenen aparten Modellen zu

[10]

bewahren. – Was ich hier von der Praeexistenz revolutionärer Epochen gesagt habe, u. wie der neue Inhalt, ehe er zu dem allgemeinen Durchbruch gekommen ist, den man Revolution nennt, bereits in zerstreuten Erscheinungen, Institutionen u. Thatsachen Existenz gewonnen hat, was vielleicht interеßant an dem Beispiele modernster Erscheinungen: Assecuranzgesellschaften, Actien-Unternehmungen, Eisenbahnen, Sparcaßen, Telegraphen etc. etc. etc. durchzuführen; allein ich will den Streit nicht, indem ich ihn couranter mache als gerade nöthig, noch unendlich erweitern. Sonst wäre in allen diesen Erscheinungen u. den dieselben regierenden Rechtsinstitutionen derselbe Gedanke nachweisbar, der, bewusst u. consequent durchgeführt, die europäische Revolution sein würde.

Dagegen will ich, nicht das zuletzt Erörterte sowohl als Mehreres von dem Bishergesagten an irgend einem Beispiele gewesener Geschichte, über welche immer weniger Streit sein kann als über die zukünftige näher nachzuweisen mir erlauben.[35]

Als Turgot[36] im J. 1777 dem reformfreundlichen Louis XVI. jenes Edict entriß, welches die Zunftverfassung mit Einem Schlage aufhob u. mit Einem Federzug die freie Concurrenz an Stelle des gesammten Corporativsystems setzte, in welchem sich bis dahin alle Production bewegte, da war hierdurch eine der großartigsten socialen Revolutionen bewirkt, welche je die Weltlage verändert haben. Es war so zusagen der halbe Inhalt der ganzen französischen Revolution anticipirt, denn in bürgerlicher Beziehung ist eben die Begründung des Rechts der freien Concurrenz an Stelle der

[11]

Zunftherrschaft die großartigste, durchgreifendste That der franz. Revolution gewesen. Nun, kaum hatte Turgot jenes Edict erlassen, so erhob sich, wie das nicht anders sein konnte, ein Wuthgeschrei

35 Lassalle war überzeugt, in seiner Interpretation der Französischen Revolution und ihrer Vorgeschichte ein gültiges Schema für alle Revolutionen gefunden zu haben, vgl. *Na'aman*, Lassalle, S. 176 und 185ff. sowie die in Anm. 4 zitierten Arbeiten von Beatrix Bouvier.

36 Anne Robert Jacques Turgot (1727–1781), französischer Politiker, Aufklärer und Physiokrat unter Ludwig XVI., machte sich mit seinen Wirtschafts- und Finanzreformen bei den konservativen Kräften des Ancien Régime unbeliebt und wurde auf deren Druck im Mai 1776 vom König entlassen. Daher ist Lassalles hier gemachte Angabe über Turgots Abschaffung des Zunftprivilegs 1777 unrichtig, sie erfolgte im Februar 1776. – Schon in seinen Notizen zur »Geschichte der sozialen Entwicklung« (1850) hatte sich Lassalle auf Turgots gescheiterte Reformversuche von 1776 bezogen, vgl. *Lassalle*, Nachgelassene Briefe und Schriften, Bd. 6, S. 92–155, hier: S. 115f. und 121.

von Seiten des, wie Sie meinen »Objectiven, Bestehenden« dagegen. Eine Welt von Besitzern verbriefter Privilegien (bestehender Rechte) von »maistres« die ihre maitrisen[37] gekauft u. theuer bezahlt, oder die, was auf dasselbe hinaus kam, eine 20jährige theure Lehrlings- und Gesellenzeit erwerblos hatten durchleben müßen, um das Recht der Production nützlicher Gegenstände zu erlangen, eine Welt von Corporationen, die so u. so viel französischen Königen seit des heiligen Louis[38] Zeit ihren Corporationsverband, die Beschränkung ihrer Zahl, die Fortsetzung der Produktion, zu der sie u. diejenigen zu der verwandte Gewerke berechtigt seien, im Lauf der Jahrhunderte mit unerschwinglichen gar nicht wieder zu erstattenden Summen von Goldgulden abgekauft hatten, kurz eine Welt von Leuten die, wie immer, zuerst Privilegirte, dann eben deshalb, Opfer ihrer Privilegien, unermeßliche Capitalsummen freigegeben hatten, um, in den Rechten, die sie dafür empfingen, eine lohnende Zins- u. Amortisationsrente jenes Capitals zu haben, jetzt aber durch das neue Edict allerdings Capital u. Rente für immer verloren sahen – eine Welt erhob sich dagegen so voller Geschrei, dass kaum ein Jahr darauf der furchtsame Ludwig[39] das Edict zurückzuziehen genöthigt war, u. es des Bastillesturmes bedurfte die freie Concurrenz zu begründen, wie es der Napoleonischen Bajonette bedurfte, sie durch Europa zu tragen.

[12]

Auf welcher Seite stand dann aber damals als Turgot jenes Decret erließ, das ein Jahr darauf wegen des Widerstandes des Bestehenden wieder eingezogen werden mußte u. erst durch eine der blutigsten Revolutionen durchgesetzt werden konnte, seitdem aber die von der ganzen bürgerlichen Welt gesegnete u. angebetete Grundlage unseres ganzen modernen Zustands ist, – auf weßen Seite stand dann, sage ich, auf Turgots Seite oder des Bestehenden, das Objective? Es ist klar u. wird von keinem Menschen bestritten, daß Turgot, dieser Einzelne, das Objective bedeutete einer Welt gegenüber! Es war geradezu objectiv, sonstig unmöglich geworden, die Production unter den Feßeln des Zunftprivilegiums fortzusetzen. Diese Privilegien waren in der Nacht des Mittelalters, wo nirgends ein gemeines Recht, nirgends Sicherheit u. Gesetz galt, nothwendig gewesen um Production u. Handel lohnend, um sie selbst nur möglich zu machen. Aber wie stand die Sache jetzt? Das mählig angesammelte Capital konnte unter der Beschränkung, welche das Zunftsystem der Gütererzeugung auferlegte, nicht mehr zur Production verwendet werden, u. blieb zum größten Theil unfruchtbar liegen. Bereits war eine Art von Welthandel u. Production für den Weltmarkt entstanden. Aber die Concurrenz auf dem Weltmarkt war nur möglich durch die billige Production; das nur durch die Production im Großen; u. das wieder war unmöglich unter einem System, welches einerseits den einzelnen Meistern, im wohlwollenden Intereße für alle zu sorgen, die Zahl der Arbeiter, die sie verwenden durften, gesetzlich beschränkte, andererseits die verschiedenen Arbeitszweige gesetzlich getrennten Corporationen vertheilte, u. diese

[13]

rechtliche Arbeitstrennung eifersüchtig festhielt, während billige u. große Production nur möglich sind durch die – unter dem Zunftsystem gerade ausgeschloßene ineinadergreifende Verbindung u. Zusammenwirkung der verschiedensten Productionszweige durch dasselbe Capital. So verlangten neue Bedürfniße gebieterisch ein neues Recht. Die alten Bedürfniße endlich, welche das alte Recht erzeugt hatten, waren verschwunden. Ein gemeines Recht hatte sich erzeugt, die Privilegien der Gewerke etc. statt, wie früher die einzigen festen Burgen des Rechts in der allgemeinen Gewalt u. Rechtlosigkeit zu sein, waren jetzt nur noch choquirende Ungleichheiten u. Vorrechte in einer Gesellschaft allgemeiner Sicherheit, in einem Zustand allgemeiner Gesetzlichkeit geworden. Wir verkaufen heut Garnwaaren nach England u. Rußland, u. nehmen im Streite Recht von den englischen und selbst von den rußischen Tribunalen. Das wäre der Hanse im 13. Jahrhundert mit Recht unmöglich gewesen! Als sie damals Handelsverträge mit England und Rußland schloß, mußte ihr in dem Statut, welches sie als Corporation anerkannte, ausbedungen werden, daß jede Streitigkeit zwischen einem Hansekaufmann u. einem Rußen nicht vor den rußischen oder englischen Feudalgerichten, sondern von einem eigenen Hansegericht entschieden würde. Es ist nicht verwunderlich, daß Staaten ihre eige-

37 Hier: Privilegien eines Zunftmeisters.

38 Ludwig der Heilige (1214–1270), französischer König.

39 Ludwig XVI. zog angesichts der Proteste der Zünfte und des Parlaments von Paris die von Turgot erlassenen Reformgesetze zurück. Vgl. auch die Bemerkungen in Anm. 36.

nen Unterthanen ihrer eigenen Jurisdiktion entzogen u. sie, allen Rechtsbegriffen zuwider, einer fremden unterordneten. Ohne ein solches Privilegium wäre es in der That keinem

[14]
einzigen Hanse-Kaufmann möglich gewesen, auch nur eine Schiffsladung mit einiger Sicherheit nach Rußland zu senden. Wie nach außen, so nach innen. Es war zu Turgot's Zeit schon lange nicht mehr nöthig, daß die Gewerke eine bewaffnete Macht zum Schutze ihrer Arbeit und Eigenthumsrechte gegen die Feudalherren auf den Beinen erhielten. Das früher zu diesem Zwecke erforderliche Corporationsvermögen war also nicht mehr nötig. Die Corporationssteuer u. Beiträge, die ungeheuren Kosten der Gesellen, Altgesellen u. zumal Meisterpatente etc., alle diesem Zweck entfloßen, waren also nicht mehr nötig. Die frühere Beschränkungen der Arbeitsberechtigung einer Corporation gegenüber einer anderen, der Anzahl der Meisterstellen die in einer Stadt innerhalb derselben Corporation erworben werden durften, der Gesellen Zahl die ein Meister halten, u. der Stundenzahl, während welcher er arbeiten durfte, – alles Beschränkungen mit Nothwendigkeit u. gutem Fug unter jenen früheren Verhältnissen getroffen, um die immensen Kosten, welche die Erlangung des Meisterpatents etc. verursachten, dann wieder umgehen zu machen, indem dadurch jedem Meister gesetzlich lohnende Arbeit geliefert u. er so für alle jene Kosten u. Beiträge entschädigt wurde – alles das fiel mit jenen Kosten u. jener Nothwendigkeit eines Corporationsvermögens von selbst fort.

Ja, kurz vor dem Turgotschen Edict, einer von den Zeitgenossen wie gewöhnlich mißverstandenen Mahnung, war 1775 die erste Dampfmaschine erfunden [worden].[40] An den Erfindungen kann man gewöhnlich sehen, was die Glocke geschlagen. Sie sind das Suchen des Geistes nach Ausdruck, Gestaltung u. Beherrschung des neuen Bedürfnißes.

[15]
Darum lebt in ihnen nicht blos mechanische Kunstfertigkeit u. ein glücklicher Zufall, sondern es lebt in ihnen der exacte geschichtliche Gedanke; es blitzt in ihnen hell auf der revolutionäre Gedanke der betreffenden Periode. Als die Feudalherrschaft ihrem Ende zueilt, wird das Pulver erfunden um sie in ihr schon geöffnetes Grab leichter zu stürzen[41], als die Zeit des Selbsturtheilens, der Selbstcritik, des eigenen Denkens mächtig anbricht, um catholischen Dogmatismus als protestantischer Trieb zu bekämpfen u. zu überwinden, – da wird in drei Ländern Europas, Deutschland, Holland, England, zugleich die Buchdruckerkunst erfunden, die wahre Maschine für diese Gedankenrevolution.[42] Als die Welt des transcendenten Hinausstierens in das Jenseits müde anfängt, den Blick von der Theologie ab auf das materielle Reich des Dießseits zu richten, – da wird hintereinander Magnetnadel, Compaß, Amerika, Seeweg nach Indien etc. etc. entdeckt.[43] Und alle diese Entdeckungen sind

40 Die von dem schottischen Erfinder und Unternehmer James Watt (1736–1819) im Jahre 1775 verbesserte Version einer Dampfmaschine revolutionierte Bergbau, Metall- und Textilindustrie. Als von Wind- und Wasserkraft unabhängige Energiequelle gab sie der industriellen Entwicklung entscheidende Impulse.

41 Pulver war schon seit mehr als 1.500 Jahren in China bekannt gewesen, aber im Spätmittelalter entwickelten europäische Büchsenmacher und Mechaniker die Möglichkeit, dieses als »Schießpulver« für Gewehr- und Kanonengeschosse anzuwenden. Durch diese Revolution der Waffentechnik wurden die Ritterrüstungen des hochmittelalterlichen Adels obsolet, auch wenn sich dieser Wandel im Kriegshandwerk bereits durch andere Entwicklungen wie Langbogen und Armbrust angedeutet hatte.

42 Die Erfindung des Buchdrucks mit beweglichen Bleibuchstaben revolutionierte im 15. Jahrhundert die Herstellung von Flugschriften und Büchern, da diese nun bedeutend schneller und billiger in größerer Zahl hergestellt werden konnten. Durch diese Erfindung wurde zum Beispiel die schnelle Verbreitung der Reformation erst ermöglicht.

43 Die Erfindung von Magnet und Kompass sowie die verbesserte Nutzung von anderen nautisch nutzbaren Geräten und Karten ermöglichten in den Jahrhunderten des Spätmittelalters und der Frühen Neuzeit (13.–16. Jahrhundert) die Hochseeschifffahrt. Neben der von Lassalle vorher erwähnten Nutzung des Pulvers und der Waffentechnik bildeten diese Erfindungen die Grundlage für die weltweite europäische Hegemonie in Seefahrt und Kriegführung ab dem 16. Jahrhundert, vgl. allgemein *Wolfgang Reinhard*, Geschichte der europäischen Expansion, Bd. 1: Die Alte Welt bis 1818, Stuttgart 1983, S. 28ff.; *Jürgen Osterhammel/Niels P. Peterssohn*, Geschichte der Globalisierung. Dimensionen, Prozesse, Epochen, München 2006 (zuerst 2003), S. 27ff.

nur die Kunde von dem revolutionären Umschwunge, der in dem Geiste der Zeit vorgegangen u. dass er aus dem Himmel auf die Erde gefallen.

Sie sind nur eine Manifestation desselben revolutionären Geistes, von dem die gleichzeitige aus dem bisherigen Scholasticismus plötzlich in Naturalismus u. materielle Empirie umgewandelte Philosophie, die Schule Bacons (von Verulam)[44] etc. eine andere Offenbarung ist. – So erfindet die Welt dann plötzlich unmittelbar vor jenem Turgotschen Edict u. der Revolution 1775 die erste Dampfmaschine.[45]

[16]

Die Dampfmaschine war eine jener Erscheinungen durch welche eine Revolution sich selber präexistent ist; sie war der klarste Ausdruck des neuen Bedürfnißes. Sie war das mikroskopische Bild des neuen Weltzustandes der sich an die Stelle des alten setzen sollte u. es war nur die Schuld des alten Zustandes u. seiner unseligen Verblendung, wenn er nur der Macht der Bajonette weichen wollte. – Es ist anerkannt, daß eine Dampfmaschine (geschweige gar wie jetzt, ein System von Dampfmaschinen) unter der alten Zunftherrschaft nicht 14 Tage hätte produzieren können! Dampfmaschine d.h. Production auf größter Stufenleiter, Production mit Arbeitskräften von so u. so viel tausend Arbeiter, Production durch Verbindung so u. so vieler einzelner Produktionszweige zu einem Ganzen, endlich Production in so unendlichen Maßen daß sie sich durch unendliche Billigkeit Absatz finden. Alles dies u. jeder einzelne dieser Sätze war durch die Zunftverfaßung rechtlich ausgeschloßen. Ein Volk das sich jetzt seiner Zunftverfaßung nicht entledigte, wäre von den rivalisierenden Nationen vom Weltmarkt heruntergeworfen u. in Verarmung gestürzt worden. – Dampfmaschine, das bedeutete auch: Totaler u. entscheidender Sieg des beweglichen Capitals über den Grundbesitz u. seine Bedeutung, entschiedene Ueberwindung der Macht u. des Einflußes der Grundherren (Adelsklaße) durch die Macht und den Einfluß der Kapitalisten (tiers état) u. folgeweise deshalb auch: Aufhebung der bestehenden Rechtsunterschiede, Uebergabe der politischen Herrschaft an die Bourgeoisie!

Die erste Dampfmaschine war etwas viel weit Objectiveres u. »Bestehenderes« als eine

[17]

ganze Schiffsladung alter Statute, Gesetzscharteken[46] u. dergl. Dieses war nun das caput mortuum[47] der Vergangenheit, u. in jenem lebte der frische Athem der Völker u. das lebendige Bedürfniß der Gegenwart. An dem Gängelbande der Zunftverfaßung hatte sich die europäische Production so lange entwickelt, bis der durch die Zunftverfaßung selbst allmählich entwickelte Blüthezustand: das angehäufte Capital, die Production auf großen Absatz u. für den Weltmarkt u. die neu geschaffenen Arbeitsinstrumente, Dampfmaschine etc. – die Production zwangen die lähmende, hindernde Feßel dieses Gängelbandes zu sprengen. Darum war Turgot, war jeder Revolutionär damals ungemein objectiv; der Athem der Nothwendigkeit, das eiserne unerbittliche Schicksal selbst war mit ihnen. Aber einen ungemein widrigen Eindruck machen jene damals berechtigten noch bestehenden (wie nehmlich ein Leichnam auch besteht) privilegirten Stände die in schrankenloser subjectiver Willkühr weiterleben wollten, obgleich doch ihre Schicksalsstunde gekommen war; welche die Luft ermüdeten mit ihrem kläglichen eiteln Jammergeschrei darüber, dass neue Bedürfniße auch neue Formen wollen, welche mit ihren Nägeln krampfhaft-convulsivisch die entfliehende Zeit zurückhalten zu können vermeinten u. in der Frivolität ihrer Sorgen u. der Hohlheit ihrer Köpfe gar mit Bajonetten u. Blutvergießen die neue Zeit zurückdrängen zu können vermeinten, die ihnen in Folge deßen – über den Leib ging.

---

44 Francis Bacon, 1. Baron von Verulam (1561–1626), engl. Philosoph und Politiker, gilt als einer der Wegbereiter des Empirismus und der modernen Naturwissenschaften.

45 Im »Arbeiterprogramm« (*Lassalle*, Gesammelte Reden und Schriften, Bd. 2, S. 166) erwähnt Lassalle die bahnbrechende Bedeutung von William Arkwrights Erfindung der Baumwollspinnmaschine ebenfalls im Jahre 1775, welche die Entwicklung der Textilindustrie revolutionierte und »die bereits tatsächlich eingetretene, bereits vollzogene Revolution in sich verkörperte. Sie war selbst schon [...] die lebendig gewordene Revolution«.

46 Scharteke ist ein veralteter Ausdruck für alte Bücher, unnütze Dokumente und Urkunden.

47 Wörtlich: »toter Kopf«; im römischen Recht war dies eine Bezeichnung für ein nur noch der Form, aber nicht mehr dem Inhalt nach Bedeutung habendes Phänomen, vgl. *Rudolf von Ihering*, Geist des römischen Rechts auf den verschiedenen Stufen seiner Entwicklung, T. 2, Bd. 2, Leipzig 1858, S. 539.

Schon der einzelne Mensch der nicht mit Würde

[18]

zu sterben weiß, wenn die Stunde gekommen u. die Umstände es fordern, macht einen widrigen Eindruck u. sein erbärmliches Winseln hält das Schicksal nicht auf. Erhebend dagegen ist der Anblick des Römers, der mit objectiv großartigem Sinn, mit schicksalserfülltem Geiste auch die letzte Nothwendigkeit zu tragen weiß, wie jede andere oder gar wie jener Cato[48] sich mit sittlicher Ruhe selbst das Schwert in die Brust drückt, wenn er fühlt, daß eine neue Welt mit neuen Bedürfnißen u. neuen Gestaltungen gekommen, mit denen er nicht mehr zu leben, nicht mehr zu hausen weiß. Aber Pfui! Über die Claßen gar, welche nicht mit Würde den Untergang zu tragen wissen, wenn ihn das Schicksal unvermeidlich macht, welche stirbt mit dem sterbenden Schillerschen Attinghausen[49] in schöner Begeisterung u. wahrhaft menschlicher Selbstüberwindung aus zu rufen:

> Getröstet können wir zu Grabe steigen
>
> Es lebt nach uns – durch andre Kräfte will
>
> Das Herrliche der Menschheit sich erhalten.
>
> ...
>
> Das Alte stürzt, es ändert sich die Zeit
>
> Und neues Leben blüht aus den Ruinen.

Welche, sage ich, statt den Blick erhellt durch den Strahl eines neuen Lebens sich mit Freudigkeit auf das neue Große einzulaßen, in pechschwarzer Geistesfinsterniß immer nur ausrufen: »Wir sind das Bestehende! Wir sind das Bestehende!« als früge der alte Kinderfreßer Chronos[50] etwas hiernach u. als hätte er nicht seit je, ja seit Adams Zeit dieselben Einwände ungerührt vernommen!

Das ist meine Ansicht von dem Objectiven u. Subjectiven in Bezug auf das historische Leben der Völker und so fällt mir in gewißen Perioden revolutionärer Auflösungsproceß u. Objectivismus geradezu zusammen. Denn wäre das »Einmal Bestehende« identisch mit dem Objectiven

[19]

u. wäre, in gewißen Zeitperioden u. je nachdem die Entwicklung des Geistes die vorhandenen Zustände hinter sich gelaßen hat, die Negation nicht eine eben so objective That, – ei, dann wären orientalische Kasteneinrichtung, Menschenopfer, Folter, Sklaverei, Inquisition, Feudalherrrschaft, Zunftrecht – alles früher einmal sehr nothwendige für ihre Zeit dankenswerthe Einrichtungen – alle noch heute leibhaftig vorhanden auf Erden, wovor uns doch Gott bewahre. Sie sind alle einmal das »Bestehende« u. das soidisant[51] Objective gewesen. Das wirklich u. wahrhaft – u. nicht blos relativ – Objective ist aber nur die ganze Leiter, u. nicht eine einzelne Sproße in der culturhistorischen Leiter. Die einzelne Sproße ist vielmehr nur dazu da sie dient nur dazu – übersteigen zu werden.

Ich kann diese ganze Geschichtsanschauung zum Schluß unmöglich schöner zusammenfaßen, als mit den Worten eines unserer größten – durch und durch objectiven – Dichter (Platen[52]):

---

48 Cato der Jüngere (95–46 v. Chr.), römischer Politiker und Feldherr, Anhänger der Republik, tötete sich im Bürgerkrieg gegen Cäsar nach der Niederlage von Thapsus selbst.

49 Die folgenden Zeilen stammen aus Schillers Drama »Wilhelm Tell«, Kap. 14, wo der sterbende Attinghausen von dem ersehnten bevorstehenden Aufstand der Schweizer Urkantone gegen die Habsburger erfährt. Die Unterstreichungen stammen von Lassalle.

50 In der griechischen Mythologie war Kronos ein Sohn der Gaia und des Uranos. Aus Angst, entmachtet zu werden, fraß er seine Kinder auf, nur Zeus wurde von seiner Mutter Rhea gerettet. Wahrscheinlich setzt Lassalle ihn mit Chronos, dem griechischen Gott der Zeit, gleich, wie sein Hinweis auf das, was Chronos seit ewigen Zeiten vernehme, nahelegt.

51 Frz.: angeblich; sozusagen.

52 Der Dichter und Dramatiker August von Platen war laut *Na'aman*, Lassalle, S. 242, Lassalles Lieblingsdichter. Das folgende Zitat entstammt seiner »Parabase« (1835), abgedr. in: Gesammelte Werke des Grafen August von Platen, Stuttgart/Tübingen 1839, S. 316. Die Hervorhebungen stammen von Lassalle.

Denn Klöster zu bau'n, kein nützliches Werk wär's jetzt, nein, wahrlich ein schlechtes!
Jetzt sind sie der Sitz geistlosen Gebets, einst waren sie Sitz der Gesittung;
Jetzt streuen sie aus Dummheit u. Verderb, einst säten sie Wißen u. Geist aus.
So wechselt die Zeit u. der Welt Umschwung und der Menschheit ewige Wandlung,
Und solang ihr die nicht völlig begreift, bleibt stets ihre lallende Knäblein.
Denn gilt für gerecht, was blos alt ist, dann kehrt zu den Heiden zurück nur,

[20]

Nicht war, wie es scheint, zu verachten Apoll und die hold anlächelnde Kypris[53],
Doch mussten sie fliehn vor dem stärkeren Gott, der Form stets wechselt u. Antlitz
Und die Welt durchmißt, fortstrebenden Gangs, ein gewaltsam schreitender Proteus![54]
Wahre herzstärkende, echt historische Weisheit in dem flüßigen Gold antiker Anapästen!

Noch bleibt aber ein anderer Hauptirrthum, dem Sie hingegeben sind, zu besprechen. Sie sagen: »Und ob am Ende, was noch das bedenklichste von Allem – wenn nun früh oder spät der göttliche Athem der Geschichte neue Cultur-Zustände aus dem Grabe* u. Moder jener vergangenen Welt** zu hauchen u. zu beleben sich anschicken möchte, es nicht doch wieder im Wesentlichen nur die alten, durch die menschliche Natur von Neuem bedingten sein würden?«[55]

Diese Anschauung hängt mit der vorigen Erörterung so genau zusammen, wie Inhalt mit Form. Bis jetzt handelt es sich um den formellen Begriff der Geschichte; ich muß mir jetzt erlauben ein wenig im Allgemeinen auf ihren Inhalt einzugehen. – Ihre Anschauung geht dahin, daß die Revolutionen nichts oder nichts wesentliches ändern an den menschlichen Zuständen, daß die menschliche Natur seit je dieselbe ist u. ewig dieselbe bleiben wird, daß die Formen zwar hin u. wieder wechseln mögen, hierdurch aber keine Aenderung u. Beßerung in dem Wesentlichen der Zustände eintritt, welche durch die seit je u. für immer identische menschliche Natur bedingt, sich immer u. immer wieder erzeugen.[56]

[21]

Erlauben Sie mir Ihnen zu sagen, Herr Graf, daß nach meiner unmaßgeblichen Meinung, Sie u. Alle die mit Ihnen dieser vielverbreiteten Ansicht sind, auch nicht die entfernteste, leiseste Ahnung haben von dem, was Geschichte ist.

Freilich, wäre es so, wie Sie sagen, wie diese ganze Weltanschauung vermeint, – es wäre ein trauriges Ding um die Geschichte, um Cultur, Völkerleben u. Menschengeschlecht! Es verlohnte nicht, sich auch nur um diese großen Zwecke zu bekümmern; es verlohnte gar nicht Theil zu nehmen an der großen Arbeit des Gattungsgeistes, der, vermuthlich von irgend einem bösen Geiste im Kreise geführt, nach der schrecklichsten Anstrengung u. Zermarterung doch nur immer da wieder ankäme, von wo er ausgegangen, u. jeder thäte am Besten sich auf sein Haus u. sein Hof, sein Kind u. sein Rind u. was sonst seinem Individuum mehr oder weniger näher oder entfernter an der Nabelschnur hängt zu beschränken. Die Weltgeschichte u. das Menschengeschlecht gleicht in dieser Anschauung

53 Kypris, ein anderer Name für Aphrodite, war in der griechischen Mythologie die Göttin der Liebe und der Schönheit. Sie war eine Tochter des Zeus und Gemahlin des Hephaistos.

54 Proteus war ein griechischer Meeresgott, der ein Meister der Verwandlung war und in Formen von Wasser, Feuer oder wilder Tiere auftreten konnte.

55 Lassalle zitiert hier erneut aus v. Westphalens Brief vom 23.8.1853, vgl. *Lassalle*, Nachgelassene Briefe und Schriften, Bd. 2, S. 108. Dort steht statt »Grabe*« »Chaos« und nach »Welt**« ist dort noch »alter Existenzen« eingefügt, was Lassalle hier auslässt.

56 Hier wendet sich Lassalle gegen die These von der Unveränderbarkeit der menschlichen Natur und beharrt, ähnlich wie Karl Marx in seinen Frühschriften, darauf, dass der Mensch letztlich das Produkt der jeweiligen Epoche sei. Vgl. dazu *Gottfried Küenzlen*, Der Neue Mensch. Eine Untersuchung zur säkularen Religionsgeschichte der Moderne, München 1994, S. 109–121, insb. S. 110; *Leslie Stevenson/David L. Haberman*, Zehn Theorien zur Natur des Menschen. Konfuzianismus, Hinduismus, Bibel, Platon, Aristoteles, Kant, Marx, Freud, Sartre, Evolutionstheorien, Stuttgart/Weimar 2008 (zuerst engl. 1998), S. 173–175.

der tausend- und abertausendmal zum Fenster hinausgeworfenen Katze, die doch immer u. ewig wieder auf die Füße fällt! Und nur das Eine wäre nicht zu begreifen, warum diese närrische Menschheit, durch soviele tausend Erfahrungen nicht belehrt, sich überhaupt noch mit Geschichte, Politik u. Umgestaltung abgiebt, sich so herzbrechender Arbeit u. Quaal, so begeisterter Aufopferung dafür hingiebt, u. nicht lieber – da ja doch die Dinge immer dieselben bleiben u. das Alte, weil angeblich durch die menschliche Natur bedingt im Wesentlichen sich immer wieder herstellt – die ganze undankbare

[22]

Arbeit an den Nagel hängen, Aenderungen, die au fond[57] keine Aenderungen sind, nicht lieber ganz unterlaßen will. Welcher Dämon ist dann in dieses arme Menschengeschlecht gefahren, daß es seit den 5 000 Jahren seines historischen Auftretens rastlos eine Umgestaltungsarbeit betreibt, ununterbrochen einem bald mählicheren bald acuteren Entwicklungsproceß hingegeben ist, während all diese mit so viel Schweiß u. Blut betriebene Entwicklung dennoch nie u. nie eine wesentliche Aenderung der Verhältniße zu Tage bringt? Und wenn das was sich ändert, immer nur unwesentliche Formen sind, die wesentlichen Zustände aber stets dieselben bleiben, wie sie durch die menschliche Natur bedingt werden u. durch sich eine sich gleichbleibende ist – woher kämen denn dann diese Formänderungen? Schneien sie in die Welt hinein wie der Sturmwind »man weiß nicht von wannen er kommet u. brauset?[«][58]

Sind sie, mit einem Wort, ganz willkührlich, zufällig – wie entstehen sie dann, woher kommen sie? Oder kommen diese differenten Formen selbst aus der menschlichen Natur – u. dann scheint doch diese menschliche Natur nicht etwas sich so Gleichbleibendes zu sein; sondern wenn diese Natur in den verschiedenen Geschichts-Epochen die so verschiedenen Formen aus sich geschaffen hat, so sind doch diese differenten Formen Bestätigungen dieser Natur u. zeigen somit daß diese Natur selbst zu verschiedenen Zeiten eine differente, statt immer sich gleich bleibende, sein muß. Dann wäre ja also wohl eine wesentliche Aenderung vorhanden.

Die ganze Geschichte wird nach dieser Auffaßung ein Reich unbegriffnen Unsinns, wüsten Zufalls u. Widerspruchs.

Glücklicherweise verhält es sich aber in Wahrheit nicht so.

[23]

Meine Feder strauchelt hier gleichsam, denn es ist eines derjenigen Capitel, welche, weil Resultat einer ganzen Weltanschauung, sich fast schlechterdings nicht in einem Briefe behandeln laßen. Es ist ein Thema, welches keine Oberflächlichkeit verträgt u. diesen Fehler vermeiden wollen, würde nöthig machen ein Buch zu schreiben. Gleichwohl sei es gewagt, mich auf gut Glück so kurz als möglich deutlich zu machen.

Sie meinen: die menschliche Natur sei eine ewig dieselbige, sich gleich bleibende, die verschiedenen geschichtlichen Perioden nur Formen unter denen sich stets dasselbe findet.

Ich meine: die menschliche Natur ist eine physische u. geistige. Von der physischen mag freilich gelten, daß sie ein wenig sich gleich bleibend ist. Wir eßen, trinken, schlafen etc. wie wir es auch vor Jahrtausenden gethan haben.

Die geistige Natur des Menschen – u. folgeweise auch alle Verhältnisse, die von ihr bestimmt werden – ist so wenig eine sich gleich bleibende u. wenig identische, daß vielmehr eine allgemeine Natur des Menschen gar nicht existirt, daß vielmehr die /:geistige:/ Natur des Menschen zu jeder Zeit immer nur das Product der jedesmaligen historischen Entwicklung ist. Die /:geistige:/ Natur des Menschen /:resp. was wir beide heut zu Tage darunter verstehen :/ ist erst durch die Geschichte geschaffen; entwickelt sich, statt seit je dieselbe gewesen zu sein u. für immer zu bleiben, erst in der Geschichte, entsteht erst durch die Geschichte; ich kenne so viel verschiedene Naturen des Menschen, als es verschiedene historische Epochen giebt.

Oder richtiger: die geistige Natur des Menschen ist eine stete Entwicklung; – die Geschichte u. ihre fortlaufende Veränderung ist nur der Abdruck jener neuern geistigen Entwicklung in der Welt der Thatsachen.

57 Frz.: im Grunde.
58 Hier handelt es sich um ein Zitat aus Schillers Gedicht »Der Graf von Habsburg«.

Jede Zeit verwirklicht ihre neuere geistige Natur in den großen Sphären menschlicher Thätigkeit – Religion, Philosophie, Kunst, Staat, Sitte, Recht, Eigenthum u. Erwerb. All diese verschiedenen Gebiete enthalten daher

[24]

zu ein u. derselben Zeit auch immer nur – nachweislich – ein u. denselben Gedanken, der aber der Zeitgeist d. h. der bestimmte Gedanke der menschlichen Natur auf ihrem dermaligen Standpunkt ist.

Jede Umgestaltung, jede Revolution in Religion, Philosophie, Kunst, Sitte, Recht, Staat, Eigenthum – ist nur dadurch möglich, daß zwar eine Umgestaltung, eine Revolution, eine neue Entwicklung in der menschlichen Natur eingetreten ist, – deren Niederschlag u. plastische Realisierung blos die Revolution in der Welt der äußeren Verhältniße ist.

Der menschliche Geist ist ein Entwicklungsprozeß – u. die Welt realer Wirklichkeit macht nur – u. etwas langsamer, [unleserliches Wort] die Umbildung auf größere Hinderniße stößt – folgsam die Entwicklungsstadien nach, die der menschliche Geist in sich durchläuft u. spiegelt sie wieder. Die objectiven Umbildungen im Reich der Wirklichkeit sind nur die Wirkungen u. das Contrefait[59] des Gedankenproceßes, welchen der menschliche Geist in sich durchläuft. – Wäre dieser Standpunct der richtige, so giebt es gleichsam, energisch gesprochen, gar keine allgemeine menschliche Natur, wie es keinen allgemeinen Staat, keine allgemeine Philosophie, keine allgemeine Kunst etc. giebt. Wie es nur bestimmte historische[60] Staaten, Philosophie, Kunstperioden giebt, die zu einander in grellstem Gegensatze stehen, so gebe es auch nur historisch-bestimmte Stufen der menschlichen Natur. Diese – die für Sie die ewige Katgorie ist – wäre vielmehr selbst erst das ewig differente Product historischer Entwicklung.

Zwar haben alle Staaten, Philosophien, Religionen etc. aller Zeiten irgend etwas Gemeinsames mit einander gehabt, obwohl nur sehr spärliches. Und dieses herausgreifend kann man sich ein Abstractum bilden: der Staat, die Religion etc. – Abstracta die in der Wirklichkeit nie existirten aber in diesem Abstractum ist gerade alles auch was dem bestimmten Staat (z.B. der Spar-

[25]

tanische etc.) ein lebendiger war u. was ihn grell u. gegensatzvoll von anderen eben so bestimmten unterscheidet, hierin weggelaßen, so daß man nur eine todte Unwahrheit der Abstraction in der Hand hat.

Wäre dieser Standpunct der richtige – u. diese Folgerung ist für unsern Streit die bei weitem Wichtigere – so wäre es offenbare u. objective Unmöglichkeit, davon auch nur sprechen zu wollen, daß »trotz einer Revolution die Zustände im Wesentlichen dieselben bleiben, weil sie von der alten menschlichen Natur von neuem bedingt werden«[61] denn – von diesem Standpunct aus – wäre die revolutionäre Umgestaltung in der Welt der Thatsachen überhaupt erst denkbar u. möglich als Folge u. Wirkung einer ihr schon vorausgegangenen Umwälzung d. h. Entwicklung in der geistigen Natur des Menschen, so daß [unleserliches Wort] von einer Nutzlosigkeit der Revolution weil die alte menschliche Natur dieselbe bleibt, nicht die Rede sein kann, da die Revolutionen nur Manifestationen der schon geschehenen neuen Stufe sind, welche die Entwicklung der geistigen Natur des Menschen in sich erreicht hat.

Was Evolutionen sind im flüßigen Element des Geistes, sind Revolutionen im Reich zäh widerstrebender Wirklichkeit.

Daß nun dieser Standpunct wirklich der richtige ist, – den systematischen Beweis hierfür kann ich hier nicht führen. Soviel leuchtet aber ein, dass dies jedenfalls die einzige Geschichtsanschauung ist, welche Consequenz u. Befriedigung zu gewähren u. allein alle u. jede Erscheinung historischen Lebens zu erklären vermag.

---

59 Frz.: Nachbildung, Nachahmung

60 Diese beiden Wörter sind doppelt unterstrichen.

61 Erneut zitiert hier Lassalle aus dem Brief v. Westphalens vom 23.8.1853, *Lassalle*, Nachgelassene Briefe und Schriften, Bd. 2, S. 107–109, hier: S. 108.

Der menschliche Geist ist hernach nicht nur der Werkmeister der Geschichte, sondern diese nichts als die That seiner eigenen Selbstverwirklichung.[62]

[26]

Und so wie die einzelnen Philosophien der Völker, u. selbst die einzelnen Religionen der Völker, was bereits allgemein anerkannt, eine aufsteigende Linie ununterbrochener Gedankenentwicklung bilden, in der also jeder folgende Gedanke höher ist, als der vorhergehende, – so ist auch die Geschichte der politischen, rechtlichen u. gesellschaftlichen Zustände nur dieselbe – u. zwar jener Aufeinanderfolge in Religion u. Philosophie genau entsprechende – Verwirklichung desselben Vernunftinhalts, desselben geistigen Standpuncts in der Sphäre der Wirklichkeit.

Diese Reihe willkührlich u. zufällig-scheinender »Ereigniße« die man sonst Geschichte nannte, ist dann eine in Reinschrift geschriebene Aufeinanderfolge logischer Gedanken. »Ereignisse« im eigentlichen Sinne d.h. in dem strengen Wortsinne dieses Ausdrucks, nach welchem sich etwas, man weiß nicht von wannen, aber so zugetragen, ereignet hat, giebt es dann nicht mehr. Die scheinbaren bloßen Ereigniße haben innere Bedeutung erhalten; sie sind Selbstoffenbaarungen des Gottesgeistes geworden, der sich nun durch u. in seiner Selbstverwirklichung entwickelt u. deßen Verwirklichung u. Entwicklungs Arbeit zugleich die Geschichte ist.

Von diesem Standpunct allein erklärt es sich, warum z.B. die indische, aegyptische, hellenische, römische, mittelalterliche etc. etc. Zeit, jede in Religion, Staat, Gesellschaftsausrichtung etc., immer genau denselben Gedankeninhalt haben u. sich z.B. die indische Religion u. Kunst ganz eben so durch dasselbe Prinzip von hellenischer Religion u. Kunst unterscheidet, wie der indische Staat vom hellenischen Staat etc.

Das Gesagte faßt sich vielleicht am deutlichsten u. einfachsten so zusammen: Der Gattungsgeist denkt über sein Wesen nach, was es sei, wie etwa im indischen Mythus die Weltschöpfung dadurch entsteht, daß der auf dem Lotosblatt schwimmende Brahma[63] an seiner Fußzehe saugend sich frägt: Wer bin ich und woher bin ich? Das was der Gattungsgeist als freies Wesen auffaßt, verwirklicht er als Staat, Religion, Kunst, Gesellschaft. Dies ist die

[27]

reelle Arbeit seiner Weltzeugung. In dem Auffaßen deßen, was sein Wesen sei, in diesem Ergründen seines eigenen Innern täuscht er sich niemals gänzlich. Er schaut niemals etwas als sein Wesen an, was nicht wirklich ein nothwendiges Moment des menschlichen Wesens wäre. Jede geschichtliche Existenz ist deshalb die Realität einer wesentlichen Seite des menschlichen Geistes; ein nothwendiger Durchgangspunct in ihm. Aber in diesem Auffaßen seines Wesens geschieht ihm das: daß er nur immer eine einzelne /: wenn auch stets eine höhere / Seite des menschlichen Wesens, ein Moment in ihm, sich als sein Wesen zum Bewußtsein bringt u. dieses Moment als Totalität, als seine ganze Wahrheit, anschaut. Indem er aber nun diese als seine Totalität angeschaute Seite, dies Moment seines Wesens in der Werkstätte seines Thuns, in den Gebilden der Religion, der Kunst, des Staats der Rechts- und Gesellschaftseinrichtungen zur Verwirklichung bringt, erfährt er grade aus dieser Verwirklichung daß was er als sein Wesen anschaute, in Wahrheit die ganze Tiefe seines Wesens nicht erschöpft. Die Unangemeßenheit der Seite seines Wesens, die er für sein ganzes Wesen hält, zu der wirklichen Totalität seines Wesens kömmt ihm erst in u. durch die Verwirklichung jener Einseitigkeit zur Besinnung. Diese Perioden der Besinnung sind solche, wo der Geist, sich nicht mehr erschöpft fühlend in der Welt der Wirklichkeit, von neuem in sich geht einen neuen u. tieferen Inhalt seines Wesens als Philosophie, Religion etc. sich zum Bewußtsein bringt, dem bald darauf als Niederschlag dieses neuen Bewußtseins eine neue Gesellschaftsbildung folgt.

Die ganze Tiefe seines Wesens ergründet der Gattungsgeist nur in der Totalität des geschichtlichen Proceßes. Aber die aufeinander folgenden Gestalten /: Perioden:/ der Geschichte sind hiernach immer tiefere, immer wahrere, immer erschöpfendere Auffaßungen des Geistes von sich selber, die es erst wenn er eine höhere Erkenntniß des unendlichen Reichthums seines

---

62 Das ist auch ein zentraler Gedanke in Hegels Geschichtsphilosophie, vgl. *Charles Taylor*, Hegel, Frankfurt am Main 1983, S. 509–515.

63 Im Hinduismus gilt Brahma als Schöpfer des Universums. Er wird häufig dargestellt, wie er auf einer schwimmenden Lotusblüte im Lotussitz ruht.

[28]

Wesens gefunden hat, wieder zu den wenigen Gestalten in das Reich der Schatten wirft. Die Schlange des menschlichen Geistes häutet sich, manchmal, unter dem Zusammentreffen glücklicher Umstände, schmerzlos (Reform), manchmal, wenn dieser Häutung Widerstand entgegen gesetzt wird, unter schmerzlicher convulsivischer Contraction aller ihrer Muskeln (Revolution), aber Häutung auf Häutung geht vor sich u. nicht eine Prius – sondern erst das großе Product der Geschichte ist: – der ganze Mensch d.h. der sich nach der ganzen Tiefe, dem ganzen Reichthum seines geistigen u. humanen Wesens zum Bewußtsein gekommene Mensch. –

Wäre diese Geschichtsauffaßung die richtige, so würden Sie meinen Enthusiasmus für die »Göttin Historia« wohl begreifen. Daß sie die richtige ist, kann wie gesagt meine Absicht nicht sein hier beweisen zu wollen. Sie werden mir zugeben, daß sich das unmöglich in einem Briefe thun laße. Ich konnte daher nur meine Anschauung von der Sache auf gut Glück niederschreiben – Aber einzelne Schlaglichter laßen sich doch werfen, um in Uebereinstimmung mit dieser Anschauung zu erhellen, wie wenig das menschliche Wesen so ein »altes sich Gleichbleibendes« ist, wie Sie meinen, so daß die verschiedenen Zustände statt wesentlichste Fortschritte u. Beßerungen vielmehr nur ziemlich gleichgültige Formen wären, in denen der alte von der menschlichen Natur bedingte Inhalt immer wieder ersteht.

Blicken Sie – da die grellsten Gegensätze die Unwahrheit dieser Anschauung am deutlichsten nach zu weisen vermögen, auf die ersten Culturzustände, auf die ehemaligen Reiche des Orients, Indien u. Aegypten, diese Ausgangspuncte der Geschichte.

[29]

Was erblicken Sie da? Eine Gesellschaft in welcher alle Unterschiede der Beschäftigung, der Gerwerkthätigkeit der verschiedenen gesellschaftlichen Bereiche, der Arbeitstheilung sogar, unwiderruflich u. unmittelbar durch die Natur – durch die Geburt – bestimmt sind, gleichsam wie die Gattungen u. Arten des Naturreichs. Nach der unverbrüchlichen Anschauung dieser Völker ist Jeder unabänderlich bestimmt, das Gewerbe fortzutreiben u. auf seine Enkel fortzuvererben, in welchem er geboren wurde. Jedem Uebergang aus einer Thätigkeit in die andere, vom Schweinetreiber zum Rinderhirt, vom Hirt zum Gewerksarbeiter von diesem zum Kaufmann, jede Heirath von einer dieser Casten in die andere ist bei Todesstrafe untersagt. Der Bramane der einen Paria berührt hat sich so verunreinigt, daß er sich den Arm abhaut, welcher durch diese Berührung die göttlichen Unterschiede durchbrochen hat.[64] In diesen versteinerten Geisterreichen, in diesen auf Casten errichteten Gesellschaften ist nicht Wahl, Wille, Freiheit u. Selbstbestimmung, diese Begriffe, die unser ganzes Leben durchdringen sind unbekannte Vorstellungen u. gleichfern von Willkühr wie von Freiheit beruht dieser ganze Zustand auf so naturbestimmten unbewegten ewigen Claßificationen, wie die Claßificationen der Pflanzen u. Mineralwelt.

Vergleichen Sie diesen Zustand, welcher das ganze Dasein jener Gesellschaft regelt einen Augenblick, mit unserm modernen Leben u. dem was heute ausnahmslos u. von allen

[30]

Partheien als Bedingung sine qua non alles Daseins angeschaut wird. Der wüthigste Reactionär würde heut zu Tage einen solchen Zustand u. jede Idee, solche Anschauung wieder zur Geltung bringen zu wollen nicht nur als baroqueste Unmöglichkeit sondern in seinem eigenen Inneren als Todsünde gegen den Begriff des Menschen verabscheuen. Freie Wahl, selbstgewählter Beruf, Selbstbestimmung der Thätigkeit u. bürgerlichen Daseinssphäre – sind Begriffe die heute bewußt u. unbewußt alles Dasein durchdringen. – Was haben denn zwei geistige Naturen mit einander gemein, von denen der einen die Welt u. jedes menschliche Verhältniß, im Reich unverrückbarer Naturbestimmtheit, der anderen alles: Wahl Wille, Prüfung u. Selbstbestimmung ist? Im Physischen haben beide Menschen, der orientalische u. der moderne, gleich functionirt. Das ist alles. Jedes andere Verhältniß, das nur irgendwie noch so entfernt u. noch so leise von geistiger Auffaßung berührt wird, ist, in Folge

64 Auch die hier wiedergegebene übertriebene Darstellung des indischen Kastenwesens findet sich unter anderem bei Hegel, vgl. *Ernst Schulin*, Die weltgeschichtliche Erfassung des Orients bei Hegel und Ranke, Göttingen 1958, insb. S. 137–141.

der beiden diametral entgegengesetzten geistigen Anschauungen zu einem ganz entgegengesetzten geworden.

Oder vergleichen Sie diese indische Pflanzenwelt mit der Welt des hellenischen Geistes u. die antiken Zustände wieder mit denen modernen Lebens! Die göttlichen Unterschiede welche da Jeder in den gegliederten Ständen der Gesellschaft anschaut, sind schon von dem Blick der Hellenen gänzlich verschwunden; das gesamte Volksganze ist ihm ein gleichberechtigtes Ganze[s] geworden mit unterschiedlos-gleicher sittlicher Bestimmung u. Werth u. rechtlicher Geltung. Aber die Grenze der Nationalität

[31]

ist noch die Gränze der Gleichberechtigung. Folge dieser Anschauung, welche die menschliche Geltung in die Nationalität hineinverlegt, ist nun: daß jedes Mitglied dieser Nationalität also an u. für sich u. ohne Weiteres gesicherte, humane Existenz haben soll u. muß, als Theilnehmer dieses Volksgeistes. Der Einzelne braucht u. darf also hier, wo die Idee der Individualität noch nicht gefunden ist, nicht wie heutzutage, wo diese Idee alles beherrscht, sein eignes Product, sein eigner Schöpfer, seiner eigenen einzelnen freien Arbeitskraft Werk sein; sondern unmittelbar als dieser Nationalität Mitglied ist er zum vollsten menschlichen Dasein berechtigt u. außerhalb dieser Grenze – ist keine Berechtigung. Die oeconomischen u. gesellschaftlichen Folgen dieses bis heran metaphysisch ausgesprochenen Princips sind: Jeder Erwerb, jede Erwerbsarbeit ist schimpflich u. es ist dagegen die Forderung da, dass jeder Einzelne vom Staate, vom ganzen Volksgeist (als freies Mitglied) arbeitslos unterhalten werde. Dies führt in Sparta zu dem strengsten widerlichsten Communismus, zu dem abstractesten Gleichheitszustand. Das mobile Vermögen wird gradezu verboten, das mobile Gesamtvermögen der Nation in so u. so viele gleiche Theile getheilt als Spartiaten vorhanden sind u. durch eherne Gesetze, welche jede Theilung dieses Antheils am Staatsacker verbieten, jüngeren Söhnen das Heirathen anderer als Erbtöchter verbieten; Erbtöchter zwingen den ersten besten jüngeren Sohn zu nehmen der sie begehrt, durch Jahrhunderte hindurch erhalten. Gemeinschaftliche Wirthschaft u.

[32]

Ablieferung der Früchte an das Staatsdepot zum gemeinschaftlichen Mahle. In Athen wo mehr Hinneigung zur Beweglichkeit des individuellen Elements vorhanden ist, zieht jenes Princip nicht ganz so abstracte eiserne Folgen nach sich; aber es bestimmt nicht weniger den ganzen gesellschaftlichen Zustand. Die Forderung ist principiell dieselbe, daß alle vom Staate ernährt werden durch Krieg, Raub, Tribut fremder Völker u. – jener von Aristophanes so herrlich verspottete Zustand – jeder Athener als Richter – u. jeder war Richter – ein so großes Gehalt bekäme und wenn auch sonst ganz einkommenlos, hierdurch ohne Arbeit leben können.[65] Diese dem ganzen Hellenenthum gemeinsame Forderung, als Glieder dieser berechtigten Nationalität, arbeitslos durch den Staat ernährt zu werden, zieht außer der Schimpflichkeit der Arbeit, natürlich noch nach sich daß die gesammte Production durch die jeder Berechtigung baaren fremden Völker verrichtet werden muß – das Sklaventhum. – Und vergleichen Sie diese geistige Menschennatur, der alle Arbeit schimpflich, Sklaventhum höchst unverfänglich, Ernährtwerden durch den Staat ganz selbstredend ist u. die in Folge deßen geänderten Institutionen mit der orientalischen Periode einerseits, andrerseits mit der geistigen Menschennatur von heute u. den heute vorhandenen Zuständen, wo nichts so gilt, als die eigene Arbeit, die Würde des Bestehens durch Arbeit sich bis zum corrodirtesten alle Bande des Sittlichen auflösenden Erwerbswahnes getrieben hat, wo das was die antike Welt »otium«, Muße, nannte (Freisein von Staatszwecken – der damals allein als reell geltenden Arbeit – für die Fütilität[66] der Privatangelegenheiten) grade allein als »reelle Thätigkeit« Arbeit für den Staat

[33]

relativ als Müßiggang gilt u. Beschäftigung mit der Politik nur fast auch zur Exploitation[67] für Privatzwecke u. Geldspeculationen getrieben wird, andrerseits aber wiederum Sklaventhum als so ver-

65 Aristophanes (etwa 447–386 v. Chr.) war ein griechischer Komödiendichter, der in seinem Lustspiel »Die Wespen« die Tatsache kritisierte, dass sich jährlich 6.000 Bürger Athens als staatlich bezahlte Richter in die zahlreichen Geschworenengerichte wählen ließen.

66 Nutzlosigkeit; Bedeutungslosigkeit; Nichtigkeit.

67 Ausbeutung.

rucht angeschaut wird, dass vier alte europäische Nationen sich unter der Initiative so blasierter Menschen wie Talleyrand[68] etc. vertractatiert[69] u. Flotten ausgesandt haben um Spaniern und Amerikanern jenseits des Oceans Negerzufuhr unmöglich zu machen. Der Fortschritt der Freiheit, der sich beim Vergleich des orientalischen u. hellenischen Geistes ergiebt ist unverkennbar. Die orientalischen göttlichen Unterschiede der Volksclaßen sind ausgewischt; man würde vielleicht sagen können: ächt menschliche Freiheitsberechtigung ist an ihre Stelle getreten, wenn nicht die hellenische Auffaßung der menschlichen Berechtigung an der Grenze der Nationalität einhielte. Doch dafür steht auch schon hinter ihr das Christenthum welches den Nationalbegriff der Hellenen zum Begriff der Menschen erweitern u. im Laufe der Zeit so alles für den Menschen erobern soll was dem Hellenen nur für den Hellenen galt. Und sagen Sie am Ende nicht: der griechische Helote hat es aber doch nicht beßer gehabt als der indische Paria, denn erstlich kommt es auf das Besserhaben gar nicht an. Der Fortschritt zur Freiheit ist unleugbar der, daß die im Orient nur einer oder 2 Casten zukommende Berechtigung auf das gesammte Volksganze übertragen wird u. innerhalb dieses Volkes der Begriff menschlicher Berechtigung erobert ist 2.) auch die Nichtberechtigung der Sklaven nicht mehr als eine göttliche Ordnung angeschaut wird, sondern vom griechischen Geist selbst als eine – aber erlaubte, weil gegen nichts Heiliges verstoßende – Willkühr. Denn der Hellene weiß sehr wohl, daß er nur durch zufällig größere Stärke u. Glück jene andere Nation besiegt u. zum Sklaven gemacht hat u. daß ihm dies morgen gleichfalls geschehen kann. Das Sklaventhum der Sklaven ist daher nur jener (der Hellenen) zufällige That, keine sittliche Bestimmung u. Unwürdigkeit des Sklaven, kein Unterschied in der eigentlichen menschlichen Berechtigungsidee. Er weiß daß es nur der – aber ihm als ganz unverfänglich geltender Mißbrauch – seiner eigenen Kraft ist, der ihn, den Sklaven, dazu gemacht. Darum ist der Sklave rechtlos, aber hat es

[34]

gut, wenn sein Herr gut ist, kann sich bilden, soll sich bilden, ist vorzugsweise Kindererzieher, ist dramatischer Schauspieler gleichzeitig u. auf derselben Bühne mit seinem Herrn u. den Ersten des Staats, ist Dichter, wie die größten römischen Lustspieldichter, Plautus u. Ennius[70] ja Sklaven gewesen u. ist so wenig in der allgemeinen Vorstellung etwas Menschlich-Unwürdiges, daß er, wenn es seinem Herrn gefällt die Willkühr seines Rechtes von ihm abzuthun u. ihn freizulaßen, sogar zu höchsten Ehrenstellen im römischen Staate steigen kann, während König, Gott u. Welt im indischen Staate nicht vermocht hätten einen Paria zum Rinderhirten zu erheben u. Todesstrafe für ihn darauf stand ein Buch zu lesen.[71]

Ist es erst nöthig den aufsteigenden Fortschritt von der antiken Welt zum Christenthum durch alle seine Perioden zu verfolgen? Den Fortschritt vom Sklaven zum Leibeigenen, zum Hörigen, zum Zunftarbeiter u. Dienstbauer u. von da zum modernen Proletarier? Diese ganze Fortbewegung ist eine nie rastende Entwicklung zum – Menschen! Und was ich hier in ungeheuer großen Umrissen, aufführe, zerfällt wieder in hundert Unterperioden u. jede dieser Unterperioden ist eine Revolution u. veranlaßt eine Revolution, um für die Menschheit erworben zu werden! Die menschliche Natur – sie ist so wenig eine alte u. vielmehr so sehr immer auch das Product der jedesmaligen historischen Entwicklung u. des Zeitgeistes, daß nicht einmal in Bezug auf die – doch am wenigsten vom politischen Gebiet berührten u. somit scheinbar am wenigsten mit dem Wechsel geschichtlicher Zu-

---

68 Charles-Maurice de Talleyrand-Périgord (1754–1838), frz. Politiker, diente verschiedenen französischen Regierungen als Diplomat und galt daher als opportunistischer »Wendehals«. Lassalle spielt hier darauf an, dass Talleyrand auf dem Wiener Kongress 1814/15 dem britischen Vorstoß, den transatlantischen Sklavenhandel zu unterbinden, sehr reserviert gegenüberstand und erst unter erheblichem diplomatischen Druck einer späteren Abschaffung des Sklavenhandels zustimmte. Die beiden anderen von Lassalle gemeinten Mächte waren Spanien und Portugal, vgl. *Thierry Lentz*, 1815. Der Wiener Kongress und die Neugründung Europas, München 2014, S. 322–331.

69 Vertraglich verpflichtet.

70 Titus Maccius Plautus (etwa 254–184 v. Chr.), römischer Komödiendichter; Quintus Ennius (239–169 v. Chr.), römischer Epiker und Dramatiker.

71 Vgl. Jürgen Osterhammels Feststellung, dass für europäische Gebildete des 18. und frühen 19. Jahrhunderts das indische Kastenwesen »zum Emblem eines perversen indischen Sonderwegs in der neueren Weltgeschichte« geworden war: *Jürgen Osterhammel*, Die Entzauberung Asiens. Europa und die asiatischen Reiche im 18. Jahrhundert, München 1998, S. 339.

stände zusammenhangenden – sittlichen Gefühle des Menschen irgend eine Uebereinstimmung zwischen den Menschen verschiedener Weltperioden herrscht.

[35]

Bei den Persern war es – (es versteht sich von selbst daß ich jede in diesem Brief erwähnte Thatsache durch unverwerfliche Beweisstellen zu belegen bereit bin) – geheiligte Sitte daß von den Mitglieder[n] der Priesterkaste, die Megan, jeder seine Mutter u. seine sämmtlichen Schwestern heirathen mußte. – Bei den Aegyptern war es allgemein Sitte dass die Jungfrauen, auch die vornehmsten, sich durch Prostitution vor der Ehe ihr Los erwarben u. nicht einmal die Pharaonentöchter waren davon ausgenommen. – In den Tempeln Syriens und Kleinasiens überhaupt mußten an den Festtagen der Venus Mylitta[72] die Töchter des Volkes, die Königstöchter sogar, sich dem ersten beßten Fremdling preisgeben, der sie zum Genuße begehrte u. strenge Aufsicht wurde von den Priestern geführt, daß keine sich dem göttlichen Dienste entzog.[73] In Athen war es selbst zu Cimons[74] Zeit noch erlaubt, seine eigene Schwester zu heirathen. In Sparta durfte an 5 Festtagen des Jahres jeder unbeweibte Bursch von jedem Ehemann sein Weib fordern, um mit ihr »dem Staat ein Kind zu zeugen«[75] ohne daß nun der Weltgeist wie heute einen cocu[76] in dem unglückseligen Ehemann gesehen hätte. Dem Catholiken erscheint die Ehe als ein Sacrament u. dem Türken als ein Serail. Der Christ par excellence postuliert als Ideal die Ehelosigkeit u. verwirklicht sie zum Theil. Einige Zeit darauf u. an die Stelle des Ideals der Ehelosigkeit ist die Ritter- u. Troubadour-Courtoisie gegen

[36]

die Damenwelt getreten. Leiden, Entsagungen, Kreuzigungen u. Kreuzzüge für einen bloßen Wink des schönen Geschlechts waren an die Stelle der früheren Auffaßung getreten, in welcher man, was jetzt als »Dame des Herzens« galt, als bloßes äußeres Genußmaterial betrachtet hatte. Wieder einige Zeit u. die ethische Beziehung der Geschlechter zueinander tritt in das Stadium des protestantischen Ehebegriffs, jener nüchternsten Auffaßung des Geschlechtslebens, welche sich consequent zur Noth-Ehe oder deutlicher Philister Ehe entwickelt, in welcher Tristram Shandy's[77] Vater »allwöchentlich,

72 Venus Mylitta, ein anderer Name für Aphrodite, wurde in verschiedenen Staaten des Nahen und Mittleren Ostens als Göttin der Liebe und Fruchtbarkeit verehrt.

73 Auch Hegel hielt fest, dass in Babylon »jede Frau einmal in ihrem Leben im Tempel der Mylitta sich preisgegeben haben mußte«, *Hegel*, Vorlesungen über die Philosophie der Geschichte, S. 270. Ohne auf die hier von Lassalle gegebenen Beispiele im Einzelnen einzugehen, scheint auf sie die Einschätzung von Tanja S. Scheer über die Beurteilung von Kultprostitution durch antike Autoren und sich auf diese beziehende spätere Historiker zuzutreffen: »Beide sahen in der Beschreibung nicht konformen Verhaltens von Frauen die Möglichkeit, eine Kultur als exotisch darzustellen und sie als fremdartig zu stigmatisieren.« *Tanja S. Scheer*, Einführung, in: *dies.* (Hrsg.), Tempelprostitution im Altertum. Fakten und Fiktionen, Berlin 2009, S. 9–23, hier: S. 20. Für die weitverbreiteten Unterstellungen und Instrumentalisierungen der orientalischen und ägyptischen »Tempelprostitution« durch antike griechisch-römische sowie moderne westliche Historiker vgl. die weiteren Beiträge des Bandes.

74 Kimon (um 510–499 v. Chr.) war ein athenischer Staatsmann und Feldherr.

75 In Sparta konnte »ein verheirateter und bereits mit Kindern gesegneter Spartaner einen anderen Bürger dazu einladen, mit seiner Frau weitere Nachkommen zu zeugen«. Dieses Verhalten »zielte ersichtlich darauf Ehepartner für die nächste Generation zu gewinnen (und somit verschiedene Erbteile in einer Familie zu kumulieren), denn im Gegensatz zu Athen war es in Sparta erlaubt, dass Halbgeschwister untereinander heirateten, wenn sie von derselben Mutter stammten«. *Stefan Link*, Sparta, von innen gesehen, in: HZ Bd. 293, 2011, S. 323–371, hier: S. 338. Es war aber nicht so, dass »jeder unbeweibte Bursch von einem Ehemann sein Weib fordern« konnte, um damit »dem Staat ein Kind zu zeugen«, wie Lassalle schreibt. Die Erlaubnis der Heirat unter Halbgeschwistern war eine bewusst eingesetzte Strategie der dünnen Schicht der spartanischen Vollbürger, sich durch Endogamie vom Rest der Bevölkerung abzuschotten.

76 Frz.: betrogener Ehemann.

77 Hier bezieht sich Lassalle auf den teilweise satirischen Roman »Leben und Ansichten von Tristram Shandy, Gentleman«, den Lawrence Sterne (1713–1768) in den Jahren 1759–1767 in England in neun Bänden veröffentlicht hatte. Dort wurde unter anderem der »mechanische« Vollzug des ehelichen Geschlechtsverkehrs verspottet.

nach richtig aufgezogener Uhr sein würdig-runzlig Ehegemahl umarmt.« Einige Zeit darauf – u. an die Stelle der Nüchternheit dieser zu äußeren Zwecken geschloßenen Lebens-Compagnonschaft, die aber von strengster Pflichterfüllung begleitet war, tritt die französische Periode der Rouerie[78], des Mode gewordenen Ehebruchs, der größten sittlichen Dißolution (franz. Regentschaft). Aus dieser entwickelt sich wiederum die moderne Eigenthums-Ehe. Und jetzt scheint es als könnte vielleicht mit der Zeit unter glücklichen Umständen die Idee der freien Liebe sich Bahn brechen.[79] Oder vielmehr sie muß u. wird es. Aber weil ich eben von »Liebe« sprach, was beweißt mehr als gerade die Liebe daß die menschliche Natur durch u. durch historisches Product ist u. es so eine allgemeine sich gleich bleibende menschliche Natur, wie Sie sich sie vorstellen gar nicht giebt. Denn was würde mehr scheinen, Eigenschaft dieser ewigen sich gleich bleibenden menschlichen Natur sein zu müßen, als die Liebe? Nun wird Ihnen

[37]

aber jeder Alterthumsforscher sagen können, dass man in der antiquen Welt dieses Gefühl u. diesen Begriff den wir Liebe nennen, gar nicht kannte. Blumenmädchen, Hetären u. auch Ehefrauen kannte man. Die sittliche Institution des Kinderzeugens für den Staat u. Familienzwecke – andererseits den schönen Genuß kannte man. Aber diese individuelle Hineinvertiefung des einen Individuums in das andere – was wir Liebe nennen – war total unbekannt. Nicht Homer noch Hesiod, nicht Herodot noch Aeso[p]hylus noch Sophocles noch Anacreon[80] laßen in den Spiegelbildern aus denen sie uns das Alterthum so leibhaftig zurückstrahlen eine Spur von dem Dasein dieses Gefühles entdecken, welches das moderne Privatleben so sehr beherrscht. Wie wäre es denn aber auch möglich daß damals schon Liebe d.h. eben diese individuelle Vertiefung des einen Gemüths in das andere, des einen Individuums in das andere vorhanden gewesen sein sollte, da ja das Individuum selbst damals noch gar nicht vorhanden u. so sehr blos der »Staatsbürger« vorhanden war, daß der Spartiate eben dem ersten besten Burschen sein Weib cedieren[81] musste, um mit ihr dem »Staate Bürger zu zeugen«.[82]

In solcher Zeit ist doch das Individuum noch nicht vorhanden gewesen! Die Liebe entsteht erst mit dem Individuum u. das Individuum d.h. daß sich der Mensch als solches auffaßt, ist erst historisches Product. Sie sehen also daß selbst die Gefühle – diese scheinbar ewig-identischen Äußerungen der Menschennatur – erst historisches Product sind u. keine Existenz von Urewigkeit an hatten. Wollte man nach Paradoxen fragen, so kann man sagen, nicht einmal

[38]

den Coitus haben die Alten ausgeübt wie wir. Und offenbar hat auch Agamemnon mit anderen selbst physischen Gefühlen bei seiner schönen Siegesbeute Briseis geschlafen[83], als ein Troubadour (wann's ihm per tot discrimina rerum[84] zu gut kam) bei seiner Dame, wie ja auch wir, denk' ich einen gar merklichen Unterschied fühlen, ob wir blos ein schönes Weib genießen »wie's die Gelegenheit giebt« oder bei einem geliebten Weibe ruhen.

Also die menschliche Natur ist in jeder Hinsicht an den verschiedenen Zeitperioden eine ganz u. gar verschiedene. D.h. also sie ist selbst ein historisches Product. Eine historische Schöpfung, eine Revolution, kann also nicht wieder in ihren Früchten, Resultaten etc. durch die alte menschliche Natur

78 Frz.: sexuelle Freizügigkeit, Libertinage.

79 Vgl. hierzu bereits den ausführlichen Brief Lassalles an v. Westphalen vom 1.1.1848, in: *Lassalle*, Nachgelassene Briefe und Schriften, Bd. 1: Briefe von und an Lassalle bis 1848, hrsg. v. *Gustav Mayer*, Stuttgart/Berlin 1921, S. 345–352.

80 Die hier Genannten sind griechische Dramatiker, Schriftsteller, Dichter beziehungsweise Historiker.

81 Abtreten, überlassen.

82 Vgl. die Bemerkungen in Anm. 75.

83 In Homers »Ilias« gab der griechische Heerführer Agamemnon dem Achill dessen Lieblingssklavin und Konkubine Briseis zurück, um ihn wieder zum Kampf gegen Troja zu animieren. Dabei schwor Agamemnon heilige Eide nicht mit Briseis geschlafen zu haben.

84 Dieses Zitat aus Vergils »Aenaeis« bedeutet: »nach so vielen Gefahren«: In vielen mittelalterlichen Epen musste der Held erst gefährliche Abenteuer bestehen, bevor er das Herz der angebeteten Dame gewann.

untergraben oder irgendwie geändert werden da die Revolution selbst nur eine Manifestation der geänderten historischen Menschennatur ist. –

Sie meinen daß wenn ich Revolutionen Fortschritte zum »materiell u. sittlich Beßeren« nenne[85], dies leere democratische Phrasen wären, bei denen ich mir nichts Bestimmtes denke. Bitte tausend mal um Verzeihung. Denke mir sehr Bestimmtes und Concretes dabei, wenn ich es auch erst nicht für nöthig hielt, all das Concrete freizusetzen, was doch bei Briefen auch überflüßig. Da Sie es aber wollen, so laßen Sie uns trotz der interminablen Länge dieses Briefs bestimmter darauf eingehen. Ich könnte es mir nun sehr leicht machen u. Ihnen beschreiben, wie z.B. zu der Phönicier Zeit die Menschen in materieller u. sittlicher Hinsicht gelebt haben u. wie sie heute leben. Und Sie würden die erstaunliche Beßerung in materieller u. sittlicher Hinsicht gewiß nicht leugnen wollen. Aber würden Sie sagen, das ist das Werk der gesammten Geschichte u. nicht der Revolutionen. Worauf ich wieder entgegnen

[39]

würde daß wie aus allem Obigen mit Nothwendigkeit folgt, mir Geschichte u. Revolution ganz identische Begriffe sind, Geschichte nichts anderes als langsame Revolution, Revolution nichts anders als schnelle Geschichte u. daß daher, wenn Revolution nichts ist als eine über allzu großen Widerstand den der Claßenegoismus den nothwendigen Verbeßerungen entgegensetzt in Zorn gerathene Geschichte, die Schuld höchstens doch nur an denjenigen liegt, welche durch ihren so hartnäckigen wie verblendeten Widerstand gegen das Nothwendige die Geschichte zwingen sich bis zur Revolution zu echauffiren – Allein ich will mir die Sache gar nicht einmal so leicht machen. Ich will an dem Beispiel gerade einer der furchtbarsten u. blutigsten Revolutionen, der großen französischen des vorigen Jahrhunderts untersuchen, ob der »Fortschritt zum materiell u. sittlich Beßeren« den ich den Revolutionen imputire[86] wirklich blos so eine leere Allgemeinheit ist, bei der ich mir nichts dachte!

Sehen wir zunächst in materieller Hinsicht. Ich muß hierbei schon in ein wenig pedantisches Detail hinabsteigen, damit Sie mich nicht wieder wie das letzte Mal, der hohlen Redensarten beschuldigen[87], bei denen ich keinen bestimmten practischen Inhalt vor Augen hätte.

Als großer Gutsbesitzer müßen Sie natürlich mehr oder weniger Landwirth sein. Wenden wir uns also zunächst auf die materiellen Verbeßerungen welche die franz. Revolution in Bezug auf die Agricultur-Production. Unsere Statistiker werden Ihnen (– jede von Ihnen bezweifelte Thatsache bin ich bereit nachträglich mit einem Scheffel unanzweifelbarer Citate zu belegen –) sagen, daß sich die Maße der Agricultur-Erzeugniße Frankreichs gegen die Periode

[40]

von vor 1789 mehr als verdreifacht hat, u. zwar in Folge der Revolution. Das »Wieso?« ist auch leicht einzusehen, der vor der Revolution bestehende Rechtszustand[88] machte eine Vermehrung der Agriculturproducte wie sie sonst hätte vor sich gehen können, geradezu unmöglich beschränkte künstlich die Erzeugung von Ackerbauproducten verdammte den Nationalboden zu einer widernatürlichen Sterilität. Vorzugsweise die Agriculturverhältniße machten eine Revolution nothwendig u. das ist auch der Grund weshalb jene Revolution zu so großem Theil eine Revolution des Bauernstandes war. So war z.B. in dem vorrevolutionären Frankreich fast jede solche Bodenamelioration, welche

85 Lassalle bezieht sich erneut auf v. Westphalens Brief vom 23.8.1853, in welchem dieser ihm mehrere Zitate über Lassalles Sicht der Revolution vorhält, vgl. v. Westphalens Brief an Lassalle vom 23.8.1853, in: *Lassalle*, Nachgelassene Briefe und Schriften, Bd. 2, S. 107–109, Zitat: S. 108.

86 Frz.: zuschreiben.

87 In einem Brief vom 23. Juni 1853 hatte v. Westphalen abfällig von »der Eitelkeit aller Wortmacherei« gesprochen, was der entrüstete Lassalle auf sich bezog und was ihn offensichtlich auch nach v. Westphalens Versicherung, diese Formulierung sei nicht auf ihn gemünzt gewesen, noch immer negativ berührte, vgl. den Briefwechsel v. Westphalen an Lassalle, 23.6.1853; Lassalle an v. Westphalen, 26.6.1853; v. Westphalen an Lassalle, 1.7.1853, in: *Lassalle*, Nachgelassene Briefe und Schriften, Bd. 2, S. 77–83.

88 Der »bestehende Rechtszustand« beziehungsweise »Rechtsboden« ist der zentrale rechtliche Begriff und Ausgangspunkt für Lassalles Revolutionstheorie, vgl. *Na'aman*, Lassalle, S. 332ff.

mit verhältnißmäßig großen Anlagekosten verbunden war u. ihren Nutzen in kurzer Zeit bringt, z.B. in Einer Erndte, ganz und gar deshalb unmöglich, weil die auf dem Boden haftenden Abgaben, wie der Zehnten etc. fast alle Abgaben vom Rohertrage, statt vom Reinertrage waren. Ein Beispiel wird das sehr deutlich machen. Wann kann ein Bauer eine Melioration (z.B. größere Düngeranwendung) vornehmen, welche 100 Thaler kostet u. nur auf Eine Jahreserndte wirkt u. sich daher in dieser reproducieren muß? Offenbar dann kann er es, wenn das durch diese Melioration erlangte Mehrproduct z.B. 109 Thaler bringt, denn in diesem Mehrerlös hat der Bauer dann ersetzt die aufgewandten Kosten auf 100 Th, er hat auch die Zinsen, die er ja auch bei anderer Anlage dieses Capitals hätte genießen können, darin erstattet mit 4 oder 5% u. er hat davon auch einen Ueberschuß von 4% als Gewerbeverdienst u. Lohn für seine Unternehmung! Offenbar ein schönes Geschäft, und dennoch ganz unmöglich auf einem Zehntfelde. Denn der Zehnten, als Abgabe vom Rohertrag, hätte von diesem Mehrproduct von 109 Thalern betragen 10 Th. 27 Sgr.[89] Auf den Bauer also waren nur gekommen von den 109,--

ab 10.27

Sa.98,[0]3 Sgr.

[41]

Also nicht einmal seine Anlagekosten hätte er aus jener Operation zurückgenommen. Aus diesem so höchst vortheilhaften Unternehmen welches, wie gezeigt, für den Unternehmer höchst profitabel war u. durch Vermehrung des Getreides auch noch den Nationalreichthum vermehrte, hätte er sogar noch Verlust davon getragen.

Was sagt dies Beispiel mit andern Worten? Jede starke Düngerwirthschaft, jede solche Wirthschaft überhaupt die nicht sowohl durch Sparung an Kosten u. der hierdurch erlangten Vergrößerung des Reinertrages (bei gleichem Rohertrage) als vielmehr durch Aufwand von Anlagekosten u. unverhältnißmäßig größeren Rohertrag einen gesteigerten Reinertrag erzielen wollte, war unmöglich. Es mußte damals auf den – bei gleichem Reinertrag – möglichst kleinsten Rohertrag an Getreide[90] gewirtschaftet werden! Ja, so widersinnig es ist, es ist im Vorstehenden bewiesen, die Nation mußte darauf ausgehen, möglichst wenig Getreide aus dem Boden zu erzeugen. So wurde das Gesammt-Cerealproduct künstlich vermindert, statt vergrößert; der Boden künstlich steril erhalten. Weitere Folge hiervon war nun nicht blos die Armuth der einzelnen Bauern, die den im obigen Beispiel gezeigten Profit nicht machen konnten, sondern die durch den geringen Rohertrag hervorgerufene große Theuerkeit des Getreides[91] u. dadurch wieder die Armuth der Nation. Nehmen Sie den ersten besten englischen oder auch deutschen landwirtschaftlichen Schriftsteller Young[92] oder auch den gewiß nicht revolutionären, Thaer[93] oder [unleserlicher Name] zur Hand u. lesen Sie sich da die Folgen eines solchen Systems nach, wie das hier als nothwendig nachgewiesene war.

[Hier endet der im Fürstenberger Archiv befindliche Brief, den Lassalle nach eigenen Angaben (vgl. die Einleitung oben) ohne das von ihm nicht mehr auffindbare Ende an den Grafen von Westphalen geschickt hatte.]

---

89 Abkürzung für Silbergroschen. Der preußische Taler hatte damals 30 Sgr.

90 Die letzten vier Wörter sind im Original doppelt unterstrichen.

91 Es ist unbestritten, dass die Getreideknappheit und die daraus resultierende Inflation für Getreide, Mehl und Brot einer der sozialen Hauptgründe für den Ausbruch der Revolution war, aber Lassalle lässt hier andere Ursachen wie wetterbedingte Missernten außer Acht. Zu den Problemen der französischen Landwirtschaft gegen Ende des 18. Jahrhunderts vgl. allgemein *Gerd van den Heuvel*, Grundprobleme der französischen Bauernschaft 1730–1794. Soziale Differenzierung und sozio-ökonomischer Wandel vom Ancien Régime zur Revolution, München/Wien 1982.

92 Arthur Young (1741–1820), britischer Agrarwissenschaftler.

93 Albrecht Daniel Thaer (1752–1828), deutscher Agrarreformer.

Roman Rossfeld

Streik!

Wege und Desiderate der Forschung zur Geschichte des schweizerischen Landesstreiks vom November 1918

Obwohl der schweizerische Landesstreik vom 11. bis 14. November 1918 schon nach wenigen Tagen unter massivem militärischem Druck von der Streikleitung beendet wurde, gilt er (im dominanten Narrativ) bis heute als eine der schwersten sozialen und innenpolitischen Krisen seit der Gründung des Bundesstaats von 1848.[1] Als Höhepunkt sich über Jahrzehnte verschärfender – und im Verlauf des Ersten Weltkriegs noch einmal zuspitzender – sozialer Auseinandersetzungen hat er nicht nur die politische Kultur des Landes und die Beziehungen zwischen Arbeitgebern und Arbeitnehmern, sondern auch den Aufbau des Sozialstaats und die damit verbundenen Debatten bis weit in den Kalten Krieg hinein geprägt. Der scharfe Antikommunismus, die Einführung einer Erwerbsersatzordnung 1940, die »Anbauschlacht« im Zweiten Weltkrieg, die Etablierung von »Gesamtarbeitsverträgen« (seit den 1940er-Jahren) oder die Schaffung einer Alters- und Hinterlassenenversicherung 1947 sind nur vor dem Hintergrund des Landesstreiks vom November 1918 – beziehungsweise der Angst vor einem erneuten Landesstreik nach dem Zweiten Weltkrieg – zu verstehen.[2] Die Darstellung des Streiks als tiefes Zerwürfnis zwischen der Arbeiterschaft und dem Bürgertum hat die Forschung für Jahrzehnte geprägt und ist bis heute dominant geblieben. Einflussreich war insbesondere die 50 Jahre nach dem Streik und der Öffnung zahlreicher Archive 1968 erstmals erschienene Untersuchung des Aargauer Historikers Willi Gautschi, der 1955 bereits seine Dissertation zum Oltener Aktionskomitee (OAK) verfasst hatte.[3] Gautschi widerlegte hier nicht zuletzt die seit Kriegsende kursierende These, der Landesstreik sei ein von (ausländischen) Bolschewisten gesteuerter Revolutionsversuch gewesen. Parallel zur Arbeit von Gautschi erschienen am Ende der 1960er-Jahre auch die Arbeiten von Paul Schmid-Ammann, bis zu seiner Pensionierung 1964 Chefredakteur der sozialdemokratischen Zürcher Tageszeitung »Volksrecht«, Constant Frey, einem Zeitzeugen und Mitglied der Geschäftsleitung der Sozialdemokratischen Partei der Schweiz (SP) in den Zwischenkriegsjahren, sowie der weniger umfangreiche Beitrag des damaligen Jungsozialisten und späteren SP-Nationalrats und Professors für Nationalöko-

1 Für eine kurze Übersicht zu den Ereignissen vgl. den Beitrag von Bernard Degen im Historischen Lexikon der Schweiz: *Bernard Degen*, Landesstreik, URL: <http://www.hls-dhs-dss.ch/textes/d/D16533.php> [19.7.2017]. Der folgende Beitrag basiert auf einem Forschungsantrag, der im März 2016 vom Schweizerischen Nationalfonds zur Förderung der wissenschaftlichen Forschung bewilligt wurde. Das Projekt »Krieg und Krise: Kultur-, geschlechter- und emotionshistorische Perspektiven auf den schweizerischen Landesstreik vom November 1918« wurde im Herbst 2016 gestartet und ist am Historischen Institut der Universität Bern (Prof. Dr. Brigitte Studer) angesiedelt.

2 Vgl. dazu *Matthieu Leimgruber/Martin Lengwiler* (Hrsg.), Umbruch an der »inneren Front«. Krieg und Sozialpolitik in der Schweiz, 1938–1948, Zürich 2009.

3 *Willi Gautschi*, Der Landesstreik 1918, Zürich 1988 (zuerst 1968), sowie *ders.*, Das Oltener Aktionskomitee und der Landes-Generalstreik von 1918, Affoltern 1955. Ergänzend dazu in den 1990er-Jahren: *ders.*, Der schweizerische Krisenwinter 1918/1919, in: *ders.*, Helvetische Streiflichter. Aufsätze und Vorträge zur Zeitgeschichte, Zürich 1994, S. 77–89, sowie *ders.*, Zur Apperzeption des Landes-Generalstreiks von 1918, in: ebd., S. 90–99.

nomie an der Universität Bern, Fritz Marbach.[4] In den 1970er- und 1980er-Jahren kamen neben drei Bänden mit Dokumenten zum Landesstreik, einem Band der Diplomatischen Dokumente der Schweiz sowie zwei Forschungsüberblicken[5] verschiedene regional vertiefende Untersuchungen dazu, von denen insbesondere der Band von Marc Vuilleumier von 1977 (zur Situation in der Westschweiz) zu erwähnen ist.[6] Einem allgemeinen Trend

---

4 Vgl. dazu *Paul Schmid-Ammann*, Die Wahrheit über den Generalstreik von 1918. Seine Ursachen. Sein Verlauf. Seine Folgen, Zürich 1968; *Constant Frey*, La grève générale de 1918. Légendes et réalités, Genf 1968, sowie *Fritz Marbach*, Der Generalstreik 1918. Fakten, Impressionen, Illusionen, Bern 1969. Zu erwähnen ist hier auch die Arbeit von *Markus Mattmüller*, Leonhard Ragaz und der religiöse Sozialismus, Bd. 2: Die Zeit des Ersten Weltkriegs und der Revolutionen, Zürich 1968. Die Gefahr eines Bürgerkriegs betonend (und die These vom Revolutionsversuch vertretend): *René-Henri Wüst*, Menace de guerre civile en Suisse. Novembre 1918, Coppet 1969.

5 Vgl. dazu *Hans Rudolf Kurz*, Dokumente der Grenzbesetzung 1914–1918, Frauenfeld/Stuttgart 1970; *Willi Gautschi* (Hrsg.), Dokumente zum Landesstreik 1918, Zürich 1971; *Kaspar Streiff*, Aus Niederlagen lernen. Dokumente zum schweizerischen Landesgeneralstreik 1918, Zürich 1975, sowie Diplomatische Dokumente der Schweiz, Bd. 7/1: 11. November 1918–28. Juni 1919, Bern 1979. Als Forschungsüberblicke am Ende der 1980er-Jahre sind zu nennen *Hans Ulrich Jost*, Der historische Stellenwert des Landesstreiks, in: *Gautschi*, Der Landesstreik 1918, S. I–XV, sowie *Heinz K. Meier*, The Swiss National General Strike of November 1918, in: *Hans A. Schmitt* (Hrsg.), Neutral Europe between War and Revolution, 1917–23, Charlottesville 1988, S. 66–86.

6 Vgl. dazu *Marc Vuilleumier/François Kohler/Eliane Ballif* u.a., La grève générale de 1918 en Suisse, Genf 1977. Darin enthalten sind Beiträge von François Kohler zum Jura, Eliane Ballif zum Kanton Waadt und Mauro Cerutti zu Genf. *Fritz Grieder*, Aus den Protokollen des Basler Regierungsrates zum Landesstreik 1918, in: Basler Stadtbuch 1969, Basel 1969, S. 142–172; *Erich Meyer*, Der Generalstreik 1918 in Olten, in: Oltner Neujahrsblätter 27, 1969, S. 44–51; *Rudolf Hoegger*, Revolution – auch in der Kleinstadt: Der Generalstreik in Baden, in: Badener Neujahrsblätter 44, 1969, S. 57–69; *Arnold Bolle*, Une page d'histoire: La grève générale de 1918 et sa répercussion sur les troubles de La Chaux-de-Fonds, La Chaux-de-Fonds 1968; *Thomas Rohr*, Schaffhausen und der Landesstreik von 1918, Schaffhausen 1972; *Jacques Rey*, La grève générale de 1918 à La Chaux-de-Fonds, Lausanne 1981; *Franz Cahannes*, Graubünden während Krieg (1914–1918) und Landesgeneralstreik, unveröffentlichte Lizenziatsarbeit, Zürich 1983; *Willi Gautschi*, Ein vertraulicher Bericht der Badener Behörden über die Generalstreiktage von 1918. Ein bisher unveröffentlichtes Dokument, in: Badener Neujahrsblätter 59, 1984, S. 84–96; *Marc Vuilleumier*, La grève générale de 1918 à Lausanne: Un épisode légendaire, l'arrestation et le procès d'Ernest Gloor, in: Cahiers d'histoire du mouvement ouvrier 2, 1985, S. 5–19; *Joe Schelbert*, Der Landesstreik vom November 1918 in der Region Luzern. Seine Vorgeschichte, sein Verlauf und seine Wirkung, Luzern 1985; *Anton Wohler*, Die Landesstreiktage vom 11. bis 15. November 1918 in Wohlen. Gemeindeammann Traugott M. Bruggissers Vorschlag einer Wohlfahrtspartei und Theodor Fischbachs Polemik dagegen, in: Unsere Heimat. Jahresschrift der historischen Gesellschaft Freiamt 70, 2002, S. 5–58; *Thomas Bürgisser*, »Sturmesbrausen« in »sonst so stillen Gassen«. Landesstreik 1918 in Stadt und Bezirk Lenzburg, in: Lenzburger Neujahrsblätter 80, 2008, S. 5–26; Kultur-Historisches Museum Grenchen (Hrsg.), Generalstreik 1918 in Grenchen. Illustrierte Beschreibung der Ereignisse in Grenchen und Region, Grenchen 2008, sowie die Masterarbeit von *Edith Hiltbrunner*, Generalstreik 1918 in der Region Grenchen-Solothurn, Fribourg 2012. Anlässlich des »Centenaire« (zum Ausbruch des Ersten Weltkriegs) 2014 sind erschienen: *Georg Kreis*, Insel der unsicheren Geborgenheit. Die Schweiz in den Kriegsjahren 1914–1918, Zürich 2014, S. 213–225; *Thomas Buomberger*, Kampfrhetorik, Revolutionsangst und Bürgerwehren. Der Landesstreik vom November 1918, in: *Roman Rossfeld/Thomas Buomberger/Patrick Kury* (Hrsg.), 14/18. Die Schweiz und der Grosse Krieg, Baden 2014, S. 336–365; *Dieter Holenstein*, Extreme gesellschaftliche Polarisierung: Wirtschaftlich-soziale Entwicklung und Landesstreik, in: Historischer Verein des Kantons St. Gallen (Hrsg.), 1914–1918/1919: Die Ostschweiz und der Grosse Krieg, St. Gallen 2014, S. 156–169, sowie *Robert Labhardt*, Krieg und Krise, Basel 1914–1918, Basel 2014, S. 257–307.

in der internationalen Forschung folgend wurden diese Arbeiten nun durch Untersuchungen zur Zürcher und Basler Arbeiterbewegung, der Geschichte der Angestellten oder der Rolle von Kirchen, Parteien und Gewerkschaften ergänzt.[7] Nach der Dissertation von Hans Ulrich Jost zum »Linksradikalismus in der deutschen Schweiz 1914–1918« von 1973 folgten seit den 1990er-Jahren schließlich mehrere Arbeiten zum Links- und Rechtsradikalismus und der Tradition einer autoritären Rechten in der Schweiz.[8] Breiter untersucht wurden nun auch die Rollen der Bauern[9] und des Bürgertums im Landesstreik. Neben dem Einsatz von Ordnungstruppen (insbesondere in Basel und Zürich)[10] wurden in der neuesten

---

7 Als Überblick dazu *Christian Koller*, Labour, Labour Movements, Trade Unions and Strikes (Switzerland), in: *Ute Daniel/Peter Gatrell/Oliver Janz* u.a. (Hrsg.), 1914–1918-online. International Encyclopedia of the First World War, Berlin 2015, URL: <http://dx.doi.org/10.15463/ie1418.10754> [19.7.2017]. *Markus Mattmüller*, Die Zürcher Arbeiterbewegung während des Ersten Weltkrieges, in: Zürcher Taschenbuch 90, 1970, S. 65–87; *Markus Bolliger*, Die Basler Arbeiterbewegung im Zeitalter des Ersten Weltkrieges und der Spaltung der sozialdemokratischen Partei, Basel 1970; *Peter Stettler*, Die Kommunistische Partei der Schweiz 1921–1931: Ein Beitrag zur schweizerischen Parteiforschung und zur Geschichte der schweizerischen Arbeiterbewegung im Rahmen der Kommunistischen Internationale, Bern 1980; *Bernard Degen*, Richtungskämpfe im schweizerischen Gewerkschaftsbund, 1918–1924, Zürich 1980; *Christine Nöthinger-Strahm*, Der deutschschweizerische Protestantismus und der Landesstreik von 1918. Die Auseinandersetzung der Kirche mit der sozialen Frage zu Beginn des 20. Jahrhunderts, Bern 1981; *Mario König*, Die Angestellten zwischen Bürgertum und Arbeiterbewegung. Soziale Lage und Organisation der kaufmännischen Angestellten in der Schweiz 1914–1920, Zürich 1984; *Bernard Degen*, Abschied vom Klassenkampf. Die partielle Integration der schweizerischen Gewerkschaftsbewegung zwischen Landesstreik und Weltwirtschaftskrise (1918–1929), Basel 1991; *Brigitte Studer*, Le parti communiste Suisse, in: Cahiers d'histoire du mouvement ouvrier 9, 1993, S. 5–38; *Dieter Holenstein*, Die christlichsoziale Arbeiterbewegung im Landesstreik 1918, in: *Urs Altermatt* (Hrsg.), Schweizer Katholizismus zwischen den Weltkriegen 1920–1940, Freiburg im Üechtland 1994, S. 237–252; *Markus Hodel*, Die Schweizerische Konservative Volkspartei 1918–1929. Die goldenen Jahre des politischen Katholizismus, Freiburg im Üechtland 1994; *Charles Heimberg*, Grande Guerre et mouvement ouvrier en Suisse, in: SZG 46, 1996, S. 474–489, sowie *Bernard Degen*, Erster Weltkrieg, Generalstreik und die Folgen, in: *Valérie Boillat/Bernard Degen/Elisabeth Joris* u.a. (Hrsg.), Vom Wert der Arbeit. Schweizer Gewerkschaften – Geschichte und Geschichten, Zürich 2006, S. 125–129.

8 Vgl. dazu (auch für die Zwischenkriegszeit) *Hans Ulrich Jost*, Linksradikalismus in der deutschen Schweiz 1914–1918, Bern 1973; *ders.*, Die Altkommunisten. Linksradikalismus und Sozialismus in der Schweiz 1919 bis 1921, Frauenfeld 1977; *Alfred Erich Senn*, The Russian Revolution in Switzerland 1914–1917, Madison 1971; *Hans Ulrich Jost*, Die reaktionäre Avantgarde. Die Geburt der neuen Rechten in der Schweiz um 1900, Zürich 1992; *Aram Mattioli* (Hrsg.), Intellektuelle von rechts. Ideologie und Politik in der Schweiz 1918–1939, Zürich 1995; *ders.*, Zwischen Demokratie und totalitärer Diktatur. Gonzague de Reynold und die Tradition der autoritären Rechten in der Schweiz, Zürich 1994; *Christian Werner*, Für Wirtschaft und Vaterland. Erneuerungsbewegungen und bürgerliche Interessengruppen in der Deutschschweiz 1928–1947, Zürich 2000, sowie *Alain Clavien/Nelly Valsangiacomo* (Hrsg.), Les intellectuels antifascistes dans la Suisse de l'entre-deux-guerres, Lausanne 2006.

9 *Bernard Chevalley*, Les organisations paysannes suisses et la grève générale en 1918, Genf 1974; *Werner Baumann*, Bauernstand und Bürgerblock. Ernst Laur und der schweizerische Bauernverband 1897–1918, Zürich 1993; *Erich Wigger*, »Wir und die anderen«: Die Zürcher Bauern in der gesellschaftlichen Krise zur Zeit des Ersten Weltkrieges in der Schweiz, in: *Andreas Ernst/Thomas Gerlach/Patrick Halbeisen* u.a. (Hrsg.), Kontinuität und Krise. Sozialer Wandel als Lernprozess, Zürich 1994, S. 277–301, sowie *Werner Baumann/Peter Moser*, Bauern im Industriestaat. Agrarpolitische Konzeptionen und bäuerliche Bewegungen in der Schweiz 1918–1968, Zürich 1999.

10 *Willi Gautschi*, Die Verantwortlichkeit General Willes im November 1918, in: Neue Zürcher Zeitung, 17.5.1970; *Hanspeter Schmid*, Krieg der Bürger. Das Bürgertum im Kampf gegen den

Forschung auch die Entstehung von (bewaffneten) Bürgerwehren und der im April 1919 vom Aargauer Arzt und Generalstabs-Offizier Eugen Bircher gegründete »Schweizerische Vaterländische Verband« (SVV) untersucht.[11]

Obwohl inzwischen zahlreiche neue Archivbestände zugänglich gemacht worden sind, bestehen aber auch 50 Jahre nach der wichtigen Arbeit von Gautschi noch erhebliche Defizite in der historischen Forschung. Insgesamt zeichnen sich die bisherigen Studien durch eine Konzentration auf städtische Zentren (und die dort streikende Arbeiterschaft) aus und beschränken sich im Wesentlichen auf eine Rekonstruktion der politischen Ereignisgeschichte. Bis heute fehlt ein vergleichender Blick auf verschiedene Regionen oder die Entwicklungen in anderen Ländern, obwohl sich die innenpolitische Polarisierung im Verlauf des Kriegs in vielen Ländern akzentuierte. Streiks, Hungerdemonstrationen und Protestaktionen führten in mehreren kriegführenden Ländern zu revolutionären Umstürzen und stellten neben der Schweiz auch andere neutrale Länder wie die Niederlande, Dänemark oder Schweden vor große Herausforderungen.[12] Wünschenswert wäre aber nicht nur eine

---

Generalstreik 1919 in Basel, Zürich 1980; *Andreas Ernst/Erich Wigger*, Innovation und Repression. Die Restabilisierung der bürgerlichen Schweiz nach dem Ersten Weltkrieg, in: *Kurt Imhof/Heinz Kleger/Gaetano Romano* (Hrsg.), Zwischen Konflikt und Konkordanz. Analyse von Medienereignissen in der Schweiz der Vor- und Zwischenkriegszeit, Zürich 1993, S. 109–171; *Ueli Wild*, Zürich 1918. Ordnungsdiensteinsätze der Schweizer Armee im Frühjahr und Sommer 1918 in Zürich, Frauenfeld 1987; *Thomas Greminger*, Ordnungstruppen in Zürich. Der Einsatz von Armee, Polizei und Stadtwehr Ende November 1918 bis August 1919, Basel 1990; *René Zeller*, Ruhe und Ordnung in der Schweiz. Die Organisation des militärischen Ordnungsdienstes von 1848 bis 1939, Bern 1990; *Daniel M. Frey*, Vor der Revolution? Ordnungsdienst-Einsatz der Armee während des Landesstreiks in Zürich, Zürich 1998; *Otto Wicki/Anton Kaufmann/Erwin Dahinden*, Oh wär ich doch ein Schweizer. Das Soldatenleben im Ersten Weltkrieg, Schüpfheim 2009; *Rudolf Jaun*, Militärgewalt und das »revolutionäre« Gravitationszentrum Zürich 1917–1918, in: *Erika Hebeisen/Peter Niederhäuser/Regula Schmid* (Hrsg.), Kriegs- und Krisenzeit. Zürich während des Ersten Weltkrieges, Zürich 2014, S. 185–197, sowie *Marco Knechtle*, »Das Heer ist bestimmt [...] zur Handhabung von Ruhe und Ordnung im Innern«. Der Einsatz der Schweizer Armee im Innern während des Ersten Weltkriegs, unveröffentlichte Masterarbeit, Zürich 2014.

11 *Charles Heimberg*, La garde civique genevoise et la grève générale de 1918, un sursaut disciplinaire et conservateur, in: Revue d'histoire moderne et contemporaine 44, 1997, S. 424–435; *Andreas Thürer*, Der Schweizerische Vaterländische Verband (SVV): ein »antisozialistischer Schutzwall« (1919–1930/31), in: *Michel Caillat/Mauro Cerutti/Jean-François Fayet* u.a. (Hrsg.), Histoire(s) de l'anticommunisme en Suisse, Zürich 2009, S. 133–146; *Andreas Thürer*, Der Schweizerische Vaterländische Verband 1919–1930/31, 3 Bde., Diss., Basel 2010; *Oliver Schneider*, Von Knüppelgardisten, Revolutionshelden und Radaubrüdern. Die Luzerner Bürgerwehren nach dem Landesstreik 1918, in: Jahrbuch der Historischen Gesellschaft Luzern 31, 2013, S. 63–84, sowie *Dorothe Zimmermann*, Den Landesstreik erinnern. Antikommunistische Aktivitäten des Schweizerischen Vaterländischen Verbandes 1919–1948, in: SZG 63, 2013, S. 479–504. Zum internationalen Kontext des gegenrevolutionären Paramilitarismus vgl. *Robert Gerwarth/John Horne* (Hrsg.), Krieg im Frieden. Paramilitärische Gewalt in Europa nach dem Ersten Weltkrieg, Göttingen 2013 (zuerst engl. 2012).

12 Zu den Umwälzungen in den Nachkriegsjahren aus internationaler Perspektive vgl. *Adam Tooze*, Sintflut. Die Neuordnung der Welt 1916–1931, München 2015 (zuerst engl. 2014); *Howard M. Sachar*, The Assassination of Europe 1918–1942. A Political History, Toronto 2014; *Pertti Haapala/Marko Tikka*, Revolution, Bürgerkrieg und Terror in Finnland 1918, in: *Gerwarth/Horne*, Krieg im Frieden, S. 134–149; *Leopold Haimson/Giulio Sapelli* (Hrsg.), Strikes, Social Conflict and the First World War. An International Perspective, Mailand 1992; *Leopold Haimson/Charles Tilly* (Hrsg.), Strikes, Wars, and Revolutions in an International Perspective. Strike Waves in the Late Nineteenth and Early Twentieth Centuries, Cambridge/New York etc. 1989; *Diane Koenker/William G. Rosenberg*, Strikes and Revolution in Russia, 1917, Princeton 1989; *Schmitt*,

Erweiterung (und zugleich Verengung) der Forschung auf unterschiedliche Räume von Streik und Revolution.[13] Bis heute fehlt auch eine detaillierte Übersicht über die Verteilung der Streikaktivitäten auf unterschiedliche Landesteile oder einzelne Branchen und eine – über die Arbeit von Gautschi hinausgehende – auf Gemeinsamkeiten und Differenzen fokussierende Synthese der seit den 1970er-Jahren erschienenen, regional vertiefenden Studien. Der vorliegende Beitrag plädiert deshalb zunächst für eine räumliche Erweiterung und methodische Vertiefung der historischen Forschung in zwei Richtungen: (1.) durch eine transnationale, auf Austauschprozesse bezogene Perspektive sowie (2.) eine stärker an Ängsten und anderen Emotionen interessierte kultur- und diskurshistorisch ausgerichtete Streikforschung. Anschließend skizziert er drei in der schweizerischen Geschichtsschreibung bisher weitgehend vernachlässigte Forschungsfelder, die sich (1.) mit den Revolutionsängsten der Arbeitgeber und dem Antikommunismus in der Schweiz nach 1918, (2.) mit den Geschlechterverhältnissen und den Handlungsspielräumen von Frauen in den Kriegsjahren sowie (3.) mit zentralen Narrativen und der geschichtspolitischen Instrumentalisierung des Landesstreiks seit den Nachkriegsjahren beschäftigen.

I. Transnationale Perspektive und Streikgeschichte als Kulturgeschichte

Der Landesstreik vom November 1918 war ein die Schweizer Geschichte prägendes und in seiner Form singuläres Ereignis. Im Gegensatz zu Arbeitsniederlegungen in einzelnen Unternehmen oder lokalen Generalstreiks in einzelnen Städten oder Branchen erfasste er weite Teile des Landes. Zugleich muss er aber in zahlreiche Streikbewegungen seit der Jahrhundertwende und die schon Monate zuvor im Raum stehenden Generalstreikdrohungen des OAK eingeordnet werden. Die Streikintensität war in der Schweiz schon vor dem Ersten Weltkrieg relativ hoch gewesen[14] und mit der Russischen Revolution von 1905 und der Wirtschaftskrise von 1906/07 hatte auch die »Massenstreikdebatte« innerhalb der Arbeiterbewegung an Bedeutung gewonnen.[15] Nach einem nicht nur in der Schweiz, sondern auch international kurzen Rückgang der Streikzahlen in den Jahren 1914 und 1915 stieg die Streikintensität parallel zur wachsenden Teuerung und der schlechter werdenden Ver-

---

Neutral Europe between War and Revolution, sowie *Charles Steven Maier*, Recasting Bourgeois Europe. Stabilization in France, Germany and Italy in the Decade after World War I, Princeton/Woodstock 1975.

13 Zur Bedeutung der Kategorie Raum und räumlicher Ordnungen für Revolutionen vgl. *Julian Aulke*, Räume der Revolution. Kulturelle Verräumlichung in Politisierungsprozessen während der Revolution 1918–1920, Stuttgart 2015.

14 Vgl. dazu *Hans Hirter*, Die Streiks in der Schweiz in den Jahren 1880–1914: Quantitative Streikanalyse, in: *Erich Gruner* (Hrsg.), Arbeiterschaft und Wirtschaft in der Schweiz 1880–1914, Bd. 2/2: Gewerkschaften und Arbeitgeber auf dem Arbeitsmarkt. Streiks, Kampf ums Recht und Verhältnis zu anderen Interessengruppen, Zürich 1988, S. 837–1008, sowie *Karl Lang*, La grève générale de 1912 à Zurich, in: Revue européenne des sciences sociales 15, 1977, Nr. 42, S. 129–141.

15 Vgl. dazu *Arnold Roller* [d.i. *Siegfried Nacht*], Der soziale Generalstreik (1905), in: *Helga Döhring* (Hrsg.), Abwehrstreik, Proteststreik, Massenstreik? Generalstreik! Streiktheorien und -diskussionen innerhalb der deutschen Sozialdemokratie vor 1914, Lich 2009, S. 79–118; *Christian Koller*, Wetterleuchten des Umsturzes. Die russische Revolution von 1905 und die Massenstreikdebatte in der internationalen Arbeiterbewegung, in: Rote Revue 83, 2005, H. 4, S. 38–42; *Antonia Grunenberg* (Hrsg.), Die Massenstreikdebatte. Beiträge von Parvus, Rosa Luxemburg, Karl Kautsky und Anton Pannekoek, Frankfurt am Main 1970; *Gautschi*, Der Landesstreik 1918, S. 13–27, sowie *Robert Grimm*, Der politische Massenstreik, Basel 1906.

sorgungslage seit 1916 wieder an.[16] Trotz der Abwesenheit direkter Kriegshandlungen kam es im Ersten Weltkrieg auch in der Schweiz zu einer Verarmung breiter Bevölkerungskreise und einer fortschreitenden gesellschaftlichen Polarisierung und Desintegration. Der genaue Zeitpunkt des Streiks ist allerdings erklärungsbedürftig und seine Ursachen sind in der Forschung bis heute umstritten.

Insbesondere die ungenügende Lebensmittelversorgung wird als Auslöser zunehmend infrage gestellt, sind die größten Engpässe in der Nahrungsmittelversorgung doch im Krisenjahr 1917 und nicht am Ende des Kriegs im November 1918 auszumachen. Trotz vieler Bedürftiger hatte sich die Ernährungssituation durch das Getreideabkommen mit den USA vom Dezember 1917, den wachsenden Mehranbau sowie die eidgenössische Notstandsaktion und die Einrichtung eines Ernährungsamts im September 1918 erstmals wieder etwas entspannt. Versorgungskrisen und damit verbundene Hungerdemonstrationen waren außerdem weniger nach der Ernte in den Herbstmonaten, sondern vielmehr im Frühling und Sommer ein Problem.[17] Waren der Milchpreis und die Ernährungsfrage im seit Februar 1918 bestehenden OAK zunächst ein wichtiges – symbolisch stark aufgeladenes und politisch bewirtschaftetes – Thema gewesen, bezog sich im Landesstreik nur noch eine von neun Forderungen auf die Sicherstellung der Lebensmittelversorgung, die (kombiniert mit der wachsenden Teuerung und zunehmenden Wohnungsnot) insbesondere in den städtischen Arbeiterquartieren ein Problem darstellte.[18] Dementsprechend kam im Novem-

---

16 Zur internationalen Dynamik vgl. *Robert Evzerov/Iulii P. Mador/Timur T. Timofeev*, Strike Movement in Western Countries after the October Revolution of 1917, in: *Haimson/Sapelli*, Strikes, Social Conflict and the First World War, S. 533–551.

17 Zur inzwischen gut untersuchten Ernährungssituation und dem Milchpreis vgl. *Peter Moser*, Kein umstrittenes Thema mehr? Die Ernährungsfrage im Landesstreik 1918, in: *Daniel Krämer/Christian Pfister/Daniel Marc Segesser* (Hrsg.), »Woche für Woche neue Preisaufschläge«. Nahrungsmittel-, Energie- und Ressourcenkonflikte in der Schweiz des Ersten Weltkrieges, Basel 2016, S. 83–110; *Daniel Burkhard*, Die Kontroverse um die Milchpreisteuerung in der Schweiz während des Ersten Weltkriegs, in: ebd., S. 235–255; *Christian Pfister*, Auf der Kippe. Regen, Kälte und schwindende Importe stürzen die Schweiz 1916–1918 in einen Nahrungsengpass, in: ebd., S. 57–81; *Ismael Albertin*, Die Massnahmen des Zürcher Stadtrats zur Verbesserung der Lebensmittelversorgung 1914–1921, in: ebd., S. 211–233; *Joël Floris/Consuela Müller/Ulrich Woitek*, The Biological Standard of Living in Zurich during WWI. Beiträge zur Jahrestagung des Vereins für Socialpolitik 2015, URL: <http://hdl.handle.net/10419/112909> [19.7.2017]; Peter *Moser*, Mehr als eine Übergangszeit. Die Neuordnung der Ernährungsfrage während des Ersten Weltkrieges, in: *Rossfeld/Buomberger/Kury*, 14/18, S. 172–199; *Maria Meier*, »Wo die Not am grössten …«. Die Versorgungskrise in der Schweiz während des Ersten Weltkrieges im Spiegel zeitgenössischer Karikaturen, in: *Angela Müller/Felix Rauh* (Hrsg.), Wahrnehmung und mediale Inszenierung von Hunger im 20. Jahrhundert (Itinera, Band 37), Basel 2014, S. 53–73; *Juri Auderset/Peter Moser*, Krisenerfahrungen, Lernprozesse und Bewältigungsstrategien. Die Ernährungskrise von 1917/18 als agrarpolitische »Lehrmeisterin«, in: *Thomas David/Jon Mathieu/Janick Marina Schaufelbuehl* u.a. (Hrsg.), Krisen: Ursachen, Deutungen und Folgen, Zürich 2012, S. 133–149 sowie *Beat Brodbeck*, Paradigmenwechsel in der Agrarpolitik. Der Erste Weltkrieg und die Agrarmarktordnungen in der Schweiz am Beispiel des Milchmarktes 1914–1922, in: *Ernst Langthaler/Josef Redl* (Hrsg.), Reguliertes Land. Agrarpolitik in Deutschland, Österreich und der Schweiz 1930–1960, Innsbruck 2005, S. 184–191. Zur Ernährungsweise der »arbeitenden Klassen«, der Bedeutung von Fabrikkantinen und Volksküchen und der »Ernährung im Spannungsfeld divergierender Interessen« vgl. auch *Jakob Tanner*, Fabrikmahlzeit. Ernährungswissenschaft, Industriearbeit und Volksernährung in der Schweiz 1890–1950, Zürich 1999, S. 127–272. Zu den Forderungen des OAK im Februar/März 1918 vgl. *Gautschi*, Dokumente zum Landesstreik 1918, S. 74–82. Zeitgenössisch dazu auch Hilfsaktionen des Bundes 1914–1922, Bern 1924.

18 Von den drei für die individuelle Lebensführung zentralen Bereichen – dem Wohnen, der Bekleidung und Ernährung – ist in den letzten Jahren nur die Lebensmittelversorgung eingehender untersucht worden. Studien zur zunehmenden Wohnungsnot, der Energieversorgung oder der

ber 1918 auch die Zürcher Regierung zur Einschätzung, »dass weder die gegenwärtigen Lohnverhältnisse noch die staatliche Vorsorge für Nahrung irgendwie Anlass oder auch nur Vorwand geben könnten zu Unruhen«.[19] Einschränkend ist zu dieser neuen, positiveren Beurteilung der Nahrungsmittelversorgung aus einer international vergleichenden Perspektive allerdings festzuhalten, dass die größten Schwierigkeiten in der Versorgung auch in Deutschland im »Steckrüben-« beziehungsweise »Hungerwinter« 1916/17 zu verzeichnen waren, der Sturz der Monarchie – parallel zum Landesstreik und dem Zerfall der Donaumonarchie – aber auch hier erst im November 1918 erfolgte.[20]

Neben der Sicherstellung physiologischer Grundbedürfnisse rücken die Nicht-Beteiligung der Sozialdemokraten an der Landesregierung sowie die Lastenverteilung zwischen Kriegsgewinnern und -verlierern damit stärker in den Fokus der Forschung.[21] Der Unmut der Arbeiterschaft war im Sommer 1918 bereits im »Casino-Sturm« in Basel zum Ausdruck gekommen; und die »Tilgung der Staatsschulden durch die Besitzenden«[22] als eine von insgesamt neun Forderungen im Landesstreik ist nur vor dem Hintergrund zum Teil hoher Kriegsgewinne in einzelnen Branchen zu verstehen. Jakob Tanner hat kürzlich betont, dass die Gewerkschaften im schweizerischen »Interessenvermittlungssystem« im Vergleich zu den »privaten Regierungen« der Wirtschaftsverbände bei der Aushandlung kriegswirtschaftlicher Maßnahmen »stark unterrepräsentiert«[23] waren. Die innenpolitische Machtprobe lässt sich seines Erachtens »weder als eine durch Hunger ausgelöste Randale noch als verkorkster Revolutionsversuch verstehen«, sondern war »eine Folge des Ausschlusses der Arbeiterbewegung aus den politischen Entscheidungen«.[24] In einem zunehmend mit Notrecht regierten Land erscheint der Landesstreik aus dieser Perspektive als ein Konflikt um politische Integration, Partizipation und soziale Sicherheit, der in den 1920er-Jahren sowohl im linken als auch im rechten Parteienspektrum zu Zerwürfnissen und der Gründung

---

Bekleidungsindustrie fehlen bis heute weitgehend. Zum Schuhmangel und der Schuhteuerung vgl. *Roman Wild*, Volksschuhe und Volkstücher zu Volkspreisen. Zur Bewirtschaftung lederner und textiler Bedarfsartikel im Ersten Weltkrieg in der Schweiz, in: SZG 63, 2013, S. 428–452 sowie *Paul Zahner*, Die Leder- und Schuhversorgung der Schweiz von 1914–1920, Zürich 1922. Zur Energieversorgung und der Wohnungsnot vgl. *Cristian Pfister*, Frieren, kalt essen und zu Fuss gehen. Die Energiekrise 1917–1919 in der Schweiz, in: *Krämer/Pfister/Segesser*, »Woche für Woche neue Preisaufschläge«, S. 113–132; *Rudolf Wenger*, Wohnungsnot und kommunaler Wohnungsbau in der deutschen Schweiz unter besonderer Berücksichtigung der Kriegs- und Nachkriegszeit, Lachen 1931.

19 Memorial des Generals vom 4. November 1918, zit. nach: *Gautschi*, Dokumente zum Landesstreik 1918, S. 167–175, hier: S. 170.

20 Zur Nahrungsmittelversorgung in Deutschland vgl. *Anne Roerkohl*, Hungerblockade und Heimatfront. Die kommunale Lebensmittelversorgung in Westfalen während des Ersten Weltkriegs, Stuttgart 1991, sowie *Gisela Gündell*, Die Organisation der deutschen Ernährungswirtschaft im Weltkriege, Leipzig 1939.

21 Zur sozialen Sicherheit und der Entwicklung des schweizerischen Sozialstaats vgl. *Brigitte Studer*, Ökonomien der sozialen Sicherheit, in: *Patrick Halbeisen/Margrit Müller/Béatrice Veyrassat* (Hrsg.), Wirtschaftsgeschichte der Schweiz im 20. Jahrhundert, Basel 2012, S. 923–976; *Matthieu Leimgruber*, Solidarity without the State? Business and the Shaping of the Swiss Welfare State, 1890–2000, Cambridge/New York etc. 2008; *Brigitte Studer*, Der Sozialstaat aus der Geschlechterperspektive. Theorien, Fragestellungen und historische Entwicklung in der Schweiz, in: *dies./Regina Wecker/Béatrice Ziegler* (Hrsg.), Frauen und Staat. Berichte des Schweizerischen Historikertages in Bern, Basel 1998, S. 184–208, sowie zahlreiche Informationen unter URL: <http://www.geschichtedersozialensicherheit.ch> [19.7.2017].

22 Flugblatt »An das arbeitende Volk der Schweiz!« vom November 1918, Schweizerisches Sozialarchiv, 331/260.

23 *Jakob Tanner*, Geschichte der Schweiz im 20. Jahrhundert, München 2015, S. 141.

24 Ebd., S. 151.

neuer Parteien führte. Im linken Spektrum ist hier die Gründung der Kommunistischen Partei der Schweiz (KPS) 1921 zu nennen, im rechten Spektrum die Gründung verschiedener kantonaler Bauernparteien, die sich 1936 zur schweizerischen Bauern-, Gewerbe- und Bürgerpartei (BGB) zusammenschlossen. Die von der Sozialdemokratischen Partei lancierten Volksinitiativen zur Einführung einer direkten Bundessteuer (1918), der Proporzwahl des Nationalrats (1918), der Aufhebung der Militärjustiz (1921), einer einmaligen Vermögensabgabe (1922) sowie der Schaffung einer Invaliditäts-, Alters- und Hinterlassenenversicherung (1925) sprechen in diesem Zusammenhang eine deutliche Sprache und sollten die in den Kriegsjahren aus linker Perspektive arg strapazierte »Opfersymmetrie und Verteilungsgerechtigkeit«[25] wiederherstellen. Ein Teil dieser Initiativen wurde schon Jahre zuvor lanciert, ein Teil geht direkt auf Forderungen des OAK während des Landesstreiks zurück. Dass der mit der steigenden Streikintensität gegen Ende des Kriegs zunehmende Einsatz von Ordnungstruppen im Landesinneren von der Arbeiterschaft als (gezielte) Provokation und Verschiebung militärischer Aktivitäten von der »Grenzbesetzung« zur »Besetzung der Klassengrenzen« empfunden wurde, ist nur mit Blick auf den wachsenden Antimilitarismus in den Kriegsjahren zu verstehen. Bereits im September 1916 war es am sogenannten roten Sonntag zu antimilitaristischen Demonstrationen gekommen und im Sommer 1917 lehnte die SP die militärische Landesverteidigung an ihrem Parteitag ab und verschärfte den Ton gegen die als Klassenjustiz wahrgenommene Militärjustiz zunehmend.[26] Auch die Novemberunruhen von 1917 in Zürich, die zu mehreren Toten und Schwerverletzten und der ständigen Präsenz von Ordnungstruppen in Zürich führten, waren ursprünglich von antimilitaristischen Demonstrationen (beziehungsweise der Besetzung von zwei Munitionsfabriken) ausgegangen.[27]

Die von einem starken Militäraufgebot geprägte Einschüchterungs- und Präventionsstrategie Ulrich Willes war hart und von einer Überschätzung der Bedrohungslage und der organisatorischen Kapazitäten der Arbeiterschaft und des OAK geprägt.[28] Wille hatte am 4. November 1918 in einem Memorial an den Bundesrat festgehalten, in der Bürgerschaft Zürichs herrsche »grosse Furcht vor dem Ausbrechen der Revolution«.[29] Die Angst vor erodierenden Machtstrukturen und die harte bürgerliche Reaktion auf den Landesstreik sind nur vor dem Hintergrund der Russischen Revolution und dem Sturz der Monarchien in Deutschland und Österreich-Ungarn im November 1918 zu verstehen, wo nun »die Throne wank[t]en und die Kronen über die Straße roll[t]en«, wie Robert Grimm es im Nationalrat formulier-

25 Ebd., S. 145.

26 Vgl. dazu »Der rote Sonntag«, in: Berner Tagwacht, Nr. 207, 4.9.1916; *Mirko Greter*, Sozialdemokratische Militärpolitik im Spannungsfeld von Vaterlandsliebe, Pazifismus und Klassenkampf. Der lange Weg der SPS hin zur Ablehnung der Landesverteidigung 1917, Berlin 2005. Zur pazifistischen Tradition in der Linken: *Bernard Degen/Heiko Haumann/Ueli Mäder* u.a. (Hrsg.), Gegen den Krieg. Der Basler Friedenskongress 1912 und seine Aktualität, Basel 2012; *Bernard Degen/Julia Richers* (Hrsg.), Zimmerwald und Kiental. Weltgeschichte auf dem Dorfe, Zürich 2015, sowie *Gautschi*, Der Landesstreik 1918, S. 71–85.

27 Zu den Novemberunruhen in Zürich vgl. *Roman Rossfeld*, »Schweigen ist Gold«: Kriegsmaterialexporte der schweizerischen Uhren-, Metall- und Maschinenindustrie im Ersten Weltkrieg, in: *Rudolf Jaun/Michael Olsansky/Sandrine Picaud-Monnerat* u.a. (Hrsg.), An der Front und hinter der Front. Der Erste Weltkrieg und seine Gefechtsfelder, Baden 2015, S. 292–313, hier: S. 307f., und *Bruno Thurnherr*, Der Ordnungsdiensteinsatz der Armee anlässlich der Zürcher Unruhen im November 1917, Bern 1978.

28 Zur Einschätzung der Bedrohungslage durch General Wille, Generalstabschef Sprecher und Unterstabschef de Perrot vgl. *Gautschi*, Der Landesstreik 1918, S. 39–43, und *ders.*, Dokumente zum Landesstreik 1918, S. 101–103, 111–113 und 159–161.

29 Memorial des Generals vom 4. November 1918, zit. nach: *Gautschi*, Dokumente zum Landesstreik 1918, S. 167–175, hier: S. 170.

te.[30] Insbesondere die Revolution im Nachbarland Deutschland, mit dem neben General Wille auch das Deutschschweizer Bürgertum in den Kriegsjahren mehrheitlich sympathisierte, führte zu großen Verunsicherungen.[31] Der Streik ereignete sich zu einem Zeitpunkt, in dem die Zukunftserwartungen für viele Menschen ebenso offen wie unsicher und beide politischen Lager von akuten Abstiegsängsten getrieben waren. Im Gegensatz zur bereits zeitgenössischen Vorstellung der Schweiz als Insel in einem Meer von Blut dürften das Kriegsende und die unübersichtliche und dramatische Dynamik der internationalen Ereignisse im November 1918 einen direkten Einfluss auf den Ausbruch des Streiks gehabt haben.

Der Berner Stadtpräsident und SP-Nationalrat Gustav Müller warnte im Nationalrat davor, die »Ereignisse im Ausland« würden »wie ein elektrischer Funke mit Blitzesschnelle von Land zu Land« springen, sodass nur noch »weitgreifende und tiefe Reformen den Sturm beschwören«[32] könnten. Die äußere Bedrohung, die den inneren Zusammenhalt während der Kriegsjahre gestärkt hatte, fiel nun weg, und die Revolutionen im Ausland schürten die Hoffnungen eines Teils der Linken, die internationale Dynamik würde ihren Anliegen nun auch in der Schweiz zum Durchbruch verhelfen. Aus einer transnationalen Perspektive – und über den zeitgenössischen Vorwurf einer bolschewistischen Verschwörung hinaus – sollte deshalb *erstens* gefragt werden, wie die Ereignisse in der Schweiz mit ähnlich oder unterschiedlich verlaufenden internationalen Entwicklungen verbunden waren, was für Netzwerke sowohl in der Arbeiterbewegung als auch im Bürgertum bestanden und welche Kenntnisse die Akteure in der Schweiz von den (revolutionären) Entwicklungen in anderen Ländern hatten.[33] Wichtige Akteure wie Robert Grimm, Ulrich Wille,

---

30 Rede des Genossen Grimm, in: Der Landesstreik vor dem Nationalrat. Stenographische Wiedergabe der von den sozialdemokratischen Vertretern am 12. und 13. November im Nationalrat gehaltenen Reden, Bern 1918, S. 13–20, hier: S. 19.

31 Zu den »Fieberkurven von Sympathie und Antipathie« gegenüber den wichtigsten Kriegsparteien und der tendenziell abnehmenden Deutschfreundlichkeit vgl. *Ignaz Civelli*, Heldenschwert in reinen Händen? Wahrnehmung und Darstellung der Konflikt- und Kriegsparteien in der bürgerlichen Zuger Presse 1912–1918, in: Tugium 30, 2014, S. 143–184, hier: S. 179–182. Zur deutschen Revolution von 1918/19 vgl. *Volker Stalmann*, Die Wiederentdeckung der Revolution von 1918/19. Forschungsstand und Forschungsperspektiven, in: ZfG 64, 2016, S. 521–541; *Klaus Weinhauer/Anthony McElligott/Kirsten Heinsohn* (Hrsg.), Germany 1916–23. A Revolution in Context, Bielefeld 2015; *Karl Christian Führer/Jürgen Mittag/Axel Schildt* u. a. (Hrsg.), Revolution und Arbeiterbewegung in Deutschland 1918–1919, Essen 2013; *Wolfgang Niess*, Die Revolution von 1918/19 in der deutschen Geschichtsschreibung. Deutungen von der Weimarer Republik bis ins 21. Jahrhundert, Berlin/Boston 2013; *Alexander Gallus* (Hrsg.), Die vergessene Revolution von 1918/19, Göttingen 2010; *Heinrich August Winkler*, Vom Kaiserreich zur Republik. Der historische Ort der Revolution von 1918/19, in: *ders.*, Streitfragen der deutschen Geschichte. Essays zum 19. und 20. Jahrhundert, München 1997, S. 52–70; *Werner Bramke*, Eine ungeliebte Revolution. Die Revolution von 1918/1919 im Widerstreit von Zeitgenossen und Historikern, in: Jahrbuch für Forschungen zur Geschichte der Arbeiterbewegung 7, 2008, S. 5–37, sowie *Volker Ullrich*, Die Revolution von 1918/19, München 2009.

32 Der Landesstreik vor dem Nationalrat, S. 24.

33 Zur Idee der Weltrevolution und dem revolutionären Internationalismus vgl. *Gleb Albert*, Das Charisma der Weltrevolution. Revolutionärer Internationalismus in der frühen Sowjetgesellschaft, 1917–1927, Köln/Weimar etc. 2017. Zur Bedeutung der 1919 in Moskau gegründeten Kommunistischen Internationalen vgl. *Brigitte Studer*, The Transnational World of the Cominternians, Basingstoke/New York 2015. Zu einer transnationalen Perspektive auf die schweizerische Arbeiterbewegung und Streikgeschichte vor dem Ersten Weltkrieg vgl. *Christian Koller*, Local Strikes as Transnational Events: Migration, Donations, and Organizational Cooperation in the Context of Strikes in Switzerland (1860–1914), in: Labour History Review 74, 2009, S. 305–318, sowie *Marc Vuilleumier*, Traditions et identité nationales, intégration et internationalisme dans le mouvement ouvrier socialiste en Suisse avant 1914, in: Le Mouvement social, 1989, Nr. 147, S. 51–68.

Fritz Platten, Theophil Sprecher von Bernegg, Rosa Bloch, Emil Sonderegger, Eugen Bircher, Théodore Aubert, Alfred Frey, Ernst Nobs oder Edmund Schulthess, um hier nur ein paar zentrale Namen zu nennen, verfügten über ausgezeichnete internationale Kontakte und waren gut über das Geschehen in den Nachbarländern informiert.[34]

Am 3. November 1918 – einen Tag vor dem berühmten Memorial von Ulrich Wille an den Bundesrat[35] – erhob sich eine Welle von Protesten und Streiks gegen den Krieg. Auf den Waffenstillstand zwischen Österreich-Ungarn und Italien folgte die Selbstständigkeitserklärung Vorarlbergs; die Matrosen in Kiel weigerten sich auszulaufen und in zahlreichen deutschen Städten wurden Arbeiter- und Soldatenräte gebildet. Am 9. November 1918 dankte Kaiser Wilhelm II. ab, die Monarchien in Deutschland und Österreich-Ungarn zerbrachen; und dass der Landesstreik in der Westschweiz und dem Tessin – im Gegensatz zur Deutschschweiz – nur wenig Beachtung fand, ist auch damit zu erklären, dass hier das Kriegsende gefeiert wurde. Gegen Ende des Kriegs entstand aber auch in der Deutschschweiz eine zunehmend antideutsche Stimmung, während die (sozialistische) Arbeiterbewegung nach der Grimm-Hoffmann-Affäre vom Frühling 1917 und dem »Zürcher Bombenprozess« vom Oktober 1918 vermehrt als deutschfreundlich eingestuft wurde.[36] Mit Ausnahme eines vergleichenden Beitrags von Adrian Zimmermann zu (ähnlich verlaufenden) Entwicklungen in den Niederlanden und der Schweiz im November 1918 wurde der Einfluss politischer Entwicklungen außerhalb der Schweiz auf die Ereignisse innerhalb des Landes bisher aber nur wenig beachtet. Ebenso fehlen Untersuchungen über die Bewertung des Landesstreiks in der internationalen Berichterstattung, die Bedeutung der Spionage oder die Einschätzungen ausländischer Nachrichtendienste. Bereits in den 1960er-Jahren hat Gautschi zwar auf die »Frage ausländischer Interventionsabsichten«[37] hingewiesen und Schmid-Ammann festgehalten, dass man Anfang November in diplomatischen Kreisen schon »die Möglichkeit einer militärischen Besetzung der Schweiz durch die Entente« besprach, um der »bolschewistischen Gefahr entgegenzutreten«.[38] Konkrete Pläne für eine militärische Interven-

---

34 Es liegen inzwischen verschiedene Arbeiten zu wichtigen Akteuren aus der Arbeiterschaft, der Politik und dem Militär – nicht aber der Arbeitgeberseite – vor: *Carl Helbling*, General Ulrich Wille. Biographie, Zürich 1957; *Hans Rudolf Kurz*, Oberstkorpskommandant Theophil Sprecher von Bernegg, Wattwil 1961; *Hermann Böschenstein*, Bundesrat Schulthess. Krieg und Krisen, Bern 1966; *Hans Rudolf Frick*, Zwischen Klassenkampf und Demokratie. Der erste sozialdemokratische Bundesrat Ernst Nobs als Redaktor am Zürcher »Volksrecht« 1915–1935, Clausthal-Zellerfeld 1975; *Heinz Christian Röthlisberger*, Der politische Standort von Ulrich Wille, Stäfa 1975; *Christian Voigt*, Robert Grimm. Kämpfer, Arbeiterführer, Parlamentarier, Bern 1980; *Daniel Heller*, Eugen Bircher. Arzt, Militär und Politiker. Ein Beitrag zur Zeitgeschichte, Zürich 1988; *Tobias Kästli*, Ernst Nobs: Vom Bürgerschreck zum Bundesrat. Ein politisches Leben, Zürich 1995; *René Zeller*, Emil Sonderegger. Vom Generalstabschef zum Frontenführer, Zürich 1999; *Daniel Sprecher*, Generalstabschef Theophil Sprecher von Bernegg. Eine kritische Biographie, Zürich 2000; *Willi Gautschi*, General Wille und der Landesstreik 1918, in: *Hans Rudolf Fuhrer/Paul Meinrad Strässle* (Hrsg.), General Ulrich Wille. Vorbild den einen – Feindbild den andern, Zürich 2003, S. 341–358, sowie *Bernard Degen/Hans Schäppi/Adrian Zimmermann* (Hrsg.), Robert Grimm. Marxist, Kämpfer, Politiker, Zürich 2012.

35 Memorial des Generals vom 4. November 1918, in: *Gautschi*, Dokumente zum Landesstreik 1918, S. 167–175.

36 Zum Zürcher Bombenprozess, der enge Verbindungen zwischen deutschen Geheimagenten und italienischen Anarchisten ans Licht brachte, und der zunehmend antideutschen Stimmung gegen Kriegsende vgl. *Florian Weber*, Die amerikanische Verheissung. Schweizer Aussenpolitik im Wirtschaftskrieg 1917/18, Zürich 2016, S. 163–170.

37 *Adrian Zimmermann*, Die Niederlande und die Schweiz im November 1918, in: SZG 63, 2013, S. 453–478, sowie *Gautschi*, Der Landesstreik 1918, S. 331–340.

38 *Schmid-Ammann*, Die Wahrheit über den Generalstreik von 1918, S. 204. Vgl. dazu auch *Heinz K. Meier*, Friendship under Stress. U.S.-Swiss Relations 1900–1950, Bern 1970.

tion konnten allerdings nicht nachgewiesen werden; der Revolutionsdrohung ›von links‹ wurde vermutlich eine ebenso überzogene Interventionsdrohung ›von rechts‹ entgegengestellt. Weiterführende Untersuchungen zu diplomatischen Druckversuchen oder der Bedeutung internationaler Ereignisse sind bis heute jedoch ausgeblieben.

Zweitens sollte in Zukunft eine stärker an Ängsten und anderen Emotionen interessierte kultur- und diskurshistorisch orientierte Streikforschung angestrebt werden, welche die Nutzung von Emotionen als politische Strategie ernst nimmt und davon ausgeht, dass der Erste Weltkrieg auch ein Medien- und Propagandakrieg war.[39] Neuere Arbeiten zur historischen Krisenforschung sind sich weitgehend einig darüber, Krisen – und insbesondere das Wissen über Krisen – auch als Kommunikations- und Wahrnehmungsphänomene zu verstehen.[40] Dabei geht es sowohl um ein besseres Verständnis der *Krise als Deutungsmuster* als auch um eine vertiefte Analyse verschiedener *Deutungsmuster der Krise*. Die Germanistin Heidrun Kämper hat erst kürzlich betont, dass »gesellschaftliche Krisen durch Sprachgebrauchswandel gespiegelt werden« und Krisen »durch Sprache repräsentiert und damit indiziert«[41] werden. In den Fokus der Forschung geraten damit die narrativen Strukturen und Diskursstrategien, mit denen Krisendiagnosen und Krisengeschichten konstruiert werden. Carla Meyer, Katja Patzel-Mattern und Gerrit Jasper Schenk haben in ihrem 2013 erschienenen Band über »Krisengeschichte(n)« festgehalten, dass in der Krise zwar das Chaos herrsche, die Krisenkommunikation jedoch versuche, »die komplexe, überfordernde Fülle an Ereignissen, Motiven, Handlungs- und Bedingungszusammenhängen [...] ordnend zu fassen«[42] und damit auch neue Ordnungsmuster zu etablieren.

Rudolf Jaun hat vorgeschlagen, das gegenseitige »Droh- und Imponiergehabe« der Hauptakteure im Landesstreik »als Inszenierung politischer Kommunikationsgesten zu verste-

---

39 Vgl. dazu *Jane Redlin/Dagmar Neuland-Kitzerow* (Hrsg.), Der gefühlte Krieg. Emotionen im Ersten Weltkrieg, Husum 2014; *Christian Koller*, Soziale Bewegungen: Emotion und Solidarität, in: *Jürgen Mittag/Helke Stadtland* (Hrsg.), Theoretische Ansätze und Konzepte der Forschung über soziale Bewegungen in der Geschichtswissenschaft, Essen 2014, S. 403–422; *Christian Koller*, »Es ist zum Heulen«. Emotionshistorische Zugänge zur Kulturgeschichte des Streikens, in: GG 36, 2010, S. 66–92; *ders.*, Streikkultur. Performanzen und Diskurse des Arbeitskampfes im schweizerisch-österreichischen Vergleich (1860–1950), Münster 2009. Zur Emotionsgeschichte vgl. den Forschungsbericht von *Bettina Hitzer*, Emotionsgeschichte – ein Anfang mit Folgen, in: H-Soz-Kult, 23.11.2011, URL: <http://www.hsozkult.de/literaturereview/id/forschungsberichte-1221> [19.7.2017]; *Florian Weber*, Von der klassischen Affektenlehre zur Neurowissenschaft und zurück. Wege der Emotionsforschung in den Geistes- und Sozialwissenschaften, in: Neue Politische Literatur 53, 2008, S. 21–42; *Franz Bosbach* (Hrsg.), Angst und Politik in der europäischen Geschichte, Dettelbach 2000, sowie *Ute Frevert*, Angst vor Gefühlen? Die Geschichtsmächtigkeit von Emotionen im 20. Jahrhundert, in: *Paul Nolte/Manfred Hettling/Frank-Michael Kuhlemann* u.a. (Hrsg.), Perspektiven der Gesellschaftsgeschichte, München 2000, S. 95–111.

40 Vgl. dazu *Thomas Mergel*, Einleitung: Krisen als Wahrnehmungsphänomene, in: *ders.* (Hrsg.), Krisen verstehen. Historische und kulturwissenschaftliche Annäherungen, Frankfurt am Main/New York 2012, S. 9–22; *Carla Meyer/Katja Patzel-Mattern/Gerrit Jasper Schenk*, Krisengeschichte(n). »Krise« als Leitbegriff und Erzählmuster in kulturwissenschaftlicher Perspektive – eine Einführung, in: *dies.* (Hrsg.), Krisengeschichte(n). »Krise« als Leitbegriff und Erzählmuster in kulturwissenschaftlicher Perspektive, Stuttgart 2013, S. 9–23; *Uta Fenske/Walburga Hülk/Gregor Schuhen* (Hrsg.), Die Krise als Erzählung. Transdisziplinäre Perspektiven auf ein Narrativ der Moderne, Bielefeld 2013, sowie *Ansgar Nünning*, Grundzüge einer Narratologie der Krise. Wie aus einer Situation ein Plot und eine Krise (konstruiert) werden, in: *Henning Grunwald/Manfred Pfister* (Hrsg.), Krisis! Krisenszenarien, Diagnosen und Diskursstrategien, München 2007, S. 48–71.

41 *Heidrun Kämper*, Krise und Sprache: Theoretische Anmerkungen, in: *Mergel*, Krisen verstehen, S. 241–255, hier: S. 246.

42 *Meyer/Patzel-Mattern/Schenk*, Krisengeschichte(n), S. 10.

hen«.[43] Unterschiedliche Deutungsmuster und die Infragestellung bestehender Werte durch den Krieg entschieden maßgeblich darüber, wie politisch relevante Gruppen, Parteien und Verbände mit den materiellen Entbehrungen in den Kriegsjahren umgingen. Der Krieg stellte nicht nur tradierte Ordnungsmuster, sondern auch die bisherige Ordnung der Gefühle infrage. Gerüchte und Verschwörungstheorien hatten angesichts der Unplanbarkeit und Unübersichtlichkeit der Ereignisse Konjunktur und wurden von beiden Seiten auch gezielt als Brandbeschleuniger in der politischen Debatte eingesetzt.[44] Volker Stalmann hat mit Blick auf die massenmedialen Kommunikationsbedingungen in der deutschen Revolution von 1918/19 darauf hingewiesen, dass die »Informationsbeschaffung aller sozialen Gruppen weit hinter den sich überschlagenden Ereignissen«[45] hinterherhinkte. Zugleich waren Gerüchte auch Ausdruck des fehlenden (oder zumindest unvollständigen) Wissens über die zum Teil geheimen Planungen des politischen Gegners, was die Rekonstruktion der Ereignisse auch aus historischer Sicht immer wieder schwierig macht. Was für eine Rolle die gezielte Desinformation als politische und militärische Taktik während des Landesstreiks spielte und was die verschiedenen Parteien zu einem bestimmten Zeitpunkt über die teilweise dramatischen Entwicklungen im Ausland oder die Vorhaben des politischen Gegners im Inland wussten, lässt sich heute nur noch zum Teil rekonstruieren.

Rhetorisch begabte Akteure wie Robert Grimm oder Ulrich Wille spielten bewusst mit Emotionen und heizten die Stimmung an; aber auch in der von Parteiblättern geprägten Presselandschaft war es damals üblich, pointiert Stellung zu nehmen. Grimm verglich Revolutionen in seiner Rede im Nationalrat mit einem »reißenden Bergbach«, einer Naturgewalt, die alle Hindernisse überwinde und auch von der herrschenden Klasse »nicht zu hemmen«[46] sei. Der Neuenburger SP-Nationalrat, Dienstverweigerer und bekennende Pazifist Charles Naine unterstellte der bürgerlichen Mehrheit im Parlament, sie habe sich bei ihrer Regierungsarbeit in den Kriegsjahren von »zwei Beweggründen« leiten lassen: »zuerst von der Angst und dann dem Wunsch, sich zu bereichern«.[47] Zur Stimmung im Bürgertum und der Verwendung rhetorischer Mittel im Landesstreik hielt Naine fest:

»Sie sind wütend vor Angst. [...] Auf alle Beschwerden des Volkes hat die kapitalistische Presse nur eine Antwort: Bolschewiki! Wir verlangen den Achtstundentag, ein sehr ernstes Problem; man sagt uns: Bolschewikimanier! Wir wollen eine bessere Verteilung der Lebensmittel; wir wollen mehr Brot, mehr Milch; wir verlangen, dass unser Vieh nicht mehr ausgeführt wird; ein ernstes Problem. Man ruft uns zu: Bolschewiki! Wir fordern, was das Volk verlangt, und statt an einer Regeneration der Gesellschaft mitzuarbeiten, stellen Sie sich der Demokratie in den Weg und haben nur ein Wort im Munde: Bolschewiki!«[48]

Naine verwies hier nicht nur auf ein zentrales, über Jahrzehnte verwendetes Deutungsmuster des schweizerischen Landesstreiks als bolschewistischer Verschwörung; angesprochen wurden auch die Verlust- und Abstiegsängste des Bürgertums – »diese Angst aus Interesse«[49] –, die Naine als zentralen Antriebsfaktor bürgerlicher Politik beschrieb.

43 *Jaun*, Militärgewalt und das »revolutionäre« Gravitationszentrum Zürich 1917–1918, S. 186.

44 Zur Situation vor dem Krieg vgl. *Christian Koller*, Coulissenschieber, Spitzelhunde und Dunkelmänner – Verschwörungstheorien im schweizerischen Streikdiskurs vor dem Ersten Weltkrieg, in: Traverse 11, 2004, Nr. 3, S. 73–84.

45 *Stalmann*, Die Wiederentdeckung der Revolution von 1918/19, S. 537.

46 Der Landesstreik vor dem Nationalrat, S. 15.

47 Ebd., S. 26.

48 Ebd., S. 29f.

49 Ebd. Zum Motiv einer »allgegenwärtigen revolutionären Bedrohung« und einer damit verbundenen »Dämonologie der Bedrohung« als »Inspiration und Mobilisierungsquelle konservativer und gegenrevolutionärer Politik« vgl. über den Landesstreik hinaus *Robert Gerwarth/John Horne*, Bolschewismus als Fantasie. Revolutionsangst und konterrevolutionäre Gewalt 1917 bis 1923, in: *dies.*, Krieg im Frieden, S. 94–107.

Die Nutzung von Emotionen als politische Strategie für die Durchsetzung der eigenen Interessen lässt sich während der Kriegsjahre bei allen politischen Parteien mit verschiedenen Beispielen belegen. Während das OAK in einem Aufruf festhielt, man wolle entweder »kämpfend siegen oder sterbend untergehen«[50], und damit zumindest rhetorisch auf einen möglichen Bürgerkrieg hinwies (obwohl man sich intern gegen die Anwendung von Gewalt im Landesstreik aussprach), waren für den freisinnigen Bundespräsidenten Felix Calonder »skrupellose Hetzer« und »namentlich Vertreter des bolschewistischen Terrors« am Werk. Anspielend auf den Zürcher Bombenprozess sprach Calonder am 12. November von »revolutionären, zum Teil ausgesprochen anarchistischen Wühlereien«, die »namentlich in der Stadt Zürich immer frecher und intensiver betrieben« worden seien und breite Teile der Bevölkerung in »hochgradige Aufregung« versetzt hätten. Das von der Arbeiterschaft als Provokation empfundene Truppenaufgebot sollte aus seiner Perspektive lediglich zur »Verteidigung der bürgerlichen Freiheit gegen Willkür und Gewalt«[51] dienen. Aus heutiger Sicht ging es angesichts der Uneinigkeit innerhalb der Arbeiterschaft und entgegen der Einschätzung Calonders aber keineswegs um »Sein oder Nichtsein der schweizerischen Demokratie«.[52]

Geschickt gewählt war schon der Begriff »Landesstreik« (eine Kurzform von Landes-Generalstreik), handelte es sich entgegen seiner Benennung doch um ein hauptsächlich deutsch-schweizerisches Ereignis, das gemäß einer Umfrage des Gewerkschaftsbundes mit rund 250.000 Teilnehmerinnen und Teilnehmern nur einen beschränkten Teil der (organisierten) Arbeiterschaft mobilisierte. Der Ausstand war selbst innerhalb der Linken umstritten; und weshalb die verschiedenen Arbeiterinnen und Arbeiter daran teilnahmen, ist bis heute weitgehend unerforscht, obwohl Erinnerungsschriften, Tagebücher oder Prozessakten zumindest teilweise Aufschluss über die Motive der beteiligten Arbeiterinnen und Arbeiter geben könnten.[53] Enttäuscht vom raschen Abbruch des Streiks hielt der Chefredakteur der sozialdemokratischen Tageszeitung »Volksrecht«, Ernst Nobs, schon am 15. November 1918 fest: »Das Aktionskomitee war immer stark in grossen tönenden Worten, in bombastischen Drohungen. Es war ein Meister der theatralischen Regie. Aber es war nichts dahinter.«[54] Martin Fenner und Erich Wigger haben bereits in den 1980er- und 1990er-Jahren in zwei wichtigen Studien auf die Bedeutung der politischen Kommunikation sowie die »Struktur und Funktion politischer Gruppensprachen zur Zeit des schweizerischen Landesstreiks«[55] hingewiesen. Weiterführende Arbeiten zum Verhältnis von Information, Kommunikation und Revolution (sowie der Eskalation von Revolutions- und Gegenrevolutionssemantiken) sind bis heute jedoch ausgeblieben. In den Fokus der Forschung gerät

50 Flugblatt des Oltener Aktionskomitees zur Proklamation des Landesstreiks vom 11. November 1918, zit. nach: *Gautschi*, Dokumente zum Landesstreik 1918, S. 240.

51 Rede von Bundespräsident Felix Calonder vom 12. November 1918, zit. nach: *Gautschi*, Dokumente zum Landesstreik 1918, S. 270.

52 Ebd., S. 272.

53 Vgl. dazu *Rudolf Jaun*, Der Erste Weltkrieg und das Generalstreiks-Narrativ, in: Neue Zürcher Zeitung, 25.9.2014, S. 23.

54 *Ernst Nobs*, Der schweizerische Generalstreik, in: Volksrecht, 15.11.1918, zit. nach: *Gautschi*, Dokumente zum Landesstreik 1918, S. 322.

55 Vgl. dazu *Martin Fenner*, Partei und Parteisprache im politischen Konflikt. Studien zur Struktur und Funktion politischer Gruppensprachen zur Zeit des schweizerischen Landesstreiks 1917–1919, Bern 1981, und *Erich Wigger*, Krieg und Krise in der politischen Kommunikation. Vom Burgfrieden zum Bürgerblock in der Schweiz 1910–1922, Zürich 1997. Zur historischen Semantik und dem Verhältnis von Kommunikation und Revolution vgl. auch *Aribert Reimann*, Der große Krieg der Sprachen. Untersuchungen zur historischen Semantik in Deutschland und England zur Zeit des Ersten Weltkriegs, Essen 2000, sowie *Christoph Jahr*, Armageddon an der Isar. Medien, Macht und Massenmobilisierung während der Revolution in Bayern 1918/19, in: *Kurt Imhof/Peter Schulz* (Hrsg.), Kommunikation und Revolution, Zürich 1998, S. 171–184.

damit eine mit Existenzängsten, bürgerlichen Revolutionsängsten und Verschwörungstheorien verbundene Emotionsgeschichte des schweizerischen Landesstreiks, die sich für die Untersuchung rhetorischer Figuren und narrativer Strukturen ebenso interessiert wie für die semantische Aufladung zeitgenössischer Schlüsselbegriffe wie »Aktion«, »Tat« oder »Revolution«. Eine Emotionsgeschichte, die zudem danach fragt, wie Revolutionsängste in bestimmte Praktiken übersetzt werden und diese Praktiken – beispielsweise bei Demonstrationen – wiederum Ängste oder andere Emotionen wie Wut, Hass oder Verzweiflung mobilisieren. Im Folgenden sollen nach diesen methodischen Überlegungen zu einer stärker transnational sowie kultur- und diskurshistorisch ausgerichteten Streikforschung drei bisher weitgehend vernachlässigte Forschungsfelder skizziert werden, deren Untersuchung zu einem besseren Verständnis der Ereignisse vom November 1918 beitragen könnte.

II. Arbeitgeberverbände, Revolutionsängste und Antikommunismus in der Schweiz (nach 1918)

Während der Armeestab Anfang November 1918 schon die Durchführung einer »Gegenrevolution« plante, machte sich auch im Zürcher Bürgertum zunehmend Angst vor einer bevorstehenden Revolution breit. Meinrad Inglin hielt in seinem Roman »Schweizerspiegel« rückblickend fest, die Bürgerschaft in Zürich habe fast täglich hören können,

> »dass sie aus Schmarotzern, schamlosen Ausbeutern und faulen Mitläufern bestehe, dass ihre Stunde geschlagen habe und die geschichtliche Wende zur Herrschaft des Proletariats bevorstehe. [...] Sie hörte Gerüchte schwirren von Soldaten- und Arbeiterräten, versteckten Munitionslagern, Bombenfunden, und vernahm in beiläufigen, drohenden oder frohlockenden Andeutungen, dass bald etwas geschehen werde.«[56]

Noch vor dem Ausbruch des Streiks hielt Ulrich Wille zur Situation in Zürich fest, viele Privatpersonen hätten »ihr in den Tresors der Banken liegendes Vermögen dort weggenommen«.[57] Wille selbst hielt die Gefahr für den Ausbruch einer Revolution zwar »nicht für so groß« und hatte auch sein »bißchen Vermögen nicht aus dem Tresor der Kreditanstalt geholt, um es in dunkler Nacht im Walde zu vergraben«; an die »Möglichkeit eines plötzlichen, unerwarteten Ausbruchs einer Revolution«[58] glaubte er aber dennoch. Der Historiker Marc Perrenoud hat in einem kurzen Beitrag darauf hingewiesen, dass die Schweizerische Bankiervereinigung den Bundesrat nach dem Streik der Bankangestellten und dem damit verbundenen lokalen Generalstreik in Zürich schon Ende Oktober 1918 dazu aufgefordert hatte, energische und weitreichende Präventionsmaßnahmen zu ergreifen:

> »Wird in Zukunft derartigen Vorkommnissen nicht mit aller Energie seitens der Behörden entgegengetreten, so ist zu gewärtigen, dass in unserem Land sowohl das Leben als auch das Eigentum des Bürgers, im Widerspruch zu unsern Gesetzen, der nackten Gewalt des entfesselten Pöbels ausgesetzt werden.«[59]

56 *Meinrad Inglin*, Gesammelte Werke in 10 Bänden, hrsg. v. *Georg Schoeck*, Bd. 5: Schweizerspiegel, Zürich 2014, S. 811.

57 Memorial des Generals vom 4. November 1918, zit. nach: *Gautschi*, Dokumente zum Landesstreik 1918, S. 167–175, hier: S. 169.

58 Ebd., S. 170.

59 *Marc Perrenoud*, Die Schweizer Bankiers und die Angst vor dem Bolschewismus, in: *Boillat/Degen/Joris* u.a., Vom Wert der Arbeit, S. 136f. Zum Streik der Bankangestellten vgl. auch *König*, Die Angestellten zwischen Bürgertum und Arbeiterbewegung; *Frey*, Vor der Revolution?, S. 68–117; *Thurnherr*, Der Ordnungsdiensteinsatz der Armee anlässlich der Zürcher Unruhen im November 1917, S. 121–125, und *Sébastien Guex/Malik Mazbouri*, L'Association suisse des banquiers, les relations entre patronat et salariat bancaires au début du XXe siècle et leur postérité, in: *Danièle Fraboulet/Cédric Humair/Pierre Vernus* (Hrsg.), Coopérer, négocier, s'affronter.

Mit dem Streik der Bankangestellten war es im Oktober 1918 erstmals zu einem noch lokalen Schulterschluss zwischen den Arbeitern und Angestellten gekommen, der zumindest kurzfristig die Hoffnung auf einen »breiten Brückenschlag zwischen allen Lohnabhängigen«[60] nährte und für das Bürgertum vermutlich einen verstörenden Signalcharakter hatte. Angst vor dem Ausbruch einer Revolution hatte auch einer der einflussreichsten Industriellen der Textilindustrie, Alfred Schwarzenbach, Verwaltungsratspräsident der »Aktiengesellschaft für Unternehmungen der Textil-Industrie« und seit 1904 mit Renée Wille, der Tochter von General Ulrich Wille, verheiratet. Aus den Tagebuchaufzeichnungen von Clara Wille, der Ehefrau von Ulrich Wille, geht hervor, dass die Familie Schwarzenbach-Wille während des Landesstreiks diverse »Papiere« aus dem Wohnhaus des Generals »in Sicherheit« brachte und glaubte, Revolution und Bürgerkrieg stünden unmittelbar bevor.[61]

Für das Bürgertum – und insbesondere die Schweizer Exportindustrie – stellten nicht nur der erstmalige Streik der Zürcher Bankangestellten vom 30. September bis 1. Oktober 1918, sondern auch die revolutionären Umbrüche im Ausland eine Bedrohung der bestehenden Ordnung dar. Die schon in den Kriegsjahren große Abhängigkeit des Landes von Energie-, Nahrungsmittel- und Rohstoffimporten wurde nun zu einem ernst zu nehmenden Problem, das nicht mehr mit wirtschaftsliberalen Grundsätzen gelöst werden konnte und die Verletzlichkeit des Landes deutlich machte. Zugleich war vom Volk bereits Mitte Oktober 1918 (gegen den Willen des Bundesrats) die Einführung des Proporzwahlrechts gutgeheißen worden, was in den Nationalratswahlen 1919 fast zu einer Verdoppelung der Sitze der SP führte. Obwohl weiterhin von einer bürgerlichen Mehrheit dominiert, wurde die SP nun zur zweitstärksten Fraktion nach dem Freisinn und konnte ihren Wähleranteil in den 1920er-Jahren insbesondere im »roten Zürich« deutlich ausbauen. Parallel zu weiteren regionalen Generalstreiks mit mehreren Toten in Basel und Zürich im Sommer 1919 folgte schließlich die landesweite Einführung der Achtundvierzigstundenwoche, die in vielen Branchen eine deutliche Reduktion der Arbeitszeit mit sich brachte.

Neben verschiedenen Maßnahmen, um die Lebensumstände der Arbeiterinnen und Arbeiter zumindest punktuell zu verbessern und die organisierte Arbeiterschaft zu beruhigen, reagierte das Bürgertum auf diese Entwicklungen schon während des Kriegs mit einer zunehmend antisozialistischen Konfrontationspolitik, die nach dem Krieg weiter akzentuiert wurde.[62] Neben der Schaffung der eidgenössischen Fremdenpolizei im November 1917, der

Les organisations patronales et leurs relations avec les autres organisations collectives, Rennes 2014, S. 83–100. Zu den Schweizer Banken, der Bankiervereinigung und dem Aufstieg des Finanzplatzes vgl. *Sébastien Guex/Malik Mazbouri*, De l'Association des représentants de la banque en Suisse (1912) à l'Association suisse des banquiers (1919). Genèse et fonctions de l'organisation faîtière du secteur bancaire suisse, in: *Danièle Fraboulet/Pierre Vernus* (Hrsg.), Genèse des organisations patronales en Europe (19e–20e siècles), Rennes 2012, S. 205–226; *Sébastien Guex/Malik Mazbouri*, L'historiographie des banques et de la place financière suisse aux 19e–20e siècles, in: Traverse 17, 2010, Nr. 1, S. 203–228, sowie *Malik Mazbouri*, Der Aufstieg des Finanzplatzes im Ersten Weltkrieg. Das Beispiel des Schweizerischen Bankvereins, in: *Roman Rossfeld/Tobias Straumann* (Hrsg.), Der vergessene Wirtschaftskrieg. Schweizer Unternehmen im Ersten Weltkrieg, Zürich 2008, S. 439–464.

60 *Tanner*, Geschichte der Schweiz im 20. Jahrhundert, S. 148.

61 *Alexis Schwarzenbach*, Die Seidenfirma Schwarzenbach im Zeitalter der Extreme, 1910–1925, in: *Rossfeld/Straumann*, Der vergessene Wirtschaftskrieg, S. 63–87, hier: S. 82f. Zur Familie Schwarzenbach-Wille (während des Landesstreiks) vgl. auch *Alexis Schwarzenbach*, Die Geborene. Renée Schwarzenbach-Wille und ihre Familie, Zürich 2004.

62 Vgl. dazu *Tanner*, Geschichte der Schweiz im 20. Jahrhundert, S. 162–167. Zu den Maßnahmen der Unternehmer wie die Gewährung von Lohnerhöhungen oder Sonderzahlungen vgl. *Rossfeld/Straumann*, Der vergessene Wirtschaftskrieg, sowie *Rudolf Jaun*, Management und Arbeiterschaft. Verwissenschaftlichung, Amerikanisierung und Rationalisierung der Arbeitsverhältnisse in der Schweiz 1873–1959, Zürich 1986, S. 67.

Ausweisung der sowjetischen Gesandtschaft (als mutmaßliche Drahtzieherin des Landesstreiks) sowie der Verschärfung des Ausländerrechts und einem bereits im Krieg einsetzenden – und vom »Vorort« vorangetriebenen – Überfremdungsdiskurs[63] seien hier nur einige Stationen einer zunehmend antisozialistischen und rechtsbürgerlichen Politik in den 1920er-Jahren genannt: Bereits im Dezember 1918 hatte der katholisch-konservative Freiburger Nationalrat und Verwaltungsrat der Schweizerischen Nationalbank Jean-Marie Musy in einer viel beachteten Rede im Nationalrat die unnachgiebige Haltung des Bürgertums noch einmal deutlich gemacht und gegenüber den Sozialdemokraten festgehalten:

»Nous ne nous soustrairons point à la lutte que vous annoncez. [...] Les soldats que la grippe a enlevés ne seront plus là pour nous protéger. Mais leurs parents viendront continuer l'oeuvre des morts. Oui, Messieurs les socialistes, l'élite, la landwehr, le landsturm et, s'il le faut, le peuple tout entier, se lèveront pour sauver la patrie.«[64]

1919 in den Bundesrat gewählt, betrieb Musy in den folgenden Jahren einen scharfen antikommunistischen Klassenkampf von rechts, der insbesondere in den entente-freundlichen bürgerlichen Kreisen der Westschweiz breit verankert war. Verbunden mit einem seit Kriegsbeginn bestehenden Antigermanismus war die Angst gerade hier besonders groß, dass die revolutionären Umwälzungen in Deutschland und Österreich-Ungarn auf die Schweiz überschwappen könnten. Im Aargau war bereits im April 1919 der von Wirtschaftskreisen finanziell großzügig unterstützte SVV gegründet worden. Als nationale Dachorganisation der Bürgerwehren arbeitete er in den folgenden Jahren auch mit der 1924 vom Genfer Anwalt und Politiker Théodore Aubert gegründeten »Entente internationale anticommuniste« (EIA) zusammen.[65] Zwischen 1922 und 1934 folgten mehrere – nach emotionalen Abstimmungskämpfen vom Volk allerdings verworfene – Volksinitiativen und Gesetzesvorlagen zur weiteren Verschärfung des Staatsschutzes (gegen sozialistische beziehungsweise kommunistische Gruppierungen), deren Ablehnung 1934 zu den Rücktritten der Bundesräte Häberlin und Musy führten. 1938 entstand unter der Regie von Franz Riedweg, einem ehemaligen Mitglied der »Nationalen Front« und späteren SS-Obersturmbannführer, schließ-

63 Vgl. dazu *Patrick Kury*, Über Fremde reden. Überfremdungsdiskurs und Ausgrenzung in der Schweiz 1900–1945, Zürich 2003; *Peter Collmer*, Zwischen Selbstdefinition und internationaler Behauptung. Frühe bolschewistische Diplomatie am Beispiel der Sowjetmission in Bern (Mai bis November 1918), in: *Ludmila Thomas/Viktor Knoll* (Hrsg.), Zwischen Tradition und Revolution. Determinanten und Strukturen sowjetischer Aussenpolitik 1917–1941, Stuttgart 2000, S. 225–283; *Walther Hofer*, Der Abbruch der Beziehungen mit dem revolutionären Russland 1917–1927, in: SZG 43, 1993, S. 223–240; *Uriel Gast*, Von der Kontrolle zur Abwehr. Die eidgenössische Fremdenpolizei im Spannungsfeld von Politik und Wirtschaft 1915–1933, Zürich 1997; *Thomas Bürgisser*, Unerwünschte Gäste. Russische Soldaten in der Schweiz 1915–1920, Zürich 2010, sowie – über die Schweiz hinaus – *Gerwarth/Horne*, Bolschewismus als Fantasie, S. 96f.

64 *Jean-Marie Musy*, La grève générale et le bolchévisme en Suisse. Discours prononcé par M. Musy au Conseil nationale le 10 décembre 1918, o.O. 1919, S. 32. Zur antikommunistischen Politik von Musy vgl. *Daniel Sebastiani*, Jean-Marie Musy (1876–1952). Un ancien conseiller fédéral entre rénovation nationale et régimes autoritaires, Freiburg im Üechtland 2004, sowie *Chantal Kaiser*, Bundesrat Jean-Marie Musy. 1919–1934, Freiburg im Üechtland 1999. Vgl. dazu auch die 1926 erschienene Schrift des Lausanner Juristen, Militärhistorikers und Zeitzeugen Paul de Vallière (1877–1959), die bereits 1935 in der 4. Auflage erschien: *Paul de Vallière*, Les troubles révolutionnaires en Suisse de 1916 à 1919 par un témoin, Lausanne 1926.

65 *Michel Caillat*, L'entente internationale anticommuniste (EIA). L'impact sur la formation d'un anticommunisme helvétique de l'action internationale d'un groupe de bourgeois genevois, in: *Caillat/Cerutti/Fayet* u.a., Histoire(s) de l'anticommunisme en Suisse, S. 147–163.

lich der antikommunistische Propagandafilm »Die rote Pest«, der heute als radikalster Hetzfilm der Schweizer Geschichte gilt und nur noch selten zu sehen ist.[66]

Nicht nur für Hans Ulrich Jost ist die Epoche des Landesstreiks angesichts dieser Entwicklungen mit dem »Durchbruch des Neokonservatismus«[67] gleichzusetzen. Das immer wieder zitierte bürgerliche »Landesstreiktrauma« und die Intensität der bürgerlichen Reaktion ›gegen links‹ erstaunt allerdings, wenn man mit Rudolf Jaun davon ausgeht, dass dem Landesstreik von 1918 »angesichts des militärischen Gewaltpotentials von Anfang an das Momentum der demonstrierenden Massen und der aktionsfähigen Streikleitung genommen«[68] war. Eine wichtige Rolle dürften dabei auch die Arbeitgeberverbände gespielt haben, in ihrem Selbstverständnis »Kampforganisationen«[69] mit einem den Gewerkschaften in nichts nachstehenden Wortschatz. Abgesehen vom Einsatz von Ordnungstruppen, der Unterstützung lokaler Bürgerwehren oder der Gründung des (rechtsbürgerlichen) Basler »Volkswirtschaftsbundes«[70] im November 1918 ist bis heute aber nur wenig über die Ansichten und Befürchtungen des Bürgertums und die Politik der schweizerischen Arbeitgeberverbände, Gewerbevereine oder Handels- und Industrievereine in den Kriegs- und Nachkriegsjahren bekannt.[71] Neben einem 2012 erschienenen Forschungsüberblick zur Geschichte der schweizerischen Arbeitgeber-Organisationen sowie darauf aufbauenden Beiträgen von Cédric Humair, Pierre Eichenberger, Sébastien Guex und Malik Mazbouri liegen zu diesem Themenfeld nur noch die bereits älteren Arbeiten von Erich Gruner, Hanspeter Schmid und Geneviève Billeter sowie die Arbeit von Hans-Beat Kunz zur schweizerischen Außenpolitik »unter dem Eindruck der bolschewistischen Bedrohung« in den Nachkriegsjahren vor.[72] Ein 2009 erschienener Band zur Geschichte des Antikommunismus

66 Zum Staatsschutz: *René Dubach*, Strizzis, Krakeeler und Panduren. Aktivitäten des Staatsschutzes vom Landesstreik bis zum roten Zürich, Zürich 1996. Zum Film »Die rote Pest«: *Roland Cosandey*, Cinéma politique suisse 1930–1938. Un coin de puzzle, à droite, in: Studien und Quellen 20, 1994, S. 143–217; *Marco Wyss*, Un Suisse au service de la SS. Franz Riedweg (1907–2005), Neuchâtel 2010, sowie *Bruno Jaeggi* u.a., Die Rote Pest: Antikommunismus in der Schweiz, in: Film – Kritisches Filmmagazin 1, 1975, S. 49–86.

67 *Jost*, Der historische Stellenwert des Landesstreiks, S. IX.

68 *Jaun*, Militärgewalt und das »revolutionäre« Gravitationszentrum Zürich 1917–1918, S. 196.

69 *Bernard Degen*, Von »Ausbeutern« und »Scharfmachern« zu »Sozialpartnern«. Beziehungen zwischen Gewerkschaften und Unternehmern im Wandel, in: Schweizerisches Sozialarchiv (Hrsg.), Bilder und Leitbilder im sozialen Wandel, Zürich 1991, S. 231–270, hier: S. 237.

70 Vgl. dazu *Schmid*, Krieg der Bürger, S. 72 und 122–124, sowie *Max Flury*, 25 Jahre Basler Volkswirtschaftsbund, 1918–1943, Basel 1943.

71 Zu Deutschland vgl. die wichtigen Arbeiten von *Hans-Joachim Bieber*, Bürgertum in der Revolution. Bürgerräte und Bürgerstreiks in Deutschland 1918–1920, Hamburg 1992, und *Joachim F. Tornau*, Gegenrevolution von unten. Bürgerliche Sammlungsbewegungen in Braunschweig, Hannover und Göttingen 1918–1920, Bielefeld 2001.

72 Vgl. dazu *Cédric Humair/Sébastien Guex/André Mach* u.a., Les organisations patronales suisses entre coordination économique et influence politique. Bilan historiographique et pistes de recherche, in: Vingtième Siècle. Revue d'histoire, 2012, Nr. 115, S. 115–127; *Pierre Eichenberger*, Mainmise sur l'Etat social. Mobilisation patronale et caisses de compensation en Suisse (1908–1960), Neuchâtel 2016; *Cédric Humair*, Une alliance pour le pouvoir: les rapports de l'Union suisse du commerce et de l'industrie avec l'Union suisse des paysans (1897–1929), in: *Fraboulet/Humair/Vernus*, Coopérer, négocier, s'affronter, S. 183–197; *Pierre Eichenberger*, L'Union centrale des associations patronales suisses: genèse d'une association faîtière du patronat (1908–1922), in: *Fraboulet/Vernus*, Genèse des organisations patronales en Europe, S. 143–152, sowie *Sébastien Guex/Malik Mazbouri*, Une grande association patronale dans la sphère publique: l'exemple de l'Association suisse des banquiers (de 1912 à nos jours), in: *Danièle Fraboulet/Clotilde Druelle-Korn/Pierre Vernus* (Hrsg.), Les organisations patronales et la sphère publique. Europe XIXe et XXe siècles, Rennes 2013, S. 205–235. Zu den Vorkriegsjahren: *Cédric Humair*, The Genesis of the Swiss Business Interest Associations (1860–1914), in: *Danièle Fraboulet/*

in der Schweiz hat inzwischen zwar eine wichtige Grundlage zum besseren Verständnis der Akteure, Milieus und Netzwerke des Antikommunismus gelegt, enthält aber nur verstreute Informationen zum Landesstreik.[73] Unklar bleibt weiterhin die Einschätzung der Ereignisse durch die Arbeitgeberverbände, Gewerbevereine oder Handels- und Industrievereine, ihre Rolle bei der Durchsetzung der Präventionsstrategie Ulrich Willes und ihre Haltung zum Antikommunismus (beziehungsweise dem SVV und der EIA). War der Landesstreik für das Bürgertum und die Arbeitgeberverbände mehr als nur eine »politisch bewusst aufgebauschte Angstpsychose«[74] und war das Vorgehen – wie in der Arbeiterschaft – auch bei den Arbeitgebern umstritten? Wurde ein Zusammenhang zwischen den teilweise hohen (aus Kriegsmateriallieferungen erzielten) Unternehmensgewinnen, der wachsenden Teuerung und der sozialen Not hergestellt; und wurde im privaten Rahmen anders über die Ereignisse gesprochen als in der Öffentlichkeit?[75] Wie beurteilte man den Verlauf und die Folgen des Streiks und können die Herausbildung einer staatsinterventionistischen Wirtschaftspolitik oder die Forderung einer aktiveren Krisenpolitik in der »Richtlinienbewegung« in den 1930er-Jahren auch als Reaktion auf die Ereignisse im November 1918 verstanden werden?[76]

III. Soziale Sicherheit, Klassenkampf und Geschlechterkampf

Bereits 1917 hatte eine unter Mitwirkung des Zentralvorstandes der sozialdemokratischen Arbeiterinnen-Verbände herausgegebene Publikation die wachsende Bedeutung der Frauenarbeit in den Kriegsjahren betont und mit klassenkämpferischem Jargon festgehalten:

Andrea M. Locatelli/Paolo Tedeschi (Hrsg.), Historical and International Comparison of Business Interest Associations. 19th–20th Centuries, Brüssel/Bern etc. 2013, S. 31–42; *Cédric Humair*, Du libéralisme manchestérien au capitalisme organisé: genèse, structuration et spécificités de l'organisation patronale suisse (1860–1914), in: *Fraboulet/Vernus*, Genèse des organisations patronales en Europe, S. 113–142; *Pierre Eichenberger*, L'Union centrale des associations patronales suisses dans la sphère publique (1908–1914), in: *Fraboulet/Druelle-Korn/Vernus*, Les organisations patronales et la sphère publique, S. 257–268, sowie *Erich Gruner*, Die Arbeitgeberorganisationen – Spiegelbild oder Überbietung der Gewerkschaften?, in: *ders.* (Hrsg.), Arbeiterschaft und Wirtschaft in der Schweiz 1880–1914, Zürich 1988, S. 813–836. Zur Zwischenkriegszeit: *Schmid*, Krieg der Bürger; *Geneviève Billeter*, Le pouvoir patronal. Les patrons des grandes entreprises suisses des métaux et des machines (1919–1939), Genf 1985, sowie *Hans-Beat Kunz*, Weltrevolution und Völkerbund. Die schweizerische Aussenpolitik unter dem Eindruck der bolschewistischen Bedrohung 1918–1923, Bern 1981.

73 *Caillat/Cerutti/Fayet* u.a., Histoire(s) de l'anticommunisme en Suisse. Vgl. dazu auch *Nicolas Bonvin*, La vision du communisme russe au travers de la presse valaisanne (1917–1924), unveröffentlichte Lizenziatsarbeit, Lausanne 2004/2005, sowie den Schwerpunkt: Kommunismus – Verdammung und Verklärung, in: Traverse 2, 1995, Nr. 3.

74 *Jost*, Der historische Stellenwert des Landesstreiks, S. I.

75 Zum Geschäftsgang und den teilweise hohen Kriegsgewinnen einzelner Unternehmen vgl. *Roman Rossfeld*, »Abgedrehte Kupferwaren«: Kriegsmaterialexporte der schweizerischen Uhren-, Metall- und Maschinenindustrie im Ersten Weltkrieg, in: Jahrbuch für Wirtschaftsgeschichte/Economic History Yearbook 56, 2015, H. 2, S. 515–551; *ders.*, »Rechte hat nur, wer Kraft hat«: Anmerkungen zur Schweizer Wirtschaft im Ersten Weltkrieg, in: *ders./Buomberger/Kury*, 14/18, S. 144–171.

76 *Maurice Cottier*, Vom Wirtschaftsliberalismus zum Staatsinterventionismus. Der Erste Weltkrieg als Scharnier der schweizerischen Wirtschaftspolitik, in: *Krämer/Pfister/Segesser*, »Woche für Woche neue Preisaufschläge«, S. 173–189; *Pietro Morandi*, Krise und Verständigung. Die Richtlinienbewegung und die Entstehung der Konkordanzdemokratie 1933–1939, Zürich 1995, sowie *Hanspeter Schmid*, Wirtschaft, Staat und Macht. Die Politik der schweizerischen Exportindustrie im Zeichen von Staats- und Wirtschaftskrise (1918–1929), Zürich 1983.

»Der Unternehmer möchte gern die Arbeiterin als Konkurrentin dem Arbeiter gegenüberstellen. Es ist Pflicht aller Freunde der Arbeiterbewegung, gegen diese Absicht anzukämpfen. Jeder klassenbewusste Arbeiter muss in jeder Arbeiterin eine Kampfesgenossin erblicken zur Niederzwingung des gemeinsamen Feindes. [...] Organisiert euch, schweizerische Arbeiterinnen! [...] Lieber als Sozialistin sterben, denn als Sklavin leben!«[77]

Nach dem Krieg erwies sich die eingeforderte Solidarität jedoch rasch als brüchig und die Frauen wurden für ihr vielfältiges Engagement in den Kriegsjahren schlecht belohnt. Im Gegensatz zu vielen anderen Ländern wie Deutschland, Österreich, Russland, Dänemark oder Schweden, in denen das Frauenstimmrecht während oder nach dem Krieg eingeführt wurde, dauerte dieser Prozess in der Schweiz weit länger; und obwohl der Frauenanteil in den Gewerkschaften und der Industrie in den Kriegsjahren stark gestiegen war, wurden die Frauen in der Zwischenkriegszeit mit einem – auch ›von links‹ unterstützten – Diskurs über das »Doppelverdienertum« wieder aus der Arbeitswelt zu drängen versucht.

Während in der internationalen Forschung inzwischen eine Vielzahl von Arbeiten zu geschlechtergeschichtlichen Fragestellungen[78] und zahlreiche Einzelstudien vorliegen, die von der Bedeutung der Frauenarbeit über die Stimmrechtsbewegung, die ›Heimatfront‹ und den Kriegsalltag bis zum Kriegsdienst, der Friedensbewegung und dem Pazifismus reichen[79], sind entsprechende Arbeiten zur Schweiz bis heute selten geblieben – sei es mit Blick auf den Ersten Weltkrieg insgesamt oder den Landesstreik im Besonderen.[80] Seit den 1990er-Jahren liegen zwar einige wenige Arbeiten zur Politik der schweizerischen Frauen-

---

77 *Zina Lilina*, Die Soldaten des Hinterlandes. Frauenarbeit während des Krieges und nach dem Kriege. Herausgegeben unter Mitwirkung des Zentralvorstandes der sozialdemokr. Arbeiterinnen-Verbände der Schweiz, Bern 1917, S. 5, 39 und 48.

78 Vgl. dazu mit weiterer Literatur die 2014 erschienene Sammelrezension zur Geschlechtergeschichte des Ersten Weltkrieges URL: <http://www.hsozkult.de/publicationreview/id/rezbuecher-22216> [19.7.2017]; *Kathleen Canning*, Gender and the Imaginary of Revolution in Germany, in: *Weinhauer/McElligott/Heinsohn*, Germany 1916–23, S. 103–126; *Christa Hämmerle/Oswald Überegger/Birgitta Bader Zaar* (Hrsg.), Gender and the First World War, Basingstoke/New York 2014; *Christa Hämmerle*, Heimat/Front. Geschlechtergeschichte(n) des Ersten Weltkriegs in Österreich-Ungarn, Wien 2014, sowie *Alison Fell/Ingrid Sharp* (Hrsg.), The Women's Movement in Wartime. International Perspectives, 1914–1919, Basingstoke/New York 2007.

79 Vgl. dazu exemplarisch *Annika Wilmers*, Pazifismus in der internationalen Frauenbewegung 1914–1920. Handlungsspielräume, politische Konzeptionen und gesellschaftliche Auseinandersetzungen, Essen 2008; *Laurie Stoff*, They Fought for the Motherland. Russia's Women Soldiers in World War I and the Revolution, Lawrence 2006; *Angela K. Smith*, Suffrage Discourse in Britain during the First World War, Aldershot 2005; *Belinda J. Davis*, Home Fires Burning. Food, Politics, and Everyday Life in Berlin, Chapel Hill 2000; *Susan R. Grayzel*, Women's Identities at War. Gender, Motherhood, and Politics in Britain and France during the First World War, Chapel Hill 1999; *Susanne Rouette*, Sozialpolitik als Geschlechterpolitik. Die Regulierung der Frauenarbeit nach dem Ersten Weltkrieg, Frankfurt am Main/New York 1993, sowie *Richard J. Evans*, Comrades and Sisters: Feminism, Socialism, and Pacifism in Europe, 1870–1945, Brighton/New York 1987.

80 Vgl. dazu *Regula Stämpfli*, Von der Grenzbesetzung zum Aktivdienst. Geschlechterpolitische Lösungsmuster in der schweizerischen Sozialpolitik (1914–1945), in: *Hansjörg Gilomen/Sébastien Guex/Brigitte Studer* (Hrsg.), Von der Barmherzigkeit zur Sozialversicherung. Umbrüche und Kontinuitäten vom Spätmittelalter bis zum 20. Jahrhundert, Zürich 2002, S. 373–386; *Regula Stämpfli*, Mit der Schürze in die Landesverteidigung. Frauenemanzipation und Schweizer Militär, 1914–1945, Zürich 2002, S. 60–83; *Rudolf Jaun*, Militär, Krieg und Geschlecht. Europäische Entwicklungslinien und schweizerische Besonderheiten, in: *Christof Dejung/Regula Stämpfli* (Hrsg.), Armee, Staat und Geschlecht. Die Schweiz im internationalen Vergleich 1918–1945, Zürich 2003, S. 83–97; *Sibylle Benz*, Frauenfriedensarbeit in der Schweiz zur Zeit des Ersten Weltkrieges, in: *Regula Ludi/Ruth Lüthi/Regula Rytz* (Hrsg.), Frauen zwischen Anpassung und Widerstand, Zürich 1990, S. 69–84.

verbände und der frühen Stimmrechtsbewegung[81], den Marktdemonstrationen[82] oder der Entwicklung in den Nachkriegsjahren[83] vor, explizit mit geschlechtergeschichtlichen Aspekten des Landesstreiks haben sich bis jetzt aber nur Elisabeth Joris und Annette Hug in zwei kurzen Beiträgen beschäftigt.[84]

Insgesamt ist deutlich mehr über das Engagement von Frauen und Frauenorganisationen im Vorfeld des schweizerischen Landesstreiks als über ihre Rolle im November 1918 bekannt. Nachdem es in Deutschland angesichts der schlechten Nahrungsmittelversorgung schon 1915 zu ersten »Butter-Krawallen« gekommen war, fanden seit dem Sommer 1916 auch in verschiedenen Schweizer Städten Marktdemonstrationen gegen die wachsende Teuerung statt. Zum Teil spontan entstanden, zum Teil gezielt von sozialdemokratischen

---

81 *Heidi Witzig*, Kriegsalltag und Frauenräume. Aus der Sicht engagierter bürgerlicher und sozialistischer Frauenvereine im Kanton St. Gallen, in: Historischer Verein des Kantons St. Gallen (Hrsg.), 1914–1918/1919. Die Ostschweiz und der Grosse Krieg, St. Gallen 2014, S. 146–155; *Elisabeth Joris/Beatrice Schumacher*, Helfen macht stark. Dynamik im Wechselspiel von privater Fürsorge und staatlichem Sozialwesen, in: *Rossfeld/Buomberger/Kury*, 14/18, S. 316–335; *Beatrix Mesmer*, Staatsbürgerinnen ohne Stimmrecht. Die Politik der schweizerischen Frauenverbände 1914–1971, Zürich 2007, S. 25–70; *Sibylle Hardmeier*, Frühe Frauenstimmrechtsbewegung in der Schweiz (1890–1930). Argumente, Strategien, Netzwerk und Gegenbewegung, Zürich 1997, S. 155–174; *Marthe Gosteli* (Hrsg.), Vergessene Geschichte. Illustrierte Chronik der Frauenbewegung 1914–1963, Bd 1: 1914–1933, Bern 2000, sowie *Beatrix Mesmer*, Pflichten erfüllen heisst Rechte begründen. Die frühe Frauenbewegung und der Staat, in: SZG 46, 1996, S. 332–355.

82 *Martha Rohner*, »Was wir wollen!« Rosa Bloch und die Zürcher Frauendemonstrationen 1916–1919, unveröffentlichte Masterarbeit, Zürich 2007; *Stefanie Eichenberger*, »... wie da der Hunger und die Not an der Schwelle steht«. Hunger in der öffentlich-medialen Diskussion der Arbeiterinnen in Zürich während des Ersten Weltkrieges, unveröffentlichte Lizenziatsarbeit, Zürich 2003; *Brigitte Studer*, Rosa Grimm (1875–1955). Als Frau in der Politik und Arbeiterbewegung, in: Arbeitsgruppe Frauengeschichte Basel (Hrsg.), Auf den Spuren weiblicher Vergangenheit, Zürich 1988, S. 163–198, sowie *Regula Pfeifer*, Frauen und Protest. Marktdemonstrationen in der deutschen Schweiz im Kriegsjahr 1916, in: *Anne-Lise Head-König/Albert Tanner* (Hrsg.), Frauen in der Stadt, Zürich 1993, S. 93–109.

83 *Elisabeth Joris*, Umdeutung und Ausblendung. Entpolitisierung des Engagements von Frauen im Ersten Weltkrieg in Erinnerungsschriften, in: *Konrad J. Kuhn/Béatrice Ziegler* (Hrsg.), Der vergessene Krieg. Spuren und Traditionen zur Schweiz im Ersten Weltkrieg, Baden 2014, S. 133–151; *Céline Schoeni*, Travail féminin: Retour à l'ordre. L'offensive contre le travail des femmes durant la crise économique des années 1930, Lausanne 2012; *Sibylle Hardmeier*, 1918–1921 – Enttäuschte Hoffnungen, in: Schweizerischer Verband für Frauenrechte (Hrsg.), Der Kampf um gleiche Rechte, Basel 2009, S. 112–122; *Brigitte Studer*, Neue Grenzziehungen zwischen Frauenarbeit und Männerarbeit in den dreissiger Jahren und während des Zweiten Weltkriegs. Die Kampagne gegen das »Doppelverdienertum«, in: *Regina Wecker/Brigitte Studer/Gaby Sutter*, Die »schutzbedürftige Frau«. Zur Konstruktion von Geschlecht durch Mutterschaftsversicherung, Nachtarbeitsverbot und Sonderschutzgesetzgebung, Zürich 2001, S. 83–106; *Regula Stämpfli*, Die Nationalisierung der Schweizer Frauen. Frauenbewegung und Geistige Landesverteidigung 1933–1939, in: SZG 50, 2000, S. 155–180; *Brigitte Studer*, Familienzulagen statt Mutterschaftsversicherung? Die Zuschreibung der Geschlechterkompetenzen im sich formierenden Schweizer Sozialstaat, 1920–1945, in: SZG 47, 1997, S. 151–170; *Béatrice Ziegler*, »Kampf dem Doppelverdienertum!«. Die Bewegung gegen die Qualifizierung weiblicher Erwerbsarbeit in der Zwischenkriegszeit in der Schweiz, in: *Ulrich Pfister/Brigitte Studer/Jakob Tanner* (Hrsg.), Arbeit im Wandel. Deutung, Organisation und Herrschaft vom Mittelalter bis zur Gegenwart, Zürich 1996, S. 85–104.

84 *Elisabeth Joris*, Brot, Geld und Frauenstimmrecht. Die Forderungen der Frauen im Herbst 1918, in: WOZ, Beilage: 80 Jahre Generalstreik in der Schweiz, 5.11.1998, S. 6f. und *Annette Hug*, Revolutionshungrig. Rosa Bloch-Bollag (1880–1922), in: *Boillat/Degen/Joris* u.a., Vom Wert der Arbeit, S. 130–135.

Arbeiterinnenvereinen organisiert, erreichten diese Demonstrationen eine hohe mediale Aufmerksamkeit und führten (verbunden mit politischen Vorstößen) auch zu verschiedenen Verbesserungen in der Lebensmittelversorgung. Erwähnt seien hier nur die Marktdemonstrationen mit bis zu 15.000 Frauen in Bern und Zürich und die spektakuläre Aktion einer von Rosa Bloch angeführten Frauendelegation, die im Juni 1918 Einlass in den Zürcher Kantonsrat forderte, um ihre Anliegen vorbringen zu können.[85] Bereits im Februar 1918 war die »rote Rosa« als Vertreterin der SP – und einzige Frau unter sechs Männern – ins OAK gewählt worden, wurde aber bereits im März 1918 durch Fritz Platten, einen der Sekretäre der SP, ersetzt. Was für eine Rolle wichtige Exponentinnen wie Rosa Grimm (die Organisatorin der Marktdemonstrationen in Bern), Margarethe Faas-Hardegger (die Gründerin der »Vorkämpferin«) oder Marie Walter-Hüni (die Präsidentin des Schweizerischen Arbeiterinnenverbandes) im Landesstreik gespielt haben, ist bis heute aber nicht bekannt.

Zugleich war das Engagement von Frauen in den Kriegsjahren nicht nur ausgesprochen vielfältig, sondern verlief zumindest teilweise auch entlang der Klassengrenzen. Während das Engagement vieler bürgerlicher Frauen – wie in einer gleichnamigen Erinnerungsschrift aus den 1930er-Jahren – verkürzt (aber nicht völlig unzutreffend) als »Grenzdienst der Schweizerin«[86] beschrieben werden kann und vielfach eng mit der Unterstützung der Truppen verbunden war, dürfte die Haltung der Arbeiterinnen gegenüber dem Militär und der Grenzbesetzung deutlich distanzierter gewesen sein. Die Unterstützung der Wehrmänner durch den Betrieb von Soldatenstuben und Kriegswäschereien, die »nationale Frauenspende«, aber auch die humanitäre Hilfe für internierte ausländische Soldaten basierten weitgehend auf dem Engagement bürgerlicher Frauenorganisationen.[87] Emilie Gourd, seit 1912 Präsidentin des Schweizerischen Verbandes für Frauenstimmrecht, unterstützte zwar die Forderung des OAK nach der Einführung des Frauenstimmrechts. Dass sie dem Bundesrat in einem Telegramm aber eigenmächtig die Umsetzung »du point 2 du programme du Comité d'action d'Olten«[88] empfahl, wurde von beiden politischen Lagern offen kritisiert. Engere Verbindungen zwischen bürgerlichen und linken Frauenorganisationen dürften hingegen im sozialen Bereich, der Organisation städtischer Suppenküchen und anderer Notstandsmaßnahmen bestanden haben.

Obwohl zwischen verschiedenen Frauenorganisationen unterschiedliche Meinungen zum Landesstreik bestanden, ist nach wie vor unklar, wie die Trennlinien zwischen den einzelnen Organisationen – beziehungsweise zwischen Klassenkampf und Geschlechterkampf – verliefen. Waren der seit 1900 bestehende Bund Schweizerischer Frauenvereine und die im Krieg neu entstehenden (bürgerlichen) Beratungsstellen, die sogenannten Frauenzentralen[89], mit den sozialdemokratischen Arbeiterinnenvereinen zerstritten oder zeigen sich aus geschlechtergeschichtlicher Perspektive neue, unerwartete Koalitionen? Was für eine Bedeu-

85 Die Frauendemonstration vor dem Zürcher Kantonsrat, in: Die Vorkämpferin, 1.7.1918, S. 1–4; *Wild*, Zürich 1918, S. 199–207. Zur Haltung der SP: *Annette Frei*, Rote Patriarchen. Arbeiterbewegung und Frauenemanzipation in der Schweiz um 1900, Zürich 1987.

86 *M. Schmid-Itten/R. Meili-Lüthi/E. Wyler* (Hrsg.), Der Grenzdienst der Schweizerin 1914–1918. Von Frauen erzählt, Bern 1934. Im Gegensatz zur zunehmenden Frauenarbeit in der Landwirtschaft und Industrie wurde der Landesstreik in dieser Publikation aus der Zeit der Geistigen Landesverteidigung nicht thematisiert.

87 Vgl. dazu *Else Spiller*, Aus unseren Soldatenstuben. Aufzeichnungen, Zürich 1915, sowie *Hans Georg Wirz*, Zehn Jahre Schweizerischer Soldatenfürsorge 1914–1924, Zürich 1925.

88 *Joris*, Brot, Geld und Frauenstimmrecht, S. 7.

89 *Brigitte Ruckstuhl/Elisabeth Ryter*, Beraten – bewegen – bewirken. Zürcher Frauenzentrale 1914–2014, Zürich 2014, S. 71–88; *dies.*, Die Zürcher Frauenzentrale. Ein Beispiel für die Interessenvertretung der bürgerlichen Frauenbewegung, in: *Gisela Hürlimann/André Mach/Anja Rathmann-Lutz* u.a. (Hrsg.), Lobbying. Die Vorräume der Macht, Zürich 2016, S. 205–219, und *Regula Argast*, Von Dörräpfeln und Netzwerken. 80 Jahre Frauenzentrale Basel 1916–1996, Basel 1997.

tung hatten die Teuerungsdemonstrationen für die wachsenden sozialen Spannungen in den Kriegsjahren, wie veränderte sich das Verhältnis von privater Fürsorge und staatlichen Sozialmaßnahmen und was für eine Rolle spielte die 1917 von der SP neu geschaffene »Frauen-Agitationskommission« im Landesstreik? Wurden die Frauen durch ihr Engagement für Milch- und Brotthemen im Rahmen der Hungerdemonstrationen auf eine traditionelle, geschlechtsspezifische Rolle festgelegt oder eröffneten sich für sie neue Handlungsspielräume durch Krieg und Krise? Wie und wieweit wurden die Geschlechterverhältnisse durch den Krieg (zumindest temporär) verändert, und welches waren die Gründe dafür, die nach 1918 zu einem weitgehenden Zurückdrängen der Frauen aus jenen sozialen und wirtschaftlichen Positionen führten, die sie während der Kriegsjahre hatten einnehmen können (beziehungsweise müssen)?

IV. Narrative und geschichtspolitische Instrumentalisierung des Landesstreiks

Mit dem Ende des Landesstreiks am 14. November 1918 begann eine jahrzehntelange, zum Teil sehr emotionale Auseinandersetzung um die Deutung dieses Ereignisses und die Einschätzung seiner Folgen für die politische Kultur des Landes sowie das Verhältnis von Arbeitgebern und Arbeitnehmern. Bis zur wegweisenden Studie von Gautschi in den 1960er-Jahren hatte der Streik – wie Hans Ulrich Jost es formuliert hat – ein halbes Jahrhundert lang »in erster Linie dazu gedient, die Arbeiterschaft und die sozialistische Bewegung in der Schweiz in ein schiefes Licht zu rücken und zu stigmatisieren«.[90] Nach einer scharfen politischen Polarisierung in den 1920er-Jahren kam es erst in den 1930er-Jahren – vor dem Hintergrund der zunehmenden äußeren Bedrohung durch den Nationalsozialismus – zu einer stärkeren Integration der (gemäßigten) Linken, eine Annäherung, die Bernard Degen als Entwicklung von »Ausbeutern« und »Scharfmachern« zu »Sozialpartnern« beschrieben hat.[91] Als Eckpunkte dieser Entwicklung seien hier nur der Einzug des schweizerischen Gewerkschaftsbundes in fast alle Expertenkommissionen des Volkswirtschaftsdepartements ab 1925, das Bekenntnis der SP zur militärischen Landesverteidigung 1935, das Friedensabkommen in der Metall- und Maschinenindustrie 1937 oder die Integration der ehemaligen Streikführer Ernst Nobs und Robert Grimm in wichtige politische Exekutivämter seit den 1930er-Jahren genannt.

Die unterschiedlichen Narrative zur Deutung der Ereignisse differierten von Anfang an stark und prägten die Debatte in den folgenden Jahrzehnten sichtlich. Enttäuscht vom raschen Abbruch des Streiks hielt der spätere Bundesrat Ernst Nobs bereits am 15. November 1918 – einen Tag nach der Beendigung des Streiks – fest:

> »Es ist zum Heulen! Niemals ist schmählicher ein Streik zusammengebrochen. Zusammengebrochen nicht unter den Schlägen des Gegners, nicht an der Entkräftung, nicht an der Mutlosigkeit der eigenen Truppen, sondern an der feigen, treulosen Haltung der Streikleitung. Es ist eine Kapitulation, wie sie in der Geschichte des Generalstreiks einzig dasteht!«[92]

Bemerkenswert ist an diesem Zitat nicht nur die stark militärisch geprägte Begrifflichkeit und der gegenüber der Streikleitung (zumindest implizit) gemachte schwerwiegende Vor-

90 *Jost*, Der historische Stellenwert des Landesstreiks, S. I.

91 *Degen*, Von »Ausbeutern« und »Scharfmachern« zu »Sozialpartnern«, S. 231–270. Vgl. dazu auch *Thomas Buomberger*, Kooperation statt Konfrontation. Die Winterthurer Arbeiterschaft während der Krisenzeit der 1930er Jahre, Winterthur 1985.

92 *Nobs*, Der schweizerische Generalstreik. Sehr ähnlich wurde auch in einem Leitartikel in der Berner Tagwacht nach Abbruch des Streiks argumentiert. Vgl. *Gautschi*, Dokumente zum Landesstreik 1918, S. 324f.

wurf des Verrats beziehungsweise der Feigheit vor dem Feinde. Deutlich wird hier auch der Versuch, den Abbruch des Streiks als singuläres, nicht mit der Geschichte der Arbeiterbewegung verbundenes Ereignis darzustellen und für das Scheitern des Streiks das vom Volksrecht (beziehungsweise Nobs) und der linken Zürcher Arbeiterunion schon vor dem Streik als mutlos kritisierte OAK alleine verantwortlich zu machen.

Nur wenige Tage später ordnete der bereits zitierte katholisch-konservative Freiburger Nationalrat Jean-Marie Musy die Ereignisse vollständig anders ein. Musy lobte nicht nur den Einsatz der Ordnungstruppen für die verfassungsmäßige Wiederherstellung von Ruhe und Ordnung, sondern betonte auch den – aus seiner Sicht – klaren Zusammenhang zur Russischen Revolution und der damit verbundenen bolschewistischen Agitation.[93] Ausgehend von den russischen Emigranten in der Schweiz war diese Sichtweise bereits von zahlreichen bürgerlichen Rednern in der Nationalratsdebatte vom 12. und 13. November 1918 geteilt worden und auch der Bauernverband wetterte 1919 in einer von ihm herausgegebenen Broschüre unter der Kapitelüberschrift »Die rote Flut« – und damit rhetorisch auf eine Naturkatastrophe verweisend – gegen den Landesstreik.[94] Gerade der präventive Einsatz von Ordnungstruppen benötigte eine starke (retrospektive) Rechtfertigung dieser Maßnahmen, die mit dazu beitrug, dass der ›von rechts‹ erhobene Vorwurf einer bolschewistischen Verschwörung über Jahrzehnte aufrechterhalten wurde.

1923 sprach der spätere langjährige Chefredakteur der Neuen Zürcher Zeitung, Willy Bretscher, mit Blick auf den Landesstreik von einem »abnormalen Seelenzustand des Proletariats« und einer »Art geistigen Rausches«, den der »Erfolg der bolschewistischen Revolution in den Reihen der klassenkämpferischen Arbeiterschaft« erzeugt habe, und fuhr fort: »Gläubiger kann der Muselman sich nicht gen Mekka neigen, als die schweizerische sozialpolitische Arbeiterschaft im Jahre 1918 den Blick nach Osten wandte, wo das dem überzeugten Bolschewisten [...] heilige Moskau, die Hauptstadt des vom Joch des Kapitalismus ›befreiten‹ Russland liegt.«[95] Die Haltung der Arbeiterschaft wurde mit solchen Äußerungen nicht nur pathologisiert, sondern auch ein bürgerliches Narrativ etabliert, das den Landesstreik als einen von Russland gesteuerten Revolutionsversuch darstellte. Christian Koller hat kürzlich darauf hingewiesen, dass die Thematisierung von Gefühlen in streikfeindlichen Diskursen – wie im vorliegenden Fall – zumeist durch eine »Dichotomisierung zwischen vernunftgeleitetem Bürgertum und den unkontrollierbaren, instinktgeleiteten und gewaltbereiten Unterschichten beiderlei Geschlechts« gekennzeichnet sei. Die politisch aktiven Frauen wurden dabei noch stärker angegriffen als die Männer und als normabweichend pathologisiert und verächtlich gemacht.[96] Die diskursive »Infantilisierung« und »Psychiatrisierung«[97] der Arbeiterschaft lässt sich auch hier nachweisen; zugleich wurde in sozialdemokratisch-gewerkschaftlichen Diskursen aber auch die »organisatorische Kanalisierung und Disziplinierung«[98] der Gefühle als unverzichtbare Erfolgsvoraussetzung betont. In Flugblättern wurde immer wieder dazu aufgerufen, keinen Alkohol zu konsumieren und sich von der Gegenseite nicht provozieren oder durch Verunglimpfungen sogar zu Gewalttaten verleiten zu lassen.

---

93 Vgl. dazu *Musy*, La grève générale et le bolchévisme en Suisse.

94 Schweizerischer Bauernverband (Hrsg.), Die soziale Revolution in der Schweiz? Ein Wort zur Verständigung, Brugg 1919. Zu den russischen Emigranten in der Schweiz vgl. *Bürgisser*, Unerwünschte Gäste, sowie *Willi Gautschi*, Lenin als Emigrant in der Schweiz, Zürich/Köln 1973.

95 *Willy Bretscher/Ernst Steinmann* (Hrsg.), Die sozialistische Bewegung in der Schweiz 1848–1920, Bern 1923, S. 112f. Zur bürgerlichen Reaktion auf den Landesstreik vgl. auch *Alexis Schwarzenbach*, »Zur Lage in Deutschland«. Hitlers Zürcher Rede vom 30. August 1923, in: Traverse 13, 2006, Nr. 1, S. 176–189.

96 Vgl. dazu *Studer*, Rosa Grimm (1875–1955).

97 *Koller*, »Es ist zum Heulen«, S. 85f.

98 Ebd., S. 88.

Umstritten war in der Beurteilung des Landesstreiks nicht nur die Frage, ob es sich beim Abbruch des Streiks um eine »Kapitulation« und schwere Niederlage der (organisierten) Arbeiterschaft oder lediglich um eine angemessene – und vernunftgeleitete – Reaktion der Streikleitung (angesichts ungleicher Waffen) handelte. Umstritten war auch die Frage, ob die Konfrontationspolitik des Bürgerblocks eine Folge der Generalstreikdrohung ›von links‹ war – oder umgekehrt – und ob es sich beim Streik um einen verfassungswidrigen, von der Armee verhinderten Revolutionsversuch (rechtes Deutungsmuster) oder lediglich um eine legitime, von der Armee niedergeschlagene Manifestation der zunehmend schlechter versorgten und notleidenden Arbeiterschaft (linkes Deutungsmuster) handelte. Während der Geistigen Landesverteidigung wurde der Akzent in der Beurteilung des Landesstreiks dann verstärkt auf ein integratives, sozialpartnerschaftliches Modell – den Weg vom Arbeitskampf zum Arbeitsfrieden – gelegt und der Einsatz von Ordnungstruppen im Landesinneren kaum noch thematisiert. Es ist kein Zufall, dass der 1938 realisierte, ausgesprochen erfolgreiche Film »Füsilier Wipf« am 1. August 1918 endet und die krisenhafte Zeit des Landesstreiks damit ausblendet.[99]

Wurde das rechte Deutungsmuster eines von Bolschewisten gesteuerten Revolutionsversuchs in der historischen Forschung bereits in den 1960er-Jahren von Willi Gautschi weitgehend widerlegt, wird inzwischen auch das linke »Verelendungs- und Kulminationsnarrativ« und hier insbesondere die ungenügende Lebensmittelversorgung (als bis heute gebräuchliche »Standarderklärung« für den Landesstreik) zunehmend kritisiert.[100] Die Ursachen des Streiks sind bis heute umstritten; und auf die politisch geprägte Geschichtsschreibung hat Marc Vuilleumier bereits 1977 aufmerksam gemacht.[101] In den letzten Jahren wurde die Erinnerung an den Ersten Weltkrieg und ihre Bedeutung – insbesondere für die Geistige Landesverteidigung in den 1930er-Jahren – zwar breiter untersucht[102]; Arbeiten zur Etablierung und geschichtspolitischen Nutzung unterschiedlicher Narrative des Landesstreiks fehlen in der historischen Forschung (abgesehen von wenigen Einzelbeispielen) bis heute aber weitgehend.[103] Zu fragen ist deshalb nicht nur nach der Bedeutung

99 Vgl. dazu *Peter Neumann*, Im patriotischen Dienst. »Füsilier Wipf« als Film der Geistigen Landesverteidigung, in: *Kuhn/Ziegler*, Der vergessene Krieg, S. 233–245.

100 Vgl. dazu *Rudolf Jaun/Tobias Straumann*, Durch fortschreitende Verelendung zum Generalstreik? Widersprüche eines populären Narrativs, in: Der Geschichtsfreund 169, 2016, S. 19–51, hier: S. 21f., sowie *Konrad J. Kuhn/Béatrice Ziegler*, Dominantes Narrativ und drängende Forschungsfragen. Zur Geschichte der Schweiz im Ersten Weltkrieg, in: Traverse 18, 2011, Nr. 3, S. 123–141.

101 Vgl. dazu *Marc Vuilleumier*, La grève générale de 1918 en Suisse, in: *ders./Kohler/Ballif* u. a., La grève générale de 1918 en Suisse, S. 7–59.

102 Zur Erinnerung an den Ersten Weltkrieg vgl. *Kuhn/Ziegler*, Der vergessene Krieg, sowie *Christian Koller*, Die schweizerische »Grenzbesetzung 1914/18« als Erinnerungsort der Geistigen Landesverteidigung, in: *Hermann J. W. Kuprian/Oswald Überegger* (Hrsg.), Der Erste Weltkrieg im Alpenraum. Erfahrung, Deutung, Erinnerung, Innsbruck 2006, S. 441–462. Zur internationalen Diskussion vgl. *Jay Winter*, Remembering War. The Great War between Memory and History in the Twentieth Century, New Haven/London 2006.

103 Vgl. dazu *Erwin Horat*, »Gedenket heute unserer lieben Verstorbenen! Wählt nicht sozialistisch, wählt konservativ!!«. Die politische Landschaft der Zentralschweiz nach dem Ersten Weltkrieg zwischen grippetoten Soldaten und »bolschewistischer Gefahr«, in: Der Geschichtsfreund 159, 2006, S. 167–328; *Laurent Andrey*, La commémoration des »sombres journées de novembre 1918« à Fribourg. Un instrument de propagande anticommuniste, in: *Caillat/Cerutti/Fayet* u. a., Histoire(s) de l'anticommunisme en Suisse, S. 95–108; *Christian Koller*, La grève comme phénomène »anti-suisse«: xénophobie et théories du complot dans les discours anti-grévistes (19e et 20e siècles), in: Cahiers d'histoire du mouvement ouvrier 28, 2012, S. 25–46, sowie *Martin Fenner*, Der Landesstreik von 1918 im späteren Urteil, in: Gewerkschaftliche Rundschau. Vierteljahresschrift des Schweizerischen Gewerkschaftsbundes 73, 1981, S. 177–195.

linker und rechter Deutungsmuster für die politische Polarisierung und Radikalisierung in den 1920er-Jahren, sondern auch nach der Etablierung und geschichtspolitischen Nutzung unterschiedlicher Narrative seit den Zwischenkriegsjahren. Wer waren die zentralen Akteure bei der Etablierung, Durchsetzung und Veränderung unterschiedlicher Deutungsmuster und wie wurde in Reden von Parlamentariern, Regierungs- oder Bundesräten auf den Landesstreik Bezug genommen? Gab es unterschiedliche Sichtweisen auf dieses Ereignis in der Deutsch- und Westschweiz (wo nur relativ wenig gestreikt wurde) oder zwischen städtischen und ländlichen Gebieten? Wie wurden die wechselvollen Beziehungen zwischen Arbeitnehmern und Arbeitgebern dargestellt, und wurde der Streik auch genutzt, um antikommunistische Maßnahmen zu rechtfertigen?[104] Wie veränderte sich das Bild des Landesstreiks in der historischen Forschung oder seine Darstellung in Schulbüchern und was für einen Stellenwert hatte die Erinnerung an den Landesstreik im Vergleich zur Errichtung von Denkmälern oder der Grenzbesetzung?[105] Schließlich ist hier auch auf verschiedene Filme aus den 1930er- und 1940er-Jahren hinzuweisen. Neben dem antikommunistischen Propagandafilm »Die rote Pest« (1937) erreichten auch die Filme der Geistigen Landesverteidigung, »Füsilier Wipf« (1938) oder »Gilberte de Courgenay« (1941), ein Massenpublikum und gehören bis heute zu den erfolgreichsten Schweizer Filmen aller Zeiten.

Ausgehend von neuen, inzwischen zugänglichen Quellenbeständen verschiedener Unternehmen, Verbände und Gewerkschaften werden in den nächsten Jahren neue Arbeiten zu den hier angesprochenen Forschungsfeldern entstehen, die eine Erweiterung und Vertiefung der bisherigen Forschung ermöglichen. Die hier vorgeschlagene transnationale Perspektive sowie eine stärker an Ängsten und anderen Emotionen interessierte, kulturhistorisch ausgerichtete Streikforschung werden zu einem besseren Verständnis eines bis heute umstrittenen Schlüsselereignisses der Schweizer Geschichte des 20. Jahrhunderts beitragen. Ein genauerer Blick auf die Revolutionsängste des Bürgertums, das Verhältnis von Klassenkampf und Geschlechterkampf sowie die zentralen Narrative und die geschichtspolitische Instrumentalisierung des Landesstreiks seit den 1920er-Jahren wird neue Erkenntnisse zu den wechselvollen Beziehungen zwischen Arbeitgebern und Arbeitnehmern, der Transformation der Geschlechterverhältnisse sowie Veränderungen in der politischen Kultur des Landes hervorbringen. Zugleich werden diese Arbeiten ein besseres Verständnis für die Bedeutung politischer Inklusions- und Exklusionsprozesse sowie den Aufbau des Sozialstaats in den Kriegs- und Nachkriegsjahren ermöglichen und damit auch einen Beitrag zu aktuellen Fragen der sozialen Sicherheit leisten.

---

104 Vgl. dazu am Beispiel des Schweizerischen Vaterländischen Verbandes bereits *Zimmermann*, Den Landesstreik erinnern, S. 479–504.

105 Zur Geschichtswissenschaft vgl. exemplarisch die Arbeiten von *Jacob Ruchti*, Geschichte der Schweiz während des Weltkrieges 1914–1919, 2 Bde., Bern 1928–1930; *Ernst Gagliardi*, Geschichte der Schweiz, 3 Bde., Zürich 1934–1937, oder *Edgar Bonjour*, Geschichte der Schweiz im neunzehnten und zwanzigsten Jahrhundert, 1798–1920, Zürich 1937. Vgl. dazu auch *Konrad J. Kuhn/Béatrice Ziegler*, Tradierungen zur Schweiz im Ersten Weltkrieg: Geschichtskulturelle Prägungen der Geschichtswissenschaft und ihre Folge, in: SZG 63, 2013, S. 505–526.

Forschungsberichte und Sammelrezensionen

Nils Freytag

Erfahrung, Erinnerung, Herrschaft

Neuere Forschungen zum Umbruch in Krieg und Militär im 19. Jahrhundert*

Die Auseinandersetzung mit Krieg und Militär ist für eine Epoche unverzichtbar, in der der Krieg – um die berühmt gewordene Wendung Carl von Clausewitz' zu bemühen – »nicht bloß ein politischer Akt, sondern ein wahres politisches Instrument [...], eine Fortsetzung des politischen Verkehrs, ein Durchführen desselben mit anderen Mitteln« war.[1] Dieses Zitat aus Clausewitz' zwischen 1832 und 1834 postum erschienenem und unvollendet gebliebenem Werk »Vom Kriege« stand nicht wenigen, insbesondere gebildeten Zeitgenossen vor Augen. Krieg galt ihnen als legitimes Mittel der Außenpolitik. Politik und Militär waren für sie untrennbar miteinander verwoben.[2] Das traf auch für die geschichtswissenschaftliche Beschäftigung mit Krieg und Gewalt zu. Dafür steht etwa Hans Delbrück, Nachfolger Heinrich von Treitschkes an der Universität Berlin, mit seinen um 1900 einsetzenden Bemühungen, Kriegs- und Politikgeschichte zu verknüpfen.[3] Delbrück ging es im Kern um die Wechselwirkungen zwischen Militär und Krieg auf der einen und Staat, Gesellschaft sowie Politik auf der anderen Seite.[4] Das Unterfangen aber scheiterte, nicht zuletzt am Widerstand der Militärs. Nach dem Ersten Weltkrieg lag das Hauptaugenmerk dann auf einer vor allem im Reichsarchiv betriebenen, amtlich verantworteten Weltkriegsgeschichte, mit der verloren gegangenes Prestige zurückgewonnen werden sollte.[5] Solche kriegsgeschichtlichen Akzentuierungen waren dann nach dem Ende des Zweiten Welt-

* Die dem Forschungsüberblick zugrunde liegenden Studien stammen überwiegend aus den Jahren 2005–2009. Sie sind gekennzeichnet durch Reihentitel, Verlagsnennung sowie Angaben zu Seitenzahlen, Bindungsart und Preis. Weitere Neuerscheinungen wurden soweit möglich berücksichtigt.

1 Zit. nach: *Carl von Clausewitz*, Vom Kriege. Hinterlassenes Werk, Bonn/Hannover etc. 1966 (zuerst 1832–1834), S. 108. Wer das Buch zur Hand nimmt, wird schon an der Gliederung sehen, dass Clausewitz Kriegsgeschichte als Geschichte der ganzen Gesellschaft verstand.

2 Einen kurzen, aber anregenden Überblick zur Militärgeschichte des 19. Jahrhunderts aus politikgeschichtlicher Perspektive bietet *Günter Kronenbitter*, Militär und Politik – Anmerkungen zur Militärgeschichte zwischen Französischer Revolution und Erstem Weltkrieg, in: *Hans-Christof Kraus/Thomas Nicklas* (Hrsg.), Geschichte der Politik. Alte und neue Wege, München 2007, S. 271–285. Dort finden sich auch Hinweise auf wichtige Neuerscheinungen der jüngeren Vergangenheit. Ebenso einschlägig: *Alaric Searle*, A Dynamic and Expanding Discipline? New Trends in German Military History, in: German History 31, 2013, S. 86–108.

3 *Hans Delbrück*, Geschichte der Kriegskunst im Rahmen der politischen Geschichte, 6 Bde., Berlin 1900–1936.

4 Dazu ausführlich *Arden Buchholz*, Hans Delbrück and the German Military Establishment. War Images in Conflict, Iowa City 1985. Vgl. auch knapp *Wilhelm Deist*, Bemerkungen zur Entwicklung der Militärgeschichte in Deutschland, in: *Thomas Kühne/Benjamin Ziemann* (Hrsg.), Was ist Militärgeschichte?, Paderborn/München etc. 2000, S. 315–322, sowie *Gerd Krumeich*, Sine ira et studio? Ansichten einer wissenschaftlichen Militärgeschichte, in: *ders.*, Deutschland, Frankreich und der Krieg. Historische Studien zu Politik, Militär und Kultur, hrsg. v. *Susanne Brandt/Thomas Gerhards/Uta Hinz*, Essen 2015, S. 8–22, hier: S. 16f.

5 Grundsätzlich dazu *Markus Pöhlmann*, Kriegsgeschichte und Geschichtspolitik: Der Erste Weltkrieg. Die amtliche deutsche Militärgeschichtsschreibung 1914–1956, Paderborn/München etc. 2002.

kriegs in Deutschland gründlich diskreditiert, nicht zuletzt, weil sich die Kriegs- und die nach 1918 einsetzende Wehrgeschichte ideologisch hatte vom Nationalsozialismus vereinnahmen lassen. Auch wenn von einer völligen Ausblendung militärhistorischer Fragen keine Rede sein kann: In der akademischen bundesrepublikanischen Historiografie jedenfalls stand die Geschichte von Militär, Krieg und Gewalt lange im Schatten, sie blieb wenigen Spezialisten vorbehalten.[6] Zu sehr haftete ihr die Aura des preußisch-deutschen Militarismus sowie des methodisch Altbackenen an. Auf die sozialgeschichtlich inspirierte Tagesordnung geriet seit den 1970er-Jahren vorrangig die Suche nach einem spezifisch preußisch-deutschen Militarismus, verstanden als Einfluss des Militärs auf Politik, Wirtschaft und Gesellschaft. Diese Suche war Kernbestandteil der Sonderwegsthese, wobei das Deutsche Kaiserreich besondere Aufmerksamkeit erhielt.[7]

Dies hat sich in den zurückliegenden Jahrzehnten grundlegend geändert. Innovative Fragestellungen und Methoden prägen heute das Bild, zahlreiche akademische Abschlussarbeiten sind entstanden, insgesamt ist beeindruckend vieles in Bewegung geraten, die Ansätze und Themenfelder sind kaum noch zu überblicken.[8] Die Militärgeschichte hat sich zugleich internationalisiert, sie ist (wieder) stärker in die allgemeine Geschichte eingebunden, überlagert sich mit vielen anderen Teilgebieten und wird heute nicht selten als kulturgeschichtlich inspirierte »Geschichte der Gewalt« verstanden.[9] Dieser Wandel hat wohl auch mit der Zunahme gewalttätiger Konflikte und Kriege inner- wie außerhalb Europas nach 1989/90 zu tun, und auch heute können wir die Eskalation von Gewalt mithilfe der Medien täglich verfolgen.

Darüber hinaus hat sich auch der Informationsfluss der historiografischen Teildisziplin Militärgeschichte gewandelt. Neben die fest etablierten und weiterhin wichtigen Publikationsorte – insbesondere ist an die »Militärgeschichtliche Zeitschrift« (bis 1999: »Militärgeschichtliche Mitteilungen«) und die Publikationsreihen des vormaligen Militärgeschichtlichen Forschungsamtes in Freiburg im Breisgau und Potsdam (heute: »Zentrum für Militärgeschichte und Sozialwissenschaften der Bundeswehr«) zu denken – sind neue Informationsformate und Reihen getreten, welche die Erweiterung der Militärgeschichte widerspiegeln. Gemeint ist einerseits der Internetauftritt des vor rund 20 Jahren gegründeten »Arbeitskreises Militärgeschichte«, der nicht nur als zentrales wissenschaftliches Infor-

---

6 Aufschlussreich zur Entwicklung in der Bundesrepublik und der DDR: *Bruno Thoß*, Institutionalisierte Militärgeschichte im geteilten Deutschland. Wege und Gegenwege im Systemvergleich, in: *Jörg Echternkamp/Wolfgang Schmidt/Thomas Vogel* (Hrsg.), Perspektiven der Militärgeschichte. Raum, Gewalt und Repräsentation in historischer Forschung und Bildung, München 2010, S. 41–65.

7 Vgl. dazu nur *Michael Geyer/Werner Conze*, Militarismus, in: *Otto Brunner/Werner Conze/Reinhart Koselleck* (Hrsg.), Geschichtliche Grundbegriffe. Historisches Lexikon zur politisch-sozialen Sprache in Deutschland, Bd. 4, Stuttgart 1978, S. 1–48, sowie mit einem Blick über den deutschen Tellerrand hinaus: *Volker R. Berghahn* (Hrsg.), Militarismus, Köln 1975. In diesem Zusammenhang nach wie vor unverzichtbar: *Stig Förster*, Der doppelte Militarismus. Die deutsche Heeresrüstungspolitik zwischen Status-quo-Sicherung und Aggression 1890–1913, Stuttgart 1985.

8 Einen Eindruck über die Vielfalt vermitteln die Beiträge in: *Ziemann/Kühne*, Was ist Militärgeschichte?

9 Es ist allerdings nicht zu übersehen, dass die Militärgeschichte an deutschen Universitäten weiterhin kaum institutionell verankert ist. Eine Ausnahme stellt die Potsdamer Professur für Militärgeschichte/Kulturgeschichte der Gewalt dar. Im europäischen Kontext sind darüber hinaus als wichtige Zentren Dublin, Warwick und Newcastle zu nennen. Vgl. zur gewaltgeschichtlichen Perspektivierung mit einem Fokus auf das 20. Jahrhundert *Benjamin Ziemann*, »Vergesellschaftung der Gewalt« als Thema der Kriegsgeschichte seit 1914. Perspektiven und Desiderate eines Konzepts, in: *Bruno Thoß/Hans-Erich Volkmann* (Hrsg.), Erster Weltkrieg – Zweiter Weltkrieg. Ein Vergleich. Krieg, Kriegserlebnis, Kriegserfahrung in Deutschland, Paderborn/München etc. 2002, S. 735–758.

mationsportal dient, sondern auch grundlegende Beiträge und Rezensionen versammelt.[10] Andererseits ist aber auch auf die Publikationsreihe »Krieg in der Geschichte (KRiG)« des Ferdinand Schöningh Verlags, die seit 2009 geförderte Gießener Forschergruppe »Gewaltgemeinschaften« und den ertragreichen Sonderforschungsbereich 437 der Deutschen Forschungsgemeinschaft »Kriegserfahrungen. Krieg und Gesellschaft in der Neuzeit« hinzuweisen, der zwischen 1999 und 2008 in Tübingen angesiedelt war.[11] Seit 1995 existiert zudem der »Arbeitskreis Militär und Gesellschaft in der Frühen Neuzeit« (AMG), von dem ebenfalls entscheidende Impulse zur Erneuerung der Militärgeschichte ausgingen.[12]

Ob das 19. Jahrhundert von diesem Boom einer »neuen« Militärgeschichte abgekoppelt wird, wie mancher befürchtet[13], oder ob sich nicht vielmehr doch erhebliches Innovationspotenzial ausmachen lässt, das neue Perspektiven auf die Großepoche erlaubt, soll anhand der hier vorgestellten neueren Forschungen mit im Blick behalten werden. Die besprochenen Studien satteln dabei zumeist auf der älteren sozialgeschichtlich inspirierten Militärgeschichte auf, die sich etwa mit den politischen Einstellungen und der Sozialstruktur von Offizierskorps und den Folgen für die Gesellschaft, ihrer Militarisierung, beschäftigt hat. Es soll nun nicht darum gehen, einen umfassenden Überblick über alle militärgeschichtlichen Neuerscheinungen zum 19. Jahrhundert der zurückliegenden Jahre zu geben. Auch wird kein Zugang über die im Einzelnen viel diskutierten Kriege der Ära gesucht, obwohl sie gewinnbringend in den Untersuchungsradius der »neuen« Militärgeschichte einbezogen worden sind. Vielmehr rücke ich vier übergreifende Forschungszusammenhänge in den Fokus. Neben einem erfahrungsgeschichtlichen Schwerpunkt (I) wird beispielhaft auf die Wechselwirkungen zwischen Militär und Krieg einerseits sowie Erinnerung, öffentlicher Deutung und Instrumentalisierung andererseits (II) eingegangen. Ebenso werden Fragen nach der militärischen Durchdringung der Gesellschaft (III) sowie nach der Bedeutung technischer Neuerungen im Zeitalter der Industrialisierung (IV) in den Blick genommen. Überblicke und Überlegungen zum Stellenwert von Militarismus und der Frage nach dem Wandel des Kriegs im 19. Jahrhundert insgesamt (V) sowie die Skizze einiger gewinnversprechender Forschungsfelder (VI) sollen den Überblick beschließen.

I. Erfahrungsgeschichtliche Zugänge

Das in jüngerer Vergangenheit ergiebigste Teilgebiet der »neuen« Militärgeschichte ist die Erfahrungsgeschichte des Kriegs, welches nicht zuletzt vom bereits angesprochenen Tübinger Sonderforschungsbereich »Kriegserfahrungen« profitiert hat. Verständigt hat man sich in ihm auf einen methodisch offenen Erfahrungsbegriff, der sich vor allem aus Überlegungen der Wissenssoziologie und der philosophischen Hermeneutik speist und sowohl Akteure als auch soziale Gruppen und Gesellschaften berücksichtigt. Erfahrungen sind danach vielfältig und offen, damit wandel- und veränderbar, sie entstehen aus vorhandenen Deutungsmustern und Zukunftserwartungen, können zukünftige Handlungen prägen. Sie sind damit ein wesentlicher Bestandteil der Konstruktion von Wirklichkeiten. Die Arbeiten grenzen sich in den meisten Fällen und mit Recht gegen ein alltagssprachliches Verständnis von »Erfahrung« ab, das fälschlicherweise von einer subjektiven Aneignung »objektiver« Wirklichkeit durch das konkrete Erlebnis ausgeht. Die im Sonderforschungsbereich entstandenen Studien berufen sich zumeist auf Hans-Georg Gadamer, Peter L. Berger und

---

10 URL: <http://portal-militaergeschichte.de> [13.9.2017].

11 URL: <http://www.sfb437.uni-tuebingen.de> [13.9.2017].

12 URL: <http://amg.hypotheses.org> [13.9.2017].

13 So *Ralf Pröve*, Militär, Staat und Gesellschaft im 19. Jahrhundert (Enzyklopädie Deutscher Geschichte, Bd. 77), R. Oldenbourg Verlag, München 2006, X + 132 S., kart., 21,95 €, S. 56.

Thomas Luckmann, Reinhart Koselleck, Niklas Luhmann und Pierre Bourdieu als Gewährsmänner.[14]

In diesen Kontext fügt sich Ute Planerts fundamentale Studie zum Kriegsalltag der süddeutschen Bevölkerung zwischen 1792 und 1815.[15] Am Beispiel Württembergs, Bayerns und Badens interessiert sie sich für das Verhältnis von Militär und Gesellschaft in der Kriegsära, wobei Gesellschaft hier vor allem die sogenannten »kleinen Leute« meint, also Bauer und Bäuerin, Knecht und Magd, sowie ihren Umgang mit Umbruch, allgemeiner Wehrpflicht und mit den fürchterlichen Schrecken des Kriegs. Das niederbayerische Votivbild von 1810 – ein Soldat bedroht eine Frau im Kindbett, im Hintergrund tobt eine Schlacht – als Titelbild ist gut gewählt und programmatisch zu verstehen. Süddeutschland statt Preußen, »kleine Leute« statt städtische Eliten, die gesamte Kriegsära ab 1792 statt nur Befreiungskriege – all das sind erfrischende und Ertrag versprechende Perspektiven. Die Quellenbasis für dieses Interesse ist imposant, in allen einschlägigen Staats-, Kreis-, Stadt-, Adels- und Kirchenarchiven der Region hat Planert geforscht und dabei fast schon im Überfluss Autobiografien, Ereignisberichte, private Schreib- und Tagebücher ebenso wie Pfarrberichte, Chroniken und militärische Erinnerungsliteratur ausgegraben – die gedruckte Überlieferung tritt noch hinzu. Zwar kommen die stummen Vielen auch in diesen Quellen nur selten selbst zu Wort, aber näher ran werden wir kaum kommen, die methodischen Probleme bedenkt und meistert die Autorin souverän.

Der reichhaltige Gewinn der Studie liegt weniger in der Dekonstruktion des Mythos vom Befreiungskrieg, den Planert in den beiden letzten Kapiteln (IX und X) in Augenschein nimmt. Sie kann hier im Einklang mit der jüngeren historischen Forschung bekräftigen, dass die bereits zeitnah einsetzende, nachträgliche Deutung der antinapoleonischen Kriege als »Gründungsmythos der deutschen Nation« (S. 641) weit entfernt war vom Erleben der weniger gebildeten Zeitgenossen, auch und vor allem in Süddeutschland. Skurril muten in diesem Zusammenhang insbesondere die nachträglichen monarchischen Versuche an, den Bündniswechsel von 1813 zu legitimieren und die zuvor in französischen Diensten gefallenen Landeskinder erinnerungspolitisch zu vereinnahmen.

Dort, wo es um das alltägliche Leben im und mit dem allgegenwärtigen Krieg und seinen Schrecken geht (und das ist fast überall der Fall, vor allem aber in Kapitel V und VI), ist der Gewinn der Studie am deutlichsten. Der Leser erfährt hier vieles und viel Neues: Über Widerstand und regionale Aufstände, Plünderungen und (sexuelle) Gewalt, über Brandstiftungen, Erpressungen und Requisitionen, auch über Seuchen, Krankheit und Tod – selbst die Bewältigung durch (populäre) Religiosität fehlt nicht (Kapitel VII). Mit quellenkritischer Um- und Vorsicht formuliert Planert hier ihre Ergebnisse. Not und Bedrückung von Mensch und Tier werden allenthalben greifbar. Dazu trugen alle beteiligten Kriegsparteien bei, besonders brutal verlief der Feldzug von 1796, die zunehmende Größe der napoleonischen Heere erwies sich als außergewöhnlich große Belastung.

Ein eigenes, rund 90 Seiten umfassendes Kapitel (VIII) ist der Wehrpflicht und den zahlreichen Möglichkeiten, sich ihr zu entziehen, gewidmet. Alle drei süddeutschen Staaten – in Württemberg besonders rigoros – setzten diese nach und nach um, wobei ihnen angesichts des hohen Blutzolls der Kriege Napoleons auch kaum eine andere Wahl blieb. Diese

14 Vgl. dazu die Beiträge in *Nikolaus Buschmann/Horst Carl* (Hrsg.), Die Erfahrung des Krieges. Erfahrungsgeschichtliche Perspektiven von der Französischen Revolution bis zum Zweiten Weltkrieg, Paderborn/München etc. 2001, die den vielfältigen theoretisch-methodischen Rahmen des Erfahrungsbegriffs aufspannen. Dort finden sich auch weiterführende Hinweise auf die Literaturgrundlagen.

15 *Ute Planert*, Der Mythos vom Befreiungskrieg. Frankreichs Kriege und der deutsche Süden. Alltag – Wahrnehmung – Deutung 1792–1841 (Krieg in der Geschichte, Bd. 33), Ferdinand Schöningh Verlag, Paderborn/München etc. 2007, 739 S., geb., 80,00 €.

allmählichen Übergänge von den stehenden Heeren über Volksbewaffnungen bis hin zur allgemeinen Wehrpflicht fängt Planert trefflich ein, auch wenn Einschränkungen und Privilegien bestehen blieben. Besonders ausführlich geraten Hemmnisse und Widersetzlichkeiten der Wehrpflicht in den Blick: juristische Schwierigkeiten, Tricks und Schlupflöcher ebenso wie Krankheiten und »grassierende Heiratslust« (S. 442), Rekrutierungsunruhen, Desertionen und Flucht. Dass diese nach 1812 auch aufseiten der Alliierten rasant anstiegen, ist im Übrigen ein weiterer Beleg für die fehlende nationale Begeisterung der Befreiungskriege.

Es gibt an diesem gewinnbringenden und mit zuverlässigen Registern versehenen Buch kaum etwas zu mäkeln, allenfalls hätte sich manches kürzer fassen lassen. Neben der nur wenige Jahre zuvor erschienenen Untersuchung von Karen Hagemann zu Preußen und zum Verhältnis der Geschlechter ist sie unverzichtbar für alle, die sich für den Alltag jener Jahrzehnte, der eben vor allem Kriegsalltag war, interessieren.[16] Ebenso wie Hagemanns Studie für Preußen ist Planerts Buch ein grundlegendes Referenzwerk für den deutschen Südwesten zwischen Französischer Revolution und Wiener Kongress. Beiden Studien gemeinsam ist zudem, dass sie sich im Schnittfeld von deutscher Nations-, Kriegs- und Erfahrungsforschung bewegen und diese innovativ aufeinander beziehen.

In die Zusammenhänge des Tübinger Sonderforschungsbereichs und der Napoleonischen Ära gehört auch die bei Dieter Langewiesche entstandene Dissertation von Julia Murken.[17] Sie beschäftigt sich weniger mit den gut untersuchten militärischen Ereignissen oder dem Kriegsverlauf als vielmehr mit den Erfahrungen der bayerischen Soldaten im Russlandfeldzug von 1812.[18] Von dem 35.799 Soldaten umfassenden bayerischen Kontingent (S. 38) der napoleonischen Grande Armée kehrten gerade einmal 9% zurück, weshalb es nicht verwundert, dass Krankheit, Heimweh und Erschöpfung ganz oben auf der Erfahrungsagenda standen. Mangel an allem war nicht nur alltäglicher Begleiter der Bayern. Murken gewinnt ihr Wissen aus den Selbstzeugnissen von insgesamt 42 Kriegsteilnehmern, darunter 30 Offizieren: Ereignisnahe Quellen wie Briefe und Tagebücher hat sie vor allem im Bayerischen Kriegsarchiv entdeckt und ebenso ausgewertet wie später niedergeschriebene oder nachträglich überarbeitete Erinnerungen. Neben der allgegenwärtigen Mangelerfahrung führt sie den frühneuzeitlichen Zuschnitt des Feldzugs überzeugend vor Augen. Sie macht geradezu einen »Tross« aus Soldaten, Ehefrauen, Kindern und gar Dienstboten aus, der auf die zunehmend unüblich gewordene Magazinversorgung des Ancien Régime angewiesen blieb. Lang andauernde Märsche und Exerzieren, Hitze und Kälte, Hunger und Durst prägten den Alltag eher als Gefechte mit dem Feind. Plündereien und Desertionen begleiteten ihn, Rückzug und Chaos standen an seinem Ende, es ging um das nackte Überleben. Vieles davon ist zwar bekannt, formte aber die Kriegserfahrungen und -deutungen maßgeblich vor, denen sich Murken anschließend methodisch umsichtig und der Grenzen ihrer Quellen bewusst zuwendet. Den Erfahrungsbegriff nutzt sie in ihrer übersichtlich und leserfreundlich strukturierten Untersuchung, um dem Wandel von Deutungen des Vergange-

---

16 *Karen Hagemann*, »Mannlicher Muth und Teutsche Ehre«. Nation, Militär und Geschlecht zur Zeit der Antinapoleonischen Kriege Preußens, Paderborn/München etc. 2002. Den Blick über den deutschen Raum hinaus weiten einige Beiträge in: *Ute Planert* (Hrsg.), Krieg und Umbruch in Mitteleuropa um 1800. Erfahrungsgeschichte(n) auf dem Weg in eine neue Zeit, Paderborn/München etc. 2009.

17 *Julia Murken*, Bayerische Soldaten im Russlandfeldzug 1812. Ihre Kriegserfahrungen und deren Umdeutungen im 19. und 20. Jahrhundert (Schriftenreihe zur bayerischen Landesgeschichte, Bd. 147), C.H. Beck Verlag, München 2006, XLIV + 205 S., geb., 22,00 €.

18 Hingewiesen sei hier lediglich auf zwei jüngere deutschsprachige Titel, die im Umfeld des Jubiläums 2012 erschienen sind. *Adam Zamoyski*, 1812. Napoleons Feldzug gegen Russland, München 2012 (zuerst engl. 2004). *Dominic Lieven*, Russland gegen Napoleon. Die Schlacht um Europa, München 2011.

nen und der Erinnerungen auf die Spur zu kommen. Der Kriegsverlauf und der relativ ausführlich rekonstruierte Kriegsalltag bilden dafür die Grundlagen, an die sie Fragen anschließt: Wie gingen die Soldaten damit um, was bewegte sie und wie bewältigten sie die Schrecken dieses Kriegs? Das konfessionsunabhängige Vertrauen auf Gottes Beistand half, wenngleich auch eher den einfachen Soldaten als den Offizieren. Nationale Feindbilder spielten keine Rolle, weder gegenüber dem russischen Gegner noch in Abgrenzung vom französischen Verbündeten. Von einem deutschen Nationalbewusstsein kann noch keine Rede sein, die Soldaten verstanden sich Murken zufolge als Bayern. Man würde hier auch noch Unterschiede zwischen Neu- und Altbayern in der Selbstverortung erwarten, aber dass diese fehlen, mag an den verfügbaren Quellen liegen. Überhaupt betont Murken mit Recht immer wieder die Erkenntnisgrenzen ihrer Ego-Dokumente, vielfach schweigen diese auch einfach. Immerhin kann sie aus ihnen einen religiös fundierten Antijudaismus herausarbeiten, was zeigt, wie sehr die eigene Gegenwart jeweils in den Erfahrungshaushalt eingewoben wurde. Der Antijudaismus jedenfalls scheint unverrückbar verankert gewesen zu sein, im Unterschied zu Vorurteilen gegenüber Kosaken oder Polen, welche die Feldzugsteilnehmer teilweise zu revidieren vermochten. Bemerkenswert ist auch die Offenheit, mit der die Soldaten Verzweiflung, Todesängste oder Heimweh artikulierten, diese Schwächen wirkten offensichtlich nicht unmännlich. Die Offenheit steht im krassen Gegensatz zu den Äußerungen in später entstandenen Quellen, die Tapferkeit und Heldenmut im Angesicht des Feindes als Ausdruck von Männlichkeit betonen und die Ängste verschweigen. Der Stellenwert des Nationalen ist eine nachträgliche Erfindung, nach der Mitte des 19. Jahrhunderts erhielten die Erinnerungen an den Russlandfeldzug einen antifranzösischen Anstrich: Bayern war nun Teil des föderativ organisierten Deutschlands, die bayerischen Kriegsteilnehmer hätten schon damals die Franzosen gehasst – so die »invention of tradition«. Die vielfältigen zeitgenössischen Kriegsdeutungen sowie die spätere Nationalisierung und Mythisierung der bayerischen Teilnahme am Russlandfeldzug als gesamtdeutsches Unterfangen anschaulich und differenziert vor Augen zu führen, ist kein geringes Verdienst dieser mit einem zuverlässigen Register und mehreren Karten und Abbildungen versehenen Studie.[19]

Als erfahrungsgeschichtliche Untersuchung ist auch Heidi Mehrkens' Dissertation zur Kriegserfahrung und nationalen Wahrnehmung im Deutsch-Französischen Krieg 1870/71 einzuordnen. Sie ist im Rahmen des DFG-Kooperationsprojekts »Frankreich und Deutschland im Krieg (18.–20. Jahrhundert). Zur Kulturgeschichte der europäischen ›Erbfeindschaft‹« entstanden, das an den Universitäten Braunschweig und Düsseldorf beheimatet war.[20] Die Arbeit ist zugleich Teil eines in jüngerer Vergangenheit gestiegenen Forschungsinteresses an dem Krieg von 1870/71.[21] Bedauerlicherweise fällt die Einordnung in den

19 Die Differenzen der unterschiedlichen politischen Lager in der Erinnerung an die Befreiungskriege betont jüngst etwa *Christian Koller*, »Fremdherrschaft« und »Befreiung« als nationale Sinnstiftung: Narrative und Semantiken der Erinnerung an die napoleonische Zeit in Deutschland in der ersten Hälfte des 19. Jahrhunderts, in: Portal Militärgeschichte, 31.8.2015, URL: <http://portal-militaergeschichte.de/koller_fremdherrschaft> [13.9.2017].

20 *Heidi Mehrkens*, Statuswechsel. Kriegserfahrung und nationale Wahrnehmung im Deutsch-Französischen Krieg 1870/71 (Schriften der Bibliothek für Zeitgeschichte – Neue Folge, Bd. 21), Klartext Verlag, Essen 2008, 282 S., geb., 34,90 €.

21 Über die hier besprochenen Arbeiten hinaus ist etwa zu denken an: *Christian Rak*, Krieg, Nation, Konfession. Die Erfahrung des deutsch-französischen Krieges von 1870/71, Paderborn/München etc. 2004; *Alexander Seyferth*, Die Heimatfront 1870/71. Wirtschaft und Gesellschaft im deutsch-französischen Krieg, Paderborn/München etc. 2007; *Wencke Meteling*, Ehre, Einheit, Ordnung. Preußische und französische Städte und ihre Regimenter im Krieg, 1870/71 und 1914–1919, Baden-Baden 2010, vor allem S. 35–198. Das Hauptaugenmerk der erfahrungsgeschichtlichen Studie gilt den Offizierskorps von Regimentern aller Waffengattungen, die län-

Forschungsstand, den die Verfasserin auf unterschiedliche Kapitel verteilt, sehr knapp aus, hin und wieder vermisst man in der Darstellung auch Hinweise auf bereits bekannte Ergebnisse.[22]

Vor dem Hintergrund der zeitgenössischen völkerrechtlichen Bestimmungen stehen Kriegserfahrungen von Soldaten wie Zivilisten im Zentrum. Mehrkens interessiert sich konkret für die Auswirkungen ihrer Erfahrungen auf das Nationalbewusstsein und auf Feindbilder, in Frankreich wie in Deutschland. Grundlage ihrer Studie sind sogenannte Statuswechsler, Personen, deren rechtlicher Status sich während der Kampfhandlungen änderte, weil sich – so Mehrkens' Annahme – bei diesen die (variierenden) Kriegsdeutungen besonders scharf erkennen lassen. Statuswechsel schließt dabei Phänomene wie Gefangennahme, Verwundung und Tod ein, aber auch Spionage, Belagerung oder den Übergang vom Zivilisten zum Freischärler, den berühmt-berüchtigten Franktireurs. Als Quellen hat Mehrkens Ego-Dokumente aus einschlägigen deutschen und französischen Archiven ausgewertet, die im unmittelbaren Umfeld des Kriegs entstanden: Feldpostbriefe ebenso wie Tagebücher, Reden, Denkschriften und auch bis 1875 erschienene Memoiren, um spätere Deutungsüberlagerungen auszuschließen; hinzu treten Zeitungen, die für die nationalen Sinnstiftungen eine grundlegende Rolle spielten.[23] Räumliche Schwerpunkte setzt Mehrkens in Preußen (insbesondere in der Rheinprovinz), Bayern und Sachsen, für Frankreich konzentriert sie sich auf die Kriegsschauplätze. Ihrer in drei Kriegsphasen – die Phase bis zur Schlacht von Sedan, den Bewegungskrieg und schließlich den Belagerungskrieg am Beispiel von Metz und Paris – gegliederten Untersuchung stellt sie eine kriegsrechtliche Bestandsaufnahme voran. Der Blick auf die völkerrechtliche Humanisierung des Kriegs ist auch deshalb wichtig, weil Mehrkens daran liegt, den Übergangscharakter und damit den Standort dieses Kriegs zwischen klassischem Kabinettskrieg und Volkskrieg, zwischen humanitärem Völkerrecht und gewalttätigem Kriegsbrauch zu erkunden.[24] Sie nimmt in der Folge einen ganzen Strauß von Statuswechseln in den Blick, die sie nicht immer trennscharf auf die drei Kriegsphasen verteilt. So manches bisher für den Krieg 1870/71 nur wenig bekannte Detail fördert sie dabei zutage; etwa zur Geiselhaft zum Schutz von deutschen Transporten, zur Spionage oder auch zum Umgang mit (Re-)Immigranten in Frankreich. Dass die Verfasserin durchgängig Frankreich und Deutschland berücksichtigt, ist besonders positiv zu würdigen. Mit Blick auf die Leitfrage ist es wichtig, festzuhalten, dass

---

gere Zeit in Frankfurt an der Oder und Orléans stationiert waren. Meteling sieht die Nationalisierung eher von der öffentlichen Meinung ausgehen und ist skeptisch gegenüber einer Einordnung des Kriegs von 1870/71 als »totalen Kriegs«. Den Weg in den Krieg leuchtet detailliert aus: *David Wetzel*, Duell der Giganten. Bismarck, Napoleon III. und die Ursachen des Deutsch-Französischen Krieges 1870/71, Paderborn/München etc. 2005.

22 Vgl. dazu etwa die ältere Studie von *Frank Kühlich*, Die deutschen Soldaten im Krieg von 1870/71. Eine Darstellung der Situation und der Erfahrungen der deutschen Soldaten im Deutsch-Französischen Krieg, Frankfurt am Main 1995, die – trotz des sperrigen Titels – eine wichtige Referenz ist. Mit Blick auf die institutionellen und rechtlichen Folgen des Kriegs von 1870/71 vgl. *Isabel V. Hull*, Absolute Destruction. Military Culture and the Practices of War in Imperial Germany, Ithaca/London 2005, insb. S. 110–130.

23 Vgl. dazu *Nikolaus Buschmann*, Einkreisung und Waffenbruderschaft. Die öffentliche Deutung von Krieg und Nation in Deutschland 1850–1871, Göttingen 2003.

24 Zum Stand der Diskussion um Gräueltaten und Gewalt im Krieg von 1870/71 vgl. *Christian Bunnenberg*, »Es lässt sich nicht leugnen, daß auch Roheiten und unnötige Härten vorkamen.« Gewalterfahrungen und Gewaltwahrnehmungen im Deutsch-Französischen Krieg von 1870/71, in: *Frank Becker* (Hrsg.), Zivilisten und Soldaten. Entgrenzte Gewalt in der Geschichte, Essen 2015, S. 79–102; *Mark Stoneman*, Die deutschen Greueltaten im Kriege 1870/71 am Beispiel der Bayern, in: *Sönke Neitzel*/*Daniel Hohrath* (Hrsg.), Kriegsgreuel. Die Entgrenzung der Gewalt in kriegerischen Konflikten vom Mittelalter bis ins 20. Jahrhundert, Paderborn/München etc. 2008, S. 223–239, der ausdrücklich von einem Übergang zum Volkskrieg spricht.

weniger die Kriegsteilnehmer in ihren Selbstzeugnissen die nationale Sinnstiftung beförderten als vielmehr die (illustrierte) Presse.[25] Hier wie dort baute die Presse nationale Feindbilder auf und aus, zementierte sie und sorgte daheim für Empörung und auch Ängste. So entwickelten und verfestigten sich bis zum Ersten Weltkrieg und teilweise auch darüber hinaus wirksame Bilder: französische Freischärler einerseits, deutsche Barbaren und Gräueltaten andererseits. Diese Befunde sind wichtig und verdienen weitere Untersuchungen, etwa mit Blick auf die Friedenszeiten und ihr visuelles Fortleben vor 1914 sowie auf die Zwischenkriegszeit des 20. Jahrhunderts.

Dem theoretisch-methodischen Rüstzeug der Dissertation von Christine G. Krüger ist die Herkunft aus dem Sonderforschungsbereich »Kriegserfahrungen« anzumerken.[26] Die Studie greift aber darüber hinaus, indem die Verfasserin sie umsichtig in die drei Forschungsfelder zum Nationalismus, zur deutsch-jüdischen Geschichte und zum Deutsch-Französischen Krieg einordnet. Im Zentrum stehen Fragen nach dem Zusammenhang von Krieg, Nationalstaatsbildung und jüdischen Emanzipations- und Integrationsprozessen: Was erwarteten und erhofften sich die deutschen Juden von einer Teilnahme am Krieg von 1870/71? Wie nahmen sie den Krieg wahr und gab es Unterschiede zu den nichtjüdischen Kriegsteilnehmern? Wie sahen die Wechselwirkungen aus? Lassen sich innerjüdische Differenzen ausmachen, nicht zuletzt auch zwischen deutschen und französischen Juden? Die gedruckten und archivalischen Quellen für diesen Fragenkranz sind mit Bedacht gewählt: sechs jüdische Wochenzeitschriften unterschiedlicher politisch-religiöser Couleur, daneben Predigten von Rabbinern, Briefe, Tagebücher und Memoiren.

Krüger bündelt ihr Material in vier größeren Abschnitten. Zunächst stehen jüdische Positionen zur deutschen Nation im Vordergrund. Auch wenn prominente Juden wie der Historiker Heinrich Graetz oder der Reformrabbiner Abraham Geiger sich distanziert oder desinteressiert gaben: Der größte Teil der deutschen Juden begrüßte die Einheit, darunter viele orthodoxe Juden. Nicht zuletzt weil man sich auch unter Beobachtung wähnte und den Erwartungsdruck der Öffentlichkeit spürte, war das Bekenntnis zur deutschen Nation wichtig, sollte dieses doch nach der rechtlichen Gleichstellung auch zur sozialen Anerkennung beitragen und berufliche Aufstiegschancen eröffnen. Allerdings, und das ist eine große Stärke des Buches, werden Differenzen innerhalb des Judentums nicht eingeebnet. Deutlich wird zudem, dass Judenfeindlichkeit an der Tagesordnung blieb. Letzteres galt freilich weniger für die rund 14.000 jüdischen Kriegsteilnehmer, die zahlreiche militärische Auszeichnungen erhielten und in ihre Einheiten gut integriert waren, wie aus den Selbstzeugnissen hervorgeht. Der Abgrenzung zum französischen Kriegsgegner ist der zweite Teil verpflichtet, wobei das in den jüdischen Wochenzeitschriften gepflegte Feindbild viele Übereinstimmungen mit den aus der deutschen Öffentlichkeit bekannten Vorurteilen aufweist. Der Nationalkrieg polarisierte das deutsche Judentum, doch auch hier sind die Zwischentöne wichtig, denn die Haltung zu Frankreich stellte viele Juden vor ein Dilemma. Die Feindschaft wurde vorrangig kulturell und nicht ethnisch begründet, eine grundsätzlich wohlwollende Haltung gegenüber dem Emanzipationsvorbild Frankreich klang in der

25 Zur (nachträglichen) bildlichen Konstruktion des Kriegs von 1870/71 als bürgerlichen Nationalkriegs vgl. zusammenfassend *Frank Becker*, Bildberichterstattung zum Deutsch-Französischen Krieg von 1870/71 – eine Kultur der Identifikation, in: *Echternkamp/Schmidt/Vogel*, Perspektiven der Militärgeschichte, S. 213–221. Detaillierter dazu mit zahlreichen aussagekräftigen Abbildungen *Frank Becker*, Bilder von Krieg und Nation. Die Einigungskriege in der bürgerlichen Öffentlichkeit Deutschlands 1864–1913, München 2001, S. 377–482, sowie speziell mit einem Fokus auf die Rolle der noch jungen Fotografie *Gerhard Paul*, Bilder des Krieges – Krieg der Bilder. Die Visualisierung des modernen Krieges, Paderborn/München etc. 2004, hier: S. 69–76.

26 *Christine G. Krüger*, »Sind wir denn nicht Brüder?«. Deutsche Juden im nationalen Krieg 1870/71 (Krieg in der Geschichte, Bd. 31), Ferdinand Schöningh Verlag, Paderborn/München etc. 2006, 323 S., geb., 39,90 €.

Presse immer wieder durch, wenn auch die Beziehungen zu französischen Juden zwiespältig blieben. All das schloss freundschaftliche Begegnungen abseits der Schlachtfelder nicht aus. Daran knüpfen die jüdische Sichtweise von Krieg und Frieden sowie der Erinnerungsdiskurs an, die in zwei kürzeren Kapiteln behandelt werden: Auch wenn der Kriegstod akzeptiert werden konnte und eine patriotische Gesinnung vorherrschte: Von der liberal-protestantischen Kriegseuphorie jener Zeit findet sich nur wenig in der jüdischen Publizistik. Krüger macht insgesamt eine ausgeprägte »Friedensliebe und -sendung« des Judentums aus (S. 274), die innerjüdische Differenzen um Fortschrittsskepsis flankierten. In der jüdischen Kriegserinnerung des Kaiserreichs schwand freilich das Bekenntnis zur Eigenart nicht zuletzt vor dem Hintergrund des aufkommenden Antisemitismus seit den 1880er-Jahren. Nun schien es wichtiger, an die nationale Zuverlässigkeit und den Kriegsbeitrag der deutschen Juden zu erinnern. Damit erklärt Krüger auch eine jüdische Befürwortung des Sedantages als Nationalfest sowie eine breite Teilnahme am 25-jährigen Jubiläum der Schlacht 1895 – ein Urteil, das angesichts dessen, was wir über den nicht nur außerhalb Preußens weithin abgelehnten Sedantag wissen, zu differenzieren ist, die Bedeutung dieser wichtigen, umsichtig argumentierenden sowie gut lesbaren Studie jedoch nicht schmälert. Es ist Krügers Verdienst, die innerjüdischen Positionen und die Wechselbeziehungen zur deutschen Nationalbewegung während des Kriegs von 1870/71 detailliert herausgearbeitet zu haben.

II. Kriege und Erinnerungspolitik

Die politischen Instrumentalisierungen von und Erinnerungen an Krieg und Militär sind ein zweiter auszumachender Akzent der jüngeren Forschung. Einer solchen »Kriegserinnerungspolitik« spürt Hilmar Sack in seiner an der Humboldt-Universität zu Berlin angenommenen und von Heinrich August Winkler betreuten Dissertation nach.[27] Er konzentriert sich auf die Erinnerungen an den Dreißigjährigen Krieg zwischen 1830 und 1866, insbesondere in der Revolution von 1848/49 und im Umfeld des preußisch-österreichischen Kriegs von 1866. Es geht ihm um Deutungskämpfe in der politischen Arena, um die national- und konfessionspolitische Orientierung, die mit Geschichte, hier der 200 Jahre zurückliegenden Erzählung vom langen Krieg, als Argument verbunden waren. Er nennt es den »Krieg in den Köpfen«. Ausgangsbasis ist ihm die in der Forschung fest verankerte Annahme, wonach Nationalismus und Krieg Geschwister sind. Denn wer von der Nation redete, führte zumeist auch Gewalt und Krieg im Munde. Krieg steht für Sack in doppelter Weise im Mittelpunkt, als vergangener, erinnerter Krieg und als imaginierter, zukünftiger Krieg. Er stützt seine Analyse auf gedruckte Quellen. Vor allem publizistische und literarische Texte, Predigten und Parlamentsdebatten – neben ausgewählten Landtagen sind es vorrangig die der Paulskirche – wertet er aus. Hinzu treten einige Tagebücher und Memoiren. Der Bezug auf den Dreißigjährigen Krieg ist nicht nur gut gewählt, weil er im Erinnerungshaushalt der Zeitgenossen eine wichtige Rolle spielte, sondern auch weil mit ihm die konfessionspolitisch aufgeladenen Konstruktionen des Nationalen hervortreten – Protestanten wie Katholiken bemühten den Konfessionskrieg, um den jeweils anderen in ein schlechtes nationales Licht zu tauchen. Drei analytische Abschnitte durchziehen die chronologisch angelegte Darstellung. Der erste behandelt die Spanne zwischen Julirevolution und Revolution 1848/49. Der Dreißigjährige Krieg und der Westfälische Frieden waren hier Sinnbilder nationaler Zerrissenheit im Deutschen Bund und der außenpolitischen Schwä-

---

27 *Hilmar Sack*, Der Krieg in den Köpfen. Die Erinnerung an den Dreißigjährigen Krieg in der deutschen Krisenerfahrung zwischen Julirevolution und deutschem Krieg (Historische Forschungen, Bd. 87), Verlag Duncker & Humblot, Berlin 2008, 278 S., kart., 58,00 €.

che insbesondere gegenüber Frankreich, wie die Rheinkrise 1840 allen vor Augen führte. Gleichzeitig illustrierten und flankierten die Geschichtsbilder aus dem 17. Jahrhundert aber auch bürgerlich-vormärzliche Revolutions- und Bürgerkriegsängste. Letzteres tritt in der Revolution 1848/49 stärker in den Vordergrund, die Sack anschließend in seinem zweiten Großkapitel untersucht. So diente der Griff in die Geschichte Liberalen wie Konservativen dazu, bürgerliche Bedrohungs- und Untergangsszenarien einer Ausweitung der sozialen Revolution zum Bürgerkrieg an die Wand zu malen. Der Dreißigjährige Krieg stieg spätestens jetzt zum Sinnbild »anarchischer Willkür« auf, die nicht nur rechts der Mitte stehende Paulskirchenabgeordnete in der Forderung nach einer deutschen Republik befürchteten (S. 107). Das 200-jährige Jubiläum 1648–1848 trug zu der öffentlichen Aufmerksamkeit gewiss bei. Zugleich eignete sich 1648 auch als Argument in der Auseinandersetzung um die groß- oder kleindeutsche Lösung in der nationalen Frage: Hohenzollernerbmonarchie = Sieg der Reformation, Vorherrschaft Habsburgs = Sieg der Gegenreformation, so lautete die verkürzte historische Gleichung, die beide Seiten bemühten. Und diese Gleichung bestimmte auch die publizistischen Begleitgefechte des preußisch-österreichischen Kriegs von 1866. Die historisch-religiöse Erinnerung an 1618/1648 behielt ihren festen Sitz in den nationalpublizistischen Auseinandersetzungen jener bewegten Jahre, unabhängig davon, ob man die Nationalzeitung oder die Historisch-Politischen Blätter zur Hand nimmt. Das ist in seinen Grundzügen bekannt, und der Stellenwert des Dreißigjährigen Kriegs bleibt im Vergleich zu anderen (zeit-)historischen Kriegserinnerungen offen:[28] Zu Recht ist auf den unmittelbar zurückliegenden Amerikanischen Bürgerkrieg aufmerksam gemacht worden, zu denken ist darüber hinaus an den Italienischen Einigungskrieg, den Krimkrieg, die Befreiungskriege oder auch den Siebenjährigen Krieg. Dennoch fördert Sacks übersichtlich gegliedertes, jedoch sprachlich nicht immer leicht verdauliches Buch viele neue Details zutage, die zudem durch ein Personen- und Sachregister zugänglich sind.

Die Instrumentalisierung aktuellerer Konflikte ist Gegenstand der Dissertation von Florian Keisinger. Er beschäftigt sich mit der deutschen, britischen und irischen Presseberichterstattung über die kriegerischen Auseinandersetzungen auf dem Balkan.[29] Gemeint sind damit der russisch-osmanische Krieg 1876/77, die serbisch-bulgarischen Konflikte 1885/86, der Krieg um Kreta 1897 sowie die beiden Balkankriege 1912/13 kurz vor dem Ersten Weltkrieg. Die drei europäischen Staaten wählt Keisinger aus, da diese im Großen und Ganzen im Untersuchungszeitraum nicht in Kriege verwickelt waren. Über die Kolonialkriege der Epoche und die irische Revolution muss man dabei ein wenig großzügig hinwegsehen. Der Verfasser wendet sich mit seiner Studie gegen das von der amerikanischen Historikerin Maria Todorova entworfene, umstrittene Bild eines seit dem 18. Jahrhundert von der westlichen Welt bestenfalls als halbzivilisiert und halborientalisch eingestuften Balkans.[30] Er betont demgegenüber die Vielfalt der Balkanbilder und -wahrnehmungen in der Presse der von ihm untersuchten Länder. Als Quellen dienen ihm insgesamt 21 Zeitungen und Zeitschriften unterschiedlicher politischer Ausrichtung, darunter etwa »Ger-

28 *Frank Becker*, Besprechung von: Hilmar Sack, Der Krieg in den Köpfen. Die Erinnerung an den Dreißigjährigen Krieg in der deutschen Krisenerfahrung zwischen Julirevolution und deutschem Krieg, Berlin 2008, in: sehepunkte, 15.11.2008, URL: <http://www.sehepunkte.de/2008/11/14243.html> [13.9.2015]. Hinzuweisen ist in diesem Zusammenhang auf die einschlägigen Beiträge in *Gerd Krumeich/Hartmut Lehmann* (Hrsg.), »Gott mit uns«. Nation, Religion und Gewalt im 19. und frühen 20. Jahrhundert, Göttingen 2000, etwa *Berit Pleitner*, Von treuester Freundschaft und glühendem Haß. Polen im deutschen nationalen Diskurs 1849–1871, in: ebd., S. 53–72.

29 *Florian Keisinger*, Unzivilisierte Kriege im zivilisierten Europa? Die Balkankriege und die öffentliche Meinung in Deutschland, England und Irland 1876–1913 (Krieg in der Geschichte, Bd. 47), Ferdinand Schöningh Verlag, Paderborn/München etc. 2008, 201 S., geb., 39,90 €.

30 *Maria Todorova*, Die Erfindung des Balkans. Europas bequemes Vorurteil, Darmstadt 1999 (zuerst engl. 1997).

mania«, »Kreuzzeitung«, »Daily Telegraph«, »The Times«, »Irish Freedom« und »Irishmen«; hinzu treten einige Erlebnisberichte westlicher Kriegsbeobachter, die teils uniformiert auf den Schlachtfeldern waren. In einem ersten von drei Abschnitten nimmt er die Presselandschaft in den drei Ländern in den Blick, skizziert Übereinstimmungen und Unterschiede sowie die Bedingungen der Kriegsberichterstattung. Bemerkenswert ist dabei vor allem der Befund, dass Korrespondenten vor Ort zumeist nicht aus eigener Anschauung über das Kriegsgeschehen berichteten. Diese gaben vielmehr Informationen aus zweiter Hand an ihre heimischen Redaktionen weiter, die zudem oft nicht nur zensiert worden waren, sondern auch nur in den Salons der Hauptstädte gesammelt werden konnten. War schon diese Seite des Informationsflusses unzuverlässig, lückenhaft und teils konstruiert, so zeigt Keisinger, dass die großen europäischen Zeitungen Balkan- und Kriegsberichte nach dem Motto »war sells« dazu nutzten, ihre Auflagen zu steigern und sich zugleich politisch zu verorten. Die Sichtweisen der deutschen und englischen Presseorgane stehen im zweiten Teil im Mittelpunkt. Jenseits der politischen und nationalen Positionen gingen sie durchweg von einer großen Gefahr der »Eastern Question« für den europäischen Frieden aus. Strittig waren indes die Rezepte, mit denen dieser Gefahr zu begegnen sei. Wenig überraschend plädierten konservative Blätter eher dafür, das Osmanische Reich lediglich zu reformieren, während liberale Zeitungen dazu tendierten, den südosteuropäischen Raum unter nationalstaatlichen Gesichtspunkten grundlegend neu zu ordnen. Entlang dieser politischen Grenzen verlief auch die Berichterstattung über Kriegsgräuel: Konservative Organe hoben die Untaten der Bulgaren und Serben hervor, in liberalen Blättern finden sich verstärkt Hinweise auf türkische Gewalttaten, gemeinsam blieb das Bild eines rückständigen und gewaltsamen Südosteuropas. An diesem Gesamteindruck ändert auch der dritte Teil über die irische Presse nur wenig, selbst wenn den nationalen Bewegungen auf dem Balkan aus irisch-nationaler Perspektive viel Sympathie entgegengebracht wurde. Aber auch hier verliefen ähnliche politische Gräben wie im Deutschen Kaiserreich und in Großbritannien: irische Nationalisten hier, Unionisten dort. Das als Epilog bezeichnete abschließende Kapitel will sich nicht so recht in das Buch fügen, denn es eröffnet eine neue Betrachtungsebene, indem es nach den Vorstellungen über einen zukünftigen europäischen Krieg fragt.

III. Militär und Gesellschaft

Fragen nach der Verankerung des Militärs in der Gesellschaft, seinem identitätsstiftenden Potenzial und seinen Funktionen für die Herrschaftssicherung der konstitutionellen Monarchien sind nicht grundsätzlich neu. Aber die lange vorherrschende und gelegentlich immer noch anzutreffende Konzentration auf die beiden deutschen Vormächte, und vor allem Preußen, hat dazu geführt, dass wir lange allenfalls leidlich über das Militär in den anderen deutschen Staaten informiert waren, über seine Vernetzungen in Regionen, seinen Alltag und seine vielfältigen Wechselwirkungen mit städtischen wie ländlichen Einwohnern. Hier hat sich in den zurückliegenden Jahren einiges getan, hinzuweisen ist etwa auf Studien zu Bayern[31] oder auch zum Königreich Württemberg, für das Daniel Kirn den Alltag

31 Vgl. mit Blick auf die zögerliche Akzeptanz des preußischen Militarismus in einer katholischen Region etwa *Ingrid Mayerhofer*, Bevölkerung und Militär in Bamberg 1860–1923. Eine bayerische Stadt und der preußisch-deutsche Militarismus, Paderborn/München etc. 2010, sowie *Gundula Gahlen*, Das bayerische Offizierskorps 1815–1866, Paderborn/München etc. 2011, die überzeugend vorführen kann, wie die bayerische Verfassung und das parlamentarische Budgetrecht den monarchischen Zugriff auf das Heer zusehends einengten – ein wesentlicher Unterschied zu Preußen, der wohl auch zur Niederlage von 1866 mit beitrug.

des einfachen Soldaten im Kaiserreich vor dem Ersten Weltkrieg untersucht hat.[32] Sein Buch, eine Stuttgarter Dissertation, fügt sich damit in den Zusammenhang einer Militärgeschichte ›von unten‹, die den vernachlässigten Blick auf die schweigsamen Vielen, die einfachen Soldaten jenseits von Offizieren, militärischer Leitung und Politik in den Mittelpunkt rückte.[33] Im Rückblick nach über 20 Jahren drängt sich der Eindruck auf, dass nicht nur die Alltagsgeschichte der 1980er-Jahre diese programmatisch gemeinte Abkehr von einer sozialgeschichtlich aufgestellten Generalstabs- und Offiziershistoriografie inspirierte, sondern auch die Quellenfrage. Vor allem anhand der Feldpostbriefe als »Medium der Augenzeugen«[34] entfaltete sich die Debatte darum, wie möglichst nah an den soldatischen (Kriegs-)Alltag heranzukommen sei, für den sich auch Kirn interessiert: Er spürt am Beispiel des königlich württembergischen XIII. Armeekorps der Dienstzeit der Soldaten, ihrer Wahrnehmung und den Konflikten zwischen militärischer und ziviler Welt ebenso nach wie der Frage, ob es so etwas wie einen »württembergischen Militarismus« im Kaiserreich gegeben habe. Für das gewählte Armeekorps ist nicht nur die archivalische Überlieferung günstig. Es zeichnet sich zugleich durch seine besondere Stellung aus, da es eingeschränkt selbstständig war. Diese Eigenständigkeit war Teil der bei der Reichseinigung ausgehandelten württembergischen Reservatrechte: Formal war der württembergische König in Friedenszeiten sein Oberbefehlshaber, den Etat stellte jedoch Preußen, weshalb Berlin später wiederholt versuchte, seinen Einfluss auszudehnen. Seine Quellen schöpft Kirn vor allem aus den militärischen Beständen des Hauptstaatsarchivs Stuttgart, hinzu treten einige Archivalien aus dem Kriegsarchiv des Bayerischen Hauptstaatsarchivs München, dem Stadtarchiv Ludwigsburg sowie gedruckte Quellen wie etwa Statistiken und Zeitungen. An diesen Quellen sind die Ergebnisse zu messen, denn es fehlen abgesehen von einem sich in Privatbesitz des Verfassers befindlichen soldatischen Tagebuch und Feldpostkarten Quellen, welche die direkte Sicht der einfachen Soldaten einfangen – etwa Briefe, Memoiren oder weitere Tagebücher. So werden die soldatischen Perspektiven und Erlebniswelten ganz überwiegend aus der amtlichen Überlieferung rekonstruiert – ein Umstand, den Kirn selbst unterstreicht (S. 20f.) und der die Aussagekraft seiner Ergebnisse einschränkt.

Seine insgesamt 19, teils kleinteilig untergliederten Kapitel bestehen aus zwei größeren Abschnitten, ohne dass dies aus der Gliederung ersichtlich wäre. Zunächst schreitet der Stuttgarter Historiker einzelne Stationen des württembergischen Militärdiensts ab, angefangen bei der Rekrutierung und Musterung, endend mit der Entlassung. Der umfangreichere zweite Teil (beginnend mit Kapitel 8 zur Kaserne als soldatischem Lebens- und Arbeitsort) behandelt in sozial- und alltagsgeschichtlichem Zugriff Grundlage und Probleme des Soldatenlebens. Hier fehlt kaum etwas: Essen und Trinken, Gesundsein und Krankheit, Feste, Religion und Politik, Frauen und Männer, Sexualität und Prostitution, Strafen und Schikanen, Selbstmorde und Misshandlungen. Bei allen neuen Erkenntnissen im Ein-

32 *Daniel Kirn*, Soldatenleben in Württemberg 1871–1914. Zur Sozialgeschichte des deutschen Militärs (Krieg in der Geschichte, Bd. 46), Ferdinand Schöningh Verlag, Paderborn/München etc. 2009, 369 S., geb., 44,90 €.

33 Impulsgebend: *Wolfram Wette*, Militärgeschichte von unten. Die Perspektive des kleinen Mannes, in: *ders.* (Hrsg.), Der Krieg des kleinen Mannes. Eine Militärgeschichte von unten, München 1992, S. 9–47. Der Band erschien rasch in zweiter Auflage. Ebenso einschlägig *Bernd Ulrich*, »Militärgeschichte von unten«. Anmerkungen zu ihren Ursprüngen, Quellen und Perspektiven im 20. Jahrhundert, in: GG 22, 1996, S. 473–503. Ein frühes Beispiel, wie gewinnbringend diese Perspektive sein kann, liefert *Thomas Rohkrämer*, Der Militarismus der »kleinen Leute«. Die Kriegervereine im Deutschen Reich 1871–1914, München 1990.

34 *Ulrich*, »Militärgeschichte von unten«, S. 501. Quellenkritische Bemerkungen zu militärischen »Selbstzeugnissen« aus zeitgeschichtlicher Perspektive finden sich bei *Jörg Echternkamp*, Militärgeschichte, in: *Frank Bösch/Jürgen Danyel* (Hrsg.), Zeitgeschichte. Methoden und Konzepte, Göttingen 2012, S. 293–312, hier: S. 304–306.

zelnen, etwa zum Umgang mit Frauen: Ein fundamental neues Bild des soldatischen Alltags im Kaiserreich entwirft Kirn nicht, Routine und Langeweile, Befehl und Gehorsam prägten ihn. Bemerkenswert und wichtig ist dagegen der Befund für den Militarismus des Kaiserreichs. Kirn kann teilweise – teilweise aufgrund der Quellenauswahl – plausibel machen, dass über die Dienstzeit hinaus kaum eine Bindung zum Militär allgemein bestand. Das für Preußen so oft hervorgehobene und für das Kaiserreich nicht selten verallgemeinerte Sozialprestige ist danach in Württemberg kaum zu erkennen. Verbunden fühlten sich die einfachen Soldaten eher den Regimentern, in denen sie gedient hatten. Sie begingen Regimentsjubiläen weitaus intensiver als etwa Königs- und Kaisergeburtstage oder Sedantage. Auch wenn die Armee die politische Orientierung ihrer Soldaten kontrollierte und insbesondere nach 1900 im Zusammenwirken mit der Ortspolizei auch den Besuch einiger Wirtshäuser unterband: Das Verhältnis zur Sozialdemokratie war in Württemberg offenkundig spannungsärmer als andernorts, was sich in das liberalere württembergische Klima jener Jahrzehnte einfügt: Clara Zetkin und Karl Kautsky lebten nicht von ungefähr in Stuttgart.

Wie ertragreich militärgeschichtliche Akzente für Fragen nach Herrschaftsdurchsetzung und -sicherung sein können, zeigt die Arbeit von Bernhard Schmitt.[35] Die Dissertation ist im Rahmen des Teilprojekts »Fremde Herrscher – Fremdes Volk« im Trierer Sonderforschungsbereich 600 entstanden. Konkret untersucht Schmitt am preußischen und österreichischen Beispiel, inwieweit allgemeine Wehrpflicht und Konskription zwischen dem Wiener Kongress und dem nationalen Auf- und Umbruch der 1860er-Jahre dazu beitrugen, neue Provinzen in die Staaten zu integrieren und deren Bewohner zu loyalen Untertanen zu erziehen. Zugleich fragt er auch nach dem Umfang der Rekrutierung, den Folgen für die Militärpflichtigen sowie den Reaktionen der Bevölkerung. Mit der preußischen Rheinprovinz und dem habsburgischen Venetien nimmt er die jeweils größten Neuerwerbungen im Gefolge des Wiener Kongresses in den Blick, die durch ihre vorangegangene Anbindung an das revolutionäre beziehungsweise napoleonische Frankreich von den politisch-sozialen wie den militärischen Umwälzungen der Ära besonders betroffen und nachhaltig geprägt waren. Auch wenn sich die Umsetzung der allgemeinen Wehrpflicht in vielen europäischen Ländern lange hinzog: Hinter diese Errungenschaft der Französischen Revolution konnte man nicht mehr zurück. Die Proklamation der »levée en masse« 1793 brach mit dem Sonderstatus der Soldaten des Ancien Régime. Staatsbürgerrecht und Wehrpflicht waren fortan miteinander verknüpft, Reform und Innovation prägten das Bild ebenso, wie sich das Militärische zunehmend mit der Gesellschaft verwob.[36] Zugrunde gelegt hat Schmitt seinen Ausführungen qualitative und quantitative Quellen aus den staatlichen Archiven in Berlin und Wien, dem Staatsarchiv Venedig, den Archiven in Koblenz und Düsseldorf sowie aus verschiedenen rheinischen Stadtarchiven.

---

35 *Bernhard Schmitt*, Armee und staatliche Integration: Preußen und die Habsburgermonarchie 1815–1866. Rekrutierungspolitik in den neuen Provinzen: Staatliches Handeln und Bevölkerung (Krieg in der Geschichte, Bd. 36), Ferdinand Schöningh Verlag, Paderborn/München etc. 2006, 332 S., geb., 49,90 €.

36 Grundlegend zu dem Reformkomplex im Preußen des 19. Jahrhunderts *Dierk Walter*, Preußische Heeresreform 1807–1870. Militärische Innovation und der Mythos der »Roonschen Reformen«, Paderborn/München etc. 2003. Walter betont den allmählichen Wandel bis zu den Reformen Albrecht von Roons, die keine scharfe Zäsur darstellten. Insgesamt gut erforscht ist die Dienstpflicht samt ihren Folgen für die Zivilgesellschaft für die Epoche nach 1871. Genannt seien hier nur *Jakob Vogel*, Nationen im Gleichschritt. Der Kult der »Nation in Waffen« in Deutschland und Frankreich 1871–1914, Göttingen 1997; *Ute Frevert*, Die kasernierte Nation. Militärdienst und Zivilgesellschaft in Deutschland, München 2001. Über einzelne Waffengattungen und Europa hinaus reichen die Beiträge in *Michael Epkenhans/Gerhard P. Groß* (Hrsg.), Das Militär und der Aufbruch in die Moderne 1860 bis 1890. Armee, Marine und der Wandel von Politik, Gesellschaft und Wirtschaft in Europa, den USA und Japan, München 2003.

Schmitt organisiert seine Studie in drei Hauptabschnitten. Der erste, kürzere hat überwiegend Einführungscharakter, hier geht es um die politischen, ökonomischen und kulturellen Grundlagen in der Rheinprovinz und in Lombardo-Venetien ebenso wie um die in weiten Teilen der Bevölkerung reservierte Haltung gegenüber den neuen Machthabern. Im zweiten Teil steht die ideengeschichtliche, normative und administrative Entwicklung der Militärpflicht im Vordergrund. Auch wenn beide Staaten erzieherische, disziplinierende und stabilisierende Ziele verfolgten: Die Entwicklung könnte kaum unterschiedlicher ausfallen, so der Befund Schmitts. Die territoriale und ethnische Vielfalt der Habsburgermonarchie schlug sich auch in der Militärpflicht nieder. Wien hielt weitgehend am althergebrachten Territorialprinzip fest, behandelte Lombardo-Venetien als Teil eines eigenständigen italienischen Rekrutierungsraums. Der Sonderstatus erschwerte die Integration und verfestigte (Sprach-)Barrieren, nicht zuletzt weil andere Länder der Monarchie die Italiener bevorzugt wähnten; der Kaiser blieb die einzige Klammer. Der preußische Kurs war dagegen von Beginn an zentralistisch. Wie in allen Provinzen des Königreichs bildete das preußische Wehrgesetz aus dem September 1814 mit seinen ergänzenden Instruktionen und Verordnungen die Grundlage. Egal ob Ostpreuße, Brandenburger, Sachse oder Rheinländer: gleiche Uniform, gleiche Dienstzeit – das trug zur einheitlichen Organisation des Militärs bei und beförderte die gesamtstaatliche Integration. Eine zumeist heimatnahe Verwendung der rheinischen Soldaten scheint dabei nicht hinderlich gewesen zu sein. Das längste Kapitel beschäftigt sich mit der praktischen Durchführung der Rekrutierung in den beiden Provinzen sowie mit Verweigerungen und Konflikten. Insgesamt kam es hier wie dort nur zu wenigen Konflikten, Verweigerungen fielen kaum ins Gewicht. Politische Widerständigkeit, ein Urteil, das bis in die jüngere Forschung anzutreffen ist, lässt sich aus Schmitts Befunden nicht ablesen, die anhaltende Friedenserfahrung der nachnapoleonischen Ära trug dazu gewiss bei. Selbst für die häufiger zu beobachtenden unerlaubten Abwesenheiten sind andere Ursachen in Rechnung zu stellen. Schmitt nennt etwa die hohe Mobilität, Fehler in der behördlichen Überwachung oder Erfassung und stuft beide Provinzen als »vergleichsweise verlässliche Rekrutierungsräume« (S. 288) ein. In einem Anhang versammelt Schmitt nicht nur mehrere Übersichten, sondern es finden sich zugleich verschiedene Karten zu den untersuchten Regionen. Ein Orts- und Personenindex rundet die gewinnbringende Studie ab. Wägt man alles ab, dann war die Militärpflicht dies- wie jenseits der Alpen jedenfalls kein Integrationshindernis, allerdings wohl auch keine »Schule der Nation«. Primär sollte die Armee ein loyales Instrument monarchischer Herrschaft sein. Nicht mehr, aber eben auch nicht weniger.

IV. Wirtschafts- und Technikgeschichte des Kriegs

Unter wirtschafts- und technikgeschichtlichen Gesichtspunkten stand lange der Aufbau einer Rüstungsindustrie im Fokus der Forschung. Aufmerksamkeit hat dabei vor allem der sogenannte militärisch-industrielle Komplex erfahren, die Vernetzung zwischen Staat, Militär und Rüstungskonzernen wie Thyssen oder Krupp.[37] Die generellen Auswirkungen der technologischen Neuerungen auf das Militär sind dabei kaum zu überschätzen: Strategie, Taktik, Logistik – die Zahl der betroffenen Bereiche ließe sich nahezu beliebig erhöhen. Sie veränderten Kriegsoperationen und -strategie fundamental – so fundamental, dass ver-

37 Vgl. etwa *Michael Geyer*, Deutsche Rüstungspolitik. 1860–1980, Frankfurt am Main 1984; *Lothar Gall*, Krupp. Der Aufstieg eines Industrieimperiums, München 2000. Den grundsätzlichen Horizont leuchtet ein älterer, aber nach wie vor wichtiger Sammelband aus: *Roland G. Foerster*/*Heinrich Walle* (Hrsg.), Militär und Technik. Wechselbeziehungen zu Staat, Gesellschaft und Industrie im 19. und 20. Jahrhundert, Bonn 1992.

schiedentlich sogar von einer »militärtechnischen Revolution« gesprochen worden ist: Nachrichten konnten zunächst mithilfe des Telegrafen, später mit der des Fernsprechers, rasch übermittelt werden, mit dem Zündnadelgewehr ließ sich aus gedeckten Stellungen feuern.[38] Die Armeeführungen mobilisierten zuerst und verlegten dann Truppen auf der Schiene in bis dahin ungekanntem Tempo an die Kriegsschauplätze. Diesem Feld ist die Studie von Klaus-Jürgen Bremm zuzuordnen. Er interessiert sich in seiner in Potsdam entstandenen Dissertation für die Anfänge der militärischen Nutzung der Eisenbahnen.[39] Ohne diese Nutzung sind auch die Nationsbildungsprozesse des 19. Jahrhunderts nur unzureichend zu verstehen; dies gilt nicht nur für das bei Bremm im Mittelpunkt stehende Preußen, sondern etwa auch für die Vereinigten Staaten, wenn man an den Amerikanischen Bürgerkrieg oder die Frontierbewegung denkt. Seine Quellen schöpft Bremm vor allem aus der militärischen Überlieferung des Geheimen Staatsarchivs Preußischer Kulturbesitz in Berlin-Dahlem, des Bundesarchivs sowie des Landeshauptarchivs Koblenz. Die klassische Meistererzählung lautete in diesem Zusammenhang, dass Preußen seinen Rückstand hinsichtlich der militärischen Nutzung der Eisenbahn gegenüber anderen Großmächten erst mit den Militärreformen der Jahre 1857 bis 1866 aufholte, ja überhaupt erst in die Lage versetzt wurde, die sich unmittelbar anschließenden Einigungskriege erfolgreich zu gestalten.

Nach der Lektüre von Bremms Buch muss diese Geschichte zwar nicht komplett neu, aber doch etwas anders erzählt werden. Den Weg zu seinem Resümee »Früher und schneller als gedacht« beschreitet der Verfasser in zwei Großkapiteln. Zunächst leuchtet er die konzeptionellen Überlegungen zur militärischen Nutzung bis zur Revolution von 1848/49 aus. Die Namen der frühen Eisenbahnenthusiasten sind bekannt: etwa Friedrich Harkort, Ludolf Camphausen oder Friedrich List. Sie stießen mit ihrem Werben zunächst auch deshalb in der preußischen Armee auf wenig Resonanz, weil das Chausseenetz nach der Napoleonischen Ära gerade erst verbessert worden war und die Eisenbahn in ihren Anfängen für große Truppentransporte wenig geeignet schien. Auch meinten führende Militärs, ein feindliches Vordringen auf eigenes Terrain gegebenenfalls zu begünstigen, da sich Bahndämme rasch in Kunststraßen umbauen ließen. Dennoch ist bereits 1837 ein Umschwung zugunsten der Eisenbahn auszumachen, den Bremm detailliert aus den Akten herauspräpariert. Zwar war die Haltung der militärischen Entscheidungsträger weit von einer Eisenbahneuphorie à la List entfernt, aber das neue Transportmittel wurde mehr und mehr in die Operationsplanungen und das preußische Festungssystem einbezogen. Der diesen Abschnitt beschließende Vergleich mit Österreich und Frankreich lässt die preußische Entwicklung gut aussehen, obwohl auch die beiden anderen Großmächte relativ früh in der Lage waren, ganze Armeen auf der Schiene zu befördern. Dies belegt der Krieg 1859 in Oberitalien.

Im zweiten, umfangreicheren Teil untersucht Bremm die »organisatorische und operative Bewältigung der Eisenbahnfrage«; teilweise setzt er dazu nochmals wieder vor der Revolution 1848/49 an. Hier geht es in weitestgehend chronologischer Folge um die institutionellen Bemühungen, die Eisenbahnstrecken militärisch nutzen zu können und ein staatliches Militäreisenbahnwesen aufzubauen. Im Zentrum stehen die Aufmarschplanungen sowie der Einsatz der Eisenbahn im deutsch-dänischen und im preußisch-österreichischen

---

38 Vgl. statt vieler *Elmar W. Caspar* (Hrsg.), Das Zündnadelgewehr. Eine militärtechnische Revolution im 19. Jahrhundert, Herford 1991.

39 *Klaus-Jürgen Bremm*, Von der Chaussee zur Schiene. Militärstrategie und Eisenbahn in Preußen von 1833 bis zum Feldzug von 1866 (Militärgeschichtliche Studien, Bd. 40), R. Oldenbourg Verlag, München 2005, XII + 295 S., kart., 24,80 €. Das Pendant zur österreichischen Entwicklung ist *Burkhard Köster*, Militär und Eisenbahn in der Habsburgermonarchie 1825–1859, München 1999. Impulsgebend: *Dennis E. Showalter*, Railroads and Rifles. Soldiers, Technology and the Unification of Germany, Hamden 1975.

Krieg, die bereits eng mit dem Namen des preußischen Generalstabschefs Helmuth von Moltke verbunden waren. Der nützliche Anhang der lesenswerten Studie enthält nicht nur mehrere Abbildungen und Karten, sondern auch ein Namensregister mit kurzen biografischen Angaben. Auch wenn nicht alles so grundstürzend neu ist, wie die Lektüre gelegentlich vermittelt: Insgesamt kann Bremm bei aller Skepsis von militärischer Seite zeigen, dass der preußische Generalstab auch schon vor Moltke dem Transportmittel Eisenbahn gegenüber aufgeschlossen war. Seine Arbeit stellt damit nicht nur einen Gewinn für die Militärgeschichte dar, sondern bereichert zugleich auch die eher an sozioökonomischen, politischen und kulturellen Aspekten interessierte Forschung zur Eisenbahngeschichte des 19. Jahrhunderts.[40]

V. Militarismus und Wandel des Kriegs im 19. Jahrhundert

Der Aufschwung der vielfältigen »neuen« Militärgeschichte hat sich auch in dem Bedürfnis niedergeschlagen, ihre Erträge zu systematisieren und einzuordnen. Nicht von ungefähr ist die Militärgeschichte daher in die für Forschung wie Lehre wichtige Reihe »Enzyklopädie deutscher Geschichte« aufgenommen worden, obwohl militärgeschichtliche Bände ursprünglich wohl nicht vorgesehen waren.[41] Den Band zum 19. Jahrhundert hat mit Ralf Pröve ein ausgewiesener Kenner der Materie, insbesondere der frühneuzeitlichen Militärgeschichte, verfasst. Er bietet den reihenüblichen Aufbau und Umfang: Enzyklopädischer Überblick (S. 1–45), Grundprobleme und Tendenzen der Forschung (S. 47–96) sowie Quellen und Literatur (S. 97–121) samt Orts-, Personen- und Sachregister.

Das militärgeschichtliche 19. Jahrhundert hat hier einen eigenen Zuschnitt. Es bleibt zwar ein langes Säkulum, unterscheidet sich aber doch grundlegend von jenem, das mit der Französischen Revolution beginnt und mit dem Ersten Weltkrieg endet. Pröve plädiert für einen Beginn ausgangs des Siebenjährigen Kriegs (1763) und für ein Ende nur wenig nach der Reichsgründung – spätestens jedoch 1890 –, womit stärker der »Übergangscharakter« dieser militärgeschichtlichen Epoche vor den maschinell-industriell dominierten Kriegen des 20. Jahrhunderts in den Vordergrund gerückt werden soll (S. 2). Einmal mehr relativiert dies die klassischen politikgeschichtlichen Epochenschwellen 1789 und 1914/18, selbst wenn man dagegen einwenden mag, dass dieses europäisch-deutsche 19. Jahrhundert damit zunehmend seinen eigenständigen Charakter einbüßt, vormoderner und zumindest teilweise zu einem Anhängsel der Frühen Neuzeit wird. Pröve nähert sich mit diesem

40 Genannt seien hier nur *Dieter Ziegler*, Eisenbahnen und Staat im Zeitalter der Industrialisierung. Die Eisenbahnpolitik der deutschen Staaten im Vergleich, Stuttgart 1996; *James M. Brophy*, Capitalism, Politics, and Railroads in Prussia, 1830–1870, Columbus 1998; *Ralf Roth*, Das Jahrhundert der Eisenbahn. Die Herrschaft über Raum und Zeit 1800–1914, Ostfildern 2005. Immer noch gewinnbringend ist die Lektüre des kulturgeschichtlichen Klassikers von *Wolfgang Schivelbusch*, Geschichte der Eisenbahnreise. Zur Industrialisierung von Raum und Zeit im 19. Jahrhundert, München/Wien 1977.

41 *Pröve*, Militär, Staat und Gesellschaft im 19. Jahrhundert. Auch für die anderen Epochen liegen bereits Bände vor: *Bernhard R. Kroener*, Militär, Staat und Gesellschaft im 20. Jahrhundert (1890–1990), München 2011, der hier mit Blick auf die Zeit vor 1914/18 mitberücksichtigt wird, sowie *ders.*, Kriegswesen, Herrschaft und Gesellschaft 1300–1800, München 2013. Hinzuweisen ist darüber hinaus auf zwei jüngere, epochenübergreifende Einführungen: Chronologisch und erzählend angelegt ist *Rolf-Dieter Müller*, Militärgeschichte, Köln/Weimar etc. 2009 (zum 19. Jahrhundert, vor allem S. 163–230), sowie *Jutta Nowosadtko*, Krieg, Gewalt und Ordnung. Einführung in die Militärgeschichte, Tübingen 2002. Einen knappen und instruktiven Überblick bietet zudem *Gerd Krumeich*, Militärgeschichte für eine zivile Gesellschaft, in: *Christoph Cornelißen* (Hrsg.), Geschichtswissenschaften. Eine Einführung, Frankfurt am Main 2000, S. 178–193.

Epochenzuschnitt zugleich – ohne dass er es ausdrücklich thematisiert – kultur- und sozialgeschichtlichen Sichtweisen an, die das 20. Jahrhundert kurz vor der oder um die Jahrhundertwende beginnen lassen.[42] Diese Situierung des 19. Jahrhunderts ist damit verknüpft mit der methodischen Sensibilisierung und Öffnung der »neuen« Militärgeschichte, ihrer wechselseitigen Verbindung mit anderen Disziplinen unseres Faches, mit deren Fragen, Theorien und auch Debatten. Es sei dabei vorweggenommen, dass sich Pröves Band eher für den Fachmann eignet denn als Einstieg für Studierende, an die sich die Reihe auch richtet.

Seinen »Enzyklopädischen Überblick« gliedert der Potsdamer Historiker in zwei größere Abschnitte. Zunächst widmet er sich Krieg und Militär in Spätaufklärung und Frühliberalismus. Zur Sprache kommen hier die anschwellende Kritik der Aufklärer an den stehenden Heeren – etwa deren ständische Abschottung –, die Problemkomplexe der bürgerlichen Bewaffnung und der allgemeinen Wehrpflicht sowie die in vielem nur halbherzigen Militärreformen der Napoleonischen Zeit, die Pröve insgesamt mit Hans-Ulrich Wehler als »Periode einer defensiven Modernisierung« einstuft.[43] Knapp informiert er in diesem Abschnitt dann auch über die Kriegsverfassung des Deutschen Bundes sowie über die Rollen von Militär und Volkbewaffnung vor und in der Revolution 1848/49. Ob mit dem hier als endgültig eingestuften Scheitern »alternativer Wehrkonzepte« – etwa einer größeren Selbstständigkeit von lokalen, staatsunabhängigen Bürgerwehren und Bürgergarden – bereits »ein Weg« beschritten worden sei, »der letztlich in den Ersten Weltkrieg mündete« (S. 24, ähnlich teleologisch auch S. 33), muss indes bezweifelt werden – nicht zuletzt auch deshalb, weil Pröves selbst gewählter Halt- und Wendepunkt 1890 weit vor dem Ausbruch des Ersten Weltkriegs liegt.

Im sich anschließenden Großkapitel »Nationalisierung und Industrialisierung: Krieg und Militär (1850–1890)« verkoppelt Pröve den militärischen Wandel mit zwei Basisprozessen des Jahrhunderts. Deren Wechselwirkungen mit dem Militär schlagen sich dann in der Darstellung aber nur bedingt nieder, denn auf verzichtbare ereignisgeschichtliche Ausführungen folgt eine Bestandsaufnahme zur verfassungsrechtlichen Sonderstellung des Militärs vom preußischen Heeres- und Verfassungskonflikt der 1860er-Jahre über die bayerischen Sonderrechte nach der Reichsgründung von 1871 bis hin zu den wiederholten Auseinandersetzungen zwischen Bismarck und dem Reichstag um die Heeresstärke. Am deutlichsten wird der Zusammenhang noch in den Unterabschnitten zu Militär und Technik sowie zu Militär und Gesellschaft. Allerdings verallgemeinert Pröve den – preußischen – »doppelten Siegeszug des Militärs« (S. 41) – gegen den inneren Gegner 1848/49 und erneut im Heeres- und Verfassungskonflikt sowie gegen die äußeren Gegner in den drei Einigungskriegen 1864, 1866 und 1870/71 – und seine gesellschaftlichen Auswirkungen zu sehr. Wie nicht erst Daniel Kirn gezeigt hat, gab es insbesondere vor, teilweise aber noch nach 1890 nicht nur in den süddeutschen Staaten erhebliche Vorbehalte gegenüber und Abweichungen von dem preußischen Militarismus und seiner Durchdringung der Gesellschaft.

Die »Grundprobleme und Tendenzen der Forschung« (S. 47–96) sind insgesamt gesehen der stärkere Abschnitt, auch wenn die Gliederung – eine eigentümliche Mischung aus Chronologie und Systematik – nicht trennscharf ist. Zunächst widmet Pröve sich der Historiografie der Militärgeschichte und ihren thematischen Schwerpunkten – von den Anfängen im ausgehenden 18. Jahrhundert über die borussozentrische Kriegsgeschichte des 19. Jahrhunderts bis hin zur Militärgeschichte neuester Prägung in der Gegenwart. In wei-

42 Vgl. hierzu die Ausführungen bei *Nils Freytag*, Trittfeste Ufer und unwegsames Gelände. Umweltgeschichtliche Neuerscheinungen zum 19. Jahrhundert, in: AfS 51, 2011, S. 737–755, hier: S. 740f. Dort finden sich auch weiterführende Literaturhinweise.

43 *Hans-Ulrich Wehler*, Deutsche Gesellschaftsgeschichte, Bd. 1: Vom Feudalismus des Alten Reiches bis zur Defensiven Modernisierung der Reformära 1700–1815, München 1987, S. 12.

ten Teilen ist dies auch (amtliche) Institutionengeschichte. Es schließen sich chronologisch organisierte Ausführungen zu jüngeren Entwicklungen in einzelnen Zeitabschnitten an, ehe »neue Felder und Fragestellungen« der Militärgeschichte auf der Agenda stehen. Frauen- und Geschlechtergeschichte ist hier ebenso zu finden wie Kultur- oder Stadtgeschichte; Themenfelder und Ansätze, die der Sammelband von Thomas Kühne und Benjamin Ziemann als Teil der »neuen« Militärgeschichte identifiziert hat.[44] Daneben finden sich auch klassische Felder militärgeschichtlicher Forschung, etwa die Operationsgeschichte. Unter Kernproblemen behandelt Pröve sodann noch die in unterschiedlichen Zusammenhängen intensiv diskutierten Forschungskomplexe »Militarismus und Militarisierung« sowie – recht knapp – »Gewalt und Krieg«. Stellt man Pröve den sich anschließenden Band von Bernhard R. Kroener zum 20. Jahrhundert zur Seite, dann fällt auf, dass erst Kroeners Einführung den gewählten Haltepunkt der 1890er-Jahre richtig erhellt.[45] Kroener argumentiert, dass viele einen großen Krieg seitdem als sehr viel unvermeidbarer, nicht wenige sogar als notwendig einstuften. Untrennbar verwoben war dieser Einschnitt mit Bismarcks Abgang sowie mit den Schwächen der neuen zivilen Reichsleitung. Die bekannten Stichworte des Umbruchs sind Heeresvermehrung, Flottenrüstung und Kriegserwartung. Nicht zuletzt spielte dabei der Aufstieg der Massenpresse eine wichtige Rolle.

Bemerkenswert ist zudem, wie randständig Pröve das Thema »Krieg« im 19. Jahrhundert behandelt, vor allem wenn man die anhaltende Debatte um den Wandel von Krieg im 19. Jahrhundert bedenkt, die Diskussion um die Fragen, ob und wie sich Grenzen zwischen Kriegsteilnehmern und Zivilisten verschoben, ja teils verwischten. Ob dieser Wandel bereits im 19. Jahrhundert den Weg zum »totalen Krieg« einleitete, ist dabei nicht selten die Gretchenfrage. Kritische und anregende Überlegungen dazu gibt es aus der Feder Roger Chickerings, die er zuletzt 2007 in einem recht heterogen wirkenden Sammelband veröffentlicht hat.[46] Dieser versammelt 21 Beiträge, die zwischen 1973 und 2005 erschienen sind und nun teilweise erstmals auf Deutsch vorliegen. Neben Aufsätzen zur Militär- und Sozialgeschichte des Ersten Weltkriegs finden sich dort auch schon fast klassische, immer wieder zitierte Beiträge, etwa zum radikalen Nationalismus im Wilhelminischen Kaiserreich (zum Beispiel zu den Alldeutschen) oder zum Lamprecht-Streit. Einigkeit über den Kriegswandel und seine Dynamik im 19. Jahrhundert wird wohl nicht zu erzielen sein, zumal eine präzise Definition weiterhin aussteht, aber einige zentrale Aspekte lassen sich zumindest festhalten. Ohne den wohl im Ersten Weltkrieg geprägten Begriff unserer Epoche aufpressen zu wollen, lassen sich vier grundlegende Elemente ausmachen, die einer Totalität bedürfen, um insgesamt von einem »totalen Krieg« sprechen zu können: Kriegsziele, Kriegsmethoden, Kontrolle und Mobilisierung. Legt man diese Elemente zugrunde, dann lässt sich erkennen, dass sich die Kriege des 19. Jahrhunderts mehr und mehr zu »totalen Kriegen« entwickelten.[47] Ideologisierung, Propaganda oder allgemeine Wehrpflicht

44 *Ziemann/Kühne*, Was ist Militärgeschichte?

45 *Kroener*, Militär, Staat und Gesellschaft im 20. Jahrhundert, S. 1f.

46 *Roger Chickering*, Krieg, Frieden und Geschichte. Gesammelte Aufsätze über patriotischen Aktionismus, Geschichtskultur und totalen Krieg (Pallas Athene. Beiträge zur Universitäts- und Wissenschaftsgeschichte, Bd. 21), Franz Steiner Verlag, Stuttgart 2007, 357 S., kart., 52,00 €.

47 Vgl. dazu die kritischen Ausführungen von *ders.*, Der totale Krieg. Vom Nutzen und Nachteil eines Begriffs, in: ebd., S. 241–258. Impulsgebend für die Fragen nach der graduellen Totalisierung von Kriegen sind verschiedene Beiträge in dem umfangreichen Sammelband von *Stig Förster/Jörg Nagler* (Hrsg.), On the Road to Total War. The American Civil War and the German Wars of Unification, 1861–1871, Cambridge/New York etc. 1997. Darüber hinaus für das 20. Jahrhundert: *Roger Chickering/Stig Förster* (Hrsg.), Great War, Total War. Combat and Mobilization on the Western Front, 1914–1918, Cambridge/New York etc. 2000; *dies.* (Hrsg.), The Shadows of Total War. Europe, East Asia, and the United States, 1919–1939, Cambridge/New York etc. 2003.

sind dann Etappen »on the road to total war«. Die Fokussierung auf eine entgrenzte und ideologisierte Kriegsführung lässt David A. Bell bereits für die Ära zwischen 1792 und 1815 von einem »totalen Krieg« sprechen[48], der sich auch in globaler Perspektive zunehmend ausweitete.

Auch wenn die Formel umstritten ist, ein fundamentaler Wandel der Kriege ist jedenfalls nicht zu verkennen. Dies verdeutlicht ebenfalls ein Sammelband, aus dem im vorliegenden Zusammenhang insbesondere zwei Aufsätze zu würdigen sind.[49] Ute Planert argumentiert in ihrem Beitrag gegen die lange etablierte Deutung einer tief greifenden, revolutionären Zäsur zwischen »Kabinettskrieg alten Stils« und »Volkskrieg« in der Epoche der Französischen Revolution an. Sie macht vielmehr nur eine allmählich fortschreitende Evolution plausibel, hin zu einer breiteren Kriegsbeteiligung. Planert betont dennoch die Grenzen der Kriegsmobilisierung; viele Schichten konnten sich um 1800 dem Krieg zumindest phasenweise immer noch entziehen. Eine vergleichbare Stoßrichtung hat der Beitrag von Dieter Langewiesche und Nikolaus Buschmann. Sie verstehen – in europäischer Perspektive – die meisten Kriege im 19. Jahrhundert noch als »gehegte Staatenkriege«, obwohl nicht wenige Zeitgenossen diese bereits als »Volkskriege« deuteten. Dies führen beide insbesondere am Deutsch-Französischen Krieg 1870/71 vor. Hier verschwammen die Grenzen zwischen Kombattanten und Zivilisten zwar zunehmend, aber komplett aufgehoben wurden sie noch nicht. Was als Kabinettskrieg zwischen regulären Armeen begann, mobilisierte die Gesellschaften hier wie dort und weitete die Auseinandersetzung zu einem Nationalkrieg – indes mehr auf den Titelseiten der Tagespresse als in militärischer Sicht. Volkskrieg – Nationalkrieg – moderner Krieg – industrieller Krieg – totaler Krieg: Die Antworten auf die Fragen nach dem Wandel des Kriegs im 19. Jahrhundert sind und bleiben umstritten, denn auch die vermeintlich traditionellen Elemente der Kriegsführung sollten bei allem Neuen nicht aus dem Blick geraten.

VI. FORSCHUNGSPERSPEKTIVEN

Abschließend sollen knapp drei Felder umrissen werden, die in jüngerer Zeit intensiver in das Blickfeld der Forschung geraten sind und weitere gewinnbringende Erträge versprechen.

Ein erstes, bisher allenfalls ansatzweise ausgeleuchtetes interdisziplinäres Feld knüpft an den Umbruch um 1890 an, der in den militärgeschichtlichen Bänden der »Edition Deutscher Geschichte« stark akzentuiert wird. Im Mittelpunkt steht das komplexe Verhältnis von (Massen-)Medien und Krieg, das in einigen hier vorgestellten Publikationen bereits angesprochen wurde. Neben der Geschichtswissenschaft ist insbesondere an Erträge aus der Medienwissenschaft, der Fotografie- und Filmgeschichte, aber auch der Kunst- und Literaturgeschichte zu denken. Die wissenschaftliche Beschäftigung damit wurzelt nicht zuletzt in den Kriegserfahrungen der jüngsten Vergangenheit seit dem Golfkrieg 1990/91,

---

48 *David A. Bell*, The First Total War. Napoleon's Europe and the Birth of Modern Warfare, Boston/New York 2007.

49 *Dietrich Beyrau/Michael Hochgeschwender/Dieter Langewiesche* (Hrsg.), Formen des Krieges. Von der Antike bis zur Gegenwart (Krieg in der Geschichte, Bd. 37), Ferdinand Schöningh Verlag, Paderborn/München etc. 2007, 522 S., geb., 44,90 €, hier die Beiträge von Ute Planert für die Zeit um 1800 (S. 149–162) sowie von Dieter Langewiesche und Nikolaus Buschmann zum deutsch-französischen Krieg 1870/71 (S. 163–195). In diesen Kontext lassen sich auch die Studien von Jean-François Chanet einordnen. Vgl. etwa jüngst mit Blick auf den Wandel zwischen 1792 und 1870: *Jean-François Chanet/Annie Crépin/Christian Windler* (Hrsg.), Le Temps des hommes doubles. Les arrangements face à l'occupation, de la Révolution française à la guerre de 1870, Rennes 2013.

was möglicherweise auch den bisherigen Schwerpunkt im 20. Jahrhundert erklärt.[50] Wie entstehen kollektive Kriegsbilder, welche Emotionen lösen sie aus und welchem Wandel unterliegen sie, welche (journalistischen) Informationskanäle waren dafür bedeutend, auf welche Weise beeinflussen, zensieren und konstruieren Medien, Militärs, Regierungen und Redaktionen diese Bilder und in welchem Verhältnis stehen sie zueinander? Das sind nur einige Fragen, die im Zeitalter der Massenmedien noch stärker auf die Forschungsagenda geraten sollten. Die vielfältigen Wechselwirkungen zwischen Medien und Krieg sind zudem eng verknüpft mit dem Problem der gewalttätigen Entgrenzung von Kriegen, mit modernen, von Propaganda flankierten, auch asymmetrischen Kriegs- und Terrorformen sowie dem Umgang mit Kriegsgräuel und Kriegsverbrechen. Denn gerade in den Kolonialkriegen der Epoche lässt sich eine geradezu beklemmende Brutalisierung der Kriegsführung ausmachen.[51]

Zweitens ist an das Verhältnis von Krieg und Umwelt zu erinnern, das auch aus militärgeschichtlicher Sicht mehr Aufmerksamkeit verdient. Denn auffällig ist, dass Umweltgeschichte noch nicht zu den Themenfeldern der Militärgeschichte in Erweiterung zählt, jedenfalls spielen ökologische Zusammenhänge in den hier besprochenen Darstellungen keine Rolle, obwohl sich mit ihnen an die erfahrungsgeschichtlichen Tendenzen der Militärgeschichte anknüpfen ließe. Die Umweltgeschichte hat die »Kriegsumweltgeschichte« als gewinnbringendes Forschungsfeld längst entdeckt, denn Kriege legen die komplexe und jeweils zeitgebundene Kluft zwischen Naturbeherrschung und Naturabhängigkeit in besonderer Weise offen. Einmal ganz abgesehen von dem Einfluss natürlicher Barrieren auf Kriegsplanungen und -operationen oder auf den Festungsbau, von gefährlichen Hinterlassenschaften auf den Schlachtfeldern des 19. Jahrhunderts oder vom prekären Umgang mit Nahrungs- und Energieressourcen in Kriegszeiten: Landschaftswahrnehmungen und Umweltdeutungen waren für die Konstruktion von Feindbildern relevant und wirkten sich unmittelbar auf die Kriegsführung aus.[52]

Drittens verdienen auch erfahrungs- und erinnerungsgeschichtliche Fragestellungen zu bewaffneten Auseinandersetzungen, weiterhin erforscht zu werden. Hier rückten zuletzt vermehrt internationale Zusammenhänge und Deutungsebenen stärker in den Vordergrund, Fragen nach der Bedeutung und Instrumentalisierung von Kriegen im Rahmen eines europäischen Erinnerungshaushalts. Erst der vergleichende Blick vermag es, (mediale) Gemein-

---

50 Auf einige Ansätze in den hier besprochenen Werken wurde hingewiesen. Darüber hinaus vgl. vor allem das Themenheft »Militär und Medien im 20. Jahrhundert«, Militärgeschichtliche Zeitschrift 70, 2011, H. 1, hier insb. die Einführung von *Jörn Leonhardt/Ute Daniel/Martin Löffelholz*, Militär und Medien im 20. Jahrhundert, in: ebd., S. 3–14, die Beiträge von Ute Daniel zum Krimkrieg (*Ute Daniel*, Der Krimkrieg 1853–1856 und die Entstehungskontexte medialer Kriegsberichterstattung, S. 40–67) und Frank Becker zum Deutsch-Französischen Krieg (*Frank Becker*, Deutschland im Krieg von 1870/71 oder die mediale Inszenierung der nationalen Einheit, S. 68–86), beide in: *Ute Daniel* (Hrsg.), Augenzeugen. Kriegsberichterstattung vom 18. zum 21. Jahrhundert, Göttingen 2006, sowie aus emotionsgeschichtlicher Warte *Frank Bösch*, Disziplinierung der Gefühle? Krieg und Film im 20. Jahrhundert, in: *ders./Manuel Borutta* (Hrsg.), Die Massen bewegen. Medien und Emotionen in der Moderne, Frankfurt am Main/New York 2006, S. 217–240.

51 Hingewiesen sei hier nur auf *Dierk Walter*, Organisierte Gewalt in der europäischen Expansion. Gestalt und Logik des Imperialkrieges, Hamburg 2014; *Martin Bossenbroek*, Tod am Kap. Geschichte des Burenkrieges, München 2016; *Thoralf Klein/Frank Schumacher* (Hrsg.), Kolonialkriege. Militärische Gewalt im Zeichen des Imperialismus, Hamburg 2006.

52 Vgl. die Beiträge in *Charles E. Closmann* (Hrsg.), War and the Environment. Military Destruction in the Modern Age, College Station 2009, sowie *Leighton S. James*, Witnessing the Revolutionary and Napoleonic Wars in German Central Europe, Basingstoke/New York 2013. Weitere Literaturhinweise zu diesem Komplex bei *Freytag*, Trittfeste Ufer und unwegsames Gelände, S. 753.

samkeiten wie etwa die Erfahrungen von Gewalt, Kriegsgefangenschaft, Angst, Hunger und Tod zu akzentuieren, aber zugleich auch deutlich zu machen, wie sehr Erinnerungslandschaften und -orte jenseits der oftmals gelenkten offiziösen oder einer von sozialen Gruppen instrumentalisierten Erinnerung variieren, dass sie Konjunkturen unterliegen und mit unterschiedlichen (nationalen ebenso wie regionalen) Inhalten aufgeladen werden können.[53] So entwickelten sich mit den nationalen Staatsbildungs- und -zerfallsprozessen ganz neue, »gemachte« Erinnerungskulturen, welche sich mit den ihnen nachfolgenden Kriegserfahrungen des 20. Jahrhunderts verzahnten, teils von diesen überlagert oder abgelöst wurden. Die Schlüsselfunktionen von Krieg und Gewalt in den komplexen populären Erinnerungsdiskursen schlagen der Militärgeschichte nicht zuletzt auch weitere Brücken in das Fach.

Die reichhaltigen Erträge der hier vorgestellten Studien zeigen, dass auch das 19. Jahrhundert vom Boom der »neuen« Militärgeschichte, von ihrer Verknüpfung mit anderen geschichtswissenschaftlichen Teilfächern profitiert. Militär und Krieg unterlagen vielfältigen Wandlungen, modernisierten sich und nahmen uns heute vertrauter anmutende Züge an. Dabei blieben sie fest in Politik, Gesellschaft und Kultur verankert. Gewalt, Schrecken und Tod wurden (um-)gedeutet, Kriege und Kriegserlebnisse in den jeweiligen Erfahrungshaushalt überführt. Die hier ausführlicher vorgestellten erfahrungsgeschichtlichen Arbeiten belegen eindrucksvoll: Die oftmals fragmentierten Erfahrungen hatten weitreichende Folgen für das weitere Leben des Einzelnen ebenso wie für soziale Gruppen und die deutschen, ja europäischen Gesellschaften insgesamt. Die verklärenden Mythenbildungen, die Unterfütterung nationaler Feindbilder und die Vertiefung von Geschlechterstereotypen sind dabei nur einige wichtige Aspekte. Kriege gebaren Nationen nicht nur, mit in der politischen Arena umkämpften Kriegsdeutungen und -erinnerungen wuchsen die Nationalstaaten auf. Denn die mediale Verarbeitung und Interpretation von Kriegen war zugleich untrennbar mit inneren wie äußeren Nationsbildungsprozessen verbunden, wobei diese weder eindeutig noch konfliktfrei verliefen.

Die aktuelle Bedrohung der offenen Gesellschaften und die gestiegene Aufmerksamkeit der Forschung für Wandlungen von Krieg, Terror und Gewalt wird auch zukünftig Fragen danach provozieren, wie weit das 19. Jahrhundert auf dem Weg zum »totalen Krieg« vorangeschritten war, wo genau die Schwelle zwischen Kabinetts- oder gehegtem Staatenkrieg alten Zuschnitts und modernem, entgrenztem Volks- und Nationalkrieg lag. Angesichts der differenzierten Forschungspositionen und Urteile steht nicht zu vermuten, dass darüber zukünftig Einigkeit erzielt werden kann, da sich auch mit Blick auf Krieg und Militär die eigentümliche »Verwandlung« des 19. Jahrhunderts, die Mischung zwischen alt und neu widerspiegelt.

53 Auf das wiederkehrende Motiv einer Konstruktion Europas als (Kriegs-)Raum in der literarischen Verarbeitung der Revolutions- und Napoleonischen Kriege macht *Lars Peters*, Romances of War. Die Erinnerung an die Revolutions- und Napoleonischen Kriege in Großbritannien und Irland 1815–1945, Paderborn/München etc. 2012, am Beispiel des historischen Romans aufmerksam. Aus einem Projekt zu diesen gemeineuropäischen Erinnerungen sind zwei weitere Detailstudien hervorgegangen: *Wolfgang Koller*, Historienkino im Zeitalter der Weltkriege. Die Revolutions- und Napoleonischen Kriege in der Erinnerung, Paderborn/München etc. 2013, sowie *Anika Bethan*, Napoleons Königreich Westphalen. Lokale, deutsche und europäische Erinnerungen, Paderborn/München etc. 2012 (unter anderem am Beispiel des Militärs).

Kerstin Brückweh/Clemens Villinger

Sich (nicht) die Butter vom Brot nehmen lassen

Ein Forschungsbericht zur Konsumgeschichte zwischen Alltag, Arbeit, Kapitalismus und Globalisierung*

Beim Beobachten gegenwärtiger Forschungsdiskussionen entsteht der Eindruck, dass sich die Konsumgeschichte die Butter vom Brot nehmen lässt: Sie hat beispielsweise weder in den erneuerten Forschungsbemühungen zur Geschichte der Arbeit noch in denen zur Geschichte des Kapitalismus einen signifikanten Platz erhalten.[1] Dagegen steht der Befund, der sich aus der Lektüre verschiedenster und immer zahlreicher werdender Studien zur Konsumgeschichte ergibt: Die Konsumgeschichte könnte sehr wohl zu diesen erneuerten Diskussionen beitragen. Konsum ist immerhin etwas, das die Produktion sowie den Lauf von Waren und Märkten in Gang hält und mitbestimmt. Konsum beruht aber nicht nur auf Produktionsleistungen und wirtschaftlicher Praxis, vielmehr sei der Konsum, wie Heinz-Gerhard Haupt und Claudius Torp im Jahr 2009 in ihrem Handbuch zur deutschen Konsumgesellschaft im 20. Jahrhundert feststellten, ein »Bereich mit Synthesepotential, der sich einer rein sektoralen Betrachtung« entziehe, und zwar, weil er verschiedenste Dimensionen der sozialen Wirklichkeit durchdringe: Konsum fungiere – neben wirtschaftshistorischen Fragen – als Mittel der Identitätsbildung und Distinktion ebenso wie als Gegenstand politischer Debatten und Interventionen, er richte sich nach kulturellen, häufig von transnationalen Transferprozessen beeinflussten Leitbildern und sei zudem seit dem späten 19. Jahrhundert vermehrt zum Gegenstand wissenschaftlicher Erforschung geworden.[2] Während die Konsumgeschichte in den 1990er-Jahren mit einiger Verzögerung auch in Deutschland mit hohen Ansprüchen und Erklärungsversprechungen gestartet und mittlerweile gut etabliert ist, wie an Zeitschriften, Buchreihen und weiteren Merkmalen des wissenschaftlichen Felds zu erkennen ist, scheint sie derzeit Gefahr zu laufen, allein als kulturgeschichtliche Ergänzung für die wiederkehrenden Fragen nach den vermeintlich wirklich wichtigen ›harten‹ Fragen in die Ecke geschoben zu werden.[3] Damit steht die Konsumgeschichtsfor-

---

* Ein herzlicher Dank geht an Heinz-Gerhard Haupt, Andreas Ludwig und Kathrin Zöller für kritische Lektüre und Kommentare sowie an Claudius Kiene für geduldige Eingaben der Korrekturen und an die AfS-Herausgeberinnen und -Herausgeber für konstruktive Nachfragen.

1 Als Überblick zu den beiden Bereichen vgl. zum Beispiel *Jörg Neuheiser*, Arbeit zwischen Entgrenzung und Konsum. Die Geschichte der Arbeit im 20. Jahrhundert als Gegenstand aktueller zeithistorischer und sozialwissenschaftlicher Studien, in: NPL 58, 2013, S. 421–448; *Kim Christian Priemel*, Heaps of Work. The Ways of Labour History, in: H-Soz-Kult, 23.1.2014, URL: <http://www.hsozkult.de/literaturereview/id/forschungsberichte-1223> [7.4.2017]; *Friedrich Lenger*, Die neue Kapitalismusgeschichte. Ein Forschungsbericht als Einleitung, in: AfS 56, 2016, S. 3–37. Stärker kulturgeschichtlich, aber ebenfalls weniger auf Konsum bezogen *Gunilla Budde*, Das wechselvolle Kapital der Familie, in: *dies.* (Hrsg.), Kapitalismus. Historische Annäherungen, Göttingen 2011, S. 97–115, und *Ute Frevert*, Gefühle und Kapitalismus, in: ebd., S. 50–72.

2 *Claudius Torp/Heinz-Gerhard Haupt*, Einleitung. Die vielen Wege der deutschen Konsumgesellschaft, in: *dies.* (Hrsg.), Die Konsumgesellschaft in Deutschland 1890–1990. Ein Handbuch, Frankfurt am Main/New York 2009, S. 10.

3 *Sören Brandes/Malte Zierenberg*, Doing Capitalism. Praxeologische Perspektiven, in: Mittelweg 36 26, 2017, H. 1, S. 3–24, hier: S. 16f.: »Die Rede von einer neuen Kapitalismusgeschichte klingt offenbar verführerisch in den Ohren einer Geschichtswissenschaft, deren Verlangen nach den ›harten‹, den substanziellen historischen Realitäten nie ganz abgeklungen ist. Noch immer sehnt sie

schung nicht alleine da, vielmehr ist diese Tendenz auch von Historikerinnen und Historikern mit anderen Themenschwerpunkten in letzter Zeit wahrgenommen worden. So sind jüngst Plädoyers für die Einbeziehung kulturgeschichtlicher Fragen und Methoden zur Kapitalismusgeschichte formuliert worden. Alexandra Przyrembel und Stefan Berger sprachen sich für eine »sozialgeschichtlich fundierte Kulturgeschichte des Kapitalismus« aus und entwickelten ihr Argument über die Geschichte der *moral economy*.[4] Sören Brandes und Malte Zierenberg forderten unter dem Titel »Doing Capitalism« ein Einbeziehen von Praktiken und Praxeologie in die Kapitalismusgeschichte.[5] Für beide Autorenteams spielte der Konsum allerdings wiederum keine Rolle.

Der hier vorliegende Forschungsbericht erhebt mit Blick auf die nahezu unzähligen Veröffentlichungen zur Konsumgeschichte in keiner Weise den Anspruch auf Vollständigkeit. Vielmehr wird einerseits versucht, vor dem Hintergrund der skizzierten aktuellen Forschungstendenzen die Frage zu ergründen, wie diese geringe Beachtung, vielleicht sogar – überspitzt formuliert – Marginalisierung der Konsumgeschichte zu erklären ist. Andererseits ist damit die Frage nach den Stärken der Konsumgeschichtsschreibung verbunden – immerhin wurde ihr in anderen Forschungsberichten eine »Hochkonjunktur« attestiert.[6] Im Jahr 2012 glaubte der Historiker Manuel Schramm sogar, dass die neuere Kultur- und Gesellschaftsgeschichte Märkte, Handel und Konsum in den Mittelpunkt stelle, und vermutete, dass dies nicht nur zu einer Ergänzung der herkömmlichen Gesellschaftsgeschichte führe: »Vielmehr müssen wesentliche Kategorien der Gesellschaftsgeschichte wie soziale Ungleichheit, wirtschaftliches Wachstum und Politik neu überdacht und gegebenenfalls revidiert werden. Ältere Ansätze erscheinen in einem neuen Licht.«[7] Schramm bezog sich dabei unter anderem auf das Werk des US-amerikanischen Wirtschaftshistorikers Jan de Vries, der den Zusammenhang von Konsumentenverhalten und Haushaltsökonomie von 1650 bis heute untersuchte und das Konzept der *industrious revolution* prägte. Damit platzierte de Vries die industrielle Revolution in einen breiteren Kontext, der den konsumierenden Haushalten eine wichtige Rolle zuschrieb.[8] Er vertrat in seiner 2008 erschienenen Studie die Auffassung, »that consumer aspirations have a history; they are not simply the second-order con-

---

sich zuweilen nach einem fassbaren Gegenstand jenseits der kommunikativen Repräsentationen historischer Wirklichkeit und hofft ihn immer wieder vor allem in der Politik und der Wirtschaft zu finden«.

4 *Stefan Berger/Alexandra Przyrembel*, Moral, Kapitalismus und soziale Bewegungen. Kulturhistorische Annäherungen an einen ›alten‹ Gegenstand, in: Historische Anthropologie 24, 2016, S. 88–107. Für weitere Initiativen in diesem Bereich vgl. zum Beispiel die Sommer-Universität des DHI Paris oder die »International Max Planck Research School for Moral Economies of Modern Societies« (IMPRS Moral Economies): *Célia Burgdorff/Manon Lorenz/Felix Pawlowski* u. a., Tagungsbericht: Kulturen und Wissen des Ökonomischen (18.–20. Jahrhundert). Sommeruniversität des Deutschen Historischen Instituts Paris, 21.–24.6.2016 Paris, in: H-Soz-Kult, 15.11.2016, URL: <http://www.hsozkult.de/conferencereport/id/tagungsberichte-6811> [7.4.2017]. Die IMPRS Moral Economies ist eine Kooperation des Max-Planck-Instituts für Bildungsforschung mit der Freien Universität Berlin, der Humboldt-Universität zu Berlin und der Technischen Universität Berlin, URL: <https://www.mpib-berlin.mpg.de/de/forschung/doktorandenprogramme/imprs-moral-economies> [7.4.2017].

5 *Brandes/Zierenberg*, Doing Capitalism.

6 Peter van Dam sprach in seinem Forschungsbericht aus dem Jahr 2015 von einer »Hochkonjunktur des Forschungsthemas Konsumgesellschaft«: *Peter van Dam*, Tales of the Market. New Perspectives on Consumer Society in the 20th Century, in: H-Soz-Kult, 4.12.2015, URL: <http://www.hsozkult.de/literaturereview/id/forschungsberichte-2832> [20.9.2017].

7 *Manuel Schramm*, Konsumgeschichte, Version: 2.0, in: Docupedia-Zeitgeschichte, 22.10.2012, URL: <http://docupedia.de/zg/schramm_konsumgeschichte_v2_de_2012> [7.4.2017].

8 *Jan de Vries*, The Industrial Revolution and the Industrious Revolution, in: The Journal of Economic History 54, 1994, S. 249–270.

sequences of other, more fundamental forces, nor are they autonomous acts of creative individuality.«[9] Während de Vries' Buch ein viel beachtetes Beispiel für die Verbindung verschiedener Forschungsbereiche über den Konsum ist, konnte die Konsumgeschichte ihre synthetisierende Kraft bisher nur bedingt entfalten. Frank Trentmann, selbst ein zentraler Protagonist der in Großbritannien beheimateten Konsumgeschichte, konstatierte ebenfalls bereits 2012 in der Einleitung zum umfangreichen »Oxford Handbook of the History of Consumption«, dass die Kluft zwischen Geschichte und Wirtschaft größer als jemals zuvor sei.[10] Gerade in Anbetracht vorliegender globalgeschichtlich angelegter Studien zur transnationalen Zirkulation von Konsumgütern und ihrer selektiven Aneignung in lokalen Kulturen der Frühen Neuzeit forderte er mehr Studien, die diese globalen Geschichten bis in die Gegenwart weitererzählen. Dafür sei die Verbindung der Makro- mit der Mikroebene notwendig, was zugleich – so Trentmann – eine stärkere Verknüpfung von politischer Ökonomie und kulturgeschichtlichen Fragestellungen verlange.[11] Eigentlich hätte man erwarten können, an dieser Stelle schon weiter zu sein, immerhin gab es wichtige Versuche, die Wirtschaftsgeschichte und die Kulturgeschichte aneinander zu gewöhnen, so zum Beispiel den von Hartmut Berghoff und Jakob Vogel herausgegebenen Band »Wirtschaftsgeschichte als Kulturgeschichte« aus dem Jahr 2004.[12] Zurzeit scheint das Unternehmen gegenüber anderen für wichtiger befundenen Problemen eher zweitrangig zu sein, wie die wiedererstarkte Variante der Kapitalismusgeschichte vermuten lässt. Gleichzeitig bleibt das von Jörg Neuheiser mit Blick auf die Geschichte der Arbeit formulierte Unbehagen, dass auf großindustrielle Produktionswelten gemünzte Begriffe – Neuheiser nennt den Fordismus – an der Arbeit und Lebenswirklichkeit einer großen Zahl von Erwerbstätigen in mittelständischen oder kleinen Betrieben vorbeigingen.[13] Dagegen betonten Rüdiger Hachtmann und Adelheid von Saldern im Jahr 2009, dass der Blick auf die Verbreitung fordistischer Konzepte nur eine Ebene der Betrachtung sei, eine andere liege in der »zukunftsweisende[n] Dominanz und große[n] diskursive[n] Prägekraft des Produktionskonzepts ›Fordismus‹, das eine auf Massenkonsum gestützte immerwährende Prosperität zu versprechen schien.«[14]

Wie steht es zwischen Diskursen und Praktiken, zwischen Hochkonjunktur und Marginalisierung, Syntheseanspruch und Umsetzung nun also um die Konsumgeschichte? Aktuelle Veröffentlichungen zur Konsumgeschichte lassen fünf Tendenzen erkennen: Erstens zeichnen sich empirische Arbeiten zur Konsumgeschichte durch die Berücksichtigung früherer Zeiten aus, das heißt, Konsum wurde vermehrt für vormoderne Epochen untersucht

---

9 *Ders.*, The Industrious Revolution. Consumer Behaviour and the Household Economy, 1650 to the Present, Cambridge/New York etc. 2008, S. IX. De Vries adaptierte die aus dem Jahr 1965 stammende Theorie des Ökonomen und Nobelpreisträgers für Wirtschaftswissenschaften Gary Becker, vgl. *Gary S. Becker*, A Theory of the Allocation of Time, in: The Economic Journal 75, 1965, S. 493–517.

10 *Frank Trentmann*, Introduction, in: *ders.* (Hrsg.), The Oxford Handbook of the History of Consumption, Oxford University Press, Oxford/New York etc. 2012, XVII + 695 S., geb., 95,00 £, S. 1–19, hier: S. 15. Trentmann nennt de Vries' Buch als eines der wenigen, welches die Kluft überwindet, kritisiert aber zugleich, dass de Vries' Analyse der sozialen und materiellen Prozesse normativ sei.

11 Ebd., S. 16.

12 *Hartmut Berghoff/Jakob Vogel* (Hrsg.), Wirtschaftsgeschichte als Kulturgeschichte. Dimensionen eines Perspektivenwechsels, Frankfurt am Main/New York 2004.

13 *Neuheiser*, Arbeit zwischen Entgrenzung und Konsum, S. 438f.

14 *Adelheid von Saldern/Rüdiger Hachtmann*, Das fordistische Jahrhundert. Eine Einleitung, in: Zeithistorische Forschungen/Studies in Contemporary History 6, 2009, URL: <http://www.zeithistorische-forschungen.de/2-2009/id=4508> [7.4.2017].

und explizit so benannt.[15] Diese und auch die folgende Beobachtung beziehen sich vor allem auf die deutsche Konsumgeschichtsforschung, im englischsprachigen Raum war die Einbeziehung von langen Zeiträumen und erweiterten Untersuchungsräumen schon früher zu erkennen.[16] Hier nicht weiter beachtet, aber trotzdem wichtig wäre eine detaillierte Darstellung der Hintergründe und Kontexte der Entstehung der Konsumgeschichte. Die Dominanz der angelsächsischen Forschung ist dabei signifikant. Inwieweit damit Vorstellungen von bestimmten Lebensformen als ›normal‹ verbunden waren, wäre weiter zu untersuchen.[17] In diese Richtung weist eine zweite Tendenz: Konsum wurde in letzter Zeit vermehrt in ›außerwestlichen‹ Räumen untersucht. ›Außerwestlich‹ ist dabei sowohl geografisch als auch auf politische Systeme bezogen zu verstehen. Diese Entwicklung ist nicht zuletzt durch den Einwand hervorgerufen worden, dass die erforschten Konsumierenden in der Regel Bewohner und Bewohnerinnen der ›westlichen‹ Welt seien.[18] Aus globalgeschichtlicher Perspektive zeigt sich dagegen zum Beispiel für das 20. Jahrhundert, dass sich die Beschreibung eines ›postindustriellen‹ Zeitalters und die Vorstellung eines Bedeutungsverlusts von Arbeit zugunsten von Konsum als »ethnozentrische Selbstwahrnehmung westlicher Gesellschaften« erwiesen haben.[19] In dieser räumlichen Perspektive stehen Untersuchungen zum Konsum einerseits in seinen lokalen und globalen Ausformungen, weltweiten Abhängigkeitsverhältnissen und Ungleichheiten im Zentrum.[20] Andererseits beinhaltet die Bezeich-

15 Vgl. zum Beispiel das Programm des Gründungstreffens des Arbeitskreises »Materielle Kultur und Konsum in der Vormoderne«, 5.–7.10.2016 Wolfenbüttel, in: H-Soz-Kult, 23.8.2016, URL: <http://www.hsozkult.de/event/id/termine-31725> [7.4.2017]; *Daniel Roche*, A History of Everyday Things. The Birth of Consumption in France, 1600–1800, Cambridge/New York etc. 2000; *Evelyn S. Welch*, Shopping in the Renaissance. Consumer Cultures in Italy 1400–1600, New Haven/London 2009; *Jon Stobart/Ilja van Damme* (Hrsg.), Modernity and the Second-hand Trade. European Consumption Cultures and Practices, 1700–1900, Palgrave Macmillan, Basingstoke/New York 2010, XII + 281 S., kart., 70,00 £; *Ian Mitchell*, Tradition and Innovation in English Retailing, 1700 to 1850. Narratives of Consumption, Farnham/Burlington 2014; *Justin St. P. Walsh*, Consumerism in the Ancient World. Imports and Identity Construction, New York/London 2014; *Sigrid Hirbodian/Sheilagh Ogilvie/R. Johanna Regnath*, Revolution des Fleißes, Revolution des Konsums? Leben und Wirtschaften im ländlichen Württemberg von 1650 bis 1800, Ostfildern 2015; *Ina Baghdiantz McCabe*, A History of Global Consumption. 1500–1800, London/New York 2015; *Frank Trentmann*, Empire of Things. How We Became a World of Consumers, from the Fifteenth Century to the Twenty-First, Allen Lane, London 2016, 880 S., geb., 30,00 £. Sicherlich wurden konsumgeschichtliche Fragestellungen schon früher beachtet, aber nicht unbedingt so benannt. Vgl. dazu zum Beispiel Peter-Paul Bänziger über Rudolf Braun: *Peter-Paul Bänziger*, Von der Arbeits- zur Konsumgesellschaft? Kritik eines Leitmotivs der deutschsprachigen Zeitgeschichtsschreibung, in: Zeithistorische Forschungen/Studies in Contemporary History 12, 2015, S. 11–38, hier: S. 34f.; *Rudolf Braun*, Sozialer und kultureller Wandel in einem ländlichen Industriegebiet (Zürcher Oberland) unter Einwirkung des Maschinen- und Fabrikwesens im 19. und 20. Jahrhundert, Erlenbach-Zürich/Stuttgart 1965.

16 Vgl. zum Beispiel *Craig Clunas*, Superfluous Things. Material Culture and Social Status in Early Modern China, Cambridge 1991; *Sherman Cochran*, Inventing Nanjing Road. Commercial Culture in Shanghai, 1900–1945, Ithaca 1999. Vgl. zudem den Essay von *Craig Clunas*, Modernity Global and Local. Consumption and the Rise of the West, in: AHR 104, 1999, S. 1497–1511.

17 Als Beispiel für die Verbreitung von Vorstellungen von ›normalen‹ Verhaltensweisen durch bestimmtes Konsumverhalten, vgl. *Sarah Anne Carter*, A Board Game. Tracking Blondie, in: *Laurel Thatcher Ulrich/dies./Ivan Gaskell* u.a. (Hrsg.), Tangible Things. Making History through Objects, Oxford/New York etc. 2015, S. 108–114.

18 Vgl. dazu auch *Lenger*, Die neue Kapitalismusgeschichte, S. 23.

19 *Neuheiser*, Arbeit zwischen Entgrenzung und Konsum, S. 443.

20 Als Beispiele für die räumliche Ausweitung vgl. *Penelope Francks/Janet Hunter* (Hrsg.), The Historical Consumer. Consumption and Everyday Life in Japan, 1850–2000, Palgrave Macmillan,

nung ›westlich‹ eine deutliche angelsächsische beziehungsweise französische und deutsche Engführung[21], die weiter binnendifferenziert werden müsste.[22] Darüber hinaus kann als ›außerwestlich‹ die Erforschung des Konsums in kommunistischen Gesellschafts- und Wirtschaftssystemen verstanden werden. Insbesondere zur Sowjetunion und Polen liegen umfangreiche und innovative Arbeiten vor.[23] Diese Forschungen erlauben einen differenzierteren Blick auf konsumgeschichtliche Phänomene und eine Neuausrichtung des Konzepts der Konsumgesellschaft, das selbst als ›westliches‹ Untersuchungswerkzeug historisiert werden sollte. Die Konsumgesellschaft kann – wie Peter-Paul Bänziger 2015 feststellte – vor allem als Teil eines wesentlich mit dem Kalten Krieg verbundenen politischen Projekts betrachtet werden, das den Konsum als Mittel gegen den Kommunismus einsetzte.[24] Mit der zeitlichen, räumlichen und auf kommunistische Systeme und Gesellschaften bezogenen Ausweitung der Konsumgeschichtsforschung gingen unterschiedliche Definitionen

---

Basingstoke/New York 2012, XIII + 329 S., geb., 71,00 £; *Robert Ross/Marja Hinfelaar/Iva Peša* (Hrsg.), The Objects of Life in Central Africa. The History of Consumption and Social Change, 1840–1980 (Afrika-Studiecentrum Series, Bd. 30), Brill, Leiden/Boston 2013, XII + 284 S., kart., 48,00 €; *Regina Finsterhölzl*, Kommerzielle Werbung im kolonialen Afrika. Die Werbebranche und der politische Wandel in Ghana 1930–1970, Köln/Weimar etc. 2015; *Natalia Milanesio*, Workers Go Shopping in Argentina. The Rise of Popular Consumer Culture, University of New Mexico Press, Albuquerque 2013, 320 S., geb., 55,00 $; *Eduardo Elena*, Dignifying Argentina. Peronism, Citizenship, and Mass Consumption, Pittsburgh 2011; *Yavuz Köse*, Westlicher Konsum am Bosporus. Warenhäuser, Nestlé & Co. im späten Osmanischen Reich (1855–1923) (Südosteuropäische Arbeiten, Bd. 138), Oldenbourg Verlag, München 2010, 574 S., geb., 69,80 €; *Pedro Machado*, Ocean of Trade. South Asian Merchants, Africa and the Indian Ocean, c. 1750–1850, Cambridge 2014; *Harald Fischer-Tiné/Jana Tschurenev* (Hrsg.), A History of Alcohol and Drugs in Modern South Asia. Intoxicating Affairs, London/New York 2014.

21 Vgl. etwa: *Michael Prinz* (Hrsg.), Die vielen Gesichter des Konsums. Westfalen, Deutschland und die USA 1850–2000, Paderborn 2016.

22 So hat Heinz-Gerhard Haupt mit Blick auf die stärker auf Selbstversorgung fokussierten und agrarisch organisierten Länder wie zum Beispiel Italien, Spanien, Griechenland oder Irland argumentiert, vgl. *Heinz-Gerhard Haupt*, Suggestions for Further Research, in: *Kerstin Brückweh* (Hrsg.), The Voice of the Citizen Consumer. A History of Market Research, Consumer Movements, and the Political Public Sphere, Oxford 2011, S. 278. Auch hier ist in den letzten Jahren einiges passiert, vgl. zum Beispiel *Emanuela Scarpellini* (Hrsg.), Material Nation. A Consumer's History of Modern Italy, Oxford University Press, Oxford 2011, 400 S., geb., 49,49 £.

23 Vgl. zum Beispiel *Gleb Tsipursky*, Socialist Fun. Youth, Consumption, and State-Sponsored Popular Culture in the Soviet Union, 1945–1970, University of Pittsburgh Press, Pittsburgh 2016, 384 S., kart., 29,95 $; *Natalya Chernyshova*, Soviet Consumer Culture in the Brezhnev Era, London/New York 2013; *Paulina Bren/Mary Neuburger* (Hrsg.), Communism Unwrapped. Consumption in Cold War Eastern Europe, Oxford University Press, Oxford/New York etc. 2012, 432 S., geb., 83,00 £; *Mila Oiva*, Something New in the Eastern Market. Polish Perceptions of the Developing Soviet Consumerism, 1961–1972, in: *Eva Hausbacher/Elena Huber/Julia Hargaßner* (Hrsg.), Fashion, Consumption and Everyday Culture in the Soviet Union between 1945 and 1985 (Die Welt der Slaven, Bd. 54), Verlag Otto Sagner, München/Berlin etc. 2014, 230 S., geb., 42,00 €, S. 99–124; *Małgorzata Mazurek*, Morales de la consommation en Pologne (1918–1989), in: Annales 68, 2013, S. 499–527; *Amy E. Randall*, The Soviet Dream World of Retail Trade and Consumption in the 1930s, Basingstoke/New York 2008; *Jerzy Kochanowski*, Jenseits der Planwirtschaft. Der Schwarzmarkt in Polen 1944–1989, Göttingen 2013; *Joanna Zalewska*, Consumer Revolution in People's Poland. Technologies in Everyday Life and the Negotiation between Custom and Fashion (1945–1980), in: Journal of Consumer Culture 17, 2017, S. 321–339; *Luminita Gatejel*, Warten, hoffen und endlich fahren. Auto und Sozialismus in der Sowjetunion, in Rumänien und der DDR (1956–1989/91), Frankfurt am Main/New York 2014; *David Crowley/Susan Reid* (Hrsg.), Pleasures in Socialism. Leisure and Luxury in the Eastern Block, Evanston 2010.

24 *Bänziger*, Von der Arbeits- zur Konsumgesellschaft?, S. 27f.

von Konsum einher. Sie hatten weitreichende Folgen für die Betrachtung und Auswahl von Phänomenen und sollen deshalb in einem gesonderten Teil in diesem Aufsatz behandelt werden. Damit geht – so viel sei vorweggenommen – eine dritte Tendenz einher: Eine einheitliche Definition von Konsum konnte sich nicht durchsetzen, vielmehr stehen unterschiedliche Definitionen nebeneinander. Damit verbunden sind zudem Diskussionen darüber, ob die Arbeitsgesellschaft im 20. Jahrhundert durch eine Konsumgesellschaft ersetzt worden sei.[25] Zu dieser Perspektive scheint sich – das wäre eine vierte Tendenz – eine kritische Einstellung durchzusetzen, wozu auch die bereits angedeuteten Ergebnisse aus den Forschungen zum Konsum im Kommunismus beigetragen haben. Fünftens wird weiterhin zum ›westlichen‹ Konsum geforscht: technikgeschichtlich inspirierte Arbeiten[26], Werbung[27], Fair Trade und Verbraucherbewegungen[28], Orte des Konsums und die Bedeutung des Konsums für die Städteplanung.[29] Vermessung und Social Engineering von Konsumen-

25 Vgl. *Andreas Wirsching*, Konsum statt Arbeit? Zum Wandel von Individualität in der modernen Massengesellschaft, in: VfZ 57, 2009, S. 171–199; *ders.*, From Work to Consumption. Transatlantic Visions of Individuality in Modern Mass Society, in: Contemporary European History 20, 2011, S. 1–26; *Frank Trentmann*, Consumer Society – RIP. A Comment, in: ebd., S. 27–33; *Dietrich Mühlberg*, Von der Arbeitsgesellschaft in die Konsum-, Freizeit- und Erlebnisgesellschaft. Kulturgeschichtliche Überlegungen zum Bedürfniswandel in beiden deutschen Gesellschaften, in: *Christoph Kleßmann/Hans Misselwitz/Günter Wichert* (Hrsg.), Deutsche Vergangenheiten – eine gemeinsame Herausforderung. Der schwierige Umgang mit der doppelten Nachkriegsgeschichte, Berlin 1999, S. 176–205; *Heinz-Gerhard Haupt*, Der Siegeszug der Konsumgesellschaft, in: *Martin Sabrow/Peter Ulrich Weiß* (Hrsg.), Das 20. Jahrhundert vermessen. Signaturen eines vergangenen Zeitalters, Göttingen 2017, S. 219–240; *Adri Albert de la Bruhèze/Ruth Oldenziel* (Hrsg.), Manufacturing Technology, Manufacturing Consumers. The Making of Dutch Consumer Society, Amsterdam 2009; *Bänziger*, Von der Arbeits- zur Konsumgesellschaft?; *Winfried Süß/Dietmar Süß*, Zeitgeschichte der Arbeit. Beobachtungen und Perspektiven, in: *Knud Andresen/Ursula Bitzegeio/Jürgen Mittag* (Hrsg.), »Nach dem Strukturbruch«. Kontinuität und Wandel von Arbeitsbeziehungen und Arbeitswelt(en) seit den 1970er Jahren, Bonn 2011, S. 345–368.

26 Vgl. etwa *Karin Zachmann*, A Socialist Consumption Junction. Debating the Mechanization of Housework in East Germany, 1956–1957, in: Technology and Culture 43, 2002, S. 75–101; *Ruth Oldenziel/Karin Zachmann* (Hrsg.), Cold War Kitchen. Americanization, Technology, and European Users, Cambridge/London 2009; *Ruth Oldenziel/Mikael Hård* (Hrsg.), Consumers, Tinkerers, Rebels. The People Who Shaped Europe, Basingstoke 2013.

27 Vgl. etwa *Rainer Gries*, Produkte als Medien. Kulturgeschichte der Produktkommunikation in der Bundesrepublik und der DDR, Leipzig 2003; *Rainer Gries/Stefan Schwarzkopf* (Hrsg.), Ernest Dichter. Doyen der Verführer. Zum 100. Geburtstag des Vaters der Motivforschung, Wien 2007; *Nepomuk Gasteiger*, Der Konsument. Verbraucherbilder in Werbung, Konsumkritik und Verbraucherschutz 1945–1989, Frankfurt am Main/New York 2010.

28 Für eine Auswahl aus der umfangreichen Literatur: *Alex Nicholls/Charlotte Opal*, Fair Trade. Market-Driven Ethical Consumption, London/Thousand Oaks etc. 2005; *Lawrence B. Glickman*, Buying Power. A History of Consumer Activism in America, Chicago 2009; *Matthew Hilton*, Prosperity for All. Consumer Activism in an Era of Globalization, Ithaca/London 2009; *Lawrence Black/Nicole Robertson* (Hrsg.), Consumerism and the Co-operative Movement in Modern British History. Taking Stock, Manchester 2009; *John Bowes* (Hrsg.), The Fair Trade Revolution, London 2011; *Mary Hilson/Pirjo Markkola/Ann-Catrin Östman* (Hrsg.), Co-operatives and the Social Question. The Co-operative Movement in Northern and Eastern Europe, 1880–1950, Cardiff 2012; *Matthew Anderson*, A History of Fair Trade in Contemporary Britain. From Civil Society Campaigns to Corporate Compliance, Basingstoke/New York 2015.

29 Vgl. beispielsweise *Lydia Langer*, Revolution im Einzelhandel. Die Einführung der Selbstbedienung in Lebensmittelgeschäften der Bundesrepublik Deutschland (1949–1973), Köln/Weimar etc. 2013; *David J. Smiley*, Pedestrian Modern. Shopping and American Architecture 1925–1956, Minneapolis 2013; *Jan Hein Furnée/Clé Lesger* (Hrsg.), The Landscape of Consumption. Shopping Streets and Cultures in Western Europe, 1600–1900, London 2014; *Paul Lerner*, Con-

ten[30] waren dabei ebenso wichtig wie zum Beispiel die Betrachtungen zum Verhältnis von Konsum und Politik.[31]

Da zur Konsumgeschichtsschreibung bereits aktuelle und sehr hilfreiche Überblicksartikel vorliegen[32], sollen deren Ergebnisse im Folgenden nicht wiederholt werden. Vielmehr

---

suming Temple. Jews, Department Stores, and the Consumer Revolution in Germany, 1880–1940, Ithaca 2015; *Rosa Patzwahl*, Geographien des Konsums. Einblicke in die raumbezogene Konsumforschung (Materialien zur Raumordnung, Bd. 78), Westdeutscher Universitätsverlag, Bochum 2015, IV + 153 S., kart., 19,90 €; *Detlef Briesen*, Rezension zu: World of Malls. Architekturen des Konsums, 14.7.–16.10.2016 München, in: H-Soz-Kult, 1.10.2016, URL: <http://www.hsozkult.de/exhibitionreview/id/rezausstellungen-247> [16.8.2017].

30 Vgl. zum Beispiel *Hartmut Berghoff/Philip Scranton/Uwe Spiekermann* (Hrsg.), The Rise of Marketing and Market Research (Worlds of Consumption), Palgrave Macmillan, New York/Basingstoke 2012, 312 S., kart., 55,00 £; *Kerstin Brückweh/Dirk Schumann/Richard F. Wetzell* u.a. (Hrsg.), Engineering Society. The Role of the Human and Social Sciences in Modern Societies, 1880–1980, Basingstoke 2012, S. 215–312. Zur Geschichte der Marktforschung: *Stefan Schwarzkopf*, In Search of the Consumer. The History of Market Research from 1890 to 1960, in: *D.G. Brian Jones/Mark Tadajewski* (Hrsg.), The Routledge Companion to Marketing History, London/New York 2016, S. 61–83.

31 Vgl. zum Beispiel *Claudius Torp*, Wachstum, Sicherheit, Moral. Politische Legitimationen des Konsums im 20. Jahrhundert, Göttingen 2012; *ders.*, Konsum und Politik in der Weimarer Republik (Kritische Studien zur Geschichtswissenschaft, Bd. 196), Vandenhoeck & Ruprecht Verlag, Göttingen 2011, 384 S., geb., 57,95 €. Und nicht nur auf ›westlichen‹ Konsum bezogen: *Kirsten Bönker/Vera Caroline Simon* (Hrsg.), Konsum und politische Kommunikation (Comparativ 21, 2011, H. 3), Leipziger Universitätsverlag, Leipzig 2011, 142 S., kart., 12,00 €.

32 Für eine Auswahl von Überblicksartikeln und Publikationen zur Konsumgeschichte in der Reihenfolge ihres Erscheinens vgl. zum Beispiel *Daniel Miller* (Hrsg.), Acknowledging Consumption. A Review of New Studies, London/New York 1995; *Hannes Siegrist*, Konsum, Kultur und Gesellschaft im modernen Europa, in: *ders./Hartmut Kaelble/Jürgen Kocka* (Hrsg.), Europäische Konsumgeschichte. Zur Gesellschafts- und Kulturgeschichte des Konsums (18. bis 20. Jahrhundert), Frankfurt am Main/New York 1997, S. 13–48; *Clunas*, Modernity Global and Local; *Michael Prinz* (Hrsg.), Der lange Weg in den Überfluss. Anfänge und Entwicklung der Konsumgesellschaft seit der Vormoderne, Paderborn/München etc. 2003; *Frank Trentmann*, Beyond Consumerism. New Historical Perspectives on Consumption, in: JCH 39, 2004, S. 373–401; *Rolf Walter* (Hrsg.), Geschichte des Konsums. Erträge der 20. Arbeitstagung der Gesellschaft für Sozial- und Wirtschaftsgeschichte, Wiesbaden 2004, S. 343–366; *John Brewer/Frank Trentmann* (Hrsg.), Consuming Cultures, Global Perspectives. Historical Trajectories, Transnational Exchanges, Oxford/New York 2006; Jahrbuch für Wirtschaftsgeschichte/Economic History Yearbook 48, 2007, H. 2: Die bundesdeutsche Massenkonsumgesellschaft 1950–2000. Mass Consumption in West Germany 1950–2000; *Christian Kleinschmidt*, Konsumgesellschaft (Grundkurs Neue Geschichte), Vandenhoeck & Ruprecht Verlag/UTB, Göttingen 2008, 192 S., kart., 14,90 €; *Frank Trentmann*, The Long History of Contemporary Consumer Society. Chronologies, Practices, and Politics in Modern Europe, in: AfS 49, 2009, S. 107–128; *Haupt/Torp*, Die Konsumgesellschaft in Deutschland 1890–1990; *Ina Merkel*, Im Widerspruch zum Ideal. Konsumpolitik in der DDR, in: *Haupt/Torp*, Die Konsumgesellschaft in Deutschland 1890–1990, S. 289–304; *Moritz Föllmer*, Nationalismus, Konsum und politische Kultur im Europa der Zwischenkriegszeit, in: NPL 56, 2011, S. 427–453; *Schramm*, Konsumgeschichte; *Trentmann*, Introduction; *Wolfgang König*, Kleine Geschichte der Konsumgesellschaft. Konsum als Lebensform der Moderne, Stuttgart 2013; *Wolfgang Schivelbusch*, Das verzehrende Leben der Dinge. Versuch über die Konsumtion, Carl Hanser Verlag, München 2015, 189 S., kart., 19,90 €; *van Dam*, Tales of the Market; *Bänziger*, Von der Arbeits- zur Konsumgesellschaft?; *Frank Bösch*, Boom zwischen Krise und Globalisierung. Konsum und kultureller Wandel in der Bundesrepublik der 1970er und 1980er Jahre, in: GG 42, 2016, S. 354–376; *Frank Trentmann*, Unstoppable. The Resilience and Renewal of Consumption after the Boom, in: *Anselm Doering-Manteuffel/Lutz Raphael/Thomas Schlemmer* (Hrsg.), Vorgeschichte der Gegenwart. Dimensionen des Strukturbruchs nach dem Boom, Göttingen 2016, S. 293–308.

wird nach einer einführenden Auseinandersetzung mit möglichen Definitionen des Konsums (I) der Blick auf zwei zentrale Bereiche gelenkt, die in gewisser Weise quer zu den fünf skizzierten Tendenzen der neueren Konsumgeschichtsschreibung liegen und zudem Aussagen über die Potenziale und ungenutzten Chancen der Konsumgeschichte zulassen. Dabei handelt es sich zum einen um die Erforschung von materieller Kultur und Praktiken, wozu die Konsumgeschichte in mehreren Studien Beiträge geliefert hat (II). Zum anderen wird es danach um den Umgang mit sozialwissenschaftlichen Daten, vor allem Statistiken gehen, die häufig in der Konsumgeschichte verwendet werden (III). Zwischen den beiden ausgewählten Bereichen besteht ein gewisses Spannungsverhältnis, das nicht nur die Konsumgeschichte betrifft. So betonten Sören Brandes und Malte Zierenberg jüngst als Vorteil praxeologischer Zugänge, dass sich die national gedachte Gesellschaft, die die Autoren als zentrales Konzept der makrosoziologischen und sozialhistorischen Strukturanalysen des 20. Jahrhunderts ausmachten, aus praxeologischer Perspektive auflöse. An die Stelle der Untersuchungseinheit »Nation« beziehungsweise »Gesellschaft« träten vielfältig und lokal gedachte Praktiken und Praktikenkomplexe. Dadurch werden nach Auffassung der beiden Autoren auch Phänomene wie Multikulturalität und Globalität besser sicht- und verstehbar.[33] Dieser Fokus auf Praktiken und die Mikroebene verhindert dann in gewisser Weise den Blick auf die zahlenbasierte Makroebene, die ja häufig mit der Untersuchungseinheit »Nation« operiert und ebenso ein Bestandteil der Konsumgeschichte ist. Vielleicht liegt hier die Krux der Konsumgeschichte? Dieses Spannungsverhältnis gilt es im Folgenden zu beleuchten.

I. Konsum in der (Konsum-)Gesellschaft: Definitionen und Abgrenzungen

Die Masse und Diversität der Definitionen des Konsumbegriffs haben nicht nur ein sehr weites Verständnis von Konsum begründet, sondern auch einen umfassenden Deutungsanspruch der Konsumgeschichte entstehen lassen – oder wie es Craig Clunas formulierte, einen »heavy burden of global explanation«[34] –, an dem das Forschungsfeld zum Teil gemessen wird. Die Wurzeln der (überzogenen) Erwartungshaltungen an die heuristische Kraft der Begriffe Konsum und Konsumgesellschaft liegen vor allem, so die These, in dem universellen Erklärungsanspruch, den die Konsumgeschichte nur bedingt einlösen konnte und der heute vielleicht zu seiner Wahrnehmung als kulturgeschichtliche Ergänzung beiträgt.

Eine der im deutschsprachigen Raum am häufigsten zitierten Definitionen von Konsum lieferte Hannes Siegrist in seinem 1997 gemeinsam mit Hartmut Kaelble und Jürgen Kocka herausgegebenen Sammelband zur europäischen Konsumgeschichte. In einem allgemeinen Sinn verstand Siegrist unter Konsumieren »das Kaufen, das Gebrauchen und Verbrauchen/Verzehren von Waren«. Dieses Verständnis umfasst zudem die »damit im Zusammenhang stehenden Diskurse, Emotionen, Beziehungen, Rituale und Formen der Geselligkeit und Vergesellschaftung«.[35] Eine ebenso weite wie anschlussfähige Definition schlugen Claudius Torp und Heinz-Gerhard Haupt in der Einleitung des Sammelbandes »Konsumgesellschaft in Deutschland« von 2009 vor, wobei sie sich direkt auf ein Werk des Ökonomen Karl Oldenberg von 1914 bezogen.[36] Im Zentrum des Konsumbegriffs von Oldenberg standen, wie Torp und Haupt ausführten, die »Konsumenten und ihre Bedürfniswelt, die von der basalen Ernährung bis hin zum neuesten obskuren Objekt der Begierde reicht

33 *Brandes/Zierenberg*, Doing Capitalism, S. 8.
34 *Clunas*, Modernity Global and Local, S. 1510.
35 *Siegrist*, Konsum, Kultur und Gesellschaft im modernen Europa, S. 16.
36 *Torp/Haupt*, Einleitung, S. 12.

und sich je nach sozialem und historischem Bedeutungskontext unterscheidet«.[37] Die Anschlussfähigkeit dieser weiten Definitionsangebote erfreute sich bisher einer wissenschaftlichen Popularität, die am augenscheinlichsten bei deren Verwendung in Überblickstexten zum Ausdruck kommt. Beispielsweise verwies Manuel Schramm in seiner 2012 veröffentlichten Einführung in die Konsumgeschichte explizit auf die Definition von Siegrist.[38] Auch Christian Kleinschmidt bot in seiner Publikation zur Geschichte der Konsumgesellschaft eine Definition des Konsumbegriffs an, die sich weitestgehend an den von Hannes Siegrist entwickelten Kriterien orientierte.[39] Die geschichtswissenschaftlichen Deutungsangebote erstreckten sich teilweise auch auf Nachbardisziplinen wie die europäische Ethnologie oder die Konsumsoziologie.[40]

Ähnliche Entwicklungen lassen sich in der englischsprachigen Forschungsliteratur beobachten, in der sich ein ebenso weites Verständnis des Konsumbegriffs etabliert hat. In seinem 2004 veröffentlichten Aufsatz »Beyond Consumerism«[41] zog Frank Trentmann eine kritische Zwischenbilanz zur historischen Konsumforschung und deren Verwendung des Konsumbegriffs: »If everything is now consumption – from a museum visit to a hospital stay – the subject risks becoming too broad for any meaningful analysis.«[42] Stattdessen mahnte er, Produktions-, Distributions-, Erwerbs- und Verbrauchsprozesse nicht einfach unter Konsum zu subsumieren, sondern einen stärkeren Fokus auf die Genese und den Wandel des Begriffsverständnisses der jeweiligen historischen Akteure zu legen und die daraus folgenden Abgrenzungen zu anderen Sphären des Sozialen zu rekonstruieren.[43] Im Jahr 2009 erneuerte Trentmann sein Plädoyer für ein Verständnis der Begriffe Konsum und Konsument als historisch wandelbare Ordnungskategorien. Gleichzeitig definierte er Konsum im selben Aufsatz als einen »umbrella term for a large set of different practices which have their own dynamics and characteristics (eating, doing home improvement, playing computer games, listening to opera, going on holiday, as well as shopping)«.[44] Dadurch entsteht ein kontinuierlicher, definitorischer Rahmen, den er in der Einleitung des 2012 erschienenen »Oxford Handbook of the History of Consumption« zusammenfasste: »What

---

37 Ebd.; *Torp*, Konsum und Politik in der Weimarer Republik, S. 12.

38 Schramm, Konsumgeschichte.

39 Definition von Konsum nach Kleinschmidt: »Konsum meint den Verzehr und Verbrauch materieller und immaterieller Güter und Dienstleistungen durch den Endverbraucher«, vgl. *Kleinschmidt*, Konsumgesellschaft, S. 13.

40 Vgl. mit direktem Bezug auf Hannes Siegrist: *Asta Vonderau*, Leben im »neuen Europa«. Konsum, Lebensstile und Körpertechniken im Postsozialismus, Bielefeld 2010, S. 62f.; *Michael Jäckel*, Einführung in die Konsumsoziologie. Fragestellungen – Kontroversen – Beispieltexte, VS Verlag für Sozialwissenschaften, 3., überarb. u. erw. Aufl., Wiesbaden 2010, 370 S., kart., 24,95 €. Die posthum veröffentlichte Aufsatzsammlung der 2007 verstorbenen Ethnologin Daphne Berdahl zeigt auf eindrucksvolle Weise, wie die Wissenschaftlerin ethnologische und historische Forschungsmethoden und Fragestellungen miteinander verschränkte, um einen auf sozialen Praktiken basierenden Konsumbegriff zu entwickeln, der den spezifischen historischen Wurzeln des Konsums im Postsozialismus Rechnung trug und gleichzeitig zeitgenössische Entwicklungen mit einbezog, vgl. *Daphne Berdahl*, On the Social Life of Postsocialism. Memory, Consumption, Germany, hrsg. v. *Matti Bunzl*, Indiana University Press, Bloomington/Indianapolis 2010, 192 S., kart., 24,95 $. Einen anderen Ansatz wählte die Ethnologin Milena Veenis, die sich dem Verhältnis von materieller Kultur und Konsum am Beispiel von Rudolstadt widmete, vgl. *Milena Veenis*, Material Fantasies. Expectations of the Western Consumer World among the East Germans (Technology and European History Series), Amsterdam University Press, Amsterdam 2012, 282 S., kart., 39,95 $.

41 *Trentmann*, Beyond Consumerism, S. 373–401.

42 Ebd., S. 400.

43 Ebd., S. 401.

44 *Trentmann*, The Long History of Contemporary Consumer Society, S. 108.

counts as consumption depends on the observer.«[45] Trentmann schloss so implizit an die Ausführungen von Hannes Siegrist an, der unter Berufung auf den grundlegenden Aufsatz von Ulrich Wyrwa über die Geschichte des Konsumbegriffs[46] konstatierte: »Sowohl die Begriffs- als auch die Wissenschaftsgeschichte zeigen, daß mit ›Konsum‹ und ›Konsumieren‹ zu verschiedenen Zeiten und in verschiedenen Wissenschaftszweigen unterschiedliche Strukturen und Prozesse, Handlungen und Vorstellungen gemeint waren.«[47] Noch im selben Absatz seines Einführungsaufsatzes machte Frank Trentmann sein aus den Schlussfolgerungen abgeleitetes, historisch wandelbares Verständnis von Konsum deutlich: »Consumption is a shorthand that refers to a whole bundle of goods that are obtained via different systems of provision and used for different purposes.«[48] Die breite inhaltliche Ausrichtung des Handbuchs verweise, so interpretierte es Peter van Dam, auf ein Verständnis von Konsum als integralem Bestandteil menschlicher Existenz, welcher sich nicht nur im antiken Athen und in der Gegenwart, sondern auch als globales Phänomen beobachten lasse.[49] Der Vorteil dieses hoch anschlussfähigen und flexiblen Begriffsverständnisses liegt in seiner synthetisierenden Kraft, die es erlaubt, unterschiedlichste Phänomene, Räume und Zeiten zusammenzuführen und miteinander in Beziehung zu setzen. Vergleichbar argumentierten auch Haupt und Torp, die – wie eingangs erwähnt – einem weit angelegten Verständnis des Konsumbegriffs ein »Synthesepotential« für die Konzeption einer neu ausgerichteten Gesellschaftsgeschichte des 20. Jahrhunderts attestierten, die weder modernisierungstheoretischen noch strukturalistischen Determinierungen folge.[50]

Die historische und räumliche Universalität solcher Definitionsangebote erzeugt jedoch gleichzeitig eine gewisse Beliebigkeit und Unbestimmtheit des Konsumbegriffs, die eine strukturelle Schwäche von explizit konsumhistorisch ausgerichteten Forschungsvorhaben mit sich bringen kann. Besonders deutlich können die Nachteile der begrifflichen Diversität in Sammelbänden beobachtet werden, die sich konsumhistorischen Phänomenen im Kommunismus widmen, da häufig ein ›westlich‹ geprägtes Konzept von Konsum zur Analyse gewählt wird, das den jeweiligen historischen Agierenden und ihrem Verständnis des Begriffs nur geringen Stellenwert einräumt. In einem 2014 erschienenen Sammelband zu Mode, Konsum und Alltag in der Sowjetunion betonte Ulrike Goldschweer den zentralen Nutzen von historischer Begriffsarbeit für die Analyse von Konsumpraktiken im Kommunismus.[51] Als kritisch interpretierte sie beispielsweise die Anwendung des Begriffs »Consumerism« auf kommunistische Gesellschaften, da dieser ursprünglich als Analysekategorie für ›westliche‹ Gesellschaften entwickelt worden sei.[52] Einige der Beiträge des Sammelbandes widmeten sich dementsprechend der diffizilen Herausforderung, die Erkenntnis der spezifischen Historizität des Konsumbegriffs in der konkreten Forschungspraxis zu operationalisieren. Die Suchbewegung zur differenzierten Verwendung des Konsumbegriffs und seiner Derivate reichte jedoch kaum über das Kapitel hinaus, denn bereits zwei weitere Artikel des Bandes führten den Begriff »Consumerism« im Titel auf, ohne

45 *Trentmann*, Introduction, S. 3.

46 *Ulrich Wyrwa*, Consumption, Konsum, Konsumgesellschaft. Ein Beitrag zur Begriffsgeschichte, in: *Siegrist/Kaeble/Kocka*, Europäische Konsumgeschichte, S. 747–762.

47 *Siegrist*, Konsum, Kultur und Gesellschaft im modernen Europa, S. 16.

48 Ebd.

49 *Van Dam*, Tales of the Market; *James Davidson*, Citizen Consumers: The Athenian Democracy and the Origins of Western Consumption, in: *Trentmann*, The Oxford Handbook of the History of Consumption, S. 23–46.

50 *Torp/Haupt*, Einleitung, S. 9f.

51 *Ulrike Goldschweer*, Consumption/Culture/Communism. The Significance of Terminology or Some Realities and Myths of Socialist Consumption, in: *Hausbacher/Huber/Hargaßner*, Fashion, Consumption and Everyday Culture in the Soviet Union between 1945 and 1985, S. 31–47.

52 Ebd., S. 35–37.

dessen Bedeutung zu thematisieren.[53] Auch der 2016 veröffentlichte Sammelband »›Entwickelter Sozialismus‹ in Osteuropa«[54] wies ähnlich wie Ulrike Goldschweer auf die begrenzten Erkenntnispotenziale eines ›westlich‹ geprägten Konsumbegriffs hin. Ein solches Vorgehen laufe Gefahr, so die Autorinnen und der Autor, lediglich »Narrative der Defizite und verspäteten Entwicklung«[55] zu reproduzieren. Stattdessen plädierten sie für ein dynamisches Begriffsverständnis, um die spezifischen »Ausprägungen grundsätzlich anders funktionierender Gesellschaften«[56] wahrzunehmen. Diese begriffstheoretischen Anregungen wurden in den Beiträgen im Fall des Konsums leider nicht konsequent aufgegriffen und Konsum, im Gegensatz zu Begriffen wie »privat« oder »öffentlich«[57], trotzdem als nicht weiter hinterfragte Analysekategorie in Anspruch genommen. Dieses Vorgehen führte zu Schlussfolgerungen, welche die kritisierten Mangel- und Defizitnarrative aufgreifen und letztlich keine Antworten auf die von Alexandra Oberländer aufgeworfene Frage bereithalten: »why is consumption Soviet-style (plenty of money, not much to buy) more of a Pandora's box than consumption capitalist-style (plenty of goods, but not necessarily enough money to buy)?«[58] Ein weiteres, in der Konsumgeschichte des Kommunismus häufiger auftretendes Phänomen lässt sich in dem 2015 von William Jay Risch herausgegebenen Sammelband, dessen Beiträge sich mit dem Verhältnis von Jugendkulturen, Musik und Staatlichkeit in Russland und Osteuropa auseinandersetzten, beobachten: die assoziative Verwendung des Konsumbegriffs.[59] Unfreiwillig symptomatisch sind dafür die Beiträge von Sergei I. Zhuk und Gregory Kveberg, die sich beide mit der »Diskoteki«-Bewegung als Ware und Dienstleistung in der Sowjetunion beschäftigten.[60] Während Zhuk fast jede Beschäftigung mit kulturellen Produkten, wie das Anhören von ›westlicher‹ Popmusik, als Konsum bezeichnete, tauchte der Begriff in Kvebergs Artikel lediglich als Angstprojektion sowjetischer Konservativer auf, die eine Identifizierung Jugendlicher mit ›westlichen‹ Werten wie »nationalism, chauvinism, and consumerism« fürchteten.[61] Obwohl sich beide Texte mit ähnlichen Fragestellungen beschäftigten, bleibt es unverständlich, warum Zhuk auf den Konsumbegriff zur Beschreibung von Alltagspraktiken zurückgriff, während Kveberg ihn als einen Kampfbegriff der sowjetischen Kulturpolitik identifizierte. Die Nutzung als

---

53 *Irina Mukhina*, From Rags to Riches? Black Sea Ports and Consumerism in the Soviet Union, 1970s and 1980s, in: *Hausbacher/Huber/Hargaßner*, Fashion, Consumption and Everyday Culture in the Soviet Union between 1945 and 1985, S. 89–98; *Oiva*, Something New in the Eastern Market, S. 99–124.

54 *Nada Boškovska/Angelika Strobel/Daniel Ursprung* (Hrsg.), »Entwickelter Sozialismus« in Osteuropa. Arbeit, Konsum und Öffentlichkeit (Zeitgeschichtliche Forschungen, Bd. 48), Duncker & Humblot, Berlin 2016, 268 S., kart., 49,90 €.

55 *Nada Boškovska/Angelika Strobel/Daniel Ursprung*, Einleitung, in: ebd., S. 9–22, hier: S. 12.

56 Ebd., S. 13.

57 Ulf Brunnbauer zeigt in seinem Aufsatz überzeugend, wie am Beispiel der Arbeit eine systemspezifische Vorstellung des Verhältnisses von Öffentlichkeit und Privatsphäre entwickelt werden kann, die sich von ihrem ›westlich‹-liberalen Vorbild emanzipiert, vgl. *Ulf Brunnbauer*, Der Mythos vom Rückzug ins Private. Arbeit, Konsum und Politik im Staatssozialismus, in: *Boškovska/Strobel/Ursprung*, »Entwickelter Sozialismus« in Osteuropa, S. 23–52.

58 *Alexandra Oberländer*, Sammelrezension: Socialist Consumption or Consuming Socialism?, in: H-Soz-Kult, 18.11.2016, URL: <http://www.hsozkult.de/publicationreview/id/rezbuecher-26134> [7.4.2017].

59 *William Jay Risch* (Hrsg.), Youth and Rock in the Soviet Bloc. Youth Cultures, Music, and the State in Russia and Eastern Europe, Lexington Books, Lanham/London 2015, 318 S., geb., 75,00 £.

60 *Sergei I. Zhuk*, Détente and Western Cultural Products in Soviet Ukraine during the 1970s, in: *Risch*, Youth and Rock in the Soviet Bloc, S. 117–152; *Gregory Kverberg*, Shostakovich versus Boney M. Culture, Status, and History in the Debate over Soviet Diskoteki, in: *Risch*, Youth and Rock in the Soviet Bloc, S. 211–228.

61 Ebd., S. 219.

Stellvertreterbegriff für alltägliches Handeln, wie Musikhören oder das Tragen von Jeanshosen (»Jeans consumption became a part of everyday life«[62]), reduziert das analytische Potenzial des Konsumbegriffs zur Klärung des Verhältnisses von jugendlichen Praktiken, Popmusik und dem Herrschaftsanspruch in der späten Sowjetunion. Er wird zu einem als Synonym verwendeten Begriff.

Am Beispiel von Studien im Feld der Konsumgeschichte im Kommunismus lässt sich veranschaulichen, dass die Verwendung des Konsumbegriffs als heuristisches Werkzeug und das damit zusammenhängende analytische Potenzial mit der investierten Begriffsarbeit in Relation steht, oder, um es anders auszudrücken: Neuere Ansätze bemühen sich um eine Präzisierung und Spezifizierung des Konsumbegriffs, da sie sich dadurch einen höheren Erkenntniswert erhoffen. Diese Tendenz lässt sich zum Beispiel in den 2014 publizierten Überlegungen von Thomas Welskopp erkennen, der den meisten Forscherinnen und Forschern attestierte, zwar einen historisch universellen Konsumbegriff zu definieren, doch dabei eigentlich ein »wesentlich engeres, manchmal unwillkürlich auf die Ära des modernsten Konsums, für Westeuropa die *trente glorieuses* nach 1945, beschränktes Verständnis [zu] pflegen«.[63] Er plädierte stattdessen für ein ökonomisch geprägtes Verständnis von Konsum und regte an, den Begriff als eine »Form ökonomischen Handelns« zu definieren, »die den potenziellen (privaten) Endverbrauch von Gütern und Dienstleistungen an einen vorhergehenden Markttransfer koppelt«.[64] Diese engere Definition erleichtere, so Welskopp, eine analytische Konzeption von Konsum als »systemspezifische Regelung der Versorgung unter kapitalistischen Bedingungen«.[65] Die Bindung des Konsumbegriffs an einen bestimmten Modus des Handelns unter kapitalistischen Bedingungen ist in der eingangs zitierten Definition von Hannes Siegrist bereits angelegt, da er die Anwendung des Begriffs vor allem auf »Konsum in marktwirtschaftlichen Verhältnissen, also um Marktentnahme durch Erwerb und Kauf« bezog.[66] Diese Einengung des Konsumbegriffs bringt vermutlich eine Preisgabe des Syntheseanspruchs von Konsumgeschichte mit sich und würde zugleich bedeuten, dass der Konsumbegriff nicht nur für die Kommunismusforschung, sondern auch für die Geschichtswissenschaft insgesamt nur noch eingeschränkt nutzbar gemacht werden könnte. Insgesamt hat das gesteigerte Bewusstsein für die Determiniertheit der ›westlich‹ geprägten Begriffsverständnisse von Konsum und Konsumgesellschaft zur Entwicklung neuer Forschungsstrategien beigetragen, die sich in drei grobe Ansätze einteilen lassen: erstens – wie bereits gezeigt – die Einführung neuer, angepasster oder engerer Definitionen; zweitens – wie noch zu zeigen sein wird – die Entwicklung eines relationalen Verständnisses von Konsum, Arbeit und Gesellschaft sowie drittens die empirische Neuerschließung des Begriffs durch einen Fokus auf Praktiken und materielle Dimensionen von Konsum (vgl. Abschnitt II).

Die Debatten um das geschichtswissenschaftliche Potenzial der Konsumgesellschaft als Deutungsangebot zur Neuinterpretation des Verhältnisses von Produktion, Arbeit und Konsum lassen sich auf den 1982 erschienenen Band »The Birth of a Consumer Society«[67] zurückführen. Mit ihm wurde der Beginn der westeuropäischen Konsumgesellschaft auf das England des 18. Jahrhunderts festgelegt und dem Konsum eine mindestens ebenso zentrale

62 *Zhuk*, Détente and Western Cultural Products in Soviet Ukraine during the 1970s, S. 120.

63 *Thomas Welskopp*, Konsum, in: *Christof Dejung/Monika Dommann/Daniel Speich Chassé* (Hrsg.), Auf der Suche nach der Ökonomie. Historische Annäherungen, Tübingen 2014, S. 125–152, hier: S. 131.

64 Ebd., S. 139.

65 Ebd., S. 142.

66 Vgl. *Siegrist*, Konsum, Kultur und Gesellschaft im modernen Europa, S. 16, Anm. 9.

67 *Neil McKendrick/John Brewer/John H. Plumb* (Hrsg.), The Birth of a Consumer Society. The Commercialization of Eighteenth-Century England, London 1982.

Bedeutung wie anderen politik- und wirtschaftshistorischen Prozessen eingeräumt. Mit dem Begriff der Konsumgesellschaft entwickelten die Vertreter und Vertreterinnen der Konsumgeschichte ein alternatives Deutungsangebot zu den eher produktionsorientierten Begriffen »Klassengesellschaft« beziehungsweise »Industriegesellschaft«, die bis dahin als strukturierendes Prinzip von Gesellschaften interpretiert wurden.[68] Seit dem Erscheinen von »The Birth of a Consumer Society« haben sich zahlreiche Aufsätze und Studien mit der Frage auseinandergesetzt, welche Kriterien erfüllt sein müssen, damit von der Existenz einer Konsumgesellschaft gesprochen werden kann. Aus der Fülle von Publikationen lassen sich für die deutschsprachige Forschung zwei Beispiele anführen, die das umfangreiche Spektrum der Definitionen abbilden. Im Anschluss an John Brewer entwickelte Hannes Siegrist bereits 1997 den Idealtypus einer Konsumgesellschaft anhand detaillierter Kriterien.[69] Haupt und Torp bilden im Gegensatz zu Siegrist das andere Ende des Spektrums ab, indem sie Konsumgesellschaft nur noch als eine Perspektive konzeptionieren, deren Ausgangspunkt die »Multidimensionalität des Konsums« bildet.[70] Letztlich treffen die Definitionsangebote, wie Thomas Welskopp kritisch anmerkte, jedoch keine Aussage darüber, ob es sich bei den Merkmalskatalogen um eine Symptomatik von Konsumgesellschaften, also die Beschreibung eines Ist-Zustands, handele, ob damit die Folgen von konsumgesellschaftlichen Entwicklungen oder die Voraussetzungen und Bedingungen gemeint seien.[71] In einem 2011 veröffentlichten Artikel vertrat Andreas Wirsching die These: »In modern mass societies the construction of selfhood depends ever less on work and ever more on consumption: it is through consumption that individual identities are constructed and defined.«[72] Die darin implizierte Annahme einer Ablösung der Arbeits- durch die Konsumgesellschaft wurde in einer, im selben Heft der »Contemporary European History« veröffentlichten Replik von Frank Trentmann aufgegriffen. Er kritisierte die unreflektierte Verwendung des Begriffs der »consumer society« als »hermeneutic device«, da dieser über ein eingebautes Narrativ verfüge, mit dem sich Ursache und Wirkung von gesellschaftlicher Entwicklung in einem linearen Modell erklären ließen.[73] Vor allem die essenzialistische Interpretation von Konsum als Kern von Vergesellschaftungsprozessen wurde zuletzt von Peter-Paul Bänziger einer kritischen Überprüfung unterzogen.[74] Dabei stellte Bänziger mit der Konsumgesellschaft nicht nur ein – wie er es selbst nannte – »Leitmotiv der deutschsprachigen Zeitgeschichtsschreibung« infrage, sondern bezog sich auch auf die konsum-

68 Vgl. die Darstellung bei: *Welskopp*, Konsum, S. 128f.

69 Definition von Konsumgesellschaft nach Hannes Siegrist: »Relativ viel Wohlstand konzentriert sich nicht bei einer kleinen Elite. Es gibt ein Mindestmaß an bürgerlicher Gleichheit und politischen Rechten, eine breite Mittelschicht, soziale Mobilität und Konkurrenz. Ein gewisser Wertepluralismus, Fleiß, Arbeitsethik und Streben nach Gütern aus innerweltlichen, teilweise auch religiösen Motiven sind allgemein üblich und werden als legitim verstanden. In Landwirtschaft, Industrie und Handel besteht eine gewisse Arbeitsteilung und Rationalisierung. Es gibt eine nach außen gerichtete Arbeits-, Berufs- und Erwerbsorientierung der Familien, ein differenziertes institutionelles und rechtliches System, rationales Wissen, das berechenbares und kalkulierendes Handeln ermöglicht und fördert, einen kulturellen Apparat, der die Verständigung zwischen den Produzenten, Vermittlern und Konsumenten der Güter ermöglicht und die Deutung von Kaufen und Verbrauchen anleitet. Als allgemeines Austauschmittel fungiert Geld«, *Siegrist*, Konsum, Kultur und Gesellschaft im modernen Europa, S. 18f.

70 *Torp/Haupt*, Einleitung, S. 10.

71 *Welskopp*, Konsum, S. 130.

72 *Wirsching*, From Work to Consumption, S. 3.

73 *Trentmann*, Consumer Society – RIP, S. 29.

74 *Bänziger*, Von der Arbeits- zur Konsumgesellschaft?; Bänziger beruft sich dabei auf die Kritik an der Übernahme von sozialwissenschaftlichen Leitbegriffen in der Geschichtswissenschaft, vgl. *Rüdiger Graf/Kim Christian Priemel*, Zeitgeschichte in der Welt der Sozialwissenschaften. Legitimität und Originalität einer Disziplin, in: VfZ 59, 2011, S. 479–508, hier: S. 483f.

historische »Anwendung oppositioneller oder sequentieller Analysemodelle«.[75] Aus dieser Perspektive sei die Geschichte Westeuropas und Nordamerikas als eine Abfolge von Konsumgesellschaften mit unterschiedlicher Ausprägung und Intensität interpretiert worden. Diesen Ansatz verfolgte beispielsweise der Wirtschaftshistoriker Christian Kleinschmidt, der in seiner Einführung zur Geschichte der Konsumgesellschaft eine, wenn auch nicht lineare, Entwicklung von der Frühen Neuzeit bis zur Gegenwart aufzeigte.[76] In einer Konsumgesellschaft, so die Definition von Kleinschmidt, »erfolgt Verbrauch und Verzehr von Gütern und Dienstleistungen über die Bedürfnisbefriedigung hinaus«, was das Vorhandensein von Wahlmöglichkeiten und ausreichender Produktion auf der Angebotsseite voraussetze.[77] Der Zugang zu Gütern und Dienstleistungen erfolge über die Marktintegration.[78] Aus dieser Perspektive lassen sich vergangene Gesellschaftsformen nach ihren konsumgesellschaftlichen Ausprägungen und deren Abstand zur idealtypischen Konsumgesellschaft analysieren und kategorisieren. Kleinschmidt griff dafür auf Begriffsbildungen wie »Proto-Konsumgesellschaft«, »Pseudo-Massenkonsumgesellschaft« oder »Massenkonsumgesellschaft« zurück.[79] Diese Form der Typenbildung und Verallgemeinerung verweist bereits auf die später thematisierten disziplinären Unterschiede, die in der von quantitativ arbeitenden Sozialwissenschaftlerinnen und Sozialwissenschaftlern formulierten und von anderen Akteuren oftmals übernommenen Annahme, dass mit der sozialwissenschaftlichen Datenproduktion gleichsam verallgemeinerbare Ergebnisse produziert werden können, zum Ausdruck kommen, während die historiografische Auswertung nach zeitlichen Verläufen und räumlichen Ausprägungen fragt (vgl. Abschnitt III).

Die Diskussionen im Anschluss an Neil McKendrick, John Brewer und John H. Plump können in mindestens zweierlei Hinsicht als hilfreich für die Beschäftigung mit dem Phänomen Konsum verstanden werden.[80] Erstens lassen sich damit die Anfänge der Konsumgeschichtsschreibung in den Kontext der westeuropäischen Wissens- und Denkkulturen des Kalten Kriegs einordnen, die von einer Suche nach den Vorläufern der amerikanischen Konsumkultur geprägt waren.[81] Bänziger sprach in diesem Zusammenhang sogar von einer gewissen Blindheit konsumhistorischer Forschungen gegenüber der »grundsätzlichen Involviertheit des eigenen Untersuchungswerkzeugs in die erzählte Geschichte«.[82] Zweitens entwickelte sich im Anschluss an die Studie eine Art konsumhistorische Suchbewegung nach den Wurzeln der Konsumgesellschaft und der Rolle von Konsum für Vergesellschaftungsprozesse. Das Aufspüren der Vorgänger beziehungsweise der Versuch, den Zeitpunkt der Geburt der (europäischen) Konsumgesellschaft zu ermitteln, hat inzwischen nicht nur Forschungsarbeiten hervorgebracht, die bis in das 15. Jahrhundert zurückreichen, sondern auch die Entwicklung von Konsum in anderen Regionen der Welt nachgewiesen.[83] Die Anwendung des begrifflichen und theoretischen Instrumentariums der Konsumgesellschaft auf unterschiedliche Zeiten und Räume hat ein eurozentrisches Verständnis von Konsum und Konsumgesellschaften etabliert, dessen unreflektierte Verwendung weitreichende Folgen für die Thesenbildung und Erzählstruktur konsumhistorischer Forschungen haben kann.

75 *Bänziger*, Von der Arbeits- zur Konsumgesellschaft?, S. 34.
76 *Kleinschmidt*, Konsumgesellschaft, S. 12. Ähnlich argumentiert der Sammelband von Michael Prinz, vgl. *Prinz*, Der lange Weg in den Überfluss.
77 *Kleinschmidt*, Konsumgesellschaft, S. 13.
78 Ebd.
79 Ebd.
80 So die Feststellung bei *Trentmann*, The Long History of Contemporary Consumer Society, S. 110f.; vgl. *McKendrick/Brewer/Plumb*, The Birth of a Consumer Society.
81 *Trentmann*, The Long History of Contemporary Consumer Society, S. 110f.
82 *Bänziger*, Von der Arbeits- zur Konsumgesellschaft?, S. 27f.
83 Vgl. *Trentmann*, Empire of Things; *Roche*, A History of Everyday Things; *Welch*, Shopping in the Renaissance; *Clunas*, Modernity Global and Local.

Das führt weg vom Konzept der Konsumgesellschaft und wieder hin zu einem modifizierten Konsumbegriff. Hans Peter Hahn plädierte deswegen im Rahmen von Forschungsarbeiten, die sich speziell mit Konsum in Afrika auseinandersetzen, für eine Erweiterung der konsumhistorischen Perspektive, die nicht nur der materiellen Dimension, sondern auch den Konsumpraktiken größere Aufmerksamkeit widme, um Erzählungen einer nachholenden Modernisierung oder defizitärer Entwicklung zu vermeiden.[84] Ähnlich argumentieren auch einige Beiträge des 2013 erschienenen Sammelbandes »The Objects of Life in Central Africa«. Walima T. Kalusa nahm in seiner Untersuchung der Konsumkultur im sogenannten Kupfergürtel von Sambia eine akteurszentrierte Perspektive ein, mit deren Hilfe er lokale Praktiken der Aneignung, Nutzung und Veränderung von ›westlichen‹ Konsumgütern untersuchte.[85] Diese Anregungen griff auch Michael Barrett auf, der in seinem Ansatz eine Kombination aus Migrations- und Konsumgeschichte anregte, die sowohl die performative als auch die materielle Dimension von Konsum integriere.[86] Die ahistorische Verwendung des Begriffs der Konsumgesellschaft und darin mitschwingenden Implikationen führten aus globalgeschichtlicher Perspektive zu einem empirisch nicht tragfähigen Bedeutungsverlust der Arbeit beziehungsweise Produktion zugunsten von Konsum. In der Einleitung ihres Sammelbandes griffen Penelope Franks und Janet Hunter diese Überlegungen auf und kritisierten die Dominanz europäischer Vorstellungen von Konsumgesellschaft und deren Projektion auf nicht-›westliche‹ Regionen. Dies führe, so die Autorinnen, zur Entwicklung dichotomisierender Deutungsmuster, mit denen sich die landesspezifischen Konsumkulturen nur unzureichend analysieren ließen und die letztlich die Perspektiven einer eurozentrischen Globalisierung reproduzierten.[87] Die Probleme sind deckungsgleich mit den Zweifeln, die in jüngster Zeit gegenüber der Produktivität von Dichotomien zur Analyse von kommunistischen Gesellschaften vorgebracht wurden.[88]

Mit Blick auf die Erforschung von Konsum in kommunistischen Gesellschafts- und Wirtschaftssystemen wurden innovative Ansätze entwickelt, die Wege für eine spezifische Auslegung des Verständnisses von Konsumphänomenen aufgezeigt haben. In ihrem bereits 1999 erschienenen Werk »Utopie und Bedürfnis« sprach sich Ina Merkel gegen die Anwendung des Begriffs der Konsumgesellschaft für die DDR aus und bemühte sich stattdessen um eine neue systemspezifische Deutung des Begriffs der Konsumkultur.[89] Einen ähnlichen Weg schlug auch Natalya Chernyshova ein, die für ein dynamisches Begriffsverständnis von Konsumgesellschaft plädierte: »›Consumer society‹ is used to describe the kind of social order where consumer goods have numerous social meanings that extend beyond their economic value, and where consumption, with its environments, discourses, attitudes and practices, is an important part of the social practice.«[90] Einen anderen Ansatz wählte Natalia Milanesio, die den Typus des »worker-consumers« entwickelte, den sie als prägenden Akteur

84 *Hans Peter Hahn*, Consumption, Identities, and Agency in Africa. An Overview, in: *Hartmut Berghoff/Uwe Spiekermann* (Hrsg.), Decoding Modern Consumer Societies, New York 2012, S. 69–86.

85 *Walima T. Kalusa*, Advertising, Consuming Manufactured Goods and Contracting Colonial Hegemony on the Zambian Copperbelt, 1945–1964, in: *Ross/Hinfelaar/Peša*, The Objects of Life in Central Africa, S. 143–165.

86 *Michael Barrett*, ›Walking Home Majestically‹. Consumption and the Enactment of Social Status among Labour Migrants from Barotseland, 1935–1965, in: *Ross/Hinfelaar/Peša*, The Objects of Life in Central Africa, S. 93–113.

87 *Penelope Francks/Janet Hunter*, Introduction: Japan's Consumption History in Comparative Perspective, in: *dies.*, The Historical Consumer, S. 1–23.

88 *Brunnbauer*, Der Mythos vom Rückzug ins Private.

89 *Ina Merkel*, Utopie und Bedürfnis. Die Geschichte der Konsumkultur in der DDR, Köln/Weimar etc. 1999, S. 24–29.

90 *Chernyshova*, Soviet Consumer Culture in the Brezhnev Era, S. 12.

einer neuen, spezifisch argentinischen Konsumgesellschaft interpretierte.[91] An den Beispielen ambitionierter Forschungsvorhaben zur Konsumgeschichte des ›außerwestlichen‹ Raumes lässt sich somit veranschaulichen, wie die definitorische Anpassung den Begriff der Konsumgesellschaft von seinen eurozentrischen und determinierenden Implikationen entkleiden kann.

Die geschichtstheoretische Infragestellung des Narrativs der Konsumgesellschaft drückt sich also nicht nur, wie in der Einleitung erwähnt, in einer Marginalisierung der Konsumgeschichte als kulturhistorischen Blinddarms der Arbeits- und Kapitalismusgeschichte aus, sondern auch in einem neuen, relationalen Verständnis von Arbeit und Konsum. Autoren wie Thomas Welskopp plädierten dafür, die Begrifflichkeiten nicht alternativ, sondern komplementär zu verwenden, um »an synthetischer Aufschließungskraft für eine Theorie moderner Gesellschaften [...] zu gewinnen«.[92] Bänziger griff diese Anregungen ähnlich wie Trentmann auf, indem er forderte, das Konzept der Konsumgesellschaft nicht mehr als »Werkzeug, sondern zuerst und vor allem als Untersuchungsobjekt«[93] zu betrachten. Die Entwicklung des Konzepts der »Konsumgesellschaft« als eines politischen Kampfbegriffs im Kontext des Kalten Kriegs, der sich explizit gegen sozialstrukturelle und marxistische Gesellschaftsanalysen richtete, erfordert in der konsumhistorischen Forschungspraxis also nicht nur eine konsequente Historisierung, sondern auch eine reflexive Verwendung des Begriffs. Im Folgenden werden einige Forschungsstrategien im Bereich der historischen Konsumforschung vorgestellt, die sowohl zeitgenössische Entstehungskontexte mitdenken als auch Gesellschaft und Konsum in ein relationales Verhältnis zueinander setzen.

II. Praktiken und materielle Kultur als Perspektiven der Konsumgeschichte

»Follow practices, not individual choices«[94], lautete eine der viereinhalb Lektionen des von Frank Trentmann zwischen 2002 und 2005 geleiteten Forschungsprogramms »Cultures of Consumption«. Die Untersuchung von »practices of habitual consumption, their histories, rhythms and disruptions« biete, so Trentmann, neue Pfade für die Zukunft der Konsumforschung.[95] Seine selbst formulierte These griff er in einem 2009 erschienenen Aufsatz erneut auf.[96] Im Anschluss an die konsumsoziologischen Forschungen von Alan Warde und Elizabeth Shove plädierte er für eine Einbeziehung der materiellen Dimension des Alltags und eine Neuausrichtung der Konsumgeschichte auf die Untersuchung des Verhältnisses von Praktiken und Dingen.[97] Inwieweit theoretische Ansätze aus der Praxeologie und dem Bereich der *material culture* im Feld der historischen Konsumforschung bisher berücksichtigt wurden, soll im Folgenden anhand von ausgewählten Forschungsprojekten diskutiert werden.[98] Dabei steht durchaus die Frage im Raum, ob Praktiken und Dinge nicht be-

91 *Milanesio*, Workers Go Shopping in Argentina, S. 3.

92 *Welskopp*, Konsum, S. 130.

93 *Bänziger*, Von der Arbeits- zur Konsumgesellschaft?, S. 29.

94 Vgl. *Frank Trentmann*, 4 ½ Lessons about Consumption. A Short Overview of the Cultures of Consumption Research Programme, URL: <http://www.consume.bbk.ac.uk/researchfindings/overview.pdf> [7.4.2017]. Das Forschungsprogramm lief zwischen den Jahren 2002 bis 2005 und umfasste 26 Einzelprojekte.

95 Ebd.

96 *Trentmann*, The Long History of Contemporary Consumer Society, S. 126f.

97 *Alan Warde*, Consumption and Theories of Practice, in: Journal of Consumer Culture 5, 2005, S. 131–153; *Elizabeth Shove/Matthew Watson/Martin Hand* u.a. (Hrsg.), The Design of Everyday Life, Oxford/New York 2007.

98 Zur Einführung in die historische Praxeologie vgl. *Lucas Haasis/Constantin Rieske* (Hrsg.), Historische Praxeologie. Dimensionen vergangenen Handelns, Paderborn 2015; *Sven Reichardt*,

reits seit Längerem Gegenstand von konsumhistorischen Untersuchungen sind und welche neuen Fragestellungen sich entwickeln lassen, wenn Ansätze aus dem Bereich der materiellen Kultur mit praxisorientierten Perspektiven verbunden werden.[99]

Bereits 1997 formulierte Hannes Siegrist seinen Anspruch, die »Ergebnisse aus zahlreichen historischen Studien über einzelne Gegenstände und Praktiken«[100] unter dem Dach der Konsumgeschichte zusammenzuführen. Als Beispiel führte Siegrist die »westeuropäische Konsumkultur und Konsumgesellschaft« an, die sich dementsprechend aus der Summe von »Gütern, Werten, Design- und Geschmacksrichtungen, Praktiken und Mentalitäten, Institutionen und Strategien« zusammensetze.[101] Ausgehend von der programmatischen Ausrichtung des Bandes beschäftigten sich die meisten Aufsätze mit speziellen Produkten, quantitativen Aufstellungen von Konsumgütern im Haushalt oder dem Kaufverhalten von bestimmten gesellschaftlichen Schichten. Anders als von Trentmann vorgeschlagen fungierten die Akteure und ihr Handeln hier vor allem als Belege für bestimmte Konsummuster und dienten weniger als Ausgangspunkt des Forschungsprozesses. Diese methodische Herangehensweise lässt sich bei Untersuchungen im Feld der Konsumgeschichte häufig beobachten, obwohl Paul Erker bereits 1993 anmerkte, dass die Kombination von quantitativen Aufzählungen und demoskopischen Umfragen nicht ausreiche, um eine »Sozialgeschichte des Konsums« zu schreiben.[102] Auch neuere Publikationen zur Konsumgeschichte greifen das etablierte Forschungsverfahren auf und nutzen soziale Praktiken zur Illustration von quantitativen Daten, anstatt diese als Ausgangspunkt der Analyse zu wählen. Beispielsweise kündigte Monika Sigmund in der Einleitung ihrer 2015 publizierten Studie zum Kaffeekonsum in beiden deutschen Staaten an, die »im Konsum realisierten sozialen Praktiken« zu untersuchen.[103] Sigmund legte unter Rückgriff auf Werbematerialien, archivalische Quellen und Studien aus dem Bereich der Marktforschung eine informative Produktstudie vor, doch die eigentlichen Praktiken des Kaffeetrinkens wurden kaum beleuchtet. Diese Leerstelle füllte die Autorin, indem sie Praktiken und damit verbundene Gefühle und Wertevorstellungen teilweise direkt aus Werbebroschüren der Kaffeeindustrie beziehungsweise aus dem Eingabewesen der DDR oder Berichten der Staatssicherheit ableitete.[104] Um die staatliche Perspektive zu erweitern und einen Zugriff auf alltägliche Praktiken des Kaffeetrinkens zu bekommen, bietet sich im Bereich der Zeitgeschichte die Verwendung von Methoden der Oral History an, die mit der Analyse von privaten Fotografien ergänzt und erweitert werden kann.

Ähnlich wie Sigmund verfuhr Sophie Gerber in ihrer ebenfalls 2015 veröffentlichten Studie des privaten Energiekonsums in der Bundesrepublik zwischen 1945 und 1990. Ziel ihrer Untersuchung sei, wie die Autorin in der Einleitung anführte, die »historische Erklä-

---

Zeithistorisches zur praxeologischen Geschichtswissenschaft, in: *Arndt Brendecke* (Hrsg.), Praktiken der Frühen Neuzeit. Akteure – Handlungen – Artefakte, Köln/Weimar etc. 2015, S. 46–61; *Andreas Reckwitz*, Grundelemente einer Theorie der sozialen Praktiken, in: Zeitschrift für Soziologie 32, 2003, S. 282–301. Als Einstieg in das Feld der Materiellen Kultur vgl. *Stefanie Samida/Manfred K.H. Eggert/Hans Peter Hahn* (Hrsg.), Handbuch Materielle Kultur. Bedeutungen, Konzepte, Disziplinen, Stuttgart 2014.

99 *Andreas Ludwig*, Materielle Kultur, Version: 1.0, in: Docupedia-Zeitgeschichte, 30.5.2011, URL: <http://docupedia.de/zg/ludwig_materielle_kultur_v1_de_2011> [7.4.2017].

100 *Siegrist*, Konsum, Kultur und Gesellschaft im modernen Europa, S. 14.

101 Ebd., S. 19.

102 *Paul Erker*, Zeitgeschichte als Sozialgeschichte. Forschungsstand und Forschungsdefizite, in: GG 19, 1993, S. 202–238, hier: S. 212.

103 *Monika Sigmund*, Genuss als Politikum. Kaffeekonsum in beiden deutschen Staaten (Studien zur Zeitgeschichte, Bd. 87), De Gruyter Oldenbourg, Berlin/München etc. 2015, X + 342 S., geb., 49,95 €, S. 1.

104 Ebd., S. 211.

rung der Durchdringung von Gesellschaft und Alltag mit vielfältigen Praxen des Energieverbrauchs«. Dieses Vorgehen erscheint vor dem Hintergrund des Aufstiegs der privaten Haushalte zum größten Energieverbraucher als eine gewinnbringende Perspektive.[105] Zur Analyse der Praktiken des Energieverbrauchs in westdeutschen Küchen nutzte Gerber die Branchenzeitschrift »Die moderne Küche«. Die darin angeführten Trenddiagnosen und Verhaltensweisen interpretierte sie als repräsentativ für westdeutsche Haushalte, ohne dass die Akteure selbst zur Sprache kamen. Sowohl Gerber als auch Sigmund reflektierten in der methodischen Anlage ihrer Arbeiten die zentrale Funktion von sozialen Praktiken, ohne diese zum Ausgangspunkt ihrer Überlegungen zu machen oder diese näher zu definieren. Dies sei vor allem, wie Gerber anmerkte, durch einen Mangel an Quellen begründet, den sie durch vier Objektstudien von besonders verbrauchsintensiven Haushaltsgeräten zu kompensieren versuchte. Objekte klassifizierte Gerber ähnlich wie Praktiken »als Quellen, die Thesen verifizieren oder falsifizieren«.[106] Der innovative Ansatz von Sophie Gerber verweist auf die quellenkritischen Herausforderungen, denen sich künftige Forschungen in diesem Bereich stellen müssen, wenn Praktiken und Geräte selbst zum Ausgangspunkt der Thesenbildung gemacht werden sollen.

Verschiedene Projekte aus dem Bereich der Konsumforschung im Kommunismus haben die anfangs geschilderten methodischen Anregungen aufgegriffen und Praktiken als Ausgangspunkt ihrer Analysen gewählt, nicht nur um gängige Deutungsangebote zu unterlaufen, sondern vor allem um ein systemspezifisches Verständnis des Konsumbegriffs zu entwickeln. Anna Ivanova zeigte am Beispiel des Einkaufs in sowjetischen »Beriozka«-Läden, dem Äquivalent zu den Intershops in der DDR, die Entstehung und den Wandel von Konsumpraktiken auf, die zur Entwicklung eines spezifisch sowjetischen Selbstverständnisses der Konsumenten und Konsumentinnen beitrugen. Die Prägungen durch bestimmte Verhaltensweisen hätten, wie Ivanova argumentierte, auch nach dem Zusammenbruch der Sowjetunion großen Einfluss auf die Erwartungshaltung der Bürger und Bürgerinnen gehabt.[107] Ähnlich verfuhr auch Kirsten Bönker, die das Verhältnis von Privatheit und Öffentlichkeit in der späten Sowjetunion untersuchte. Anhand von Praktiken des Fernsehens, den Inhalten der Fernsehsendungen und der Positionierung des Fernsehers im Wohnraum zeigte sie, dass die Privatsphäre sowohl von den politischen Akteuren als auch von der Bevölkerung als ein politischer Ort und weniger als »Nische« beziehungsweise vorpolitischer Rückzugsort gedeutet wurde.[108] In Erweiterung zu Bönker[109] und Ivanova, die keinen eigenen Konsumbegriff aus ihren Untersuchungen ableiteten, entwickelte Natalya Chernyshova in ihrer 2013 erschienenen Arbeit zum Konsum in der Ära Breschnew darüber hinaus einen explizit an Praktiken und Dingen orientierten Konsumbegriff: »This means that the term

105 *Sophie Gerber*, Küche, Kühlschrank, Kilowatt. Zur Geschichte des privaten Energiekonsums in Deutschland, 1945–1990 (Histoire, Bd. 72), Transcript Verlag, Bielefeld 2015, 353 S., kart., 34,99 €, hier: S. 16.

106 Ebd., S. 40.

107 *Anna Ivanova*, Shopping in Berizoka. Consumer Society in the Soviet Union, in: Zeithistorische Forschungen/Studies in Contemporary History 10, 2013, S. 243–263, hier: S. 263.

108 *Kirsten Bönker*, »Muscovites are frankly quite wild about TV«. Freizeit und Fernsehkonsum in der späten Sowjetunion, in: *Boškovska/Strobel/Ursprung*, »Entwickelter Sozialismus« in Osteuropa, S. 173–210, hier: S. 202ff.

109 In ihrem 2011 gemeinsam mit Vera Caroline Simon veröffentlichten Aufsatz schlug Kirsten Bönker einen »umfassenden Konsumbegriff« vor, mit dem »Quantität und Qualität der Konsumangebote zu relativen, historisier- und dekonstruierbaren Größen« gemacht werden könnten und der nicht mehr auf »›Konsumgesellschaften‹ westlich-neuzeitlicher Provenienz festgelegt« sei, vgl. *Kirsten Bönker/Vera Caroline Simon*, Konsum und politische Kommunikation. Grenzverschiebungen des Politischen seit der Frühen Neuzeit, in: *dies.*, Konsum und politische Kommunikation, S. 7–16, hier: S. 7.

›consumption‹ in this book has connotations that extend beyond the economic meaning of ownership and move towards that of social practice. [...] consuming means using an object.«[110] Mithilfe ihrer theoretischen Begriffsarbeit und deren Verbindung mit praxistheoretischen Ansätzen vertrat Chernyshova in Anlehnung an Alexei Yurchak die These, dass die Bevölkerung der Sowjetunion in der langen Transformationsphase zwischen 1985 und den 1990er-Jahren auf Wissens- und Erfahrungsbestände habe zurückgreifen können, die bereits in der Ära Breschnew durch Konsumpraktiken eingeübt worden seien.[111] Die angeführten Beispiele illustrieren, wie die Untersuchung von konkreten Praktiken des Umgangs mit Dingen zu einem orts- und zeitgebundenen Verständnis von Konsum beitragen kann.

Praxisorientierte Ansätze finden auch in anderen Bereichen der historischen Konsumforschung Anwendung, die sich besonderen methodologischen Herausforderungen ausgesetzt sehen. Dies trifft in besonderem Maße auf Forschungsprojekte zu, die sich mit Konsum in anderen nicht-›westlichen‹ Räumen wie Afrika auseinandersetzen. In dem 2013 erschienenen Sammelband »The Objects of Life in Central Africa« widmete sich die Mehrzahl der Beiträge Händlern und ihren Praktiken, da sich auf diese Weise, so die Herausgeberinnen und der Herausgeber in der Einleitung, Konsummuster nicht nur über vorkoloniale, koloniale und post-koloniale Perioden, sondern auch über die regionalen Grenzen hinweg untersuchen ließen.[112] Vor allem Studien, die sich mit Konsum- und Handelspraktiken von Textilien auseinandersetzen, haben – wie Frank Trentmann und Jeremy Prestholdt feststellten – zur Überwindung der Vorstellung beigetragen, dass sich afrikanische Gesellschaften vor der Kolonialisierung in einem »unberührten« Zustand, einer Art »pre-commercial ice-age« befunden hätten, in der Konsum, Produktion, Handel und Nachfrage nach Gütern keine Rolle spielten.[113] Penelope Francks und Janet Hunter griffen diese Erkenntnis auf, indem sie für eine akteurs- und praktikenzentrierte Perspektive zur Erforschung der japanischen Konsumkultur plädierten, die weniger die Verbreitung von ›westlichen‹ (Industrie-)Produkten in einer nicht-›westlichen‹ Gesellschaft, sondern vor allem deren Benutzung in den Blickpunkt nimmt.[114] In seinem Aufsatz machte sich Andrew Gordon die methodischen Anregungen der Herausgeberinnen zu eigen und veranschaulichte anhand von Nähmaschinen und alltäglichen Praktiken des Nähens die Veränderung des Frauenbildes in Japan. Der Rückgriff auf eine praxisorientierte Analyseperspektive ermöglichte es Gordon nachzuweisen, wie sich das Bild der japanischen Frau von einer Verwalterin des Haushalts zu einer Managerin des Einkaufs von massenhaft produzierten Waren wandelte.[115] Ähnlich ging Naofumi Nakamura vor, der die Tagebücher von japanischen Geschäftsmännern und Politikern auswertete, um Praktiken des Zugfahrens und deren Bedeutung für die Entwicklung von überregionalen Netzwerken zu rekonstruieren.[116] Beide Beispiele veranschaulichen, wie die Untersuchung von Praktiken genutzt werden kann, um

---

110 *Chernyshova*, Soviet Consumer Culture in the Brezhnev Era, S. 12.

111 Ebd., S. 202–205; *Alexei Yurchak*, Everything Was Forever, Until It Was No More. The Last Soviet Generation, Princeton 2005.

112 *Robert Ross/Marja Hinfelaar/Iva Peša*, Introduction. Material Culture and Consumption Patterns. A Southern African Revolution, in: *dies.*, The Objects of Life in Central Africa, S. 1–13, hier: S. 10.

113 *Trentmann*, Empire of Things, S. 124; *Jeremy Prestholdt*, Africa and the Global Life of Things, in: *Trentmann*, The Oxford Handbook of the History of Consumption, S. 85–108, hier: S. 91–96. Zur Einbindung ostafrikanischer Händler und Konsumenten in internationale Handelsnetzwerke vgl. beispielsweise: *Machado*, Ocean of Trade.

114 *Francks/Hunter*, Introduction, S. 11f.

115 *Andrew Gordon*, Like Bamboo Shoots after the Rain. The Growth of a Nation of Dressmakers and Consumers, in: *Francks/Hunter*, The Historical Consumer, S. 56–78, hier: S. 75f.

116 *Naofumi Nakamura*, Getting on a Train. Railway Passengers and the Growth of Train Travel in Meiji Japan, in: *Francks/Hunter*, The Historical Consumer, S. 207–234.

ein in spezifischen räumlichen und historischen Kontexten verwurzeltes Verständnis von Konsum zu entwickeln, das darüber hinaus als Anknüpfungspunkt für transnationale Vergleichsarbeiten dienen kann.

Zahlreiche Forschungsvorhaben im Feld der Konsumgeschichte, um auf die einleitende Frage von Andreas Ludwig zurückzukommen, lassen sich als praxeologisch informiert klassifizieren, das heißt, die jeweiligen Studien beziehen die Entstehung und den Wandel von Praktiken bewusst in die Analyse und Kontextualisierung mit ein, ohne dass deren dichte Beschreibung im Mittelpunkt steht.[117] Deutlich wird dies beispielsweise an dem 2009 erschienenen Aufsatz von Maren Möhring zur Ethnizität von Konsum, in dem sie für eine Kopplung von Konsum- und Körpergeschichte plädierte, die performative Praktiken und Essgewohnheiten in den Blick nimmt.[118] Neueste Vorhaben greifen die methodischen Anregungen der Praxeologie auf und benennen diese Einflüsse auch explizit, ohne jedoch einen rein praxeologischen Ansatz zu verfolgen.[119] Dieses Vorgehen versteht den Begriff der Praktik nicht mehr als selbsterklärend, sondern als analytische Perspektive, die einer theoretischen und konzeptionellen Ausarbeitung bedarf, wenn sie für die Konsumgeschichte nutzbar gemacht werden soll.

Mit der praxeologisch informierten Perspektive ist, wie die vorangegangenen Beispiele bereits angedeutet haben, eine materielle Dimension unmittelbar verbunden. In der konsequenten »Einbeziehung der gegenständlichen Dimensionen der Vergangenheit« und deren Kombination mit einem an Praktiken orientierten Verständnis von Konsum lassen sich Impulse für eine Neujustierung der Konsumgeschichte ableiten.[120] An der Schnittstelle von Studien zur materiellen Kultur und Konsum vergegenwärtigt sich zudem, welche Herausforderungen und Überschneidungen bei der Abgrenzung der Konsumgeschichte zu anderen Forschungsfeldern auftreten.[121] Das 2016 gegründete Netzwerk »Materielle Kultur und

---

117 Was ist und was kann die Historische Praxeologie? Ein runder Tisch, in: *Haasis/Rieske*, Historische Praxeologie, S. 199–236, hier: S. 212ff. Impulsgebend: *Clifford Geertz*, Dichte Beschreibung. Beiträge zum Verstehen kultureller Systeme, Frankfurt am Main 2003. Als Beispiel für eine der wenigen, explizit praxeologisch ausgerichtete Studien der Konsumgeschichte, vgl. *Beverly Lemire*, Wie frühneuzeitliche Gesellschaften in Mode kamen. Indische Baumwollstoffe, materielle Politik und konsumentengesteuerte Innovationen in Tokugawa-Japan und England in der Frühen Neuzeit, in: *Dagmar Freist* (Hrsg.), Diskurse – Körper – Artefakte. Historische Praxeologie in der Frühneuzeitforschung, Bielefeld 2015, S. 311–333.

118 *Maren Möhring*, Ethnizität und Konsum, in: *Haupt/Torp*, Die Konsumgesellschaft in Deutschland 1890–1990, S. 172–189.

119 Siehe zum Beispiel die Darstellung der Kernthesen des Forschungsverbunds »Ernährung, Gesundheit und soziale Ordnung in der Moderne: USA und Deutschland«, einsehbar unter: URL: <http://www.ego.soziologie.uni-muenchen.de/zielsetzung/index.html> [7.4.2017]; Kurzpräsentation des Forschungsprojekts von Benjamin Möckel verfügbar unter: URL: <http://neuere-geschichte.phil-fak.uni-koeln.de/919.html> [7.4.2017]; *Habbo Knoch/Benjamin Möckel*, Moral History. Überlegungen zu einer Geschichte des Moralischen im »langen« 20. Jahrhundert, in: Zeithistorische Forschungen/Studies in Contemporary History 14, 2017, URL: <http://www.zeithistorische-forschungen.de/1-2017/id=5454> [7.4.2017].

120 *Simone Derix/Benno Gammerl/Christiane Reinecke* u.a., Der Wert der Dinge. Zur Wirtschafts- und Sozialgeschichte der Materialitäten, in: Zeithistorische Forschungen/Studies in Contemporary History 13, 2016, URL: <http://www.zeithistorische-forschungen.de/3-2016/id=5389> [7.4.2017].

121 Zum Begriff der materiellen Kultur, vgl. *Samida/Eggert/Hahn*, Handbuch Materielle Kultur. Ähnliches lässt sich für den in der Cultural Anthropology und den Material Culture Studies verbreiteten Forschungsansatz der Dingbiografie konstatieren, der sich dem Lebenslauf von Dingen, also dem Ideenkontext beziehungsweise der Idee, dem Design, der Produktion, der Distribution, dem Konsum und Gebrauch sowie deren Entsorgung widmet, vgl. beispielsweise *Igor Kopytoff*, The Cultural Biography of Things: Commoditization as Process, in: *Arjun Appadurai* (Hrsg.), The

Konsum im Europa der Frühen Neuzeit« definiert den »Umgang mit Dingen« als gemeinsamen Fluchtpunkt beider Forschungsfelder, wobei materielle Kultur als eine Perspektive ausgemacht wird, die Dinge selbst als Ausgangpunkt der Thesenbildung wählt, während Konsum die »Praktiken des Erwerbens, Gebrauches und Verbrauches in den Mittelpunkt stellt«.[122] Diese Einteilung wirft die Frage auf, welche Kriterien eigentlich erfüllt sein müssen, damit eine Studie der Konsumgeschichte zugezählt werden kann.

Die diffizile disziplinäre Zuordnung lässt sich am einleitenden Aufsatz des 2016 erschienenen Hefts der Zeithistorischen Forschungen zum »Wert der Dinge« verdeutlichen. Die Autorinnen und der Autor identifizierten die Felder der Historischen Anthropologie sowie der Alltagsgeschichte als materialitätssensible Forschungsrichtungen, die sich bereits vor der Etablierung der Konsumgeschichte mit Dingen auseinandergesetzt hätten. Als frühe Beispiele verwies das Autorenteam auf die Studien von Jakob Tanner und Adelheid von Saldern aus den 1990er-Jahren, die zwar konsumhistorische Elemente enthielten, aber weder in den gängigen Forschungsberichten zur Konsumgeschichte erwähnt noch von den Verfasserinnen und Verfassern selbst als konsumhistorische Studien eingeordnet würden.[123] Wie sich materielle Kultur und Konsumgeschichte verbinden und gleichzeitig voneinander abgrenzen lassen, zeigte überzeugend Anne Sudrow in ihrer 2010 veröffentlichten Studie zum Schuh im Nationalsozialismus. Die Fokussierung auf ein Produkt ermögliche es, so Sudrow, »eine punktuelle, synthetisierende Betrachtungsweise« einzunehmen, die neue Zugänge zu Fragestellungen aus der Sozial- und Alltagsgeschichte, der Wirtschaftsgeschichte, der Technikgeschichte, der Wissenschaftsgeschichte und der Konsumgeschichte aufzeige.[124] Einen ähnlichen Ansatz verfolgte die 2014 veröffentlichte Publikation zu den politischen Kulturen des Rauchens während des Ersten Weltkriegs, die sich einerseits Praktiken des Rauchens und andererseits den materiellen Dimensionen der Zigarette widmete.[125] Auch bei der Erforschung der materiellen Kultur des Kommunismus lassen sich Studien

---

Social Life of Things. Commodities in Cultural Perspective, New York 1988, S. 64–91; *Chris Gosden/Yvonne Marshall*, The Cultural Biography of Objects, in: World of Archaeology 31, 1999, S. 169–178; *Hans Peter Hahn*, Materielle Kultur. Eine Einführung, Berlin 2005, S. 41–45.

122 Kurzbeschreibung des DFG-Netzwerks »Materielle Kultur und Konsum im Europa der Frühen Neuzeit. Objekte – Zirkulationen – Aneignungen«, URL: <http://www.histinst.uni-jena.de/Bereiche/Geschlechtergeschichte/Projekte/Materielle+Kultur+und+Konsum+im+Europa+der+Fr%C3%BChen+Neuzeit.html> [7.4.2017]; Programm des Gründungstreffens in Wolfenbüttel, URL: <http://www.hsozkult.de/event/id/termine-31725> [7.4.2017].

123 *Derix/Gammerl/Reinecke* u.a., Der Wert der Dinge, Anm. 12; *Adelheid von Saldern*, Häuserleben. Zur Geschichte städtischen Arbeiterwohnens vom Kaiserreich bis heute, Bonn 1995; *Jakob Tanner*, Fabrikmahlzeit. Ernährungswissenschaft, Industriearbeit und Volksernährung in der Schweiz, 1890–1950, Zürich 1999. Ähnliches ließe sich auch zu aktuelleren Publikationen feststellen, vgl. zum Beispiel *Sven Beckert*, King Cotton. Eine Geschichte des globalen Kapitalismus, Verlag C.H. Beck, München 2014, 525 S., geb., 29,95 €. Zu Beckert vgl. auch in diesem Aufsatz Abschnitt IV.

124 *Anne Sudrow*, Der Schuh im Nationalsozialismus. Eine Produktgeschichte im deutsch-britisch-amerikanischen Vergleich, Wallstein Verlag, 2., durchges. Aufl., Göttingen 2013, 877 S., geb., 69,90 €, S. 12f.

125 Die Veröffentlichung erschien im Rahmen des vom Bundesministerium für Bildung und Forschung (BMBF) eingerichteten Verbundes »PolitCIGs – Die Kulturen der Zigarette und die Kulturen des Politischen: Zur Sprache der Produkte im 20. und 21. Jahrhundert« und wurde gedruckt mit Unterstützung der BMBF-Förderinitiative »Die Sprache der Objekte – Materielle Kultur im Kontext gesellschaftlicher Entwicklungen«, vgl. *Dirk Schindelbeck/Christoph Alten/Gerulf Hirt* u.a., Zigaretten-Fronten. Die politischen Kulturen des Rauchens in der Zeit des Ersten Weltkrieges (PolitCIGs. Veröffentlichungen des BMBF-Forschungsverbundes »PolitCIGs – die Kulturen der Zigarette und die Kulturen des Politischen. Zur Sprache der Produkte im 20. und 21. Jahrhundert«, Bd. 1), Jonas Verlag, Marburg 2014, 176 S., geb., 25,00 €.

und Aufsätze ausmachen, die Dinge nicht mehr nur als Belege betrachten. Als langjähriger Vertreter einer solchen Perspektive hat Andreas Ludwig zentrale Impulse für die Erforschung der materiellen Kultur der DDR gesetzt. In seinem 2006 erschienenen Aufsatz über das »Möbelprogramm Deutsche Werkstätten (MDW)« widmete sich Ludwig dem Design und der Materialität einer in der DDR entwickelten und verbreiteten Möbelreihe, die ihm als Ausgangspunkt seiner Analyse von ostdeutschen Einrichtungspraktiken diente.[126] An der Entwicklung der MDW und der eigensinnigen Verwendung ihrer Bauteile zeigte Ludwig individuelle Strategien zur Organisation von Privatheit auf, die er als exemplarischen Nachweis der »nachlassenden Modernisierungsenergie der DDR« und des Ankommens in der »Honecker-Zeit« interpretierte.[127] Ebenso aufschlussreich sind seine in Zusammenarbeit mit Katja Böhme entstandenen Forschungsarbeiten zur »Plaste-Produktion« in der DDR und deren massenhaft verbreiteten Produkten. Anhand der Produktion, Verbreitung und Benutzung von Plasteprodukten ließen sich, so Ludwig und Böhme, Herrschaftstechniken, Vorstellungen von Modernität sowie die Entwicklung einer spezifischen DDR-Konsumkultur veranschaulichen.[128]

Eine weitere, fast schon als klassisch zu bezeichnende, dinghistorische Perspektive stellt die Beschäftigung mit Mobilität und Automobilkulturen dar, in der sich sowohl konsumhistorische als auch technikgeschichtliche Ansätze verbinden. Beispielsweise zeigte Kurt Möser anhand von Praktiken des Reparierens, Umbauens und Pflegens von Autos in der DDR die Verbreitung von »individualisierenden modernisierenden Modifikationen«, die auf eine entsprechende Distinktionswirkung abzielten. Dies sei, so Mösers These, mit dem Distinktionsversprechen einer ausdifferenzierten Fahrzeugpalette in kapitalistischen Systemen durchaus vergleichbar.[129] Gerade in der transnationalen Vergleichbarkeit von Dingen und deren Benutzung liegt eine der großen Stärken dieser Perspektive, was die vergleichenden Studien zu Autos beziehungsweise Praktiken des Autofahrens von Luminita Gatejel, Christopher Neumaier, Bernhard Rieger oder zuletzt von Sina Fabian eindrucksvoll demonstrierten.[130] Diese Perspektiverweiterung lässt sich auch auf andere Fortbewegungsmittel anwenden, wie die instruktive Studie zur Geschichte des Fahrrads in Deutschland und den Niederlanden von Anne-Katrin Ebert verdeutlichte, in der die Methode des historischen Vergleichs mit einer dingorientierten und gleichzeitig transfergeschichtlichen Analyse von Konsum verbunden wurden.[131]

Die in der Einleitung diagnostizierte Marginalisierung beziehungsweise Reduzierung der Konsumgeschichte scheint, wie die exemplarisch angeführten Studien zur materiellen

126 *Andreas Ludwig*, »Hunderte von Varianten«. Das Möbelprogramm Deutsche Werkstätten (MDW) in der DDR, in: Zeithistorische Forschungen/Studies in Contemporary History 3, 2006, S. 449–459.

127 Ebd., S. 450.

128 *Andreas Ludwig/Katja Böhme*, 50 Jahre Chemiekonferenz der DDR. Metaphorik eines Versprechens und Durchdringung des Alltags, in: WerkstattGeschichte, 2008, Nr. 50, S. 25–32, hier: S. 30ff.; Katalog der Ausstellung »Alles aus Plaste« im Dokumentationszentrum Alltagskultur der DDR in Eisenhüttenstadt, vgl. *Andreas Ludwig/Katja Böhme* (Hrsg.), Alles aus Plaste. Versprechen und Gebrauch in der DDR, Köln/Weimar etc. 2012.

129 *Kurt Möser*, Thesen zum Pflegen und Reparieren in den Automobilkulturen am Beispiel der DDR, in: Technikgeschichte 79, 2012, S. 207–226, hier: S. 223.

130 *Gatejel*, Warten, hoffen und endlich fahren; *Christopher Neumaier*, Dieselautos in Deutschland und den USA. Zum Verhältnis von Technologie, Konsum und Politik, 1949–2005, Stuttgart 2010; *Bernhard Rieger*, The People's Car. A Global History of the Volkswagen Beetle, Cambridge/London 2013; *Sina Fabian*, Boom in der Krise. Konsum, Tourismus, Autofahren in Westdeutschland und Großbritannien 1970–1990, Göttingen 2016.

131 *Anne-Katrin Ebert*, Radelnde Nationen. Die Geschichte des Fahrrads in Deutschland und den Niederlanden bis 1940, Frankfurt am Main/New York 2010.

Kultur zeigen, vor allem ein Phänomen der disziplinären Etikettierung der jeweiligen Forschungsvorhaben zu sein. Diese Erkenntnis wirft die Frage auf, wie die Konsumgeschichte wieder stärker als eine eigene Forschungsperspektive wahrgenommen werden kann. Ein großes Verdienst der historischen Konsumforschung liegt darin, wie Peter-Paul Bänziger anmerkte, den »Fokus wieder auf Dinge und Handlungen jenseits von Betrieb und Klassenpolitik gelenkt« zu haben.[132] Die Rückbesinnung auf die empirisch fundierte Untersuchung des Verhältnisses von materieller Dimension und Praktiken ermöglicht es, kontextspezifische und relationale Verständnisse von Konsum zu entwickeln, die ihren bisweilen beliebigen Charakter verlieren und für transnationale Vergleichsstudien anschlussfähig werden. Auf diese Weise ließe sich auch der Abschied von universellen Erklärungsansprüchen einleiten und der Weg für eine aktualisierte und integrative Konsumgeschichte freimachen. Während hier also eine deutliche Stärke der Konsumgeschichte liegt, stellt sich im Folgenden die Frage, wie die Verbindung dieser Mikroebene mit der Makroebene, die die Konsumgeschichte ebenso prägt, erfolgen kann.

III. Zur Verbindung von Mikro- und Makroebene: Ein altes Problem an der Konsumgeschichte neu betrachtet

»Die Kulturgeschichte hat sich einst von der Sozialgeschichte und ihren seriellen Statistiken abgegrenzt, indem sie sich dem Außergewöhnlichen und der Alterität zuwandte. Oft hat dies zu einer selbstreferentiellen Marginalisierung geführt. Mir scheint es sinnvoll, mit kultur- und sozialhistorischen Methoden die Geschichte des Sozialen zu untersuchen und somit sozialwissenschaftliche Erhebungen aufzugreifen, ohne gleich die Deutungen zu übernehmen.«[133]

Für diese im Jahr 2011 geäußerte Meinung wird Frank Bösch heute vermutlich überwiegend Zustimmung erhalten. Aber was heißt das konkret? Wie kann diese Verbindung geleistet werden? Dabei handelt es sich um ein grundsätzliches methodisches Problem, das die Geschichtswissenschaft überhaupt und insbesondere die Zeitgeschichte betrifft, für die die Präsenz und gesellschaftliche Wirkmächtigkeit der Sozialwissenschaften ein signifikantes Merkmal darstellen.[134] Große Relevanz hat diese Frage für die Konsumgeschichte, weil hier auch kulturgeschichtlich angelegte Arbeiten häufig auf Statistiken verweisen, um zum Beispiel die auf der Basis von qualitativen Quellen ermittelten Konsummuster in größere Zusammenhänge zu setzen oder um Argumente zur Entwicklung des Massenkonsums, einer Konsumrevolution et cetera zu unterfüttern. Kaum eine neuere Studie zur Konsumgeschichte verzichtet auf Statistiken. Um die dahinterliegende Problematik besser zu verstehen, scheint ein allgemeiner Blick auf die derzeitigen Positionen zum Umgang mit sozialwissenschaftlichen Quellen, Konzepten und Daten in geschichtswissenschaftlichen Analysen angebracht.

Bisher sind dazu fünf Positionen zu beobachten, die vor allem in mündlichen Diskussionen geäußert werden und sich zum Teil nur in Nuancen unterscheiden:[135] Erstens wer-

132 *Bänziger*, Von der Arbeits- zur Konsumgesellschaft?, S. 30.

133 *Frank Bösch*, Das Nahe so fern. Die Lebenswelt als Herausforderung der Zeitgeschichtsschreibung, in: Zeiträume. Potsdamer Almanach des Zentrums für Zeithistorische Forschung 2011, Berlin 2012, S. 73–89, hier: S. 85. Bösch bezieht sich hier auf *Lutz Raphael*, Geschichtswissenschaft im Zeitalter der Extreme. Theorien, Methoden, Tendenzen von 1900 bis zur Gegenwart, München 2003, S. 230.

134 Zur Geschichte der Sozialwissenschaften vgl. stellvertretend *Theodore M. Porter/Dorothy Ross* (Hrsg.), The Cambridge History of Science, Bd. 7: The Modern Social Sciences, Cambridge/New York etc. 2003.

135 Grundlegend für die Diskussionen vgl. *Benjamin Ziemann*, Sozialgeschichte und Empirische Sozialforschung. Überlegungen zum Kontext und zum Ende einer Romanze, in: *Pascal Maeder/*

den im Anschluss an die Diskussionen über das Verhältnis von Geschichtswissenschaft und sozialwissenschaftlichen Daten und Konzepten Statistiken und Meinungsumfragen gar nicht mehr in die eigene Arbeit integriert. Das heißt, qualitative werden den quantitativen Quellen vorgezogen. Eine zweite Position vertreten Historiker und Historikerinnen, die sich in ihren Arbeiten aus einer wissensgeschichtlichen Perspektive vollständig der Dekonstruktion der Datenreihen und ihren Produktionsbedingungen widmen und diese somit explizit thematisieren, aber nicht unbedingt auf ihre inhaltlichen Ergebnisse eingehen. Vertreter und Vertreterinnen einer dritten Position betonen, dass diese Dekonstruktionsarbeit schon immer notwendig war, aber unter die »normale« Quellenkritik falle. Statistiken und Meinungsumfragen werden dann quellenkritisch betrachtet, bevor sie inhaltlich ausgewertet oder als Basis für eigene Berechnungen verwendet werden. Das ist die elaborierte Form einer vierten Position, deren Vertreterinnen und Vertreter einfach weitermachen wie vor den Diskussionen zum Verhältnis von Sozial- und Geschichtswissenschaften. Fünftens gibt es Historikerinnen und Historiker, die sich bemühen – häufig in interdisziplinärer Zusammenarbeit mit Sozialwissenschaftlern und Sozialwissenschaftlerinnen –, den Entstehungskontexten der jeweiligen Daten und Erhebungen näher zu kommen, um dann mit neuen oder erweiterten methodischen Verfahren die sozialwissenschaftlichen Daten für historische Analysen zu verwenden. Die Vertreter und Vertreterinnen der unterschiedlichen Positionen stehen sich an einigen Stellen konfrontativ gegenüber, an anderen überwiegt der Wille zur Zusammenarbeit – es ist also Bewegung im Feld.

Alle scheinen gleichermaßen von drei grundlegenden Problemen betroffen: Die letztere trennt von der dritten Position die Einsicht, dass es sich im Umgang mit sozialwissenschaftlichen Daten um eine Form der Quellenkritik handeln müsse, die weit über ein »normales« Maß hinausgehe. Die Entstehungskontexte der sozialwissenschaftlichen Daten müssen wissensgeschichtlich historisiert werden und für die dann schließlich verwendeten Zahlen muss überlegt werden, ob die nur geringfügig bearbeiteten sogenannten Rohdaten oder aber die nachträglich editierten und meist komfortabel bereitgestellten Daten für die historische Analyse geeignet sind. Beide enthalten aber immer schon das Knowhow und damit die Interpretationen und Anpassungen der Sozialwissenschaftlerinnen und Sozialwissenschaftler. Das erste grundsätzliche Problem ist also der Umfang der Quellenkritik. Wie viel Dekonstruktionsarbeit beziehungsweise Quellenkritik muss geleistet werden, bevor mit den eigentlichen Daten gearbeitet werden kann? Im Prinzip wäre eine Wissensgeschichte der Institutionen und ihrer Wissensproduktion, zum Beispiel des Statistischen Bundesamts, wünschenswert oder sogar eine Voraussetzung – so würden Vertreterinnen und Vertreter der zweiten, wissensgeschichtlichen Position argumentieren. Solange es diese wissensgeschichtlichen Annäherungen an die »Rohdaten« oder auch an editierte Daten nicht gibt, bleibt das Problem der umfangreichen Quellenkritik. Alfred Reckendrees zum Beispiel betonte in seiner Untersuchung der sich wandelnden bundesdeutschen Konsummuster, dass eine Historisierung der auf Musterhaushalte bezogenen Statistik dringend notwendig, aber im Rahmen eines Aufsatzes oder – das sei hinzugefügt – in den konkreten

---

Barbara Lüthi/Thomas Mergel (Hrsg.), Wozu noch Sozialgeschichte? Eine Disziplin im Umbruch, Göttingen 2012, S. 131–149; *Graf/Priemel*, Zeitgeschichte in der Welt der Sozialwissenschaften; *Bernhard Dietz/Christopher Neumaier*, Vom Nutzen der Sozialwissenschaften für die Zeitgeschichte. Werte und Wertewandel als Gegenstand historischer Forschung, in: VfZ 60, 2012, S. 293–304; *Jenny Pleinen/Lutz Raphael*, Zeithistoriker in den Archiven der Sozialwissenschaften. Erkenntnispotentiale und Relevanzgewinne für die Disziplin, in: VfZ 62, 2014, S. 173–195; und zuletzt etwa den Bericht von *David Kuchenbuch* zur Tagung »Entgrenzung, Pluralisierung und Identitätsbestimmung. Herausforderungen der Zeitgeschichte in der Welt der Sozialwissenschaften« des Zentrums für Zeithistorische Forschung im Februar 2016, in: H-Soz-Kult, 10.5.2016, URL: <http://www.hsozkult.de/conferencereport/id/tagungsberichte-6512> [7.4.2017].

thematischen Arbeiten häufig nicht möglich sei.[136] Im gleichen Abschnitt verwies er auf ein zweites grundlegendes Problem, dass nämlich zum Beispiel auf der Basis von konstruierten Durchschnittsdaten eines typisierten Haushalts keine Aussagen über individuelle Konsumentscheidungen oder konkrete soziale Verhaltensweisen möglich seien. Aus dieser Defizitformulierung wird zugleich deutlich, dass die Verbindung von Aussagen über quantifiziertes Verhalten mit Aussagen über qualitative Konsummuster vielfach gewünscht ist. Es scheint ein Bedürfnis nach einer Quantifizierung von qualitativ ermittelten, plausiblen Erklärungsmustern zu geben. Und umgekehrt: Allein auf Statistiken aufbauende Arbeiten versuchen, mit qualitativen Beispielen Leben in ihre Darstellungen zu bringen. Die gelungene, elaborierte Verbindung von Mikro- und Makroebene sowie von qualitativer und quantitativer Forschung stellt somit die zweite Herausforderung dar. Ein drittes Problem liegt in der Erzählbarkeit: Wenn zum Beispiel der japanische Historiker Masayuki Tanimoto gleich auf der ersten Seite seines Beitrags im Anschluss an Gary Becker auf die »Z-commodities« und ihre Darstellung als »Zi = fi (xi, Ti)« verweist[137], so ist das den weniger mathematisch interessierten Leserinnen und Lesern vielleicht schon Anlass genug, den Artikel beiseitezulegen. Damit verpasst er oder sie aber die interessanten Ergebnisse, die Tanimoto in Anlehnung an und im Widerspruch zu Jan de Vries' Modell der *industrious revolution* vorlegte.[138] Tanimoto widmete sich dem Verhältnis von Hausarbeit und Konsum beziehungsweise von Familiensystemen (mit Hausangestellten) und Konsummustern in der japanischen Zwischenkriegszeit. Auf der Basis von quantitativen Daten arbeitete er für japanische Haushalte ein vorherrschendes Muster heraus, das er als »labour-intensive path of consumption growth« bezeichnete.[139] Das heißt, steigende Ausgaben für Konsumgüter im Haushalt waren mit steigenden Arbeitsstunden im Haushalt verbunden. Tanimoto konnte für Japan also nicht die Ergebnisse bestätigen, zu denen de Vries mit Blick auf die Entwicklung europäischer und nordamerikanischer Gesellschaften gekommen war: Demnach war das Verhältnis von Hausarbeit und Konsum in europäischen Haushalten substitutiv, in japanischen aber komplementär oder – anders formuliert – »the birth of consumer society« war in Japan nicht mit einer Reduzierung von Hausarbeit verbunden.[140] Abschließend betonte Tanimoto, was seine quantitative Analyse nicht leisten kann, nämlich Aussagen über konkrete Konsumpraktiken wie die Auswirkung von weniger Zeitinvestition in Hausarbeit auf spezifische Esstraditionen und auf familiäre Beziehungen (zum Beispiel das Kochen von Reis für drei Mahlzeiten am Tag versus das Essen in Restaurants), zu treffen.[141]

Ein Teil neuerer konsumgeschichtlicher Arbeiten umgeht die drei benannten Probleme, indem die Autoren und Autorinnen die erste der oben genannten Positionen einnehmen, das heißt, sie arbeiten nicht mit sozialwissenschaftlichen Daten. Einige verwenden zwar Statistiken, aber auf relativ einfachem (häufig unhinterfragtem) Niveau in Form von Umsatzzahlen aus Firmenarchiven oder Absatzzahlen für einzelne Produkte. Die sparsame Verwendung von Zahlen in diesen konsumgeschichtlichen Arbeiten hat den Vorteil, dass

---

136 *Alfred Reckendrees*, Konsummuster im Wandel. Haushaltsbudgets und Privater Verbrauch in der Bundesrepublik 1952–98, in: Jahrbuch für Wirtschaftsgeschichte, 2007, H. 2, S. 29–61, hier: S. 31, Anm. 9.

137 *Masayuki Tanimoto*, The Role of Housework in Everyday Life. Another Aspect of Consumption in Modern Japan, in: *Francks/Hunter*, The Historical Consumer, S. 27–55.

138 *De Vries*, The Industrious Revolution. Für eine anerkennende und zugleich kritische Perspektive auf das Buch von de Vries vgl. *Jane Whittle*, Rezension zu: *de Vries*, The Industrious Revolution, in: EHQ 40, 2010, S. 723f.

139 *Tanimoto*, The Role of Housework in Everyday Life, S. 53.

140 Ebd., S. 28f. Vgl. dazu auch den oben bereits erwähnten Aufsatz: *Gordon*, Like Bamboo Shoots after the Rain.

141 Dafür verweist Tanimoto zum Beispiel auf die Arbeiten von *T. Furushima*, Daidokoro Yōgu no Kindaishi [A Modern History of Kitchen Utensils], Tokyo 1996.

mit der Reduzierung auch die Notwendigkeit umfangreicher Quellenkritik der Zahlenreihen verringert wird. Das ist gleichermaßen forschungsstrategisch geschickt, weil so der Umgang mit sozialwissenschaftlichen Daten operationalisiert werden kann, zugleich ist es – je nach Themenwahl – aber auch etwas unbefriedigend, wenn man sich eigentlich die Verortung in größere Zusammenhänge wünschen würde. Auffällig ist die Betonung der statistisch messbaren Relevanz eines Konsumguts, bevor dessen qualitative Analyse erfolgt. So verwies zum Beispiel Ruben Quaas in seiner sehr spannenden und methodisch innovativen global-lokalen Geschichte des Fair Trade am Beispiel des Kaffees auf die große weltwirtschaftliche Bedeutung dieser Ware und bezog sich vor allem auf Datenreihen und Statistiken der »International Coffee Organization« in London und des Fair-Trade-Handelsunternehmens GEPA.[142] Seine Begründung für diese Begrenzung der Daten in einer knappen Fußnote, die auf die fehlende Überschneidung von konventionellem Markt und Fair Trade vor 1992 verweist, lässt den Leser beziehungsweise die Leserin etwas ratlos zurück.[143] Einerseits möchte man nun an dieser Stelle erst recht wissen, wie sich das Verhältnis zum konventionellen Kaffeemarkt gestaltete. Andererseits stellt sich die Frage, warum der Autor es überhaupt für notwendig befand, auf Statistiken zurückzugreifen, wenn sein Erkenntnisziel doch deutlich anders gelagert war. Immerhin interessierten Quaas die Wechselwirkungen zwischen produzierendem globalen Süden und abnehmenden Norden, wobei der Autor überzeugend zu zeigen vermochte, dass es sich beim Bild einer globalen Verbundenheit zwischen Produzenten und Abnehmern um eine lokale, das heißt auf Abnehmerseite erzeugte Projektion handelt.[144] Trotzdem scheint es dieses Bedürfnis nach Quantifizierung zu geben, so eröffnete auch einer der Rezensenten den Blick auf das Buch mit Bezug auf quantitative Daten: Demnach vermelde die Branche seit Jahren Umsatzrekorde und veröffentliche Bilanzen mit Wachstumsraten von bis zu 25%.[145] Diese Kombination von innovativen und überzeugenden qualitativen Herangehensweisen mit einem wenig differenzierten quellenkritischen Blick auf Statistiken kann als eine Spezifik konsumgeschichtlicher Arbeiten beobachtet werden.

Dieser Umgang mit quantitativen Quellen legt die Vermutung nahe, dass den im Zuge des *cultural turn* ausgebildeten Historikerinnen und Historikern schlichtweg die Kompetenz für eine fundierte Kritik statistischer Quellen fehlt. Dafür würde sprechen, dass insbesondere Wirtschaftshistoriker und -historikerinnen, zumindest solche mit quantitativer Methodenkenntnis, einerseits mit statistischen Daten arbeiten, sie andererseits aber sehr kritisch sehen. Die Betonung des Konstruktionscharakters von statistischen Daten sowie ihrer Stärken, aber auch ihrer Defizite scheint obligatorisch. So widmete zum Beispiel Alfred Reckendrees einen guten Teil seines Aufsatzes den statistischen Voraussetzungen und der Konstruktion des Datensatzes, bevor er am Beispiel des Vier-Personen-Arbeitnehmerhaushalts mittleren Einkommens den Wandel der Konsummuster und den Übergang zur bundesdeutschen Massenkonsumgesellschaft darstellte. Deutlich wurden dabei die Vor- und die Nachteile seines Zugangs:

»Natürlich verschleiern die konstruierten Durchschnittsdaten des typisierten Haushalts die individuellen Konsumentscheidungen und konkrete soziale Verhaltensweisen; relevante Fragen, beispielsweise nach der Qualität des Konsums, nach dessen geschlechtlicher Dimension, nach regionalen, sozialen, kulturellen und habituellen Differenzen, können mit aggregierten Daten für typisierte Haushalte nicht untersucht werden.«[146]

142 *Ruben Quaas*, Fair Trade. Eine global-lokale Geschichte am Beispiel des Kaffees, Böhlau Verlag, Köln/Weimar etc. 2015, 432 S., kart., 39,90 €, S. 33.

143 Ebd., S. 49.

144 Ebd., S. 24.

145 *Benjamin Möckel*, Rezension zu: *Quaas*, Fair Trade, in: H-Soz-Kult, 10.9.2015, URL: <http://www.hsozkult.de/publicationreview/id/rezbuecher-24058> [20.9.2017].

146 *Reckendrees*, Konsummuster im Wandel, S. 31.

Der Vorteil der »kategorische[n] Ent-Individualisierung und Ent-Kontextualisierung« liege in der Darstellung allgemeiner Tendenzen und vergleichender Betrachtungen. Und das konnte Reckendrees eindrucksvoll zeigen.

Analog zu den qualitativen Studien, die auf quantitative Daten nur verweisen, werden von quantitativ arbeitenden Historikerinnen und Historikern Vor- und Nachteile benannt, um sich dann auf quantitative Daten und ihre Analyse zu beschränken. Zusammengefasst heißt das: Jeder macht, was er am besten kann. Innerhalb dieser Bereiche gibt es dann wiederum Methodenstreitigkeiten, die mit Spezialwissen verbunden sind. Das zeigte sich zum Beispiel in der Rezeption von Hendrik K. Fischers Studie »Konsum im Kaiserreich. Eine statistisch-analytische Untersuchung privater Haushalte im wilhelminischen Deutschland.«[147] Fischer verglich Konsummuster verschiedener sozialer Gruppen und knüpfte in seiner 2011 erschienenen Studie an die sozialhistorische Forschungstradition der 1980er-Jahre an, indem er insbesondere die Arbeiten von Armin Triebel kritisch hinterfragte.[148] Die Ergebnisse sind unter dem Zahlenberg nicht immer leicht zu finden, aber vor allem von Wirtschaftshistorikerinnen und -historikern gewürdigt worden.[149] Ulrich Pfister lobte zwar die Zusammenstellung des Datensatzes, meldete zugleich aber große Zweifel an der Clusteranalyse als adäquater Methode an.[150] Ebenso wurde zu Thomas Pikettys »Das Kapital im 21. Jahrhundert« Kritik an der statistischen Datenbasis und der Gewichtung der »Rohdaten« laut.[151] Hartmut Kaelble sah – abseits des Methodenstreitigkeiten – das Buch von Piketty als »starkes Signal dafür, dass wirtschaftsgeschichtlich orientierte Ökonomie gefragt ist« und zugleich als eine »neue Brücke zwischen Wirtschaftswissenschaften und Geschichte«.[152] Das baut auch eine Brücke zur Einleitung dieses Aufsatzes: Nicht die Konsumgeschichte an sich lässt sich die Butter vom Brot nehmen, vielmehr ist die ausschließlich qualitativ ausgerichtete Forschung eher davon bedroht, lediglich in bestimmten Zirkeln gelesen zu werden, während die Chancen für die quantitative Konsumgeschichte derzeit nicht schlecht stehen, weit gehört zu werden. In gewisser Weise ist Piketty auch ein Gegenbeispiel für die oben angeführte Problematik der Erzählbarkeit: Immerhin verwendete er mathematische

---

147 *Hendrik K. Fischer*, Konsum im Kaiserreich. Eine statistisch-analytische Untersuchung privater Haushalte im wilhelminischen Deutschland, Berlin 2011.

148 *Armin Triebel*, Zwei Klassen und die Vielfalt des Konsums. Haushaltsbudgetierung bei abhängig Erwerbstätigen in Deutschland im ersten Drittel des 20. Jahrhunderts, Berlin 1991.

149 Vgl. etwa *Julia Laura Rischbieter*, Rezension zu: *Fischer*, Konsum im Kaiserreich, in AfS (online) 54, 2014, URL: <http://library.fes.de/pdf-files/afs/81514.pdf> [20.9.2017].

150 *Ulrich Pfister*, Rezension zu: *Fischer*, Konsum im Kaiserreich, in: H-Soz-Kult, 6.9.2011, URL: <http://www.hsozkult.de/publicationreview/id/rezbuecher-16393> [20.9.2017].

151 Insbesondere warf Chris Giles von der Financial Times Piketty methodische Fehler vor: *Chris Giles*, Piketty Findings Undercut by Errors, in: Financial Times, 23.5.2014. Und die Antwort: *Thomas Piketty*, Technical Appendix of the Book ›Capital in the Twenty-first Century‹, Appendix to chapter 10. Inequality of Capital Ownership. Addendum: Response to FT, 28.5.2014, URL: <http://piketty.pse.ens.fr/files/capital21c/en/Piketty2014TechnicalAppendixResponsetoFT.pdf> [7.4.2017]. Vgl. für eine deutsche und eine englische Zusammenfassung weiterhin *Alexander Armbruster*, Schwere Vorwürfe gegen den neuen Star-Ökonom, in: Frankfurter Allgemeine Zeitung Online, 24.5.2014, URL: <http://www.faz.net/-gqe-7pot7> [7.4.2017]; *Mark Gongloff*, Thomas Piketty's Inequality Data Contains ›Unexplained‹ Errors: FT, in: The Huffington Post, 23.5.2014, URL: <http://www.huffingtonpost.com/2014/05/23/piketty-data-flaw_n_5380947.html> [7.4.2017]; *Larry Elliott*, FT Journalist Accused of Serious Errors in Thomas Piketty Takedown, in: The Guardian Online, 29.5.2014, URL: <https://www.theguardian.com/business/economics-blog/2014/may/29/ft-journalist-errors-thomas-piketty-takedown> [7.4.2017].

152 *Hartmut Kaelble*, Rezension zu: *Thomas Piketty*, Das Kapital im 21. Jahrhundert, München 2014, in: H-Soz-Kult, 4.3.2015, URL: <http://www.hsozkult.de/publicationreview/id/rezbuecher-22840> [20.9.2017].

Formeln und wurde trotzdem zu einem der am meisten diskutierten (und vielleicht auch gelesenen) Autoren der letzten Zeit.

Trotzdem sollten sich vor allem qualitativ arbeitende Historiker und Historikerinnen nicht vorschnell beeindrucken oder abwiegeln lassen, sondern eigene Vorgehen etablieren. Das kann heißen, sich beherzt in die gegenwärtigen gesellschaftlichen und geschichtswissenschaftlichen Debatten zum Kapitalismus und zur Globalisierung mit kulturgeschichtlichen Erkenntnissen einzumischen. Ein weiterer möglicher, vielversprechender Weg, der bisher aber selten beschritten wurde, scheint gerade die differenzierte und reflektierte Verbindung von qualitativen und quantitativen Quellen darzustellen. Für die Konsumgeschichte – zumal diejenige, die sich mit Fragen der Globalisierung beschäftigt – scheint sich diese Aufgabe in besonderem Maße zu stellen, immerhin will sie vielfach Produktion, Markt und Konsum in einen Zusammenhang bringen. Die Geschichte globaler Waren, vor allem des Kaffees, oder die Geschichte global handelnder Unternehmen bieten in dieser Hinsicht eine interessante Verknüpfungsmöglichkeit, die in letzter Zeit zunehmend genutzt wurde.[153] Für eine gelungene Verbindung von qualitativen und quantitativen Quellen steht das Buch von Julia Laura Rischbieter, die am Beispiel des Kaffees im Kaiserreich eine Mikro-Ökonomie der Globalisierung vorgelegt hat. Sie ging davon aus, dass sich die wirtschaftshistorisch ausgerichtete Globalisierungsforschung auf der Basis von makroökonomischen Daten vor allem auf überregionale Phänomene der globalen Ökonomie konzentriere[154], wohingegen sich konsumhistorische Studien dem Wandel von Konsumkulturen verschiedener sozialer Gruppen in eher kleinen Räumen zuwandten. Demnach – so formulierte Rischbieter überspitzt – befänden sich wirtschaftshistorische und konsumhistorische Studien in einem direkten Ausschlussverhältnis zueinander.[155] Sie löste für ihre Analyse das Problem über eine Präzisierung des Marktbegriffs, den sie als historisch variables Netzwerk von Akteuren definierte und zugleich an ein Verständnis von Konsum als umfassender sozialer Praxis moderner Gesellschaften anschloss.[156] Zudem verstand sie Globalisierung als einen »historisch kontingente[n], offene[n] und daher keineswegs irreversible[n] Prozess«.[157] Mit diesen Begriffsbestimmungen im Hintergrund und über das Beispiel des Kaffees gelang es ihr, globale Vernetzungen zu verdeutlichen und zugleich die Bedeutung des Lokalen am Beispiel Hamburgs herauszuarbeiten. Explizit widmete sie sich zu Beginn in einem Kapitel aus makroökonomischer Perspektive der Transformation der Kaffeemärkte bis ins frühe 20. Jahrhundert und machte in einem Zwischenfazit deutlich, dass dieser Blick »nur eine holzschnittartige Perspektive auf die Geschichte der Kommodifizierung des Kaffees« eröffne.[158]

153 Zu global agierenden Unternehmen vgl. zum Beispiel *Angelika Epple*, Das Unternehmen Stollwerck. Eine Mikrogeschichte der Globalisierung, Frankfurt am Main/New York 2010; *Christof Dejung*, Die Fäden des globalen Marktes. Eine Sozial- und Kulturgeschichte des Welthandels am Beispiel der Handelsfirma Gebrüder Volkart 1851–1999, Köln/Weimar etc. 2013. Zum Kaffee unter anderem *Sigmund*, Genuss als Politikum; *Christiane Berth/Dorothee Wierling/Volker Wünderich* (Hrsg.), Kaffeewelten. Historische Perspektiven auf eine globale Ware im 20. Jahrhundert, V&R unipress, Göttingen 2015, 284 S., geb., 50,00 €; *Quaas*, Fair-Trade; *Roman Rossfeld* (Hrsg.), Genuss und Nüchternheit. Geschichte des Kaffees in der Schweiz vom 18. Jahrhundert bis zur Gegenwart, Baden 2002. Auch hier war die englischsprachige Forschung bereits früher vertreten, vgl. zum Beispiel *Jeffery M. Paige*, Coffee and Power. Revolution and the Rise of Democracy in Central America, Cambridge 1997.

154 Vgl. zum Beispiel *Cornelius Torp*, Die Herausforderung der Globalisierung. Wirtschaft und Politik in Deutschland 1860–1914, Göttingen 2005.

155 *Julia Laura Rischbieter*, Mikro-Ökonomie der Globalisierung. Kaffee, Kaufleute und Konsumenten im Kaiserreich 1870–1914, Köln/Weimar etc. 2011, S. 17.

156 Ebd., S. 18f.

157 Ebd., S. 19.

158 Ebd., S. 60.

Zwar lasse sich erkennen, dass sich der globale Markt im letzten Drittel des 19. Jahrhunderts in einem zuvor unbekannten Ausmaß und mit großer Schnelligkeit veränderte, dass man aber nicht von einem Primat der Angebotsseite ausgehen könne. Vielmehr seien für die an Wechselwirkungen zwischen Konsum, Handel und Anbau interessierte Historikerin oder den interessierten Historiker andere, das heißt qualitative Quellen notwendig. Folglich bezog sich die Autorin in den anschließenden Kapiteln auf beides, qualitative und quantitative Quellen.

Einen Schritt über die reflektierte Verbindung von qualitativen und quantitativen Quellen hinaus gehen aktuelle Initiativen, wie der von Lutz Raphael und Gert G. Wagner gegründete Arbeitskreis »Archiv sozial- und wirtschaftswissenschaftlicher Erhebungen und amtlicher Statistiken Deutschlands nach 1945«.[159] Dort wird in interdisziplinärer Zusammenarbeit mit den Datenerzeugern nicht nur versucht, quantitative und qualitative Daten gleichermaßen in die Analyse zu integrieren. Vielmehr sollen neue Wege und Methoden zur reflektierten Verwendung von statistischen »Rohdaten« für die zeitgeschichtliche Forschung eruiert und erprobt werden. Bisher sind in diesem Kontext konsumgeschichtliche Projekte aber rar.[160] Das führt zurück zum Beginn dieses Abschnitts, da es sich bei der Verbindung von Mikro- und Makroperspektive nicht nur um eine Aufgabe der Konsumgeschichte, sondern der (Zeit-)Geschichte überhaupt handelt. Dafür könnte noch stärker einerseits die Datengenerierung und die damit verbundene Form der Wissensproduktion in den Blick gerückt werden. Das lässt sich zum Beispiel an der Geschichte der Markt- und Meinungsforschung im 20. Jahrhundert erkennen, die nach einer anfänglichen Offenheit durch die Fokussierung auf den Fragebogen zunehmend standardisiert wurde und auf diese Weise vor allem reproduzierte, was bereits in den Fragebögen vorgedacht war.[161] Zum anderen wäre auch hier wiederum eine zeitliche Ausdehnung interessant, die das 20. und 21. Jahr-

159 Zu den Hintergründen vgl. *Lutz Raphael/Gert Wagner*, Zur (potentiellen) Bedeutung der Mikrodaten sozial- und wirtschaftswissenschaftlicher Erhebungen und amtlicher Statistik, in: RatSWD Working Paper Series, 2015, Nr. 250, S. 1–7. Bericht zum letzten Treffen des Arbeitskreises von *Christian Marx*, »Mikrodaten für die Zeitgeschichte«, 8.–9.12.2016 Bad Homburg, in: H-Soz-Kult, 18.2.2017, URL: <http://www.hsozkult.de/conferencereport/id/tagungsberichte-7010> [7.4.2017].

160 Eine Verbindung von »Rohdaten« des Sozio-oekonomischen Panels (SOEP) mit Oral-History-Interviews und Archivquellen am Beispiel des Konsums versucht Clemens Villinger. Das Projekt ist Teil der von Kerstin Brückweh geleiteten Forschergruppe »Die lange Geschichte der ›Wende‹. Lebenswelt und Systemwechsel in Ostdeutschland vor, während und nach 1989« am Zentrum für Zeithistorische Forschung Potsdam, URL: <https://zzf-potsdam.de/de/forschung/linien/die-lange-geschichte-der-wende-lebenswelt-systemwechsel-ostdeutschland-vor-wahrend> [7.4.2017].

161 Vgl. zum Beispiel *Berghoff/Scranton/Spiekermann*, The Rise of Marketing and Market Research; *Hartmut Berghoff* (Hrsg.), Marketinggeschichte. Die Genese einer modernen Sozialtechnik, Frankfurt am Main/New York 2007; *Loïc Blondiaux*, La fabrique de l'opinion. Une histoire sociale des sondages, Paris 1998; *Christoph Conrad*, Observer les consommateurs. Études de marché et histoire de la consommation en Allemagne, des années 1930 aux années 1960, in: Le Mouvement Social 206, 2004, S. 17–39; *Sarah E. Igo*, The Averaged American. Surveys, Citizens, and the Making of a Mass Public, Cambridge/London 2007; *Felix Keller*, Archäologie der Meinungsforschung. Mathematik und die Erzählbarkeit des Politischen, Konstanz 2001; *Anja Kruke*, Demoskopie in der Bundesrepublik Deutschland. Meinungsforschung, Parteien und Medien 1949–1990, Düsseldorf 2007; *Frank Mort*, Competing Domains. Democratic Subjects and Consuming Subjects in Britain and the United States since 1945, in: *Frank Trentmann* (Hrsg.), The Making of the Consumer. Knowledge, Power and Identity in the Modern World, Oxford/New York 2006, S. 225–248; *Schwarzkopf*, In Search of the Consumer.

hundert mit den davorliegenden Zeiten verbindet.[162] Insbesondere mit Blick auf die derzeit anscheinend gefragten zahlenbasierten Wissenschaften mit ihrer teils übergriffigen Großtheoriebildung wäre dann ein Blick ins 19. Jahrhundert und die Verbindungen mit den Staats- und Verwaltungswissenschaften und der frühen Soziologie interessant.[163]

IV. Zum Schluss: Plädoyer für eine quantitativ und qualitativ informierte Konsumgeschichte

Die relationale Verortung der Konsumgeschichte zwischen Alltag, Arbeit, Kapitalismus und Globalisierung zeigt die Stärken der Konsumgeschichte und zugleich die Schwächen – oder positiv formuliert – die Herausforderungen für künftige Arbeiten. Dabei handelt es sich nicht um ein grundlegend neues Problem:

»Consumption has always been a vexing issue for Western political economy. Classical theories of capital and the social relations in which it was embedded and to which it gave rise famously had the problem of work, not consumption, at their core. In terms of reflecting on the amplitude of human needs and desires, the classics appear austere. Yet to read them against the grain, the consumer and the commodity are hovering in the background.«[164]

Mit dieser Beobachtung startete Victoria de Grazia die Beantwortung der Frage, wie die Geschichte des Konsums in die Geschichte des Kapitalismus passen könnte. Konsum, Arbeit und Kapital beziehungsweise Kapitalismus sind dabei Teile einer (gemeinsamen) Geschichte, die zu unterschiedlichen Zeiten mit unterschiedlichen Schwerpunkten die Geschichtsschreibung geprägt haben. Für den Beginn des 21. Jahrhunderts stellte de Grazia zum Beispiel fest, dass es Historikerinnen und Historikern gelungen sei, Konsumenten und Konsumentinnen in die Geschichte zu integrieren: »No longer dupes of commodity fetishism as in the Marxist tradition nor defined by their incomes as insensate dots on the supply and demand curves of neoclassical economics, consumers, considered in the vest of acquisitive individualists, emerged at the forefront of historical progress.«[165] Über das Ziel hinausgeschossen – so könnte man de Grazias weitere Ausführungen interpretieren – seien einige Vertreter und Vertreterinnen der sogenannten postmaterialistischen Generation, die sich gar nicht mehr um die wirtschaftliche Einbettung kümmerten.[166] Eine erneute Verbindung von Konsum- und Kapitalismusgeschichte erfolge dann im Kontext der historischen Erforschung der Globalisierung und dabei insbesondere bei der Betrachtung von einzelnen Waren und ihrer globalen Geschichte.[167] Das integrative Potenzial der neuen oder

162 Zum langen Zeitraum vgl. *Kerstin Brückweh*, Menschen zählen. Wissensproduktion durch britische Volkszählungen und Umfragen vom 19. Jahrhundert bis ins digitale Zeitalter, Berlin/Boston 2015.

163 Vgl. zum Beispiel *Peter Collin/Klaus-Gert Lutterbeck* (Hrsg.), Eine intelligente Maschine? Handlungsorientierungen moderner Verwaltung (19./20. Jahrhundert), Baden-Baden 2009; *Peter Becker/William Clark* (Hrsg.), Little Tools of Knowledge. Historical Essays on Academic and Bureaucratic Practices, Ann Arbor 2001. Stellvertretend für die zunehmende Zahl der Veröffentlichungen zur Statistik: *Alain Desrosières*, Die Politik der großen Zahlen. Eine Geschichte der statistischen Denkweise, Berlin/Heidelberg 2005.

164 *Victoria de Grazia*, The Crisis of Hyper-Consumerism. Capitalism's Latest Forward Lurch, in: *Jürgen Kocka/Marcel van der Linden* (Hrsg.), Capitalism. The Reemergence of a Historical Concept, London/New York 2016, S. 71–106.

165 Ebd., S. 77.

166 Ebd.

167 Ebd., S. 78. *De Grazia* bezieht sich hier insbesondere auf *Maxine Berg/Helen Clifford* (Hrsg.), Consumers and Luxury: Consumer Culture in Europe 1650–1850, Manchester 1999, und die Arbeit des Anthropologen *Sidney Mintz*, Sweetness and Power. The Place of Sugar in Modern History, New York 1985.

erneuerten Kapitalismusgeschichte hatte bereits Jürgen Kocka in seiner Einführung zum selben Band formuliert: »Economic historians and other historians have moved away from each other in recent decades. The study of capitalism may serve as an occasion for re-integrating these sub-fields to some extent.«[168] Unklar bleibt, welche anderen Teilbereiche der Geschichtswissenschaft, neben der Wirtschaftsgeschichte, integriert werden sollen. Zwar betonte Kocka die Bedeutung von nichtwirtschaftlichen Faktoren wie Recht, Religion, sozialen Beziehungen oder Kultur, allerdings stellt sich nach der Lektüre von Sven Beckerts Beitrag im selben Band der Eindruck ein, dass es zu kulturgeschichtlich lieber nicht werden sollte.[169] Für zwei Jahrzehnte sei die Geschichtswissenschaft in postmoderner Rhetorik von der Erforschung von Identitäten und der Dekonstruktion der Bedeutung von Objekten, Verhalten oder Begriffen besessen gewesen, konstatiert Beckert und scheint sich zu freuen, dass nun eine Rückkehr von materialistischer oder sogar strukturalistischer Geschichtsschreibung zu beobachten sei.[170] Auch wenn man nicht wie Beckert »die Theorien- und Methodendiskussionen der letzten vierzig Jahre beiseiteschieben« möchte[171], scheint es doch vordergründig um eine Erneuerung der Wirtschaftsgeschichte oder um eine Verbesserung des Verhältnisses von Wirtschaftsgeschichte zu Ökonomie zu gehen.

Parallel zu den Diskussionen um eine Erneuerung der Kapitalismusgeschichte haben die Debatten um die Definition der Begriffe Konsum und Konsumgesellschaft und damit der Frage, ob die Arbeits- beziehungsweise Produktionsgesellschaft im 20. Jahrhundert von einer Konsumgesellschaft abgelöst worden sei, an Intensität zugenommen. Ausgehend von dieser Grundsatzdiskussion und mit Blick auf aktuellere Forschungsvorhaben lassen sich zwei Trends erkennen, wie mit den zentralen Begriffen der Konsumgeschichte umgegangen wird: erstens die konsequente Historisierung der Begrifflichkeiten durch die Einnahme einer akteurs-, ding- und handlungszentrierten Perspektive und zweitens die Entwicklung engerer und zugleich spezifischer Definitionen, welche die zeitliche und räumliche Anschlussfähigkeit einschränken. Die Betrachtung neuerer Arbeiten zur Konsumgeschichte hat im vorliegenden Forschungsbericht gezeigt, dass Handeln und Praktiken von Konsumenten nicht über Statistiken oder Meinungsumfragen allein eruiert werden können, sondern dass vielmehr Praktiken selbst zum Ausgangspunkt der Analyse gemacht werden sollten. Das hat sich als besonders produktiv für Bereiche erwiesen, die außerhalb der als ›westlich‹ angenommenen Untersuchungsräume liegen, also zum Beispiel für die Erforschung (post-)kommunistischer oder afrikanischer und asiatischer Gesellschaften. Interessant wird es dann, wenn nicht nur einzelne Waren auf ihren globalen Wegen verfolgt werden, weil damit »die in den Blick genommenen Konsumenten in aller Regel Bewohner der westlichen Welt sind« – wie Friedrich Lenger in Bezug auf die Analyse von Julia Laura Rischbieter festgestellt hat[172] –, sondern wenn zum Beispiel die Analyse von Konsumpraktiken im Sozialismus zeigt, dass in der sowjetischen Transformationsphase von 1985 bis in die 1990er-Jahre auf Wissens- und Erfahrungsbestände aus Konsumpraktiken der 1970er-Jahre zurückgegriffen werden konnte. Ebenso können Analysen der Entstehung und Etablierung von Fair-Trade-Produkten und -Märkten oder von Second-Hand-Trade[173] Einblicke in die Lebenswirklichkeit unterschiedlicher historischer Akteure und sozialer Gruppen

---

168 *Jürgen Kocka*, Introduction, in: *ders./van der Linden*, Capitalism, S. 1–10, hier: S. 6.

169 *Sven Beckert*, The New History of Capitalism, in: *Kocka/van der Linden*, Capitalism, S. 235–250.

170 Ebd. In ähnlicher Weise haben Brandes und Zierenberg Beckert verstanden, vgl. *Brandes/Zierenberg*, Doing Capitalism, S. 16f.

171 So Lenger zu Beckert: *Lenger*, Die neue Kapitalismusgeschichte, S. 5.

172 *Lenger*, Die neue Kapitalismusgeschichte, S. 23. Lenger bezieht diese Aussage auch auf *Dejung*, Die Fäden des globalen Marktes.

173 *Stobart/van Damme*, Modernity and the Second-hand Trade.

geben, die eine Makrogeschichte der Akteure aus Wirtschaft und Politik nur bedingt erklären kann. Auf diese Weise wird die Masse der Konsumierenden nicht zu Objekten von makrowirtschaftlichen Prozessen degradiert, sondern deren Praktiken als konstituierende und strukturierende Elemente wahrgenommen, die in einer Wechselwirkung von Mikro- und Makroebene stehen. Eng verbunden mit einer solchen integrierenden Perspektive sind Fragen nach der Rolle der materiellen Kultur, also dem konkreten Umgang mit Dingen. Gerade in dieser Kombination von gleichermaßen dinghistorisch und praxeologisch informierten Forschungsstrategien liegt eine der Stärken der Konsumgeschichte. Wolfgang Schivelbusch hat sich einer der dahinterstehenden Fragen gewidmet, nämlich der nach der Veränderung der Dinge durch die industrielle Massenproduktion, die das Verhältnis zwischen Produzierenden und Konsumierenden, zwischen Ware und Mensch geprägt habe.[174] Das Interessante an diesem neuen oder anderen Verhältnis von Menschen und Dingen im Zuge der Massenproduktion ist, dass die alte, vorindustrielle Symmetrie von Produktion und Konsumtion, das heißt also, dass das individuell Produzierte gleichermaßen individuell konsumiert wurde, sich verändert hat: »Diese Symmetrie ging mit der Industrialisierung gleich doppelt verloren: qualitativ, indem die dem Ding eingeprägte persönlich-individuelle Spur (›Handschrift‹) des Produzenten durch die Uniformität der Werkzeugmaschine ersetzt wurde. Quantitativ durch die Vervielfachung des Einzeldings in die Serie.«[175] Damit entfernten sich auch Produzierende und Konsumierende voneinander und neue soziale Techniken wie die Meinungsumfrage und die Marktforschung wurden entwickelt, um die Verbindung zu gestalten. Weniger kulturpessimistisch könnte danach gefragt werden, warum, wann und wo sich Menschen entschieden haben, derart stark als Konsumenten aufzutreten und ob das Konsumieren so zentral ist, dass von einem Gesellschaftstyp der Konsumgesellschaft oder gar von einem ›Menschentypus‹ des Konsumenten oder Konsumbürgers gesprochen werden kann.[176] Damit verbunden wäre dann auch die Frage, wie in diesen Austauschbeziehungen die Geldförmigkeit der Warenwelt und die Warenförmigkeit von sozialen Beziehungen im Wandel der Zeit zu erklären sind.

An dieser Stelle zeigt sich, dass das eine ohne das andere nur bedingt erklärungsfähig ist, oder – anders formuliert – dass eine praxeologisch und dinginformierte Kulturgeschichte nur Teile des Konsums erschließen kann.[177] Es kann also nicht darum gehen, die Dichotomie von *agency* versus *structure* aufzukündigen[178], sondern darum, die beiden Teile ernst zu nehmen und die methodische Herausforderung der Verbindung von *agency* und *struc-*

174 *Schivelbusch*, Das verzehrende Leben der Dinge.

175 Ebd., S. 126.

176 Mit anderen Absichten zum Begriff des »Konsumbürgers« beziehungsweise »citizen consumers« vgl. *Lizabeth Cohen*, A Consumers' Republic. The Politics of Mass Consumption in Postwar America, New York 2003; *dies.*, Citizens and Consumers in the United States in the Century of Mass Consumption, in: *Martin J. Daunton/Matthew Hilton* (Hrsg.), The Politics of Consumption. Material Culture and Citizenship in Europe and America, Oxford/New York etc. 2001, S. 203–221, hier: S. 203; *Michael Wildt*, Konsumbürger. Das Politische als Optionsfreiheit und Distinktion, in: *Manfred Hettling/Bernd Ulrich* (Hrsg.), Bürgertum nach 1945, Hamburg 2005, S. 255–283; *Brückweh*, The Voice of the Citizen Consumer.

177 Ähnlich kann auch mit Blick auf andere zentrale Perspektiven und Kategorien, wie zum Beispiel Gender, argumentiert werden. So forderte Karin Hausen, dass grundlegende Erkenntnisse der Gender-Forschung breiter auf die Erforschung von Arbeitsverhältnissen, politischen Aktivitäten und Lebensformen »kleiner« Leute angewendet werden sollen. Vgl. dazu *Neuheiser*, Arbeit zwischen Entgrenzung und Konsum, S. 435; Neuheiser zitiert *Karin Hausen*, Work in Gender, Gender in Work. The German Case in Comparative Perspective, in: *Jürgen Kocka* (Hrsg.), Work in a Modern Society. The German Historical Experience in Comparative Perspective, New York/Oxford 2010, S. 73–92.

178 *Brandes/Zierenberg*, Doing Capitalism, S. 8.

ture anzunehmen. Wenn Brandes und Zierenberg sich aus praxeologischer Sicht von der national gedachten Gesellschaft abgrenzen[179], so bleibt doch das Problem, dass quantitative Analyseeinheiten darauf basieren und zahlreiche wissenschaftliche Disziplinen damit arbeiten. Gerade die konsumgeschichtlichen Arbeiten, die sich zugleich mit der Globalisierung auseinandersetzen, erweisen sich dann als innovativ, wenn sie diese Herausforderung annehmen und wirklich global, nicht versteckt ›westlich‹, ansetzen. Wenn Historikerinnen und Historiker die Vergangenheit verstehen wollen, scheint deshalb eine Verbindung von quantitativen und qualitativen Quellen wichtig. Dafür gibt es bisher sowohl für die Konsumgeschichte als auch für andere Zweige der Geschichtswissenschaft nur Ansätze für elaborierte Verbindungen. Das scheint eine Aufgabe für die nächsten Jahre zu sein – das ist ein anderes Ergebnis dieses Forschungsberichts zur Konsumgeschichte, der mit einem Plädoyer beschlossen werden soll, nicht hinter den Forschungsstand der letzten 30 Jahre zurückzutreten, sondern die Konsumgeschichte in all ihren Facetten mit in die Geschichte des Kapitalismus und der Arbeit einzubeziehen. Schadenfreudige Feststellungen, dass nun doch wieder die Strukturalisten und Strukturalistinnen gewonnen hätten, hieße gleichsam den Kontext der Gegenwart und die Erfolge der vergangenen (beziehungsweise aktuellen) Geschichtswissenschaft zu negieren. Das ist dann eine Frage der Macht und keine des Erkenntnisgewinns.

179 Ebd.: »Die national gedachte ›Gesellschaft‹, ein zentrales Konzept der makrosoziologischen und sozialhistorischen Strukturanalyse des 20. Jahrhunderts, löst sich in praxeologischer Perspektive in als vielfältig und lokal gedachte Praktiken und Praktikenkomplexe auf, wodurch nicht zuletzt auch Phänomene wie Multikulturalität und Globalität sehr viel besser sicht- und verstehbar werden«.

Jan Eckel

Vielschichtiger Konflikt und transnationale Steuerung

Zur Neuinterpretation der Geschichte internationaler Politik zwischen den 1940er- und den 1990er-Jahren

Staudammbauten in Afghanistan, Ahmed Ben Bella und wie er die Welt sah, die Fotos hungernder Kinder in Nigeria und Bangladesch, amerikanische Agrarwissenschaftler, die in Manila Reissorten züchten, Chinas Werben um Afrika, eine UN-Erklärung, niemals umgesetzt, über die Errichtung einer »Neuen Weltwirtschaftsordnung« – wer hätte vor 20 Jahren vorausgesagt, dass diesen Episoden einmal symptomatische Bedeutung zugemessen würde, wenn es um das Verständnis der internationalen Politik in der zweiten Hälfte des 20. Jahrhunderts geht. Wie stark sich das geschichtswissenschaftliche Bild des Zeitraums gewandelt hat, lässt sich tatsächlich, noch vor allen interpretatorischen Einordnungen und methodischen Konzeptualisierungen, besonders eindrücklich an der Fülle neuen Wissens ablesen, das historische Studien in den letzten gut 15 Jahren hervorgebracht haben. Weltregionen, über die man wenig wusste, Akteure, die eher im Hintergrund operierten, politische Projekte, die nebensächlich erschienen, Konflikte, die als sekundär galten, sind inzwischen eingehend erforscht.

Zugleich ist dabei plastisch zutage getreten, wie tief greifend das politische Handeln im internationalen Raum die Welt nach der Jahrhundertmitte umgestaltete, selbst wenn ein weiterer großer Krieg ausblieb. Überwölbende Prozesse wie der Ost-West-Konflikt, die Dekolonisierung oder wirtschaftliche Einbrüche und wachsende Ungleichheiten bewiesen eine weitreichende Veränderungskraft. Gleiches galt für Versuche, zu einer grenzüberschreitenden Kooperation zu gelangen und die Lebensbedingungen in verschiedenen Weltregionen zu verbessern, wie sie sich etwa in den Bestrebungen der Vereinten Nationen oder in entwicklungspolitischen Unternehmungen spiegelten. Das Spektrum derer, die auf das weltpolitische Geschehen einwirkten, war denkbar breit gefächert. Machtpolitisch schwergewichtige Regierungen bestimmten es oft an vorderster Stelle, doch nahmen auch vermeintlich nachrangige Staaten einen bisweilen erheblichen Einfluss. Zudem füllten intergouvernementale Organisationen, zivilgesellschaftliche Gruppen, wissenschaftliche und technokratische Experten die internationale Arena mit ihren Plänen und Initiativen.

Hat die jüngste Forschung viel historisches Neuland erschlossen und dabei die säkulare Bedeutung internationaler Politik scharf profiliert, so sind die verschiedenen Stränge, in denen sie sich entwickelt hat, bislang nur selten aufeinander bezogen worden. Insofern bieten sich mehrere Gründe, darüber nachzudenken, wie sich die Geschichte der internationalen Politik zwischen etwa 1940 und 1990 heute in der Gesamtschau darstellt. In diesem Essay möchte ich wichtige Grundzüge dieser Geschichte herauspräparieren und zugleich Vorschläge entwickeln, wie sie sich historisch situieren und in übergreifende Deutungen einfügen lassen. Dafür stütze ich mich auf ein breites, vor allem seit der Jahrtausendwende entstandenes Schrifttum, dessen Aufschlüsse ich zu synthetisieren, zu diskutieren und weiterzudenken versuche. Mehrere neue, in den letzten drei Jahren erschienene Bücher hebe ich in Form von Kurzbesprechungen hervor, um wichtige Forschungsansätze veranschaulichen und wegweisende Erkenntnisse vertiefend erörtern zu können.

Dabei konzentriere ich mich auf drei Untersuchungskomplexe. Sie erschöpfen nicht die historiografischen Perspektiven auf das Thema, geschweige denn auf die internationale

Geschichte im weiteren Sinne.[1] Doch müsste sie, so mein argumentativer Ausgangspunkt, eine Geschichte der internationalen Politik an zentraler Stelle berücksichtigen. Zunächst geht es dabei um internationale Konflikte. Historikerinnen und Historiker haben sich zuletzt immer stärker der Untersuchung dessen verschrieben, was schlagwortartig als »Global Cold War« bezeichnet wird. Sie verstehen die Konfliktgeschichte der zweiten Jahrhunderthälfte als multidimensionales Geschehen, an dem zahlreiche Akteure weltweit maßgeblich beteiligt waren und in dem sich die Systemauseinandersetzung zwischen West und Ost mit unterschiedlichen regionalen Logiken verband. Damit haben sie einerseits sehr komplexe Analysen hervorgebracht, die andererseits jedoch, um die Schärfe im Detail zu erzielen, zeitlich und räumlich in der Regel begrenzt sind. Um eine diachrone Perspektive zurückzugewinnen, schlage ich vor, die konflikthaften Zuspitzungen des Zeitraums als Produkt von fünf Entwicklungslinien zu begreifen. Zu ihnen zählten neben dem ›Kalten Krieg‹ der antikoloniale und antiimperialistische Kampf, das Ringen um eine postkoloniale Ordnung innerhalb der neuen Nationalstaaten wie auch auf dem internationalen Parkett, der chinesisch-sowjetische Gegensatz sowie die Einmischungsversuche humanitär motivierter Akteure.

Anschließend richtet sich der Blick auf inter- und transnationale politische Interventionen, die von oftmals weitgespannten Koalitionen staatlicher und nicht staatlicher Akteure vorangetrieben wurden – ob im Bereich der Entwicklungspolitik, der Regulierung von Bevölkerung und Gesundheit oder der Menschenrechtspolitik. Mir geht es darum aufzuzeigen, dass solche Formen der grenzübergreifenden politischen Steuerung in vielen Weltgegenden nachhaltige Auswirkungen hatten und sich zu einem maßgeblichen Terrain für die Austarierung von Interessen entwickelten. Zudem bringen sie wichtige Triebkräfte des internationalen politischen Handelns zum Vorschein – darunter nicht zuletzt idealistische Entwürfe einer besseren Weltordnung – und werfen ein scharfes Licht auf die Rolle von Nichtregierungsorganisationen.

Schließlich ist in den Forschungen der letzten Jahre auch die Reflexion über die Angelpunkte einer Periodisierung des 20. Jahrhunderts in starken Fluss geraten.[2] Im letzten Teil wechselt der Essay daher von einer systematischen zu einer chronologischen Perspektive. Dabei diskutiere ich zwei jüngst vorgeschlagene Möglichkeiten, die 1970er-Jahre als eine entscheidende Umbruchphase zu begreifen, welche die Nachkriegsgeschichte von der Geschichte unserer Gegenwart trennt. Die eine rückt die in diesen Jahren wachsende »Interdependenz« der Weltregionen ins Zentrum, die andere hebt darauf ab, das Jahrzehnt als Zeitraum zu interpretieren, in dem wichtige Problemkonstellationen, die bis heute fortdauern, ihren Ursprung haben. Gegenüber diesen beiden Deutungsansätzen plädiere ich dafür, von einer etwas länger gestreckten, die 1970er- wie auch die 1980er-Jahre umfassenden Transformationsphase auszugehen, in der vor allem vier folgenreiche Veränderungsprozesse zusammentrafen: eine zunehmende weltwirtschaftliche Integration, Weichenstellungen für das Ende der Sowjetunion, die Abkehr vom Modernisierungsdenken im Bereich der transnationalen Politikgestaltung sowie eine Neujustierung des Verhältnisses zwischen globalem Norden und Süden.

Die neueren Forschungen zu den drei skizzierten Feldern weisen in vielerlei gedankliche Richtungen. Und doch teilen sie überwiegend einen gemeinsamen Ansatzpunkt, der

---

1 Zur Vielfalt der neueren internationalen Geschichte vgl. *Iris Schröder*, Die Wiederkehr des Internationalen. Eine einführende Skizze, in: Zeithistorische Forschungen/Studies in Contemporary History 8, 2011, S. 340–349; *Jost Dülffer/Wilfried Loth* (Hrsg.), Dimensionen internationaler Geschichte, München 2012.

2 Aus Platzgründen spreche ich die wichtigen Ansätze einer Neubestimmung der 1920er-Jahre nur kurz an und spare diejenigen zur Neuvermessung der 1940er-Jahre aus. Literaturhinweise enthält der dritte Abschnitt.

deshalb vorab umrissen sei. Der ›Kalte Krieg‹ nämlich, so wie er sich im herkömmlichen Narrativ darstellte, bildet für sie nicht länger das intellektuelle Gravitationszentrum, um das herum alles andere kreist. Zwar war die Geschichtsschreibung zu den internationalen Beziehungen auch vor der jüngsten Forschungskonjunktur nicht monothematisch und auf ein einziges interpretatorisches Muster festgelegt.[3] Gleichwohl hatte sie dem ›Kalten Krieg‹ eine überragende Prägekraft für den Gang der weltpolitischen Entwicklung zugewiesen.[4] Die Auseinandersetzung zwischen dem demokratisch-kapitalistischen System des Westens und dem planwirtschaftlich-kollektivistischen System vor allem Osteuropas schien alle anderen Entwicklungen zu absorbieren. Im Vordergrund standen die Handlungsmotive und Perzeptionen, welche die beiden Supermächte bei ihren steten Versuchen leiteten, geopolitische Einflussgewinne zu erzielen und der Machtentfaltung des Gegners entgegenzutreten. Galten die Blockbildung und der nukleare Rüstungswettlauf als die vielleicht wichtigsten Strukturmuster des internationalen Systems, so stand ereignisgeschichtlich die Kette von Krisen im Vordergrund, die von Berlin über Korea, Kuba und Vietnam bis nach Afghanistan reichte. Da sich die politische Hochspannung zwischendurch immer wieder löste, ließ sich die Geschichte der internationalen Beziehungen nach den Phasen der Verschärfung und der Entspannung des Systemkonflikts periodisieren. Geografisch erschienen Europa und Teile Asiens als Epizentren des säkularen Ringens; der Rest der Welt spielte auch eine Rolle, aber vor allem als Schauplatz. Der Politik derjenigen Länder, die sich nicht dem einen oder anderen Lager anschlossen, wurde eine bestenfalls abgeleitete Bedeutung zugemessen.

Dass diese Sicht nicht länger vorherrscht, stellt die wohl grundlegendste Verschiebung dar, die sich in den neuen Forschungen zur internationalen Politik zwischen etwa 1940 und 1990 abzeichnet. Die Perspektiven haben sich einerseits diversifiziert – der Systemkonflikt wird als ein weniger einheitliches, stärker verzweigtes Geschehen gedeutet. Andererseits haben sie sich ausgedehnt – bei Weitem nicht nur der Systemkonflikt erscheint als geschichtsmächtiger Prozess, der im internationalen Raum tiefe Spuren hinterlassen hat. Bei aller berechtigten Skepsis gegenüber programmatischen Überschüssen, an denen es in den jüngsten Studien nicht gänzlich fehlt, kann man sich der Einsicht kaum verschließen, dass diese Blickveränderung überfällig war und dass sie sich als in hohem Maße aufschlussreich erweist.

Wie beim Wandel größerer Forschungsfelder üblich, spielten dabei fachinterne Paradigmenwechsel und neue Gegenwartswahrnehmungen ineinander. Methodisch gingen entscheidende Impulse von der Hinwendung zu transnationalen und globalhistorischen Zusammenhängen, der postkolonialen Sensibilität für die Handlungsmacht von Akteuren des

3 Neben dem ›Kalten Krieg‹ rangierten vor allem die Geschichte bilateraler Beziehungen und diejenige der europäischen Integration als wichtige Untersuchungsfelder. Vgl. als innovative Bestandsaufnahme um die Jahrhundertwende *Wilfried Loth/Jürgen Osterhammel* (Hrsg.), Internationale Geschichte. Themen – Ergebnisse – Aussichten, München 2000.

4 Aus diesem Geist sind vor Kurzem noch einige krönende Forschungsleistungen entstanden. Vgl. *John Lewis Gaddis*, The Cold War. A New History, New York 2005; *Bernd Stöver*, Der Kalte Krieg. Geschichte eines radikalen Zeitalters 1947–1991, München 2007; *Bernd Greiner/Christian Th. Müller/Dierk Walter* (Hrsg.), Krisen im Kalten Krieg, Hamburg 2008; sowie Teile von *Melvin P. Leffler/Odd Arne Westad* (Hrsg.), The Cambridge History of the Cold War, 3 Bde., Cambridge/New York etc. 2010. Vgl. zum traditionellen Narrativ ansonsten *Martin Walker*, The Cold War and the Making of the Modern World, London 1993; *Gregor Schöllgen*, Geschichte der Weltpolitik von Hitler bis Gorbatschow 1941–1991, München 1996; *Edward H. Judge/John W. Langdon*, A Hard and Bitter Peace. A Global History of the Cold War, Upper Saddle River/London 1996; *Jost Dülffer*, Jalta, 4. Februar 1945. Der Zweite Weltkrieg und die Entstehung der bipolaren Welt, München 1998; *Wilfried Loth*, Helsinki, 1. August 1975. Entspannung und Abrüstung, München 1998; *Norman Friedman*, The Fifty-Year War. Conflict and Strategy in the Cold War, Annapolis 2000; *Yvan Vanden Berghe*, Der Kalte Krieg 1917–1991, Leipzig 2002 (zuerst nl. 2002).

globalen Südens sowie von dem gewachsenen Interesse für die Politik nicht staatlicher Gruppen aus. All dies macht sich stärker bemerkbar als kulturgeschichtliche Perspektiven, die indes ebenfalls manche neuen thematischen und interpretatorischen Akzente gesetzt haben.

Dass daneben auch die Beobachtung des weltpolitischen Geschehens der letzten 15 bis 25 Jahre viel dazu beigetragen hat, das Gesicht der internationalen Politikgeschichte zu verändern, scheint auf der Hand zu liegen. So haben etwa die fortgesetzten Diskussionen über Nutzen und Nachteil humanitärer Interventionen Historikerinnen und Historiker dazu veranlasst, nach den Ursprüngen dieser Politikform zu fahnden.[5] Und die schweren wirtschaftlichen Zerrüttungen, welche die jüngste globale Finanzkrise auslöste, haben den Blick auf das »Ende von Bretton Woods« und den Aufstieg internationaler Finanzmärkte seit den 1970er-Jahren gelenkt. Die Liste solcher punktuellen Bezüge ließe sich bequem erweitern. Noch allgemeiner mag sich der historische Fokus jedoch infolge einer anhaltenden Unsicherheit darüber gewandelt haben, wie die Struktur des internationalen Systems seit dem Untergang des osteuropäischen Kommunismus eigentlich beschaffen ist: ob unipolar oder multipolar, mit Zügen der Weltregierung oder nationalstaatlich dominiert, den Sieg der Menschenrechte bezeugend oder ihre Niederlage, mit einem größeren oder kleineren Europa, im Schatten eines wiederbelebten ›Kalten Kriegs‹ oder eines urtümlichen Ost-West-Konflikts, verheert von neuen oder nicht so neuen Kriegen, in jedem Fall, so viel scheint gewiss, durchsetzt von schwer durchschaubaren Konflikten. Dieser uneindeutige Zustand mag Historikerinnen und Historiker daran gewöhnt haben, internationale Politik als ein ebenso vielfältig determiniertes wie fluides Geschehen zu begreifen, in dem sich klare Konturen und lange Linien nur schwierig zeichnen lassen.

I. Vieldimensionale Konfliktgeschichte

Auch wenn eine Kritik an der überkommenen Historiografie des ›Kalten Kriegs‹ lautet, sie habe sich auf Krisen und Konfrontationen fixiert und damit der Ereignisgeschichte zu großes Gewicht verliehen, ist die Konfliktgeschichte in den jüngsten Forschungen zur internationalen Politik nach wie vor Gegenstand intensiven Nachdenkens. Das scheint nur angemessen, wenn man berücksichtigt, dass die zweite Hälfte des 20. Jahrhunderts immer wieder im Schatten schwerer diplomatischer Verwerfungen stand, die bisweilen sogar die Gefahr eines Nuklearkriegs heraufbeschworen, dass in Afrika und Asien verheerende »heiße« Kriege geführt wurden und dass sich zahlreiche autoritäre Regime mit brutalen Mitteln an der Macht hielten.[6] Gleichwohl bildet der beschriebene Versuch, den ›Kalten Krieg‹ aus dem Zentrum der Analyse zu verbannen, in vielen dieser Arbeiten eine entscheidende Prämisse. Sie setzen sich dezidiert von der Vorstellung ab, die internationale Politik sei von einer bipolaren Ordnung strukturiert gewesen, in der zwei Hauptkontrahenten die Erde in einer Art weltpolitischem Pas de deux nach ihren Vorstellungen formten – oder dabei scheiterten. Stattdessen bemühen sie sich darum, ein mannigfaltiges Bild internationaler Konflikte zu zeichnen. Dafür verlegen sie sich zumeist darauf, tiefenscharf herauszuarbei-

5 Zur Geschichte humanitärer Interventionen vgl. *Gary J. Bass*, Freedom's Battle. The Origins of Humanitarian Intervention, New York/Toronto 2008; *Brendan Simms/D.J.B. Trim* (Hrsg.), Humanitarian Intervention. A History, Cambridge/New York etc. 2011; *Davide Rodogno*, Against Massacre: Humanitarian Interventions in the Ottoman Empire, 1815–1914. The Emergence of a European Concept and International Practice, Princeton/Oxford 2012; *Fabian Klose* (Hrsg.), The Emergence of Humanitarian Intervention. Ideas and Practice from the Nineteenth Century to the Present, Cambridge 2016.

6 Vgl. *Bernd Greiner/Christian Th. Müller/Dierk Walter* (Hrsg.), Heiße Kriege im Kalten Krieg, Hamburg 2006.

ten, welche eigenständigen Zielvorstellungen politische Eliten und Bewegungen der Südhalbkugel im internationalen Raum verfolgten und welche zum Teil erhebliche Gestaltungsmacht sie dabei erlangten.

Historiografisch haben sich vor allem zwei Modelle herausgebildet. Das eine widmet sich bestimmten südlichen Ländern oder Akteuren, zumal Befreiungsbewegungen oder postkolonialen Regierungen, und untersucht diese in ihren regionalen, transnationalen und globalen Verflechtungen. Ein Beispiel dafür liefert Renata Kellers Buch über »Mexico's Cold War«, das an einige wegweisende Studien zu Lateinamerikas Ort im ›Kalten Krieg‹ anknüpft.[7] Keller verfolgt in einer aufschlussreichen Doppelperspektive zum einen die Wirkung, die die kubanische Revolution von 1959 auf die politische Szenerie Mexikos entfaltete, und zum anderen den außenpolitischen Balanceakt, den die mexikanischen Regierungen in den 1960er- und 1970er-Jahren in dem prekären Beziehungsgeflecht mit den USA und Kuba vollführten. So betonte Präsident Adolfo López Mateos (1958–1964) die mexikanische Solidarität mit dem Regime Fidel Castros, um seine revolutionäre Legitimität aufzupolieren und seine Herrschaft innenpolitisch gegenüber den Anfechtungen radikaler linker Gruppen zu stabilisieren. Verdeckt half er jedoch Dwight D. Eisenhower und John F. Kennedy in ihren antikubanischen Unternehmungen, wobei ihn nicht zuletzt die Furcht leitete, der kubanische Revolutionsexport könne nach Mexiko übergreifen. Gingen die außenpolitischen Schachzüge somit auf, spitzte sich die politische Situation innerhalb Mexikos zu. Dort ließen lokal begründete Unzufriedenheiten im Zusammenspiel mit dem inspirierenden Vorbild der kubanischen Revolution die Opposition immer stärker anschwellen. López Mateos' Nachfolger Gustavo Díaz Ordaz verstieg sich in den Glauben an eine internationale kommunistische Verschwörung, die den Aufruhr im Lande dirigiere. Er entfesselte einen »schmutzigen Krieg«, der vor allem die bäuerliche Bevölkerung auf dem Land und die Studenten in den Städten traf. In Reaktion auf das zunehmend gewaltsame Vorgehen des Staats, so die Autorin, entstanden dann tatsächlich revolutionär gesonnene, militante Bewegungen, die die Eskalationsspirale weiter trieben. Erst am Anfang der 1980er-Jahre hatte die Regierung den blutigen inneren Krieg schließlich gewonnen.

Keller kann Mexiko auf diese Weise plausibel als regionalen Akteur verorten, wobei dem Land wegen seiner geografischen Lage zwischen den Antagonisten USA und Kuba auch eine Funktion im ›Kalten Krieg‹ zukam, die sie differenziert bestimmt. Davon, dass Mexiko in diesem Konflikt eine erstrangige Rolle spielte, ist man indes auch nach der Lektüre des Buches nicht überzeugt. Hier vermag der Versuch, die Mehrdimensionalität des ›Kalten Kriegs‹ zu betonen, das Bild zwar zu vervollständigen, stößt aber auch an Grenzen.

Ein zweites Untersuchungsmodell geht dagegen von bestimmten Konflikten aus und beleuchtet gleichsam deren verschiedene Schichten, angefangen bei den lokalen Ursachen über die regionalen Weiterungen bis hin zu weltweiten Resonanzen und den Einmischungen der Supermächte. In diesem Ansatz erscheinen Konflikte als Mikrokosmen des internationalen Systems. Er richtet sich in der Regel auf kürzere Zeiträume der verdichteten Interaktion, sodass die Prozesshaftigkeit der internationalen Konfliktgeschichte in den Hintergrund tritt. Besonders intensiv ist aus dieser Perspektive zuletzt der indochinesische Schauplatz untersucht worden. Dabei haben sich die Autorinnen und Autoren stärker noch als mit dem ersten Indochinakrieg (dem Unabhängigkeitskrieg gegen Frankreich) mit den innervietnamesischen Spannungen nach 1954 und dem sogenannten Vietnamkrieg ausein-

7 *Renata Keller*, Mexico's Cold War. Cuba, the United States, and the Legacy of the Mexican Revolution, Cambridge University Press, New York 2015, 296 S., geb., 103,00 $. Vgl. als wichtige Vorläuferstudien *Hal Brands*, Latin America's Cold War, Cambridge/London 2010; *Tanya Harmer*, Allende's Chile and the Inter-American Cold War, Chapel Hill 2011. Vgl. auch *Andrew J. Kirkendall*, »Cold War Latin America: The State of the Field«, H-Diplo Essay, 14.11.2014, Nr. 119, URL: <http://h-diplo.org/essays/PDF/E119.pdf> [5.9.2017].

andergesetzt, während die indochinesischen Kriege der späten 1970er-Jahre immerhin ins Blickfeld gerückt sind.[8] Der Koreakrieg, der wegen des direkten Aufeinanderprallens der Supermächte immer schon einen herausgehobenen Stellenwert besessen hatte, ist auf diesen Linien neu gedeutet worden. Die Kongokrise vom Anfang der 1960er-Jahre, der nigerianische Bürgerkrieg vom Ende der Dekade und die gewaltsame Entstehung Bangladeschs 1971 sind erstmals empirisch scharf unter die Lupe genommen worden.[9] Ähnlich dichte Forschungen würde man sich für die Konflikte am Horn von Afrika in den 1970er-Jahren, die mittelamerikanischen Bürgerkriege des folgenden Jahrzehnts und den langjährigen, enorm verlustreichen Krieg zwischen dem Iran und dem Irak noch wünschen.[10] Der Trend zur multiperspektivischen Analyse hat sich bis in neuere Handbücher zum ›Kalten Krieg‹ fortgesetzt, die der Betrachtung der regionalen Gemengelagen breite Abschnitte einräumen.[11] Europa verschwindet in dieser Untersuchungsrichtung, jedenfalls außerhalb der amerikanischen Forschung, nicht völlig. Vielmehr lässt sich eine parallele Neuorientierung erkennen, da eine Reihe von Autorinnen und Autoren die eigenständigen politischen Bestrebungen und die nicht zu vernachlässigenden Handlungsspielräume europäischer Staaten betont, um auch von dieser Seite her den plurizentrischen Charakter des ›Kalten Kriegs‹ zu unterstreichen. Das wichtigste Feld, auf dem das exemplifiziert worden ist, stellt bislang die Entspannungspolitik der späten 1960er- und der 1970er-Jahre dar.[12]

8 Zu den Konflikten bis Mitte der 1960er-Jahre vgl. *Mark Philipp Bradley*, Imagining Vietnam and America. The Making of Postcolonial Vietnam, 1919–1950, Chapel Hill 2000; *Philip Catton*, Diem's Final Failure. Prelude to the American War in Vietnam, Lawrence 2002; *Mark Atwood Lawrence*, Assuming the Burden. Europe and the American Commitment to War in Vietnam, Berkeley/Los Angeles etc. 2005; *Seth Jacobs*, Cold War Mandarin. Ngo Dinh Diem and the Origins of America's War in Vietnam, 1950–1963, Lanham/Boulder etc. 2006; *Mark Atwood Lawrence/Fredrik Logevall* (Hrsg.), The First Vietnam War. Colonial Conflict and Cold War Crisis, Cambridge/London 2007; *Mark Philipp Bradley/Marilyn B. Young* (Hrsg.), Making Sense of the Vietnam Wars. Local, National, and Transnational Perspectives, Oxford/New York etc. 2008; *Jessica M. Chapman*, Cauldron of Resistance. Ngo Dinh Diem, the United States, and 1950s Southern Vietnam, Ithaca 2013; *Edward Miller*, Misalliance. Ngo Dinh Diem, the United States, and the Fate of South Vietnam, Cambridge 2013. Als neueren Literaturbericht zum Vietnamkrieg vgl. *Robert K. Brigham*, The War that Never Ends. Historians and the Vietnam War, in: *Frank Costigliola/Michael J. Hogan* (Hrsg.), America in the World. The Historiography of American Foreign Relations since 1941, New York 2014 (zuerst 1996), S. 167–187. Zum dritten Indochinakrieg vgl. *Odd Arne Westad/Sophie Quinn-Judge* (Hrsg.), The Third Indochina War. Conflict between China, Vietnam and Cambodia, 1972–1979, London/New York 2006.

9 Vgl. *Bernd Stöver*, Geschichte des Koreakriegs. Schlachtfeld der Supermächte und ungelöster Konflikt, München 2013. Zur Bedeutung des Koreakriegs für die Ausbreitung der Vorstellung eines ›Kalten Kriegs‹ vgl. jetzt *Hajimu Masuda*, Cold War Crucible. The Korean Conflict and the Postwar World, Harvard University Press, Cambridge 2015, 400 S., geb., 41,00 $. Vgl. ferner *Lise Namikas*, Battleground Africa. Cold War in the Congo, 1960–1965, Washington/Stanford 2013; das Doppelheft des Journal of Genocide Research 16, 2014, Nr. 2-3; *Srinath Raghavan*, 1971. A Global History of the Creation of Bangladesh, Cambridge/London 2013; *Gary Bass*, The Blood Telegram. Nixon, Kissinger, and a Forgotten Genocide, New York 2014.

10 Vgl. *Nigel Ashton/Bryan Gibson*, The Iran-Iraq War. New International Perspectives, London/New York 2013.

11 Vgl. *Richard H. Immerman/Petra Goedde* (Hrsg.), The Oxford Handbook of the Cold War, Oxford 2013, S. 107–304; *Artemy M. Kalinovsky/Craig Daigle* (Hrsg.), The Routledge Handbook of the Cold War, London/New York 2014, S. 131–192.

12 Vgl. etwa *Daniel Möckli*, European Foreign Policy during the Cold War. Heath, Brandt, Pompidou and the Dream of Political Unity, London/New York 2009; *Poul Villaume/Odd Arne Westad* (Hrsg.), Perforating the Iron Curtain. European Détente, Transatlantic Relations, and the Cold War, 1965–1985, Kopenhagen 2010; *Jussi M. Hanhimäki*, Détente in Europe, 1962–1975, in: *Leffler/Westad*, The Cambridge History of the Cold War, Bd. 2, S. 198–218.

Nimmt man sie zusammen, so haben die neueren Forschungen überzeugend vor Augen geführt, dass die internationale Konfliktgeschichte der zweiten Jahrhunderthälfte historiografisch neu konzipiert werden muss. Sie haben gewichtige Argumente dagegen entwickelt, dass die wesentlichen Tendenzen des weltpolitischen Geschehens fassbar werden, wenn man den Systemkonflikt beschreibt, und dass andere Entwicklungen nur insofern ins Gewicht fallen, als sie sich mit ihm berührten. Wie jedoch eine übergreifende Geschichte des weltweiten Konfliktgeschehens aussehen könnte, die von einem breiten Geflecht von Bedingungsfaktoren ausginge und sich nicht auf einzelne Regionen oder Konflikte beschränkte, ist weniger deutlich geworden. Versucht man die Erkenntnisse des jüngsten Schubs an Studien zu systematisieren, so spricht viel dafür, dass neben und in Verbindung mit der weltumspannenden Rivalität der Supermächte zumindest vier weitere Konfliktlogiken und Prägekräfte zu berücksichtigen wären. Das Tableau, das auf diese Weise entsteht, vermag nicht alle internationalen Spannungsherde in jeder ihrer Verästelungen zu erklären, lässt sich jedoch auch nicht weiter reduzieren.

Zu diesen Konfliktlogiken gehört erstens der antikoloniale und »anti-imperialistische« Kampf, den militante Bewegungen des globalen Südens für die nationale Unabhängigkeit ihres Landes führten. Das früheste Beispiel dafür, dass dieser Kampf die Rahmenbedingungen internationaler Konflikte substanziell mitbestimmen konnte, lieferten wohl die Vietminh. Sie stellten die Franzosen im Ende 1946 beginnenden ersten Indochinakrieg nicht allein durch ihre hartnäckige Guerillataktik vor große Schwierigkeiten. Darüber hinaus waren sie sich von Anfang an bewusst, dass ihr Unabhängigkeitskrieg von der internationalen Konstellation abhängen würde.[13] Daher bemühten sie sich erfolgreich darum, von antikolonialen und nationalistischen Kräften im südostasiatischen Raum teils offizielle, teils klandestine Unterstützung zu erhalten. Wichtiger noch erschien den Vietminh zunächst, um die politische und wirtschaftliche Hilfe der Truman-Regierung zu werben, wofür sie die Demokratische Republik Vietnam als ideologisch gemäßigt darstellten. Nachdem dies nicht verfing, schrieben die vietnamesischen Kommunisten ihren antikolonialen Kampf gegen Frankreich resolut in den ›Kalten Krieg‹ ein. Damit verfolgten sie nicht nur den taktischen Zweck, die Sowjetunion und China in den Krieg zu involvieren, was 1950 gelang. Teile der Partei verstanden sich darüber hinaus als Speerspitze der Weltrevolution in Indochina und waren insbesondere gewillt, ihre Vorstellungen nach Laos und Kambodscha zu tragen. Im Zuge dessen begrüßten sie ausdrücklich das amerikanische Engagement an der Seite der Franzosen, da sich ihr Befreiungskampf nunmehr ganz unmittelbar als Teil eines weltweiten kommunistischen Widerstands gegen das Hegemonialstreben der kapitalistischen Supermacht präsentieren ließ.

Nur kurze Zeit später wurde der algerische »Front de Libération Nationale« (FLN) zu einem viel bewunderten Beispiel für die antikoloniale Selbstbehauptung. Wie Matthew Connelly in einer inzwischen bereits klassischen Studie gezeigt hat, entwickelte die Organisation eine flexible, mehrsträngige Strategie, um den Algerienkrieg zu internationalisieren, womit sie die französische Kolonialmacht unter erheblichen Zugzwang setzte.[14] Zweifellos gewannen nicht viele Unabhängigkeitsbewegungen eine derartige internationale Schlagkraft wie die vietnamesische und die algerische. Das belegt die Diplomatie der indonesischen Nationalisten im Konflikt mit den Niederlanden, die weltweit geringere Wel-

13 Vgl. *Christopher E. Goscha*, Choosing between the Two Vietnams. 1950 and Southeast Asian Shifts in the International System, in: *ders./Christian F. Ostermann* (Hrsg.), Connecting Histories. Decolonization and the Cold War in Southeast Asia, 1945–1962, Washington/Stanford 2009, S. 207–238.

14 Vgl. *Matthew Connelly*, A Diplomatic Revolution. Algeria's Fight for Independence and the Origins of the Post-Cold War Era, Oxford/New York etc. 2002.

len schlug.[15] Manches bleibt hier freilich zu erforschen. Die Widerstandsgruppen im südlichen Afrika wie auch die antikolonialen Bewegungen in den portugiesischen Kolonien dürften die Erfolge der Vietminh und des FLN sorgfältig studiert haben. Dass dies auch für die Palästinensische Befreiungsorganisation (PLO) galt, hat jüngst Paul Chamberlin nachgewiesen.[16] Unter dem Einfluss Jassir Arafats präsentierte sich die Palästinensische Befreiungsorganisation als globaler Vorreiter des Kampfes gegen den amerikanischen Imperialismus und für die nationale Befreiung und sozioökonomische Emanzipation der ›Dritten Welt‹. Dafür bezog sie Impulse aus dem chinesischen Bürgerkrieg, dem algerischen Unabhängigkeitskrieg, dem vietnamesischen Widerstand gegen die USA sowie aus der kubanischen Revolution. Auf diese Weise entstand ein Geflecht radikaler antikolonialer und antiimperialistischer Bezüge, das in diesen Jahren für zahlreiche nationalistische Bewegungen und Politiker des globalen Südens handlungsleitend wurde – ebenso wie für Teile der neuen Linken im Westen, die in diesen Jahren die ›Dritte Welt‹ als eine Art weltrevolutionäres Subjekt entdeckte.[17]

Konfliktdynamiken, die eine beträchtliche Tragweite gewinnen konnten, ergaben sich ferner, zweitens, aus dem Ringen um eine postkoloniale Ordnung sowohl im Inneren der neuen Staaten als auch im internationalen Raum. Diese Prozesse überschnitten sich für geraume Zeit mit den antikolonialen Internationalisierungsbemühungen. Denn während das postkoloniale Zeitalter etwa für Indien schon 1947 anbrach, mussten die portugiesischen Kolonien noch beinahe dreißig Jahre darauf warten und in Südafrika war die Mehrheitsherrschaft sogar erst 1994 erreicht. Auch in der politischen Praxis ließ sich beides nicht immer scharf voneinander trennen. So führten die Nordvietnamesen in ihrem Selbstverständnis einen fortdauernden Kampf für nationale Selbstbefreiung, ob der Gegner nun Frankreich, USA oder später China hieß.

Gleichwohl brachte die postkoloniale Ära analytisch betrachtet eigenständige Triebkräfte des Konflikts hervor. Zu den wichtigsten zählten Bürgerkriege, zwischenstaatliche Antagonismen und das Streben nach außenpolitischer Selbstbehauptung. So kam es in einer Reihe unabhängig gewordener Staaten eher früher als später zu inneren Polarisierungen, welche dann Kristallisationspunkte internationaler Friktionen bildeten. Über deren Verlauf und Ergebnisse entschieden sie maßgeblich mit. Bereits die beiden asiatischen Vereinigungskriege in Korea und Vietnam bezeugten das Eigengewicht derartiger innerer Auseinandersetzungen. Anders als lange Zeit angenommen, beschloss der nordkoreanische Führer Kim Il Sung aus eigener Initiative, den Süden gewaltsam unter seine Herrschaft zu bringen.[18] Erst dann holte er die Zustimmung Stalins und Maos ein, die er resolut davon zu überzeugen versuchte, das Risiko eines Angriffs sei gering. Schon seit der doppelten Staatsgründung in Korea 1948 hatten sich beide Seiten einer aggressiven Vereinigungsrhetorik befleißigt. Dem eigentlichen Koreakrieg gingen in beiden Landesteilen blutige Säuberungen voraus, und während des Kriegs verselbstständigte sich die Gewalt, die beide koreanischen Armeen gegen die Zivilbevölkerung des jeweils anderen Landesteils verübten. Der innerkoreanische Konflikt blieb somit die ganze Zeit über ein konstitutiver Teil

15 Vgl. *Frances Gouda*, American Visions of the Netherlands East Indies/Indonesia. US Foreign Policy and Indonesian Nationalism, 1920–1949, Amsterdam 2002; *Marc Frey*, The Indonesian Revolution and the Fall of the Dutch Empire. Actors, Factors, and Strategies, in: *ders./Ronald W. Pruessen/Tan Tai Yong* (Hrsg.), The Transformation of Southeast Asia. International Perspectives on Decolonization, London/New York 2003, S. 83–104.

16 Vgl. *Paul Thomas Chamberlin*, The Global Offensive. The United States, the Palestine Liberation Organization, and the Making of the Post-Cold War Order, Oxford/New York etc. 2012.

17 Vgl. *Christoph Kalter*, Die Entdeckung der Dritten Welt. Dekolonisierung und neue radikale Linke in Frankreich, Frankfurt am Main/New York 2011.

18 Vgl. zusammenfassend *William Stueck*, The Korean War, in: *Leffler/Westad*, The Cambridge History of the Cold War, Bd. 1, S. 266–288.

des Geschehens. Was den an mehreren Fronten geführten innervietnamesischen Bürgerkrieg betrifft, so ist der beste Kenner der internen Diskussionen sogar so weit gegangen, in dem unbändigen Kriegswillen der Nordvietnamesen den wichtigsten Ursprung des Vietnamkriegs zu sehen.[19]

Im Kongo, in Nigeria und in Pakistan waren es Sezessionsversuche, die Bürgerkriege hervorriefen oder sich aus ihnen entwickelten, welche dann zum Nukleus internationaler Konflikte wurden.[20] Den Ausgangspunkt bildete, bei aller Unterschiedlichkeit der Ereignisse, die Konkurrenz verschiedener Gruppen um Macht und Ressourcen im neuen Staat, die sich durch regionale, ethnische oder religiöse Gegensätze zusätzlich auflud. Alle drei Krisen beschäftigten die Staatengemeinschaft und zogen die Weltöffentlichkeit in ihren Bann. Dabei hatten in der Regel sowohl die separatistischen Kräfte als auch die Zentralregierungen um internationale Hilfe ersucht. Im kongolesischen und nigerianischen Fall kam Belgien und Großbritannien eine tragende Rolle zu, die ihre Kolonialherrschaft jeweils erst kurz zuvor beendet hatten und vor allem den Zugang zu Rohstoffen wahren wollten. Doch positionierten sich auch zahlreiche andere Staaten Europas und der Regionen. In diesem Gewirr von Interessen mischten schließlich auch die Supermächte mit, ohne dabei allerdings einer uniformen Logik zu folgen. Die Kongokrise wurde zum blutigen Katalysator einer stärkeren Einmischung im subsaharischen Afrika. Während die Sowjetunion, allerdings eher zurückhaltend, den Anhängern Patrice Lumumbas Hilfe leistete, ging die Johnson-Regierung schließlich dazu über, Mobutu Sese Seko zu stützen, der die Ausläufer des lumumbistischen Widerstands zerschlug und eine brutale Alleinherrschaft etablierte. Der nigerianische Bürgerkrieg dagegen avancierte gar nicht zu einem Konflikt zwischen den USA und der Sowjetunion, da sich beide de facto auf die Seite der Zentralregierung stellten. In Bangladesch wiederum führten anfänglich nur die USA einen ›Kalten Krieg‹. Als die pakistanische Militärführung begann, die Eigenständigkeitsbestrebungen im Ostteil des Landes mit Gewalt zu ersticken, bemühte sich Leonid Breschnew zunächst um eine diplomatische Lösung. Die Nixon-Regierung hingegen ließ den Pakistanis bewusst freie Hand, um die Annäherung an China nicht zu gefährden, die sie als entscheidenden Schachzug in der Auseinandersetzung mit der Sowjetunion begriff.

Neben solchen Verwerfungen innerhalb von Staaten des globalen Südens bildeten sich mit der Unabhängigkeit in verschiedenen Regionen der Welt auch verbissene zwischenstaatliche Gegensätze heraus. Sie schufen einige der langlebigsten internationalen Krisenherde der zweiten Jahrhunderthälfte. Sowohl in Südasien als auch im Nahen Osten führten die Kontrahenten in den knapp drei Jahrzehnten nach der Unabhängigkeit mehrere Kriege gegeneinander. Im Verhältnis zwischen Indien und Pakistan kollidierten dabei unterschiedliche Staatsvorstellungen; diejenige einer islamisch geprägten Nation hier, diejenige einer pluralen, säkularen Ordnung dort. Hinzu traten der Gegensatz zwischen Militär-

---

19 Vgl. *Pierre Asselin*, Hanoi's Road to the Vietnam War, 1954–1965, Chapel Hill 2012, S. 3, 167f. und 209f. Ferner *Lien-Hang T. Nguyen*, Hanoi's War. An International History of the War for Peace in Vietnam, Chapel Hill 2012; *Ang Cheng Guan*, The Vietnam War from the Other Side. The Vietnamese Communists' Perspective, London/New York 2002.

20 Vgl. zum Folgenden, zusätzlich zu der in Anm. 9 genannten Literatur *John J. Stremlau*, The International Politics of the Nigerian Civil War, 1967–1970, Princeton/Guildford 1977; *Maxim Matusevich*, No Easy Row for a Russian Hoe. Ideology and Pragmatism in Soviet-Nigerian Relations, 1960–1991, Trenton 2003; *John W. Young*, The Labor Governments, 1964–1970, Bd. 2: International Policy, Manchester/New York 2004, S. 193–217; *Toyin Falola/Matthew M. Heaton*, A History of Nigeria, Cambridge/New York etc. 2008, S. 158–181; *Sergej Masow*, Die Sowjetunion und die Kongokrise 1960–1964, in: *Greiner/Müller/Walter*, Krisen im Kalten Krieg, S. 274–296; *Michael Gould*, The Struggle for Modern Nigeria. The Biafran War 1967–1970, London/New York 2012; *Elizabeth Schmidt*, Foreign Intervention in Africa. From the Cold War to the War on Terror, Cambridge/New York etc. 2013, S. 57–78.

regierung und parlamentarischer Demokratie und, wichtiger noch, der Kampf um Kaschmir, das sich beide Seiten wegen seiner Ressourcen und seiner strategischen Lage einverleiben wollten.[21] Die regionalen Machtkonflikte hatten oft Wurzeln, die bis in die Kolonialzeit zurückreichten, doch gewannen sie mit den Jahren ein immer stärkeres postkoloniales Eigenleben. In dem Maße, wie neue dramatische Konfrontationen und Gewalterfahrungen hinzutraten, die dann in den kollektiven Gedächtnissen fortlebten, schichteten sich diese Konflikte gleichsam auf. So wurden im Zuge der überstürzten Teilung des indischen Subkontinents 15 Millionen Menschen vertrieben und bis zu zwei Millionen getötet. Die massenhafte Gewalt bedeutete sowohl für die pakistanische als auch für die indische Seite eine geradezu traumatische Belastung mit weitreichenden innen- und außenpolitischen Folgen.[22]

Auch die Regionalkonflikte verflochten sich mit dem Systemwettbewerb, wobei sich dieser wiederum uneinheitlich auswirkte. Im arabisch-israelischen Konflikt wurde die Rivalität der Supermächte im Grunde erst virulent, nachdem der Sechstagekrieg von 1967 für eine scharfe Konfrontation zwischen beiden gesorgt hatte.[23] Anfänglich hatten sowohl die USA als auch die Sowjetunion den neuen israelischen Staat anerkannt, wenngleich aus unterschiedlichen Motiven. Schon nach dem Jom-Kippur-Krieg von 1973 verlor dann die Sowjetunion ihren wichtigsten Verbündeten, da der ägyptische Präsident Anwar as-Sadat in das amerikanische Lager übertrat. Fortan konnte sie der amerikanischen Politik in der Region nur noch wenig entgegensetzen.[24] Somit war der ›Kalte Krieg‹ im Nahostkonflikt vergleichsweise früh beendet. Auch implodierte dieser nicht, als die kommunistische Herrschaft in Osteuropa unterging, sondern hat sich bis heute fortgesetzt. In Südasien ereignete sich die gefährlichste Eskalation sogar erst 2001/02, als Indien und Pakistan kurz vor einem Krieg standen, der nunmehr mit Nuklearwaffen hätte geführt werden können.

Neben inneren Gegensätzen und zwischenstaatlichen Spannungen vermochte schließlich auch das Bemühen einzelner Staaten des globalen Südens, die internationale Ordnung umzugestalten, Konflikte zu schüren. Zeitgenössisch und seither oft mit der Formel der »Bündnisfreiheit« beschrieben, galt das offensive Auftreten auf der weltpolitischen Bühne doch durchaus unterschiedlichen Projekten. Gamal Abdel Nasser – dessen Politik aus

---

21 Vgl. etwa *Sumit Ganguly*, Conflict Unending. India-Pakistan Tensions since 1947, New York/Washington 2001; *Amit Das Gupta*, Südasien und der Wettbewerb der Supermächte 1954–1972, in: *Greiner/Müller/Walter*, Heiße Kriege im Kalten Krieg, S. 239–272; *David C. Engerman*, South Asia and the Cold War, in: *Robert J. McMahon* (Hrsg.), The Cold War in the Third World, Oxford/New York etc. 2013, S. 67–84; *Ian Talbot*, A History of Modern South Asia, New Haven/London 2016. Zum arabisch-israelischen Konflikt vgl. etwa *James L. Gelvin*, The Israeli-Palestine Conflict. One Hundred Years of War, Cambridge/New York 2007; *David W. Lesch*, The Arab-Israeli Conflict. A History, Oxford 2007.

22 Vgl. *Yasmin Khan*, The Great Partition. The Making of India and Pakistan, New Haven/London 2007; *Ian Talbot/Gurharpal Singh*, The Partition of India, Cambridge 2009.

23 Vgl. *Douglas Little*, American Orientalism. The United States and the Middle East since 1945, Chapel Hill 2002; *Peter L. Hahn*, Caught in the Middle East. US Policy toward the Arab-Israeli Conflict, 1945–1961, Chapel Hill 2004; *ders.*, The Cold War and the Six Day War. US Policy towards the Arab-Israeli Crisis of June 1967, in: *Nigel J. Ashton* (Hrsg.), The Cold War in the Middle East. Regional Conflict and the Superpowers, 1967–73, London/New York 2007, S. 16–34; *Salim Yaqub*, Containing Arab Nationalism. The Eisenhower Doctrine and the Middle East, Chapel Hill 2004; *Galia Golan*, The Soviet Union and the Outbreak of the June 1967 Six-Day War, in: Journal of Cold War Studies 8, 2006, S. 3–19; *Yaacov Ro'i/Boris Morozov* (Hrsg.), The Soviet Union and the June 1967 Six Day War, Washington/Stanford 2008; *Wiebke Bachmann*, Die UdSSR und der Nahe Osten. Zionismus, ägyptischer Antikolonialismus und sowjetische Außenpolitik bis 1956, München 2011; *Craig Daigle*, The Limits of Détente. The United States, the Soviet Union, and the Arab-Israeli Conflict, 1969–1973, New Haven/London 2012.

24 Vgl. *Salim Yaqub*, The Cold War and the Middle East, in: *Immerman/Goedde*, The Oxford Handbook of the Cold War, S. 246–264.

diesem Blickwinkel ebenso eine nähere Untersuchung lohnen würde wie diejenige Ahmed Sékou Tourés in Guinea oder Kwame Nkrumahs in Ghana – verfolgte die Vision einer panarabischen Einigung, deren Führer er sein würde.[25] Zugleich versuchte er, beide Supermächte einzuspannen, um seine Modernisierungsvorstellungen voranzutreiben. Auch Kuba zählte zu den Staaten, die den Anspruch erhoben, das internationale System entlang ihren politischen Zielvorstellungen zu formen. Dafür mischte sich das Regime Fidel Castros, ohne Anleitung und nicht selten zum Unmut Moskaus, auch außerhalb Lateinamerikas vielfach in Konflikte ein.[26] Auf diese Weise wollte es die Weltrevolution auf eigene Faust vorantreiben, außenpolitische Handlungsfähigkeit demonstrieren, aber auch Zugang zu Öl und Absatzmärkten für kubanischen Zucker gewinnen.

Dass solche Versuche postkolonialer Selbstaffirmation weitreichende Wirkungsketten auslösen konnten, verdeutlicht das dicht recherchierte und lesenswerte Buch, das der amerikanische Historiker Jeffrey James Byrne Algerien gewidmet hat, dem in diesem Zusammenhang eine besonders große Bedeutung zukam.[27] Nach der Unabhängigkeit verschrieb sich die algerische Regierung unter dem ersten Staatspräsidenten Ahmed Ben Bella dem Projekt, die internationalen Beziehungen nach den Interessen der ›Dritten Welt‹ neu auszurichten. Dafür knüpfte sie Kontakte zu seelenverwandten Regimes und Bewegungen in aller Welt, von Nassers Vereinigter Arabischer Republik über Mali, Ghana und Guinea bis hin zu Kuba und der Bewegung der Bündnisfreien. Das unabhängige Algerien wurde, so Byrne, zum »Mecca of Revolution«: Die algerische Regierung sah ihr Land als Avantgarde und wurde tatsächlich führend im Kampf antikolonialer Bewegungen und postkolonialer Staaten um politische Selbstbehauptung. Dafür unterstützte sie Befreiungsbewegungen im südlichen Afrika durch Waffenlieferungen und militärische Ausbildung. Sie begünstigte oppositionelle Kräfte im Senegal, in Niger oder Kamerun ebenso wie neue »revolutionäre« Regierungen in Kongo-Brazzaville und Sansibar. Besondere Bedeutung gewann die Partnerschaft mit Kuba, die der Autor in weltanschaulich-habituellen Gemeinsamkeiten verankert sieht, in einer »instant mutual recognition and reciprocal identification« zwischen den führenden Politikern.[28] Dass sie mit ihrer Politik die Spannungen des ›Kalten Kriegs‹ verschärfte, nahm die algerische Regierung bewusst in Kauf, legte sie es doch darauf an, alle potenten Mächte zum eigenen Vorteil gegeneinander auszuspielen – die USA, Frankreich, die Sowjetunion und China.

In Byrnes Deutung kam die Phase des postkolonialen Optimismus zum Ende, als das algerische Militär 1965 Ben Bella vom Präsidentenamt absetzte und Houari Boumedienne an die Spitze des Staats trat. Dieser Schluss gehört nicht zu den überzeugendsten Passagen des Buches. Denn Algerien sollte ja in den 1970er-Jahren unter Boumedienne eine eher noch zugkräftigere Rolle im Kampf um die weltpolitische Emanzipation des globalen Südens spielen, der nunmehr unter dem Schlagwort der »Neuen Weltwirtschaftsordnung« geführt wurde. Von diesem Einwand abgesehen jedoch liefert das Buch eine äußerst erhellende Deutung von Algeriens internationaler Rolle vor wie nach der Unabhängigkeit, die viel zum Verständnis postkolonialer politischer Projekte beiträgt.

---

25 Vgl. etwa *James P. Jankowski*, Nasser's Egypt, Arab Nationalism, and the United Arab Republic, Boulder/London 2001; *Guy Laron*, Origins of the Suez Crisis. Postwar Development Diplomacy and the Struggle over Third World Industrialization, 1945–1956, Woodrow Wilson Center Press, Washington 2013, 280 S., geb., 55,00 $.

26 Vgl. *Piero Gleijeses*, Conflicting Missions. Havana, Washington, and Africa, 1959–1976, Chapel Hill 2002; *Christine Hatzky*, Kubaner in Angola. Süd-Süd-Kooperation und Bildungstransfer 1976–1991, München 2012.

27 Vgl. *Jeffrey James Byrne*, Mecca of Revolution. Algeria, Decolonization, and the Third World Order (Oxford Studies in International History), Oxford University Press, Oxford/New York etc. 2016, 408 S., geb., 48,49 £.

28 Ebd., S. 76.

Erwiesen sich die Verwerfungen, die aus der Dekolonisierung und der Suche nach einer postkolonialen Ordnung resultierten, als international folgenreich, so hatte eine dritte maßgebliche Konfliktlinie mit diesen Prozessen im Kern nichts zu tun. Dabei handelte es sich um den sowjetisch-chinesischen Konflikt, der eine erhebliche strukturbildende Wirkung auf die Weltpolitik entfaltete – anders als die Risse in der kommunistischen Front, die sich in den 1950er- und 1960er-Jahren in Europa und Ende der 1970er-Jahre in Südostasien auftaten. Der Konflikt leitete sich von einem ideologischen Gegensatz her, der sich auf die angemessenen Methoden der sozioökonomischen Entwicklung, die Bewertung des Stalinismus und die gebotene Kombativität im Angesicht des amerikanischen Imperialismus bezog.[29] Seine Schärfe gewann er daraus, dass es um die »Richtigkeit« der Weltanschauung ging, aber auch aus der machtpolitischen Aufladung. Beide Staaten rangen um die weltrevolutionäre Führerschaft im sozialistischen Lager. China stellte dabei die treibende Kraft des Bruchs dar, der spätestens 1963 für alle Welt sichtbar zutage trat. Einige Jahre zuvor war Mao zu der Überzeugung gelangt, dass sich der Nutzen der Partnerschaft erschöpft habe. Als sehr viel vorteilhafter erschien es ihm nun, die Frontstellung gegen die Sowjetunion zu instrumentalisieren, um die »revisionistischen« Gegner im eigenen Land an die Wand zu drängen.

Die neueren Forschungen haben deutlich gemacht, dass sich die Tragweite der Auseinandersetzung zwischen den kommunistischen Nachbarn kaum überschätzen lässt. Sie wurde zu einer zentralen Determinante der Außenpolitik beider Staaten und erweiterte in vielen Situationen die weltpolitische Konfliktarena. Der Vietnamkrieg geriet zu einem regelrechten Austragungsort der sowjetisch-chinesischen Feindschaft.[30] Gegen Ende der 1960er-Jahre war die Vietnampolitik beider kommunistischen Großmächte vorrangig darauf ausgerichtet, die jeweils andere nicht dominant werden zu lassen. Den chinesischen Machthabern erschien die Sowjetunion nach der Invasion in der Tschechoslowakei und dem Grenzkrieg am Ussuri wesentlich bedrohlicher als die USA. Dass die Demokratische Republik Vietnam auch sowjetische Hilfe annahm, ließ das chinesisch-vietnamesische Verhältnis daher auch nachhaltig abkühlen, sodass die Volksrepublik ihre Unterstützung zwischenzeitlich spürbar verringerte. Hier lag ein Keim des Ende der 1970er-Jahre ausbrechenden chinesisch-vietnamesischen Konflikts. Schließlich war der sowjetisch-chinesische Bruch auch eine entscheidende Voraussetzung dafür, dass sich China seit Anfang der 1970er-Jahre den USA annäherte, bevor beide Seiten 1979 diplomatische Beziehungen aufnahmen.[31] Dass sich hier ein bedeutsames *renversement des alliances* vollzog, sollte sich im folgenden Jahrzehnt erweisen. Denn nun agierte die Volksrepublik de facto als Verbündeter der Reagan-Regierung und unterstützte den vormaligen imperialistischen Feind in seinem erneuerten ›Kalten Krieg‹ gegen die Sowjetunion.[32]

29 Vgl. *Lorenz M. Lüthi*, The Sino-Soviet Split. Cold War in the Communist World, Princeton/Oxford 2008.

30 Vgl. *Ilya V. Gaiduk*, The Vietnam War and Soviet-American Relations, 1964–1973: New Russian Evidence, in: Cold War International History Project Bulletin, 1995/1996, Nr. 6/7, S. 232 und 250–258; *Qiang Zhai*, China and the Vietnam Wars, 1950–1975, Chapel Hill/London 2000; *Chen Jian*, Mao's China and the Cold War, Chapel Hill/London 2001, S. 205–237; *Nicholas Khoo*, Collateral Damage. Sino-Soviet Rivalry and the Termination of the Sino-Vietnamese Alliance, New York 2011.

31 Vgl. *Rosemary Foot*, The Practice of Power. US Relations with China since 1949, Oxford 1995; *William C. Kirby/Robert S. Ross/Gong Li* (Hrsg.), Normalization of U.S.-China Relations. An International History, Cambridge/London 2005; *Betty Glad*, An Outsider in the White House. Jimmy Carter, His Advisors, and the Making of American Foreign Policy, Ithaca/London 2009, S. 119–136.

32 Vgl. *Odd Arne Westad*, Restless Empire. China and the World since 1750, New York 2012, S. 365–404.

Eine andere, gewichtige Facette der Rivalität hat nun der amerikanische Historiker Jeremy Friedman näher ausgeleuchtet.[33] Denn in den 1960er- und 1970er-Jahren stellten die beiden kommunistischen Großmächte auch ihre Politik gegenüber den sogenannten Entwicklungsländern zunehmend darauf ab, dem jeweiligen Nachbarn das Wasser abzugraben.[34] Friedman vermittelt ein begrüßenswert genaues Bild der Reichweite, die der chinesisch-sowjetische Konflikt im globalen Süden annahm. Seit Ende der 1950er-Jahre begann die Sowjetunion, Entwicklungshilfe für Großprojekte im subsaharischen Afrika bereitzustellen. Ihr Ziel bestand darin, die postkolonialen Staaten im Inneren nach dem sowjetischen Vorbild zu transformieren, doch blieb sie gleichzeitig im Sinne der »friedlichen Koexistenz« darauf bedacht, ihr Engagement nicht als aggressives Vorgehen gegen den Westen erscheinen zu lassen. China hingegen unterstützte, um die Sowjetunion auszustechen, den bewaffneten Befreiungskampf und postulierte nicht den Sozialismus, sondern die wirtschaftliche Autonomie als Ziel des Entwicklungsprozesses. Damit traf es zumal in Afrika auf viel Sympathie.

Dass sich die Sowjets in diesem Wettlauf auf die chinesischen Bedingungen einlassen und ihre ideologische Selbstdarstellung verschärfen mussten, um im postkolonialen Raum Gewinne verbuchen zu können, gehört zu einer ganzen Reihe plausibler Einordnungen, die Friedmans Buch leistet. In den 1960er-Jahren begannen die Sowjets ebenfalls, militante antikoloniale Bewegungen zu unterstützen. Im folgenden Jahrzehnt eiferten sie den Chinesen nach, indem sie denjenigen Staaten den Rücken stärkten, die eine »Neue Weltwirtschaftsordnung« forderten, und sich zur Einheit der ›Dritten Welt‹ gegenüber den Industrieländern bekannten. In Friedmans Urteil zahlte sich jedoch keines dieser Manöver aus. Zwar liefen die Sowjets den Chinesen in manchen Ländern den Rang ab, so in Nassers Ägypten und in Nordvietnam, ohne dadurch aber entscheidende Kontrolle über die Verbündeten gewinnen zu können. Im subsaharischen Afrika blieb der Kommunismus schwach ausgeprägt. Zwar erkauft Friedman die Konsistenz seiner Argumentation mit einigen Auslassungen. Die Perspektive der betroffenen postkolonialen Staaten bleibt gänzlich außen vor und auch die konkurrierende Entwicklungshilfe westlicher Staaten spielt im Buch keine Rolle. Nichtsdestoweniger vermag der Autor einen wichtigen Ausschnitt des internationalen Konfliktgeschehens in sich überzeugend zu vermessen.

Schließlich zeichnet sich in den jüngsten Forschungen ab, dass eine vierte wichtige Dimension in den Bemühungen (vor allem) nicht staatlicher Akteure bestand, internationale Konflikte einzudämmen oder ihre Folgen zu lindern. Bei den Organisationen und Bewegungen, die sich für diese Zwecke einsetzten, handelt es sich fraglos nicht um Konfliktparteien im engeren Sinn. Gleichwohl waren sie Mitspieler, die die internationale Wahrnehmung von Konflikten, die Bedingungen, unter denen sie stattfanden, und ihren Verlauf nicht unerheblich gestalteten. Das galt zumal seit Ende der 1960er-Jahre, als der zivilgesellschaftliche Internationalismus vor allem im Westen einen starken Aufschwung erlebte. Nicht staatliche Gruppen entwickelten eine ganze Bandbreite politischer Praktiken, mit denen sie internationale Auseinandersetzungen beeinflussten: Sie steuerten die öffentliche Aufmerksamkeit und arbeiteten daran mit, das Image von Konfliktparteien zu produzieren; sie übten Handlungsdruck auf (westliche) Regierungen und internationale Organisationen aus; sie bauten Informationsgrundlagen auf, um gewalttätige Regimes zur Rechenschaft zu ziehen; sie griffen mit verschiedenen Formen vor allem medizinischer Hilfe direkt in Konflikte ein; sie leisteten finanzielle Unterstützung für Gewaltopfer oder die Gegner repressiver Regierungen; und sie nahmen sich gravierender Folgeprobleme an, indem sie sich um Flüchtlinge oder Exilanten kümmerten.

---

33 Vgl. *Jeremy Friedman*, Shadow Cold War. The Sino-Soviet Competition for the Third World, University of North Carolina Press, Chapel Hill 2015, 304 S., geb., 35,00 $.

34 Vgl. *Chen Jian*, China, the Third World, and the Cold War, in: *McMahon*, The Cold War in the Third World, S. 85–100.

Vieles davon spiegelte sich in dem bereits erwähnten nigerianischen Bürgerkrieg, der in westlichen Ländern eine gigantische Hilfsanstrengung auslöste. Diese galt der Hungersnot, die sich im abtrünnigen Biafra entwickelte.[35] Dass der Konflikt im Sommer 1968 zu einem weltweiten Medienereignis wurde, lag an der humanitären Aufladung. Eine stark mobilisierende Wirkung entfalteten dabei die Fotos verhungernder Kinder, die in der westlichen Berichterstattung als eine entkontextualisierte Chiffre unschuldigen Leidens erschienen. Die biafranische Führung, die alle Hebel in Bewegung setzte, um den Bürgerkrieg zu internationalisieren, beförderte dies nach Kräften. Sie operierte auch bewusst mit dem Vorwurf des Genozids und mit Analogien zum Holocaust, die im Westen eine starke Resonanz fanden. Dort bildete sich in zahlreichen Ländern eine alles andere als homogene Hilfsbewegung heraus, die sich aus ad hoc ins Leben gerufenen Biafra-Komitees, politischen Parteien, den christlichen Kirchen und professionellen humanitären Organisationen wie dem Internationalen Komitee vom Roten Kreuz zusammensetzte. Die Aktivistinnen und Aktivisten organisierten Publizitätskampagnen, um auf die verzweifelte Lage Biafras hinzuweisen, und verbanden dies zum Teil mit einer scharfen Kritik an der vermeintlich moralisch unsensiblen westlichen Außenpolitik. Einige Gruppen gingen auch dazu über, die Sezession Biafras und damit das politische Projekt der Abtrünnigen zu unterstützen. Die Proteste hatten immerhin das Resultat, dass es die amerikanische und die britische Regierung für nötig hielten, sich nach außen hin um eine humanitäre Linie zu bemühen. Überdies wurden Tausende Tonnen Nahrung und Medikamente ins Land geflogen, Millionen Menschen mit Essen versorgt.[36] Die folgenden Jahre sollten weitere ausgedehnte humanitäre Kampagnen sehen, wie etwa in Bangladesch, zugunsten der vietnamesischen »Boat People« oder in Äthiopien.[37]

Hatten manche Protestgruppen das Vorgehen der nigerianischen Zentralregierung als Verletzung der Menschenrechte der Biafraner denunziert, blieb diese Rhetorik gleichwohl randständig. Anders verhielt es sich im Fall der chilenischen Militärdiktatur, die nur wenige Jahre später in westlichen Ländern und darüber hinaus eine riesige Welle des zivilgesellschaftlichen Protests auslöste. Der Vorwurf der Menschenrechtsverletzung wurde nun zu einer symbolkräftigen Angriffslinie, derer sich nahezu alle Kritiker des Regimes bedienten.[38] Vielerorts führte der Putsch gegen den Präsidenten Salvador Allende überhaupt erst dazu, dass sich Aktivistinnen und Aktivisten um den Gedanken des transnationalen Menschenrechtsschutzes organisierten.[39] Als wichtig erwies sich darüber hinaus eine der frühen größeren Kampagnen von Amnesty International, das in den 1970er-Jahren überhaupt erst zu einer weltweit bekannten Organisation aufstieg.[40] Es gelang Amnesty,

---

35 Vgl. *Lasse Heerten*, Die Dystopie postkolonialer Katastrophen. Das Recht auf Selbstbestimmung, der biafranische Sezessionskrieg und die Menschenrechte, in: *Jan Eckel/Samuel Moyn* (Hrsg.), Moral für die Welt? Menschenrechtspolitik in den 1970er Jahren, Göttingen 2012, S. 68–99; Journal of Genocide Research 16, 2014, Nr. 2–3.

36 In diesen Kontext fällt auch die Genese der Ärzte ohne Grenzen. Vgl. *Anne Vallaeys*, Médecins Sans Frontières. La biographie, Paris 2004; *Eleanor Davey*, Idealism beyond Borders. The French Revolutionary Left and the Rise of Humanitarianism, 1954–1988, Cambridge 2015, S. 19–49.

37 Vgl. *Frank Bösch*, Engagement für Flüchtlinge. Die Aufnahme vietnamesischer »Boat People« in der Bundesrepublik, in: Zeithistorische Forschungen/Studies in Contemporary History 14, 2017, S. 13–40.

38 Vgl. *Jan Eckel*, Allende's Shadow, Leftist Furor, and Human Rights: The Pinochet Dictatorship in International Politics, in: *Kim Christiaens/Idesbald Goddeeris/Magaly Rodríguez García* (Hrsg.), European Solidarity with Chile, 1970s–1980s, Frankfurt am Main 2014, S. 67–92.

39 Vgl. *Patrick William Kelly*, Sovereign Emergencies. Latin America and the Making of Global Human Rights Politics, Diss., University of Chicago, 2016.

40 Vgl. zum Folgenden *Jan Eckel*, Die Ambivalenz des Guten. Menschenrechte in der internationalen Politik seit den 1940ern, Göttingen 2014, S. 583–710.

die brutalen Verfolgungen des Pinochet-Regimes in zahlreichen Berichten, die zum Teil auf Nachforschungen vor Ort beruhten, dicht zu dokumentieren. Die chilenische Junta nahm die weltweiten Menschenrechtsproteste aufmerksam zur Kenntnis, wenngleich sie anfangs unsicher war, wie diese einzuordnen seien. Punktuell trugen sie dazu bei, dass die Generäle die internationale Situation Chiles als denkbar ungünstig einschätzten. Auch europäische Regierungen gaben dem öffentlichen Druck, Chile zu bestrafen, nach. Das lag allerdings auch daran, dass sie die politischen Forderungen für richtig hielten. In den Jahren einer regelrechten linken Hegemonie waren zahlreiche Regierungen sozialdemokratisch oder sozialistisch geführt. Sie betrachteten das Pinochet-Regime nach bewährtem Links-Rechts-Schema als den wohlbekannten faschistischen Gegner, der sein Haupt aufs Neue erhob. Dabei wurden sie in ihrer Sanktionspolitik jedoch von Menschenrechtsverfechtern nicht selten weiter getrieben, als ihnen lieb war.

Eine wichtige Kraft in den Protesten gegen das chilenische Militärregime stellten »Solidaritäts«-Gruppen dar, die häufig gemeinsam mit Menschenrechtsgruppen agierten, aber doch eine eigenständige politische Formation waren.[41] An Solidaritätsbewegungen beteiligten sich religiös motivierte und kirchliche Akteure, parlamentarische und außerparlamentarische politische Gruppierungen, ›Dritte-Welt‹-Aktivistinnen und -Aktivisten sowie Intellektuelle und Akademiker. Unverkennbar war indes ein starker neulinker Einschlag; viele Beteiligte verfolgten ausdrücklich das politische Ziel, die »imperialistischen« USA mitsamt ihren »faschistischen« Handlangern in die Schranken zu weisen. Eine Solidaritätsbewegung begrenzten Umfangs hatte sich schon während des Algerienkriegs entwickelt, als die ›Dritte Welt‹ zur Projektionsfläche revolutionärer Hoffnungen zu werden begann.[42] Neben Chile spielte der Solidaritätsaktivismus auch in den Protesten gegen die südafrikanische Apartheid und den portugiesischen Kolonialismus eine Rolle. Einen weiteren Höhepunkt erlebte er schließlich Mitte der 1980er-Jahre im Engagement für Mittelamerika. In den USA bildete sich hier die zahlenmäßig größte Protestbewegung seit dem Vietnamkrieg heraus, deren Aktionsformen vom »Bezeugen« der Lebensverhältnisse in nicaraguanischen Dörfern über politische Informationskampagnen bis hin zur Blockade eines amerikanischen Munitionslagers reichten.[43] Auch in den anderen Fällen vermochten Solidaritätsbewegungen durch massenhafte Demonstrationen und symbolische Proteste Aufmerksamkeit zu erregen, unterstützten Exilierte und politisch Verfolgte in den betreffenden Ländern, versuchten mitunter aber auch, in die westlichen Gesellschaften ein Bewusstsein für die Kultur der Weltgegenden zu transportieren, für die sie sich einsetzten.

Führt man sich die weitreichenden politischen Dynamiken vor Augen, die vom antikolonialen Kampf um nationale Unabhängigkeit, der postkolonialen Ordnungssuche, der sowjetisch-chinesischen Rivalität und von transnationalen Hilfsversuchen ausgingen, so gewinnt die Vielschichtigkeit des internationalen Konfliktgeschehens in der zweiten Jahrhunderthälfte klare Konturen. Es bleibt allerdings die Frage, wo der historische Ort des ›Kalten Kriegs‹ in diesem Geflecht ist, wenn dieser denn nicht mehr als alles überragender globalpolitischer Gegensatz begriffen werden kann. Die Einordnungen in der Forschung klaffen

---

41 Vgl. *Christiaens/Goddeeris/Rodríguez García*, European Solidarity with Chile, 1970s–1980s; sowie die Aufsätze in: European Review of History 21, 2014, H. 4, insb. *Christian Helm*, Booming Solidarity. Sandinista Nicaragua and the West German Solidarity Movement in the 1980s, in: ebd., S. 597–615.

42 Vgl. zur Bundesrepublik jetzt *Mathilde von Bülow*, West Germany, Cold War Europe, and the Algerian War, Cambridge 2016. Vgl. zuvor *Claus Leggewie*, Kofferträger. Das Algerienprojekt der Linken im Adenauer-Deutschland, Berlin 1984; *Thomas Scheffler*, Die SPD und der Algerienkrieg (1954–1962), Berlin 1995.

43 Vgl. *Christian Smith*, Resisting Reagan. The U.S. Central America Peace Movement, Chicago/London 1996; European Review of History 21, 2014, H. 4.

derzeit denkbar weit auseinander. Viele Studien beschreiben die konflikthaften Prozesse, die sie untersuchen, im Anschluss an das einflussreiche Buch Odd Arne Westads als Teil eines »global Cold War« oder auch eines »regional Cold War«.[44] Beide Formeln treffen sich in dem Gedanken, dass das Ringen der Supermächte auch über Europa hinaus viele Weltregionen in Mitleidenschaft zog, dabei aber durch die politischen Bedingungen vor Ort mitgeformt wurde. Dass die Absetzbewegung von der klassischen Perspektive des ›Kalten Kriegs‹ am Begriff selbst festhält, ist paradox und terminologisch unpräzise. Die interpretatorische Stoßrichtung dieser Forschungen liegt ja darin, aufzuweisen, dass es sehr viel mehr und ganz anders geartetes Konfliktpotenzial als den Systemgegensatz gab. Dann scheint es allerdings wenig sinnvoll, die internationalen Beziehungen weiterhin mit dem ›Kalten Krieg‹ zu identifizieren. Diese Unentschiedenheit reicht bis hin zu dem Kuriosum, dass neuere Handbücher zum ›Kalten Krieg‹ mit der programmatischen Botschaft aufwarten, man solle keine Geschichte »des Kalten Kriegs« mehr schreiben.[45]

Das andere Ende des Spektrums besetzen Autoren, die den Systemkonflikt kurzerhand für nachrangig oder sogar bedeutungslos erklären. Sie führen ins Feld, dass andere Prozesse, vom frühen 21. Jahrhundert aus betrachtet, wirkmächtiger erscheinen: die Auflösung der Kolonialherrschaft, die »Globalisierung« oder transnationale Phänomene der *longue durée* wie Migrationen und Finanzströme.[46] Damit, weltpolitische Prozesse gegeneinander auszuspielen, scheint interpretatorisch allerdings wenig gewonnen. Wenn es schon ein Ranking sein soll, das historiografische Ordnung stiftet, dann müsste man wenigstens wissen, wie sich die Bedeutung derart groß dimensionierter Entwicklungen überhaupt bemessen lässt.

Mehr spricht daher für die Mittelposition, den Systemwettbewerb als eine Konfliktlogik neben anderen innerhalb eines vielförmigen internationalen Geschehens zu betrachten, deren Gewicht situativ zu bestimmen bliebe.[47] Einige systematische Zusammenhänge lassen sich darüber hinaus jedoch noch festhalten. Zunächst einmal haben die jüngeren Forschungen an einer Reihe historischer Kerneinsichten zum ›Kalten Krieg‹ wenig geändert. Dass die Feindschaft zwischen den USA und der Sowjetunion das internationale System in vielen Phasen gefährlich destabilisierte, lässt sich ebenso schwer wegdiskutieren wie der Umstand, dass das nukleare Wettrüsten dem Systemwettbewerb eine bis heute einzigartige Qualität verlieh. Den nordatlantisch-europäischen Raum prägte diese Auseinandersetzung gleichsam bis in die Poren. Die Ausgaben für Technologie und Militär, aber auch für die sozialen Sicherungs- und Bildungssysteme stellten einen integralen Teil der Rivalität zwischen den beiden Lagern dar. Für die Hauptkontrahenten und ihre Verbündeten war der ›Kalte Krieg‹ tatsächlich die nahezu totale Auseinandersetzung, als die ihn Historiker so oft beschrieben haben: Er wurde auf der politischen und wirtschaftlichen Ebene ebenso geführt wie auf der gesellschaftlichen und kulturellen. Deshalb griff der Systemkonflikt auch so tief in die Innenpolitik und sogar in die alltäglichen Lebenswelten ein. Er schuf Misstrauen und Konformitätserwartungen, generierte ein radikales Sicherheitsdenken und rief nicht zuletzt tief sitzende Untergangsängste hervor.

44 Vgl. *Odd Arne Westad*, The Global Cold War. Third World Interventions and the Making of Our Times, Cambridge/New York etc. 2005; *Lorenz Lüthi* (Hrsg.), The Regional Cold Wars in Europe, East Asia, and the Middle East. Crucial Periods and Turning Points, Washington/Stanford 2015.

45 Vgl. *Richard H. Immerman/Petra Goedde*, Introduction, in: *dies.*, The Oxford Handbook of the Cold War, S. 1–14. Vgl. auch *Matthew Connelly*, The Cold War in the longue durée. Global Migration, Public Health, and Population Control, in: *Leffler/Westad*, The Cambridge History of the Cold War, Bd. 3, S. 466–488.

46 Vgl. *Connelly*, The Cold War in the long durée; *Akira Iriye*, Historicizing the Cold War, in: *Immerman/Goedde*, The Oxford Handbook of the Cold War, S. 15–31.

47 Vgl. *Bernd Greiner/Christian Th. Müller/Dierk Walter*, Einleitung, in: *dies.*, Heiße Kriege im Kalten Krieg, S. 7–15.

Überdies erschließt sich gerade im globalen Panorama, dass der Gegensatz zwischen den USA und der Sowjetunion während der knapp fünf Jahrzehnte nach dem Zweiten Weltkrieg niemals wirklich überwunden wurde. Selbst in der Hochphase der Entspannungspolitik am Anfang der 1970er-Jahre setzte sich der Konflikt in der ›Dritten Welt‹ nur umso erbitterter fort – in Vietnam, Chile, dem Nahen Osten, Angola oder am Horn von Afrika.[48] Dies hatte auch damit zu tun, dass Politiker im globalen Süden den Systemkonflikt bewusst aufgriffen. Die Kalküle und Mechanismen, die dabei zum Tragen kamen, haben gerade die reichen Forschungen der letzten Jahre sehr anschaulich zutage gefördert. Solange der ›Kalte Krieg‹ bestand, war er für südliche Akteure eine Art Ressource, die sie für ihre eigenen Ziele nutzbar zu machen versuchten. Das war ein wichtiger Grund, warum sich der Systemwettbewerb mit den Konfliktdynamiken verband, die aus den Verwerfungen der Dekolonisierung und der postkolonialen Ära resultierten.

Bettet man den ›Kalten Krieg‹ in größere globalgeschichtliche Zusammenhänge ein, so verschiebt sich das historische Bild der internationalen Politik also nicht lediglich in eine Richtung. Der Stellenwert des Systemkonflikts verringert sich, seine Prägekraft erscheint uneinheitlich. Ebenso tritt jedoch umso deutlicher hervor, dass er sich als ein dichter Strang durch das weltpolitische Geschehen der Jahrzehnte nach dem Zweiten Weltkrieg hindurchzog. Will man das auf eine abstrakte Formel bringen, so ließe sich der ›Kalte Krieg‹ am ehesten als ein formbares Strukturprinzip begreifen. Bis zum Untergang des Kommunismus in Osteuropa setzte er immer wieder Rahmenbedingungen und übte weitreichenden Einfluss aus. Doch hatte er regional verschiedenartige Wirkungen, und zahlreiche Akteure waren aus ganz unterschiedlichen Gründen daran beteiligt, ihn voranzutreiben.

II. Weltveränderung im Schatten der »grossen« Politik: Internationale Kooperation und transnationale Steuerung

So gravierend die Belastungen waren, die aus Krisen und Konflikten erwuchsen, erschöpfte sich die internationale Politik des Zeitraums doch nicht in ihnen. Eine große Bedeutung gewann daneben der trans- und internationale Umgang mit Problemen, die als potenziell weltweit oder jedenfalls im nationalen Rahmen nicht lösbar wahrgenommen wurden. Politische Initiativen, die solchen Problemen galten, entfalteten sich in den Jahrzehnten nach dem Zweiten Weltkrieg auf zahlreichen Feldern: auf demjenigen der Sicherheit, für das schon 1945 eine neue Weltorganisation gegründet wurde, aber auch in Fragen des Handels, der humanitären Versorgung, der Ernährung, der Gesundheit, der Bevölkerungsregulierung, der Arbeitsnormen oder des Völkerrechts. In diesen Bereichen entstand ein ganzer Kosmos politischer Entwürfe und Kampagnen und es entwickelten sich einflussreiche Formen der grenzübergreifenden Steuerung. Getragen wurden sie zumeist von weitgespannten Akteursnetzen. An diesen waren Regierungen ebenso beteiligt wie ein buntes Sortiment nicht staatlicher Gruppen – wissenschaftliche und technische Experten, internationale Beamte, verschiedenartige NGOs oder philanthropische Stiftungen.

In der internationalen Arena waren diese Steuerungsversuche weitaus weniger sichtbar als die dramatischen Spannungen der »großen« Politik. Sie besaßen selten oberste Regierungspriorität und sorgten nur ausnahmsweise für starke Ausschläge der internationalen Aufmerksamkeitskurve. Dabei war die Veränderungskraft, die von ihnen ausging, immens.

---

48 Vgl. zu Chile aus der neueren Literatur etwa *Jonathan Haslam*, The Nixon Administration and the Death of Allende's Chile. A Case of Assisted Suicide, London/New York 2005. Zum Jom-Kippur-Krieg vgl. *Oliver Werner*, Das Krisenmanagement der Supermächte im Jom-Kippur-Krieg 1973, in: *Greiner/Müller/Walter*, Krisen im Kalten Krieg, S. 446–476. Zu Angola vgl. *Westad*, The Global Cold War, S. 207–249.

Zahlreiche Projekte kamen groß zugeschnittenen sozialtechnologischen Interventionen gleich. Sie griffen tief in bestehende Gesellschaftsordnungen ein und gestalteten die Lebensbedingungen für Millionen von Menschen grundlegend um. Ein frühes Beispiel dafür liefert die lange Zeit wenig beachtete Aktivität der »United Nations Relief and Rehabilitation Administration« (UNRRA), die inzwischen in wichtigen Zügen erforscht ist.[49] Ende 1943 und damit noch vor der UNO gegründet, war sie mit der humanitären Hilfe in den kriegsverwüsteten Gebieten betraut. Über vierzig Staaten wirkten schließlich an der UNRRA mit, die überdies die Tätigkeit von Dutzenden humanitärer NGOs koordinierte. Das gesamte Unterfangen stand unter politischer und finanzieller Oberhoheit der USA, die sich als »Benevolent Empire« präsentieren wollten, um so ihren Aufstieg zur militärischen Supermacht abzufedern.[50] Die Feldoperationen der Organisation reichten bis zu den Schlachtfeldern Chinas, Koreas, der Philippinen und Äthiopiens. Doch strömte der allergrößte Teil der Ressourcen nach Europa, wo die UNRRA bis zum Sommer 1947, als ihre Arbeiten zu einem frühen Ende kamen, eine riesige Hilfsanstrengung unternahm. Vor allem trug die Organisation entscheidend dazu bei, Millionen von Geflohenen und *displaced persons* zu versorgen und zu repatriieren. Im Zuge dessen griffen die Mitarbeiterinnen und Mitarbeiter aber auch in viele andere gesellschaftliche Bereiche regulierend ein. Indem sie sich um die Kindererziehung, die Gesundheit oder die Berufsausbildung von Flüchtlingen kümmerten, schufen sie proto-wohlfahrtsstaatliche Strukturen. Die Expertise der UNRRA lebte anschließend in anderen Organisationen weiter, wie der Weltgesundheits-, der Ernährungs- und Landwirtschafts- oder der Internationalen Flüchtlingsorganisation. Diese machten sich die materiellen Ressourcen und Verwaltungsstrukturen zunutze und Teile des Personals setzten hier ihre Karrieren fort.

Stand anfänglich das kriegszerstörte Europa im Zentrum der Versuche inter- und transnationaler Politikgestaltung, so richtete sich der Blick mit der beginnenden Dekolonisierung bald schon vorrangig auf den globalen Süden. Nachdem das größte materielle Nachkriegselend auf dem europäischen Kontinent vergleichsweise schnell überwunden war, verlagerten sich humanitäre Initiativen zunehmend nach Afrika und Asien. Die Hilfskampagnen für Biafra, Bangladesch oder Äthiopien gehörten lediglich zu den aufsehenerregendsten. Gleichzeitig avancierte nun der Gedanke, mit Nachhilfe von außen die »Entwicklung« der vermeintlich »rückständigen« Kolonien und postkolonialen Staaten herbeiführen zu können, zu einem weit ausstrahlenden Paradigma.[51] In den 1950er- und 1960er-Jahren wurden

49 Vgl. das Sonderheft »Relief in the Aftermath of War« des Journal of Contemporary History 43, 2008, H. 3; *William I. Hitchcock*, The Bitter Road to Freedom. A New History of the Liberation of Europe, New York 2008, S. 215–280; *Jessica Reinisch*, Internationalism in Relief: The Birth (and Death) of UNRRA, in: Past & Present, 2011, Nr. 210, S. 258–289; *dies.*, ›Auntie UNRRA‹ at the Crossroads, in: Past & Present, 2013, Nr. 218, S. 70–97; *Gerard Daniel Cohen*, In War's Wake. Europe's Displaced Persons in the Postwar Order, Oxford/New York etc. 2012, S. 58–78.

50 So der plausible Gedanke von *Stephen R. Porter*, Benevolent Empire. U.S. Power, Humanitarianism, and the World's Dispossessed (Pennsylvania Studies in Human Rights), University of Pennsylvania Press, Philadelphia 2017, 296 S., geb., 65,00 $. Der Schwerpunkt des Buches liegt indes auf der innenpolitischen Dimension der amerikanischen Flüchtlingshilfe.

51 Vgl. einführend *Nick Cullather*, Development? It's History. Research Note, in: Diplomatic History 24, 2000, S. 641–653; *David Ekbladh*, The Great American Mission. Modernization and the Construction of an American World Order (America in the World), Princeton University Press, Princeton/Oxford 2011, 386 S., kart., 30,95 $; *Frederick Cooper*, Writing the History of Development, in: JMEH 8, 2010 (Themenheft »Modernizing Missions. Approaches to ›Developing‹ the Non-Western World after 1945«), S. 5–21; *Michael E. Latham*, The Right Kind of Revolution. Modernization, Development, and U.S. Foreign Policy from the Cold War to the Present, Cornell University Press, Ithaca/London 2011, 256 S., kart., 22,95 $; *David C. Engerman*, The Second World's Third World, in: Kritikia. Explorations in Russian and Eurasian History 12,

unzählige, oft groß angelegte Vorhaben initiiert, die den südlichen Ländern dabei helfen sollten, ihre wirtschaftliche Leistung und ihren Lebensstandard drastisch anzuheben. Zu diesem Zweck wurden Industrieanlagen, Staudämme und Bewässerungsanlagen gebaut, Städte saniert, Straßen und andere Infrastrukturen errichtet. Auch die Agrarsysteme sollten grundlegend umgestaltet werden. Die von der amerikanischen Regierung finanzierten und von amerikanischen Forschern entwickelten Programme der »Grünen Revolution« zielten darauf ab, die Nahrungsproduktion im globalen Süden durch den Anbau von Hochertragspflanzen und den Transfer der dazugehörigen Technologien wie Düngemittel nachdrücklich zu steigern.[52] Andere ambitionierte Unternehmungen setzten beim Menschen selbst an: Mit Unterstützung westlicher Regierungen und Experten betrieben 1970 bereits 23 Länder des globalen Südens Programme der Geburtenkontrolle. Sie sollten verhindern, dass die Bevölkerungen »explodierten« und das wirtschaftliche Wachstum gefährdet würde, indem Armut und Hunger immer mehr um sich griffen.[53] Die Weltgesundheitsorganisation lancierte mehrere Kampagnen, mit denen bestimmte Epidemien »ausgerottet« werden sollten.[54] Dafür ließ sie Impfstoffe und Medikamente verabreichen, ergriff aber auch Maßnahmen zur Schädlingsbekämpfung und baute medizinische Infrastrukturen auf. Das größte Programm galt der Bekämpfung von Malaria, das auf seinem Höhepunkt Anfang der 1960er-Jahre in über 80 Ländern betrieben wurde.

Es hing mit der enormen Ausdehnung dieser Projekte zusammen, dass die Entwicklungspolitik zu dem vielleicht bedeutsamsten Terrain wurde, auf dem Länder des globalen Nordens und Südens interagierten. Die mächtigen Ströme von Wissen, Technologien, Beratern und Geld, die sich in die sogenannten Entwicklungsländer ergossen, schufen zahllose Berührungsflächen. Dabei durchzog eine unverkennbare Asymmetrie das globale Politikfeld. Staaten und zivilgesellschaftliche Organisationen aus Nordamerika und Europa machten andere Weltregionen durchweg zum Experimentierfeld ihrer politischen Visionen, während dies umgekehrt nicht der Fall war. Politiker und Berater nahmen in afrikanischen, asiatischen und auch lateinamerikanischen Ländern einschneidende transformative Eingriffe vor, um sozioökonomische Strukturen und Lebensweisen nach dem Vorbild ihrer eigenen Staaten zu schaffen. Damit verfolgten sie verschiedene Ziele, die nicht selten miteinander im Konflikt standen: anderen zu helfen, wirtschaftliche Profite zu erzielen, politischen Einfluss zu gewinnen, die internationale Ordnung zu stabilisieren oder sich außenpolitisch zu profilieren.[55] Oft ging es um die schiere Machbarkeit – nicht wenige internationale Beamte und Experten sahen sich als Geburtshelfer eines neuen Zeitalters der effektiven globalen Politiksteuerung. Kontinuitäten zur Kolonialpolitik waren dabei mit den Händen zu

---

2011, S. 183–211; *Marc Frey*, Entwicklungspolitik, in: *Dülffer/Loth*, Dimensionen internationaler Geschichte, S. 293–312. Als neueren Forschungsbericht vgl. *Joseph Morgan Hodge*, Writing the History of Development (Part 1: The First Wave), in: Humanity 6, 2015, S. 429–464; *ders.*, Writing the History of Development (Part 2: Longer, Deeper, Wider), in: Humanity 7, 2016, S. 125–174.

52 Vgl. *Nick Cullather*, The Hungry World. America's Cold War Battle against Poverty in Asia, Cambridge/London 2010.

53 Vgl. *Matthew Connelly*, Fatal Misconception. The Struggle to Control World Population, Cambridge/London 2008; *Marc Frey*, Neo-Malthusianism and Development: Shifting Interpretations of a Contested Paradigm, in: Journal of Global History 6, 2011, S. 75–97; *Alison Bashford*, Global Population. History, Geopolitics, and Life on Earth, New York 2014.

54 Vgl. dazu jetzt *Thomas Zimmer*, Welt ohne Krankheit. Geschichte der internationalen Gesundheitspolitik 1940–1970, Göttingen 2017. Vgl. ferner *Sunil S. Amrith*, Decolonizing International Health. India and Southeast Asia, 1930–1965, Basingstoke/New York 2006.

55 Vgl. als Fallstudie *Corinna R. Unger*, Rourkela, ein ›Stahlwerk im Dschungel‹. Industrialisierung, Modernisierungen und Entwicklungshilfe im Kontext von Dekolonisation und Kaltem Krieg (1950–1970), in: AfS 48, 2008, S. 367–388.

greifen.[56] Es waren ganz überwiegend ehemalige Kolonialgebiete, die mithilfe eines vermeintlich überlegenen Wissens von außen verändert werden sollten, wobei die »Zivilisierungsmission« nunmehr vom Leitgedanken der »Modernisierung« abgelöst wurde. Darin lebten manche kolonialen Stereotype fort, wie der Gedanke, Gesellschaften des globalen Südens seien unfähig, den wirtschaftlichen und sozialen Fortschritt selbst herbeizuführen. Davon war auch die Entwicklungshilfe der Sowjets nicht frei, obwohl derartige Auffassungen in ihrer Weltanschauung eigentlich keinen Platz hatten.[57] Ideologisch gab es jedoch auch einen wichtigen Unterschied zum Kolonialismus. Denn anders als der rassistische Unwandelbarkeitsglaube postulierte das Entwicklungsdenken, dass die postkolonialen Länder prinzipiell ein Teil der Moderne und somit den Industriestaaten gleich werden könnten.[58]

So wichtig Staaten und Nichtregierungsorganisationen des globalen Nordens mithin für die transnationalen Politikformen wurden, hätten sich diese doch gegen den Willen postkolonialer Regierungen kaum in ähnlich großem Umfang durchsetzen lassen. Tatsächlich trafen sie im globalen Süden auf die vielfältige Bedürfnislage des *nation building*, welche die Entwicklungsprojekte entscheidend beförderte. Nahezu alle postkolonialen Staatsführer sahen das industrielle Wachstum und die Steigerung der landwirtschaftlichen Produktivität, aber auch die Verbesserung des Gesundheits- und des Bildungssystems und die Beseitigung von Armut als unverzichtbare Bausteine für den Aufbau moderner Nationalstaaten. Auf diesen Gebieten musste sich der postkoloniale Staat als leistungsfähig erweisen – um wahrhafte politische und wirtschaftliche Eigenständigkeit herbeizuführen, doch ebenso um der Regierung Legitimität zu verschaffen und damit ihr politisches Überleben zu sichern. Daher wurde das Eigeninteresse der Staaten der Südhalbkugel oftmals zu einer treibenden Kraft, ob es um Stahlwerke oder Impfstoffe, um Modelldörfer oder Wunderpflanzen ging.[59]

Folglich tat sich ein vielgestaltiges Feld von Konzepten und Vorstellungen auf, und in der Umsetzung stellten sich zahlreiche politische Wechselwirkungen ein, die bis hin zur »Koproduktion« von Modernisierungsprojekten reichten.[60] Diesen Prozessen hat Corinna R. Unger eine geradezu mustergültige Studie gewidmet, in der sie die konzeptionelle Formulierung und praktische Durchführung der Entwicklungspolitik in Indien zwischen der Unabhängigkeit und den 1980er-Jahren untersucht.[61] Das Buch bietet eine Reihe wichtiger Erkenntnisse, die helfen, die Gemengelage der internationalen Entwicklungspolitik besser zu durchschauen. So rückt die Autorin die Vielzahl theoretischer Konzeptionen auf-

56 Vgl. etwa *Joseph M. Hodge*, Triumph of the Expert. Agrarian Doctrines of Development and the Legacies of British Colonialism, Athens 2007; *Véronique Dimier*, The Invention of a European Development Aid Bureaucracy. Recycling Empire, Basingstoke/New York 2014.

57 Vgl. *Rossen Djagalov/Christine Evans*, Moskau, 1960: Wie man sich eine sowjetische Freundschaft mit der Dritten Welt vorstellte, in: *Andreas Hilger* (Hrsg.), Die Sowjetunion und Dritte Welt. UdSSR, Staatssozialismus und Antikommunismus im Kalten Krieg 1945–1991, München 2009, S. 83–106.

58 Vgl. *Frederick Cooper*, Modernizing Bureaucrats, Backward Africans, and the Development Concept, in: *ders./Randall Packard* (Hrsg.), International Development and the Social Sciences. Essays on the History and Politics of Knowledge, Berkeley/Los Angeles etc. 1997, S. 64–92.

59 Zum Projekt der Wehrdörfer vgl. *Philip E. Catton*, Counter-Insurgency and Nation Building: The Strategic Hamlet Programme in South Vietnam, 1961–1963, in: The International History Review 21, 1999, S. 918–940; *Moritz Feichtinger/Stephan Malinowski*, »Eine Million Algerier lernen im 20. Jahrhundert zu leben«. Umsiedlungslager und Zwangsmodernisierung im Algerienkrieg 1954–1962, in: JMEH 8, 2010, S. 107–135.

60 Vgl. zum Gedanken der Koproduktion etwa *Maria Dörnemann*, Seeing Population as a Problem. Influences of the Construction of Population Knowledge on Kenyan Politics (1940s to 1980s), in: *Heinrich Hartmann/Corinna R. Unger* (Hrsg.), A World of Populations. Transnational Perspectives on Demography in the Twentieth Century, New York/Oxford 2014, S. 201–221.

61 Vgl. *Corinna R. Unger*, Entwicklungspfade in Indien. Eine internationale Geschichte 1947–1980, Wallstein Verlag, Göttingen 2015, 319 S., geb., 34,90 €.

schlussreich in den Blick, die bei der Umgestaltung Indiens ins Spiel gebracht wurden. An einem westdeutschen Versuch, in Indien ländliche Genossenschaften aufzubauen, weist sie nach, dass nicht einmal die westliche intellektuelle Landschaft monolithisch von der Modernisierungstheorie à la Walt Whitman Rostow dominiert war. Darüber hinaus lässt die Studie die breiten Überschneidungszonen hervortreten, die sich zwischen den amerikanischen, westdeutschen und indischen Beteiligten im Interesse ergaben, das Land zu modernisieren. Gerade die indische Regierung war fest davon überzeugt, dass Industrialisierung, Urbanisierung sowie später auch die Begrenzung des Bevölkerungswachstums unabdingbar seien, und legte dabei ein dringendes Interesse an westlichem Sachverstand an den Tag. Schließlich entfaltet das Buch eine differenzierte Sicht auf den Wissenstransfer. Unger zeigt, dass die westlichen Protagonisten ihre Annahmen darüber, wie »Entwicklung« zu organisieren sei, aus den eigenen nationalen Erfahrungen ableiteten. Indem sie herausstellt, dass Politiker und Experten nicht immer ignorant über die Bedingungen im Land hinweggingen, sondern bisweilen ein Bewusstsein für kulturelle Unterschiede und unterschiedliche Entwicklungstempi offenbarten, setzt sie indes einen bemerkenswerten Kontrapunkt zu vielen anderen Arbeiten. Insofern läuft Ungers Analyse auch darauf zu, die Eigenlogik der konkreten Umsetzung vor Ort zu betonen: Was sich eben nicht vorhersehen ließ, war die Art, wie die betroffenen Menschen mit den Entwicklungsprojekten umgehen, ob sie ihnen Widerstand entgegensetzen und wie sie sie durch ihre Nutzung verändern würden.

Man hätte sich gewünscht, dass die Autorin Indien – das ja auch in anderen Bereichen eine Art großes Laboratorium für Modernisierungsprojekte darstellte – stärker im übergreifenden Zusammenhang der internationalen Entwicklungspolitik der zweiten Jahrhunderthälfte verortet hätte. Auch tritt in dem Buch etwas in den Hintergrund, wie die Wissenstransfers, die so scharfsinnig seziert werden, in breitere internationale politische Kontexte eingefasst waren. Den Systemkonflikt macht Unger immerhin als einen wichtigen Bezugspunkt sichtbar (wobei es arbeitspraktisch nachvollziehbar, aber im Sinne des Gesamtbilds trotzdem bedauerlich ist, dass die weitreichende sowjetische Entwicklungsarbeit im Land ausgespart bleibt). Eine geringere Rolle spielt dagegen die außenpolitische Positionierung Indiens in der Region und darüber hinaus.

Dabei erscheint die Einbindung in solche übergreifenden Logiken deshalb besonders bedeutsam, weil Staaten wie auch nicht staatliche Akteure entwicklungsbezogene Steuerungsversuche für ihre politischen Interessen und Rivalitäten funktionalisierten. Das verlieh dem Politikfeld eine weitreichende Dynamik. Tatsächlich lässt sich der Gedanke, es habe sich hier ein unpolitischer Raum eröffnet, in dem sich internationale Konfliktlinien transzendieren ließen, aufs Ganze betrachtet nicht bestätigen. In diese Richtung hatte Erez Manela in einer Skizze zum Pockenprogramm der Weltgesundheitsorganisation in den 1960er-Jahren gewiesen, das er als wichtiges Beispiel für eine Kooperation der Supermächte deutet.[62] Sie habe gelingen können, weil sich die entscheidenden Verhandlungsprozesse auf einer mittleren Regierungsebene technokratischer Experten abgespielt hätten, die auf der Grundlage ähnlicher modernistischer Vorstellungen von »Entwicklung« argumentierten. Doch selbst wenn es Beispiele für eine Zusammenarbeit gegeben haben mag, die über die Lagergrenzen des ›Kalten Kriegs‹ hinwegreichte, waren sie doch wohl eher punktuell. Dass die Lösung weltweiter Probleme »unpolitisch« sei, gehörte vor allem zur Selbstdarstellung vieler Experten und internationaler Beamter, sei es, dass sie wirklich daran glaubten, sei es, dass sie sich davon größere Handlungsspielräume erhofften. Für viele Regierungen waren solche Formen der inter- und transnationalen Steuerung ja gerade deshalb attraktiv, weil sie überzeugt waren, mit ihrer Hilfe ebenso subtil wie nachhaltig Einfluss nehmen zu können. Das machte die Entwicklungspolitik zu einem Austragungsort kon-

62 Vgl. *Erez Manela*, A Pox on Your Narrative: Writing Disease Control into Cold War History, in: Diplomatic History 34, 2010, S. 299–323.

kurrierender politischer und sozioökonomischer Zielvisionen. Eine noch stärkere Bedeutung als der sowjetisch-chinesische Wettbewerb, wie ihn Jeremy Friedman beschrieben hat, gewann dabei der Ost-West-Konflikt.[63] Die Supermächte und ihre Verbündeten setzten Geld, Wissen und materielle Hilfe dazu ein, postkoloniale Staaten von der Überlegenheit ihres Systems zu überzeugen oder dieses am besten gleich zu implantieren. Sie erhofften sich, dadurch neue Verbündete zu gewinnen oder zumindest dem Vordringen des Gegners einen Riegel vorzuschieben. Insofern spricht viel für die These Odd Arne Westads, dass sich der ›Kalte Krieg‹ in hohem Maße als Wettbewerb um unterschiedliche Versionen der Moderne vollzog und sich gerade darin der universelle Geltungsanspruch der Supermächte besonders stark manifestierte.[64]

Einen tiefen Einblick in solche rivalisierenden Aufladungen transnationaler Politik vermittelt Timothy Nunans Buch »Humanitarian Invasion« an dem besonders wichtigen Beispiel Afghanistans.[65] Er untersucht die unterschiedlichen Staatsbildungsprojekte, die amerikanische, westdeutsche und vor allem sowjetische Entwicklungshelfer, lange Zeit gleichsam Seite an Seite arbeitend, sowie humanitäre NGOs aus Schweden und Frankreich im Land verfolgten. Nunans Grundgedanke, Afghanistan als einen Raum zu beschreiben, in dem die unterschiedlichen Visionen der Regierbarkeit und der Staatlichkeit, welche die Vielzahl ausländischer Experten und Helfer ins Land brachte, miteinander rangen, ist ausgesprochen erhellend. Durch die Lektüre muss man sich derweil mühsam hindurchfinden; der Autor schreibt oft hermetisch und der Text bordet nur so über von suggestiven, anspielungsreichen Formeln und räumlichen Metaphern.

Anders als Unger in ihrer Studie zu Indien zeichnet Nunan ein ganz und gar deprimierendes Bild der entwicklungspolitischen Arbeit in Afghanistan. Zwar griffen die Experten, mit schweren Folgen für die Bevölkerung des Landes, tief in die lokalen Strukturen ein, doch scheiterten ihre Projekte, gemessen an ihren Zielen, praktisch ausnahmslos. Die ausländischen Entwicklungshelfer schufen »islands of development, but without ever really building a state«.[66] Das führt Nunan, mit einer weiteren originellen Perspektive, darauf zurück, dass die Amerikaner und Europäer unwandelbar von der Basis eines territorial geschlossenen Nationalstaats ausgegangen seien, der Afghanistan eben nicht war – nämlich ein von der Hauptstadt aus gelenktes, flächig verwaltetes Gebilde mit klaren Außengrenzen. Die humanitären Anstrengungen, die Ärzte ohne Grenzen oder das Schwedische Afghanistankomitee während der 1970er- und der 1980er-Jahre unternahmen, bezieht Nunan vorbehaltlos in seine negative Gesamtbilanz ein. Dabei bewegt er sich auf den Linien einer Verurteilung westlicher humanitärer Hilfe, die in der (westlichen) Politik und Wissenschaft verbreitet ist. Die humanitären Organisationen hätten der Viktimisierung postkolonialer Subjekte Vorschub geleistet, die sie als leidende Opfer der sowjetischen Besetzung erscheinen ließen statt als Helden des Guerillakampfes, und sie hätten nicht anders als Entwicklungsexperten die territoriale Souveränität Afghanistans ausgehöhlt.

---

63 Vgl. *Michael E. Latham*, Modernization as Ideology. American Social Science and »Nation-Building« in the Kennedy Era, Chapel Hill 2000; *Nils Gilman*, Mandarins of the Future. Modernization Theory in Cold War America, Baltimore 2003; *Ragna Boden*, Die Grenzen der Weltmacht. Sowjetische Indonesienpolitik von Stalin bis Brežnev, Stuttgart 2006; *Bradley R. Simpson*, Economists with Guns. Authoritarian Development and U.S.-Indonesian Relations, 1960–1968, Stanford 2008; *Hilger*, Die Sowjetunion und Dritte Welt.

64 Vgl. *Odd Arne Westad*, The Cold War and the International History of the Twentieth Century, in: *Leffler/ders.*, The Cambridge History of the Cold War, Bd. 1, S. 1–19.

65 Vgl. *Timothy Nunan*, Humanitarian Invasion. Global Development in Cold War Afghanistan (Global and International History), Cambridge University Press, New York 2016, 332 S., geb., 99,99 $.

66 Ebd., S. 48.

Dass Nunan Humanitarismus und Entwicklungspolitik eng aufeinander bezieht, ist ein gelungener konzeptioneller Zug. Interpretatorisch führt er sie aber ein wenig zu eng, wenn er den »territorialen Autoritarismus« der Sowjetunion einer »postterritorialen, transnationalen Moralität« der Humanitaristen gegenüberstellt. Denn die Entwicklungspolitik hatte einen viel weiter gehenden Veränderungsanspruch und konnte auf weitaus größere finanzielle und technologische Ressourcen zurückgreifen. Und auch die Richtung des Wandels, die der Autor nachzuzeichnen versucht, von einer territorialen Modernisierungspolitik hin zum postterritorialen Humanitarismus, lässt sich in einer globalen Sicht auf das 20. Jahrhundert wohl kaum so klar erkennen.

Im Einklang mit Nunans Bewertungen scheinen die Stimmen, die an der Arbeit westlicher Nichtregierungsorganisationen historische Kritik üben, zuletzt eher lauter geworden zu sein. Tatsächlich erlangten auf vielen Feldern vergleichsweise kleine Gruppen von Personen erhebliche Gestaltungsmacht. So war etwa ein schmales Expertennetzwerk, bestehend aus UN-Beamten, Demografen, Eugenikern, Frauenaktivistinnen und finanzkräftigen amerikanischen Stiftungen, verantwortlich dafür, dass das Thema der Bevölkerungskontrolle auf die internationale Agenda gelangte.[67] Später sollte dieses Netzwerk maßgeblich daran beteiligt sein, großflächige Programme der Bevölkerungskontrolle auszuarbeiten, Regierungen von ihrem Nutzen zu überzeugen und sie vor Ort durchzuführen. Dass derartige Interventionen nicht demokratisch legitimiert und keinen externen Kontrollen unterworfen waren, haben Historikerinnen und Historiker wiederholt betont.[68] Viele NGOs waren Teil intransparenter Entscheidungsprozesse, sodass ihr weitreichender Einfluss verborgen blieb. Von der hoffnungsfrohen Sicht, dass nicht regierungsgebundene Akteure als Sendboten einer besseren Weltordnung zu begreifen seien, die einer von egoistischen Machtinteressen getriebenen Realpolitik entgegenzuwirken versuchten, hat sich die Forschung entschieden entfernt.[69]

Noch allgemeiner hat die Forschung die – oft nicht beabsichtigten – schädlichen Folgen der Entwicklungspolitik und der humanitären Hilfe, bisweilen auch die Kehrseiten des Menschenrechtsaktivismus in ein helles Licht getaucht. In Indien etwa verschärfte die »Grüne Revolution« die Ungleichheit zwischen reichen und armen Bauern bis hin zu offenen Unruhen. Zudem traten schwere Umweltschäden auf: Die genetische Vielfalt der Pflanzen ging zurück, der Grundwasserspiegel stieg und die Natur wurde durch Pestizide und Herbizide belastet. Etwa gleichzeitig erreichte die Politik der Bevölkerungskontrolle im Land ihren repressiven Höhepunkt. Während des Ausnahmezustands, den Premierministerin Indira Gandhi verhängt hatte, wurden 1976/77 über acht Millionen Menschen mit einer Kombination von Zwang und Anreizen genötigt, sich sterilisieren zu lassen.[70]

Zweifellos schlagen diese Folgen der Gesellschaftsintervention, die von internationalen Akteurskoalitionen befördert wurden, historisch stark zu Buche. Kaum herangewagt – so muss man es paradoxerweise wohl nennen – haben sich Historikerinnen und Historiker hingegen an die Frage, ob die entwicklungspolitische (wie auch die humanitäre) Steuerung positive Wirkungen gehabt haben könnte. In eine Bilanz des Jahrhunderts müsste man einberechnen, dass verheerende ansteckende Krankheiten verschwunden sind, sich

67 Vgl. *Marc Frey*, Experten, Stiftungen und Politik. Zur Genese des globalen Diskurses über Bevölkerung seit 1945, in: Zeithistorische Forschungen/Studies in Contemporary History 4, 2007, S. 137–159.

68 Vgl. *Matthew Connelly*, Seeing beyond the State: The Population Control Movement and the Problem of Sovereignty, in: Past & Present, 2006, Nr. 193, S. 197–233.

69 Diese Sicht bei *Akira Iriye*, Global Community. The Role of International Organizations in the Making of the Contemporary World, Berkeley/Los Angeles etc. 2002.

70 Vgl. *Matthew Connelly*, Population Control in India: Prologue to the Emergency Period, in: Population and Development Review 32, 2006, S. 629–667.

hygienische Standards verbesserten, der Umweltschutz bei aller Umstrittenheit als internationale Aufgabe postuliert worden ist und der Grad der Informiertheit über weltweite Menschenrechtsverletzungen erheblich zugenommen hat.[71] Wie schwierig bisweilen – historisch wie auch moralisch – zu entscheiden ist, welche Modernisierungsmaßnahmen einen Akt illegitimer Auferlegung darstellten und welche vielleicht nicht, verdeutlicht die Begründung, mit welcher der indonesische Delegierte auf der Weltgesundheitsversammlung 1969 die Bedenken gegenüber der DDT-Belastung der Malariakampagnen zurückwies. Er machte geltend, dass »it might still be considered better in malarious countries to die of cancer in old age than of malaria in childhood«.[72] Hier war es nicht die moderne Technologie, sondern die Kritik an ihr, die als kontraproduktive Einmischung erschien. Daran zeigt sich schließlich auch, dass in der Geschichtsschreibung zur inter- und transnationalen Steuerung eine große Lücke klafft, die sich forschungspraktisch wohl kaum schließen lässt, deshalb aber nicht weniger ins Gewicht fällt. Denn darüber, wie die Menschen vor Ort, die mit den Folgen entwicklungspolitischer Projekte konfrontiert waren oder denen humanitäre Hilfe zuteilwurde, ihre Situation bewerteten, wissen wir sehr wenig.

Dass es wohl am angemessensten ist, nicht staatliches Handeln im internationalen Raum als mehrdeutig und in seinen Wirkungen ambivalent zu begreifen, unterstreicht Stephen J. Macekuras Buch »Of Limits and Growth«.[73] Er untersucht die Wege, auf denen (überwiegend amerikanische) Experten und Aktivisten des Natur- und Umweltschutzes zwischen den späten 1950er- und den frühen 1990er-Jahren den Entwicklungsdiskurs beeinflussten. Frühe Naturschutzorganisationen wie der »World Wildlife Fund« sahen koloniale und postkoloniale Entwicklungsvorstellungen als Gefahr für eine verklärte »Wildnis«. Daher setzten sie sich dafür ein, dass Parks und Reservate erhalten blieben, die noch von den Kolonialverwaltungen angelegt worden waren. Nachdem sich das als wenig erfolgreich erwiesen hatte, suchte eine neue Generation von Aktivistinnen und Aktivisten seit den späten 1960er-Jahren die Politik westlicher Geld- und Kreditgeber zu beeinflussen. Sie übten nun Kritik an den entwicklungspolitischen Annahmen selbst, die vorher gar nicht zur Debatte gestanden hatten. Gleichzeitig forderten prominente Exponenten, Formen des Umweltschutzes zu finden, welche die legitimen Entwicklungsbedürfnisse der südlichen Staaten nicht beeinträchtigen würden. Das Konzept der »nachhaltigen Entwicklung« beschreibt Macekura als Produkt des Umdenkens der 1970er-Jahre. Es habe darauf abgezielt, die entwicklungspolitischen Projekte von vornherein auf ökologische Prinzipien wie die schonende Ressourcennutzung oder die Erhaltung genetischer Diversität zu gründen. Seit Anfang der Dekade in Expertenkreisen erdacht, setzte sich dieses Konzept bald, wenn auch nicht ohne Widerstände, durch. Um die Mitte der 1980er-Jahre dominierte es schließlich den Diskurs.

Auch Macekura legt seinen Finger darauf, dass NGOs, die nicht öffentlich legitimiert waren, eine machtvolle Rolle zuwuchs, welche bis zur Kontrolle über staatliche Institutionen reichen konnte. Gleichzeitig stellt er jedoch heraus, dass auf Initiative dieser Organisationen schon der Bewilligungsprozess von Entwicklungsprojekten an Umweltkriterien gebunden wurde. Somit mussten die Vertreter staatlicher Entwicklungsagenturen begin-

---

71 Vgl. *Sarah B. Snyder*, Human Rights Activism and the End of the Cold War. A Transnational History of the Helsinki Network, Cambridge/New York etc. 2011; *Frank Zelko*, Make It a Green Peace! The Rise of Countercultural Environmentalism, Oxford/New York etc. 2013; *Thomas Zimmer*, In the Name of World Health and Development. The World Health Organization and Malaria Eradication in India, 1949–1970, in: *Marc Frey/Sönke Kunkel/Corinna R. Unger* (Hrsg.), International Organizations and Development, 1945–1990, Basingstoke/New York 2014, S. 126–150.

72 Zit. nach: ebd., S. 141.

73 Vgl. *Stephen J. Macekura*, Of Limits and Growth. The Rise of Global Sustainable Development in the Twentieth Century (Global and International History), Cambridge University Press, Cambridge/New York etc. 2015, 343 S., geb., 30,99 £.

nen, über den Schutz der Umwelt nachzudenken. Dass sich die ursprüngliche Zielvorstellung der »nachhaltigen Entwicklung« nicht verwirklichen ließ, schuldet sich Macekuras Einschätzung nach dem Unwillen westlicher Staaten, mehr Geld zu investieren, und dem Unwillen südlicher Länder, ihre Modernisierungspläne von Umweltauflagen beschränken zu lassen. Hier wirft die Studie ein interessantes Licht auf die Genese des Arguments, Umweltschutz sei ein Entwicklungshemmnis, das Länder des globalen Südens in der internationalen Debatte bis heute nachdrücklich vertreten. Macekura findet es bereits auf der ersten UN-Umweltkonferenz in Stockholm 1972. Dass sich hier ein unauflösbarer Gegensatz anbahnte, sollte sich dann vollends auf dem sogenannten Erdgipfel, der UN-Konferenz über Umwelt und Entwicklung in Rio de Janeiro 1992, erweisen, an den sich hohe Erwartungen banden. Dort entbrannten heftige Konflikte um Normen des Umweltschutzes, die die südlichen Staaten als Beeinträchtigung ihrer Souveränität ablehnten. Die Ergebnisse blieben folglich begrenzt.

In den letzten Jahren waren es gerade die Untersuchungen zur inter- und transnationalen Politikgestaltung, die das Wissen darum stark erweitert haben, welche Bedeutung nicht staatliche Akteure für die internationale Politik besaßen. Macekuras Studie ist hier stellvertretend, denn die Forschung hat dabei ein breit gefächertes Spektrum von NGOs beleuchtet, welche zeitgenössisch eher im Hintergrund operierten. Zwar waren die wenigsten in der politischen Arena unsichtbar, doch stellte es im Gesamtbild eine seltene Ausnahme dar, dass Nichtregierungsorganisationen eine derart ikonische Berühmtheit erlangten wie Amnesty International und Greenpeace, Human Rights Watch und Ärzte ohne Grenzen. Auch für diese Organisationen bedeutete indes die Expertise, über die sie verfügten, einen entscheidenden Teil ihres politischen Kapitals. Und so waren sich große und kleine, illustre und obskure NGOs in der Art, wie sie den internationalen politischen Prozess beeinflussten, letztlich doch recht ähnlich: Sie identifizierten Probleme und ersannen Lösungen, stellten der Politik neue Entscheidungsgrundlagen zur Verfügung und veränderten damit die internationale Agenda. In dieser hintergründigen Steuerung, in der *soft power* (die durchweg hart erarbeitet war), kommt eine besondere Wirkmacht zum Vorschein, die sich NGOs in der zweiten Jahrhunderthälfte erwarben. Das unterschied sie von den großen internationalen Protestbewegungen wie der Antivietnamkriegs- oder der Friedensbewegung der 1980er-Jahre. Denn diese mobilisierten zwar Hunderttausende von Demonstranten, scheiterten jedoch mit ihren politischen Kernanliegen.[74] Wesentlich nachhaltiger waren dagegen die Veränderungen, die diese Bewegungen im politischen Bewusstsein nicht unbeträchtlicher Teile der westlichen Gesellschaften bewirkten. Hier wiederum mögen sie eine größere transformative Kraft besessen haben als viele hochinstitutionalisierte Expertenorganisationen.

Bewiesen die Formen trans- und internationaler Steuerung eine umgestaltende Wirkung, ohne die sich der Gang des weltpolitischen Geschehens in der zweiten Jahrhunderthälfte kaum verstehen lässt, so führen sie schließlich auch tief hinein in die Geschichte des politischen Idealismus. Diese Dimension scheint in der Forschung bislang allerdings systematisch unterbelichtet. Die grenzübergreifende Politikgestaltung war voller weitreichender Zukunftsverheißungen und Hoffnungen auf Weltverbesserung. Im und nach dem Zweiten Weltkrieg waren diese häufig eher gedämpft. Viele Architekten des internationalen Men-

74 Vgl. *Charles DeBenedetti*, An American Ordeal. The Antiwar Movement of the Vietnam Era, Syracuse 1990; *Rhodri Jeffreys-Jones*, Peace Now! American Society and the Ending of the Vietnam War, New Haven 1999; *Philipp Gassert/Tim Geiger/Hermann Wentker* (Hrsg.), Zweiter Kalter Krieg und Friedensbewegung. Der NATO-Doppelbeschluss in deutsch-deutscher und internationaler Perspektive, München 2011; *Christoph Becker-Schaum/Philipp Gassert/Martin Klimke* u.a. (Hrsg.), The Nuclear Crisis. The Arms Race, Cold War Anxiety, and the German Peace Movement of the 1980s, New York/Oxford 2016.

schenrechtsschutzes oder der internationalen Strafgerichtsbarkeit, wie sie dann in Nürnberg und Tokio Gestalt annahm, hofften, weltweite Sicherheitsstrukturen errichten zu können, die Kriege in der Zukunft unwahrscheinlicher machen würden. Dabei waren sie sich der Schwierigkeiten allerdings wohl bewusst.[75] Stärker brach sich die Veränderungseuphorie im Entwicklungsdiskurs der 1950er- und 1960er-Jahre Bahn. Politiker und Experten glaubten, eine Welt ohne Hunger, Armut und Krankheit erschaffen zu können, mit wohnlichen Städten und hilfreichen Technologien und mit einer Lebensqualität, von der die Vorfahren nur hatten träumen können. Diese Erwartungen waren das Produkt einer Zeit, in der die totalitären Projekte der Weltveränderung im Westen diskreditiert waren und sich das kommunistische Osteuropa (nicht allerdings China) de facto von ihnen abgewandt hatte. In dieser Situation lag hier, in der modernistischen Utopie, die zugkräftigste Vision einer besseren Zukunft, die aus menschlicher Kraft erbaut sein würde. Viele Unternehmungen der 1970er- und 1980er-Jahre nahmen diese überschießenden Ansprüche wieder zurück, hielten aber daran fest, die Erde zu einem besseren Ort zu machen. Dies sollte nun weniger mithilfe der sozialtechnologischen Umkrempelung ganzer Gesellschaften, sondern mehr im Kleinen geschehen. Humanitäre und Menschenrechtsaktivistinnen und -aktivisten wollten die Welt retten, indem sie diejenigen Menschen retteten, die sie erreichen konnten. Auch sie arbeiteten indes darauf hin, politische Strukturen zu prägen, die es ermöglichen würden, in Notfällen Leidenden überall auf der Erde sofort zu helfen.

In jedem Fall setzten solche politischen Wunschbilder, ob kühn ausgreifend oder in sich gebrochen, pulsierende Energien frei, die viele ihrer Exponenten überhaupt erst geneigt machten, Zwang in Kauf zu nehmen, anderen Ländern fremde Normen aufzuerlegen oder Formen der Hilfe anzuwenden, die die betroffenen Menschen entmächtigen konnten. Vieles an der Praxis globaler Steuerung wird von diesen idealistischen Dispositionen aus erklärbar. Experten und Aktivisten sahen sich imstande, Weltprobleme zu erkennen und die richtigen Antworten zu finden. Dass diese dann gleichsam ›von oben‹ durchgesetzt wurden, war nur konsequent angesichts des Glaubens, die politischen Rezepte seien letztlich auch zum Wohle derer, die sich dagegen sträubten. Historisch müsste man schlussfolgern, eben das war politische Weltverbesserung, wie sie durch grenzübergreifende Steuerung im 20. Jahrhundert erreicht werden sollte. In ihr gehörten hehre Intentionen und Oktroi wesensmäßig zusammen.

III. Die 1970er-Jahre als Umbruchphase

In dem Maße, wie sich der ›Kalte Krieg‹ als Organisationsprinzip des historischen Denkens abschwächt, verschieben sich schließlich auch die Bezugspunkte für eine Periodisierung der internationalen Politik im 20. Jahrhundert. Je weiter sich der Systemkonflikt zeitlich entfernt, desto stärker mag er als ein bloßes weltpolitisches Durchgangsstadium erscheinen. Zudem haben die politischen Entwicklungen »jenseits« des Systemkonflikts, ob es sich um die Projekte von Akteuren des globalen Südens oder Versuche transnationaler Politikgestaltung handelt, ihren eigenen zeitlichen Verlauf. Ihre Entstehung führt oft hinter die Jahre des ›Kalten Kriegs‹ zurück, während sie gleichzeitig über sein Ende hinausweisen. Aus diesem Blickwinkel hat zuletzt eine Reihe von Historikerinnen und Historikern verstärkt die 1920er-Jahre fokussiert und diese von verschiedenen thematischen Ansatzpunkten aus als eine formative Phase mit langfristigen Ausstrahlungen gedeutet. Diese Jahre sind etwa als Beginn des Aufstiegs der USA zur einzigen globalen Hypermacht des

75 Vgl. zur Strafgerichtsbarkeit zusammenfassend *Annette Weinke*, Die Nürnberger Prozesse, München 2006; sowie ferner jetzt *Kim C. Priemel*, The Betrayal. The Nuremberg Trials and German Divergence, Oxford/New York etc. 2016.

20. und 21. Jahrhunderts, als Zeitraum wirkmächtiger Neuansätze im Bereich der transnationalen Steuerung und als weitreichende Vorbereitung, wenn auch noch nicht eigentlicher Beginn der Dekolonisierung interpretiert worden.[76]

Mit Blick auf die zweite Jahrhunderthälfte hat sich die chronologische Neuvermessung, zum Teil aus sehr ähnlichen gedanklichen Impulsen heraus, auf die 1970er-Jahre konzentriert.[77] Das trifft mit einer allgemeineren Forschungskonjunktur zusammen, in der diese Dekade als Phase folgenreicher Umbrüche profiliert worden ist.[78] Auch in der internationalen Politik mangelte es nicht an Prozessen markanten Wandels, die zunehmend in den Blick der Forschung rücken. Viele konturierte Vorschläge dafür, wie sie sich interpretatorisch einordnen lassen, haben Historikerinnen und Historiker bislang noch nicht gemacht.[79] Gleichwohl sind zwei stärker synthetisierende Deutungsangebote zu erkennen, die eine Antwort auf die Frage geben, worin die historische Bedeutung der 1970er-Jahre bestanden haben könnte. Das eine lässt sich an der gewichtigen Studie ablesen, die Daniel J. Sargent zum Wandel der amerikanischen Außenpolitik vorgelegt hat.[80] In Sargents Diagnose veränderte das, was er mal als Globalisierung, mal mit dem zeitgenössischen Begriff als Interdependenz, mal als transnationale Fragen bezeichnet, die Bedingungen für die amerikanische Machtausübung in der Welt grundlegend. Die Politik der Regierungen unter Richard Nixon, Gerald Ford und Jimmy Carter interpretiert er als Abfolge von Reaktionen auf diese sich wandelnde Ausgangslage. Seine Analyse fällt sehr nuanciert aus und bringt die Schwierigkeiten der Strategiebildung wie auch die Übergänge in den Konzeptionen der verschiedenen Regierungen scharf zum Vorschein. Die Nixon-Regierung, so legt der Autor dar, folgte dem geopolitischen Kalkül des ›Kalten Kriegs‹, indem sie alles daran setzte, die amerikanische Machtposition zu stabilisieren, die sie seit einigen Jahren im Abschwung

76 Vgl. als Auswahl: *Adam Tooze*, The Deluge. The Great War and the Remaking of Global Order, 1916–1931, London 2014; *Patricia Clavin*, Securing the World Economy. The Reinvention of the League of Nations, 1920–1946, Oxford/New York etc. 2013; *Susan Pedersen*, The Guardians. The League of Nations and the Crisis of Empire, Oxford/New York etc. 2015; *Michael Goebel*, Anti-Imperial Metropolis. Interwar Paris and the Seeds of Third World Nationalism, Cambridge/New York etc. 2015.

77 Als Vorschläge einer chronologischen Neudeutung der 1940er-Jahre, die ich hier ausspare, vgl. etwa *Mark Mazower*, Der dunkle Kontinent. Europa im 20. Jahrhundert, Berlin 2000 (zuerst engl. 1998), S. 267–357; *Martin Conway*, Democracy in Postwar Western Europe: The Triumph of a Political Model, in: European History Quarterly 32, 2002, S. 59–84; *Stefan-Ludwig Hoffmann/Sandrine Kott/Peter Romijn* u.a. (Hrsg.), Seeking Peace in the Wake of War. Europe, 1943–1947, Amsterdam 2015.

78 Vgl. *Konrad Jarausch* (Hrsg.), Das Ende der Zuversicht? Die siebziger Jahre als Geschichte, Göttingen 2008; *Anselm Doering-Manteuffel/Lutz Raphael*, Nach dem Boom. Perspektiven auf die Zeitgeschichte seit 1970, 2., erg. Aufl., Göttingen 2010; *Niall Ferguson/Charles S. Maier/Erez Manela* u.a. (Hrsg.), The Shock of the Global. The 1970s in Perspective, Cambridge/London 2010; *Samuel Moyn*, The Last Utopia. Human Rights in History, Cambridge/London 2010; *Sven Reichardt/Detlef Siegfried* (Hrsg.), Das Alternative Milieu. Antibürgerlicher Lebensstil und linke Politik in der Bundesrepublik Deutschland und Europa 1968–1983, Göttingen 2010; *Daniel T. Rodgers*, Age of Fracture, Cambridge/London 2011; *Thomas Borstelmann*, The 1970s. A New Global History from Civil Rights to Economic Inequality, Princeton/Oxford 2012; *Sven Reichardt*, Authentizität und Gemeinschaft. Linksalternatives Leben in den siebziger und frühen achtziger Jahren, Berlin 2014; *Anselm Doering-Manteuffel/Lutz Raphael/Thomas Schlemmer* (Hrsg.), Vorgeschichte der Gegenwart. Dimensionen des Strukturbruchs nach dem Boom, Göttingen 2016.

79 In seiner Deutung eher diffus bleibt der Sammelband von *Poul Villaume/Rasmus Mariager/Helle Porsdam* (Hrsg.), The ›Long 1970s‹. Human Rights, East-West Détente, and Transnational Relations, Routledge, London/New York 2016, 314 S., geb., 110,00 £.

80 Vgl. *Daniel J. Sargent*, A Superpower Transformed. The Remaking of American Foreign Relations in the 1970s, Oxford University Press, Oxford/New York etc. 2015, 456 S., geb., 27,49 £.

begriffen sah. Daher schmiedete sie noch keine Pläne, den andrängenden Interdependenzproblemen zu begegnen. Nach Nixons Rücktritt erkannte Henry Kissinger, der die Außenpolitik nunmehr immer stärker an sich zog, dass die USA Konzessionen machen müssten, um ihre Politik auf die wachsenden weltweiten Verflechtungen einzustellen. Daher zeigte sich der Außenminister etwa in den Verhandlungen mit Staaten des globalen Südens über Nahrungshilfen und Rohstoffpreise konziliant. Seine Leitvorstellung blieb dabei jedoch die alte, nämlich die Nachkriegsordnung und die hegemoniale Position der USA in dieser aufrechtzuerhalten.

Der demokratische Präsident Carter entwickelte dagegen als Erster eine dezidierte »post-Cold War foreign policy«. In den Augen seiner Regierung mussten die USA Probleme wie Menschenrechtsverletzungen, die Weitergabe von Nukleartechnologie, das Gefälle zwischen Nord und Süd oder das Wachstum der Weltbevölkerung ins Zentrum ihrer Außenpolitik stellen und dafür auf internationale Kooperation setzen. Anders als viele Historiker vor ihm betrachtet Sargent Carters außenpolitische Konzeption somit – zu Recht – als in hohem Maße kohärent. Der Schwierigkeiten auf dem internationalen Parkett wurde die demokratische Regierung dennoch nicht Herr. Sowohl ihr Bemühen um eine gemeinsame Lösung für die wirtschaftlichen Probleme im Rahmen der G 7 als auch ihre energiepolitischen Vorstöße brachten keine dauerhaften Lösungen. Die Menschenrechtspolitik ließ sich nicht wie gewünscht umsetzen, sodass sie selektiv und inkonsistent wurde (womit Sargent eine gängige Deutung reproduziert, die jedoch zu modifizieren wäre). Außerdem konnte sich die Regierung dem ›Kalten Krieg‹ nicht entziehen, der zum Schluss von Carters Amtszeit sogar wieder in hohem Maße die außenpolitische Ausrichtung diktierte. Das Bild einer außenpolitischen Suchbewegung, das Sargent insgesamt zeichnet, ist ausgesprochen überzeugend. Alle drei Regierungen entwickelten mehr oder weniger geschlossene strategische Konzeptionen, konnten den internationalen Wandel damit aber doch nur bedingt steuern.

Ein konzeptionelles Problem der Studie beeinträchtigt diese Befunde jedoch. Denn Sargent fragt nicht danach, inwiefern es *Wahrnehmungen* der Interdependenz waren, die das amerikanische Handeln beeinflussten. Stattdessen setzt er es als gegeben voraus, dass sich die Welt in den 1970er-Jahren immer stärker verflochten habe und die Außenpolitik dadurch unter Zugzwang geraten sei. Daher siedelt er die Entwicklungen in den verschiedenen Politikfeldern, die er betrachtet, auch tendenziell alle auf einer Ebene an – auf der Ebene von »Herausforderungen«, denen die USA hätten entgegentreten müssen. Es ist aber ein Unterschied, ob eine Regierung glaubt, sich um Ölpreiserhöhungen kümmern zu müssen, die unmittelbare wirtschaftliche Folgen für das Land zeitigen, oder um Menschenrechtsverletzungen in weit entfernten Regionen. Denn dahinter stehen sehr unterschiedliche Prozesse der Analyse internationaler Politik. Nicht zuletzt sollte sich an der Außenpolitik der Reagan-Regierung nur wenig später zeigen, dass die USA keineswegs auf Probleme der Interdependenz reagieren mussten. Gegenüber Sargents Deutung wäre zu akzentuieren, dass der republikanische Präsident den interdependentistischen Ansatz der Carter-Regierung bewusst über Bord werfen wollte und ihm dies in beträchtlichem Maße auch gelang. Somit bleibt der Versuch, die Umbrüche der 1970er-Jahre von der Globalisierung und den Reaktionen auf diese zu begreifen, in mehrfacher Hinsicht unbefriedigend. Er erzeugt den Eindruck, es habe einen Metaprozess gegeben, von dem eine unausweichliche Kraft ausgegangen sei. Zudem geraten Entwicklungen in einen analytischen Zusammenhang, zwischen denen nicht unbedingt enge historische Verbindungen bestanden. Und schließlich fließen unter der Hand zeitgenössische Denkfiguren – solche des Interdependenzdiskurses der 1970er-Jahre wie offenbar auch des Globalisierungsdiskurses seit den 1990er-Jahren – in die Interpretation ein, die man ihrerseits historisieren müsste.[81]

81 Vgl. dazu demnächst *Jan Eckel*, »Alles hängt mit allem zusammen.« Zur Historisierung des Globalisierungsdiskurses der 1990er und 2000er Jahre, in: HZ, 2018 (in Vorbereitung).

Eine zweite synthetisierende Perspektive auf die Veränderungen der 1970er-Jahre ist zuletzt in mehreren Arbeiten angeklungen. Es handelt sich dabei um den Gedanken, in jener Zeit seien die Grundlagen unserer eigenen Gegenwart entstanden, der zuvor vor allem für die politökonomischen Ordnungsmuster westlicher Gesellschaften entwickelt worden war.[82] Demzufolge bildeten sich in den 1970er-Jahren neue internationale Strukturen, Diskurse und Politikformen heraus, die sich letztlich bis heute als prägend erweisen. So hat Rüdiger Graf konstatiert, dass sich Fragen der Energieversorgung national und international überhaupt erst in jener Dekade zu einem eigenständigen Politikbereich entwickelten, flankiert von dem neuen Wissensfeld des »Petroknowledge«, das gleichzeitig Konturen gewann.[83] Ferner sind etwa die Reformen Deng Xiaopings als Ursprung von Chinas gegenwärtigem Regierungsmodell bestimmt worden, das politischen Autoritarismus mit marktwirtschaftlichen Wirtschaftsformen verbindet.[84] Die iranische Revolution und der islamisch grundierte Widerstand gegen die sowjetische Invasion Afghanistans schließlich erscheinen als Vorboten der Bedeutung, die der politische Islam in der gegenwärtigen internationalen Politik gewonnen hat. Bestimmt man auf diese Weise rückblickend die Ausgangspunkte für fortdauernde Problemkonstellationen, so tritt eine Reihe aufschlussreicher Verbindungslinien zwischen den 1970er-Jahren und der Gegenwart zutage. Darüber hinaus bleibt der Charakter der Umbruchperiode allerdings recht unbestimmt. Insbesondere liefert diese Perspektive keine Antwort auf die Fragen, welche allgemeineren Dynamiken den Verschiebungen zugrunde lagen und wie diese miteinander zusammenhingen.

Ein anderer Weg läge darin, bei den wichtigen strukturellen Veränderungsprozessen anzusetzen, die die Bedingungen internationaler Politik in der Zeit selbst veränderten. Dann erscheinen die 1970er-Jahre als ein Moment, in dem sich mehrere Wandlungsprozesse bündelten. Diese hatten aber unterschiedliche zeitliche Erstreckungen und wiesen auch nicht in eine einheitliche Entwicklungsrichtung. Vor allem vier prägende Prozesse lassen sich ausmachen.

Erstens setzten in den 1970er-Jahren eine wachsende weltwirtschaftliche Integration und eine nachhaltige Liberalisierung der Wirtschaftsordnung ein, wobei diese gleichzeitig stärker von dem Geschehen auf den internationalen Finanzmärkten abhängig wurde.[85] Ein

---

82 Vgl. *Doering-Manteuffel/Raphael*, Nach dem Boom.

83 Vgl. *Rüdiger Graf*, Öl und Souveränität. Petroknowledge und Energiepolitik in den USA und Westeuropa in den 1970er Jahren, De Gruyter Oldenbourg, Berlin/München etc. 2014, XII + 442 S., geb., 54,95 €. Vgl. auch *Elisabetta Bini/Giuliano Garavini/Federico Romero* (Hrsg.), Oil Shock. The 1973 Crisis and Its Economic Legacy, London/New York 2016.

84 Vgl. dazu und zum Folgenden *Frank Bösch*, Umbrüche in die Gegenwart. Globale Ereignisse und Krisenreaktionen um 1979, in: Zeithistorische Forschungen/Studies in Contemporary History 9, 2012, S. 8–32; *Christian Caryl*, Strange Rebels. 1979 and the Birth of the 21st Century, New York 2014. Vgl. auch *Agnes Bresselau von Bressensdorf*, Die unterschätzte Herausforderung. Afghanistan 1979, das Krisenmanagement der NATO-Staaten und der Islam als Faktor der internationalen Beziehungen, in: VfZ 64, 2016, S. 665–699.

85 Vgl. zum Folgenden *Jeffry A. Frieden*, Global Capitalism. Its Fall and Rise in the Twentieth Century, New York/London 2006; *Tim Schanetzky*, Von Keynes zu Friedman? Handlungsoptionen der bundesdeutschen Wirtschaftspolitik in den siebziger Jahren, in: *Morten Reitmayer/Ruth Rosenberger* (Hrsg.), Unternehmen am Ende des »goldenen Zeitalters«. Die 1970er Jahre in unternehmens- und wirtschaftshistorischer Perspektive, Essen 2008, S. 149–168; *Niall Ferguson*, Crisis, What Crisis? The 1970s and the Shock of the Global, in: *ders./Maier/Manela*, The Shock of the Global, S. 1–21; *Giovanni Arrighi*, World Economy and the Cold War, 1970–1990, in: *Leffler/Westad*, The Cambridge History of the Cold War, Bd. 3, S. 23–44; *Ivan T. Berend*, A Restructured Economy. From the Oil Crisis to the Financial Crisis, 1973–2009, in: *Dan Stone* (Hrsg.), The Oxford Handbook of Postwar European History, Oxford/New York etc. 2012, S. 406–422; *Werner Plumpe*, »Ölkrise« und wirtschaftlicher Strukturwandel. Die bundesdeutsche Wirtschaft im Zeichen von Normalisierung und Globalisierung während der 1970er Jahre, in: *Alexander Gallus/Axel Schildt/Detlef Siegfried* (Hrsg.), Deutsche Zeitgeschichte – transnational, Göttingen 2015, S. 101–123.

wichtiger Ausgangspunkt dafür lag im Westen, wo eine Phase der Unsicherheit begann, in der sich neue wirtschaftstheoretische Modelle etablierten. Viele westliche Regierungen kehrten sich von der keynesianischen Orthodoxie ab und wandten sich monetaristischen Auffassungen zu. Damit verband sich, zumal in Großbritannien und den USA, eine Absage an staatlichen Interventionismus und ein Rückgriff auf den Markt als der vermeintlich effizientesten Form wirtschaftlicher Regulierung. Nun erhielten politische Rezepte Auftrieb, die darauf setzten, das Markthandeln zu deregulieren, den Warenaustausch von Hemmnissen zu befreien und staatliche Betriebe zu privatisieren. Dieser wirtschaftspolitische Umschwung war alles andere als geplant und einheitlich. Er vollzog sich als ein tentativer, in sich widersprüchlicher und nicht zuletzt stark kontextabhängiger Prozess.[86]

Dass dadurch die internationalen Finanzmärkte zu expandieren begannen, stellte sich mittelfristig als folgenreich heraus. Dabei bewiesen zwei zeitgenössisch als schockartig empfundene Ereignisse ihre Wirkung: Der Übergang zu einem freien Wechselkurssystem seit 1971 schuf wichtige Voraussetzungen für die Liberalisierung des Kapitalverkehrs, weil Regierungen und Zentralbanken nicht länger einen bestimmten Dollarkurs aufrechterhalten mussten. Gleichzeitig ließen die Folgen der »Ölkrise« die internationalen Finanzmärkte anwachsen. Denn die immensen Geldsummen, über welche die Ölförderländer infolge der gestiegenen Exportgewinne verfügten, suchten nun gleichsam nach Anlagemöglichkeiten. Zwischen 1974 und dem Londoner »Big Bang« von 1986 bauten dann die USA und Großbritannien die Kapitalverkehrskontrollen Schritt für Schritt ab; andere westliche Länder folgten zeitversetzt. Dadurch war der Weg für eine astronomische Zunahme internationaler Finanztransaktionen geebnet. Von alledem zeigten sich in den 1970er-Jahren allerdings erst schwache Ansätze. Der weltwirtschaftliche Wandel nahm in den 1980er-Jahren Fahrt auf, um sich im folgenden Jahrzehnt noch einmal rasant zu beschleunigen.

Die ökonomische Veränderungsdynamik des Jahrzehnts strahlte weit aus. Wie noch zu zeigen sein wird, trug sie dazu bei, dass das sowjetische Wirtschaftsmodell irreversibel ins Hintertreffen geriet. Ferner wurde die Verschuldung im globalen Süden dadurch befördert, dass westliche Regierungen und internationale Finanzinstitutionen Anlagemöglichkeiten für das Kapital der »Petrodollars« suchten. Die Politikmodelle wiederum, die westliche Regierungen und Experten empfahlen, um die »Schuldenkrise« der 1980er-Jahre zu überwinden, entsprangen der neuen radikal marktwirtschaftlichen, handelsliberalistischen Orthodoxie, die soeben Gestalt gewonnen hatte. Im Ergebnis öffneten die lateinamerikanischen Staaten ihre ökonomischen Systeme in hohem Maße zum Weltmarkt. Der wirtschaftliche Umschwung in China dagegen war in seiner Genese nicht mit diesen Prozessen verknüpft.[87] Deng Xiaoping und die Reformer in seinem Umkreis beschlossen ihn autonom (wenn sie auch westliche Expertise einholten) und trieben ihn nach ihrem eigenen Rhythmus voran. Allerdings verstärkten die Reformen in ihrem Effekt die wirtschaftliche Liberalisierung, die sich in anderen Weltregionen vollzog. Diese Synergie begann indes erst in den 1990er-Jahren, eine größere Tragweite zu gewinnen.

Im Ergebnis war die Weltwirtschaft sehr viel dichter integriert, wenn auch keineswegs im Wortsinne globalisiert. Die immense Zunahme des Außenhandels und der Auslands-

---

86 Vgl. *Monica Prasad*, The Politics of Free Markets. The Rise of Neoliberal Economic Policies in Britain, France, Germany, and the United States, Chicago/London 2006; *Daniel Stedman Jones*, Masters of the Universe. Hayek, Friedman, and the Birth of Neoliberal Politics, Princeton/Oxford 2010, S. 215–272; *Dominik Geppert*, Der Thatcher-Konsens. Der Einsturz der britischen Nachkriegsordnung in den 1970er und 1980er Jahren, in: JMEH 9, 2011, S. 170–194; *Angus Burgin*, The Great Persuasion. Reinventing Free Markets since the Depression, Cambridge/London 2012.

87 Vgl. *Odd Arne Westad*, The Great Transformation: China in the Long 1970s, in: *Ferguson/Maier/Manela*, The Shock of the Global, S. 65–79; *Ezra F. Vogel*, Deng Xiaoping and the Transformation of China, Cambridge/London 2011.

investitionen etwa erstreckte sich vor allem auf die USA, Westeuropa und Japan. Alle anderen Erdregionen waren prinzipiell Teil einer liberalen Weltökonomie geworden, doch wurden Lateinamerika und Afrika, gemessen an den Waren- und Investitionsströmen, von den weltwirtschaftlichen Interaktionen geradezu abgekoppelt. Die zunehmenden ökonomischen Verdichtungen riefen neue Steuerungsinstrumente hervor, wie etwa die G-6- beziehungsweise G-7-Gipfel, die ein neuartiges Forum internationaler Koordination bereitstellten.[88] Und sie erzeugten neue Probleme wie die weitverzweigten internationalen Börsen- und Bankenkrisen. Diese kehrten am Ende der 1980er-Jahre, erstmals seit der Großen Depression, zurück und wurden nun zu einer periodisch auftretenden Erscheinung.

Der Systemkonflikt war in den 1970er-Jahren zwar beileibe nicht überwunden, wie sich an den im ersten Abschnitt erwähnten gewaltsamen Interventionen im globalen Süden offenbarte. Doch änderten sich die strukturellen Voraussetzungen, unter denen er geführt wurde – darin lag ein zweiter wichtiger Veränderungsprozess. Dieser betraf zum einen das ökonomische Gebiet. Die 1970er-Jahre markierten den Punkt, an dem das planwirtschaftliche Modell in eine letztlich unaufhaltsame Abwärtsspirale geriet. Die kommunistischen Staaten sahen sich ähnlichen Problemen gegenüber, die auch dem Westen zu schaffen machten: wachsenden Energiekosten, den Grenzen der fordistischen Großproduktion, steigenden Ansprüchen der Arbeiter und dem beschleunigten Wandel der Elektrotechnologien.[89] Doch versäumten sie es, Abhilfe zu schaffen, indem sie flexiblere Produktionsweisen eingeführt, die Arbeitsproduktivität erhöht, die Rohstoffnutzung effizienter gestaltet oder die Kapitalknappheit behoben hätten. Stattdessen hielten sie an dem überkommenen System fest, das auf zentrale Lenkung und die extensive Produktion mithilfe massenhafter Arbeit und hohem Energieverbrauch setzte. Zwar ist um den Zusammenhang zwischen der wirtschaftlichen Entwicklung der Sowjetunion in den 1970er-Jahren und ihrem Untergang am Ende der folgenden Dekade eine kontroverse Debatte entbrannt.[90] Dass das Wirtschaftssystem erhebliche Funktionsschwächen aufwies, steht dabei jedoch ebenso außer Frage wie die Tatsache, dass diese in den 1970er-Jahren kein offenes gesellschaftliches Aufbegehren auslösten.

Zum anderen wandelten sich die Bedingungen des Systemwettbewerbs infolge der Entspannungspolitik. Das lag nicht an der bilateralen Détente, die spätestens Ende der 1970er-Jahre zum Erliegen kam.[91] Als folgenreicher erwies sich der sogenannte KSZE-Prozess, der den Rahmen des ›Kalten Kriegs‹ zwar nicht entscheidend, aber merklich und dauerhaft veränderte.[92] In der KSZE-Schlussakte bekannten sich 1975 auch die osteuropäischen

88 Vgl. *Enrico Böhm*, Die Sicherheit des Westens. Entstehung und Funktion der G7-Gipfel (1975–1981), München 2014.

89 Vgl. *Manfred Hildermeier*, Geschichte der Sowjetunion 1917–1991. Entstehung und Niedergang des ersten sozialistischen Staates, München 1998, S. 877–899; *Charles S. Maier*, Das Verschwinden der DDR und der Untergang des Kommunismus, Frankfurt am Main 1999 (zuerst engl. 1997), S. 145–172; *Dietmar Neutatz*, Träume und Alpträume. Eine Geschichte Russlands im 20. Jahrhundert, München 2013, S. 462–532.

90 Vgl. *Susanne Schattenberg*, Das Ende der Sowjetunion in der Historiographie, in: APuZ 61, 2011, H. 49-50, S. 9–15; *Jörg Baberowski*, Criticism as Crisis, or Why the Soviet Union Still Collapsed, in: JMEH 9, 2011, S. 148–164; *Manfred Hildermeier*, »Well Said Is Half a Lie.« Observations on Jörg Baberowski's »Criticism as Crisis, or Why the Soviet Union Still Collapsed«, in: JMEH 9, 2011, S. 289–297; *Stephan Merl*, The Soviet Economy in the 1970s. Reflections on the Relationship between Socialist Modernity, Crisis, and Administrative Command Economy, in: *Marie-Janine Calic/Dietmar Neutatz/Julia Obertreis* (Hrsg.), The Crisis of Socialist Modernity. The Soviet Union and Yugoslavia in the 1970s, Göttingen 2011, S. 28–65.

91 Zur Bedeutung der bilateralen Entspannung zwischen den Supermächten vgl. jetzt *Arvid Schors*, Doppelter Boden. Die SALT-Verhandlungen 1963–1979, Göttingen 2016.

92 Vgl. *Andreas Wenger/Vojtech Mastny/Christian Nuenlist* (Hrsg.), Origins of the European Security System. The Helsinki Process Revisited, London/New York 2008; *Oliver Bange/Gottfried*

Staaten zu freiheitlichen und menschenrechtlichen Normen des internationalen Zusammenlebens. Diese Vereinbarung stellte für Kritiker innerhalb und außerhalb Osteuropas künftig einen Referenzpunkt bereit, an dem sich die Realität des Lebens im Kommunismus messen – und desavouieren ließ. Für die Machthaber bedeutete dies eine Anfechtung ihrer politischen Legitimität, die nicht folgenlos blieb, selbst wenn es ihnen zumeist gelang, die Dissidentenbewegungen zum Schweigen zu bringen. Über die KSZE-Folgekonferenzen, die westliche Staaten zu einer Bühne machten, um die Menschenrechtsverletzungen der osteuropäischen Diktaturen anzuklagen, blieb der Grundkonflikt präsent. Die Wiener Folgekonferenz der Jahre 1986 bis 1989 bestätigte dies noch einmal. Sie setzte die Reformer um Michail Gorbatschow unter zusätzlichen Handlungsdruck, zumal in dem gelockerten Meinungsklima auch eine sowjetische Demokratiebewegung entstanden war, die sich ihrerseits auf die KSZE berief.[93]

Mit alledem waren Vorbedingungen für den Untergang der Sowjetunion, waren Faktoren geschaffen, die den Zusammenbruch beförderten. Gleichwohl determinierten sie ihn nicht. Ausschlaggebend wurde die Reformpolitik Gorbatschows, dessen Wahl zum Generalsekretär nicht zwangsläufig war.[94] Gorbatschow überschritt mit seinem politischen (weniger mit dem wirtschaftlichen) Umbau die Schwelle zur Auflösung des Systems. Und er ließ, als diese Auflösung erkennbar wurde, dem Prozess seinen Lauf. In geringerem Maße zählt auch der außenpolitische Schwenk der USA zu den begünstigenden Faktoren. Die Reagan-Regierung löste sich rechtzeitig von dem kampfeslustigen Manichäismus des ›Kalten Kriegs‹, den sie anfangs neu belebt hatte, und ließ sich – gegen vehementen Widerstand aus den eigenen Reihen – auf die Verständigungsangebote des neuen Sowjetführers ein.[95]

Die Ursprünge von Gorbatschows Reformdenken führen indes ebenfalls zurück in die politischen Umbrüche der späten 1960er- und 1970er-Jahre. Viele Männer aus dem Reformerzirkel um den jungen Generalsekretär hatten in diesen Jahren in wissenschaftlichen Instituten und zum Teil auch im Außenministerium gearbeitet. In der ideologisch offeneren Atmosphäre der Breschnew-Jahre entwickelten sie dort die Grundlagen eines alternativen politischen Denkens.[96] Sie begannen, die Leistungsfähigkeit des kapitalistischen Wirtschaftssystems unvoreingenommener zu betrachten, verfolgten die Diskussionen um die »post-industrielle Gesellschaft« und erkannten die Bedeutung weltweiter Probleme wie Armut oder Umweltverschmutzung. Mitte der 1980er-Jahre an die Macht gelangt, hofften

---

Niedhart (Hrsg.), Helsinki 1975 and the Transformation of Europe, New York/Oxford 2008; *Helmut Altrichter/Hermann Wentker* (Hrsg.), Der KSZE-Prozess. Vom Kalten Krieg zu einem neuen Europa 1975 bis 1990, München 2011; *Matthias Peter/Hermann Wentker* (Hrsg.), Die KSZE im Ost-West-Konflikt. Internationale Politik und gesellschaftliche Transformation 1975–1990, München 2012; *Anja Hanisch*, Die DDR im KSZE-Prozess 1972–1985. Zwischen Ostabhängigkeit, Westabgrenzung und Ausreisebewegung, München 2012.

93 Vgl. *Yuliya von Saal*, KSZE-Prozess und Perestroika in der Sowjetunion. Demokratisierung, Werteumbruch und Auflösung 1985–1991, München 2014.

94 Vgl. *Stephen Kotkin*, Armageddon Averted. The Soviet Collapse, 1970–2000, Oxford/New York etc. 2001; *Archie Brown*, Seven Years that Changed the World. Perestroika in Perspective, Oxford/New York etc. 2007.

95 Vgl. *Beth A. Fischer*, The Reagan Reversal. Foreign Policy and the End of the Cold War, Columbia/London 1997; *Sean Wilentz*, The Age of Reagan. A History, 1974–2008, New York 2008.

96 Vgl. *Robert D. English*, Russia and the Idea of the West. Gorbachev, Intellectuals, and the End of the Cold War, New York/Chichester 2000; *Marie-Pierre Rey*, The Mejdunarodniki in the 1960s and First Half of the 1970s. Backgrounds, Connections, and the Agenda of Soviet International Elites, in: *Wilfried Loth/Georges-Henri Soutou* (Hrsg.), The Making of Détente. Eastern and Western Europe in the Cold War, 1965–75, London/New York 2008, S. 51–66. Zur Breschnew-Ära vgl. *Boris Belge/Martin Deuerlein* (Hrsg.), Goldenes Zeitalter der Stagnation? Perspektiven auf die sowjetische Ordnung der Brežnev-Ära, Tübingen 2014.

sie, diese Ideen endlich in die Tat umsetzen zu können. Dabei leitete sie eine Interdependenzwahrnehmung, die derjenigen sehr ähnelte, die während der 1970er-Jahre in westlichen Ländern so wichtig geworden war – wo sie sich inzwischen wieder auf dem Rückzug befand.[97] Somit entsprangen in den 1970er-Jahren mehrere miteinander verbundene Prozesse, die die kommunistische Herrschaft in Osteuropa unterspülten.

Eine dritte großflächige Transformation vollzog sich im Bereich der inter- und transnationalen Steuerung. Hier setzte ein Abschied vom Modernisierungsparadigma ein, der von einem neuen Bewusstsein für den Menschen – seine Bedürfnisse und Leiden – und für die Umwelt begleitet war. Im Entwicklungsdiskurs erhob sich seit den späten 1960er-Jahren eine volltönende Kritik, in die westliche wie auch südliche Politiker und Experten, internationale Organisationen, Umweltgruppen, Sozialwissenschaftler und Frauenaktivistinnen einstimmten.[98] Die modernisierungsbezogenen Entwicklungsmodelle erschienen nun von ganz unterschiedlichen Ansatzpunkten aus als problematisch. Die sogenannten Geberländer waren oft unzufrieden mit den bisherigen Ergebnissen, da das Wachstum nicht schnell genug voranschritt oder die Programme zu kostspielig waren. Postkoloniale Regierungen sahen dies zum Teil ähnlich. Zudem bildete sich im globalen Süden aber eine stärker werdende intellektuelle Strömung heraus, die, angeregt durch die florierende Dependenztheorie, das westliche Entwicklungsdenken als solches zurückwies. Aus dieser Sicht waren nicht vermeintliche Entwicklungsrückstände das Problem, die sich durch beschleunigte Modernisierung aufholen ließen, sondern das »development of underdevelopment«: die sich systemisch verstetigende Abhängigkeit der ›Entwicklungsländer‹ vom kapitalistischen Westen.[99] In westlichen wie auch in südlichen Expertenkreisen wiederum verfiel die gängige Entwicklungspolitik wegen ihrer repressiven Züge und schädlichen Nebenfolgen dem Verdikt. Sie legten ihre Finger auf die Kehrseiten, die technologische Großprojekte für die Natur, die menschliche Gesundheit oder die gesellschaftliche Stellung von Frauen bewiesen. Andere begannen dagegen eher an der Machbarkeit zu zweifeln, nachdem sie erkannt hatten, dass viele Probleme komplexer waren, als man zunächst vermutet hatte.

Wie bereits angedeutet, schoben sich neue Konzepte wie die nachhaltige Entwicklung, menschliche Grundbedürfnisse oder die Beseitigung von Ungleichheiten – zwischen den Geschlechtern, zwischen Landesregionen, zwischen Nord und Süd – in den Vordergrund. Ein ähnliches überwölbendes Entwicklungsmodell, wie es zuvor das Modernisierungsdenken gewesen war, kristallisierte sich dabei allerdings nicht heraus. Überdies bliebe genauer zu erforschen, inwieweit die Brüche in den Bewertungsmaßstäben dazu führten, dass die Entwicklungspolitik tatsächlich auch ihr praktisches Gesicht veränderte. Viele Programme liefen vermutlich weiter, Technologien spielten nach wie vor eine tragende Rolle. Die Politik der Bevölkerungskontrolle zeigte, dass die Veränderungen in vielfältige Richtungen wiesen. Der Regulierungsanspruch postkolonialer Staaten konnte noch umfassender werden, wenn diese statt auf Kontrazeptiva und Sterilisierungen nun darauf setzten, das Bevölkerungswachstum über die Erziehung, das Gesundheitswesen oder die Kontrolle von Migrationen einzudämmen.

97 Vgl. Politischer Bericht des Zentralkomitees der KPdSU an den XXVII. Parteitag der Kommunistischen Partei der Sowjetunion, 25. Februar 1986, in: *Dietrich Busch* (Hrsg.), Michail Gorbatschow. Die wichtigsten Reden, Köln 1987, S. 25–162; *Michail Gorbatschow*, Die UNO-Rede vom 7. Dezember 1988 sowie ein Beitrag aus der Prawda vom 27. September 1987, Freiburg im Breisgau 1989.

98 Vgl. zum Folgenden *Ekbladh*, The Great American Mission, S. 226–256; *Latham*, The Right Kind of Revolution, S. 157–185; *Frey*, Neo-Malthusianism and Development; *Unger*, Entwicklungspfade in Indien.

99 *André Gunder Frank*, The Development of Underdevelopment, in: *Charles K. Wilber* (Hrsg.), The Political Economy of Development and Underdevelopment, New York 1973 (zuerst 1966), S. 103–113.

In jedem Fall war der Aufschwung eines neuen Umweltbewusstseins kausal mit der Erosion des modernistischen Entwicklungsdenkens verknüpft. Die neue Sensibilität für Umweltgefährdungen speiste manche Stränge des entwicklungspolitischen Umdenkens und konnte sich umgekehrt an den kleineren und größeren Desastern der Modernisierungspolitik schärfen. Die Auswirkungen im internationalen Raum blieben einstweilen jedoch begrenzt. Nachdem eine Reihe von Ländern des globalen Nordens um 1970 Umweltbehörden oder -ministerien errichtet und den Umweltschutz damit zu einem distinkten nationalen Politikfeld gemacht hatte, gelangte dieser auch auf die internationale Agenda.[100] Das wichtigste Ereignis stellte die erwähnte UN-Konferenz zur menschlichen Umwelt dar, die 1972 in Stockholm stattfand. Sie verabschiedete, trotz heftiger Konflikte unter den teilnehmenden Staaten, eine Prinzipienerklärung und Handlungsempfehlungen, die unverbindlich waren, aber Umweltpolitik symbolisch als ein globales Aktionsfeld etablierten. Zudem schufen die Teilnehmer mit dem zwei Jahre später inaugurierten UN-Umweltprogramm Ansätze zur institutionellen Verstetigung, die vor allem für die Datensammlung und das Monitoring nicht unerheblich waren. Auch andere Organisationen wie die Organisation für wirtschaftliche Zusammenarbeit und Entwicklung (OECD) und die Europäische Gemeinschaft wandten sich nun der Thematik zu. Dessen ungeachtet traten Umweltfragen in der internationalen Politik rasch wieder in den Hintergrund. Ein neuer Bewusstseinsschub ereignete sich dann erst am Ende der 1980er-Jahre. Er stand bereits im Zeichen der Klimaproblematik, die sich nunmehr zum dominierenden Thema entwickelte. Und er brachte mit dem Protokoll von Montreal 1987 eine sehr wirksame Vereinbarung, die heute oft als ein Grund für die Erholung der Ozonschicht angeführt wird. Der bereits angesprochene, mit millenarischen Hoffnungen behaftete Umweltgipfel in Rio 1992 wies dann allerdings auf den mühsamen und stockenden Verlauf voraus, den die internationale Umweltdiskussion bis heute genommen hat.

Dass sich in den 1970er-Jahren auch die Menschenrechtspolitik in der internationalen Arena zu verdichten begann, lässt sich nicht in derselben Weise aus dem Bröckeln des Modernisierungsparadigmas herleiten, hatte mit dieser Entwicklung aber doch manches gemeinsam.[101] Denn staatliche und nicht staatliche Exponenten der Menschenrechtspolitik zumal in westlichen und osteuropäischen Ländern wie auch humanitäre Aktivistinnen und Aktivisten trafen sich mit den Kritikern technokratischer Machbarkeitsfantasien darin, umfassenden globalen Veränderungsvisionen und den Prämissen politischer Großsteuerung eine Absage zu erteilen.[102] Stattdessen ging es ihnen darum, durch gezielte Hilfe spürbare, wenn auch begrenzte politische und alltägliche Verbesserungen zu erzielen. Zudem maßen Menschenrechtsverfechter, ob sie in Regierungen arbeiteten oder sich in zivilgesellschaftlichen Bewegungen engagierten, staatliches Handeln dezidiert nicht an Wachstumsziffern

---

100 Vgl. dazu jetzt *Wolfram Kaiser/Jan-Henrik Meyer* (Hrsg.), International Organizations and Environmental Protection. Conservation and Globalization in the Twentieth Century, New York/Oxford 2016. Vgl. ferner *Lynton Keith Caldwell*, International Environmental Policy. From the Twentieth to the Twenty-First Century, Durham/London 1996; *Kai F. Hünemörder*, Die Frühgeschichte der globalen Umweltkrise und die Formierung der deutschen Umweltpolitik (1950–1973), Stuttgart 2004; *Joachim Radkau*, Die Ära der Ökologie. Eine Weltgeschichte, München 2011; *Thorsten Schulz-Walden*, Anfänge globaler Umweltpolitik. Umweltsicherheit in der internationalen Politik (1969–1975), München 2013.

101 Vgl. allgemein *Moyn*, The Last Utopia; *Eckel/Moyn*, Moral für die Welt?; *William Michael Schmidli*, The Fate of Freedom Elsewhere. Human Rights and U.S. Cold War Policy toward Argentina, Ithaca/London 2013; *Eckel*, Die Ambivalenz des Guten, S. 343–802; *Mark Philip Bradley*, The World Reimagined. Americans and Human Rights in the Twentieth Century, Cambridge/New York etc. 2016.

102 Vgl. auch *Barbara J. Keys*, Reclaiming American Virtue. The Human Rights Revolution of the 1970s, Cambridge/London 2014, S. 75–102.

und Investitionsvolumina, sondern an seinen Folgen für die Menschen und ihre Lebensführung. Das war nicht weit entfernt von dem Gedanken der *basic human needs*, wenn der Fokus auch eher auf dem menschlichen Leiden lag. Schließlich verzeichnete die internationale Menschenrechtspolitik ähnlich wie die Umweltpolitik, bei allen Unterschieden zwischen den beiden Feldern, ab dem Ende der 1980er-Jahre einen kräftigen Aufschwung. Die Kampagnen gegen Chile und Südafrika mobilisierten Politik und Öffentlichkeit stärker als jemals zuvor und Amnesty International verschaffte mit riesigen Popkonzerttourneen dem Menschenrechtsbegriff weltweit eine ungekannte Breitenwirkung.

Der vierte bedeutsame Wandlungsprozess schließlich betraf das Verhältnis zwischen dem Westen und dem globalen Süden. Das geschah in einer Art doppeltem Umschwung, der den postkolonialen Staaten in den 1970er-Jahren zunächst einen immensen Auftrieb verlieh, bevor er die strukturellen Ungleichheiten zwischen den Weltregionen in der folgenden Dekade sogar noch zementierte.

Für die Einschätzung, dass die postkoloniale Welt in den 1970er-Jahren einen neuen Schub der internationalen Formierung erlebte, der ihre politischen Aspirationen stark beflügelte, liefert Jürgen Dinkels schnörkellose Studie zur Geschichte der Bündnisfreien eine wichtige empirische Grundlage.[103] Dinkel weist als erster Autor einleuchtend nach, dass sich von einer zusammenhängenden Bewegung erst seit den 1970er-Jahren sprechen lässt. Die Treffen der Bündnisfreien, die bereits 1961 und 1964 stattgefunden hatten, ordnet er als vereinzelte Ereignisse ein, die nicht als Auftakt eines dauerhaften Zusammenschlusses gedacht gewesen seien. Dass sich dies in der Folgezeit änderte, erklärt Dinkel damit, dass die Politik der Détente vielerorts die Befürchtung auslöste, die Supermächte arbeiteten an einer Art Aufteilung der Welt, die auf Kosten des globalen Südens gehen würde. Überdies hatte sich die wirtschaftliche Situation vieler südlicher Länder verschlechtert und ihr Unmut über die in Bretton Woods errichtete Wirtschaftsordnung, von der sie ausgeschlossen blieben, verschärft.

Institutionell charakterisiert Dinkel die Bewegung als eher loses Geflecht, das vor allem auf den medial sorgfältig inszenierten Gipfeltreffen Form gewann. Mit einigen Initiativen erwies sich der Zusammenschluss in den Augen des Autors als durchaus wirkungsvoll. So habe er zur diplomatischen Isolierung des verhassten Israel beigetragen und, im Rahmen der Forderung nach einer »Neuen Informationsordnung«, einen eigenen Nachrichtenpool geschaffen. Sowohl westliche Regierungen als auch die sowjetische Führung erachteten die Bewegung als Anzeichen einer ernst zu nehmenden Verschiebung der internationalen Kräfteverhältnisse. In den 1980er-Jahren jedoch schwanden die ohnehin schwachen Kohäsionskräfte. Die Konflikte zwischen den teilnehmenden Staaten mehrten sich, und es machte sich zunehmende Ernüchterung über die Durchschlagkraft breit, die in entscheidenden Fragen gering blieb.

Der ambitionierteste Versuch, den postkoloniale Staaten in den 1970er-Jahren unternahmen, um eine von den Bedürfnissen des globalen Südens geprägte Weltordnung zu schaffen, kristallisierte sich in dem Gedanken einer »Neuen Weltwirtschaftsordnung«. Die Bewegung der Bündnisfreien war an ihm zentral beteiligt. Dabei handelte es sich um ein Bündel von Reformforderungen, mit dem die sogenannten Entwicklungsländer hofften, die weltwirtschaftlichen Strukturen dauerhaft zu ihren Gunsten zu verändern. Die Forschung hat diesen Komplex bis vor Kurzem kaum beachtet, obwohl er einen der zeitgenössisch am meisten diskutierten Vorstöße zur Veränderung internationaler *governance* darstellte.

Dass die südlichen Regierungen dieses Anliegen betrieben, war das Produkt einer besonderen und, wie sich zeigen sollte, nur kurz währenden historischen Situation. Innerhalb weniger Jahre trafen mehrere Entwicklungen zusammen, die das Selbstbewusstsein

103 Vgl. *Jürgen Dinkel*, Die Bewegung Bündnisfreier Staaten. Genese, Organisation und Politik (1927–1992), De Gruyter Oldenbourg, Berlin/München etc. 2015, X + 364 S., geb., 54,95 €.

von Staaten des globalen Südens stark beförderten. Das Ende der Goldbindung schien anzudeuten, dass die vermeintlich fest gefügten Strukturen der westlich dominierten Weltwirtschaft ins Wanken gerieten. Der amerikanische Rückzug aus Vietnam galt als Beleg für eine ungekannte Schwäche der westlichen Supermacht. Vor allem bedeutete das Ölembargo der OPEC-Staaten eine immense Ermutigung, gewannen doch Länder, die als unterentwickelt gegolten hatten, mit einem Schlag präzedenzlose Verhandlungsmacht. Nur kurze Zeit später brachte der Sturz der portugiesischen Diktatur ein weiteres jahrhundertealtes Kolonialreich zum Verschwinden. All dies ließ den Glauben wachsen, grundsätzliche Veränderungen der eingeschliffenen weltpolitischen Hierarchien seien möglich.

Eine Reihe interessanter Facetten der Debatte um die »Neue Weltwirtschaftsordnung« beleuchtet jetzt ein Themenheft der Zeitschrift »Humanity«.[104] Den Höhepunkt des postkolonialen Engagements stellte eine Sondersitzung der UN-Generalversammlung im Frühjahr 1974 dar – der algerische Präsident Boumedienne hatte sie bezeichnenderweise mitten in der »Ölkrise« gefordert –, auf der eine Charta der wirtschaftlichen Rechte und Pflichten der Staaten sowie eine Erklärung über die Errichtung einer »Neuen Weltwirtschaftsordnung« verabschiedet wurden.[105] Diese stellte eine lange Liste konzeptionell kaum durchgeformter Forderungen dar, die darauf zielten, die Position, welche die Länder der Südhalbkugel innerhalb des kapitalistischen Wirtschaftssystems besaßen, nachhaltig zu verbessern. Dass diese Dokumente, nach harten verbalen Gefechten zwischen Staaten des Westens und des Südens, verabschiedet wurden, bedeutete für letztere einen bemerkenswerten symbolischen Erfolg. In materielle Veränderungen ließ er sich allerdings nicht übersetzen. Auch wenn etwa die Regierungen Schwedens und der Niederlande anerkannten, dass grundlegende Veränderungen nötig seien, legten die mächtigeren Industrieländer rigorosen Widerstand an den Tag. An die Spitze der Gegenbewegung stellte sich die amerikanische Regierung unter Ronald Reagan. Auf dem »Nord-Süd-Gipfel« in Mexiko 1981 sprach sie sich unmissverständlich gegen Veränderungen des Weltwirtschaftssystems aus und propagierte die Liberalisierung der Märkte als Schlüssel, um die ökonomischen Probleme zu überwinden.[106]

Damit war der wichtigste Anlauf zu einer weltwirtschaftlichen Emanzipation des globalen Südens gescheitert. Das bedeutet auch, dass diese Episode nahelegt, die 1970er-Jahre nicht unumwunden als Vorgeschichte unserer Gegenwart zu begreifen. Nils Gilman interpretiert die energischen Forderungen nach einer Umstrukturierung der Weltwirtschaft sehr einleuchtend als eine Art alternative Zukunft der 1970er-Jahre: eine Entwicklungsmöglichkeit, die sich zeitgenössisch in den Augen ihrer Befürworter wie auch ihrer Gegner als durchaus realistisch darstellte, sich schließlich aber eben nicht verwirklichen ließ.[107] Somit betont er die fehlgeschlagenen Aufbrüche und allgemeiner noch die Momente der historischen Offenheit und der Kontingenz, welche allzu geradlinige Verbindungen zwischen jener Dekade und dem späten 20. und frühen 21. Jahrhundert als problematisch erscheinen lassen. Nicht zuletzt vor diesem Hintergrund ist eine andere Deutung, die das Themenheft von »Humanity« nahelegt, wenig überzeugend. Mehrere Autorinnen und Autoren begreifen die Durchsetzung des »Neoliberalismus« als einen direkten Gegenschlag gegen die Forderung nach einer »Neuen Weltwirtschaftsordnung«.[108] Dass es einen solchen reakti-

104 Vgl. Special Issue: Toward a History of the New International Economic Order, Humanity 6, 2015, H. 1, VII + 237 S., kart., 20,00 $. Vgl. auch *Dinkel*, Die Bewegung Bündnisfreier Staaten, S. 219–225.

105 Vgl. *Giuliano Garavini*, From Boumedienomics to Reagonomics: Algeria, OPEC, and the International Struggle for Economic Equality, in: Humanity 6, 2015, S. 79–92.

106 Vgl. *Patrick Sharma*, Between North and South: The World Bank and the New International Economic Order, in: ebd., S. 189–200.

107 *Nils Gilman*, The New International Economic Order: A Reintroduction, in: ebd., S. 1–16.

108 Vgl. *Vanessa Ogle*, State Rights against Private Capital: The »New International Economic Order« and the Struggle over Aid, Trade, and Foreign Investment, 1962–1981, in: Humanity 5,

ven Zusammenhang gab, erscheint aber sehr fraglich. Bei den »neoliberalen« Wirtschaftsformen handelte es sich um das Resultat eines stark fragmentierten, schrittweisen Prozesses der Neuorientierung und gerade nicht um ein großes Projekt, das dann in die Tat umgesetzt wurde – das mag allenfalls eine spätere Stilisierung gewesen sein.

In jedem Fall konterkarierten die Entwicklungen der 1980er-Jahre die Ambitionen des vorausgegangenen Jahrzehnts. Denn mit der 1982 offen zutage tretenden Schuldenkrise – die bisher erst ansatzweise in den Fokus der historischen Betrachtung gerückt ist – brach eine weitere Phase im Verhältnis zwischen globalem Norden und Süden an. Sie endete damit, dass sich die strukturellen ökonomischen Abhängigkeiten vieler postkolonialer Länder verschärften.

Die Probleme hatten sich seit den 1960er-Jahren angebahnt, als Staaten des globalen Südens immer mehr Kredite aufnahmen, um ihren Industrialisierungsprozess zu finanzieren.[109] In der internationalen Finanzwelt galt dies einmütig als erfolgversprechende Strategie. Da das erwartete Wirtschaftswachstum jedoch ausblieb, wurde es für viele Staaten immer schwieriger, die Kredite zurückzuzahlen. Infolge der Ölpreiserhöhungen der 1970er-Jahre wie auch durch die Wende in der amerikanischen Zinspolitik am Ende der Dekade nahm die Verschuldung immer größere Ausmaße an. Im Jahr 1981 liehen sich die lateinamerikanischen Länder, die von den Schwierigkeiten am stärksten betroffen waren, pro Woche eine Milliarde Dollar, allein um Schulden zurückzuzahlen. Das Rezept für die Krise waren Umschuldungsmaßnahmen, die wesentlich von der Weltbank und dem Internationalen Währungsfonds (IWF) formuliert und durchgesetzt wurden. Damit eigneten sich beide Institutionen neue Kompetenzen an; der IWF stieg überhaupt erst im Zuge dieser Krise zu dem maßgeblichen Akteur auf, als der er bis heute wahrgenommen wird.[110] Die Umschuldungen knüpften sie, von der Reagan-Regierung befördert, an Programme der »strukturellen Anpassung« an. Dabei bildete sich ein Reformmodell heraus, das den verschuldeten Staaten vorgab, die Inflation zu bekämpfen, die Währungen abzuwerten, die Staatsausgaben drastisch zu kürzen, Staatsunternehmen zu privatisieren und günstige Bedingungen für in- und ausländisches Privatkapital zu schaffen. Diese Maßnahmen hatten in vielen Ländern scharfe rezessive Effekte. Die Arbeitslosigkeit erreichte Höchststände und die Armut nahm dramatisch zu. Für eine gewisse Entspannung sorgte der Plan des amerikanischen Finanzministers Nicholas Frederick Brady am Ende der 1980er-Jahre, dem zufolge Schulden in neue Finanzinstrumente umgewandelt wurden, um sie unter privaten Investoren handelbar zu machen. Heute gilt gerade dieses System als besonders krisenanfällig.[111]

Nimmt man die vier beschriebenen Prozesse abschließend zusammen, so lässt sich nicht sagen, dass sich die internationale Nachkriegsordnung, wie sie sich bis Ende der 1940er-Jahre herausgebildet hatte, vollständig auflöste. Der ›Kalte Krieg‹ bildete weiterhin eine prägende Rahmengröße und auf transnationalen Politikfeldern wirkten wichtige Annahmen und Steuerungsformen fort. Auch das »Ende von Bretton Woods« betraf ja ausschließlich das Wechselkurssystem, während sich die beschleunigte weltwirtschaftliche Libera-

---

2014, S. 211–234; *Garavini*, From Boumedienomics to Reagonomics; *Johanna Bockman*, Socialist Globalization against Capitalist Neocolonialism: The Economic Ideas behind the New International Economic Order, in: Humanity 6, 2015, S. 109–128.

109 Vgl. *Jeffry A. Frieden*, Debt, Development, and Democracy. Modern Political Economy and Latin America, 1965–1985, Princeton/Chichester 1991; *Robert Devlin*, Debt and Crisis in Latin America. The Supply Side of the Story, Princeton/Chichester 1993; *Walther L. Bernecker*, Port Harcourt, 10. November 1995. Aufbruch und Elend in der Dritten Welt, München 1997, S. 61–74; *ders./Horst Pietschmann/Hans Werner Tobler*, Eine kleine Geschichte Mexikos, Frankfurt am Main 2007, S. 332–365.

110 Vgl. *Julia Laura Rischbieter*, Risiken und Nebenwirkungen. Internationale Finanzstrategien in der Verschuldungskrise der 1980er Jahre, in: GG 41, 2015, S. 465–493.

111 Vgl. ebd.

lisierung im Rahmen des »General Agreement on Tariffs and Trade« (GATT) vollzog und die Weltbank und der IWF sogar eher noch wichtiger wurden. Die Nachkriegsordnung erfuhr aber eine bedeutsame Abwandlung. Einige Weichen für das Ende des Systemkonflikts wurden gestellt und es rückten globale Probleme in den Blick, die über ihn hinauswiesen. In der Weltwirtschaft und dem postkolonialen Bemühen um Selbstbehauptung reichten die Einschnitte sogar noch tiefer, denn es setzten Entwicklungen ein, die eine qualitativ neue historische Phase eröffneten. Diese Abwandlung lässt sich indes nicht auf die 1970er-Jahre beschränken, sondern umfasste zumindest noch die folgende Dekade.

IV. SCHLUSS

Damit wird schließlich auch erkennbar, dass für eine interpretatorische Einordnung der internationalen Politik im 20. Jahrhundert viel von der Erforschung der Zeit seit den 1990er-Jahren abhängen wird.[112] Sie steht in der Tat dringend an, und nicht nur aus dem selbstverständlichen Grund, dass die Zeitgeschichtsschreibung in dem Maße von Dekade zu Dekade voranschreiten sollte, wie es ihr forschungspraktisch möglich ist. Denn viele historische Urteile über die Bedeutung der Veränderungen, die sich in den 1970er-und 1980er-Jahren vollzogen, werden sich nur erhärten oder überhaupt erst treffen lassen, wenn die Entwicklungslinien untersucht sind, die über das Ende des ›Kalten Kriegs‹ hinausführen. Grundlegender noch steht eine Reihe von Annahmen über die weltpolitische Situation der Jahre seit 1990 ausgesprochen oder unausgesprochen im Hintergrund des jüngsten Schubs an Forschungen und gibt vielfach die Blickrichtung in die Vergangenheit vor. Ob es um die Reichweite globaler *governance* und die »Globalisierung«, die weltwirtschaftlichen Abhängigkeitsverhältnisse, die Multipolarität der internationalen Ordnung oder auch um die singuläre Machtposition der USA in der Welt geht, sind es oftmals Erscheinungsformen der Politik seit dem Ende des Systemkonflikts, die als einflussreiche Fluchtpunkte des zeithistorischen Denkens fungieren. Doch sind sie eben Erscheinungsformen einer Phase, die bereits mehr als ein Vierteljahrhundert umspannt, und sollten daher ihrerseits aus historischem Blickwinkel analysiert werden.

Dessen ungeachtet haben die Forschungen der letzten gut 15 Jahre ein ebenso dichtes wie facettenreiches Bild der internationalen Politik im 20. Jahrhundert entstehen lassen. Sie haben Triebkräfte, Politikformen und Veränderungswirkungen scharf profiliert, die lange Zeit wenig Beachtung gefunden hatten. Interpretatorisch sind diese Studien dort am überzeugendsten, wo sie überkommene Deutungsmuster – etwa zur Bedeutung des Systemkonflikts oder staatlicher Akteure – nicht einfach unbekümmert über Bord werfen, sondern vor Augen führen, wie sie infolge neuer Erkenntnisse und Perspektiven zu modifizieren und bisweilen auch in ihrer Aussagekraft herabzustufen sind. Vieles bleibt zu erforschen, und da sich ein Ende des jüngst gewachsenen Forschungsinteresses derzeit nicht andeutet, lassen sich in näherer Zukunft weitere wichtige Aufschlüsse erwarten. Gerade wenn man den globalen Süden als maßgeblichen Raum der internationalen Politik betrachtet, bleiben, wie erwähnt, zahlreiche Konflikte, Projekte und Akteursgruppen zu beleuchten. Darüber hinaus scheint die Frage, welche Rolle Europa – und auch der europäischen Integration – in der Weltpolitik zukam, auf neue Weise bedeutsam zu werden, wenn man diese als ein stärker polyzentrisches Geschehen begreift. Für die Zeit nach den 1970er-

112 Vgl. zur Historiografie der jüngsten Zeit bisher *Andreas Wirsching*, Der Preis der Freiheit. Geschichte Europas in unserer Zeit, München 2012; *Philipp Ther*, Die neue Ordnung auf dem alten Kontinent. Eine Geschichte des neoliberalen Europa, Berlin 2014; *Heinrich August Winkler*, Geschichte des Westens, Bd. 4: Die Zeit der Gegenwart, München 2015; *Andreas Rödder*, 21.0. Eine kurze Geschichte der Gegenwart, München 2015.

Jahren sind empirisch fundierte Studien noch dünn gesät, sodass wegweisende Prozesse wie die Schuldenkrise, die Internationalisierung des Finanzgeschehens, die Welle demokratischer Transitionen oder das Ende des Systemwettbewerbs noch sehr viel genauer zu erschließen bleiben.

Jenseits solcher Forschungsfragen werden Historikerinnen und Historiker weiter darüber nachdenken müssen, ob und wie sich die Fülle neuer Einsichten, die sich mit den historiografischen Neuorientierungen der letzten Jahre verbinden, in ein übergreifendes Narrativ einfügen lässt. Es ist unverkennbar, dass die jüngsten Studien stärker darauf ausgerichtet sind, die Geschichte der internationalen Politik zu desaggregieren und zu komplizieren, ein spannungsreiches Neben- und Ineinander verschiedener Entwicklungsstränge aufscheinen zu lassen, als neue geschlossene, weitgestreckte Interpretationsgebäude zu errichten. Überlegungen zu synthetisierenden Denkfiguren oder Deutungsmodellen finden sich selten und sind dann oft wenig ausgereift. Das steht in einem auffälligen Kontrast zum reichen analytischen Ertrag der jüngsten Forschungen. Ob es möglich und ob es nötig ist, solche Modelle zu entwickeln, stellt prinzipiell eine Frage der Diskussion dar. Dass sie auch wirklich geführt wird, ist vielleicht das zentrale Desiderat, das sich derzeit formulieren lässt.

Thomas Kroll

Neue Forschungen zur Geschichte der Sozialgeschichte in Westeuropa

»The glorious days of social history are a matter of the past.« Mit dieser Formel fasste Hartmut Kaelble am Beginn des 21. Jahrhunderts die Entwicklung der Sozialgeschichte in Westeuropa nüchtern zusammen, fügte jedoch sogleich hinzu, dass die sozialhistorische Forschung trotz der boomenden »neuen Kulturgeschichte« keineswegs im Niedergang begriffen sei. Vielmehr werde Sozialgeschichte in vielfältigen Kombinationen weiter praktiziert und als Disziplin habe sie sich höchst erfolgreich internationalisiert.[1] Diese Einschätzung wird auch von den Entwicklungen der letzten Jahre bestätigt, denn die Sozialgeschichte profitierte, wie neue Ansätze der Arbeits- oder Kapitalismusgeschichte zeigen, durchaus vom rasanten Aufstieg der Globalgeschichte, welche die Perspektiven der Historiografie seit den 1990er-Jahren erneut grundlegend verändert hat.[2] In diese Richtung weist auch ein von Christophe Granger herausgegebener Band, der sich mit den Funktionen der Historie in der Gegenwartsgesellschaft befasst und herausstreicht, die »Sozialgeschichte« stelle in Frankreich weiterhin einen prominenten Zweig der Sozial- und Kulturwissenschaften dar, könne jedoch anders als in den 1970er- und 1980er-Jahren nicht mehr den Anspruch erheben, übergreifende gesellschaftsgeschichtliche Deutungsangebote (im Sinne einer *histoire totale*) zu unterbreiten.[3] Diese Tendenz zur »Normalisierung« der Sozialgeschichte (und zum Bedeutungsverlust der Geschichtswissenschaft insgesamt) hängt eng mit der Fragmentierung der historiografischen Forschungslandschaft seit den 1970er-Jahren und dem Aufkommen einer zunehmenden Zahl von abgegrenzten Subdisziplinen und Forschungsfeldern zusammen, die zwar jeweils international sehr gut vernetzt sind, aber über ihre Grenzen hinweg kaum noch kommunizieren. Eine derart »disziplinierte« Sozialgeschichte wird in neueren Kompendien, die einen Überblick über die »Konzepte und Debatten« der Historie schaffen sollen, entsprechend als Facette eines vielgestaltigen Faches präsentiert, dessen Perspektiven sich kaum noch bündeln lassen.[4]

Im Verlauf dieser Transformation der Historiografie und der diversen epistemologischen »Wenden« der letzten Jahrzehnte hat sich die Sozialgeschichte allmählich zu einem Gegenstand der Historiografiegeschichte entwickelt.[5] Die Geschichte der Sozialgeschichte

1 *Hartmut Kaelble*, Social History in Europe, in: Journal of Social History 27, 2003, S. 29–35, hier: S. 29.

2 Vgl. dazu unter anderem *François Jarrige*, Discontinue et fragmentée? Un état des lieux de l'histoire sociale de la France contemporaine, in: Histoire, Économie & Société 31, 2012, H. 2, S. 45–59, sowie *Friedrich Lenger*, Die neue Kapitalismusgeschichte. Ein Forschungsbericht als Einleitung, in: AfS 56, 2016, S. 3–37. Der Band ist der »Sozialgeschichte des Kapitalismus im 19. und 20. Jahrhundert« gewidmet.

3 Vgl. unter anderem *Christophe Granger*, Ouverture. Science et insouciance de l'histoire, in: *ders.* (Hrsg.), À quoi pensent les historiens? Faire de l'histoire au XXIe siècle, Paris 2013, S. 5–23, *Stéphane Van Damme*, Histoire et sciences sociales. Nouveaux cousinages, in: ebd., S. 48–62; *Déborah Cohen*, Catégories sociales et discours sur la société, in: ebd., S. 197–208.

4 Vgl. *Christian Delacroix*, Histoire sociale, in: *ders./François Dosse/Patrick Garcia* u.a. (Hrsg.), Historiographies. Concepts et débats, Paris 2010, S. 420–435.

5 Vgl. dazu etwa *Lutz Raphael*, Geschichtswissenschaft im Zeitalter der Extreme. Theorien, Methoden, Tendenzen von 1900 bis zur Gegenwart, München 2003; *Georg G. Iggers*, Geschichtswissenschaft im 20. Jahrhundert. Ein kritischer Überblick im internationalen Zusammenhang, Göttingen 2007; *Michael Bentley* (Hrsg.), Companion to Historiography, London/New York 1997; *André Burguière*, L'École des Annales. Une histoire intellectuelle, Paris 2006.

ist lange von den Vordenkern des Faches selbst betrieben worden, um durch wissenschaftsgeschichtliche Reflexion Orientierung für die eigene Richtung zu gewinnen, eine »progressive« Tradition der nationalen Historiografie zu rekonstruieren oder das eigene Forschungsdesign gegenüber traditionellen Ansätzen als »modern« zu profilieren. Die jüngere historiografiegeschichtliche Forschung zielt dagegen eher darauf, sozialgeschichtliche Ansätze in den ideengeschichtlichen Kontexten der Zeit einzuordnen und sie damit zu historisieren. Besondere Aufmerksamkeit wird nach wie vor Methoden- und Theoriefragen gewidmet und die Entwicklung des Faches oft als Abfolge einander ablösender Paradigmata nationaler Geschichtsschreibungen interpretiert.[6] Trotz vielversprechender Ansätze ist die Zahl einschlägiger Studien sowie innovativer Ansätze zur Interpretation der Geschichte der Sozialgeschichte bislang allerdings recht überschaubar geblieben. Wer sich etwa mit der »Annales«-Schule oder der *nouvelle histoire* in Frankreich befassen will, ist noch immer gut beraten, auf Lutz Raphaels klassische Studie zurückzugreifen, die mit Pierre Bourdieus Feldtheorie arbeitet und die französische Sozialhistorie in ihrer Entwicklung bis 1980 wissenschaftsgeschichtlich erschließt.[7] Für die bundesdeutsche Sozialgeschichte liegen gewichtige Biografien etwa zu Werner Conze vor, mit denen sich die Geschichte insbesondere der frühen Bundesrepublik aufarbeiten und die Kontinuitäten mit der Volksgeschichte der 1930er- und 1940er-Jahre erfassen lassen.[8] In Großbritannien ist auf Arbeiten zur Geschichte der marxistischen Historiker der 1950er- und 1960er-Jahre zu verweisen, die freilich häufig als Beiträge zur historiografischen Traditionsbildung und Selbstvergewisserung gelesen werden können.[9] Als kaum erforscht kann dagegen die Epoche des Booms der Sozialgeschichte in Westeuropa von den 1960er- bis in die frühen 1980er-Jahre gelten; vergleichende Untersuchungen zur Geschichte der Sozialgeschichtsschreibungen Westeuropas liegen bislang ebenfalls nicht vor.[10] So kann in diesem Beitrag nicht von einer blühenden Forschungslandschaft, sondern von einigen neuen Werken und Studien berichtet werden, die erste Versuche zur Schließung einer erstaunlichen Forschungslücke darstellen.

Über die Gründe für das vergleichsweise geringe Interesse an der Zeitgeschichte der Sozialgeschichte lassen sich nur Vermutungen anstellen, doch spricht vieles dafür, anzunehmen, dass die kulturgeschichtliche beziehungsweise linguistische Wende zu einer drastischen Abnahme des Interesses auch an der Geschichte der Sozialgeschichte geführt hat. Das könnte man als Ausdruck einer »Mode« betrachten, die innerfachliche Dynamiken auslöste und zunächst zur Verdrängung sozialgeschichtlicher Forschungsperspektiven führte, die seit Mitte der 1980er-Jahre zunehmend als überholt oder veraltet behandelt wur-

6 Vgl. dazu auch *Anne Friedrichs*, Das Empire als Aufgabe des Historikers. Historiographie in imperialen Nationalstaaten: Großbritannien und Frankreich 1919–1968, Frankfurt am Main/New York 2011, S. 13.

7 *Lutz Raphael*, Die Erben von Bloch und Febvre. »Annales«-Geschichtsschreibung und »nouvelle histoire« in Frankreich 1945–1980, Stuttgart 1994. Vgl. auch den Forschungsbericht von *Anne Friedrichs*, Neuere Tendenzen der Historiographiegeschichte Frankreichs, in: NPL 57, 2012, S. 403–426.

8 *Jan Eike Dunkhase*, Werner Conze. Ein deutscher Historiker im 20. Jahrhundert, Göttingen 2010; *Ingo Haar*, Historiker im Nationalsozialismus. Deutsche Geschichtswissenschaft und Volkstumskampf im Osten, Göttingen 2000; *Thomas Etzemüller*, Sozialgeschichte als politische Geschichte. Werner Conze und die Neuorientierung der westdeutschen Geschichtswissenschaft nach 1945, München 2001.

9 Dies gilt etwa für den Klassiker von *Harvey J. Kaye*, The British Marxist Historians. An Introductory Analysis, Cambridge 1984.

10 Vgl. dazu *Thomas Kroll*, Historiographie als Zeitgeschichte. Die Sozialhistorie Westeuropas seit den 1960er Jahren, in: *Hamid Reza Yousefi/Hermann-Josef Scheidgen/Klaus Fischer* u.a. (Hrsg.), Wege zur Geschichte. Konvergenzen – Divergenzen – Interdisziplinäre Dimensionen, Nordhausen 2010, S. 165–194.

den.[11] Ein weiterer Grund ist wohl darin zu sehen, dass die Generationen von Historikerinnen und Historikern, welche die kulturhistorische oder linguistische Wende propagierten und wissenschaftlich trugen, ihre Laufbahn oft als Sozialhistoriker beziehungsweise Sozialhistorikerinnen begonnen hatten. Mancher autobiografische Bericht über die eigene Historikerkarriere wirkt wie eine Konversionserzählung, die von einem Bemühen um Rechtfertigung gekennzeichnet ist.[12] Der Umstand, dass der (heute überwundene) intellektuelle »Konflikt« von Sozial- und Kulturgeschichte in mancher Hinsicht eine Auseinandersetzung um Herrschaftspositionen und Ressourcen im akademischen Betrieb darstellte, könnte ebenfalls eine intensive Erforschung der Geschichte der Sozialgeschichte seit den 1960er-Jahren verzögert haben. Eine solche Historiografiegeschichte erscheint jedoch umso vordringlicher, als sie einen wichtigen Beitrag zur *intellectual history* des gesellschaftlichen Wandels in Europa von den 1960er- bis zu den 1980er-Jahren liefern könnte: Wie wurde »Modernisierung« konzipiert[13], welche Narrative gesellschaftlicher Transformationen wurden entwickelt, warum erschien es Sozialhistorikern so plausibel, gesellschaftliche Akteure als »Klassen« und »Kollektive« zu fassen[14], woher stammten die Kategorien, mit denen der sozialökonomische Wandel in den *Trente Glorieuses* meist zustimmend, wenn nicht euphorisch begrüßt und legitimiert wurde? Und warum änderte sich die historiografische Konzeptualisierung der Gesellschaft mit der kulturgeschichtlichen Wende so erstaunlich schnell und umfassend?

Auch wenn die Sozialgeschichte mit zunehmender zeitlicher Distanz zur Epoche ihres Booms mehr und mehr als Forschungsgegenstand der Historiografiegeschichte wahrgenommen wird, sucht man vergebens nach Studien, die Antworten auf die drängenden Fragen bieten. Zwar werden in dieser Sammelrezension wichtige jüngere Neuerscheinungen zur Geschichte der Sozialgeschichte in Westeuropa diskutiert, doch bleibt zu konstatieren, dass die Forschungslücken immens sind. Dies gilt für Studien zu einzelnen nationalen Historiografien in Westeuropa und mehr noch für den Bereich der vergleichenden oder transnational-verflechtungsgeschichtlichen Historiografiegeschichte, die über großes Entwicklungspotenzial verfügt und für die Geschichte der Sozialgeschichte von besonderer Relevanz ist.

I. »PARADIGMEN«, »SCHULEN« UND »GRUPPEN«

Angesichts des Forschungsstands erscheinen historiografiegeschichtliche Handbücher von besonderem Wert, da sich die Sozialgeschichte mit ihrer Hilfe in größere Kontexte einordnen und in vergleichender Perspektive die vorherrschende »Schulen«, »Gruppen« sowie »Paradigmata« erfassen lassen. Einen entsprechenden Überblick im globalen Maßstab bietet »The Oxford History of Historical Writing«, deren fünfter Band die Entwicklung

11 Vgl. dazu *Jürgen Kocka*, Mode und Wahrheit in der Geschichtswissenschaft. Wandlungen der letzten Jahrzehnte, in: Leviathan 38, 2010, S. 213–225, hier: S. 221–224.

12 Vgl. in diesem Zusammenhang etwa *William H. Sewell Jr.*, Whatever Happened to the »Social« in Social History?, in: *Joan W. Scott/Debra Keates* (Hrsg.), Schools of Thought. Twenty-Five Years of Interpretative Social Science, Princeton/Oxford 2001, S. 209–226, ferner *Geoff Eley*, A Crooked Line. From Cultural History to the History of Society, Ann Arbor 2006.

13 Vgl. dazu *Christoph Cornelißen*, Ein ständiges Ärgernis? Die Moderne in der (west-)deutschen Geschichtsschreibung, in: *Ute Schneider/Lutz Raphael* (Hrsg.), Dimensionen der Moderne. Festschrift für Christof Dipper, Frankfurt am Main/Berlin etc. 2008, S. 235–248.

14 Vgl. dazu auch die Beiträge in *Lex Heerma van Voss/Marcel van der Linden* (Hrsg.), Class and Other Identities. Gender, Religion and Ethnicity in the Writing of European Labour History, New York/Oxford 2002, sowie *Dennis Dworkin*, Class Struggles, Harlow 2007.

der Historiografie seit 1945 behandelt.[15] Bezeichnenderweise ist der Sozialgeschichte kein eigenes Kapitel gewidmet, obwohl die Geschlechtergeschichte oder auch die Umweltgeschichte separat dargestellt werden.[16] Die Sozialgeschichte wird vielmehr in umfassenden Länderkapiteln als Teil der nationalen Historiografie behandelt, wobei die »Oxford History of Historical Writing« geografisch weit ausgreift und sich nicht auf Europa und die USA beschränkt, sondern Asien, Lateinamerika und (leider nur im kontinentalen Überblick) Afrika einbezieht. Im westeuropäischen Zusammenhang werden die Geschichtsschreibungen Deutschlands[17], Großbritanniens[18], Frankreichs[19] und Italiens[20] ausführlicher als andere behandelt, wobei sich – trotz markanter Unterschiede und Phasenverschiebungen – eine typische Verlaufsform erkennen lässt: Eine die traditionelle (historistische oder positivistische) Politikgeschichte überwindende »klassische« Sozialgeschichte wird nach einer Phase des Booms, der Dominanz und folgender Fragmentierung durch die Kultur- und Globalgeschichte herausgefordert und als bestimmende intellektuelle Kraft des Mainstreams abgelöst. Dass eine auf den Überblick zielende Publikation nicht sämtliche europäischen Geschichtsschreibungen ausführlich behandeln kann, leuchtet schon aus praktischen Gründen ein, doch erscheint es im Falle der Geschichte der Sozialgeschichte bedauerlich, dass gerade die Schweiz kein eigenes Kapitel erhalten hat, obwohl Schweizer Sozialhistoriker (wie etwa Rudolf Braun) ihrer Disziplin in Europa weitaus mehr Impulse vermittelt haben, als es standardisierte Darstellungen zeigen.[21] Die Behandlung von »nationalen« Historiografien in einzelnen Kapiteln erscheint gleichwohl sinnvoll, weil damit die Ergebnisse der immer noch stark nationalgeschichtlich ausgerichteten Forschungen zur Geschichte der Geschichtsschreibung zusammengefasst und typische Entwicklungen herausgefiltert werden können. Zugleich stehen solche Formen der Darstellung freilich in Gefahr, die einzelnen Geschichtsschreibungen als homogene »Formationen« zu präsentieren oder auch Schulen des Hauptstroms in den Mittelpunkt zu rücken, die als repräsentativ betrachtet und als dominant beschrieben werden. Entgegen solchen historiografiegeschichtlichen Meistererzählungen bietet beispielsweise der Beitrag von Matthias Middell über Frankreich eine differenzierte Betrachtung, da er nicht nur die »Annales«-Schule oder die quantitativ-serielle Geschichtsschreibung im Gefolge von Ernest Labrousse[22], sondern auch postkoloniale und globale Ansätze sowie Strömungen der Arbeiterbewegungsgeschichte in den

---

15 *Axel Schneider/Daniel Woolf* (Hrsg.), The Oxford History of Historical Writing, Bd. 5: Historical Writing since 1945, Oxford/New York etc. 2011. Eine nach wie vor hilfreiche Bibliografie liefert: *Geoffrey R. Elton*, Modern Historians on British History 1485–1945. A Critical Bibliography 1945–1969, Routledge, Oxon/New York 2009 (zuerst 1970), 252 S., kart., 32,99 £.

16 *Julie Des Jardins*, Women's and Gender History, in: *Schneider/Woolf*, The Oxford History of Historical Writing, Bd. 5, S. 136–158; *John Robert McNeill*, The History of Environmental History, in: ebd., S. 159–176.

17 *Stefan Berger*, From Search for Normality to the Search for Normality: German Historical Writing, in: ebd., S. 220–242.

18 *Michael Bentley*, British Historical Writing, in: ebd., S. 291–310.

19 *Matthias Middell*, French Historical Writing, in: ebd., S. 266–290.

20 *Stuart Woolf*, Italian Historical Writing, in: ebd., S. 333–352.

21 Vgl. dazu *Martin Lengwiler*, Undiszipliniert und prägend. Die Sozialgeschichte in der schweizerischen Historiographie des 20. Jahrhunderts, in: *Pascal Maeder/Barbara Lüthi/Thomas Mergel* (Hrsg.), Wozu noch Sozialgeschichte? Eine Disziplin im Umbruch. Festschrift für Josef Mooser zum 65. Geburtstag, Vandenhoeck & Ruprecht Verlag, Göttingen/Bristol 2012, 245 S., geb., 55,00 €, S. 57–87. Vgl. auch *Jakob Tanner*, »Das Grosse im Kleinen«. Rudolf Braun als Innovator der Geschichtswissenschaft, in: Historische Anthropologie 18, 2010, S. 140–156.

22 Vgl. zur intellektuellen und wissenschaftlichen Biografie von Labrousse die Studie von *Maria Novella Borghetti*, L'œuvre d'Ernest Labrousse. Genèse d'un modèle d'histoire économique, Paris 2005.

Blick rückt.[23] Zu diesen zählt insbesondere der von Roberto Ceamanos Llorens intensiv erforschte Kreis um die Zeitschrift »Le Mouvement Social«, dessen politisch in Linksparteien engagierte Mitglieder zwar meist Schüler von Labrousse waren, jedoch früh eigenständige Formen der Sozialgeschichte der Arbeiter und der Arbeiterbewegung entwickelten und seit den 1960er-Jahren in hohem Maße in internationale Netzwerke eingebunden waren.[24] Solche internen Differenzierungen sind von der Historiografiegeschichte bislang erstaunlich wenig berücksichtigt worden, weil die Verwendung des Konzepts »Paradigma« den Blick auf (vermeintlich) dominierende Strömungen oder Individuen lenkte und letztlich deren Führungsrolle intergenerationell bestätigte. In der bundesdeutschen Historiografiegeschichte wird die in den 1960er-Jahren aufkommende Sozialgeschichte weithin mit der sogenannten Bielefelder Schule gleichgesetzt, die – ähnlich wie die »Annales«-Schule in Frankreich[25] – institutionell gut verankert war, offensiv ein politisch unterfüttertes Forschungsprogramm vertrat und dank ihrer Konzentration auf Theorie- und Methodenfragen in der Fachöffentlichkeit viel Aufmerksamkeit auf sich ziehen konnte.[26] Sozialhistoriker, die nicht die Haltung »kämpferischer Absetzung von der traditionellen Geschichtswissenschaft« wählten[27], wie es nach Jürgen Kocka für Gerhard A. Ritter gilt, oder konkurrierende Gruppen, die in der Tradition älterer Zugänge zur Sozial- und Wirtschaftsgeschichte standen[28], sind bislang wenig erforscht worden. Ähnliches gilt für die französische Historiografiegeschichte, wo ebenfalls das Narrativ der »Schule« dominierte und viele Anstrengungen darauf gerichtet wurden, höchst verschiedenartige Richtungen der Sozialgeschichte unter den Begriff der »Annales« oder der *nouvelle histoire* zu subsumieren beziehungsweise potenzielle Abweichungen zu diagnostizieren.[29]

Differenzierte Darstellungen, die zwar keine Synthese leisten, aber die Vielfalt der Sozialgeschichtsschreibungen seit den 1960er-Jahren zur Geltung bringen, bieten personengeschichtliche Handbücher mit knappen Biografien und Werkprofilen von prominenten Historikerinnen und Historikern. Entsprechend aufgearbeitet wurde namentlich die Geschichtsschreibung Frankreichs. So liefert der von Philip Daileader und Philip Wahlen herausgegebene Band »French Historians 1900–2000« mit seinen insgesamt 42 Porträts einen vorzüglichen Überblick, da er auch die Zeitgeschichte der Historiografie sowie Exponenten der »jüngeren« Generation der Sozialhistoriker (Maurice Agulhon, Michelle Perrot, Mona Ozouf, Emmanuel Le Roy Ladurie und andere) einbezieht und sich nicht auf den Hauptstrom der »Annales« beschränkt.[30] In dem Kompendium finden sich biografische Skizzen und konzise Informationen zu den Hauptwerken nicht nur von Marc Bloch,

---

23 Vgl. *Middell*, French Historical Writing.

24 Vgl. *Roberto Ceamanos Llorens*, De la historia del movimiento obrero a la historia social. »L'Actualité de l'Histoire« (1951–1960) y »Le Mouvement Social« (1960–2000), Saragossa 2004.

25 Vgl. dazu immer noch *Raphael*, Die Erben von Bloch und Febvre.

26 *Bettina Hitzer/Thomas Welskopp*, Die »Bielefelder Schule« der westdeutschen Sozialgeschichte. Karriere eines geplanten Paradigmas?, in: *dies.* (Hrsg.), Die Bielefelder Sozialgeschichte. Klassische Texte zu einem geschichtswissenschaftlichen Programm und seinen Kontroversen, Bielefeld 2010, S. 13–32; ferner *Sonja Asal/Stephan Schlak* (Hrsg.), Was war Bielefeld? Eine ideengeschichtliche Nachfrage, Göttingen 2009.

27 Vgl. *Jürgen Kocka*, Behutsamer Erneuerer. Gerhard A. Ritter und die Sozialgeschichte in der Bundesrepublik, in: GG 42, 2016, S. 669–684, hier: S. 673.

28 Vgl. dazu jüngst das Werk von *Jeannette Granda*, Hermann Kellenbenz (1913–1990). Ein internationaler (Wirtschafts-)Historiker im 20. Jahrhundert, Berlin 2017.

29 Vgl. den zuletzt 2010 neu aufgelegten Klassiker von *François Dosse*, L'histoire en miettes. Des Annales à la »nouvelle histoire«, Paris 2010 (zuerst 1987); ferner *Friedrichs*, Neuere Tendenzen der Historiographiegeschichte Frankreichs.

30 *Philip Daileader/Philip Whalen* (Hrsg.), French Historians 1900–2000. New Historical Writing in Twentieth-Century France, Oxford 2010.

Fernand Braudel oder Ernest Labrousse, sondern auch zu Historikern wie Louis Chevalier, der zur Bevölkerungsgeschichte von Paris und seinen Unterschichten geforscht hat, sich aber bereits in den 1950er-Jahren von der »Annales«-Schule und deren quantifizierenden Methoden energisch absetzte.[31] Als Hinweis darauf, dass die Historisierung der jüngsten Historiografie seit den 1970er-Jahren als Forschungsaufgabe wahrgenommen wird, kann auch ein von André Burguière und Bernard Vincent herausgegebener Band mit 20 personengeschichtlich angelegten Studien zu führenden Historikerinnen gelten.[32] Unter den behandelten Wissenschaftlerinnen ist auch eine Reihe von Sozialhistorikerinnen zu finden, die innovative Methoden entwickelten und durch neue Ansätze wissenschaftsgeschichtlich bedeutsame Weichen gestellt haben. Dies gilt etwa für Natalie Zemon Davis, Mona Ozouf, Michelle Perrot, Annie Kriegel oder Christiane Klapisch-Zuber, die als Pionierinnen ihrer Forschungsfelder wirkten und die Sozial- und später die Kulturgeschichtsschreibung zu Frankreich (und Italien) erneuerten. Auch wenn die Artikel des Bandes einen eher enzyklopädisch-deskriptiven Charakter haben, bieten sie in der Zusammenschau reichlich Anlass, festgefügte Traditionsbildungen der europäischen und angloamerikanischen Sozialgeschichtsschreibungen infrage zu stellen, und verweisen auf die dringliche Aufgabe, die sozialhistorische Praxis in den Kontext ihrer Zeit einzuordnen, sich nicht mit der oberflächlichen Zuordnung zu Schulen und Paradigmen zufriedenzugeben, sondern die Texte der Historikerinnen und Historiker konsequent als Quellen zu interpretieren und sie – im Sinne einer modernen *intellectual history* – mit politischen und sozialen Erfahrungen der Autorinnen und Autoren in Zusammenhang zu bringen.

II. Transnationale und globale Perspektiven

Auch wenn eine solche quellennahe Mikroperspektive Erkenntnisgewinn verspricht, kann die Historiografiegeschichte erheblich von der Globalgeschichte profitieren, wie eine jüngst in Übersetzung vorgelegte »Weltgeschichte der Historiografie von 1750 bis heute« aus der Feder von Georg G. Iggers, Q. Edward Wang und Supriya Mukherjee zeigt.[33] Der Band versteht die akademische Geschichtsschreibung als Teil einer umfassenden »Geschichtskultur« und bietet einen vorzüglichen Überblick über die Entwicklung der Historiografie seit dem 18. Jahrhundert im »Westen«, im »Nahen Osten«, in »Indien«, in »Ost- und Südostasien«, während die afrikanischen Historiografien recht kurz kommen. Auch wenn die Expertinnen und Experten für die einzelnen Räume nicht viel Neues erfahren, ermöglicht es der Band, durch seine globale und vergleichende Perspektive, Ähnlichkeiten und Unterschiede hervorzuheben und den hier besonders interessierenden »Westen« schärfer zu konturieren. Aus der globalen Vogelperspektive wird deutlich, dass der marxistisch geprägten Sozialgeschichtsschreibung eine weitaus größere Bedeutung zukommt, als es gängige Interpretationen der bundesdeutschen Historiografiegeschichte nahelegen, in der marxistische Ansätze – im Vergleich zu Großbritannien, Italien und selbst zu Frankreich – eine geringe Rolle gespielt haben.[34] Aus der Lektüre des Bandes ergibt sich ferner die Einsicht, dass sich die Historiografiegeschichte entschieden mehr der Analyse von transnationalen oder globalen Rezeptionsprozessen widmen muss, um die Entwicklung der Sozialgeschichtsschreibung in Westeuropa zu verstehen. Zudem gilt es, Rezeptionsbarrieren zu überwinden,

31 Vgl. *Barrie M. Ratcliffe*, Louis Chevalier (1911–2001), in: ebd., S. 112–135.

32 *André Burguière/Bernard Vincent* (Hrsg.), Un siècle d'historiennes, Paris 2014.

33 *Georg G. Iggers/Q. Edward Wang/Supriya Mukherjee*, Geschichtskulturen. Weltgeschichte der Historiografie von 1750 bis heute, Vandenhoeck & Ruprecht Verlag, Göttingen 2013 (zuerst engl. 2008), 416 S., geb., 55,00 €.

34 Vgl. dazu auch *Enzo Traverso*, Marx, l'histoire et les historiens. Une relation à réinventer, in: Actuel Marx, 2011, Nr. 50, S. 153–165.

denn die Historiografiegeschichte ist nach wie vor stark durch nationalgeschichtliche Rezeptionsgewohnheiten und Perspektiven geprägt. Dies zeigt etwa die wenig erforschte transnationale Geschichte der italienischen Mikrogeschichte[35], die in Lateinamerika sehr großen Einfluss gewonnen hat, nachdem der Marxismus in die Krise geraten war. Angesichts dieser breiten Rezeption in Lateinamerika überrascht es nicht, dass die beste Studie zur Geschichte der italienischen *microstoria* aus der Feder des brasilianischen Historikers Henrique Espada Lima stammt, die allerdings in Europa und den USA viel zu wenig zur Kenntnis genommen worden ist.[36] Zudem wird deutlich, dass globalgeschichtliche Perspektiven die westeuropäische Historiografiegeschichte und deren Blick auf die Sozialgeschichtsschreibung nach 1945 erst ändern werden, wenn sie Studien anregen, die globale oder transnationale Rezeptions- und Verflechtungsprozesse empirisch-quellengesättigt untersuchen. Dass westeuropäische Historikerinnen und Historiker möglicherweise mehr als bislang von der Geschichte der Geschichtsschreibung registriert über nationalgeschichtliche Perspektiven hinausgegangen sind, zeigt bereits die exzellente Dissertation von Anne Friedrichs zur Historiografie in den »imperialen Nationalstaaten« Großbritannien und Frankreich in der Epoche von 1919 bis 1968. Mit einem dezidiert komparativen Ansatz gelingt es ihr, mittels einer gründlichen Analyse von einflussreichen Handbüchern zu zeigen, dass sich der Blick von Historikerinnen und Historikern nicht nur auf den Nationalstaat, sondern auch auf das Kolonialreich, das Empire und seine europäischen Bezüge richtete. Solche imperialen Erkenntnisinteressen prägten die Zünfte und ihr geschichtspolitisches Engagement erheblich.[37] Auch wenn die Potenziale einer derart transnational und vergleichend verfahrenden Historiografiegeschichte nicht von der Hand zu weisen sind, sollte man sich gleichwohl nicht dazu verleiten lassen, die Bedeutung der nationalgeschichtlichen Prägung der Sozialhistorikerinnen und -historiker Westeuropas bis in die 1990er-Jahre zu unterschätzen.[38]

III. BIOGRAFIEN UND GENERATIONELLE GRUPPEN

Darauf verweisen jüngere Studien zur Sozialgeschichtsschreibung nach 1945, die sich mit dem Problem der politischen und methodologischen »Kontinuität« und der Frage befassen, inwieweit die »Neue Sozialgeschichte« des späten 20. Jahrhunderts an historiografische Ansätze der 1920er- und 1930er-Jahre angeknüpft hat. In Frankreich hat man in diesem Zusammenhang immer wieder auf die Innovation der »Annales«-Gründer Marc Bloch und Lucien Febvre sowie das Werk von Fernand Braudel verwiesen, als deren »Erben« sich jüngere Historiker nach 1945 präsentierten und ihre Studien in eine positiv besetzte Tradition stellen konnten, obwohl sie methodisch durchaus eigene Wege gingen.[39] In Deutsch-

35 Vgl. dazu auch *Thomas Kroll*, Die Anfänge der microstoria. Methodenwechsel, Erfahrungswandel und transnationale Rezeption in der europäischen Historiographie der 1970er und 1980er Jahre, in: *Jeanette Granda/Jürgen Schreiber* (Hrsg.), Perspektiven durch Retrospektiven. Wirtschaftsgeschichtliche Beiträge. Festschrift für Rolf Walter zum 60. Geburtstag, Köln/Weimar etc. 2013, S. 267–287.

36 *Henrique Espada Lima*, A micro-história italiana. Escalas, indícios e singularidades, Rio de Janeiro 2006.

37 *Friedrichs*, Das Empire als Aufgabe des Historikers, sowie jüngst *dies*., Zwischen Nationalisierung und Universalisierung. Narrative und Funktionen der britischen und französischen Geschichtswissenschaft im Vergleich (1919–1939), in: HZ Bd. 304, 2017, S. 90–122.

38 Vgl. dazu die Beiträge in *Stefan Berger/Chris Lorenz* (Hrsg.), Nationalizing the Past. Historians as Nation Builders in Modern Europe, Basingstoke/New York 2010, sowie jüngst *Stefan Berger/Christoph Conrad*, The Past as History. National Identity and Historical Consciousness in Modern Europe, Basingstoke/New York 2015.

39 Vgl. *Dosse*, L'histoire en miettes, Kap. 1 und 2.

land wurde dagegen das Fortwirken der Volksgeschichte der 1930er-Jahre und die Rolle der sogenannten Königsberger Schule problematisiert, aus der einige der einflussreichsten Vertreter der sogenannten frühen Sozialgeschichte der Bundesrepublik hervorgingen. Dies gilt für Werner Conze, der 1953 den Arbeitskreis für Moderne Sozialgeschichte mitbegründete, oder für Theodor Schieder, deren Karrieren und Werke eingehend erforscht worden sind.[40] In diesen Problemkreis fügt sich eine von Barbara Schneider vorgelegte Studie über Erich Maschke (1900–1982) ein[41], der von der Geschichte der Geschichtsschreibung noch nicht systematisch untersucht worden ist. Maschke zählte zwar nicht zu den intellektuell führenden Akteuren der Zunft, doch spielte er in den 1950er- und 1960er-Jahren eine beachtliche Rolle für die Etablierung der Stadtgeschichte. Die Studie Schneiders arbeitet mit dem Konzept der Generation sowie dem von Ludwig Fleck inspirierten Begriff des »Denkkollektivs« und bietet eine auf breiten Archiv- und Quellenrecherchen beruhende Analyse des Werkes von Maschke.[42] Nach einem Studium in Königsberg und einem Engagement in der bündischen Jugend befasste sich Maschke zunächst mit der Geschichte des Deutschen Ordens sowie Polens und wurde stark von der »Ostforschung« geprägt.[43] Nach Stationen in Jena und Leipzig in den 1930er- und 1940er-Jahren begann sich Maschke in den 1950er-Jahren in Heidelberg (als Kollege von Werner Conze) mit neuzeitlicher Wirtschafts- und Sozialgeschichte zu befassen.[44] Dabei zählte er zu den wenigen bundesdeutschen Historikern, die sich wie Conze in den 1950er-Jahren gegenüber dem Werk von Braudel aufgeschlossen zeigten.[45] Dies erscheint umso bemerkenswerter, als Maschke als »Volkstumshistoriker« der nationalsozialistischen Ideologie nahegestanden hatte.[46] Erst nach einer Kriegsgefangenschaft in der Sowjetunion (1945–1953), die ihn stark prägte, wandte sich Maschke von der volksgeschichtlichen Richtung der Historie ab. In einem umfassenden Kapitel zu den Heidelberger Jahren[47] untersucht Schneider diesen Prozess und die Kontinuitäten sowie Brüche im historiografischen Werk Maschkes, der nun von der Volks- zur Strukturgeschichte überging. Aus den Netzwerken der »Ostforschung« zog sich Maschke offensichtlich behutsam, aber entschieden zurück – wie Schneider anhand der Korrespondenzen und mittels Werkanalysen überzeugend nachweist –, ohne jedoch offen mit alten Weggefährten zu brechen, die in der Bundesrepublik ebenfalls wieder auf Professuren gelangten. Zugleich näherte sich Maschke polnischen Kollegen an und suchte das Gespräch mit DDR-Historikern, sodass man insgesamt durchaus von einer Öffnung für den wissenschaftlichen Dialog und die Demokratie westlichen Zuschnitts sprechen kann. In diesem Sinne lässt sich auch Maschkes Rolle in der »Kommission zur Erforschung der deutschen Kriegsgefangenengeschichte« (1959–1974) interpretieren, in welcher der Sozial- und Wirtschaftshistoriker nicht mehr an das politische Selbstverständnis der Historiker der 1930er-Jahre anknüpfte.[48]

Die Frage nach Kontinuitäten und Brüchen beschäftigt auch die Monografien von Margherita Angelini und Gilda Zazzara, die sich mit der italienischen Historiografie im Übergang vom Faschismus zur Republik Italien und ihrer Entwicklung in den beiden Jahrzehnten

---

40 Vgl. *Christoph Nonn*, Theodor Schieder. Ein bürgerlicher Historiker im 20. Jahrhundert, Düsseldorf 2013, sowie *Dunkhase*, Werner Conze; *Haar*, Historiker im Nationalsozialismus; *Etzemüller*, Sozialgeschichte als politische Geschichte.

41 *Barbara Schneider*, Erich Maschke. Im Beziehungsgeflecht von Politik und Geschichtswissenschaft, Göttingen 2016.

42 Ebd., S. 16–18.

43 Ebd., S. 27–48.

44 Ebd., S. 113–216.

45 Ebd., S. 247–249.

46 Ebd., S. 169.

47 Ebd., S. 225–338.

48 Ebd., S. 295–337.

nach dem Zweiten Weltkrieg befassen.[49] Beide Studien arbeiten einen Generationenkonflikt heraus, der sich in einem spannungsreichen Verhältnis von bereits unter dem Faschismus arrivierten Lehrern *(maestri)* und ihren Schülern der Nachkriegszeit äußerte.[50] In einer biografischen wie institutionengeschichtlichen Perspektive widmet sich Angelini dem unter dem Faschismus höchst einflussreichen Historiker Gioacchino Volpe (1876–1971) und vor allem dessen Schüler Federico Chabod (1901–1960), der ebenso wie Delio Cantimori, Carlo Morandi und Walter Maturi die Historikergeneration der Nachkriegszeit in hohem Maße prägte. Obwohl Chabod im antifaschistischen Widerstand in den Reihen des »Partito d'Azione« gestanden hatte, vertrat er nach Kriegsende in methodischer Hinsicht weiterhin eine im Kern konservativ-historistische Position und setzte sich für die Kontinuität der Institutionen und der Praxis historiografischer Forschung in Italien ein. Gleichwohl galt der Politikhistoriker und Neuzeitler Chabod, der als Ordinarius an der Universität Rom und Leiter des von Benedetto Croce gegründeten »Istituto Italiano per gli Studi Storici« in Neapel eine Schlüsselstellung im akademischen System innehatte, als wichtigster Mentor der jüngeren Generation, da er Innovationen seiner Schüler durchaus unterstützte, sofern diese wissenschaftliche Standards wahrten und die sozialen Verhaltensnormen der Zunft respektierten. Chabods Unterstützung war auch für die ersten Schritte einer erfolgreichen Karriere unverzichtbar, da ein Aufstieg ohne einen *maestro*, der im Hintergrund die Fäden zog, undenkbar war.

Anders als der etwa gleichaltrige Maschke oder Werner Conze standen Historiker wie Chabod oder Maturi den sozialgeschichtlichen Ansätzen der »Annales«-Schule eher skeptisch gegenüber.[51] Allerdings erregte die französische Geschichtsschreibung auch unter ihren Schülern wenig Interesse, weil diese sich einer »marxistischen Kultur« bedienten, um in den Nachkriegsjahren eine neuartige Historiografie zu entwickeln. Dieses Generationsprojekt sollte wissenschaftlich wie politisch einen Bruch mit dem Faschismus herbeiführen, wie Gilda Zazzara in ihrer Studie nachweist. Viele der jüngeren Historiker, zu denen etwa Ernesto Ragionieri, Giuliano Procacci oder Alberto Caracciolo gehörten, hatten sich als Jugendliche zunächst für den Faschismus engagiert, waren dann aber noch als Studenten entschieden zum Antifaschismus übergegangen und nahmen teilweise sogar als Partisanen an der Resistenza teil. Schon in dieser Zeit oder nach Kriegsende schlossen sie sich den Sozialisten oder (mehrheitlich) den Kommunisten an und rezipierten an der Universität marxistische Theorien und die Schriften von Antonio Gramsci. Wie Zazzara zeigt, gingen die Erfahrungen des politischen Engagements (im Widerstand, in Parteien oder Gewerkschaft in Stadt und Land) in die historiografische Praxis sowie die Themenwahl ein und prägten das »kollektive Profil der ›historiographischen Linken‹« der ersten beiden Nachkriegsjahrzehnte erheblich. Allerdings könne man dennoch nicht von einer »marxistischen Schule« sprechen, vielmehr habe es sich bei der Historikergeneration um »ein dichtes Netz von individuellen Erfahrungen, das Zusammentreffen und die Zirkulation von Menschen und Themen« gehandelt.[52] Gegen die Beharrungskräfte im Universitäts- und Wissenschaftsbetrieb setzte diese Generation ein historiografisches Projekt um, das darauf zielte, die bislang tabuisierte Zeitgeschichte *(storia contemporanea)*, vor allem die Geschichte der Re-

49 *Margherita Angelini*, Fare storia. Culture e pratiche della ricerca in Italia da Gioacchino Volpe a Federico Chabod, Rom 2012; *Gilda Zazzara*, La storia a sinistra. Ricerca e impegno politico dopo il fascismo, Editori Laterza, Rom 2011, 206 S., kart., 20,00 €. Dagegen nähert sich die Studie von *Marcel vom Lehn*, Westdeutsche und italienische Historiker als Intellektuelle? Ihr Umgang mit Nationalsozialismus und Faschismus in den Massenmedien (1943/45–1960), Göttingen/Bristol 2012, dem Problem aus einer intellektuellengeschichtlichen Perspektive.

50 *Angelini*, Fare storia, S. 238; *Zazzara*, La storia a sinistra, S. 3.

51 Vgl. *Angelini*, Fare storia, S. 201–234.

52 *Zazzara*, La storia a sinistra, S. 11.

sistenza sowie die Geschichte der Arbeiterbewegung *(movimento operaio)*, zu legitimen Gegenständen der Geschichtswissenschaft zu erheben und sie damit in die italienische Nationalgeschichte zu integrieren. Methodendebatten standen dabei nicht im Vordergrund, doch rückten über die vielfältigen Themen einer weit gefassten marxistisch inspirierten Geschichte des *movimento operaio*, zu der auch Bauern- und Volksbewegungen zählten, sozialgeschichtliche Fragen in den Blickpunkt. Insofern erscheint es plausibel, wenn Zazzara – im Anschluss an Mariuccia Salvati – von einer Art marxistischem Weg zur Sozialgeschichte spricht.[53] Dass die jüngere Generation durchaus Erfolge hatte und selbst »Meister« (wie Ragionieri, Procacci oder Caracciolo) hervorbrachte, welche wiederum die folgende Generation prägten, ist nicht zuletzt darauf zurückzuführen, dass sich die »historiografische Linke« in den der »Partito Comunista Italiano« nahestehenden Kultur- und Forschungsinstitutionen zu verankern vermochte und seit den 1950er-Jahren Zeitschriften (wie »Movimento operaio« oder die »Studi Storici«) als Plattformen der neuen historiografischen Richtung etablierte.[54]

IV. Autobiografien und Festschriften

Das Konzept der Generation diente in diesem Zusammenhang auch der Selbstbeschreibung der marxistischen Historiker Italiens, wie zahlreiche autobiografische Berichte der Protagonisten zeigen, die in den letzten Jahren publiziert worden sind und den Ausgangspunkt weiterer wissenschaftlicher Forschungen darstellen könnten.[55] Ähnliches lässt sich für die französische Historiografie festhalten, in der es seit Langem eine ausgeprägte Tradition unter Historikern gibt, mittels Dokumenten der »ego-histoire« oder Interviews gewissermaßen Quellen für die Geschichte der Geschichtsschreibung zu produzieren.[56] Obwohl solche Texte auf die Schaffung von Tradition sowie wissenschaftliche Selbstlegitimation zielen und mit größter quellenkritischer Sorgfalt zu interpretieren sind, bieten sie dennoch wichtige Ansatzpunkte gerade für die Zeitgeschichte der Sozialgeschichte, deren Erforschung in Westeuropa noch am Anfang steht. Einen wichtigen Schritt in diese Richtung stellt ein ebenfalls mit dem Konzept der Generation arbeitender Band von Barbara Stambolis dar, der Interviews mit bundesdeutschen Historikerinnen und Historikern des Jahrgangs 1943 bereitstellt und auswertet.[57] Im Falle Italiens ist nach wie vor die von Angelo d'Orsi herausgegebene Sammlung autobiografischer Texte von großem Nutzen, da Protagonisten der zweiten Generation von Sozialhistorikerinnen und -historikern zu Wort kom-

---

53 Ebd., S. 56. Vgl. auch *Mariuccia Salvati*, Une histoire sociale à l'italienne?, in: Vingtième Siècle, 2008, Nr. 100, S. 21–31. Zur marxistischen Geschichtsschreibung in Italien vgl. *Paolo Favilli*, Marxismo e storia. Saggio sull'innovazione storiografica in Italia (1945–1970), Mailand 2006, sowie jüngst *Piero Bevilacqua*, La storiografia marxista tra analisi e passione politica, in: *Paolo Favilli* (Hrsg.), Il marxismo e le sue storie, Mailand 2016, S. 107–119.

54 *Zazzara*, La storia a sinistra, S. 94–129.

55 Dies gilt etwa für den Band von *Mario Mirri/Renzo Sabbattini/Luigi Imbasciati* (Hrsg.), L'impegno di una generazione. Il gruppo di Lucca dal Liceo Machiavelli alla Normale nel clima del Dopoguerra, Mailand 2014, der sich mit dem Milieu der »Scuola Normale Superiore« in Pisa befasst. Vgl. zudem *Favilli*, Il marxismo e le sue storie.

56 Vgl. jüngst *Emmauel Le Roy Ladurie*, Une vie avec l'histoire. Mémoires, Paris 2014; *Pierre Nora* (Hrsg.), Essais d'ego-histoire, Paris 1987.

57 *Barbara Stambolis*, Leben mit und in der Geschichte. Deutsche Historiker Jahrgang 1943, Essen 2010. Vgl. ferner: »Ein hohes Mass an Experimentierbereitschaft«. Die Bielefelder Schule und die günstige Gelegenheit der Siebziger Jahre. Interview mit Jürgen Kocka, in: INDES. Zeitschrift für Politik und Gesellschaft 4, 2014, H. 3, S. 95–108, oder jüngst: *Lutz Niethammer*, Oral History in der deutschen Zeitgeschichte. Lutz Niethammer im Gespräch mit Veronika Settele und Paul Nolte, in: GG 43, 2017, S. 110–145.

men, die in den 1970er- und 1980er-Jahren für die Etablierung der Sozial- und Institutionengeschichte in Italien gestritten haben (etwa Raffaele Romanelli, Marco Meriggi, Simonetta Soldani oder Paola Macry).[58]

Angesichts des Stands der Forschung für die jüngste Epoche sind Festschriften oder Gedächtnisbände ebenfalls von großem Nutzen, obwohl solche Publikationen (neben dem unmittelbaren Anlass der Ehrung und Erinnerung) immer auch die Funktion haben, den Zusammenhalt von bestehenden generationellen Gruppen oder Netzwerken zu stärken und die Aktualität der von den betreffenden Protagonisten verfochtenen methodischen Ansätze sowie Forschungsperspektiven zu aktualisieren.[59] Dies gilt etwa für eine Festschrift zu Ehren von Giovanni Levi, einem der Gründerväter der italienischen *microstoria*. Dessen Schüler Maurizio Gribaudi lässt in seinem Beitrag die Leistungen des mikrohistorischen Ansatzes Revue passieren, präsentiert das Unterfangen der Mikrohistoriker als Generationsprojekt und schildert seine Erinnerungen an die Gründerjahre in Turin, als er von Levi betreut an seiner Studie zur Industriearbeiterschaft in Turin arbeitete. Dabei ergeben sich erstaunlich große Ähnlichkeiten mit den Motiven der »historiografischen Linken« der 1950er-Jahre, denn der in Paris lehrende Historiker hebt hervor, die Mikrohistoriker der 1970er- und 1980er-Jahren hätten die historische Forschung ebenfalls als »aktive politische Intervention« verstanden. Die den Sozialisten nahestehende Gruppe um Levi habe mit ihrem historiografischen Ansatz auf das Scheitern der Linken und gesamtgesellschaftlicher Transformationsprojekte in den 1970er-Jahren reagiert. Man habe sich von der Vorstellung einer Linearität der Geschichte sowie makrosoziologischen Kategorien, wie der Klasse, verabschiedet und mit einem mikroskopischen Blick auf soziale Phänomene die Komplexität von Geschichte erneut zur Geltung bringen wollen, um potenzielle politische Gestaltungsspielräume aufzuzeigen.[60]

Wesentlich weniger hagiografisch als der genannte Band ist eine Festschrift für Josef Mooser ausgefallen, die den für die bundesdeutsche Diskussion bezeichnenden Titel »Wozu noch Sozialgeschichte?« trägt und ebenfalls historiografiegeschichtlich relevante Beiträge enthält.[61] Dies gilt zunächst für die Einleitung von Pascal Maeder, Barbara Lüthi und Thomas Mergel, die ein konzises Profil der bundesdeutschen Sozialgeschichte seit den 1960er-Jahren bietet und einen historiografiegeschichtlichen Sonderweg postuliert, weil – so das Argument – man in der Bundesrepublik das Aufkommen der Historischen Sozialwissenschaft mehr als andernorts als »Revolution« erlebt habe.[62] Die Sozialhistoriker der Bundesrepublik hätten sich gemäß ihrer Konzeption des »Sozialen« vornehmlich für das »Kollektive« und insbesondere »soziale Großgruppen« und deren »Organisationen«, aber nicht für das »Individuelle« interessiert.[63] Die »herkömmliche Sozialgeschichte« habe sich

---

58 *Angelo d'Orsi* (Hrsg.), Gli storici si raccontano. Tre generazioni tra revisioni e revisionismi, Rom 2005.

59 Vgl. etwa: *Andrea Giuntini/Roberto Finzi/Tommaso Detti* u.a., L'opera storica di Renato Zangheri (1925–2015), in: Memoria e Ricerca 52, 2006, S. 303–326, oder *Christoph Cornelißen* (Hrsg.), Geschichtswissenschaft im Geist der Demokratie. Wolfgang J. Mommsen und seine Generation, Berlin 2010.

60 *Maurizio Gribaudi*, La lunga marcia della microstoria. Dalla politica all'estetica?, in: *Paola Lanaro* (Hrsg.), Microstoria. A venticinque anni da L'eredità immateriale, Mailand 2011, S. 9–24; *ders.*, Mondo operaio e mito operaio. Spazi e percorsi sociali a Torino nel primo Novecento, Turin 1987.

61 *Maeder/Lüthi/Mergel*, Wozu noch Sozialgeschichte?

62 *Dies.*, Einleitung, in: ebd., S. 7–24, hier: S. 7. Eine ausführliche politikgeschichtliche Auseinandersetzung mit dem deutschen »Sonderweg« bietet die Studie von *Marzia Ponso*, Una storia particolare. »Sonderweg« tedesco e identità europea, Verlag Il Molino, Bologna 2011, 608 S., kart., 38,00 €.

63 *Maeder/Lüthi/Mergel*, Einleitung, S. 10.

als »Geschichte der Moderne« begriffen, sei als Vergangenheitsbewältigung wissenschaftlicher Art praktiziert worden, habe einen guten Teil ihrer Spannkraft den ideologisch-politischen Konstellationen des Kalten Kriegs zu verdanken, sei durch die eurozentrischen Fortschrittsvorstellungen der Modernisierungstheorie geprägt gewesen sowie nationalgeschichtlichen Sichtweisen verhaftet geblieben. Als »politische Pädagogik« habe sie umstandslos Politik und Geschichte gleichgesetzt. »Ungeniert« hätten sich Sozialhistoriker im »Arsenal ihrer historischen Fakten« zwecks »Untermauerung politischer Thesen« bedient.[64] Trotz aller Kritik heben die Verfasser schließlich hervor, dass sich eine »erneuerte Sozialgeschichte« etwa im Feld der Stadtgeschichte platzieren oder in der Kombination mit der Wissensgeschichte Anregungen bieten könne.[65]

Nach möglichen Anknüpfungspunkten suchen auch die Beiträge von Stefan Brakensiek und Jürgen Kocka, die sich mit dem Werk von Josef Mooser im engeren Sinne auseinandersetzen. In diesem Zusammenhang hebt Brakensiek hervor, Mooser habe nicht zuletzt in Anlehnung an Edward P. Thompson das Konzept einer »ländlichen Klassengesellschaft« entwickelt, das sich zwar in der Sozial- und Agrargeschichte nicht durchgesetzt, aber dennoch als sehr anregend erwiesen habe, da Mooser die Relevanz religiöser Orientierungen und Konflikte innerhalb der ländlichen Gesellschaft herausgefiltert habe.[66] Dagegen unterstreicht Jürgen Kocka die Nützlichkeit von Moosers unorthodoxem Klassenbegriff, welcher es ihm ermöglicht habe, Klasse als Prozess aufzufassen und Klassenbildung sowie Klassenerosion der Arbeiterschaft im 20. Jahrhundert zu erfassen.[67] Blickt man auf die Ergebnisse der jüngsten historiografiegeschichtlichen Forschung, spricht jedoch einiges gegen die Annahme eines bundesdeutschen Sonderwegs, denn eine Verbindung von Sozialgeschichte und Politik[68], die Verwendung makrosoziologischer Kategorien und Modernisierungsvorstellungen[69], der Anspruch auf gesamtgesellschaftliche Deutungen und nicht zuletzt Generationenkonflikte der Historikerinnen und Historiker lassen sich auch in Frankreich und Italien ausmachen. Auffällig ist allerdings, dass in den romanischen Ländern der Aufstieg der Sozialgeschichte seit den 1950er-Jahren sehr viel enger mit der Agrargeschichte verbunden gewesen ist als in Westdeutschland, wo die Geschichte der Industriegesellschaft und der Arbeiterschaft im Vordergrund stand.[70]

Zwei weitere jüngst erschienene Festschriften bieten der Historiografiegeschichte interessante Ansatzpunkte, obwohl sie nicht »klassischen« Sozialhistorikern gewidmet sind. Während die Festschrift für den österreichischen Zeithistoriker Oliver Rathkolb knapp 90 Beiträge versammelt, die in verschiedenen methodischen Zugriffen einen Reigen von The-

64 Ebd., S. 7 und 10–15.

65 Ebd., S. 19.

66 *Stefan Brakensiek*, Ländliche Klassengesellschaft. Eine Relektüre, in: *Maeder/Lüthi/Mergel*, Wozu noch Sozialgeschichte?, S. 27–42, hier: S. 28.

67 *Jürgen Kocka*, Möglichkeiten der Arbeitergeschichte, in: *Maeder/Lüthi/Mergel*, Wozu noch Sozialgeschichte?, S. 43–53, hier: S. 43–45.

68 Bundesdeutsche Sozialhistoriker waren durchaus als politische Publizisten aktiv, doch waren sie weniger in parteipolitischen Debatten involviert als etwa Eric Hobsbawm, der sich als ein Vordenker der britischen Linken verstand. Vgl. dazu *Gregory Elliot*, Hobsbawm. History and Politics, London/New York 2010.

69 Auf den Umstand, dass es gelte, die Verwendung des Konzepts der Moderne in der westdeutschen Historiografie näher zu untersuchen, verweist der instruktive Aufsatz von *Cornelißen*, Ein ständiges Ärgernis?

70 Vgl. dazu etwa *Piero Bevilacqua*, La storiografia agraria in Italia (una breve ricognizione), in: Dimensioni e problemi della ricerca storia 22, 2009, Nr. 1, S. 18–30, sowie *Paolo Pombeni*, La transizione e le sue fasi. Riflessioni sui problemi aperti, in: *ders./Heinz-Gerhart Haupt* (Hrsg.), La transizione come problema storiografico. Le fasi critiche dello sviluppo della modernità (1494–1973), Bologna 2013, S. 9–37.

men der europäischen und österreichischen Geschichte des 20. Jahrhunderts behandeln[71], befassen sich viele der Aufsätze in dem Gangolf Hübinger zugeeigneten Band mit zentralen Theoriefragen der Geschichtswissenschaft, die auch für eine Geschichte der Sozialhistorie relevant sind.[72] Dies gilt etwa für Karl Schlögels Beitrag zur Geschichte nach dem *spatial turn*[73], Barbara Pichts Studie der Zeittheorien bei Zygmunt Bauman, Fernand Braudel und Reinhart Koselleck[74], Edith Hankes Überlegungen zur historischen Empirie bei Max Weber[75], Benedikt Stuchteys Essay über die Frage von Revolution und Empire bei Eric Hobsbawm und Victor Kiernan[76] und Lutz Raphaels Überlegungen zur Rolle von Krisensemantiken in der Historiografie im Zeitalter der Postmoderne.[77] Während Raphael damit auf das Desiderat verweist, die Fortschrittsnarrative der Sozialgeschichte der 1970er- und 1980er-Jahre werkgeschichtlich zu untersuchen, machen Christoph Cornelißens Überlegungen zur Rolle der transnationalen Geschichte in der Europa-Historiografie[78] deutlich, dass die Verflechtungen, Rezeptionsprozesse und Austauschbeziehungen der europäischen Sozialgeschichtsschreibungen noch intensiver erforscht werden müssen, ohne freilich die Prägekraft nationalstaatlicher Perspektiven zu unterschätzen, die selbst noch im Zeitalter der »fragmentierten« Historiografien des späten 20. Jahrhunderts zu verzeichnen ist.[79]

V. Transnationale Rezeptionsprozesse

Obwohl Untersuchungen der transnationalen Beeinflussungen und globalen Verflechtungen der europäischen Sozialgeschichtsschreibungen großen Erkenntnisgewinn versprechen, ist die Zahl entsprechender empirischer Studien bislang erstaunlich gering geblieben. So ist etwa die breite Rezeption der Arbeiten von Edward P. Thompson in Europa, den USA oder auch Indien bislang nicht systematisch oder vergleichend aufgearbeitet worden. Weitaus besser untersucht ist in dieser Hinsicht dagegen die Rezeption der »Annales«-Schule, die Gegenstand eines Bandes von Peter Schöttler ist, der sich dem Verhältnis französischer und deutscher Sozialhistorie widmet.[80] Bei dem Werk handelt es sich um eine Sammlung von Aufsätzen, die in ihrer Zusammenschau eine großartige, umfassende Studie zum Verhältnis der »Annales« zu Deutschland, zur Rolle von Vermittlerinnen und Vermittlern (wie Henri Pirenne, Henri Berr oder Lucie Varga) sowie Netzwerken darstellt und nicht zuletzt eine Analyse von Bloch und Febvre als Kritikern der deutschen Geschichtswissenschaft präsentiert. Inspirierend sind namentlich Schöttlers methodische Überlegungen, wie eine

71 *Lucile Dreidemy/Richard Hufschmied/Agnes Meisinger* u.a. (Hrsg.), Bananen, Cola, Zeitgeschichte. Oliver Rathkolb und das lange 20. Jahrhundert, 2 Bde., Wien/Köln etc. 2015.

72 *Friedrich Wilhelm Graf/Edith Hanke/Barbara Picht* (Hrsg.), Geschichte intellektuell. Theoriegeschichtliche Perspektiven, Mohr Siebeck Verlag, Tübingen 2015, VIII + 533 S., geb., 69,00 €.

73 *Karl Schlögel*, Chronotop – Überlegungen zur Räumlichkeit von Geschichte nach dem »spatial turn«, in: ebd., S. 19–37.

74 *Barbara Picht*, Moderne denken. Zeittheorien bei Bauman, Braudel und Koselleck, in: ebd., S. 56–65.

75 *Edith Hanke*, Max Weber und die historische Empirie, in: ebd., S. 137–153.

76 *Benedikt Stuchtey*, Eric Hobsbawm und Victor Kiernan über Revolution und Expansion, in: ebd., S. 184–201.

77 *Lutz Raphael*, »Gescheiterte Krisen«. Geschichtswissenschaftliche Krisensemantiken in Zeiten postmoderner Risikoerwartung und Fortschrittsskepsis, in: ebd., S. 78–92.

78 *Christoph Cornelißen*, Transnationale Geschichte als Herausforderung an die Europa-Historiographie, in: ebd., S. 389–404.

79 Vgl. dazu *Q. Edward Wang/Franz L. Fillafer* (Hrsg.), The Many Faces of Clio. Cross-cultural Approaches to Historiography. Essays in Honor of Georg G. Iggers, New York/Oxford 2007.

80 *Peter Schöttler*, Die »Annales«-Historiker und die deutsche Geschichtswissenschaft, Mohr Siebeck Verlag, Tübingen 2015, XII + 412 S., geb., 69,00 €.

kritische Geschichte der internationalen Rezeption der »Annales« aussehen könnte. So plädiert er dafür, zunächst die »lebenspraktischen Erfahrungen« sowie die Hoffnungen und Erwartungen der Zeitschriftengründer Bloch und Febvre zu rekonstruieren, sodann die »eigentümliche Fabrikationsweise der Zeitschrift« zu untersuchen und die »internationalen Verbindungen« aufzuspüren, um damit zu klären, welche Aspekte der »Annales« international relevant geworden sind.[81] Dabei kann man sicher Schöttlers methodischem Diktum folgen, solche Prozesse seien nur zu erfassen, wenn die Texte der Protagonisten als Quellen aufgearbeitet werden und das »realhistorische Phänomen Annales« nicht in einem »Zirkel der Sekundär-Rezeption und der Meta-Historiographie-Geschichte« verschwinde.[82] Die Fruchtbarkeit eines solchen Ansatzes stellen zahlreiche Kapitel des Buches unter Beweis. So überzeugt beispielsweise die Geschichte der Rezeption der »Annales« in Deutschland, die an Intensität gewann, als sich die Historische Sozialwissenschaft in den 1970er-Jahren im Aufwind befand und das Interesse an Sozialgeschichte auf dem Buchmarkt deutlich zunahm. Warum die Rezeption der »Annales« gleichwohl hinter jener der angloamerikanischen Forschung zurückblieb, ist ein offenes Problem. Zu diskutieren wäre in diesem Zusammenhang die anregende These Schöttlers, dass nicht intellektuelle Einwände oder Sprachbarrieren entscheidend gewesen seien. Vielmehr habe die »Annales« das »schlechte Gewissen« und den »›wunden Punkt‹« der westdeutschen Nachkriegshistorie berührt, was zu einer Art von »Überreaktion« geführt habe. Die westdeutschen Historiker der ersten Nachkriegsjahrzehnte seien damit einer Auseinandersetzung mit dem nie aufgearbeiteten Lamprecht-Streit, mit dem Marxismus und dem Nationalsozialismus aus dem Weg gegangen.[83] Dass es in den 1950er- und 1960er-Jahren Rezeptionsbarrieren gab, ist in der Tat unbestritten, doch bliebe – den methodischen Hinweisen Schöttlers folgend – zu prüfen, ob dies auch für die späteren Jahre in gleichem Maße gilt, als sich das Fach internationalisierte. Andere Aufsätze Schöttlers spüren der wechselseitigen Wahrnehmung der deutschen und französischen Geschichtswissenschaft nach, arbeiten die Bedeutung von politischen Zäsuren und Prozessen (1914–1918, 1939–1945) heraus und beleuchten die Historiografien aus vergleichender Perspektive (etwa das Verhältnis der »Annales« zur »Vierteljahrschrift für Sozial- und Wirtschaftsgeschichte« oder Unterschiede von französischer Sozialgeschichte und Volksgeschichte in den 1930er-Jahren). Als für zukünftige Forschungen höchst relevante methodologische Quintessenz zahlreicher Aufsätze lässt sich festhalten, dass Austauschbeziehungen nur durch skrupulöse Quelleninterpretationen und historische Kontextualisierungen der Rezeptionsprozesse angemessen interpretiert werden können. Der Schwerpunkt von Schöttlers Werk liegt in den 1920er- und 1930er-Jahren und schließt höchst vielfältige Facetten der Historiografiegeschichte auf. Gleichwohl bleibt es ein Desiderat der Forschung, transnationalen Rezeptionsprozessen in der Epoche des Booms der Sozialgeschichte seit den 1960er-Jahren nachzugehen, was methodisch eine große Herausforderung darstellt. Denn die Zunahme der Zahl der Historikerinnen und Historiker, die quantitative Expansion der historiografischen Produktion und nicht zuletzt die Erweiterung und Verdichtung der internationalen Beziehungen in den letzten Jahrzehnten des 20. Jahrhunderts lässt es zunehmend komplexer erscheinen, die konkrete Wirkung von transnationalen Rezeptionsprozessen präzise zu bestimmen.

Dies unterstreicht auch eine Untersuchung des Altmeisters der italienischen Historiografiegeschichte Giuseppe Galasso, der einerseits die Veränderung der Historiografie im Zeitalter der Globalisierung hervorhebt, anderseits aber die Kontinuität nationaler Traditionen der Historiografie betont.[84] In seiner Studie der Beziehungen der italienischen Histo-

81 Ebd., S. 9 und 13.
82 Ebd., S. 16 und 39.
83 Ebd., S. 40–44, Zitate: S. 44.
84 *Giuseppe Galasso*, Storiografia e storici europei del Novecento, Rom 2016, S. 25–32.

riker zur »Annales« (und umgekehrt) arbeitet er im Übrigen ein ähnliches Verlaufsmuster wie Schöttler für den deutsch-französischen Fall heraus. Engere Beziehungen zur »Annales« knüpften in den 1950er-Jahren vor allem Historiker, die anders als der Mainstream der »Idealisten« und der »Marxisten« nicht von Benedetto Croce und dem italienischen Historismus geprägt worden waren. Erst in den 1970er-Jahren nahm der Einfluss der »Annales« sowie der quantifizierenden Geschichtsschreibung in Italien zu und drückte nicht zuletzt der von Ruggero Romano herausgegebenen »Storia d'Italia Einaudi« den Stempel auf. Allerdings verweist Galasso darauf, dass sich der konkrete Einfluss selbst in dieser in Italien einflussreichen sozialgeschichtlich geprägten Handbuchreihe nur schwer bemessen lasse. In umgekehrter Rezeptionsrichtung spielte die italienische Geschichte und Historiografie für die »Annales« eine untergeordnete Rolle. Erst als französische Experten für italienische Geschichte zunehmend eigene Forschungen in der »Annales« publizierten, änderte sich dies allmählich, ohne dass die Zeitschrift freilich entscheidenden Einfluss auf die historiografischen Debatten der Apenninen-Halbinsel nehmen konnte.[85]

Aus einer ebenfalls transnationalen Perspektive befasst sich eine originelle Studie von Joseph Tendler mit der »Annales«-Schule[86], indem sie – im Sinne der *entangled history* – die Debatte mit deren Gegnern in Frankreich, Deutschland, Italien, Großbritannien und den USA rekonstruiert. Diesen Rezeptionsprozess fasst Tendler als »›a complex network of multilateral exchanges‹ between a variety of individual scholars«[87] auf, welches die Herausbildung der »Annales«-Schule entscheidend mitgeprägt habe. Damit richtet sich Tendler einerseits gegen Studien, welche die »Annales« als »intellektuelle Revolution« einer Generation oder als Trägerin eines international wirksamen Paradigmenwechsels heroisieren, anderseits gegen einseitige Rezeptionsstudien, welche die »Annales« gewissermaßen als Referenz für epistemologische (Selbst-)Reflexionen nutzen. Dagegen möchte Tendler das Bild der »Annales« durch den Bezug auf die internationale Rezeption ihrer Kritiker fragmentieren.[88] Chronologisch reicht die Studie bis 1970, als die Institutionalisierung der Schule sowie ihre mediale Präsenz so weit ausgebaut waren, dass sie internationale Wirkung entfalten konnte.[89] In einzelnen Länderkapiteln geht Tendler den Diskussionen von Vertretern der »Annales«-Schule mit Kritikern nach. Für den Fall von Frankreich selbst zitiert er etwa Robert Mandrous Zurückweisung der Quantifizierung, wie sie in der Gruppe um Labrousse praktiziert wurde, sowie die Auseinandersetzung von Braudel mit Louis Chevalier, der zwar die demografische Entwicklung für eine strukturelle Triebkraft der Geschichte hielt, aber mathematische Modellbildungen und die quantifizierenden Methoden der »Annales« zurückwies.[90] Auch in den übrigen behandelten Ländern lässt sich scharfe Kritik an der Quantifizierung oder auch an der Verwendung sozialwissenschaftlicher Modelle ausmachen, die von traditionellen Historikern mit der »Annales«-Schule identifiziert wurden. Diese skeptische Haltung lässt sich selbst bei positiv gestimmten »Vermittlern« wie dem Wirtschaftshistoriker Michael (»Munia«) Postan feststellen, der Hobsbawm mit der französischen Sozialgeschichte bekannt machte. Typisch für Großbritannien dürfte die Haltung von Richard Cobb gewesen sein, der die »Annales« als eine Art von Kult darstellte, der rationaler Kritik nicht zugänglich gewesen sei.[91] Aufs Ganze gesehen erscheint die These besonders aufschlussreich, solche Kritik habe weniger mit der Auffassung von Braudel

85 Ebd., S. 77–101. Vgl. ferner *Ruggiero Romano*, Braudel e noi. Riflessioni sulla cultura storica del nostro tempo, Rom 1995.
86 *Joseph Tendler*, Opponents of the Annales School, Basingstoke/New York 2013.
87 Ebd., S. 8.
88 Ebd., S. 2–10.
89 Ebd., S. 7 und 36–39.
90 Ebd., S. 52–70.
91 Ebd., S. 137–139.

und der »Annales« selbst zu tun gehabt, sondern gehe auf das Bestreben zurück, die eigene Position im jeweiligen nationalen Feld der Historie zu verteidigen. Insofern ist davon auszugehen, dass sich die Expansion des Feldes und die Diversifizierung der Historiografie seit den 1970er-Jahren erheblich auf die Rezeption der »Annales« auswirkten.[92]

Die transnationale Geschichte der Sozialgeschichte weiter zu erforschen, gehört sicher zu den besonders dringlichen Aufgaben einer modernen Historiografiegeschichte. Obgleich nationale Traditionen der Geschichtsschreibung die Sozialhistoriker und Sozialhistorikerinnen auch in der zweiten Hälfte des 20. Jahrhunderts stark prägten und die Erfahrung von Lehrer-Schüler-Beziehungen weiterhin eine wichtige Rolle spielten, kann die intellektuelle Bedeutung internationaler Rezeptionsprozesse in dieser Epoche kaum überschätzt werden. Wissenschaftliche Innovationen und neue Ansätze der Sozialgeschichte entwickelten sich spätestens im letzten Drittel des 20. Jahrhunderts im Kontext von grenzüberschreitenden, globalen Rezeptionsprozessen und von Dialogen, die im Rahmen bislang wenig untersuchter internationaler Konferenzen und Arbeitsgruppen von Sozialhistorikerinnen und Sozialhistorikern stattfanden. Bei der Erforschung solcher Prozesse gilt es, die historiografischen Muster des Kalten Kriegs zu überwinden und auch die Beziehungen west- und osteuropäischer Historiografien in den Blick zu nehmen, die für die Entwicklung des Fachs von erheblicher Bedeutung waren (wie etwa die Rezeption der polnischen Sozialhistoriker in Italien). Allerdings laufen derartige Studien zur transnationalen Verflechtung der modernen Sozialgeschichtsschreibung ins Leere, wenn sie nicht von ideen- und sozialgeschichtlichen Forschungen zu Biografien und Gruppen von Historikerinnen und Historikern flankiert werden, die auf intensivem Archiv- und Quellenstudium beruhen und den gesamten intellektuellen Kontext der historiografischen Produktion rekonstruieren. Auf diesem Wege könnten die Beziehungsnetze von Geschichtsschreibungen auf unterschiedlichen Ebenen erfasst werden, was die Verwendung traditioneller historiografiegeschichtlicher Konzeptualisierungen (etwa nationalspezifischer Schulen oder Traditionen) zumindest problematisch erscheinen lassen dürfte.[93] Schließlich könnte sich erweisen, dass die Sozialgeschichte im nationalen (und erst recht im internationalen) Kontext weitaus heterogener war, als es die Subsumierung unterschiedlicher Strömungen unter diesen Begriff suggeriert. Auch wenn sie grundlegende epistemologische Annahmen von der Rolle des »Sozialen« teilten, waren etwa die quantifizierende Geschichtsschreibung der 1970er- und 1980er-Jahre und die Mikrogeschichte durch Welten getrennt.[94] Insofern kann gerade eine moderne Geschichte der Sozialgeschichte, die transnationalen Verflechtungen angemessene Beachtung schenkt, auf die Methode des systematischen Vergleichs der ebenso disziplinär wie räumlich strukturierten Strömungen der Sozialgeschichtsschreibungen in der zweiten Hälfte des 20. Jahrhunderts nicht verzichten.

---

92 Ebd., S. 141 und 178.

93 Vgl. zu neueren Ansätzen der Historiografiegeschichte auch die Beiträge in *Jan Eckel/Thomas Etzemüller* (Hrsg.), Neue Zugänge zur Geschichte der Geschichtswissenschaft, Göttingen 2007.

94 Vgl. *Bernard Lepetit*, L'histoire quantitative: deux ou trois choses que je sais d'elle, in: Histoire & Mesure 4, 1989, S. 191–199.

Summaries

Manuel Bastias Saavedra, *Weltgesellschaft*, Functional Differentiation and Legal System. Modernisation of the Legal System at the Chilean »Frontera« (1790–1850)

This article proposes to rethink societal change and modernisation by drawing on the concept of world society. The theorem of world society allows, on the one hand, to reconsider the focus of social history on the concept of society by readopting a societal history after the criticism of postmodernism, postcolonialism and methodological nationalism. Luhmann's theory of the modern world society as the fragmentation of society into a multiplicity of closed communicative networks also opens up the possibility to consider modernisation as the substitution of forms of differentiation instead of the improvement of social structures. Within this scope, the article presents a case study to analyse the modernisation of the legal system from the perspective of systems theory. By exploring various legal regimes that structured the transfer of indigenous land in the south of Chile between 1790 and 1850, the article argues that the delocalisation of legal practice and the increasing significance of formal legal instruments after 1830 are to be seen as part of a wider process of functional differentiation of the legal system. Embedding this case study in a theory of world society highlights the contradictory consequences caused by modernisation. Against the backdrop of the concept of world society, modern society does not necessarily result in social improvement or even in an increasing homogenisation of social structures. The case study of the Valdivia territory illustrates that the modernisation of the legal system had harmful effects on the lives of the local population shown by the change of land ownership during the 1850s and the ecological transformation of the landscape of the region caused by this change.

Marc Breuer, Functional Differentiation against the Backdrop of Religious Milieux. On Locating Older Catholic and Younger Migrant Milieux in Society

Historically, functional differentiation could only emerge through segmental delimitations. This is true for both nation states and Catholic milieux of the nineteenth and the early twentieth centuries. As is well known, modernisations occurred within their boundaries despite their anti-modern self-descriptions. Moreover, various religious migrant communities such as Muslim mosque communities came into being in Germany and other West European countries since the post-war period. Around these communities, equally dense social networks emerged that can be referred to as religious migrant milieux. The article shows that they differ considerably and in many ways from older Catholic milieux. Nevertheless, both milieux are delimited segments with a primarily religious identity that are able to connect with the secular majority society. Even until today, functional differentiation apparently often involves such segmental elements. In both cases the formation of milieux is caused by societal cleavages. However, due to changed framework conditions younger migrant milieux are not able to enforce structural delimitation to the same extent as the confessional milieux in the transition to modernity. But they too respond to the discrimination of their members by forming densely woven lifeworld communities and organisations. The significance of these milieux for the integration process remains ambivalent: the self-organisation of the respective population groups in fact often supports contacts with the majority society; in some cases, however, separating effects predominate.

John Breuilly, Modernisation and Nationalist Ideology

The claim made in this article is that nationalism is an essential component of state modernisation, not just one contingent outcome. I argue that a key reason for this is the new conception of political territory associated with state modernisation and modernisation more generally. After outlining central features of theories of modernisation and modernist theories of nationalism, the main focus is upon lining nationalism to modern practices of territoriality. These are considered in broadly chronological phases: the formation of national states on the Atlantic seaboard of Europe and the projection of their power into the wider world; the revolutionary changes in notions of national territory and national sovereignty in the late 18th and early 19th century; the dominance of »unification« nationalisms in the 19th century and its relationship to practices of territoriality. A brief section on pan-nationalism as a non-territorial ideology which became widespread and important around 1900 is followed by an account of its displacement by the dominance of separatist, territorial nationalism after 1918. This form is considered in the three phases of the formation of ethnonational states in post-1918 Central and Eastern Europe, of states based on the territory of colonial states in the process of post-1945 European decolonisation and the formation of nation states in the aftermath of the Soviet collapse. In all these cases the changing character of practices of territoriality are linked to changing forms of nationalism.

Peter van Dam, Saving Social History from Itself. Moving on from Modernisation

Modernisation theory has been pronounced dead as often as it has been resurrected. Because of its pivotal position in social history, a genealogy of its adaptions provides a perspective on the crisis of social history. Moreover, it highlights how historians have struggled to abandon notions of Western exceptionalism and progress. The genealogical approach also exposes the problematic interplay between scholarly and popular definitions of modernisation. This article discusses how modernisation theory has been revised to account for criticism of its vagueness, teleology, dichotomisation of tradition and modernity, Western bias, and instrumentalisation. Revised versions of the theory have at once specified modernisation to apply to certain regions, periods and processes, and generalised it to denote processes which can be universally observed. Specification and generalisation further undermine the viability of modernisation for social history. Where a specified notion of modernisation is employed, it suggests correlation and broader relevance without substantiation. Generalised versions postulate modernisation and subsequently document it empirically. A genealogy of modernisation liberates valuable concepts of social history from this stranglehold. Processes such as urbanisation, structural differentiation, bureaucratisation, and scientification can be independently evaluated and their interdependency empirically assessed. Returning to the moderate ambition of identifying and applying theories of the middle range, social history can reclaim the middle ground between the social sciences and history.

Steffen Dörre, Development through Striving for Achievement. Theory and Practice of Psychosocial Modernisation

This article focuses on how development and modernisation discourses of the 1950s and 1960s discuss humans as subjects that have to be modernised. It shows contemporary concepts of the »modern man« from this period and their explanation of the human ability to modernise society. The article predominantly explores the significance of striving for achievement in US-American modernisation theories and the discourse on development aid in the Federal Republic. It argues that actual human actors were considered the driving force of societal change. Thus, social and mental obstacles to their development were addressed and identified as the main cause of underdevelopment to a greater extent than in previous research. The article shows that these ideas also had practical relevance. By drawing on government and privately financed projects, it illustrates efforts to increase achievement motivation in the so-called developing countries. Apparently, these projects considered explicitly masculine connotations as the basis of the desired comprehensive social restructuring. Focusing on social and behavioural science theories and their repercussions on development aid practices allows us to expand previous assumptions about the debates on modernisation during the 1950s and 1960s in terms of the history of ideas and gender history.

Wolfgang Göderle, Modernisation through Surveying? Knowledge of the Modern State in Central Europe, c. 1760–1890

This contribution correlates cartography as a tool of land registry and land survey with the formation of modern statehood as a result of imperial rule, both seen as basic processes of modern society (Lutz Raphael). Taking the Habsburg monarchy as an example for Central Europe, the article describes how cartographic practices that had been developed in France and Milan were subsequently employed in the Danubian domains in order to take effect regarding the modernisation of power relations and the formation of modern statehood at two levels: decades-long surveying along with land registry increasingly became the basis for organisation and action of state bureaucracy, while military land surveys resulted in mapping the modern state. The fractured spatiality of the Old Empire effectively gave way to the spatial idea of territoriality that fundamentally structured the functional principles of modern statehood and their methods of operation. At the same time, mapping the modern state deeply impacted bourgeois knowledge and awareness of its existence. The article describes the history of surveying and statehood in Central Europe as a long-term process. In its course, the institutional bases of power relations were transformed: the imperial society of estates evolved into a society characterised by basic elements of modern statehood with more and more groups of the population participating in political decision-making. Bourgeois actors were the driving force behind this process. They offered crucial practical knowledge, took part in standardising and normalising procedures and representations due to their trans-imperial networks, influenced the determination of modernisation paths and, in some cases, marginalised contingent development possibilities.

Markus Holzinger, Violence of War and Dynamics of Civil Wars in the »Peripheries«. On the Myth of Global Modernity

Grand societal theories of modernisation – such as by Talcott Parsons, Jürgen Habermas, Niklas Luhmann or John W. Meyer – usually depict modernity as a pacified civil society. According to Hans Joas, Western modernisation theory indulges in dreaming the »dream of non-violent modernity«. In light of the occurrence of massive military violence during the period from 1800 to 2000, it renders necessary to explore this blind spot of the theory of modernity. The article focuses on new violent conflicts within peripheral regions (especially Africa south of the Sahara) after 1945 instead on major wars between states or »total wars« until 1945. After all, 94% of all armed conflicts during the 1990s took place within states. The contribution aims at exploring key mechanisms of the internal dynamics of these wars. Building upon several scholars on war such as Charles Tilly and Kalevi J. Holsti, the article argues that the main cause for the escalation of these wars is the lack of state structures penetrating the societies of developing countries. The European concept of the nation state and its legal-bureaucratic authority could not be consolidated in many developing countries. It is this lacking state dominance that results in the inherent dynamics of the war and causes a tendency that armed conflicts perpetuate themselves.

Massimiliano Livi, Neo-Tribalism as a Metaphor and Model. Conceptual Considerations on Analysing Emotional and Aesthetic Communities in Post-Traditional Modes of Socialisation

After years of focusing on individualism as the driving force behind the contemporary social order, it has become apparent from a political scientific and especially a sociological perspective that the rich post-industrial European societies have turned to new forms of the collective cultural, social and aesthetic formation of community. Since the 1980s at the latest, these divergent phenomena have been able to create new symbolic order systems and material conditions based on specific discursive and action practices. In so doing, they challenge the *raison d'être* and the normative power of social entities such as parties, churches, companies, trade unions or welfare state structures. Historiography, however, usually considers these changes in society from a reverse perspective, that is, as a result of political and economic factors. It is the key argument of the article that social history lacks an approach to address the existence and logic of action of post-traditional societal phenomena that are mostly hard to grasp otherwise. The article proposes the metaphor of »neo-tribalisation« as a project-oriented concept to analyse the effects and consequences of these forms and phenomena on social, political, economic, religious and state structures.

Christoph Lorke, (Dis-)Orders of Mobile Modernity. Cross-Border Couples and the German Registry Office in Imperial Germany and Weimar Republic

The introduction of civil marriage at Reich level in 1875 and of registry offices a year later brought about an increase in functional differentiation and the advanced complexity of civil status laws. As a result, and given that civil marriage from then on was the prerequisite of church marriage, the nation state became the most important basis of marriage-policy. However, the period of »high modernity« was also a fundamental societal historical watershed. Profound social and demographic changes and increasing migration movements deeply impacted everyday life, for instance marital behaviour. Since the formation of Imperial Germany, registrars and other authorities had to deal with an increasing number of requests of German nationals who wanted to marry a foreign spouse. The result was the professionalisation and scientification of the German registry office from 1900 onwards, a process that occurred in waves during the following years. The article discusses which regulation, order and intervention options associated with these processes were open to the authorities in response to the increasing transnational expansion of the German marriage market. Thus, it explores the modes of administrative knowledge generation on cross-border couples as well as the logics of action and decision-making as a consequence of this and the (un-)desirability of certain constellations.

Stefanie Middendorf, Economisation of Governing? Reflections on the Change of »Modern« Public Financing in Germany and France, 1920–1980

The twentieth century has increasingly seen diagnoses of an »economisation of governing«, particularly since the 1970s. Being an expression of the self-understanding of society on modernity, they are shaped by contemporaneity and linear narratives. They mostly describe the changing fiscal role of state institutions from mere control of expenditure to the regulation and management of economic processes that resulted in »the state« becoming increasingly more dependent on the conditions of »the market«. This interpretation implies the existence of a previous state prior to the economisation. However, little empirical attention has been given to its specific nature in terms of governance and public finance. Thus, the article explores practices of public financing particularly during the period prior to the »neoliberal« turn and discusses the epistemological value of modernisation-theoretical categories for the understanding of the shifts in these practices. It focuses on state administrations as actors in the differently structured financial sectors of France and (West) Germany. The historical comparison of three time periods around 1920, 1940 and 1960 shows the variability of national semantics on modernity as well as mutual observations and international transfers in the field of budget policy and resource mobilisation. Different spaces of experience and resulting action situations that both state administrations faced were the preconditions of different methods of public financing in both countries which evolved into models of order or were considered steps on the path to modernisation. Thus, the specific modern character is seen as the effect of experience and interpretation – revealing the ambiguity and the repeatedly contested nature of state-market relations during the twentieth century. These issues do not coincide with the basic process of economisation in terms of more or less state or market.

Detlef Pollack, What Remains of Modernisation Theory? A Proposal for its Renewal

The article drafts a theory of modernity in combination with historical analyses of the formation of modernity in the European West during the saddle period between 1750 and 1850. The first part presents and critically discusses objections against modernisation theoretical approaches. These objections are based on the normative, deterministic and teleological character of classical modernisation theories, on the presupposed unity of modernity and the low explanatory power of modernisation theories. The draft of a theory of modernity presented in the second part draws on elements of theories of differentiation, individualisation and the market economy and tries to combine macro- and micro-sociological explanations. The differentiation of spheres of meaning is neither taken for granted nor considered as functionally necessary but seen as contested and linked to ensuring favourable external conditions such as the expansion of opportunity structures and the increase of resources. This approach explains the emergence of intricate interrelations between economic, political, cultural and social developments typical for modern societies by drawing on the context dependency of the societal subsystems. In the last section, the article changes to a different level of argumentation and shifts from a sociological to a historical perspective of analysis. It addresses the formation of modern structures of society and models of culture around 1800, placing the roots of modernity in the High Middle Ages. Instead of a linear process, it describes the rise of modernity as a history of conflict shaped by contestation and contradictory developments.

Hedwig Richter, Gender and Modernity. Analytical Approaches to Continuities and Changes of the Gender Order in the Eighteenth and Nineteenth Centuries

Was there a fundamental change in the gender order since the onset of modernity, usually located in the »saddle period« (Reinhart Koselleck) referring to the decades around 1800? If this is true (and most gender scholars assume this to be the case), we have to answer the following questions: what did these changes mean for women's emancipation? Do insights in the historical development of gender models confirm the plausibility of modernity as a concept? Or do they rather suggest that »modernity« is a construct that reveals a lot about current »Western« ideas about the world but only little about history itself, because there are no profound identifiable changes as suggested by theories of modernity? The article, firstly, presents two theses developed by gender scholars who assume a change of the gender order around 1800 caused by modernity and who have two different explanations of how this change occurred. One of them offers a narrative of decadence, the other a narrative of success. In order to decide if the change that both approaches suggest is plausible and, if so, which of both narratives is more convincing, we have to look back to the early modern period. Thus, the second part of the article explores gender differences during the eighteenth century by drawing on topics such as education, economy, the body and individualisation. This analysis reveals in fact several continuities but also changes and new beginnings, suggesting that the situation of women had considerably improved from the eighteenth to the nineteenth century. Based on this, the article develops, thirdly, some reflections that elaborate the second (the positive) narrative of modernity and tries to explain both continuities from the early modern period as well as profound changes of the gender order.

Anette Schlimm, The Changing Contours of Politics. Transformations of Governance in Rural Areas, c. 1870–1930

A small nineteenth century Bavarian community erects a new school building. At the same time, options of municipal self-governing are discussed and changed in Bavaria and Prussia. Municipal mayors are introduced to their tasks and incorporated into the monarchic state. During the Weimar Republic the Prussian *Landgemeindeverband*, an association of rural communities, organises the opposition of rural municipalities against the democratic state. What do these case studies have in common? They offer the opportunity to explore forms of political governance in rural areas without following a too narrow understanding of politics and politicisation. Firstly, the article critically discusses some well-established research approaches on the changes in politics during the nineteenth and early twentieth centuries. In a critique of the paradigm of »fundamental politicisation« and by expanding other recent approaches, it suggests an alternative perspective of observation that draws on Michel Foucault's reflections on governmentality. The abovementioned case studies show how the analytical levels of knowledge, actors and practices are intertwined and allow a more complex understanding of the changing contours of politics than teleological approaches such as classical modernisation theory.

Christoph Weischer, Societal and Socio-Structural Change from 1800 to 2000. Reflections on a Praxeological Pro-Theory

The article addresses long-term processes of societal and socio-structural change. Firstly, it develops a theoretical framework drawing on praxeological approaches that allows to differentiate specific arenas of societal change and to explore various processes of socio-structural development. For that purpose, it suggests a concept to distinguish different arenas within the societal production and reproduction process or rather its regulation. It analyses socio-structural changes by systematically distinguishing between social positions and social situations and related ranking, sorting and culmination processes. The pro-theory allows to correlate different theoretical concepts (for instance theories of capitalisms and of the development of the welfare state, also concepts of classes and intersectionality) and to make them fruitful for historical analyses. These tools can help, secondly, to identify basic mechanisms of societal change (endogenous change, shifts between the arenas, change of »techniques«) and to outline important long-term development trends within the arenas. Thirdly, the article sheds light on fundamental mechanisms of socio-structural change and describes the development of specific situation and position groups as well as of groups of people. In conclusion, the article discusses the potentials of the outlined pro-theory for social and economic history.

Résumés

Manuel Bastias Saavedra, *Weltgesellschaft*, différenciation fonctionnelle et système juridique ? Modernisation du droit à la *frontera* chilienne (1790–1850)

L'article propose de repenser les mutations sociales et la modernisation en ayant recours à l'idée de société mondiale. Dans cette perspective, le paradigme de société mondiale permet d'une part de reconsidérer la centralité du concept de société dans l'histoire sociale en rendant possible la reprise d'une histoire de la société après la critique de la postmodernité, du post-colonialisme et du nationalisme méthodique. D'autre part, la thèse de Luhmann à propos de la société mondiale moderne conçue comme fragmentation de la société en divers systèmes communicationnels autonomes a pour conséquence que l'on ne peut considérer la modernité comme l'amélioration des structures sociales, mais comme la substitution de formes de différenciation. A l'intérieur de ce cadre, le présent article propose une étude de cas sur la modernisation du droit, considérée du point de vue de la théorie des systèmes. En nous penchant sur les différents régimes juridiques qui ont structuré le transfert des terres indigènes dans le Sud du Chili entre 1790 et 1850, nous défendons l'argumentation suivante : la dé-localisation du droit et l'importance croissante d'instruments juridiques formels après 1830 sont à comprendre comme éléments d'un processus plus global de différenciation fonctionnelle du système juridique. Nous tentons en incluant cette analyse de cas dans une théorie de la société mondiale de mettre en lumière les conséquences contradictoires de la modernisation. Il en ressort que, dans le cadre de la société mondiale, la société moderne ne conduit pas nécessairement à une amélioration sociale ou à une homogénéisation croissante des structures sociales. Dans le cas du territoire de Valdivia que nous analysons ici, il apparaît que la modernisation du droit a eu dans une très grande mesure des effets perturbateurs sur les formes de vie locale, ce qui apparaît dans les années 1850 lors des mutations de la propriété foncière et dans les transformations écologiques du paysage de la région qui en ont résulté.

Marc Breuer, Différenciation fonctionnelle et milieux religieux. Situation d'anciens milieux catholiques et de récents milieux issus de l'immigration dans la structure de la société

Ce n'est qu'au moyen de délimitations segmentaires que la différenciation fonctionnelle a pu s'imposer historiquement. C'est ce qui apparaît si l'on considère les Etats-nations, mais également les milieux catholiques du XIXe et du début du XXe siècle. Malgré les descriptions antimodernes que ces milieux font d'eux-mêmes, des modernisations ont eu lieu, comme on le sait, en leur sein. En outre ont émergé depuis la période d'après-guerre, en Allemagne et dans d'autres pays de l'Europe de l'Ouest, diverses communautés religieuses issues de l'immigration, comme par exemple les communautés musulmanes rassemblées autour d'un imam et d'une mosquée, autour desquelles se sont également agglomérées des formations denses que l'on peut qualifier de milieux religieux issus de l'immigration. L'article montre que ces derniers se distinguent certes en de nombreux points des anciens milieux catholiques. Il s'agit toutefois dans les deux cas de segments délimités, dotés d'une identité définie en premier lieu par la religion, et qui établissent dans le même temps des liens avec les structures laïques de la société majoritaire. De toute évidence, la différenciation fonctionnelle ne cesse de s'accompagner jusqu'à l'époque présente de tels éléments segmentaires. Dans les deux cas, la formation du milieu est causée par des lignes de clivage social (*cleavages*). En raison de la modification du contexte général, les milieux récents issus de l'immigration ne peuvent certes pas imposer de délimitations structurelles aussi importantes qu'ont réussi à le faire les milieux confessionnels lors de la transition vers l'époque moderne. Cependant, ils essaient à leur tour de répondre aux préjudices que ressentent leurs membres par la formation de communautés denses ancrées dans la vie quotidienne, ainsi qu'au moyen d'organisations. Les milieux restent ambivalents en ce qui concerne leur importance dans les processus d'intégration. Les contacts avec la société majoritaire sont dans de nombreux cas soutenus via l'auto-organisation des groupes de population appartenant aux milieux religieux, mais les effets clivants dominent en partie.

John Breuilly, Modernisation et idéologie nationaliste

Dans cet article, nous défendons la thèse suivante : le nationalisme est une composante essentielle de la modernisation de l'Etat et n'en est pas uniquement un résultat contingent. Une des raisons essentielles à cela est la nouvelle conception du territoire politique associée à la modernisation de l'Etat et à la modernisation en général. Après avoir exposé les caractéristiques principales de la modernisation et des théories modernistes du nationalisme, nous soulignons les liens entre le nationalisme et les pratiques modernes de la territorialité. Ces dernières sont considérées selon différentes phases chronologiques : la formation des Etats-nations sur la façade atlantique de l'Europe et la projection de leur pouvoir dans le monde ; les changements révolutionnaires en ce qui concerne les notions de territoire national et de souveraineté nationale à la fin du XVIIIe et au début du XIXe siècles ; la domination des nationalismes d'« unification » et sa relation aux pratiques de territorialité. Après un bref paragraphe concernant le pan-nationalisme en tant qu'idéologie non-territoriale qui s'est répandue et a gagné en importance aux environs de 1900, nous nous penchons sur son remplacement par la domination d'un nationalisme séparatiste, territorial après 1918. Cette forme est étudiée dans les trois phases suivantes : celle de la formation des Etats ethno-nationaux après 1918 en Europe centrale et de l'Est, celle de la formation des Etats situés sur le territoire des anciennes colonies européennes durant le processus de décolonisation européenne après 1945, et la formation des Etats-nations après l'effondrement de l'URSS. Dans tous ces cas, les changements dans les pratiques de territorialité sont liés aux changements des formes de nationalisme.

Peter van Dam, Sauver l'histoire sociale d'elle-même. Dépasser la modernisation

La théorie de la modernisation fut autant de fois déclarée morte que ressuscitée. En raison de sa position clé au sein de l'histoire sociale, une généalogie de ses adaptations permet une analyse de la crise de l'histoire sociale. En outre, elle montre les difficultés rencontrées par les historiens à se défaire des représentations d'une voie particulière allemande et du progrès. L'observation généalogique met également en lumière l'interaction problématique entre les définitions scientifiques et populaires de la modernisation. L'article analyse la façon dont les théories de la modernisation furent corrigées en raison de la critique portant sur leur caractère flou, téléologique, sur la dichotomie entre tradition et modernité, leur parti pris occidental et leur instrumentalisation. Certains modèles théoriques nés de ces corrections ont à la fois adapté le concept de modernisation à des régions, époques et processus particuliers et l'ont généralisé en en faisant une représentation de processus universellement perceptibles. La spécification et la généralisation continuent de mettre à mal l'emploi du concept de modernisation pour l'histoire sociale. Une version adaptée « sur mesure » suggère plus des contextes et une pertinence élargie au lieu de les démontrer. Les versions généralisées présupposent une modernisation pour ensuite la prouver empiriquement. Une généalogie de la modernisation libère de leur carcan des concepts précieux de l'histoire sociale. Des processus tels que ceux d'urbanisation, de différenciation structurelle, de bureaucratisation, de scientifisation peuvent être évalués et interrogés indépendamment les uns des autres en en ce qui concerne leurs liens éventuels. Si l'histoire sociale revient à une ambition mesurée et applique des théories de moyenne portée, elle peut regagner sa position intermédiaire entre sciences sociales et histoire.

Steffen Dörre, Le développement par la volonté de performance. Théorie et pratique de la modernisation psycho-sociale

L'article se consacre à l'être humain présenté comme sujet à moderniser dans le discours du développement et de la modernisation durant les années 1950 et 60. Nous montrons quelles représentations du « modern man » avaient cours durant cette époque et en quoi était vue l'aptitude de ce dernier à la modernisation sociale. Nous nous focalisons sur la signification de la volonté de performance présentée dans les théories américaines de la modernisation ainsi que dans le discours de l'aide au développement en RFA. Nous défendons l'argumentation suivante : les acteurs humains concrets étaient considérés comme les forces motrices des mutations sociales et c'est pourquoi les obstacles à leur développement social et psychique ont été thématisés à un degré plus important que ce que nous pensions jusqu'à présent et que ces obstacles ont été vus comme la cause principale du sous-développement. Nous montrons également que ces représentations avaient un impact important sur la pratique. En nous penchant sur des projets portés par des financements publics et privés, nous pouvons montrer comment on a tenté d'augmenter la motivation à être performant dans les pays dits en voie de développement. Dans le cadre de ces projets, des vertus explicitement considérées comme masculines devinrent de toute évidence la base de la restructuration sociale globale visée. C'est pourquoi nous pouvons, en étudiant les théories relevant des sciences sociales et comportementales ainsi que leurs effets sur la pratique de l'aide au développement, élargir du point de vue de l'histoire des idées et des genres la représentation que nous avions jusqu'alors des débats sur la modernisation durant les années 1950 et 1960.

Wolfgang Göderle, Modernisation par l'arpentage ? Les connaissances de l'Etat moderne en Europe centrale (environ 1760–1890)

Dans cet article, nous mettons en regard, en tant que processus de base (Lutz Raphael), la cartographie mise au service des cadastres et de l'arpentage des territoires, et la genèse de structures étatiques modernes issues du pouvoir impérial. Nous analysons le cas de l'Europe centrale et décrivons comment les procédés cartographiques venus de France et du duché de Milan ont été appliqués dans la monarchie des Habsbourg pour affecter à deux niveaux la modernisation du pouvoir et le développement des structures étatiques modernes. Avec le cadastre, les procédures d'arpentage, qui ont duré des décennies, continuent de mettre à la disposition de l'administration une base d'organisation et d'action tandis que les levers militaires fournissent des connaissances pour une représentation cartographique de l'Etat moderne. La spatialité fractale du vieil Empire cède effectivement la place à une représentation spatiale de la territorialité, qui formate en profondeur les principes fonctionnels de l'Etat moderne ainsi que ses façons de travailler. Dans le même temps, la représentation cartographique de l'Etat moderne a une influence profonde sur les connaissances de la bourgeoisie et la conscience qu'elle a de cet Etat. L'histoire des arpentages et des structures étatiques en Europe centrale est décrite comme un processus de longue durée, au cours duquel les fondements du pouvoir ont été modifiés, pour passer d'une société d'ordres aux traits fondamentaux de l'Etat moderne, dans lequel des pans sans cesse croissants de la population participent aux processus de décision politique. Dans cette perspective, les acteurs appartenant à la bourgeoisie jouent un rôle décisif : ils apportent les connaissances pratiques essentielles et participent, par le biais de leur interconnexion trans-impériale, à une standardisation et une normalisation des processus et des modes de représentation influençant la balisation de sentiers vers la modernisation et marginalisant parfois les possibilités de développement contingentes.

Markus Holzinger, Violence guerrière et dynamique des guerres civiles dans les « périphéries ». A propos du mythe de la modernité globale

Dans les grandes théories sociales sur la modernisation – citons par exemple celles de Talcott Parsons, Jürgen Habermas, Niklas Luhmann ou John W. Meyer – la modernité est en règle générale représentée comme une société civile pacifiée. La théorie de la modernisation occidentale se berce de l'illusion « d'une modernité sans violence », pour reprendre une expression de Hans Joas. Au vu du recours massif à la violence militaire durant l'époque allant de 1800 à 2000, il semble donc nécessaire de se pencher davantage sur cette lacune de la théorie de la modernité. L'article s'intéresse moins aux guerres centrales ou « guerres totales » entre Etats, menées jusqu'en 1945, qu'aux nouveaux conflits intra-étatiques sévissant après 1945 dans les régions périphériques (en particulier dans l'Afrique sub-saharienne). Il ne faut pas oublier que 94% de tous les conflits armés durant les années 1990 sont des conflits intra-étatiques. L'objectif de cet article est de mettre en lumière les mécanismes qui sont au cœur de la « dynamique propre » de ces conflits. Tout comme les travaux de nombreux chercheurs spécialistes des guerres (par exemple Charles Tilly, Kalevi J. Holsti), nous défendons la thèse selon laquelle c'est le manque de structures étatiques bien établies dans les pays en voie de développement qui est la cause principale des processus d'embrasement de ces conflits. Le modèle européen de l'Etat-nation et son pouvoir bureaucratique et légal n'a, dans de nombreux cas, pas pu se consolider dans les pays en voie de développement. C'est le manque de domination de l'Etat qui confère à la guerre sa dynamique propre et contribue au fait que les conflits armés aient tendance à se perpétuer.

Massimiliano Livi, Le néo-tribalisme comme modèle visant à appréhender les formes de socialisation post-traditionnelles. Proposition conceptuelle

Après avoir passé des années à se concentrer sur l'individualisme en tant que facteur moteur de l'ordre social contemporain, la recherche en sciences politiques et en sociologie observe que les riches sociétés post-industrielles européennes se tournent vers de nouvelles formes d'organisation collective sur les plans culturel, social et esthétique. Depuis les années 1980, au plus tard, ces différents phénomènes sont à même de créer de nouveaux systèmes d'ordre symboliques et de nouvelles conditions matérielles. Ils défient ce faisant la raison d'être et la force normative des instances sociales intermédiaires comme les partis, les églises, les entreprises, les syndicats ou les structures de l'Etat social. Les historiens évaluent cependant ce changement des formes sociales dans une optique inversée, à savoir comme la conséquence de facteurs politiques et économiques. Il manque jusqu'à présent une approche relevant de l'histoire sociale – c'est la thèse centrale de cet article – qui permette d'appréhender l'existence et les logiques d'action de phénomènes de société post-traditionnels, qu'il ne serait possible de saisir autrement. La métaphore de la « néo-tribalisation » que nous utilisons dans cette communication permet de formuler une première proposition conceptuelle et débouchant sur des projets de recherche pour analyser ces formes et phénomènes dans leurs effets et conséquences sur les structures sociales, politiques, économiques, étatiques et religieuses.

Christoph Lorke, (Dés)ordres de la modernité mobile. Couples transfrontaliers et services d'état-civil allemands durant l'Empire et la République de Weimar

Avec l'introduction dans tout l'Empire du mariage civil en 1875 ainsi que des services d'états-civils un an plus tard, on remarque un accroissement de la complexité du droit de l'état-civil et de la différenciation fonctionnelle. L'Etat-nation devint ainsi le fondement principal de l'action en matière de politique (matrimoniale) et le mariage civil fut à partir de ce moment la condition d'un mariage religieux. L'ère de la « haute modernité » fut également une césure fondamentale sur le plan de l'histoire sociale. La profonde mutation sociale et démographique, sans oublier l'importance croissante des mouvements migratoires, ne restèrent pas sans conséquence sur les affaires relevant de l'histoire du quotidien, comme par exemple, les comportements matrimoniaux. Les officiers d'état-civil et les autres administrations compétentes étaient depuis la fondation de l'Empire de plus en plus souvent confrontés aux demandes de citoyens de l'Empire allemand qui cherchaient à épouser un partenaire de nationalité étrangère. La conséquence a été, aux alentours de 1900, un processus de professionalisation et de scientifisation de l'état-civil allemand, qui devait connaître dans les années suivantes diverses avancées. L'article analyse les possibilités d'intervention et de régulation corrélés à ces processus par lesquelles les administrations publiques pouvaient réagir à l'élargissement transnational du marché matrimonial allemand. Nous nous interrogeons par conséquent sur les modes de production de connaissances administratives à propos des couples qui agissent de façon transfrontalière et sur les logiques de décision et d'action qui en découlent, ainsi que sur la (non)-souhaitabilité de certaines configurations.

Stefanie Middendorf, Economisation de la façon de gouverner ? Réflexions à propos de la mutation du financement du budget public « moderne » en Allemagne et en France (1920–1980)

On constate sans cesse durant le XXe siècle une « économisation de la façon de gouverner », et ce de façon accrue depuis les années 1970. Ces constats ne sont – en tant qu'expression de la façon dont la société se conçoit concernant la modernité – pas uniquement marqués par leur contemporanéité, mais également par la linéarité de leurs récits. Nous décrivons tout d'abord une évolution dans laquelle le rôle des institutions publiques dans la gestion financière passe du simple contrôle des dépenses à la gestion et la régulation des processus économiques, ces processus ayant fini par amener « l'Etat » dans une situation de dépendance envers les conditions « du marché ». Cette interprétation présuppose un état antérieur (avant l'économisation) dont les caractéristiques plus précises dans le domaine de l'action gouvernementale et des finances publiques ne sont cependant que peu considérées sur le plan empirique. C'est pourquoi l'article analyse les pratiques de financement du budget public, en particulier durant la période précédant le tournant « néo-libéral », et débat de la valeur cognitive des catégories relevant de la théorie de la modernisation en ce qui concerne la compréhension des mutations de ces pratiques. Nous nous intéressons aux administrations publiques appréhendées en tant qu'acteurs des systèmes de gestion financière en France et en RFA, ces systèmes étant organisés différemment. Trois périodes (aux alentours de 1920, 1940 et 1960), sur lesquelles s'appuie la comparaison historique, permettent d'apporter des informations sur la variabilité des sémantiques nationales de la modernité tout comme sur les observations réciproques et les transferts internationaux dans le domaine de la politique budgétaire et de la mobilisation des ressources. Les configurations relevant de l'histoire de l'expérience et les situations d'actions dans les administrations publiques, qui sont façonnées par ces configurations, ont conditionné les méthodes de financement public dans les deux pays, ces méthodes étant ensuite transformées en modèles d'organisation, ou alors, comprises comme des étapes sur le chemin menant à la modernisation. La modernité est, de cette façon, comprise comme un effet de l'expérience et de l'interprétation – c'est ainsi qu'apparaissent la plurivocité et le caractère controversé des relations entre marché et Etat au XXe siècle. Ces rapports ne débouchent pas sur un procédé de base de l'économisation, associé selon les cas à plus ou moins d'Etat ou de marché.

Detlef Pollack, Que reste-t-il de la théorie de la modernisation? Proposition de renouveau

L'article propose l'ébauche d'une théorie de la modernité et la relie à des analyses historiques sur la formation de la modernité dans l'Occident européen durant la période charnière allant entre 1750 et 1890. Dans une première partie sont présentées et analysées de façon critique les réserves formulées à l'égard des approches de la théorie de la modernité. Les objections portent sur le caractère normatif, déterministe et téléologique des théories classiques de la modernisation, sur l'unité de la modernité qu'elles présupposent, ainsi que sur leur faible pouvoir explicatif. La théorie de la modernité qui est ébauchée dans une seconde partie s'appuie sur différents arguments relevant des théories de la différenciation, de l'individualisation et des marchés et s'efforce de relier énoncés macro- et microsociologiques. La différenciation des sphères de sens n'est considérée dans cette perspective ni comme pré-existante, ni comme nécessaire sur le plan fonctionnel, mais comme controversée et dépendante de l'octroi de conditions extérieures favorables, comme par exemple l'augmentation de structures d'opportunité et l'accroissement de ressources. C'est à partir de la dépendance contextuelle des sous-champs sociaux que l'ébauche présentée ici explique également l'émergence des imbrications entre évolutions économiques, politiques, culturelles et sociales typiques des sociétés modernes. Dans sa conclusion, l'article change de niveau d'argumentation et passe de l'analyse sociologique à l'analyse historique. Il se penche sur la formation des structures sociales modernes et des schémas culturels aux alentours de 1800 et met au jour des racines de la modernité dès le Moyen-Âge central. Ce faisant, il ne décrit pas l'émergence de la modernité comme un processus linéaire, mais comme une histoire conflictuelle riche en tensions, marquées par des évolutions antagonistes.

Hedwig Richter, Genre et modernité. Approches analytiques des continuités et ruptures dans la hiérarchie des sexes aux XVIIIe et XIXe siècles

Y a-t-il eu un changement fondamental dans la hiérarchie des sexes depuis le début de la modernité, que l'on fait traditionnellement commencer aux alentours de 1800 – durant l'« époque-charnière », comme Reinhart Koselleck a qualifié cette émergence ? Si tel est le cas (et c'est ce que présuppose une grande partie des chercheurs spécialistes du genre) : que signifient ces changements pour l'émancipation des femmes ? Et est-ce que les connaissances sur l'évolution des modèles de genre rendent plausible le concept de modernité ? Ou renvoient-elles plutôt au fait qu'il s'agit dans le cas de la « modernité » d'une construction ayant un grand pouvoir explicatif en ce qui concerne les représentations « occidentales » actuelles du monde, mais faible par rapport à l'histoire car on ne peut distinguer aucun changement qui soit aussi déterminant que ceux identifiés par les théories de la modernité ? Nous présentons tout d'abord dans l'analyse deux thèses relevant des *gender studies*, qui partent d'une césure causée par la modernité et donnent chacune une réponse spécifique à la question de savoir dans quelle mesure la hiérarchie entre les sexes a été modifiée aux alentours de 1800. L'une propose un récit de décadence, l'autre un récit d'essor. Afin de voir si la césure affirmée par ces deux thèses est plausible et – si oui – lequel des deux récits est le plus convaincant – nous devons nous pencher sur le début de l'époque moderne. C'est pourquoi nous étudierons dans une deuxième partie les différences entre les genres au XVIIIe siècle à partir des thèmes suivants : éducation, économie, corps et individualisation. Cette analyse montre certes de nombreuses continuités, mais également des ruptures et nouveaux départs qui plaident de façon significative en faveur d'une amélioration de la situation des femmes du XVIIIe au XIXe siècle. C'est sur cette base que nous développerons dans un troisième temps, en nous appuyant sur le deuxième récit (positif) de la modernité, des réflexions visant à expliquer d'une part, les continuités avec le début de l'époque moderne et d'autre part, les profonds changements dans l'ordre des genres durant la modernité.

Anette Schlimm, Mutations des formes de la politique. Transformations de la façon de gouverner dans l'espace rural (1870–1930)

Une petite commune bavaroise bâtit au XIXe siècle une nouvelle école. Dans le même temps, les possibilités d'une autonomie administrative des communes font l'objet de discussions en Bavière et en Prusse et sont modifiées. On initie les maires à leur fonction et ces derniers sont placés sous l'autorité directe de l'État monarchique. Durant la République de Weimar, le syndicat des communes rurales de Prusse organise la résistance des communautés rurales contre l'Etat démocratique. Quel est le dénominateur commun de ces cas de figure ? Tous donnent l'occasion d'analyser les façons de gouverner dans l'espace rural sans devoir pour ce faire utiliser un concept étroit de politique et politisation. L'article passe tout d'abord en revue de façon critique quelques approches d'analyse reconnues portant sur les mutations de la politique au XIXe siècle et au début du XXe siècle. En nous distinguant essentiellement du paradigme de politisation fondamentale et en élargissant d'autres approches récentes, nous proposons une perspective d'observation alternative, qui trouve son point de départ dans les réflexions de Michel Foucault à propos de la gouvernementalité. Les études de cas abordées montrent la manière dont sont imbriqués les niveaux analytiques de connaissances, d'acteurs et de pratiques et proposent une représentation plus complexe des mutations des formes de la politique que ne le font les approches téléologiques telles que la théorie classique de la modernisation.

Christoph Weischer, Mutations sociales et socio-structurelles (1800–2000). Réflexions à propos d'une prothéorie praxéologique

L'article se penche sur les processus d'assez longue durée de mutation sociale et socio-structurelle. Dans un premier temps, nous développons un cadre théorique qui s'appuie sur des approches praxéologiques et permet de différencier des domaines distincts de l'évolution socio-structurelle. En outre, nous proposons un modèle qui délimite différents domaines dans le processus de production et de reproduction sociale et de sa régulation. Nous distinguons de façon systématique des positions sociales et des situations sociales, et des processus de classement, de tri et de cumulation qui y sont liés pour l'analyse des changements socio-structurels. La prothéorie permet de faire dialoguer différents concepts théoriques (par exemple, les théories des capitalismes et de l'évolution de l'Etat social, mais aussi des concepts de classe et d'intersectionnalité) et de les faire fructifier pour les analyses historiques. Munis de ces outils, nous désignons dans un deuxième temps des mécanismes essentiels de la mutation sociale (mutation endogène, glissements entre les domaines, mutation des « techniques ») et nous esquissons différentes évolutions à long terme dans les domaines. Dans un troisième temps, nous mettons en lumière des mécanismes de changement qui sont également essentiels pour les mutations socio-structurelles pour ensuite montrer l'évolution des différents ensembles de situation ou bien de position et des catégories de personnes. En guise de conclusion, nous résumons les potentialités de la prothéorie telle que nous l'avons esquissée pour l'histoire économique et sociale.

Die Mitarbeiterinnen und Mitarbeiter des Bandes

Manuel Bastias Saavedra, geb. 1981; Dr.; Studium in Santiago de Chile, Promotion in Berlin; seit 2016 Georg Forster Research Fellow, Alexander von Humboldt-Stiftung, am Max-Planck-Institut für europäische Rechtsgeschichte. Zuvor 2013 bis 2016 Juniorprofessor für Geschichte an der Universidad Austral de Chile (Valdivia). Veröffentlichungen u. a.: zusammen mit Camilo Plaza Armijo, From Control to Social Reform: The Latin-American Social Question in the Latin-American Scientific Congresses (1898–1908), in: Estudos Ibero-Americanos 42, 2016, S. 283–307; The Unintended Legacy of September 11, 1973. Transnational Activism and the Human Rights Movement in Latin America, in: Iberoamericana 13, 2013, Nr. 51, S. 87–103; zusammen mit Stefan Rinke, Rumor Propagation as a Form of Social Control. A Case from Dictatorial Chile, in: JMEH 10, 2012, S. 391–411.

Marc Breuer, geb. 1976; Prof. Dr.; Studium in Trier und Freiburg im Breisgau; seit 2013 Prof. für Soziologie an der Katholischen Hochschule Nordrhein-Westfalen, Abt. Paderborn, Fachbereich Sozialwesen; zuvor Referent beim Diözesan-Caritasverband Freiburg; Promotion an der Universität Luzern (CH). Veröffentlichungen u. a.: Religiöser Wandel als Säkularisierungsfolge. Differenzierungs- und Individualisierungsdiskurse im Katholizismus, Wiesbaden 2012; Katholische Kirchengebäude der Nachkriegsmoderne, in: Uta Karstein/Thomas Schmidt-Lux (Hrsg.), Architekturen und Artefakte. Zur Materialität des Religiösen, Wiesbaden 2017, S. 73–92; Leitbilder der Pflege in religiösen Migrantengemeinden. Eine Untersuchung am Beispiel von Moscheevereinen, in: Liane Schirra-Weirich/Henrik Wiegelmann (Hrsg.), Alter(n) und Teilhabe. Herausforderungen für Individuum und Gesellschaft, Opladen/Berlin 2017, S. 61–73.

John Breuilly, geb. 1946; Prof. Dr. em.; Studium der Geschichte und Politik an der York University, Großbritannien; 2004 bis 2015 Professor of Nationalism and Ethnicity am Department of Government, London School of Economics. Zuvor 1995 bis 2004 Professor of Modern History, University of Birmingham; 1972 bis 1995 Department of History, University of Manchester. Gastprofessuren an der Universität Hamburg 1987/88 und an der Universität Bielefeld 1992/93, Research Fellow am Wissenschaftskolleg zu Berlin 2001/02. Veröffentlichungen u. a.: Nationalism and the State, London 1982 (span. u. ital. 1993); Joachim Friedrich Martens (1806–1877) und die Deutsche Arbeiterbewegung, Göttingen 1984; Labour and Liberalism in Nineteenth-Century Europe. Essays in Comparative History, Manchester/New York 1992; The Formation of the First German Nation-State, 1800–1871, Basingstoke/New York 1996; Nationalismus und moderner Staat. Deutschland und Europa, Köln 1999; zusammen mit Ronald Speirs (Hrsg.), Germany's Two Unifications. Anticipations, Experiences, Responses, Basingstoke/New York 2005; (Hrsg.), Austria, Prussia and the Making of Modern Germany, 1806–1871, London 2011; (Hrsg.) The Oxford Handbook of the History of Nationalism, Oxford/New York etc. 2013.

Kerstin Brückweh; PD Dr.; Studium in Bielefeld und Baltimore; zurzeit Projektleiterin am Zentrum für Zeithistorische Forschung Potsdam und Privatdozentin an der Eberhard-Karls-Universität Tübingen. Von 2007 bis 2013 wissenschaftliche Mitarbeiterin am Deutschen Historischen Institut London, danach wissenschaftliche Mitarbeiterin an der Universität Trier und Professurvertreterin an der Universität Duisburg-Essen. Veröffentlichungen u. a.: Menschen zählen. Wissensproduktion durch britische Volkszählungen und Umfragen vom 19. Jahrhundert bis ins digitale Zeitalter, Berlin/Boston 2015; Mordlust. Serienmorde, Gewalt und Emotionen im 20. Jahrhundert, Frankfurt am Main/New York 2006; (Hrsg.), The Voice of the Citizen Consumer. A History of Market Research, Consumer Movements, and the Political Public Sphere, Oxford/New York etc. 2011; Das Eigenleben der Methoden. Eine Wissensgeschichte britischer Konsumentenklassifikationen im 20. Jahrhundert, in: GG 42, 2016, S. 86–112; Arbeitssoziologische Fallstudien. Wissensproduktion am Soziologischen Forschungsinstitut Göttingen (SOFI), historisch betrachtet, in: Zeithistorische Forschungen/Studies in Contemporary History 14, 2017, S. 149–162.

Peter van Dam, geb. 1981; Dr.; Studium in Amsterdam und Münster; seit 2013 Assistant Professor in Globalisation, Religion, and Transnational Civil Society an der Fakultät der Geisteswissenschaften der Universität von Amsterdam. Zuvor 2009 bis 2013 Dozent an der Universität von Amsterdam, 2006 bis 2009 Kollegiat im DFG-Graduiertenkolleg »Zivilgesellschaftliche Verständigungsprozesse« an der Westfälischen Wilhelms-Universität Münster. Veröffentlichungen u.a.: Moralising Postcolonial Consumer Society. Fair Trade in the Netherlands since the 1960s, in: International Review of Social History 61, 2016, S. 223–250; Constructing a Modern Society through »Depillarization«. Understanding Post-War History as Gradual Change, in: Journal of Historical Sociology 28, 2015, S. 291–313; zusammen mit Friso Wielenga (Hrsg.), Religion als Zündstoff. Gesellschaftliches und politisches Engagement in den Niederlanden seit 1945, Münster/New York 2014; Religion und Zivilgesellschaft. Christliche Traditionen in der niederländischen und deutschen Arbeiterbewegung (1945–1980), Münster/New York 2010.

Steffen Dörre, geb. 1978; Dr.; Studium in Freiburg und Basel; seit 2016 Gastwissenschaftler am Lehrstuhl für Geschichte, Theorie und Ethik der Medizin an der Heinrich-Heine-Universität Düsseldorf. Zuvor 2010 bis 2013 wissenschaftlicher Mitarbeiter am Lehrstuhl für Globalgeschichte des 19. und 20. Jahrhunderts an der Otto-Friedrich-Universität Bamberg, 2013 bis 2016 wissenschaftlicher Mitarbeiter am Lehrstuhl für die Geschichte der Neuzeit an der Christian-Albrechts-Universität zu Kiel, 2014 Stipendiat am Institut für Europäische Geschichte in Mainz. Veröffentlichungen u.a.: Wirtschaftswunder global. Die Geschichte der Überseemärkte in der frühen Bundesrepublik, Stuttgart 2017; Wirtschaftskriminalität als psycho- und soziopathologische Erscheinung. Der »Täter im weißen Kragen« 1965–1975, in: Hartmut Berghoff/Cornelia Rauh/Thomas Welskopp (Hrsg.), Tatort Unternehmen. Zur Geschichte der Wirtschaftskriminalität im 20. und 21. Jahrhundert, Berlin/Boston 2016, S. 129–150; Normenkonkurrenz im Wirtschaftswunder. Debatten über Korruption und Wirtschaftskriminalität in der Bundesrepublik Deutschland 1957–1960, in: Jens Ivo Engels/Andreas Fahrmeir/Frédéric Monier u.a. (Hrsg.), Krumme Touren in der Wirtschaft. Zur Geschichte ethischen Fehlverhaltens und seiner Bekämpfung, Köln/Weimar etc. 2015, S. 101–126.

Jan Eckel, geb. 1973; Prof. Dr.; Studium in Passau, Salamanca und Freiburg; seit 2016 Inhaber des Lehrstuhls für Neuere Geschichte und Zeitgeschichte an der Eberhard-Karls-Universität Tübingen. Zuvor 2015/16 Inhaber des Lehrstuhls für Internationale Geschichte an der Universität zu Köln; 2004 bis 2015 Wissenschaftlicher Assistent und Akademischer Rat an der Albert-Ludwigs-Universität Freiburg. Veröffentlichungen u.a.: Die Ambivalenz des Guten. Menschenrechte in der internationalen Politik seit den 1940ern, Göttingen 2014; zusammen mit Samuel Moyn (Hrsg.), The Breakthrough. Human Rights in the 1970s, Philadelphia 2013; Hans Rothfels. Eine intellektuelle Biographie im 20. Jahrhundert, Göttingen 2005; »Alles hängt mit allem zusammen.« Zur Historisierung des Globalisierungsdiskurses der 1990er und 2000er Jahre, in: HZ, 2018 (im Erscheinen).

Nils Freytag, geb. 1966; Dr.; Studium in Kiel, Rostock und München; seit 2007 Studienreferent des Historischen Seminars der Ludwig-Maximilians-Universität München, zuvor wissenschaftlicher Mitarbeiter und Assistent an den Universitäten Trier und München. Veröffentlichungen u.a.: Aberglauben im 19. Jahrhundert. Preußen und seine Rheinprovinz zwischen Tradition und Moderne 1815–1918, Berlin 2003; in Zusammenarbeit mit Wolfram Siemann (Hrsg.), Umweltgeschichte. Themen und Perspektiven, München 2003; zusammen mit Diethard Sawicki (Hrsg.), Wunderwelten. Religiöse Ekstase und Magie in der Moderne, Paderborn/München 2006; zusammen mit Dominik Petzold (Hrsg.), Das ›lange‹ 19. Jahrhundert. Alte Fragen und neue Perspektiven, München 2007; (Hrsg.), Quellen zur Innenpolitik der Weimarer Republik 1918–1933, Darmstadt 2010; zusammen mit Wolfgang Piereth, Kursbuch Geschichte. Tipps und Regeln für wissenschaftliches Arbeiten, 5., aktual. Aufl., Paderborn/München etc. 2011; Das Wilhelminische Kaiserreich 1890–1914, Paderborn 2018 (im Erscheinen).

Wolfgang Göderle, geb. 1981; Dr.; Studium in Graz und Paris; seit 2016 Post-Doc-Assistent am Institut für Geschichte der Universität Graz. Zuvor von 2008 bis 2014 als wissenschaftlicher Mitarbeiter und ÖAW-Doc-Team-Stipendiat an den Lehrstühlen für Allgemeine Geschichte der Neuzeit und für Wirtschafts-, Sozial- und Unternehmensgeschichte der Universität Graz sowie 2012 als Doctorant Invité am CERI von Sciences Po Paris, von 2014 bis 2016 Stipendiat an den Lehrstühlen Globalgeschichte des 19. Jahrhunderts sowie Geschichte und Kulturen der Räume in der Neuzeit der Universität Erfurt, von 2015 bis 2016 auch als Lehrbeauftragter am Institut für Geschichte der Universität Wien. Veröffentlichungen u.a.: Zensus und Ethnizität. Zur Herstellung von Wissen über soziale Wirklichkeiten im Habsburgerreich zwischen 1848 und 1910, Göttingen 2016; zusammen mit Manfred Pfaffenthaler (Hrsg.), Dynamiken der Wissensproduktion. Räume, Zeiten und Akteure im 19. und 20. Jahrhundert, Bielefeld 2018 (in Vorbereitung); Administration, Science and the State. The 1869 Population Census in Austria-Hungary, in: Austrian History Yearbook 47, 2016, S. 61–88; Die räumliche Matrix des modernen Staates. Die Volkszählung des Jahres 1869 im Habsburgerreich im Lichte von Latours zirkulierender Referenz, in: Schweizerische Zeitschrift für Geschichte 65, 2015, S. 414–427.

Markus Holzinger, geb. 1968; apl. Prof. Dr.; Studium der Philosophie, Soziologie, Germanistik in Bamberg und München. Seit 4/2015 Vertretungsprofessor für Soziologie mit dem Schwerpunkt politische Soziologie und international vergleichende Makrosoziologie an der Georg-August-Universität Göttingen. Zuvor u.a.: Von 1999 bis 2001 und von 2007 bis 2009 wissenschaftlicher Mitarbeiter an der Ludwig-Maximilians-Universität München im SFB 536 »Reflexive Modernisierung«. Von 2001 bis 2003 Consultant in der freien Wirtschaft. Von 2011 bis 2012 Vertretungsprofessor für Soziologie in Göttingen. Von 2003 bis heute wissenschaftlicher Mitarbeiter der AutoUni der Volkswagen Aktiengesellschaft (derzeit beurlaubt). Veröffentlichungen u.a.: Kontingenz in der Gegenwartsgesellschaft. Dimensionen eines Leitbegriffs moderner Sozialtheorie, Bielefeld 2007; zusammen mit Stefan May/Wiebke Pohler, Weltrisikogesellschaft als Ausnahmezustand, Weilerswist 2010; Informalisierung des Rechtsstaates? Über das Nebeneinander formaler und informaler Regelsysteme, in: Zeitschrift für Theoretische Soziologie 4, 2015, S. 5–31; Fehlschlüsse über die »Weltgesellschaft«. Einige Überlegungen im Anschluss an Bettina Heintz' und Tobias Werrons Soziologie des Vergleichs, in: Kölner Zeitschrift für Soziologie und Sozialpsychologie 66, 2014, S. 267–289; Niklas Luhmanns Systemtheorie und Kriege, in: Zeitschrift für Soziologie 43, 2014, S. 458–475; Ist die Weltgesellschaft funktional differenziert? Niklas Luhmanns Staatskonzept im Spiegel parastaatlicher Gewalt und informeller Staatlichkeit, in: Politisches Denken. Jahrbuch 2012, S. 201–231.

Thomas Kroll, geb. 1965; Prof. Dr.; Studium in Bielefeld, Köln, Florenz und Düsseldorf; seit 2007 Professor für Westeuropäische Geschichte an der Friedrich-Schiller-Universität Jena. Zuvor 1992 bis 1997 Mitarbeiter der Max-Weber-Gesamtausgabe, Arbeitsstelle an der Universität Düsseldorf, 1998 bis 2000 Mitarbeiter am Deutschen Historischen Institut in Rom, 2001 Stipendiat am Deutschen Historischen Institut in Paris, 2001 bis 2003 Mitarbeiter an der Universität Salzburg, 2004 bis 2007 Mitarbeiter an der Universität Gießen, 2006/07 Member des Institute for Advanced Study in Princeton, seit 2011 regelmäßig Gastvorlesungen an der Universität Rom LUMSA. Veröffentlichungen u. a.: Die Revolte des Patriziats. Der toskanische Adelsliberalismus im Risorgimento, Tübingen 1999; Kommunistische Intellektuelle in Westeuropa. Frankreich, Österreich, Italien und Großbritannien im Vergleich (1945–1956), Köln/Weimar etc. 2007; zusammen mit Tilman Reitz (Hrsg.), Intellektuelle in der Bundesrepublik Deutschland. Verschiebungen im politischen Feld der 1960er und 1970er Jahre, Göttingen 2013; zusammen mit Frank Jung (Hrsg.), Italien in Europa. Die Zirkulation der Ideen im Zeitalter der Aufklärung, Paderborn 2014.

Massimiliano Livi, geb. 1974; Dr. Dr. phil.; Studium der Anglistik und Germanistik in Perugia sowie der Soziologie in Münster (Promotion) und der Geschichte in Florenz (Promotion). Seit 2016 Dozent für westeuropäische Geschichte an der Universität Trier. Zuvor 2009 bis 2016 Projektleiter im Exzellenzcluster »Religion und Politik« sowie Dozent für westeuropäische und italienische Geschichte des 20. Jahrhunderts, beides an der Westfälischen Wilhelms-Universität Münster. Veröffentlichungen u. a.: Die Stämme der Sehnsucht. Individualisierung und politische Krise im Italien der 1970er Jahre, in: Thomas Großbölting/Massimiliano Livi/Carlo Spagnolo (Hrsg.), Jenseits der Moderne? Die Siebziger Jahre als Gegenstand der deutschen und der italienischen Geschichtswissenschaft, Berlin 2014, S. 215–247; zusammen mit Daniel Schmidt/Michael Sturm (Hrsg.), Die 1970er Jahre als schwarzes Jahrzehnt. Politisierung und Mobilisierung zwischen christlicher Demokratie und extremer Rechter, Frankfurt am Main/New York 2010.

Christoph Lorke, geb. 1984; Dr.; Studium in Magdeburg und Münster, seit 2009 wissenschaftlicher Mitarbeiter am Lehrstuhl für Neuere und Neueste Geschichte II/Zeitgeschichte der Westfälischen Wilhelms-Universität Münster. Veröffentlichungen u. a.: Armut im geteilten Deutschland. Die Wahrnehmung sozialer Randlagen in der Bundesrepublik und der DDR, Frankfurt am Main/New York 2015; zusammen mit Eva M. Gajek (Hrsg.), Soziale Ungleichheit im Visier. Wahrnehmung und Deutung von Armut und Reichtum seit 1945, Frankfurt am Main/New York 2016; zusammen mit Thomas Großbölting (Hrsg.), Deutschland seit 1990. Wege in die Vereinigungsgesellschaft, Stuttgart 2017; Von Anstand und Liederlichkeit. Armut und ihre Wahrnehmung in der DDR (1961–1989), in: Zeithistorische Forschungen/Studies in Contemporary History 10, 2013, S. 199–218; Die Debatte über »Neue Armut« in der Bundesrepublik. Konstruktion einer Kampagne und Strategien ihrer Zurückweisung (1983–1987), in: ZfG 63, 2015, S. 552–571.

Stefanie Middendorf, Dr.; Studium der Geschichte, Germanistik, Kunstgeschichte und Psychologie an den Universitäten in Freiburg, Basel und Jerusalem; seit 2007 wissenschaftliche Mitarbeiterin an der Martin-Luther-Universität Halle-Wittenberg. Zuvor 2003 bis 2007 wissenschaftliche Mitarbeiterin an der Albert-Ludwigs-Universität Freiburg und 2004 Stipendiatin des Deutschen Historischen Instituts in Paris. Veröffentlichungen u. a.: Massenkultur. Zur Wahrnehmung gesellschaftlicher Modernität in Frankreich, 1880–1980, Göttingen 2009; Organisierte Modernität? Konstruktion und Konzeption der Massenkultur in Frankreich, in: JMEH 10, 2012, S. 182–206; Staatsfinanzen und Regierungstaktiken. Das Reichsministerium der Finanzen (1919–1945) in der Geschichte von Staatlichkeit im 20.

Jahrhundert, in: GG 21, 2015, S. 140–168; Finanzpolitische Fundamente der Demokratie? Haushaltsordnung, Ministerialbürokratie und Staatsdenken in der Weimarer Republik, in: Tim B. Müller/Adam Tooze (Hrsg.), Normalität und Fragilität. Demokratie nach dem Ersten Weltkrieg, Hamburg 2015, S. 315–343.

Werner Neuhaus, geb. 1947; Studium in Münster und Sheffield; 1976 bis 2009 Lehrer am Städtischen Gymnasium Sundern; zahlreiche Veröffentlichungen in regionalgeschichtlichen Zeitschriften (SüdWestfalenArchiv; Westfälische Zeitschrift) zur Kultur- und Sozialgeschichte des Sauerlands im 19. und 20. Jahrhundert. Zurzeit Vorbereitung einer Untersuchung über das Kriegsgefangenenlager Meschede im Ersten Weltkrieg.

Detlef Pollack, geb. 1955; Prof. Dr.; Studium der Theologie und Religionswissenschaft in Leipzig und Zürich. Seit 2008 Professor für Religionssoziologie an der Westfälischen Wilhelms-Universität Münster, dort seit 2015 Sprecher des Exzellenzclusters »Religion und Politik in den Kulturen der Vormoderne und der Moderne«. Von 1996 bis 2008 Professor für vergleichende Kultursoziologie an der Europa-Universität Viadrina Frankfurt an der Oder. 2003 bis 2005 Max-Weber Chair an der New York University. Veröffentlichungen u.a.: Rückkehr des Religiösen? Studien zum religiösen Wandel in Deutschland und Europa II, Tübingen 2009; zusammen mit Gergely Rosta, Religion in der Moderne. Ein internationaler Vergleich, Frankfurt am Main/New York 2015; Religion und gesellschaftliche Differenzierung. Studien zum religiösen Wandel in Europa und den USA, Tübingen 2016.

Hedwig Richter, geb. 1973; PD Dr.; seit 2016 Historikerin am Hamburger Institut für Sozialforschung. 2016 Habilitation an der Universität Greifswald. 2009 Promotion an der Universität zu Köln. Fellowships am Deutschen Historischen Institut in Washington D.C. und der tschechischen Akademie der Wissenschaften. Stipendiatin der Bundesstiftung zur Aufarbeitung der SED-Diktatur und der FAZIT-Stiftung. Erstes und Zweites Staatsexamen in den Fächern Geschichte, Politik und Deutsch. Studium der Geschichte, Philosophie und Germanistik in Heidelberg, Belfast und Berlin. Veröffentlichungen u.a.: Moderne Wahlen. Eine Geschichte der Demokratie in Preußen und den USA im 19. Jahrhundert, Hamburg 2017; Pietismus im Sozialismus. Die Herrnhuter Brüdergemeine in der DDR, Göttingen 2009; Die DDR, Paderborn 2009; Artikel in der Frankfurter Allgemeinen Zeitung, der ZEIT und der Süddeutschen Zeitung.

Roman Rossfeld, geb. 1967; Dr.; Studium der Allgemeinen Geschichte und Neueren deutschen Literatur in Zürich; seit 2016 Projektkoordinator des vom Schweizerischen Nationalfonds finanzierten Forschungsprojekts »Krieg und Krise: Kultur-, geschlechter- und emotionshistorische Perspektiven auf den schweizerischen Landesstreik vom November 1918« an der Universität Bern. 2012 bis 2016 Projektkoordinator im Sinergia-Projekt »Switzerland in the First World War: Transnational Perspectives on a Small State in Total War« der Universitäten Zürich, Bern, Genf und Luzern. 2004 bis 2012 Wissenschaftlicher Assistent an den Universitäten Göttingen und Zürich sowie Chercheur invité am Département d'histoire générale der Universität Genf 2013/2014. Veröffentlichungen u.a.: »Abgedrehte Kupferwaren«. Kriegsmaterialexporte der schweizerischen Uhren-, Metall- und Maschinenindustrie im Ersten Weltkrieg, in: Jahrbuch für Wirtschaftsgeschichte/Economic History Yearbook 56, 2015, S. 515–551; zusammen mit Thomas Buomberger/Patrick Kury (Hrsg.), 14/18: Die Schweiz und der Grosse Krieg, Baden 2014; zusammen mit Ingo Köhler (Hrsg.), Pleitiers und Bankrotteure. Geschichte des ökonomischen Scheiterns vom 18. bis 20. Jahrhundert, Frankfurt am Main/New York 2012; Schweizer Schokolade. Industrielle Produktion und kulturelle Konstruktion eines nationalen Symbols 1860–1920, Baden 2007.

Anette Schlimm, geb. 1980; Dr.; Studium in Oldenburg und Huddinge (Schweden); seit 2010 wissenschaftliche Mitarbeiterin bzw. Akademische Rätin a.Z. am Lehrstuhl für Zeitgeschichte der Ludwig-Maximilians-Universität München. Zuvor 2007 bis 2010 wissenschaftliche Mitarbeiterin an der Carl von Ossietzky Universität Oldenburg in einem DFG-finanzierten Forschungsprojekt zum Ordnungsdenken und Social Engineering. 2011 Promotion in Oldenburg mit einer Arbeit zum Social Engineering in Verkehrsplanung und -wissenschaft in der Hochmoderne. Unter URL: <https://uegg.hypotheses.org> betreibt sie das wissenschaftliche Weblog »Übergangsgesellschaften« zu ihrem aktuellen Forschungsprojekt. Veröffentlichungen u.a.: Ordnungen des Verkehrs. Arbeit an der Moderne – deutsche und britische Verkehrsexpertise im 20. Jahrhundert, Bielefeld 2011; Between Mobilization and De-Politicization: Political Technologies of Rural Self-Government in Weimar Germany, in: Liesbeth van de Grift/Amalia Ribi Forclaz (Hrsg.), Governing the Rural in Interwar Europe, New York 2018 (im Erscheinen).

Clemens Villinger, geb. 1984; Studium in Dresden und Berlin; seit 2016 Wissenschaftlicher Mitarbeiter und Doktorand am Zentrum für Zeithistorische Forschung Potsdam. Zuvor 2012 bis 2014 wissenschaftlicher Volontär der Stiftung Berliner Mauer und 2015/2016 wissenschaftlicher Mitarbeiter der Bundesstiftung zur Aufarbeitung der SED-Diktatur. Seit 2014 kuratorische Mitarbeit im Bereich künstlerisch-historischer Ausstellungen u.a. in Port-au-Prince und Kinshasa. Veröffentlichungen u.a.: Fern der Heimat – Deutsche Diplomatinnen und Diplomaten erleben den Herbst 1989, in: Deutschland Archiv, 30.5.2014, URL: <http://www.bpb.de/184441>; Die Musealisierung von Fluchthilfe am Beispiel der Sonderausstellung »Risiko Freiheit – Fluchthilfe für DDR-Bürger 1961–1989«, in: Gabriele Anderl/Simon Usaty (Hrsg.), Schleppen, Schleusen, Helfen. Flucht zwischen Rettung und Ausbeutung, Wien 2016, S. 404–422.

Christoph Weischer, geb. 1956; Prof. Dr.; Hochschullehrer am Institut für Soziologie der Universität Münster, Studium der Soziologie, langjährige Forschungs- und Lehrtätigkeit im Bereich der Gewerkschafts- und Bildungsforschung, der empirischen Sozialforschung sowie der Sozialstrukturanalyse an den Universitäten Münster, Bochum, Bielefeld und Luzern. Seit 2005 Professur für Vergleichende Sozialstrukturanalyse, Methoden und Statistik an der Universität Münster. Veröffentlichungen u.a.: Soziale Ungleichheiten 3.0. Soziale Differenzierungen in einer transformierten Industriegesellschaft, in: AfS 54, 2014, S. 305–342; Sozialstrukturanalyse. Grundlagen und Modelle, Wiesbaden 2011; Die Bedeutung von Haushalten für soziale Ungleichheiten, in: Banu Citlak/Angelika Engelbert/David H. Gehne u.a. (Hrsg.), Lebenschancen vor Ort, Familie und Familienpolitik im Kontext, Opladen/Berlin etc. 2014, S. 89–100; Die Modellierung des Sozialen Raums, in: Nicole Burzan/Peter A. Berger (Hrsg.), Dynamiken (in) der gesellschaftlichen Mitte, Wiesbaden 2010, S. 107–134; Sozialforschung, Konstanz 2007.

Benjamin Ziemann, geb. 1964; Prof. Dr.; Studium in Berlin, Promotion in Bielefeld 1996; seit 2011 Professor of Modern German History an der University of Sheffield; Aufenthalte als Gastwissenschaftler u.a. an der University of York, Humboldt-Universität zu Berlin und am Forum for Contemporary History der Universität Oslo. Veröffentlichungen u.a.: Gewalt im Ersten Weltkrieg. Töten – Überleben – Verweigern, Essen 2013 (engl. 2017); Contested Commemorations. Republican War Veterans and Weimar Political Culture, Cambridge/New York etc. 2013; Sozialgeschichte der Religion. Von der Reformation bis zur Gegenwart, Frankfurt am Main/New York 2009; Katholische Kirche und Sozialwissenschaften 1945–1975, Göttingen 2007; War Experiences in Rural Germany 1914–1923,

Oxford/New York 2007; zusammen mit Matthew Grant (Hrsg.), Understanding the Imaginary War. Culture, Thought and Nuclear Conflict, 1945–90, Manchester 2016.

Einzelrezensionen des »Archivs für Sozialgeschichte« finden sich unter:
<http://www.fes.de/afs>

Rahmenthema des nächsten Bandes des »Archivs für Sozialgeschichte«:
2018: Demokratie praktizieren. Arenen, Prozesse und Umbrüche politischer Partizipation in Westeuropa im 19. und 20. Jahrhundert